인사말

중국어를 배우려는 학습자의 수요가 늘면서, 중국어 입문에서 HSK까지 학습을 이어나가는 학습자가 증가하고 있습니다. 이전까지는 비교적 쉬운 난이도의 4, 5급을 응시하는 수험생의 수가 압도적으로 많았으나, 진학이나 취업을 포함해 다양한 분야에서 6급에 대한 메리트가 주어지는 경우가 늘어남에 따라 6급을 응시하려는 수험생의 숫자도 대폭 증가하였습니다.

6급의 경우 비교적 긴 지문, 많은 양의 어휘, 마의 구간이라 불리는 쓰기 영역까지 간단하고 쉬운 영역이 없어 많은 수험생들이 낙담하거나 중도에 학습을 포기하기도 합니다. 이러한 수험생들과 현장에서 만나며 그들의 마음을 누구보다 이해할 수 있게 되었고, 오직 학습자만을 위한 종합서를 집필하게 되었습니다.

본서는 저자들의 노하우와 파고다 언어교육연구소의 연구·분석 결과를 모아 만들어 낸 최적의 종합서입니다. 출제 적중률이 떨어지는 어휘들을 모두 배제하고, 최근 1~2년 기출 문제를 토대로 최신 출제 경향과 난이도를 반영하였습니다. 공략 비법을 토대로 핵심 전략을 제시하였고, 문제 유형을 확인할 수 있도록 하였습니다. 또한 내공 쌓기를 통해 단시간에 탄탄한 기초를 쌓은 후, 학습한 내용을 확인할 수 있는 장치인 실전테스트와 실전모의고사를 수록하여 학습자들의 취약점까지 보완할 수 있도록 하였습니다. 따라서 본서가 제시하는 체계적인 학습법을 따라 공부한다면 HSK 6급을 취득할 수 있으리라 확신합니다.

마지막으로 이 책이 순조롭게 진행될 수 있도록 늘 격려해주시고 지원해 주신 파고다 박경실 회장님께 깊은 감사를 드립니다. 항상 옆에서 조언해주시고 격려해주시는 고루다 사장님, 이재호 실장님, 김혜영 디렉터님께도 깊은 감사 드립니다. 늘 응원해주는 점수 보장반 선생님들, 사랑하는 가족에게도 이 마음을 함께 전합니다.

2017. 06
저자 배수진 · R&D 연구진 일동

파고다 HSK 6급
그것이 알고 싶다!

Q. 6급의 구성과 시험 시간은 어떻게 되나요?

A. HSK 6급은 총 101문항으로 듣기, 독해, 쓰기 3부분으로 나뉘며, 101문항을 약 135분 동안 풀게 됩니다. 듣기 시험을 마치고 나면 답안 작성 시간이 5분 주어집니다.

시험구성		문항 수		배점	시험시간
듣기	제1부분	15	50 문항	100점	약 35분
	제2부분	15			
	제3부분	20			
듣기 영역에 대한 답안지 작성 시간					5분
독해	제1부분	10	50문항	100점	50분
	제2부분	10			
	제3부분	10			
	제4부분	20			
쓰기	작문	1문항		100점	45분
총계		101문항		300점	약 135분

- 듣기 시험 시작 전, 응시자 개인 정보를 작성하는 시간(5분)이 주어진다.
- 응시자 개인 정보를 작성을 포함한 시험 시간은 총 140분이다.

Q. 몇 점이면 합격인가요?

A. 총 300점 만점에서 180점 이상이면 합격입니다. 영역별 과락 없이 총점만 180점을 넘으면 급수를 획득할 수가 있지만, 성적표에는 영역별로 성적이 모두 표기되기 때문에 점수가 현저히 낮은 영역이 있는 것은 좋지 않습니다.

파고다 HSK

6급 종합서

PAGODA Books

파고다
HSK 6급 종합서

초판 1쇄 인쇄 2017년 6월 22일
초판 1쇄 발행 2017년 6월 22일
초판 11쇄 발행 2024년 1월 26일

지 은 이 | 배수진 정상루이 강신 최세희
펴 낸 이 | 박경실
펴 낸 곳 | PAGODA Books 파고다북스
출판등록 | 2005년 5월 27일 제 300-2005-90호
주   소 | 06614 서울특별시 서초구 강남대로 419, 19층(서초동, 파고다타워)
전   화 | (02) 6940-4070
팩   스 | (02) 536-0660
홈페이지 | www.pagodabook.com

저작권자 | ⓒ 2017 파고다북스

이 책의 저작권은 저자와 출판사에 있습니다. 서면에 의한 저작권자와 출판사의 허락 없이
내용의 일부 혹은 전부를 인용 및 복제하거나 발췌하는 것을 금합니다.

Copyright ⓒ 2017 by PAGODA Books

All rights reserved. No part of this publication may be reproduced, stored
in a retrieval system, or transmitted, in any form, or by any means, electronic,
mechanical, photocopying, recording or otherwise, without the prior written
permission of the copyright holder and the publisher.

ISBN 978-89-6281-798-0(13720)

파고다북스   www.pagodabook.com
파고다 어학원   www.pagoda21.com
파고다 인강   www.pagodastar.com
테스트 클리닉   www.testclinic.com

l 낙장 및 파본은 구매처에서 교환해 드립니다.

Q 영역별 배점은 어떻게 되나요?

A 영역별 배점은 아래와 같습니다. 쓰기영역은 배점이 큰 영역인 만큼 중국어 및 문장부호를 정확하게 쓰는 연습이 필요합니다.

영역별	문항 수	한 문제당 점수 배점	총점
듣기	50문항	2점	100점
독해	50문항	2점	100점
쓰기	1문항	100점	100점

Q 얼마나 공부하면 6급을 받을 수 있나요?

A 사람마다 각기 가진 중국어의 기본기와 투자할 수 있는 시간이 다르므로 한 달, 두 달 이렇게 학습 기간을 확실히 정하는 것은 무의미합니다. 하지만 일반적으로 5급을 취득한 학습자가 20일 플랜으로 종합서를 통해 기본기를 마스터하고, 실전 모의고사 2회분을 통해 문제 풀이까지 한다면 6급을 취득할 수 있습니다.

Q 기출문제가 중요하나요?

A 기출문제는 문제의 난이도 및 출제 경향을 파악하는 가장 중요한 정보이며 자료입니다. 기출문제를 많이 접하게 되면 출제 포인트와 빈출 어휘, 빈출 문제 유형이 눈에 들어오기 마련입니다. '지피지기면 백전백승'이라고 했듯이, 다량의 기출문제 풀이를 통해 좀 더 빠르게 합격의 길로 들어설 수 있는 것은 명백한 사실입니다.

Q 6급 시험 난이도는 어떤가요?

A 6급은 HSK 중 가장 높은 급수이기에 결코 쉽다고 할 수 없습니다. HSK 6급 역시 실력을 가늠하는 인증시험이기에 전체 난이도 면에서는 어느 정도 정해진 기준이 있기 마련입니다. 단, 매번 시험마다 각 파트 별로 난이도의 높고 낮음의 변화는 존재하며, 이는 다시 말해 체감 난이도면에서 변화의 폭이 클 수 있음을 시사합니다. 따라서 6급 어휘와 출제 경향 파악 및 기출 문제 풀이로 실력을 쌓아놓는 것이 중요합니다.

목차 6급

듣기 听力

제1부분 단문 듣고 일치하는 내용 고르기

- 문제 형식
- 출제 경향 및 문제 풀이 전략

① 보기에서 눈을 떼지 마라!
- 공략 비법 01 | 인물, 사물 • 34
- 공략 비법 02 | 사회, 철학 • 41
- 공략 비법 03 | 과학, 상식 • 47
- 공략 비법 04 | 화자의 개인적 견해와 관점 • 53
- 공략 비법 05 | 이야기(유머, 풍자) • 59

제2부분 인터뷰 듣고 질문에 답하기

- 문제 형식
- 출제 경향 및 문제 풀이 전략

② 몇 가지 단서를 토대로 정답을 예측하라!
- 공략 비법 06 | 문화·예술인 인터뷰 • 72
- 공략 비법 07 | 스포츠인 인터뷰 • 80
- 공략 비법 08 | 기업인 및 기타 특정 분야 전문가 인터뷰 • 88

제3부분 장문 듣고 질문에 답하기

- 문제 형식
- 출제 경향 및 문제 풀이 전략

③ 흐름을 파악하면 정답이 보인다!
- 공략 비법 09 | 이야기 글 • 102
- 공략 비법 10 | 설명문 • 110
- 공략 비법 11 | 실용문 • 119
- 공략 비법 12 | 논설문 • 127

독해 阅读

제1부분 · 틀린 문장 고르기

- 문제 형식
- 출제 경향 및 문제 풀이 전략

❹ 출제 포인트만 익히면 정답이 보인다.

공략 비법 01 | 문장 어순 오류 • 144
공략 비법 02 | 문장 성분의 오용(부족) • 151
공략 비법 03 | 문장 성분의 오용(잉여) • 157
공략 비법 04 | 호응(搭配)의 오용 • 166
공략 비법 05 | 문맥상 모순 관계 • 173
공략 비법 06 | '把자문', '被자문' 및 접속사 구문 오용 • 181

제2부분 · 빈칸에 알맞은 단어 고르기

- 문제 형식
- 출제 경향 및 문제 풀이 전략

❺ 골라내는 것도 노하우가 필요하다!

공략 비법 07 | 고정 어휘 • 196
공략 비법 08 | 유의어 • 210
공략 비법 09 | 허사(부사, 전치사, 접속사) • 236
공략 비법 10 | 성어 • 252

제3부분 · 빈칸에 문장 채우기

- 문제 형식
- 출제 경향 및 문제 풀이 전략

❻ 모르면 쿨하게 패스! 모든 지문 내용을 볼 필요는 없다!

공략 비법 11 | 연결사(부사, 접속사) • 272
공략 비법 12 | 대명사 • 281
공략 비법 13 | 문장 성분 및 문맥 파악 • 288

제4부분 · 장문 독해

- 문제 형식
- 출제 경향 및 문제 풀이 전략

❼ 요령만 정복하면 어렵지 않다!

공략 비법 14 | 세부 내용 파악 • 302
공략 비법 15 | 내용의 옳고 그름 판단 • 309
공략 비법 16 | 주제 및 제목 찾기 • 315

쓰기

지문 읽고 400자 내외로 요약 쓰기

- 문제 형식
- 출제 경향 및 문제 풀이 전략
- 원고지 작성법 및 문장 부호 사용법

1 단계별로 익히는 요약 포인트
   기초 다지기 | 지문 읽고 요약하기 • 340

2 단락별 포인트만 잡아도 요약이 쉬워진다
   공략 비법 | 지문 요약 쓰기 • 358

- **실전모의고사1** • 394
- **실전모의고사2** • 416
- **해설서**

HSK 시험 소개

HSK란 무엇인가?

汉语水平考试(중국어 능력시험)의 한어병음인 Hànyǔ Shuǐpíng Kǎoshì의 앞 글자를 딴 것으로, 중국어가 제1언어가 아닌 사람이 중국어 능력을 측정하기 위해 만든 표준어 시험이다.

HSK 용도

- 중국·한국 대학(원) 입학·졸업 시 평가 기준
- 한국 특목고 입학 시 평가 기준
- 각 기업체 및 기관의 채용, 승진을 위한 기준
- 중국 정부 장학생 선발 기준
- 교양 중국어 학력 평가 기준

HSK 각 급수 구성

HSK는 필기시험(HSK 1급 ~ 6급)과 회화시험(HSK 초급·중급·고급)으로 나뉘며, 필기시험과 회화시험은 각각 독립적으로 실시하고 있다. 필기시험은 급수별로, 회화시험은 등급별로 각각 응시할 수 있다.

등급		어휘량
HSK 6급	기존 고등 HSK에 해당	5,000개 이상
HSK 5급	기존 초중등 HSK에 해당	2,500개
HSK 4급	기존 기초 HSK에 해당	1,200개
HSK 3급	중국어 입문자를 위해 신설된 시험	600개
HSK 2급		300개
HSK 1급		150개

HSK 시험 접수

❶ **인터넷 접수**   HSK 한국사무국 홈페이지(http://www.hsk.or.kr) 에서 접수

❷ **우편 접수**   **구비 서류** | 응시원서(반명함판 사진 1장 부착) 및 별도 사진 1장, 응시비 입금 영수증

❸ **방문 접수**   **준비물** | 응시원서, 사진 3장
접수처 | 서울 공자 아카데미(서울 강남구 테헤란로 5길 24 장연빌딩 2층)
접수 시간 | 평일 오전 9시 30분 ~ 12시
평일 오후 1시 ~ 5시 30분
토요일 오전 9시 30분 ~ 12시

HSK 시험 당일 준비물

수험표, 신분증, 2B 연필, 지우개

HSK 시험 성적 확인

❶ 성적 조회

시험 본 당일로부터 1개월 후 HSK 한국사무국 홈페이지(http://www.hsk.or.kr) 우측의
QUICK MENU에서 성적조회 ➡ 중국 고시 센터 성적조회 GO 에서 조회가 가능하다.
입력 정보 | 수험증 번호, 성명, 인증번호

❷ 성적표 수령 방법

HSK 성적표는 시험일로부터 45일 이후 발송된다.
우편 수령 신청자의 경우, 등기우편으로 성적표가 발송된다.
방문 수령 신청자의 경우, 홈페이지에서 해당 시험일 성적표 발송 공지문을 확인한 후,
신분증을 지참하여 HSK 한국사무국으로 방문하여 수령한다.

❸ 성적의 유효기간

증서 및 성적은 시험일로부터 2년간 유효하다.

HSK 6급 영역별 공략법

듣기

	제1부분(第一部分)	제2부분(第二部分)	제3부분(第三部分)
문제 형식	별도의 질문 없이 단문을 듣고 녹음 내용과 일치하는 보기 고르기	700자 정도의 인터뷰를 듣고 이와 관련된 질문에 대한 정답 고르기, 3개의 인터뷰로 구성되며, 한 인터뷰당 5개의 문제가 주어짐	300~400자 정도의 장문을 듣고 이와 관련된 질문에 대한 정답 고르기, 한 지문당 3~4문제가 주어짐
시험 목적	녹음 내용을 이해하고 전체 내용과 관련된 세부 정보를 파악하여 정답을 고를 수 있는지를 테스트	인터뷰의 대상 및 주제와 관련된 세부 정보를 파악하고 해당 전문 용어에 대한 이해도를 테스트	지문의 내용 전개 및 세부 정보를 파악하고, 이해할 수 있는지를 테스트
문항 수	15문항(1~15번)	15문항(16~30번)	20문항(31~50번)
시험 시간	약 35분		

문제는 이렇게 풀어라!

제1부분

Step 1 녹음을 듣기 전 보기를 먼저 살펴보며 지문 유형을 파악하라!

제1부분은 다른 부분에 비해 상대적으로 쉬운 부분이므로 4개의 보기만 미리 살펴보아도 지문이 설명문인지, 논설문인지, 이야기 글인지 파악할 수 있고 지문의 대략적인 내용도 유추할 수 있다.

이야기 글의 보기 예시 (실생활과 밀접한 어휘로 구성)

A 那位演员很生气
B 中学生不认识那位演员
C 中学生觉得演员的衣服很普通
D 那位演员马上离开了饭店

논설문(사회, 철학)의 보기 예시 (의견을 피력하는 어휘 사용)
A 要意气用事 B 要宽容他人 C 要及时释放情绪 D 要在意他人对自己的评价

Step 2 보기에서 핵심어를 찾아 체크해두자!
보기에 반복적으로 제시된 단어라면 녹음에서 중점적으로 언급될 가능성이 크므로 반드시 체크해두어야 한다.

보기 예시
A 松花砚起源于宋代 B 松花砚颜色繁多 C 松花砚现存量很多 D 松花砚大多为紫色

Step 3 처음과 끝을 놓치지 말자!
제1부분은 주로 화자가 설명하거나 주장하고자 하는 것이 무엇인지 파악할 수 있는 첫 문장과 마지막 문장에 정답이 있을 가능성이 크다. 특히 결론을 도출해주는 '所以', '因此', '因而', '这样' 등이 언급되면 그 부분부터는 집중해서 들어야 한다.

녹음 내용과 정답 예시
按照自己和环境的变化速度，五年计划和十年计划似乎并不怎么符合实际。因此，顺其自然的态度要比做长期计划更有意义。 정답 : 顺其自然的态度更重要

제2부분

Step 1 인터뷰의 흐름 파악이 중요하다!

문제는 보통 인터뷰의 흐름에 따라 차례대로 출제되므로 해당 인터뷰의 첫 번째 문제에 제시된 보기를 살펴보며 핵심어를 찾아내고, 이후 문제 번호 순서대로 시선을 옮겨가며 녹음을 듣고 관련 내용이 언급되면 바로 정답으로 체크하는 것이 중요하다.

> 女 : 经历过那么多大赛，拿过无数的冠军奖杯，我以为我会很淡定。16 但在里约拿到冠军的那一瞬间，就感觉是自己第一次拿到冠军一样兴奋和激动。
> 男 : 我们都知道，您的教练任期还有一年，那之后您有什么打算吗？
> 女 : 17 如果体育总局给我机会的话，我还想再继续担任国家女排教练这个角色。
>
> 16. 女排在里约奥运会上拿到冠军时，女的是怎样的心情？
> 정답 : 非常兴奋
>
> 17. 문제 : 女的教练任期结束后，想做什么？
> 정답 : 连任主教练

Step 2 인터뷰 진행자의 질문이 곧 문제이므로 그의 질문에 귀 기울여라!

대부분의 문제가 인터뷰 진행자의 질문과 동일하다고 할 수 있다. 따라서 인터뷰 하나 당 평균 4~5개로 구성되는 인터뷰 진행자의 모든 질문은 놓치지 말고 듣고, 질문에 대한 답변에서 핵심 내용을 파악한 후 정답을 찾도록 하자.

> 女 : 你认为滑冰产业的挑战和机遇分别在哪里？
> 男 : 要说挑战，18 人才的缺失就是这个行业面临的最大挑战。另外水价的上涨也使滑冰场的经营成本大幅提升。
>
> 18. 男的认为滑冰产业面临的最大挑战是什么？
> 정답 : 人才难求

Step 3 첫 부분과 마지막 부분은 절대 놓치지 말자!

녹음의 첫 시작은 보통 인터뷰 진행자의 인사말이 된다. 그 부분에서 바로 인터뷰 대상자의 개인 정보 및 인터뷰에서 전반적으로 다루게 될 내용을 언급하고 있으며, 마지막 부분에서 향후 계획 및 포부 등을 밝히는 내용이 언급되므로 반드시 집중해서 듣자.

> **첫 부분 (전반적으로 다루게 될 내용)**
>
> 女：最近一项调查数据显示，近几年国内拍卖市场不景气。与去年相比，今年拍卖行业的业绩下滑近四成，您怎样看待这种现象呢？
> 男：我认为以前是太景气了，那是不正常的。**21 我觉得不景气反而是在恢复理性、往正常方向发展的一个标志。**
>
> 21. 男的怎么看待拍卖行业不景气这一现象？
>   정답：**正在恢复理性**
>
> **마지막 부분 (향후 계획, 방향)**
>
> 女：政府在扶持拍卖业发展方面应该做哪些工作呢？
> 男：**24 首先要帮拍卖行业构建出一个政策宽松的平台**；其次要加强专业的培训。我们明年一系列的工作就是要做好拍卖行业的培训，请国外一些经验丰富的拍卖行业专家给我们讲一讲应该怎么管理、怎么经营，让大家找到一个正确的方式。
>
> 24. 政府在扶持方面该采取哪些措施？
>   정답：**放宽政策**

Step 4 메모를 하면서 듣자!

듣기 제2부분에서 인터뷰 대상자의 개인 정보와 관련된 문제는 주로 5개의 문제 중 가장 마지막에 나오지만, 정답은 인터뷰 녹음의 처음이나 중간 부분에 있기 때문에 간단하게 메모를 하면서 듣는 습관을 길러야 한다.

> **첫 부분 (개인 정보와 관련된 내용)**
>
> 女：**30 以前是以运动员的身份拿过奥运会冠军**，当然感觉非常不一样。记得13年刚当上女排主教练的时候，那时候的目标就是要在下一届奥运会上拿到冠军。经历过那么多大赛，拿过无数的冠军奖杯，我以为我会很淡定。但在里约拿到冠军的那一瞬间，就感觉是自己第一次拿到冠军一样兴奋和激动。
>
> 30. 关于女的，正确的一项是？
>   정답：**曾是运动选手**

제3부분

Step 1 매 지문마다 출제되는 문제 수를 체크하라!
듣기 제3부분은 다른 부분과 달리 하나의 지문에 출제되는 문제 개수가 일정하지 않으므로 해당 지문의 문제 범위를 반드시 체크해두어야 혼동하지 않고 문제를 풀 수 있다.

> 第31到33题是根据下面一段话 : 31~33번 문제는 다음 내용에 근거한다

Step 2 보기를 먼저 살펴보고 지문 유형을 파악하자!
녹음을 듣기 전 보기를 먼저 살펴보면 지문의 유형을 유추할 수 있다. 지문이 어떤 형태인지 또 어떤 내용이 전개될지 대략 예측할 수 있다면 문제 풀이가 보다 쉬워진다는 점을 유념하자.

> **보기 예시 – 이야기 글 (일상적인 내용)**
> A 怕丢面子
> B 不相信他的朋友
> C 他们的关系不好
> D 已经找到了方法

> **보기 예시 – 설명문 (특정 대상 언급)**
> A 鱼都是短命者
> B 鱼鳞片的生长速度与季节无关
> C 鱼鳞片春夏生长较快
> D 金鱼寿命最短

Step 3 지문 내용의 흐름을 놓치지 말자!
듣기 제2부분과 마찬가지로 대부분의 문제는 지문 내용의 흐름에 따라 순서대로 출제된다. 녹음을 듣기 전 4개의 보기에 제시된 핵심어를 찾은 후 녹음에서 관련 내용이 언급되면 바로 정답으로 체크하는 것이 중요하다.
(단, 주제나 제목을 묻는 문제 혹은 세부 내용의 일치 여부를 판단하는 문제는 내용 전개 순서에 따르지 않는 경우가 많으므로 이 점은 반드시 주의해야 한다.)

독해

	제1부분(第一部分)	제2부분(第二部分)	제3부분(第三部分)	제4부분(第四部分)
문제 형식	보기 4개 중 오류가 있는 문장 1개 찾기	빈칸에 알맞은 어휘 고르기	지문을 읽고 빈칸에 알맞은 문장 채우기	긴 지문을 읽고, 질문에 알맞은 정답 고르기
시험 목적	문장구조 및 어휘의 용법과 의미를 정확하게 파악하고 있는지를 테스트	지문의 문맥을 정확하게 파악하고 유의어, 허사, 고정 어휘, 성어 등에 대한 이해가 있는지를 테스트	지문의 문맥과 내용을 이해하고 문장간의 연결성을 정확하게 파악하고 있는지를 테스트	긴 지문을 시간내에 읽고 지문의 세부 내용, 주제, 제목 등을 파악할 수 있는지를 테스트
문항 수	10문항(51~60번)	10문항(61~70번)	10문항(71~80번)	20문항(81~100번)
시험 시간	50분			

문제는 이렇게 풀어라!

제1부분

Step 1 **중국어 어법에 관한 기본적인 지식을 마스터하라!**

문장에서 오류를 찾아내려면 중국어의 어법적 특징을 정확히 알고 있어야 한다. 따라서 문장 어순, 문장의 구성 성분, 고정 격식, 특수 문장 등에 관한 기본적인 내용과 형식을 반드시 숙지하도록 하자.

> 这座大型立交桥由南引桥、主桥和北引桥组成。 고정격식
> 恐怖分子被国际警察逮捕了。 특수 문장 (被자문)
> 今天晚上我一定要把这份材料翻译完。 특수 문장 (把자문)

Step 2 **관건은 문장 구조 분석이다!**

독해 제1부분에서는 문장 해석을 통해 의미를 파악하지 않고도 문장 구조 분석만으로도 정답을 찾을 수 있는 경우가 많다. 따라서 문장을 주요 성분(주어, 술어, 목적어)과 수식 성분(관형어, 부사어, 보어)으로 나누어 각각의 성분을 표시해가며 그 구조를 분석하는 연습이 매우 중요하다.

> 我 / 已经深深地 / 喜欢 / 上了 / 现代化的 / 深圳。
> 주어   부사어   술어   보어   관형어   목적어

Step 3 자주 출제되는 빈출 유형을 익혀두면 정답이 보인다!

독해 제1부분 문제는 출제되는 유형이 거의 정해져 있으므로 그 출제 포인트만 잘 익혀두면 보다 쉽게 문제를 풀 수 있다. 각 공략 비법에 소개되는 핵심 유형들을 반드시 알아두도록 하자.

> 1) 基因序列在确认一个人的身份信息方面比指纹还要特别精确。
>   불필요한 문장 성분 추가
>   ➡ 基因序列在确认一个人的身份信息方面比指纹还要精确。
>
> 2) 北半球的英仙座流星雨近日将迎来超常规模的大规模爆发。
>   문장 성분 추가로 의미 중복
>   ➡ 北半球的英仙座流星雨近日将迎来超常规模的爆发。
>   ➡ 北半球的英仙座流星雨近日将迎来大规模爆发。
>
> 3) 我估计他这道题肯定做错了。
>   문맥상 모순 관계
>   ➡ 我估计他这道题做错了。
>   ➡ 我认为他这道题肯定做错了。

제2부분

Step 1 확신 있는 빈칸부터 공략하라!

독해 제2부분은 문제 당 3~5개의 빈칸이 주어지는데, 빈칸에 알맞은 단어를 모두 채우지 않더라도 정답을 고를 수 있는 문제가 많다. 따라서 빈칸을 순서대로 풀려고 하기 보다는 본인이 확실히 아는 단어가 있는지 살펴보고 해당 빈칸이 제시된 문장부터 읽고 분석하여 정답을 찾는 것이 더 효과적으로 문제를 풀 수 있는 방법이다.

Step 2 빈칸과 짝을 이루는 것을 찾아라!

4개의 보기에 제시된 단어 간의 차이점을 찾는 것도 중요하지만, 이보다 더 중요한 것은 빈칸 전후의 호응 관계를 파악하는 것이다. 빈칸 앞뒤 내용을 살펴보고 빈칸과 짝을 이루는 단어를 빈칸 주변에서 찾아내도록 하자. 짝을 이루는 단어는 의미상 어울려 쓰이는 것도 있고, 어법상 반드시 함께 쓰여야 하는 것도 있으므로 짝을 이루는 단어만 정확하게 알고 있으면 쉽게 정답을 고를 수 있다.

Step 3 자주 출제되는 빈출 어휘의 의미 및 호응 구조를 반드시 익혀라!

독해 제2부분의 문제는 빈출 어휘의 용법과 의미만 정확히 익혀두더라도 쉽게 정답을 찾을 수 있는 경우가 많다. 따라서 각 공략비법 중 내공 쌓기에 소개된 빈출 어휘는 반드시 암기하도록 하자. 단어를 암기할 때는 품사와 뜻 외에도 긍정, 부정 등의 감정 색채 또한 함께 알아두면 문제를 푸는 데 크게 도움이 되므로 이 점 또한 유념하도록 하자.

제3부분

Step 1 **성급하게 보기 내용부터 보지 말고 일단 지문부터 읽어 나가자!**

전체적인 글의 흐름을 알지 못하는 상태에서 빈칸이 제시되어 있는 부분만 읽고 정답을 고르려고 하면 오히려 문제 풀이가 더 어려워질 수 있다. 따라서 지문을 처음부터 속독으로 읽어 나가면서 무슨 내용인지 파악하고, 첫 번째 빈칸이 제시된 부분에서 보기를 전체적으로 살펴보자. 그리고 이때 보기 중 키워드가 될 만한 단어를 체크해놓고 빈칸에 들어갈 알맞은 답을 하나씩 선택해나가는 것이 더 빠르고 정확하게 문제를 풀 수 있는 방법이다.

Step 2 **확실한 빈칸부터 채워나가자!**

빈칸에 들어갈 정답을 확신할 수 없을 경우, 해당 부분을 계속 보고 있지 말고 확실한 빈칸부터 먼저 채우는 전략을 써야 시간을 절약할 수 있다. 4개의 빈칸에 알맞은 답만 정확히 고를 수 있다면 남은 하나의 빈칸에 들어갈 답은 저절로 채워지는 것이므로 문제 풀이에서 빈칸의 순서는 그리 중요하지 않다.

Step 3 **본인이 선택한 답이 글의 문맥에 맞는지 빠르게 검토하자!**

독해 제3부분은 5개의 문제에 해당하는 정답으로 나열한 보기 순서에서 하나만 잘못되어도 나머지 문제에 영향을 끼칠 가능성이 높아 한꺼번에 많은 점수를 잃게 될 수도 있다. 그러므로 전체 문제를 7~8분 안에 풀고, 본인이 선택한 정답이 전체 글의 내용에 맞는지 빠른 속도로 다시 한 번 체크하도록 하자.

제4부분

Step 1 **문제와 보기를 먼저 보고 키워드를 파악한 후 지문을 읽어라!**

독해 제4부분은 지문 속독과 이해 능력이 문제 풀이의 관건이다. 5개 지문에 제시되는 20개 문제를 보통 16~18분 안에 풀어야 하므로 모든 지문 내용을 자세히 읽고 해석할 수 없다. 따라서 반드시 문제와 보기를 먼저 읽고 핵심 키워드를 파악한 후 지문에서 그 키워드를 찾아 해당하는 내용을 살펴보며 정답을 선택해야 한다.

Step 2 **문제는 대부분 글의 흐름에 따라 출제된다는 점을 유념하라!**

문제는 지문의 흐름에 따라 차례대로 출제되는 경우가 많으므로, 그 흐름을 파악하면 지문에서 정답과 관련된 내용을 보다 쉽게 찾아낼 수 있다. 단, 내용의 옳고 그름을 묻는 문제는 지문의 흐름 순서대로 출제되지 않는 경우도 있으므로 이 점은 주의하도록 하자.

Step 3 다양한 글을 많이 접하라!

독해 제4부분은 인물, 사물, 사회, 문화, 역사, 자연, 과학, 경제 등에 관한 다양한 내용을 담은 지문이 출제되므로 평소 여러 유형의 글을 많이 읽는 연습이 필요하다. 특히 중국과 관련된 내용의 지문이 자주 출제되므로 중국에 관한 배경 지식이 있을 경우 지문 내용이 생소하지 않아 쉽게 문제를 풀 수 있는 경우도 많다.

쓰기

문제 형식	약 1,000자의 지문을 읽고 10분간 읽은 뒤, 35분동안 1,000자의 내용을 400자로 요약하기
시험 목적	주어진 시간내에 지문을 읽고, 지문의 내용을 요약하여 원고지의 활용법에 맞게 요약할 수 있는지를 테스트
문항 수	1문항
시험 시간	45분

문제는 이렇게 풀어라!

Step 1 지문 독해는 10분의 시간을 4분-3분-3분으로 나누어 세 번을 하자!

지문 독해 시간 10분 중 처음 4분 동안은 글의 전체적인 흐름을 파악하며 시간, 장소, 인물, 사건을 꼼꼼하게 체크하자. 이어서 3분 동안에는 단락별로 주된 것과 부차적인 것을 구분하여 이야기의 발단, 전개 과정, 결말에 관한 내용을 기억해두자. 마지막 3분 동안에는 스토리 전개상 핵심이 되는 단어나 문장을 외우도록 하자. 만약 핵심 문장에 너무 어려운 단어가 있을 경우 무작정 외우려고 하지 말고 유사한 의미를 지닌 쉬운 표현으로 바꾸어 외우는 편이 좋다.

Step 2 줄거리 요약은 '기-승-전-결'의 구조대로 하자!

출제되는 지문은 대부분 '기-승-전-결'의 흐름이 명확하고 주제가 분명한 한 편의 서사문(敍事文)이다. 줄거리를 요약할 때는 우선 이야기의 시간적, 공간적 배경 및 등장 인물을 기억하고 각 단락의 키워드를 바탕으로 한 중심 내용을 순서대로 연결하면 어렵지 않게 글을 써낼 수 있다. 요약 시 너무 자세하게 서술된 내용은 과감하게 버리고, 결말 부분에 제시되는 주제 문장은 글의 핵심 내용이므로 이는 반드시 포함시켜야 한다.

Step 3 기본적인 쓰기 테크닉을 익히자!

100점 만점 중 글의 제목에만 배점이 약 10점이므로 제목을 꼭 잊지말고 작성하도록 하자. 지문의 주제와 관련된 단어나 구를 사용하여 제목을 정해야 한다. 또한 원고지와 문장 부호 사용법도 숙지해두어야 하며, 가능한 400자 분량을 채우는 것이 좋다. 이 밖에도 한자 쓰기나 어법 사용 등에서도 기본적인 오류가 발생하지 않도록 주의해야 한다.

내게 맞는
맞춤 학습 진도표

HSK 20일 프로젝트

각 영역별로 DAY 별 20일 학습 진도표에 따라 학습하기를 권장합니다.

	1일	2일	3일	4일	5일
1주	듣기 공략 비법 01 독해 공략 비법 01	듣기 공략 비법 02 독해 공략 비법 02	듣기 공략 비법 03 독해 공략 비법 03	듣기 공략 비법 04 독해 공략 비법 04	듣기 공략 비법 05 독해 공략 비법 05
2주	듣기 공략 비법 06 독해 공략 비법 06	듣기 공략 비법 07 독해 공략 비법 07	쓰기 기초 다지기 – 지문 읽고 요약하기	듣기 공략 비법 08 독해 공략 비법 08	듣기 공략 비법 09 독해 공략 비법 09
3주	듣기 공략 비법 10 독해 공략 비법 10	듣기 공략 비법 11 독해 공략 비법 11	듣기 공략 비법 12 독해 공략 비법 12	독해 공략 비법 13	독해 공략 비법 14
4주	독해 공략 비법 15	독해 공략 비법 16	쓰기 공략 비법 – 지문 요약 쓰기	실전모의고사1	실전모의고사2

★ 각 영역별로 번갈아 가며 학습도 가능합니다.
★ 어휘 노트[필수 호응 표현 200, 혼동하기 쉬운 유의어 100, 시험에 자주 출제되는 성어 150, 꼭 알아야 할 관용어 20]를 참고하여 함께 학습하세요.
★ HSK 6급 시험에 반드시 출제되는 6급 필수 어휘 2500도 PDF파일로 다운받을 수 있습니다. 다운받아 병행 학습하기를 권장합니다. [파고다북스 홈페이지(www.pagodabook.com)에서 다운받으실 수 있습니다.]

이 책의 특장점

이 책은 HSK 6급을 준비하는 학습자가 20일 동안 '듣기, 독해, 쓰기' 영역을 기초부터 실전까지 체계적으로 마스터할 수 있도록 구성한 교재이다. 최근 1~2년간 한국 및 중국에서 실시된 시험에 대한 출제경향 분석을 토대로 영역별 자세한 유형 설명, 기출 유형에 대한 학습 전략 비법, 적중률 높은 문제, 빈출 어휘에 이르기까지 출제 가능성이 높은 핵심 내용 및 합격을 위한 모든 포인트를 담았다.

특장점 1
**중국어 1위
파고다가 제시하는
HSK 6급 합격 특급 비법!**

다량의 기출문제 분석을 통해 영역별 맞춤 합격전략 및 비법을 교재 내 모든 학습 내용에 반영하였으며, 이를 근거로 6급 합격에 최적화된 적중률 높은 핵심 문제들만 수록했다.

특장점 2
**HSK 6급
최신 경향 반영**

최근 1~2년 시험에 나온 기출문제에 대한 철저한 데이터 분석을 통해 출제경향 및 향후 시험 출제전망을 제시하고, 최신 출제 트렌드에 맞는 다양한 유형의 문제를 수록하여, 이를 통해 학습자들이 본 교재를 학습하면서 실전에 충분히 대비할 수 있도록 하였다.

특장점 3
**HSK 6급 기초부터
실전까지 정복**

듣기, 독해, 쓰기 각 영역별 기초 학습부터 실전 대비까지 단기에 효과적으로 마스터할 수 있도록 20일 완성 학습 진도표를 제공하였다. 매일매일 꾸준한 학습으로 모든 영역의 실력을 골고루 향상시켜 고득점을 획득할 수 있도록 구성하였다.

특장점 4
**고득점의 완성은 어휘!
주제별 빈출 어휘 노트 및
필수 어휘 파일 제공**

주제별 최다 빈출 어휘 및 HSK 6급 필수 어휘 2500개를 체계적으로 암기할 수 있도록 DAY별로 정리하여 구성하였다. 본 책보다 작은 사이즈로 휴대가 용이하고, MP3 파일 또한 제공하여 언제 어디서든 학습이 가능하다.

이 책의 구성

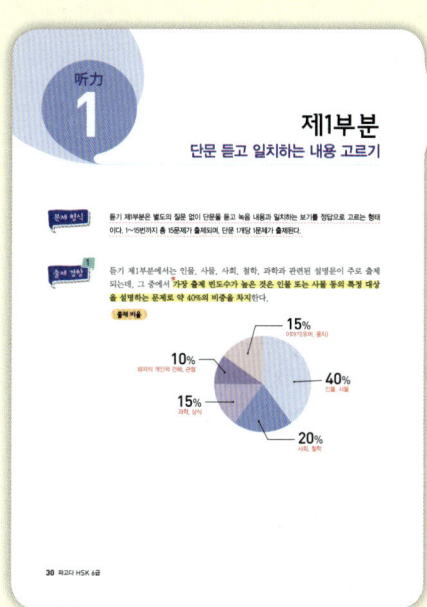

문제 형식 및 출제 경향
수험생에게 학습 전 충분한 정보를 제공하기 위하여 다년간의 기출문제를 철저하게 분석하였고, 시험에 자주 출제되는 문제들의 유형과 최신 출제 경향을 한눈에 알아볼 수 있도록 정리하였다.

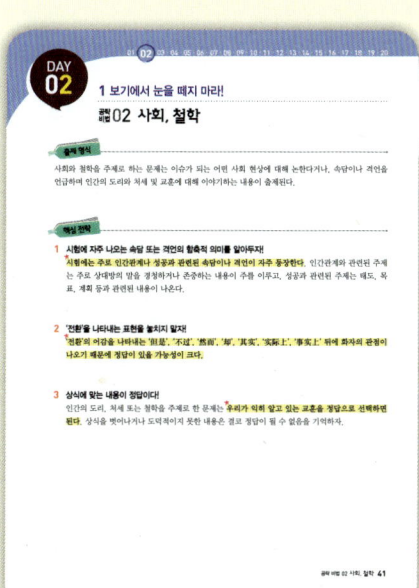

공략 비법
각 부분에서 문제 별로 출제 형식 및 핵심 전략을 엄선하여 공략 비법으로 정리하였다. 또한 유형 맛보기를 통해 어떤 유형의 문제가 어떻게 출제되었는지 쉽게 파악할 수 있게 구성하였다.

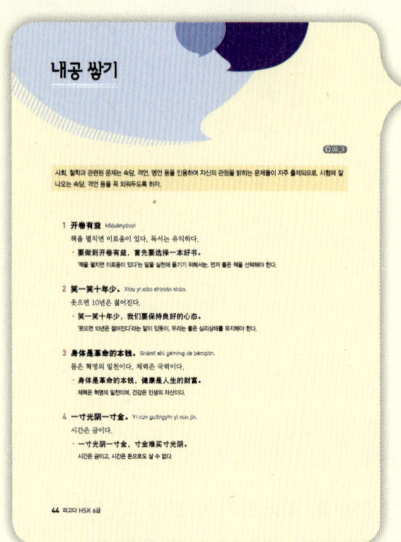

내공 쌓기

공략별로 꼭 알아두어야 할 학습 내용을 일목요연하게 정리하였다. 시험 문제에 자주 등장하는 어휘 및 어법 내용을 깔끔하게 정리하여 보여줌으로써 쉽고 편리하게 학습할 수 있도록 하였다.

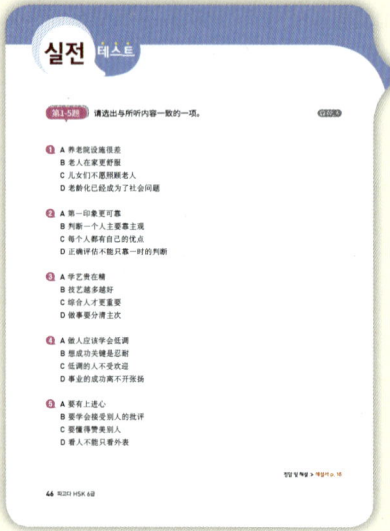

실전 테스트

각 공략 비법에서 학습한 내용을 실전 테스트로 풀어 봄으로써 실전에 대비할 수 있도록 하였으며, 자신의 실력을 정확히 파악하고 예측할 수 있도록 하였다. 실전 테스트에 수록되어 있는 문제는 기출 문제를 100% 활용·가공한 문제들로 구성하여 탄탄하게 복습하고 연습할 수 있도록 하였다.

실전모의고사 2회분

파고다 종합서로 기본 실력을 쌓고, 실전모의고사로 실력 점검! 실전모의고사 2회분을 풀어봄으로써 실전에 완벽 대비할 수 있도록 하였다. 실제 시험과 유사한 환경에서 문제를 풀어보고 해설집을 통해 부족한 부분을 확인하고 정리할 수 있도록 하였다. 자신의 실력을 좀 더 점검하고 정확하고 완벽하게 대비 할 수 있으려면 실전모의고사만 따로 수록된 모의고사 5회 분을 활용해 보길 추천한다.

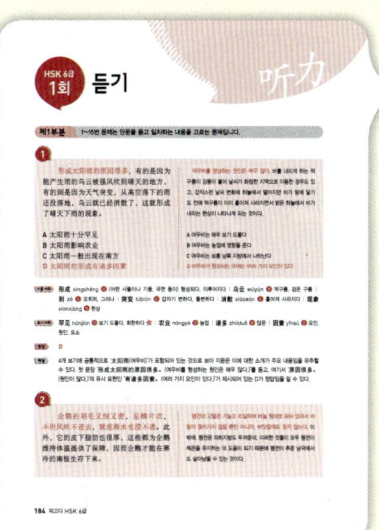

군더더기 없는 깔끔한 해설서

해설서는 정답, 해석, 해설로 나누어 구성하였으며, 학습자들이 확인하고 학습하기 쉽도록 지문어휘, 보기어휘를 나누어 정리하였다. 본서에서 학습한 내용을 문제에 어떻게 적용하여 풀어나갈지 방법을 짚어줌으로써 학습자의 편의를 도모하였다.

어휘 노트

6급에 출제되는 내용을 모두 담아 별책으로 제공하였다. 필수 호응 표현 200, 혼동하기 쉬운 유의어 100, 시험에 자주 출제되는 성어 150, 꼭 알아야 할 관용어20을 20일에 걸쳐 체계적으로 암기할 수 있도록 DAY별로 구성하였으며, 어휘 노트 속에 TEST를 추가하여 완벽하게 암기가 되었는지 확인할 수 있다. 뿐만 아니라 HSK 6급 필수어휘 2500개를 PDF 파일로 제공해 시험에 출제될 어휘 전체를 학습할 수 있도록 하였다. 어휘 노트에 해당하는 MP3 음원 파일을 제공하여 때와 장소를 가리지 않고 학습할 수 있도록 하였다.

- 본서에 해당하는 모든 MP3 음원 파일과 HSK 6급 필수 어휘 2500 PDF 파일은 파고다북스 홈페이지 (www.pagodabook.com)에서 무료로 다운받을 수 있습니다.

제1부분
단문 듣고 일치하는 내용 고르기

제2부분
인터뷰 듣고 질문에 답하기

제3부분
장문 듣고 질문에 답하기

제1부분
단문 듣고 일치하는 내용 고르기

1 보기에서 눈을 떼지 마라!

공략 비법 01 인물, 사물
공략 비법 02 사회, 철학
공략 비법 03 과학, 상식
공략 비법 04 화자의 개인적 견해와 관점
공략 비법 05 이야기(유머, 풍자)

听力 1

제1부분
단문 듣고 일치하는 내용 고르기

듣기 제부분은 별도의 질문 없이 단문을 듣고 녹음 내용과 일치하는 보기를 정답으로 고르는 형태이다. 1~15번까지 총 15문제가 출제되며, 단문 1개당 1문제가 출제된다.

듣기 제1부분에서는 인물, 사물, 사회, 철학, 과학과 관련된 설명문이 주로 출제되는데, 그 중에서 ★가장 출제 빈도수가 높은 것은 인물 또는 사물 등의 특정 대상을 설명하는 문제로 약 40%의 비중을 차지한다.

출제 비율

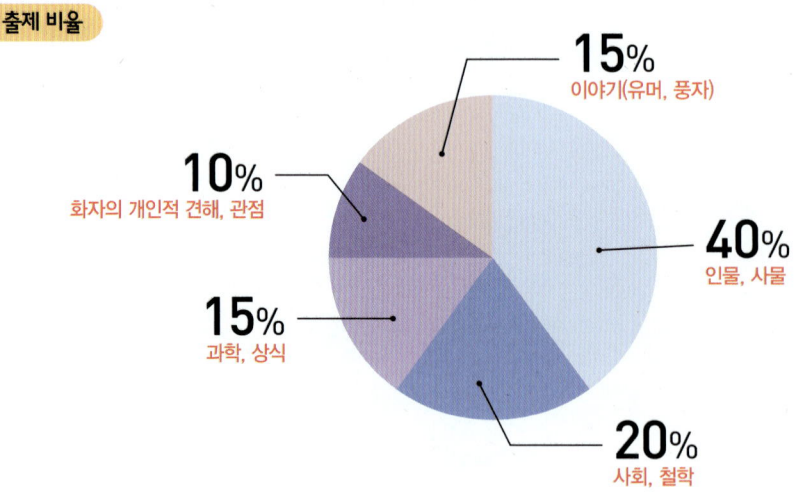

- 15% 이야기(유머, 풍자)
- 10% 화자의 개인적 견해, 관점
- 15% 과학, 상식
- 20% 사회, 철학
- 40% 인물, 사물

> **듣기 제1부분 정답 예시**
>
> - 董凤给人看病不收钱物。
>   동평은 사람들에게 진료를 해주고 돈이나 물건(대가)을 받지 않았다. (인물)
> - 形成太阳雨的原因很多。
>   여우비(해가 있을 때 내리는 비)의 형성 원인은 많다. (과학)
> - 要敢于常试。
>   용감하게 시도해 보아야 한다. (화자의 견해나 관점)
> - 妻子要做生意。
>   아내는 장사를 하려고 한다. (유머, 풍자)
>
> 董凤 Dǒng Fèng 고유 동평 | 形成 xíngchéng 동 형성되다, 이루어지다
> 太阳雨 tàiyángyǔ 명 여우비 | 敢于 gǎnyú 동 ~할 용기가 있다

문제는 이렇게 풀어라!

Step 1 ★**녹음을 듣기 전 보기를 먼저 살펴보며 지문 유형을 파악하라!**★

제1부분은 다른 부분에 비해 상대적으로 쉬운 부분이므로 ==4개의 보기만 미리 살펴보아도 지문이 설명문인지, 논설문인지, 이야기 글인지 파악할 수 있고 지문의 대략적인 내용도 유추할 수 있다.==

> **이야기 글의 보기 예시** (실생활과 밀접한 어휘로 구성)
>
> A 那位演员很生气
> B 中学生不认识那位演员
> C 中学生觉得演员的衣服很普通
> D 那位演员马上离开了饭店

> **논설문(사회, 철학)의 보기 예시** (의견을 피력하는 어휘 사용)
>
> A 要意气用事
> B 要宽容他人
> C 要及时释放情绪
> D 要在意他人对自己的评价

Step 2 ★보기에서 핵심어를 찾아 체크해두자!

보기에 반복적으로 제시된 단어라면 녹음에서 중점적으로 언급될 가능성이 크므로 반드시 체크해두어야 한다.

보기 예시

A 松花砚起源于宋代
B 松花砚颜色繁多
C 松花砚现存量很多
D 松花砚大多为紫色

Step 3 ★처음과 끝을 놓치지 말자!

제1부분은 주로 화자가 설명하거나 주장하고자 하는 것이 무엇인지 파악할 수 있는 첫 문장과 마지막 문장에 정답이 있을 가능성이 크다. 특히 결론을 도출해주는 '所以', '因此', '因而', '这样' 등이 언급되면 그 부분부터는 집중해서 들어야 한다.

녹음 내용과 정답 예시

按照自己和环境的变化速度，五年计划和十年计划似乎并不怎么符合实际。因此，顺其自然的态度要比做长期计划更有意义。

정답 : 顺其自然的态度更重要

1 보기에서 눈을 떼지 마라!

공략비법 01 인물, 사물

출제 형식

인물이나 사물을 주제로 하는 문제는 인물의 연대, 신분, 업적, 사상 등을 소개하거나, 사물의 연대, 유래, 소재지, 특징, 용도 등을 소개하는 설명문 형태의 지문이 출제된다.

핵심 전략

1. **보기의 핵심 키워드를 찾아라!**
   보기의 주어 자리에 공통된 명사가 있으면 그것과 관련된 내용이 녹음에 그대로 나올 가능성이 크기 때문에 내용을 미리 예측할 수 있다. 특히 술어나 목적어 부분이 정답을 구분하는 핵심어가 되므로 꼭 체크해두고 동일한 어휘나 유사한 표현이 언급되는지 주의 깊게 들어야 한다.

2. **시험에 잘 나오는 역사적 인물, 문화적 특색을 알아두자!**
   대부분 '중국'과 관련된 내용이기 때문에 평소 중국의 유명 인물, 역사, 문화, 예술 등에 관한 다양한 글을 접해보고 관련 상식을 쌓아두는 것도 도움이 된다.

유형맛보기 1 〈문제〉

🎧 01_1

请选出与所听内容一致的一项。

A 松花砚起源于宋代
B 松花砚颜色繁多
C 松花砚现存量很多
D 松花砚大多为紫色

유형맛보기 1 〈녹음〉

松花砚是一种起源于明代的手工艺品，为中国四大名砚之一，存世量很少。其色泽繁多，以绿色的松花砚最为常见，给人以朝气蓬勃的生机感。

A 松花砚起源于宋代
Ⓑ 松花砚颜色繁多
C 松花砚现存量很多
D 松花砚大多为紫色

송화연(松花砚)은 명(明)대 수공예품의 일종으로, 중국의 4대 유명 벼루 중 하나이며 남겨진 수량은 매우 적다. 그것은 빛깔이 다양하며 녹색 송화연을 가장 흔히 볼 수 있는데, 이는 사람들에게 생기발랄한 느낌을 준다.

A 송화연은 송(宋)대에 기원한다
B 송화연은 색깔이 다양하다
C 송화연은 현존량이 매우 많다
D 송화연은 대부분 자주색이다

지문 어휘 松花砚 sōnghuāyàn 명 송화연(벼루의 일종) | 起源于 qǐyuányú ~에 기원하다 | 砚 yàn 명 벼루 | 存世 cúnshì 동 세상에 남기다 | 色泽 sèzé 명 색깔과 광택, 빛깔 | 繁多 fánduō 형 다양하다, 종류가 많다 | 朝气蓬勃 zhāoqìpéngbó 성 생기발랄하다, 생기가 넘쳐 흐르다 ⭐ | 生机 shēngjī 명 생기, 생명력, 활력 ⭐

보기 어휘 现存量 xiàncúnliàng 명 현존량 | 大多 dàduō 부 대부분, 대다수

정답 B

해설 4개의 보기 문장에 공통된 주어로 어떤 사람이나 사물이 제시되어 있는 경우, 이 주어가 바로 지문에서 소개하고 있는 대상일 가능성이 높다. 이때 이 주어의 행동, 상태, 특기, 성질, 특징 등을 설명하는 내용이 정답 선택에 있어 결정적 역할을 한다. 따라서 보기 문장마다 술어와 목적어에 제시된 단어의 의미를 빨리 파악하고, 이와 동일하거나 유사한 의미의 단어가 녹음에서 언급되는지 체크해야 한다.
이 문제는 4개의 보기에 공통된 주어 '松花砚(송화연)'이 있고, 지문은 이 사물에 대해 소개하는 설명문이다. 녹음의 중간 부분에서 '其色泽繁多(그것은 빛깔이 다양하다)'를 듣고, '色泽繁多(빛깔이 다양하다)'와 유사한 의미를 나타내는 B가 정답임을 알 수 있다. 여기서 '色泽(빛깔)'와 '颜色(색깔)'는 유의어임을 알아두자.

请选出与所听内容一致的一项。

A 蔡文姬弄断了琴弦
B 蔡文姬诗词造诣高
C 蔡文姬家庭很贫困
D 蔡文姬在音乐方面很有天赋

유형맛보기 2 〈녹음〉

蔡文姬音乐天赋极高。据说在她很小的时候，有一次，父亲弹琴弹断了一根弦，蔡文姬听后，就说是第二根弦断了。父亲很惊讶，于是又故意把第三根弦弄断了，没想到蔡文姬又说对了。

A 蔡文姬弄断了琴弦
B 蔡文姬诗词造诣高
C 蔡文姬家庭很贫困
D 蔡文姬在音乐方面很有天赋

채문희(蔡文姬)는 천부적인 음악적 재능이 뛰어나다. 전해지는 말에 의하면 그녀가 어렸을 때 한 번은 아버지가 거문고를 연주하다 현 한 줄이 끊어졌는데, 채문희는 듣자마자 바로 두 번째 줄이 끊어졌다고 말했다. 아버지는 매우 놀라, 이에 일부러 또 세 번째 줄을 끊어버렸는데, 뜻밖에도 채문희는 또 맞추었다고 한다.

A 채문희가 거문고 줄을 끊어버렸다
B 채문희는 시(詩)와 사(詞)에 조예가 깊다
C 채문희의 가정은 빈곤하다
D 채문희는 음악에 천부적인 재능을 지니고 있다

지문 어휘 蔡文姬 Cài Wénjī 고유 채문희(후한(後漢)말의 저명한 문학가) | 天赋 tiānfù 명 천부적인 자질, 타고난 자질 동 천부적이다 | 据说 jùshuō 동 전해지는 말에 의하면 ~라 한다, 말하는 바에 의하면 ~라 한다 | 弹琴 tán qín 동 거문고를 연주하다 | 断 duàn 동 끊어지다, 끊다 | 根 gēn 양 대, 가닥, 줄기(가늘고 긴 것을 세는 단위) | 弦 xián 명 (악기에서 음을 내는) 줄, 선, 현 ★ | 惊讶 jīngyà 형 놀랍다, 의아스럽다 ★ | 故意 gùyì 부 일부러, 고의로 | 弄断 nòng duàn 동 끊다, 부러뜨리다

보기 어휘 琴弦 qínxián 명 거문고의 줄, 현악기의 줄 | 造诣 zàoyì 명 조예, 성취 | 贫困 pínkùn 형 빈곤하다 ★

정답 D

해설 4개의 보기에 공통된 주어 '蔡文姬(채문희)'가 있고, 지문은 이 사람에 대해 소개하는 설명문이다. 첫 문장 '蔡文姬音乐天赋极高。(채문희는 천부적인 음악적 재능이 뛰어나다.)'를 듣고, '音乐(음악)'와 '天赋(천부적인 자질)'가 그대로 제시되어 있는 D가 정답임을 알 수 있다.

내공 쌓기

🎧 01_3

시험에 잘 나오는 역사적인 인물, 중국의 특색 있는 사물, 문학 작품 등을 익혀두면 그 배경지식을 바탕으로 지문의 내용을 더 쉽게 이해할 수 있다.

1 인물

1 李时珍 Lǐ Shízhēn 이시진

명(明)대의 위대한 의학자로 27년에 걸쳐 190만여 자의 대작 《본초강목(本草纲目)》을 집대성했다.

2 西施 Xī Shī 서시

중국 4대 미녀 중 한 명으로 춘추시대 월(越)나라 사람이다.

3 梅兰芳 Méi Lánfāng 매란방

청(清)대의 유명한 경극배우로 당시 여자는 경극을 할 수 없었기 때문에 남자이지만 주로 여자 역할을 하였다. 경극의 개혁을 주도하여 경극을 세계적으로 알리는데 중요한 역할을 한 인물이다.

4 徐悲鸿 Xú Bēihóng 쉬베이홍

현대 화가이며 미술 교육자로 중국 현대 미술 교육의 창시자라 불린다.

5 齐白石 Qí Báishí 제백석

'중국 근대 회화의 아버지'라 불리는 화가이다. 청나라 말기부터 중화인민공화국 초기까지 생존한 화가로 중국 회화의 전통을 계승한 화가로 인정받고 있다.

6 张衡 Zhāng Héng 장형

한(漢)대의 기상학자이며 천문학자로 대표적인 발명품에는 혼천의(渾天儀)와 후풍지동의(候風地動儀)를 들 수 있다. 혼천의는 천체의 운행과 위치를 관측하는 기구이고, 후풍지동의는 지진의 발생과 강도를 알 수 있는 지진계이다. 이중 후풍지동의가 최근 시험에 자주 출제된다.

7 莫言 Mò Yán 모옌

중국의 유명한 소설가이며 《개구리(蛙)》라는 작품으로 2012년 중국 최초로 노벨 문학상을 수상했다.

② 사물

1 四大发明 sìdàfāmíng 4대 발명

중국 고대 과학의 큰 성과이면서 세계 과학 발전에 이바지한 나침반(指南针), 제지술(造纸术), 인쇄술(印刷术), 화약(火药)을 뜻한다.

2 苏绣 Sūxiù 쑤저우 자수

예부터 중국의 비단은 실크로드를 통해 서양까지 전해질 정도로 그 품질을 인정받았는데, 특히 쑤저우(蘇州)가 부드럽고 질 좋은 비단으로 유명하다. 따라서 쑤저우의 우현(吳县) 일대에서 자수 공예가 시작되었고, 한족 전통 민족 공예품으로 자리 잡았다.

3 北京胡同 Běijīng hútòng 베이징 후통

베이징 골목을 뜻한다. 주로 벽돌로 만든 단층집 밀집지역의 골목들로 몇 백년 동안 베이징의 주요 건축 양식으로 자리 잡았으며 서민들의 다양한 삶의 공간이 되었다.

4 地动仪(候风地动仪) dìdòngyí(Hòufēng dìdòngyí) 지동의(후풍지동의)

중국 동한(東漢) 때의 천문학자 장형(張衡)이 발명한 세계 최초의 지진계이다.

5 京杭大运河 Jīngháng dàyùnhé 경항 대운하

세계에서 가장 긴 고대 운하. 베이징(北京)과 항저우(杭州)를 연결하는 운하로 총 길이는 1,794킬로미터에 달한다.

6 脸谱 liǎnpǔ 변검

한족 전통의 희곡 연기자 얼굴에 화장을 하는 것을 가리키며, 서로 다른 배역과 인물의 성격에 따라 얼굴 색이 달라진다. 예를 들어 붉은 색은 충정, 용맹 등의 의미를 갖고 검정색은 정직을 상징한다.

7 象棋 xiàngqí 중국 장기

한국의 바둑과 비슷하며 2인 대항 게임으로, 상대방의 장수를 먼저 무너뜨리면 승리하는 게임이다.

8 皮影戏 píyǐngxì 그림자극

중국 민간에서 유행하던 인형극 중 하나로 가죽 인형을 사용한 그림자극이다. 동물의 가죽 혹은 두꺼운 종이를 사람의 형상으로 오려 제작한 인형을 반투명한 천 뒤에 두고 조명을 비춰 생기는 인형의 그림자를 움직이며 이야기를 풀어가는 것이 특징이다.

9 唐三彩 Tángsāncǎi 당삼채

황·녹·남색 등의 유약을 발라서 제작한 당나라 때의 도자기이다.

10 剪纸 jiǎnzhǐ 전지(종이공예)

일종의 민간 공예로 사람이나 사물의 형상을 종이로 오리는 것을 말한다.

3 4대 작품

1 《西游记》 Xīyóujì 서유기

중국의 유명한 장편 신화 소설로 환상 세계의 내용으로 가득 차 있으며, 손오공, 저팔계, 삼장 법사, 사오정이 주요 등장 인물이다.

2 《三国演义》 Sān Guó yǎnyì 삼국연의(삼국지)

위(魏), 촉(蜀), 오(吳) 삼국의 전쟁을 묘사했으며 조조, 유비, 손권, 제갈량, 장비, 조운 등과 같은 인물을 생생하게 그려냈다.

3 《水浒传》 Shuǐhǔzhuàn 수호전

원(元)말 명(明)초에 쓰여졌으며 중국의 농민 봉기를 노래한 장편 소설이다.

4 《红楼梦》 Hónglóumèng 홍루몽

중국 청(清)대에 조설근(曹雪芹)이 지은 장편소설이며, 백과사전형 소설로 《석두기(石头記)》라 불리며 중국 고전 소설의 최고봉으로 손꼽힌다.

실전 테스트

第1-5题 请选出与所听内容一致的一项。 🎧 01_4

1 A 金鹰奖是国际大奖
　　B 金鹰奖在国内不受欢迎
　　C 金鹰奖每两年举办一次
　　D 金鹰奖是关于电影的奖项

2 A 僧海豹十分稀少
　　B 僧海豹较为常见
　　C 僧海豹视力很不好
　　D 僧海豹不擅长潜水

3 A 苗族人喜欢简单的服饰
　　B "四月八"是汉族特有的节日
　　C 苗族人都喜欢跳舞
　　D "四月八"能够展现民族文化

4 A 儿子长得更像母亲
　　B 儿子更喜欢父亲
　　C 父母要多关心子女
　　D 父亲对儿子的影响很大

5 A 黑胡椒象征着生活幸福
　　B 黑胡椒可作为药物使用
　　C 黑胡椒从清朝时开始食用
　　D 黑胡椒香气十分迷人

정답 및 해설 ≫ 해설서 p. 18

DAY 02

1 보기에서 눈을 떼지 마라!

공략비법 02 사회, 철학

출제 형식

사회와 철학을 주제로 하는 문제는 이슈가 되는 어떤 사회 현상에 대해 논한다거나, 속담이나 격언을 언급하며 인간의 도리와 처세 및 교훈에 대해 이야기하는 내용이 출제된다.

핵심 전략

1 시험에 자주 나오는 속담 또는 격언의 함축적 의미를 알아두자!
시험에는 주로 인간관계나 성공과 관련된 속담이나 격언이 자주 등장한다. 인간관계와 관련된 주제는 주로 상대방의 말을 경청하거나 존중하는 내용이 주를 이루고, 성공과 관련된 주제는 태도, 목표, 계획 등과 관련된 내용이 나온다.

2 '전환'을 나타내는 표현을 놓치지 말자!
'전환'의 어감을 나타내는 '但是', '不过', '然而', '却', '其实', '实际上', '事实上' 뒤에 화자의 관점이 나오기 때문에 정답이 있을 가능성이 크다.

3 상식에 맞는 내용이 정답이다!
인간의 도리, 처세 또는 철학을 주제로 한 문제는 우리가 익히 알고 있는 교훈을 정답으로 선택하면 된다. 상식을 벗어나거나 도덕적이지 못한 내용은 결코 정답이 될 수 없음을 기억하자.

유형맛보기 1 〈문제〉

🎧 02_1

请选出与所听内容一致的一项。

A 大学生顺利就业
B 毕业人数在逐年减少
C 最近大学生就业率大大提高了
D 大学生就业形势越来越严峻

유형맛보기 1 〈녹음〉

　　近年来，全球经济大萧条，中国的经济增速也有所放缓。全国每年的大学毕业生超过700万，**毕业人数增加与经济增速放缓对大学生就业有着极为不利的影响**。大学生的就业问题已成为政府面临的严峻课题。

A 大学生顺利就业
B 毕业人数在逐年减少
C 最近大学生就业率大大提高了
D 大学生就业形势越来越严峻

최근 몇 년간 글로벌 경제 불황으로 중국의 경제 성장 속도 역시 다소 둔화되었다. 매년 전국의 대학 졸업생은 700만 명을 넘어서고 있으며, 졸업생 수의 증가와 경제 성장 속도의 둔화가 대학생 취업에 매우 불리한 영향을 끼치고 있다. 대학생들의 취업 문제는 이미 정부가 직면한 중대한 과제가 되었다.

A 대학생들은 순조롭게 취업을 한다
B 졸업생 수는 해마다 감소하고 있다
C 최근 대학생 취업률이 크게 향상되었다
D 대학생들의 취업 상황은 갈수록 심각해진다

지문 어휘 | 经济大萧条 jīngjì dàxiāotiáo 경제 불황, 경제 대공황 | 增速 zēngsù 동 속도를 높이다, 증속하다 | 放缓 fànghuǎn 형 완만하다 동 늦추다, 풀다 | 超过 chāoguò 동 넘다, 초과하다 | 就业 jiùyè 동 취업하다, 취직하다 ★ | 面临 miànlín 동 직면하다, 당면하다 | 严峻 yánjùn 형 중대하다, 심각하다, 모질다, 가혹하다 ★ | 课题 kètí 명 (처리해야 할) 과제, (연구나 토론의) 과제 ★

보기 어휘 | 逐年 zhúnián 부 해마다 ★ | 就业率 jiùyèlǜ 취업률 | 形势 xíngshì 명 상황, 정세, 형편

정답　D

해설　어떤 사회 현상을 주제로 한 문제는 시대 흐름에 맞는 내용이 바로 정답이 된다. 이 문제는 대학생 취업과 관련된 내용으로, 요즘 시대 상황에 비추어 보면 보기 A는 정답이 아닐 확률이 높으므로 우선 정답에서 제외하도록 한다. 녹음 중간 부분에서 '毕业人数增加与经济增速放缓对大学生就业有着极为不利的影响。(졸업생 수의 증가와 경제 성장 속도의 둔화가 대학생 취업에 매우 불리한 영향을 끼치고 있다.)'을 듣고, 대학생들의 취업 상황이 매우 좋지 않음을 알 수 있으므로 정답은 D이다.

유형맛보기 2 〈문제〉

🎧 02_2

请选出与所听内容一致的一项。

A 要意气用事
B 要宽容他人
C 要及时释放情绪
D 要在意他人对自己的评价

유형맛보기 2 〈녹음〉

"忍一时风平浪静，退一步海阔天空。"这句话告诉我们，在与人相处的时候，难免会有一些小矛盾，但是我们要做的并不是意气用事，而是要理解和宽容他人，那么就能避免很多冲突。

A 要意气用事
B 要宽容他人
C 要及时释放情绪
D 要在意他人对自己的评价

'잠시만 참으면 풍랑이 잠잠해지고, 한 발만 물러서면 바다와 하늘이 한없이 넓어진다.' 이 문장은 우리에게 사람들과 어울려 살아갈 때, 일부 작은 갈등은 생기게 되기 마련이라는 것을 말해준다. 그러나 우리가 해야 할 것은 결코 감정적으로 일을 처리하는 것이 아니라, 타인을 이해하고 관용을 베푸는 것이다. 그러면 많은 충돌을 피할 수 있다.

A 감정적으로 일을 처리해야 한다
B 타인에게 관용을 베풀어야 한다
C 제때 감정을 표출해야 한다
D 자신에 대한 타인의 평가에 신경 써야 한다

지문 어휘 忍 rěn 동 참다, 견디다 | 一时 yìshí 명 잠시, 짧은 시간, 한 시기, 한때 | 风平浪静 fēngpínglàngjìng 성 풍랑이 없이 잔잔하다, (생활, 형국 등이) 무사 평온하다 | 退 tuì 동 물러서다, 물러나다, 후퇴하다 | 海阔天空 hǎikuòtiānkōng 성 바다와 하늘이 한없이 넓다, 끝없이 넓다 | 相处 xiāngchǔ 동 함께 살다, 함께 지내다 | 难免 nánmiǎn 동 ~하게 되기 마련이다, 피하기 어렵다, 면하기 어렵다 | 矛盾 máodùn 명 갈등, 대립, 모순 형 모순적이다 | 不是A, 而是B búshì A, érshì B A가 아니라 B이다 | 意气用事 yìqìyòngshì 성 감정적으로 일을 처리하다 | 宽容 kuānróng 동 관용하다, 너그럽게 받아들이다, 관대하다

보기 어휘 及时 jíshí 부 제때, 곧바로 형 시기 적절하다 | 释放 shìfàng 동 방출하다, 내보내다, 석방하다 ⭐ | 在意 zàiyì 동 마음에 두다 ⭐

정답 B

해설 화자는 인간 관계에서 일어나는 갈등에 관한 격언을 먼저 언급하고 이어서 자신의 관점을 덧붙여 말하고 있는데, 마지막 부분에서 '但是我们要做的并不是意气用事，而是要理解和宽容他人. (그러나 우리가 해야 할 것은 감정적으로 일을 처리하는 것이 아니라, 타인을 이해하고 관용을 베푸는 것이다.)'이라고 하였으므로 정답은 B이다.

내공 쌓기

🎧 02_3

사회, 철학과 관련된 문제는 속담, 격언, 명언 등을 인용하여 자신의 관점을 밝히는 문제들이 자주 출제되므로, 시험에 잘 나오는 속담, 격언 등을 꼭 외워두도록 하자.

1 开卷有益 kāijuànyǒuyì

책을 펼치면 이로움이 있다, 독서는 유익하다.

- 要做到开卷有益，首先要选择一本好书。
  '책을 펼치면 이로움이 있다'는 말을 실천에 옮기기 위해서는, 먼저 좋은 책을 선택해야 한다.

2 笑一笑十年少。 Xiào yi xiào shínián shào.

웃으면 10년은 젊어진다.

- 笑一笑十年少，我们要保持良好的心态。
  '웃으면 10년은 젊어진다'라는 말이 있듯이, 우리는 좋은 심리상태를 유지해야 한다.

3 身体是革命的本钱。 Shēntǐ shì gémìng de běnqián.

몸은 혁명의 밑천이다, 체력은 국력이다.

- 身体是革命的本钱，健康是人生的财富。
  체력은 혁명의 밑천이며, 건강은 인생의 자산이다.

4 一寸光阴一寸金。 Yí cùn guāngyīn yí cùn jīn.

시간은 금이다.

- 一寸光阴一寸金，寸金难买寸光阴。
  시간은 금이고, 시간은 돈으로도 살 수 없다.

5 有志者事竟成 Yǒuzhìzhě shìjìngchéng

하고자 하는 의지만 있으면 일은 반드시 성취된다, 뜻이 있는 곳에 길이 있다.

- 坚定的志向会使人一步步迈向成功, 正如那句古话: "有志者事竟成。"
  확고한 포부는 사람으로 하여금 한걸음 한걸음씩 성공을 향해 나아갈 수 있게 하는데, 마치 '뜻이 있는 곳에 길이 있다'는 옛 격언과 같은 의미이다.

6 授人以鱼不如授人以渔。 Shòu rén yǐ yú bùrú shòu rén yǐ yú.

물고기를 주는 것보다 물고기를 잡는 방법을 가르쳐 주는 것이 낫다.

- 当今社会的很多年轻父母不懂得"授人以鱼不如授人以渔"的道理。
  현대 사회의 많은 젊은 부모들은 '물고기를 주는 것보다, 물고기를 잡는 방법을 가르쳐 주는 것이 낫다'는 이 말의 이치를 잘 알지 못한다.

7 忍一时风平浪静, 退一步海阔天空。 Rěn yì shí fēngpínglàngjìng, tuì yí bù hǎikuòtiānkōng.

한 번 참으면 바람과 파도가 잠잠해지고 한 발 양보하면 바다와 하늘이 한없이 넓어진다.

- "忍一时风平浪静, 退一步海阔天空"说起来容易, 做起来难。
  '참고 양보하면 더 많은 발전 가능성을 얻을 수 있다'라는 말은 말하기는 쉽지만 실천하기는 어렵다.

8 若要记得, 先要懂得。 Ruò yào jìde, xiān yào dǒngde.

기억하려면, 먼저 이해해야 한다.

- 对要背诵的文章, 要牢记"若要记得, 先要懂得"这句话。
  글을 외우려면, '기억하려면, 먼저 이해해야 한다'는 말을 꼭 명심해야 한다.

9 良药苦口利于病, 忠言逆耳利于行。 Liángyào kǔ kǒu lìyú bìng, zhōngyán nì ěr lìyú xíng.

좋은 약은 입에 쓰고 충언은 귀에 거슬린다.

- 从小到大父母都会教导我们"良药苦口利于病, 忠言逆耳利于行"。
  어려서부터 클 때까지 부모님께서는 항상 우리에게 '좋은 약은 입에 쓰고, 충언은 귀에 거슬린다'라고 가르치셨다.

10 金无足赤, 人无完人。 Jīn wú zú chì, rén wú wán rén.

금 중에 순금은 없고, 사람 중에 완벽한 사람은 없다.

- 人们总会以"金无足赤, 人无完人"来安慰自己。
  사람은 항상 '금 중에 순금은 없고, 사람 중에 완벽한 사람은 없다'는 말로 자신을 위로하곤 한다.

실전 테스트

第1-5题 请选出与所听内容一致的一项。　🎧 02_4

1　A 养老院设施很差
　　B 老人在家更舒服
　　C 儿女们不愿照顾老人
　　D 老龄化已经成为了社会问题

2　A 第一印象更可靠
　　B 判断一个人主要靠主观
　　C 每个人都有自己的优点
　　D 正确评估不能只靠一时的判断

3　A 学艺贵在精
　　B 技艺越多越好
　　C 综合人才更重要
　　D 做事要分清主次

4　A 做人应该学会低调
　　B 成功的关键是忍耐
　　C 低调的人不受欢迎
　　D 事业的成功离不开张扬

5　A 要有上进心
　　B 要学会接受别人的批评
　　C 要懂得赞美别人
　　D 看人不能只看外表

정답 및 해설 » 해설서 p. 21

1 보기에서 눈을 떼지 마라!

공략비법 03 과학, 상식

출제 형식

과학, 상식을 주제로 하는 문제는 다양한 자연 과학 분야에 관한 지식 혹은 생활 속 과학 정보와 상식 등에 관한 내용이 출제된다.

핵심 전략

1. **보기를 미리 보고 소거법을 사용하자.**
   과학이나 상식을 주제로 한 문제는 전문 용어와 같이 난이도가 높고 생소한 단어가 등장하기도 한다. 하지만 4개 보기에 제시된 핵심 어휘들을 미리 체크해두고, 녹음을 듣다가 언급되지 않은 내용이거나, 언급된 내용과 다른 의미의 보기를 하나씩 지워나가는 풀이 방법을 쓰면 정답률을 높일 수 있다.

2. **배경지식을 활용하라!**
   대부분의 과학, 상식 문제는 우리 일상 생활과 밀접한 관련이 있는 과학적 내용을 다루고 있으므로 자신의 배경 지식을 활용하는 것도 문제 풀이에 도움이 된다.

유형맛보기 1 〈문제〉 🎧 03_1

请选出与所听内容一致的一项。

A 多吃玉米对身体不好
B 玉米的种植面积最广
C 玉米属于低产农作物
D 玉米具有抗衰老的作用

유형맛보기 1 〈녹음〉

玉米是中国分布最广泛的粮食作物之一，种植面积仅次于小麦和水稻，居第三位。玉米中含有一种长寿因子，它具有恢复青春、延缓衰老的功效。另外，玉米中的硒和镁还有防癌抗癌作用。

A 多吃玉米对身体不好
B 玉米的种植面积最广
C 玉米属于低产农作物
Ⓓ 玉米具有抗衰老的作用

옥수수는 중국에 가장 널리 분포된 식량 작물 중 하나로 재배 면적이 밀과 벼에 이어 3위에 이른다. 옥수수에는 일종의 장수 인자가 함유되어 있는데, 그것은 젊음을 회복하고 노화를 늦추는 효능을 지니고 있다. 그밖에도, 옥수수 내의 셀레늄과 마그네슘은 암 예방과 항암 작용을 한다.

A 옥수수를 많이 먹는 것은 건강에 좋지 않다
B 옥수수의 재배 면적이 가장 넓다
C 옥수수는 생산력이 낮은 농작물에 속한다
D 옥수수는 항노화 작용을 한다

지문 어휘 玉米 yùmǐ 옥수수 | 分布 fēnbù 분포하다, 널려 있다 | 广泛 guǎngfàn 광범위하다 | 粮食作物 liángshi zuòwù 식량 작물, 곡류 작물 | 种植 zhòngzhí 재배하다 ⭐ | 面积 miànjī 면적 | 仅次于 jǐn cì yú ~의 다음이다, ~에 버금가다 | 小麦 xiǎomài 밀 | 水稻 shuǐdào 벼 | 居 jū (어떤 위치에) 있다, 차지하다 | 含有 hányǒu 함유하다 | 长寿 chángshòu 장수하다, 오래 살다 | 因子 yīnzǐ 인자 | 恢复 huīfù 회복되다, 회복하다 | 延缓 yánhuǎn 늦추다, 뒤로 미루다 | 衰老 shuāilǎo 노쇠하다, 늙어 쇠약해지다 ⭐ | 硒 xī 셀레늄 | 镁 měi 마그네슘 | 防癌抗癌 fáng'ái kàng'ái 암 예방과 항암, 암을 예방하고 치료하다 | 作用 zuòyòng 작용, 역할

보기 어휘 属于 shǔyú ~에 속하다 | 低产 dīchǎn 생산력이 낮다 | 农作物 nóngzuòwù 농작물 | 抗衰老 kàng shuāilǎo 항노화, 안티에이징

정답 D

해설 첫 문장에서 중국의 옥수수 재배 면적이 3위에 이른다고 하였으므로, 보기 B와 C는 정답에서 제외된다. 지식이나 정보 전달을 주제로 한 지문은 핵심 내용을 반복해서 언급하는 경우가 많으므로 녹음을 들을 때 이 점에 주의해야 한다. 중간 부분에서 옥수수의 효능에 대해 설명하는 '玉米中含有一种长寿因子，它具有恢复青春、延缓衰老的功效.(옥수수에는 일종의 장수 인자가 함유되어 있는데, 이는 젊음을 회복하고 노화를 늦추는 효능을 지니고 있다.)'를 듣고, 이 문장과 동일한 의미를 나타내는 D가 정답임을 알 수 있다. 여기서 '恢复青春(젊음을 회복하다)', '延缓衰老(노화를 늦추다)', '抗衰老(항노화)'는 모두 유사한 표현임을 알아두자.

请选出与所听内容一致的一项。

A 冰箱可以随意放置
B 夏季尽量不要用冰箱
C 冰箱很容易出现故障
D 冰箱摆放的地方要通风好

유형맛보기 2 〈녹음〉

在炎热的夏季，冰箱的使用频率大幅提高。但冰箱在制冷的同时也放热，因此冰箱的摆设也是有讲究的。如果把冰箱放在容易发热的家电旁边，或者放到散热不好的地方，它就很容易出故障。**因此，冰箱应该摆放在阴凉、通风良好的地方。**

A 冰箱可以随意放置
B 夏季尽量不要用冰箱
C 冰箱很容易出现故障
D 冰箱摆放的地方要通风好

무더운 여름철에는 냉장고 사용 빈도가 큰 폭으로 높아진다. 그런데 냉장고는 냉각을 하는 동시에 발열을 하기 때문에 냉장고의 배치에도 신경을 써야 한다. 만약 냉장고를 열이 발생되기 쉬운 가전 제품 옆이나 열 발산이 잘 되지 않는 곳에 두게 되면 냉장고는 쉽게 고장이 난다. 그러므로 냉장고는 반드시 그늘지고 서늘하며, 통풍이 잘 되는 곳에 놓아야 한다.

A 냉장고는 어디에나 놓아도 된다
B 여름철에는 가급적 냉장고를 사용하지 말아야 한다
C 냉장고는 쉽게 고장이 난다
D 냉장고가 배치된 곳은 통풍이 잘 되어야 한다

지문 어휘 炎热 yánrè 형 (날씨가) 무덥다 ★ | 频率 pínlǜ 명 빈도(수) ★ | 大幅 dàfú 형 대폭의, 대폭적인 명 대폭 | 制冷 zhìlěng 동 냉각하다, 냉동하다 | 放热 fàng rè 발열 | 摆设 bǎishè 동 차려놓다, 진열하다 | 讲究 jiǎngjiu 동 ~에 신경 쓰다, ~에 주의하다 | 发热 fā rè 동 열을 발생하다, 발열하다 | 散热 sàn rè 동 열을 발산하다, 열을 내보내다 | 故障 gùzhàng 명 고장 ★ | 摆放 bǎifàng 동 놓다, 진열하다, 배열하다 | 阴凉 yīnliáng 형 그늘지고 서늘하다 | 通风 tōngfēng 형 공기가 통하다 동 통풍시키다, 환기시키다 | 良好 liánghǎo 형 좋다, 양호하다, 훌륭하다

보기 어휘 随意 suíyì 부 마음대로, 뜻대로, 하고 싶은 대로 ★ | 放置 fàngzhì 동 놓아 두다, 방치하다 | 尽量 jǐnliàng 부 가급적, 가능한 한, 되도록

정답 D

해설 지문에서는 여름철 냉장고의 사용 빈도가 높아지므로 이에 따른 주의사항을 반복하여 강조하고 있다. 마지막 부분에서 언급된 '因此(그러므로)'가 정답 키워드가 되는데, '因此，冰箱应该摆放在阴凉，通风良好的地方。(그러므로 냉장고는 반드시 그늘지고 서늘하며, 통풍이 잘 되는 곳에 놓아야 한다.)'이라고 하였으므로 정답은 D이다.

내공 쌓기

🎧 03_3

과학 지식 또는 일반 상식을 주제로 한 지문은 지문 안의 전문 용어 때문에 어렵게 느껴질 수 있다. 최근 시험에 잘 나오는 과학 또는 일반 상식과 관련된 표현을 많이 알아두면 지문 이해에 도움이 된다.

1 过量地服用药物或者和酒一起服用，会引起副作用。
   과다하게 약을 복용한다거나 술과 함께 복용하면 부작용을 일으킨다.

2 出门时要关闭燃气，以免发生意外。
   뜻하지 않은 사고가 발생하지 않도록, 외출할 때는 가스를 잠궈야 한다.

3 盐吃多了对身体无益，所以我们在购买食品时应注意看营养成分表，尽量选择低盐产品，在饭馆吃饭时，也应要求菜里少放盐。
   소금을 많이 먹는 것은 건강에 이로울 것이 없으므로 우리는 식품을 살 때 영양 성분표를 주의 깊게 살펴봐야 한다. 가능한 한 저염 상품을 선택하고, 식당에서 밥을 먹을 때에도 소금을 적게 넣어 달라고 요청해야 한다.

4 在电脑旁边摆放绿色植物来防御辐射的做法其实毫无用处，不过摆放绿色植物还是有好处的，他能缓解眼疲劳。
   컴퓨터 옆에 녹색 식물을 놓아 두는 것은 전자파 차단에 전혀 도움이 되지는 않지만, 눈의 피로를 완화시켜주는 장점은 있다.

5 当人们感到气愤而想发脾气时，如果能够及时宣泄出来，会有利于自己的健康，也会给长寿带来机会。
   사람이 분노를 느끼거나 화를 내고 싶을 때, 즉시 발산할 수 있다면 자신의 건강에 도움이 되고, 장수할 기회를 가져올 것이다.

6 吃杏仁巧克力有利于大脑健康。但这不是巧克力的功劳，而是杏仁中的维生素在起作用，它可以延缓大脑衰老。
   아몬드 초콜릿을 먹으면 대뇌 건강에 도움이 된다. 그런데 이것은 초콜릿의 효과가 아니라 아몬드에 있는 비타민의 효과 때문이다. 그것(아몬드의 비타민)은 대뇌의 노화를 늦출 수 있다.

7 黄色不仅能刺激人的消化系统，还有益于加强人的行动力。所以在家居设计中，厨房常用黄色。

노란색은 사람의 소화기 계통을 자극시킬 뿐만 아니라, 행동력을 강화시키는 데도 도움이 된다. 따라서 집을 디자인할 때 주방에는 노란색을 자주 쓴다.

8 不同年龄段的人对睡眠的需求不一样。婴儿除了吃奶就是睡觉，睡眠时间可能是十多个小时甚至二十多个小时。

연령대에 따라 필요한 수면의 양이 다르다. 갓난 아기들은 젖을 먹는 시간이 아니면 전부 잠을 자기 때문에, 수면 시간이 열 시간 이상 심지어 스무 시간 이상일 것이다.

9 孩子需要"游戏的童年"，因为自由地玩耍有助于培养他们的社交能力、创造力，还能帮助他们在以后的人生岁月中应对挫折、克服困难。

아이들에게는 '놀이의 유년시절'이 필요하다. 이는 자유롭게 노는 것이 그들의 사교성, 창의력을 기르는데 도움이 되고, 앞으로의 인생에서 좌절을 견디고, 어려움을 극복할 수 있게 해주기 때문이다.

10 研究发现，在嘈杂的环境里用耳机，人们会把耳机音量调得过高，导致耳朵受伤。所以还是要在安静的环境中听音乐。

연구에서 시끄러운 환경에서 이어폰을 사용하면 사람들은 이어폰 음량을 너무 높게 조절하게 되어, 귀에 손상을 줄 수 있다는 것을 발견했다. 따라서 조용한 환경에서 음악을 듣는 것이 좋다.

실전 테스트

第1-5题 请选出与所听内容一致的一项。 🎧 03_4

1 A 臭氧会伤害皮肤
　　B 臭氧层正遭破坏
　　C 臭氧在逐渐减少
　　D 臭氧层减轻了紫外线的危害

2 A 涂花露水时要远离明火
　　B 夏季不要涂花露水
　　C 有的花露水中不含酒精
　　D 花露水不容易挥发

3 A 要注意家庭防火
　　B 醋有消毒的作用
　　C 多喝醋可以治感冒
　　D 醋加热后会破坏营养

4 A 蛋白质不易分解
　　B 固体蛋清不能变回液体
　　C 鸡蛋在高温下会变质
　　D 低温会破坏蛋清的结构

5 A 吃辛辣食物伤胃
　　B 吃大葱可缓解疲劳
　　C 冻过的大葱味道更香
　　D 冻过的大葱刺激性小

DAY 04

1 보기에서 눈을 떼지 마라!

공략비법 04 화자의 개인적 견해와 관점

출제 형식

화자의 개인적 견해와 관점을 주제로 하는 문제는 주로 화자가 자신의 경험을 토대로 어떤 사회적 현상에 대해 주관적인 견해를 밝히는 내용이 출제된다.

핵심 전략

1 필요성과 당위성을 나타내는 표현에 주의하자!

화자가 자신의 견해와 관점을 서술하는 내용의 지문에서 '반드시'라는 의미를 나타내는 '必须'와 '一定', 그리고 어떤 일에 대한 필요성과 당위성의 여부를 나타내는 '~해야 한다'는 의미의 '要'와 '应该' 혹은 '~해서는 안 된다'는 의미의 '不应该'와 '不能' 등을 언급하면, 그 뒤에 이어지는 문장에서 정답과 관련된 핵심 내용이 제시되는 경우가 많으므로 이를 반드시 유념해야 한다.

2 개인적 견해와 일반적인 상식은 다를 수 있다.

화자가 지극히 개인적인 생각을 서술하는 것이므로 일반적인 상식과는 완전히 일치하지 않을 수도 있다는 점을 유의해야 한다.

유형맛보기 1 〈문제〉

请选出与所听内容一致的一项。

A 企业内部要保持良性竞争
B 企业应提高员工薪酬
C 员工最好接受职业化培训
D 员工要有业余爱好

유형맛보기 1 〈녹음〉

通常受过职业化培训的人，潜力能够得到更充分地发挥，能力也会得到更大程度地提高。所以，企业要想将普通的员工培养成职业高手，就必须要为员工提供职业化培训的机会。

A 企业内部要保持良性竞争
B 企业应提高员工薪酬
Ⓒ 员工最好接受职业化培训
D 员工要有业余爱好

보통 전문화 훈련을 받았던 사람은 잠재력을 더 충분히 발휘할 수 있게 되고, 능력 또한 더 크게 향상된다. 따라서 기업은 평범한 직원을 전문적인 고수로 키워내고 싶다면, 직원들에게 반드시 전문화 훈련의 기회를 제공해야만 한다.

A 기업 내에서는 선의의 경쟁이 유지되어야 한다
B 기업은 직원의 임금을 올려주어야 한다
C 직원은 직업화 훈련을 받는 것이 바람직하다
D 직원은 여가 취미 생활이 있어야 한다

지문 어휘 | **通常** tōngcháng 명 보통, 통상 | **职业化** zhíyè huà 전문화하다, 직업화하다 | **培训** péixùn 동 양성하다, 키우다, 육성하다 ★ | **潜力** qiánlì 명 잠재력 ★ | **充分** chōngfèn 부 충분히 형 충분하다 | **发挥** fāhuī 동 발휘하다 | **企业** qǐyè 명 기업 | **职业** zhíyè 형 전문적인, 직업적인 명 직업 | **提供** tígōng 동 제공하다

보기 어휘 | **良性** liángxìng 형 양성의, 좋은 효과를 일으키는 | **竞争** jìngzhēng 동 경쟁하다 | **薪酬** xīnchóu 명 임금, 급여 | **业余** yèyú 명 여가

정답 C

해설 이 문제는 화자가 전문화 훈련의 장점에 대해 이야기하고 있고, 마지막 부분에서 자신의 견해를 강조하고 있다. '必须(반드시)'와 '要(~해야 한다)'를 주의해서 들어야 하는데, '所以, 企业要想将普通的员工培养成职业高手, 就应该为员工提供职业化培训的机会。(따라서 기업은 평범한 직원을 전문적인 고수로 키워내고 싶다면, 직원들에게 전문화 훈련의 기회를 제공해야만 한다.)'라고 하였으므로, 이 문장의 의미에 가장 부합하는 C가 정답이다.

유형맛보기 2 〈문제〉 🎧 04_2

请选出与所听内容一致的一项。

A 计划越长越好
B 短期计划要仔细
C 顺其自然的态度更重要
D 每个人都喜欢做计划

유형맛보기 2 〈녹음〉

很多人都喜欢做五年计划、十年计划。然而，按照自己和环境的变化速度，五年计划和十年计划似乎并不怎么符合实际。因此，顺其自然的态度要比做长期计划更有意义。

A 计划越长越好
B 短期计划要仔细
Ⓒ 顺其自然的态度更重要
D 每个人都喜欢做计划

많은 사람들이 5년 계획, 10년 계획을 세우는 것을 좋아한다. 그러나 자신과 환경의 변화 속도대로 라면, 5년 계획과 10년 계획은 실제와 결코 그다지 부합하지 않는다. 그러므로 순리를 따르는 태도가 장기적인 계획을 세우는 것보다 더 의미가 있다.

A 계획은 길수록 좋다
B 단기적인 계획은 자세해야 한다
C 순리를 따르는 태도가 더 중요하다
D 모든 사람들이 다 계획을 세우는 것을 좋아한다

지문 어휘 按照 ànzhào 〈전〉 ~대로, ~에 따르면 | 似乎 sìhū 〈부〉 마치 ~인 것 같다 | 不怎么 bù zěnme 그다지 ~하지 않다 | 符合 fúhé 〈동〉 부합하다 | 实际 shíjì 〈명〉 실제 〈형〉 실제적이다, 현실적이다 | 顺其自然 shùnqízìrán 순리를 따르다

보기 어휘 仔细 zǐxì 〈형〉 자세하다, 꼼꼼하다

정답 C

해설 화자는 장기적인 계획을 세우는 것에 대해 부정적인 입장을 취하며 마지막 부분에서 자신의 주관적 견해를 강조하고 있다. '因此，顺其自然的态度要比做长期计划更有意义。(그러므로 순리를 따르는 태도가 장기적인 계획을 세우는 것보다 더 의미가 있다.)'를 듣고 정답이 C임을 알 수 있다.

내공 쌓기

🎧 04_3

화자의 관점이나 견해를 나타내는 지문은 주로 성공이나 처세에 관한 자신의 의견이나 주장을 서술하는 내용이기 때문에 관련 표현을 많이 알아 두는 것이 문제 풀이에 도움이 된다.

1. **要积累丰富的实践经验。** Yào jīlěi fēngfù de shíjiàn jīngyàn.
   풍부한 실천적 경험을 쌓아야 한다.

2. **要明确自己的方向。** Yào míngquè zìjǐ de fāngxiàng.
   자신의 방향을 명확히 해야 한다.

3. **要善于接受别人的意见。** Yào shànyú jiēshòu biérén de yìjiàn.
   다른 사람의 의견을 잘 수용할 줄 알아야 한다.

4. **倾听是一种美德。** Qīngtīng shì yì zhǒng měidé.
   경청은 일종의 미덕이다.

5. **赞美别人要真诚。** Zànměi biérén yào zhēnchéng.
   다른 사람을 칭찬할 때는 진심이어야 한다.

6. **赞美要讲究技巧。** Zànměi yào jiǎngjiu jìqiǎo.
   칭찬에도 테크닉이 중요하다.

7. **健康的人格要从小培养。** Jiànkāng de réngé yào cóng xiǎo péiyǎng.
   건강한 인격은 어릴 때부터 길러야 한다.

8. **与他人打交道时，衣着得体很重要。** Yǔ tārén dǎ jiāodào shí, yīzhuó détǐ hěn zhòngyào.
   다른 사람과 교류할 때, 어울리는 옷차림을 하는 것이 중요하다.

9 不要太追逐名利。Bú yào tài zhuīzhú mínglì.
명예와 이익을 지나치게 추구해서는 안 된다.

10 要珍惜自己所拥有的。Yào zhēnxī zìjǐ suǒ yōngyǒu de.
자신이 가진 것을 소중하게 생각해라.

11 有抱负的人往往有更大的度量。Yǒu bàofù de rén wǎngwǎng yǒu gèng dà de dùliàng.
포부가 있는 사람은 항상 (그것보다) 더 큰 배포가 있다.

12 眼光要长远。Yǎnguāng yào chángyuǎn.
멀리 봐야 한다.

13 人要学会减压。Rén yào xué huì jiǎn yā.
사람은 스트레스를 줄이는 방법을 배워야 한다.

14 做事要善始善终。Zuò shì yào shànshǐshànzhōng.
일을 할 때는 처음부터 끝까지 한결같아야 한다.

15 要正视自己的缺点。Yào zhèngshì zìjǐ de quēdiǎn.
자신의 단점을 정확하게 봐야 한다.

16 要善于把握机遇。Yào shànyú bǎwò jīyù.
기회를 잘 잡을 줄 알아야 한다.

17 要积极乐观地面对生活。Yào jījí lèguān de miànduì shēnghuó.
적극적이고 낙관적인 자세로 삶을 대해야 한다.

18 不要过于害怕风险。Bú yào guòyú hàipà fēngxiǎn.
리스크(위험)를 지나치게 두려워하지 마라.

19 机会偏爱有准备的人。Jīhuì piān'ài yǒu zhǔnbèi de rén.
기회는 준비된 자를 편애한다.

20 有时候放弃也是一种智慧。Yǒushíhou fàngqì yě shì yì zhǒng zhìhuì.
때로는 포기하는 것도 일종의 지혜이다.

第1-5题 请选出与所听内容一致的一项。 🎧 04_4

1. A 信任是感情的基础
   B 夫妻应该互相理解
   C 孩子是夫妻间最大的纽带
   D 我们应该不断地挑战

2. A 不要害怕挫折
   B 要忘掉失败
   C 对自己要严格一些
   D 遇到问题要多思考

3. A 榴莲族工作勤快
   B 榴莲族更注重形象
   C 榴莲族容易发脾气
   D 榴莲族不在意薪水

4. A 人们都想成功
   B 社会实践很重要
   C 做事前要做好计划
   D 要懂得克服自身弱点

5. A 面部表情很关键
   B 要积极地看待人生
   C 失败的人不会微笑
   D 每个人都会遭遇挫折

정답 및 해설 ≫ 해설서 p. 28

1 보기에서 눈을 떼지 마라!

공략비법 05 이야기(유머, 풍자)

출제 형식

유머와 풍자를 주제로 하는 문제는 동물을 의인화한 이야기나 중국 역사 속 인물과 관련된 이야기, 일상생활 속의 에피소드 등의 내용이 출제된다.

핵심 전략

1 대화 또는 질문에 주목하라!

유머나 풍자와 관련된 지문은 주로 일상생활에서 일어 날 수 있는 소재를 기반으로 하고 대화 형식으로 풀어놓은 것들이 많다. 따라서 지문의 '问' 또는 '说' 등과 같은 어휘 뒤의 질문이나 대화는 꼭 집중해서 듣고 화자의 말의 숨겨진 의미까지 파악해야 한다.

2 반전의 내용이 있을 경우 그 부분이 정답이다.

유머러스한 이야기의 경우 그 결말은 일반적으로 예측할 수 없는 반전 내용일 가능성이 높다. 따라서 논리성이나 일반적인 상식을 벗어나는 이야기의 결말은 반드시 집중해서 듣고 그 내용을 이해해야 한다.

유형맛보기 1 〈문제〉 🎧 05_1

请选出与所听内容一致的一项。

A 作家中间离开了
B 观众提出了很多问题
C 观众都很不喜欢他的演讲
D 那位著名的作家头脑反应很快

유형맛보기 1 〈녹음〉

　　有一个著名的作家在一所大学演讲。他在演讲到一半的时候，有位同学给他传来一张纸条。他打开一看，上面只写了"笨蛋"二字，他先是一愣，然后淡定地说："光写内容不写名字的纸条我见多了，可只写名字不写内容的还是第一次见。"

A 作家中间离开了
B 观众提出了很多问题
C 观众都很不喜欢他的演讲
D 那位著名的作家头脑反应很快

어느 유명한 작가가 한 대학에서 강연을 했다. 그가 강연을 반쯤 하였을 때, 어떤 학생이 그에게 쪽지 하나를 전해왔다. 쪽지를 펼쳐 보니 '바보'라는 두 글자만 써 있었는데, 그는 처음에는 어리둥절해하더니 이내 침착하게 말했다. "내용만 있고 이름이 없는 쪽지는 제가 많이 봤는데요, 이름만 있고 내용이 없는 쪽지는 처음 보네요."

A 작가는 중간에 자리를 떴다
B 관중들은 많은 문제를 제기했다
C 관중들이 다 그의 강연을 매우 싫어했다
D 그 유명한 작가는 두뇌 회전이 빠르다

지문 어휘 　著名 zhùmíng 형 유명하다, 저명하다 | 作家 zuòjiā 명 작가 | 所 suǒ 양 개, 하나(학교, 병원 등의 건축물을 셀 때 쓰는 단위) | 演讲 yǎnjiǎng 동 강연하다 명 강연, 연설 ☆ | 纸条 zhǐtiáo 명 종이 쪽지 | 笨蛋 bèndàn 명 바보, 멍청이 | 愣 lèng 동 어리둥절하다, 멍해지다 ☆ | 淡定 dàndìng 형 침착하다, 냉정하다

보기 어휘 　提出 tíchū 동 제기하다, 제의하다 | 头脑 tóunǎo 명 두뇌, 머리 | 反应 fǎnyìng 명 반응

정답 　D

해설 　이 문제는 어떤 유명한 작가와 관련된 에피소드이다. 작가가 강연 중에 학생이 전한 '笨蛋(바보)'이라는 단어가 쓰여진 쪽지를 펴본 후 침착하게 '光写内容不写名字的纸条我见多了，可只写名字不写内容的还是第一次见。(내용만 있고 이름이 없는 쪽지는 제가 많이 봤는데요, 이름만 있고 내용이 없는 쪽지는 처음 보네요.)'이라고 한 말을 통해, 그는 당황할 수도 있는 상황에서 오히려 순간적인 재치로 지혜롭게 대처했음을 알 수 있다. 따라서 정답은 D이다.

请选出与所听内容一致的一项。

A 那位演员很生气
B 中学生不认识那位演员
C 中学生觉得演员的衣服很普通
D 那位演员马上离开了饭店

유형맛보기 2 〈녹음〉

　　一位著名的演员在一个饭店用餐时，被一个中学生认了出来。中学生问："您是位非常著名的演员，为什么您穿的衣服却这么普通？"那位演员说："如果衣服是名牌，而我却是一无是处的，那岂不是更糟？"

A 那位演员很生气
B 中学生不认识那位演员
Ⓒ 中学生觉得演员的衣服很普通
D 那位演员马上离开了饭店

한 유명 배우가 식당에서 식사를 하고 있는데, 그를 알아본 한 중학생이 '당신은 되게 유명한 배우인데, 왜 당신이 입고 있는 옷은 이렇게 평범한가요?'라고 묻자 그 배우는 '옷은 명품인데 제가 하나도 옳은 데가 없다면 그게 더 나쁜 게 아닐까요?'라고 말했다.

A 그 배우는 매우 화가 났다
B 중학생은 그 배우를 모른다
C 중학생은 배우의 옷이 평범하다고 생각했다
D 그 배우는 바로 식당을 나왔다

지문 어휘 演员 yǎnyuán 명 배우 | 用餐 yòng cān 동 식사를 하다 | 认出来 rèn chūlai 알아보다, 알아차리다 | 名牌 míngpái 명 명품, 유명 브랜드 | 一无是处 yìwúshìchù 성 하나도 옳은 게 없다, 취할 만한 것이 하나도 없다, 장점이라고는 하나도 없다 | 岂不 qǐbù 부 어찌 ~이 아닌가 | 糟 zāo 형 나쁘다, 좋지 않다, 엉망이다

정답 C

해설 한 유명 배우와 관련된 에피소드이다. 식당에서 이 배우를 알아본 중학생이 그에게 '您是位非常著名的演员，为什么您穿的衣服却这么普通？(당신은 되게 유명한 배우인데, 왜 당신이 입고 있는 옷은 이렇게 평범한가요?)'이라고 물었으므로 정답은 C이다. 이 문제는 특히 지문에서 언급된 문장이 그대로 보기에 제시되어 있어 더 쉽게 정답을 찾을 수 있다.

내공 쌓기

유머 관련 문제는 주로 유머 포인트가 되는 반전이나 내용 안에 숨겨진 의미를 파악하는 유형이 자주 출제된다. 전체 내용을 잘 이해해야 할 뿐만 아니라, 그 안에 숨은 의도까지 파악해야 하기 때문에 평소 유머 관련 지문을 많이 읽어 두는 것이 문제를 푸는데 도움이 된다.

 숨겨진 의미를 찾아라!

> 在一次医学研讨会上，一名精神科医生宣布自己发明了一种治疗抑郁症的新药。另一个医生问："有什么副作用吗？"这名精神科医生沉默了一会儿，说："它会使病人丧失短期记忆，因此好几个病人给我付了三四次医疗费。"在场医生听后全体起立，热烈鼓掌。

의학 심포지엄에서 한 정신과 의사가 우울증을 치료할 수 있는 신약을 개발했다고 발표했다. 다른 한 의사가 '어떤 부작용이 있습니까?'라고 묻자, 이 정신과 의사는 잠시 침묵한 후에 이렇게 말했다. "단기 기억 상실증을 유발할 수 있습니다. 그래서 많은 환자들이 진료비를 세 네 번이나 냈고요." (이 말을 듣고) 회의장에 있던 의사들이 전부 일어나서 박수를 쳤다.

* 회의장의 의사들이 전부 박수를 친 이유는 정신과 의사가 개발한 우울증 치료제의 부작용이 단기 기억 상실증을 유발하여, 이 때문에 환자들이 진료비를 세 네 번 냈으므로 의사들 입장에서는 오히려 좋아할 일이기 때문이다.

> 一位大龄姑娘对红娘说："我要找一个丈夫。我希望他是有教养的、很幽默的、消息灵通的，一个月的收入要超过一万人民币。还有一条最重要的是：我如果跟他讲话，他得开口回答；我感到厌烦，他得一声不吭。""我懂了，小姐。"那位红娘回答，"我劝你买一台电视机。"

노처녀가 한 중매쟁이한테 말했다. "남편감을 찾고 있는데요, 교양 있고, 유머러스하고, 정보에도 민감해야 하며, 월수입이 10,000위안은 넘었으면 좋겠어요. 또 가장 중요한 조건이 하나 있는데요, 제가 그에게 말을 걸 때는 꼭 대답을 해야하고, 제가 짜증날 때는 한 마디도 하지 않았으면 좋겠어요." "알겠어요, 아가씨." 그 중매쟁이가 대답했다. "저는 아가씨가 텔레비전 한 대를 사는 것을 권해요."

* 중매쟁이 대답의 의미는 아가씨의 배우자 선택 조건이 너무 까다로워서 사실상 조건을 만족시킬만한 것은 텔레비전밖에 없다는 뜻이다.

> 生物学家和经济学家在树林中散步，突然碰到一头大黑熊。经济学家扭头就跑。生物学家说："别跑了，我们跑不过黑熊！"而经济学家一边狂跑，一边回头说："我虽然跑不过黑熊，但我跑得过你！"

생물학자와 경제학자가 숲에서 산책을 하고 있었는데 갑자기 큰 흑 곰 한 마리와 마주치게 되었다. 경제학자는 몸을 돌려 뛰었고, 생물학자는 '뛰지 마세요, 우리가 뛰어봤자 흑 곰을 이길 수는 없어요!'라고 말했다. 하지만 경제학자는 미친 듯이 뛰면서, 고개를 돌려 '내가 비록 흑 곰은 못 이겨도 당신은 이길 수 있거든!'이라고 말했다.

* 경제학자는 곰은 이길 수 없어도 생물학자만 이기면 생물학자가 곰에게 잡히고 자신은 위기를 모면할 수 있다고 생각해서 계속 뛴 것이다.

> 毕业典礼上，校长宣布全年级第一名的同学上台领奖，可是连续叫了几声之后，那个学生才慢慢走上台。后来，老师问他："刚才你怎么了？生病了？还是没听清楚？"学生说："我没生病，我是怕其他同学没听清楚。"

졸업식에서 교장 선생님이 전교 1등을 한 학생에게 상장을 수여하려 하는데, 몇 번을 부른 후에야 그 학생은 천천히 단상에 올라왔다. 나중에 선생님이 '아까는 왜 그랬니? 아팠어? 아니면 잘 못 들은 거야?'라고 묻자 학생이 '아픈 게 아니라 다른 학생들이 잘 못 들었을까 봐서요.'라고 말했다.

* 그 학생은 본인이 못 들은 것이 아니라 자기가 전교 1등임을 다른 학생이 못 들었을까 봐 일부러 천천히 올라온 것이다.

> 孩子找妈妈要两块钱。妈妈问："昨天给你的钱呢？""我给了一个可怜的老奶奶。"他回答说。"你真是个好孩子！"妈妈高兴地说，"再给你两块钱。可是你为什么要把钱给那位老奶奶呢？"孩子说道："她是个卖糖的。"

아이가 엄마에게 2위안을 달라고 하자, 엄마가 물었다. "어제 네게 준 돈은?"
"불쌍한 할머니에게 드렸어요." 아이가 대답했다.
"정말 착하구나!" 엄마가 기뻐하면서 말했다. "2위안을 다시 줄게. 그런데 왜 돈을 그 할머니께 드린거야?"
아이는 '그 분이 사탕을 팔았거든요'라고 말했다.

* 아이는 불쌍한 할머니에게 돈을 드린 것이 아니라 사탕을 사 먹은 것임을 알 수 있다.

第1-5题 请选出与所听内容一致的一项。

1. A 吵架后我很内疚
   B 同桌真心向我道歉
   C 老师批评了同桌
   D 同桌故意陷害我

2. A 作家周末没有计划
   B 那条短信的内容很难
   C 作家认为富商很傲慢
   D 富商不打算邀请那位作家

3. A 丈夫应该帮助妻子
   B 丈夫常常刷碗
   C 今天是丈夫的节日
   D 丈夫并不是真心体贴妻子

4. A 观众很少
   B 临时换了个演员
   C 那场演出很成功
   D 舞蹈老师很生气

5. A 那家餐厅没有糖
   B 客人最后加了汤
   C 客人发音不太好
   D 客人对服务员不满意

제2부분
인터뷰 듣고 질문에 답하기

2 몇 가지 단서를 토대로 정답을 예측하라!

공략 비법 06 문화·예술인 인터뷰

공략 비법 07 스포츠인 인터뷰

공략 비법 08 기업인 및 기타 특정 분야 전문가 인터뷰

제2부분
인터뷰 듣고 질문에 답하기

문제 형식
듣기 제2부분은 700자 정도의 인터뷰를 듣고 이과 관련된 질문에 대한 정답을 고르는 형태로, 모두 3개의 인터뷰로 구성되며, 한 인터뷰당 5개의 문제가 주어진다. 16~30번까지 총 15문제가 출제된다.

출제 경향
듣기 제2부분에서는 ★문화·예술인 인터뷰, 스포츠인 인터뷰, 특정 분야 전문가 인터뷰가 주로 출제되는데 그 중에서 ★문화·예술인 인터뷰가 50%를 차지한다. 인터뷰 대상에 따라 인터뷰 내용의 흐름이 달라지고, 질문의 유형도 달라지므로 주의해야 한다.

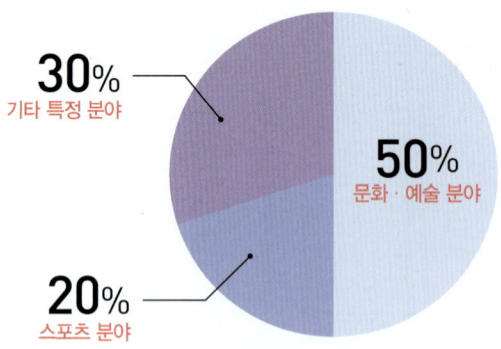

듣기 제2부분에서 자주 나오는 질문

1. 문화·예술인 인터뷰
– 배우, 감독, 작가, 화가, 디자이너, 문예 평론가 등을 주요 대상으로 한다.

① **你在创作中，遇到了哪些困难(障碍)?**
당신은 창작 활동을 하면서 어떤 어려움을 겪었습니까?

② **～，你觉得重要的因素是什么?**
～에서, 당신은 중요한 요소가 무엇이라 생각합니까?

③ **你创造的灵感(源泉)来自哪里?**
당신의 창작 영감(원천)은 어디에서 옵니까?

④ **您觉得天分和勤奋哪个重要?**
당신은 천부적인 재능과 열심히 노력하는 것 중에 무엇이 더 중요하다고 생각합니까?

⑤ **你觉得目前最大的挑战是什么?**
당신이 생각하기에 현재 가장 큰 도전은 무엇이라 생각합니까?

2. 스포츠인 인터뷰
– 다양한 스포츠 종목의 선수나 감독을 주요 대상으로 한다.

① **女的怎么评价现在的自己?**
여자는 지금의 자신에 대해 어떻게 평가하는가?

② **男的认为好的运动员应该具备什么能力?**
남자는 좋은 운동선수는 어떤 능력을 갖춰야 한다고 생각하는가?

③ **退役后，男的有什么计划?**
은퇴 후, 남자는 어떤 계획을 가지고 있는가?

3. 기업인 및 기타 특정 분야 전문가 인터뷰
– 유명 기업인이나 금융, 의료, 교육 같은 특정 분야에 종사하는 전문가를 주요 대상으로 한다.

① **为什么女的觉得创业初期不辛苦?**
왜 여자는 창업 초기에 힘들지 않다고 생각했는가?

② **男的认为他们公司的核心竞争力是什么?**
남자는 그들 회사의 핵심 경쟁력은 무엇이라 생각하는가?

③ **男的还有什么梦想?**
남자는 또 어떤 꿈이 있는가?

# 문제 풀이 전략

문제는 이렇게 풀어라!

Step 1 ★ **인터뷰의 흐름 파악이 중요하다!**

문제는 보통 인터뷰의 흐름에 따라 차례대로 출제되므로 해당 인터뷰의 첫 번째 문제에 제시된 보기를 살펴보며 핵심어를 찾아내고, 이후 문제 번호 순서대로 시선을 옮겨가며 녹음을 들고 관련 내용이 언급되면 바로 정답으로 체크하는 것이 중요하다.

> 女: 经历过那么多大赛，拿过无数的冠军奖杯，我以为我会很淡定。16 但在里约拿到冠军的那一瞬间，就感觉是自己第一次拿到冠军一样兴奋和激动。
> 男: 我们都知道，您的教练任期还有一年，那之后您有什么打算吗？
> 女: 17 如果体育总局给我机会的话，我还想再继续担任国家女排教练这个角色。
>
> **16.** 女排在里约奥运会上拿到冠军时，女的是怎样的心情？
> 정답: 非常兴奋
>
> **17.** 문제: 女的教练任期结束后，想做什么？
> 정답: 连任主教练

Step 2 ★ **인터뷰 진행자의 질문이 곧 문제이므로 그의 질문에 귀 기울여라!**

대부분의 문제가 인터뷰 진행자의 질문과 동일하다고 할 수 있다. 따라서 인터뷰 하나 당 평균 4~5개로 구성되는 인터뷰 진행자의 모든 질문은 놓치지 말고 듣고, 질문에 대한 답변에서 핵심 내용을 파악한 후 정답을 찾도록 하자.

> 女: 你认为滑冰产业的挑战和机遇分别在哪里？
> 男: 要说挑战，18 人才的缺失就是这个行业面临的最大挑战。另外水价的上涨也使滑冰场的经营成本大幅提升。
>
> **18.** 男的认为滑冰产业面临的最大挑战是什么？
> 정답: 人才难求

Step 3 ★ **첫 부분과 마지막 부분은 절대 놓치지 말자!**

녹음의 첫 시작은 보통 인터뷰 진행자의 인사말이 된다. 그 부분에서 바로 인터뷰 대상자의 개인 정보 및 인터뷰에서 전반적으로 다루게 될 내용을 언급하고 있으며, 마지막 부분에서 향후 계획 및 포부 등을 밝히는 내용이 언급되므로 반드시 집중해서 듣자.

첫 부분 (전반적으로 다루게 될 내용)

女：最近一项调查数据显示，近几年国内拍卖市场不景气。与去年相比，今年拍卖行业的业绩下滑近四成，您怎样看待这种现象呢？

男：我认为以前是太景气了，那是不正常的。21 我觉得不景气反而是在恢复理性、往正常方向发展的一个标志。

21. 男的怎么看待拍卖行业不景气这一现象？
    정답 : 正在恢复理性

마지막 부분 (향후 계획, 방향)

女：政府在扶持拍卖业发展方面应该做哪些工作呢？

男：24 首先要帮拍卖行业构建出一个政策宽松的平台；其次要加强专业的培训。我们明年一系列的工作就是要做好拍卖行业的培训，请国外一些经验丰富的拍卖行业专家给我们讲一讲应该怎么管理、怎么经营，让大家找到一个正确的方式。

24. 政府在扶持方面该采取哪些措施？
    정답 : 放宽政策

Step 4 메모를 하면서 듣자!

듣기 제2부분에서 인터뷰 대상자의 개인 정보와 관련된 문제는 주로 5개의 문제 중 가장 마지막에 나오지만, 정답은 인터뷰 녹음의 처음이나 중간 부분에 있기 때문에 간단하게 메모를 하면서 듣는 습관을 길러야 한다.

첫 부분 (개인 정보와 관련된 내용)

女：30 以前是以运动员的身份拿过奥运会冠军，当然感觉非常不一样。记得13年刚当上女排主教练的时候，那时候的目标就是要在下一届奥运会上拿到冠军。经历过那么多大赛，拿过无数的冠军奖杯，我以为我会很淡定。但在里约拿到冠军的那一瞬间，就感觉是自己第一次拿到冠军一样兴奋和激动。

30. 关于女的，正确的一项是？
    정답 : 曾是运动选手

2 몇 가지 단서를 토대로 정답을 예측하라!

공략비법 06 문화 · 예술인 인터뷰

출제 형식

문화 · 예술인 인터뷰는 배우, 감독, 작가, 화가, 디자이너, 문예 평론가 같은 문화 · 예술 분야에 종사하는 인물을 대상으로 하는 인터뷰이다. 인터뷰는 해당 인물에 대한 간단한 소개, 문화 · 예술 활동 시작 계기, 작품 특징, 해당 분야에 대한 견해, 앞으로의 계획과 목표 등에 관한 내용이 주로 출제된다.

핵심 전략

1 문화 · 예술인 인터뷰의 진행 흐름을 파악하라!

인터뷰 대상 소개 / 문화 · 예술 분야를 접하게 된 계기

작품 특징 소개 / 문화 · 예술 활동 소개

문화 · 예술 분야에 관한 견해 / 문화 · 예술 분야의 발전 전망

앞으로의 계획과 목표

위 인터뷰 진행 흐름을 따라 문제 보기에 제시된 내용이 언급되는지 체크하며 들어야 한다.

2 보기와 동일한 어휘와 핵심어에 집중하라!

정답은 대부분 인터뷰 대상자의 답변에서 찾을 수 있다. 보기 내용을 빠르게 체크하고 인터뷰 대상자의 답변 중 보기와 동일한 어휘를 언급하는 문장에 '最(가장)', '重要(중요하다)', '主要(주로)', '因为(왜냐하면)', '为了(~을 위해)', '目的是(목적은 ~이다)', '关键(관건, 키포인트)'과 같은 핵심어가 포함되어 있으면 이것이 바로 정답이 될 확률이 높으므로 주의하도록 하자.

第1-5题：请选出正确答案。

1. A 不是她自己的创意
   B 不完全符合自己的意愿
   C 公司的规定
   D 害怕泄露自己的秘密

2. A 构思
   B 与客户沟通
   C 布料的选择
   D 实际制图

3. A 参考以往的作品
   B 多宣传自己的作品
   C 按照评委的喜好做
   D 不要重复别人的作品

4. A 丰富的想象力
   B 良好的心理素质
   C 细微的观察能力
   D 卓越的审美能力

5. A 曾多次获奖
   B 经营了一家手机店
   C 博士还未毕业
   D 想当设计大赛的评委

유형맛보기〈녹음〉

第1到5题是根据下面一段采访：

男：您是如何走上设计这条道路的？为什么在网上很少能看到您在工作中创作的作品？
女：我儿时的梦想是工业设计。长大后，我如愿以偿地考取了大学的工业设计专业，但后来阴差阳错地做了服装设计工作。我会把工作和个人创作分得比较开，**1 那是因为工作中的设计任务不能完全受我自己控制，我不太愿意与大家分享**，而个人创作我却十分愿意把它拿出来。
男：您认为在服装设计中，最花精力的是哪个部分？
女：本来设计就是一个力气活儿，有时为了一个设计方案可能熬上几天几夜。**2 但我认为最让我投入精力的是构思**，怎样把消费者的需求与服装样式的创意相结合是一个难点。所以构思的时间加起来可能要比实际做的时间还要长。
男：**5 您参加过各种大赛，并且拿过很多大奖**，方不方便透露一下心得或者经验？
女：其实生活中的所见所闻都可以作为设计的素材，比如去过的地方、看过的电影等等。从历届比赛来看，每届服装设计大赛的大奖得主风格都各不相同，并没有什么规律。**3 我认为只要不盲目跟风，用心去做，保持自己的特点，都有可能让作品脱颖而出**。
男：您认为想要成为一名优秀的服装设计师，应该具备哪些能力？
女：**4 首先要有卓越的审美能力**，因为这种能力直接体现在你的作品上；其次就是要有敏锐的观察能力。这两点非常重要。

1. 女的不愿意分享工作中的创作，是什么原因？
 A 不是她自己的创意　　　　　Ⓑ 不完全符合自己的意愿
 C 公司的规定　　　　　　　　D 害怕泄露自己的秘密

2. 女的认为在设计服装时，最花精力的地方是什么？
 Ⓐ 构思　　　　　　　　　　　B 与客户沟通
 C 布料的选择　　　　　　　　D 实际制图

3. 女的认为怎么做才能让自己的作品在大赛中脱颖而出？
 A 参考以往的作品　　　　　　B 多宣传自己的作品
 C 按照评委的喜好做　　　　　Ⓓ 不要重复别人的作品

4. 女的觉得想成为一名优秀的设计师，首先应具备什么能力？
 A 丰富的想象力　　　　　　　B 良好的心理素质
 C 细微的观察能力　　　　　　Ⓓ 卓越的审美能力

5. 关于女的，可以知道什么？
 Ⓐ 曾多次获奖　　　　　　　　B 经营了一家手机店
 C 博士还未毕业　　　　　　　D 想当设计大赛的评委

1~5번 문제는 다음 인터뷰에 근거한다.

남: 선생님께서는 어떻게 디자인이라는 길로 들어서게 되셨나요? 어째서 인터넷상에서는 선생님께서 업무상 창작하신 작품을 쉽게 볼 수 없는 건가요?

여: 어린 시절 제 꿈은 산업디자인을 하는 것이었습니다. 커서 소원대로 대학의 산업디자인과에 합격하였지만, 후에 여러 원인들로 인해 패션디자인을 하게 되었답니다. 저는 일과 개인의 창작을 비교적 분리시키는 편인데요, 1 그것은 일에서의 디자인 임무는 제가 전적으로 컨트롤할 수 없어서, 다른 사람들과 함께 공유하는 것을 꺼리지만, 개인 창작물은 오히려 공개하기를 원하기 때문입니다.

남: 선생님께서는 패션디자인에서 어느 부분에 가장 노력을 기울이십니까?

여: 디자인은 본래 육체적으로 고된 작업입니다. 때로는 한 가지 디자인 방안을 위해 며칠 밤을 샐 때도 있죠. 2 하지만 제가 가장 노력을 쏟는 부분은 구상입니다. 소비자의 요구와 패션스타일의 창의성을 서로 어떻게 결합시킬 것인가가 어려운 점이죠. 그래서 구상하는 시간을 합치면 아마 실제 제작 시간보다 더 길 것입니다.

남: 5 선생님께서는 각종 대회에 참가해 대상을 받으신 적이 많은데 소감이나 경험을 좀 말씀해주실 수 있습니까?

여: 사실 생활 속에서 보고 들은 것들, 예를 들어 가본 곳이나 봤던 영화와 같은 것들은 모두 디자인의 소재가 될 수 있답니다. 지난 대회들에서 볼 수 있듯이, 매 회마다 패션디자인대회 대상 수상자들의 스타일은 모두 각기 달랐고, 어떠한 규칙도 없었습니다. 3 무작정 따라하지 않고, 심혈을 기울여 자신만의 특색을 유지한다면, 두각을 나타내는 작품을 만들어낼 수 있을 것이라 생각합니다.

남: 선생님께서는 우수한 패션디자이너가 되기 위해서 꼭 갖춰야 할 능력이 무엇이라고 생각하십니까?

여: 4 우선 탁월한 심미적 능력을 지녀야 하는데, 이러한 능력이 직접적으로 작품에 드러나기 때문입니다. 그 다음은 바로 예리한 관찰력이 있어야 합니다. 이 두 가지가 매우 중요하다고 할 수 있습니다

1. 여자가 일에서의 창작을 공유하고 싶어하지 않는 것은 무슨 이유인가?
   A 자신의 창의성이 아니어서
   B 자신의 바람에 완전히 부합하지 않아서
   C 회사의 규정이어서
   D 자신의 비밀이 폭로될까 두려워서

2. 여자는 패션디자인에서 가장 노력을 쏟는 부분이 무엇이라 여기는가?
   A 구상
   B 고객과의 소통
   C 옷감의 선택
   D 실제 도면이나 도안을 그리는 것

3. 여자는 어떻게 해야 작품이 대회에서 두각을 나타낼 수 있다고 생각하는가?
   A 이전 작품을 참고한다
   B 자신의 작품을 많이 홍보한다
   C 평가위원의 기호에 맞게 제작한다
   D 다른 사람의 작품과 중복되지 않게 해야 한다

4. 여자는 우수한 디자이너가 되려면 먼저 어떤 능력을 갖추어야 한다고 생각하는가?
   A 풍부한 상상력
   B 훌륭한 심리적 소양
   C 세밀한 관찰능력
   D 탁월한 심미적 능력

5. 여자에 관해 알 수 있는 것은?
   A 여러 차례 상을 받았다
   B 휴대폰 가게를 경영한다
   C 박사 학위를 아직 졸업하지 않았다
   D 디자인 대회의 평가위원이 되고 싶어한다

지문 어휘 设计 shèjì 명 디자인, 설계 동 설계하다, 디자인하다 | 作品 zuòpǐn 명 작품, 창작품 | 梦想 mèngxiǎng 명 꿈 동 갈망하다, 간절히 바라다 ⭐ | 如愿以偿 rúyuànyǐcháng 성 소원을 성취하다, 희망이 이루어지다 | 考取 kǎo qǔ 동 시험에 합격하다 | 阴差阳错 yīnchāyángcuò 성 여러 가지 원인으로 인하여 일이 잘못되다 | 服装 fúzhuāng 명 복장, 의류, 의상 | 创作 chuàngzuò 명 창작, 창작품 동 창작하다 ⭐ | 任务 rènwu 명 임무, 책무 | 控制 kòngzhì 동 컨트롤하다, 통제하다, 제어하다 | 分享 fēnxiǎng 동 함께 나누다 | 精力 jīnglì 명 정력, 정신과 체력 | 力气活儿 lìqihuór 명 육체노동, 힘이 드는 일 | 方案 fāng'àn 명 방안 | 熬夜 áoyè 동 밤새다, 철야하다 | 投入 tóurù 동 투입하다, 넣다, 뛰어들다, 몰두하다 | 构思 gòusī 명 구상 동 구상하다 ⭐ | 消费者 xiāofèizhě 명 소비자 | 需求 xūqiú 명 수요, 필요 | 样式 yàngshì 명 스타일, 양식, 모양 | 创意 chuàngyì 명 창의, 창의적인 구상, 아이디어 동 독창적인 의견이나 구상을 제시하다 | 结合 jiéhé 동 결합하다 | 大奖 dàjiǎng 명 대상 | 透露 tòulù 동 넌지시 드러내다, 누설하다 ⭐ | 心得 xīndé 명 소감, 느낌, 체득 ⭐ | 所见所闻 suǒjiàn suǒwén 명 보고 들은 것 | 素材 sùcái 명 소재 | 历届 lìjiè 명 지나간 매회, 역대 | 得主 dézhǔ 명 (시합이나 선발 대회의) 수상자 | 风格 fēnggé 명 풍격, 스타일 | 各不相同 gèbùxiāngtóng 성 서로 다르다, 제각기 다르다 | 规律 guīlǜ 명 규율, 법칙 | 盲目 mángmù 형 맹목적인 | 跟风 gēnfēng 동 남이 하는 대로 따라 하다, 시대의 조류에 영합하다 | 保持 bǎochí 동 유지하다, 지키다 | 脱颖而出 tuōyǐng'érchū 성 자기의 재능을 드러내다, 두각을 나타내다 | 具备 jùbèi 동 구비하다, 완비하다 | 卓越 zhuóyuè 형 탁월하다, 출중하다 ☆ | 审美 shěnměi 형 심미적이다 명 심미 형 아름다움을 감상하고 평가하다 ☆ | 体现 tǐxiàn 동 구체적으로 드러내다, 구현하다 | 敏锐 mǐnruì 형 예리하다, 날카롭다, 예민하다 ☆ | 观察 guānchá 동 관찰하다, 살피다

보기 어휘
符合 fúhé 동 부합하다, 일치하다 | 意愿 yìyuàn 명 바람, 염원, 소원 | 规定 guīdìng 명 규정 동 규정하다, 정하다 | 泄露 xièlòu 동 폭로하다, 누설하다 ☆ | 沟通 gōutōng 동 소통하다, 교류하다 | 布料 bùliào 명 옷감, 천 | 制图 zhì tú 동 도면이나 도안을 그림, 제도하다 | 参考 cānkǎo 동 참고하다 | 以往 yǐwǎng 명 이전, 종전 ☆ | 宣传 xuānchuán 동 홍보하다, 선전하다 | 重复 chóngfù 형 중복되다 동 반복하다, 되풀이하다 | 想象力 xiǎngxiànglì 명 상상력 | 心理 xīnlǐ 명 심리 | 素质 sùzhì 명 소양, 자질 ☆ | 细微 xìwēi 형 미세하다, 자잘하다 | 获奖 huò jiǎng 동 상을 타다, 수상하다 | 经营 jīngyíng 동 경영하다 | 评委 píngwěi 명 평가위원, 심사위원

정답
1. B   2. A   3. D   4. D   5. A

해설

1. 문제는 여자가 일에서의 창작을 공유하고 싶어하지 않는 이유를 묻고 있다. 이는 다른 문제들과 다르게 인터뷰 진행자의 질문이 문제와 일치하지 않아 다소 난이도가 높다고 할 수 있다. 하지만 듣기 2부분에서 출제되는 문제는 대부분 인터뷰 진행 순서를 따른다는 점을 감안하면, 이 문제의 정답과 관련된 내용은 녹음 앞부분에서 언급될 것임을 유추할 수 있다.
남자의 첫 번째 질문에 대한 여자의 답변 중 '那是因为工作中的设计任务不能完全受我自己控制，我不太愿意与大家分享。(그것은 일에서의 디자인 임무는 제가 전적으로 컨트롤할 수 없어서, 다른 사람들과 함께 공유하는 것을 꺼립니다.)'을 듣고, 여자는 자신이 바람과 달리 일에서의 창작은 자신이 전부 컨트롤 할 수 없기 때문에 이를 다른 사람들과 공유하고 싶어하지 않음을 알 수 있으므로 정답은 B이다. 특히, 이 문제는 인터뷰 녹음에서 들리는 문장이 그대로 보기에 노출된 경우가 아니므로 여자가 한 말에 내포된 의미를 정확히 이해해야 정답을 고를 수 있다.

2. 이 문제의 정답 키워드는 '最(가장)'이다. 인터뷰 진행자나 인터뷰 대상자가 언급하는 문장에서 '最(가장)'가 들리면, 그 내용에 관한 문제는 거의 출제된다고 할 수 있으므로, 이 점을 반드시 기억하도록 하자.
여자가 패션디자인에서 가장 노력을 쏟는 부분에 대해 묻고 있는데, 이는 남자의 두 번째 질문과 동일하다. 이에 대한 여자의 답변 중 '但我认为最让我投入精力的是构思。(하지만 제가 가장 노력을 쏟는 부분은 구상입니다.)'를 듣고 A가 정답임을 알 수 있다.

3. 어떻게 해야 작품이 대회에서 두각을 나타내는지에 대한 여자의 생각을 묻고 있는데, 이는 남자가 여자에게 세 번째 질문으로 수상 소감과 경험을 물은 것에 대한 여자의 답변 중 '我认为只要不盲目跟风，用心去做，保持自己的特点，都有可能让作品脱颖而出。(무작정 따라 하지 않고, 심혈을 기울여 자신만의 특색을 유지한다면, 두각을 나타내는 작품을 만들어낼 수 있을 것이라 생각합니다.)'를 듣고, 다른 사람의 작품과 똑같지 않은 자신만의 특색 있는 작품을 만들어야 한다는 것을 강조하고 있음을 알 수 있다. 따라서 정답은 D이다.

4. 우수한 디자이너가 되기 위해 갖추어야 하는 능력에 대한 여자의 생각을 묻고 있는데, 이는 남자의 마지막 질문과 동일하다. 이에 대한 여자의 답변 중 '首先要有卓越的审美能力。(우선 탁월한 심미적 능력을 지녀야 한다.)'를 듣고, 정답이 D임을 알 수 있다. 이 문제와 같이 인터뷰 대상의 답변에서 자신의 관점이나 견해의 우선 순위를 나타내는 '首先(우선, 먼저)~, 其次(그 다음으로)~'라는 표현으로 열거하여 언급하는 경우, 이 내용에 관해 묻는 문제가 거의 출제되므로 주의하여 듣자.

5. 인터뷰 대상자의 전반적인 것에 관해 묻는 문제이다. 이런 경우 인터뷰 진행 순서나 인터뷰 속 질문과 답변에 상관없이 녹음의 어느 부분에나 정답이 있을 수 있기 때문에 녹음을 듣기 전 모든 문제의 보기를 빠르게 체크하면서 개인 정보와 관련된 내용이 혹시 제시되어 있는지 살펴보는 것이 중요하다. 남자의 세 번째 질문에서 '您参加过各种大赛，并且拿过很多大奖。(선생님께서는 각종 대회에 참가해 대상을 받으신 적이 많다.)'을 듣고, 여자가 대회에서 여러 차례 대상을 받았음을 알 수 있으므로 정답은 A이다.

내공 쌓기

🎧 06_2

문화 예술인에 대한 인터뷰는 '演员(배우)', '作家(작가)', '设计师(디자이너)'와 같은 예술가 혹은 '文艺评论家(문예 평론가)'를 대상으로 하기 때문에 예술 작품의 소개와 특징, 예술에 대한 견해 및 가치관 등과 관련된 기본적인 어휘를 잘 익혀두어야 한다.

1 영화 또는 배우와 관련된 어휘

- **导演** dǎoyǎn 감독
  李安是中国最著名的导演之一。 리안은 중국의 가장 유명한 감독 중 한 명이다.

- **演员** yǎnyuán 배우
  他的理想是成为一名演员。 그의 꿈은 배우가 되는 것이다.

- **剧本** jùběn 극본, 시나리오
  我曾经写过近100部剧本。 나는 이전에 100여 편에 가까운 극본을 써 본 적이 있다.

- **上映** shàngyìng 상영하다
  这部电影下个月才上映。 이 영화는 다음 달에 비로소 상영한다.

- **台词** táicí 대사
  《嫉妒的化身》这部韩国电视剧的台词很有意思。
  '질투의 화신'이라는 한국 드라마의 대사는 아주 재미있다.

- **角色** juésè 역할
  李英爱饰演的角色都非常深入人心，特别是"大长今"。
  이영애가 연기한 역할은 전부 사람들 마음 속에 깊이 새겨져 있는데, 특히 '대장금'이 그렇다.

공략 비법 06 문화·예술인 인터뷰 **77**

② 작가와 관련된 어휘

- **灵感** línggǎn 영감

  您的创作灵感来自哪里呢?
  당신의 창작 영감은 어디에서 옵니까?

- **教育观** jiàoyùguān 교육관

  犹太民族具有独特而富有智慧的家庭教育观。
  유대인은 독특하고 지혜가 가득한 가정 교육관을 가지고 있다.

- **出新书** chū xīnshū 신간을 내다

  金庸先生已经封笔很多年了，但是仍然有很多读者期盼他出新书。
  진용 선생님은 창작 활동을 중단한지 이미 오래 되었지만, 여전히 많은 독자들이 그의 신간이 나오기를 기대하고 있다.

- **签售会** qiānshòuhuì 사인회

  今天有上千名读者参加了张小娴的新书签售会，场面十分壮观。
  오늘 천 명이 넘는 독자들이 장샤오시엔의 신간 사인회에 참가해 장관을 연출했다.

③ 디자이너와 관련된 어휘

- **时装秀** shízhuāngxiù 패션쇼

  这次在上海举办的时装秀吸引了众多来自海内外的设计师。
  이번에 상하이에서 개최된 패션쇼는 국내 및 해외에서 온 많은 디자이너들의 주목을 받았다.

- **面料** miànliào 원단, 옷감

  传统旗袍的面料以丝绸为主。
  전통 치파오의 원단은 실크를 위주로 한다.

- **建筑** jiànzhù 건축

  鸟巢是一个充满创意的建筑，凝聚了多位设计师的智慧。
  베이징 올림픽 주경기장은 창의성이 넘치는 건축물이며, 여기에는 많은 디자이너들의 지혜가 응집되어 있다.

실전 테스트

第1-5题 请选出与所听内容一致的一项。　🎧 06_3

1 A 作品与商业运作的取舍
　　B 作品所表达的思想
　　C 作品里的流行元素
　　D 主题的选择和把握

2 A 概念
　　B 过程
　　C 记录
　　D 对象

3 A 运气不佳
　　B 当过演员
　　C 大学专业是摄影
　　D 不喜欢大量拍摄

4 A 喜欢色彩鲜艳
　　B 喜欢对比色调
　　C 特别喜欢黑白照
　　D 更重视淡雅的色彩

5 A 养成记录的习惯
　　B 注重细节
　　C 环游世界
　　D 认真观察

정답 및 해설 ≫ 해설서 p. 34

DAY 07

2 몇 가지 단서를 토대로 정답을 예측하라!

공략비법 07 스포츠인 인터뷰

출제 형식

스포츠인 인터뷰는 스케이트, 배드민턴, 탁구, 농구, 수영, 사격 등 각종 스포츠 종목의 선수나 코치를 대상으로 하는 인터뷰이다. 인터뷰는 해당 인물에 대한 간단한 소개, 이루어낸 성과, 운동 시작 계기, 성공 비결, 좌절 경험, 역경과 난관, 관련 분야의 발전 전망, 앞으로의 계획과 목표 등에 관한 내용이 주로 출제된다.

핵심 전략

1 스포츠인 인터뷰의 진행 흐름을 파악하라!

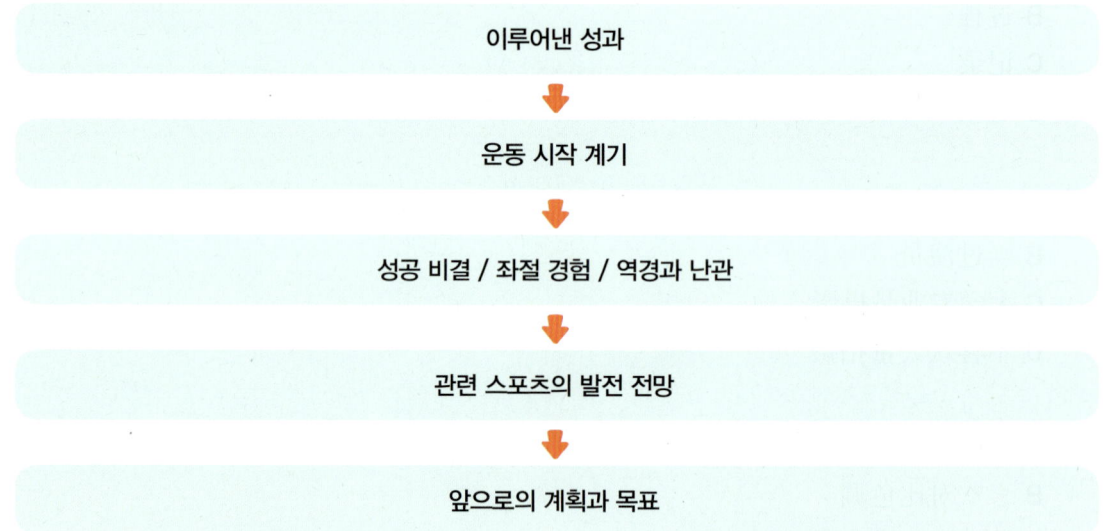

위 인터뷰 진행 흐름을 따라 보기에 제시된 내용이 언급되는지 체크하며 들어야 한다.

2 시간 또는 전환을 나타내는 표현에 주목하라!

스포츠인의 인터뷰는 대부분 선수 시절과 코치, 감독 시절 또는 은퇴 후로 구분되는 경우가 많다. 이런 경우 '之前(이전)', '最初(처음)', '曾经(일찍이)', '以后(이후)', '后来(훗날)' 등이 시기를 구분해 주는 중요한 키워드가 될 수 있다. 인터뷰 대상자의 답변에서 핵심 내용은 주로 전환의 어감을 나타내는 '其实(사실)', '不过(그런데)' 등의 표현 뒤에 나오기 때문에 이 부분을 집중해서 들으면 문제 풀이에 도움이 된다.

第1-5题：请选出正确答案。

1. A 非常兴奋
   B 很淡定
   C 有些不安
   D 有点儿失望

2. A 自己创业
   B 成为一名排球解说员
   C 连任主教练
   D 退役休息

3. A 运动员心态不好
   B 资金投入不够
   C 后备人才不足
   D 训练方法有误

4. A 有天赋的
   B 身体素质好的
   C 性格外向的
   D 刻苦努力的

5. A 希望女儿成为排球选手
   B 曾是运动选手
   C 从事教育工作
   D 培养出很多羽毛球选手

유형맛보기 〈녹음〉

第1到5题是根据下面一段采访：

男： 各位听众大家好！今天我们非常荣幸地邀请到了国家女排主教练郎平来到我们广播室。和大家打个招呼吧！
女： 大家好！我是郎平。
男： 在刚过去的3个月里，作为国家女排主教练出征里约奥运会并且拿到了女排冠军，你当时的心情如何？
女： 5 以前是以运动员的身份拿过奥运会冠军，当然感觉非常不一样。记得13年刚当上女排主教练的时候，那时候的目标就是要在下一届奥运会上拿到冠军。经历过那么多大赛，拿过无数的冠军奖杯，我以为我会很淡定。1 但在里约拿到冠军的那一瞬间，就感觉是自己第一次拿到冠军一样兴奋和激动。
男： 我们都知道，您的教练任期还有一年，那之后您有什么打算吗？
女： 2 如果体育总局给我机会的话，我还想再继续担任国家女排教练这个角色。我是运动员出身，所以对运动员需要什么，不需要什么以及她们每个阶段不同的心态变化都很清楚，能帮她们保持一个良好的心态。
男： 我记得您在其他节目上说过，过几年后女排会出现"断层"现象，您为什么这样认为呢？
女： 3 其实，这批高水平现役运动员再过两届奥运会，就到了退役的阶段，到时候就会出现人才断层现象。现在很多父母不愿意让自己的女儿来打排球，而且我们也对运动员的身高和各方面都有所要求。3 培养一个运动员不是花几年时间就可以的，而是要经过十几年。
男： 那如何才能解决这一问题呢？你们更愿意培养出什么样的孩子呢？
女： 任何运动都讲究天分，我们现在就在各个小学还有体校找人才，有些孩子资质很高，却没有斗志。4 不过如果孩子虽然没什么天分，但他愿意去努力，而且有一种不服输的精神，我们是非常愿意培养的。

1. 女排在里约奥运会上拿到冠军时，女的是怎样的心情？
   (A) 非常兴奋　　　　　　　　B 很淡定
   C 有些不安　　　　　　　　D 有点儿失望

2. 女的教练任期结束后，想做什么？
   A 自己创业　　　　　　　　B 成为一名排球解说员
   (C) 连任主教练　　　　　　　D 退役休息

3. 过几年后，为什么女排会出现"断层"现象？
   A 运动员心态不好　　　　　B 资金投入不够
   (C) 后备人才不足　　　　　　D 训练方法有误

4. 女的更愿意培养出什么样的孩子？
   A 有天赋的　　　　　　　　B 身体素质好的
   C 性格外向的　　　　　　　(D) 刻苦努力的

5. 关于女的，正确的一项是？
   A 希望女儿成为排球选手　　(B) 曾是运动选手
   C 从事教育工作　　　　　　D 培养出很多羽毛球选手

1~5번 문제는 다음 인터뷰에 근거한다.

남: 청취자 여러분 안녕하세요! 오늘은 영광스럽게도 여자 배구 국가대표팀의 랑핑 감독님을 스튜디오에 모셨습니다. 여러분들과 인사 나누시죠.
여: 여러분 안녕하세요! 랑핑입니다.
남: 지난 3개월간, 여자 배구 국가대표팀 감독으로 리우 올림픽에 참가하셔서 우승을 거두셨는데요, 감독님 당시 심정이 어떠셨나요?
여: **5** 과거에는 선수 신분으로 올림픽에서 우승을 한 것이니, 당연히 느낌이 매우 달랐답니다. 13년에 막 여자 배구 감독이 되었을 때, 그때 목표가 바로 다음 올림픽에서의 우승이었던 걸로 기억하는데요. 그렇게 많은 대회를 경험했고, 수많은 우승컵을 받았기 때문에 저는 제가 침착할 줄 알았습니다. **1** 그런데 리우에서 우승을 차지하게 된 그 순간, 제가 처음 우승한 것과 같은 흥분과 감동을 느꼈답니다.
남: 모두들 아시다시피, 감독님의 임기가 아직 1년이 더 남았는데, 그럼 그 후에는 어떤 계획을 가지고 계신가요?
여: **2** 만약 체육부에서 저에게 기회를 준다면, 저는 여자 배구 국가대표팀 감독이라는 이 역할을 계속해서 맡고 싶습니다. 제가 운동선수 출신이기 때문에 선수들이 무엇을 필요로 하는지, 무엇을 필요로 하지 않는지 그리고 매 단계마다 각기 다른 그들의 심리 상태 변화에 대해 정확히 알고 있어 그들이 좋은 심리 상태를 유지하는 데 도움을 줄 수 있기 때문입니다.
남: 감독님께서 다른 프로그램에서 말씀하셨던 걸로 기억하는데요, 몇 년 뒤 여자 배구에 '단층' 현상이 생길 것이라고 하셨는데, 왜 그럴 거라고 생각하시는 건가요?
여: **3** 사실, 수준 높은 현역 선수들은 두 차례 올림픽을 더 치른 후에는 은퇴하는 국면에 이르게 되는데요, 그때가 되면 인재 단층 현상이 생기게 될 것입니다. 요즘 많은 부모들은 자신의 딸이 배구를 하는 것을 원하지 않는데다가, 저희 또한 선수의 신장이나 여러 방면에 대해 어느 정도 요구하는 바가 있으니까요. **3** 선수 한 명을 육성하는 것은 몇 년의 시간을 들여서 되는 것이 아니라, 십여 년의 시간을 거쳐야 되는 것입니다.
남: 그럼 어떻게 해야만 이 문제를 해결할 수 있을까요? 어떠한 아이를 육성해 내기를 더 원하시는 건가요?
여: 무슨 운동이든 타고난 재능을 중요시 여깁니다. 저희는 현재 모든 초등학교와 체육학교에서 인재를 찾고 있는데요, 일부 아이들은 자질이 뛰어나지만 투지가 없습니다. **4** 그런데 선천적인 재능이 없어도 기꺼이 노력을 기울이며 굴복하지 않는 정신을 지니고 있다면, 저희는 그런 아이를 더 육성하길 원합니다.

1. 리우 올림픽에서 여자 배구가 우승했을 때, 여자는 어떤 심정이었는가?
   A 매우 흥분했다
   B 매우 침착했다
   C 조금 불안했다
   D 조금 실망했다

2. 여자는 감독 임기가 끝난 후 무엇을 하고 싶어하는가?
   A 스스로 창업을 하는 것
   B 배구 해설자가 되는 것
   C 감독을 연임하는 것
   D 은퇴 후 휴식하는 것

3. 몇 년 뒤 무엇 때문에 여자 배구에 '단층' 현상이 생기게 되는가?
   A 선수들의 심리 상태가 좋지 못해서
   B 자금 투입이 충분하지 않아서
   C 예비 인재가 부족해서
   D 훈련 방법이 잘못 되어서

4. 여자는 어떠한 아이를 육성해 내기를 더 원하는가?
   A 선천적인 재능을 지닌 아이
   B 신체적 자질이 훌륭한 아이
   C 성격이 외향적인 아이
   D 열심히 노력하는 아이

5. 여자에 관해 옳은 것은?
   A 딸이 배구 선수가 되기를 희망한다
   B 이전에 운동선수였다
   C 교직에 종사한다
   D 많은 배드민턴 선수를 길러냈다

지문 어휘
荣幸 róngxìng 형 매우 영광스럽다 ★ | 邀请 yāoqǐng 동 초청하다, 초대하다 | 主教练 zhǔjiàoliàn 명 감독 | 广播室 guǎngbōshì 명 방송 스튜디오 | 出征 chūzhēng 동 나가서 경기에 참가하다, 출정하다, 나가서 싸우다 | 里约奥运会 Lǐyuē àoyùnhuì 리우 올림픽 | 冠军 guànjūn 명 우승, 우승자 | 身份 shēnfèn 명 신분 | 目标 mùbiāo 명 목표 | 届 jiè 양 회, 기, 차 | 经历 jīnglì 동 경험하다, 겪다 명 경력, 경험 | 无数 wúshù 형 무수하다, 매우 많다 | 奖杯 jiǎngbēi 명 우승컵 | 淡定 dàndìng 형 침착한, 냉정한 | 一瞬间 yíshùnjiān 순식간 | 兴奋 xīngfèn 형 흥분하다 동 흥분시키다 | 激动 jīdòng 동

감동하다, 감격하다, 감동시키다 | **任期** rènqī 명 임기 | **体育总局** tǐyù zǒngjú 체육부 | **担任** dānrèn 동 맡다, 담임하다 | **角色** juésè 명 역할, 역 | **出身** chūshēn 명 출신, 신분 ⭐ | **阶段** jiēduàn 명 단계, 국면 | **心态** xīntài 명 심리 상태 ⭐ | **良好** liánghǎo 형 양호하다, 훌륭하다, 만족할 만하다 | **断层** duàncéng 명 단층, 단절 | **现役** xiànyì 명 현역 형 현역의 | **退役** tuìyì 동 은퇴하다, 제대하다 | **人才** réncái 명 인재 | **排球** páiqiú 명 배구 | **培养** péiyǎng 동 육성하다, 양성하다, 기르다 | **经过** jīngguò 동 거치다, 지나다, 통과하다 | **讲究** jiǎngjiu 동 중요시 여기다, 소중히 여기다, ~에 신경 쓰다, ~에 주의하다 | **天分** tiānfèn 명 타고난 소질, 천부적인 재능 | **资质** zīzhì 명 자질 | **斗志** dòuzhì 명 투지 | **不服输** bù fúshū 굴복하지 않다, 실패를 인정하지 않다, 지기 싫어하다

보기 어휘
创业 chuàngyè 동 창업하다 ⭐ | **解说员** jiěshuōyuán 명 해설자 | **连任** liánrèn 동 연임하다, 중임하다 | **资金** zījīn 명 자금, 기금 | **投入** tóurù 동 투입하다, 넣다, 투자하다 | **后备** hòubèi 명 예비 인력, 예비 인원 형 예비의, 후보의 | **训练** xùnliàn 동 훈련하다, 훈련시키다 | **天赋** tiānfù 명 타고난 자질, 타고난 소질 ⭐ | **素质** sùzhì 명 자질, 소양 | **外向** wàixiàng 형 외향적이다 ⭐ | **刻苦** kèkǔ 형 고생을 참아 내다, 몹시 애를 쓰다 | **选手** xuǎnshǒu 명 선수 ⭐ | **从事** cóngshì 동 종사하다, 몸담다

정답
1. **A** 2. **C** 3. **C** 4. **D** 5. **B**

해설

1. 리우 올림픽에서 우승했을 때 여자의 심정이 어떠했는지 묻고 있는데, 이는 인터뷰 진행자인 남자의 첫 번째 질문과 동일하다. 이에 대한 여자의 답변 중 전환의 어감을 나타내는 문장이 바로 정답과 관련된 핵심 내용이다. '但在里约拿到冠军的那一瞬间，就感觉到自己第一次拿到冠军一样兴奋和激动。(그런데 리우에서 우승을 차지하게 된 그 순간, 제가 처음 우승한 것과 같은 흥분과 감동을 느꼈답니다.)'이라고 하였으므로 정답이 A임을 알 수 있다.
이 문제에서 특히 주의할 부분은 여자가 언급한 '我以为我会很淡定。(저는 제가 침착할 줄 알았습니다.)'인데, 여기서 '以为'는 '~라고 여겼었는데 아니다'라는 의미로 사실과 다른 부정적인 어기를 나타낸다. 따라서 B를 정답으로 잘못 고르는 실수를 범하지 않아야 한다.

2. 감독 임기를 마친 뒤 여자의 계획에 대해 묻고 있는데, 이는 남자의 두 번째 질문과 동일하다. 이에 대한 여자의 답변 중 '如果体育总局给我机会的话，我还想再继续担任国家女排教练这个角色。(만약 체육부에서 저에게 기회를 준다면, 저는 여자 배구 국가대표팀 감독이라는 이 역할을 계속해서 맡고 싶습니다.)'를 듣고 정답이 C임을 알 수 있다.

3. 남자는 여자에게 세 번째 질문으로 몇 년 후 여자 배구에 일어나게 될 '단층' 현상에 대해 묻고 있다. 여자의 답변 중 전환의 어감을 나타내는 '其实，这批高水平现役运动员再过两届奥运会，就到了退役的阶段。(사실, 수준 높은 현역 선수들은 두 차례 올림픽을 더 치른 후에는 은퇴하는 국면에 이르게 된다.)'을 듣고, 몇 년 후에는 현재 선수들이 은퇴를 하는 상황임을 알 수 있으며, 또한 뒤에 이어지는 내용 중 '培养一个运动员不是花几年时间就可以的，而是要经过十几年。(선수 한 명을 육성하는 것은 몇 년의 시간을 들여서 되는 것이 아니라, 십여 년의 시간을 거쳐야 되는 것이다.)'을 듣고 선수를 육성하는 데 있어 매우 긴 시간이 소요된다는 것도 알 수 있다. 이에 비추어보면, 현재 실력을 갖춘 예비 선수들이 부족한 상황이어서 현역 선수들이 은퇴한 후부터 우수한 선수를 육성해낼 때까지 여자 배구에 인재 단층 현상이 일어나게 된다는 의미이므로 정답은 C이다.

4. 여자가 어떠한 아이를 육성해 내기를 더 원하는지에 대해 묻고 있는데, 이는 남자의 마지막 질문과 동일하다. 여자의 답변 중 전환의 어감을 나타내는 '不过如果那孩子虽然没什么天分，但他愿意去努力，而且有一种不服输的精神，我们是非常愿意培养的。(그런데 선천적인 재능이 없어도 기꺼이 노력을 기울이며 굴복하지 않는 정신을 지니고 있다면, 저희는 그런 아이를 더 육성하길 원합니다.)'를 듣고 D가 정답임을 알 수 있다.

5. 이 문제는 앞의 네 문제와 다르게 인터뷰 진행 순서대로 묻지 않는 유형이다. 이러한 문제는 주로 인터뷰 대상자의 전반적인 개인 정보에 관한 내용이 정답인 경우가 많으므로, 녹음을 듣기 전 5개 문제의 전체 보기를 빠르게 체크하면서 문제를 미리 유추해보는 것이 중요하다. 남자의 첫 번째 질문에 대한 여자의 답변 중 '以前是以运动员的身份拿过奥运会冠军。(과거에는 선수 신분으로 올림픽에서 우승을 한 것이다.)'을 듣고, 여자가 과거 배구 선수였음을 알 수 있다. 따라서 정답은 B이다.

내공 쌓기

🎧 07_2

다양한 스포츠 종목의 운동 선수나 코치를 대상으로 하는 인터뷰에서는 운동을 시작한 계기, 성과, 계획과 관련된 내용이 주를 이루므로 이와 관련된 어휘를 잘 익혀두자.

1 운동과 관련된 어휘

- **教练** jiàoliàn 감독, 코치
  优秀的运动员离不开优秀教练的培养。 우수한 선수와 훌륭한 코치의 육성은 불가분의 관계이다.

- **选手** xuǎnshǒu 선수
  这次比赛，每位选手的实力都很强。 이번 경기에서는 모든 선수들의 실력이 매우 뛰어나다.

- **获得冠军** huòdé guànjūn 우승하다
  中国选手孙杨在男子1500米自由泳比赛中获得了冠军。
  중국 선수 쑨양은 남자 1,500미터 자유형 경기에서 우승을 했다.

- **破纪录** pò jìlù 기록을 깨다
  在里约奥运会上，各国选手共打破27项世界纪录。
  리우 올림픽에서 각국 선수들이 총 27개의 종목에서 세계 기록을 깼다.

- **退役** tuìyì 은퇴하다
  韩国花样滑冰选手金妍儿退役后依然活跃在体育界。
  한국의 김연아 피겨스케이팅 선수는 은퇴 후에도 여전히 스포츠계에서 적극적으로 활동 중이다.

- **生涯** shēngyá 생애
  每个选手的运动生涯都充满了泪水和汗水。 모든 선수의 선수 생활(운동 생애)에는 눈물과 땀이 가득했다.

- **赛场** sàichǎng 경기장

  赛场犹如战场，就算失败也要全力拼搏。
  경기장은 전쟁터와 같다, 설령 실패를 하더라도 전력을 다해 끝까지 최선을 다해야 한다(끝까지 싸워야 한다).

- **训练场** xùnliànchǎng 훈련장

  我会尽量花更多的时间在赛场和训练场上。 저는 가능한 많은 시간을 경기장과 훈련장에서 보낼 것입니다.

- **对手** duìshǒu 상대 선수

  如果你想击败对手，还是要更多地研究战术。
  만약 당신이 상대 선수를 이기고 싶다면 더욱더 전술을 연구해야 합니다.

- **金牌** jīnpái 금메달

  我觉得整个体操队的表现堪称完美，获得了九块金牌。
  나는 모든 체조팀의 활약이 완벽하다 할만했기에, 9개의 금메달을 획득한 것이라고 생각한다.

2 운동 종목

- **羽毛球** yǔmáoqiú 배드민턴

  羽毛球是我最爱的一项运动。 배드민턴은 내가 가장 좋아하는 운동이다.

- **体操** tǐcāo 체조

  在2008年奥运会中，中国体操队的表现特别出色。
  2008년 올림픽에서 중국 체조팀의 활약이 특히 훌륭했다.

  这次奥运会，体操队为国家赢得了荣誉。 이번 올림픽에서 체조팀은 국가에 영예를 안겨주었다.

- **滑冰** huábīng 스케이팅

  他在冰场滑冰时，不小心摔伤了腿。 그는 아이스 링크에서 스케이트를 탈 때, 넘어져서 다리를 다쳤다.

- **速滑** sùhuá 스피드 스케이팅

  他取得了速滑比赛的冠军。 그는 스피드 스케이팅 경기에서 우승을 했다.

- **花样游泳** huāyàng yóuyǒng 수중 발레

  花样游泳最初并不是比赛项目。 수중 발레는 처음에 경기 종목이 아니었다.

실전 테스트

第1-5题 请选出与所听内容一致的一项。　　🎧 07_3

1　A 人才难求
　　B 被环保组织否定
　　C 管理混乱
　　D 气候异常

2　A 水价暴跌
　　B 滑冰教学
　　C 举办滑冰比赛
　　D 开设更多场馆

3　A 加速普及滑冰运动
　　B 改变现在的格局
　　C 使现有的制度更合理
　　D 滑雪场会有所增加

4　A 占用面积小
　　B 票价飙升
　　C 注重可持续发展
　　D 造成了环境污染

5　A 开设了一家滑冰场
　　B 参加过两届奥运会
　　C 现在是国家队的教练
　　D 从事滑冰行业20年

2 몇 가지 단서를 토대로 정답을 예측하라!

공략비법 08 기업인 및 기타 특정 분야 전문가 인터뷰

출제 형식

기업인 및 기타 특정 분야 전문가 인터뷰는 유명 기업의 CEO나 금융, 의료, 교육 같은 특정 분야에 종사하는 전문가를 대상으로 하는 인터뷰이다. 인터뷰는 해당 인물에 대한 간단한 소개, 관련 업종에 종사하게 된 계기, 창업 의도와 목적, 성공 비결, 실패 경험, 역경과 난관, 자신들만의 특색과 강점, 전문가로서의 자질, 관련 분야에 대한 견해, 관련 업종의 미래 전망, 앞으로의 계획과 목표 등에 관한 내용이 주로 출제된다.

핵심 전략

1 특정 분야 전문가 인터뷰의 진행 흐름을 파악하라!

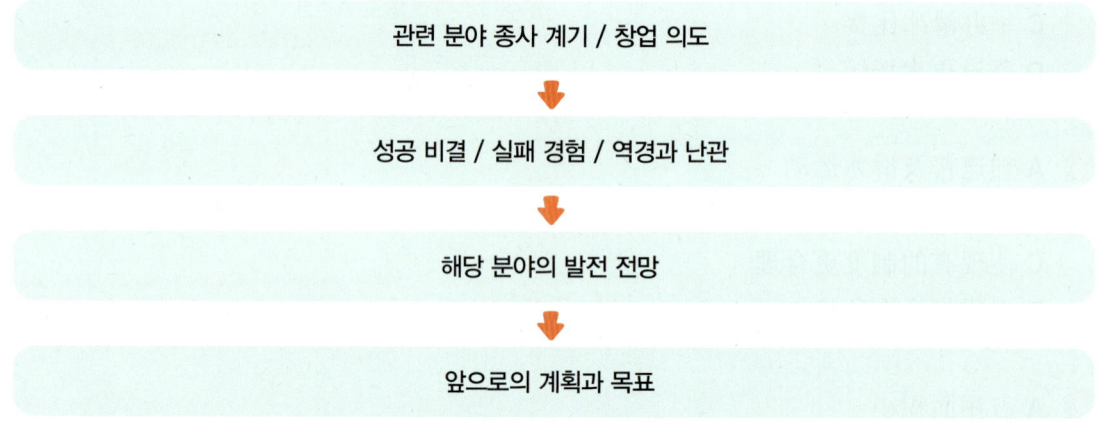

위 인터뷰 진행 흐름을 따라 문제 보기에 제시된 내용이 언급되는지 체크하며 들어야 한다.

2 인터뷰 대상의 개인적이고 특별한 경력을 주목하자!

유명 기업인이나 어떤 특정 분야에 종사하는 전문가에 대한 인터뷰는 다른 유형보다 지문에서 언급되는 어휘의 난이도가 높은 편이다. 그 중에서도 ★전문가들의 다양한 개인정보 관련 문제가 다수 출제되고, ★강조하고 싶은 특별한 경력이나 경험등이 언급되기도 하니 정확한 내용 숙지가 반드시 필요하다.

第1-5题：请选出正确答案。

1. A 变动较大
   B 有所回升
   C 飞速发展
   D 增速下降

2. A 企业的负担更大了
   B 是强弱式并购
   C 属于强强联合
   D 结构调整更加合理

3. A 有独特的营销体系
   B 保健药品销量最佳
   C 生产技术落后
   D 规模缩小了

4. A 热爱所从事的事业
   B 积极参与慈善事业
   C 人脉要广
   D 良好的家庭背景

5. A 最近升职了
   B 大学专业是药学
   C 想要跳槽
   D 发明了新的药品

> 유형맛보기 〈녹음〉

第1到5题是根据下面一段采访：

女：李总，您好。大家都知道，在您接手贵公司后，公司不但摆脱了困境，而且上半年的净利润竟然达到了2亿元，同比增长近三成。贵公司的利润为什么增长得这么快？

男：**1 医药行业今年整体的发展速度有所回升**。我们公司今年的利润之所以能够快速提升，是我们加强研发、不断创新的结果。

女：那么对于这次贵公司的并购重组，您是怎么看的呢？

男：过去的并购大部分是强弱式并购，**2 今年的这次并购却和以往不同，我们进入了一个强强式并购的时代**，今年所收购的这家企业本身有两大优势：第一，他们生产的药品中，有几种药品在医药领域排位是靠前的，市场规模已经达到了二十多亿；**3 第二，他们在医药行业里面有一套独特的营销体系**，而这些正好是我们公司所缺乏的，所以这次并购给我们带来了快速发展的机会。

女：您是不是把制药这件事当成您的终生事业？

男：对，其实我爷爷还有我的父母也都是学医药的。可以说，我是受到了家庭环境的影响，**5 我当年考大学就报考了药学专业**。

女：也许正是对医药方面的这种执着，使得您把公司经营得如此卓越，您是如何看待成功的呢？

男：**4 不管从事什么事业，要想获得成功，前提就是要热爱这项事业**，如果没有对它的强烈热爱，就谈不上什么成功。另外，还要有社会责任感，你现在所做的一切都是为了社会。

1. 医药行业今年整体发展怎么样？
   A 变动较大 **Ⓑ 有所回升**
   C 飞速发展 D 增速下降

2. 男的怎么看这次并购？
   A 企业的负担更大了   B 是强弱式并购
   Ⓒ 属于强强联合   D 结构调整更加合理

3. 关于那家被并购的公司，可以知道什么？
   Ⓐ 有独特的营销体系 B 保健药品销量最佳
   C 生产技术落后   D 规模缩小了

4. 男的认为获得事业成功的前提是什么？
   Ⓐ 热爱所从事的事业 B 积极参与慈善事业
   C 人脉要广   D 良好的家庭背景

5. 关于男的，下列哪项正确？
   A 最近升职了   **Ⓑ 大学专业是药学**
   C 想要跳槽   D 发明了新的药品

1~5번 문제는 다음 인터뷰에 근거한다.

여: 이 사장님, 안녕하세요. 모두들 아시다시피, 사장님께서 귀사를 인수하신 후 회사가 어려움에서 벗어났을 뿐 아니라, 상반기 순이익이 놀랍게도 2억 위안에 다다르게 되었고, 이는 전년도 동기 대비 30% 가까이 증가한 거라고 하던데요. 귀사의 이익은 어째서 이렇게나 빨리 증가된 것인가요?

남: 1 올해 의약 업계의 전체적인 발전 속도는 다소 반등을 보이고 있습니다. 저희 회사의 금년 이익이 빠르게 증가할 수 있었던 것은, 저희가 연구 개발을 강화하고 끊임없이 혁신을 해 온 결과라 할 수 있습니다.

여: 그럼 귀사의 이번 인수 합병 구조개편에 대해 사장님께서는 어떻게 보십니까?

남: 과거 인수 합병은 대부분 큰 회사가 작은 회사를 인수하여 합병하는 식이었는데요, 2 올해 이번 인수 합병은 이전과 달리 저희가 대형 인수 합병을 이루어 낸 것으로, 올해 인수한 이 기업은 두 가지의 큰 강점을 지니고 있습니다. 첫째는 그들이 생산하는 약품 중 몇 종은 시장 규모가 이미 20여 억에 이르는 의약계에서 선두적인 위치에 있다는 것이고, 3 둘째는 그들이 의약계에서 독특한 마케팅 체계를 갖추고 있다는 것인데, 이러한 것들이 저희 회사의 부족한 부분과 딱 맞아떨어졌기 때문에 이번 인수 합병이 저희에게 급성장의 기회를 가져다주게 된 것입니다.

여: 사장님께서는 약품을 만드는 이 일을 평생 사업으로 여기고 계신 겁니까?

남: 맞습니다. 사실 저의 할아버지와 부모님 모두 의약을 전공하셨습니다. 가정 환경의 영향을 받아 5 제가 그 당시 대입 때 약학 전공을 지원한 것이라 할 수 있습니다.

여: 어쩌면 의약 방면에 대한 이러한 집념으로 인해 사장님께서 회사를 이처럼 훌륭하게 운영하고 계신 것 같은데요. 사장님께서는 성공에 대해 어떻게 보십니까?

남: 4 무슨 일에 종사하든 성공하고 싶다면 전제는 바로 그 일에 애착을 가져야 한다는 것입니다. 만약 그 일에 대한 강한 애착이 없다면, 어떤 성공도 논할 수 없을 겁니다. 이밖에도, 사회적 책임감을 가지고 당신이 현재 하는 일이 모두 사회를 위하는 것이어야 합니다.

1. 올해 의약 업계의 전체적인 발전은 어떠한가?
   A 변동이 큰 편이다
   B 다소 반등했다
   C 급속히 발전했다
   D 성장세가 하락했다

2. 남자는 이번 인수 합병을 어떻게 보는가?
   A 기업의 부담이 더욱 커진다
   B 큰 회사가 작은 회사를 인수하여 합병하는 식이다
   C 대형 합병에 해당된다
   D 구조조정이 더욱 합리적이다

3. 인수 합병된 그 회사에 관해 알 수 있는 것은?
   A 독특한 마케팅 체계를 갖추고 있다
   B 건강 보조 약품의 판매량이 가장 좋다
   C 생산 기술이 낙후되었다
   D 규모가 축소되었다

4. 남자는 사업 성공의 전제가 무엇이라고 생각하는가?
   A 종사하는 일에 애착을 가지는 것
   B 자선사업에 적극적으로 참여하는 것
   C 인맥이 넓어야 하는 것
   D 좋은 집안 배경

5. 남자에 관해 다음 중 옳은 것은?
   A 최근 승진하였다
   B 대학 전공은 약학이다
   C 이직을 하려고 한다
   D 신약을 발명했다

지문 어휘

接手 jiēshǒu 동 일을 인수하다, 업무를 넘겨받다 | 摆脱 bǎituō 동 벗어나다, 빠져 나오다 ☆ | 困境 kùnjìng 명 곤경, 궁지 | 净利润 jìng lìrùn 명 순이익 | 成 chéng 양 10분의 1, 할 | 增速 zēng sù 동 속도를 높이다, 증속하다 | 放缓 fànghuǎn 형 완만하다 동 늦추다, 풀다 | 行业 hángyè 명 직업, 직종, 업종 | 整体 zhěngtǐ 명 전체, 전부 | 回升 huíshēng 동 반등하다 | 提升 tíshēng 동 오르다, 진급하다 | 加强 jiāqiáng 동 강화하다, 증강하다 | 研发 yánfā 동 연구 개발하다 | 创新 chuàngxīn 명 혁신, 창의성, 창조 ☆ | 并购 bìnggòu 동 인수 합병하다 | 重组 chóngzǔ 동 재조직하다, 재편성하다 | 时代 shídài 명 시대, 시기 | 收购 shōugòu 동 사들이다, 구입하다, 매입하다 | 优势 yōushì 명 우세, 강점 | 领域 lǐngyù 명 분야, 영역 | 排位 páiwèi 명 등수, 석차 동 순위를 배열하다, 순위를 매기다 | 规模 guīmó 명 규모 | 独特 dútè 형 독특하다, 특이하다

营销 yíngxiāo 동 마케팅하다, 판매하다 | 体系 tǐxì 명 체계 ⭐ | 缺乏 quēfá 동 결핍되다, 결여되다 | 制药 zhì yào 동 제약하다 | 终生 zhōngshēng 명 평생, 일생 | 事业 shìyè 명 사업 ⭐ | 报考 bàokǎo 동 시험에 지원하다, 시험에 응시하다 | 执着 zhízhuó 형 고집스럽다, 집착하다, 끈기 있다 ⭐ | 经营 jīngyíng 동 경영하다 | 卓越 zhuóyuè 형 탁월하다, 출중하다 ⭐ | 从事 cóngshì 동 종사하다, 몸담다 | 前提 qiántí 명 전제, 전제 조건 ⭐ | 强烈 qiángliè 형 강렬하다, 맹렬하다 | 热爱 rè'ài 동 뜨겁게 사랑하다, 열렬히 좋아하다 | 责任感 zérèngǎn 명 책임감

보기 어휘 变动 biàndòng 명 변동, 변화 동 바꾸다, 변동하다 | 负担 fùdān 명 부담, 책임 동 부담하다 ⭐ | 联合 liánhé 동 연합하다, 결합하다 형 연합한, 공동의 | 结构调整 jiégòu tiáozhěng 구조조정 | 保健药品 bǎojiàn yàopǐn 건강 보조 약품 | 销量 xiāoliàng 명 판매량 | 佳 jiā 형 좋다, 아름답다, 훌륭하다 | 落后 luòhòu 동 낙후되다, 뒤떨어지다, 늦어지다 동 뒤처지다, 낙오하다 | 缩小 suōxiǎo 동 축소하다, 줄이다 | 参与 cānyù 동 참여하다, 참가하다, 가담하다 | 慈善 císhàn 형 자선을 베풀다, 동정심이 많다 ⭐ | 人脉 rénmài 명 인맥 | 良好 liánghǎo 형 좋다, 양호하다, 훌륭하다 | 升职 shēng zhí 동 승진하다 | 跳槽 tiàocáo 동 이직하다, 다른 부서로 옮기다 | 发明 fāmíng 동 발명하다 명 발명

정답 1. B   2. C   3. A   4. A   5. B

해설

1. 올해 의약 업계의 발전 상황에 대해 묻고 있다. 이는 인터뷰 진행자인 여자가 남자에게 첫 번째 질문으로 회사 이익이 증가하게 된 이유를 물은 것에 대한 남자의 답변을 통해 알 수 있다. 남자가 '医药行业今年整体的发展速度有所回升。(올해 의약 업계의 전체적인 발전 속도는 다소 반등을 보이고 있습니다.)'이라고 하였으므로 정답은 B이다. 이 문제는 인터뷰 진행자의 질문 내용과 일치하지는 않지만 대부분의 문제가 인터뷰 순서대로 출제된다는 점을 생각하면 정답은 녹음 앞부분에 있다는 것을 유추할 수 있다.

2. 이번 인수 합병에 대한 남자의 생각을 묻고 있는데, 이는 여자의 두 번째 질문과 동일하다. 이에 대한 남자의 답변 중 '今年的这次并购却和以往不同，我们进入了一个强强式并购的时代。(올해 이번 인수 합병은 이전과 달리 저희가 대형 인수 합병을 이루어 낸 것이다.)'를 듣고 C가 정답임을 알 수 있다. 이 문제에서 주의할 점은, 과거가 아닌 이번 인수 합병에 대해 묻고 있으므로, 과거 인수 합병 형태로 언급된 보기 B를 정답으로 선택하는 실수를 하지 말아야 한다.

3. 인수 합병된 회사에 관해 묻고 있는데, 2번 문제처럼 여자의 두 번째 질문에 대한 남자의 답변을 통해 알 수 있다. 남자가 이번에 인수한 회사의 두 가지 강점을 소개하는 부분이 바로 핵심 내용이다. 남자는 그 회사의 두 번째 강점으로 '第二，他们在医药行业里面有一套独特的营销体系。(둘째는 그들이 의약계에서 독특한 마케팅 체계를 갖추고 있다.)'라고 하였으므로 정답은 A이다.

4. 여자는 남자에게 마지막 질문으로 성공에 관해 묻고 있다. 이에 대한 남자의 답변 중 '不管从事什么事业，要想获得成功，前提就是要热爱这项事业。(무슨 일에 종사하든 성공하고 싶다면 전제는 바로 그 일에 애착을 가져야 한다.)'를 듣고 A가 정답임을 알 수 있다.

5. 인터뷰 대상자의 개인 정보에 대한 내용은 주로 인터뷰 앞부분에 나오는 경우가 많지만, 이 문제는 여자의 세 번째 질문에 대한 남자의 답변을 통해 알 수 있다. 남자가 자신의 가정환경에 대해 언급하며 '我当年考大学就报考了药学专业。(제가 그 당시 대입 때 약학 전공을 지원했습니다.)'를 듣고 정답이 B임을 알 수 있다. 이와 같이 인터뷰 대상자의 개인 정보에 관한 문제는 인터뷰 진행 순서대로 묻지 않는 형식으로 자주 출제되므로, 녹음을 듣기 전 보기를 먼저 빠르게 살펴보는 것이 중요하다.

내공 쌓기

🎧 08_2

유명 기업인 또는 특정 분야 전문가를 대상으로 하는 인터뷰는 주로 사업 시작의 계기나 발전 상황, 지금까지 겪었던 어려움, 성공 비결, 자신들만의 특색과 강점, 앞으로의 발전 방향 등에 대한 내용이 주를 이루므로, 기출 인터뷰에서 자주 나오는 일반 사업 분야 관련 표현을 미리 익혀두어 문제에 대비하도록 하자.

1 일반 사업과 관련된 어휘

- **董事长** dǒngshìzhǎng 대표이사, 회장, 이사장
  即使是董事长，也要虚心听取其他股东和员工的意见。
  대표이사라 할지라도, 겸허한 마음으로 다른 주주와 직원들의 의견을 경청해야 한다.

- **上司** shàngsi 상사
  新人如果能遇到好上司，会很快成长起来。
  신입사원들이 좋은 상사를 만난다면, 빠르게 성장할 것이다.

- **创业家** chuàngyèjiā 창업가
  阿里巴巴集团董事局主席马云等创业家是青年人的榜样。
  알리바바 그룹의 마윈 회장을 포함한 창업가들은 청년들의 좋은 본보기이다.

- **经营者** jīngyíngzhě 경영자
  许多实体店的经营者也在网上销售他们的商品。
  많은 오프라인 상점의 경영자들이 인터넷에서도 그들의 상품을 판매한다.

- **管理者** guǎnlǐzhě 관리자, 경영자
  每个成功的企业管理者都有一套科学的管理方法。
  성공한 모든 기업의 관리자(경영자)들은 모두 과학적인 관리(경영) 방법을 가지고 있다.

- **核心竞争力** héxīn jìngzhēnglì 핵심 경쟁력
  企业要想发展，必须不断提升核心竞争力。
  기업이 발전하고자 한다면, 핵심 경쟁력을 계속 향상시켜야 한다.

- **资金雄厚** zījīn xiónghòu 자본이 풍부하다

  中小企业不像大企业那样资金雄厚，融资困难是发展的绊脚石。
  중소기업은 대기업만큼 자본이 풍부하지 못하기 때문에, 자금 조달(융자)의 어려움이 발전의 걸림돌이 된다.

- **畅销** chàngxiāo 잘 팔리다, 베스트셀러 상품

  这个产品之所以畅销，是因为它的性价比很高。
  이 상품이 잘 팔리는 이유는 가성비가 높기 때문이다.

- **营销体系** yíngxiāo tǐxì 마케팅 시스템(체계)

  要想提高产品销售量，必须完善营销体系。
  상품의 판매량을 높이려면, 반드시 마케팅 시스템을 정비(개선)해야 한다.

- **从事~事业** cóngshì ~ shìyè ~사업에 종사하다

  近几年，他一直在从事慈善事业。
  최근 몇 년 동안 그는 계속 자선사업에 종사하고 있다.

2 기타 전문 분야와 관련된 어휘

- **魔术师** móshùshī 마술사

  我记得第一次表演魔术时我七岁，从那时起，我就立志成为一名魔术师。
  저는 일곱 살 때 처음으로 마술 공연을 했던 것으로 기억합니다. 그때부터 저는 마술사가 되기로 결심한 것입니다.

- **植入广告** zhírù guǎnggào PPL광고, 끼워넣기 광고

  品牌营销是一个系统，植入广告只是品牌营销的一个环节而已。
  브랜드 마케팅은 하나의 시스템이고, 끼워넣기 광고는 브랜드 마케팅의 일부분일 뿐이다.

- **心理健康教育** xīnlǐ jiànkāng jiàoyù 심리건강 교육

  现在社会上出现很多青少年犯罪现象，青少年心理健康教育有待完善。
  요즘 사회에서 청소년 범죄 현상이 많이 나타나므로, 청소년들의 심리건강 교육을 개선할 필요가 있다.

- **智商** zhìshāng IQ / **情商** qíngshāng EQ

  有调查表明，情商高的人抗挫折、抗压力的能力强，在团体中受欢迎程度比较高，也会更有自信。
  조사 결과에 따르면, EQ가 높은 사람은 좌절감이나 스트레스를 견디는 능력이 강하고, 단체에서도 인기가 많으며, 더 자신감 있다고 한다.

실전 테스트

第1-5题 请选出与所听内容一致的一项。　🎧 08_3

1　A 行业需要振兴
　　B 民众失去了信心
　　C 受经济危机的影响
　　D 正在恢复理性

2　A 要加强管理
　　B 改变观念
　　C 做好广告
　　D 增加好的拍卖品

3　A 有助于经济的发展
　　B 是一个服务机构
　　C 能提升人们的审美观念
　　D 拍卖行不适合中国国情

4　A 提供资金
　　B 放宽政策
　　C 大力宣传
　　D 减免税金

5　A 收集藏品
　　B 承办展会
　　C 扩大投资
　　D 拍卖行业的培训

정답 및 해설 ≫ 해설서 p. 42

听力 ①

제3부분
장문 듣고 질문에 답하기

3 흐름을 파악하면 정답이 보인다!

공략 비법 09 이야기 글
공략 비법 10 설명문
공략 비법 11 실용문
공략 비법 12 논설문

제3부분
장문 듣고 질문에 답하기

문제 형식

듣기 제3부분은 300~400자 정도의 장문을 듣고 이와 관련된 질문에 대한 정답을 고르는 형태로, 모두 5~6개의 지문으로 구성되며, 한 지문 당 보통 3~4개의 문제가 주어진다. 31~50번까지 총 20문제가 출제된다.

출제 경향

듣기 제3부분은 다른 부분과 달리 ★매 지문의 길이와 출제되는 문제 수가 일정하지 않다. 최근에는 다소 난이도가 있는 지문이 출제되고 있는데, 지문 유형에 따라 다루는 내용이 다르므로 다양한 지문을 많이 접해보는 것이 중요하다. 자주 출제되는 지문 유형으로는 설명문, 실용문, 이야기 글, 논설문 등이 있고, 설명문이 35%로 가장 큰 비중을 차지한다.

출제 비율

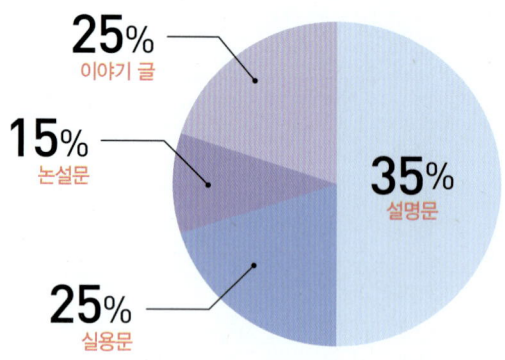

듣기 제3부분에서 자주 출제되는 질문 유형 예시

1. 세부 내용을 묻는 문제

• 他认为什么不合理？	그는 왜 불합리하다고 생각하는가?
• 他为什么不再拉小提琴了？	그는 왜 더 이상 바이올린을 켜지 않는가?
• 年轻人接收酒店后是如何盈利的？	젊은이는 호텔을 인수한 뒤 어떻게 이윤을 남겼는가?
• 水滴在低温条件下冻结时有什么特点？	물방울이 저온의 조건에서 얼 때 어떤 특징이 있는가?
• 大家怎么看那个人的这次表演？	그 사람의 이번 공연을 모두 어떻게 보았는가?

2. 지문과 일치하는 내용을 고르는 문제

• 关于智能眼镜，可以知道什么？	스마트 안경에 관해 알 수 있는 것은 무엇인가?
• 根据这段话，下列哪项正确？	이 글에 따르면 다음 중 옳은 것은?
• 关于那位工程师，下列哪项正确？	그 엔지니어에 관해 다음 중 옳은 것은?

3. 단어나 관용어의 의미를 묻는 문제

• 这段话中的"冥思苦想"可能是什么意思？	이 글에서 '冥思苦想'은 무슨 뜻인가?
• 这段话中的"轻而易举"指的是什么？	이 글에서 '轻而易举'가 가리키는 것은 무엇인가?
• "很容易冷场"可能是什么意思？	'很容易冷场'은 무슨 뜻인가?

冥思苦想 míngsīkǔxiǎng 심사숙고하다, 깊이 생각하다
轻而易举 qīng'éryìjǔ 매우 쉽다, 식은 죽 먹기이다
很容易冷场 hěn róngyì lěngchǎng 어색해지기 쉽다, 썰렁해지기 쉽다

4. 글의 주제나 제목을 묻는 문제

• 这段话主要想告诉我们什么？	이 글이 주로 우리에게 알려주고자 하는 것은 무엇인가?
• 下列哪项最适合做这段话的标题？	다음 중 이 글의 제목으로 가장 적합한 것은?
• 这段话主要介绍什么？	이 글은 주로 무엇을 소개하는가?

문제 풀이 전략   문제는 이렇게 풀어라!

Step 1 **매 지문마다 출제되는 문제 수를 체크하라!**

듣기 제3부분은 다른 부분과 달리 하나의 지문에 출제되는 문제 개수가 일정하지 않으므로 해당 지문의 문제 범위를 반드시 체크해두어야 혼동하지 않고 문제를 풀 수 있다.

第31到33题是根据下面一段话： 31~33번 문제는 다음 내용에 근거한다

Step 2 **보기를 먼저 살펴보고 지문 유형을 파악하자!**

녹음을 듣기 전 보기를 먼저 살펴보면 지문의 유형을 유추할 수 있다. 지문이 어떤 형태인지 또 어떤 내용이 전개될지 대략 예측할 수 있다면 문제 풀이가 보다 쉬워진다는 점을 유념하자.

보기 예시 - 이야기 글 (일상적인 내용)

A 怕丢面子
B 不相信他的朋友
C 他们的关系不好
D 已经找到了方法

보기 예시 - 설명문 (특정 대상 언급)

A 鱼都是短命者
B 鱼鳞片的生长速度与季节无关
C 鱼鳞片春夏生长较快
D 金鱼寿命最短

Step 3 **지문 내용의 흐름을 놓치지 말자!**

듣기 제2부분과 마찬가지로 대부분의 문제는 지문 내용의 흐름에 따라 순서대로 출제된다. 녹음을 듣기 전 4개의 보기에 제시된 핵심어를 찾은 후 녹음에서 관련 내용이 언급되면 바로 정답으로 체크하는 것이 중요하다.
(단, 주제나 제목을 묻는 문제 혹은 세부 내용의 일치 여부를 판단하는 문제는 내용 전개 순서에 따르지 않는 경우가 많으므로 이 점은 반드시 주의해야 한다.)

DAY 10

3 흐름을 파악하면 정답이 보인다!

공략비법 09 이야기 글

출제 형식

이야기 글은 주로 옛날이야기, 유명인의 일화 혹은 어떤 사람이 일상생활에서 겪은 재미있는 에피소드에 관한 내용인데, 대부분 구체적인 이야기를 통해 삶에 대한 철학적 메시지를 전하고 있어 이야기 전개 과정이나 세부 내용뿐만 아니라 그 안에 담긴 교훈을 묻는 문제가 출제된다.

핵심 전략

1 육하원칙 '누가, 언제, 어디서, 어떻게, 무엇을, 왜'로 이야기 흐름을 파악하자!
이야기 내용 전개에서 핵심이 되는 ★인물, 시간, 장소 및 사건의 발생, 경과, 결과 등에 관한 내용은 반드시 집중해서 듣고 전체적인 흐름을 이해해야 한다.

2 마지막 부분에서 언급되는 이야기 주제 및 교훈에 집중하라!
★이야기의 주제 및 교훈은 주로 녹음 마지막 부분에 언급되므로 마지막 부분에 집중해야 한다. 일부 주제가 직접적으로 언급되지 않은 지문의 경우 이야기를 통해 우리가 배울 수 있는 것이 무엇인지, 이야기의 교훈이 무엇인지 스스로 찾아야 한다.

유형맛보기 1 〈문제〉 🎧 09_1

第1-3题：请选出正确答案。

1. A 嗓子说不出话　　　　　　B 道具掉了
   C 忘词了　　　　　　　　　D 手受伤了

2. A 称赞有加　　　　　　　　B 万分无聊
   C 动作不到位　　　　　　　D 难以理解

3. A 要勇于接受批评　　　　　B 不能忽视小失误
   C 要积极面对挑战　　　　　D 要不断地创新

 유형맛보기 1 〈녹음〉

第1到3题是根据下面一段话：

著名的相声艺术家马三立，他在一次演出时，**1 因一时不注意，竟然忘记了一句台词**。于是他在表演时不得不做了几个偷看的动作，没想到却引起大家哄堂大笑。大家都以为这是马三立为了逗他们而故意做出来的。等演出结束后，**2 大家纷纷称赞马三立**，说他的表演很精彩。结果马三立却坦诚道："不是我演技好，我真的忘了台词，实在对不住大家了，我要好好儿检讨一下。"马三立的话令在场的人都愣住了。后来朋友问马三立："你是不是小题大做了？"马三立认真地回答：3 "**对小失误的放纵，就是对自己人格的放纵**，最终定会酿成大祸，出现更大的问题。我们只有看清危险，警示未来，才能有长进。"

1. 马三立在演出时，怎么了？
   A 嗓子说不出话　　　　　　　　B 道具掉了
   Ⓒ 忘词了　　　　　　　　　　　D 手受伤了

2. 大家怎么看马三立的这次表演？
   Ⓐ 称赞有加　　　　　　　　　　B 万分无聊
   C 动作不到位　　　　　　　　　D 难以理解

3. 这段话主要想告诉我们什么？
   A 要勇于接受批评　　　　　　　Ⓑ 不能忽视小失误
   C 要积极面对挑战　　　　　　　D 要不断地创新

1~3번 문제는 다음 내용에 근거한다.

유명한 만담 예술가인 마싼리(馬三立)가 한 공연에서 1 잠깐의 부주의로 뜻밖에 대사 한 마디를 잊어버렸다. 그리하여 그는 연기할 때 어쩔 수 없이 몇 번 훔쳐보는 동작을 취했는데, 생각지도 못하게 관중들의 폭소를 자아냈다. 다들 이는 마싼리가 그들을 웃기기 위해 일부러 한 행동이라고 생각했다. 공연이 끝난 뒤 2 관중들은 너도나도 마싼리를 칭찬하며, 그의 연기가 훌륭했다고 말했다. 결국 마싼리는 솔직하게 '제가 연기를 잘한 것이 아니고, 정말 대사를 잊었던 겁니다. 여러분께 정말 죄송합니다. 깊이 반성하겠습니다.'라고 얘기했다. 마싼리의 말에 현장에 있던 사람들은 멍해졌다. 후에 친구가 마싼리에게 '왜 별것 아닌 일을 크게 만든 거야?'라고 물었다. 마싼리는 진지하게 대답했다. 3 "작은 실수를 그냥 내버려 두는 건 내 인격도 그냥 내버려 두는 것이고, 결국에는 분명 큰 화가 되어 더 큰 문제를 일으키게 돼. 위험을 똑바로 보고, 미래에 대해 경고를 해야만이 비로소 발전할 수 있는 거야."

1. 마싼리는 공연에서 어떻게 되었는가?
   A 목소리가 나오지 않았다　　　　B 소품이 떨어졌다
   C 대사를 잊었다　　　　　　　　D 손을 다쳤다

2. 모두들 마싼리의 이번 연기를 어떻게 보았는가?
   A 거듭 칭찬했다　　　　　　　　B 매우 지루하다
   C 동작이 훌륭하지 못하다　　　　D 이해하기 어렵다

3 이 이야기는 주로 우리에게 무엇을 알려주려고 하는가?
   A 비판을 대담하게 받아들여야 한다　　B 작은 실수를 소홀히 하면 안 된다
   C 도전에 적극적으로 맞서야 한다　　　D 끊임없이 창조해야 한다

지문 어휘 著名 zhùmíng 형 유명하다, 저명하다 | 相声 xiàngsheng 명 만담, 재담 ★ | 演出 yǎnchū 명 공연 동 공연하다 | 一时 yìshí 명 잠시, 짧은 시간, 한 시기, 한 때 | 台词 táicí 명 대사 | 偷看 tōukàn 동 훔쳐보다, 살짝 보다 | 哄堂大笑 hōngtángdàxiào 떠들썩하게 웃다 | 逗 dòu 형 우습다 동 놀리다, 골리다 | 故意 gùyì 부 일부러, 고의로 | 纷纷 fēnfēn 부 잇달아, 연달아 | 称赞 chēngzàn 동 칭찬하다, 찬양하다 | 坦诚 tǎnchéng 형 솔직하고 성실하다 | 对不住 duìbúzhù 동 죄송합니다, 미안합니다 | 检讨 jiǎntǎo 동 깊이 반성하다, 자기비판을 하다 ★ | 愣住 lèngzhù 동 멍해지다, 넋이 나가다 | 小题大做 xiǎotídàzuò 성 별것 아닌 것을 큰 일인 것처럼 떠들다, 작은 제목으로 큰 문장을 만들다, 사소한 일을 떠들썩하게 굴다 | 失误 shīwù 명 실수, 실책 ★ | 放纵 fàngzòng 동 내버려 두다, 방종하다, 규칙을 지키지 않다 | 人格 réngé 명 인격 ★ | 酿成 niàngchéng 동 조성하다, 만들다, 야기하다, 초래하다 | 大祸 dàhuò 명 큰 화, 큰 재앙 | 警示 jǐngshì 동 경고하다, 계시하다 | 长进 zhǎngjìn 동 진보하다, 향상되다

보기 어휘 道具 dàojù 명 공연 소품, 촬영 소품 | 受伤 shòu shāng 동 부상 당하다 | 万分 wànfēn 부 매우, 대단히, 극히 ★ | 无聊 wúliáo 형 지루하다, 무료하다 | 到位 dàowèi 형 훌륭하다, 딱 들어맞다, 적절하다 | 难以 nányǐ 부 ~하기 어렵다 | 勇于 yǒngyú 동 대담하게 ~하다, 용감하게 ~하다 ★ | 批评 pīpíng 동 비판하다, 비평하다, 꾸짖다, 나무라다 | 忽视 hūshì 동 소홀히 하다, 경시하다 | 面对 miànduì 동 마주 대하다, 마주 보다, 직면하다 | 挑战 tiǎozhàn 명 도전 동 도전하다 | 不断 búduàn 부 끊임없이, 계속해서, 부단히 | 创新 chuàngxīn 동 창조하다 명 창조, 창의 ★

정답 1. C 2. A 3. B

해설

1. 듣기 제3부분은 하나의 지문에서 3~4개의 문제가 출제되는데, 대부분 내용 전개 순서를 따르게 된다. 따라서 녹음을 듣기 전 각 문제에 제시된 보기를 먼저 빠르게 살펴보고, 일치하는 내용이 언급되는지 체크하며 들어야 한다.
문제는 공연 중 마싼리에게 어떤 일이 일어났는지에 대해 묻고 있는데, 녹음 앞부분에서 '因一时不注意，竟然忘记了一句台词。(잠깐의 부주의로 뜻밖에 대사 한 마디를 잊어버렸다.)'를 듣고 정답이 C임을 알 수 있다. 여기서 '因~竟然~(~때문에 뜻밖에~하다)'이 정답 키워드라고 할 수 있는데 녹음에서 '뜻밖에, 생각지도 못하게'라는 의미를 나타내는 '竟然(뜻밖에)', '居然(놀랍게도)', '没想到(생각지도 못하게)' 등이 언급되면 예상 밖에 발생하게 된 그 일이 무엇인지에 대해 묻는 문제가 출제된다.

2. 마싼리의 공연에 대한 관중들의 평가에 대해 묻고 있다. 앞부분에서 '没想到却引起大家哄堂大笑。(생각지도 못하게 관중들의 폭소를 자아냈다.)'라고 하였으므로 B는 정답이 아니다. 그 뒤에 이어진 '大家纷纷称赞马三立，说他的表演很精彩。(관중들은 너도나도 마싼리를 칭찬하며, 그의 연기가 훌륭했다고 말했다.)'를 듣고 정답이 A임을 알 수 있다.

3. 이 문제와 같이 주제나 교훈을 묻는 문제는 주로 마지막 문제인 경우가 많다. 마싼리가 친구의 질문에 대해 '对小失误的放纵，就是对自己人格的放纵，最终定会酿成大祸，出现更大的问题。我们只有看清危险，警示未来，才能有长进。(작은 실수를 그냥 내버려 두는 건 내 인격도 그냥 내버려 두는 것이고, 결국에는 분명 큰 화가 되어 더 큰 문제를 일으키게 돼. 위험을 똑바로 보고, 미래에 대해 경고를 해야만이 비로소 발전할 수 있는 거야.)'이라고 하였으므로, 이 이야기는 앞으로의 발전을 위해 작은 실수를 그냥 지나치지 말아야 함을 강조하고 있음을 알 수 있다. 따라서 정답은 B이다.

第4-6题：请选出正确答案。

4. A 不太情愿　　　　　　　　　B 感觉很失望
   C 非常生气　　　　　　　　　D 被迫接受了

5. A 怕丢面子　　　　　　　　　B 不相信他的朋友
   C 他们的关系不好　　　　　　D 已经找到了方法

6. A 朋友很重要　　　　　　　　B 要有乐观的心态
   C 要严格要求自己　　　　　　D 要善于与他人交流

第4到6题是根据下面一段话：

　　在宋朝时，有个著名的教育家叫春日。有一次，他遇到了一个教学难题，尽管他反复推敲，也没有找到最佳的方法。恰巧他的一个朋友也是个大教育家。他和朋友探讨时，**4 朋友主动提出要和春日一起研究，春日却有些不愿意**。他想：**5 "要是被他找到了方法，我岂不是很没面子。"** 但他又想："我平时总是教育学生，在遇到问题时，要与别人商量。可是今天轮到自己了，却犯糊涂了。"于是，他决定和他的朋友一起研究。最后，两个人通过刻苦钻研，终于找到了最佳的解决方案。

　　此后，两人经常在一起交流教学上的疑难问题。正所谓"尺有所短，寸有所长"。知识再渊博的人也有不足之处，**6 我们要善于与他人沟通**，只有这样，我们的问题才会迎刃而解。

4. 春日的朋友提出要求时，春日是如何反应的？
   Ⓐ 不太情愿　　　　　　　　B 感觉很失望
   C 非常生气　　　　　　　　　D 被迫接受了

5. 起初，春日为什么想拒绝朋友的请求？
   Ⓐ 怕丢面子　　　　　　　　B 不相信他的朋友
   C 他们的关系不好　　　　　　D 已经找到了方法

6. 根据这段话，我们可以知道什么？
   A 朋友很重要　　　　　　　　B 要有乐观的心态
   C 要严格要求自己　　　　　　**Ⓓ 要善于与他人交流**

4~6번 문제는 다음 내용에 근거한다.

　　송나라 때 춘일(春日)이라는 저명한 교육가가 있었다. 한 번은 그가 자신이 마주한 교육의 난제에 대해서 거듭 곰곰이 생각해봤지만 최상의 방법을 찾을 수가 없었다. 공교롭게도 그의 한 친구 역시 뛰어난 교육가였는데, 그가 친구와 논의를 하던 중 **4 친구가 춘일에게 함께 논의해보자고 적극적으로 제안했지만, 춘일은 그다지 원치 않았다.** 그는 5 '만약 친구가 방법을 찾아낸다면, 내 체면이 서지 않을 것 아닌가.' 라고 생각했다. 하지만 그는 또 한편으로 '내가 평소에 늘 학생들한테 문제에 부딪치면 다른 사람과 상의를 해야 한다고 가르쳤는데, 오늘 내 입장이 되니 얼떨떨해지는군.' 이라는 생각이 들었다. 그래서 그는 친구와 함께 연구하기로 결정했다. 결국, 그들은 각고의 연구 끝에 마침내 최고의 해결 방안을 찾아냈다.

　　그 후 두 사람은 자주 교육상의 난제에 대해 함께 교류하였다. 이른바 '한 자의 길이도 짧을 때가 있고, 한 치의 길이도 길 때가 있다', 즉 '물건은 쓰는 용도에 따라 가치가 있을 수도 있고 없을 수도 있다'라는 말이 있다. 지식이 아무리 박학다식한 사람이라도 부족한 점이 있기에, **6 우리는 타인과의 소통에 능해야 하며**, 그래야만이 우리의 문제가 순조롭게 해결될 수 있다.

4. 춘일의 친구가 제안을 했을 때, 춘일은 어떠한 반응을 보였는가?
   A 그리 달갑지 않았다 　　　　　　　　　B 매우 실망했다
   C 매우 화가 났다 　　　　　　　　　　　D 어쩔 수 없이 받아들였다

5. 처음에 춘일은 친구의 요청을 왜 거절하려고 했는가?
   A 체면이 서지 않을까 염려되어서 　　　　B 친구를 믿지 못해서
   C 그들의 관계가 좋지 않아서 　　　　　　D 이미 방법을 찾아내서

6. 이 이야기에 따르면 알 수 있는 것은?
   A 친구는 중요하다 　　　　　　　　　　　B 긍정적인 마음가짐을 지녀야 한다
   C 스스로에게 엄격해야 한다 　　　　　　D 타인과의 소통에 능해야 한다

지문 어휘 宋朝 Sòng cháo 고유 송나라 | 推敲 tuīqiāo 동 이것저것 곰곰이 생각하다, 헤아리다 | 佳 jiā 형 좋다. 아름답다. 훌륭하다 | 恰巧 qiàqiǎo 부 공교롭게도, 때마침 ☆ | 探讨 tàntǎo 동 연구 토론하다, 탐구하다 ☆ | 主动 zhǔdòng 형 주동적인, 자발적인 | 岂不是 qǐbúshì 부 어찌 ~이 아니겠는가 | 没面子 méi miànzi 체면을 잃다, 체면이 깎이다 | 轮 lún 동 순번이 되다, 차례가 되다 | 犯糊涂 fàn hútú 얼떨떨하게 굴다 | 刻苦钻研 kèkǔ zuānyán 각고의 노력으로 연구에 전념하다 | 方案 fāng'àn 명 방안 | 疑难 yínán 명 난제 형 해결이 곤란하다 | 尺有所短，寸有所长 chǐ yǒu suǒ duǎn, cùn yǒu suǒ cháng 한 자의 길이도 짧을 때가 있고, 한 치의 길이도 길 때가 있다. 물건은 용도에 따라 가치가 있을 수도 있고 없을 수도 있다 | 渊博 yuānbó 형 박학다식하다 | 善于 shànyú 동 ~에 능하다. ~을 잘하다 | 沟通 gōutōng 동 소통하다, 의견을 나누다 | 迎刃而解 yíngrèn'érjiě 순리적으로 문제가 해결되다

보기 어휘 情愿 qíngyuàn 동 ~하기를 원하다. 마음속으로 바라다 | 被迫 bèipò 동 어쩔 수 없이 ~하다. 강요당하다 | 丢面子 diū miànzi 체면을 잃다. 창피를 당하다

정답 4. A　　5. A　　6. D

해설
4. 친구가 문제점을 함께 논의해보자고 제안한 것에 대한 춘일의 반응을 묻고 있다. '朋友主动提出要和春日一起研究，春日却有些不愿意。(친구가 춘일에게 이를 함께 논의해보자고 적극적으로 제안했지만, 춘일은 그다지 원치 않았다.)'를 듣고 정답이 A임을 알 수 있다. 여기서 '愿意(바라다)'와 '情愿(마음속으로 원하다)'은 유의어임을 알아두자.

5. 춘일이 친구의 요청을 거절하려고 한 이유를 묻고 있다. 이는 녹음 중간 부분에서 그가 마음속으로 한 말을 통해 알 수 있는데, '要是被他找到了方法，我岂不是很没面子。(만약 친구가 방법을 찾아낸다면, 내 체면이 서지 않을 것 아닌가.)'라고 하였으므로 정답은 A이다. 이처럼 지문에서 '岂不是~(어찌 ~이 아니겠는가)'와 같은 반어적 표현으로 강조하는 문장에서 정답과 관련된 핵심 내용이 언급되는 경우가 많다는 점도 주의하도록 하자.

6. 주제를 묻는 문제이다. 주제는 주로 녹음 마지막 부분에서 언급되는데, '我们要善于与他人沟通。(우리는 타인과의 소통에 능해야 한다.)'을 듣고, 이 문장이 그대로 제시되어 있는 D가 정답임을 알 수 있다.

내공 쌓기

🎧 09_3

이야기 글 지문은 주인공과 관련된 일화를 통해 교훈을 전달하는 내용이 주를 이루기 때문에 교훈 또는 인생 철학이 담긴 성어, 격언 등이 많이 등장한다. 간혹 성어의 의미를 직접 묻는 문제가 출제되기도 하므로 시험에 자주 출제되는 성어의 정확한 의미와 쓰임을 잘 익혀두도록 하자.

1 **淡泊名利** dànbómínglì 명예와 이익에 욕심이 없다
   爸爸淡泊名利，总是默默地做好自己的工作。
   아빠는 명예와 이익에 욕심이 없고, 항상 묵묵히 자신의 일을 하신다.

2 **与人为善** yǔrénwéishàn 타인을 먼저 생각하다, 남을 선하게 대하다
   他向来与人为善，从不和别人争吵。
   그는 항상 타인을 먼저 생각하기 때문에, 다른 사람과 분쟁을 일으킨 적이 없다.

3 **恪守诚信** kèshǒuchéngxìn 신의를 지키다, 신용을 지키다
   恪守诚信是做人的基本原则。
   신용을 지키는 것은 사람으로서의 기본 원칙이다.

4 **持之以恒** chízhīyǐhéng 끈기 있게 계속 노력하다
   既然选择了开始，就要持之以恒。
   기왕 시작을 했다면, 끈기 있게 계속 노력해야 한다.

5 **光明磊落** guāngmínglěiluò 공명정대하다, 정정당당하다
   我们做人要光明磊落，不能损害他人的利益。
   우리는 항상 정정당당하게 행동해야 하며, 타인의 이익에 손해를 끼쳐서는 안 된다.

6 **急于求成** jíyúqiúchéng 서둘러 목적을 달성하려 하다, 서둘러 끝내려고 하다
   做事急于求成，往往会以失败告终。
   무슨 일을 하든 서둘러 끝내려고 하면 실패로 끝나기 마련이다.

7 自力更生 zìlìgēngshēng 자력갱생하다, 자력으로 일어나다

年轻人应该学会自力更生，因为自己努力创造的生活才是美好的。

젊은이들은 자력갱생을 배워야 하는데, 직접 노력해서 영위한 삶이어야 비로소 아름답기 때문이다.

8 锲而不舍 qiè'érbùshě 끈기 있게 끝까지 해내다

我们在学习上应该有锲而不舍的精神。

우리는 공부할 때 끈기 있게 끝까지 해내려는 정신을 지녀야 한다.

9 半途而废 bàntú'érfèi 도중에 포기하다

做任何事都不能半途而废，不然什么事都不会成功。

무슨 일을 하든 도중에 포기해서는 안 된다, 그렇지 않으면 모든 일에 성공할 수 없을 것이다.

10 东张西望 dōngzhāngxīwàng 여기저기 두리번거리다

小明上课总是东张西望，不认真听讲。

샤오밍은 항상 여기저기 두리번거리면서 수업에 집중하지 않는다.

11 一举两得 yìjǔliǎngdé 일거양득

垃圾回收既可以减少对大自然的污染，又可以变废为宝，真是一个一举两得的好方法。

쓰레기 수거(회수)는 자연의 오염을 줄일 수 있고, 유용한 물건으로 다시 만들 수 있다. 정말 일거양득의 좋은 방법이다.

12 不知所措 bùzhīsuǒcuò 어찌할 바를 모르다, 갈팡질팡하다

他居然忍不住大声地哭了起来，弄得我不知所措。

그녀가 갑자기 참지 못하고 큰 소리로 울기 시작해서 내가 어찌할 바를 모르게 만들었다.

13 急功近利 jígōngjìnlì 당장의 성공과 눈 앞의 이익에만 급급하다

商业竞争日渐激烈，很多人在完成工作的时候都急功近利不求务实，而消费者就成了最大的受害人。

상업계의 경쟁이 나날이 치열해지면서 많은 사람들이 업무를 할 때 눈 앞의 이익에만 급급하고, 내실을 기하지 않고 있다. 따라서 소비자들이 최대 피해자가 되고 있다.

14 全力以赴 quánlìyǐfù 최선을 다하다

我们要全力以赴地帮助有困难的人。

우리는 최선을 다해 어려움에 처한 사람을 도와야 한다.

15 聚精会神 jùjīnghuìshén 정신을 집중하다, 열중하다

他学习的时候一向聚精会神，绝不受外界打扰。

그는 공부할 때 항상 정신을 집중하고, 절대 외부의 방해를 받지 않으려고 한다.

실전 테스트

第1-7题 请选出正确答案。　　🎧 09_4

1. A 在皇上面前争吵
   B 蓄意谋反
   C 怒斥皇上
   D 刺杀皇上

2. A 依法治罪
   B 忘得一干二净
   C 不做计较
   D 罢免官职

3. A 要出类拔萃
   B 要一诺千金
   C 要勇往直前
   D 要宽以待人

4. A 医术高超
   B 发明了解酒丸
   C 手术的费用很高
   D 常常喝醉

5. A 害怕伤到自己
   B 防止病人乱动
   C 方便打麻药
   D 病人不想做手术

6. A 善于思考
   B 认真思考
   C 生活很辛苦
   D 想不明白

7. A 中医的发展
   B "神医"的传记
   C 抢救病人的技巧
   D "麻沸散"是如何诞生的

3 흐름을 파악하면 정답이 보인다!

공략비법 10 설명문

출제 형식

설명문은 사회, 자연, 과학, 의학, 건강 등 방면에 관한 지식이나 정보를 전달하는 내용을 주로 다룬다. 대부분의 지문이 어떤 현상이나 원리에 대해 다양한 각도로 설명하는 내용이므로 다른 유형에 비해 전문용어 등의 난이도가 높은 어휘가 자주 출제된다.

핵심 전략

1 설명문의 흐름에 집중하라!

> 설명 대상의 소개 및 정의
> ⬇
> 설명 대상의 특징 및 정보를 예를 들어 설명
> ⬇
> 추가 정보 언급

2 소거법을 사용하여 정답을 찾아보자!

4개의 보기에 제시된 핵심어들을 미리 체크해두고 녹음을 들으며 언급되는 내용과 일치하지 않거나 녹음에서 언급되지 않은 내용을 제거해가는 방법으로 정답을 찾으면 문제 풀이가 더욱 쉬워진다.

3 녹음과 일치하는 보기에 현혹되지 말고, 질문의 의도를 정확히 파악하자!

하나의 보기 내용이 일치한다고 해서 바로 정답으로 체크하고 다음 문제로 넘어가는 경우가 있는데, 이는 함정이 될 수 있다. 어떤 것은 설명 대상에 관해 일치하지 않는 내용을 찾는 문제이기도 하고, 또 어떤 것은 설명 대상이 지닌 여러 가지 특징이나 정보를 앞에서 일부 언급한 후 뒷부분에서 추가적으로 언급하는 경우도 있으므로, 녹음은 마지막까지 주의 깊게 들어야 한다.

유형맛보기 1 〈문제〉

🎧 10_1

第1-3题：请选出正确答案。

1. A 鱼尾 　　　　　　　　　　　　　B 鳞片
   C 重量 　　　　　　　　　　　　　D 颜色

2. A 鱼都是短命者 　　　　　　　　　B 鱼鳞片的生长速度与季节无关
   C 鱼鳞片春夏生长较快 　　　　　　D 金鱼寿命最短

3. A 使鱼的生长速度快一些 　　　　　B 改善空气质量
   C 使鱼的寿命延长到30年 　　　　　D 使捕捞更合理

유형맛보기 1 〈녹음〉

第1到3题是根据下面一段话：

　　鱼到底能活多久？不同的鱼情况不同。就拿鲤鱼来说吧，最长可活二十多年。有的种类的金鱼可以活到三十年。当然，也有短命者。例如，塘鲤鱼的寿命就只有一年。**1 科学家是如何知道鱼的年龄的？**原来，他们是根据鱼鳞片上的环纹来确定的，而且鳞片会随年龄的增长而不断长大。**2 季节不同，鳞片增长的速度也不同。**通常春夏季生长快，秋季生长慢，**冬季则停止生长**。春夏季生长的部分较宽阔、结构疏松，秋季生长的部分较狭窄、结构致密。人们就根据鳞片上花纹的宽窄来判断鱼的年龄。**3 知道鱼的年龄，就可以帮助我们测出鱼群的年龄组成，以达到适时捕捞的目的。**

1. 要想知道鱼的年龄，我们要看什么？
   A 鱼尾 　　　　　　　　　　　　　**B 鳞片**
   C 重量 　　　　　　　　　　　　　D 颜色

2. 根据这段话，下列哪项正确？
   A 鱼都是短命者 　　　　　　　　　B 鱼鳞片的生长速度与季节无关
   C 鱼鳞片春夏生长较快 　　　　　D 金鱼寿命最短

3. 知道鱼的年龄有什么好处？
   A 使鱼的生长速度快一些 　　　　　B 改善空气质量
   C 使鱼的寿命延长到30年 　　　　　**D 使捕捞更合理**

1~3번 문제는 다음 내용에 근거한다.

물고기는 도대체 얼마나 오래 살 수 있을까? 이는 물고기에 따라 다르다. 잉어를 예로 들자면, 최장 20여년을 살 수 있다. 어떤 종류의 금붕어는 30년까지도 살 수 있다. 물론 수명이 짧은 것도 있다. 예를 들어, 저수지 잉어의 수명은 겨우 1년 밖에 되지 않는다. **1** 과학자들은 어떻게 물고기 나이를 알 수 있을까? 알고 보니 그들은 물고기 비늘에 있는 고리 무늬를 근거로 하여 확신하는 것이며, 게다가 비늘은 나이가 들어감에 따라 끊임없이 커진다고 한다. **2** 계절에 따라 비늘이 자라는 속도 또한 다른데 일반적으로 봄, 여름철에는 생장이 빠르고, 가을철에는 생장이 느리며, 겨울철에는 생장을 멈추게 된다. 봄, 여름철에 자라는 부분은 비교적 넓고 조직이 느슨한데, 가을철에 자라는 부분은 좁은 편이고 조직이 촘촘하다. 사람들은 바로 비늘에 있는 무늬의 폭에 따라 물고기의 나이를 판단하게 된다. **3** 물고기의 나이를 안다는 것은 우리가 물고기 떼의 나이 구성을 측정해내는 데 도움을 주고, 적기에 어획을 할 수 있게 해준다.

1. 물고기의 나이를 알기 위해서 무엇을 봐야 하는가?
A 꼬리　　　　　　　　　　　　　　　B 비늘
C 무게　　　　　　　　　　　　　　　D 색깔

2. 이 글에 따르면 다음 중 옳은 것은?
A 물고기는 모두 단명한다　　　　　　B 물고기 비늘의 생장 속도는 계절과 무관하다
C 물고기 비늘은 봄여름에 생장이 빠른 편이다　　D 금붕어의 수명이 가장 짧다

3. 물고기의 나이를 아는 것은 어떤 장점이 있는가?
A 물고기의 생장속도를 좀 더 빠르게 한다　　B 공기의 질을 개선한다
C 물고기의 수명을 30년까지 연장한다　　　　D 어획하는 데 더 합리적이다

지문 어휘　**鲤鱼** lǐyú 명 잉어 | **金鱼** jīnyú 명 금붕어 | **短命** duǎnmìng 형 단명하다 | **塘鲤鱼** tánglǐyú 저수지 잉어 | **寿命** shòumìng 명 수명, 목숨 | **鳞片** línpiàn 명 비늘 | **环纹** huánwén 명 고리 무늬 | **生长** shēngzhǎng 동 생장하다, 자라다, 성장하다 | **宽阔** kuānkuò 형 넓다, 널찍하다, 광대하다 | **结构** jiégòu 명 조직, 구조 | **疏松** shūsōng 형 느슨하다, 푸석푸석하다 동 푸석푸석하게 하다, 딱딱하지 않게 하다 | **狭窄** xiázhǎi 형 비좁다, 협소하다 ★ | **致密** zhìmì 형 촘촘하다, 조밀하다 | **花纹** huāwén 명 무늬와 도안 | **宽窄** kuānzhǎi 명 폭, 너비 | **捕捞** bǔlāo 동 어획하다, 물고기를 잡다

보기 어휘　**鱼尾** yúwěi 명 물고기 꼬리 | **重量** zhòngliàng 명 무게, 중량 | **改善** gǎishàn 동 개선하다, 개량하다 | **合理** hélǐ 형 합리적이다, 도리에 맞다

정답　1. **B**　2. **C**　3. **D**

해설

1. 지문은 물고기의 수명과 나이에 대해 주로 이야기 하고 있는데, 이 문제는 녹음 중간 부분에서 '科学家是如何知道鱼的年龄? (과학자들은 어떻게 물고기 나이를 알 수 있을까?)'라고 언급한 문장과 동일한 내용이라고 할 수 있다. 이에 대한 답은 이 문장 바로 뒤에 언급되었는데, '原来，他们是根据鱼鳞片上的环纹来确定的。(알고 보니 그들은 물고기 비늘에 있는 고리 무늬를 근거로 하여 확신하는 것이다.)'라고 하였으므로 정답은 B이다.

2. 이러한 유형의 문제는 녹음을 들으며 일치하지 않는 내용이거나 언급되지 않은 내용을 제거해나가는 방법으로 정답을 찾아야 한다. 앞부분에서 물고기의 긴 수명에 대해 언급하며, 심지어 금붕어는 30년까지도 살 수 있다고 하였으므로, 보기 A와 D는 우선 정답에서 제외된다.
중간 부분에서는 물고기의 생장 속도가 계절에 따라 다르다고 언급하며, '季节不同，鳞片增长的速度也不同。通常春夏季生长快，秋季生长慢，冬季则停止生长。(계절에 따라 비늘이 자라는 속도 또한 다른데 일반적으로 봄, 여름철에는 생장이 빠르고, 가을철에는 생장이 느리며, 겨울철에는 생장을 멈추게 된다.)'이라고 하였으므로 정답은 C이다.

3. 물고기의 나이를 알게 됨으로써 얻게 되는 장점에 대해 묻고 있는데, 이는 마지막 부분에서 '知道鱼的年龄，就可以帮助我们测出鱼群的年龄组成，以达到适时捕捞的目的。(물고기의 나이를 안다는 것은 우리가 물고기 떼의 나이 구성을 측정해내는 데 도움을 주고, 적기에 어획을 할 수 있게 해준다.)'를 듣고, 여기서 적기에 어획을 할 수 있다는 것이 바로 합리적인 어획을 할 수 있다는 의미임을 알 수 있다. 따라서 정답은 D이다.

第4-7题：请选出正确答案。

4. A 为了寻找配偶　　　　　　B 为了寻找筑巢的有利位置
   C 便于寻找食物　　　　　　D 站立时身体无法保持平衡

5. A 身体呈流线型　　　　　　B 翅膀发达
   C 脚很小　　　　　　　　　D 尾巴比较短

6. A 燕子终年生活在北方　　　B 燕子的繁殖能力强
   C 燕子不喜欢人类　　　　　D 燕子飞行的本领高

7. A 燕子的尾巴较长　　　　　B 燕子的腿很短
   C 燕子的羽毛很丰满　　　　D 燕子的翅膀比较发达

第4到7题是根据下面一段话：

　　燕子是最愿意接近人类的鸟类，而且人类非常爱护这种益鸟。**6 燕子的飞行本领十分高超**，它们一会儿像箭一样贴在水面飞行，一会儿又垂直地冲向蓝天，既可以在空中任意旋转，又可以在空中滑翔。
　　4 燕子为什么总是长时间在飞呢？这是因为燕子的脚极为瘦小，难以支撑整个身体，所以燕子站立时很难保持平衡。也是出于这样的原因，它练就了在飞行中解决一切的本领。如在飞行中吞吃猎物，或是在飞行时饮水，就是我们常说的"蜻蜓点水"。
　　6 那么燕子的飞行本领，为什么这么高强呢？5 原来燕子的身体呈流线型，这就大大减少了飞行时的阻力，因此燕子可以长时间处于飞行状态，而不知疲倦。**7 另外燕子的尾巴几乎是整个身体长度的1/3**，这一特点让它在飞行中能保持身体平衡。

4. 燕子为什么总是长时间飞行?
   A 为了寻找配偶　　　　　　B 为了寻找筑巢的有利位置
   C 便于寻找食物　　　　　　**D 站立时身体无法保持平衡**

5. 为什么燕子长时间飞行而不知疲倦?
   A 身体呈流线型　　　　　　B 翅膀发达
   C 脚很小　　　　　　　　　D 尾巴比较短

6. 根据文章内容，正确的一项是?
A 燕子终年生活在北方　　　　B 燕子的繁殖能力强
C 燕子不喜欢人类　　　　　　**D 燕子的飞行本领高**

7. 燕子飞行时，为什么能保持较好的身体平衡能力?
A 燕子的尾巴较长　　　　　B 燕子的腿很短
C 燕子的羽毛很丰满　　　　　D 燕子的翅膀比较发达

4~7번 문제는 다음 내용에 근거한다.

　　제비는 인간과 가장 가까이하려 하는 조류이고, 게다가 인간도 이 익조(益鳥)를 매우 소중히 아낀다. **6** 제비의 비행능력은 매우 뛰어난데, 이들은 화살같이 수면에 붙어 날다가 다시 하늘을 향해 수직으로 돌진하기도 하며, 공중에서 마음대로 회전할 수 있을 뿐 아니라, 공중을 활공할 수도 있다.
　　4 제비는 왜 항상 장시간 날고 있는 것일까? 이는 제비의 발이 매우 작아 온 몸을 지탱하기 어려워 제비가 서 있을 때 균형을 유지하기 어렵기 때문이다. 이러한 원인으로 제비는 비행 중에 모든 것을 해결하는 능력을 연마해낸 것이다. 예를 들어 비행 중 먹이를 집어 삼킨다거나, 비행할 때 물을 마시는 것이 바로 우리가 흔히 말하는 '청정점수(잠자리가 수면을 스치고 날아오르다)'이다.
　　6 그렇다면 제비의 비행능력은 왜이리 출중한 것일까? **5** 원래 제비의 몸은 유선형으로 이루어져 있는데, 이것이 바로 비행시의 저항을 크게 감소시키기 때문에 제비가 장시간 비행상태에 있을 수 있고 게다가 지치지도 않는 것이다. **7** 이 밖에도 제비의 꼬리는 거의 몸 전체 길이의 1/3이나 되는데, 이러한 특징으로 제비는 비행 중 몸의 균형을 유지할 수 있는 것이다.

4. 제비는 왜 항상 장시간 비행하고 있는가?
A 짝을 찾기 위해　　　　　　　　B 둥지를 틀 유리한 위치를 찾기 위해
C 먹이를 찾기 쉽도록　　　　　　**D 서 있을 때 몸이 균형을 유지할 수 없어서**

5. 제비는 왜 장시간 비행을 해도 지치지 않는가?
A 몸이 유선형으로 이루어져 있어서　　B 날개가 발달해서
C 발이 작아서　　　　　　　　　　　　D 꼬리가 짧은 편이어서

6. 글 내용에 근거하여 옳은 것은?
A 제비는 일년 내내 북쪽 지방에서 생활한다　　B 제비의 번식력은 강하다
C 제비는 인간을 좋아하지 않는다　　　　　　　**D 제비의 비행능력은 뛰어나다**

7. 제비는 비행할 때, 왜 몸의 균형력을 잘 유지하는 편인가?
A 제비의 꼬리가 긴 편이어서　　　B 제비의 다리가 짧아서
C 제비의 깃털이 풍성해서　　　　　　D 제비의 날개가 발달한 편이어서

지문 어휘 | **燕子** yànzi 명 제비 | **人类** rénlèi 명 인류 | **鸟类** niǎolèi 명 조류 | **爱护** àihù 동 소중히 하다, 사랑하고 보호하다 | **益鸟** yìniǎo 명 익조(사람의 생활에 직접, 간접으로 이익이 되는 새) | **飞行** fēixíng 동 비행하다 | **本领** běnlǐng 명 능력, 기량, 솜씨 | **高超** gāochāo 형 뛰어나다, 출중하다 ⭐ | **箭** jiàn 명 화살 | **垂直** chuízhí 형 수직의 ⭐ | **冲向** chōngxiàng ~을 향해 돌진하다 | **任意** rènyì 부 마음대로, 제멋대로 | **旋转** xuánzhuǎn 동 회전하다, 돌다, 선회하다 ⭐ | **滑翔** huáxiáng 동 활공하다, 떠 다니다 | **极为** jíwéi 부 매우, 아주, 몹시 | **瘦小** shòuxiǎo 형 작고 여위다, 왜소하다 | **难以** nányǐ 부 ~하기 어렵다 | **支撑** zhīchēng 동 지탱하다, 버티다, 받치다 ⭐ | **站立** zhànlì 동 서다, 서 있다 | **保持** bǎochí 동 유지하다, 지키다 ⭐ | **平衡** pínghéng 명 균형, 평형 형 균형이 맞다, 균형이 잡히다 | **练就** liànjiù 동 연마해내다 | **吞吃** tūnchī 동 (통째로) 집어 삼키다 | **猎物** lièwù 명 사냥감 | **蜻蜓点水** qīngtíngdiǎnshuǐ 성 잠자리가 꼬리로 수면을 찍고 날아오르다. 모든 일에 깊게 파고들려 하지 않는다 | **高强** gāoqiáng 형 출중하다, 훌륭하다, 뛰어나다 | **呈** chéng 동 띠다, 나타내다 | **流线型** liúxiànxíng 형 유선형의 | **阻力** zǔlì 명 저항 | **状态** zhuàngtài 명 상태 | **疲倦** píjuàn 형 지치다, 피곤하다 ⭐ | **尾巴** wěiba 명 꼬리

보기 어휘

寻找 xúnzhǎo 동 찾다, 구하다 | 配偶 pèi'ǒu 명 짝, 배우자, 반려자 ★ | 筑巢 zhùcháo 둥지를 틀다, 보금자리를 짓다 | 有利 yǒulì 형 유리하다, 이롭다, 좋은 점이 있다 | 位置 wèizhi 명 위치 | 便于 biànyú 형 ~하기에 쉽다, ~에 편리하다 ★ | 翅膀 chìbǎng 명 날개 | 发达 fādá 형 발달하다, 흥성하다, 왕성하다 동 발달시키다 | 终年 zhōngnián 명 일년 내내, 일년간 | 繁殖 fánzhí 동 번식하다, 늘어나다 | 羽毛 yǔmáo 명 깃털

정답

4. D 5. A 6. D 7. A

해설

4. 지문은 제비의 비행에 대해 주로 이야기 하고 있는데, 이 문제는 녹음 중간 부분에서 '燕子为什么总是长时间在飞呢？(제비는 왜 항상 장시간 날고 있는 것일까？)'라고 언급한 문장과 동일하다. 이에 대한 답은 이 문장 바로 뒤에 언급되었는데, '这是因为燕子的脚极为瘦小，难以支撑整个身体，所以燕子站立时很难保持平衡。(이는 제비의 발이 매우 작아 온 몸을 지탱하기 어려워 제비가 서 있을 때 균형을 유지하기 어렵기 때문이다.)'이라고 하였으므로 정답은 D이다.

5. 제비가 장시간 비행을 해도 지치지 않는 이유는 마지막 부분에서 언급되었다. '原来燕子的身体成呈流线型，这就大大减少了飞行时的阻力，因此燕子可以长时间处于飞行状态，而不知疲倦。(원래 제비의 몸은 유선형으로 이루어져 있는데, 이것이 바로 비행시의 저항을 크게 감소시키기 때문에 제비가 장시간 비행상태에 있을 수 있고 게다가 지치지도 않는 것이다.)'라고 하였으므로 정답이 A임을 알 수 있다. 어떤 생물의 현상을 설명하는 지문은 비교적 난이도가 높으므로, 들리는 단어나 문장이 바로 정답인 경우가 많다. 따라서 보기를 꼼꼼히 체크해가며 듣는 것이 중요하다.

6. 녹음에서 제비의 비행능력에 관한 내용은 직접적으로 두 번 언급되었는데, 앞부분의 '燕子的飞行本领十分高超。(제비의 비행능력은 매우 뛰어나다.)'를 듣고 정답이 D임을 알 수 있다. 만약 이 문장을 놓쳤다면, 마지막 부분에서 다시 한 번 더 언급된 '那么燕子的飞行本领，为什么这么高强呢？(그렇다면 제비의 비행능력은 왜이리 출중한 것일까？)'를 듣고도 D가 정답임을 알 수 있다.

7. 비행할 때 제비가 몸의 균형을 유지할 수 있는 이유는 마지막 부분에서 언급되었다. '另外燕子的尾巴，几乎是整个身体长度的1/3，这一特点让它在飞行中能保持身体平衡。(이 밖에도 제비의 꼬리는 거의 몸 전체 길이의 1/30이나 되는데, 이러한 특징으로 제비는 비행 중 몸의 균형을 유지할 수 있는 것이다.)'을 듣고, 제비는 긴 꼬리로 인해 몸의 균형을 유지하는 것임을 알 수 있다. 따라서 정답은 A이다.

내공 쌓기

🎧 10_3

설명문은 객관적인 정보를 타인에게 알려주는 글로써 정보 전달을 목적으로 한다. 따라서 주로 자연 과학과 관련된 현상 및 사물, 사회적 용어 등이 소재로 자주 등장하기 때문에 시험에 자주 출제되는 전문 용어를 잘 익혀두면 설명문을 이해하는 데 도움이 될 수 있다.

1 자연과 관련된 표현

- **海水入侵现象** hǎishuǐ rùqīn xiànxiàng 해수 침입 현상
  해수가 육지로 점점 유입되어 육지를 침입하는 현상

- **不毛之地** bùmáozhīdì 불모지
  식물이 자라지 못하는 거칠고 메마른 땅

- **雾虹** wùhóng 안개 무지개
  안개 속에 나타나는 흐릿한 흰빛 무지개

- **百香果** bǎixiāngguǒ 패션푸르츠
  여러 가지 복합적인 과일 향을 내뿜는 열매의 일종

- **潮汐能** cháoxīnéng 조석 에너지(조력 에너지)
  밀물·썰물시 발생하는 위치 에너지

- **休渔期** xiūyúqī 금어기
  어류가 충분한 시간을 가지고 번식하도록 정부가 정해 놓은 어획활동 금지 기간

- **倒春寒** dàochūnhán 꽃샘추위
  초봄에는 따뜻하고 늦봄에는 쌀쌀한 날씨

2 현대 사회와 관련된 용어

- **社交软件** shèjiāo ruǎnjiàn — 소셜 앱
- **社交网络** shèjiāo wǎngluò — 소셜 네트워크(SNS)
- **表情符号** biǎoqíng fúhào — 이모티콘
- **手机脸** shǒujīliǎn — 고개 숙이고 휴대폰을 오래 보다 보면 피부가 처지고, 이중 턱이 생기며 주름이 지는 등 표정과 얼굴이 점점 못생기게 변하는 현상
- **慢阅读** màn yuèdú — 슬로우 리딩. 책을 볼 때 충분한 시간을 들여 책 한 권에 푹 빠져 천천히 감상하는 것
- **低头族** dītóuzú — 어디서든 항상 고개를 숙여 휴대폰을 보는 사람들을 지칭
- **拒买族** jùmǎizú — 과도한 소비를 지양하는 사람들을 지칭
- **啃老族** kěnlǎozú — 분가할 나이가 되어서도 부모와 떨어지지 않고 생계를 의탁하는 젊은 세대를 지칭(캥거루족)
- **快餐文化** kuàicān wénhuà — 속도만 중요시하는 문화를 말함
- **后窗文化** hòuchuāng wénhuà — 자동차 차량 뒤에 문구를 붙이는 문화
- **猎头公司** lìetóu gōngsī — 헤드헌터 회사
- **背包客** bèibāokè — 혼자 배낭 여행을 즐기는 사람들을 지칭
- **书虫** shūchóng — 책만 좋아하는 사람을 지칭
- **微商** wēishāng — 위챗(WeChat)이라는 SNS를 사용하여 사업 또는 장사를 하는 사람을 지칭

실전 테스트

第1-7题 请选出正确答案。

1. A 效率会降低
   B 反应会更快
   C 会更加兴奋
   D 脑细胞会再生

2. A 要有耐心
   B 要集中精神
   C 要低速慢行
   D 要查询实时路况

3. A 记忆力下降
   B 偏头疼加剧
   C 反应变慢
   D 视力模糊

4. A 如何解决酒驾问题
   B 大脑可以同时做双任务
   C 车载电话的优点
   D 为什么开车打电话不安全

5. A 水污染很严重
   B 南极洲是海洋
   C 南极洲更冷
   D 南极的资源更丰富

6. A 大气层的破坏
   B 冰川融化速度差异
   C 海陆分布差异
   D 太阳辐射强度

7. A 北极温度比南极高
   B 南极的平均海拔最低
   C 北极生物品种多
   D 极地地区臭氧层保护较好

DAY 12

3 흐름을 파악하면 정답이 보인다!

공략비법 11 실용문

출제 형식

실용문은 주제가 다양하지만 시험에서는 주로 어떤 특정 대상에 대해 실험, 조사, 연구를 진행한 후 그 과정과 결과를 보고하는 내용이 주로 출제된다.

핵심 전략

1 녹음의 첫부분(서론)과 마지막 부분(결론)을 놓치지 말자!

다른 유형보다도 실용문은 특히 녹음 앞부분에 제시되는 내용이 중요하다고 할 수 있다. 녹음은 보통 해당 실험, 연구, 조사가 무엇에 대한 것인지 분명하게 언급하며 시작하는데 그 주제를 반드시 놓치지 말고 들어야 한다. 또한 마지막에는 연구를 통해 내린 결론을 언급하기 때문에 주의 깊게 들어야 한다. 특히 녹음에서 '结论(결론)', '发现(발견하다)', '证明(증명하다)', '证实(입증하다)' 등의 단어가 들리면 그 뒤를 집중하자.

2 숫자는 꼭 메모하자!

실용문의 특성상 실험, 조사, 통계 등에 대한 수치가 자주 등장하므로 문제의 보기를 살펴보고 숫자와 관련된 내용이 제시되어 있을 경우에는, 녹음을 들을 때 숫자가 언급되는 부분에서 간단하게 메모를 해 두도록 하자.

第1-3题：请选出正确答案。

1. A 更加省力 B 雪橇很容易坏
   C 非常危险 D 很容易滑倒

2. A 没有变化 B 冰面会融化
   C 冰面会裂开 D 冰面会更加坚硬

3. A 凹凸的冰面更滑 B 温度与冰的融化无关
   C 滑冰能锻炼身体 D 冰面极易融化

第1到3题是根据下面一段话：

　　大多数人认为，和凹凸不平的冰面比起来，光滑的冰面会更滑。可是最新的一项研究显示：**1 如果我们在凹凸不平的冰面上，拉着满载重物的小雪橇，你就会发现，要比在光滑的冰面上省很多力**。也就是说，凹凸不平的冰面比光滑的冰面更滑。这是为什么呢？一位研究人员说："冰融化的时候，除了与温度相关外，还和压强有很大的关系。例如，我们滑冰时，只有鞋底下冰刀的刀刃接触冰面。我们整个身体的重量，都作用在面积仅为几平方厘米的刀刃上。此时，刀刃和冰面之间的压强就会增大。**2 压强越大，冰越易融化，因此冰面就会形成一层水**。水起到了润滑的作用，冰面自然就变得更滑了。"所以重物与凹凸不平的冰面接触面更小，压强更大，接触面同样会融化出一层水。**3 由此得出的结论是：凹凸不平的冰面比光滑的冰面更滑**。

1　在凹凸不平的冰面上拉重物会怎么样？
　　Ⓐ 更加省力 B 雪橇很容易坏
　　C 非常危险 D 很容易滑倒

2　当物体与冰面之间的压强增大时，会怎么样？
　　A 没有变化 Ⓑ 冰面会融化
　　C 冰面会裂开 D 冰面会更加坚硬

3　根据这段话，下列哪项正确？
　　Ⓐ 凹凸的冰面更滑 B 温度与冰的融化无关
　　C 滑冰能锻炼身体 D 冰面极易融化

1~3번 문제는 다음 내용에 근거한다.

많은 사람들은 울퉁불퉁한 빙판보다 매끄러운 빙판이 더 미끄러울 것이라고 생각한다. 하지만 최신 한 연구에 따르면, **1 울퉁불퉁한 빙판에서 무거운 물건을 가득 실은 눈썰매를 끌어 보면 매끈한 빙판에서보다 힘이 훨씬 덜 든다는 점을 알 수 있다고 한다**. 다시 말해, 울퉁불퉁한 빙판이 매끈한 빙판에 비해 더 미끄럽다는 것이다. 이는 무엇 때문일까? 한 연구원은 이렇게 말했다. "얼음이 녹을 때는 온도와의 상관 관계 외에도, 단위 면적당 받게 되는 압력과도 큰 관계가 있습니다. 예를 들어, 우리가 스케이트를 탈 때 스케이트화 밑바닥의 날 부분만 빙판에 닿게 되는데요. 우리 온 몸의 무게가 단지 몇 제곱센티미터의 칼날에 작용하는 것이죠. 이때 스케이트 날과 얼음면 간에 가해지는 압력이 증가하게 됩니다. **2 압력이 커질수록 얼음은 더 쉽게 녹기 때문에**, 빙판에는 물이 한 층 형성되고 물이 윤활 작용을 하여 빙판이 자연스레 더 미끄러워지는 것입니다." 그래서 무거운 물건이 울퉁불퉁한 빙판과 접촉하는 면적이 작으면 압력은 더 커지고, 접촉면은 마찬가지로 한 층의 물로 녹아버리게 되는 것이다. **3 이로부터 얻게 된 결론은 바로 울퉁불퉁한 빙판은 매끈한 빙판보다 더 미끄럽다는 것이다**.

1. 울퉁불퉁한 빙판에서 무거운 물체를 끌면 어떻게 되는가?
   A 힘이 덜 든다
   B 썰매가 망가지기 쉽다
   C 매우 위험하다
   D 미끄러져 넘어지기 쉽다

2. 물체와 빙판 간의 압력이 커질 때 어떻게 되는가?
   A 변화가 없다
   B 빙판이 녹는다
   C 빙판이 갈라진다
   D 빙판이 더 단단해진다

3. 이 이야기에 따르면 다음 중 옳은 것은?
   A 울퉁불퉁한 빙판이 더 미끄럽다
   B 온도와 얼음이 녹는 것은 관계가 없다
   C 스케이트를 타면 신체를 단련할 수 있다
   D 빙판은 매우 쉽게 녹는다

지문 어휘 凹凸 āotū 형 울퉁불퉁하다 ★ | 光滑 guānghuá 형 매끈매끈하다, 매끌매끌하다, 반들반들하다 | 冰面 bīngmiàn 명 빙판, 얼음판 | 满载 mǎnzài 동 가득 싣다 | 雪橇 xuěqiāo 명 눈썰매 | 省力 shěng lì 동 힘을 덜다, 수고를 덜다 | 相关 xiāngguān 동 상관이 있다, 서로 관련되다 | 压强 yāqiáng 명 단위 면적당 받는 압력 | 滑冰 huá bīng 동 스케이트를 타다 명 스케이팅 | 鞋底 xiédǐ 명 신발 밑바닥, 구두 밑바닥 | 冰刀 bīngdāo 명 스케이트 날 | 刀刃 dāorèn 명 칼날 | 接触 jiēchù 동 닿다, 접촉하다 | 重量 zhòngliàng 명 무게, 중량 | 平方厘米 píngfāng límǐ 양 제곱센티미터 | 增大 zēng dà 동 증대하다, 커지다, 늘리다 | 融化 rónghuà 동 녹다, 융해되다 ★ | 形成 xíngchéng 동 형성되다, 이루어지다 | 润滑 rùnhuá 형 윤택하고 매끄럽다 | 接触面 jiēchùmiàn 접촉면 | 结论 jiélùn 명 결론, 결말

보기 어휘 裂开 lièkāi 동 갈라지다, 찢어지다, 터지다 | 坚硬 jiānyìng 형 단단하다, 견고하다, 굳다 ★ | 极易 jí yì 매우 쉽게

정답 1. A   2. B   3. A

해설
1. 어떤 연구나 조사에 관한 지문에서 반드시 놓치지 말고 들어야 할 내용은 해당 연구나 조사의 대상, 방법, 과정, 결과와 그 결과에 근거해 내린 결론을 언급하는 부분이다. 문제는 울퉁불퉁한 빙판에서 무거운 물체를 끌게 되면 어떠한지를 묻고 있는데, 이는 녹음 앞부분에서 빙판에 대한 연구 결과로 언급된 '如果我们在凹凸不平的冰面上，拉着满载重物的小雪橇，你就会发现，要比在光滑的冰面上省很多力。(울퉁불퉁한 빙판에서 무거운 물건을 가득 실은 썰매를 끌어 보면 매끈한 빙판에서보다 힘이 훨씬 덜 든다는 점을 알 수 있다.)'를 듣고 정답이 A임을 알 수 있다.

2. 물체와 빙판 간의 압력이 커질 때 나타나는 현상에 대해 묻고 있다. 중간 부분에서 연구원이 스케이트 타는 것을 예로 들며 설명하는 내용을 주의 깊게 들어야 하는데, '压强越大，冰越易融化，因此冰面就会形成一层水。(압력이 커질수록 얼음은 더 쉽게 녹기 때문에, 빙판에는 물이 한 층 형성된다.)'라고 하였으므로 정답은 B이다.

3. 연구를 통해 내린 결론을 언급하는 부분은 특히 더 집중해서 들어야 한다. 즉, 이 문제는 '结论(결론)'이 정답 키워드인데, 마지막 부분에서 '由此得出的结论是：凹凸不平的冰面比光滑的冰面更滑。(이로부터 얻게 된 결론은 바로 울퉁불퉁한 빙판은 매끈한 빙판보다 더 미끄럽다는 것이다.)'라고 하였으므로 정답은 A이다.

유형맛보기 2 〈문제〉 🎧 11_2

第4-6题：请选出正确答案。

4. A 口才好　　　　　　　　　B 注意力难集中
   C 睡眠质量高　　　　　　　D 性格开朗

5. A 会伤害眼睛　　　　　　　B 有助于人体健康
   C 热辐射很强　　　　　　　D 对减肥有帮助

6. A 什么是自然光　　　　　　B 早上的自然光
   C 自然光的波长范围　　　　D 自然光的益处

유형맛보기 2 〈녹음〉

第4到6题是根据下面一段话：

　　一些研究人员对公司的白领接受自然光光照的情况进行了研究。他们发现，在上班期间，靠窗而坐的员工接受到的自然光光照比不靠窗而坐的要多得多。有趣的是，前者在睡眠时间方面，要比后者平均多出46分钟。在每日运动量方面，前者也要高于后者。4.6 由此，研究人员得出结论：自然光可以帮助人们改善睡眠质量，增加运动量，从而提高生活水平。

　　另外，特别是早上的自然光，可以影响我们的情绪、警觉性以及代谢水平。然而，公司的白领是典型的室内工作者，有的人甚至是一天都不出办公室，这对他们的健康一定会产生负面影响。5.6 研究结果证实了接受自然光光照对保持健康发挥着巨大作用。

4. 靠窗而坐的员工有什么特点？
   A 口才好　　　　　　　　　B 注意力难集中
   ⓒ 睡眠质量高　　　　　　　D 性格开朗

5. 关于自然光，正确的一项是？
   A 会伤害眼睛　　　　　　　Ⓑ 有助于人体健康
   C 热辐射很强　　　　　　　D 对减肥有帮助

6. 最适合上文的标题是？
   A 什么是自然光　　　　　　B 早上的自然光
   C 自然光的波长范围　　　　Ⓓ 自然光的益处

4~6번 문제는 다음 내용에 근거한다.

    일부 연구원들이 회사 사무직 근로자들의 자연광을 쬐는 상황에 대해 연구를 진행했다. 그들은 근무 시간대에 창가 쪽에 앉은 직원들이 쬐게 되는 자연광이 창가 쪽에 앉지 않은 직원들에 비해 훨씬 더 많다는 것을 발견했다. 재미있는 점은 전자는 수면 시간에 있어 후자보다 평균 46분이 더 많다는 것이다. 매일 하는 운동량에 있어서도 전자가 후자보다 더 많았다. 4,6 이로써 연구원들이 내린 결론은, 자연광은 수면의 질을 개선하고 운동량을 늘리는 데 도움을 주어 생활 수준을 높일 수 있다는 것이다.
    이 밖에도, 특히 아침의 자연광은 우리들의 정서와 경계심, 그리고 대사 수준에도 영향을 줄 수 있다. 하지만 회사 사무직 근로자들은 대표적인 실내 근무자여서 어떤 사람들은 심지어 하루 종일 사무실 밖을 나가지 않기도 하는데, 이는 분명 그들의 건강에 부정적인 영향을 끼치게 된다. 5,6 연구 결과는 자연광을 쬐는 것이 건강을 유지하는 데 큰 역할을 발휘한다는 것을 입증하였다.

4. 창가 쪽에 앉은 직원들은 어떤 특징이 있는가?
   A 말재주가 좋다
   B 주의력 집중이 어렵다
   C 수면의 질이 높다
   D 성격이 쾌활하다

5. 자연광에 관해 옳은 것은?
   A 눈을 해친다
   B 건강에 도움이 된다
   C 열복사가 강하다
   D 다이어트에 도움이 된다

6. 글의 제목으로 가장 적합한 것은?
   A 자연광은 무엇인가
   B 아침의 자연광
   C 자연광의 파장 범위
   D 자연광의 이점

지문 어휘 | 白领 báilǐng 명 사무직 근로자, 화이트칼라 계층 | 自然光 zìránguāng 명 자연광 | 光照 guāngzhào 동 내리쬐다, 비추다 | 期间 qījiān 명 시간, 기간 | 睡眠 shuìmián 명 수면, 잠 동 잠자다 | 平均 píngjūn 형 평균의 동 평균하다, 균등히 하다, 고르게 하다 | 结论 jiélùn 명 결론, 결말 | 改善 gǎishàn 동 개선하다, 개량하다 | 情绪 qíngxù 명 정서, 마음, 기분 | 警觉性 jǐngjuéxìng 명 경계심, 경각심 | 代谢水平 dàixiè shuǐpíng 대사 수준 | 典型 diǎnxíng 명 대표적인, 전형적인 ★ | 负面 fùmiàn 명 부정적인 면, 소극적인 면 | 证实 zhèngshí 동 입증하다, 사실을 증명하다 ★ | 发挥 fāhuī 동 발휘하다 | 巨大 jùdà 형 아주 크다, 아주 많다, 거대하다

보기 어휘 | 口才 kǒucái 명 말재주, 말솜씨 | 开朗 kāilǎng 형 쾌활하다, 명랑하다, 활달하다 ★ | 热辐射 rèfúshè 명 열복사 | 波长 bōcháng 명 파장 | 益处 yìchu 명 이점, 이로운 점, 장점

정답 4. C   5. B   6. D

해설
4. 지문은 사무직 근로자들의 자연광을 쬐는 상황에 대해 연구한 내용을 소개하고 있는데, 연구 결과나 그 결과에 근거한 결론을 언급하는 부분은 주의 깊게 들어야 한다. 문제는 창가 쪽에 앉은 직원들의 특징에 대해 묻고 있는데, '结论(결론)'이 정답 키워드이다. 녹음 중간 부분에서 '由此, 研究人员得出结论: 自然光可以帮助人们改善睡眠质量, 增加运动量, 从而提高生活水平。(이로써 연구원들이 내린 결론은, 자연광은 수면의 질을 개선하고 운동량을 늘리는 데 도움을 주어 생활 수준을 높일 수 있다는 것이다.)'라고 하였으므로 정답은 C이다.

5. 마지막 부분에서 연구 결과로 인해 증명된 사실을 다시 한번 언급하므로 놓치지 말고 들어야 한다. '证实(입증하다)'가 정답 키워드이다. '研究结果证实了接受自然光照对保持健康发挥着巨大作用。(연구 결과는 자연광을 쬐는 것은 건강을 유지하는 데 큰 역할을 한다는 것을 입증하였다.)'이라고 하였으므로 정답은 B이다.

6. 지문은 연구를 통해 밝혀낸 자연광이 사무직 직장인들에게 끼치는 다양한 장점에 대해 언급하고 있다. 게다가 앞의 4번, 5번의 정답 또한 자연광의 긍정적인 영향에 관한 내용이므로, 글의 제목으로 가장 적절한 것은 D이다.

내공 쌓기

🎧 11_3

실험, 조사, 연구와 관련된 문제는 대상자, 진행 과정, 결과 등 전체적인 글의 내용을 빠짐 없이 잘 이해해야 정답을 찾을 수 있다. 따라서 서론, 본론, 결론에 자주 등장하는 고정 표현을 잘 익혀두면 중요한 내용을 구분해서 듣고 이해하는 데 도움이 될 뿐만 아니라, 정답을 찾을 확률도 자연스럽게 높일 수 있다.

1 서론에서 자주 쓰이는 고정 표현

아래와 같은 표현을 통해 연구 또는 조사 결과와 관련된 지문이라는 것을 미루어 짐작할 수 있다.

- **一项研究结果显示**   연구 결과에 따르면(연구 결과가 보여주듯이)
- **有数据显示**   데이터에 따르면(데이터가 보여주듯이)
- **一项调查表明**   조사에 따르면(조사가 밝혀주듯이)
- **据科学家调查**   과학자들의 조사에 따르면

2 본론에서 자주 쓰이는 고정 표현

주로 연구 과정을 설명하는 내용들이 많기 때문에, '첫째, 둘째'와 같은 수사를 많이 쓴다.

- **第一~, 第二~, 第三~**   첫 번째~, 두 번째~, 세 번째~

  : 중요성의 우선 순위가 없이 단순한 병렬의 의미만 갖는다.

  要想拥有一个好身体，**第一**，要吃健康的食物；**第二**，每天早上要慢跑；**第三**，要早点睡觉。
  건강한 몸을 원한다면, 첫째, 건강한 음식을 먹어야 하고, 둘째, 매일 아침 조깅을 해야 하며, 셋째, 일찍 잠을 자야 한다.

124 파고다 HSK 6급

- **一来~，二来~** 첫째로는~, 둘째로는~

  : '一方面~，另一方面~'과 비슷한 표현으로 주로 어떤 목적이나 원인을 설명할 때 쓰인다.

  旅行一来可以增长见识，二来可以放松身心。
  여행은 첫째 견문을 넓힐 수 있고, 둘째로는 몸과 마음의 긴장을 풀 수 있다.

- **首先~，其次~，再次~，最后~** 맨 먼저(우선)~, 두 번째로~, 그 다음은~, 마지막으로~

  : 가장 중요한 정보는 대부분 '首先' 뒤에 오기 때문에 정답 관련 핵심 내용도 '首先' 뒤에 제시되는 경우가 많다.

  首先，南极洲是陆地，北极地区则是一望无际的海洋；其次，南极洲的纬度高，太阳辐射相对较少；最后，南极圈内几乎每年都有极夜。
  우선, 남극 대륙은 육지이지만, 북극 지역은 끝없이 넓은 바다이다. 두 번째로, 남극 대륙의 위도가 높아, 태양 복사가 상대적으로 비교적 적다. 그 다음은, 남극권내에 거의 매년 극야(해가 뜨지 않고 밤이 지속되는 기간)가 있다.

3 결론에서 자주 쓰이는 고정 표현

결론에는 대부분 연구 결과를 도출해 주거나, 연구 내용을 요약할 때 쓸 수 있는 표현이 온다.

· **可见~**	~임을 알 수 있다
· **由此可见 / 由此可知**	이로부터 (결론을) 알 수 있다
· **总之**	총괄하면, 요컨대
· **总而言之**	총괄하면, 결론적으로 말하자면
· **研究结果证实了~**	연구 결과는 ~을 입증하였다

실전 테스트

第1-7题 请选出正确答案。 🎧 11_4

1. A 很小气
   B 缺乏耐心
   C 很有好奇心
   D 很自私

2. A 讲故事
   B 做游戏
   C 听音乐
   D 自言自语

3. A 要培养孩子的创造力
   B 鼓励孩子帮助他人
   C 自控能力强的孩子更易成功
   D 自控能力和年龄成正比

4. A 变成固体
   B 不易挥发
   C 呈绿色
   D 不能燃烧

5. A 损坏船体
   B 耗时长
   C 污染环境
   D 浪费资金

6. A 结果很理想
   B 危险性很大
   C 实验室很豪华
   D 实验出现了问题

7. A 如何处理报废的船只
   B 海上救援的方法
   C 液态物质的成分
   D 低温技术的用途

정답 및 해설 » 해설서 p. 56

DAY 13

3 흐름을 파악하면 정답이 보인다!

공략비법 12 논설문

출제 형식

논설문은 화자가 자신의 견해와 관점을 밝히는 내용이 주를 이룬다. 화자의 핵심 관점과 그를 뒷받침하기 위해 제시하는 구체적인 근거에 관해 묻는 내용이 출제된다.

핵심 전략

1 화자의 관점을 파악해야 한다.

> **관점을 제시하는 방법**
> ❶ 근거가 될만한 예를 먼저 들고 관점을 언급하는 경우 **(녹음의 마지막 부분)**
> ❷ 관점을 언급한 후 그를 뒷받침하는 근거를 제시하는 경우 **(녹음의 첫부분)**
> ❸ 타인의 관점을 먼저 제시한 후 그에 대해 반박하며 자신의 관점을 언급하는 경우 **(녹음의 마지막 부분)**

2 관점을 언급할 때 쓰는 핵심 단어를 놓치지 마라!

> **당위**
> ❶ 要, 应该 : ~해야 한다
> ❷ 不要, 不应该, 不能 : ~해서는 안 된다
>
> **전환**
> ❶ 并不是 + A : 결코 A가 아니다
> ❷ 不是 + A, 而是 + B : A가 아니라 B이다
> ❸ 是 + A, 而不是 + B : A이지 B가 아니다
> ❹ 但是, 可是, 不过, 然而, 却 : 하지만, 그러나
> ❺ 其实, 实际上, 事实上 : 사실, 실제로
>
> **강조**
> ❶ 最 + A : 가장 A하다
> ❷ 关键在于A : 관건은 A에 있다

유형맛보기 1 〈문제〉 🎧 12_1

第1-4题：请选出正确答案。

1. A 超强的天分　　　　　　　　B 概括的能力
   C 坚定的意志　　　　　　　　D 持久的耐心

2. A 具有跳跃性　　　　　　　　B 需深入研究
   C 内容很丰富　　　　　　　　D 很不受欢迎

3. A 表达准确　　　　　　　　　B 阅读速度加快
   C 逻辑性强　　　　　　　　　D 很费时间

4. A 阅读能力变差　　　　　　　B 记忆衰退
   C 不能充分利用网络资源　　　D 结交朋友的能力减弱

유형맛보기 1 〈녹음〉

第1到4题是根据下面一段话：

　　人类的阅读能力根据不同的阅读体验，会得出不同的结果。**1 传统的深阅读需要耐心，需要我们刻苦练习**。**2 而在手机上或者网络上的浅阅读堪称耐心杀手**。如在网络上浏览网页的时候，眼睛停留在上面的时间只有几秒，不断搜寻感兴趣的关键词再点击阅读，这个过程虽说足够刺激，但显然不足以锻炼耐心。**3 一本优秀的图书是有内涵和逻辑的**，只有进入这一框架才能说是阅读。**2 而网络内容特别是微博等社交媒体上的内容都互不关联，跳跃性强，内容也不够丰富**。大脑的适应能力很强，一旦习惯于跳跃式的快速阅读方法就很难再回到传统的阅读方式上。

　　在信息时代长大的年轻人，因经常使用智能手机和电脑导致大脑形成神经通路的方式发生了改变。**4 虽然他们更适应碎片化信息，也更善于利用网络资源，但是他们的社交能力却越来越弱**。

1. 传统的阅读方式需要什么能力？
   A 超强的天分　　　　　　　　B 概括的能力
   C 坚定的意志　　　　　　　　**Ⓓ 持久的耐心**

2. 关于浅阅读，下列哪项正确？
   Ⓐ 具有跳跃性　　　　　　　　B 需深入研究
   C 内容很丰富　　　　　　　　D 很不受欢迎

3. 一本好的图书会带给人们怎样的阅读体验?
   A 表达准确 　　　　　　　　　　　B 阅读速度加快
   C 逻辑性强 　　　　　　　　　　　D 很费时间

4. 根据这段话，依赖网络的年轻人会有什么后果?
   A 阅读能力变差 　　　　　　　　　B 记忆衰退
   C 不能充分利用网络资源 　　　　　D 结交朋友的能力减弱

1~4번 문제는 다음 내용에 근거한다.

　　인류의 독서 능력은 각기 다른 독서 체험에 따라 다른 결과를 낳게 된다. 1 전통적인 깊은 독서는 인내심과 고된 연습을 필요로 한다. 2 반면 휴대폰이나 인터넷 상에서의 얕은 독서는 인내심 킬러라고 할 수 있다. 인터넷에서 홈페이지를 훑어 볼 때, 눈이 화면에 멈춰 있는 단 몇 초의 시간으로 계속해서 흥미 있는 키워드를 찾아 클릭해서 읽는 것은 충분히 자극이 될 수 있기는 하지만 인내심을 단련하기엔 분명 부족하다. 3 우수한 도서는 함축적 의미와 논리를 지니고 있는데, 이 구성에 들어서야만이 비로소 독서라고 말할 수 있다. 2 그런데 인터넷의 내용 특히 웨이보(微博)와 같은 소셜 미디어상의 내용들은 모두 서로 관련이 없고, 도약성이 강하며 내용 또한 그리 풍부하지 않다. 뇌의 적응력은 매우 강해서, 일단 건너뛰어 읽는 식의 속독법에 익숙해지면 전통적 독서 방식으로 다시 되돌아가기가 어려워진다.
　　정보 시대에서 자라난 젊은이들은 잦은 스마트폰과 컴퓨터 사용으로 인해 대뇌가 신경 통로를 형성하는 방식에 변화가 일어났다. 4 비록 그들이 조각화된 정보에 더 잘 적응하며 또한 네트워크 자원을 더 잘 이용하기는 하지만, 그들의 사교 능력은 오히려 점점 떨어지게 되었다.

1. 전통적 독서 방법은 무슨 능력을 필요로 하는가?
   A 천부적인 소질 　　　　　　　　　B 요약 능력
   C 굳은 의지 　　　　　　　　　　　D 꾸준한 인내심

2. 얕은 독서에 관해 다음 중 옳은 것은?
   A 도약성을 지니고 있다 　　　　　B 깊은 연구가 필요하다
   C 내용이 매우 풍부하다 　　　　　D 매우 인기가 없다

3. 훌륭한 도서는 사람들에게 어떠한 독서 체험을 가져다 주는가?
   A 표현이 정확해진다 　　　　　　　B 독서 속도가 빨라진다
   C 논리성이 강해진다 　　　　　　　D 시간이 많이 걸린다

4. 이 글에 따르면 인터넷에 의존하는 젊은 사람들에게는 어떤 좋지 못한 결과가 생길 수 있는가?
   A 독서 능력이 떨어진다 　　　　　B 기억이 쇠퇴한다
   C 네트워크 자원을 충분히 이용하지 못한다 　　D 사교 능력이 약해진다

지문 어휘　人类 rénlèi 명 인류 | 阅读 yuèdú 동 열독하다, 읽다, 보다 | 体验 tǐyàn 명 체험 동 체험하다 | 传统 chuántǒng 형 전통적이다 명 전통 | 深阅读 shēn yuèdú 깊은 독서, 깊이 읽기 | 耐心 nàixīn 명 인내심, 참을성 형 인내심이 있다 | 刻苦 kèkǔ 형 고생을 참아 내다, 몹시 애를 쓰다 | 浅阅读 qiǎn yuèdú 얕은 독서, 겉읽기 | 杀手 shāshǒu 명 킬러, 자객, 살인마 | 浏览 liúlǎn 동 대충 훑어보다, 대강 둘러보다 | 网页 wǎngyè 명 인터넷 홈페이지 | 停留 tíngliú 동 머물다, 묵다, 체류하다 | 搜寻 sōuxún 동 여기저기 찾다, 도처에 찾아 다니 | 关键词 guānjiàncí 명 키워드, 핵심 단어 | 点击 diǎnjī 동 클릭하다 | 足够 zúgòu 형 충분하다 동 ~하기에 족하다 | 刺激 cìjī 명 자극, 충격 동 자극하다 | 锻炼 duànliàn 동 단련하다 | 内涵 nèihán 명 (언어에 담긴) 의미, 내용 ★ | 逻辑 luójí 명 논리 | 框架 kuàngjià 명 구성, 뼈대, 틀, 구조 | 网络 wǎngluò 명 네트워크, 조직, 계통, 시스템 ★ | 微博 wēibó 명 웨이보(중국 대표적인 SNS사이트) | 社交媒体 shèjiāo méitǐ 소셜 미디어 | 关联 guānlián 동 관련되다, 연관되다 | 跳跃性 tiàoyuèxìng 도약성 | 适应能力 shìyìng nénglì 적응력 | 跳跃 tiàoyuè 동 뛰어오르다, 도약하다 ★

| **导致** dǎozhì 동 야기하다, 초래하다, 가져오다 | **神经通路** shénjīng tōnglù 명 신경 통로 | **碎片化** suìpiànhuà 명 조각화, 파편화 | **信息** xìnxī 명 정보 | **善于** shànyú 동 ~를 잘하다, ~에 능하다 | **网络资源** wǎngluò zīyuán 네트워크 자원 | **社交能力** shèjiāo nénglì 명 사교 능력

보기 어휘 **超强** chāoqiáng 매우 뛰어나다 | **天分** tiānfèn 명 천부적인 소질, 타고난 소질 | **概括** gàikuò 동 요약하다, 개괄하다, 간추리다 | **坚定** jiāndìng 형 확고부동하다, 결연하다 ★ | **意志** yìzhì 명 의지 ★ | **持久** chíjiǔ 형 오래 유지되다, 지속되다 ★ | **衰退** shuāituì 동 쇠퇴하다, 쇠락하다 ★ | **充分** chōngfèn 부 충분히 형 충분하다 | **结交** jiéjiāo 동 교제하다, 사귀다 | **减弱** jiǎnruò 동 약해지다, 약화되다

정답 1. D 2. A 3. C 4. D

해설

1. 전통적 독서에 관해 묻고 있는데, 녹음 앞부분에서 '传统的深阅读需要耐心，需要我们刻苦练习。(전통적인 깊은 독서는 인내심과 고된 연습을 필요로 한다.)'를 듣고, '꾸준한 인내심'이라고 표현한 D가 정답임을 알 수 있다.

2. 우선 1번 문제의 정답과 관련된 내용이 언급된 앞부분에서 '而在手机上或者网络上的浅阅读堪称耐心杀手。(반면 휴대폰이나 인터넷 상에서의 얕은 독서는 인내심 킬러라고 할 수 있다.)'를 듣고, 인터넷 상에서의 독서가 얕은 독서에 속한다는 것임을 알 수 있다. 이어서 중간 부분에서 '而网络内容特别是微博等社交媒体上的内容都互不关联，跳跃性强，内容也不够丰富。(그런데 인터넷의 내용 특히 웨이보(微博)와 같은 소셜 미디어상의 내용들은 모두 서로 관련이 없고, 도약성이 강하며 내용 또한 그리 풍부하지 않다.)'라고 하였으므로, 얕은 독서가 도약성을 지니고 있다는 것을 알 수 있다. 따라서 정답은 A이다.

3. 훌륭한 도서가 가져다 주는 장점에 대해 묻고 있는데, 녹음 중간 부분에서 우수한 도서의 특징을 언급하며 '一本优秀的图书是有内涵和逻辑的。(우수한 도서는 함축적 의미와 논리를 지니고 있다.)'라고 하였으므로 '논리성이 강해진다'와 일맥상통한다. 따라서 정답은 C이다.

4. 잦은 스마트폰과 인터넷 사용의 부정적인 결과에 대한 내용은 마지막 부분에서 언급하고 있는데, 그 중 전환의 어감을 나타내는 문장에 주의해야 한다. '虽然这是他们更适应碎片化信息，也更善于利用网络资源，但是他们的社交能力却越来越弱。(이는 비록 그들이 조각화된 정보에 더 잘 적응하며 또한 네트워크 자원을 더 잘 이용하기는 하지만, 그들의 사교 능력은 오히려 점점 떨어지게 되었다.)'를 듣고 정답이 D임을 알 수 있다. '虽然~，但是~(비록 ~, 하지만 ~이다)'구문은 '但是(하지만)' 뒷부분이 바로 핵심 내용이므로 이를 놓치지 말고 집중해서 들어야 한다.

유형맛보기 2 〈문제〉 🎧 12_2

第5-7题: 请选出正确答案。

5. A 心理状态　　　　　B 身体健康
   C 生活习惯　　　　　D 学习成绩

6. A 能否当上班长　　　B 能否在集体中实现价值
   C 是否有自由时间　　D 能否提高成绩

7. A 鼓励孩子帮助同学　B 多报外语补习班
   C 要培养孩子的独立性　D 让孩子多和老师沟通

유형맛보기 2 〈녹음〉

第5到7题是根据下面一段话：

  5 在家长的眼中，学习成绩一直是衡量一个孩子优秀与否的重要标准。6 可孩子最关心的却是与同学的关系，以及能否在集体中实现自己的价值。很多学生认为最让他们感到自豪的是可以帮助同学解决问题。
  其实，孩子在很小的时候就已经具备了基本的交往能力。他们的童年生活是否快乐，取决于他们与同学之间的关系。并不是大人追求的那么实际，也不像大人那么势利。那些性格好，乐于助人的孩子，不管学习成绩如何，在学校的人缘都不错。7 所以家长不能只看重成绩，应该多鼓励孩子帮助同学，为集体服务，让他觉得自己是一个有用的人，从而获得真正的快乐。

5. 对于家长们来说，孩子的哪方面最重要？
  A 心理状态   B 身体健康
  C 生活习惯   **D 学习成绩**

6. 根据文章内容，孩子最看重的是什么？
  A 能否当上班长   **B 能否在集体中实现价值**
  C 是否有自由时间   D 能否提高成绩

7. 根据这段话，家长应该怎么做？
  A 鼓励孩子帮助同学   B 多报外语补习班
  C 要培养孩子的独立性   D 让孩子多和老师沟通

5~7번 문제는 다음 내용에 근거한다.

  5 학부모의 눈에는 학업 성적이 줄곧 아이의 우수성 여부를 평가하는 중요한 기준이었다. 6 하지만 아이들의 최대 관심사는 오히려 친구와의 관계 및 집단 안에서 자신의 가치를 실현할 수 있는 가이다. 많은 학생들이 그들에게 가장 자긍심을 느끼게 하는 것은 친구를 도와 문제를 해결하는 것이라 생각한다.
  사실, 아이들은 어렸을 때 이미 기본적인 사교성을 갖추게 된다. 그들의 어린 시절 생활이 즐거운지 아닌지는 친구들과의 관계에 의해 결정된다. 어른들이 추구하는 그렇게 현실적인 것은 결코 아니며, 어른들처럼 그렇게 속물적이지도 않다. 성격이 좋고, 남을 돕는 것을 좋아하는 그러한 아이들은 학업 성적이 어떻든 간에 학교에서 교우 관계는 좋다. 7 그러므로 학부모는 성적만 중요시해서는 안 되며, 아이가 친구를 돕고 단체를 위해 봉사하도록 많이 격려하여, 아이에게 자신이 쓸모 있는 사람이라 생각하게 함으로써 진정한 즐거움을 얻을 수 있게 해야 한다.

5. 학부모들에게는 아이의 어떠한 면이 가장 중요한가?
  A 심리 상태   B 신체 건강
  C 생활 습관   D 학업 성적

6. 글 내용에 따르면 아이들이 가장 중요시하는 것은 무엇인가?
  A 반장이 될 수 있는지의 여부   B 집단에서의 가치 실현 여부
  C 자유 시간이 있는지의 여부   D 성적을 향상시킬 수 있는지의 여부

7. 이 글에 따르면 학부모는 어떻게 해야 하는가?
  A 아이가 친구를 돕도록 격려해야 한다   B 외국어 학원을 많이 등록해야 한다
  C 아이의 독립성을 길러야 한다   D 아이가 선생님과 많은 소통을 하게끔 해야 한다

지문 어휘

衡量 héngliáng 동 평가하다, 비교하다, 가늠하다 | 与否 yǔfǒu 명 여부 | 能否 néngfǒu ~할 수 있을까, ~해도 되나요 | 集体 jítǐ 명 집단, 단체 | 实现 shíxiàn 동 실현하다 | 价值 jiàzhí 명 가치 | 自豪 zìháo 동 스스로 긍지를 느끼다, 자랑스럽다 | 具备 jùbèi 동 갖추다, 구비하다 | 基本 jīběn 형 기본적인, 기본의, 근본적인 | 交往能力 jiāowǎng nénglì 명 사교 능력 | 童年 tóngnián 명 어린 시절, 유년 | 取决于 qǔjuéyú ~에 달려있다, ~에 의존하다 | 实际 shíjì 형 현실적이다, 실제적이다 | 势利 shìlì 형 속물적이다, 지위나 재산에 따라 사람을 차별하여 대하다 | 乐于助人 lèyúzhùrén 다른 사람을 기꺼이 돕다 | 人缘 rényuán 명 인연, 인간 관계 | 看重 kànzhòng 동 중시하다 | 鼓励 gǔlì 동 격려하다, 북돋우다 | 服务 fúwù 동 봉사하다, 서비스하다 | 获得 huòdé 동 얻다, 취득하다

보기 어휘

心理状态 xīnlǐ zhuàngtài 심리 상태 | 补习班 bǔxíbān 명 학원 | 独立性 dúlìxìng 명 독립성 | 沟通 gōutōng 동 소통하다, 교류하다

정답

5. D 6. B 7. A

해설

5. 학부모들이 아이들에 대해 중요하게 생각하는 것이 무엇인지는 첫 문장에서 언급되었다. '在家长的眼中，学习成绩一直是衡量一个孩子优秀与否的重要标准。(학부모의 눈에는 학업 성적이 줄곧 아이의 우수성 여부를 평가하는 중요한 기준이었다.)'을 듣고 정답이 D임을 알 수 있다.

6. 5번과 대조적으로 아이들이 중요시하는 것이 무엇인지 묻고 있는데, 이는 5번 문제의 정답과 관련된 첫 문장 바로 뒤에서 전환의 어감을 나타내는 '可孩子最关心的却是与同学的关系，以及能否在集体中实现自己的价值。(하지만 아이들의 최대 관심사는 오히려 친구와의 관계 및 집단 안에서 자신의 가치를 실현할 수 있는 가이다.)'를 듣고 정답이 B임을 알 수 있다. 또한 여기서 '最(가장)'가 정답 키워드가 될 수도 있는데, 지문의 '最关心的(가장 관심이 있는 것)'와 문제의 '最看重的(가장 중요시하는 것)'는 유사한 표현임을 기억해두자.

7. 논설문 형태의 지문에서 화자가 자신의 관점이나 견해에 대한 결론을 제시하는 부분은 매우 중요하다. 이는 주로 녹음 마지막 부분에서 언급되는데 '所以家长不能只看重成绩，应该多鼓励孩子帮助同学，为集体服务。(그러므로 학부모는 성적만 중요시해서는 안 되며, 아이가 친구를 돕고, 단체를 위해 봉사하도록 많이 격려해야 한다.)'를 듣고 정답이 A임을 알 수 있다.

내공 쌓기

🎧 12_3

논설문에서는 각종 사회학 용어나 현대 사회상을 반영한 신조어의 의미와 관련된 내용의 문제가 자주 출제되므로, 기본적인 사회학 용어 및 최근 많이 쓰이는 신조어의 정확한 뜻을 익혀두면 문제 푸는데 많은 도움이 될 수 있다.

1 蝴蝶效应 húdié xiàoyìng 나비효과

나비의 작은 날갯짓이 날씨 변화를 일으키듯, 미세한 변화나 작은 사건이 추후 예상하지 못한 엄청난 결과로 이어진다는 의미이다.

2 飞轮效应 fēilún xiàoyìng 플라이휠 효과

사업이 계속 성장하고 좋은 성과를 올리는 데에는 회사 내 외부의 사람들이 열의를 가지고 일렬로 늘어서서 회사의 방향에 같이 동참한다는 의미. 즉 사업의 성장을 위해서는 개인적인 동참을 이끄는 것이 매우 중요하다는 뜻이다.

3 羊群效应 yángqún xiàoyìng 군중효과

무리에서 뒤쳐지지 않기 위해 다른 이들을 따라 하는 과정에서 나타나는 일종의 군집효과로 소비에서 남들에게 뒤쳐지지 않기 위해 어쩔 수 없이 구매하는 행위를 말함.

4 手表定律 shǒubiǎo dìnglǜ 손목시계의 법칙

손목시계를 하나만 차고 있으면 몇 시인지를 알 수 있지만, 여러 개의 손목시계를 갖고 있으면 오히려 몇 시인지 정확한 시간을 알지 못한다는 의미로 관리학 법칙 중 하나로 기준이 여러 개이면 결정을 하기가 어렵고, 목표가 여러 개이면 그 어느 목표도 제대로 실천하지 못한다는 뜻이다.

5 条件反射 tiáojiàn fǎnshè 조건반사

일반적으로 동물이 학습에 의해서 익히는 후천적인 반응 방식으로 특정한 자극에 대해서 무의식적으로 반응하는 것을 의미이다.

6 木桶原理 mùtǒng yuánlǐ 나무통 이론

나무통이 아무리 높아도 물을 담을 수 있는 높이는 그 중 가장 낮은 나무토막까지라는 뜻이다. 관리학 용어 중 하나로 어떤 조직이라도 조직을 구성하는 각 부분의 수준이 다를 때 그 중에서 가장 뒤떨어지는 부분이 전체 조직의 수준을 결정한다는 의미로 쓰인다.

7 破窗效应 pòchuāng xiàoyìng 깨진 유리창의 법칙

깨진 유리창 하나를 방치해 두면 그 지점을 중심으로 범죄가 확산되기 시작한다는 이론으로, 사소한 무질서를 방치하면 큰 문제로 이어질 가능성이 높다는 의미를 담고 있다.

8 鳄鱼法则 èyú fǎzé 악어의 법칙

만약 악어한테 다리를 물렸다면 차라리 그 다리를 포기하는 것이 낫고 발버둥 치면 칠수록 손도, 몸도 잃게 된다는 뜻이다. 경제학 용어 중 하나로 결정의 순간에 맞닥뜨렸을 때 때로는 기꺼이 포기할 줄도 알아야 한다는 의미이다.

9 大众法则 dàzhòng fǎzé 군중의 법칙

혼자인 개인은 용기가 없고, 어떤 일의 결정단계에서 늘 머뭇거리게 되지만 주변 사람들이 자극하거나 결정의 안정감을 줄 때 사람들은 쉽게 결정을 하게 된다는 뜻이다.

10 鸟笼逻辑 niǎolóng luójí 새장 논리(효과)

사람한테 새장이 생기면 거기에 넣을 새를 산다는 의미로, 우연히 자신에게 불필요한 물건이 생겼을 때 사람들은 그것을 위해 또 다른 불필요한 소비를 한다는 뜻이다.

실전 테스트

第1-7题 请选出正确答案。 🎧 12_4

1. A 认真倾听
   B 衣冠整洁
   C 姿态端庄
   D 语言精练

2. A 不尊重对方
   B 一直注视对方
   C 说话声音太大
   D 在不适当的时机提建议

3. A 改变想法
   B 持鼓励的态度
   C 直接拒绝
   D 统一意见

4. A 演讲的秘诀
   B 社交礼仪
   C 谈话的技巧
   D 风俗习惯

5. A 不能三心二意
   B 一寸光阴一寸金
   C 整体大于部分之和
   D 做事要有始有终

6. A 自我检讨
   B 集中精力
   C 理论结合实践
   D 事先做好计划

7. A 要按时间分段
   B 不要因小失大
   C 要精益求精
   D 要学会整段运用时间

독해
阅读

HSK

제1부분
틀린 문장 고르기

제2부분
빈칸에 알맞은 단어 고르기

제3부분
빈칸에 문장 채우기

제4부분
장문 독해

제1부분
틀린 문장 고르기

4 출제 포인트만 익히면 정답이 보인다.

공략 비법 01   문장 어순 오류

공략 비법 02   문장 성분의 오용(부족)

공략 비법 03   문장 성분의 오용(잉여)

공략 비법 04   호응(搭配)의 오류

공략 비법 05   문맥상 모순 관계

공략 비법 06   '把자문', '被자문' 및 접속사 구문 오용

阅读 2

제1부분
틀린 문장 고르기

문제 형식

독해 제1부분은 문제에 주어진 A, B, C, D 4개의 문장 중 틀린 문장 1개를 찾아 정답으로 선택하는 형태로, 51~60번까지 총 10문제가 출제된다.

출제 경향

독해 제1부분에서는 ★**문장 성분 오용에 관한 문제가 가장 많이 출제**되므로 주어, 술어, 목적어 성분과 관형어, 부사어 성분에서 혹시 부족하다거나 불필요한 게 있는지 또한 각각의 성분이 서로 호응하는지, 논리적 모순 관계는 아닌지 등의 문장 구조 분석이 매우 중요하다.

출제 비율

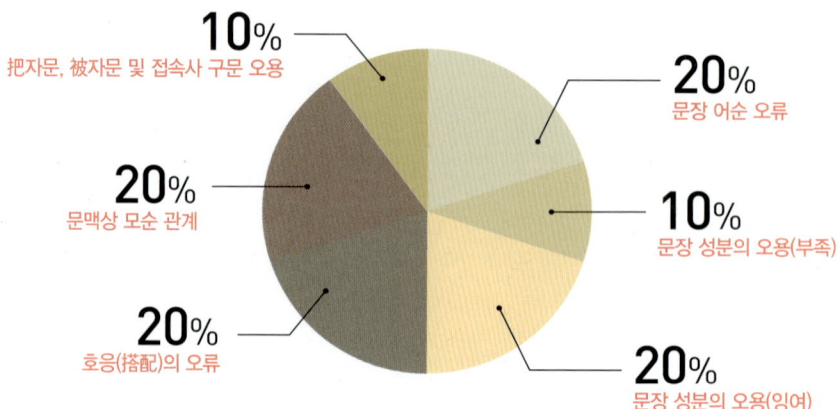

독해 제1부분 정답 예시

- 어순 오류 문제 예시 (부사어 위치 오류)

  二胎政策出台以后，人口增长速度加快明显了。❌
  ➡ 二胎政策出台以后，人口增长速度明显加快了。⭕

- 문장 성분 오용 문제 예시 (불필요한 술어 추가)

  他们事先没有充分调查研究，以致得出了错误的结论产生。❌
  ➡ 他们事先没有充分调查研究，以致得出了错误的结论。⭕

- 호응 오류 문제 예시 (술어와 목적어 호응 오류)

  教育的目的是培育学生对整个社会的责任感。❌
  ➡ 教育的目的是培养学生对整个社会的责任感。⭕

문제는 이렇게 풀어라!

Step 1 중국어 어법에 관한 기본적인 지식을 마스터하라!

문장에서 오류를 찾아내려면 중국어의 어법적 특징을 정확히 알고 있어야 한다. 따라서 *문장 어순, 문장의 구성 성분, 고정 격식, 특수 문장 등에 관한 기본적인 내용과 형식을 반드시 숙지하도록 하자.

> 这座大型立交桥由南引桥、主桥和北引桥组成。 고정격식
> 恐怖分子被国际警察逮捕了。 특수 문장 (被자문)
> 今天晚上我一定要把这份材料翻译完。 특수 문장 (把자문)

Step 2 관건은 문장 구조 분석이다!

독해 제1부분에서는 문장 해석을 통해 의미를 파악하지 않고도 *문장 구조 분석만으로도 정답을 찾을 수 있는 경우가 많다. 따라서 문장을 주요 성분(주어, 술어, 목적어)과 수식 성분(관형어, 부사어, 보어)으로 나누어 각각의 성분을 표시해가며 그 구조를 분석하는 연습이 매우 중요하다.

我	已经深深地	喜欢	上了	现代化的	深圳。
주어	부사어	술어	보어	관형어	목적어

Step 3 자주 출제되는 빈출 유형을 익혀두면 정답이 보인다!

독해 제1부분 문제는 <mark>출제되는 유형이 거의 정해져 있으므로 그 출제 포인트만 잘 익혀두면 보다 쉽게 문제를 풀 수 있다.</mark> 각 공략 비법에 소개되는 핵심 유형들을 반드시 알아두도록 하자.

1) 基因序列在确认一个人的身份信息方面比指纹还要特别精确。
   불필요한 문장 성분 추가
   ➡ 基因序列在确认一个人的身份信息方面比指纹还要精确。

2) 北半球的英仙座流星雨近日将迎来超常规模的大规模爆发。
   문장 성분 추가로 의미 중복
   ➡ 北半球的英仙座流星雨近日将迎来超常规模的爆发。
   ➡ 北半球的英仙座流星雨近日将迎来大规模爆发。

3) 我估计他这道题肯定做错了。
   문맥상 모순 관계
   ➡ 我估计他这道题做错了。
   ➡ 我认为他这道题肯定做错了。

4 출제 포인트만 익히면 정답이 보인다.

공략비법 01 문장 어순 오류

출제 형식

문장의 주요 성분인 주어·술어·목적어 및 수식 성분인 관형어·부사어·보어의 위치가 잘못된 문장을 고르는 유형이다.

핵심 전략

1 중국어 문장의 기본 구조를 정확히 알자!

문장 성분의 위치 오류를 찾아내기 위해서는 중국어 문장의 기본 구조를 정확히 아는 것이 핵심이다. 또한 문장 분석 시 각 성분을 표시하는 습관을 들이면 띄어쓰기가 없는 중국어 문장이 훨씬 간단하게 보이므로 문장 성분 파악에도 크게 도움이 된다.

중국어 문장의 기본 구조

[부사어] , (관형어) + 주어 + [부사어] + 술어 + \<보어\> + (관형어) + 목적어

예 ① (这些) (关于中国古代医学的) 书 [都] 具有 (很高的) (研究) 价值。
　　　관형어　　　관형어　　　　　주어　부사어　술어　　관형어　　관형어　목적어
: 중국 고대 의학에 관한 이 책들은 모두 높은 연구 가치를 지니고 있다.

② [当海啸来临时], (海边的) 游客 [纷纷] 跑 \<到\> (附近的) 店铺。
　　부사어　　　　　관형어　　주어　부사어　술어　보어　관형어　　목적어
: 해일이 닥치자 해변의 관광객들은 앞다투어 근처 가게로 달려갔다.

2 관형어와 부사어 같은 수식 성분의 어순을 주의하라!

여러 문장 성분 중에서 특히 수식 성분에 해당하는 관형어와 부사어의 어순 파악이 문제 풀이의 관건이라고 할 수 있으므로 반드시 정해진 어순을 익혀두어야 한다.

여러 개의 관형어가 함께 있을 때의 어순

① 　　　② 　　　　③ 　　　　　　④ 　　　　　　　⑤ 　　　　　　⑥
소속/소유 ＋ 시간/장소 ＋ 지시대명사 ＋ 수사 ＋ 양사 ＋ 주술구/동사(구)/전치사구 ＋ 2음절 형용사(구) ＋ 1음절 형용사/명사(구)

★ '지시대명사+수사+양사' 구조는 형용사(구) 앞이기만 하면 강조하는 내용에 따라 그 위치가 바뀔 수도 있다.

예 ❶ 他 是 （我们学校的 一 位 教学经验非常丰富的 历史） 老师。
　　주어 술어　　소속③　　수사　양사　　　주술구　　　　　명사　　목적어
　　　　　　　　　①　　　③　　③　　　　④　　　　　　⑥
　　　　　　　　　└──────── 관형어 ────────┘

: 그는 우리 학교에서 지도 경험이 매우 풍부한 역사 선생님이다.

❷ 我 [最] 喜欢 （去年 从香港买来的 那 双 很好看的 手工） 皮鞋。
주어 부사어 술어　시간　　동사구　　지시대명사 양사 형용사구 명사　목적어
　　　　　　　② 　④ 　　　 ③ 　　③ 　⑤ 　⑥
　　　　　　　└──────── 관형어 ────────┘

: 나는 작년 홍콩에서 사온 그 예쁜 핸드메이드 구두를 가장 좋아한다.

여러 개의 부사어가 함께 있을 때의 어순

①　　　　②　　　③　　　　　④　　　　　　⑤　　　　　⑥
시간 명사 ＋ 부사 ＋ 조동사 ＋ 형용사(구)(동작자 묘사) ＋ 전치사구 ＋ 형용사/부사(동작 묘사)

★ 再, 立刻, 立即, 及时, 不断, 亲自 등의 부사는 예외적으로 조동사 뒤에 위치한다.
★ 장소를 나타내는 전치사구는 동작자를 묘사하는 형용사(구)앞에 위치한다.

예 ❶ 王经理 [早晨 在会议室里 很热情地 跟他们] 打 了 （个） 招呼。
　　주어　　시간 명사 전치사구(장소) 동작자 묘사 전치사구(대상) 술어　　관형어　목적어
　　　　　　①　　　②　　　　④　　　　⑤
　　　　　　└─────── 부사어 ───────┘

: 왕 사장님께서는 아침에 회의실에서 그들과 반갑게 인사를 나누셨다.

❷ 他 [刚才 竟然 从后门 悄悄地] 溜走了。
주어 시간 명사 부사 전치사구(장소) 동작 묘사 술어
　　　①　　②　　⑤　　⑥
　　　└─── 부사어 ───┘

: 그가 방금 뜻밖에도 뒷문으로 몰래 빠져나갔다.

 **유형맛보기 1**

请选出有语病的一项。

A 科学家发现，人和人之间应该保持一定的安全距离。
B 可以预见，在不久的将来我们一定会看到他不凡的成就。
C 考场上一片寂静，过了一个多小时，才陆续有人交卷。
D 当外在压力增加时，应该我们就增强内在的力量。

다음 중 틀린 문장을 고르세요.

A 과학자들은 사람과 사람 사이에 일정한 안전 거리를 유지해야 한다는 것을 발견해냈다.
B 예상되는 대로, 머지않아 우리는 반드시 그의 뛰어난 성과를 보게 될 것이다.
C 시험장에는 정적이 흘렀고, 한 시간 남짓 지나고 나서야 사람들이 속속 시험지를 제출하였다.
D 외적인 스트레스가 증가할 때, 우리는 내적인 힘을 강화해야만 한다.

보기 어휘
距离 jùlí 명 거리, 간격 | 预见 yùjiàn 동 예상하다, 예견하다 명 예상, 예견 | 不凡 bùfán 형 보통이 아니다, 평범하지 않다 | 成就 chéngjiù 명 성과, 성취, 업적 동 이루다 | 寂静 jìjìng 형 조용하다, 고요하다 ★ | 陆续 lùxù 부 속속, 계속해서, 끊임없이 | 交卷 jiāo juàn 동 시험 답안을 제출하다 | 外在 wàizài 형 외적인, 외재적인 | 增加 zēngjiā 동 증가하다, 더하다, 늘리다 | 增强 zēngqiáng 동 강화하다, 증강하다 | 内在 nèizài 형 내적인, 내재적인 ★ | 力量 lìliàng 명 힘, 능력, 역량

정답 D

해설 当外在压力增加时，应该我们就增强内在的力量。
→ 当外在压力增加时，我们就应该增强内在的力量。

조동사는 문장에서 부사어로 쓰여 술어 앞에 위치하므로, '应该(~해야만 한다)'는 술어가 되는 동사 '增强(강화하다)' 앞에 와야 한다.

 **유형맛보기 2**

请选出有语病的一项。

A 你对他人的态度始终决定着你自身的高度。
B 目的是保护藏品，我国各大博物馆中都禁止使用闪光灯。
C 财富不是你一生的朋友，朋友却是你一生的财富。
D 在这个世界上，用钱买不来的东西有很多，信誉就是其中之一。

다음 중 틀린 문장을 고르세요.

A 타인에 대한 당신의 태도는 항상 당신 자신의 높이를 결정짓는다.
B 우리나라의 모든 대형 박물관에서는 모두 플래시 사용을 금지하는데, 목적은 소장품을 보호하기 위함이다.
C 재산이 당신의 평생 친구가 아니라, 친구가 당신의 평생 재산이다.
D 이 세상에는 돈으로 살 수 없는 것들이 많이 있는데, 신용이 바로 그 중 하나이다.

보기 어휘 决定 juédìng 동 결정하다, 좌우하다 | 高度 gāodù 명 높이, 고도 | 藏品 cángpǐn 명 소장품 | 禁止 jìnzhǐ 동 금지하다 | 闪光灯 shǎnguāngdēng 명 플래시 | 财富 cáifù 명 재산, 부, 자산 ★ | 信誉 xìnyù 명 신용, 평판, 위신 ★

정답 B

해설 目的是保护藏品，我国各大博物馆中都禁止使用闪光灯。
→ 我国各大博物馆中都禁止使用闪光灯，目的是保护藏品。

앞 절과 뒤 절의 어순이 뒤바뀌었다. '目的(목적)'는 '目的是〜(목적은 〜이다)'와 같이 문장 맨 앞에서 단독으로 주어가 될 수 없고, 반드시 뒤 절에 위치하여 '〜，目的是〜'의 형태로 쓰여야 한다.

내공 쌓기

문장 성분의 위치 오류에 관한 문제는 먼저 문장에서 주요 성분인 주어, 술어, 목적어가 무엇인지 표시하고, 그 다음으로 수식 성분인 관형어, 부사어, 보어를 찾아 표시하는 풀이 방법이 좋다. 특히 관형어와 부사어의 위치 오류 문제가 자주 출제되므로, 기출 문장을 중심으로 정확하게 익혀두자.

1 중심어(주어/목적어)와 관형어의 위치 오류

❶ 增长速度的移动广告远远超过了其他广告形式。❌
➡ 移动广告的增长速度远远超过了其他广告形式。⭕
이동 광고의 증가 속도는 기타 광고 형식을 크게 뛰어넘었다.

❷ 因为青蛙爱吃害虫农田里的，所以被称为"庄稼的保护神"。❌
➡ 因为青蛙爱吃农田里的害虫，所以被人们称为"庄稼的保护神"。⭕
청개구리는 논밭의 해충을 즐겨 먹기 때문에 '농작물의 수호신'이라고 불린다.

2 복수 관형어의 위치 오류

❶ 一项研究表明，多食蔬菜是一种好的治癌症的方法。❌
➡ 一项研究表明，多食蔬菜是一种治癌症的好方法。⭕
한 연구 결과에서 채소를 많이 섭취하는 것이 암을 치료하는 좋은 방법 중 하나라고 밝혔다.

❷ 上个月去中国的时候，他买了别致的一些纪念品。❌
➡ 上个月去中国的时候，他买了一些别致的纪念品。⭕
지난달 중국에 갔을 때, 그는 특이한 기념품을 조금 샀다.

3 복수 부사어의 위치 오류

❶ 大家不断给教授留言在网站留言板上，表达对他的支持。❌

➡ 大家不断在网站留言板上给教授留言，表达对他的支持。⭕

모두가 인터넷 사이트 게시판에 교수님에게 끊임없이 글을 남겨 그에 대한 지지를 표했다.

❷ 全世界各大媒体纷纷做了详细报道对这起震惊国际社会的事件。❌

➡ 全世界各大媒体纷纷对这起震惊国际社会的事件做了详细报道。⭕

전세계 여러 주요 매스컴은 잇달아 국제 사회를 놀라게 한 이 사건에 대해 상세히 보도했다.

4 보어의 위치 오류

❶ 时间不早了，你做这个作业完就睡觉吧。❌

➡ 时间不早了，你做完这个作业就睡觉吧。⭕

시간이 늦었으니 이 숙제 다 하고 바로 자거라.

❷ 马上要上课了，你们快进去教室吧！❌

➡ 马上要上课了，你们快进教室去吧！⭕

곧 수업 시작이야, 너희들 빨리 교실로 들어가렴.

❸ 说起来健康之道，没有什么比良好的生活习惯更重要了。❌

➡ 说起健康之道来，没有什么比良好的生活习惯更重要了。⭕

건강해지는 방법에 대해 말하자면 좋은 생활 습관보다 더 중요한 것은 없다.

❹ 成功在于多一会儿坚持。❌

➡ 成功在于多坚持一会儿。⭕

성공은 조금 더 끈기 있게 하는 데 달려있다.

실전 테스트

第1-5题 请选出有语病的一项。

1 A 人生没有彩排，每一天都是现场直播。
B 在自然界，很多生物都有贮存生命的本领。
C 我们对有可能遇到的困难进行预防，这是完全有必要的。
D 从论文初稿到定稿，李老师大量的心血倾注了。

2 A 有时，即使是一张纸巾，也可以改变人的命运。
B 虽然我看过这部影片，但是有时间的话，我还想再看一遍。
C 我们在洗白色衬衫时，最好先将其浸泡10到20分钟，这样才能比较干净洗得。
D 他想起当年在部队的那些往事，眼泪就不由自主地落了下来。

3 A 笛子虽然短小简单，但它却有七千年的历史。
B 几个星期之后，种子破土而出，开出了鲜艳的花朵。
C 与其每天担心未来，不如现在好好儿努力，因为只有这样，才能拥有安全感让我们。
D 他的作品始终如一地关注社会最底层小人物的命运，文字富有浓郁的理想主义色彩。

4 A 旅游业是集吃、住、行、游、购、娱等服务为一体的综合性产业。
B 在国际贸易中，贸易双方在具体问题上有分歧是正常现象。
C 其实看轻自己是一种智慧、一种风度、一种修养。
D 长江中下游地区土壤中富含微量元素硒，杨梅种植的国家级标准达到了。

5 A 能否和自己做朋友，关键在于有没有另一个"自我"。
B 只有对时光充满敬畏，才会我们在岁月的长河中有所收获。
C 人们往往因为坚持完美而失去了一些他们原本可以拥有的东西。
D 测谎仪运用的是犯罪心理测试技术，测谎结果并不能作为定案的标准证据。

정답 및 해설 ≫ 해설서 p. 66

4 출제 포인트만 익히면 정답이 보인다.

공략비법 02 문장 성분의 오용(부족)

출제 형식

문장의 주요 성분인 주어, 술어, 목적어 중 하나가 부족하거나 부사어와 보어 성분에서 한 단어가 빠져 있는 문장을 고르는 유형이다.

핵심 전략

문장 성분이 부족해 오류가 생긴 문장은 주요 성분(주어, 술어, 목적어) 중 하나가 빠진 경우가 가장 많이 출제되므로 문장 분석 시 특히 아래 세 가지 점을 주의하라!

1 ★술어에 맞는 주어가 있는지 살펴보라!

> 예) 专家建议，尽量不要接触任何电子产品。❌
>
> ➡ 专家建议，**孩子们**尽量不要接触任何电子产品。⭕
>
> 아이들은 가능한 어떠한 전자제품도 가까이 하지 말아야 한다고 전문가들은 충고했다.
>
> ▶ 뒤 절에서 술어가 되는 '接触(접하다)'에 맞는 주어가 없는 오류 문장이다. 문맥에 어울리는 주어 '孩子们(아이들)'을 추가해야 한다.

2 ★목적어에 맞는 술어가 있는지 살펴보라!

> 예) 许多科学家发现，人类活动对气候变化很大影响。❌
>
> ➡ 许多科学家发现，人类活动对气候变化**产生**很大影响。⭕
>
> 많은 과학자는 인간의 활동이 기후 변화에 큰 영향을 끼친다는 것을 발견했다.
>
> ▶ 뒤 절에서 목적어가 되는 '影响(영향)'에 맞는 술어가 없는 오류 문장이다. 문맥에 어울리는 술어 '产生(생기다)'을 추가해야 한다.

3 주어와 술어에 맞는 목적어가 있는지 살펴보라!

> **예** "福"是人们孜孜以求、极其向往。❌
>
> ➡ "福"是人们孜孜以求、极其向往的人生目标。🎯
>
> '복'은 사람들이 부지런히 추구하고 매우 열망하는 인생 목표이다.
>
> ▶ 주어 '福(복)'와 술어 '是(~이다)'에 맞는 목적어가 없는 오류 문장이다. 문맥에 어울리는 목적어 '人生目标(인생 목표)'를 추가해야 한다.

유형맛보기 1

请选出有语病的一项。

A 这则新产品广告一经登出，立刻很多企业的关注。
B 一九七九年，他被授予"诺贝尔和平奖"。
C 每次台风登陆都会对农业生产和发展造成一定程度的影响。
D 在快节奏的现代社会中，上班族的健康状况实在是让人担忧。

다음 중 틀린 문장을 고르세요.

A 이 신상품의 광고는 나오자마자 많은 기업들의 주목을 끌었다.
B 1979년에 그는 '노벨 평화상'을 받았다.
C 태풍의 상륙은 매번 농업 생산과 발전에 어느 정도의 영향을 끼치게 된다.
D 빠른 리듬의 현대 사회에서 직장인들의 건강 상태는 실로 우려를 자아낸다.

보기 어휘
则 zé 양 조항, 문제, 편, 토막(조목으로 나누어진 것이나 단락을 이루는 문장의 수를 표시하는 데 쓰임) | 一经 yìjīng 부 일단 ~하면, ~하자마자 | 登出 dēngchū 동 게재되다 | 立刻 lìkè 부 곧, 즉시, 바로 | 企业 qǐyè 명 기업 | 关注 guānzhù 동 주목하다, 주시하다, 관심을 가지다 | 授予 shòuyǔ 동 주다, 수여하다 ⭐ | 诺贝尔和平奖 Nuòbèi'ěr hépíngjiǎng 노벨 평화상 | 台风 táifēng 명 태풍 ⭐ | 登陆 dēnglù 동 상륙하다, 육지에 오르다 | 农业 nóngyè 명 농업, 농작물 재배와 가축 사육 | 生产 shēngchǎn 동 생산하다 | 造成 zàochéng 동 초래하다, 야기하다, 발생시키다 | 节奏 jiézòu 명 리듬, 흐름 ⭐ | 上班族 shàngbānzú 명 직장인, 출퇴근족, 샐러리맨 | 状况 zhuàngkuàng 명 상태, 상황, 형편 | 担忧 dānyōu 동 걱정하다, 근심하다

정답 A

해설
这则新产品广告一经登出，立刻很多企业的关注。
→ 这则新产品广告一经登出，立刻引起了很多企业的关注。

술어가 부족하다. 뒤 절에서 목적어는 '关注(주목)'인데, 이와 호응하는 술어가 없다. 그러므로 부사어가 되는 부사 '立刻(즉시)' 뒤에 '关注'를 목적어로 취할 수 있는 동사 '引起(끌다)'를 추가하고, 그 뒤에 문맥상 완료, 완성을 나타내는 동태조사 '了'를 덧붙여야 옳은 문장이 된다.

유형맛보기 2

请选出有语病的一项。

A 日光下的湖面如一面镜子，闪闪发亮。
B 直到今天，人类还没完全弄清楚恐龙灭亡的原因。
C 国家体育馆位于北京奥林匹克公园中心区南部。
D 通过这次活动，让孩子们懂得了团结的重要性。

다음 중 틀린 문장을 고르세요.

A 햇빛 아래의 호수면은 거울과 같이 반짝반짝 빛을 낸다.
B 오늘날까지 인류는 여전히 공룡의 멸종 원인을 완전히 알지 못한다.
C 국가 체육관은 베이징 올림픽 공원 중앙 구역의 남쪽에 위치해 있다.
D 이번 활동을 통해 아이들은 단결의 중요성을 알게 되었다.

보기 어휘 日光 rìguāng 명 햇빛 | 湖面 húmiàn 명 호수의 수면 | 镜子 jìngzi 명 거울 | 闪闪 shǎnshǎn 형 반짝거리다, 번쩍번쩍하다, 번쩍거리다 | 发亮 fā liàng 동 빛을 발하다, 빛나다 | 人类 rénlèi 명 인류 | 恐龙 kǒnglóng 명 공룡 | 灭亡 mièwáng 동 멸망하다, 멸망시키다, 소멸시키다 ☆ | 位于 wèiyú 동 ~에 위치하다 ☆ | 奥林匹克公园 Àolínpǐkè gōngyuán 올림픽 공원 | 通过 tōngguò 전 ~을 통해 동 통과하다, 지나가다 | 懂得 dǒngde 동 알다, 이해하다 | 团结 tuánjié 동 단결하다, 뭉치다, 단합하다 ☆ | 重要性 zhòngyàoxìng 중요성

정답 D

해설
通过这次活动，让孩子们懂得了团结的重要性。
→ 这次活动，让孩子们懂得了团结的重要性。
→ 通过这次活动，孩子们懂得了团结的重要性。

주어가 부족하다. 사역동사 구문인데 '让' 앞에서 '~을 하게 한' 주어가 없다. 옳은 문장으로 고치는 방법은 두 가지인데, 첫째, 전치사구는 문장에서 주어가 될 수 없으므로, 전치사 '通过(~을 통해)'를 삭제하고 '这次活动(이번 활동)'을 '让'의 주어로 하여 '주어 + 让 + 겸어 + 동사 술어'의 형태로 만들면 된다.
둘째, 전치사구 '通过~(~을 통해)'는 그대로 두고, 뒤 절의 '让'을 삭제하여 '孩子们(아이들)'을 주어로 한 일반 문형으로 고치면 된다.

내공 쌓기

문장의 주요 성분이 부족한 문제에서 특히 혼동하기 쉬운 아래 몇 가지 유형들을 익혀두면 정확하고 빠르게 정답을 찾을 수 있다. 기출 문장을 중심으로 좀 더 깊이 있게 학습해 보자.

1 주어가 부족한 경우

1. 시험에 자주 출제되는 문제 유형은 문장이 2개 이상의 절로 이어져 있는데 주어가 앞 절에 하나만 있고, 이 주어가 뒤 절의 술어와 맞지 않는 경우이다. 즉, 뒤 절에서 술어와 호응하는 알맞은 주어가 빠져 있어 틀린 문장이라고 할 수 있다.

    为了维持家庭生活，很多人越来越忙，越来越快。❌
    ➡ 为了维持家庭生活，很多人越来越忙，生活节奏越来越快。⭕
    가정 생활을 유지하기 위해 많은 사람들은 점점 더 바빠지고 생활 리듬은 갈수록 빨라진다.

2. 문장의 앞 절이 '在~上', '在~中', '在~下', '通过~', '经过~', '关于~', '对于~', '对(于)~来说' 등과 같은 전치사구일 경우 주어가 빠져 있을 가능성이 높다.

    ① 在这部电影中，表达了对故乡的思念。❌
    ➡ 这部电影表达了对故乡的思念。⭕
    이 영화는 고향에 대한 그리움을 표현하였다.
    ➡ 在这部电影中，导演表达了对故乡的思念。⭕
    이 영화에서 감독은 고향에 대한 그리움을 표현하였다.

    ② 通过这次活动，使我受到很大的启发。❌
    ➡ 这次活动使我受到很大的启发。⭕
    이번 활동은 나에게 큰 영감을 불어넣어 주었다.
    ➡ 通过这次活动，我受到很大的启发。⭕
    이번 활동을 통해 나는 큰 영감을 받았다.

 Tip!

★ 주의할 점
청유와 명령을 나타내는 문장이나 감사, 사과, 축하, 환영 등에 관한 인사말로 쓰이는 문장에서 주어는 거의 생략되므로, 이 점은 주의하도록 하자.

· 请勿在这儿张贴小广告。
  여기에 전단지를 붙이지 마시오.
· 感谢大家百忙之中来参加这次宴会。
  여러분 바쁘신 와중에 이번 연회에 참석해주셔서 감사합니다.
· 很抱歉，打扰到您了。
  죄송합니다. 당신께 폐를 끼쳤습니다.

2 술어가 부족한 경우

술어가 빠져 있어 틀린 문장일 경우 문장에서 부사어나 관형어의 간섭으로 인해 야기되는 오류가 대부분이다.

1　他边走边想，非常集中，突然后面有人喊他。❌
　➡ 他边走边想，非常集中，突然听到后面有人喊他。⭕
　　　그가 걸으면서 생각에 잠겼을 때, 갑자기 뒤에서 누군가 그를 부르는 소리를 들었다.

2　杂志上越来越多的回忆往事的文章。❌
　➡ 杂志上出现越来越多的回忆往事的文章。⭕
　　　잡지에 과거를 회고하는 글이 갈수록 많아지고 있다.

3 목적어가 부족한 경우

목적어가 빠져 있는 경우는 주로 길고 많은 관형어를 나열하여 목적어의 부족을 인지하지 못하게 하는 유형이 대부분이다.

1　这里的民居特色鲜明，呈现出典雅大方、淳朴自然。❌
　➡ 这里的民居特色鲜明，呈现出典雅大方、淳朴自然的特点。⭕
　　　이곳 민가는 특색이 뚜렷한데, 우아하고 세련되며 순박하고 자연스러운 특징이 돋보인다.

2　我认为他很适合从事主持或者表演方面。❌
　➡ 我认为他很适合从事主持或者表演方面的工作。⭕
　　　나는 그가 진행을 맡거나 공연하는 일에 종사하는 것이 적절하다고 생각한다.

4 부사어와 보어로 쓰인 전치사구에서 전치사가 부족한 경우

1　부사어로 쓰인 전치사구

　这家饭店顾客提供优质服务。❌
　➡ 这家饭店为顾客提供优质服务。⭕
　　　이 호텔은 고객들에게 양질의 서비스를 제공한다.

2　보어로 쓰인 전치사구

　那位歌手要把这次演唱会的门票收入都捐献一家儿童医院。❌
　➡ 那位歌手要把这次演唱会的门票收入都捐献给一家儿童医院。⭕
　　　그 가수는 이번 콘서트의 입장권 수입을 모두 한 아동 병원에 기부하려 한다.

실전 테스트

第1-5题 请选出有语病的一项。

1 A 指甲能保护指腹末端，让其免受损伤，从而增强手指触觉的敏感性。
　　B 在这部电影中，刻画了一个典型的女护士长形象。
　　C 演出马上就要开始了，人们陆续走进了剧院。
　　D 保持一颗童心，你会活得更自在、更幸福。

2 A "天宫一号"的成功发射，标志着中国已经掌握建立初步空间站。
　　B 这里是城市的中心，有多条公交线路经过，地理位置十分优越。
　　C 醋有抑菌、杀菌的功效，但是感冒时喝醋的做法，还不知是否科学。
　　D 他攀登过峰峦雄伟的泰山，游览过红叶似火的香山，但还没有去过黄山。

3 A 大小兴安岭地区，森林覆盖率非常高，自然生态环境良好。
　　B 这里是德国被保存得最好的药品仓库，也是世界上最大的地下药房。
　　C 生活中很多东西都是相对的，是好是坏，关键是看你自己怎么想。
　　D 在对某项工作进行总结时，我们要克服没有条理，没有重点。

4 A 喧嚣的校园在晚休的铃声中渐渐沉睡了，宿舍里同学们的欢闹声已经听不见了。
　　B 在了解电脑的内部工作原理后，就会知道它只是"照章办事"而已。
　　C 我想起了第一学期和同学们一起度过的那个中秋月夜。
　　D 黄山在安徽风景名胜评选大赛中得票最多，被评为安徽奇险第一山。

5 A 他在这部小说里运用了极其优美的语句，充分表达了自己对生活的渴望。
　　B 中央电视台春节联欢晚会即将开始，正在井然有序地进入演播厅。
　　C 水在生命演化过程中起到了非常重要的作用，它是生物体最重要的组成部分。
　　D 鲜柠檬维生素含量极高，能防止皮肤色素沉着，是天然的美容佳品。

공략비법 03 문장 성분의 오용(잉여)

4 출제 포인트만 익히면 정답이 보인다.

출제 형식

문장 성분 중 주어, 술어, 목적어, 관형어, 부사어, 보어 등이 불필요하게 하나 더 추가된 문장을 고르는 유형이다. 이 중에서 술어 또는 부사어가 추가되어 틀린 문장이 자주 출제된다.

핵심 전략

문장 성분 중 하나가 더 추가되어 오류가 생긴 문장은 크게 두 가지 점에 주의하라!

1 문장 성분 추가로 의미가 중복되었는지 아닌지 살펴보라!

예) 这本小说是去年三月份出版的，现在销量已将近达500万册。❌
→ 这本小说是去年三月份出版的，现在销量已将近500万册。⭕
→ 这本小说是去年三月份出版的，现在销量已达500万册。⭕
　이 소설은 작년 3월에 출간되었는데, 현재 판매량이 이미 500만 부에 달한다.
▶ 술어 추가로 의미가 중복된 오류 문장이다. '将近(거의 ~에 근접하다)'과 '达(도달하다)' 중 하나만 써야 한다.

예) 他看着手机里的短信不禁忍不住笑出声来。❌
→ 他看着手机里的短信不禁笑出声来。⭕
　그는 휴대폰 문자 메시지를 보며 자신도 모르게 웃음이 났다.
→ 他看着手机里的短信忍不住笑出声来。⭕
　그는 휴대폰 문자 메시지를 보며 참지 못하고 웃음을 터뜨렸다.
▶ 부사어 추가로 의미가 중복된 오류 문장이다. '不禁(자기도 모르게)'과 '忍不住(참지 못하고)' 중 하나만 써야 한다.

2 ★ 불필요한 문장 성분이 추가되었는지 아닌지 살펴보라!

예) 我一直到现在还保存着同学们写给我的书信**很动人**。❌
➡ 我一直到现在还保存着同学们写给我的书信。⭕
　나는 지금까지도 줄곧 친구들이 나에게 쓴 편지를 보관하고 있다.

▶ 불필요한 형용사 술어가 추가된 오류 문장이다. '很动人(매우 감동적이다)'을 삭제해야 한다.

예) 过去再精彩，我们也无法回头；未来再艰险，我们也要**自从**勇往直前。❌
➡ 过去再精彩，我们也无法回头；未来再艰险，我们也要勇往直前。⭕
　과거가 아무리 훌륭하다 하더라도 우리는 돌아갈 수 없고, 미래가 아무리 어렵고 위험하다 하더라도 우리는 용감하게 앞으로 나아가야 한다.

▶ 부사어 자리에 불필요한 전치사가 추가된 오류 문장이다. '自从(~부터)'을 삭제해야 한다.

유형맛보기 1

请选出有语病的一项。

A 作为创业者，最重要的能力是组织能力。
B 关于"年"的起源，民间流传着不少有趣的传说。
C 倘若您的车出现以下状况，请及时检查维修，以避免防患于未然。
D 时间像倒在掌心里的水，不管你摊开还是握紧，它总会从指缝间一点一滴地流走。

다음 중 틀린 문장을 고르세요.

A 창업자로서 가장 중요한 능력은 조직력이다.
B '년(年)'의 기원에 관해, 민간에 재미있는 전설들이 많이 전해내려 온다.
C 만약 당신의 자동차에 다음과 같은 증상이 나타난다면, 사고를 미연에 방지하기 위해 즉시 점검 및 수리를 해주세요.
D 시간은 손바닥에 부어진 물과 같아서, 당신이 손바닥을 펼치든 움켜쥐든 관계없이 그것은 손가락 틈 사이로 조금씩 조금씩 흘러간다.

보기 어휘 作为 zuòwéi 동 ~의 신분으로서, ~의 자격으로서, ~로 여기다, ~로 간주하다 | 创业者 chuàngyèzhě 명 창업자 | 组织能力 zǔzhī nénglì 조직력 | 起源 qǐyuán 명 기원 동 기원하다 | 流传 liúchuán 동 대대로 전해 내려오다 | 传说 chuánshuō 명 전설 | 倘若 tǎngruò 접 만약 ~한다면 ★ | 状况 zhuàngkuàng 명 상황, 형편, 상태 | 检查 jiǎnchá 동 점검하다, 검사하다 | 维修 wéixiū 동 수리하다, 보수하다 | 避免 bìmiǎn 동 피하다, 면하다 | 防患 fánghuàn 동 사고를 방지하다 | 防患于未然 fánghuàn yú wèirán 사고나 재해를 미연에 방지하다 | 倒 dào 동 붓다, 따르다, 쏟다 | 掌心 zhǎngxīn 명 손바닥의 한가운데, 장심, 수중 | 摊开 tānkāi 동 펼치다, 벌이다, 늘어놓다 | 握紧 wòjǐn 동 움켜쥐다, 꽉 잡다 | 指缝 zhǐ fèng 손가락 사이 | 一点一滴 yìdiǎnyìdī 성 조금, 약간

정답 C

해설　倘若您的车出现以下状况，请及时检查维修，以避免防患于未然。
→ 倘若您的车出现以下状况，请及时检查维修，以防患于未然。

부사어 안에서 술어가 하나 더 추가되어 의미가 중복되었다. '避免'은 '피하다'라는 뜻이고, '防患'은 '사고나 재해를 방지하다'라는 뜻인데, 이 둘은 모두 어떤 나쁜 상황을 피하거나 방지하는 것을 나타내므로 함께 쓸 수 없다. 따라서 여기에서는 격언처럼 쓰이는 '防患于未然(사고나 재해를 미연에 방지하다)'을 남겨두고 '避免'을 삭제해야 한다.

유형맛보기 2

请选出有语病的一项。

A 作为一名医生的爱人，她多年来一直默默地支持先生的工作。
B 西藏布达拉宫对于是一个美丽而神圣的地方，令我心驰神往。
C 经验多固然是好事，但如果一个人只靠经验工作，也是不可取的。
D 人生就像一场单程的旅行，即使有些遗憾，我们也没有从头再来的机会。

다음 중 틀린 문장을 고르세요.

A 의사의 아내로서 그녀는 오랫동안 줄곧 묵묵히 남편의 일을 지지해왔다.
B 티베트(西藏)의 포탈라궁(布達拉宮)은 아름답고 신성한 장소로 내 마음을 사로잡았다.
C 경험이 많다는 것은 물론 좋은 일이지만, 경험에만 의존해서 일을 한다는 것 또한 바람직하지 않다.
D 인생이란 한 차례 편도 여행과 같아서, 설령 아쉬움이 조금 남는다 하더라도, 우리에게 처음부터 다시 할 수 있는 기회는 없다.

보기 어휘　默默 mòmò 부 묵묵히, 말없이 ★ | 西藏 Xīzàng 고유 티베트, 시짱 | 布达拉宫 Bùdálāgōng 고유 포탈라궁(중국 티베트 자치구의 라싸(拉薩) 북서부에 있는 라마교 사원) | 神圣 shénshèng 형 신성하다, 성스럽다 ★ | 心驰神往 xīnchíshénwǎng 성 마음이 끌리다, 한없이 동경하다 | 固然 gùrán 접 물론 ~지만 ★ | 靠 kào 동 의지하다, 기대다 | 不可 bùkě 동 ~해서는 안 된다, ~할 수가 없다 | 取 qǔ 동 취하다, 얻다, 받다 | 单程 dānchéng 명 편도 | 遗憾 yíhàn 명 유감 동 유감이다, 섭섭하다 | 从头再来 cóng tóu zài lái 처음부터 다시 하다, 새로 다시 하다

정답　B

해설　西藏布达拉宫对于是一个美丽而神圣的地方，令我心驰神往。
→ 西藏布达拉宫是一个美丽而神圣的地方，令我心驰神往。

부사어 자리에 불필요한 전치사가 추가되었다. 동작이나 행위의 대상을 이끌어내는 전치사 '对于'는 '~에 대해서'라는 뜻으로, 이는 술어 앞에서 단독으로 쓰일 수 없으므로 삭제해야 한다.

내공 쌓기

주어, 술어, 목적어, 관형어, 부사어, 보어 등이 하나 더 추가되어 틀린 문장은 크게 의미가 중복된 경우, 문형을 오용한 경우, 불필요한 성분이 추가된 경우로 나눌 수 있다. 기출 문장을 중심으로 해당 유형을 마스터 하자!

1 의미 중복

1 주어 의미 중복 – 비슷한 의미의 주어(명사)가 하나 더 있는 경우

过去这些病症疾病被认为是不治之症。 ✗
➡ 过去这些病症被认为是不治之症。 ⭕
➡ 过去这些疾病被认为是不治之症。 ⭕
과거 이런 질병은 일종의 불치병으로 간주되었다.

2 술어 의미 중복 – 비슷한 의미의 술어(동사)가 하나 더 있는 경우

这次的工作由你来负责掌管。 ✗
➡ 这次的工作由你来负责。 ⭕
➡ 这次的工作由你来掌管。 ⭕
이번 업무는 당신이 책임지세요.

3 목적어 의미 중복 – 비슷한 의미의 목적어(명사)가 하나 더 있는 경우

我们应该懂得学习别人的长处来弥补自己不足缺点。 ✗
➡ 我们应该懂得学习别人的长处来弥补自己的不足。 ⭕
➡ 我们应该懂得学习别人的长处来弥补自己的缺点。 ⭕
우리는 다른 사람의 장점을 본받아 자신의 부족함을 보완하는 법을 터득해야 한다.

4 **관형어 의미 중복** – 비슷한 의미의 관형어(대명사)가 하나 더 있는 경우

任何每一次挫折，都有可能成为一个超越自我的契机。❌

➡ 任何一次挫折，都有可能成为一个超越自我的契机。⭕

➡ 每一次挫折，都有可能成为一个超越自我的契机。⭕
　모든 좌절은 다 자기 자신을 초월할 수 있는 계기가 될 수 있다.

5 **부사어 의미 중복** – 비슷한 의미의 부사어(부사)가 하나 더 있는 경우

他们正在为马上即将到来的圣诞节晚会准备节目。❌

➡ 他们正在为马上到来的圣诞节晚会准备节目。⭕

➡ 他们正在为即将到来的圣诞节晚会准备节目。⭕
　그들은 곧 다가올 크리스마스 파티를 위해 공연 준비를 하고 있는 중이다.

6 **중심어(주어 / 목적어)와 관형어의 의미 중복** – 관형어(형용사 / 명사)가 비슷한 의미를 지닌 중심어(명사)를 수식하는 경우

每当想起从前的往事，我就不禁胸潮澎湃。❌

➡ 每当想起从前，我就不禁胸潮澎湃。⭕
　옛날을 떠올릴 때마다 나는 가슴이 절로 벅차 오른다.

➡ 每当想起往事，我就不禁胸潮澎湃。⭕
　옛 일을 떠올릴 때마다 나는 가슴이 절로 벅차 오른다.

7 **술어와 목적어의 의미 중복** – 술어(동사)가 비슷한 의미를 지닌 목적어(명사)를 가진 경우

失败并不意味着你浪费了时间和生命的意思。❌

➡ 失败并不意味着你浪费了时间和生命。⭕
　실패란 결코 당신이 시간과 생명을 낭비했음을 의미하는 것이 아니다.

8 **술어와 부사어의 의미 중복** – 부사어(부사)가 비슷한 의미를 지닌 술어(동사)를 수식하는 경우

随着经济的发展，他们的收入水平越来越提高了。❌

➡ 随着经济的发展，他们的收入水平越来越高了。⭕
　경제가 발전함에 따라 그들의 소득 수준이 갈수록 높아졌다.

➡ 随着经济的发展，他们的收入水平提高了。⭕
　경제가 발전함에 따라 그들의 소득 수준이 향상되었다.

9 **목적어와 부사어의 의미 중복** – 비슷한 의미를 지닌 목적어(명사)와 부사어(부사)가 있는 경우

长期饮酒可能会引发各种疾病的可能性。❌

➡ 长期饮酒可能会引发各种疾病。⭕
장기적인 음주는 각종 질병을 일으킬 수 있다.

➡ 长期饮酒有引发各种疾病的可能性。⭕
장기적인 음주는 각종 질병을 일으킬 가능성이 있다.

10 **부사어와 보어의 의미 중복** – 비슷한 의미를 지닌 정도부사와 정도보어가 있는 경우

他虽然年轻，但办起事来十分精明极了。❌

➡ 他虽然年轻，但办起事来十分精明。⭕

➡ 他虽然年轻，但办起事来精明极了。⭕
그는 비록 어리기는 하지만 일 처리는 매우 영리하다.

2 문형 오용

1 명사, 동사, 형용사 중첩 구문 오용

❶ 명사 중첩형과 대명사 '每'를 혼용한 경우

在中国，每到新春佳节，每个人人都吃团圆饭。❌

➡ 在中国，每到新春佳节，每个人都吃团圆饭。⭕

➡ 在中国，每到新春佳节，人人都吃团圆饭。⭕
중국에서는 설날 때 모든 사람들이 온 가족과 함께 모여 밥을 먹는다.

❷ 동사 중첩형과 '一下'를 혼용한 경우

你们好好商量商量一下再决定吧。❌

➡ 你们好好商量商量再决定吧。⭕

➡ 你们好好商量一下再决定吧。⭕
너희들 잘 상의한 후에 결정하렴.

❸ 형용사 중첩형과 정도 부사 '很', '非常', '十分' 등을 혼용한 경우

昨天她们布置的房间非常漂漂亮亮的。❌

➡ 昨天她们布置的房间漂漂亮亮的。⭕

➡ 昨天她们布置的房间非常漂亮。⭕
어제 그녀들이 꾸며놓은 방은 매우 예쁘다.

2 **접속사 구문 오용** – 비슷한 의미를 지닌 접속사와 명사를 혼용한 경우

❶ 她之所以泪流满面的原因，是因为这首歌勾起了她痛苦的回忆。✗
➡ 她之所以泪流满面，是因为这首歌勾起了她痛苦的回忆。○
그녀가 얼굴이 눈물로 범벅이 되도록 운 것은 이 노래가 그녀의 고통스러운 기억을 불러일으켰기 때문이다.

➡ 她泪流满面的原因是这首歌勾起了她痛苦的回忆。○
그녀가 얼굴이 눈물로 범벅이 되도록 운 이유는 이 노래가 그녀의 고통스러운 기억을 불러일으켜서이다.

❷ 栗子要趁热吃，是由于冷却之后栗子的淀粉会发生变化，引起腹胀的原因。✗
➡ 栗子要趁热吃，是由于冷却之后栗子的淀粉会发生变化，引起腹胀。○
밤은 따뜻할 때 먹어야 하는데 차가워 진 후 밤의 전분에 변화가 일어나 복부 팽창을 일으키기 때문이다.

➡ 由于栗子冷却之后淀粉会发生变化，引起腹胀，因此要趁热吃。○
밤은 차가워지면 전분에 변화가 일어나 복부 팽창을 일으키기 때문에 따뜻할 때 먹어야 한다.

3 **피동의 의미를 나타내는 구문 오용** – '被', '受', '在~下' 등을 혼용한 경우

❶ 学生们被主讲教授那风趣幽默的演讲受吸引了。✗
➡ 学生们被主讲教授那风趣幽默的演讲吸引了。○
학생들은 강연을 맡은 교수의 재미있는 연설에 매료되었다.

❷ 广西传统文化受中原文化、客家文化、湘楚文化共同影响下形成了特色。✗
➡ 广西传统文化受中原文化、客家文化、湘楚文化共同影响形成了特色。○
광시(廣西)전통문화는 중원문화, 하카문화, 상초문화 공통의 영향을 받아 특색을 이루었다.

➡ 广西传统文化在中原文化、客家文化、湘楚文化的共同影响下形成了特色。○
광시(廣西)전통문화는 중원문화, 하카문화, 상초문화 공통의 영향으로 특색을 이루었다.

4 **기타 구문의 오용** – 완전히 틀린 구문을 혼용한 경우

❶ 对孩子的问题上，父母的照料是必需的。
➡ 对孩子来说，父母的照料是必需的。
아이들에게는 부모의 보살핌이 꼭 필요하다.

❷ 在生活而言，我们经常会受到垃圾短信和推销电话的骚扰。
➡ 在生活中，我们经常会受到垃圾短信和推销电话的骚扰。
생활하면서 우리는 자주 스팸문자와 광고전화에 시달린다.

③ 불필요한 성분 추가

1 **술어 추가** – 목적어(명사) 뒤에 형용사가 있는 경우

   春天来临，到处呈现出一派生机勃勃的景象很多。❌

   ➡ 春天来临，到处呈现出一派生机勃勃的景象。⭕

   봄이 오니 곳곳에 생기 넘치는 광경들이 나타난다.

2 **목적어 추가** – 형용사 술어 뒤에 명사가 있는 경우 혹은 이합사 술어 뒤에 명사가 있는 경우

   ❶ 형용사 술어 뒤 명사가 있는 경우

   听到这个好消息后，我非常兴奋的心情。❌

   ➡ 听到这个好消息后，我非常兴奋。⭕

   이 좋은 소식을 들은 후, 나는 매우 흥분했다.

   ❷ 이합사 술어 뒤에 명사가 있는 경우

   我得知他上个月已经辞职工作了。❌

   ➡ 我得知他上个月已经辞职了。⭕

   나는 그가 지난 달에 이미 퇴직했다는 것을 알게 되었다.

3 **부사어 자리(문장 맨 앞 / 주어 뒤 술어 앞)에 불필요한 전치사 추가**

   按照这次奥运会比赛的规则并不公平，所以大家都很失望。❌

   ➡ 这次奥运会比赛的规则并不公平，所以大家都很失望。⭕

   이번 올림픽 경기의 규칙이 불공평해서 모두가 실망했다.

4 **문장 맨 앞 혹은 쉼표(,) 뒤에 불필요한 접속사 추가**

   这里所有的食品都不能打包，但是只能在这里享用。❌

   ➡ 这里所有的食品都不能打包，只能在这里享用。⭕

   이곳의 모든 음식은 포장이 안됩니다. 이곳에서만 드실 수 있습니다.

실전 테스트

第1-5题 请选出有语病的一项。

1. A 这个世界的生存法则是物竞天择，适者生存。
   B 近年来，随着旅行体验师越来越引起人们的关注。
   C 在决定经商之前，他早已放弃了获得诺贝尔物理学奖的梦想。
   D 睡眠是消除体力疲劳的最佳方法，而消除脑力疲劳的最好方法是适当参加一些体育活动。

2. A 台风一般多发生在夏天，中心风力可达十二级以上。
   B 低碳环保的生活方式已成为一种时尚风气，渐渐为人们所接受。
   C 丝绸之路的开辟，大大促进了东西方经济、文化等方面的交流与合作。
   D 即使您买了经济舱的机票，也绝对能体验到高质量的服务。

3. A 认真倾听对方的话是交谈时最基本的礼貌。
   B 爱养花的女人，必是懂得生活的女人。
   C 在西湖白堤西侧，我们可以欣赏到平湖秋月的美景。
   D 当在环境恶劣的深山老林进行实地考察研究的时候，后勤保障尤为重要的工作。

4. A 敦煌石窟是集建筑、雕塑、绘画于一体的立体艺术。
   B 在人体自愈的过程中，保持积极的心态和健康的生活方式尤为重要。
   C 在景色优美的园林中散步，有助于消除长期工作带来的紧张和疲乏。
   D 大家在不知不觉中就走了十里路左右的距离。

5. A 当我们一起坐下时，我才发现母亲的头发已经白了一半。
   B 一阵风吹过，含羞草的叶子就会收缩起来，像一个害羞的少女一般。
   C 在生活中，有很多人都可以帮助你取得成功，所以要重视人际关系十分重要。
   D 倘若一个人在任何情况下都能感受到快乐，那么他便会成为世上最幸福的人。

공략비법 04 호응(搭配)의 오류

4 출제 포인트만 익히면 정답이 보인다.

출제 형식

문장 성분 중 '주어-술어', '술어-목적어', '주어-목적어', '관형어-중심어(주어/목적어)' 등의 호응이 맞지 않는 문장을 고르는 유형이다. 주로 술어와 목적어의 호응이 잘 맞는지를 확인하는 문제가 자주 출제되는데, 최근에는 관형어와 중심어(주어/목적어)가 호응하지 않는 문제의 출제 비중이 높아지고 있다.

핵심 전략

문장 분석 시 주어, 술어, 목적어, 관형어가 각각 호응하는지 살펴보라!

1 술어와 목적어의 호응

예) 今年中韩两国开辟了丰富多彩的文化交流活动。✗
➡ 今年中韩两国开展了丰富多彩的文化交流活动。○
올해 중한 양국은 다채로운 문화 교류 활동을 펼쳤다.

▶ 술어 '开辟'와 목적어 '活动'이 호응하지 않는 오류 문장이다.
'活动(활동)'은 '펼쳐지고 전개되다'는 뜻의 '开展'과 호응한다.
'开辟'는 '개척하다'는 뜻으로 '道路(도로)', '销路(판로)', '领域(영역)', '市场(시장)' 등과 호응한다.

2 관형어와 중심어(주어/목적어)의 호응

예) 这座城市给我留下了深厚的印象。✗
➡ 这座城市给我留下了深刻的印象。○
이 도시는 나에게 깊은 인상을 남겼다.

▶ 관형어 '深厚'와 목적어 '印象'이 호응하지 않는 오류 문장이다.
'印象(인상)'은 '깊다'는 뜻의 '深刻'와 호응한다.
'深厚'는 '깊고 두텁다'는 뜻으로 '感情(감정)', '友谊(우정)', '功底(기초)' 등과 호응한다.

유형맛보기 1

请选出有语病的一项。

A 那些虚假产品使得消费者遭受了很大的经济损失。
B 网络为人们带来便利的同时，也侵蚀着人们的沟通能力。
C 这首歌一下子引起了他童年的回忆。
D 因为时间很紧，所以他马上安排了开会的时间和地点。

다음 중 틀린 문장을 고르세요.

A 그런 가짜 상품들이 소비자들에게 큰 경제적 손실을 끼쳤다.
B 인터넷은 사람들에게 편리함을 가져다 주는 동시에 사람들의 소통 능력도 잠식하고 있다.
C 이 노래는 단번에 그의 어린 시절 추억을 불러일으켰다.
D 시간이 촉박했기 때문에 그는 바로 회의 시간과 장소를 정했다.

보기 어휘 虚假 xūjiǎ 형 가짜의, 거짓의, 허위의 ★ | 使得 shǐde 동 ~로 하여금 ~하게 하다 | 消费者 xiāofèizhě 명 소비자 | 遭受 zāoshòu 동 (불행 또는 손해를) 입다, 당하다 ★ | 经济损失 jīngjì sǔnshī 경제적 손실 | 网络 wǎngluò 명 인터넷, 네트워크 | 便利 biànlì 동 편리하다 형 편리하게 하다 ★ | 同时 tóngshí 명 동시 접 동시에 | 侵蚀 qīnshí 동 잠식하다, 침식하다 | 沟通 gōutōng 동 소통하다, 교류하다 | 引起 yǐnqǐ 동 끌다, 야기하다, 일으키다 | 童年 tóngnián 명 어린 시절, 유년 | 回忆 huíyì 명 추억, 회상 동 추억하다, 회상하다

정답 C

해설
这首歌一下子引起了他童年的回忆。
→ 这首歌一下子勾起了他童年的回忆。

술어와 목적어가 호응하지 않는다. '引起'는 '일으키다'라는 뜻이지만, '回忆(추억)'와는 호응하여 쓰일 수 없다. 여기에서는 '(감정이나 추억 등을) 불러일으키다, 상기시키다'라는 뜻의 '勾起'를 사용해 '勾起~回忆'로 고쳐야 한다. '引起'는 주로 '引起 + 关心(관심) / 关注(주목) / 注意(주의) / 争论(논쟁) / 误会(오해) / 矛盾(갈등) / 共鸣(공감)' 등과 같이 호응한다.

请选出有语病的一项。

A 学生必须要养成专心听讲的好习惯。
B 我国申办冬奥会成功后，我就萌发了学好外语的想法。
C 为了适应时代要求，我们应该建立新的教育制度。
D 这次会议上，大家就公司的发展方向交换了广泛的意见。

다음 중 틀린 문장을 고르세요.

A 학생들은 반드시 집중하여 수업을 듣는 좋은 습관을 길러야 한다.
B 우리나라가 동계 올림픽 유치에 성공한 뒤 나는 외국어를 배워야겠다는 생각이 들었다.
C 시대 요구에 부응하기 위해 우리는 새로운 교육 제도를 세워야 한다.
D 이번 회의에서 모두가 회사의 발전 방향에 관해 폭넓게 의견을 나누었다.

보기 어휘 养成 yǎng chéng 동 양성하다, 기르다 | 专心 zhuānxīn 형 전념하다, 몰두하다 | 申办 shēnbàn 동 신청하여 처리하다 | 冬奥会 Dōng'àohuì 명 동계 올림픽('冬季奥林匹克运动会'의 약칭) | 萌发 méngfā 동 생겨나다, 발생하다 | 适应 shìyìng 동 적응하다 | 时代 shídài 명 시대, 시기, 시절 | 建立 jiànlì 동 세우다, 만들다 | 制度 zhìdù 명 제도 | 交换 jiāohuàn 동 교환하다 | 广泛 guǎngfàn 형 폭넓다, 광범위하다

정답 D

해설 这次会议上，大家就公司的发展方向交换了广泛的意见。
→ 这次会议上，大家就公司的发展方向广泛地交换了意见。

관형어와 목적어가 호응하지 않는다. '广泛'은 '폭넓다, 광범위하다'는 뜻으로 '意见(의견)'과 호응하지 않는다. 여기서 '广泛'이 수식하는 성분은 술어인 '交换(교환하다)'이고, 형용사가 부사어가 되어 술어를 수식할 경우 보통 뒤에 '地'를 덧붙이므로 '广泛地交换了~'로 고쳐야 한다.

'广泛'이 관형어로 쓰일 때는 주로 '广泛 + 的 + 兴趣(흥미) / 用途(용도) / 关注(관심) / 支持(지지) / 影响(영향) / 应用(응용) / 运用(활용)' 등과 같이 호응하고, 부사어로 쓰일 때는 주로 '广泛 + 地 + 影响(영향을 끼치다) / 应用(응용하다) / 运用(활용하다) / 使用(사용하다) / 接受(받아들이다) / 传播(전파하다) / 分布(분포하다)' 등과 같이 호응한다는 것도 함께 익혀두도록 하자.

내공 쌓기

문장 성분의 호응 관련 문제는 해석만으로 틀린 문장을 찾는 것이 쉽지 않다. 우리말 해석은 자연스러우나, 중국어에서는 호응이 바르지 못한 문장일 수도 있으니 기출 문장을 중심으로 해당 유형을 마스터 하자!

1 주어와 술어의 호응이 잘못된 경우

随着科技的不断发展，人们的工作效率大大增加。❌

➡ 随着科技的不断发展，人们的工作效率大大提高。⭕

과학기술이 끊임없이 발전함에 따라 사람들의 업무 효율도 크게 향상되었다.

▶ '效率(효율)'는 '提高(향상되다)'와 호응한다.
'增加(증가하다)'는 수량이 증가함을 나타낸다.

2 술어와 목적어의 호응이 잘못된 경우

在这次奥运会比赛中，他实现了西方人保持了20年的世界纪录。❌

➡ 在这次奥运会比赛中，他打破了西方人保持了20年的世界纪录。⭕

이번 올림픽에서 그는 서양 선수가 20년간 보유하고 있던 세계기록을 깼다.

▶ '世界纪录(세계기록)'는 '打破(깨다)'와 호응한다.
'实现(실현하다)'은 '愿望(소망)', '目标(목표)', '梦想(꿈)', '理想(이상)' 등과 주로 호응한다.

공략 비법 04 호응(搭配)의 오류 **169**

3 주어와 목적어의 호응이 잘못된 경우

❶ 北极村是中国境内唯一一处可以观赏到极光和极昼现象。❌
➡ 北极村是中国境内唯一一处可以观赏到极光和极昼现象的地方。⭕
　북극촌(北極村)은 중국 내에서 오로라와 백야 현상을 감상할 수 있는 유일한 곳이다.

▶ '北极村(북극촌)'은 장소이므로 '地方(곳)'과 호응해야 한다.

❷ 《孔雀东南飞》和《木兰诗》一起被誉为"乐府双璧"之一。❌
➡ 《孔雀东南飞》和《木兰诗》一起被誉为"乐府双璧"。⭕
　《공작동남비(孔雀東南飛)》는 《목란시(木蘭詩)》와 함께 '악부(樂府)의 쌍벽'이라고 불린다.

▶ 《孔雀东南飞》와《木兰诗》는 두 작품이므로 '~중의 하나'라는 뜻의 '之一'와 호응하지 않는다.

❸ 李刚同志在担任校长期间，他多次被评为"平安校园"。❌
➡ 李刚同志在担任校长期间，他的学校多次被评为"平安校园"。⭕
　리강 씨가 학교장을 맡은 기간 동안, 그의 학교는 여러 차례 '평안한 교정'이라는 평을 받았다.

▶ '他(그)'는 '平安校园(평안한 교정)'과 호응하지 않으므로 문맥상 '他的学校(그의 학교)'가 주어가 되어야 한다.

4 관형어와 중심어(주어/목적어)의 호응이 잘못된 경우

我们和对方公司达成了一贯的意见。❌
➡ 我们和对方公司达成了一致的意见。⭕
　우리는 상대 회사와 의견 일치를 보았다.

▶ '意见(의견)'은 '一致(일치하다)'와 호응한다.
'一贯(일관되다)'은 '态度(태도)', '主张(주장)', '原则(원칙)' 등과 주로 호응한다.

5 전치사구의 호응이 잘못된 경우

在李老师的指导中，他取得了优异的成绩。❌
➡ 在李老师的指导下，他取得了优异的成绩。⭕
　이 선생님의 지도 하에서, 그는 우수한 성적을 받았다.

▶ 전치사와 방위사의 호응이 잘못되었다.
'在~中'은 과정이나 범위를 나타내므로 어떤 일을 해낼 수 있었던 조건을 나타내는 '在~下'로 고쳐야 한다.

★ 자주 출제되는 '在 + ~ + 방위사(上 / 中 / 下)' 용법을 알아두도록 하자.

1 '在~上'은 방면이나 기초를 나타낸다.
   ❶ **방면** – 在 + 生活(생활) / 学习(학업) / 社会(사회) / 经济(경제) / 教育(교육) / 问题(문제) + 上
   ❷ **기초** – 在 + 基础(기초) + 上

2 '在~中'은 과정이나 범위를 나타낸다.
   ❶ **과정** – 在 + 过程(과정) / 生活(생활) / 工作(일) / 调查(조사) / 比赛(시합) + 中
   ❷ **범위** – 在 + 印象(인상) / 心目(마음) / 人群(군중) / 空气(공기) + 中

3 '在~下'는 조건, 원인, 상황 등을 나타낸다.
   ❶ **조건, 원인** – 在 + 条件(조건) / 前提(전제) / 环境(환경) / 帮助(도움) / 指导(지도) / 引导(인도) / 领导(지도) / 支持(지지) / 照顾(보살핌) + 下
   ❷ **상황** – 在 + 情况(상황) / 背景(배경) + 下

실전 테스트

第1-5题 请选出有语病的一项。

1. A 我们在批评孩子时，一定不要伤害他的自尊心。
   B 这幅栩栩如生的雕像画，体会了人与自然的和谐统一。
   C 我们无法选择自己的出生，但可以选择自己的未来。
   D 这家银行目前在全球76个国家为1300万用户提供服务。

2. A 幸福没有统一的标准，也没有固定的模式。
   B 要想取得出众的成就，就必须有走在前面的勇气。
   C 著名京剧表演艺术家梅兰芳先生的祖籍是江苏泰州人。
   D 人们总是追求那些得不到的东西，而忽视那些已经得到的东西。

3. A 快十点半了，我怕耽误他休息，便起身告辞了。
   B 据鉴定，这幅画的作家出自徐悲鸿之手，具有非常高的收藏价值。
   C 幼儿园本来想靠这个办法杜绝学生迟到的现象，结果却出人意料。
   D 如果你觉得学某样东西对孩子很重要，那么应该先观察孩子是否对这样东西感兴趣。

4. A 压岁钱是长辈对晚辈的一种关爱，同时也含有平安吉祥的寓意。
   B 那位老师来了以后，学生们的汉语水平得到了明显的提高。
   C 节日里的中山公园处处都展出着喜庆的气氛。
   D 学习的最大障碍来自我们已知的部分，而不是未知的部分。

5. A 我们放弃阅读，就等于自愿走在黑暗的隧道里。
   B 高原融雪河流和陡峭的山峰造成了七彩瀑布群这一旷世奇观。
   C 梁山伯与祝英台忠贞的爱情故事，在中国可谓妇孺皆知。
   D 面对别人犯下的错误，很多人总想让对方付出代价。

DAY 05

4 출제 포인트만 익히면 정답이 보인다.

공략비법 05 문맥상 모순 관계

출제 형식

문장의 논리 관계상 모순이 있는 문제는 주로 수사, 양사, 방위사, 양면사(긍정과 부정 또는 정반대되는 두 가지 뜻을 모두 가지고 있는 어휘), 부정의 의미를 나타내는 어휘 등이 잘못 사용된 문장을 고르는 유형이다.

핵심 전략

★ 수사 '多(~남짓, ~여)', 양사 '倍(배)', 어림수를 나타내는 방위사, 양면사(긍정과 부정 또는 정반대되는 뜻을 모두 가지고 있는 어휘) 등의 사용이 올바른지 살펴보라!

예 ❶ 这部新款手机价格在至少5000元上下。 ✗

➡ 这部新款手机价格至少5000元。 ○
   이 신형 휴대폰은 가격이 최소 5,000위안이다.

➡ 这部新款手机价格在5000元上下。 ○
   이 신형 휴대폰은 가격이 5,000위안 정도이다

▶ '至少'는 '최소'라는 뜻이고, '上下'는 '가량, 쯤'이라는 어림수를 나타내는 의미이므로, 이 둘은 논리적으로 모순 관계이다.

❷ 糖尿病人血糖水平的高低，关键在于严格控制饮食结构。

➡ 糖尿病人血糖水平的高低，关键在于能否严格控制饮食结构。
   당뇨병 환자의 혈당 수치가 높고 낮음의 관건은 철저하게 식생활을 관리할 수 있는지 여부에 달려있다.

▶ 양면사 '高低(높고 낮음)'와 호응하는 양면적 의미를 가진 어휘가 없어 논리적 모순이 생긴 오류 문장이다. 뒤 절에 '能否(~할 수 있는지 아닌지)'를 추가해야 한다.

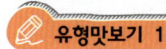

请选出有语病的一项。

A 胡椒在历史上曾被人们视为珍品，占有极其重要的地位。
B 世上只有想不通的人，没有走不通的路。
C 他们把院子打理得像个花园一样，让人不禁驻足观赏。
D 目标能否实现的关键，在于你把计划制定得非常得当。

다음 중 틀린 문장을 고르세요.

A 후추는 역사상 일찍이 사람들에게 귀한 물건으로 여겨져 매우 중요한 위치를 차지하고 있다.
B 세상에는 생각이 통하지 않는 사람만 있을 뿐, 통하지 않는 길은 없다.
C 그들이 정원을 화원처럼 가꾸어 놓아서, 사람들은 자기도 모르게 발길을 멈추고 감상하게 된다.
D 목표 실현 가능 여부의 관건은 당신이 계획을 적절하게 세웠는지 아닌지에 달려 있다.

보기 어휘 | 胡椒 hújiāo 명 후추 | 视为 shìwéi 동 여기다, 간주하다, ~로 보다 | 珍品 zhēnpǐn 명 진귀한 물건, 진품 | 占有 zhànyǒu 동 차지하다, 점유하다 | 极其 jíqí 부 아주, 매우, 몹시 | 地位 dìwèi 명 위치, 지위, 자리 | 院子 yuànzi 명 정원, 뜰 | 打理 dǎlǐ 동 가꾸다, 정리하다, 처리하다 | 不禁 bùjīn 부 자기도 모르게, 저절로 ★ | 驻足 zhù zú 걸음을 멈추다 | 观赏 guānshǎng 동 감상하다, 보고 즐기다 | 实现 shíxiàn 동 실현하다 | 关键 guānjiàn 명 관건 형 아주 중요한 | 制定 zhìdìng 동 제정하다, 작성하다, 확정하다 | 得当 dédàng 형 적절하다, 알맞다, 적당하다

정답 D

해설
目标能否实现的关键，在于你把计划制定得非常得当。
→ 目标能否实现的关键，在于你是否把计划制定得非常得当。

앞뒤 절 내용이 모순 관계이다. '能否'는 '~할 수 있는지 아닌지'라는 양면적 의미를 나타내므로 이와 호응하는 내용도 '긍정+부정'의 의미를 갖추어야 모순이 생기지 않는다. 그러므로 뒤 절에서 '是否'를 '把' 앞에 추가해야 한다. 일반적으로 '在于~(~에 있다)', '关键在于~(관건은 ~에 있다)', '关键是~(관건은 ~이다)', '取决于~(~에 달려있다)' 등과 같은 표현은 주어 부분이 정반 형태일 경우 목적어 부분 또한 동일하게 정반 형태를 갖추어야 한다는 점을 잊지 말자.

请选出有语病的一项。

A 江西省崇义县植被丰富，森林覆盖率高达90%左右。
B 哺乳动物的感情世界要比昆虫和鱼类丰富和鲜明得多。
C 深秋的景山，是人们登高远眺、观赏日出的好地方。
D 为了减少汽车尾气对空气的污染，人们在汽车上安装了催化转化装置。

다음 중 틀린 문장을 고르세요.

A 장시(江西)성 충의(崇義)현은 식생(植生)이 풍부하며 삼림률이 무려 90%에 이른다.
B 포유동물의 감정 세계는 곤충과 어류보다 훨씬 더 풍부하고 뚜렷하다.
C 늦가을의 징산(景山)은 사람들이 높은 곳에 올라 먼 곳을 바라보며 일출을 감상하기에 좋은 장소이다.
D 자동차 배기가스가 공기를 오염시키는 것을 줄이기 위해, 사람들은 자동차에 촉매 변환 장치를 설치하였다.

보기 어휘 江西省 Jiāngxī shěng 고유 장시성, 강서성 | 崇义县 Chóngyì xiàn 고유 충이현, 숭의현 | 植被 zhíbèi 명 식생(植生) | 森林覆盖率 sēnlín fùgàilǜ 삼림률 | 高达 gāodá 동 달하다 | 哺乳动物 bǔrǔ dòngwù 명 포유동물 | 昆虫 kūnchóng 명 곤충 | 鲜明 xiānmíng 형 뚜렷하다, 분명하다, 선명하다 ☆ | 景山 Jǐngshān 고유 징산, 경산(베이징(北京)의 옛 자금성(紫禁城) 북쪽에 있는 작은 산) | 登高 dēnggāo 동 높은 곳에 오르다 | 远眺 yuǎntiào 동 멀리 바라보다, 조망하다 | 观赏 guānshǎng 동 감상하다, 보고 즐기다 | 尾气 wěiqì 명 배기가스 | 污染 wūrǎn 동 오염시키다, 오염되다 | 安装 ānzhuāng 동 설치하다 | 催化 cuīhuà 동 촉매 작용을 하다 | 转化 zhuǎnhuà 동 바꾸다, 전환하다 | 装置 zhuāngzhì 명 장치, 설치 동 장치하다, 설치하다

정답 A

해설 江西省崇义县植被丰富，森林覆盖率高达90%左右。
→ 江西省崇义县植被丰富，森林覆盖率高达90%。
→ 江西省崇义县植被丰富，森林覆盖率在90%左右。

의미상 모순 관계인 두 단어가 함께 쓰였다. '高达'는 '(최고) ~에 이르다'는 의미로, 그 뒤에는 최고점에 해당하는 정확한 수치가 제시되어야 한다. 그런데 '左右(정도, 가량)'는 수량이나 정도가 적거나 많음을 나타내는 어림수 표현이므로 '高达'와 함께 쓰일 수 없다. 따라서 여기에서는 '左右'를 삭제하거나, '高达'를 '在(~에 있다)'로 고쳐야 옳은 문장이 된다.

내공 쌓기

문장의 논리 관계에 모순이 있는 문제는 문장에 상반된 의미를 지니는 어휘가 함께 있어 의미상 모순이 생긴 경우와 수사, 양사, 방위사, 양면사, 부정의 의미를 지니는 부사와 동사 등의 어휘 사용이 틀려서 의미상 모순이 생긴 경우로 나눌 수 있다. 아래 기출 문장들을 잘 마스터하여 시험에 대비하도록 하자.

1 문장에 상반된 의미를 지니는 어휘가 함께 있는 경우

1 估计他明天一定会来参加会议的。✗

➡ 他明天一定会来参加会议的。⊙
그는 내일 회의에 참여하러 꼭 올 것이다.

➡ 估计他明天会来参加会议的。⊙
그는 내일 회의에 참여하러 올 것이다.

2 这是一千多年前新出土的历史文物。✗

➡ 这是一千多年前的历史文物。⊙
이것은 천여 년 전의 역사 문물이다

➡ 这是新出土的历史文物。⊙
이것은 새로 출토된 역사 문물이다.

3 新学期马上就要开始了，我们应该做好欢送新同学的工作。✗

➡ 新学期马上就要开始了，我们应该做好迎接新同学的工作。⊙
새 학기가 곧 시작하니, 우리는 새로운 학생들을 맞을 준비를 잘 해야 한다.

4 这座桥修建于公元618年，到现在已有快400年的历史了。❌
　➡ 这座桥修建于公元618年，到现在已有400年的历史了。⭕
　　이 다리는 서기 618년에 건설된 것으로 현재까지 이미 400년의 역사가 있다.
　➡ 这座桥修建于公元618年，到现在快400年了。⭕
　　이 다리는 서기 618년에 건설된 것으로 현재까지 거의 400년에 달하는 역사가 있다.

② 양사, 방위사, 양면사, 부정의 의미를 지니는 부사와 동사 등의 어휘 사용이 틀린 경우

1 수사, 양사, 방위사 사용이 틀린 경우

❶ 숫자 + 多

到那儿起码要走一个多小时。❌
　➡ 到那儿起码要走一个小时。⭕
　　그곳에 도착하려면 최소 한 시간을 걸어야 한다.
　➡ 到那儿要走一个多小时。⭕
　　그곳에 도착하려면 한 시간 남짓 걸어야 한다.

❷ 숫자 + 左右 / 上下 / 以上 / 以下 / 以内 / 以外

这座城市人口接近一千万左右。❌
　➡ 这座城市人口接近一千万。⭕
　　이 도시 인구는 천 만에 가깝다.
　➡ 这座城市人口在一千万左右。⭕
　　이 도시 인구는 천 만 정도이다.

★ 수량사 뒤에 쓰여 '~남짓, ~여, ~정도'라는 의미의 불확정적인 어림수를 나타내는 단어는 '多', '左右', '上下', '以上', '以下', '以内', '以外' 등이 있다. 이들은 문장에서 '近(가깝다)', '接近(가깝다)', '将近(근접하다)', '超过(초과하다)', '达到(도달하다)', '高达(최고 ~에 이르다)', '至少(적어도)', '起码(최소한)', '最多(최대)', '最高(최고)', '最低(최저)', '约(약)', '大约(대략)', '大概(대략)' 등과 함께 쓸 수 없다.

❸ 숫자 + 倍

最近石油价格下降了两倍。❌
　➡ 最近石油价格下降了百分之二十。⭕
　　최근 석유 가격이 20% 떨어졌다.
　➡ 最近石油价格下降了五分之一。⭕
　　최근 석유 가격이 1/5 떨어졌다.

공략 비법 05 문맥상 모순 관계 **177**

★ 배수를 나타내는 '倍'는 감소, 하락, 축소 등의 의미를 나타내는 동사와 호응하지 않는다. 그러므로 '减少(감소하다)', '下降(떨어지다)', '降低(내려가다)', '缩小(축소하다)', '缩短(단축하다)' 등의 동사는 분수(分之)와 퍼센트(百分之)를 사용하여 배수를 나타내야 한다.

2 양면사(긍정과 부정 또는 정반대되는 뜻을 모두 가지고 있는 어휘)의 사용이 틀린 경우

你能否取得好成绩，和你平时努力有很大关系。❌

➡ 你能否取得好成绩，和你平时是否努力(혹은 努不努力)有很大关系。⭕

당신이 좋은 성적을 받느냐의 여부는 평소의 노력 여부와 관련이 깊다.

★ 자주 쓰이는 양면사로는 '是否(~인지 아닌지)', '能否(~할 수 있는지 아닌지)', '是不是(~인지 아닌지)', '能不能(~할 수 있는지 아닌지)', '与否(여부)', '大小(큰지 작은지)', '高低(높은지 낮은지)', '长短(긴지 짧은지)', '远近(먼지 가까운지)', '重轻(무거운지 가벼운지, 심한지 아닌지)', '好坏(좋은지 나쁜지)', '多寡(많은지 적은지)', '成败(성공인지 실패인지)', '得失(득인지 실인지)', '优劣(나은지 못한지, 좋은지 나쁜지)' 등이 있다.

3 부정의 의미를 지니는 부사와 동사의 사용이 틀린 경우

❶ 부정을 나타내는 부사나 동사가 세 번 쓰인 삼중 부정

삼중 부정은 결과적으로 한 번의 부정과 같은 의미가 되므로 주의가 필요하다.

不能否认911恐怖袭击带来的伤害不是深远的。❌

➡ 不能否认911恐怖袭击带来的伤害是深远的。⭕

911테러로 인한 피해가 크다는 것은 부인할 수 없다.(= 911테러로 인한 피해는 크다.)

❷ 부정을 나타내는 부사나 동사가 포함된 반어문

반어문은 표면적인 뜻과 반대되는 뜻을 나타내므로 반어문에 부정을 의미하는 단어가 있을 경우 반어문을 다시 부정하게 되어 원래 전달하려는 의미와 정반대가 될 수 있다. 따라서 반어문에 부정을 나타내는 단어가 있다면 주의 깊게 살펴봐야 한다.

他上个星期才搬到这里，对这儿怎么可能不熟悉呢？❌

➡ 他上个星期才搬到这里，对这儿怎么可能熟悉呢？⭕

그는 지난주에야 이곳으로 이사를 왔는데, 이곳에 대해 어떻게 잘 알 수 있겠어?

你的新产品设计和竞争对手一模一样，难道你能否认没有作弊吗？❌

➡ 你的新产品设计和竞争对手一模一样，难道你能否认作弊吗？⭕

당신의 신제품 디자인이 경쟁사와 완전히 똑같은데, 설마 당신이 베낀 것을 부인하는 것은 아니겠지요?

❸ '防止(방지하다)', '避免(피하다)', '禁止(금지하다)', '严禁(엄격하게 금지하다)', '免受(받지 않다)', '切忌(절대 삼가다)' 등과 같은 동사 혹은 '以免(~하지 않도록)', '以防(~을 막기 위해)'과 같은 접속사와 함께 쓰인 '不'

'防止', '避免', '禁止', '严禁', '免受', '切忌', '以免', '以防' 등은 그 자체가 부정의 의미를 나타내므로, 뒤에 부정을 나타내는 단어가 있을 경우 문맥상 의미가 맞는지 반드시 주의해서 살펴보아야 한다.

淡水资源非常有限，在生活中切忌不要浪费水。 ❌
➡ 淡水资源非常有限，在生活中切忌浪费水。 ⭕
　　담수 자원은 한정되어 있으므로 생활에서 물 낭비는 절대 금물이다.

运动前一定要热身，以防不在运动中受伤。 ❌
➡ 运动前一定要热身，以防在运动中受伤。 ⭕
　　운동 전에 반드시 워밍업을 해서 운동 중 부상을 방지해야 한다.

실전 테스트

第1-5题 请选出有语病的一项。

1
A 是否团结向上是团队可持续发展的重要条件。
B "知易行难"是指认识、了解一件事情比较容易,但实际做起来却很难。
C 北京胡同有着悠久的历史,它真实地反映了北京的历史面貌。
D 一个人的外在形象,不单指他的外貌,还包括服饰装扮、言谈举止等。

2
A 经过20年的发展,他们的分公司已经遍布全球100多个国家和地区。
B 为了生存和生长,不论是植物还是人类,都会不遗余力的。
C 如果你想得到你从未得到过的东西,那就必须做一些你从来没有做过的事情。
D 迄今为止,人类发现的最早的恐龙化石距今有近一亿多年的历史。

3
A 狼向东郭先生扑去,东郭先生大吃一惊,只好躲在毛驴的后边。
B 这次参加传统文化宣传活动的市民超过了一百人以上。
C 不到两年时间,他就成为这家公司最优秀的销售人员。
D 本届艺术节充分展示了中国文化艺术事业的最新成果。

4
A 2003年,她出版了家庭生活回忆录《我们仨》。
B 你能不能取得好成绩,取决于你不懈努力。
C 座右铭本来指的是古人写出来放在座位右边的格言。
D 自古以来,中国就是一个崇尚玉器的国家,中国人对玉有着特殊的情感。

5
A 她望着车水马龙的街道,不知道该去哪儿。
B 一般看来,不顾客观实际而墨守成规的人,常常会做出荒唐可笑的事来。
C 为了避免今后不再发生类似的事故,我们必须尽快完善安全制度。
D "预则立,不预则废",意思是凡事都要有所计划,这样我们才会更容易成功。

공략비법 06 '把자문', '被자문' 및 접속사 구문 오용

4 출제 포인트만 익히면 정답이 보인다.

출제 형식

'把자문', '被자문' 및 접속사 구문에 문법적 오류가 있다거나 문맥상 모순이 있는 문장을 찾는 유형이다.

핵심 전략

'把자문', '被자문' 및 접속사 구문은 정해진 형식과 구조가 있으므로 문장에서 정확한 용법으로 쓰였는지 빨리 판단해내려면 자주 출제되는 오류 유형을 잘 익혀두어야 한다.

1 자주 출제되는 '把자문'과 '被자문'의 용법 오류
- '把 + 행위의 대상', '被 + 행위의 주체'인데 '把'와 '被'가 문맥에 맞지 않은 경우
- '把자문' 혹은 '被자문'에 쓸 수 없는 술어(동사/형용사)를 쓴 경우
- 문장에서 '把'와 '被'의 위치가 맞지 않는 경우
- '把'나 '被' 앞에 놓여야 시간 명사, 부사, 조동사 등의 위치가 맞지 않는 경우

> 예 我们要学会控制自己的欲望，而不应该把欲望所支配。❌
> ➡ 我们要学会控制自己的欲望，而不应该被欲望所支配。⭕
> 자신의 욕망을 다스리는 법을 배워야지, 욕망에 지배당해서는 안 된다.
>
> ▶ '把'가 문맥에 맞지 않은 오류 문장이다.
> '欲望(욕망)'이라는 대상을 처치, 처리하는 의미가 아닌 '欲望'에게 지배당한다는 의미이므로 피동을 나타내는 표현인 '被자문'을 써야 한다. 이 문장은 '被/为 + A + 所 + B(A에게 B를 당하다)' 호응 구문이다.

2 자주 출제되는 접속사 구문 용법 오류
- 어법상, 의미상 호응이 맞지 않는 경우

> 예 ❶ 无论做各种事，都要尽力而为。❌
> ➡ 无论做什么事，都要尽力而为。⭕
> 무슨 일을 하든지 최선을 다해야 한다.
>
> ▶ '无论(~에 관계없이)' 뒤에 오는 조건이 맞지 않은 오류 문장이다.
> '无论'은 어떤 조건에서도 결과가 변하지 않음을 나타내므로 '여러 가지 종류'라는 뜻의 '各种'이 아닌 의문사 '什么(무슨)'를 써야 한다.

❷ 不同的人，既然站在同一个地方，看到的风景也会有所不同。❌
➡ 不同的人，即使站在同一个地方，看到的风景也会有所不同。⭕
  설령 같은 곳에 있다 하더라도 사람마다 보는 풍경은 다를 수 있다.

▶ '既然'이 문맥에 맞지 않는 오류 문장이다.
  '既然'은 '就'나 '便'과 호응하여 '기왕 ~한 이상, ~하다'는 뜻으로 원인이 되는 조건을 먼저 제시하고 추론이나 결과를 나타낼 때 쓰이므로 문맥에 맞지 않다. 이 문장에서는 '既然'이 아닌 가설 겸 양보를 나타내는 '설령 ~하더라도'의 뜻인 '即使'를 써야 한다.

유형맛보기 1

请选出有语病的一项。

A 商业广告显然不同于公益广告，因为它带有明显的功利色彩。
B 骆驼很耐渴，它喝一次水后，可以几天几夜不喝水，行走如常，人们称之为"沙漠之舟"。
C 虽然市场对无人机的需求日益增长，但其发展前景不把业内人士看好。
D 人生就是如此，没有人为你等待，没有机会为你停留，只有与时间赛跑，你才能有赢的可能性。

다음 중 틀린 문장을 고르세요.

A 상업 광고가 공익 광고와 확실히 다르다는 건 그것이 뚜렷한 실리적 색채를 지니고 있기 때문이다.
B 낙타는 갈증을 잘 견뎌서 물을 한 번 마시고 나면 며칠을 물을 마시지 않아도 평소처럼 길을 갈 수 있다고 하여, 사람들은 그것을 '사막의 배'라고 부른다.
C 드론에 대한 시장의 수요가 나날이 증가함에도 불구하고, 업계 인사들은 그 발전성을 좋게 보지는 않는다.
D 인생이 바로 그러하다. 당신을 위해 기다려주는 사람도 없고 당신을 위해 멈춰 있는 기회도 없다. 오직 시간과 달리기를 해야지만 이길 수 있는 가능성이 생긴다.

보기 어휘 | **商业** shāngyè 명 상업, 비즈니스 | **显然** xiǎnrán 형 분명하다, 명백하다 | **明显** míngxiǎn 형 뚜렷하다, 분명하다 | **功利** gōnglì 명 실리, 실익 | **色彩** sècǎi 명 색채, 색깔 ⭐ | **骆驼** luòtuo 명 낙타 | **耐渴** nài kě 갈증을 잘 견디다 | **行走** xíngzǒu 동 길을 가다, 걷다 | **如常** rúcháng 동 평소와 같다, 여전하다 | **沙漠** shāmò 명 사막 | **无人机** wúrénjī 명 드론, 무인 조종 비행기 | **需求** xūqiú 명 수요, 필요 ⭐ | **日益** rìyì 형 나날이, 날로 ⭐ | **前景** qiánjǐng 명 장래, 앞날 ⭐ | **业内人士** yènèi rénshì 업계 인사 | **等待** děngdài 동 기다리다 | **停留** tíngliú 동 머물다, 체류하다 | **赛跑** sàipǎo 동 달리기 경주를 하다 명 달리기 경주

정답 C

해설

虽然市场对无人机的需求日益增长，但其发展前景不把业内人士看好。
→ 虽然市场对无人机的需求日益增长，但其发展前景不被业内人士看好。

'把자문'이 잘못 쓰였다. 뒤 절에서 '其发展前景(그 발전성)'은 '看好(좋게 보다)'의 대상이고, '业内人士(업계 인사들)'이 '看好'의 주체가 되므로, 여기서는 '주체＋把＋대상＋동작/행위＋～' 형태의 '把자문'이 아닌 '대상＋被＋주체＋동작/행위＋～' 형태의 '被자문'으로 고쳐야 옳은 문장이 된다.

유형맛보기 2

请选出有语病的一项。

A 武汉的夏天特别热，所以武汉有"火炉"之称。
B 即使明天有大风，比赛也会照常进行的。
C 中国古代神话传说中，有一位美丽的女神叫女娲。
D 超声波在沿直线传播时，既然碰到障碍，就会反射回来。

다음 중 틀린 문장을 고르세요.

A 우한(武漢)의 여름이 특히 더워서, 우한은 '화로'라는 명칭을 지니고 있다.
B 설령 내일 강한 바람이 불어도, 경기는 평소와 같이 진행될 것이다.
C 중국의 고대 신화 전설 중 여와(女媧)라고 불리는 한 아름다운 여신이 있다.
D 초음파는 직선으로 전파될 때, 장애물을 만나게 되면 바로 반사된다.

보기 어휘

武汉 Wǔhàn 고유 우한, 무한(후베이(湖北)성의 성도) | 火炉 huǒlú 명 화로, 난로 | 照常 zhàocháng 동 평소대로 하다 | 古代 gǔdài 명 고대 | 神话 shénhuà 명 신화 | 传说 chuánshuō 명 전설 | 女娲 Nǚwā 여와(중국 고대 신화 속의 여신) | 超声波 chāoshēngbō 명 초음파 | 直线 zhíxiàn 명 직선 형 곧은, 직선의 | 传播 chuánbō 동 전파하다, 널리 퍼뜨리다 | 障碍 zhàng'ài 명 장애물, 방해물 동 방해하다, 막다 ★ | 反射 fǎnshè 동 반사하다 ★

정답 D

해설

超声波在沿直线传播时，既然碰到障碍，就会反射回来。
→ 超声波在沿直线传播时，只要碰到障碍，就会反射回来。

접속사 구문이 잘못 쓰였다. 문장이 접속사로 연결되어 있을 경우, 앞뒤 절의 문맥상 관계를 정확하게 파악해야 한다. 여기서 '既然～，就～'는 '기왕 ～한 이상, ～하다'는 의미로 이미 발생한 상황을 전제로 결론을 제시할 때 쓰이므로 문맥에 어울리지 않는다. 따라서 이를 '～하기만 하면, ～하다'는 뜻의 발생하지 않은 일에 대한 가정을 나타내는 조건문인 '只要～，就/便～'으로 고쳐야 옳은 문장이 된다.

내공 쌓기

'把자문', '被자문', 접속사 구문 관련 문제를 정확히 풀기 위해서는 문법상의 구조나 문맥상의 의미가 논리적으로 잘 맞는지 파악하는 것이 중요하다. 따라서 '把자문', '被자문', 접속사 구문의 의미와 용법상 특징, 호응 관계 등을 반드시 익혀두어 자주 범하는 오류에 대비하도록 하자.

1 '把자문'

1 기본 형식

주어(명사/대명사)	+	把	+	목적어(명사/대명사)	+	동사 술어	+	기타성분(了/着/동사중첩/보어)
주체				대상		동작, 행위		

★ '把'의 문어체 표현은 '将'이다.

2 '把자문'에 쓰이는 술어와 기타 성분의 특징

❶ '把자문'에서는 동사 술어를 단독으로 쓸 수 없다.

'把자문'에 쓰이는 술어 뒤에는 동작의 완성과 결과를 나타내거나, 동작을 통해 목적어가 처리되고 있거나, 처리될 것임을 나타내는 '了', '着', 동사 중첩, 보어 등과 같은 기타 성분이 와야 한다. 단, 가능 보어는 기타 성분 자리에 쓰일 수 없다.

有些父母孩子一犯错就把他们批评，这样会激起孩子的逆反心理。❌
有些父母孩子一犯错就把他们批评一顿，这样会激起孩子的逆反心理。⭕
일부 부모들은 아이가 잘못을 저지르면 바로 아이를 한바탕 혼내기도 하는데, 그렇게 하면 아이의 반항심리를 불러일으킬 수 있다.

❷ '把자문'에 쓸 수 없는 술어

- 모든 형용사
- 목적어를 가지지 않는 자동사 : 死, 醒, 完, 倒, 破, 坏, 旅行, 休息 등
- 인식, 인지, 감각 등을 나타내는 동사 : 知道, 认识, 明白, 了解, 理解, 觉得 등
- 존재를 나타내는 동사 : 在, 有, 是 등
- 발생과 출현을 나타내는 동사 : 发生, 出现, 产生, 诞生, 反映 등
- 시작과 끝 혹은 종결의 의미를 나타내는 동사 : 开始, 结束, 出发, 到达, 成为, 改正 등
- 신체 상태를 나타내는 동사 : 站, 坐, 躺 등
- 심리나 감정을 나타내는 동사 : 喜欢, 爱, 讨厌, 羡慕, 希望 등
- 동작의 방향을 나타내는 동사 : 来, 去, 上, 下, 进, 出 등
- 이합사 : 见面, 毕业, 结婚, 帮忙, 辞职, 出差, 散步, 请假, 吵架 등

朋友们的突然来访，把我本来的计划完全破了。❌

➡ 朋友们的突然来访，把我本来的计划完全打破了。⭕
　　친구들의 갑작스런 방문이 나의 원래 계획들을 완전히 망가뜨렸다.

3 '把자문'에서 부정부사와 조동사의 위치

'把자문'에서 부정부사(不/没/没有)와 조동사(想/要/会/能/可以/愿意)는 반드시 주어 뒤 '把' 앞에 위치한다.

❶ 如果你把这项工作做不好的话，领导一定会批评你的。❌

➡ 如果你不把这项工作做好的话，领导一定会批评你的。⭕
　　만약 네가 이 일을 잘 못 한다면, 팀장이 틀림없이 너를 질책할 거야.

❷ 我觉得这篇文章存在一些缺点，如果你把它能好好儿修改修改，那就好了。❌

➡ 我觉得这篇文章存在一些缺点，如果你能把它好好儿修改修改，那就好了。⭕
　　나는 이 글에 약간의 단점이 있다고 생각하는데, 네가 잘만 수정한다면 좋을 것 같다.

2 '被자문'

1 기본 형식

주어(명사/대명사) + 被 + 목적어(명사/대명사) + 동사 술어 + 기타성분(了/보어)
　　대상　　　　　　　　　　주체　　　　　　　동작, 행위

★ '被' 대신 '叫', '让', '给' 등을 쓸 수 있지만 이때는 주체가 되는 명사를 생략할 수 없다.

2 '被자문'에 쓰이는 술어와 기타 성분의 특징

❶ '被자문'에서는 일반적으로 동사 술어를 단독으로 쓸 수 없고, 뒤에 '了', 보어 등과 같은 기타 성분이 와야 한다. 하지만 이 조건이 '把자문'에 비해 덜 까다로우므로 일부 문장에서는 동사가 기타 성분 없이 단독으로 쓰이는 경우도 있다.

　暴风突然来袭，很多大树都被倒了。❌
➡ 暴风突然来袭，很多大树都被刮倒了。⭕
　폭풍이 갑자기 불어서 커다란 나무들이 많이 쓰러졌다.

❷ '被자문'에 쓸 수 없는 술어

'把자문'에 쓸 수 없는 술어는 거의 모두 '被자문'에도 쓸 수 없다.
단, 예외적으로 '知道(알다)'는 '那件事被他们知道了。(그들이 그 일을 알았다.)'처럼 '被자문'에 쓸 수 있다.

　他被中国的一所名牌大学毕业后，就开了一家自己的公司。❌
➡ 他从中国的一所名牌大学毕业后，就开了一家自己的公司。⭕
　그는 중국의 한 명문 대학을 졸업한 후 바로 자신의 회사를 차렸다.

3 '被자문'에서 부정부사와 조동사의 위치

'被자문'에서 부정부사(不/没/没有)와 조동사(想/要/会/能/可以/愿意)는 반드시 주어 뒤 '被' 앞에 위치한다.

❶ 我虽然一直养狗，但是我从来被狗没咬过。❌
➡ 我虽然一直养狗，但是我从来没被狗咬过。⭕
　나는 강아지를 줄곧 길러왔지만 여태껏 강아지한테 물린 적은 없다.

❷ 有时一个人被一时的困难会所击倒，这是再正常不过的事了。❌
➡ 有时一个人会被一时的困难所击倒，这是再正常不过的事了。⭕
　때로 일시적인 어려움에 쓰러지는 것은 지극히 정상적인 일이다.

3 접속사 구문

1 **단독으로 쓰이는 접속사**

   ❶ 병렬관계 – 和 / 跟 / 与 / 同, 及(명사 연결), 而(형용사 연결), 并(동사 연결)

   ❷ 전환관계 – 但 / 但是 / 可 / 可是 / 不过 / 而 / 然而

   ❸ 인과관계 – 所以 / 因此 / 因而, 从而, 可见, 以致(부정적 결과), 以至(긍정적, 부정적 결과 모두 가능)

   ❹ 점층관계 – 而且 / 并且 / 况且, 何况(반어적 어기)

   ❺ 가설관계 – 否则 / 要不然 / 要不 / 不然

   ❻ 목적관계 – 为了 / 以 / 好让 / 以便 (원하는 목적), 以免 / 免得 / 省得 (원치 않는 목적)

   ❼ 선후관계 – 于是, 然后

2 **호응관계를 이루어 쓰이는 접속사**

   ❶ 병렬관계

   - 既/又+A，又+B   A이기도 하고 B이기도 하다
     ▶ A, B는 동사나 형용사이고, 주어는 같은 주어이다.

   - 既/也+A，也+B   A이기도 하고 B이기도 하다
     ▶ A, B는 동사이고, 주어는 같은 주어나 다른 주어 모두 가능하다.

   - (一)边+A，(一)边+B   A하기도 하고 B하기도 하다
     ▶ A, B는 동작 동사이다.

   ❷ 전환관계

   - 虽 / 虽然 / 虽是 / 虽说 / 尽管+A，但 / 但是 / 可 / 可是+(却)+B   비록 A하지만 B하다
   - 固然+A，但 / 但是 / 可 / 可是+(却 / 也)+B   물론 A이지만 B하다
     ★ '固然'은 반드시 주어 뒤에 위치한다.

   ❸ 인과관계

   - 因为/由于+A，所以/因此/因而+B   A하기 때문에 그래서 B하다
     ▶ A가 원인, B가 결과이다.
     ★ '因为'는 '因此', '因而'과는 호응하여 쓰이지 않는다.

   - 之所以+A，是因为/是由于+B   A인 것은 B이기 때문이다
     ▶ A가 결과, B가 원인이다.

   - 既然+A，(那么)+就/便+B   기왕 A인 이상 (그러면) B이다

❹ 점층관계

- 不但 / 不仅 / 不只 / 不光 / 不单 + A，而且 + (也/还/更) + B   A뿐만 아니라 게다가 B하다
- 不但 / 不仅 / 不只 / 不光 / 不单 + 不 / 没(有) + A，反而 + B   A하지 않을 뿐만 아니라 오히려 B하다
- 连 + A + 都/也 + ~，何况 + B呢?   A조차도 ~한데, 하물며 B는?
- 连 + A + 都/也 + ~，更不用说 + B + 了   A조차도 ~한데, B는 말할 것 없다

❺ 가설관계

- 如果 / 假如 / 假使 / 若(是) / 倘若 + A + (的话)，(那么) + 就/便/则 + B   만약 A라면 (그러면) B하다
- 幸亏 + A，要不然 / 要不 / 不然 / 否则 + B   A해서 다행이지 그렇지 않으면 B할 것이다

❻ 선택관계

- 宁愿/宁可 + A，也不 + B   차라리 A할지언정 B하지 않다
  ★ A를 선택하는 것을 나타낸다.

- 宁愿/宁可 + A，也要 + B   설령 A할지라도 B하겠다
- 与其 + A，不如 + B   A할 바에는 B하는 게 낫다
  ★ B를 선택하는 것을 나타낸다.

- 不是 + A，而是 + B   A가 아니라 B이다
- 不是 + A，就是 + B   A이거나 아니면 B이다
- 是 + A，而不是 + B   A이지 B가 아니다
- 是 + A，并不是 + B   A이지 결코 B가 아니다

❼ 조건관계

- 只要 + A，就/便 + B   A하기만 하면 B하다
  ★ '只要'는 충분 조건을 나타낸다.

- 只有/除非 + A，才 + B   오직 A해야만 B하다
  ★ '只有', '除非'는 유일한 필요 조건을 나타낸다.

- 除非 + A，要不然 / 要不 / 不然 / 否则 + B   오직 A해야지 그렇지 않으면 B이다
- 无论 / 不管 / 不论 + A，都 / 也 / 还 + B   A에 관계없이 B하다
  ★ '无论', '不管', '不论' 접속사 구문에서 A는 반드시 의문사, A + 还是/或者 + B, 양면사(A不A/大小/高低/好坏 등), 4자구조(男女老幼/春夏秋冬 등) 중 하나의 형태여야 한다.

- 凡是 + A，都 + B   무릇 A한 것은 모두 B하다

❽ 양보관계

- 哪怕 / 即使 / 即便 / 就算 / 就是 + A，也 / 还 + B   설령 A라 하더라도 B하다

❾ 목적관계

- 为了 + A，B   A하기 위해서 B하다
  ▶ A가 목적, B가 행동을 나타낸다.

- A，是为了 / 为的是 + B   A는 B하기 위해서이다
  ▶ A가 행동, B가 목적을 나타낸다.

- A，好让 + B   A는 B하기 위해서이다
  ▶ A가 행동, B가 목적을 나타낸다.

- A，以便 + B   B하기 편리하기 위해 A하다
  ▶ A가 행동, B가 목적을 나타낸다.

- A，以免 / 免得 / 省得 + B   B 하기 않기 위해 A하다
  ▶ A가 행동, B가 원하지 않는 목적을 나타낸다.

❿ 선후관계

- 先 + A，然后 + B   먼저 A하고 그리고 나서 B하다

⓫ 긴축관계

- 一 + A，就 / 便 + B   A하자마자 B하다
- 越 / 愈 + A，越 / 愈 + B   A할수록 B하다

3 접속사 사용의 오류

❶ 他因为在中国生活了八年，因此汉语说得很好。❌

➡ 他因为在中国生活了八年，所以汉语说得很好。⭕

그는 중국에서 8년을 살았기 때문에, 중국어를 매우 잘한다.

▶ '因为'는 '所以'와 호응하고, '因此'는 앞 절의 '由于'와 호응한다.

❷ 有时候，不仅一个人的行为代表着他自己，而且也代表着整个集体。❌

➡ 有时候，一个人的行为不仅代表着他自己，而且也代表着整个集体。⭕

때로는 한 사람의 행위가 단지 그 자신을 대표할 뿐만 아니라 집단 전체를 대표하기도 한다.

▶ 접속사 구문은 앞 절에서 접속사와 주어의 위치에 주의해야 한다. 보통 앞뒤 절의 주어가 동일한 경우 앞 절은 '주어 + 접속사 + ~'의 어순이고, 앞뒤 절의 주어가 동일하지 않을 경우 앞 절은 '접속사 + 주어 + ~'의 어순이다. (단, '固然(물론 ~하지만)'은 무조건 주어 뒤에 위치)

❸ 我帮助了他，他不但不感谢我，而对我发脾气，真是不可理喻。❌
  ➡ 我帮助了他，他不但不感谢我，反而对我发脾气，真是不可理喻。⭕
    내가 그를 도와주었는데, 그는 나에게 고마워하기는커녕 오히려 나에게 화를 냈다. 정말 납득이 안 된다.

  ▶ '不但不'와 '不但没(有)'는 주로 '反而(오히려)', '反倒(도리어)'와 함께 호응하며, 때로 '而且'와도 호응할 수는 있지만 전환의 의미를 나타내는 '而'과는 절대로 호응하여 쓰이지 않는다. 뒤 절 맨 앞에 쓰인 '而'은 전환의 의미임을 기억하자.

❹ 不管他已经承认了错误，可是他的女朋友还是不原谅他。❌
  ➡ 尽管他已经承认了错误，可是他的女朋友还是不原谅他。⭕
    비록 그가 이미 잘못을 인정했지만, 그의 여자친구는 여전히 그를 용서하지 않는다.

  ▶ '不管' 뒤에는 한 가지 조건만 제시될 수 없고, 또한 이 문장은 조건 관계를 나타내는 것이 아니므로 문맥상 전환 관계를 나타내는 '尽管'이나 '虽然'을 써야 한다.

❺ 只要是他妈妈做的菜，他才喜欢吃。❌
  ➡ 只要是他妈妈做的菜，他就喜欢吃。⭕
    엄마가 만든 음식이라면 그는 다 좋아한다.

  ▶ 충분 조건 관계를 나타내는 '只要'는 '就'나 '便'과 호응한다.

❻ 他不上大学的理由是由于他想尽早创业。❌
  ➡ 他不上大学的理由是他想尽早创业。⭕
    그가 대학에 진학하지 않은 이유는 가능한 한 빨리 창업을 하고 싶어서이다.

  ▶ 이미 '이유'라는 뜻의 '理由'를 사용했으므로 뒤에 '由于'를 중복 사용해서는 안 된다.

실전 테스트

第1-5题 请选出有语病的一项。

① A 如果我们长时间穿高跟鞋走路，就很容易引发脚部疾病。
B 挫折不是高不可攀的山，就是我们前进的动力。
C 在他转身的那一刻，他看到父亲眼里泛起了泪花。
D 在生活节奏日益加快的今天，人们更愿意看一些轻松愉快的电视节目。

② A 能坚持二十年做一件事的人，肯定有足够的热情。
B 我的灵感来源于生活中的许多小细节，当然这些细节都源自于人。
C "东郭先生"已经成为汉语中的固定词语，专指那些不辨是非的人。
D 说到底，不管是北京和其他一线城市，都面临着同样的交通拥堵问题。

③ A 北师大今年的自主招生将采用多元评价方式，着重对考生现有能力和未来潜质进行考核。
B 史铁生多年来与疾病顽强抗争，创作出大量优秀的文学作品。
C 孩子被父母受的影响很大，因此父母的一言一行、一举一动都要小心。
D 搜狐第三届"读本好书"评选活动正在进行中，此活动旨在推广健康的生活方式。

④ A 遇事不问青红皂白，随便拿他人泄愤，很可能给对方造成极大的伤害。
B 如果制定了目标，你就一定要坚持到底，而且不会获得成功。
C 在人类社会中，我们很少能看到像狼那样把个体与整体结合得如此完美的团队。
D 牡丹是中国特有的名贵花卉，素有"国色天香"、"花中之王"的美称。

⑤ A 牛奶是最古老的天然饮料之一，它含有丰富的蛋白质、维生素、钙等营养物质。
B 活字印刷术是中国著名的"四大发明"之一，发明者是北宋时期的毕昇。
C 虽说这家知名企业从不打广告，产品则已销往全球60多个国家和地区。
D 他们看到了这个尚待开发的市场中所蕴藏的巨大商机。

제2부분
빈칸에 알맞은 단어 고르기

5 골라내는 것도 노하우가 필요하다.

- **공략 비법 07** 고정 어휘
- **공략 비법 08** 유의어
- **공략 비법 09** 허사(부사·전치사·접속사)
- **공략 비법 10** 성어

제2부분
빈칸에 알맞은 단어 고르기

문제 형식

독해 제2부분은 70~100자 지문이 한 문제 당 하나 제시되고 한 지문 당 3~5개의 빈칸이 주어져 빈칸에 알맞은 단어를 선택하는 형태로 61~70번까지 총 10문제가 출제된다.

출제 경향

독해 제2부분에서는 중국어의 ★고정 어휘, 유의어, 허사, 성어 등 주로 단어에 관련된 문제가 출제된다. 그중 한자 또는 의미가 비슷한 ★유의어의 출제 비중이 40% 이상으로 가장 큰 비중을 차지한다. 따라서 ★자주 출제되는 유의어의 의미 차이와 어법적 기능의 차이점을 구별하는 것이 매우 중요하다.

출제 비율

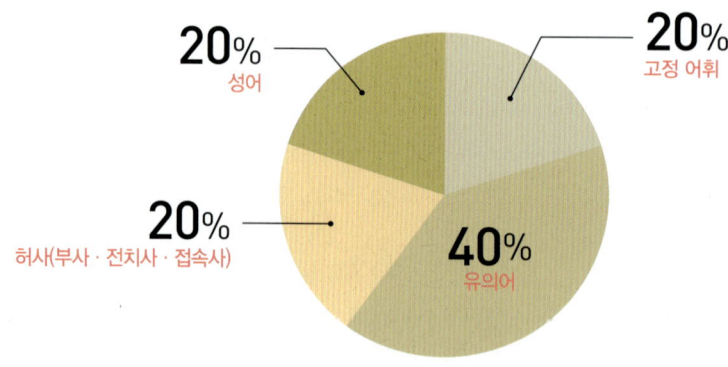

독해 제2부분 정답 예시

고정 어휘 문제

农历八月十六是观看钱塘江大潮的最佳____，中秋佳节前后，八方宾客络绎不绝，争睹钱江潮的奇观。

보기: A 时事　　　B 昔日　　　C 时机　　　D 时光
　　　명 시사　　　명 옛날　　　명 시기　　　명 시절

▶ 빈칸 앞의 '最佳'와 호응하여 '最佳时机(가장 좋은 시기, 적기)'라는 고정 어휘로 쓰이는 것은 'C 时机'이다.

> **유의어 문제**
>
> 人体本身有完善的"排毒"系统，免疫系统是其中一环，它能识别侵入体内的外来物质，并把它们____。
>
> 보기: A 消耗 동 소모하다(시간, 에너지, 자원 등과 호응하여 쓰임)
> B 消除 동 제거하다(주름, 피로, 스트레스, 우려, 폐해 등과 호응하여 쓰임)
> C 消灭 동 소멸시키다(적, 세균, 해충 등과 호응하여 쓰임)
> D 消失 동 사라지다(응의자, 재산, 흔적, 꿈, 희망 등과 호응하여 쓰임)
>
> ▶ 빈칸 앞의 '它们'이 가리키는 것이 '外来物质(외부 물질)'이므로 이를 대상으로 취할 수 있는 동사는 'B 消除'이다.

문제는 이렇게 풀어라!

Step 1 확신 있는 빈칸부터 공략하라!

독해 제2부분은 문제 당 3~5개의 빈칸이 주어지는데, 빈칸에 알맞은 단어를 모두 채우지 않더라도 정답을 고를 수 있는 문제가 많다. 따라서 빈칸을 순서대로 풀려고 하기 보다는 본인이 확실히 아는 단어가 있는지 살펴보고 해당 빈칸이 제시된 문장부터 읽고 분석하여 정답을 찾는 것이 더 효과적으로 문제를 풀 수 있는 방법이다.

Step 2 빈칸과 짝을 이루는 것을 찾아라!

4개의 보기에 제시된 단어 간의 차이점을 찾는 것도 중요하지만, 이보다 더 중요한 것은 빈칸 전후의 호응 관계를 파악하는 것이다. 빈칸 앞뒤 내용을 살펴보고 빈칸과 짝을 이루는 단어를 빈칸 주변에서 찾아내도록 하자. 짝을 이루는 단어는 의미상 어울려 쓰이는 것도 있고, 어법상 반드시 함께 쓰여야 하는 것도 있으므로 짝을 이루는 단어만 정확하게 알고 있으면 쉽게 정답을 고를 수 있다.

Step 3 자주 출제되는 빈출 어휘의 의미 및 호응 구조를 반드시 익혀라!

독해 제2부분의 문제는 빈출 어휘의 용법과 의미만 정확히 익혀두더라도 쉽게 정답을 찾을 수 있는 경우가 많다. 따라서 각 공략비법 중 내공 쌓기에 소개된 빈출 어휘는 반드시 암기하도록 하자. 단어를 암기할 때는 품사와 뜻 외에도 긍정, 부정 등의 감정 색채 또한 함께 알아두면 문제를 푸는 데 크게 도움이 되므로 이 점 또한 유념하도록 하자.

DAY 07

5 골라내는 것도 노하우가 필요하다.

공략비법 07 고정 어휘

출제 형식

해석을 통해 문장의 전체적인 의미를 파악한 후 정답을 찾기보다는 구조상 단어 간의 고정적인 호응 관계를 판단하는 문제 유형이다.

핵심 전략

1 고정 어휘 관련 문제는 우선 ★**빈칸의 문장 성분을 파악한 후, 빈칸 앞뒤에서 짝이 되는 단어가 무엇인지 찾아내는 것이 관건**이다.

❶ 주어(명사) + 술어(형용사)

印象深刻 인상이 깊다　　　　　心情舒畅 마음이 상쾌하다
精力充沛 에너지가 넘치다　　　家庭和睦 가정이 화목하다

❷ 주어(명사) + 술어(동사)

价格上涨 가격이 오르다　　　　气温下降 기온이 내려가다
人口增长 인구가 증가하다　　　梦想消失 꿈이 사라지다

❸ 술어(동사) + 목적어(명사)

开阔眼界 시야를 넓히다　　　　维持生活 생활을 유지하다
蕴藏资源 자원이 매장되어 있다　推广技术 기술을 보급하다

❹ 부사어(형용사) + (地) + 술어(동사)

盲目地支持 맹목적으로 지지하다　合理地分配 합리적으로 분배하다
精心地准备 정성껏 준비하다　　　冷静地思考 침착하게 생각하다

❺ 관형어(형용사) + 的 + 중심어(명사)

宝贵的意见 귀중한 의견　　　　密切的关系 밀접한 관계
可观的收入 상당한 수입　　　　果断的措施 과감한 조치

❻ 관형어(명사) + 중심어(명사)

比赛项目 경기 종목　　　交际能力 사교 능력
社会风气 사회 기풍　　　时代气息 시대 정취

2 출제빈도가 높은 고정 어휘는 반드시 익혀두고 평소 ★단어 암기 시 서로 짝을 이루는 것은 하나의 세트로 기억해두자.

유형맞보기 1

选词填空。

变速跑是大多数人喜欢的运动方式之一，即在规定距离内，先匀速跑一会儿，再加速跑一分钟，这样交替进行。这种变速跑的方式能更有效地促进血液循环和热量燃烧，达到更佳的锻炼效果。

A 规定 ⊙　　交替 ⊙　　循环 ⊙　　B 拟定 ⊗　　交换 ⊗　　反复 ⊗
C 确定 ⊗　　替代 ⊗　　重复 ⊗　　D 制定 ⊗　　代理 ⊗　　遵循 ⊗

빈칸에 알맞은 단어를 고르세요.

속도를 바꿔가며 달리기를 하는 것은 대다수 사람들이 즐겨 하는 운동 방식 중 하나이다. 즉 규정 거리 내에서 먼저 균등한 속도로 잠시 달리다가 다시 속도를 내서 1분간 달리는데 그렇게 번갈아 가며 교대로 실시한다. 속도를 바꿔가며 달리는 이런 방식은 혈액순환과 열량 소모를 더 효과적으로 촉진시키므로 보다 나은 운동 효과를 거둘 수 있다.

A 규정하다 ⊙｜번갈아 가며 교대하다 ⊙｜순환하다 ⊙　　B 초안을 세우다 ⊗｜교환하다 ⊗｜반복하다 ⊗
C 확정하다 ⊗｜대체하다 ⊗｜되풀이하다 ⊗　　D 제정하다 ⊗｜대리하다 ⊗｜따르다 ⊗

지문 어휘　变速跑 biànsùpǎo 빨리 달리기와 천천히 달리기를 교대로 하는 달리기 방법 ｜ 匀速跑 yúnsùpǎo 균등한 속도로 달리다, 고른 속도로 달리다 ｜ 加速跑 jiāsùpǎo 속도를 내서 달리다, 가속으로 달리다 ｜ 有效 yǒuxiào 형 효과가 있다, 유효하다 ｜ 促进 cùjìn 동 촉진시키다, 촉진하다 ｜ 血液 xuèyè 명 혈액, 피 ｜ 热量 rèliàng 명 열량 ｜ 燃烧 ránshāo 동 연소하다, 타다 ｜ 佳 jiā 형 좋다, 훌륭하다 ｜ 锻炼 duànliàn 동 단련하다 ｜ 效果 xiàoguǒ 명 효과

보기 어휘　A 规定 guīdìng 동 규정하다, 정하다 ｜ 交替 jiāotì 동 번갈아 교대하다, 교체하다, 바꾸다 ｜ 循环 xúnhuán 동 순환하다 ★
B 拟定 nǐdìng 동 초안을 세우다, 기초하다, 추측하여 단정하다 ★ ｜ 交换 jiāohuàn 동 교환하다 ｜ 反复 fǎnfù 부 반복하다, 거듭, 반복하여
C 确定 quèdìng 동 확정하다, 확실히 결정을 내리다 형 확정적이다 ｜ 替代 tìdài 동 대체하다, 대신하다 ｜ 重复 chóngfù 동 (같은 일을) 되풀이하다, 반복하다, 다시 하다
D 制定 zhìdìng 동 제정하다, 정하다 ｜ 代理 dàilǐ 동 대리하다, 대신하다, 대행하다 ★ ｜ 遵循 zūnxún 동 따르다 ★

정답　A

해설

1. 첫 번째 빈칸: '距离(거리)'와 호응하여 '规定距离(규정 거리)'로 쓰이는 'A 规定'만 가능하다.
   A 规定 [명] 규정 – 遵守(준수하다) / 违反(위반하다) + 规定
             按照(~에 따라) + 规定
         [동] 규정하다 – 规定 + 时间(시간) / 日期(날짜) / 数量(수량) / 标准(기준)
   B 拟定 [동] 초안을 작성하다 – 拟定 + 计划(계획) / 方案(방안)
   C 确定 [동] 확정하다 – 确定 + 时间(시간) / 日期(날짜) / 数量(수량) / 方案(방안) / 标准(기준) / 目标(목표)
         [형] 확정적이다, 확고하다 – 确定 + 的 + 时间(시간) / 答案(답안) / 判断(판단) / 事实(사실)
   D 制定 [동] 제정하다, 정하다 – 制定 + 计划(계획) / 方案(방안) / 目标(목표) / 法律(법률)

2. 두 번째 빈칸: '进行(진행하다)'과 호응하여 '번갈아 가며 교대하다'는 뜻으로 쓰이는 'A 交替'만 가능하다.
   A 交替 [동] 번갈아 가며 교대하다, 교체하다 – 交替使用(번갈아 가며 사용하다)
                                        循环交替(돌아가며 교체하다)
                                        季节交替(철이 바뀌다)
                                        新旧交替(신구 교체)
   B 交换 [동] 교환하다 – 交换 + 意见(의견) / 位置(위치) / 礼物(선물)
   C 替代 [동] 대체하다 [어떤 것을 다른 것으로 바꾼다는 의미]
   D 代理 [동] 대리하다 [대신 처리한다는 의미]
         – 代理人(대리인)
           代理权(대리권)

3. 세 번째 빈칸: '血液(혈액)'와 호응하여 '血液循环(혈액 순환)'으로 쓰이는 'A 循环'만 가능하다.
   A 循环 [동] 순환하다 – 循环系统(순환 계통)
                      循环障碍(순환 장애)
                      良性循环(양성 순환)
                      恶性循环(악성 순환)
                      循环往复(순환이 되풀이 되다, 쉬지 않고 되풀이하다)
   B 反复 [동] 반복하다 [동작이나 행위를 한 차례 또 한 차례 거듭한다는 의미] – 反复无常(변덕이 심하다)
         [부] 거듭, 반복하여 – 反复 + 思考(깊이 생각하다) / 修改(수정하다) / 解释(설명하다) / 强调(강조하다)
   C 重复 [동] 되풀이하다 [동일한 동작이나 행위를 다시 처음부터 반복한다는 의미]
         – 重复一遍(한 번 중복하다)
           重复朗读(되풀이해서 낭독하다)
   D 遵循 [동] 따르다 – 遵循 + 规律(규칙) / 原则(원칙)

유형맛보기 2

选词填空。

一说到葡萄，就不能不提新疆吐鲁番。吐鲁番<u>位于</u>新疆中东部，又称"火洲"，<u>地势</u>北高南低中间凹。由于这里气温高、日照时间长、昼夜温差大，所以这里生长的葡萄甘甜可口。吐鲁番<u>堪</u>称"世界葡萄植物园"。

A 在于 ✗　　海拔 ✗　　尊 ✗　　　B 至于 ✗　　气压 ✗　　叫 ✗
C 位于 ○　　地势 ○　　堪 ○　　　D 坐落 ✗　　地质 ✗　　誉 ✗

빈칸에 알맞은 단어를 고르세요.

포도를 이야기하자면 신장(新疆)의 투루판(吐鲁番)을 언급하지 않을 수 없다. 투루판은 신장 중동부에 위치해 있고 '화주(火洲)'라고도 불리는데, 지대는 북쪽이 높고 남쪽은 낮으며 중간이 오목하게 들어가 있다. 이곳은 기온이 높고 일조 시간이 길며 밤낮의 일교차가 크기 때문에, 이곳에서 자란 포도는 달고 맛있다. 투루판은 '세계 포도 식물원'이라고 할 만 하다.

A ~에 있다 ❌ | 해발 ❌ | 존경하다 ❌
B ~에 이르다 ❌ | 기압 ❌ | 부르다 ❌
C ~에 위치하다 ✅ | 지대 ✅ | ~할 만하다 ✅
D 위치하다 ❌ | 지질 ❌ | 칭송하다 ❌

지문 어휘

新疆 Xīnjiāng 고유 신장위구르(新疆維吾爾) 자치구 | 吐鲁番 Tǔlǔfān 고유 투루판(吐鲁番)(중국 신장위구르(新疆維吾爾) 자치구의 중앙부에 위치한 도시) | 凹 āo 형 오목하다 | 日照 rìzhào 동 햇볕이 내리쬐다 명 1일 일조 시간 | 昼夜 zhòuyè 명 낮과 밤, 주야 ★ | 温差 wēnchā 명 일교차 | 甘甜 gāntián 형 달다, 유쾌하다, 즐겁다 | 可口 kěkǒu 형 맛있다 ★ | 植物园 zhíwùyuán 명 식물원

보기 어휘

A 在于 zàiyú 동 ~에 있다, ~에 달려 있다 | 海拔 hǎibá 명 해발 ★ | 尊 zūn 동 존경하다
B 至于 zhìyú 동 ~의 정도에 이르다, ~한 결과에 이르다 개 ~에 관해서는 | 气压 qìyā 명 대기압 ★
C 位于 wèiyú 동 ~에 위치하다 | 地势 dìshì 명 지대, 지세, 땅의 형세 ★ | 堪 kān 동 ~할 만하다, ~할 수 있다
D 坐落 zuòluò 동 ~에 위치하다, ~에 자리하다 | 地质 dìzhì 명 지질 ★ | 誉 yù 동 칭송하다, 찬양하다 명 명성, 명예

정답 C

해설

1. **첫 번째 빈칸:** 동사 자리이다. 투루판의 지리적 위치를 나타내는 것이므로 'C 位于'만 가능하다.
   A 在于 동 ~에 있다 [사물의 본질이 있는 곳을 의미]
              ~에 달려있다 [사물의 관건이 되는 것을 의미]
   B 至于 동 ~의 정도에 이르다, ~한 결과에 이르다, ~할 지경이다 [부정적이나 반어적인 의미]
              접 ~으로 말하면, ~에 관해서는 [화제를 바꾸거나 제시하는 경우에 쓰임]
   C 位于 동 ~에 위치하다
   D 坐落 동 ~에 위치하다, ~에 자리잡다 [지리적인 위치를 의미하지만 반드시 뒤에 '在'나 '于'를 수반하여 쓰임]

2. **두 번째 빈칸:** 빈칸 뒤에서 투루판 지역 땅 표면의 모양에 관한 내용을 언급하고 있으므로 'C 地势'만 가능하다.
   A 海拔 명 해발 – 海拔 + 高(높다) / 低(낮다)
                    测量(측정하다) + 海拔
   B 气压 명 기압 – 气压 + 高(높다) / 低(낮다)
                    测量(측정하다) + 气压
   C 地势 명 지대, 지세 – 地势 + 平坦(평탄하다) / 险峻(험준하다)
   D 地质 명 지질 [땅의 성질이나 상태를 의미] – 地质 + 条件(조건) / 特征(특징)
                                                  勘测(조사 측량하다) + 地质

3. **세 번째 빈칸:** '称(부르다)'과 호응하여 '堪称(~라고 할 만하다, ~라고 할 수 있다)'으로 쓰이는 'C 堪'만 가능하다.
   A 尊 동 존경하다 – 尊为(~로 모시다, ~로 떠받들다)
                      尊 + A(사람) + 为 + B(A를 B로 모시다, A를 B로 떠받들다)
   B 叫 동 부르다 – 叫做(~라고 부르다, ~로 불리다)
   C 堪 동 ~할 만하다, ~할 수 있다
          – 不堪(~할 수 없다) [부정적인 방면에 쓰임] 不堪设想(상상할 수 없다)
          – 不堪(몹시 심하다) [부정적인 방면에 쓰임] 疲惫不堪(견디지 못할 정도로 피곤하다)
   D 誉 동 칭송하다 – 誉为(~라고 칭송되다)

내공 쌓기

단어의 품사와 문장 성분을 구분하여 자주 쓰이는 고정 어휘를 암기해두면 하나의 빈칸만 살펴보고 바로 정답을 찾을 수 있으므로 아래 호응 어휘들을 반드시 익혀두도록 하자.

	주어 + 술어(형용사)		
1	气势凶猛 ★	qìshì xiōngměng	기세가 맹렬하다
2	成绩优异 ★	chéngjì yōuyì	성적이 우수하다
3	品行优良	pǐnxíng yōuliáng	품행이 우수하다
4	是非分明 ★	shìfēi fēnmíng	옳고 그름이 분명하다
5	公私分明	gōngsī fēnmíng	공사가 분명하다
6	目标明确 ★	mùbiāo míngquè	목표가 명확하다
7	观点明确	guāndiǎn míngquè	관점이 명확하다
8	差距明显 ★	chājù míngxiǎn	격차가 뚜렷하다
9	效果显著 ★	xiàoguǒ xiǎnzhù	효과가 현저하다
10	生活富裕 ★	shēnghuó fùyù	생활이 부유하다
11	内心脆弱	nèixīn cuìruò	마음이 여리다
12	技术高超 ★	jìshù gāochāo	기술이 뛰어나다
13	包装精美	bāozhuāng jīngměi	포장이 정교하고 아름답다
14	报酬丰厚 ★	bàochou fēnghòu	보수가 후하다
15	波涛汹涌 ★	bōtāo xiōngyǒng	파도가 거세다
16	场面宏大	chǎngmiàn hóngdà	장면이 웅대하다
17	地势陡峭	dìshì dǒuqiào	지세가 험준하다

18	规划合理	guīhuà hélǐ	기획이 합리적이다
19	形势严峻 ⭐	xíngshì yánjùn	형세가 험하다
20	收入可观 ⭐	shōurù kěguān	수입이 상당하다
21	关系融洽 ⭐	guānxi róngqià	사이가 좋다
22	手法娴熟	shǒufǎ xiánshú	솜씨가 노련하다
23	心情舒畅 ⭐	xīnqíng shūchàng	마음이 상쾌하다
24	做工精细	zuògōng jīngxì	솜씨가 정교하다
25	性格固执 ⭐	xìnggé gùzhí	성격이 고집스럽다
26	身材挺拔	shēncái tǐngbá	몸매가 훤칠하다
27	道路狭窄	dàolù xiázhǎi	도로가 좁다
28	差距悬殊 ⭐	chājù xuánshū	차이가 현격하다
29	表情忧郁 ⭐	biǎoqíng yōuyù	표정이 우울하다
30	动作笨拙	dòngzuò bènzhuō	동작이 굼뜨다
31	动作别扭	dòngzuò bièniu	동작이 어색하다
32	表情暧昧	biǎoqíng àimèi	표정이 애매하다
33	思想陈旧 ⭐	sīxiǎng chénjiù	사상이 진부하다
34	行动迟缓 ⭐	xíngdòng chíhuǎn	행동이 느리다
35	呼吸短促	hūxī duǎncù	호흡이 짧고 급하다
36	街道繁华 ⭐	jiēdào fánhuá	거리가 번화하다
37	工作繁忙 ⭐	gōngzuò fánmáng	업무가 많고 바쁘다
38	环境嘈杂	huánjìng cáozá	환경이 시끌벅적하다
39	陈设精致	chénshè jīngzhì	장식품이 정교하다
40	处境艰难 ⭐	chǔjìng jiānnán	처지가 어렵다

	주어 + 술어(동사)		
1	工资上调	gōngzī shàngtiáo	월급이 오르다
2	物价上涨 ⭐	wùjià shàngzhǎng	물가가 오르다
3	人口激增 ⭐	rénkǒu jīzēng	인구가 급증하다
4	地位上升 ⭐	dìwèi shàngshēng	지위가 상승하다
5	产业升级 ⭐	chǎnyè shēngjí	산업이 업그레이드되다
6	洪水泛滥	hóngshuǐ fànlàn	홍수가 범람하다
7	精神分裂	jīngshén fēnliè	정신이 분열되다
8	文艺复兴 ⭐	wényì fùxīng	문예가 부흥하다
9	狂风呼啸	kuángfēng hūxiào	광풍이 휘몰아치다
10	故障频发 ⭐	gùzhàng pínfā	고장이 빈발하다
11	国旗飘扬	guóqí piāoyáng	국기가 휘날리다
12	心情起伏 ⭐	xīnqíng qǐfú	감정이 기복을 이루다
13	判决生效 ⭐	pànjué shēngxiào	판결 효력이 발생하다
14	煤气泄漏	méiqì xièlòu	가스가 새다
15	香气弥漫	xiāngqì mímàn	향기가 가득하다
16	格局变化 ⭐	géjú biànhuà	짜임새가 바뀌다
17	货币贬值	huòbì biǎnzhí	통화 가치가 하락하다
18	候鸟迁徙	hòuniǎo qiānxǐ	철새가 옮겨 가다
19	机能衰退 ⭐	jīnéng shuāituì	기능이 쇠퇴하다
20	疾病蔓延 ⭐	jíbìng mànyán	질병이 만연하다

	술어(동사) + 목적어(명사)		
1	发扬传统 ★	fāyáng chuántǒng	전통을 발전시키다
2	发扬精神	fāyáng jīngshén	정신을 드높이다
3	发动机器	fādòng jīqì	기계를 작동하다
4	损害健康 ★	sǔnhài jiànkāng	건강을 해치다
5	损害利益 ★	sǔnhài lìyì	이익을 해치다
6	损害名誉 ★	sǔnhài míngyù	명예를 해치다
7	保持联系	bǎochí liánxì	연락을 유지하다
8	维持生计 ★	wéichí shēngjì	생계를 유지하다
9	阻碍发展 ★	zǔ'ài fāzhǎn	발전을 저해하다
10	完善制度 ★	wánshàn zhìdù	제도를 완비하다
11	表明立场	biǎomíng lìchǎng	입장을 표명하다
12	表达感情 ★	biǎodá gǎnqíng	감정을 나타내다
13	表达思想 ★	biǎodá sīxiǎng	사상을 표현하다
14	珍惜时间	zhēnxī shíjiān	시간을 소중히 여기다
15	珍惜机会 ★	zhēnxī jīhuì	기회를 소중히 여기다
16	爱惜人才 ★	àixī réncái	인재를 소중히 여기다
17	增强力量 ★	zēngqiáng lìliàng	역량을 강화하다
18	增强体质	zēngqiáng tǐzhì	체력을 증강하다
19	减少人数	jiǎnshǎo rénshù	인원수를 감소시키다
20	减少产量	jiǎnshǎo chǎnliàng	생산량을 줄이다
21	减轻压力 ★	jiǎnqīng yālì	스트레스를 줄이다
22	减轻负担 ★	jiǎnqīng fùdān	부담을 줄이다
23	采取措施 ★	cǎiqǔ cuòshī	조치를 취하다
24	采用技术 ★	cǎiyòng jìshù	기술을 채택하다
25	采纳意见 ★	cǎinà yìjiàn	의견을 받아들이다
26	采购原料	cǎigòu yuánliào	원료를 구입하다

27	拜访长辈	bàifǎng zhǎngbèi	웃어른을 찾아 뵙다
28	补偿损失 ☆	bǔcháng sǔnshī	손실을 보상하다
29	阐述观点 ☆	chǎnshù guāndiǎn	관점을 상세히 논술하다
30	承包项目 ☆	chéngbāo xiàngmù	프로젝트를 책임지고 떠맡다
31	倡导和平 ☆	chàngdǎo hépíng	평화를 제창하다
32	撤销订单	chèxiāo dìngdān	주문을 철회하다
33	传达命令	chuándá mìnglìng	명령을 전달하다
34	抵抗侵略	dǐkàng qīnlüè	침략에 저항하다
35	断绝关系	duànjué guānxì	관계를 단절하다
36	激发潜能 ☆	jīfā qiánnéng	잠재력을 불러일으키다
37	过滤杂质	guòlǜ zázhì	불순물을 여과하다
38	渴望爱情	kěwàng àiqíng	사랑을 갈망하다
39	开阔眼界 ☆	kāikuò yǎnjiè	시야를 넓히다
40	开拓市场 ☆	kāituò shìchǎng	시장을 개척하다

부사(형용사) + (地) + 술어(동사)			
1	猛烈攻击	měngliè gōngjī	맹렬하게 공격하다
2	热烈欢迎 ☆	rèliè huānyíng	열렬하게 환영하다
3	热烈鼓掌 ☆	rèliè gǔzhǎng	열렬하게 박수를 치다
4	细心照顾 ☆	xìxīn zhàogù	세심하게 돌보다
5	细致描写	xìzhì miáoxiě	세밀하게 묘사하다
6	细致分析	xìzhì fēnxī	세밀하게 분석하다
7	充分发挥 ☆	chōngfèn fāhuī	충분히 발휘하다
8	精心筹备 ☆	jīngxīn chóubèi	정성껏 준비하다
9	虚心检讨	xūxīn jiǎntǎo	겸허하게 깊이 반성하다
10	迅速扩散 ☆	xùnsù kuòsàn	신속하게 확산하다

11	频繁出现 ☆	pínfán chūxiàn	빈번하게 나타나다
12	踊跃报名 ☆	yǒngyuè bàomíng	앞다투어 지원하다
13	顽强拼搏 ☆	wánqiáng pīnbó	완강하게 끝까지 맞서 싸우다
14	强烈反对 ☆	qiángliè fǎnduì	강력히 반대하다
15	严密监视 ☆	yánmì jiānshì	엄밀히 감시하다
16	痛苦呻吟	tòngkǔ shēnyín	고통스럽게 신음하다
17	认真思索 ☆	rènzhēn sīsuǒ	진지하게 생각하다
18	爽快应允	shuǎngkuai yīngyǔn	시원스럽게 허락하다
19	彻底淹没	chèdǐ yānmò	완전히 침몰되다
20	积极参与 ☆	jījí cānyù	적극적으로 참여하다
21	精确测量	jīngquè cèliáng	정확하게 측량하다
22	剧烈震动 ☆	jùliè zhèndòng	격렬하게 진동하다
23	妥善安置 ☆	tuǒshàn ānzhì	적절하게 배치하다
24	公正判决	gōngzhèng pànjué	공정하게 판결하다
25	简要概括	jiǎnyào gàikuò	간단하게 요약하다
26	密切相关 ☆	mìqiè xiāngguān	밀접하게 관련되다
27	壮烈牺牲	zhuàngliè xīshēng	장렬하게 희생되다
28	积极倡导 ☆	jījí chàngdǎo	적극적으로 선도하다
29	圆满解决 ☆	yuánmǎn jiějué	원만하게 해결되다
30	郑重声明	zhèngzhòng shēngmíng	정중하게 성명하다

	관형어(형용사) + 的 + 중심어(명사)		
1	强烈的愿望 ★	qiángliè de yuànwàng	강렬한 바람
2	壮观的景象 ★	zhuàngguān de jǐngxiàng	장관을 이룬 모습
3	坚定的立场	jiāndìng de lìchǎng	확고한 입장
4	坚定的意志 ★	jiāndìng de yìzhì	확고한 의지
5	坚定的信念 ★	jiāndìng de xìnniàn	확고한 신념
6	优良的品种	yōuliáng de pǐnzhǒng	우수한 품종
7	充分的理由 ★	chōngfèn de lǐyóu	충분한 이유
8	灿烂的笑容	cànlàn de xiàoróng	환하게 웃는 얼굴
9	悲惨的经历	bēicǎn de jīnglì	비참한 경험
10	昂贵的代价 ★	ángguì de dàijià	값비싼 대가
11	陈旧的观念 ★	chénjiù de guānniàn	진부한 관념
12	繁华的街道 ★	fánhuá de jiēdào	번화한 거리
13	广阔的草原 ★	guǎngkuò de cǎoyuán	드넓은 초원
14	明显的隔阂 ★	míngxiǎn de géhé	뚜렷한 거리감
15	华丽的外表	huálì de wàibiǎo	화려한 겉모습
16	漫长的岁月 ★	màncháng de suìyuè	길고 긴 세월
17	恰当的方法 ★	qiàdàng de fāngfǎ	적절한 방법
18	蔚蓝的天空	wèilán de tiānkōng	새파란 하늘
19	细嫩的皮肤	xìnèn de pífū	곱고 부드러운 피부
20	沉重的负担 ★	chénzhòng de fùdān	무거운 부담
21	崇高的理想	chónggāo de lǐxiǎng	숭고한 이상
22	坚实的基础 ★	jiānshí de jīchǔ	튼튼한 기초
23	公正的评价 ★	gōngzhèng de píngjià	공정한 평가
24	精巧的构思 ★	jīngqiǎo de gòusī	정교한 구상
25	辉煌的成就 ★	huīhuáng de chéngjiù	눈부신 성과
26	和谐的社会 ★	héxié de shèhuì	조화로운 사회

27	僵硬的身体	jiāngyìng de shēntǐ	굳어있는 몸
28	温柔的目光 ⭐	wēnróu de mùguāng	따뜻한 눈빛
29	清晰的轮廓	qīngxī de lúnkuò	뚜렷한 윤곽
30	古怪的脾气	gǔguài de píqi	괴상한 성질

관형어(명사) + 중심어(명사)			
1	疾病症状 ⭐	jíbìng zhèngzhuàng	질병 증상
2	生理周期 ⭐	shēnglǐ zhōuqī	생리 주기
3	财政赤字	cáizhèng chìzì	재정 적자
4	逻辑思维 ⭐	luójí sīwéi	논리적 사고
5	人类本能 ⭐	rénlèi běnnéng	인간 본능
6	房产泡沫	fángchǎn pàomò	부동산 거품
7	经济政策 ⭐	jīngjì zhèngcè	경제 정책
8	支柱产业 ⭐	zhīzhù chǎnyè	지주 산업
9	股市动态	gǔshì dòngtài	주식 동태
10	国际惯例	guójì guànlì	국제 관례
11	自然灾害 ⭐	zìrán zāihài	자연 재해
12	物质基础 ⭐	wùzhì jīchǔ	물질 기반
13	文学著作 ⭐	wénxué zhùzuò	문학 작품
14	实质问题	shízhì wèntí	본질 문제
15	文学体裁	wénxué tǐcái	문학 장르
16	生活补贴 ⭐	shēnghuó bǔtiē	생활 보조금
17	自然法则 ⭐	zìrán fǎzé	자연 법칙
18	水分含量	shuǐfèn hánliàng	수분 함량
19	资金缺口 ⭐	zījīn quēkǒu	자금 부족
20	意见分歧 ⭐	yìjiàn fēnqí	의견 차이

실전 테스트

第1-5题 选词填空。

1 在吃午饭和晚饭时，喝上一杯葡萄酒，不仅可以____消化，还能预防高脂肪、高热量对人体的____。同时，葡萄酒能增加肠道平滑肌纤维的收缩力，调整肠道____，对结肠炎有一定疗效。

A 进展　　侵略　　性能
B 促进　　侵害　　功能
C 督促　　陷害　　职能
D 促成　　危害　　功效

2 "博采众长"意思为广泛地____众人各方面的优点。在古代，人们常用"博采众长"这一____来赞美善于听取臣子意见的皇帝。后来，人们习惯用"博采众长"____善于学习别人的长处来弥补自己短处的人。

A 附和　　谜语　　称赞
B 采纳　　成语　　形容
C 索取　　寓言　　阐述
D 批准　　词语　　表彰

③ 生活和艺术有密切的依存关系：艺术大都____于生活，它犹如生活的镜子，能够真实地____社会生活，帮助人们了解和认识社会生活，使我们的社会更____，从而____人与人之间的凝聚力。

A 依赖　　传播　　安定　　提升
B 由来　　传达　　安详　　提炼
C 起源　　反应　　和睦　　增加
D 来源　　反映　　和谐　　增强

④ 近年来，在中国的流行语中，"萌"____词语____出现。比如，"卖萌"、"萌萌哒"等。"萌"原指植物发芽，现在____了它新的意义，表示"相貌可爱"、"____人喜欢"。这个词可以用在人身上，也可以用在事物上。

A 系列　　时常　　赋予　　讨
B 系统　　频繁　　给予　　逼
C 行列　　暂时　　赠送　　劝
D 列举　　随时　　供给　　派

⑤ 不少家庭为了防止居室产生污浊空气，往往用"香"来除臭，认为空气清新剂应该能使空气____。其实不然，空气清新剂____，它是靠香味遮掩异味，并不能真正____空气的质量。空气清新剂____到空气中，本身就是一种污染。

A 纯洁　　空有虚名　　改进　　涂抹
B 纯粹　　有名无实　　调节　　解放
C 崭新　　顾名思义　　恶化　　分散
D 清洁　　名不副实　　改善　　释放

5 골라내는 것도 노하우가 필요하다.

공략비법 08 유의어

> **출제 형식**

공통 글자를 거의 포함하고 있고 의미가 비슷한 네 단어의 용법과 의미상의 차이점을 구별해내는 유형이다. 독해 2부분에서 가장 많이 출제되는 문제 유형이다.

> **핵심 전략**

1 유의어는 단순한 비교만으로는 차이를 구별해내기 어려우므로, *단어의 어법적 기능과 의미적 기능을 정확히 알아두자.*

> 예 "倒春寒"一般发生在四五月之交，＿＿＿一至两周左右。
>
> A 延续 　　　　　B 持续 　　　　　C 陆续 　　　　　D 继续
> 동　　　　　　　　동 부　　　　　　　부　　　　　　　　동
> 오랜 시간 동안 이어짐　상태, 상황이 유지됨　일이나 행동이 연달아 발생함　상황, 동작이 멈추었다가 이어짐
>
> '꽃샘추위'는 일반적으로 4월과 5월 사이에 발생하고 1~2주 가량 지속된다.
> A 연속하다 　　B 지속하다 　　C 연이어 　　D 계속하다
>
> ▶ 동사 술어 자리이고, 상태가 1~2주 가량 유지된다는 의미이므로 정답은 B이다.

2 유의어 속 *공통 글자를 제외한 다른 글자의 차이를 분석하라.*

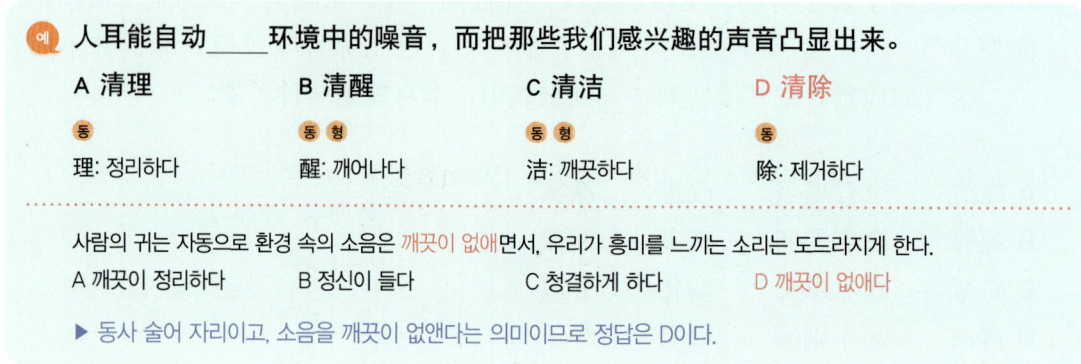

3 단어가 지닌 긍정, 부정, 중성적인 감정 색채를 구별하라.

예 全球变暖将会导致灾难性＿＿＿。

A 后果	B 成果	C 效果	D 结果
명	명	명	명
부정적 색채	긍정적 색채	긍정적 색채	중성적 색채

지구 온난화가 재난적 결과를 초래할 것이다.
A 결과   B 성과   C 효과   D 결과

▶ 나쁜 결과를 의미하는 것이므로 정답은 A이다.

유형맛보기 1

选词填空。

虽然一些商家在想方设法地搞促销活动，但销售量反而越来越少。这并不是因为这些商品不能 <u>满足</u> 顾客的需求，而是一种物极必反的 <u>现象</u>，也是"拒买族"出现的原因。"拒买族" <u>主张</u> 理性购物，减少浪费，不让泛滥的物质掩盖生活的 <u>本质</u>。

A	满意 ✗	现状 ✗	倡导 ○	实质 ○
ⓑ	满足 ○	现象 ○	主张 ○	本质 ○
C	充满 ✗	现场 ✗	主持 ✗	品质 ✗
D	美满 ✗	现实 ✗	主导 ✗	气质 ✗

빈칸에 알맞은 단어를 고르세요.

일부 상점들이 갖은 방법을 동원하여 판촉 활동을 하고 있지만, 판매량은 오히려 점점 줄어들고 있다. 이는 결코 그런 상품들이 고객의 수요를 만족시키지 못해서가 아니라 일종의 '사물의 발전이 극에 달하면 반드시 반전한다(物极必反)'는 현상이며 또한 '불매족'이 생겨난 원인이기도 하다. '불매족'은 이성적으로 쇼핑하여 낭비를 줄이고 넘쳐나는 물질이 삶의 본질을 가리게 하지 말아야 함을 주장한다.

A 만족하다 ✗ | 현황 ✗ | 제창하다 ○ | 실질 ○
B 만족시키다 ○ | 현상 ○ | 주장하다 ○ | 본질 ○
C 충만하다 ✗ | 현장 ✗ | 주관하다 ✗ | 품질 ✗
D 아름답고 원만하다 ✗ | 현실 ✗ | 주도하다 ✗ | 기질 ✗

지문 어휘 促销 cùxiāo 동 판촉하다, 판매를 촉진하다 | 销售量 xiāoshòuliàng 명 판매량 | 物极必反 wùjíbìfǎn 성 물극필반, 사물의 발전이 극에 달하면 반드시 반전한다 | 拒买族 jùmǎizú 명 불매족 | 理性 lǐxìng 형 이성적인 명 이성 | 浪费 làngfèi 동 낭비하다 | 泛滥 fànlàn 동 범람하다, 넘치다 ★ | 物质 wùzhì 명 물질 | 掩盖 yǎngài 동 덮어 가리다, 감추다 ★

보기 어휘

A 满意 mǎnyì 형 만족하다 | 现状 xiànzhuàng 명 현황, 현재 상황 ⭐ | 倡导 chàngdǎo 동 제창하다, 선도하다 ⭐ | 实质 shízhì 명 실질, 본질 ⭐
B 满足 mǎnzú 동 만족시키다, 만족하다 | 现象 xiànxiàng 명 현상 | 主张 zhǔzhāng 동 주장하다 | 本质 běnzhì 명 본질
C 充满 chōngmǎn 동 충만하다, 넘치다, 가득 차다 | 现场 xiànchǎng 명 현장 ⭐ | 主持 zhǔchí 동 주관하다, 주재하다 | 品质 pǐnzhì 명 품질, 품성, 인품 ⭐
D 美满 měimǎn 형 아름답고 원만하다 ⭐ | 现实 xiànshí 명 현실 형 현실적이다 | 主导 zhǔdǎo 동 주도하다 명 주도 ⭐ | 气质 qìzhì 명 기질, 기품, 자질, 성미 ⭐

정답 B

해설

1. 첫 번째 빈칸: 동사 자리이다. '需求(수요)'와 호응하는 것으로 'B 满足'만 가능하다.
   A 满意 형 만족하다 – 表示(나타내다) + 满意
                    令人满意(만족스럽다)
   B 满足 동 만족시키다, 만족하다 – 满足 + 要求(요구) / 需要(요구) / 条件(조건) / 期待(기대) / 欲望(욕구)
   C 充满 동 충만하다, 넘치다 – 充满 + 活力(활력) / 信心(자신감) / 希望(희망) / 魅力(매력)
   D 美满 형 아름답고 원만하다 – 婚姻(결혼 생활) / 生活(생활) + 美满

2. 두 번째 빈칸: '사물의 발전이 극에 달하면 반드시 반전한다(物极必反)'는 현상을 설명하는 것이므로 'B 现象'만 가능하다.
   A 现状 명 현황, 현재 상황 – 安于(~에 만족하다) + 现状,
                              满足(만족하다) / 维持(유지하다) + 现状
   B 现象 명 현상 – 自然(자연적인) / 正常(정상적인) / 丑恶(추악한) + 现象
   C 现场 명 현장 – 犯罪(범죄) / 火灾(화재) / 车祸(교통 사고) + 现场
   D 现实 명 현실 – 面对(마주 대하다) / 脱离(벗어나다) / 逃避(도피하다) + 现实
          형 현실적이다 – 现实 + 的 + 办法(방법) / 思想(사상) / 角度(시각)

3. 세 번째 빈칸: 불매족이 어떠한 의견을 주장하고 있는지 설명하고 있으므로 'A 倡导'와 'B 主张'이 다 가능하다.
   A 倡导 동 앞장서서 제창하다, 선도하다 – 倡导 + 革新(혁신) / 改革(개혁) / 文明(문명) / 环保(환경보호)
   B 主张 동 주장하다 – 主张 + 改革(개혁) / 创新(혁신)
          명 주장, 견해 – 坚持(견지하다) + 主张
                         – 一贯(일관된) / 荒谬(터무니없는) + 的 + 主张(주장)
   C 主持 동 주관하다, 주재하다 – 主持 + 会议(회의) / 节目(프로그램) / 活动(행사) / 仪式(의식)
   D 主导 동 주도하다 – 由~主导(~가 주도하다)
                       主导 + 地位(위치) / 作用(역할) / 思想(사상) / 势力(세력) / 事业(사업)
          명 주도, 주도적인 것 – 以~为主导(~을 주도로 하다)

4. 네 번째 빈칸: 명사 자리이다. '掩盖(덮어 가리다)'와 호응하여 쓰이는 것으로 'A 实质'과 'B 本质'이 다 가능하다.
   A 实质 명 실질, 본질 – 精神实质(정신적 본질)
   B 本质 명 본질, 본성 – 事物(사물) / 人(사람) + 的 + 本质
   C 品质 명 (사물의) 품질 – 品质 + 优良(우수하다) / 低劣(낮다)
          (사람의) 품성, 인품 – 品质 + 优秀(훌륭하다) / 恶劣(나쁘다) / 高尚(고상하다)
   D 气质 명 (사람의) 기질, 기품, 자질, 성미 – 高雅(고상하고 우아한) / 高贵(고귀한) / 纯朴(순박한) + 的 + 气质

 **유형맛보기 2**

选词填空。

人们常根据"蜻蜓点水"、"蚂蚁搬家"来判断天气。这种现象多出现在<u>晴朗</u>的午后，由于受太阳<u>辐射</u>的影响，地面的气温<u>急剧</u>升高，使得贴近地面的空气受热上浮，<u>致使</u>大气低层气流上升，则容易出现雷阵雨和冰雹等强对流天气。

A	开朗 ✗	折射 ✗	急忙 ✗	引诱 ✗
B	灿烂 ✗	放射 ✗	急躁 ✗	诱发 ✗
Ⓒ	晴朗 ◉	辐射 ◉	急剧 ◉	致使 ◉
D	爽朗 ◉	反射 ✗	急切 ✗	导致 ✗

빈칸에 알맞은 단어를 고르세요.

사람들은 흔히 '잠자리가 꼬리로 수면을 찍고 날아오르고, 개미가 이사를 한다'는 말에 근거하여 날씨를 판단한다. 이러한 현상은 <u>맑고 쾌청한</u> 오후에 많이 일어나는데, 태양 <u>복사</u>의 영향을 받아 지면 온도가 <u>급격하게</u> 높아지면 지면에 가까운 공기는 열을 받아 위로 떠오르게 되므로, 대기 저층 기류가 상승<u>하게 되어</u> 소나기와 우박 등 강한 대류날씨가 쉽게 나타난다.

A 명랑하다 ✗ | 굴절하다 ✗ | 급히 ✗ | 유인하다 ✗
B 찬란하다 ✗ | 방사하다 ✗ | 초조해하다 ✗ | 유발하다 ✗
C 쾌청하다 ◉ | 복사하다 ◉ | 급격하게 ◉ | ~한 결과가 되다 ◉
D 쾌청하다 ◉ | 반사하다 ✗ | 다급하다 ✗ | 야기하다 ✗

지문 어휘

蜻蜓点水 qīngtíngdiǎnshuǐ 〔성〕 잠자리가 꼬리로 수면을 찍고 날아오르다. 일을 제대로 처리하지 않고 건성으로 대충하다 | 蚂蚁 mǎyǐ 〔명〕 개미 ★ | 搬 bān 〔동〕 옮기다, 이사하다 | 现象 xiànxiàng 〔명〕 현상 | 地面 dìmiàn 〔명〕 지면, 지표 | 气温 qìwēn 〔명〕 기온 | 升高 shēnggāo 〔동〕 위로 오르다 | 贴近 tiējìn 〔동〕 접근하다, 다가서다 | 上浮 shàngfú 〔동〕 오르다, 부상하다 | 大气 dàqì 〔명〕 대기, 공기 | 低层 dīcéng 〔명〕 저층, 낮은 층 | 气流 qìliú 〔명〕 기류 | 上升 shàngshēng 〔동〕 상승하다, 위로 올라가다 | 雷阵雨 léizhènyǔ 〔명〕 천둥과 번개를 동반한 소나기 | 冰雹 bīngbáo 〔명〕 우박 ★ | 对流天气 duìliú tiānqì 대류 날씨

보기 어휘

A 开朗 kāilǎng 〔형〕 (성격이) 명랑하다, 쾌활하다, 낙관적이다 (생각이) 트이다 ★ | 折射 zhéshè 〔동〕 굴절하다 | 急忙 jímáng 〔부〕 급히, 황급히, 바삐 | 引诱 yǐnyòu 〔동〕 유인하다, 유혹하다, 꾀다 〔명〕 유인, 유혹

B 灿烂 cànlàn 〔형〕 찬란하다, 눈부시다 ★ | 放射 fàngshè 〔동〕 방사하다, 방출하다 ★ | 急躁 jízào 〔형〕 초조해하다, 안달하다, 조급하다 ★ | 诱发 yòufā 〔동〕 유발하다, 야기하다, 일으키다

C 晴朗 qínglǎng 〔형〕 쾌청하다, 구름 한 점 없이 맑다 ★ | 辐射 fúshè 〔동〕 복사하다 ★ | 急剧 jíjù 〔부〕 급격하게, 급속히 ★ | 致使 zhìshǐ 〔접〕 ~한 결과가 되다, ~을 가져오다 〔동〕 야기하다, 초래하다 ★

D 爽朗 shuǎnglǎng 〔형〕 쾌청하다, 맑고 깨끗하다, 명랑하다, 쾌활하다 | 反射 fǎnshè 〔동〕 반사하다 ★ | 急切 jíqiè 〔형〕 다급하다, 절박하다 ★ | 导致 dǎozhì 〔동〕 야기하다, 초래하다

정답 C

해설

1. **첫 번째 빈칸:** '午后(오후)'와 호응하는 것으로 'C 晴朗'과 'D 爽朗'이 가능하다.
   A 开朗 형 명랑하다, 쾌활하다, 낙관적이다 – 性格(성격) / 心情(기분) / 胸怀(마음) + 开朗
   　　　　　　　　　　　　　　　　　　　　　– 豁然开朗(눈앞이 환해지다)
   B 灿烂 형 찬란하다, 눈부시다 – 灿烂 + 的 + 阳光(햇빛) / 文化(문화) / 历史(역사) / 笑容(웃는 얼굴)
   C 晴朗 형 쾌청하다, 구름 한 점 없이 맑다 – 晴朗 + 的 + 天空(하늘) / 天气(날씨)
   D 爽朗 형 쾌청하다, 맑고 깨끗하다 – 爽朗 + 的 + 天空(하늘) / 空气(공기)
   　　　　　명랑하다, 쾌활하다 – 爽朗 + 的 + 笑声(웃음소리) / 性格(성격)

2. **두 번째 빈칸:** '太阳(태양)'과 호응하는 것으로 'C 辐射'만 가능하다.
   A 折射 동 굴절하다 – 折射 + 光线(빛) / 电波(전자파) / 声波(음파)
   　　　　　사물의 면모를 반영하다 – 折射 + 心态(심리상태) / 社会现象(사회 현상) / 时代风貌(시대적 풍모)
   B 放射 동 방사하다, 방출하다 [빛, 열, 기체, 전자기파 등을 한 지점에서 사방으로 내뿜는 것을 의미]
   　　　　　– 放射 + 光芒(빛살) / 能量(에너지)
   　　　　　　放射能(방사능)
   　　　　　　放射线(방사선)
   C 辐射 동 복사하다 [열이나 전자기파가 중심부에서 여러 방향으로 복사된다는 의미]
   　　　　　– 辐射热(복사열)
   　　　　　어떤 사물이 비교적 큰 범위 내에서 영향을 끼치다
   　　　　　– 辐射到~(~까지 영향을 끼치다)
   D 反射 동 반사하다 – 反射 + 光线(빛) / 声波(음파)
   　　　　　　条件反射(조건반사)

3. **세 번째 빈칸:** 부사 자리이다. 문맥상 '급격하게 높아지다'는 의미이므로 'C 急剧'만 가능하다.
   A 急忙 부 급히, 황급히, 바삐
   B 急躁 형 초조해하다, 안달하다, 조급하다 – 性格(성격) / 性情(성미) / 脾气(성질) + 急躁
   C 急剧 부 급격하게 – 急剧 + 增加(증가하다) / 减少(감소하다) / 上升(상승하다) / 下降(떨어지다) /
   　　　　　　　　　　　上涨(오르다) / 恶化(악화되다)
   D 急切 형 다급하다, 절박하다, 절실하다
   　　　　　– 急切 + 的 + 心情(마음) / 问题(문제) / 要求(요구)
   　　　　　– 急切 + 地 + 要求(요구하다) / 等待(기다리다) / 希望(바라다) / 期待(기대하다) / 盼望(간절히 바라다)

4. **네 번째 빈칸:** '由于(~때문에)'와 빈칸의 위치에 주의해야 한다. 어떤 원인으로 좋지 않은 결과가 일어난다는 의미로 'C 致使'과 'D 导致'이 다 가능할 것 같지만, '由于'나 '因为'와 호응하여 쓰일 수 있는 것은 'C 致使' 이다. '因为/由于A, 致使B(A로 인해 B한 결과가 되다, A한 탓으로 B하다)'의 형태를 알아두자.
   A 引诱 동 유인하다, 꾀다 [잘못된 방향으로 이끈다는 의미] – 引诱 + 动物(동물) / 敌人(적)
   B 诱发 동 유발하다, 야기하다 – 诱发 + 疾病(질병) / 癌症(암) / 灾害(재해) / 犯罪(범죄)
   C 致使 접 ~한 결과가 되다 ['由于'나 '因为'와 호응하여 쓰임]
   　　　동 야기하다, 초래하다 [나쁜 결과를 가져온다는 의미]
   D 导致 동 야기하다, 초래하다 [나쁜 결과를 가져온다는 의미]
   　　　　　– 导致 + 后果(나쁜 결과) / 损失(손실) / 癌症(암) / 灾害(재해) / 死亡(사망)

내공 쌓기

유의어 관련 문제는 독해 제2부분에서 가장 많이 출제되고, 또한 가장 어려운 부분이기도 하다. 유의어들은 같은 글자가 들어가 있기도 하고, 의미도 서로 비슷하여 혼동하기 쉬우므로 그 용법과 의미상의 미묘한 차이점을 정확히 알아두어야 한다. 시험에 자주 등장하는 유의어들은 반드시 암기하도록 하자.

1. 通过 / 经过

通过 tōngguò
- 전 ~을 통해, ~을 거쳐 [어떤 매개를 통함을 의미]
  - 通过 + 调查(조사) / 努力(노력) / 交谈(담화) / 活动(활동) / 指导(지도) / 学习(학습) / 观察(관찰) / 试验(테스트)
- 동 ① 건너가다, 통과하다 [한쪽에서 다른 한쪽으로 건너감을 의미]
  - 通过 + 隧道(터널) / 走廊(복도) / 缝隙(틈) / 管道(관)
- ② 통과하다 [일정한 기준을 통과함을 의미]
  - 通过 + 考试(시험) / 检查(검사) / 面试(면접) / 审核(심사) / 提案(제안)

经过 jīngguò
- 동 ~을 거치다 [어떤 과정을 통해 결과나 변화가 나타나는 경우에 쓰임]
  - 经过 + 调查(조사) / 努力(노력) / 交谈(담화) / 活动(활동) / 指导(지도) / 分析(분석) / 检查(검사)
- 동 경유하다
  - 经过 + 树林(숲) / 家门口(집 대문) / 公司(회사)
- 명 과정, 경과
  - 故事(이야기) / 事件(사건) / 事情(일) / 案件(안건) / 犯罪(범죄) + (的) + 经过

2. 改进 / 改善 / 改良 / 改正 / 改革 / 改造

改进 gǎijìn
- 동 개선하다
  - 改进 + 技术(기술) / 方法(방법) / 制度(제도) / 政策(정책) / 作风(기풍)

改善 gǎishàn
- 동 개선하다
  - 改善 + 环境(환경) / 生活(생활) / 条件(조건) / 待遇(대우) / 管理(관리)

| 改良 gǎiliáng | 동 | 개량하다, 개선하다 |
| | | 改良 + 土壤(토양) / 技术(기술) / 品种(품종) |

| 改正 gǎizhèng | 동 | 개정하다, 시정하다 |
| | | 改正 + 错误(잘못) / 缺点(결점) / 内容(내용) / 坏习惯(나쁜 습관) |

改革 gǎigé	동	개혁하다
		经济(경제) / 教育(교육) / 医疗(의료) / 体制(체제) + 改革
		改革开放(개혁개방)

改造 gǎizào	동	개조하다
		改造 + 世界(세계) / 社会(사회) / 思想(사상) / 自己(자신)
		技术(기술) + 改造

3. 充足 / 充分 / 充实 / 充满 / 充沛 / 充裕

| 充足 chōngzú | 형 | 충분하다 [주로 구체적인 방면에 쓰임] |
| | | 物资(물자) / 阳光(햇빛) / 时间(시간) / 营养(영양) / 资金(자금) + 充足 |

充分 chōngfèn	형	충분하다 [주로 추상적인 방면에 쓰임]
		充分 + (的) + 准备(준비) / 信心(믿음) / 理由(이유) / 条件(조건)
	부	충분히
		充分 + (地) + 理解(이해하다) / 证明(증명하다) / 显示(나타내다) / 发挥(발휘하다)

充实 chōngshí	형	충실하다
		生活(생활) / 内容(내용) + 充实
	동	충실하게 하다, 충족시키다, 보강하다
		充实 + 自己(자신) / 内容(내용) / 思想(사상)

| 充满 chōngmǎn | 동 | 넘치다, 가득 차다 |
| | | 充满 + 笑声(웃음소리) / 阳光(햇빛) / 信心(자신감) / 活力(활력) / 爱(사랑) / 智慧(지혜) |

| 充沛 chōngpèi | 형 | 왕성하다 |
| | | 雨量(강우량) / 体力(체력) / 精力(정력) + 充沛 |

| 充裕 chōngyù | 형 | 풍족하다, 여유롭다 |
| | | 时间(시간) / 生活(생활) / 现金(현금) / 空间(공간) + 充裕 |

4. 机会 / 机遇 / 时机 / 关键

机会 jīhuì   명 기회
    错过(놓치다) / 抓住(붙잡다) / 把握(잡다) / 创造(창조하다) + 机会

机遇 jīyù   명 기회
    抓住(붙잡다) / 把握(잡다) / 带来(가져 오다) + 机遇

时机 shíjī   명 시기 [시간을 강조함]
    恰当(알맞다) / 成熟(성숙하다) / 有利(유리하다) + (的) + 时机
    把握(잡다) / 掌握(장악하다) / 等待(기다리다) / 错过(놓치다) + 时机

关键 guānjiàn   명 관건, 핵심
    关键在于~(핵심은 ~에 있다)
   형 결정적인 작용을 하는
    关键 + (的) + 时刻(순간) / 时期(시기) / 问题(문제) / 人物(인물) / 环节(일환)

5. 虚心 / 虚假 / 虚伪 / 虚荣

虚心 xūxīn   형 겸손하다, 겸허하다
    虚心 + (地) + 学习(배우다) / 请教(가르침을 청하다) / 求教(가르침을 구하다)

虚假 xūjiǎ   형 허위의, 거짓의
    虚假 + (的) + 广告(광고) / 消息(소식) / 报道(보도) / 陈述(진술) / 账户(계좌)

虚伪 xūwěi   형 허위의, 거짓의, 위선의
    虚伪 + (的) + 言谈(말투) / 笑容(웃는 얼굴) / 本质(본질) / 面目(면모)

虚荣 xūróng   명 허영
    贪慕(부러워하고 추구하다) / 爱慕(좋아하고 추구하다) + 虚荣
    虚荣心(허영심)

6. 承担 / 承受 / 担任 / 担负 / 负担

承担 chéngdān   동 맡다, 담당하다, 부담하다, 책임지다
    承担 + 责任(책임) / 工作(업무) / 任务(임무) / 义务(의무) / 费用(비용)

承受 chéngshòu   동 견뎌내다, 이겨내다
    承受 + 压力(스트레스) / 痛苦(고통) / 考验(시련)

担任 dānrèn   동 담당하다, 담임하다, 맡다
    担任 + 职务(직무) / 工作(업무) / 主持人(진행자) / 负责人(책임자)

担负 dānfù　⑧ 부담하다
　　担负 + 责任(책임) / 重任(중임) / 重担(중대한 책임) / 使命(사명)

负担 fùdān　⑧ 부담하다, 책임지다
　　负担 + 责任(책임) / 工作(일) / 费用(비용)
　　⑲ 부담, 책임
　　沉重(무거운) + (的) + 负担
　　经济(경제) / 课业(학업) / 心理(심리) / 精神(정신) + 负担

7. 约束 / 束缚 / 拘束

约束 yuēshù　⑧ 단속하다, 속박하다, 규제하다
　　约束 + 自由(자유) / 行为(행위)
　　受(받다) + 法律(법률) / 道德(도덕) + 约束
　　约束力(구속력)

束缚 shùfù　⑧ 묶다, 속박하다, 구속하다, 제한하다
　　束缚 + 手脚(손발) / 思想(사상) / 发展(발전)
　　挣脱(벗어나다) / 打破(깨다) + 束缚

拘束 jūshù　⑧ 제한하다, 한정하다
　　不受(받지 않다) + 拘束
　　⑲ 거북하다, 어색하다, 안절부절못하다
　　过于(지나치게) / 有点儿(조금) + 拘束

8. 传播 / 传达 / 传递 / 传授 / 传染

传播 chuánbō　⑧ 전하다, 퍼뜨리다
　　传播 + 疾病(병) / 病毒(바이러스) / 传统(전통) / 文化(문화) / 消息(소식) / 信息(정보) /
　　经验(경험) / 理念(이념)

传达 chuándá　⑧ 전하다, 전달하다
　　传达 + 命令(명령) / 指示(지시) / 思想(사상) / 通知(통지) / 谢意(감사의 뜻)

传递 chuándì　⑧ 전하다, 건네다
　　传递 + 消息(소식) / 信息(정보) / 信件(우편물) / 能量(에너지)

传授 chuánshòu　⑧ 전수하다
　　传授 + 知识(지식) / 经验(경험) / 技术(기술) / 技巧(테크닉) / 本领(기량)

传染 chuánrǎn　동　전염하다, 감염하다

　　　传染 + 疾病(질병) / 情绪(정서)

　　　传染途径(감염 경로) / 传染源(전염원) / 传染病(전염병)

---

9. 视线 / 视野 / 视力 / 视觉 / 眼界 / 眼光 / 目光

视线 shìxiàn　명　시선, 눈길

　　　视线 + 模糊(모호하다) / 清晰(또렷하다)

　　　逃避(피하다) / 躲避(피하다) / 遮挡(막다) + 视线

视野 shìyě　명　시야

　　　视野 + 开阔(넓다) / 狭窄(좁다)

　　　开阔(넓히다) / 扩大(넓히다) + 视野

视力 shìlì　명　시력

　　　保护(보호하다) / 检查(검사하다) / 矫正(교정하다) / 损害(해를 끼치다) / 丧失(잃다) + 视力

　　　视力 + 减弱(감퇴하다) / 下降(나빠지다)

视觉 shìjué　명　시각

　　　失去(잃다) / 丧失(잃다) + 视觉

　　　视觉 + 疲劳(피로하다) / 灵敏(예민하다) / 敏锐(예민하다)

　　　视觉障碍(시각 장애) / 视觉神经(시각 신경) / 视觉艺术(시각 예술)

眼界 yǎnjiè　명　안목, 식견, 시야

　　　开阔(넓히다) / 开拓(넓히다) / 扩展(넓히다) + 眼界

眼光 yǎnguāng　명　안목, 식견, 관점, 견해, 시선, 눈길

　　　眼光 + 独到(남다르다) / 长远(장기적이다) / 狭窄(좁다) / 精准(정확하다)

　　　缺乏(부족하다) / 提升(높이다) + 眼光

　　　世俗(세속적인) / 冷漠(무관심한) + 的 + 眼光

目光 mùguāng　명　시선, 눈길, 눈빛, 눈매, 견해, 식견

　　　慈祥(자상하다) / 严厉(매섭다) / 凶狠(흉악하다) + 的 + 目光

　　　目光 + 短浅(좁다)

10. 特殊 / 特别 / 独特 / 特异 / 特意 / 特点 / 特长

特殊 tèshū 〖형〗 특수하다, 특별하다
特殊 + 的 + 人物(인물) / 环境(환경) / 位置(위치) / 意义(의의)

特别 tèbié 〖형〗 특별하다, 특이하다
特别 + 的 + 礼物(선물) / 收获(성과) / 日子(날)
〖부〗 특히, 특별히, 유달리
特别 + 小心(조심하다) / 保守(보수적이다) / 挑剔(까다롭다) / 关注(주목하다)

独特 dútè 〖형〗 독특하다, 특별하다
独特 + 的 + 风景(풍경) / 风格(풍격) / 造型(조형) / 创意(아이디어)

特异 tèyì 〖형〗 특이하다, 특수하다, 독특하다
特异功能(특이한 기능) / 特异体质(특이 체질)
特异 + 的 + 风格(스타일)
特异性(특이성)

特意 tèyì 〖부〗 특별히, 일부러
特意 + 为 + 사람 + 동작(~를(을) 위해 특별히 ~하다)
特意 + 打扮(꾸미다) / 准备(준비하다)

特点 tèdiǎn 〖명〗 특징, 특색
共同(공통적인) / 突出(두드러진) + (的) + 特点
时代(시대) + (的) + 特点

特长 tècháng 〖명〗 특기, 장기
发挥(발휘하다) / 展示(뽐내다) / 施展(펼치다) + 特长

11. 注视 / 注重 / 关注 / 注释

注视 zhùshì 〖동〗 주시하다, 주목하다
注视 + 前方(전방) / 窗外(창 밖) / 对方(상대방) / 目标(목표)

注重 zhùzhòng 〖동〗 중시하다, 중점을 두다
注重 + 衣着(복장) / 形象(이미지) / 礼仪(예의) / 过程(과정)

关注 guānzhù 〖동〗 주시하다, 관심을 가지다
关注 + 健康(건강) / 新闻(뉴스) / 社会(사회)
引起(일으키다) / 受到(받다) + 广泛(폭넓은) + 的 + 关注

注释 zhùshì   동 주석하다
注释 + 古籍(고서) / 文献(문헌)

명 주석, 주
填写(써넣다) / 添加(첨가하다) + 注释

12. 借鉴 / 借助 / 凭借

借鉴 jièjiàn   동 본보기로 삼다, 참고로 하다
借鉴 + 方法(방법) / 经验(경험) / 长处(장점) / 历史(역사)

借助 jièzhù   동 도움을 빌다, ~의 힘을 빌리다
借助 + 力量(능력) / 手段(수단) / 平台(플랫폼)

凭借 píngjiè   동 ~에 의지하다, ~에 기대다, ~을 기반으로 하다
凭借 + 经验(경험) / 能力(능력) / 本事(기량) / 实力(실력) / 优势(우세) / 力量(힘) / 权势(권력) / 智慧(지혜)

13. 开拓 / 开辟 / 开发 / 开创 / 开放 / 开展 / 开阔 / 开明

开拓 kāituò   동 개척하다, 확장하다
开拓 + 事业(사업) / 市场(시장) / 未来(미래) / 视野(시야)

开辟 kāipì   동 개척하다, 개통하다
开辟 + 道路(도로) / 航线(항로) / 新领域(새로운 영역) / 市场(시장) / 销路(판로)

开发 kāifā   동 개발하다, 개간하다,
开发 + 技术(기술) / 产品(제품) / 矿山(광산) / 荒地(황무지)

开创 kāichuàng   동 열다, 창립하다, 창설하다, 창업하다
开创 + 新局面(새로운 국면) / 新时代(새로운 시대) / 新纪元(신기원) / 先河(시작) / 事业(사업) / 未来(미래)

开放 kāifàng   동 개방하다, 해제하다, (꽃이) 피다
开放 + 港口(항구) / 门户(문호)
对外开放(대외 개방) / 改革开放(개혁 개방) / 开放政策(개방 정책)
百花(온갖 꽃) + 开放

형 (생각이) 개방적이다, (성격이) 명랑하다
思想(생각) / 性格(성격) + 开放

| 开展 kāizhǎn | 동 | 전개되다, 확대되다, 펼쳐지다 |
| | | 开展 + 活动(활동) / 工作(업무, 작업) / 斗争(투쟁) / 竞赛(경쟁) / 运动(운동) |

开阔 kāikuò	동	넓히다
		开阔 + 视野(시야) / 眼界(안목) / 心胸(마음, 도량) / 思想(사상) / 思路(사고의 폭)
	형	넓다, 탁 트이다, 광활하다
		开阔 + (的) + 广场(광장) / 草原(초원) / 胸襟(마음, 기개)

| 开明 kāimíng | 형 | (생각이) 깨어있다, 진보적이다 |
| | | 开明 + 的 + 思想(사상) / 政策(정책) / 君主(군주) / 领导(지도자) |

14. 凝固 / 凝聚 / 凝视

| 凝固 nínggù | 동 | 응고하다, 굳어지다 |
| | | 液体(액체) / 表情(표정) + 凝固 |

凝聚 níngjù	동	응집하다, 모으다
		凝聚 + 力量(힘) / 心血(심혈) / 智慧(지혜)
		凝聚力(응집력, 단결력)

| 凝视 níngshì | 동 | 응시하다 |
| | | 凝视 + 前方(전방) / 眼睛(눈) / 对方(상대방) |

15. 培育 / 培养 / 养育 / 孕育

| 培育 péiyù | 동 | 재배하다, 기르다 |
| | | 培育 + 幼苗(새싹) / 新品种(신품종) / 下一代(다음 세대) |

| 培养 péiyǎng | 동 | 양성하다, 기르다 |
| | | 培养 + 人才(인재) / 能力(능력) / 才能(재능) / 兴趣(흥미) / 耐心(인내심) |

| 养育 yǎngyù | 동 | 양육하다 |
| | | 养育 + 孩子(아이) / 子女(자녀) |

| 孕育 yùnyù | 동 | 배양하다, 내포하다 |
| | | 孕育 + 生命(생명) / 文明(문명) / 危机(위기) / 商机(상업 기회) / 风险(위험, 리스크) |

16. 摆脱 / 解脱 / 脱离

摆脱 bǎituō 동 벗어나다, 빠져 나오다, 이탈하다
　　摆脱 + 困境(곤경) / 贫困(빈곤) / 烦恼(고민)

解脱 jiětuō 동 벗어나다, 헤어나다
　　从~中解脱出来(~에서 벗어나다) [어떤 기분이나 상황에서 벗어남을 의미]
　　难以解脱(벗어나기 힘들다) / 无法解脱(벗어날 수 없다)

脱离 tuōlí 동 떠나다, 벗어나다, (관계를) 끊다
　　脱离 + 环境(환경) / 实际(실제) / 危险(위험) / 现实(현실) / 群众(대중) / 关系(관계)

17. 保持 / 维持 / 坚持 / 支持 / 保护 / 维护

保持 bǎochí 동 유지하다, 지키다
　　保持 + 状态(상태) / 健康(건강) / 卫生(위생) / 联系(연락) / 距离(거리) / 关系(관계)

维持 wéichí 동 유지하다, 지키다
　　维持 + 生活(생활) / 生计(생계) / 生命(생명) / 秩序(질서) / 治安(치안) / 和平(평화)

坚持 jiānchí 동 견지하다, 고수하다, 지키다, 꾸준히 하다
　　坚持 + 态度(태도) / 主张(주장) / 观点(관점) / 原则(원칙) / 习惯(습관) / 锻炼(운동)

支持 zhīchí 동 지지하다, 후원하다
　　支持 + 观点(관점) / 意见(의견)
　　给予(주다) + 支持

保护 bǎohù 동 보호하다
　　保护 + 环境(환경) / 大自然(대자연) / 文物(문화재) / 视力(시력) / 权益(권익)
　　保护伞(후견인)

维护 wéihù 동 유지하고 보호하다, 지키다, 수호하다
　　维护 + 权益(권익) / 主权(주권) / 尊严(존엄) / 和平(평화)

18. 表示 / 表达 / 表明 / 表现

表示 biǎoshì 동 나타내다, 표시하다
　　表示 + 关怀(관심, 배려) / 欢迎(환영) / 感谢(감사) / 同意(동의) / 遗憾(유감) / 不满(불만)

表达 biǎodá 동 표현하다, 드러내다
　　表达 + 情感(감정) / 感情(감정) / 思想(사상) / 观点(관점)

表明 biǎomíng 동 표명하다, 분명히 밝히다
　　表明 + 态度(태도) / 观点(관점) / 意思(의사)

表现 biǎoxiàn 동 나타내다, 표현하다, 드러내 보이다 [어떤 행위, 현상, 상태 등을 나타낼 때 쓰임]
　　表现出 + 性格(성격) / 关心(관심) / 反应(반응) / 神色(기색) / 态度(태도)

19. 发表 / 发布 / 公布 / 宣布 / 宣告

发表 fābiǎo 동 발표하다
　　发表 + 论文(논문) / 文章(글) / 作品(작품) / 演讲(연설) / 意见(의견) / 宣言(성명)

发布 fābù 동 선포하다, 발하다, 발포하다
　　发布 + 命令(명령) / 声明(성명) / 法令(법령) / 信息(정보) / 新产品(신제품)

公布 gōngbù 동 (공개적으로) 발표하다, 알리다
　　公布 + 法令(법령) / 消息(소식) / 结果(결과) / 真相(진상) / 成绩(성적) / 名单(명단)

宣布 xuānbù 동 선포하다
　　宣布 + 命令(명령) / 决定(결정) / 开幕(개막) / 结果(결과) / 消息(소식) / 退役(은퇴)

宣告 xuāngào 동 선고하다, 선포하다, 고하다
　　宣告 + 成立(수립) / 诞生(탄생) / 失败(실패) / 破产(파산) / 倒闭(파산) / 出局(아웃)

20. 坚定 / 坚强 / 坚韧 / 坚实 / 坚固 / 顽固 / 顽强

坚定 jiāndìng 형 확고하다, 굳다
　　坚定 + 的 + 意志(의지) / 信念(신념) / 决心(결심) / 信仰(신앙)

坚强 jiānqiáng 형 굳세다, 완강하다
　　坚强 + 的 + 意志(의지) / 性格(성격) / 人(사람)

坚韧 jiānrèn 형 단단하고 질기다, 강인하다, 완강하다
　　质地(재질) / 性格(성격) / 意志(의지) + 坚韧
　　坚韧 + 的 + 精神(정신) / 毅力(굳센 의지)

坚实 jiānshí 형 견고하다, 튼튼하다, 건장하다, 탄탄하다
　　坚实 + 的 + 基础(기초) / 步伐(발걸음) / 胸膛(가슴) / 臂膀(어깨) / 身体(신체)

坚固 jiāngù 형 견고하다
　　坚固 + 的 + 防线(방어선) / 结构(구조) / 城墙(성벽) / 外壳(케이스)

顽固 wángù	형 완고하다, 보수적이다, 고집스럽다
	性格(성격) / 思想(사상) + 顽固
	顽固 守旧(보수적이다)
	顽固 不化(고집불통이다, 매우 완고하다)

顽强 wánqiáng	형 완강하다, 드세다, 강경하다
	性格(성격) + 顽强
	顽强 + 的 + 生命(생명) / 生命力(생명력) / 斗志(투지)
	顽强 + 地 + 生长(생장하다) / 攻击(공격하다) / 抵抗(저항하다)

21. 精美 / 精致 / 精细 / 精巧 / 精彩 / 精确 / 精密 / 精心 / 精湛

| 精美 jīngměi | 형 정교하다, 아름답다 |
| | 精美 + 的 + 做工(세공, 솜씨) / 包装(포장) / 艺术品(예술품) / 工艺品(공예품) / 建筑(건축물) |

| 精致 jīngzhì | 형 정교하다, 섬세하다 |
| | 精致 + 的 + 做工(세공, 솜씨) / 包装(포장) / 艺术品(예술품) / 工艺品(공예품) |

| 精细 jīngxì | 형 정교하고 섬세하다 |
| | 精细 + 的 + 做工(세공, 솜씨) / 包装(포장) / 艺术品(예술품) / 工艺品(공예품) / 设计(디자인) / 手艺(솜씨) / 技术(기술) |

| 精巧 jīngqiǎo | 형 정교하다 |
| | 精巧 + 的 + 做工(세공, 솜씨) / 包装(포장) / 艺术品(예술품) / 工艺品(공예품) / 设计(디자인) / 构思(구상) / 制作(제작) |

| 精彩 jīngcǎi | 형 훌륭하다 |
| | 精彩 + 的 + 作品(작품) / 表演(공연) / 节目(프로그램) / 活动(활동, 행사) |

精确 jīngquè	형 정확하다
	计算(계산) / 测量(측정) / 判断(판단) / 分析(분석) + 精确
	精确 + 的 + 数字(숫자) / 数据(데이터) / 时间(시간)

| 精密 jīngmì | 형 정밀하다 |
| | 精密 + 的 + 机械(기계) / 仪器(측정기) / 测量(측정) / 分析(분석) / 计算(계산) / 检查(검사) |

| 精心 jīngxīn | 형 정성을 들이다 |
| | 精心 + (地) + 设计(설계하다) / 准备(준비하다) / 挑选(고르다) / 照顾(보살피다) |

| 精湛 jīngzhàn | 형 뛰어나다, 훌륭하다, (학문이) 심오하다 |
| | 技艺(기예) / 演技(연기) / 手艺(솜씨) / 技术(기술) / 医术(의술) + 精湛 |

22. 扩充 / 扩大 / 扩散

扩充 kuòchōng 동 확충하다

扩充 + 数目(수량) / 人员(인원) / 内容(내용) / 项目(항목, 종목)

扩大 kuòdà 동 확대하다

扩大 + 规模(규모) / 范围(범위) / 消费(소비) / 投资(투자) / 储备量(저장량) / 影响力(영향력)

扩散 kuòsàn 동 확산하다, 확산시키다

病毒(바이러스) / 癌细胞(암 세포) / 泡沫(거품) + 扩散

扩散 + 信息(정보) / 谣言(헛소문) / 正能量(긍정 에너지)

23. 确保 / 确定 / 确认

确保 quèbǎo 동 확보하다, 확실히 보장하다

确保 + 安全(안전) / 成功(성공) / 质量(품질) / 准确无误(정확함)

确定 quèdìng 동 확정하다

确定 + 日期(날짜) / 关系(관계) / 目标(목표) / 方向(방향) / 方针(방침) / 规则(규칙)

형 확정적이다

确定 + 的 + 答复(대답) / 未来(미래) / 目标(목표)

确认 quèrèn 동 확인하다

确认 + 数量(수량) / 事实(사실) / 结果(결과) / 答案(답안) / 成绩(성적)

24. 奇妙 / 美妙 / 神奇

奇妙 qímiào 형 기묘하다, 신기하다

设计(설계, 디자인) / 构思(구상) + 奇妙

奇妙 + 的 + 世界(세계) / 童话(동화) / 景象(광경) / 现象(현상)

美妙 měimiào 형 아름답다, 훌륭하다

美妙 + 的 + 声音(목소리) / 诗句(시) / 歌喉(노랫소리) / 爱情(사랑) / 回忆(추억) / 经历(경험)

神奇 shénqí 형 신기하다, 신비롭고 기이하다

神奇 + 的 + 故事(이야기) / 魔术(마술) / 世界(세상) / 功效(효능)

25. 恰当 / 适当 / 妥当

恰当 qiàdàng　형 합당하다, 적절하다, 알맞다
　　比喻(비유) / 用词(단어 사용) + 恰当
　　恰当 + 的 + 时机(시기) / 方式(방식) / 方法(방법)

适当 shìdàng　형 적당하다
　　适当 + 的 + 时候(때) / 机会(기회) / 方式(방식)
　　适当 + 地 + 休息(쉬다) / 安排(안배하다) / 调整(조정하다) / 调节(조절하다) / 延长(연장하다)

妥当 tuǒdàng　형 타당하다, 알맞다
　　安排(배치) / 准备(준비) / 布置(배치) / 处理(처리) / 料理(처리) + 妥当

26. 侵犯 / 侵略 / 入侵 / 侵占

侵犯 qīnfàn　동 침범하다
　　侵犯 + 隐私(사생활) / 权利(권리) / 权益(권익) / 人权(인권)

侵略 qīnlüè　동 침략하다
　　侵略 + 国家(나라) / 领土(영토)
　　侵略行为(침략 행동) / 侵略战争(침략 전쟁)

入侵 rùqīn　동 침입하다, 침략하다
　　入侵 + 别国(다른 나라) / 领土(영토) / 领海(영해)
　　抵御(저항하다) / 抵抗(저항하다) + 入侵
　　入侵者 침입자

侵占 qīnzhàn　동 점령하다, (불법으로) 차지하다
　　侵占 + 领土(영토) / 公共财产(공공재산)

27. 清澈 / 清晰 / 清淡 / 清洁 / 清醒 / 清新

清澈 qīngchè　형 (물이) 맑고 투명하다
　　清澈 + 的 + 湖水(호수) / 小溪(시내) / 河水(강물)
　　清澈见底(물이 맑아서 바닥이 보인다)

清晰 qīngxī　형 또렷하다, 분명하다
　　画面(화면) / 发音(발음) / 字迹(필적) / 思路(사고의 방향) / 条理(조리) + 清晰

清淡 qīngdàn　형 담백하다, 은은하다, 연하다
　　饮食(음식) / 味道(맛) / 气味(냄새) / 风味(풍미) + 清淡

清洁 qīngjié　형 깨끗하다, 청결하다　동 깨끗하게 하다
　　环境(환경) + 清洁
　　保持(유지하다) + 清洁
　　清洁剂(세척제) / 清洁工 환경미화원

清醒 qīngxǐng　형 (정신이) 맑다, 또렷하다
　　头脑(머리) + 清醒
　　保持(유지하다) + 清醒

清新 qīngxīn　형 신선하다, 맑고 산뜻하다, 참신하다
　　清新 + 的 + 空气(공기) / 风格(스타일) / 形象(이미지)

28. 柔和 / 温柔 / 温和 / 温顺

柔和 róuhé　형 부드럽다, 강렬하지 않다, 온화하다
　　柔和 + 的 + 光线(빛) / 色彩(색깔) / 话语(말)

温柔 wēnróu　형 온유하다, 부드럽고 상냥하다
　　性格(성격) + 温柔
　　温柔 + 的 + 人(사람) / 动作(행동) / 表情(표정)

温和 wēnhé　형 온화하다, 부드럽다, 따뜻하다, 온난하다
　　性格(성격) / 目光(눈빛) / 气候(기후) / 态度(태도) + 温和

温顺 wēnshùn　형 온순하다
　　性格(성격) / 性情(성미, 성격) + 温顺
　　温顺 + 的 + 动物(동물)

29. 弥补 / 填补 / 补充 / 补偿

弥补 míbǔ　동 메우다, 보충하다, 보완하다
　　弥补 + 不足(부족함) / 亏损(적자) / 过失(잘못) / 缺陷(결점) / 漏洞(결점) / 损失(손실)

填补 tiánbǔ　동 메우다, 보충하다
　　填补 + 空白(공백) / 赤字(적자) / 缺额(부족한 금액) / 空缺(공석)

补充 bǔchōng　동 보충하다
　　补充 + 人员(인원) / 意见(의견) / 营养(영양) / 说明(설명) / 资料(자료)

补偿 bǔcháng 동 보상하다, 배상하다

补偿 + 损失(손실)

得到(얻다) / 给予(주다) + 补偿

30. 深远 / 深重 / 深厚 / 深刻 / 深切

深远 shēnyuǎn 형 (뜻이나 영향이) 깊다

意义(의미) / 影响(영향) + 深远

深重 shēnzhòng 형 (재난, 위기, 죄질, 감정, 고민 등이) 매우 심하다, 심각하다

灾难(재난) / 苦难(고난) / 罪行(범죄 행위) / 情意(정, 감정) + 深重

深厚 shēnhòu 형 두껍다, (감정이) 깊다, (기초가) 튼튼하다

功底(기본) / 底蕴(내부 상황) / 友情(우정) / 感情(감정) / 交情(친분) + 深厚

深刻 shēnkè 형 (인상, 느낌이) 깊다, 핵심을 찌르다, 본질을 파악하다

深刻 + 的 + 印象(인상) / 意义(의미) / 意思(뜻) / 思想(사상) / 道理(이치) / 哲理(철학)

深切 shēnqiè 형 (감정이나 느낌이) 깊다, 따뜻하고 친절하다, 심심하다, 절절하다

深切 + 怀念(그립다) / 同情(동정하다) / 关怀(배려하다) / 感受(느끼다) / 哀悼(애도하다) / 慰问(위문)

深切 + 的 + 体会(경험)

31. 严格 / 严密 / 严重 / 严厉 / 严谨 / 严峻 / 严肃

严格 yángé 형 엄격하다

要求(요구) / 检查(검사) / 管理(관리) / 训练(훈련) / 教育(교육) / 纪律(기율) + 严格

严格 + 地 + 要求(요구하다) / 监视(감시하다) / 审查(심사하다) / 控制(통제하다) / 限制(제한하다)

동 엄격히 하다, 엄격하게 하다

严格 + 纪律(기율)

严密 yánmì 형 빈틈없다, 치밀하다, 주도면밀하다

结构(구조) / 制度(제도) / 组织(조직) / 体系(체계) + 严密

严密 + (地) + 控制(통제하다) / 监视(감시하다) / 监控(감시하고 통제하다) / 部署(배치하다)

严重 yánzhòng 형 (정도가) 매우 심하다, (정세, 추세, 정황 등이) 심각하다, (영향이) 중대하다

病情(병세) / 问题(문제) / 局势(정세) / 损失(손실) / 形势(형세) + 严重

严重 + 的 + 后果(결과) / 灾害(재해) / 干旱(가뭄) / 错误(과오)

严厉 yánlì 형 호되다, 매섭다, 단호하다
态度(태도) + 严厉
严厉 + 的 + 措施(조치) / 惩罚(벌) / 处分(처분) / 目光(시선)
严厉 + (地) + 打击(타격을 주다) / 批评(비판하다) / 制裁(제재하다)

严谨 yánjǐn 형 엄격하다, 신중하다, 빈틈없다, 치밀하다
办事(일처리) / 治学(학문 연구) / 结构(구조) + 严谨

严峻 yánjùn 형 중대하다, 심각하다, 가혹하다, 준엄하다
形势(형세) + 严峻
严峻 + 的 + 现实(현실) / 考验(시련) / 困境(곤경) / 局面(국면)

严肃 yánsù 형 엄숙하다, 엄격하고 진지하다
态度(태도) / 表情(표정) / 神情(표정) / 气氛(분위기) + 严肃
严肃 + 的 + 话题(화제) / 纪律(기율)
严肃 + (地) + 处理(처리하다) / 对待(대하다)
동 엄숙하게 하다, 허술하지 않게 하다
严肃 + 纪律(기율)

32. 加强 / 加剧 / 加深

加强 jiāqiáng 동 강화하다
加强 + 力量(힘) / 团结(단결) / 合作(협력) / 防守(수비)

加剧 jiājù 동 심해지다, 악화되다
加剧 + 局势(정세) / 矛盾(갈등) / 危机(위기)
病情(병세) / 竞争(경쟁) + 加剧

加深 jiāshēn 동 깊어지다, 깊게 하다
加深 + 友情(우정) / 矛盾 갈등
加深 + 了解(이해하다) / 信任(신뢰하다) / 合作(협력하다) / 认识(인식하다)

33. 创立 / 创新 / 创造 / 创办

创立 chuànglì 동 세우다, 창립하다
创立 + 公司(회사) / 事业(사업) / 品牌(브랜드) / 学说(학설) / 学派(학파)
创立者(창립자)

创新 chuàngxīn 동 옛 것을 버리고 새 것을 창조하다, 혁신하다

　　创新 + 记录(기록)

　　不断(끊임없이) / 敢于(과감하게) + 创新

　　开拓创新(개척하고 혁신하다)

　　创新精神(창조적 정신) / 创新意识(창조적 의식)

创造 chuàngzào 동 창조하다, 만들다

　　创造 + 奇迹(기적) / 未来(미래) / 财富(부) / 历史(역사) / 辉煌(찬란함)

　　创造性(창조성) / 创造者(창조자) / 创造能力(창조 능력)

创办 chuàngbàn 동 창설하다, 창립하다

　　创办 + 学校(학교) / 期刊(정기 간행물) / 杂志(잡지) / 公司(회사) / 组织(조직)

　　创办人(발기인, 설립자)

34. 辨别 / 辨认 / 分辨 / 分辩

辨别 biànbié 동 판별하다, 구별하다

　　辨别 + 是非(옳고 그름) / 真伪(진위) / 虚实(허실) / 方向(방향)

　　辨别能力(변별 능력)

辨认 biànrèn 동 식별해내다

　　辨认 + 笔迹(필적) / 指纹(지문) / 面孔(얼굴)

　　辨认方法(식별해내는 방법)

分辨 fēnbiàn 동 분별하다, 구분하다

　　分辨 + 是非(옳고 그름) / 真伪(진위) / 优劣(우열)

　　分辨能力(분별 능력)

分辩 fēnbiàn 동 변명하다, 해명하다

　　不容分辩(변명을 용납하지 않다)

35. 丢失 / 迷失 / 遗失 / 丧失 / 走失

丢失 diūshī 동 분실하다, 잃다, 잃어버리다

　　丢失 + 物品(물품)

迷失 míshī 동 (방향이나 길을) 잃다

　　迷失 + 方向(방향) / 路途(길) / 自我(자기자신)

| 遗失 yíshī | 동 | 유실하다, 분실하다, 잃다 |

遗失 + 物品(물품)

| 丧失 sàngshī | 동 | 상실하다, 잃어버리다 |

丧失 + 记忆(기억) / 视力(시력) / 信心(자신감) / 能力(능력) / 理智(이성) / 名誉(명예) / 机会(기회) / 原则(원칙)

| 走失 zǒushī | 동 | (사람이나 가축이) 실종되다 |

사람/가축 + 走失了 (~이/가 실종되었다)

走失 + 的 + 宠物(실종된 애완 동물)

36. 爆发 / 暴发

| 爆发 bàofā | 동 | 폭발하다, 갑자기 터져 나오다, 발발하다 |

爆发 + 掌声(박수소리) / 战争(전쟁) / 运动(운동) / 力量(힘) / 竞争(경쟁)

火山(화산) / 情绪(기분) / 情感(감정) + 爆发

| 暴发 bàofā | 동 | 갑자기 발생하다, 돌발하다, 터지다 |

暴发 + 洪水(홍수) / 地震(지진) / 传染病(전염병)

37. 成立 / 建立 / 树立 / 竖立 / 确立 / 独立

| 成立 chénglì | 동 | 창립하다, 설립하다, 수립하다 |

成立 + 组织(조직) / 公司(회사) / 队伍(팀)

国家(국가) + 成立

| 建立 jiànlì | 동 | 건립하다, 세우다, 이루다, 만들다, 맺다 |

建立 + 工厂(공장) / 政权(정권) / 机制(체제) / 制度(제도) / 关系(관계) / 友谊(우의)

| 树立 shùlì | 동 | 수립하다, 세우다 [추상적이고 긍정적인 사물과 어울려 쓰임] |

树立 + 榜样(모범, 본보기) / 典范(본보기) / 目标(목표) / 信心(자신감) / 志向(포부)

| 竖立 shùlì | 동 | 똑바로 세우다 [구체적인 사물과 어울려 쓰임] |

竖立 + 在/于 + ~ (~에 똑바로 세우다)

| 确立 quèlì | 동 | 확립하다 |

确立 + 目标(목표) / 志向(포부) / 关系(관계) / 地位(지위) / 制度(제도)

| 独立 dúlì | 동 | 독립하다 |

民族(민족) / 国家(국가) / 经济(경제) / 政治(정치) + 独立

独立 + 生活(생활하다) / 工作(일하다) / 思考(사고하다)

38. 艰难 / 艰苦 / 艰辛

艰难 jiānnán 〔형〕 곤란하다, 어렵다, 힘들다

生活(생활) / 处境(처지) + 艰难

艰难 + 的 + 决定(결정) / 时刻(때)

艰难险阻(곤란과 위험)

艰苦 jiānkǔ 〔형〕 어렵고 고달프다

生活(생활) / 条件(조건) + 艰苦

艰苦 + 的 + 训练(훈련)

艰苦奋斗(힘든 조건 아래에서 완강한 투쟁을 하다)

艰辛 jiānxīn 〔형〕 고생스럽다

生活(생활) / 工作(일, 작업) + 艰辛

历尽艰辛(갖은 고생을 다 겪다)

39. 应对 / 应付

应对 yìngduì 〔동〕 응답하다, 대답하다, 대응하다, 대처하다

从容(침착하게) / 沉着(침착하게) / 灵活(융통성 있게) / 机智(재치있게) + 地 + 应对

应付 yìngfu 〔동〕 대응하다, 대처하다, 얼버무리다, 대강대강하다

应付 + 情况(상황) / 工作(업무) / 考试(시험) / 局面(국면) / 难关(난관) / 检查(검사)

40. 包括 / 包含 / 包涵

包括 bāokuò 〔동〕 포함하다, 포괄하다 [사람과 사물에 다 쓰임]

包括 + ~在内(~안에 포함되다)

包含 bāohán 〔동〕 포함하다 [사물에만 쓰임]

包含 + 内容(내용) / 意义(의미) / 意思(뜻) / 真心(진심) / 道理(이치) / 条款(조항) / 哲理(철학) / 信息(정보) / 可能性(가능성)

包涵 bāohan 〔동〕 양해하다, 용서하다 [용서와 양해를 구할 때 쓰이는 인사말]

请多包涵(많은 양해 바랍니다) / 多多包涵(널리 양해해 주세요)

실전 테스트

第1-5题 选词填空。

① 露营前人们优先考虑采购的____应该是帐篷，选择一个尺寸合适、安装简单的帐篷格外重要。此外，在我们露宿的时候，还要考虑到____的天气，所以防水性也是选购时必须注意的重要____。

A 设备　　变化　　基因
B 装备　　多变　　因素
C 装置　　变质　　要素
D 储备　　变迁　　元素

② 大理石原指产于云南省大理的白色石灰岩，它质地坚硬，内有天然____的白色和黑色花纹，____鬼斧神工。大理石____应用价值极高，不仅用于豪华的公共建筑物，也用于制作____的工艺品。

A 形成　　犹如　　本身　　精美
B 建成　　譬如　　自身　　精致
C 构成　　例如　　本人　　精密
D 组成　　如同　　出身　　精湛

❸ 有些人认为网络让我们人与人之间的距离更近了。在网聊时，我们可以向对方____心扉，甚至可以和网友____；但在现实生活中，人们却越来越____，有的孩子甚至根本不和父母交谈。网络到底是使我们变得更加____，还是更加疏远了呢？

A 揭开　　无话不说　　冷淡　　密切
B 盛开　　津津有味　　冷酷　　亲切
C 敞开　　无所不谈　　冷漠　　亲密
D 公开　　侃侃而谈　　冷静　　亲爱

❹ 中秋节是中国最重要的传统节日之一。自古以来，中国人便有祭月、赏月、拜月的____。每到中秋节，家家户户都会一边赏月，一边吃月饼。月饼____着一家团圆，也正好____中秋节的文化意义，所以中秋节时，人们都要买上一些月饼拜访亲朋好友，这从____反映了中国人对亲情的重视。

A 习性　　代表　　适合　　正面
B 风俗　　象征　　符合　　侧面
C 习俗　　提示　　合成　　当面
D 礼仪　　指示　　相符　　片面

❺《童年》是高尔基以自身为原型创作的自传体小说，____了他从三岁到十岁这一时期的童年生活。另一方面，作家又间或以成人的____评点生活，使笔下的文字更富有思想性和____性，并用浅显的语言写出了对社会和人生的____见解。

A 讲述　　视角　　哲理　　独特
B 叙述　　视线　　逻辑　　独到
C 阐述　　视野　　启示　　独立
D 陈述　　视力　　原则　　唯独

5 골라내는 것도 노하우가 필요하다.

공략비법 09 허사(부사, 전치사, 접속사)

출제 형식

허사(虛詞)는 실질적으로 독립된 뜻을 갖지 못하고 단순히 문장의 구성을 돕는 품사로 부사, 전치사, 접속사, 조사, 감탄사 등이 허사에 속하는데, 그 중 부사, 전치사, 접속사에 관한 문제가 주로 출제된다.

핵심 전략

1. ★문장 해석을 통해 문맥의 흐름을 파악하여 알맞은 단어를 선택하자.

   예) 要了解一个人，_____看他所读的是什么类型的书，这跟观察与他来往的朋友一样有效。

   A 不妨　　　　B 照样　　　　C 即将　　　　D 仿佛

   누군가를 이해하려면 그가 어떤 유형의 책을 읽었는지 보는 것도 괜찮다. 이는 그와 어울리는 친구를 살펴보는 것과 같이 효과적이다.

   A ~해도 괜찮다　　B 변함없이　　C 머지않아　　D 마치 ~인 듯하다

   ▶ 문맥상 '~해도 괜찮다, ~해도 무방하다'라는 의미의 A가 가장 적절하다.

2. ★전치사 관련 문제는 고정격식만 파악하면 정답을 찾을 수 있는 경우가 많다.

   예) 新的经济发展模式，要_____实现可持续发展作为根本目标。

   A 同　　　　B 凭　　　　C 由　　　　D 以

   새로운 경제발전 모형은 지속 가능한 발전을 이루는 것을 근본적인 목표로 삼아야 한다.

   A ~와　　B ~에 의해　　C ~에서　　D ~으로

   ▶ '以A作为B'는 'A를 B로 삼다, A를 B로 여기다'라는 의미의 고정격식이므로 D가 정답이다.

3 접속사 관련 문제는 먼저 빈칸의 위치를 확인해야 한다. 그 다음 빈칸 앞뒤에서 호응하는 부사나 접속사를 살펴보고 짝이 맞지 않는 보기는 제외시킨 후 정답을 찾아보자.

> 예 生活中，很多复杂的事情、棘手的问题，也许_____换一个角度思考，就会得到解决。
>
> A 只有　　　　　B 只要　　　　　C 既然　　　　　D 即使
> 필요 조건 관계　　충분 조건 관계　　인과 관계　　　가설 겸 양보 관계
> 才와 호응　　　　就, 便과 호응　　 就, 便과 호응　　也, 还와 호응
>
> 생활에서 복잡한 일들과 골치 아픈 문제들은 어쩌면 관점을 바꾸어 생각하기만 하면 해결될 수 있다.
> A 오직 ~해야만　　B ~하기만 하면　　C 이왕 ~한 이상　　D 설령 ~하더라도
>
> ▶ '就'와 호응하는 접속사는 B와 C이지만, 문맥상 충분 조건 관계를 나타내는 것이므로 '~하기만 하면'이라는 의미의 B가 정답이다.

유형맛보기 1

选词填空。

截屏是指在年轻群体中流行的截取图片或文字的技术。网友<u>将</u>电脑或者手机中的一些画面截成<u>若干</u>张图片，保存到电脑或者发送给朋友，<u>亦</u>或者发布到网上，方便人们浏览和共享信息。这是一<u>种</u>人人都能学会的技能。

A 把 ⊙　　各 ⊗　　颇 ⊗　　样 ⊙
Ⓑ 将 ⊙　　若干 ⊙　亦 ⊙　　种 ⊙
C 为 ⊗　　略 ⊗　　皆 ⊗　　项 ⊙
D 凭 ⊗　　其余 ⊗　尚 ⊗　　副 ⊗

빈칸에 알맞은 단어를 고르세요.

캡쳐란 젊은이들 사이에서 유행하는 사진 혹은 글의 일부분을 취할 수 있는 기술이다. 누리꾼들은 컴퓨터나 휴대폰에 있는 일부 화면<u>을</u> <u>몇</u> 장의 이미지로 잘라내 캡쳐하여 컴퓨터에 보관한다거나 친구에게 보낸다거나, <u>또</u> 아니면 인터넷상에 올려 사람들이 정보를 열람하고 공유하기 편리하게 한다. 이것은 일<u>종</u>의 모든 사람들이 다 습득할 수 있는 기능이다.

A ~을 ⊙ | 각 ⊗ | 상당히 ⊗ | 종류 ⊙
B ~을 ⊙ | 몇 ⊙ | 또 ⊙ | 종류 ⊙
C ~에게 ⊗ | 약간 ⊗ | 모두 ⊗ | 가지 ⊙
D ~에 의지하여 ⊗ | 나머지 ⊗ | 아직 ⊗ | 켤레 ⊗

지문 어휘

截屏 jiépíng 동 화면을 캡처하다 | 群体 qúntǐ 명 단체, 집단 | 截取 jiéqǔ 동 일부분을 취하다, 잘라내다 | 图片 túpiàn 명 사진, 이미지 | 文字 wénzì 명 글, 글자, 문자 | 网友 wǎngyǒu 명 네티즌 | 保存 bǎocún 동 보존하다, 간수하다 | 发送 fāsòng 동 보내다, 발송하다 | 发布 fābù 동 선포하다, 발표하다 ★ | 浏览 liúlǎn 동 열람하다, 훑어보다, 대충 읽어보다 | 共享 gòngxiǎng 동 공유하다, 함께 누리다

보기 어휘

A 把 bǎ 전 ~을, ~으로 | 各 gè 대 각, 여러 부 각자, 각기 | 颇 pō 부 상당히, 꽤, 매우 | 样 yàng 양 종류

B 将 jiāng 전 ~을, ~으로 부 곧, 장차, 막 | 若干 ruògān 대 몇, 약간, 조금, 소량 ★ | 亦 yì 부 또, 또한, ~도 역시 ★ | 种 zhǒng 양 종류, 가지

C 为 wèi 전 ~에게, ~하기 위하여, ~때문에 | 略 lüè 부 약간, 조금 | 皆 jiē 부 모두, 전부, 다 ★ | 项 xiàng 양 가지, 항목

D 凭 píng 전 ~에 의지하여, ~에 따라, ~에 근거하여 | 其余 qíyú 대 나머지, 남은 것 | 尚 shàng 부 아직, 여전히 | 副 fù 켤레, 쌍, 짝, 벌, 세트 ★

정답 B

해설

1. 첫 번째 빈칸: '网友(누리꾼)'가 주체이고 '一些画面(일부 화면)'이 '截(잘라내 캡처하다)'라는 동작의 대상이므로 이 문장은 '把자문'임을 알 수 있다. 따라서 'A 把'와 'B 将'이 다 가능하다.

   A 把 전 ~을, ~으로
   B 将 전 ~을, ~으로 ['把'의 동의어]
   　　 부 곧, 장차, 막
   C 为 전 ~에게, ~을 위하여 [행위의 대상]
   　　　 ~하기 위하여 [행위의 목적]
   　　　 ~ 때문에 [행위의 원인]
   D 凭 전 의지하여, ~에 근거하여, ~을 바탕으로 [구실, 근거]
   　　 – 凭 + 经验(경험) / 能力(능력) / 本事(능력) / 实力(실력)

2. 두 번째 빈칸: '张(장)'과 함께 쓰여 '몇 장'이라는 의미를 나타내는 것으로 'B 若干'만 가능하다.

   A 各 대 각, 여러
   　　 부 각자, 각기
   B 若干 대 몇, 약간, 조금
   C 略 부 약간, 조금
   D 其余 대 나머지

3. 세 번째 빈칸: '或者 + A, 或者 + B, 或者 + C(A아니면 B아니면 C)'의 구문에서 마지막 '或者' 앞에 올 수 있는 것으로 '또, 또한'의 뜻을 나타내는 'B 亦'만 가능하다.

   A 颇 부 상당히, 매우, 꽤 – 颇为(상당히)
   B 亦 부 또, 또한
   C 皆 부 모두, 전부
   D 尚 부 아직, 여전히 – 尚未(아직 ~하지 않다)

4. 네 번째 빈칸: '技能(기능)'과 호응하는 것으로 'A 样', 'B 种', 'C 项'이 다 가능하다.

   A 样 양 종류 – 多种多样(각양각색) ['种'의 동의어]
   B 种 양 종류, 가지
   C 项 양 가지, 항목, 조목 – 수사 + 项 + 研究(연구) / 任务(임무) / 发明(발명) / 运动(운동) /
   　　　　　　　　　　　　　 原则(원칙) / 制度(제도) / 开支(지출)
   D 副 양 켤레, 쌍, 짝 – 수사 + 副 + 手套(장갑) / 眼镜(안경) / 筷子(젓가락)
   　　　 벌, 세트 – 수사 + 副 + 象棋(장기) / 牌(카드)
   　　　 얼굴 표정을 셀 때 쓰임 – 一 + 副 + 笑脸(웃는 얼굴)

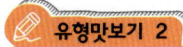 **유형맛보기 2**

选词填空。

如果到北京去旅游，一定要去王府井。凡是去北京的中外游客，几乎都要到王府井去逛逛。王府井是北京最有名的商业街，它集饮食、休闲、购物、旅游等为一体，呈现出现代化商业街的风貌。王府井大街将许多地方特色的东西浓缩其中，除非身临其境，才能品味出它的不同。

A	无论 ✗	一流 ✗	展示 ✗	与其 ✗
B	固然 ✗	一方 ✗	摆设 ✗	即便 ✗
C	进而 ✗	一身 ✗	涌现 ✗	只要 ✗
D	凡是 ◉	一体 ◉	呈现 ◉	除非 ◉

빈칸에 알맞은 단어를 고르세요.

만약 베이징으로 여행을 간다면 반드시 왕푸징(王府井)에 가봐야 한다. 무릇 베이징을 찾는 국내외 관광객들은 거의 모두 왕푸징으로 구경을 간다. 왕푸징은 베이징에서 가장 유명한 상점 거리로 음식, 레저, 쇼핑, 관광 등이 한 데 모여 있어 현대화된 상가 거리의 모습을 나타낸다. 왕푸징 거리는 여러 지역의 특색 있는 것들이 그 안에 집약되어 있는데 직접 가봐야만 비로소 그 차이를 음미할 수 있다.

A ~에 관계없이 ✗ | 한 부류 ✗ | 드러내다 ◉ | ~하기 보다는 ✗
B 물론 ~하지만 ✗ | 한 방면 ✗ | 진열하다 ✗ | 설령 ~하더라도 ✗
C 더 나아가 ✗ | 한 몸 ◉ | 한꺼번에 나타나다 ✗ | ~하기만 하면 ✗
D 무릇 ◉ | 한 덩어리 ◉ | 나타내다 ◉ | ~해야만 ◉

지문 어휘 王府井 Wángfǔjǐng 고유 왕푸징(중국 베이징 중심부에 있는 번화가) | 商业街 shāngyèjiē 명 상점 거리, 상가 | 集 jí 동 모으다, 모이다 | 饮食 yǐnshí 명 음식 동 음식을 먹고 마시다 ★ | 休闲 xiūxián 명 레저 활동, 휴식 오락활동 동 한가하게 지내다, 휴식 오락활동을 하다 | 购物 gòuwù 동 쇼핑하다, 물건을 구입하다 | 风貌 fēngmào 명 풍모, 풍격과 면모 | 浓缩 nóngsuō 동 집약하다, 농축하다 | 身临其境 shēnlínqíjìng 성 어떤 장소에 직접 가다 | 品味 pǐnwèi 동 깊이 음미하다, 잘 생각해 보다, 이해하다

보기 어휘 A 无论 wúlùn 접 ~에 관계 없이, ~을 막론하고 | 一流 yīliú 명 한 부류, 일류 | 展示 zhǎnshì 동 드러내다, 전시하다 ★ | 与其 yǔqí 접 ~하기 보다는

B 固然 gùrán 접 물론 ~하지만 ★ | 一方 yīfāng 명 한 방면, 한 지역, 한 편, 한쪽 | 摆设 bǎishe 동 진열하다, 장식하다 | 即便 jíbiàn 접 설령 ~하더라도 ★

C 进而 jìn'ér 접 더 나아가, 진일보하여 ★ | 一身 yìshēn 명 한 몸, 온몸, 전신 | 涌现 yǒngxiàn 동 한꺼번에 나타나다, 대량으로 생겨나다 | 只要 zhǐyào 접 ~하기만 하면

D 凡是 fánshì 부 무릇, 대체로, 모든 ★ | 一体 yìtǐ 명 한 덩어리, 일체 | 呈现 chéngxiàn 동 나타내다, 보이다, 양상을 띠다 ★ | 除非 chúfēi 접 (오직) ~해야만 전 ~을 제외하고

정답 D

1. **첫 번째 빈칸:** 지정된 범위 안의 모든 것을 나타내는 '凡是＋A, 都＋B(무릇 A인 것은 모두 B이다)'의 구문이므로 'D 凡是'만 가능하다.
   A 无论 [접] ~에 관계없이, ~을 막론하고 [조건 관계]
   B 固然 [접] 물론~하지만 [전환 관계]
   C 进而 [접] 더 나아가, 진일보하여 [점층 관계]
   D 凡是 [부] 무릇 [조건 관계]

2. **두 번째 빈칸:** 명사 자리이다. 어떤 사물이 여러 특징이나 기능을 지니고 있음을 나타내는 '集~为一身/一体(~이 한 데 모여있다)'의 구문이므로 'C 一身'와 'D一体'가 다 가능하다.
   A 一流 [명] 한 부류
      일류 – 一流＋作家(작가) / 人才(인재) / 大学(대학) / 城市(도시) / 品牌(브랜드)
   B 一方 [명] 한 방면 – 一方面(한 방면)
      한 지역 – 一方水土(한 지역의 풍토)
      한 편, 한쪽 – 胜利(승리) / 失败(실패)＋的＋一方
   C 一身 [명] 한 몸 – 孑然一身(혈혈단신)
      온몸, 전신
   D 一体 [명] 한 덩어리, 일체 – 一体同心(일심동체)

3. **세 번째 빈칸:** 동사 자리이다. '风貌(모습, 풍모)'와 호응하는 것으로 'A 展示'과 'D 呈现'이 다 가능하다.
   A 展示 [동] 드러내다 – 展示＋能力(능력) / 才华(재능) / 力量(역량) / 技巧(기교) / 魅力(매력) / 风格(스타일) / 景象(모습)
      전시하다 – 展示＋商品(상품) / 产品(제품) / 作品(작품)
   B 摆设 [동] 진열하다, 차려놓다, 꾸며놓다 – 摆设＋家具(가구) / 宴会(연회)
      摆设＋得＋雅致(우아하고 아름답다)＋得体(알맞다)
   C 涌现 [동] 한꺼번에 나타나다, 한꺼번에 생겨나다
      – 涌现出＋ {大量(대량) / 许多(수많은) / 수량사} ＋作品(작품) / 作家(작가) / 企业(기업)
   D 呈现 [동] 나타내다, 양상을 띠다 – 呈现＋景色(경치) / 气氛(분위기) / 神情(기색) / 面貌(면모) / 趋势(추세) / 风格(풍격) / 景象(광경)

4. **네 번째 빈칸:** 유일한 조건을 나타내는 '除非＋A, 才＋B(오직 A해야만 B하다)'의 구문이므로 'D 除非'만 가능하다.
   A 与其 [접] ~하기 보다는 [선택 관계]
   B 即便 [접] 설령 ~하더라도 [가설 겸 양보 관계] ['即使'의 동의어]
   C 只要 [접] ~하기만 하면 [충분 조건 관계]
   D 除非 [접] 오직 ~해야만 [필요 조건 관계] ['只有'의 동의어]
      [전] ~을 제외하고 [배제, 추가] ['除了'의 동의어]

내공 쌓기

시험에서 자주 출제되는 허사(부사, 전치사, 접속사) 중 특히 혼동하기 쉬운 어휘의 용법과 의미는 반드시 구별하여 익혀 두도록 하자.

1 부사

1. 及时 / 按时 / 准时 / 临时 / 顿时 / 不时

- **及时** jíshí   제때에, 즉시 [매우 적절한 시기를 나타냄]
- **按时** ànshí   제때에 [정해진 시간에 맞추는 것을 나타냄]
- **准时** zhǔnshí   정시에 [정해진 시간을 지키는 것을 나타냄]
- **临时** línshí   그때에 이르러, 갑자기 [어떤 때에 이르러 일이 발생하게 됨을 나타냄]
- **顿时** dùnshí   갑자기, 문득 [앞에서 언급한 원인으로 인해 갑자기 새로운 상황 혹은 변화가 생겼음을 나타냄]
- **不时** bùshí   (= **常常**) 때때로, 종종 [긍정문에 쓰임]

2. 一直 / 始终 / 从来 / 向来 / 一向 / 素来 / 历来

- **一直** yìzhí   계속, 줄곧 [동작, 활동, 상태가 지속됨을 나타냄, 연속성을 강조함]
- **始终** shǐzhōng   시종일관, 내내, 줄곧 [처음부터 끝까지 변화가 없음을 나타냄]
- **从来** cónglái   지금까지, 여태껏 [과거부터 현재까지 줄곧 그러함을 나타냄, 주로 부정문에 쓰임]
- **向来** xiànglái   본래부터, 줄곧 [주로 습관, 성격, 품행, 사고방식 등이 과거부터 현재까지 그러함을 나타냄, 안정성을 강조함]
- **一向** yíxiàng   (= **向来**) 줄곧, 내내
- **素来** sùlái   (= **向来 / 一向**) 원래, 본래, 줄곧
- **历来** lìlái   예로부터, 역대로, 여태까지 [오래 전 역사가 생긴 이래로 현재까지 그러함을 나타냄]

3. 终于 / 毕竟 / 究竟 / 到底 / 终究

- **终于** zhōngyú 마침내, 드디어, 결국 [긴 시간과 많은 노력을 기울여서 결과를 얻거나 목표가 실현됨을 나타냄]
- **毕竟** bìjìng 어쨌든, 결국 [어떤 원인이나 결과, 결론을 강조함]
- **究竟** jiūjìng ① 도대체 [의문문에서 어기를 강조함]
  ② (= **毕竟**) 어쨌든, 결국
- **到底** dàodǐ ① (= **终于**) 마침내, 드디어, 결국
  ② (= **究竟**) 도대체
  ③ (= **毕竟**) 어쨌든, 아무래도
- **终究** zhōngjiū (= **毕竟**) 결국, 어쨌든

4. 明明 / 分明 / 偏偏

- **明明** míngmíng 분명히, 명백히 [뒤에 이어지는 문장은 전환이나 반문의 어감을 나타냄]
- **分明** fēnmíng (= **显然**) 분명히, 확실히
- **偏偏** piānpiān ① 기어코, 일부러, 굳이 [어떤 상황에 대해 일부러 반대의 행동을 취하는 것을 나타냄]
  ② 마침, 공교롭게 [예상치 못한 상황이 발생하여 본래의 기대가 어긋나게 된 것에 대한 불만이나 의외의 느낌을 나타냄]
  ③ 유독, 유달리 [유독 한 대상에게만 발생하는 상황에 대한 불만을 나타냄]

5. 仍然 / 依然 / 公然 / 毅然 / 果然

- **仍然** réngrán 여전히, 변함없이 [상황이 변하지 않음을 나타냄]
- **依然** yīrán (= **仍然**) 여전히, 변함없이
- **公然** gōngrán 공개적으로, 거리낌없이
- **毅然** yìrán 의연히, 결연히
- **果然** guǒrán 과연 [결과가 예상한 대로 실현됨을 나타냄]

6. 尽量 / 尽快 / 尽情 / 尽管

- **尽量** jǐnliàng 가능한 한, 될 수 있는 한, 최대 한도로
- **尽快** jǐnkuài 가능한 한 빨리, 되도록 빨리
- **尽情** jìnqíng 마음껏, 실컷
- **尽管** jǐnguǎn 얼마든지, 마음대로 [조건의 한계 없이 마음대로 할 수 있음을 나타냄]

7. 陆续 / 纷纷 / 连连 / 一连

- **陆续** lùxù 잇달아, 속속, 계속해서 [하나하나씩 이어짐을 나타냄]
- **纷纷** fēnfēn 연달아, 분분히, 쉴 새 없이 [여기저기서 이어짐을 나타냄]
- **连连** liánlián (= **不断**) 연이어, 잇달아 [중간에 끊김이 없음을 나타냄]
- **一连** yìlián (= **连连**) 연이어, 잇달아

8. 渐渐 / 逐渐 / 逐步

- **渐渐** jiànjiàn 점점 [정도나 수량이 점진적으로 변화함을 나타냄]
- **逐渐** zhújiàn (= **渐渐**) 점점
- **逐步** zhúbù 점차, 차츰차츰 [정도나 수량이 단계적으로 변화함을 나타냄]

9. 突然 / 忽然 / 猛然

- **突然** tūrán 갑자기, 문득
- **忽然** hūrán 갑자기, 별안간
- **猛然** měngrán (= **突然** / **忽然**) 갑자기, 불쑥, 문득

10. 正好 / 恰好 / 恰巧 / 凑巧 / 碰巧

- **正好** zhènghǎo 바로, 마침
- **恰好** qiàhǎo (= **正好**) 바로, 마침
- **恰巧** qiàqiǎo 때마침, 공교롭게도
- **凑巧** còuqiǎo (= **恰巧**) 공교롭게, 우연히
- **碰巧** pèngqiǎo (= **恰巧** / **凑巧**) 공교롭게, 우연히, 때마침

11. 不禁 / 不由得 / 不料 / 不妨 / 不曾 / 不免 / 未免 / 未必

- **不禁** bùjīn (= **禁不住**) 자기도 모르게, 저절로 [감정, 행위, 동작 등을 억누를 수 없음을 나타냄]
- **不由得** bùyóude (= **不禁** / **禁不住**) 자기도 모르게, 저절로
- **不料** búliào 뜻밖에, 의외에
- **不妨** bùfáng ~하는 것도 괜찮다, 무방하다
- **不曾** bùcéng ① (↔ **已经**) ~하지 않았다 [어떤 행위나 상황이 과거에 발생하지 않았거나 존재하지 않음을 나타냄]
  ② (↔ **曾经**) ~한 적이 없다 [어떤 상황을 과거에 경험한 적이 없음을 나타냄]
- **不免** bùmiǎn (= **免不了**) 면할 수 없다, ~하지 않을 수 없다, ~하기 마련이다 [앞에서 언급한 어떤 원인으로 인해 바라지 않는 결과가 발생하는 것을 인정하는 어감을 나타냄]

- 未免 wèimiǎn (= 不免 / 免不了) 면할 수 없다, ~하지 않을 수 없다
- 未必 wèibì (= 不一定 / 不见得) 반드시 ~인 것은 아니다 [완곡한 부정의 어감을 나타냄]

12. 幸亏 / 幸好

- 幸亏 xìngkuī 다행히, 운 좋게도 [어떤 유리한 조건으로 인해 나쁜 결과를 피하게 되는 것을 나타냄]
- 幸好 xìnghǎo (= 幸亏) 다행히, 운 좋게도

13. 暂且 / 姑且

- 暂且 zànqiě 잠시, 잠깐, 당분간
- 姑且 gūqiě (= 暂且) 잠시, 잠깐, 우선

14. 何必 / 何尝 / 何况

- 何必 hébì 구태여 ~할 필요가 있겠는가, ~할 필요가 없다 [반어적 어감을 나타냄]
- 何尝 hécháng 언제 ~한 적 있는가, 결코 ~가 아니다 [반어적 어감을 나타냄]
- 何况 hékuàng 하물며, 더군다나 [반어적 어감으로 점진적인 의미를 나타냄]

15. 无从 / 无非

- 无从 wúcóng (어떤 일을 하는데) ~할 길이 없다, ~할 방법이 없다
- 无非 wúfēi 단지 ~에 지나지 않는다, ~밖에 없다, ~에 불과하다

16. 一再 / 再三

- 一再 yízài 거듭, 재차 [상황이 반복 출현함을 강조함]
- 再三 zàisān 재삼, 여러 번 [여러 차례 반복됨을 강조함]

17. 反而 / 反倒 / 反正

- 反而 fǎn'ér 도리어, 오히려 [앞에서 언급한 내용과 상반되거나 뜻밖임을 나타냄]
- 反倒 fǎndào (= 反而) 도리어, 오히려
- 反正 fǎnzhèng ① (= 总归) 어쨌든, 아무튼 [상황이 어떠하든 결과가 동일함을 나타냄]
  ② 하여간, 어쨌든, 좌우지간 [단호하게 긍정하는 어감을 나타냄]
  ③ 어차피, 어쨌든 ~이니까 [이유가 충분함을 나타냄]

18. 偶尔 / 偶然

- 偶尔 ǒu'ěr　　간혹, 이따금 [상황이 출현하는 횟수가 적음을 나타냄]
- 偶然 ǒurán　　우연히, 뜻밖에

19. 亦 / 皆 / 尚 / 老 / 光 / 净 / 颇 / 竟

- 亦 yì　　(= 也 / 又) 또, 또한
- 皆 jiē　　(= 都 / 全) 모두
- 尚 shàng　　(= 还) 아직, 여전히
- 老 lǎo　　(= 一直 / 总 / 经) 늘, 항상, 줄곧, 자주
- 光 guāng　　(= 只 / 仅) 단지, 오직, 오로지
- 净 jìng　　① (= 都 / 全) 온통, 모두
　　　　　　② (= 总 / 老) 항상, 언제나
　　　　　　③ (= 只 / 仅 / 光) 단지, 오직
- 颇 pō　　(= 很 / 相当) 매우, 상당히, 꽤
- 竟 jìng　　뜻밖에, 의외에

20. 稍 / 略 / 倒 / 白 / 莫 / 准 / 决 / 愈

- 稍 shāo　　조금, 약간, 잠깐, 잠시
- 略 lüè　　(= 稍) 조금, 약간
- 倒 dào　　(= 反而 / 反倒) 오히려, 도리어
- 白 bái　　① (= 徒然) 헛되이
　　　　　　② (= 免费) 무료로, 공짜로
- 莫 mò　　① (= 不) ~않다, ~못하다
　　　　　　② (= 不要 / 不能) ~하지 마라
　　　　　　③ 莫非(혹시 ~이 아닐까, 설마 ~란 말인가, ~임에 틀림없다) [반드시 부정부사 '不', '非' 등과 함께 쓰여 추측이나 반어적 어감을 나타냄]
- 准 zhǔn　　(= 一定 / 肯定) 틀림없이, 반드시, 꼭
- 决 jué　　결코, 절대로 ~않다 ['不', '无', '非', '没' 앞에 쓰여 단호한 부정의 의미를 나타냄]
- 愈 yù　　(= 越) ~할수록 ['愈来愈 + A(갈수록 A하다)' 혹은 '愈 + A + 愈 + B(A할수록 B하다)'의 구문으로 쓰임]

2 전치사

1 按照 ànzhào (= 遵照 / 依照 / 按 / 照) ~에 따라, ~대로 [어떤 것을 기준으로 삼는 것을 나타냄]
- 按照 + 计划(계획) / 规定(규정) / 要求(요구) / 需要(요구) / 意见(의견) / 原则(원칙) / 顺序(순서) / 步骤(절차)

2 根据 gēnjù (= 依据 / 据 / 依) ~에 근거하여 [결론의 전제 또는 말과 행동의 기초를 나타냄]
- 根据 + 法律(법률) / 报道(보도) / 调查(조사) / 研究(연구) / 事实(사실) / 言行(말과 행동) / 历史记载(역사기록)

3 凭 píng (= 凭着) ~에 의지하여, ~을 근거하여, ~을 바탕으로 [구실, 근거, 증거 등을 나타냄]
- 凭 + 经验(경험) / 能力(능력) / 实力(실력) / 本事(기량) / 优势(우세) / 身份(신분) / 兴趣(취미)

4 论 lùn (= 从~方面来说 / 就~来说) ~로 말하자면, ~을 논하자면
- 论 + 经验(경험) / 能力(능력) / 技术(기술)

5 自从 zìcóng (= 从) ~에서부터, ~로부터 [주로 '自从~起 / 以来 / 以后 / 之后'의 형태로 쓰임]
- 自从90年代起(90년대부터)
- 自从战争爆发以来(전쟁이 발발한 이래로)
- 自从上大学之后(대학에 진학한 이후로)

6 趁 chèn (= 趁着) ~을 이용하여, ~을 틈타 [기회, 시기, 조건 등을 충분히 이용함을 나타냄]
- 趁 + 机会(기회) / 机遇(기회) / 时机(시기)
- 趁 + 早(이르다) / 热(뜨겁다) / 年轻(젊다)

7 沿 yán (= 沿着 / 顺着 / 顺) ~을 따라 [노선을 나타냄]
- 沿 + 街(거리) / 公路(도로) / 路线(노선) / 河边(강변)

8 本着 běnzhe ~에 근거하여, ~에 입각하여
- 本着 + 原则(원칙) / 精神(정신) / 态度(태도) / 宗旨(취지) / 指示(지시) / 方针(방침)

9 **鉴于** jiànyú ~에 비추어 보아, ~을 감안하여, ~을 고려하면
  - 鉴于 + 事实(사실) / 情况(상황) / 关系(관계)

10 **随着** suízhe ~에 따라서, ~하면서 [주로 '随着 + 명사 + (的) + 동사'의 형태로 쓰임]
  - 随着社会的发展(사회가 발전함에 따라)
  - 随着年龄的增长(나이가 들면서)
  - 随着生活水平的提高(생활 수준이 향상되면서)

> 🔍 이 밖에도 독해 제1, 2부분에서 자주 출제되는 아래 전치사 고정격식을 익혀두면 문제 풀이에 크게 도움이 되므로 반드시 암기하도록 하자.

1 **在** zài ~에서
  - 在~上(~방면, ~기초)
  - 在~中(~과정, ~범위)
  - 在~下(~조건, ~원인, ~상황)
  - 在~方面(~방면) / 范围内(~범위 내) / 程度上(~정도) / 期间(~기간) / 时期(~시기) / 之间(~사이)
  - 在~看来(~가 보기에는, ~의 생각으로는, ~의 관점에서) [주관적 관점]

2 **当** dāng ~할 때
  - 当~时(~때) / 的时候(~때)
  - 当~以前(~이전) / 以后(~이후)

3 **从** cóng ~부터
  - 从~开始(~부터 시작하여) / 起(~부터 시작하여)
  - 从~中(~에서)
  - 从~上说(~로 말하자면) [객관적 근거]
  - 从~看来 / 来看(~로 보면) [객관적 근거]
  - 从~的角度(~의 관점으로부터) [객관적 관점]

4 **对** duì (= 对于) ~에게
  - 对 / 对于~来说(~에게 있어서) / 而言(~에게 있어서)

5 就 jiù ~에 관하여, ~에 대하여, ~에 의하여
- 就~来说(~로 말하자면) / 来看(~로 보면) [객관적 근거]
- 就~而言(~로 말하자면) / 而论(~로 논하자면) [객관적 근거]

6 向 xiàng ~에게, ~을 향해
- 向~学习(~에게 배우다) / 表示(~을 나타내다) / 表达(~을 표현하다) / 道歉(~에게 사과하다)

7 为 wèi ~에게, ~을 위하여, ~ 때문에
- 为 / 替~担心(~을 걱정하다) / 操心(~을 염려하다) / 着想(~을 위해 고려하다) / 骄傲(~에 대해 자랑스러워하다) / 自豪(~에 자부심을 느끼다)

8 以 yǐ ~으로써, ~을 가지고, ~을 근거로
- 以~资格(~자격으로) / 方式(~방식으로) / 手段(~수단으로)
- 以~著称(~로 유명하다)
- 以~而论(~로 말하자면)
- 以~为主(~을 주로 여기다) / 为目的(~을 목적으로 삼다) / 为目标(~을 목표로 삼다) / 为中心(~을 중심으로 삼다) / 为宗旨(~을 취지로 삼다) / 为本(~을 바탕으로 하다) / 为生(~으로 살아가다)

9 和 hé (= 跟 / 与) ~와(과)
- 和 / 跟 / 与 / 同~有关(~와 관계있다) / 无关(~와 무관하다) / 相关(~와 상관이 있다)
- 和 / 跟 / 与 / 同~差不多(비슷하다) / 相似(비슷하다) / 一样(같다) / 不一样(다르다) / 不同(다르다)

10 由 yóu ~로 부터, ~로, ~이(가)
- 由~组成(~로 구성되다) / 构成(~로 구성되다) / 引起(~로 일어나다) / 导致(~로 야기되다) / 造成(~로 초래되다) / 负责(~이 책임지다) / 承担(~이 맡다) / 担任(~이 담당하다) / 主持(~이 주관하다) / 组织(~가 조직하다)

 접속사

접속사 구문은 독해 영역 모든 부분에서 출제되므로 그 용법과 의미를 반드시 익혀두어야 한다. 자세한 접속사 구문은 독해 제1부분의 p.187 공략비법 06 내공 쌓기 중 접속사 내용 페이지를 참조하자.

실전 테스트

第1-5题 选词填空。

① 年糕是南方传统的饮食，历史＿＿＿。最早在汉朝就出现了"糕"这个字，后来到明清时，年糕在北方一些地域日益＿＿＿。当时，南北方的味道各不相同：北方年糕可蒸可炸，＿＿＿甜为主；南方除蒸、炸外，还有炒和煮等做法，味道甜咸＿＿＿有。

A	久远	流行	由	愈
B	陈旧	蔓延	自	准
C	持久	盛产	按	莫
D	悠久	盛行	以	皆

② 在奥运赛场上，举重运动员在举重前往往会做一个深呼吸动作，然后大吼一声。发出吼声后，口腔＿＿＿关闭，同时胸、腹、背肌以及膈肌强烈＿＿＿，这样可以使胸腔和腹腔的压力急剧升高，＿＿＿使举重运动员的上下肢和腰背肌形成一个稳定的支撑点，有利于他们＿＿＿出更大的力量。

A	即将	缩短	继而	发达
B	立即	收缩	从而	发挥
C	反倒	颤动	然而	发动
D	大约	压缩	时而	爆发

3. 从前，有一座城，城门下面有个小池塘。一天，城门突然着火了，火越____越旺，于是人们____跑到城门外取水救火。最后，大火被扑灭了，但池塘里的水却被取干了，这里的鱼也无法____下去了。成语"城门失火，殃及池鱼"就是这么来的，它比喻无辜被连累而____灾祸。

A 烧　　纷纷　　生存　　遭受
B 炖　　始终　　存活　　遭遇
C 炒　　匆匆　　储存　　承担
D 煳　　默默　　维持　　承受

4. 越是泥泞的道路，留下的足迹越是____；越是陡峭的山峰，登顶后看到的____越是美妙。正所谓"天上不会掉馅饼"，世上没有____的成功，所有的鲜花都是用汗水浇灌而成的。所以，____选准了道路，就要勇敢地走下去。

A 清新　　景色　　莫名其妙　　并且
B 显著　　景观　　事半功倍　　故此
C 明显　　风光　　无缘无故　　固然
D 清晰　　风景　　平白无故　　倘若

5. 人们说，眼睛是____世界的真实写照，其实，眼睛____能折射出当时的想法，还能____出健康状况。如果眼睑发黑，很可能有重度神经衰弱或者肝肾功能衰竭等____。所以，____眼睑发暗，便要立即就医。

A 内幕　　不单　　反馈　　症状　　势必
B 内心　　不光　　反映　　疾病　　一旦
C 内部　　不论　　反驳　　弊病　　恰巧
D 心目　　不料　　映射　　疾患　　尤其

DAY 11

5 골라내는 것도 노하우가 필요하다.

공략비법 10 성어

출제 형식

의미가 다른 4개 성어 중 문맥에 알맞은 성어를 고르는 문제가 출제되는데, 대부분 성어의 뜻만 알고 있으면 다른 빈칸을 살펴보지 않고도 정답을 찾을 수 있는 문제 유형이다.

핵심 전략

1. ★빈칸이 포함된 문장을 해석하고 그 내용과 관련된 성어를 선택하자.

> 예) 我有好几次在路上看到那位太太，她总是眼神呆呆的、_____地独自走着。
> A 无能为力   B 无穷无尽   C 无精打采   D 无所畏惧
>
> 나는 길에서 여러 번 그 부인을 보았는데, 그녀는 항상 멍한 눈빛으로 기운 없이 혼자서 걷고 있었다.
> A 능력이 없다   B 무궁무진하다   C 기운이 없다   D 아무것도 두렵지 않다
>
> ▶ '眼神呆呆的(눈빛이 멍하다)'와 어울리는 의미로 C가 가장 적절하다.

2. ★성어에 포함된 글자 하나하나의 의미를 파악하여 전체 의미를 유추하자.

> 예) 川流不息: 川(냇물) + 流(흐르다) + 不(아니다) + 息(쉬다)
> 냇물이 흐르는 것처럼 쉬지 않다
> ▶ (행인, 차량 등이) 냇물처럼 끊임없이 오가다
>
> 微不足道: 微(미미하다) + 不(아니다) + 足(족히 ~할 만하다) + 道(말하다)
> 미미해서 말할 만한 것이 못 된다
> ▶ 하찮아서 말할 가치도 없다, 보잘것없다

3 성어를 암기할 때 그 의미 외에도 ★어법적 기능을 함께 알아두면 문제 풀이가 보다 쉬워지므로, 이 점 또한 유념하도록 하자.

> 예 _____, 水在我们生活中起着非常重要的作用。
> A 家喻户晓   B 滔滔不绝   C 目空一切   D 众所周知
>
> 누구나 다 알듯이 물은 우리 생활에서 매우 중요한 역할을 한다.
> A 사람들이 모두 안다   B 쉴새 없이 말하다   C 안하무인이다   D 누구나 다 알다
>
> ▶ A와 D의 의미가 비슷하지만, 문장 맨 앞에 위치할 수 있는 성어는 D이다.

유형맛보기 1

选词填空。

俗话说"良言一句三冬暖，恶语伤人六月寒"。我们要善于运用我们的语言，为<u>沮丧</u>的人送上一句鼓励的话；为自卑的人送上一句<u>增添</u>信心的话；为失意的人送上一句<u>安慰</u>的话，这就好比<u>雪中送炭</u>。

A 落魄 ⊙	加重 ✕	安抚 ⊙	见风使舵 ✕
B 尴尬 ✕	加以 ✕	劝告 ✕	落井下石 ✕
C 寂寞 ✕	增强 ⊙	慰问 ✕	知足常乐 ✕
Ⓓ 沮丧 ⊙	增添 ⊙	安慰 ⊙	雪中送炭 ⊙

빈칸에 알맞은 단어를 고르세요.

속담에 '좋은 말 한마디는 추운 겨울에도 따뜻함을 느끼게 하고, 악한 말로 사람을 상하게 하면 유월의 더위도 춥게 느껴진다(良言一句三冬暖, 惡語傷人六月寒)'이라는 말이 있다. 우리는 언어를 잘 활용해야 하는데 <u>낙담한</u> 사람에게는 격려의 말 한마디를 건네고 열등감을 느끼는 사람에게는 자신감을 <u>더하는</u> 말 한마디를 해주고 또 실의에 빠진 사람에게는 <u>위로하는</u> 말 한마디를 전하는 것, 이것이 바로 '<u>설중송탄(눈 오는 날 숯을 보내 따뜻하게 해주다)</u>'와도 같은 것이다.

A 낙담하다 ⊙ | 가중하다 ✕ | 위로하다 ⊙ | 바람을 보고 노를 젓다 ✕
B 난처하다 ✕ | 가하다 ✕ | 권고하다 ✕ | 우물에 빠진 사람에게 돌을 던지다 ✕
C 적막하다 ✕ | 강화하다 ⊙ | 위문하다 ✕ | 만족함을 알면 항상 즐겁다 ✕
D 낙담하다 ⊙ | 더하다 ⊙ | 위로하다 ⊙ | 눈 속에 갇힌 사람에게 숯을 보내다 ⊙

지문 어휘 良言一句三冬暖, 恶语伤人六月寒 liángyán yí jù sāndōng nuǎn, èyǔ shāng rén liù yuè hán 속담 좋은 말 한마디는 추운 겨울에도 따뜻함을 느끼게 하고, 악한 말로 사람을 상하게 하면 유월의 더위도 춥게 느껴진다 | 善于 shànyú 통 ~을 잘하다, ~에 능하다 | 运用 yùnyòng 통 활용하다, 운용하다 | 鼓励 gǔlì 통 격려하다, 용기를 북돋우다 | 自卑 zìbēi 통 열등감을 가지다, 스스로 낮추다 ★ | 失意 shīyì 형 실의하다, 뜻을 이루지 못하다, 뜻대로 되지 않다 | 好比 hǎobǐ 통 마치 ~와 같다, 흡사 ~와 비슷하다

보기 어휘

A 落魄 luòpò 동 낙담하다, 실의에 빠지다 | 加重 jiāzhòng 동 가중하다, 늘리다 | 安抚 ānfǔ 동 위로하다, 위안하다 | 见风使舵 jiànfēngshǐduò 성 바람을 보고 노를 젓다, 형편을 보아 가며 일을 처리하다, 기회주의적 태도를 지니다

B 尴尬 gāngà 형 난처하다, 곤란하다 ☆ | 加以 jiāyǐ 동 ~을 가하다 접 게다가, ~한데다가 | 劝告 quàngào 동 권고하다, 충고하다 명 권고, 충고 | 落井下石 luòjǐngxiàshí 성 우물에 빠진 사람에게 돌을 던지다, 엎친 놈 위에 덮친다, 남의 어려움을 틈타 해를 가하다

C 寂寞 jìmò 형 적막하다, 외롭다, 쓸쓸하다 | 增强 zēngqiáng 동 강화하다, 높이다 | 慰问 wèiwèn 동 위문하다, 위로하고 안부를 묻다 ☆ | 知足常乐 zhīzúchánglè 성 만족함을 알면 항상 즐겁다 ☆

D 沮丧 jǔsàng 형 낙담하다, 풀이 죽다 동 낙담하게 하다, 용기를 잃게 하다 | 增添 zēngtiān 동 더하다, 늘리다, 보태다 ☆ | 安慰 ānwèi 동 위로하다, 위안하다 형 위로가 되다, 마음이 편하다 | 雪中送炭 xuězhōngsòngtàn 성 눈 오는 날 숯을 보내 따뜻하게 해주다, 다른 사람이 급할 때 도움을 주다

정답 D

해설

1. 첫 번째 빈칸: '鼓励(격려)'와 반대되는 의미로 'A 落魄'와 'D 沮丧'이 다 가능하다.
   A 落魄 동 낙담하다, 실의에 빠지다 - 失魂落魄,
           落魄 + 的 + 状态(상태) / 境遇(처지)
   B 尴尬 형 난처하다, 입장이 곤란하다 - 表情(표정) / 场面(장면) / 气氛(분위기) + 尴尬
   C 寂寞 형 외롭다, 적막하다, 쓸쓸하다 - 不甘(원하지 않다) / 摆脱(벗어나다) + 寂寞
   D 沮丧 형 낙담하다, 풀이 죽다 - 情绪(기분) / 表情(표정) / 神情(표정) + 沮丧
        동 낙담하게 하다, 용기를 잃게 하다

2. 두 번째 빈칸: '信心(자신감)'과 호응하는 것으로 'C 增强'과 'D 增添'이 다 가능하다.
   A 加重 동 가중하다, 늘리다
        - 加重 + 语气(어기) / 压力(스트레스) / 负担(부담) / 危机(위기) / 环境污染(환경 오염)
   B 加以 동 ~을 가하다 [2음절 동사 앞에 위치해 앞에서 제시한 사물에 대해 어떤 동작을 가하는 것을 나타냄]
        - 加以 + 说明(설명하다) / 分析(분석하다) / 解决(해결하다) / 整理(정리하다) / 限制(제한하다)
        접 게다가, ~한데다가 [앞 문장을 이어받아 한층 더한 원인이나 조건을 제시함]
   C 增强 동 강화하다, 높이다 - 增强 + 体质(체력) / 力量(역량) / 意识(의식) / 实力(실력) / 竞争力(경쟁력)
   D 增添 동 더하다, 늘리다, 보태다 - 增添 + 力量(역량) / 魅力(매력) / 气氛(분위기) / 乐趣(재미) / 色彩(색채)

3. 세 번째 빈칸: '失意(실의에 빠지다)'와 어울리는 의미로 'A 安抚'와 'D 安慰'가 다 가능하다
   A 安抚 동 위로하다, 위안하다 - 安抚 + 难民(난민) / 灾民(이재민) / 群众(대중)
   B 劝告 동 권고하다, 충고하다 - 一再(거듭) + 劝告
        명 권고, 충고 - 接受(받아들이다) / 听从(따르다) + 劝告
   C 慰问 동 위문하다 - 慰问 + 灾民(이재민) / 病人(환자) / 贫困户(빈곤 가정) / 孤寡老人(독거 노인)
   D 安慰 동 위로하다 - 安慰 + 病人(환자) / 孩子(아이)
        형 위로가 되다, 마음이 편하다

4. 네 번째 빈칸: 빈칸 앞의 내용에 비추어 긍정적인 의미를 지니는 성어임을 알 수 있다. 문맥상 도움이 필요한 다른 사람을 도와준다는 의미이므로 'D 雪中送炭'만 가능하다. '雪中送炭'에 내포된 의미를 파악하기 어려울 경우 표면적 의미인 '눈 오는 날 숯을 보내다'를 통해 그 속에 담긴 의미를 유추하도록 하자.
   A 见风使舵 성 바람을 보고 노를 젓다
              형편을 보아 가며 일을 처리하다, 기회주의적 태도를 지니다
   B 落井下石 성 우물에 빠진 사람에게 돌을 던지다
              남의 어려움을 틈타 해를 가하다
   C 知足常乐 성 만족을 알면 항상 즐겁다
   D 雪中送炭 성 눈 오는 날 숯을 보내 따뜻하게 해주다
              다른 사람이 급할 때 도움을 주다

选词填空。

我们在爬山的时候，如果背包过重，你不但无心<u>欣赏</u>沿途的风景，也会落后于别人的<u>步伐</u>。背包越重，爬山的速度自然会越慢，在这样的压力下，你怎么能<u>自由自在</u>地爬山？又怎能体会到爬山的<u>乐趣</u>呢？

A	鉴赏 ✗	步骤 ✗	前赴后继 ✗	欢乐 ✗
B	观赏 ◉	脚步 ◉	一路平安 ✗	魅力 ◉
C	观看 ◉	顺序 ✗	废寝忘食 ✗	趣味 ◉
D	**欣赏 ◉**	**步伐 ◉**	**自由自在 ◉**	**乐趣 ◉**

빈칸에 알맞은 단어를 고르세요.

우리가 등산을 할 때 배낭이 너무 무거우면 길가의 풍경을 <u>감상할</u> 마음이 사라질 뿐만 아니라 다른 사람들에 비해 <u>걸음도</u> 뒤처지게 된다. 배낭이 무거울수록 산을 오르는 속도는 자연히 느려지는데 그런 압력 하에 어찌 <u>자유롭게</u> 등산을 할 수 있겠는가? 또한 어찌 등산의 <u>즐거움을</u> 느낄 수 있겠는가?

A 감상하다 ✗ | 절차 ✗ | 희생을 무릅쓰고 용감히 앞으로 나아가다 ✗ | 즐겁다 ✗
B 감상하다 ◉ | 발걸음 ◉ | 가는 길이 평안하기를 빈다 ✗ | 매력 ◉
C 관람하다 ◉ | 순서 ✗ | 전심전력하다 ✗ | 재미 ◉
D 감상하다 ◉ | 걸음 ◉ | 자유자재이다 ◉ | 즐거움 ◉

지문 어휘 过重 guòzhòng 동 중량을 초과하다 | 无心 wúxīn 동 생각이 없다, 마음이 없다, ~하고 싶지 않다 | 沿途 yántú 명 길가 형 길을 따라 | 落后于 luòhòuyú 동 ~에 비해 뒤처지다 | 体会 tǐhuì 동 체득하다, 체험하여 터득하다, 경험하여 알다

보기 어휘 A 鉴赏 jiànshǎng 동 감상하다 | 步骤 bùzhòu 명 절차, 순서, 차례 | 前赴后继 qiánfùhòujì 성 앞사람이 돌진하고 뒷사람이 바짝 뒤쫓아 가다, 희생을 무릅쓰고 용감하게 나아가다 | 欢乐 huānlè 형 즐겁다, 유쾌하다 ⭐

B 观赏 guānshǎng 동 감상하다 | 脚步 jiǎobù 명 발걸음, 걸음걸이, 보폭, 발자취 | 一路平安 yílùpíng'ān 성 가시는 길이 평안하길 빕니다 | 魅力 mèilì 명 매력

C 观看 guānkàn 동 관람하다, 보다, 참관하다 | 顺序 shùnxù 명 순서, 차례 | 废寝忘食 fèiqǐnwàngshí 성 침식(寢食)을 잊다, (어떤 일에) 전심전력하다, 매우 몰두하다 ⭐ | 趣味 qùwèi 명 재미, 흥미, 취미 ⭐

D 欣赏 xīnshǎng 동 감상하다, 좋다고 여기다 | 步伐 bùfá 명 걸음, 걸음걸이 ⭐ | 自由自在 zìyóuzìzài 성 자유자재이다, 자유롭다 | 乐趣 lèqù 명 즐거움 ⭐

정답 D

해설 1. **첫 번째 빈칸:** 동사 자리이다. '风景(풍경)'과 호응하는 것으로 'B 观赏', 'C 观看', 'D 欣赏'이 다 가능하다.

  A 鉴赏 동 감상하다 – 鉴赏 + 作品(작품) / 艺术品(예술품) / 字画(서화) / 古董(골동품)
  B 观赏 동 감상하다 – 观赏 + 景色(경치) / 美景(아름다운 풍경) / 红叶(단풍) / 商品(상품)
  C 观看 동 관람하다, 보다, 참관하다 – 观看 + 景色(경치) / 比赛(시합) / 电影(영화) / 演出(공연)
  D 欣赏 동 감상하다 – 欣赏 + 景色(경치) / 音乐(음악) / 作品(작품) / 艺术品(예술품)
      좋아하다, 마음에 들다 – 欣赏 + 사람 + 的 + 作风(태도) / 人品(인품) / 才华(재능)

2. **두 번째 빈칸:** 문맥상 등산 시의 걸음을 의미하는 것이므로 'B 脚步'와 'D 步伐'가 다 가능하다.
   A 步骤 명 (일이 진행되는) 절차, 순서 – 按照(~에 따라) + 步骤
   B 脚步 명 발걸음 – 放慢(늦추다) / 停住(멈추다) / 加快(재촉하다) / 移动(이동하다) + 脚步
   　　　　　　　　 沉重(무거운) / 匆匆(바쁜) / 急促(급한) + 的 + 脚步
   　　　　 발자취 [이전 사람이 후세 사람에게 남겨 놓은 규범]
   　　　　　　　　 – 前人(선인) / 历史(역사) / 发展(발전) + 的 + 脚步
   C 顺序 명 (시간이나 공간 상의) 순서, 차례 – 打乱(흐트러뜨리다) + 顺序
   　　　　　　　　　　　　　　　　　　　　 按照(~에 따라) + 顺序
   D 步伐 명 걸음, 걸음걸이 – 放慢(늦추다) / 加快(재촉하다) + 步伐
   　　　 대열의 보조 – 协调(맞추다) + 步伐
   　　　 보폭 – 步伐 + 大(크다) / 小(작다)
   　　　 (일이 진행되는) 속도, 순서 – 改革(개혁) + 的 + 步伐

3. **세 번째 빈칸:** 문맥상 자유롭게 등산한다는 의미이므로 'D 自由自在'만 가능하다.
   A 前赴后继 성 앞에 있는 사람이 용감히 돌진하고, 뒤에 있는 사람이 바짝 뒤쫓아가다
   　　　　　　　 희생을 무릅쓰고 용감하게 앞으로 나아가다
   B 一路平安 성 가는 길이 평안하기를 빈다 [먼 길을 떠나는 상대방에게 하는 인사말]
   C 废寝忘食 성 침식(寝食)을 잊다, 전심전력하다, 매우 몰두하다 ['夜以继日'의 동의어]
   D 自由自在 성 자유자재이다 [제한이나 속박이 전혀 없는 상태를 나타냄]

4. **네 번째 빈칸:** 명사 자리이고, 문맥상 빈칸 앞의 '爬山(등산하다)'과 함께 쓰여 '등산의 매력'이란 뜻의 'B 魅力', '등산의 재미'라는 뜻의 'C 趣味', '등산의 즐거움'이라는 뜻의 'D 乐趣'가 모두 가능하다. 나머지 보기인 'A 欢乐'는 형용사로 '즐겁다'는 뜻이므로, 빈칸에는 적절하지 않다.
   A 欢乐 형 즐겁다 – 欢乐 + 的 + 歌声(노랫소리) / 气氛(분위기)
   B 魅力 명 매력 – 充满(넘치다) / 富有(풍부하다) / 展示(드러내다) + 魅力
   　　　　　　　 独特(독특한) + 的 + 魅力
   C 趣味 명 재미, 흥미 – 增添(더하다) / 富有(풍부하다) + 趣味
   　　　 취미 – 趣味 + 高雅(고상하다) / 不俗(고상하다) / 庸俗(저속하다)
   D 乐趣 명 즐거움, 재미, 기쁨 – 增添(더하다) / 享受(누리다) + 乐趣
   　　　　　　　　　　　 人生(인생의) + 的 + 乐趣

내공 쌓기

성어를 쓰임에 따라 분류하여 암기해두면 독해 제2부분 뿐만 아니라 다른 부분의 문제 풀이에서도 크게 도움이 되므로 자주 출제되는 아래 성어들은 반드시 외워두도록 하자.

1 중첩 형식에 따른 분류

1. AABB 형식

- 堂堂正正 tángtángzhèngzhèng 정정당당하다, 광명정대하다
- 熙熙攘攘 xīxīrǎngrǎng 왕래가 빈번하고 왁자지껄한 모양, 북적거리다, 왕래가 빈번하고 번화하다
- 鬼鬼祟祟 guǐguǐsuìsuì 남몰래 숨어서 못된 짓을 꾸미다
- 风风雨雨 fēngfēngyǔyǔ ⭐ 반복되는 곤경, 정세가 어지러운 모양
- 风风火火 fēngfēnghuǒhuǒ 당황하여 어쩔 줄 모르는 모양, 허둥지둥하다, 허겁지겁하다
- 马马虎虎 mǎmǎhūhū ⭐ 적당히 대충하다, 건성으로 하다, 조심성이 없다, 소홀하다
- 形形色色 xíngxíngsèsè 형형색색의, 가지각색의, 여러 가지 종류의
- 家家户户 jiājiāhùhù ⭐ 가가호호, 집집마다
- 朝朝暮暮 zhāozhāomùmù 아침부터 저녁까지, 하루 종일, 늘, 언제나
- 是是非非 shìshìfēifēi ⭐ 시시비비, 사리를 공정하게 판단함을 이름
- 兢兢业业 jīngjīngyèyè ⭐ 신중하고 조심스럽게 맡은 일을 부지런하고 성실하게 하다

2. AABC 형식 (※ 의미는 BC에 집중되어 있음)

- 津津有味 jīnjīnyǒuwèi ⭐ 흥미진진하다, 감칠맛 나다, 아주 맛있다
- 津津乐道 jīnjīnlèdào 흥미진진하게 이야기하다
- 彬彬有礼 bīnbīnyǒulǐ ⭐ 점잖고 예절이 바르다
- 息息相关 xīxīxiāngguān ⭐ 서로 호흡이 이어지다, 관계가 아주 밀접하다, 밀접하게 관련되어 있다
- 滔滔不绝 tāotāobùjué ⭐ 끊임없이 계속되다, 말이 끝이 없다, 쉴 새 없이 말하다

• 念念不忘	niànniànbúwàng	마음에 두고 한시도 잊지 않다
• 跃跃欲试	yuèyuèyùshì	간절히 해 보고 싶다, 해 보고 싶어 안달이다
• 欣欣向荣	xīnxīnxiàngróng ★	(초목이) 무성하다, (사업이) 번창하다, 활기차게 발전하다, 번영하다
• 蒸蒸日上	zhēngzhēngrìshàng	날로 번영하다, 나날이 발전하다
• 默默无闻	mòmòwúwén	이름이 세상에 알려지지 않다
• 昏昏欲睡	hūnhūnyùshuì	(정신이나 의식이) 몽롱하고 졸리다, 아주 피곤하거나 원기가 없다
• 比比皆是	bǐbǐjiēshì ★	어느 것이나 모두 그렇다, 무척 많다
• 侃侃而谈	kǎnkǎn'értán ★	당당하고 차분하게 말하다
• 赫赫有名	hèhèyǒumíng	명성이 매우 높다, 명성이 자자하다

3. ABCC 형식

• 千里迢迢	qiānlǐtiáotiáo	길이 아주 멀다, 여정이 아주 멀다
• 得意洋洋	déyìyángyáng ★	득의양양하다
• 兴致勃勃	xìngzhìbóbó ★	흥미진진하다
• 人才济济	réncáijǐjǐ ★	인재가 넘치다, 유능한 인재가 매우 많다
• 生机勃勃	shēngjībóbó ★	생명력이 왕성하다, 생기발랄하다
• 忧心忡忡	yōuxīnchōngchōng	근심 걱정에 시달리다, 몹시 침울하다
• 议论纷纷	yìlùnfēnfēn ★	의견이 분분하다, 왈가왈부하다
• 小心翼翼	xiǎoxīnyìyì ★	조심하고 신중하여 소홀함이 없다, 매우 조심스럽다
• 大名鼎鼎	dàmíngdǐngdǐng	명성이 높다, 이름이 높이 나다
• 气喘吁吁	qìchuǎnxūxū	호흡을 가쁘게 몰아 쉬다, 숨이 가빠서 식식거리는 모양

2 감정 색채에 따른 분류

1. 긍정적 색채

• 得天独厚	détiāndúhòu ★	우월한 자연 조건을 갖고 있다, 특별히 좋은 조건을 갖추다
• 喜闻乐见	xǐwénlèjiàn ★	기쁜 마음으로 듣고 보다, 즐겨 듣고 즐겨 보다
• 引人注目	yǐnrénzhùmù ★	사람들의 이목을 끌다
• 朝气蓬勃	zhāoqìpéngbó ★	생기가 넘쳐흐르다, 생기발랄하다, 씩씩하다
• 锦上添花	jǐnshàngtiānhuā	좋은 일에 또 좋은 일이 더해지다, 더없이 좋다
• 苦尽甘来	kǔjìngānlái ★	고진감래, 고생 끝에 낙이 온다
• 富丽堂皇	fùlìtánghuáng	웅장하고 화려하다
• 金碧辉煌	jīnbìhuīhuáng	황금빛과 푸른빛이 찬란하다, (건축물 등이) 휘황찬란하다, 아름답고 격조 높다

- 滴水穿石 dīshuǐchuānshí   작은 힘이라도 꾸준히 계속하면 성공할 수 있다
- 循序渐进 xúnxùjiànjìn ★   순차적으로 진행하다, 점차적으로 발전시키다
- 自由自在 zìyóuzìzài ★   자유자재 하다, 자유롭다
- 因地制宜 yīndìzhìyí ★   지역 실정에 맞게 적절한 대책을 세우다
- 因势利导 yīnshìlìdǎo   정세나 상황에 따라 유리하게 이끌다
- 迎刃而解 yíngrèn'érjiě ★   핵심인 문제만 해결하면 다른 것들은 잇따라 풀린다, 순리적으로 문제가 해결되다
- 雪中送炭 xuězhōngsòngtàn ★   눈 오는 날 숯을 보내 따뜻하게 해주다, 다른 사람이 급할 때 도움을 주다

2. 부정적 색채

- 不屑一顾 búxièyígù ★   거들떠볼 가치도 없다, 하찮게 여기다
- 拔苗助长 bámiáozhùzhǎng ★   일을 급하게 이루려고 하다가 도리어 일을 그르치다
- 画蛇添足 huàshétiānzú ★   쓸데없는 짓을 하여 도리어 일을 잘못되게 하다
- 南辕北辙 nányuánběizhé ★   하는 행동과 목적이 상반되다
- 雪上加霜 xuěshàngjiāshuāng ★   설상가상이다, 엎친 데 덮친 격이다
- 奇装异服 qízhuāngyìfú   기괴한 복장, 이상한 차림새
- 暴殄天物 bàotiǎntiānwù   함부로 낭비하다, 과소비하다
- 弄巧成拙 nòngqiǎochéngzhuō   재주를 피우려다 일을 망치다
- 见风使舵 jiànfēngshǐduò   바람을 보고 노를 젓다, 형편을 보아가며 일을 처리하다, 기회주의적 태도를 지니다
- 落井下石 luòjǐngxiàshí   우물에 빠진 사람에게 돌을 던지다, 엎친 놈 위에 덮친다, 남의 어려움을 틈타 해를 가하다
- 莫名其妙 mòmíngqímiào ★   영문을 알 수 없다, 오묘하다

3 의미상 분류

1. 사람과 관련된 성어

❶ 긍정적 의미

- 无微不至 wúwēibúzhì ★   사소한 부분까지 신경을 쓰다, 배려하고 보살핌이 세심하고 주도면밀하다
- 一丝不苟 yìsībùgǒu ★   (일을 하는 데 있어) 조금도 소홀히 하지 않다, 조금도 빈틈이 없다
- 精益求精 jīngyìqiújīng ★   훌륭하지만 더욱 더 완벽을 추구하다
- 精打细算 jīngdǎxìsuàn ★   면밀하게 계획하다
- 聚精会神 jùjīnghuìshén ★   정신을 집중하다, 전심하다, 열중하다
- 兴高采烈 xìnggāocǎiliè ★   매우 기쁘다, 신바람이 나다, 매우 흥겹다

- 难能可贵 nánnéngkěguì ⭐ 쉽지 않은 일을 해내어 대견스럽다, 매우 장하다
- 同心同德 tóngxīntóngdé 한마음 한 뜻이 되다, 모두가 마음을 합치다
- 称心如意 chènxīnrúyì ⭐ 마음에 꼭 들다, 생각대로 되다
- 见义勇为 jiànyìyǒngwéi ⭐ 정의로운 일을 보고 용감하게 뛰어들다, 불의를 보면 참지 못하다
- 废寝忘食 fèiqǐnwàngshí ⭐ 침식(寝食)을 잊다, 전심전력하다, 매우 몰두하다
- 持之以恒 chízhīyǐhéng ⭐ 오랫동안 견지하다, 끈기 있게 꾸준히 하다
- 锲而不舍 qiè'érbùshě ⭐ 중도에 그만두지 않고 끝까지 조각하다, 나태함 없이 끈기 있게 끝까지 해내다
- 坚持不懈 jiānchíbúxiè ⭐ 조금도 느슨해지지 않고 끝까지 견지하다
- 自强不息 zìqiángbùxī 자강불식, 스스로 노력하여 게을리 하지 않다
- 笨鸟先飞 bènniǎoxiānfēi 둔한 새가 먼저 난다, 능력이 모자란 사람이 남에게 뒤질까 봐 먼저 행동을 개시하다
- 龙马精神 lóngmǎjīngshén 원기 왕성하다, 건전하고 활기찬 정신
- 出类拔萃 chūlèibácuì ⭐ 같은 무리 가운데에서 특별히 뛰어나다, 뭇 사람보다 뛰어나다
- 倾国倾城 qīngguóqīngchéng 절세미인
- 沉鱼落雁 chényúluòyàn (여자가 너무 아름다워) 물고기가 보고 물 속으로 숨고, 기러기가 보고 모래톱에 내려앉는다, 매우 아름다운 여자
- 神机妙算 shénjīmiàosuàn 신묘한 지략과 교묘한 계책
- 全力以赴 quánlìyǐfù ⭐ 전력을 다하다, 최선을 다하다
- 脚踏实地 jiǎotàshídì ⭐ 실제에 근거하여 착실하게 일하다, 일하는 것이 착실하고 견실하다
- 实事求是 shíshìqiúshì ⭐ 실사구시, 사실에 토대로 하여 진리를 탐구하다.
- 知足常乐 zhīzúchánglè ⭐ 만족함을 알면 항상 즐겁다
- 无所畏惧 wúsuǒwèijù 아무것도 두려워하지 않다
- 前赴后继 qiánfùhòujì 앞사람이 돌진하고 뒷사람이 바짝 뒤쫓아가다

❷ 중성적 의미

- 出乎意料 chūhūyìliào ⭐ 예상 밖이다, 뜻밖이다
- 司空见惯 sīkōngjiànguàn ⭐ 사공은 자주 보아서 신기하지 않다, 늘 보아서 신기하지 않다, 흔히 있는 일이다
- 一目了然 yímùliǎorán ⭐ 일목요연하다, 한눈에 환히 알다
- 恍然大悟 huǎngrándàwù ⭐ 문득 모든 것을 깨치다
- 恍若隔世 huǎngruògéshì 마치 딴 세상 같다
- 拭目以待 shìmùyǐdài 눈을 비비며 기다리다, 손꼽아 기다리다, 간절히 기대하다
- 目瞪口呆 mùdèngkǒudāi ⭐ (놀라거나 두려워서) 어안이 벙벙하다, 어리둥절하다, 아연실색하다

❸ 부정적인 의미

- 肆无忌惮 sìwújìdàn 제멋대로 굴고 전혀 거리낌이 없다
- 无动于衷 wúdòngyúzhōng ⭐ 마음에 전혀 와 닿지 않다, 아무런 느낌이 없다

- 不择手段 bùzéshǒuduàn ⭐   목적을 달성하기 위해 수단 방법을 가리지 않다
- 丢三落四 diūsānlàsì ⭐   흐리멍덩하다, 이것저것 빠뜨리다, 건망증이 심하여 이 일 저 일 잘 잊어버리다
- 半途而废 bàntú'érfèi ⭐   일을 중도에 그만두다, 도중에 포기하다
- 急功近利 jígōngjìnlì ⭐   조급한 성공과 눈앞의 이익에만 급급하다
- 急于求成 jíyúqiúchéng ⭐   객관적인 조건을 무시하고 서둘러 목적을 달성하려 하다
- 目空一切 mùkōngyíqiè   눈에 보이는 게 없다, 안하무인이다, 건방지고 남을 업신여기다
- 无理取闹 wúlǐqǔnào   아무런 까닭 없이 남과 다투다, 고의로 소란을 피우다
- 无精打采 wújīngdǎcǎi ⭐   의기소침하다
- 无能为力 wúnéngwéilì ⭐   힘을 제대로 쓰지 못하다, 능력이 없다, 능력이 미치지 못하다
- 浅见寡闻 qiǎnjiànguǎwén   견해가 천박하고 견문이 넓지 않다
- 处心积虑 chǔxīnjīlǜ   여러 모로 궁리하고 계산하다, 별의별 궁리를 다 하다
- 沽名钓誉 gūmíngdiàoyù   (어떤 수단을 부려) 명예를 탐내다
- 口蜜腹剑 kǒumìfùjiàn   웃음 속에 칼을 품다, 입으로는 달콤하게 말하면서 뱃속에 칼을 품다, 겉으로는 좋은 체하나 속으로는 해치려는 마음을 가지고 있다
- 装腔作势 zhuāngqiāngzuòshì   거드름을 피우다, 폼을 잡다
- 桀骜不驯 jié'àobúxùn   사납고 고집스럽다, 사납고 말을 잘 듣지 않다
- 专横跋扈 zhuānhèngbáhù   제멋대로 난폭하게 굴다
- 愁眉苦脸 chóuméikǔliǎn ⭐   걱정과 고뇌에 쌓인 표정, 우거지상
- 视而不见 shì'érbújiàn ⭐   보고도 못 본 척 하다, 관심이 없다

2. 자연 경치와 관련된 성어

- 流连忘返 liúliánwàngfǎn ⭐   놀이에 빠져 돌아가는 것을 잊다, 아름다운 경치에 빠져 떠나기 싫어하다
- 秋高气爽 qiūgāoqìshuǎng   가을 하늘은 높고 날씨는 상쾌하다
- 美不胜收 měibúshèngshōu   훌륭한 것이 많아서 이루 다 즐길 수 없다, 멋진 것이 하도 많아 미처 다 감상할 수 없다
- 世外桃源 shìwàitáoyuán   무릉도원, 별천지
- 风和日丽 fēnghérìlì   바람은 산들산들하고 햇볕은 따사롭다

3. 양이 적거나, 규모가 작거나, 시간이 짧은 것을 나타내는 성어

- 寥寥无几 liáoliáowújǐ ⭐   수량이 매우 적다, 매우 드물다
- 屈指可数 qūzhǐkěshǔ   손을 꼽아 셈할 수 있다, 손꼽을 정도이다
- 前所未有 qiánsuǒwèiyǒu ⭐   역사상 유례가 없다
- 空前绝后 kōngqiánjuéhòu ⭐   전무후무하다, 이전에도 없었고 앞으로도 없다
- 绝无仅有 juéwújǐnyǒu ⭐   오직 한 개뿐 다른 것은 없다

- 独一无二 dúyīwú'èr ⭐   유일하다, 하나밖에 없다, 같은 것이 없다
- 微乎其微 wēihūqíwēi   매우 작다, 매우 적다, 극히 미미하다
- 九牛一毛 jiǔniúyìmáo   아홉 마리 소의 몸에 난 수많은 털 중의 한 가닥, 많은 가운데 극히 적은 부분
- 百年一遇 bǎiniányíyù   매우 보기 드문 일을 이르는 말
- 沧海一粟 cānghǎiyísù   큰 바다에 던져진 한 알의 좁쌀, 매우 작음, 보잘것없는 존재
- 凤毛麟角 fèngmáolínjiǎo   봉황의 털과 기린의 뿔, 매우 드물고 귀한 인재
- 日新月异 rìxīnyuèyì ⭐   변화와 발전이 빠르다
- 一朝一夕 yìzhāoyìxī ⭐   아주 짧은 시간
- 昙花一现 tánhuāyíxiàn   활약하던 사람 혹은 귀한 사물이 덧없이 사라지다
- 一蹴而就 yícù'érjiù ⭐   일이 쉬워 단번에 이루다
- 稍纵即逝 shāozòngjíshì   (시간이나 기회는) 조금만 늦어도 사라져 버린다

4. 양이 많거나, 규모가 크거나, 시간이 긴 것을 나타내는 성어

- 络绎不绝 luòyìbùjué ⭐   (사람·수레·배 따위의) 왕래가 빈번해 끊이지 않다
- 川流不息 chuānliúbùxī ⭐   (행인·차량 등이) 냇물처럼 끊임없이 오가다, 꼬리에 꼬리를 물고 이어지다
- 人山人海 rénshānrénhǎi ⭐   모인 사람이 대단히 많다, 인산인해
- 应有尽有 yīngyǒujìnyǒu ⭐   온갖 것이 다 있다, 없는 것이 없다, 모두 갖추어져 있다
- 举不胜举 jǔbúshèngjǔ ⭐   일일이 헤아릴 수 없다, 일일이 열거할 수 없다
- 琳琅满目 línlángmǎnmù   눈 앞에 아름다운 물건이 가득하다, 아름다운 물건이 아주 많다
- 门庭若市 méntíngruòshì   찾아오는 사람이 많다, 현관과 정원이 시장을 이룬 듯이 시끌벅적하다, 문전성시를 이루다
- 浩如烟海 hàorúyānhǎi   망망대해처럼 넓고 끝이 없다, (서적이나 자료가) 헤아릴 수 없을 정도로 많다, 대단히 풍부하다
- 庞然大物 pángrándàwù   대단히 거대한 물건, 외견상으로 대단히 거대해 보이지만 실상 내실은 없는 것
- 学海无涯 xuéhǎiwúyá   학문의 세계는 끝이 없다
- 学无止境 xuéwúzhǐjìng   학문에는 끝이 없다
- 无穷无尽 wúqióngwújìn ⭐   무궁무진하다, 무진장하다, 한이 없다
- 日积月累 rìjīyuèlěi ⭐   (자료·정보·경험·불만 등이) 날마다 조금씩 쌓이다, 갈수록 더해 가다
- 长此以往 chángcǐyǐwǎng   (주로 좋지 않은 상황에 쓰여) 이런 식으로 나아가다, 계속 이 상태로 나아가다, 늘 이렇게 해 나가다
- 天长日久 tiānchángrìjiǔ ⭐   오랜 세월이 지나다
- 遥遥无期 yáoyáowúqī   기약도 없이 아득하다
- 成年累月 chéngniánlěiyuè   오랜 세월. 장구한 역사

5. 사람이나 사물의 명성과 관련된 성어

- 众所周知 zhòngsuǒzhōuzhī ⭐   모든 사람이 다 알고 있다
- 家喻户晓 jiāyùhùxiǎo ⭐   집집마다 다 알다, 사람마다 모두 알다
- 举世瞩目 jǔshìzhǔmù ⭐   전세계 사람들이 주목하다
- 举世闻名 jǔshìwénmíng ⭐   전세계에 이름이 알려지다, 명성이 아주 크다
- 远近闻名 yuǎnjìnwénmíng   널리 이름이 나 있다
- 闻名遐迩 wénmíngxiá'ěr   명성이 두루 알려져 있다
- 妇孺皆知 fùrújiēzhī ⭐   부녀자와 어린이들조차 모두 알고 있다, 모든 사람이 알고 있다
- 声名远扬 shēngmíngyuǎnyáng   명성이 멀리까지 퍼지다
- 驰名中外 chímíngzhōngwài ⭐   중국 내외에서 명성을 떨치다
- 名不虚传 míngbùxūchuán   명성이나 명예가 헛되이 퍼진 것이 아니다, 명실상부하다
- 名副其实 míngfùqíshí ⭐   명성과 실상이 서로 부합되다, 명실상부하다
- 有口皆碑 yǒukǒujiēbēi ⭐   모든 입이 다 공덕의 글이 새겨진 비석이다, 칭송이 자자하다
- 名不副实 míngbúfùshí ⭐   명성이 실상과 부합되지 않다, 유명무실하다

4 기타

1. 문장 맨 앞에 위치하는 성어

- 众所周知 zhòngsuǒzhōuzhī ⭐   모든 사람이 다 알고 있다
- 迄今为止 qìjīnwéizhǐ ⭐   지금까지
- 总而言之 zǒng'éryánzhī ⭐   총괄적으로 말하면, 요컨대, 결론적으로 말하면
- 久而久之 jiǔ'érjiǔzhī ⭐   오랜 시일이 지나다, 긴 시간이 지나다
- 长此以往 chángcǐyǐwǎng   (주로 좋지 않은 상황에 쓰여) 이런 식으로 나아가다, 계속 이 상태로 나아가다, 늘 이렇게 해 나가다

2. 명사로만 쓰이는 성어

- 当务之急 dāngwùzhījí ⭐   당장 급히 처리해야 하는 일, 급선무
- 后顾之忧 hòugùzhīyōu ⭐   뒷걱정
- 天伦之乐 tiānlúnzhīlè ⭐   가족이 느끼는 단란함
- 锦绣前程 jǐnxiùqiánchéng ⭐   유망한 전도, 아름답고 빛나는 미래
- 风土人情 fēngtǔrénqíng ⭐   지방의 특색과 풍습, 풍토와 인심
- 深情厚谊 shēnqínghòuyì   깊고 돈독한 정
- 悬崖峭壁 xuányáqiàobì   험준한 산세

실전 테스트

第1-5题 选词填空。

1 ＿＿翻出了十年前的照片，＿＿。不由自主地感叹青春易逝，年华易老。我们应该懂得珍惜，用心呵护美好，＿＿自己的人生，别迷失了生活的方向。

A 偶然	恍若隔世	把握
B 毅然	恍然大悟	掌握
C 居然	莫名其妙	控制
D 蓦然	出乎意料	抑制

2 上海的南京路是上海开埠后最早建立的一条商业街。这条路是商业店铺比较密集、现代化气息十分＿＿的地段，以奢侈品和高端消费为＿＿。与此同时，独特的＿＿与现代的奢华时尚交织，为这条老街增添了别样的魅力，现代化的大型建筑使南京路更加绮丽＿＿。

A 深厚	格局	精打细算	宏大
B 浓郁	主题	称心如意	繁荣
C 浓厚	主流	风土人情	繁华
D 雄厚	宗旨	远近闻名	崇高

3. 在体育项目中，种子选手____是指有一定实力的选手。为了____种子选手在小组赛中相遇而被____，会把他们分到不同的小组。这样，水平高的选手就能在后面的比赛中同场竞技。因此，最____的比赛往往出现在最后。

A 通常　　防止　　淘汰　　引人注目
B 普通　　防御　　退步　　小心翼翼
C 一般　　截止　　打败　　举世闻名
D 照常　　阻止　　退出　　津津乐道

4. 创意的关键不在于你有没有____的想法或理念，而在于你是否愿意为此付出努力，____地去做。就像人们常说的那样，创意是人人都有的，而关键是我们要放弃____，要____地去做。因为想法可以有无数个，而行动却只能有一个。

A 优秀　　司空见惯　　理想　　一目了然
B 出色　　一丝不苟　　幻想　　脚踏实地
C 优异　　迎刃而解　　联想　　实事求是
D 优质　　急于求成　　空想　　全力以赴

5. 父母是孩子的第一任老师。一项研究____：孩子在幼儿时期，好奇心在不断增强，喜欢自己去____新事物。作为父母应该把握孩子这个时期的心理特点，____，在确保孩子安全的____下，让孩子去做力所能及的事情。

A 证明　　领会　　因地制宜　　情况
B 表明　　体会　　视而不见　　情节
C 显示　　体验　　因势利导　　前提
D 认可　　履行　　拭目以待　　情景

제3부분
빈칸에 문장 채우기

6 모르면 쿨하게 패스! 모든 지문을 볼 필요는 없다!

공략 비법 11 연결사(부사, 접속사)

공략 비법 12 대명사

공략 비법 13 문장 성분 및 문맥 파악

阅读

제3부분
빈칸에 문장 채우기

문제 형식

독해 제3부분은 400~500자 지문이 2개 제시되고 한 지문 당 5개의 빈칸이 주어져, 빈칸에 알맞은 내용을 보기 A, B, C, D, E 중 하나씩 선택하여 채우는 형태로 71~80번까지 총 10문항이 출제된다.

출제 경향

독해 제3부분은 ★연결사(부사, 접속사)를 단서로 고르는 유형, 대명사를 단서로 고르는 유형, 문장 성분 및 문맥을 단서로 고르는 유형으로 나눌 수 있다. 최근에는 세가지 영역이 골고루 출제되고 있으며, 간혹 ★한가지 단서가 아닌 글의 전체적인 내용을 이해해야 풀 수 있는 문제도 출제되고 있다.

출제 비율

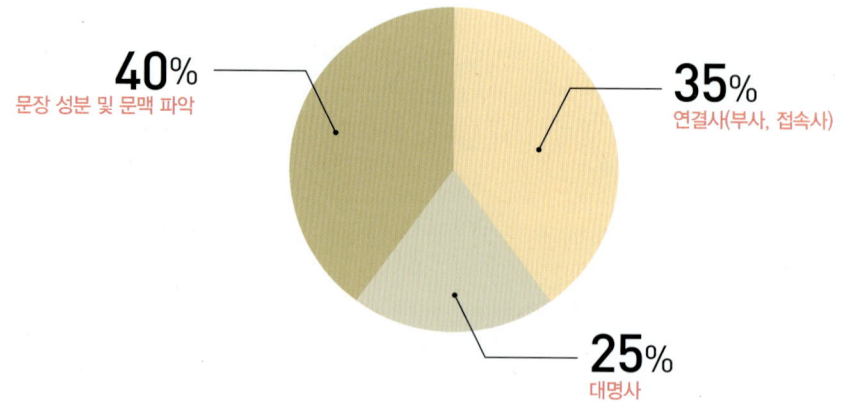

40% 문장 성분 및 문맥 파악
35% 연결사(부사, 접속사)
25% 대명사

독해 3부분 유형 예시

1. 연결사(부사, 접속사)를 단서로 고르는 유형

当今，造纸主要使用木质原料，要使木块分解成纤浆，再将其漂白、浓缩，必须添加一些酸性剂。这种酸性剂残留在纸张上，在外界环境的作用下起着"焚书"的作用。目前虽已生产出一些无酸纸，(71)_____，并没有得到普及。

정답：但由于产量低、价格贵

▶ '虽A, 但B(비록 A하지만 B하다)' 구문임을 알 수 있다.

2. 대명사를 단서로 고르는 유형

神农架位于湖北省西北部，这里地处中国西部高原，也是中国亚热带与温带的过渡地带，气候独特，生物资源十分丰富。
(72)_____。这里生长的中草药植物多达1300余种，种类之多居中国之首。

정답：神农架的药物资源丰富

▶ 빈칸 뒤 문장에서 '这里(이곳)'가 가리키는 것은 '神农架(선농지아)'임을 알 수 있다.

3. 문장 성분 및 문맥을 단서로 고르는 유형

范蠡的手下高价买来150匹马，可对去哪儿找生意却一筹莫展。范蠡沉思片刻，提笔写下张布告，(73)_____。布告上写着：本人新组建一支马队，将在南北间运送货物。为庆祝开张，3个月内运货回本地者一律免费！手下一看，急了："如今乱世，高价运货都难保不亏，您免费运送怎么赚钱？"但范蠡主意已定，手下只能照办。

정답：吩咐贴到城门口

▶ 빈칸 앞에서 '范蠡(범려)'가 '布告(게시문)'를 적었다고 하였으므로, 문맥상 빈칸에는 그것을 성문 입구에 붙이게 분부했다는 내용이 가장 적절하다.

 **문제는 이렇게 풀어라!**

Step 1 성급하게 보기 내용부터 보지 말고 일단 지문부터 읽어 나가자!

전체적인 글의 흐름을 알지 못하는 상태에서 빈칸이 제시되어 있는 부분만 읽고 정답을 고르려고 하면 오히려 문제 풀이가 더 어려워질 수 있다. 따라서 지문을 처음부터 속독으로 읽어 나가면서 무슨 내용인지 파악하고, 첫 번째 빈칸이 제시된 부분에서 보기를 전체적으로 살펴보자. 그리고 이때 보기 중 키워드가 될 만한 단어를 체크해놓고 빈칸에 들어갈 알맞은 답을 하나씩 선택해나가는 것이 더 빠르고 정확하게 문제를 풀 수 있는 방법이다.

Step 2 확실한 빈칸부터 채워나가자!

빈칸에 들어갈 정답을 확신할 수 없을 경우, 해당 부분을 계속 보고 있지 말고 확실한 빈칸부터 먼저 채우는 전략을 써야 시간을 절약할 수 있다. 4개의 빈칸에 알맞은 답만 정확히 고를 수 있다면 남은 하나의 빈칸에 들어갈 답은 저절로 채워지는 것이므로 문제 풀이에서 빈칸의 순서는 그리 중요하지 않다.

Step 3 본인이 선택한 답이 글의 문맥에 맞는지 빠르게 검토하자!

독해 제3부분은 5개의 문제에 해당하는 정답으로 나열한 보기 순서에서 하나만 잘못되어도 나머지 문제에 영향을 끼칠 가능성이 높아 한꺼번에 많은 점수를 잃게 될 수도 있다. 그러므로 전체 문제를 7~8분 안에 풀고, 본인이 선택한 정답이 전체 글의 내용에 맞는지 빠른 속도로 다시 한 번 체크하도록 하자.

6 모르면 쿨하게 패스! 모든 지문을 볼 필요는 없다!

공략비법 11 연결사(부사, 접속사)

출제 형식

지문 속 빈칸 앞뒤 문장이나 보기 문장에 포함되어 있는 연결사(부사, 접속사)를 단서로 하여 정답을 고를 수 있는 문제 유형이다.

핵심 전략

지문에서 빈칸 주변이나 보기로 제시된 문장에 아래와 같은 연결사가 있는 경우, 이를 단서로 빈칸에 들어갈 내용을 유추할 수 있다. 이 유형은 크게 단독으로 쓰이는 연결사와 호응 관계를 이루어 쓰이는 연결사 두 가지 경우로 나눌 수 있다. 연결사가 단서가 되어 출제되는 문제는 난이도가 쉬운 편에 속하므로 자주 출제되는 어휘와 짝꿍 표현을 반드시 익혀두도록 하자.

1 단독으로 쓰이는 부사와 접속사

부사	접속사	
也 都 还 更 再 又 就 便 才 却 其实 甚至 尤其	병렬	而, 并
	전환	但, 但是, 可, 可是, 不过, 而, 然而
	인과	所以, 因此, 因而, 从而, 以致, 以至, 可见, 故
	점층	而且, 并且, 况且, 何况
	가설	否则, 不然
	목적	以, 以便, 以免
	선후	于是, 然后

2 호응 관계를 이루어 쓰이는 짝꿍 표현

병렬 관계	既 + A，也 / 又 + B	A이기도 하고 B이기도 하다
전환 관계	虽 / 虽然 / 虽是 / 虽说 / 尽管 / 固然 + A， 但 / 但是 / 可 / 可是 / 不过 / 然而 + (却) + B	비록 A하지만 B하다
인과 관계	因为 / 由于 + A，所以 / 因此 / 因而 + B	A하기 때문에 그래서 B하다
	之所以 + A，是因为 / 是由于 + B	A인 것은 B이기 때문이다
	既然 + A，(那么) + 就 / 便 + B	기왕 A인 이상, (그러면) B이다
점층 관계	不但 / 不仅 / 不只 / 不光 / 不单 + A， 而且 / 并且 + (也 / 还 / 更) + B	A뿐만 아니라, 게다가 B하다
가설 관계	如果 / 要是 / 假如 / 若 / 倘若 + A + (的话)， (那么) + 就 / 便 / 则 + B	만약 A라면, (그러면) B하다
선택 관계	与其 + A，不如 + B 不是 + A，而是 + B	A하기 보다는 B하는 게 낫다 A가 아니라 B이다
조건 관계	只要 + A，就 / 便 + B 只有 / 除非 + A，才 + B	A하기만 하면 B하다 오직 A해야만 B하다
양보 관계	即使 / 哪怕 / 就算 / 就是 + A，也 / 还 + B	설령 A라 하더라도 B하다
긴축 관계	一 + A，就 / 便 + B	A 하자마자 B하다

1-5

据专业人士介绍，在发生交通事故时，如果系安全带的话，可使死亡率减少57%；如果不系安全带的话，即便是有安全气囊，**(1) C** <u>也很难保证我们的生命安全</u>。由此可见，安全带对我们来说是多么重要。因此，每个人都要提高安全意识，**(2) E** <u>养成上车即系安全带的好习惯</u>。

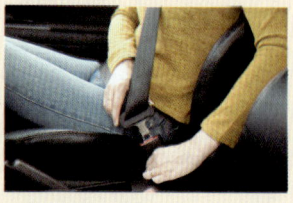

不过，在使用安全带的时候，我们要注意以下几点：第一，要常常检查安全带，一旦发现有损坏，**(3) A** <u>便需立即更换</u>。第二，在使用三点式安全带时，不要系在腰部，而应该系在髋部。**(4) B** <u>肩部安全带应斜跨胸前</u>，不能贴在颈部。第三，不要让安全带压在坚硬或者易碎的物体上。第四，座椅背部不能过于向后倾斜，最佳角度为100～110度，否则会使安全带无法正常伸长或收缩，影响使用效果。最后，**(5) D** <u>一个安全带只能一个人使用</u>，严禁双人共用。

A 便需立即更换
B 肩部安全带应斜跨胸前
C 也很难保证我们的生命安全
D 一个安全带只能一个人使用
E 养成上车即系安全带的好习惯

전문가에 따르면 교통 사고가 났을 때 만약 안전벨트를 매고 있으면 사망률을 57% 낮춰주지만 안전벨트를 매지 않으면 설령 에어백이 있어도 **(1) C** <u>우리의 생명 안전을 보장하기 어렵다</u>고 한다. 이로써 안전벨트가 우리에게 얼마나 중요한 것인지를 알 수 있다. 그렇기 때문에 우리는 모두 안전 의식을 높이고, **(2) E** <u>차에 타면 바로 안전벨트를 매는 습관을 길러야 한다</u>.
그런데 안전벨트를 사용할 때 다음 몇 가지를 주의해야 한다. 첫째, 안전벨트를 자주 검사해야 한다. 일단 벨트가 망가진 것을 발견하게 되면 **(3) A** <u>곧바로 교체해야 한다</u>. 둘째, 3점식(三點式) 안전벨트를 사용할 때는 허리 부위가 아닌 엉덩이뼈 부위에 매야 한다. **(4) B** <u>어깨 부위의 안전벨트는 가슴 앞을 가로질러 매야 하며</u> 목 부위에 닿으면 안 된다. 셋째, 안전벨트가 단단하거나 깨지기 쉬운 물건을 누르면 안 된다. 넷째, 의자 등받이가 너무 뒤쪽으로 기울어져 있으면 안 된다. 가장 좋은 각도는 100~110도 정도여야 하는데, 그렇지 않으면 안전벨트가 정상적으로 늘어나거나 줄어들지 못해 사용 효과에 영향을 미친다. 마지막으로 **(5) D** <u>한 개의 안전벨트는 한 명만 사용해야지</u> 절대 두 명이 함께 사용하면 안 된다.

A 곧바로 교체해야 한다
B 어깨 부위의 안전벨트는 가슴 앞을 가로질러 매야 한다
C 우리의 생명 안전을 보장하기 어렵다
D 한 개의 안전벨트는 한 명만 사용해야 한다
E 차에 타면 바로 안전벨트를 매는 습관을 길러야 한다

지문 어휘   专业人士 zhuānyè rénshì 전문가, 전문인사 | 事故 shìgù 명 사고 ★ | 系 jì 동 매다, 묶다 | 安全带 ānquándài 명 안전벨트 | 死亡 sǐwáng 명 사망, 멸망 ★ | 死亡率 sǐwánglǜ 명 사망률 | 安全气囊 ānquán qìnáng 명 에어백 | 意识 yìshí 명 의식 동 의식하다 ★ | 损坏 sǔnhuài 동 마모되다, 손상시키다, 훼손시키다 ★ | 三点式安全带 sān diǎn shì ānquándài 3점식 안전벨트 | 腰部 yāobù 명 허리 부위 | 髋部 kuānbù 엉덩이뼈 부위 | 颈部 jǐngbù 명 목 부위 | 坚硬 jiānyìng 형 단단하다, 견고하다 ★ | 易碎 yìsuì 형 깨지기 쉽다 | 过于 guòyú 부 지나치게, 과도하게, 몹시 | 倾斜 qīngxié 형 기울다, 경사지다 ★ | 角度 jiǎodù 명 각도 | 伸长 shēn cháng 동 길게 뻗다 | 收缩 shōusuō 동 수축하다, 줄이다 ★ | 效果 xiàoguǒ 명 효과 | 严禁 yánjìn 엄금하다, 엄격하게 금지하다 ★ | 共用 gòngyòng 동 함께 사용하다

보기 어휘   立即 lìjí 부 곧, 즉시, 바로 | 更换 gēnghuàn 동 바꾸다, 교체하다, 변경하다 | 肩部 jiānbù 명 어깨 부위, 어깨 | 斜跨 xié kuà 가로지르다, 크로스하다 | 保证 bǎozhèng 동 보증하다, 확실히 책임지다

정답   1. C   2. E   3. A   4. B   5. D

해설

1. 앞 절의 '即便(설령)'을 통해 '即便A, 也/还B(설령 A라 하더라도 B이다)' 구문임을 알 수 있으므로, 보기 중 '也'가 포함되어 있는 C가 정답이다.

2. 주어 '每个人(모든 사람들)'이 마땅히 해야 할 일을 '要' 뒤에서 제시하고 있는데, 모두가 안전 의식을 높여야 한다는 내용 뒤에 이어질 말로 가장 적절한 것은 안전 벨트를 매는 습관을 길러야 한다는 의미의 E이다.

3. 앞 절의 '一旦(일단)'을 통해 '一旦A, 就/便B(일단 A하면 바로 B이다)' 구문임을 알 수 있으므로, 보기 중 '便'이 포함되어 있는 A가 정답이다.

4. 빈칸 앞 문장은 안전벨트를 어느 신체 부위에 착용해야 하는지에 대해 설명하고 있고, 빈칸 뒤 절에도 신체 부위를 나타내는 '颈部(목 부위)'가 제시되어 있으므로, 문맥에 가장 잘 어울리는 B가 정답이다.

5. 뒤 절의 '双人共用(두 명이 함께 사용하다)'과 대조적으로 '一个人使用(한 명이 사용하다)'이 제시되어 있는 D가 정답이다.

내공 쌓기

문장 부호를 주목하자!
빈칸 앞뒤에 있는 문장 부호가 빈칸에 들어갈 알맞은 문장을 고르는 데 있어 중요한 단서가 될 수 있으므로 자주 등장하는 아래 문장 부호들의 용법을 반드시 알아두도록 하자.

1 쉼표(,) – 연결사(부사, 접속사) 연결, 주어와 술어 연결, 부사어와 술어 연결

❶ 접속사 연결

- 尽管工人加班生产，但是仍不能满足市场需要。
  노동자들이 야근을 하면서 생산하고 있지만 여전히 시장 수요를 만족시키지는 못한다.

- 连续的失败并没有让他灰心，反而更激起了他的斗志。
  계속된 실패는 결코 그를 낙담하게 하지 않았고, 오히려 그의 투지를 북돋아 주었다.

- 只要认真研究一下使用说明书，就能知道应该怎么操作这台机器了。
  사용 설명서만 열심히 연구한다면, 이 기계를 어떻게 조작해야 하는지 알 수 있다.

❷ 주어와 술어 연결

- 不同地区人们饮食习惯的差异，让各地饮食文化呈现出独特的风格。
  서로 다른 지역 사람들의 식습관 차이로 인해 각 지역의 음식문화는 독특한 스타일을 띠고 있다.

- 智能手机的出现，带来了人们交流、学习、娱乐方式的大转变。
  스마트폰의 출시는 사람들간의 소통, 학습, 놀이 방식에 있어 큰 변화를 가져왔다.

- 自由贸易区的建立，为国际经济合作创造了更多机遇。
  자유무역지대의 설립은 국제 경제 협력에 더 많은 기회를 창출했다.

❸ 부사어(전치사구)와 '주어 + 술어 + (목적어)' 연결

- 在导盲犬的引导下，盲人可以安全地到达目的地。
  맹인 안내견의 안내에 따라 맹인은 안전하게 목적지에 도착할 수 있다.

- 经过科学家反复试验，治疗新型病毒感染的疫苗终于问世。
  과학자의 반복된 실험을 거쳐, 신종 바이러스의 감염을 치료할 수 있는 백신이 드디어 출시되었다.

- 根据目击者提供的信息，警方迅速地抓获了犯罪嫌疑人。
  목격자가 제공한 정보를 근거로 경찰 측이 신속히 범죄 용의자를 검거했다.

2 물음표(？) – 吗의문문, 呢의문문, 의문사 의문문, 반어문

- 天气情况变化无常，那么，我们要如何才能摸清它的规律呢？
  날씨가 변화무상한데 그렇다면 우리는 어떻게 해야 날씨의 패턴을 정확히 파악할 수 있을까?

- 父母喜欢对孩子指手画脚，代替孩子做重要的决定，使得孩子失去了自我判断力。为什么我们不给孩子一个自己思考的空间呢？
  부모는 아이에게 이래라 저래라 하며 아이의 중요한 결정을 대신 하는 것을 좋아하는데, 이는 아이에게 판단력을 잃게 만들기도 한다. 왜 우리는 아이들이 스스로 사고할 수 있는 여지를 주지 않는 것일까?

3 쌍점(：) – 종류 열거, 부연 설명

- 写生素描在表现内容上可分为四类：静物素描、动物素描、风景素描、人体素描。
  스케치(소묘)는 표현하는 것에 따라 네 가지로 구분된다. 정물 스케치, 동물 스케치, 풍경 스케치, 인체 스케치.

- 大学毕业生在初次就业时屡屡失败的一个原因是：理想的工作不要他，要他的工作又不理想。
  대학 졸업생들이 처음 취업할 때 계속 실패하는 원인은 이상적인 일자리에서는 본인을 원하지 않고, 그를 원하는 일자리는 이상적이지 않기 때문이다.

- 统计发现，白领阶层常见的健康隐患有：脊椎疼痛、肩周疼痛、眼部疲劳、肥胖倾向等。
  통계에서 화이트컬러 계층에서 자주 나타나는 건강 위협 요인으로 척추 통증, 어깨 통증, 눈의 피로, 비만 등이라고 밝혔다.

4 쌍반점(；) – 병렬, 전환 관계

- 从前再美好，时间也无法倒流；前路再渺茫，也必须去面对。
  전에 아무리 좋았어도 시간을 거스를 수는 없고, 앞날이 아무리 까마득하더라도 결국에는 반드시 대면해야 한다.

- "登门槛效应"说明：如果一上来就向他人提出一个较高的要求，往往无法实现；但如果先设"低门槛"，再逐步"登高"，对方则比较容易接受。
  '문턱 효과'가 설명하는 것은, 만약 타인에게 처음부터 비교적 높은 요구를 내세운다면 대개 실현되지 못할 수 있지만, 만약 '낮은 문턱'을 먼저 세우고 나서 점차 '높이 디딘다'면 상대방은 비교적 쉽게 받아들인다는 것이다.

5 줄표(──) – 보충 설명, 부연 설명

- 小狗因恐惧而狂吠，因欢喜而摇尾巴──这是它们用本能反应表达情感的方式。
  강아지는 공포감을 느끼기 때문에 짖고, 좋아하기 때문에 꼬리를 흔든다. 이는 본능적인 반응을 이용해 감정을 표현하는 방식이다.

- 全球变暖趋势严峻，使人们不得不重视一直困扰着我们的问题──如何减少二氧化碳的排放。
  지구 온난화의 심각함 때문에 계속 우리를 골치 아프게 하는 문제를 중요시 할 수 밖에 없게 되었다. 그것은 바로 이산화탄소의 배출량을 어떻게 줄이는가의 문제이다.

실전 테스트

第1-5题 选句填空。

新中式就是将中式建筑元素和现代建筑手法相结合，从而衍生出的一种新建筑形式。

中国的传统建筑主张"浑然一体"，讲究人与环境的和谐共生。无论是采用院墙围合方式的北方四合院，还是以"天人合一"为理念的南方园林，(1)_____。

新中式建筑的设计在传承中国传统建筑精髓的同时，(2)_____，一切以"人性化"为出发点，强调的是居住的舒适度。比如在设计中会更多地考虑房间的采光和通风，更突出卫生间和厨房在居室中的地位。而且在庭院、地下室的设计中，(3)_____。

新中式建筑在整体风格上，(4)_____。空间结构上有意遵循了传统住宅的布局格式，虽延续了传统住宅一贯采用的覆瓦坡屋顶，(5)_____，根据各地特色吸收了当地的建筑色彩及建筑风格，能自成特色。

A 但不循章守旧
B 更注重贴近生活
C 都追求人与环境的和谐相处
D 仍然保留着中式住宅的神韵和精髓
E 也吸纳了更多现代生活流线的创新之笔

第6-10题 选句填空。

　　无论是普通感冒，还是流感，都会出现打喷嚏、流鼻涕等症状。正是因为有了这些症状，(6)_____。这些症状是怎么出现的呢？下面，就让我们来一起了解一下。
　　当我们的上呼吸道被病毒感染时，免疫系统就会开始起作用，体内会产生大量的白细胞来吞噬正在作怪的病毒。(7)_____，而且也会引发喷嚏。这一系列反应造成了鼻塞和流鼻涕等症状。
　　(8)_____，体内现有的白细胞可能不足以消灭病毒，身体就开始提升体温来抑制病毒的繁殖，我们就会出现发烧的症状，这种情况会持续到免疫系统生产出足以抵御感染的白细胞为止。(9)_____，淋巴结便开始充血，我们便会感觉到咽喉疼痛。
　　综上所述，感冒时出现的各种令人难受的症状，都是免疫系统在消灭病毒的过程中引起的，(10)_____。而不同的体质，感冒时出现的症状也会有所差异。

A 这样不单会促使鼻腔分泌出鼻涕
B 只要免疫系统找到了合适的白细胞
C 我们才意识到自己感冒了
D 如果病情更严重的话
E 并非病毒本身所致

DAY 13

6 모르면 쿨하게 패스! 모든 지문을 볼 필요는 없다!

공략비법 12 대명사

출제 형식

사람, 사물, 시간, 장소, 수단, 방식 등을 가리키는 대명사가 키워드가 되어 정답을 찾는 문제 유형이다.

핵심 전략

1 인칭대명사와 지시대명사를 놓치지 말자.

빈칸 앞뒤 문장이나 보기에 제시된 문장에 **인칭대명사 또는 지시대명사가 포함되어 있으면**, 빈칸에 들어가야 할 문장이 **직접화법인지 간접화법인지**, 또한 제시된 **대명사가 가리키는 사람이나 사물이 무엇인지** 파악하기만 하면 쉽게 문제를 풀 수 있다.

> 인칭대명사 : 我, 我们, 你, 您, 你们, 他, 他们, 她, 她们, 它, 它们 등
> 지시대명사 : 这, 那, 这儿/这里, 那儿/那里, 这样, 那样, 其, 其中 등

2 수량사와 함께 쓰인 명사를 지시대명사로 받는 것에 주목하라!

빈칸 앞에 제시된 '수사+(양사)+명사'를 빈칸에서는 '지시대명사+(양사)+명사'로 나타낸다는 것을 기억해두면 문제 풀이가 더욱 쉬워진다는 점을 명심하자.

> 예 现在这里800平方公里的保护区内生活着 500多 只 金丝猴， D 这 些
>   수사 양사 명사   지시대명사 양사
> 金丝猴个头儿大、毛长色深。
> 명사
>
> 현재 이곳 800제곱킬로미터의 보호 구역 내에는 들창코원숭이 500여 마리가 생활하고 있다. D 이 들창코원숭이들은 몸집이 크며 털은 길고 색이 짙다.

1-5

　　神农架位于湖北省西北部，这里地处中国西部高原，**(1) A 也是中国亚热带与温带的过渡地带**，气候独特，生物资源十分丰富。

　　(2) E 神农架的药物资源丰富。这里生长的中草药植物多达1300余种，种类之多居中国之首。神农架每年可提供各种药材700多吨，产量之高亦居中国前列。并有"七叶一枝花"等珍稀药草。

　　神农架的珍稀动植物资源也十分丰富。资料显示，这里受国家保护的动物有20多种，**(3) B 其中最珍贵的就是中国特有的灵长类动物——金丝猴**。现在这里800平方公里的保护区内生活着500多只金丝猴。**(4) D 这些金丝猴个头儿大**，毛长色深。据鉴定，它们为川金丝猴。此外，神农架还遗存着第四纪冰川时代的珍贵树种，如水春树、领春木、连香树和红豆杉等。

　　近年来，**(5) C 科学家在神农架还发现了白熊等20多种白色动物**。这里此类动物为何如此之多，至今仍没有一个合理的解释。

　　A 也是中国亚热带与温带的过渡地带
　　B 其中最珍贵的就是中国特有的灵长类动物——金丝猴
　　C 科学家在神农架还发现了白熊等20多种白色动物
　　D 这些金丝猴个头儿大
　　E 神农架的药物资源丰富

　　선농지아(神农架)는 후베이(湖北)성 서북부에 위치해 있는데, 이곳은 중국 서부 고원에 자리하고 있고, **(1) A 또한 중국의 아열대와 온대성 기후의 전이지역(Transition Zone)이어서**, 기후가 특이하고 생물 자원이 매우 풍부하다.

　　(2) E 선농지아의 약물 자원은 풍부하다. 이 곳에서 나는 한약재로 사용되는 식물은 1300여 종에 달하며 종류가 중국에서 가장 많다. 선농지아는 매년 700여 톤의 각종 약재를 생산해 생산량 역시 중국 선두를 달리고 있다. 또한 '파리스 폴리필라(七葉一枝花)'라는 진귀한 약초도 있다.

　　선농지아에는 진귀한 동식물 자원도 매우 풍부하다. 자료에 따르면, 이곳에는 국가의 보호를 받는 동물이 20여 종이 있는데 **(3) B 그 중 가장 진귀한 동물은 중국 고유의 영장류인 들창코원숭이(金丝猴)다**. 현재 이곳 800제곱킬로미터의 보호 구역 내에는 들창코원숭이 500여 마리가 생활하고 있다. **(4) D 이 들창코원숭이들은 몸집이 크며** 털은 길고 색이 짙은데, 감정 결과 황금들창코원숭이로 판명되었다. 이밖에, 선농지아에는 수춘수(水春樹), 영춘목(領春木), 계수나무(桂樹), 주목(朱木)과 같은 제 4기 빙하시대의 진귀한 수종들도 여전히 남아있다.

　　최근 몇 년간, **(5) C 과학자들은 선농지아에서 백곰을 비롯한 20여 종의 흰색 동물들을 발견했다**. 이곳에는 어째서 이와 같은 동물들이 이렇게나 많은 것인지 지금까지도 타당한 해석이 없다.

　　A 또한 중국의 아열대, 온대성 기후의 전이지역(Transition Zone)이다
　　B 그 중 가장 진귀한 동물은 중국 고유의 영장류인 들창코원숭이(金丝猴)다
　　C 과학자들은 선농지아에서 백곰을 비롯한 20여 종의 흰색 동물들을 발견했다
　　D 이 들창코원숭이들은 몸집이 크다
　　E 선농지아의 약물 자원은 풍부하다

지문 어휘

神农架 Shénnóngjià 고유 선농지아, 신농가(후베이(湖北)성에 있는 중국 국가공인 관광지) | **位于** wèiyú 동 ~에 위치하다 | **湖北省** Húběi Shěng 명 후베이성, 호북성 | **地处** dìchǔ 동 ~에 위치하다, ~에 자리하다 | **高原** gāoyuán 명 고원 | **独特** dútè 형 특이하다, 독특하다, 특별하다 | **生物** shēngwù 명 생물 ★ | **资源** zīyuán 명 자원 | **中草药** zhōngcǎoyào 명 중의학에서 사용하는 각종 약재, 한약재 | **植物** zhíwù 명 식물 | **种类** zhǒnglèi 명 종류 | **居~之首** jū~ zhīshǒu ~에서 최고이다, ~에서 가장 높다 | **药材** yàocái 명 약재 | **吨** dūn 양 톤 | **产量** chǎnliàng 명 생산량 | **亦** yì 부 ~도 역시, 또, 또한 ★ | **前列** qiánliè 명 선두의 자리, 앞줄 | **七叶一枝花** qīyèyìzhīhuā 파리스 폴리필라(Paris polyphylla), 삿갓나물 | **珍稀** zhēnxī 형 진귀하고 드물다 ★ | **药草** yàocǎo 명 약초 | **动植物** dòngzhíwù 동식물 | **显示** xiǎnshì 동 뚜렷하게 나타내 보이다, 분명하게 표현하다 | **平方公里** píngfāng gōnglǐ 양 제곱킬로미터, 평방 킬로미터 | **保护区** bǎohùqū 명 보호 구역 | **鉴定** jiàndìng 동 감정하다, 평가하다 ★ | **川金丝猴** chuānjīnsīhóu 명 황금들창코원숭이 | **遗存** yícún 동 남기다 | **冰川时代** bīngchuān shídài 명 빙하 시대 | **树种** shùzhǒng 명 수종, 나무의 종류 | **水春树** shuǐchūnshù 명 수춘수(水春樹) | **领春木** lǐngchūnmù 명 영춘목(領春木) | **连香树** liánxiāngshù 명 계수나무(桂樹) | **红豆杉** hóngdòushān 명 주목(朱木) | **为何** wèihé 부 무엇 때문에, 어째서, 왜 | **至今** zhìjīn 부 지금까지, 여태껏, 지금까지 | **合理** hélǐ 형 타당하다, 도리에 맞다, 합리적이다

보기 어휘

亚热带 yàrèdài 명 아열대 | **温带** wēndài 명 온대 ★ | **过渡** guòdù 동 과도하다, 넘어가다, 건너다 ★ | **地带** dìdài 명 지대, 지역, 지구 | **过渡地带** guòdù dìdài 전이지역(Transition Zone) | **珍贵** zhēnguì 형 진귀하다, 귀중하다 ★ | **特有** tèyǒu 동 고유하다, 특유하다 | **灵长类** língzhǎnglèi 명 영장류 | **金丝猴** jīnsīhóu 명 들창코원숭이 | **白熊** báixióng 명 백곰, 흰 곰 | **个头儿** gètóur 명 몸집, 키, 체격

정답

1. A   2. E   3. B   4. D   5. C

해설

1. 앞 절에서 선농지아(神农架)의 지리적 위치를 언급하였고, 뒤 절에서 기후에 관한 설명이 이어지므로 빈칸에는 A가 가장 적절하다.

2. 뒷문장에서 '这里(이곳)'가 가리키는 것이 E의 '神农架(선농지아)'임을 알 수 있고, 또한 글의 흐름으로 보아도 두 번째 단락은 약물 자원에 관한 내용이므로 정답은 E이다.

3. 앞 절에서 선농지아에 국가의 보호를 받는 동물이 20여 종이 있음을 언급하였으므로, 그 뒤에 이어지는 내용으로 가장 적절한 것은 '其中(그중)'을 사용하여 그 20여 종 안에서 가장 진귀한 것이 들창코원숭이임을 소개하는 B이다.

4. 앞문장의 '500多只金丝猴(들창코원숭이 500여 마리)'가 바로 D 중의 '这些金丝猴(이 들창코원숭이들)'임을 알 수 있으므로, 정답은 D이다. '수사 + 양사 + 명사'의 형태는 뒤에 이어지는 문장에서 '지시대명사 + 양사 + 명사'로 나타낸다는 점을 반드시 알아두자.

5. 뒷문장에서 '此类动物(이와 같은 동물)'가 가리키는 것이 C 중의 '白色动物(흰색 동물)'임을 알 수 있으므로, 정답은 C이다. '此'는 '这', '这个'와 동일한 의미를 나타내는 지시대명사이다.

내공 쌓기

독해 제3부분에서 대명사가 정답 키워드로 등장하는 경우, 대부분 그리 어렵지 않게 정답을 고를 수 있다. 하지만 일부 문제에서는 난이도가 비교적 높은 대명사들도 출제되므로 기출 문장을 중심으로 그 의미와 용법을 이해하자.

1 每 매, 각, ~마다, 모두

每人	每次	每年	每时每刻	每家每户
각자	매번	매년	언제나, 항상	각 가정

徐悲鸿酷爱搜集古今的优秀字画，每次遇到喜爱的作品，都会情不自禁地观赏半天。
쉬베이훙(徐悲鸿)은 우수한 고금 서화 수집에 열광했는데, 매번 좋아하는 작품을 보게 되면 항상 감정을 억누르지 못하고 한참을 감상하곤 했다.

2 该 이, 이것, 해당

该生	该人	该作品	该案	该企业	该地区
이 학생	이 사람	이 작품	이 사건	이 기업	이 지역

青海湖位于青藏高原东北部，近几年来该地区的生态环境在逐步恶化。
칭하이(青海)호수는 칭짱(青藏) 고원 동북부에 위치해 있는데, 최근 몇 년간 이 지역 생태 환경은 점차 악화되고 있다.

3 此 이, 이것

此次	此人	此时	此事
이번	이 사람	이때	이 일

"九头鸟"源于神话《山海经》中的"九头凤",传说此凤有九个脑袋,具有旺盛的生命力,特别聪慧精明。

'구두조(九頭鳥, 머리가 아홉 개 달린 새)'는 신화《산해경(山海经)》속의 '머리가 아홉 개 달린 봉황'에서 생겨난 말로, 전설에 따르면 이 봉황은 아홉 개의 머리가 있고, 왕성한 생명력을 지녔으며 매우 총명하고 지혜가 넘친다고 한다.

4 本 이, 본

本校	本店	本书	本人
이 학교, 본교	이 상점	이 책, 본서	본인

《男人来自火星,女人来自金星》是分析两性关系的读物,本书详细分析了应该如何保持美满婚姻。

《화성에서 온 남자, 금성에서 온 여자》는 남녀 간의 관계를 분석한 책으로, 이 책은 어떻게 해야 아름답고 원만한 결혼 생활을 유지할 수 있는지에 대해 상세하게 파헤쳤다.

5 其 그, 이

陕西的剪纸技艺有着悠久的历史,其材料可以是纸、树叶、布、皮革等。

산시(陕西)의 종이 공예는 유구한 역사를 지니고 있고, 종이, 나뭇잎, 천, 가죽 등을 그 재료로 쓸 수 있다.

실전 테스트

第1-5题 选句填空。

在一个团队里总有这样一些成员。这些成员虽然会按时完成任务，但却不是很积极。那么，(1)_____？团队的管理者们不妨试试"参与管理"。

所谓的"参与管理"就是让成员参与团队的重大问题的讨论，在这个过程中，成员会不自觉地将个人利益与团队的利益联系起来，从而激发出他们强烈的责任感；同时，(2)_____，这会使他们很有成就感。

此外，在参与管理的过程中，成员的个人能力也会得到提高，(3)_____。因此，成员参与管理对团队的发展也是极其有利的。

在参与管理的过程中，要兼顾权力、信息、知识和技能、报酬这4个方面。如果仅仅授予成员做决策的权力，却不告知必要的信息，不进行培训，(4)_____；尽管给予了成员权力，提供给了他们足够的信息，(5)_____，对他们进行了培训，却不将绩效与报酬联系在一起，成员会失去参与管理的热情。

A 参与管理会让成员感到自己被团队信任和重视
B 并为了提高专业知识水平和技能
C 应该怎样提高他们的积极性呢
D 这将有助于他们在以后的工作中取得更好的成绩
E 他们则无法做出正确的决策

第6-10题 选句填空。

　　一天，有个宰相请理发师为自己修面。由于理发师太紧张，慌乱之中，不小心把宰相的眉毛刮掉了半截。理发师顿时惊恐万分，(6)_____。他急中生智，立即停下手中的工作，故意盯着宰相的肚子。宰相见状，迷惑地问道："(7)_____？"理发师忙解释道："我听说，宰相肚里能撑船。可您的肚子并不大啊，怎能撑船呢？"

　　宰相听完，不禁捧腹大笑："那是说宰相的气量大，待人仁慈。"理发师连忙对宰相说："大人，非常抱歉，我刚才失手将您的眉毛刮掉了一半！您大人有大量，请原谅我吧！"宰相一听，正要发火，(8)_____，不能让人认为他是出尔反尔的人。宰相无奈之下，只得冷静下来，豁达地说："没关系，你就帮我都剃掉吧，然后拿笔画上就行了。"就这样，理发师凭借自己的机智，逃过了一劫。理发师先对宰相进行赞美，(9)_____，宰相就很难治他的罪。

　　可见，适当的赞美不仅能缓和气氛，(10)_____，还能够化解矛盾，免于遭难。

　　A 但又想到他自己刚说过的话
　　B 增进彼此的亲近感
　　C 他很害怕被惩罚
　　D 然后说出自己的错误
　　E 你盯着我的肚子看什么呢

공략비법 13 문장 성분 및 문맥 파악

6 모르면 쿨하게 패스! 모든 지문을 볼 필요는 없다!

출제 형식

문장 구조 분석을 통해 문장 성분의 위치를 파악해 정답을 고르는 문제 유형 및 빈칸 앞뒤 문맥의 흐름이 논리적인지를 판단해 정답을 고르는 문제 유형이다. 특히 문맥의 흐름을 파악해야 하는 문제 유형은 갈수록 출제 비중이 높아지고 있다.

핵심 전략

문장 성분 분석을 통해 풀 수 있는 문제는 아래 4가지 유형을 주의하자.

1 빈칸 앞에 주어가 있으면, 빈칸은 술어 자리이다.

> 예) 唐朝的《仪制令》，就是较早的关于交通方面的礼仪规范。
> 당(唐)나라의 《의제령(儀制令)》이 바로 비교적 이른 시기의 교통 방면에 관한 예절 규범이다.

2 빈칸 뒤에 술어가 있으면, 빈칸은 주어 자리이다.

> 예) 凡在本店购物满1000元者，均可获赠一张价值100元的代金券。
> 본 상점에서 1,000위안 이상 구매하신 모든 분들은 100위안의 상품권 한 장을 받을 수 있습니다.

3 빈칸 앞에 술어가 있으면, 빈칸은 목적어 자리이다.

> 예) 专家指出，每天面对电脑的时间不宜超过8小时。
> 전문가들은 매일 컴퓨터를 보는 시간이 8시간을 넘지 않아야 한다고 지적한다.

4 빈칸 뒤에 주어, 술어, 목적어가 모두 있다면, 빈칸은 부사어 자리이다.

> 예) 在这个全民健身的时代，越来越多的人认识到运动的重要性。
> 전 국민 건강 시대에 갈수록 많은 사람들이 운동의 중요성을 깨닫고 있다.

유형맛보기

1-5

在澳大利亚有一种神奇的鱼，它叫清洁鱼。**(1) E** 在弱肉强食的海底世界里，弱小的清洁鱼却从来不会受到攻击。这是为什么呢？原来，清洁鱼会帮助敌人"清洁"身体。每当有强大的敌人来袭时，**(2) D** 清洁鱼都会主动迎上去，快速地给对方清洁身体，"讨好对方"。敌人面对突如其来的"待遇"，就会主动放弃对清洁鱼的进攻，清洁鱼也就因此逃过一劫。

那么，清洁鱼通过这样的方法就可以躲避任何攻击吗？事实并非如此。人们在珊瑚礁海域中发现了大量死亡的清洁鱼。这又是什么原因呢？原来，**(3) A** 清洁鱼有着很强的占有欲。几乎每条清洁鱼都有自己的领地，一旦在某地确立了自己的领地，便决不允许其他同类进入。否则，**(4) C** 彼此就会争个鱼死网破。因此，在珊瑚礁海域能发现大量死亡的清洁鱼就不足为怪了。

其实，我们也像清洁鱼一样，有一颗坚强的心去征服外部的敌人，**(5) B** 却没有一颗宽容的心去容忍内部的对手。

A 清洁鱼有着很强的占有欲
B 却没有一颗宽容的心去容忍内部的对手
C 彼此就会争个鱼死网破
D 清洁鱼都会主动迎上去
E 在弱肉强食的海底世界里

호주에는 네온고비라는 신기한 물고기가 있다. **(1) E** 약육강식의 해저세계에서, 작고 약한 네온고비는 공격을 받아본 적이 없는데, 이는 왜 그럴까? 알고 보니, 네온고비는 적의 몸을 '청결하게' 해준다고 한다. 힘센 천적이 공격할 때마다, **(2) D** 네온고비는 적극적으로 나가 맞이하며 신속하게 상대방의 몸을 깨끗하게 해준다. '상대방의 환심을 사는' 것이다. 그러면 적은 갑작스러운 '환대'를 받고 네온고비에 대한 공격을 자발적으로 포기하게 되고 네온고비는 이로 인해 화를 면하게 되는 것이다.

그렇다면 네온고비가 이 방법을 통해 어떤 공격도 피할 수 있는 것일까? 사실 그렇지 않다. 사람들은 산호초 해역에서 집단 폐사한 네온고비를 발견했다. 이것은 또 무슨 이유 때문일까? 원래 **(3) A** 네온고비는 강한 소유욕을 지니고 있다. 거의 모든 네온고비는 자신만의 영역이 있어서 일단 자기 영역을 확립하면 다른 네온고비의 진입을 절대 허용하지 않는다. 안 그랬다간 **(4) C** 서로 싸워서 결국 다 죽게 된다. 그래서 산호초 해역에서 죽은 네온고비가 많이 발견되는 것은 이상한 일이 아니다.

사실 우리도 네온고비와 같다. 강한 마음으로 외부의 적을 정복하지만, **(5) B** 내부의 적을 용인하는 너그러운 마음이 없기 때문이다.

A 네온고비는 강한 소유욕을 지니고 있다
B 내부의 적을 용인하는 너그러운 마음이 없다
C 서로 싸워서 결국 다 죽게 된다
D 네온고비는 적극적으로 나가 맞이한다
E 약육강식의 해저세계에서

지문 어휘

| 澳大利亚 Àodàlìyà 명 오스트레일리아(Australia), 호주 | 神奇 shénqí 형 신기하다, 기묘하다, 신비롭고 기이하다 ⭐ | 弱小 ruòxiǎo 형 약소하다, 약하고 힘이 없다 | 攻击 gōngjī 명 공격, 비난 동 공격하다, 악의적으로 비난하다 ⭐ | 敌人 dírén 명 적 | 清洁 qīngjié 동 깨끗하게 하다, 청결하게 하다 형 깨끗하다, 청결하다 ⭐ | 强大 qiángdà 형 강대하다 | 来袭 lái xí 내습하다, 엄습하다 | 对方 duìfāng 명 상대방, 상대편 | 讨好 tǎohǎo 동 환심을 사다, 잘 보이다, 기분을 맞추다, 눈에 들다 | 面对 miànduì 동 마주 대하다, 마주 보다, 직접 대면하다 | 突如其来 tūrúqílái 성 갑자기 발생하다, 갑자기 닥쳐오다, 뜻밖에 나타나다 | 待遇 dàiyù 명 대우, 취급 동 대우하다 | 主动 zhǔdòng 형 자발적인, 주동적인 | 进攻 jìngōng 동 공격하다, 진공하다, 공세로 나아가다 ⭐ | 逃 táo 동 도망치다, 달아나다, 피하다, 도피하다 | 劫 jié 명 재난, 화 동 강탈하다, 협박하다, 위협하다 | 躲避 duǒbì 동 회피하다, 숨다 | 事实 shìshí 명 사실 | 并非 bìngfēi 동 결코 ~이 아니다, 결코 ~하지 않다 | 珊瑚礁 shānhújiāo 명 산호초 | 海域 hǎiyù 명 해역 | 死亡 sǐwáng 동 사망하다, 멸망하다 명 사망, 멸망 ⭐ | 一旦 yídàn 부 일단 ~한다면 | 确立 quèlì 동 확립하다, 확고하게 세우다, 수립하다 ⭐ | 领地 lǐngdì 명 영토 | 决不 juébù 절대 ~하지 않는다 | 允许 yǔnxǔ 동 허가하다, 허락하다, 동의하다 | 同类 tónglèi 명 동류, 같은 무리 | 不足为怪 bùzúwéiguài 이상해할 것 없다, 평범하다, 특별한 구석이 없다 | 坚强 jiānqiáng 형 굳세다, 완강하다, 꿋꿋하다 동 공고히 하다, 견고히 하다, 강화하다 | 征服 zhēngfú 동 정복하다 |

보기 어휘

| 占有欲 zhànyǒuyù 명 소유욕 | 宽容 kuānróng 동 관용하다, 너그럽게 받아들이다 | 容忍 róngrěn 동 용인하다, 참고 견디다, 참고 용서하다 ⭐ | 对手 duìshǒu 명 상대, 적수, 라이벌 | 彼此 bǐcǐ 대 피차, 상호, 서로, 쌍방 | 鱼死网破 yúsǐwǎngpò 성 물고기도 죽고 어망도 터지다, 싸우는 쌍방 모두 손해가 막심하다, 싸우는 쌍방이 함께 죽다 | 迎 yíng 동 맞이하다, 영접하다 | 弱肉强食 ruòròuqiángshí 성 약육강식, 약자가 강자에게 침탈당하다 | 海底 hǎidǐ 명 해저 |

정답

1. E   2. D   3. A   4. C   5. B

해설

1. 빈칸 뒤 절에 주어 '清洁(네온고비)', 술어 '受到(받다)', 목적어 '攻击(공격)'가 모두 갖춰져 있다. 그러므로 빈칸은 보기 중 문장 맨 앞에 위치해 부사어로 쓰일 수 있는 E가 가장 적절하다.

2. 빈칸 앞 절은 부사어이고, 뒤 절은 주어가 없이 술어 '清洁(깨끗하게 하다)'와 목적어 '身体(몸)'만 제시되어 있다. 따라서 빈칸은 문맥에 어울리는 주어 '清洁鱼(네온고비)'가 포함된 문장이어야 하므로 정답의 범위는 A와 D로 좁혀진다. 그러나 문장이 '每当A时, 都B(A할 때마다 B하다)'의 형태인데다가, 문맥상으로 천적이 공격해오는 상황에서 네온고비가 어떤 행동을 하는지에 관한 내용이 제시되어야 하므로 정답은 D이다.

3. 빈칸은 문장의 일부가 아닌 완전한 문장이어야 하고, 빈칸 뒤 이어지는 문장의 '自己的领地(자신만의 영역)'와 A의 '占有欲(소유욕)'는 의미상 연관이 있음을 알 수 있으므로 정답은 A이다.

4. '否则(그렇지 않으면)'는 앞에서 말한대로 되지 않으면 다른 상황이 발생할 것임을 나타내는데, '否则' 뒤에는 보통 좋지 않은 내용이 따르게 된다. 빈칸 앞에서 네온고비가 자신의 영역에 다른 네온고비의 진입을 절대 허용하지 않는다고 했는데, 그렇지 않을 경우 나타나는 상황으로 가장 적절한 것은 서로 싸워서 결국 다 죽게 된다는 의미의 C이다.

5. 글의 마지막 단락으로 교훈을 전하는 내용임을 알 수 있고, 앞 절의 '坚强的心(강한 마음)'과 B의 '宽容的心(너그러운 마음)', 또한 앞 절의 '外部的敌人(외부의 적)'과 B의 '内部的对手(내부의 적)'가 각각 서로 대조적인 의미를 지니고 있으므로 B가 정답이다.

내공 쌓기

문장 성분의 위치를 파악해 정답을 고르는 문제는 전체 문장을 꼼꼼히 해석해 보지 않아도 문장 부호, '的'와 같은 조사 등을 힌트로 하여 답을 찾을 수 있는 문제들이 많다. 기출 문장을 중심으로 자주 출제되는 문제 유형을 알아두자.

1 빈칸이 주어 자리인 경우

- **草原上变化莫测的天气**，总是让人们措手不及。
  초원의 변덕스러운 날씨는 늘 사람들을 어찌할 바를 모르게 하여 당황하게 한다.

- **媒体对这起校园暴力的报道**，大大提高了学生和家长的防范意识。
  이번 학교 폭력에 대한 매스컴의 보도는 학생과 학부모의 범죄 예방 의식을 크게 향상시켰다.

- **世界小麦种植的总面积**，位居各类粮食作物面积排名之首。
  세계 밀 재배의 총 면적은 모든 식량 작물 재배 면적 중에서 1위를 차지한다.

2 빈칸이 술어 자리인 경우

- 臭氧层犹如地球的屏障，**阻挡了大部分太阳辐射中的紫外线**。
  오존층은 지구의 보호막과 같아서 태양에서 복사되는 대부분의 자외선을 막아준다.

- 各类语言教学的发展，**促进了国际社会的交流与合作**。
  각종 언어 교육의 발전은 국제사회의 교류와 협력을 촉진시켰다.

- 只是空想而不动手做的人，**永远只能停留在幻想的世界里**。
  공상만 하고 직접 하지 않는 사람은 영원히 환상의 세계에 멈춰 있게 될 뿐이다.

3 빈칸이 목적어 자리인 경우

- 一项针对人口寿命的研究显示，女性的平均寿命要比男性长7年。
  인구 수명에 대한 한 연구에 따르면 여성의 평균 수명이 남성보다 7년 길다고 한다.

- 医生建议，久坐办公室的人每周至少运动三次，每次不少于半小时。
  의사는 오래 사무실에 앉아 있는 사람의 경우 매주 적어도 3번, 매 번 30분 이상 운동할 것을 권고한다.

4 빈칸이 부사어 자리인 경우

- 在那座南方的小城中，他无疑是名人了。
  저 남쪽 소도시에서 그가 유명인이란 사실은 의심할 여지가 없다.

- 在好心人的帮助下，这个困难家庭终于度过了难关。
  마음씨 좋은 사람들의 도움으로 이 어려운 가정은 드디어 고비를 넘겼다.

실전 테스트

第1-5题 选句填空。

　　《史记》是西汉著名史学家司马迁撰写的一部史书，也是中国历史上第一部纪传体通史，(1)_____。这部著作记载了上至上古传说中的黄帝时代，下至汉武帝太初四年间共3000多年的历史，它与《汉书》、《后汉书》、《三国志》合称"前四史"。《史记》全书包括十二本纪、三十世家、七十列传、十表、八书，共130篇，52.65万余字。

　　《史记》对后世史学和文学的发展都产生了深远影响。(2)_____，在中国文学史上有重要地位。它被鲁迅誉为"史家之绝唱，无韵之《离骚》"，有很高的文学价值。

　　20世纪以来，(3)_____，学者除了对司马迁生年、生平、家世和《史记》的名称、体制、取材、义例等具体问题进行考证之外，(4)_____。以文献为本，(5)_____，结合西方史学学理与方法，考证精严，论断谨慎，逻辑分析严密，极大地推动了大陆对《史记》的研究，从"史料学"上升到"史记学"的理论高度，取得了突破性成果。

A 更加扩展了《史记》的综合集成研究
B 吸取本土考古学成果
C 《史记》被认为是一部优秀的文学著作
D 它被列为"二十四史"之首
E 司马迁与《史记》的学术研究队伍日益壮大

第6-10题 选句填空。

　　天气日益变冷，人们都换上了冬装。其实不仅人需要换冬装，(6)_____。这是因为普通的夏季轮胎在低温时会变硬，而且还会影响到抓地能力和制动性能，如此一来将无法保证行车安全。而冬季轮胎是专门针对冬季路面而设计的，制作配方和胎面花纹都与夏季轮胎有着很大的区别，比较特殊，(7)_____。增强在低温状态下汽车对地面的附着力，让其在寒冷天气下和积雪湿滑的道路上，都能有很好的制动效果。

　　那么，更换冬季轮胎时有什么是需要注意的呢？首先，要选择一款适合自己车型的冬季轮胎，用来应对不同的路况；其次，(8)_____，因为若只更换部分轮胎，在行驶中，4个轮胎与地面的附着力会不均，从而形成潜在的安全隐患；最后，(9)_____，使用两三年就需要进行更换，否则，(10)_____，抓地和防滑性能也会变差，容易引发交通事故。

A 轮胎的摩擦力逐渐变小
B 轮胎也需要换冬季轮胎
C 冬季轮胎也是有保质期的
D 在更换轮胎时一定要同时更换4个轮胎
E 可以提高轮胎的抓地和防滑性能

阅读 2

HSK

제4부분
장문 독해

7 요령만 정복하면 어렵지 않다!

공략 비법 14 세부 내용 파악

공략 비법 15 내용의 옳고 그름 판단

공략 비법 16 주제 및 제목 찾기

제4부분
장문 독해

독해 제4부분은 500~800자 지문이 5개 제시되고, 한 지문 당 4개의 문제가 주어지는 형태로, 81~100번까지 총 20문제가 출제된다.

독해 제4부분은 ★세부 내용을 묻는 유형, 내용의 옳고 그름을 묻는 유형, 주제 및 제목을 묻는 유형으로 나눌 수 있다. 그 중에서 가장 출제 빈도수가 높은 것은 지문에서 언급된 세부적인 사항에 관해 묻는 문제로 약 50%를 차지한다.

출제 비율

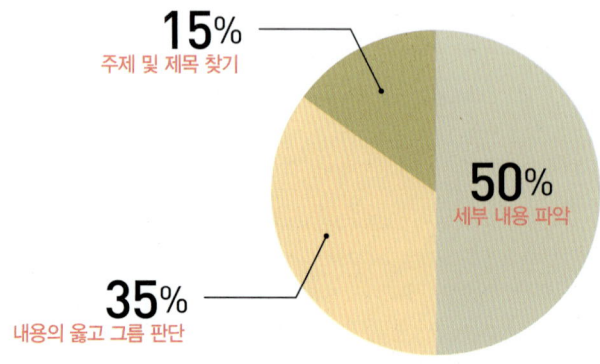

독해 제4부분 유형 예시

1. 세부 내용 파악 유형

18世纪末，法国人西夫拉克发明了最早的自行车。这辆最早的自行车是木制的，其结构比较简单，既没有驱动装置，也没有转向装置，骑车人靠双脚用力蹬地前行，改变方向时也只能下车搬动车子。

문제: 最初的自行车有什么特点?
▶ 질문의 핵심어 '最初'와 지문의 '最早(최초)'는 동일한 의미

정답: 是木制结构 (지문의 '是木制的(나무로 만든 것이다)'가 동일하게 제시)

2. 내용의 옳고 그름 판단 유형

在贴扎肌内效贴布时，需要根据肌肉、软组织的走向来贴扎，还要根据不同的贴扎需求设计贴扎的方法，同时要掌握好贴布的拉力变化。所以最好由专业的贴扎人员，对肌肉和其他软组织损伤情况进行评估后，再进行贴扎。特别是在伤情严重的情况下，千万不要自行贴扎。

문제: 根据上文，下列哪项正确?
▶ 내용의 옳고 그름을 묻는 질문 유형

정답: 伤情严重时切勿自行贴扎 ('切勿自行贴扎'와 지문의 '千万不要自行贴扎(절대로 직접 테이핑하지 마라)'가 동일한 의미)

3. 주제 및 제목 찾기 유형

[마지막 단락]
这个实验证明，在这个世界上，有许多东西是不能也无法定价的。虽说"有钱能使鬼推磨"，但钱并不是能解决一切问题的灵丹妙药。

문제: 上文主要想告诉我们:
▶ 주제를 묻는 질문 유형 – 주로 마지막 단락에서 정답을 찾을 수 있음

정답: 金钱不是万能的 ('不是万能'과 지문의 '不能解决一切问题(모든 문제를 해결할 수는 없다)'가 유사한 의미)

문제 풀이 전략

문제는 이렇게 풀어라!

Step 1 문제와 보기를 먼저 보고 키워드를 파악한 후 지문을 읽어라!

독해 제4부분은 지문 속독과 이해 능력이 문제 풀이의 관건이다. 5개 지문에 제시되는 20개 문제를 보통 16~18분 안에 풀어야 하므로 모든 지문 내용을 자세히 읽고 해석할 수 없다. 따라서 반드시 문제와 보기를 먼저 읽고 핵심 키워드를 파악한 후 지문에서 그 키워드를 찾아 해당하는 내용을 살펴보며 정답을 선택해야 한다.

Step 2 문제는 대부분 글의 흐름에 따라 출제된다는 점을 유념하라!

문제는 지문의 흐름에 따라 차례대로 출제되는 경우가 많으므로, 그 흐름을 파악하면 지문에서 정답과 관련된 내용을 보다 쉽게 찾아낼 수 있다. 단, 내용의 옳고 그름을 묻는 문제는 지문의 흐름 순서대로 출제되지 않는 경우도 있으므로 이 점은 주의하도록 하자.

Step 3 다양한 글을 많이 접하라!

독해 제4부분은 인물, 사물, 사회, 문화, 역사, 자연, 과학, 경제 등에 관한 다양한 내용을 담은 지문이 출제되므로 평소 여러 유형의 글을 많이 읽는 연습이 필요하다. 특히 중국과 관련된 내용의 지문이 자주 출제되므로 중국에 관한 배경 지식이 있을 경우 지문 내용이 생소하지 않아 쉽게 문제를 풀 수 있는 경우도 많다.

DAY 15

7 요령만 정복하면 어렵지 않다!

공략비법 14 세부 내용 파악

출제 형식

지문에서 언급된 원인, 이유, 목적, 대상, 방법, 방식, 상황, 결과에 관한 내용 혹은 특정 어구의 의미, 특정 단락의 중심 내용 등에 관해 묻는 문제 유형이다.

핵심 전략

1 지문을 읽기 전 문제에서 핵심어를 찾자!

문제를 먼저 읽고 질문의 핵심어를 찾아 지문에 표시해두자. 그런 다음 각 문제의 보기 내용을 파악한 후 지문에서 동일하거나 비슷한 표현으로 언급된 부분을 찾는 것이 시간도 절약하고 정답률도 높일 수 있는 방법이다.

2 자주 출제되는 문제 유형을 알아두자!

• 为什么?	무엇 때문인가?
• ~的目的是什么?	~하는 목적은 무엇인가?
• ~的原因是什么?	~의 원인은 무엇인가?
• ~的特点是:	~의 특징은:
• 第2段中，~是为了说明什么?	두 번째 단락에서 ~은 무엇을 설명하기 위함인가?
• 第3段中划线词语是什么意思?	세 번째 단락에서 밑줄 친 단어는 무슨 뜻인가?
• 文中划线句子的意思是:	지문 내용 중 밑줄 친 문장의 뜻은:
• 第4段主要谈的是:	네 번째 단락이 주로 이야기하는 것은:
• 第5段主要说明什么?	다섯 번째 단락은 주로 무엇을 설명하는가?

3 정답의 근거가 되는 어휘 및 구문을 반드시 익혀두자!

❶ 지문 내용에 근거해 원인, 목적, 방식, 상황, 결과 등을 묻는 문제에서 정답 키워드가 될 수 있는 아래 어휘에 집중하라.

원인, 이유	因为, 由于, 原因, 理由
목적, 취지	为了, 目的, 旨在, 以
방식, 방법	怎么, 怎样, 如何, 方法, 方式
상황, 상태	怎么样, 怎样, 如何
우선순위	最, 关键, 首先, 第一
결과, 결론	结果, 结论, 最后, 最终, 终于, 这样
전환	但是, 可是, 不过, 然而, 其实, 反而, 原来

❷ 지문 속 어떤 대상에 대한 작가의 관점이나 판단을 묻는 문제는 아래 구문에 집중하라.

不是A, 而是B	A가 아니라 B이다
是A, 并不是B	A이지 결코 B가 아니다
A, 可见B	A로 보아 B임을 알 수 있다
难道A吗	설마 A란 말인가 = A가 아니다
岂不A呢	어찌 A가 아닌가 = A가 맞다

1-4

　　星海钢琴是中国一家著名的钢琴制造公司。经过十多年的艰苦努力，该公司控制了整个中国钢琴市场40%的销售量。**(1) 但近几年，钢琴的销量却以每年5%的速度下降，钢琴行业面临危机。**

　　公司经过深入调查和分析后发现，从第一架钢琴的诞生到现在，钢琴的结构和功能几乎没有变化；而且，现代人由于生活节奏快，对钢琴的兴趣越来越小。

　　星海的管理者们认识到：此时再进一步扩大钢琴市场占有率已没有任何意义，因为市场需求已趋于饱和。即使产品质量再好、成本再低，也解决不了目前公司所面临的问题。他们认为，唯一的出路就是改变钢琴的结构，增加其功能。

　　于是，该公司运用数控技术与光学技术开发了一种先进的装置，就是让钢琴带有记录和录音的功能。客户不用花太多钱就可以让自己的钢琴拥有新的功能。市场才是最好的**(2) 试金石**，**(3) 这一新发明受到了许多客户的青睐**，星海公司的钢琴销量也就可想而知了。

　　这一案例充分表明，用全新的眼光来审视现有客户真正的内在需求，**(4) 挖掘潜在的市场**，并以此来制定战略目标，这样才能够获得持久的发展。

1. 现在，钢琴行业面临的问题是什么？
   A 原材料涨价　　　　　　　　B 零件价格上涨
   C 恶性竞争频现　　　　　　　**Ⓓ 市场需求量减少**

2. 第4段中划线的词语是什么意思？
   A 摆脱逆境的方法　　　　　　B 未来的发展前景
   Ⓒ 可靠的检验方法　　　　　D 开拓海外市场的方案

3. 根据第4段，下列哪项正确？
   A 钢琴维修起来较复杂　　　　**Ⓑ 新型钢琴很受欢迎**
   C 星海销售量骤减　　　　　　D 新型钢琴造价昂贵

4. 星海的案例告诉我们：
   A 要注重品牌宣传　　　　　　**Ⓑ 要善于挖掘潜在市场**
   C 要善于发现自己的缺点　　　D 要注意储备人才

싱하이(星海) 피아노는 중국의 유명 피아노 제조 회사로 십 여 년간 각고의 노력을 거쳐 중국 전체 피아노 시장 판매량의 40%를 장악했다. (1) 그런데 최근 들어 피아노 판매량이 매년 5%씩 하락하면서 피아노 업계는 위기를 맞았다.

회사는 심도 있는 조사와 분석을 통해 최초로 피아노가 탄생했을 때부터 지금까지 피아노의 구조와 기능은 거의 변하지 않았다는 것과 또한 현대인들이 바쁜 생활 탓에 피아노에 대한 흥미를 점점 잃어가고 있다는 것을 발견했다.

싱하이의 경영진은 시장수요가 이미 포화상태라 지금은 피아노 시장점유율 추가 확대는 아무 의미가 없고 아무리 상품의 품질을 좋게 하고 원가를 낮추더라도 현재 회사가 직면한 문제를 해결할 수 없다는 걸 깨달았다. 경영진은 피아노의 구조를 바꾸고 기능을 추가하는 것만이 유일한 해결책이라고 생각했다.

그래서, 이 회사는 디지털 제어기술과 광학기술을 활용해 선진장치를 개발하여 피아노에 메모 및 녹음 기능을 더했다. 고객들은 많은 돈을 들이지 않고도 새로운 기능이 더해진 피아노를 갖게 되었다. 시장이야말로 최고의 (2) 시금석이었는데, (3) 이 새로운 발명은 많은 고객들의 인기를 얻었고 싱하이의 피아노 판매량 증가 역시 자명한 일이었다.

위 사례는 새로운 관점으로 기존 고객들의 진정한 내재적 수요를 검토해 (4) 잠재시장을 발굴하고 그에 따라 전략목표를 세워야만 지속적인 발전을 할 수 있다는 것을 충분히 보여주었다.

1. 현재 피아노 산업이 직면한 문제는 무엇인가?
   A 원자재 가격 상승
   B 부속품 가격 상승
   C 잦은 부당 경쟁
   D 시장 수요량 감소

2. 네 번째 단락 중 밑줄 친 단어는 무슨 의미인가?
   A 역경에서 벗어나는 방법
   B 미래 발전 전망
   C 확실한 검증 방법
   D 해외 시장 개척 방안

3. 네 번째 단락에 근거해 다음 중 옳은 것은?
   A 피아노는 수리하기가 복잡한 편이다
   B 신형 피아노는 인기가 좋다
   C 싱하이의 판매량이 급격히 감소했다
   D 신형 피아노의 제조비용은 매우 비싸다

4. 싱하이의 사례가 우리에게 알려주는 바는:
   A 브랜드 홍보에 중점을 둬야 한다
   B 잠재시장을 발굴할 줄 알아야 한다
   C 자신의 단점을 잘 발견해야 한다
   D 인재 확보에 신경 써야 한다

지문 어휘 | 钢琴 gāngqín 명 피아노 | 著名 zhùmíng 형 유명하다, 저명하다 | 制造 zhìzào 동 제조하다, 만들다, 조성하다 | 艰苦 jiānkǔ 형 고생스럽다, 고달프다 | 控制 kòngzhì 동 제어하다, 통제하다, 규제하다, 억제하다 | 销售量 xiāoshòu liàng 판매량, 매출고 | 销量 xiāoliàng 명 판매량 | 下降 xiàjiàng 동 떨어지다, 낮아지다 | 行业 hángyè 명 업계, 직업, 업종 | 面临 miànlín 동 직면하다, 당면하다 | 危机 wēijī 명 위기 ★ | 深入 shēnrù 형 깊다, 철저하다 동 깊이 들어가다, 깊이 파고들다 | 分析 fēnxī 동 분석하다 | 诞生 dànshēng 동 탄생하다, 생기다, 나오다 ★ | 功能 gōngnéng 명 기능, 작용, 효능 | 节奏 jiézòu 명 리듬, 박자, 템포, 흐름 ★ | 此时 cǐshí 명 지금, 이때, 이 시각 | 扩大 kuòdà 동 확대하다, 넓히다 | 占有率 zhànyǒulǜ 점유율 | 需求 xūqiú 명 수요, 필요 | 趋于 qūyú 동 ~로 향하다, ~로 기울어지다 | 饱和 bǎohé 형 포화 상태에 이르다, 최고조에 달하다 ★ | 成本 chéngběn 명 원가, 자본금 ★ | 唯一 wéiyī 형 유일한, 하나 밖에 없는 | 出路 chūlù 명 출구, 출로, 발전의 여지, 판로 ★ | 结构 jiégòu 명 구조, 조직, 짜임새 | 运用 yùnyòng 동 활용하다, 운용하다 | 数控 shùkòng 명 디지털 제어(数字控制의 약칭) | 光学 guāngxué 명 광학 | 先进 xiānjìn 형 선진의, 진보적인 명 선진적인 인물이나 집단, 앞서가는 일 | 装置 zhuāngzhì 명 장치 동 장치하다, 설치하다 | 记录 jìlù 동 기록하다 명 기록 | 录音 lùyīn 동 녹음하다 명 녹음 | 客户 kèhù 명 고객, 거래처, 바이어 ★ | 拥有 yōngyǒu 동 가지다, 보유하다, 소유하다 | 试金石 shìjīnshí 명 시금석, 가치, 능력, 역량 따위를 알아볼 수 있는 기준이 되는 기회나 사물을 비유적으로 이르는 말 | 发明 fāmíng 동 발명하다 명 발명 | 青睐 qīnglài 명 인기, 호감 | 可想而知 kěxiǎng'érzhī 성 가히 짐작할 수 있다, 미루어 알 수 있다 | 案例 ànlì 명 사례, 구체적인 예 ★ | 充分 chōngfèn 부 충분히 형 충분하다 | 表明 biǎomíng 동 표명하다, 분명하게 밝히다 | 眼光 yǎnguāng 명 관점, 견해, 시선, 안목, 식견 ★ | 审视 shěnshì 동 자세히 살펴보다, 검토하다 | 现有 xiànyǒu 동 현재 있다, 현존하다, 지금 존재하다 | 内在 nèizài 형 내재적인, 내재하는 | 挖掘 wājué 동 발굴하다, 찾아 내다, 캐내다 ★ | 潜在 qiánzài 동 잠재하다 | 制定 zhìdìng 동 제정하다, 작성하다 | 战略 zhànlüè 명 전략 형 전략적인 | 目标 mùbiāo 명 목표 | 持久 chíjiǔ 형 지속되다, 오래 유지되다

보기 어휘

原材料 yuan cáiliào 원자재 | 涨价 zhǎngjià 동 가격을 인상하다, 물가가 오르다 | 零件 língjiàn 명 부속품 | 上涨 shàngzhǎng 동 (수위, 물가 등) 오르다 | 恶性 èxìng 형 악성의, 악질적인 | 竞争 jìngzhēng 동 경쟁하다 | 频现 pín xiàn 여러 번 나타나다 | 摆脱 bǎituō 동 벗어나다, 빠져 나오다, 이탈하다 ★ | 逆境 nìjìng 명 역경 | 前景 qiánjǐng 명 장래, 앞날 ★ | 可靠 kěkào 형 확실하다, 믿을 만 하다, 믿음직하다 | 检验 jiǎnyàn 명 검증, 검사 동 검증하다, 검사하다 ★ | 开拓 kāituò 동 개척하다, 확장하다 ★ | 方案 fāng'àn 명 방안, 표준 양식, 격식 | 维修 wéixiū 동 수리하다, 보수하다, 수선하다 ★ | 骤减 zhòujiǎn 동 급감하다 | 昂贵 ángguì 형 매우 비싸다 ★ | 注重 zhùzhòng 동 중점을 두다, 주시하다 ★ | 品牌 pǐnpái 명 브랜드, 상표 | 宣传 xuānchuán 동 홍보하다, 선전하다 명 홍보, 선전 ★ | 善于 shànyú 동 ~를 잘하다, ~에 능하다 | 储备 chǔbèi 동 비축하다 명 비축한 물건, 예비 인원 ★ | 人才 réncái 명 인재

정답

1. D   2. C   3. B   4. B

해설

1. 질문의 핵심어는 '钢琴行业(피아노 업계)', '面临(직면하다)', '问题(문제)'다. 이는 첫 번째 단락에서 찾을 수 있는데, '但(그런데)'이 정답 키워드이다. '但近几年，钢琴的销量却以每年5%的速度下降，钢琴行业面临危机。(그런데 최근 들어 피아노 판매량이 매년 5%씩 하락하면서 피아노 업계는 위기를 맞았다.)'에서 '危机(위기)'가 바로 '问题(문제)'를 의미하는 것이므로 피아노 판매량이 하락한 것, 즉 시장에서의 수요량이 감소한 것이 바로 피아노 산업이 직면한 문제임을 알 수 있으므로 정답은 D이다.

2. '试金石(시금석)'는 황금의 품질을 판정하는 데 쓰였던 돌을 뜻하는데, 현재 어떤 대상에 대한 가치, 능력, 역량, 따위를 알아볼 수 있는 기준이 되는 기회나 사물을 비유적으로 이르는 말이다. 이 숨은 의미를 알지 못할 경우 문장의 앞뒤 문맥을 살펴봐야 하는데, 신형 피아노가 고객들의 인기를 얻어 판매량이 증가하게 되었다고 하였으므로, 피아노 시장이 바로 성공 여부를 판단하는 확실한 검증 방법, 즉 '试金石(시금석)'이었음을 알 수 있으므로 정답은 C이다.

3. 질문의 핵심어는 '第4段(네 번째 단락)'이다. 단락의 중심 내용을 파악하려면 해당 단락의 앞부분과 마지막 부분에 특히 더 집중해야 한다. 이 문제는 2번 문제의 정답과 관련된 내용을 살펴보고도 바로 정답을 찾을 수 있는데, 네 번째 단락 마지막 부분에서 '这一新发明受到了许多客户的青睐。(이 새로운 발명은 많은 고객들의 인기를 얻었다.)'라고 하였으므로, 여기서 언급된 '受青睐(인기를 얻다)'와 동일한 의미를 나타내는 '受欢迎'이 제시되어 있는 B가 정답이다.

4. 주제를 묻는 문제이다. 이 지문과 같이 어떤 이야기를 통해 교훈을 전하는 유형의 글은 그 주제를 보통 마지막 부분에서 언급하는데, '挖掘潜在的市场，并以此来制定战略目标，这样才能够获得持久的发展。(잠재시장을 발굴하고 그에 따라 전략목표를 세워야만 지속인 발전을 할 수 있다.)'이라고 하였으므로 정답은 B이다.

실전 테스트

第1-8题 请选出正确答案。

1-4

在心理学上，有一种现象叫做过度理由效应。在我们的生活当中，人们都试图为自己的行为寻找理由，如果这个理由来自于外部的刺激，那么外部刺激一旦消失，人们就会终止这种行为。

心理学家做了一项实验：他们选择了一群年龄在3～5岁之间，并且特别爱画画儿的孩子。他将这些孩子分为三组，第一组孩子只要画画儿，就会得到一块软糖作为奖励；第二组孩子会不定时地得到软糖；第三组孩子则只画画儿没有奖励。之后，心理学家让所有孩子自由休息，目的在于考察他们能否一直维持对画画儿的兴趣。结果发现，与其他组相比，第一组孩子对画画儿的兴趣明显减少了很多。问他们为什么不画画儿时，他们的回答是"休息时，就算画画儿了也没有糖吃"。通过这一小小的测试，心理学家认为：过度的奖励会损害人们对一些活动的内部机。

过度的物质奖励对内部动机有一定的消解作用，而无形的精神奖励，例如口头的表扬，会提升人们的自信，但不会激发人们的内在动机。不过另一项研究表明：在做枯燥乏味的任务时，对表现优异者进行物质奖励也会在一定程度上提高其内部动机。这被称为"强化原则"。在儿童教育领域，过度理由效应和强化原则都发挥着作用，然而"精神上的鼓励"则更可以帮助儿童树立正确的人生观和价值观。

1. 根据第1段，正确的一项是：
   A 人所受到的外部刺激越多越好　　B 人们常为自己的行为找理由
   C 不要为自己的行为找借口　　　　D 只有付出才会有回报

2. 关于那个实验，可以知道什么？
   A 第一组孩子没有奖励　　　　　　B 试验进行了一个星期
   C 孩子们都得到了一块糖　　　　　D 第三组孩子未获得软糖

3. 下列属于"强化原则"观点的一项是？
   A 自卑的人缺少物质奖励　　　　　B 人们要时刻保持警惕
   C 口头表扬只能提升人的兴趣　　　D 恰当的物质奖励可以提高内部动机

4. 过度理由效应对儿童教育的启示是：
   A 要给孩子自由空间　　　　　　　B 要善于利用精神鼓励
   C 要多抽时间和孩子在一起　　　　D 要重视孩子的素质教育

5-8

最近，科学家发明了一种新型的材料，这种薄得像纸一样的材料有着非凡的储存电量的能力。这种材料由纳米纤维素和一种高分子导电聚合物制成，能被上百次地使用，而且只需要几秒钟就可以将电充满。粗略地看，会认为这种材料只是一张普通的黑色纸张，但摸起来却像塑料。这种新型的材料被称为"能量纸"。

科学家先用高压水把纤维素纤维分解开，然后把这些直径只有20纳米的纤维加入到含有带电聚合物的水溶剂中，聚合物就会在纤维上聚集，形成一层薄薄的镀层。而这些被覆盖的纤维相互缠结，它们之间缝隙中的液体就成为了电解液，就这样最终形成"能量纸"。

科学家认为这种材料使离子和电子同时具有导电性，它对小型设备储存电荷的方法产生了重大影响，将来甚至可以为更高容量的电力需求服务。

不同于我们现在使用的含有大量金属和有毒化学品的电池和电容器，这种"能量纸"由简单的材料制成，不会产生有毒物质，而且很轻还能防水。现在它面临的最大挑战是需要研究出一套工业流程来进行大规模生产。就像平常的木浆纸一样，这种材料必须经过脱水程序才能制成片材，如果能解决这个问题，再加上商业伙伴的支持，也许在未来这种"能量纸"就随处可见了。

5 关于"能量纸"，下列哪项正确？
A 稍微厚一点　　　　　　B 不需要充电
C 有强大的储电能力　　　D 属于一次性设备

6 第2段主要介绍的是什么？
A "能量纸"的制作过程　　B 电解液的分解
C 如何提取纳米纤维　　　D 金属的溶解方法

7 根据上文，"能量纸"的优点是什么？
A 无毒　　　　　　　　　B 易溶解
C 不需要脱水　　　　　　D 制作简单

8 目前此项技术面临的最大挑战是什么？
A 很难申请专利　　　　　B 如何进行大规模生产
C 还没有得到赞助　　　　D 还没得到政府的认可

DAY 16

7 요령만 정복하면 어렵지 않다!
공략비법 15 내용의 옳고 그름 판단

출제 형식

지문에서 언급된 특정 대상이나 특정 단락에 관한 내용 혹은 전체적인 지문 내용에 근거해 옳고 그름을 묻는다거나 알 수 있는 것을 묻는 문제 유형이다.

핵심 전략

1 질문과 보기 내용을 먼저 읽고 핵심어를 파악하자!

내용의 옳고 그름을 판단하는 문제는 질문과 보기에서 핵심어를 먼저 파악한 후, 그에 해당되는 내용을 지문에서 재빠르게 찾아 체크하는 것이 가장 중요하다. 한 가지 유념할 점은, 지문의 내용에 근거해 옳지 않은 것을 묻는 문제는 지문의 내용과 다르게 제시되었거나 지문에서 전혀 언급되지 않은 보기를 정답으로 선택하면 된다는 것이다.

2 자주 출제되는 문제 유형을 알아두자!

- 关于第2段，下列哪项正确? 두 번째 단락에 관해 다음 중 옳은 것은?
- 关于~，下列哪项不正确? ~에 관해 다음 중 옳지 않은 것은?
- 根据上文，正确的一项是? 윗글에 근거해 옳은 것은?
- 下列哪项不是~? 다음 중 ~이 아닌 것은?
- 下列哪项属于~的特点? 다음 중 ~의 특징에 속하는 것은?
- 下列哪项不属于~的好处? 다음 중 ~의 이점에 속하지 않는 것은?
- 根据第3段，我们可以知道什么? 세 번째 단락에 근거해 알 수 있는 것은?
- 根据这篇文章，属于~的一项是? 이 글에 근거해 ~에 속하는 것은?

1-4

其实冷饮并不是现代人的专利。远在古代，人们就懂得将冰块儿储存到夏天来享用了。

据夏朝历书《夏小正》记载：每到夏天最炎热的时候，朝廷就会把藏冰当做珍贵的礼物赏赐给大臣们。

从周朝开始，[1] 还出现了专门负责管理藏冰事务的职位，担当这一职位的人被称为"凌人"。此后的各个朝代都会设立专门的官吏来管理藏冰事务。

每到大寒时节，古人就开始凿冰，因为这时的冰块儿最坚硬，也最不易融化。古人将采来的冰块儿藏到预先挖好的冰窖里，冰窖底部铺有一些稻草，冰块儿就放在稻草上面，然后再把树叶等隔温材料覆盖到冰块上，最后密封窖口，待来年享用。[2] 由于这种储存方法较为简单，每年大概会有三分之二的藏冰融化，因此，古人常常将藏冰量提高到所需冰量的3倍。

古代的酒度数较低，夏天很容易变酸，所以王公贵族在夏天设宴都会饮冰酒。据说，唐代一位大臣在家里设宴时，曾用一大块冰雕成山，围于宴席四周，客人们大夏天都穿了薄棉衣赴宴。[3] 可见，冰块儿的降温效果丝毫不逊色于现在的空调。

唐朝之后，市场上就开始售卖冷饮了。南宋时期，街市上就有"雪泡豆水"、"雪泡梅花酒"等饮料出售。据说，元朝时，在宫殿里还出现过类似冰激凌的冻奶酪。

1. 关于"凌人"，正确的一项是？
   A 管理藏冰事务　　　　　　B 负责教育事务
   C 专门制作冷饮　　　　　　D 善于雕刻冰雕

2. 第4段主要讲了什么内容？
   A 藏冰地点　　　　　　　　B 藏冰注意事项
   C 挖冰的方法　　　　　　　D 藏冰的方法

3. 关于唐代大臣在家设宴的例子，正确的一项是？
   A 冰块儿降温效果显著　　　B 出现了"雪泡豆水"
   C 古代的酒很容易变酸　　　D 唐朝的藏冰技术很发达

4. 本文主要的内容是什么？
   A 中国人发明冰窖的年代　　B 中国古代的酿酒技术
   C 冷饮的制作过程　　　　　D 冷饮的历史悠久

사실 청량 음료는 현대인들의 전유물이 아니다. 일찍이 고대 사람들도 얼음을 저장해 여름에 맛볼 수 있는 방법을 알고 있었다.

하(夏)나라 역서인 《하소정(夏小正)》의 기록에 따르면 여름철 가장 무더운 시기가 될 때면 조정에서 저장해 둔 얼음을 대신들에게 귀한 선물로 하사했다고 한다.

주(周)나라 때부터는 **[1]** 얼음 저장 업무를 전문적으로 책임지고 관리하는 직책도 생겼는데 이 직책을 맡은 사람을 '능인(凌人)'이라고 불렀다. 그 뒤로 시대마다 얼음 저장 업무를 전문으로 하는 관료를 두었다.

매년 대한(大寒)이 되면 옛 사람들은 얼음에 구멍을 뚫었다. 이 시기의 얼음이 가장 단단하고 또 쉽게 녹지 않기 때문이다. 옛 사람들은 캐낸 얼음을 미리 파놓은 빙고에 저장했는데 빙고의 바닥에 볏짚을 깔아서 얼음을 볏짚 위에 올려두었다. 그리고 나서 나뭇잎 등의 온도를 낮추는 재료로 얼음을 덮어둔 뒤 입구를 밀봉해 이듬해에 사용했다. **[2]** 이런 저장 방법은 비교적 단순해서 매년 저장한 얼음의 약 2/3가 녹아 내렸다. 그래서 옛 사람들은 저장하는 얼음량을 필요한 얼음량의 3배까지 늘리곤 했다.

고대의 술은 도수가 비교적 낮아 여름이면 맛이 쉽게 시어져서 귀족들은 여름에 연회를 베풀 때는 얼린 술을 마셨다. 당대에 어느 한 대신이 집에서 연회를 베풀었는데 그 때 큰 얼음덩이를 가져다 산처럼 조각한 다음 연회석 주위를 에워싸서 손님들이 한여름에도 얇은 면옷을 입고 연회에 참석했다고 한다. **[3]** 얼음덩이가 온도를 낮추는 효과는 오늘날의 에어컨과 비교해도 전혀 손색이 없다는 것을 알 수 있다.

당(唐)나라 이후 시장에서 청량 음료가 팔리기 시작했다. 남송(南宋)시기에 상점가에서도 '콩물로 만든 얼음거품(雪泡豆水)', '매화주로 만든 얼음거품(雪泡梅花酒)' 같은 음료가 판매되었다. 원(元)나라 때는 궁 안에도 아이스크림과 비슷한 얼린 치즈가 등장했다고 전해진다.

1. '능인(凌人)'에 관해 옳은 것은?
   A 얼음 저장 업무를 관리한다
   B 교육 업무를 책임진다
   C 청량 음료를 전문적으로 제조한다
   D 얼음 조각에 능하다

2. 네 번째 단락은 주로 무슨 내용을 이야기하였는가?
   A 얼음을 저장하는 곳
   B 얼음을 저장할 때 주의사항
   C 얼음을 캐는 방법
   D 얼음을 저장하는 방법

3. 당대의 대신이 집에서 연회를 베풀었다는 예시에 관해 옳은 것은?
   A 얼음덩이는 온도를 낮추는 효과가 뚜렷하다
   B '콩물로 만든 얼음거품'이 등장했다
   C 고대의 술은 쉽게 시어진다
   D 당나라의 얼음 저장 기술은 매우 발달했다

4. 본문의 주요 내용은 무엇인가?
   A 중국인의 빙고 발명 연대
   B 중국 고대의 양조기술
   C 청량음료의 제작 과정
   D 청량음료의 유구한 역사

雕 diāo 동 새기다, 조각하다 | 围 wéi 동 에워싸다, 둘러싸다 | 宴席 yànxí 명 연회석 | 棉衣 miányī 명 면 옷, 솜옷 | 赴宴 fùyàn 연회에 참석하다 | 可见 kějiàn 접 ~을 알 수 있다, ~을 볼 수 있다 | 丝毫 sīháo 부 조금도, 추호도 | 不逊色于 bù xùnsè yú ~에 손색 없다, ~에 뒤처지지 않다 | 售卖 shòumài 동 판매하다 | 时期 shíqī 명 시기, 특정한 때 | 街市 jiēshì 명 상점가, 상가 | 泡 pào 명 거품 동 (액체에) 담그다 | 梅花 méihuā 명 매화 | 出售 chūshòu 동 팔다 | 元朝 Yuáncháo 명 원(元)나라 | 宫殿 gōngdiàn 명 궁전 ☆ | 类似 lèisì 형 유사하다, 비슷하다 ☆ | 冰激凌 bīngjilíng 명 아이스크림 | 奶酪 nǎilào 명 치즈

보기 어휘 制作 zhìzuò 동 제작하다, 만들다, 제조하다 | 雕刻 diāokè 명 조각 동 조각하다 ☆ | 冰雕 bīngdiāo 명 얼음 조각품 | 地点 dìdiǎn 명 장소, 위치 | 注意事项 zhùyì shìxiàng 명 주의 사항, 유의 사항 | 显著 xiǎnzhù 형 뚜렷하다, 현저하다, 두드러지다 ☆ | 发达 fādá 형 발달하다, 흥성하다, 왕성하다 동 발달시키다, 발전시키다 | 酿酒 niàng jiǔ 동 술을 빚다, 술을 담그다 | 悠久 yōujiǔ 동 유구하다, 장구하다

정답 1. A   2. D   3. A   4. D

해설

1. 질문의 핵심어는 '凌人(능인)'이다. '还出现了专门负责管理藏冰事务的职位，担当这一职位的人被称为"凌人"。(얼음 저장 업무를 전문적으로 책임지고 관리하는 직책도 생겼는데 이 직책을 맡은 사람을 '능인(凌人)'이라고 불렀다.)'이라고 하였으므로 정답은 A이다.

2. 질문의 핵심어는 '第4段(네 번째 단락)'이다. 단락의 중심 내용을 파악하려면 앞부분과 마지막 부분을 잘 살펴봐야 하는데 마지막 부분에서 '由于这种储存方法较为简单~，因此，古人常常将藏冰量提高到所需冰量的3倍。(저장 방법이 비교적 단순해서~, 그래서 옛 사람들은 저장하는 얼음량을 필요한 얼음량의 3배까지 늘리곤 했다.)'라고 하였으므로, 이 단락은 주로 얼음 저장 방법에 대해 언급하는 것임을 알 수 있다. 따라서 정답은 D이다.

3. 질문의 핵심어는 '唐代大臣(당대의 대신)'이다. 이는 다섯 번째 단락에서 찾을 수 있는데, 여기서 어떤 내용을 근거로 한 작가의 판단이나 결론을 나타내는 '可见(~임을 알 수 있다)'이 이끄는 문장이 바로 핵심 내용이다. '可见，冰块儿的降温效果丝毫不逊色于现在的空调。(얼음덩이가 온도를 낮추는 효과는 오늘날의 에어컨과 비교해도 전혀 손색이 없다는 것을 알 수 있다.)'라고 하였으므로 정답은 A이다.

4. 주제를 묻는 문제이다. 지문은 청량음료의 유래에 대해 소개하는 글이므로 정답은 D이다.

실전 테스트

第1-8题 请选出正确答案。

1-4

大多数鱼类都属于冷血动物,因为它们的体温都与外部环境温度相同。根据早前的研究,只有鲨鱼在某种程度上不是"纯粹的冷血动物",因为它们身上的某些部位有用来保暖的肌肉组织,而且体内还有相应的"散热机制"。而为了探究其他鱼类是否都是冷血动物,生物学家收集了各种鱼类的体温数据,并研究了它们鳃的样本。结果,生物学家惊讶地发现月鱼拥有与鲨鱼等"非纯粹冷血动物"类似的"散热机制"。月鱼鳃的血管可以通过一种逆流热交换机制来减少热量的丧失,即从鳃部向身体输送低温有氧血液的血管与从身体向鳃部输送温暖无氧血液的血管接触后,静脉血暖化动脉血这一热量交换过程避免了热量从皮肤表面流失,因此使月鱼能保持比外部水温略高的体温。而且较高的体温加快了月鱼体内的生理过程。比如,肌肉可以更快地收缩,瞬间看到事物的清晰度得到提高,神经传递速度也会变快。这就使月鱼拥有了更快的游速、更好的视力和较快的反应速度。此外,月鱼的脂肪分布保证了其身体能更好地留住热量,肌肉组织也发挥着保暖作用。

1 关于"冷血动物",下列哪项正确?
A 体温与周围环境相同 B 寿命都很长
C 视力都很好 D 喜欢低温的环境

2 关于鲨鱼,正确的一项是:
A 有用于保暖的肌肉组织 B 属于冷血动物
C 种类在减少 D 行动缓慢

3 下列哪项不是较高的体温给月鱼带来的好处?
A 嗅觉更敏锐 B 反应更迅速
C 视觉更清晰 D 游行速度快

4 月鱼鳃通过什么减少热量的流失?
A 通过对鳃的控制 B 不断地游动身体
C 收缩体内的血管 D 静脉血向动脉血传递热量

5-8

很多人认为，目光直视看到的东西获得的信息最重要，也最可靠；周边视觉，也就是"余光"，能够提供的细节信息极少。然而，新的研究成果显示，在场景认知方面，周边视觉的作用远比人们意识到的要重要得多。

实验中，研究人员向被试者展示了一些生活场景图片。图片的中心部分或者外围部分会被遮挡住，而且图片被展示的时间非常短。被试者看完这些图片后，需判断出图片是什么地方的场景。结果发现，如果中央部分缺失，被试者仍然可以认出他们看到的是什么场景。但若是周边图像缺失，他们辨认起来却很困难。这表明，中央视觉更偏向于识别物体，而周边视觉则是用来识别场景的。

从进化的角度来讲，在原始社会，猿人常常要一边取火，一边提防猛兽，这是出于安全的考虑。于是，人类不得不学会用"余光"迅速获取周边的危险信号，以便能快速地摆脱猛兽的攻击，这样才能够生存下来。

由此可见，周边视觉对人类具有重要的意义，它能够帮助人类觉察周围环境的特点和变化，以便快速地做出反应。网页上角落出现的小广告，其实就是利用了这个原理。虽然你不想看它，但你还是会不由自主地注意到它的存在。

5 关于"余光"，传统观点认为：
A 作用不大　　　　　　　　B 是虚幻的
C 会干扰注意力　　　　　　D 十分重要

6 关于图片实验，正确的一项是？
A 目的是测试人的精神集中能力　　B 图片场景是不常见的景色
C 被试者需要判断出照片场景　　　D 人们对这项实验持怀疑的态度

7 进化学理论主要阐明了什么？
A 早期人类不文明　　　　　　B 自然之谜还需探究
C 现代人的"余光"退化严重　　D 周边视觉有利于人类生存

8 根据上文，下列哪项正确？
A 余光降低注意力　　　　　B 人们都有恐惧的心理
C 古代人更加敏感　　　　　D 周边视觉能快速察觉危险

공략비법 16 주제 및 제목 찾기

7 요령만 정복하면 어렵지 않다!

출제 형식

지문 전체의 중심 내용 혹은 지문에 어울리는 제목에 관해 묻는 문제 유형이다.

핵심 전략

1 첫 단락과 마지막 단락에 집중하자!

주제나 제목을 묻는 문제의 핵심은 지문의 주요 내용을 찾는 것으로, 이는 보통 지문의 첫 번째 단락이나 마지막 단락에 나오는 경우가 많다.

2 주제를 파악하기 어려울 때는 지문 전체를 포괄하는 내용 혹은 제시된 다른 문제의 풀이 과정에 근거해 정답을 찾자!

지문에서 주제 문장을 바로 찾기 어려울 경우, 모든 단락 혹은 지문 전체를 포괄할 수 있는 내용을 주제로 생각하면 된다. 또한 주제를 묻는 문제는 보통 마지막 문제로 등장하므로, 앞의 문제를 푸는 과정에서 읽고 이해한 내용을 바탕으로 주제 문장을 찾도록 하자.

3 자주 출제되는 문제 유형을 알아두자!

주제

- 上文主要谈的是：   윗글이 주로 이야기하는 것은 :
- 上文主要谈的是什么？   윗글이 주로 이야기하는 것은 무엇인가?
- 上文主要想告诉我们什么？   윗글이 주로 우리에게 알려주고자 하는 것은 무엇인가?
- 本文主要的内容是什么？   본문의 주요 내용은 무엇인가?
- 上文主要介绍了什么？   윗글은 주로 무엇을 소개하였는가?
- 这篇文章告诉我们：   이 글이 우리에게 알려주는 것은 :

제목

- 最适合做上文标题的是：   윗글의 제목으로 가장 적합한 것은 :
- 最符合上文标题的一项是？   윗글의 제목으로 가장 부합하는 것은?
- 下列哪项最适合做上文标题？   다음 중 어느 것이 윗글의 제목으로 가장 적합한가?

1-4

【4】大家知道为何荔枝的色、香、味会这么快发生变化吗？是因为荔枝的特殊结构。【1】荔枝的果皮外部有一些突起的裂片，不仅薄，而且内部组织之间存有空隙，水分很容易从这些空隙跑出去，只留下干巴巴的荔枝果实。

这还不是荔枝所要面对的最糟糕的问题。【2】荔枝壳含有一些氧化物质，这些物质会把很多无色的多酚类物质都加工成黑色素，使荔枝变色。荔枝有"一日而色变"的说法，足以说明它们的工作效率有多高了。

植物的果实同人类一样，也需要呼吸。在呼吸过程中，果实内的糖类物质会被逐渐消耗掉。果肉中的糖类物质被迅速消耗的同时还会产生一些气味不佳的醇醛类物质。荔枝在采摘二三日之后就会香味尽失，很大程度上是它们"大喘气"的杰作。

说句开玩笑的话，荔枝应该对自己的"美容养颜"方法非常不自信。【3】因为荔枝会释放乙烯，而乙烯是果实的催熟剂，会导致荔枝快速腐坏。拿香蕉来说，未成熟的青色香蕉摘下来，只要用乙烯一喷，短时间内就会变得黄橙橙的，看起来和熟香蕉一样。乙烯不仅可以把青果催熟，还可以把熟果催败。荔枝快速蔫败的原因正在于此。被摘下来后，它会释放越来越多的乙烯，直到把自己催得"人老珠黄"，释放量才会减少。

1. 果皮的特点给荔枝造成了怎样的后果？
   A 成熟期提前　　　　　　B 很难吸收营养
   C 糖分不够　　　　　　　Ⓓ 果实水分易流失

2. 为什么荔枝被采摘后颜色会很快发生变化？
   Ⓐ 发生了氧化反应　　　　B 果皮太薄
   C 荔枝呼吸强度大　　　　D 能够释放乙烯

3. 关于乙烯，下列哪项正确？
   A 味道很不好　　　　　　Ⓑ 具有催熟功能
   C 能让味道消失　　　　　D 是醇醛类物质

4. 上文主要谈的是：
   A 荔枝的栽培技术　　　　Ⓑ 荔枝不易保鲜的原因
   C 荔枝的功效　　　　　　D 如何挑选荔枝

(4) 모두들 왜 리치(여지)의 색, 향, 맛이 그렇게 빨리 변하는지 알고 있을까? 이유는 바로 리치의 특수한 구조 때문이다. (1) 리치의 껍질 표면에 있는 돌출된 열편(裂片)은 얇을 뿐만 아니라 조직 내부에 틈이 있어 수분이 이 틈으로 쉽게 빠져 나가 바싹 마른 리치 과실만 남게 된다.

이것이 리치가 직면한 가장 최악의 문제는 아니다. (2) 리치 껍질에는 일부 산화 물질이 들어있는데, 이 물질들이 많은 무색 폴리페놀을 가공해 만들어 낸 멜라닌이 리치의 색을 변하게 하는 것이다. 리치는 '하루 만에 색이 변한다'는 말이 있는 만큼 산화 물질의 작업 효율이 얼마나 높은지 충분히 알 수 있다.

식물의 과실은 사람처럼 호흡을 해야 한다. 호흡하는 과정에서 과실 안의 탄수화물은 점점 소모된다. 과육에 있는 탄수화물은 빠르게 소모되면서 동시에 나쁜 냄새가 나는 하이드록시 알데히드류 물질을 만든다. 리치는 수확하고 2~3일 후 향이 사라지는데 상당 부분 리치의 '심호흡'이 만들어 낸 작품이다.

우스갯소리를 하자면 리치는 자신의 예쁜 얼굴을 가꾸는 법에 대해 자신이 없는 게 확실하다. (3) 리치는 에틸렌을 방출하는데, 에틸렌이 과실의 숙성 촉진제여서, 리치가 빨리 부패되는 것을 초래한다. 바나나의 경우 덜 익어 퍼런 바나나를 따서 에틸렌을 한 번 뿌려주면 짧은 시간 안에 노랗게 잘 익은 바나나가 된다. 에틸렌은 풋과일을 빨리 익게 만들 뿐만 아니라, 익은 과일을 부패시키기도 한다. 리치가 빨리 마르고 부패하는 이유도 바로 여기에 있다. 리치는 수확하고 나면 점점 더 많은 에틸렌을 방출하는데 스스로 쓸모없게 만들고 나서야 방출량이 줄어든다.

1. 열매 껍질의 특징은 리치에게 어떤 안 좋은 결과를 초래하는가?
   A 익는 기간을 앞당긴다
   B 영양 흡수가 어렵다
   C 당분이 부족하다
   D 과실의 수분이 쉽게 유실된다

2. 리치는 왜 수확 후 색이 빨리 변하는가?
   A 산화 반응이 생겨서
   B 껍질이 너무 얇아서
   C 리치의 호흡 강도가 세서
   D 에틸렌을 방출할 수 있어서

3. 에틸렌에 관해 다음 중 옳은 것은?
   A 맛이 매우 좋지 않다
   B 숙성을 촉진하는 기능을 가지고 있다
   C 맛을 없앤다
   D 하이드록시 알데히드류 물질이다

4. 윗글이 주로 이야기하는 것은:
   A 리치의 재배 기술
   B 리치의 신선도를 유지하기 어려운 이유
   C 리치의 효능
   D 리치를 고르는 방법

리 부패하게 하다 | **蔫败** niān bài 마르고 썩다. 쭈그러들고 부패하다 | **人老珠黄** rénlǎozhūhuáng 성 사람은 늙으면 쓸모가 없어지고 구슬은 누렇게 퇴색하면 가치가 없어진다

보기 어휘 **造成** zàochéng 동 일으키다, 조성하다, 야기하다, 만들다 | **后果** hòuguǒ 명 (나쁜) 결과 | **成熟期** chéngshúqī 명 익는 기간, 성숙기 | **吸收** xīshōu 동 흡수하다, 빨아들이다 | **营养** yíngyǎng 명 영양, 양분 | **糖分** tángfèn 명 당분 | **流失** liúshī 동 유실하다, 떠내려가 없어지다 | **反应** fǎnyìng 명 반응 동 반응하다 | **强度** qiángdù 명 강도 | **功能** gōngnéng 명 기능, 작용, 효능 | **消失** xiāoshī 동 없어지다, 소실되다, 사라지다 | **栽培** zāipéi 동 재배하다, 심어 가꾸다, 배양하다 ★ | **保鲜** bǎo xiān 동 신선도를 유지하다 | **功效** gōngxiào 명 효능, 효과 ★ | **挑选** tiāoxuǎn 동 고르다, 선택하다

정답 1. D 2. A 3. B 4. B

해설
1. 질문의 핵심어는 '果皮(열매 껍질)'이다. 이는 첫 번째 단락에서 찾을 수 있는데 리치의 특수한 구조를 언급하며 '荔枝的果皮外部有一些突起的裂片~，水分很容易从这些空隙跑出去。(리치의 껍질 표면에 있는 돌출된 열편(裂片)은 ~, 수분이 이 틈으로 쉽게 빠져 나간다.)'라고 하였으므로 정답은 D이다.

2. 질문의 핵심어는 '颜色(색)'와 '变化(변화)'이다. 이는 동일한 의미의 '变色(색이 변하다)'로 지문의 두 번째 단락에서 언급되었는데 '荔枝壳含有一些氧化物质，这些物质把~加工成黑色素，使荔枝变色。(리치 껍질에는 일부 산화 물질이 들어있는데, 이 물질들이 ~ 을 가공해 만들어 낸 멜라닌이 리치의 색을 변하게 하는 것이다.)'라고 하였으므로 정답은 A이다.

3. 질문의 핵심어는 '乙烯(에틸렌)'이다. 이는 마지막 단락에서 찾을 수 있는데, '因为荔枝会释放乙烯，而乙烯是果实的催熟剂。(리치는 에틸렌을 방출하는데, 에틸렌이 과실의 숙성 촉진제이다.)'라고 하였으므로 정답은 B이다.

4. 주제를 묻는 문제이다. 글의 중심 내용은 보통 첫 단락이나 마지막 단락에서 언급되는데, 이 지문은 첫 번째 단락의 첫 문장 '大家知道为何荔枝的色、香、味会这么快发生变化吗? (모두들 왜 리치의 색, 향, 맛이 그렇게 빨리 변하는지 알고 있을까?)'를 통해 정답이 B임을 유추할 수 있다. 만약 이 문장을 통해 주제를 파악하기 어렵다면 1, 2, 3번 문제의 정답을 찾는 과정을 통해서도 이 글은 수확 후 빨리 마르고 변색되며 부패되기 쉬운 리치의 특징, 즉 리치의 신선도를 유지하기 어렵다는 내용을 주로 다루고 있음을 알 수 있다.

실전 테스트

第1-8题 请选出正确答案。

1-4

近些年来，机器人开始慢慢取代人类,进行一些简单的工厂工作。然而智能机器人的技术不断发展，人工智能机器人竟然开始"舞文弄墨"了。

前不久，美国某网站上的一条关于地震的新闻赚足了人们的眼球，因为它的作者是一个机器人。而机器人的发明者是一名记者，这名记者在两年前编写了这套新闻自动生成系统来替他写稿。

机器人写手的高调亮相，让很多人工智能技术的支持者兴奋不已。在现在这个"争分夺秒"的网络媒体时代，机器人写稿快速、高效，给苦于竞争的媒体带来了优先"突围"的机遇。近年来，很多著名的新闻网站都曾使用过类似的新闻生成系统。

机器人写手的出现让一些记者很担心他们的工作会被抢走，但他们的担心其实是多余的。实际上，机器人撰写新闻的过程就像一个复杂的填词游戏，它最能胜任的就是一些具有固定模式的行业性文章，而无法对事件进行深入分析。如果有一天记者真的被冷冰冰的机器人所取代，那么新闻恐怕将沦为诸多报道模式的生硬"拼盘"。

机器人不可能把自己完全投入到工作中去，更别说要它在镜头前随机应变地进行采访或深入大街小巷明察暗访了。机器人写手虽有其技术优势，但在灵活性和创造力上无法与人相比。因此，机器人写手只能起到一种辅助作用，而无法取代"人类记者"。

1. 关于那条新闻，下列哪项正确？
   A 人们不太关注　　　　　　B 是明星报道的
   C 它的作者是机器人　　　　D 是一则不真实的消息

2. 和第3段划线的词语意思相似的一项是：
   A 大失所望　　　　　　　　B 一筹莫展
   C 欣喜若狂　　　　　　　　D 沾沾自喜

3. 机器人写手：
   A 具有很高的灵活性　　　　B 能单独采访
   C 已经取代了人类记者　　　D 无法深入分析事件

4. 最适合做上文标题的是：
   A 大众媒体的局限性　　　　B 记者的角色定位
   C "舞文弄墨"的机器人　　　D 人工智能技术的应用

5-8

快递，在如今人们的生活中已是不可或缺的一部分，但是有一点大家要知道快递并不是现代社会发展的产物。早在秦汉时期就形成了成熟的快递体制；隋唐以后，对速度慢、泄露个人信息等违规行为已有严厉的处罚措施。

无论哪个时期，都十分看重投递的速度。秦汉时期，步递一般平均两个小时走10里，大多用于短途投递；如果是用专车，每天可行80多里；最快的是骑马，可"日行三百多里"。即古人所谓的"至速"。

到了隋唐，由于大运河的开凿，水路快递逐渐兴起，快递业发展也更为迅速。唐玄宗时期，中国有近1700个驿站，其中水驿占了十分之一，陆驿占到了一半，剩下的则是水陆兼驿。据学者推算，盛唐时期，从事驿传的工作人员约有两万人。而且，唐朝时便开始流行用快递运送水果、水产品。当时，山东向朝廷进贡的螃蟹就是用快递来运送的。

宋代的快递为"急脚递"，是结合了步递和马递而发展起来的，"急脚递"并不是字面上的靠人力快递，而是马递的一种，要求日行400里。而元代有一家店铺的名字叫"急递铺"，已接近于现代的快递公司。

魏晋时期，魏国陈群等人制定了《邮驿令》，这是中国第一部邮政法规，在中国邮政史上具有里程碑式的意义。

5 秦汉时期，步递：
A 出现过泄密事件　　　　　B 可以日行百里
C 被称为"急脚递"　　　　　D 多用于短途投递

6 根据第3段，下列哪项正确？
A 隋唐时水路快递兴起　　　B 快递的速度很重要
C 水驿一共有850个　　　　 D 唐朝的水驿多于路驿

7 关于魏晋时期的快递业，可以知道什么？
A 从业者约两万人　　　　　B 开始流行用快递运送水果
C 有了专门的邮政法规　　　D 步递的位置很重要

8 上文主要谈的是什么？
A 快递业的现状　　　　　　B 快递的演变历程
C 驿站的主要职能　　　　　D 交通工具的多样性

지문 읽고 400자 내외로 요약 쓰기

쓰기 단계별 학습

1 단계별로 익히는 요약 포인트
   기초 다지기 지문 읽고 요약하기

2 단락별 포인트만 잡아도 요약이 쉬워진다
   공략 비법 지문 요약 쓰기

书写 3

지문 요약 쓰기

문제 형식

10분 동안 1,000자 가량의 지문을 읽은 후 지문 내용을 35분 이내에 400자 분량으로 요약하여 답안지 상의 원고지에 작성해야 하는 형태로, 총 1문제가 출제된다. 단, 지문을 읽는 10분 동안 필기도구를 사용하여 메모를 할 수 없다.

출제 경향

쓰기에서는 대부분 특정 주제를 중심으로 하여 사건이 전개되는 서사문(敍事文) 형식의 지문이 출제되는데, 지문 유형은 현대 이야기(감동이나 교훈이 담긴 일화), 고대 이야기(민간 설화, 우화, 전설 이야기), 유명인의 일화, 고사성어의 유래 등으로 나눌 수 있다. 그 중 출제 비중이 가장 높은 것은 현대를 배경으로 한 이야기로 약 75%를 차지한다.

출제 비율

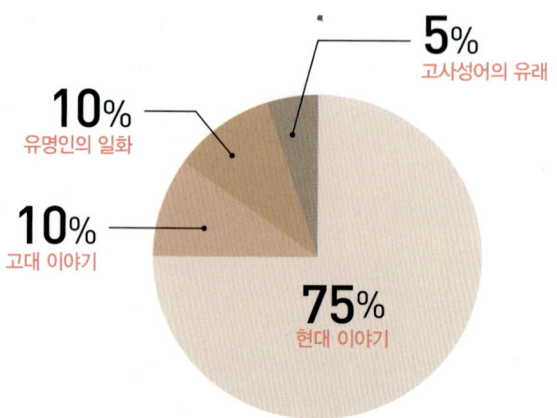

新HSK 5급 쓰기 제2부분과 6급 쓰기에 대한 비교와 분석을 통해 출제 방식을 알아보자.

	5급 (쓰기 제2부분)	6급
문항수	2문제	1문제
배점	60점	100점
문제 자료	① 99번 : 5개의 단어 ② 100번 : 1개의 그림 혹은 사진	1,000자 가량의 글
답안 글자 수	80자 내외	400자 내외
요구 사항	제시된 단어와 그림을 근거로 하여 쓰기	10분 간 지문을 읽고 원문 내용을 35분 동안 요약하기
제한 사항	-	① 지문 독해 시, 문장을 눈으로만 읽어야 하고 따로 메모할 수 없음 ② 지문 요약 시, 원문 내용만 재구성하여 객관적으로 서술해야 하고 자신의 주관적인 생각을 포함해서는 안 됨
표현 방식	서술, 설명, 논술 등의 기법을 자유롭게 선택하여 표현	서술 기법으로 표현
평가 내용	어휘량 어휘 응용력 어법 활용력 기본적인 작문 능력 언어 표현력 창의적 사고력	어휘량 장문 독해력 및 이해력 단어 및 문장 암기력 문장 재구성 능력 언어 표현력 논리적 사고력

 **채점 방식**

쓰기 시험은 듣기, 독해 영역과 다르게 주관식으로 출제되는데다가, ==한 문제에 해당되는 배점이 100점이므로 채점 기준에 대한 파악이 매우 중요하다.== 따라서 아래 평가 기준을 참고하여 답안 작성 시 주의하도록 하자.

0점(零分): 백지 상태

낮은 점수(低档分): 60점 미만
① 요약문에 원문과 부합하지 않는 내용이 포함되어 있는 경우
② 문장에 어법 상 오류가 많은 경우
③ 오탈자가 많은 경우
④ 글자 수가 300자 미만인 경우

중간 점수(中档分): 60~80점
① 요약문이 기본적으로 원문 내용에 부합한 경우
② 문단 간 혹은 문장 간의 논리적 연관성이 다소 부족한 경우
③ 문장에 일부 어법 상 오류가 있는 경우
④ 오탈자가 일부 있는 경우
⑤ 글자 수가 350자 내외 분량인 경우

높은 점수(高档分): 80점 이상
① 요약한 내용이 거의 원문에 부합한 경우
② 전체적인 내용 구성이 매우 합리적인 경우
③ 문단 간 혹은 문장 간의 논리적 연관성이 있는 경우
④ 문장에 어법 상 오류가 거의 없는 경우
⑤ 오탈자가 거의 없는 경우
⑥ 난이도 높은 어휘를 적절하게 사용한 경우
⑦ 글자 수가 요구하는 400자 내외 분량인 경우

문제 풀이 전략

문제는 이렇게 풀어라!

Step 1 지문 독해는 10분의 시간을 4분-3분-3분으로 나누어 세 번을 하자!

지문 독해 시간 10분 중 처음 4분 동안은 글의 전체적인 흐름을 파악하며 시간, 장소, 인물, 사건을 꼼꼼하게 체크하자. 이어서 3분 동안에는 단락별로 주된 것과 부차적인 것을 구분하여 이야기의 발단, 전개 과정, 결말에 관한 내용을 기억해두자. 마지막 3분 동안에는 스토리 전개상 핵심이 되는 단어나 문장을 외우도록 하자. 만약 핵심 문장에 너무 어려운 단어가 있을 경우 무작정 외우려고 하지 말고 유사한 의미를 지닌 쉬운 표현으로 바꾸어 외우는 편이 좋다.

Step 2 줄거리 요약은 '기-승-전-결'의 구조대로 하자!

출제되는 지문은 대부분 '기-승-전-결'의 흐름이 명확하고 주제가 분명한 한 편의 서사문(敍事文)이다. 줄거리를 요약할 때는 우선 이야기의 시간적, 공간적 배경 및 등장 인물을 기억하고 각 단락의 키워드를 바탕으로 한 중심 내용을 순서대로 연결하면 어렵지 않게 글을 써낼 수 있다. 요약 시 너무 자세하게 서술된 내용은 과감하게 버리고, 결말 부분에 제시되는 주제 문장은 글의 핵심 내용이므로 이는 반드시 포함시켜야 한다.

Step 3 기본적인 쓰기 테크닉을 익히자!

100점 만점 중 글의 제목에만 배점이 약 10점이므로 제목을 꼭 잊지말고 작성하도록 하자. 지문의 주제와 관련된 단어나 구를 사용하여 제목을 정해야 한다. 또한 원고지와 문장 부호 사용법도 숙지해두어야 하며, 가능한 400자 분량을 채우는 것이 좋다. 이 밖에 한자 쓰기나 어법 사용 등에서도 기본적인 오류가 발생하지 않도록 주의해야 한다.

원고지 작성법 및 문장 부호 사용법

6급 쓰기는 5급 쓰기 제2부분과 같이 작성한 글을 답안지 상의 원고지에 써서 제출해야 한다. 그러므로 중국어 원고지 작성법 및 문장 부호 사용법과 관련된 핵심 포인트를 정확히 익혀두어야 한다.

원고지 작성법

1 제목

글의 제목은 첫 행의 중간에 쓴다. 비교적 긴 제목일 경우 네 칸을 띄고 다섯 번째 칸부터 쓰면 된다.

2 단락

글이 한 단락으로 이루어졌든 여러 단락으로 이루어졌든 매 단락 첫 문장은 두 칸을 띄고 세 번째 칸부터 쓴다.

	丽	娜	是	一	家	水	果	经	销	公	司	的	销	售	经	理	。	因
为	公	司	椰	子	的	销	售	情	况	不	甚	理	想	，	所	以	丽	娜	进
行	了	一	项	网	络	调	查	。											
		在	调	查	中	，	消	费	者	普	遍	反	映	椰	子	虽	然	好	吃 ，
但	是	打	开	果	壳	的	过	程	太	麻	烦	，	因	此	不	愿	意	购	买 。

3 글자와 숫자

❶ 글자가 한자일 경우 한 칸에 한 글자씩 쓴다.
❷ 글자가 영문 알파벳일 경우 대문자는 한 칸에 한 자씩 쓰고, 소문자는 한 칸에 두 자씩 쓴다.
❸ 아라비아 숫자는 한 칸에 두 자씩 쓰는 것이 원칙인데, 한 자리 숫자일 경우 한 칸에 쓴다.

4 문장 부호

❶ 마침표(。), 물음표(？), 느낌표(！), 쉼표(，), 모점(、), 쌍점(：), 쌍반점(；)은 행이 시작되는 첫 칸에는 쓸 수 없다. 따라서 행의 마지막 칸을 글자로 채웠을 시 이 부호들은 다음 행으로 내려가지 않고 글자와 같은 칸에 함께 쓴다.

예1

		一	个	寒	冷	的	清	晨	，	她	关	闭	了	闹	钟	的	铃	声	后，
又	像	在	大	学	住	宿	舍	的	时	候	一	样	，	赖	在	床	上	不	起。
		她	想	，	每	天	为	了	生	活	而	忙	碌	，	真	有	必	要	吗？
虽	然	是	这	么	想	的	，	但	她	还	是	爬	了	起	来	。			

예2

	对	她	来	说	，	他	不	管	哪	儿	都	是	在	标	准	线	之	外：
没	有	高	学	历	，	看	不	到	前	途	，	而	且	出	生	在	农	村	。
但	他	总	是	会	在	她	需	要	的	时	候	，	出	现	在	她	的	面	前。

❷ 큰따옴표(" ")와 겹화살괄호(《 》)는 앞뒤 부호를 한 칸에 하나씩 쓴다. 앞쪽 부호는 행의 첫 칸에는 쓸 수 있지만 마지막 칸에는 쓸 수 없다. 이와 반대로, 뒤쪽 부호는 행의 마지막 칸에는 쓸 수 있지만, 첫 칸에는 쓸 수 없다.

예

| | " | 狐 | 假 | 虎 | 威 | " | 是 | 汉 | 语 | 成 | 语 | ， | 出 | 自 | 《 | 战 | 国 | 策》 |
| 狐 | 狸 | 假 | 借 | 老 | 虎 | 之 | 威 | 吓 | 退 | 百 | 兽 | 的 | 故 | 事 | 。 | | | |

❸ 큰따옴표(" ")의 앞뒤 부호는 다른 부호와 함께 쓰일 때 한 칸에 같이 들어가며, 앞쪽 부호가 행의 마지막 칸에 쓰일 경우에는 다음 행으로 내려가서 써야 한다.

예

| | 有 | 一 | 位 | 大 | 臣 | 自 | 告 | 奋 | 勇 | 地 | 劝 | 说 | ， | 他 | 对 | 国 | 王 | 说： |
| " | 有 | 一 | 块 | 玉 | 做 | 成 | 的 | 酒 | 器 | 却 | 没 | 底 | ， | 它 | 能 | 盛 | 水 | 吗？" |

❹ 줄표(──)와 줄임표(……)는 두 칸에 걸쳐서 써야 하지만, 위아래 두 행으로 나누어 쓸 수는 없다.

예1

| | 他 | 整 | 整 | 花 | 了 | 27 | 年 | ， | 终 | 于 | 编 | 写 | 了 | 一 | 部 | 著 | 名 | 的 |
| 药 | 物 | 书 | ── | ── | 《 | 本 | 草 | 纲 | 目 | 》 | 。 | | | | | | | |

예2

| | 她 | 用 | 五 | 彩 | 缤 | 纷 | 的 | 纸 | 折 | 了 | 各 | 种 | 各 | 样 | 的 | 小 | 动 | 物， |
| 蝴 | 蝶 | 、 | 蜻 | 蜓 | 、 | 小 | 狗 | 、 | 鱼 | … | … | 个 | 个 | 都 | 像 | 真 | 的 | 似的。 |

자주 쓰이는 문장 부호의 용법과 의미

명칭	부호	용법 및 의미	예문
마침표 (句号)	。	평서문의 끝에 쓰여 문장의 마침을 나타냄	保持健康的秘诀之一就是拥有平和的心态。 건강을 유지하는 비결 중 하나는 바로 편안한 마음 상태를 지니는 것이다.
쉼표 (逗号)	，	문장 중간에 쓰여 잠시 멈춤을 나타냄	对于这个城市，我并不觉得陌生。 나는 이 도시가 결코 낯설지 않다.
모점 (顿号)	、	문장 내에서 병렬 관계인 단어 혹은 구 사이에 쓰여 잠시 멈춤을 나타냄	我们要绞尽脑汁、想方设法地去完成任务。 우리는 온갖 아이디어를 짜내고, 갖은 방법을 써서 임무를 완성해야 한다.
물음표 (问号)	？	의문문이나 반문문의 끝에 쓰여 문장의 마침을 나타냄	人到底为什么会一见钟情呢？ 사람은 도대체 왜 첫 눈에 반하게 되는 것일까?
느낌표 (叹号)	！	① 감탄문이나 반어문의 끝에 쓰여 문장의 마침을 나타냄 ② 명령문 끝에 쓰여 강한 어감을 나타냄	① 世界上哪有那么便宜的事情啊！ 세상에 어디 그리 쉬운 일이 있겠는가! ② 你负责策划这个项目吧！ 당신이 책임지고 이 프로젝트를 기획하세요!
큰따옴표 (双引号)	" "	① 성어, 속담, 격언 혹은 다른 사람의 말을 인용할 때 쓰임 ② 강조하고자 하는 어구에 쓰임	① "知足者常乐"这句话确实不假。 '만족할 줄 아는 사람은 늘 즐겁다'는 이 말은 정말 맞는 말이다. ② "亦"这个字是书面语，意思和"也"一样。 '亦'라는 이 글자는 문어체로 의미는 '也'와 같다.
작은따옴표 (单引号)	' '	인용문 안에서 다시 인용하거나 강조할 때는 작은따옴표가 쓰임	老师对我们说："你们要知道'十年树木，百年树人'。" 선생님께서 우리에게 이렇게 말씀하셨다. "너희는 '나무를 기르는 데는 십 년이 필요하고 인재를 기르는 데는 백 년이 필요하다'는 것을 알아야 한다."

쌍점 (冒号)	:	① 질문이나 질문에 대답하는 내용을 직접 인용하는 경우에 쓰임	① 我心想：“他这个人不错，值得信任。” 나는 속으로 '그는 괜찮은 사람이고, 믿을만한 사람이다'라고 생각했다.
		② 문장에서 부연 설명을 이끌어 낼 때 쓰임	② 大学课程分两大类：必修课和选修课。 대학 수업은 크게 필수 과목과 선택 과목 두 유형으로 나뉜다.
쌍반점 (分号)	;	문장에서 병렬 관계인 절 사이에 쓰여 잠시 멈춤을 나타냄	春天，花园里的花儿都盛开了；鸟儿也从北方飞回来了。 봄에는 정원의 꽃들이 모두 활짝 피고, 새들도 북쪽에서 날아온다.
줄표 (破折号)	——	부연 설명을 이끌어내거나 화제를 전환할 때 쓰임	走进红色的大门，穿过宽敞的走廊，就到了建筑的中心部分——婚礼礼堂。 빨간 대문으로 걸어 들어가 넓은 복도를 지나면 건축물의 한 가운데에 있는 결혼식장에 이르게 된다.
줄임표 (省略号)	……	열거되는 단어나 문장을 생략할 때 쓰임	奶奶的菜园里种了西红柿、黄瓜、茄子…… 할머니의 채소밭에는 토마토, 오이, 가지 등이 심어져 있다.
겹화살괄호 (书名号)	《》	서적, 신문, 영화 등의 제목 앞뒤에 쓰임	他的文章在《人民日报》上发表了。 그의 글은 《인민일보》에 실렸다.
붙임표 (连接号)	–	시간이나 장소의 시작과 끝을 나타낼 때 쓰임	秦岭—淮河以北地区，属于温带季风气候，夏季多雨，冬季干燥。 친링(秦嶺)산맥에서 화허(淮河) 이북 지역까지는 온대 계절풍 기후에 속해 있어 여름철에는 비가 많이 오고 겨울철에는 건조하다.
가운뎃점 (间隔号)	·	① 외국인이나 소수 민족의 인명에서 성과 이름을 구별할 때 쓰임	① 玛丽·居里是第一个荣获诺贝尔科学奖的女科学家。 마리 퀴리는 노벨 과학상을 수상한 최초의 여성 과학자이다.
		② 서적에서 편·장·권 등을 구분할 때 쓰임	② 女娲造人的故事出自《山海经·大荒西经》。 여와가 사람을 만든다는 이야기는 《산해경·대황서경》에서 나왔다.

기출 문제 맛보기

- **기억해야 할 기본 정보**

  인물1: 나(我)
  시간: 내가 대학에 다닐 때(我上大学时)
  장소: 기숙사 방(寝室)
  인물2: 기숙사 룸메이트(寝室兄弟)
  인물3: 기숙사 관리인──왕 씨 할아버지(宿舍管理员──王大爷)
  인물4: 리창(李强)

1, 2단락 (이야기의 발단)

①我上大学时，寝室里一共有4个兄弟，我们人手一把宿舍的钥匙。就是这个小小的钥匙，给我们出了一道难题。
②我们这群愣头小子有个通病，就是爱睡懒觉。③兄弟几个总是拖到快上课了才匆匆起床刷牙、洗脸，然后直奔教室，丢三落四是家常便饭。因此，经常会上演这样一个戏码：下课回来一摸口袋，坏了！钥匙忘在宿舍里了，只能等带钥匙的人回来开门。④不过也有运气极差的时候，也就是4个人全忘了带钥匙，在宿舍外大眼儿瞪小眼儿。⑤然后，我们就用石头剪子布来决定谁去宿舍管理员──王大爷那里取钥匙，王大爷保管着整幢楼所有宿舍的备份钥匙。

내가 대학에 다닐 때 기숙사 4인실을 썼는데 나를 포함한 룸메이트들은 모두 자주 깜빡하고 열쇠를 방 안에 두고 나갔다. 네 명 모두 열쇠가 없는 날에는 우리 중 한 명이 기숙사 관리인인 왕 씨 할아버지한테 가서 예비 열쇠를 받아 와야 했다.

▶ 요약 포인트
핵심 인물 및 시간, 장소는 외워둔다.
① '寝室里(기숙사 침실에는)'는 '宿舍里'로 쉽게 바꾸어도 된다.

② ③ 구체적인 상황 묘사는 생략하고, 열쇠를 자주 잃어 버린다는 핵심 내용만 언급한다.
'丢三落四是家常便饭.(이것저것 잘 빠뜨리는 것은 지극히 평범한 일이다.)'은 '经常忘带(자주 잊어 버린다)'라는 쉬운 표현으로 바꿀 수 있다.

④ ⑤ 네 명이 모두 열쇠가 없는 날에는 왕 씨 할아버지한테 가서 열쇠를 받아야 한다는 내용은 중요하므로 반드시 언급한다.

▶ 요약

我上大学时，宿舍里的4个兄弟经常忘带钥匙。运气差的时候，4个人都忘带钥匙，就要选一个人去宿舍管理员──王大爷那里取备份钥匙。

지문 어휘 寝室 qǐnshì 명 방, 침실 | 兄弟 xiōngdì 명 형과 아우, 형제, 형제와 같이 가깝고 평등한 관계 | 人手一把 rénshǒuyìbǎ 사람마다 하나씩 가지고 있다 | 难题 nántí 명 풀기 어려운 문제, 난제 | 愣头小子 lèngtóu xiǎozi 덜렁대는 녀석, 경솔하고 조심성 없는 녀석 | 通病 tōngbìng 명 일반적인 결점, 일반적인 폐단 | 拖 tuō 동 시간을 끌다, 지연시키다, 미루다 | 匆匆 cōngcōng 형 매우 급한 모양 | 直奔 zhí bèn 동 곧장 달려가다 | 丢三落四 diūsānlàsì 성 이것저것 빠뜨리다, 건망증이 심하여 이 일 저 일 잘 잊어 버리다 ★ | 家常便饭 jiācháng biànfàn 명 집에서 일상적으로 먹는 보통 식사, 지극히 평범하고 흔히 있는 일 | 上演 shàngyǎn 동 공연하다, 상연하다 | 戏码 xìmǎ 명 연극의 연출 프로그램, 연극의 공연 종목 | 摸 mō 동 (손으로) 짚어 보다, 어루만지다, 쓰다듬다 | 运气 yùnqi 명 운, 운수, 운명 | 极差 jí chà 매우 형편없다, 매우 나쁘다 | 大眼儿瞪小眼儿 dàyǎnr dèng xiǎoyǎnr (방법이 없어) 서로 눈만 멀뚱멀뚱 바라보다 | 石头剪子布 shítou jiǎnzi bù 가위바위보 | 保管 bǎoguǎn 동 보관하다 ★ | 幢 zhuàng 양 동, 채 | 备份 bèifèn 동 예비분을 복제하다, 백업하다, 카피하다 ★

3단락 (이야기의 전개 1)

每次去拿钥匙我们都胆战心惊，①王大爷首先会透过厚厚的镜片盯着这位不速之客，然后再严厉地问一句："哪个宿舍的？哪个系的？叫什么名字？"②最后还要签字画押。这还没完，等去还钥匙的时候，他会给我们上一堂思想教育课，从生活自理能力的培养，谈到祖国未来的建设。因此，我们谁也不想摊上这个苦差事。③更要命的是，王大爷把每个宿舍取钥匙的次数都记录在案，每个月都会按照次数由多到少排名。前5名的宿舍，下个月要打扫楼梯和走廊。我们宿舍就曾经光荣上榜。

열쇠를 받으러 갈 때마다 왕 씨 할아버지는 사인을 요구했다. 왕 씨 할아버지는 매달 열쇠를 빌려 간 횟수에 따라 순위를 매겼고 1위부터 5위에 오른 방은 다음 달 계단과 복도를 청소해야 했다.

▶ 요약 포인트
① 사람을 묘사한 표현과 중요하지 않은 질문은 생략한다.

② '画押(서명하다)'는 '签字'와 같은 의미의 고대 중국어로 생략 가능하다.

③ '更要命的是(더 죽을 지경인 것은)'와 같은 관용적 표현은 '最可怕的是'와 같은 쉬운 표현으로 바꿀 수 있다.

▶ 요약

每次去取钥匙，王大爷都会要求签字。还钥匙的时候，他还会教育我们。因此，所有人都不想去取钥匙。最可怕的是，每个月王大爷都会按照取钥匙的次数，由多到少排名。排在前5名的宿舍，下个月要打扫楼梯和走廊，我们宿舍就曾经上过榜。

지문 어휘 胆战心惊 dǎnzhànxīnjīng 성 놀라고 겁이 나서 벌벌 떨다, 매우 두려워하다 | 透过 tòuguo 동 (액체나 빛이) 통과하다, 스며들다 | 镜片 jìngpiàn 명 투명 렌즈 | 盯 dīng 동 뚫어져라 쳐다보다, 주시하다, 응시하다 ⭐ | 不速之客 búsùzhīkè 성 초대받지 않았는데 스스로 나타난 손님, 불청객 | 严厉 yánlì 형 호되다, 매섭다, 단호하다 ⭐ | 系 xì 명 학과 | 签字 qiānzì 동 서명하다, 사인하다 | 画押 huàyā 동 서명하다, 사인을 하다 | 堂 táng 양 시간, 회(학교의 수업이나 법정의 개정 횟수를 세는 데 쓰임) | 思想 sīxiǎng 명 사상, 의식 | 自理 zìlǐ 동 스스로 처리하다, 스스로 부담하다 | 培养 péiyǎng 동 기르다, 양성하다 | 祖国 zǔguó 명 조국 ⭐ | 未来 wèilái 명 미래, 향후 형 머지 않은 | 建设 jiànshè 동 건설하다, 창립하다, 세우다 | 摊 tān 동 벌이다, 펼쳐 놓다 ⭐ | 苦差事 kǔchāishi 명 수고스러운 일 | 要命 yàomìng 동 죽을 지경이다, 귀찮아 죽겠다 ⭐ | 次数 cìshù 명 횟수 | 记录 jìlù 동 기록하다 명 기록 | 案 àn 명 문서, 문건, 서류 | 排名 páimíng 동 이름을 배열하다, 순위를 매기다, 서열을 매기다 | 楼梯 lóutī 명 계단, 층계 | 走廊 zǒuláng 명 복도, 회랑 ⭐ | 光荣 guāngróng 형 영광스럽다, 영예롭다 ⭐ | 上榜 shàng bǎng 동 게시하다

4, 5, 6단락 (이야기의 전개 2)

①数学系的李强是我的老乡，跟我住在同一幢宿舍楼。只是，他住在三楼，我住在五楼。②大二的第一个学期，他们宿舍以及和他们宿舍连着的几个宿舍，一次都没有去王大爷那里取过钥匙。王大爷还特意在宿舍一楼的黑板上贴上了表扬信。

一次，我和李强聊天的时候，向他讨教是怎么做到不忘记带钥匙的。原来，他们还真有妙招。③李强住在301，他们宿舍和302、303、304、305、306这5个宿舍联合，每个宿舍都另配了一把新的钥匙，存放在下一个宿舍。简单地说，就是把6个宿舍的6把钥匙分别编上号，④把钥匙1存放到宿舍2，把钥匙2存放到宿舍3，依此类推，最后把钥匙6存放到宿舍1。这样一来，6个宿舍一共有24个人，只要有一个人带了钥匙，那所有人就都不会被堵在宿舍外，因为只要有一把钥匙，就能先打开一道门，然后取得第二把钥匙打开第二道门……就这样，一直到打开所有的门。

李强十分得意地说，他们曾经计算过，假使将每个学生忘记带钥匙的几率设定为50%（实际上应该小于这个数字），那么会不会出现24个学生都不带钥匙的情况呢？理论上是可能的，根据概率论可以推算出，⑤这个几率应该是1/16777216，近乎于零！

수학과에 다니는 내 고향 친구 리창(李强)은 나와 같은 기숙사 건물 301호에 살았는데, 301호부터 306호의 6개 방은 한 학기 내내 단 한번도 열쇠를 빌려 쓰지 않았다. 비결은 그들이 각방마다 예비 열쇠를 만들어 301호 열쇠는 302호에, 302호 열쇠는 303호에……306호 열쇠는 301호에 보관했던 것이다. 그리하면 6개 방의 24명 중 한 명만 열쇠를 가지고 있어도 모든 방의 문을 다 열 수 있는데, 24명의 학생이 모두 열쇠를 안 가지고 나갈 확률은 0에 가깝다.

▶ 요약 포인트
① ② 상황을 구체적으로 묘사한 부분은 생략하고, 리창은 단 한번도 열쇠를 빌리지 않았다는 핵심 내용만 언급한다.

③ 리창이 한번도 열쇠를 빌리지 않았다는 결과에 대한 이유는 중요한 정보이므로 반드시 언급한다.

④ 여러 개의 '把자문'을 사용해 열쇠 보관 방법을 설명한 문장은 모점(、)과 쌍반점(；)을 사용해 간단하게 직접 설명하는 방법을 쓸 수 있다.

⑤ '近乎于零(0에 가깝다)'이라는 표현은 '几乎为零', '接近零' 등으로도 표현할 수 있다.

▶ 요약

数学系的李强是我的老乡，他和我住在一幢宿舍楼，他们宿舍是301。有一个学期，301到306这6个宿舍一次都没去取过钥匙。当时，王大爷还写了表扬信。原来，他们每个宿舍都另外配了一把钥匙，放在下一个宿舍：301的放在302；302的放在303……306的放在301。就这样，6个宿舍的24个人中只要有一个人带钥匙，就能打开所有的门，6个宿舍所有人都忘带钥匙的几率几乎为零。

지문 어휘 数学系 shùxuéxì 수학과 | 老乡 lǎoxiāng 명 동향인, 한 고향 사람 | 特意 tèyì 부 특별히, 일부러 | 表扬信 biǎoyáng xìn 칭찬 편지 | 讨教 tǎojiào 동 가르침을 청하다, 지도를 요청하다 | 妙招 miàozhāo 명 묘책, 묘수 | 联合 liánhé 동 연합하다, 단결하다 | 配 pèi 동 맞추다 | 存放 cúnfàng 동 맡기다, 보관해 두다 | 分别 fēnbié 부 각각, 따로따로 동 구별하다, 분별하다 | 编号 biānhào 동 번호를 매기다 명 일련 번호 | 依此类推 yīcǐlèituī 성 이러한 방식으로 유추하다 | 堵 dǔ 동 가로막다, 막다, 틀어막다 | 得意 déyì 형 의기양양하다, 대단히 만족하다 | 计算 jìsuàn 동 계산하다, 셈하다 | 几率 jīlǜ 명 확률 | 设定 shèdìng 동 설정하다, 가정하다 | 理论上 lǐlùnshàng 이론상, 이론적으로 | 概率论 gàilǜlùn 명 확률론 | 推算 tuīsuàn 동 추산하다, 미루어 계산하다 | 近乎 jìnhū 동 ~에 가깝다

7단락 (이야기의 결말, 교훈)

我不禁佩服起数学系的小伙子来。① 他们彼此信任、互相合作，找到了对大家都有利的方法。当我们呈一盘散沙，各自为战时，难免出现漏洞；而组成统一战线，② 共同面对问题时，则挖掘出了最大的潜能。这时候，困难就像一只纸老虎，变得不堪一击。因为每个人手里都多了一把钥匙，一把能打开所有门的钥匙。

그 수학과 친구들은 서로를 믿고 협력해 해결 방법을 찾아냈다. 뿔뿔이 흩어져 싸울 때는 허점이 생기기 마련인데, 함께 힘을 합치면 최대의 잠재력을 발휘할 수 있다.

▶ 요약 포인트
① 주제가 제시된 부분에서 고정격식이나 성어는 그대로 외워서 쓰는 것이 좋다.

② '挖掘潜能(잠재력을 발굴하다)'은 '发挥潜能(잠재력을 발휘하다)'으로 쉽게 바꿀 수 있다.

▶ 요약
我很佩服数学系的小伙子。他们各自为战，难免有漏洞；共同面对，才能发挥最大的潜能。

지문 어휘
不禁 bùjīn 부 자기도 모르게, 절로, 참지 못하고 ★ | **佩服** pèifú 동 감탄하다, 감명받다 | **彼此** bǐcǐ 대 피차, 서로 | **信任** xìnrèn 동 신임하다, 신뢰하다 | **合作** hézuò 동 협력하다 | **有利** yǒulì 형 이롭다, 유리하다, 좋은 점이 있다 | **呈** chéng 동 드러내다, 나타내다 | **一盘散沙** yìpánsǎnshā 성 온 쟁반에 흩어져 있는 모래, 분산되어 있는 힘, 단결하지 않고 흩어져 있는 상태 | **各自为战** gèzìwéizhàn 성 제각기 독립적으로 작전함을 이르는 말 | **难免** nánmiǎn 동 면하기 어렵다, ~하게 되기 마련이다 | **漏洞** lòudòng 명 구멍, 허점, 결점 | **组成** zǔchéng 동 짜다, 조직하다, 조성하다 | **统一** tǒngyī 동 통일하다, 하나로 일치되다 | **战线** zhànxiàn 명 전선 | **面对** miànduì 동 마주 대하다, 직접 대면하다 | **挖掘** wājué 동 파내다, 캐다 ★ | **潜能** qiánnéng 명 잠재력, 잠재 능력 | **纸老虎** zhǐlǎohǔ 명 종이 호랑이, 겉보기에 강한 듯하지만 실제로 힘이 없는 사람 또는 사물 | **不堪一击** bùkānyìjī 성 한 번의 공격이나 충격에도 견딜 수 없다

▶ 글 제목 짓기

1) 주제와 관련된 핵심 표현을 이용하자.
   : 团结的力量(단결의 힘)
   : 合作的力量(협력의 힘)

2) 중요한 단서가 되는 사물을 이용하자.
   : 一把能打开所有门的钥匙(모든 문을 열 수 있는 열쇠)

모범 답안

团结的力量

我上大学时，宿舍里的4个兄弟经常忘带钥匙。运气差的时候，4个人都忘带钥匙，就要选一个人去宿舍管理员——王大爷那里取备份钥匙。

每次去取钥匙，王大爷都会要求签字。还钥匙的时候，他还会教育我们。因此，所有人都不想去取钥匙。最可怕的是，每个月王大爷都会按照取钥匙的次数，由多到少排名。排在前5名的宿舍，下个月要打扫楼梯和走廊，我们宿舍就曾经上过榜。

数学系的李强是我的老乡，他和我住在一幢宿舍楼，他们宿舍是301。有一个学期，301到306这6个宿舍一次都没去取过钥匙。当时，王大爷还写了表扬信。原来，他们每个宿舍都另外配了一把钥匙，放在下一个宿舍：301的放在302；302的放在303……306的放在301。就这样，6个宿舍的24个人中只要有一个人带钥匙，就能打开所有的门，6个宿舍所有人都忘带钥匙的几率几乎为零。

我很佩服数学系的小伙子。他们各自为战，难免有漏洞；共同面对，才能发挥最大的潜能。

DAY 08

단계별로 익히는 요약 포인트

기초다지기 지문 읽고 요약하기

요약문 쓰기는 지문에 있는 문장을 선택하여 그대로 옮겨 적는 것이 아니라 글의 핵심 내용을 간추려서 간단명료하게 다시 표현해내는 것이다. 즉, 내용의 흐름상 중요한 단어와 문장을 파악하여 그와 비슷한 의미의 표현으로 재구성 해야 한다. 따라서 처음부터 긴 지문을 요약하는 것이 아닌 기출 문장을 중심으로 짧은 문장을 요약하는 연습이 먼저 필요하다. 먼저 짧은 문장을 연습해 보고 서서히 문장 길이를 늘려가면서 연습한다면 부담 없이 쓰기 영역을 마스터할 수 있을 것이다.

문장 요약 포인트 BEST 5

포인트 1 수식 성분, 보충 성분, 중복 표현, 상세한 서술, 구체적인 묘사 등은 삭제해도 좋다!

예시 1 '的'와 '地' 앞의 수식 성분 및 '得' 뒤의 보충 성분은 삭제한다. 단, 소유나 소속 관계를 나타낼 때 쓰이는 '的'는 보통 그대로 남겨둔다.

지문	요약
出租车司机问了我的目的地后，轻松地哼起最近流行的一首歌儿来。 택시 기사는 나의 목적지를 물은 뒤 요즘 유행하는 노래를 가볍게 흥얼거리기 시작했다.	出租车司机问了我的目的地后，哼起流行歌曲来。 택시 기사는 나의 목적지를 물은 뒤 유행가를 흥얼거리기 시작했다.

* 주어, 술어, 목적어 등의 주요 성분은 그대로 남겨둔 채 '地'와 '的' 앞의 수식 성분은 삭제한다.

예시 2 중복된 표현, 구체적인 묘사, 상세한 서술 부분은 삭제한다.

지문	요약
让一件事情一直困扰着你、缠绕着你、束缚着你，还不如把它打碎求得一个安逸。 어떤 일이 계속 당신을 괴롭히고 얽아매고 속박한다면 그것을 깨버리고 편안함을 추구하는 편이 더 낫다.	让一件事情一直困扰着你，不如打碎它求得安逸。 어떤 일이 계속 당신을 괴롭힌다면 그것을 깨버리고 편안함을 추구하는 편이 더 낫다.

* '困扰着', '缠绕着', '束缚着'는 모두 비슷한 의미이므로 한 개만 남기고 삭제한다. 이 밖에도 '把자문'은 일반 문형으로 바꾸어도 된다.

확인 연습 표시된 힌트를 참고하여 다음 문장을 읽은 후 보지 않고 요약해 보세요.

① 他放下沉重的行李，深情地望着母亲，紧紧地拥抱了她。

_____

② 那位颇有名望的教授，把弟子们培养得个个出类拔萃。

_____

③ 他为了采药，不怕山高路远，不怕严寒酷暑，走遍了各大名山。

_____

정답 ≫ 본서 p. 352 포인트 1

지문 해석 참고

① 그는 무거운 짐을 내려놓고 어머니를 다정히 바라보며 그녀를 꼭 껴안았다.
② 명성이 높은 그 교수는 제자들을 하나같이 훌륭하게 키워낸다.
③ 그는 약초를 캐기 위해 높은 산과 먼 길, 혹한과 혹서도 참아내며 여러 유명한 산을 두루 돌아다녔다.

포인트 2 　 부정부사, 동태조사는 절대 삭제하지 말자!

예시 1　부정부사 '不', '没(有)', '无' 등은 삭제해서는 안 된다.

지문	요약
如果地球上没有氧气，就不会有生命的存在。 만약 지구상에 산소가 없다면 생명의 존재란 있을 수 없다.	如果没有氧气，就不会有生命的存在。 만약 산소가 없다면 생명의 존재란 있을 수 없다.

* 부정부사 '没' 또는 '不'를 삭제하면 의미가 완전히 달라지므로 절대 삭제해서는 안 된다.

예시 2　동태조사 '了', '着', '过' 등은 삭제해서는 안 된다.

지문	요약
他走了上万里路，采访了千百个患者，从他们那里收集到了许多书本上没有的病例。 그는 먼 길을 다니며 수많은 환자를 취재했는데, 그들에게서 책에는 없는 많은 병례를 수집하였다.	他走了上万里路，采访了千百个患者，收集到了许多病例。 그는 먼 길을 다니며 수많은 환자를 취재하여 많은 병례를 수집하였다.

지문	요약
他不停地喘着粗气，匆匆忙忙地跑过来。 그는 끊임없이 거친 숨을 몰아 쉬며 급하게 뛰어 왔다.	他喘着粗气跑过来。 그는 거친 숨을 몰아 쉬며 뛰어 왔다.

* 동작의 상태(완료, 지속, 경험)를 나타내는 동태조사 '了', '着', '过'를 삭제하면 의미 전달이 불분명해지거나 전혀 다른 의미가 될 수 있으므로 삭제해서는 안 된다.

확인 연습 표시된 힌트를 참고하여 다음 문장을 읽은 후 보지 않고 요약해 보세요.

① 由于地址写错了，致使这封信件无法投递到收信人的手中。

_____

② 著名画家张大千长着飘逸的白胡子，看上去颇有点仙人的气质。

_____

③ 我曾经游览过美丽的漓江，我被漓江的美景深深地吸引了。

_____

정답 ≫ 본서 p. 352 포인트 2

지문 해석 참고
① 주소가 잘못 적혀 있었기 때문에 이 우편물은 수신인에게 배달되지 못했다.
② 유명 화가 장따첸(張大千)은 흩날리는 흰 수염을 기르고 있어 신선의 기질이 물씬 풍겨난다.
③ 나는 일찍이 아름다운 리장(漓江)을 유람한 적이 있는데, 나는 리장의 아름다운 경치에 흠뻑 빠져 들었다.

포인트 3 직접화법을 간접화법으로 전환할 때 문장 부호도 같이 바꿔야 한다.

예시 1 대화문에 쓰이는 쌍점(:)과 큰따옴표(" ")는 서술문에 쓰이는 쉼표 (,)로 바꾸어 준다.

지문	요약
他说：" 如果在美丽的风景区开一个酒店的话，一定会有很多喜欢旅游的人来住。" 그가 말했다. "만약 경치가 아름다운 곳에 호텔을 차리면 분명히 여행을 즐기는 많은 사람들이 와서 묵을 거야."	他说，如果在风景区开酒店，一定会有人来住。 그는 만약 경치가 좋은 곳에 호텔을 차리면 분명히 사람들이 와서 묵을 것이라고 말했다.

예시 2 만약 대화문이 느낌표(!)로 끝났다면 서술문에서는 마침표(。)로 바꾸어 준다.

지문	요약
院长对护士严厉地训斥道："再给你最后一次机会，如果还不能给患者扎上吊瓶，你就卷铺盖走人！" 원장은 간호사를 호되게 야단치며 말했다. "마지막으로 기회를 주겠어요, 만약 아직도 환자에게 링거를 꽂지 못한다면 아예 짐을 싸서 떠나시죠!"	院长对护士训斥道，如果还不能给患者扎上吊瓶，就卷铺盖走人。 원장은 간호사를 야단치며, 만약 아직도 환자에게 링거를 꽂지 못한다면 아예 짐을 싸서 떠나라고 말했다.

예시 3 만약 대화문이 물음표(?)로 끝났다면 서술문에서는 마침표(。)로 바꾸어 준다.

지문	요약
教练对孩子说："最近的训练累不累？能坚持多长时间？" 감독은 아이에게 말했다. "요즘 훈련이 힘드니? 얼마나 버틸 수 있겠니?"	教练问孩子，训练累不累，能坚持多长时间。 감독은 아이에게 훈련이 힘든지, 얼마나 버틸 수 있는지 물었다.

* 질문 형식의 대화문일 경우 '对~说(~에게 말하다)'는 서술문에서 '问~(~에게 묻다)'으로 바꾸어야 한다.

확인 연습 표시된 힌트를 참고하여 다음 문장을 읽은 후 보지 않고 요약해 보세요.

❶ 主持人大声对台下的观众说：“请两位身体强壮的男士到台上来。”

_____

❷ 老师说：“任何一个普通人，都有一项能力是胜过别人的。”

_____

❸ 他的脸上露出了笑容，他抱起小男孩儿，说：“这是最好的礼物！”

_____

정답 » 본서 p. 352 포인트 3

지문 해석 참고
❶ 사회자가 무대 아래의 관중들에게 큰 소리로 말했다. "신체 건장하신 남성 두 분을 무대 위로 모시겠습니다."
❷ 선생님은 말했다. "어떠한 평범한 사람도 남들보다 잘 하는 능력 하나쯤은 가지고 있단다."
❸ 그의 얼굴에 환한 웃음이 번졌고, 그는 남자아이를 끌어안고 말했다. "이게 최고의 선물이다!"

포인트 4   직접화법을 간접화법으로 전환할 때 인칭도 같이 바꿔야 한다.

예시 1   3인칭이 1인칭에게 한 말 속의 1인칭은 간접화법에서 3인칭으로 바꾼다.

지문	요약
父亲对我说：''我活了大半辈子，今天是我最高兴的一天。'' 아버지가 나에게 말했다. "내가 반평생을 살았는데, 오늘이 나의 가장 기쁜 날이구나."	父亲对我说，他活了大半辈子，今天是他最高兴的一天。 아버지는 나에게 그가 반평생을 살았는데, 오늘이 그의 가장 기쁜 날이라고 말했다.

예시 2   3인칭이 1인칭에게 한 말 속의 2인칭은 간접화법에서 1인칭으로 바꾼다.

지문	요약
医生对我说：''你的病情很严重，必须马上手术。'' 의사가 나에게 말했다. "당신의 병이 심각하니 반드시 즉시 수술을 해야 합니다."	医生对我说，我的病情很严重，必须马上手术。 의사가 나에게 내 병이 심각하니 반드시 즉시 수술을 해야 한다고 말했다.

예시 3   3인칭이 3인칭에게 한 말 속의 1인칭은 3인칭으로, 2인칭은 명확한 3인칭으로 바꾼다.

지문	요약
王教练对小萍说：''我知道你心里压力很大，再坚持一下。'' 왕 감독은 샤오핑에게 말했다. "나는 네가 스트레스가 크다는 것을 알아, 조금만 더 견뎌보렴."	王教练对小萍说，他知道小萍心里压力很大，让小萍再坚持一下。 왕 감독은 샤오핑에게 그는 샤오핑이 스트레스가 크다는 걸 알고 있으며 샤오핑에게 조금만 더 견뎌보라고 말했다.

* '王教练'이 '小萍'에게 조금만 더 견디라고 한 말이므로, 대화문의 '坚持(견디다)'는 요약문에서 사역의 의미를 지니는 '让구문'으로 표현해 '坚持'의 주체를 정확하게 나타내야 한다.

확인 연습 표시된 힌트를 참고하여 다음 문장을 읽은 후 보지 않고 요약해 보세요.

① 他伤心地对我说："这是我一生中做的最痛苦的决定。"

_____

② 记者十分好奇地问我："你这么有钱，为什么不把这家饭店买下来？"

_____

③ 服务员笑容可掬地对赵先生说："我马上为您准备，请您稍等。"

_____

정답 ≫ 본서 p. 352 포인트 4

지문 해석 참고

① 그가 상심하여 나에게 말했다. "이게 평생 동안 내가 내린 가장 고통스러운 결정이야."
② 기자는 매우 신기한 듯 나에게 물었다: "당신은 이렇게 부자인데 왜 이 호텔을 사들이지 않는 겁니까?"
③ 종업원은 활짝 웃으며 조 선생님에게 말했다. "제가 바로 선생님께 준비 해드리겠습니다. 잠시만 기다려 주세요."

포인트 5   간접화법에서 자주 쓰이는 표현을 알아두자.

예시 1   A问B~   A가 B에게 ~을 묻다

지문		요약
老师对小丽说: "你写作业了吗?" 선생님은 샤오리에게 말했다. "너 숙제했니?"		老师问小丽写没写作业。 선생님은 샤오리에게 숙제를 했는지 안 했는지 물었다.

* 대화문에서 동작의 완료나 완성 여부를 묻는 일반적인 의문 형식의 '~了吗'는 서술문에서 정반 의문 형식의 '~没~'로 바꾸거나 '是不是(~인지 아닌지)', 是否(~인지 아닌지)'와 같은 어휘를 사용하여 표현해야 한다.

예시 2   A告诉B~   A가 B에게 ~을 알리다

지문		요약
老板对他们说: "这个月发奖金。" 사장은 그들에게 말했다. "이번 달에 보너스를 지급할 겁니다."		老板告诉他们, 这个月发奖金。 사장은 그들에게 이번 달에 보너스를 지급하겠다고 알렸다.

간접화법에서 자주 쓰이는 기타 표현

- A让B~   A가 B에게 ~하게 시키다
- A派B~   A가 B를 보내 ~하게 하다
- A通知B~   A가 B에게 ~을 통지하다
- A命令B~   A가 B에게 명령해 ~하게 하다
- A称赞B~   A는 B가 ~하다고 칭찬하다
- A嘲笑B~   A는 B가 ~하다고 비웃다
- A回忆说~   A는 ~하다고 회상하며 말하다

확인 연습 표시된 힌트를 참고하여 다음 문장을 읽은 후 보지 않고 요약해 보세요.

① 妈妈轻轻地拍拍我的肩膀，对我说："失败是成功之母，不要害怕失败。"

_____

_____

② 老师对大家说："你们下午2点一定要到学校礼堂集合。"

_____

_____

③ 当主持人问他儿时的经历时，他说："我的老家在偏僻的山村，我小时候经常帮父母干农活儿。"

_____

_____

정답 ≫ 본서 p. 352 포인트 5

지문 해석 참고

① 엄마는 내 어깨를 가볍게 두드리고서 나에게 말했다. "'실패는 성공의 어머니다'라는 말이 있듯이 실패를 두려워하지 말거라."

② 선생님은 모두에게 말했다. "너희들 오후 2시에 꼭 학교 강당에 모여야 한다."

③ 진행자가 그에게 어린 시절 경험을 묻자 그가 말했다. "저의 고향이 외진 산골 마을이어서 저는 어렸을 때 부모님의 농사일을 자주 도와드렸습니다."

실전 테스트

第1-5题 다음 지문을 읽은 후 보지 않고 요약해 보세요.

① 这个村庄的留守儿童很多，他们因父母外出务工，所以多数和爷爷、奶奶一起生活，这群孩子普遍缺乏有效监护，面临着安全隐患。

② 我碰到一位需要我小小帮助的老太太，她不美，更不年轻，但是她居然是货真价实的"机遇女神"。

③ 老人径直朝小男孩儿走去，他用手抚了抚男孩儿的头，意味深长地说："我希望你明白，在这个世界上，最重要的是尊重每一个人。"

④ 如果虚无的信仰和蒙昧的神秘感只会让我们在无知和麻木中碌碌无为地消磨时光的话，那么不如不要这种虚幻的美丽。

정답 ▶ 본서 p. 353~354

5 단문 요약하기

※ 문장 요약 방법을 토대로 다음 지문을 2분 동안 읽은 후, 80자 분량으로 요약해 보세요. (제한 시간 7분)

大学毕业前的最后一门考试就要开始了，同学们陆续走进考场。教授允许同学们携带工具书和听课笔记，同学们觉得考试很简单，特别是当他们看到试卷上只有三道题的时候，更加信心十足。然而，当考试结束时，每个人的表情都很凝重。教授让回答出三道题的人举手，结果一个人也没有；教授又让回答出两道题的人举手，仍然没有；教授问，那回答出一道题的有没有呢？大家面面相觑，没人说话。教授说：" 这正是我期望得到的结果。虽然你们完成了学业，即将步入社会，但是你们的学习才刚刚开始。"

1 문장 요약하기 확인 연습 문제 모범 답안

포인트 1 수식 성분, 보충 성분, 중복 표현, 상세한 서술, 구체적인 묘사 등은 삭제해도 좋다!

① 他放下行李，望着母亲，拥抱了她。

② 那位教授很会培养弟子。

③ 他为了采药，走遍了名山。

포인트 2 부정부사, 동태조사는 절대 삭제하지 말자!

① 由于地址写错了，致使这封信件无法投递。

② 著名画家张大千长着白胡子，看上去很有仙人的气质。

③ 我游览过漓江，被美景吸引了。

포인트 3 직접화법을 간접화법으로 전환할 때 문장 부호도 같이 바꿔야 한다.

① 主持人对观众说，请两位身体强壮的男士到台上来。

② 老师说，任何一个普通人，都有一项能力是胜过别人的。

③ 他的脸上露出了笑容，他抱起小男孩儿，说，这是最好的礼物。

포인트 4 직접화법을 간접화법으로 전환할 때 인칭도 같이 바꿔야 한다.

① 他对我说，这是他一生中最痛苦的决定。

② 记者问我，我为什么不把这家饭店买下来。

③ 服务员对赵先生说，他马上为赵先生准备，请赵先生稍等。

포인트 5 간접화법에서 자주 쓰이는 표현을 알아두자.

① 妈妈告诉我，不要害怕失败。

② 老师通知大家下午2点一定要到学校礼堂集合。

③ 当主持人问他儿时的经历时，他回忆说，他的老家在山村，他小时候经常干农活儿。

2 실전 테스트 모범 답안

> **❶** 这个村庄的留守儿童很多，他们因父母外出务工，所以多数和爷爷、奶奶一起生活，这群孩子普遍缺乏有效监护，面临着安全隐患。

해석 이 시골에는 '남겨진 아이들(留守儿童)'이 많은데 그들은 부모가 외지로 나가 일을 하기 때문에 대다수가 할아버지, 할머니와 함께 생활하고 있으며, 이 아이들은 일반적으로 (부모의) 효과적인 감독과 보호가 부족해 안전상의 위험에 처해 있다.

모범 답안 这个村庄的留守儿童多数和爷爷、奶奶一起生活，他们缺乏有效监护，面临着安全隐患。
이 시골의 '남겨진 아이들(留守儿童)'은 대다수가 할아버지, 할머니와 함께 생활하고 있으며, 그들은 효과적인 감독과 보호가 부족해 안전상의 위험에 처해 있다.

해설
① 핵심어 – 留守儿童，缺乏，监护，面临，安全隐患
② 기본 문장 – 这个村庄的留守儿童缺乏监护，面临着安全隐患。
　　　　　　　 이 시골의 '남겨진 아이들(留守儿童)'은 감독과 보호가 부족해 안전상의 위험에 처해 있다.

지문 어휘 村庄 cūnzhuāng 명 시골, 마을 | 留守儿童 liúshǒu értóng 남겨진 아이들(부모가 도시로 돈을 벌러 나가 고향에 남겨진 아이를 일컫는 말) | 外出 wàichū 동 밖으로 나가다, 외출하다 | 务工 wùgōng 동 (공업이나 건설 방면의 일에) 종사하다, 일하다, 아르바이트를 하다 | 缺乏 quēfá 동 부족하다, 결핍되다, 결여되다 | 监护 jiānhù 동 감독하고 보호하다 | 面临 miànlín 동 직면하다, 당면하다 | 安全隐患 ānquán yǐnhuàn 안전상 드러나지 않는 위험

> **❷** 我碰到一位需要我小小帮助的老太太，她不美，更不年轻，但是她居然是货真价实的"机遇女神"。

해석 나는 내 작은 도움을 필요로 하는 한 노부인을 만났고, 그녀는 아름답지도 않고 더군다나 젊지도 않았지만 뜻밖에도 그녀가 진짜 '기회의 여신'이었다.

모범 답안 我碰到一位老太太，她不美，不年轻，但她是"机遇女神"。
나는 한 노부인을 만났고, 그녀는 아름답지도 않고 젊지도 않지만 그녀가 '기회의 여신'이었다.

해설
① 핵심어 – 我，碰，老太太，她，是，机遇女神
② 기본 문장 – 我碰到一位老太太，她是"机遇女神"。
　　　　　　　 나는 한 노부인을 만났고, 그녀가 '기회의 여신'이었다.

지문 어휘 居然 jūrán 부 뜻밖에, 놀랍게도 | 货真价实 huòzhēnjiàshí 성 품질도 믿을 만하고 가격도 공정하다, 물건도 진짜이고 값도 싸다, 진짜이다 | 机遇 jīyù 명 기회, 찬스 ★ | 女神 nǚshén 명 여신

3 老人径直朝小男孩儿走去，他用手抚了抚男孩儿的头，意味深长地说："我希望你明白，在这个世界上，最重要的是尊重每一个人。"

해석 노인은 곧장 사내아이에게로 가서 손으로 아이의 머리를 쓰다듬으며 의미심장하게 말했다. "나는 이 세상에서 가장 중요한 것은 모든 사람을 존중하는 것이라는 걸 네가 알았으면 한다."

모범 답안 老人抚了抚男孩儿的头，说，他希望男孩儿明白，最重要的是尊重每一个人。
노인은 사내아이의 머리를 쓰다듬으며 그는 사내아이가 가장 중요한 것이 사람을 존중하는 것임을 알기 바란다고 말했다.

해설
① 핵심어 – 老人，抚，头，说，最重要的，是，尊重人
② 기본 문장 – 老人抚了抚男孩儿的头说，最重要的是尊重人。
　　　　　　노인은 사내아이의 머리를 쓰다듬으며 가장 중요한 것은 사람을 존중하는 것이라고 말했다.

★ 간접화법으로 바꾸어 요약하기
老人用手抚了抚男孩儿的头，意味深长地说：~"我希望你明白，在这个世界上，~最重要的是尊重每一个人。~"~
〈Step1〉 쌍점(：), 큰따옴표(" ") → 쉼표(，)
〈Step2〉 1인칭(我) → 3인칭(他)
〈Step3〉 2인칭(你) → 명확한 3인칭(男孩儿)
→ 老人抚了抚男孩儿的头说，他希望男孩儿明白，最重要的是尊重每一个人。

지문 어휘 径直 jìngzhí 부 곧장, 곧바로, 직접 | 抚 fǔ 동 쓰다듬다, 어루만지다 | 意味深长 yìwèishēncháng 성 의미심장하다, 뜻하는 바가 매우 깊다

---

4 如果虚无的信仰和蒙昧的神秘感只会让我们在无知和麻木中碌碌无为地消磨时光的话，那么不如不要这种虚幻的美丽。

해석 만약 공허한 신앙과 몽매한 신비감이 그저 우리를 무지와 무감각 속에서 부질 없이 바쁘게 보내며 아무 것도 이룬 바 없이 시간을 허비하게 만든다면 그러한 허황된 아름다움은 없는 게 더 낫다.

모범 답안 如果虚无的信仰和神秘感只会让我们消磨时光，不如不要这种美丽。
만약 공허한 신앙과 신비감이 그저 우리에게 시간을 소비하게 만든다면 그러한 아름다움은 없는 게 더 낫다.

해설
① 핵심어 – 信仰，神秘感，让，我们，消磨，时光，不要，美丽
② 기본 문장 – 如果信仰和神秘感让我们消磨时光，不如不要这种美丽。
　　　　　　만약 신앙과 신비감이 우리에게 시간을 소비하게 만든다면 그러한 아름다움은 없는 게 더 낫다.

지문 어휘 虚无 xūwú 형 공허하다, 텅 비어 있다 | 信仰 xìnyǎng 명 신앙 동 믿고 받들다 ★ | 蒙昧 méngmèi 형 몽매하다, 무식하다, 어리석다 | 神秘感 shénmìgǎn 명 신비감 | 无知 wúzhī 형 무지하다, 아는 것이 없다 ★ | 麻木 mámù 형 (반응이) 무감각하다, 둔하다, 마비되다 ★ | 碌碌无为 lùlùwúwéi 성 부질없이 바쁘게 보내며 이룬 바가 없다 | 消磨 xiāomó 동 소모하다 | 时光 shíguāng 명 시간, 세월 ★ | 不如 bùrú 동 ~만 못하다 접 ~하는 편이 낫다 | 虚幻 xūhuàn 형 허황된, 비현실적인

5 단문 요약하기 해설

- **기억해야 할 기본 정보**

  시간: 대학 졸업 전(大学毕业前)
  인물1: 학생들(同学们)
  장소: 시험장(考场)
  인물2: 교수(教授)

이야기의 발단

大学毕业前的最后一门考试就要开始了，①同学们陆续走进考场。教授允许同学们携带工具书和听课笔记，同学们觉得考试很简单，特别是当他们看到试卷上只有三道题的时候，②更加信心十足。	대학 졸업 전 마지막 시험에서 학생들은 시험지에 단 3문제만 있는 것을 보고는 더욱 자신감이 넘쳤다. ▶ 요약 포인트 ① 상황을 묘사한 부분과 부연 설명은 생략하고 핵심 내용만 쓴다. ② '信心十足'는 '자신감이 넘치다'라는 뜻으로 '充满信心'이라는 쉬운 표현으로 바꿀 수 있다.

▶ 요약

　　大学毕业前的最后一门考试，教授允许同学们带工具书和听课笔记，考试只有三道题，大家都充满信心。

지문 어휘 陆续 lùxù 🄑 속속, 연이어, 계속해서 ｜ 考场 kǎochǎng 🄜 시험장 ｜ 携带 xiédài 🄐 휴대하다, 지니다 ⭐ ｜ 工具书 gōngjùshū 🄜 참고서, 공구서 ｜ 试卷 shìjuàn 🄜 시험지 ｜ 道 dào 🄑 문제나 명령 등을 세는 단위 ｜ 更加 gèngjiā 🄑 더욱, 더, 훨씬 ｜ 信心 xìnxīn 🄜 자신감, 신념, 믿음 ｜ 十足 shízú 🄟 충분하다, 충족하다, 넘쳐흐르다 ⭐

이야기의 전개

然而，当考试结束时，每个人的表情都很凝重。教授让回答出三道题的人举手，结果一个人也没有；教授又让回答出两道题的人举手，仍然没有；教授问，那回答出一道题的有没有呢？大家面面相觑，没人说话。	교수가 3문제를 답한 사람은 손을 들라고 했는데, 결과는 한 사람도 없었다. 연이어 2문제, 1문제를 답한 사람이 있는지 물었으나, 모두 서로 얼굴만 쳐다볼 뿐 아무도 말이 없었다. ▶ 요약 포인트 어떤 과정을 상세하게 서술하는 부분은 모두 생략하고 핵심 내용인 '아무도 문제에 답하지 못했다'는 결과만 한 문장으로 간단하게 언급한다.

▶ 요약

　　但是考试结束时，没有一个人能回答出考试题。

지문 어휘 表情 biǎoqíng 🄜 표정 ｜ 凝重 níngzhòng 🄟 무겁다, 짙다, 심하다 ｜ 面面相觑 miànmiànxiāngqù 🄟 서로 얼굴만 쳐다볼 뿐 누구도 소리를 내지 못하다, 어리둥절해서 어찌할 바를 모르다, 속수무책으로 어리둥절하다

이야기의 결말

①教授说：" 这正是我期望得到的结果。虽然你们完成了学业，即将步入社会，但是你们的学习才刚刚开始。"	교수는 학생들에게 학업을 마치고 곧 사회로 나가게 되지만 배움은 지금부터 시작이라고 말했다. ▶ 요약 포인트 ① 직접화법으로 인용된 교수의 말에서 '但是(하지만)'이 이끄는 문장이 핵심 내용이므로, 이를 간접화법으로 바꾸어 표현한다. : 쌍점(:)과 큰따옴표(" ")는 쉼표(,)로 바꾸면 된다. : 3인칭(教授)이 한 말 속의 2인칭(你们)은 명확한 3인칭(大家 또는 同学们)으로 바꾼다.

▶ 요약
教授说，大家的学习才刚刚开始。

지문 어휘 正是 zhèng shì 통 바로 ~이다, 마침 ~이다 | 期望 qīwàng 통 바라다, 기대하다, 소망하다 명 바람, 희망, 기대 ★ 学业 xuéyè 명 학업, 학문 | 即将 jíjiāng 부 곧, 머지않아 ★ 步入 bùrù 통 들어서다, 일의 진행이 일정 단계에 이르다

▶ 글 제목 짓기
1) 중요한 단서가 되는 사물을 이용하자.
   : 一张难以作答的考卷(대답하기 어려운 시험지)

2) 주제문을 활용하자.
   : 毕业只是开始(졸업은 시작일 뿐이다)

3) 주제와 관련된 핵심어를 이용하자.
   : 最后的考试(마지막 시험)

모범 답안

				一	张	难	以	作	答	的	考	卷		
		大	学	毕	业	前	的	最	后	一	门	考	试	，	教	授	允	许	同
学	们	带	工	具	书	和	听	课	笔	记	，	考	试	只	有	三	道	题	，
大	家	都	充	满	信	心	。	但	是	考	试	结	束	时	，	没	有	一	个
人	能	回	答	出	考	试	题	。	教	授	说	，	大	家	的	学	习	才	刚
刚	开	始	。																

100

지문 해석

大学毕业前的最后一门考试就要开始了，同学们陆续走进考场。教授允许同学们携带工具书和听课笔记，同学们觉得考试很简单，特别是当他们看到试卷上只有三道题的时候，更加信心十足。然而，当考试结束时，每个人的表情都很凝重。教授让回答出三道题的人举手，结果一个人也没有；教授又让回答出两道题的人举手，仍然没有；教授问，那回答出一道题的有没有呢？大家面面相觑，没人说话。教授说："这正是我期望得到的结果。虽然你们完成了学业，即将步入社会，但是你们的学习才刚刚开始。"

대학 졸업 전 마지막 시험이 곧 시작되려고 하자 학생들은 속속 시험장으로 들어갔다. 교수는 학생들이 참고서와 수업 노트를 가져올 수 있도록 허락했는데, 그래서 학생들은 시험이 매우 쉬울 거라 생각했고, 더군다나 시험지에 단 3문제만 있는 것을 보고는 더욱 자신감이 넘쳤다. 그런데 시험이 끝났을 때 모든 사람들의 표정이 어두웠다. 교수가 3문제를 푼 사람은 손을 들으라고 했는데, 결과는 한 사람도 없었다. 교수는 또 2문제를 푼 사람에게 손을 들으라고 했는데 여전히 아무도 없었다. 그러자 교수가 그럼 1문제를 푼 사람은 있는지 없는지 물었다. 모두는 서로 얼굴만 쳐다볼 뿐 아무도 말이 없었다. 교수는 말했다. "이것이 바로 내가 바라던 결과다. 너희가 학업을 마치고 곧 사회로 나가게 되지만 너희의 배움은 이제 막 시작하는 것이란다."

지문 어휘

陆续 lùxù 〔부〕 속속, 연이어, 계속해서 | **考场** kǎochǎng 〔명〕 시험장 | **携带** xiédài 〔동〕 휴대하다, 지니다 ★ | **工具书** gōngjùshū 〔명〕 참고서, 공구서 | **试卷** shìjuàn 〔명〕 시험지 | **道** dào 〔양〕 문제나 명령 등을 세는 단위 | **更加** gèngjiā 〔부〕 더욱, 더, 훨씬 | **信心** xīnxīn 〔명〕 자신감, 신념, 믿음 | **十足** shízú 〔형〕 충분하다, 충족하다, 넘쳐흐르다 ★ | **表情** biǎoqíng 〔명〕 표정 | **凝重** níngzhòng 〔형〕 무겁다, 짙다, 심하다 | **面面相觑** miànmiànxiāngqù 〔성〕 서로 얼굴만 쳐다볼 뿐 누구도 소리를 내지 못하다, 어리둥절해서 어찌할 바를 모르다, 속수무책으로 어리둥절해하다 | **正是** zhèng shì 〔동〕 바로 ~이다, 마침 ~이다 | **期望** qīwàng 〔동〕 바라다, 기대하다, 소망하다 〔명〕 바람, 희망, 기대 ★ | **学业** xuéyè 〔명〕 학업, 학문 | **即将** jíjiāng 〔부〕 곧, 머지않아 ★ | **步入** bùrù 〔동〕 들어서다, 일의 진행이 일정 단계에 이르다

단계별 포인트만 잡아도 요약이 쉬워진다

공략 비법 지문 요약 쓰기

출제 형식

시험에서는 1,000자 분량의 장문을 400자 정도로 요약하는 문제가 출제된다. 앞서 문장 및 단문 요약을 통해 요약의 기본 스킬을 익혔다면, 여기서는 중문(600자 내외)과 장문(1,000자 내외)의 요약 연습을 통해 실제 시험에 대비해야 한다.

핵심 전략

1 지문 속 단서를 찾은 다음 시간, 장소, 인물 등을 중심으로 기본 정보를 파악하고 육하원칙(누가, 언제, 어디서, 무엇을, 어떻게, 왜)을 바탕으로 요약 포인트를 정리하라!

내용에 따라 어떤 지문은 *시간의 흐름이나 장소 변화에 단서가 있고*, 어떤 지문은 *사건 전개에 단서가 있으며*, 또 어떤 지문은 *인물의 감정 변화에 단서가 있기도* 하므로 먼저 해당 지문 속 단서가 무엇인지 파악한 후 시간, 장소, 인물 및 사건의 발단, 과정, 결말 등 각 방면의 상황을 순서대로 정리하도록 하자.

> **예**
>
> 传说，秦始皇修长城时，强行征集壮丁作为劳工。青年范喜良新婚第三天，就被迫去修筑长城。不到一年，范喜良就因饥寒劳累而死。因为累死、饿死的人太多，监工让人把所有尸骨埋在长城墙下。在家里苦等丈夫的孟姜女，决心去长城寻找丈夫，她连夜为丈夫赶制了一身冬衣，历尽千辛万苦来到长城边探望丈夫，然而得到的却是丈夫已经去世的噩耗。她在城下痛哭三天三夜，长城倒塌，露出范喜良的尸骸，孟姜女也在绝望中投海自尽。
>
> • 기억해야 할 기본 정보
>   인물1: 진시황(秦始皇)
>   시간:　진시황이 만리장성을 지을 때(秦始皇修长城时)
>   인물2: 범희량(范喜良)
>   장소:　만리장성(长城)
>   인물3: 맹강녀(孟姜女)
>
> • 요약 포인트 정리
>   이야기의 발단: 진시황이 장정들을 징용하여 만리장성을 짓게 하였다.(秦始皇强征壮丁修长城。)
>   이야기의 전개1: 범희량이 만리장성을 지으러 끌려 갔다가 죽게 되었다.(范喜良被迫去修长城，累死了。)
>   이야기의 전개2: 맹강녀는 남편을 만나러 만리장성으로 갔다.(孟姜女去长城探望丈夫。)
>   이야기의 결말: 맹강녀는 통곡하여 만리장성을 무너뜨리고 자신은 바다에 뛰어들어 자살 하였다.
>   　　　　　　 (孟姜女哭倒了长城，投海自尽。)

2 각 단락의 포인트를 파악하라!

출제되는 지문은 보통 여러 단락으로 이루어져 있으므로, <mark>첫 단락부터 마지막 단락까지 단락별 키워드를 통해 주요 내용을 흐름으로 이해하는 것이 무엇보다 중요하다</mark>고 할 수 있다. 각 단락에서 핵심이 되는 어휘 및 문장을 찾아낸 후 이들을 간결하고 조리 있는 표현으로 바꾸어 이야기 전개가 자연스러운 하나의 글로 만들도록 하자.

> **예** 빨간색으로 표시된 핵심 어휘와 문장을 중심으로 요약한다.
>
> 有人做过这样一个实验，让父母给孩子相同的生日礼物，观察孩子们有什么反应。礼物被放在一个精美的盒子里，盒子里面装的是一坨狗屎。悲观的孩子拆开盒子后嚎啕大哭，说："为什么给我这么恶心的东西，我要真正的礼物。"而乐观的孩子拆开礼物后，却异常兴奋地说："我知道啦，你们是不是给我准备了一只小狗？快告诉我你们把它藏在哪儿了？"
>
> [요약문]
> 有人做了一个实验，给孩子相同的礼物，看孩子们的反应。礼物是一盒狗的大便，悲观的孩子打开盒子后大哭，说想要真正的礼物。而乐观的孩子则问父母，是不是给他准备了一只小狗。

3 너무 어려운 어휘나 표현은 쉽고 간단하게 바꾸자!

지문 속 <mark>핵심 문장에 어려운 단어가 포함되어 있다면</mark> 원문을 그대로 암기하려고 하지 말고 <mark>비슷한 뜻을 지닌 쉬운 표현으로 바꾸어서 기억하도록 하자</mark>. 또한 <mark>구조가 복잡한 문장일 경우</mark> 문장의 주요 성분인 <mark>주어, 술어, 목적어를 찾아 이들을 위주로 외워두는 것이 좋다</mark>. 단, 요약 쓰기에서 가장 중요하다고 할 수 있는 <mark>이야기의 결말 부분에 제시된 주제문은 가능한 한 원문을 변형하지 않고 그대로 쓰는 것이 좋은 점수를 받을 수 있다</mark>는 점을 기억하자.

> **예** 在家里苦等丈夫的孟姜女，决心去长城寻找丈夫，她连夜为丈夫赶制了一身冬衣，①历尽千辛万苦来到长城边探望丈夫，然而②得到的却是丈夫已经去世的噩耗。
>
> ① '历尽千辛万苦'는 '천신만고를 다 겪다'라는 뜻으로 요약 시 '历尽艰辛' 또는 '经历许多苦难' 등의 간단하거나 쉬운 표현으로 바꾸어도 된다.
> ② '得到的却是丈夫已经去世的噩耗'에서 '噩耗'는 '불행한 소식'이라는 의미인데, 요약 시 이를 그대로 사용하지 않고 '得知丈夫已死'라는 쉬운 표현으로 대체해도 된다.

4 제목도 놓치지 말자.

제목은 글에서 전하고자 하는 중심 내용을 짧은 어구로 압축해 놓은 것과 같으므로 글쓰기에서 제목을 정하는 것은 매우 중요하다. ★제목만 잘 써도 10점 정도를 받을 수 있으니, 글의 주제가 잘 드러나도록 적절한 제목을 지어야 한다. 제목을 지을 때는 주제문을 활용하거나, 스토리 전개상 중요한 단서가 되는 사물을 이용하거나, 주인공과 관련된 키워드를 이용하는 방법 등이 있다. 이 중에서 주제문을 활용하여 간단명료하게 짓는 것이 가장 쉽고 글의 중심 내용을 잘 드러낼 수 있다.

> **예** 〈마지막 단락〉
>
> 既然生活的压力我们无处躲闪，就应该勇敢地去面对，只有经过痛苦的羽化，才能变成美丽的蝴蝶。不管生活多么艰难，我们都不应该一味地抱怨，要靠自己的努力，使自己变得坚强，改变现状并获得幸福。
>
> → 지문에서 상기 내용의 주제가 언급되었다면 글의 제목은 아래와 같이 지을 수 있다.
> ① 勇敢面对压力 스트레스에 용감하게 맞서라
> ② 自强自立才能获得幸福 스스로 강해져야만이 행복을 얻을 수 있다
> ③ 压力越大越要坚强 스트레스가 클수록 강해져야 한다

유형맛보기 1

※ 다음 지문을 6분 동안 읽은 다음 지문을 보지 말고 240자 분량으로 요약해 보세요. (제한 시간 21분)

战国时期，有一个叫塞翁的老人丢了马，但是他觉得这并不一定是坏事。

果然，没过几天，那匹马就跑了回来。更令人意想不到的是，后面还跟着一匹匈奴的骏马。这匹匈奴骏马的价值要比老人家的马昂贵得多。

邻居听闻这个好消息，对塞翁的预见能力佩服得五体投地。一位邻居说："还是您有远见，马不仅没有丢，还带回一匹好马，真是福气呀！"塞翁听了邻居的话，满脸忧虑地说："白白得了一匹好马，不一定是福气，也许还会惹出什么麻烦来。"邻居百思不得其解，明明是一件大好事，塞翁却表现出不安的样子。

塞翁的独生子从小就非常喜欢骑马，他看到那匹匈奴的骏马健硕挺拔，每天都骑马出游，心中洋洋得意。一天，他策马飞奔，结果一个趔趄，从马背上跌了下来，摔断了腿。幸亏救助及时，没有生命危险。但从此以后，他只能拄着拐杖走路了。

邻居听说这个噩耗，都来安抚塞翁，希望他不要悲伤过度。塞翁听后一脸平静地说："没什么，腿摔断了却保住了性命，或许是福气呢。"邻居觉得塞翁又在胡言乱语，他们想不出摔断腿会带来什么福气。

没过多久，匈奴大举入侵中原，所有身体健康的年轻男子都应征入伍，去前线杀敌。而塞翁的儿子却因为摔断了腿，不用去当兵。几年以后，入伍的青年大部分都战死了，没死的也伤得非常严重。

生活中类似的事情可谓层出不穷。表面上看起来是喜事，却暗藏着险情；表面上看起来是危机，也可能蕴藏着转机。不要因为失去了什么而忧心忡忡；也不要因为得到了什么就乐不可支。我们应该学会用辩证的眼光看问题。

해설

• 기억해야 할 기본 정보

시간: 전국시기(战国时期)
인물1: 새옹(塞翁)
동물1: 말(马)
동물2: 흉노의 준마(匈奴的骏马)
인물2: 이웃 사람들(邻居)
인물3: 새옹의 외아들(塞翁的独生子)

1, 2, 3단락 (이야기의 발단, 이야기의 전개 1)

战国时期，有一个叫塞翁的老人丢了马，但是他觉得这并不一定是坏事。

①果然，没过几天，那匹马就跑了回来。更令人意想不到的是，后面还跟着一匹匈奴的骏马。这匹匈奴骏马的价值要比老人家的马昂贵得多。

邻居听闻这个好消息，对塞翁的预见能力佩服得五体投地。②一位邻居说："还是您有远见，马不仅没有丢，还带回一匹好马，真是福气呀！"塞翁听了邻居的话，满脸忧虑地说："白白得了一匹好马，不一定是福气，③也许还会惹出什么麻烦来。"邻居百思不得其解，明明是一件大好事，塞翁却表现出不安的样子。

전국시대, 새옹(塞翁)이라는 노인이 말을 잃어버렸는데 그는 이를 나쁜 일로 여기지 않았다.

며칠 지나지 않아 잃어버렸던 그 말이 흉노의 준마를 데리고 돌아왔다. 이웃 사람들은 새옹이 복을 받았다고 여겼는데, 새옹은 좋은 말을 거저 얻은 것이 아마 화를 부를 것이라며 불안해했다.

▶ 요약 포인트
① 잃어버렸던 그 말이 흉노의 준마를 데리고 돌아왔다는 핵심 내용만 쓰고, 준마에 대한 부연설명은 생략한다.

② 직접화법을 간접화법으로 바꾸어 표현한다. 여기에서는 쌍점(：)과 큰따옴표(" ")만 쉼표(，)로 바꾸어 주면 된다.

③ '惹麻烦(문제나 화를 불러 일으키다)'은 '有麻烦'이라는 쉬운 표현으로 바꿀 수 있다.

▶ 요약

战国时期，有一个叫塞翁的老人丢了马，但是他觉得这并不一定是坏事。没过几天，那匹马带着一匹匈奴的骏马回来了。邻居觉得塞翁很有福气，可是塞翁说，白白得了一匹马，也许会有麻烦。他很不安。

지문 어휘 战国时期 Zhànguó shíqī 고유 전국시기 | 塞翁 Sāiwēng 고유 새옹(중국 북쪽 변방에 살던 노인을 가리킴) | 果然 guǒrán 부 과연, 아니나다를까 | 匹 pǐ 양 필(말이나 노새 등의 가축을 세는 단위) | 意想不到 yìxiǎng búdào 예상치 못한, 뜻밖의 | 匈奴 Xiōngnú 고유 흉노족(중국 고대 민족 중 하나) | 骏马 jùnmǎ 명 준마, 훌륭한 말 | 昂贵 ángguì 형 비싸다 ★ | 邻居 línjū 명 이웃 | 听闻 tīngwén 동 듣다 | 预见能力 yùjiàn nénglì 예지력, 예견 능력 | 佩服 pèifú 동 감탄하다, 탄복하다 | 五体投地 wǔtǐtóudì 성 대단히 감복(경복)하다, 우러러 추앙하다, 공경하여 마지않다 | 远见 yuǎnjiàn 명 예견, 통찰력, 선견지명, 멀리 내다보는 식견 | 福气 fúqi 명 복, 행운 ★ | 满脸 mǎnliǎn 명 온 얼굴, 만면 | 忧虑 yōulǜ 동 우려하다, 걱정하다 | 白白 báibái 부 거저, 공짜로, 헛되이 | 百思不得其解 bǎisībùdéqíjiě 도무지 이해가 되지 않는다, 도통 모르겠다 | 不安 bù'ān 형 불안하다, 편안하지 않다, 안정되지 못하다

4, 5단락 (이야기의 전개 2)

①塞翁的独生子从小就非常喜欢骑马，他看到那匹匈奴的骏马健硕挺拔，每天都骑马出游，心中洋洋得意。②一天，他策马飞奔，结果一个趔趄，从马背上跌了下来，摔断了腿。幸亏救助及时，没有生命危险。但从此以后，他只能拄着拐杖走路了。
　　③邻居听说这个噩耗，都来安抚塞翁，希望他不要悲伤过度。④塞翁听后一脸平静地说："没什么，腿摔断了却保住了性命，或许是福气呢。"邻居觉得塞翁又在胡言乱语，他们想不出摔断腿会带来什么福气。

새옹의 외동아들은 매일같이 흉노의 준마를 타고 놀러 나갔다. 그러던 어느 날 그는 실수로 말에서 떨어져 다리가 부러졌다.
　　이웃들이 모두 새옹을 위로하러 왔는데, 그는 아들이 다리는 부러졌지만 생명은 건졌으니 복을 받은 거라고 말했다.

▶ 요약 포인트
① 새옹의 아들에 대해 상세하게 서술하고 묘사하는 부분은 생략하고, 그의 아들이 매일 흉노의 준마를 타고 놀러 나갔다는 핵심 내용만 쓴다.

② 어려운 표현은 쉬운 표현으로 바꾸어도 된다.
: '策马飞奔, 结果一个趔趄(채찍질하며 달리다가 비틀거려서)'는 '不小心'과 같은 쉬운 표현으로 바꿀 수 있다.
: '摔断了腿(다리가 부러졌다)'라는 결과는 반드시 언급하되, '腿断了'라고 간단하게 바꾸어도 된다.

③ 이웃들이 새옹을 위로했다는 핵심 내용만 언급하되, '安抚(위로하다)'는 '安慰'로 바꾸어도 된다.

④ 직접화법은 간접화법으로 바꾸어 표현한다.
여기에서는 쌍점(:), 큰따옴표(" ")만 쉼표(,)로 바꾸어 주면 된다.

▶ 요약
　　塞翁的独生子每天都骑着那匹匈奴的骏马出游。一天，他不小心从马背上跌了下来，腿断了。邻居们都来安慰塞翁。塞翁却说，腿断了，但是保住了性命，这也许是福气。

지문 어휘　独生子 dúshēngzǐ 명 외동아들, 외아들 ｜ 健硕 jiànshuò 형 건장하다 ｜ 挺拔 tǐngbá 형 미끈하다, 늘씬하다, 우뚝하다 ★ ｜ 出游 chūyóu 동 놀러 나가다, 여행하다 ｜ 洋洋得意 yángyángdéyì 득의양양하다, 기쁜 얼굴이 표정에 가득하다 ｜ 策马 cèmǎ 동 말을 채찍질하다 ｜ 飞奔 fēibēn 동 나는 듯이 달리다 ｜ 趔趄 lièqie 명 비틀거림, 휘청거림 동 비틀거리다, 휘청거리다 ｜ 幸亏 xìngkuī 부 다행히, 운 좋게도 ｜ 救助 jiùzhù 동 구조하다, 도와 주다 ｜ 拄 zhǔ 동 (지팡이로) 몸을 지탱하다, 짚다 ★ ｜ 拐杖 guǎizhàng 명 지팡이, 단장 ★ ｜ 噩耗 èhào 명 비보, 부고, 불길한 소식 ｜ 安抚 ānfǔ 동 위로하다, 안위하다 ｜ 悲伤 bēishāng 형 마음이 아프다, 상심하다, 몹시 슬퍼하다 ｜ 过度 guòdù 형 과도하다, 지나치다 ｜ 平静 píngjìng 형 (마음이나 환경 등이) 평화롭다, 고요하다 ｜ 保住 bǎozhù 동 지켜내다, 확보하다, 보전하다 ｜ 性命 xìngmìng 명 목숨, 생명 ｜ 或许 huòxǔ 부 아마, 어쩌면 ｜ 胡言乱语 húyánluànyǔ 성 터무니없는 말을 제멋대로 지껄이다, 허튼소리, 터무니없는 말

6단락 (이야기의 결말)

① 没过多久，匈奴大举入侵中原，所有身体健康的年轻男子都应征入伍，去前线杀敌。而塞翁的儿子却因为摔断了腿，不用去当兵。② 几年以后，入伍的青年大部分都战死了，没死的也伤得非常严重。

얼마 지나지 않아 전쟁이 일어났는데, 신체 건강한 젊은 남자들은 모두 전선으로 가서 적과 싸우게 되었다. 그러나 새옹의 아들은 다리가 부러졌으니 전장에 가지 않아도 되었다.

▶ 요약 포인트
① '没过多久(얼마 지나지 않아)'와 같은 시간을 나타내는 표현은 중요하므로 외워서 그대로 쓴다.
  '入侵(침입하다)'은 '发生战争'같은 쉬운 표현으로 바꿀 수 있다.

② 주인공과 관계없는 상황이나 배경을 묘사한 내용은 생략하고 결과만 언급한다.

▶ 요약
没过多久，发生了战争。年轻男子都要去前线杀敌。但是塞翁的儿子因为腿断了，不用去战场。

지문 어휘 大举 dàjǔ 부 대거, 대대적으로 | 入侵 rùqīn 동 침입하다 | 应征 yìng zhēng 동 징집에 응하다 | 入伍 rù wǔ 동 징집되어 입대하다 | 前线 qiánxiàn 명 최전선, 전방 | 当兵 dāng bīng 동 입대하다, 군대에 가다 | 战死 zhànsǐ 동 전사하다

7단락 (이야기의 교훈)

① 生活中类似的事情可谓层出不穷。表面上看起来是喜事，却暗藏着险情；表面上看起来是危机，也可能蕴藏着转机。不要因为失去了什么而忧心忡忡；也不要因为得到了什么就乐不可支。② 我们应该学会用辩证的眼光看问题。

살다 보면 이와 유사한 일이 끊임없이 나타난다. 우리는 논리적이고 분석적인 눈으로 문제를 바라볼 줄 알아야 한다.

▶ 요약 포인트
① '层出不穷(끊임없이 나타나다)'은 '很多'라는 쉬운 표현으로 바꿀 수 있다.

② 글의 주제문은 가능한 그대로 쓰는 것이 좋고, 주제문을 설명하기 위한 부수적인 내용은 생략한다.

▶ 요약
生活中，有很多类似的事情，我们应该学会辩证地看问题。

지문 어휘 类似 lèisì 형 유사하다, 비슷하다 ★ | 层出不穷 céngchūbùqióng 성 끊임없이 나타나다, 꼬리를 물고 나타나다 ★ | 表面 biǎomiàn 명 표면, 겉, 외관 ★ | 暗藏 àncáng 동 숨기다, 은폐하다 | 险情 xiǎnqíng 명 위험한 상황 | 危机 wēijī 명 위기 | 蕴藏 yùncáng 동 묻히다, 잠재하다, 매장되다 ★ | 转机 zhuǎnjī 명 역전의 기회, 호전의 조짐 | 忧心忡忡 yōuxīnchōngchōng 성 근심 걱정에 시달리다, 몹시 침울하다 | 乐不可支 lèbùkězhī 성 기뻐서 어쩔 줄 모르다 | 辩证 biànzhèng 동 논증하다, 변증하다 ★ | 眼光 yǎnguāng 명 시선, 안목, 식견, 관점 ★

▶ 글 제목 짓기

1) 관련 성어를 이용하자.
   : 塞翁失马(새옹지마)

2) 주인공과 주제를 연관짓자.
   : 有远见的塞翁(선견지명이 있는 새옹)

3) 주제문을 활용하자.
   : 学会辩证地看问题(논리적이고 분석적으로 문제를 바라보는 법을 배워야 한다)

모범 답안

塞翁失马

战国时期，有一个叫塞翁的老人丢了马，但是他觉得这并不一定是坏事。没过几天，那匹马带着一匹匈奴的骏马回来了。邻居觉得塞翁很有福气，可是塞翁说，白白得了一匹马，也许会有麻烦。他很不安。

塞翁的独生子每天都骑着那匹匈奴的骏马出游。一天，他不小心从马背上跌了下来，腿断了。邻居们都来安慰塞翁。塞翁却说，腿断了，但是保住了性命，这也许是福气。

没过多久，发生了战争。年轻男子都要去前线杀敌。但是塞翁的儿子因为腿断了，不用去战场。

生活中，有很多类似的事情，我们应该学会辩证地看问题。

지문 해석

战国时期，有一个叫塞翁的老人丢了马，但是他觉得这并不一定是坏事。

果然，没过几天，那匹马就跑了回来。更令人意想不到的是，后面还跟着一匹匈奴的骏马。这匹匈奴骏马的价值要比老人家的马昂贵得多。

邻居听闻这个好消息，对塞翁的预见能力佩服得五体投地。一位邻居说："还是您有远见，马不仅没有丢，还带回一匹好马，真是福气呀！"塞翁听了邻居的话，满脸忧虑地说："白白得了一匹好马，不一定是福气，也许还会惹出什么麻烦来。"邻居百思不得其解，明明是一件大好事，塞翁却表现出不安的样子。

塞翁的独生子从小就非常喜欢骑马，他看到那匹匈奴的骏马健硕挺拔，每天都骑马出游，心中洋洋得意。一天，他策马飞奔，结果一个趔趄，从马背上跌了下来，摔断了腿。幸亏救助及时，没有生命危险。但从此以后，他只能拄着拐杖走路了。

邻居听说这个噩耗，都来安抚塞翁，希望他不要悲伤过度。塞翁听后一脸平静地说："没什么，腿摔断了却保住了性命，或许是福气呢。"邻居觉得塞翁又在胡言乱语，他们想不出摔断腿会带来什么福气。

没过多久，匈奴大举入侵中原，所有身体健康的年轻男子都应征入伍，去前线杀敌。而塞翁的儿子却因为摔断了腿，不用去当兵。几年以后，入伍的青年大部分都战死了，没死的也伤得非常严重。

生活中类似的事情可谓层出不穷。表面上看起来是喜事，却暗藏着险情；表面上看起来是危机，也可能蕴藏着转机。不要因为失去了什么而忧心忡忡；也不要因为得到了什么就乐不可支。我们应该学会用辩证的眼光看问题。

전국시대, 새옹(塞翁)이라는 노인이 말을 잃어버렸다. 그런데 그는 이를 나쁜 일로 여기지 않았다.

과연 며칠 지나지 않아 그 말은 돌아왔다. 더욱 뜻밖인 것은 뒤에 흉노의 준마가 따라 온 것이었다. 이 흉노의 준마는 노인의 말보다 값이 훨씬 더 나가는 것이었다.

이 소식을 들은 이웃 사람들은 새옹의 예지력에 감탄했다. 한 이웃 사람은 "정말 예지력이 있으시군요. 말을 잃어버리기는커녕 이렇게 좋은 말과 함께 돌아오다니, 정말 복을 받으셨습니다!"라고 말했다. 그 말을 들은 새옹은 수심이 가득한 얼굴로 말했다. "좋은 말을 거저 얻은 것이 꼭 복이라고만은 할 수 없소. 아마 화를 불러올 것이오." 이웃 사람들은 분명 좋은 일이 일어났는데, 새옹이 오히려 불안한 모습을 보이는 것에 대해 도통 이해할 수 없었다.

새옹의 외동아들은 어려서부터 말타기를 아주 좋아했다. 그는 미끈한 근육질의 준마를 보자 이리저리 뽐내고 싶은 마음에 매일같이 말을 타고 놀러 나갔다. 그러던 어느 날 그는 말을 채찍질하며 달리다가 순간 비틀거리는 바람에 말에서 떨어져 다리가 부러졌다. 다행히 즉시 응급조치를 취해 생명에는 지장이 없었다. 그러나 이 일로 인해 그는 지팡이 신세를 지게 되었다.

비보를 접한 이웃들이 새옹에게 와서 너무 슬퍼하지 말라고 위로했다. 그 말에 새옹은 평화로운 얼굴로 말했다. "아무 일 아닙니다. 다리는 부러졌지만 생명은 건졌지 않습니까? 복을 받았나 봅니다." 이웃들은 새옹이 또 헛소리를 한다고 생각했다. 그들은 다리가 부러졌는데 어떻게 복을 받았다고 하는지 도무지 새옹을 이해할 수 없었다.

얼마 지나지 않아 흉노족이 중원을 침입했는데, 신체 건강한 젊은 남자들은 모두 군 징집에 응해 입대하여 전선으로 가서 적과 싸우게 되었다. 그러나 새옹의 아들은 다리가 부러졌으니 군대에 가지 않아도 되었다. 몇 년이 흐른 뒤 군에 갔던 청년 중 대부분은 전쟁에서 목숨을 잃었고, 살아남은 이들도 심각한 부상을 입었다.

살다 보면 이와 같은 일이 끊임없이 나타난다. 겉으로는 좋은 일처럼 보여도 그 안에 위험이 숨어있는가 하면, 위기로 보이지만 역전의 기회가 숨어있는 일도 있다. 무엇을 잃었다고 해서 근심 걱정하지 말며, 또 무엇을 얻었다고 해서 기쁨을 주체하지 못해서도 안 된다. 우리는 논리적이고 분석적인 눈으로 문제를 바라볼 줄 알아야만 한다.

지문 어휘

战国时期 Zhànguó shíqī 고유 전국시기 | 塞翁 Sāiwēng 고유 새옹(중국 북쪽 변방에 살던 노인을 가리킴) | 果然 guǒrán 부 과연, 아니나다를까 | 匹 pǐ 양 필(말이나 노새 등의 가축을 세는 단위) | 意想不到 yìxiǎng búdào 예상치 못한, 뜻밖의 | 匈奴 Xiōngnú 고유 흉노족(중국 고대 민족 중 하나) | 骏马 jùnmǎ 명 준마, 훌륭한 말 | 昂贵 ángguì 형 비싸다 ★ | 邻居 línjū 명 이웃 | 听闻 tīngwén 동 듣다 | 预见能力 yùjiàn nénglì 예지력, 예견 능력 | 佩服 pèifú 동 감탄하다, 탄복하다 | 五体投地 wǔtǐtóudì 성 대단히 감복(경복)하다, 우러러 추앙하다, 공경하여 마지않다 | 远见 yuǎnjiàn 명 예견, 통찰력, 선견지명, 멀리 내다보는 식견 | 福气 fúqi 명 복, 행운 ★ | 满脸 mǎnliǎn 명 온 얼굴, 만면 | 忧虑 yōulǜ 동 우려하다, 걱정하다 | 白白 báibái 부 거저, 공짜로, 헛되이 | 百思不得其解 bǎisībùdéqíjiě 도무지 이해가 되지 않는다, 도통 모르겠다 | 不安 bù'ān 형 불안하다, 편안하지 않다, 안정되지 못하다 | 独生子 dúshēngzǐ 명 외동아들, 외아들 | 健硕 jiànshuò 형 건장하다 | 挺拔 tǐngbá 형 미끈하다, 늘씬하다, 우뚝하다 ★ | 出游 chūyóu 동 놀러 나가다, 여행하다 | 洋洋得意 yángyángdéyì 성 득의양양하다, 기쁜 얼굴이 표정에 가득하다 | 策马 cè mǎ 동 말을 채찍질하다 | 飞奔 fēibēn 동 나는 듯이 달리다 | 趔趄 lièqie 동 비틀거림, 휘청거림 동 비틀거리다, 휘청거리다 | 幸亏 xìngkuī 부 다행히, 운 좋게도 | 救助 jiùzhù 동 구조하다, 도와 주다 | 拄 zhǔ 동 (지팡이로) 몸을 지탱하다, 짚다 | 拐杖 guǎizhàng 명 지팡이, 단장 ★ | 噩耗 èhào 명 비보, 부고, 불길한 소식 | 安抚 ānfǔ 동 위로하다, 안위하다 | 悲伤 bēishāng 형 마음이 아프다, 상심하다, 몹시 슬퍼하다 | 过度 guòdù 형 과도하다, 지나치다 | 平静 píngjìng 형 (마음이나 환경 등이) 평화롭다, 고요하다 | 保住 bǎozhù 동 지켜내다, 확보하다, 보전하다 | 性命 xìngmìng 명 목숨, 생명 | 或许 huòxǔ 부 아마, 어쩌면 | 胡言乱语 húyánluànyǔ 성 터무니없는 말을 제멋대로 지껄이다, 허튼소리, 터무니없는 말 | 大举 dàjǔ 부 대거, 대대적으로 | 入侵 rùqīn 동 침입하다 | 应征 yìng zhēng 동 징집에 응하다 | 入伍 rù wǔ 동 징집되어 입대하다 | 前线 qiánxiàn 명 전방, 최전선 | 当兵 dāng bīng 동 입대하다, 군대에 가다 | 战死 zhànsǐ 동 전사하다 | 类似 lèisì 형 유사하다, 비슷하다 ★ | 层出不穷 céngchūbùqióng 성 끊임없이 나타나다, 꼬리를 물고 나타나다 | 表面 biǎomiàn 명 표면, 겉, 외관 ★ | 暗藏 àncáng 동 숨기다, 은폐하다 | 险情 xiǎnqíng 명 위험한 상황 | 危机 wēijī 명 위기 | 蕴藏 yùncáng 동 묻히다, 잠재하다, 매장되다 ★ | 转机 zhuǎnjī 명 역전의 기회, 호전의 조짐 | 忧心忡忡 yōuxīnchōngchōng 성 근심 걱정에 시달리다, 몹시 침울하다 | 乐不可支 lèbùkězhī 성 기뻐서 어쩔 줄 모르다 | 辩证 biànzhèng 동 논증하다, 변증하다 ★ | 眼光 yǎnguāng 명 시선, 안목, 식견, 관점 ★

다음 지문을 10분 동안 읽은 다음 지문을 보지 말고 400자 분량으로 요약해보세요. (제한 시간 35분)

　　有一天，我在公司写报告，我的同事急匆匆地来找我，想请我帮他一个忙。他告诉我，放暑假后他9岁的女儿想锻炼自己，于是，就在公司附近的市场摆摊卖花。同事偷偷在一边观察后发现，女儿的摊子已经摆了快一个小时，还没有卖出一盆花。同事很担心花卖不出去会让孩子失去信心。所以，他想请我帮个忙，去买上一两盆。

　　我听完，二话没说就朝市场走去。正午的太阳很毒，虽然只有几百米，走过去却已汗流浃背。我远远地看见，市场大门的一侧坐着一个小姑娘。我心想："这个小姑娘可能就是我同事的女儿。"

　　也许是天热的关系，路上过往的行人并不是很多，小姑娘坐在树荫下，眼巴巴地盯着每一个路过她身边的人。有一个人扭头看了小姑娘一眼，迟疑了一下，随即又加快了脚步，匆匆走了。小姑娘失望地看了看那个人的背影，又把目光移向下一个行人。可是，没有一个行人来买小姑娘的花。

　　就在这时，小姑娘看见了我，眼神里充满了期待。我并不想让她看出我是特意来买花的，因此，我装作没看见，自顾自地径直往前走。小姑娘又一次失望地低下了头。我从小姑娘身边经过的时候，故意走过了几步，然后突然转身走到小姑娘的面前。小姑娘喜出望外地看着我。我蹲下身问她："花怎么卖？"小姑娘激动地指着面前的花盆说："这盆5元。"然后，又指着另一盆说："这盆10元。"

　　我拿起花盆，比量了一下。我对小姑娘说："你看看，这两盆花差不多，这盆的价格却比那盆贵一倍，如果便宜点儿的话，我两盆都要了。"小姑娘高兴地说："那便宜2元钱，可以吗？"我点点头，从兜里掏出了钱，买下了这两盆花。小姑娘拿出一个小塑料袋，高兴地帮我装了起来。

　　买好了花，我并不急着走，继续和小姑娘聊。我好奇地问她："如果花都卖掉的话，赚到的这笔钱，你打算做什么？"小姑娘眨巴着眼睛对我说："我想给爸爸、妈妈买一件礼物。"我又问："为什么呢？"小姑娘告诉我："以前爸爸、妈妈每天都会给我零花钱，可我总觉得太少了。今天自己出来卖花才知道，其实爸爸、妈妈挣钱很不容易。"

　　回到公司，我把买花的过程告诉了我的同事，他很欣慰，也很感激我。就这样，办公室里议论着小姑娘卖花的事情。其实，那些花最终能不能卖得出去，对她来说，都是一次难得的人生体验，这可能是她与真实生活最贴近的暑假，也会是她最有意义的一个暑假。

　　第二位同事准备出发去买花了，小姑娘不会知道这一切，这是成长的秘密。

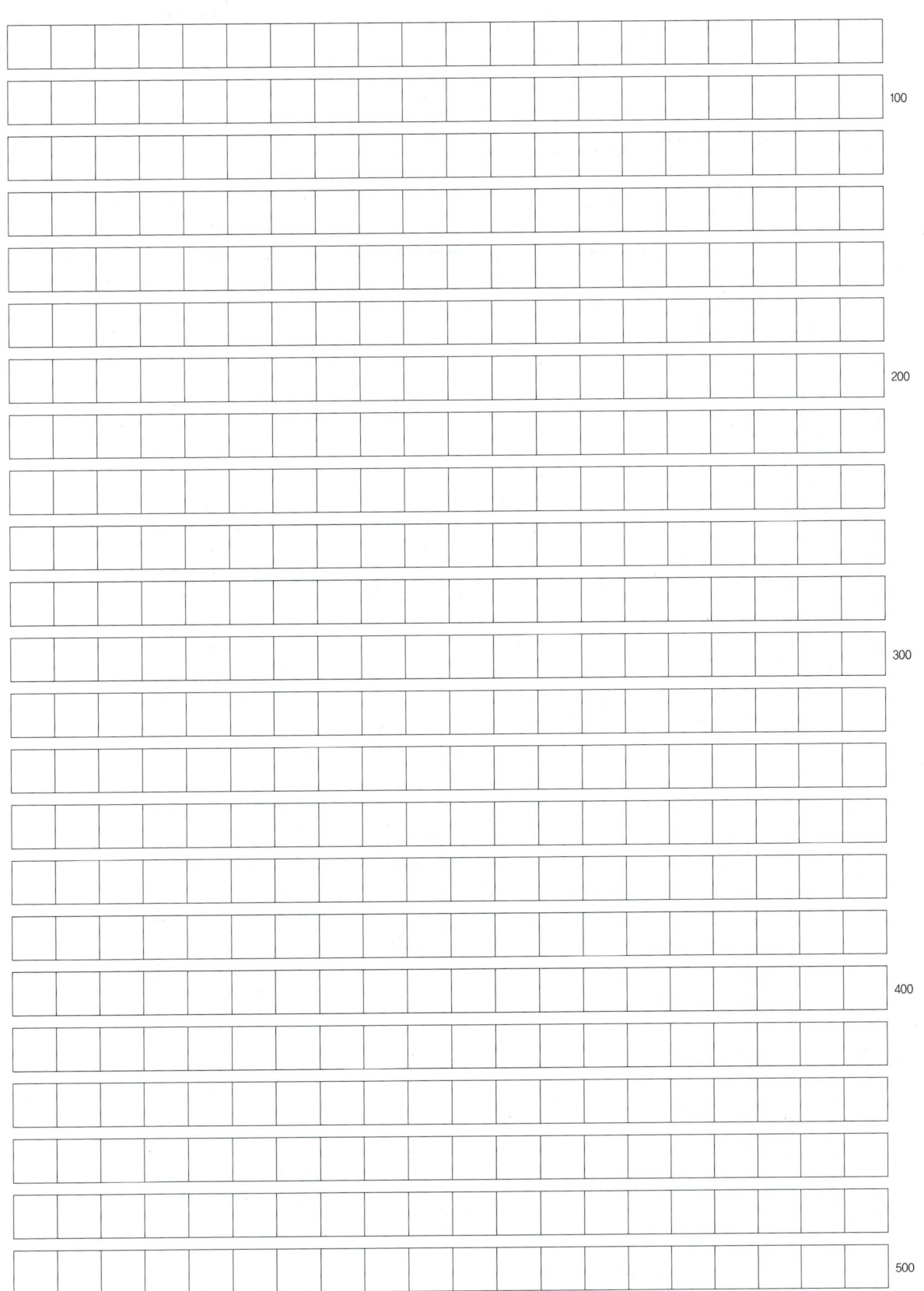

> 해설

• 기억해야 할 기본 정보

시간: 어느 날(有一天)
인물1: 나(我)
장소1: 회사(公司)
인물2: 나의 동료(我的同事)
인물3: 동료의 딸아이──여자아이(同事的女儿──小姑娘)
장소2: 시장(市场)

1단락 (이야기의 발단)

①有一天，我在公司写报告，我的同事急匆匆地来找我，想请我帮他一个忙。② 他告诉我，放暑假后他9岁的女儿想锻炼自己，于是，就在公司附近的市场摆摊卖花。③同事偷偷在一边观察后发现，女儿的摊子已经摆了快一个小时，还没有卖出一盆花。④同事很担心花卖不出去会让孩子失去信心。所以，他想请我帮个忙，去买上一两盆。	동료가 나를 찾아와 도움을 청했다. 그의 딸 아이가 여름방학을 맞아 자신을 단련시키고자 회사 근처 시장 노점에서 꽃을 판다고 했다. 동료는 꽃이 안 팔려 아이가 자신감을 잃을까 봐 걱정이 되어 나에게 가서 화분을 좀 사달라고 부탁을 하려는 것이었다. ▶ 요약 포인트 ① '有一天(어느 날)'과 같이 시간을 나타내는 표현은 외워서 그대로 쓴다. '急匆匆地(황급히)'와 같이 동작의 상태를 묘사하는 부분은 생략하고 동료가 나에게 도움을 청했다는 핵심 내용만 언급한다. ② '市场(시장)', '摆摊(노점)' 등과 같이 비슷한 표현이 있을 경우 쉬운 표현 한 개만 외워서 쓴다. ③ ④ 자세한 상황 설명은 모두 생략하고 꽃이 안 팔려 아이가 자신감을 잃을까 봐 동료가 걱정한다는 핵심 내용만 쓴다.

▶ 요약

有一天，我的同事对我说，他的女儿想在暑假期间锻炼自己，于是就在公司附近的市场卖花。同事担心如果花卖不出去，孩子会失去信心。所以，想请我帮忙去买一两盆。

지문 어휘 **报告** bàogào 명 보고서, 보고 동 보고하다, 발표하다 | **急匆匆** jícōngcōng 형 급히 서두르는 모양, 허둥대는 모양 | **摆摊** bǎi tān 동 노점을 벌여 놓다 | **观察** guānchá 동 관찰하다, 살피다 | **盆** pén 양 대야나 화분 등으로 담는 수량을 세는 데 쓰임 | **失去** shīqù 동 잃어버리다, 잃다 | **信心** xìnxīn 명 자신, 신념, 믿음

2, 3단락 (이야기의 전개 1)

我听完，二话没说就朝市场走去。①正午的太阳很毒，虽然只有几百米，走过去却已汗流浃背。②我远远地看见，市场大门的一侧坐着一个小姑娘。③我心想："这个小姑娘可能就是我同事的女儿。"

④也许是天热的关系，路上过往的行人并不是很多，小姑娘坐在树荫下，眼巴巴地盯着每一个路过她身边的人。有一个人扭头看了小姑娘一眼，迟疑了一下，随即又加快了脚步，匆匆走了。⑤小姑娘失望地看了看那个人的背影，又把目光移向下一个行人。⑥可是，没有一个行人来买小姑娘的花。

나는 그 말을 듣고 곧장 시장으로 갔다. 멀리서 지켜보니, 여자아이가 행인을 쳐다보기만 할 뿐 아무도 꽃을 사지 않았다. 아이는 매우 실망한 듯했다.

▶ 요약 포인트
① 시공간적 배경을 자세하게 묘사하는 내용은 생략한다.

② ③ ④ 내가 마음 속으로 생각하는 내용은 생략하고 나와 여자아이가 행하는 핵심 동작 '看(보다)'과 '盯(주시하다)'을 중심으로 하여 한 문장으로 간단하게 표현한다.

⑤ ⑥ 가장 핵심적인 내용인 '没有人买花(아무도 꽃을 사지 않았다)'라는 결과는 반드시 언급한다. 아이의 심리를 한 마디로 나타내 주기 위해 '失望(실망하다)'이라는 단어를 사용하여 표현한다.

▶ 요약
听完，我就马上去了市场。我远远地看见一个小姑娘盯着每一个行人，可是没有一个人买她的花。小姑娘很失望。

지문 어휘 二话没说 èrhuàméishuō 성 두말하지 않다 | 正午 zhèngwǔ 명 정오 | 汗流浃背 hànliújiābèi 성 땀이 등에 배다, 땀이 비오듯 흐르다 | 侧 cè 명 옆, 곁, 편, 측면 | 小姑娘 xiǎogūniang 명 여자아이, 소녀 | 过往 guòwǎng 동 오가다, 왕래하다 | 行人 xíngrén 명 행인 | 树荫 shùyīn 명 나무 그늘 | 眼巴巴 yǎnbābā 형 눈이 빠지게 기다리는 모양, 간절히 기다리는 모양, 어쩔 수 없이 멍하니 바라보는 모양 | 盯 dīng 동 주시하다, 응시하다 ★ | 扭头 niǔtóu 동 머리를 돌리다, 몸을 돌리다, 돌아서다 | 迟疑 chíyí 형 머뭇거리다, 망설이다, 주저하다 ★ | 随即 suíjí 부 바로, 즉각, 즉시 ★ | 加快 jiākuài 동 속도를 올리다, 빠르게 하다 | 脚步 jiǎobù 명 발걸음, 걸음걸이 | 背影 bèiyǐng 명 뒷모습 | 目光 mùguāng 명 시선, 눈빛, 시야 ★ | 移 yí 동 옮기다, 이동하다

4, 5단락 (이야기의 전개 2)

①就在这时，小姑娘看见了我，眼神里充满了期待。②我并不想让她看出我是特意来买花的，因此，我装作没看见，自顾自地径直往前走。③小姑娘又一次失望地低下了头。④我从小姑娘身边经过的时候，故意走过了几步，然后突然转身走到小姑娘的面前。⑤小姑娘喜出望外地看着我。⑥我蹲下身问她："花怎么卖？"⑦小姑娘激动地指着面前的花盆说："这盆5元。"然后，又指着另一盆说："这盆10元。"

⑧我拿起花盆，比量了一下。我对小姑娘说："你看看，这两盆花差不多，这盆的价格却比那盆贵一倍，如果便宜点儿的话，我两盆都要了。"⑨小姑娘高兴地说："那便宜2元钱，可以吗？"我点点头，从兜里掏出了钱，买下了这两盆花。小姑娘拿出一个小塑料袋，高兴地帮我装了起来。

나는 아이의 앞으로 가서 꽃이 얼마냐고 물었다. 아이는 화분 한 개는 5위안이고, 다른 화분은 10위안이라고 말했다. 내가 두 화분이 비슷해 보이니 값을 깎아주면 두 개 모두 사겠다고 하자, 아이는 2위안을 깎아주겠다고 했다. 나는 화분 두 개를 샀다.

▶ 요약 포인트

① ~ ⑤ 나와 여자아이의 구체적인 동작이나 심리 묘사는 모두 생략하고, 내가 여자아이 앞으로 다가갔다는 핵심 내용만 언급한다.

⑥ 직접화법은 간접화법으로 바꾸어 표현한다.
: 쌍점(:)과 큰따옴표(" ")는 쉼표(,)로 바꾸고, 물음표(?)는 마침표(。)로 바꾸면 된다.

⑦ 구체적인 동작 묘사는 생략하고 직접화법은 간접화법으로 바꾸어 표현한다.
: 쌍점(:)과 큰따옴표(" ")는 쉼표(,)로 바꾼다.
: 여자아이가 화분의 가격을 알려주는 내용이므로 '说'는 '告诉'로 바꾼다.
또한, 여자아이가 한 말 속의 '这盆'은 '一盆'과 '另一盆'으로 표현한다.

⑧ 구체적인 동작 묘사는 생략하고 직접화법은 간접화법으로 바꾸어 표현한다.
: 여기에서는 쌍점(:)과 큰따옴표(" ")만 쉼표(,)로 바꾸면 된다.

⑨ 직접화법은 간접화법으로 바꾸어 표현한다.
: 쌍점(:)과 큰따옴표(" ")는 쉼표(,)로 바꾸고, 물음표(?)는 마침표(。)로 바꾸면 된다.
: 여자아이가 나의 제안에 동의한다는 내용이므로 '说'를 '同意'로 바꾸고, 또한 나에게 화분 값을 깎아준다는 것이므로 명확한 대상 '给我'를 추가하여 표현한다.

▶ 요약

我走到小姑娘的面前问她花怎么卖。小姑娘告诉我一盆是5元，另一盆是10元。我说，这两盆花差不多，如果便宜点儿的话，我两盆都要了。小姑娘同意给我便宜2元钱，我掏出钱买下了两盆花。

지문 어휘 眼神 yǎnshén 명 눈빛, 눈매 ★ 充满 chōngmǎn 동 가득 채우다, 충만하다, 넘치다 期待 qīdài 동 기대하다 装作 zhuāngzuò 동 ~한 체하다 自顾自 zìgùzì 스스로를 돌보다, 각자가 알아서 하다, 자기 생각만 하다 径直 jìngzhí 부 곧장, 곧바로 转身 zhuǎnshēn 동 몸을 돌리다, 방향을 바꾸다 喜出望外 xǐchūwàngwài 성 뜻밖의 기쁜 일을 만나 기뻐서 어쩔 줄 모르다 蹲 dūn 쪼그리고 앉다, 웅크리고 앉다 比量 bǐliang 동 대충 재다 兜 dōu 명 호주머니, 자루 동 싸다, 품다 ★ 掏 tāo 동 꺼내다, 끄집어 내다, 끌어 내다 ★ 塑料袋 sùliàodài 명 비닐봉지 装 zhuāng 동 담다, 포장하다, 싣다

6단락 (이야기의 전개 3)

买好了花，我并不急着走，继续和小姑娘聊。①我好奇地问她："如果花都卖掉的话，赚到的这笔钱，你打算做什么？"小姑娘眨巴着眼睛对我说："我想给爸爸、妈妈买一件礼物。"②我又问："为什么呢？"③小姑娘告诉我："以前爸爸、妈妈每天都会给我零花钱，可我总觉得太少了。今天自己出来卖花才知道，其实爸爸、妈妈挣钱很不容易。"

내가 여자아이에게 꽃을 판 돈으로 무엇을 할 것인지 묻자 아이는 아빠, 엄마에게 선물을 사드리고 싶다고 말하며, 전에 부모님이 용돈을 주실 때마다 그 돈이 적다고 생각했는데, 오늘 스스로 돈을 벌어보니 돈을 버는 것이 쉽지 않은 일임을 알게 되었다고 했다.

▶ 요약 포인트
① 직접화법은 간접화법으로 바꾸어 표현한다.
  : 쌍점(:)과 큰따옴표(" ")는 쉼표(,)로 바꾸고, 물음표(?)는 마침표(。)로 바꾸면 된다.
  : 1인칭(我)이 3인칭(她)에게 한 말 속의 2인칭(你)은 3인칭(她)으로 바꿔줘야 하지만 여기서는 생략해도 된다.

② ③ 직접 화법의 "为什么呢?(왜)"라고 묻는 말은 생략하고, 질문에 대한 대답으로 그 이유만 '因为(왜냐하면)'를 사용해 언급한다.

▶ 요약

买完花，我问小姑娘，如果花都卖掉的话，打算拿这笔钱做什么。小姑娘说，她想给爸爸、妈妈买礼物。因为以前每次爸爸、妈妈给她零花钱，她都觉得少，但是今天自己挣钱，才知道爸爸、妈妈挣钱很辛苦。

지문 어휘 好奇 hàoqí 형 호기심을 갖다, 궁금하게 생각하다 | 笔 bǐ 양 묶음, 건(돈이나 그와 관련된 것에 쓰임) | 眨巴 zhǎba 동 (눈을) 깜박거리다, 깜짝이다 | 零花钱 línghuāqián 명 용돈, 사소한 비용

7, 8단락 (이야기의 결말)

①回到公司，我把买花的过程告诉了我的同事，他很欣慰，也很感激我。就这样，办公室里议论着小姑娘卖花的事情。②其实，那些花最终能不能卖得出去，对她来说，都是一次难得的人生体验，这可能是她与真实生活最贴近的暑假，也会是她最有意义的一个暑假。

③第二位同事准备出发去买花了，小姑娘不会知道这一切，这是成长的秘密。

회사로 돌아온 나는 꽃을 산 과정을 동료에게 들려주었다. 그는 나에게 고마워했다. 사실 꽃을 팔든 못 팔든 상관없이 아이에게는 그 자체가 인생의 값진 경험이다.

두 번째 동료가 꽃을 사러 나섰다. 아이는 이 모든 것을 알지 못할 것이며, 이것은 성장의 비밀이다.

▶ 요약 포인트
① 꽃을 산 과정을 동료에게 들려준 내용과 그에 대한 동료의 반응은 중요하므로 언급해야 한다.

② 여자아이에게 있어 인생에서 값진 경험일 것이라는 핵심 내용만 언급하고, 이에 대한 부연 설명은 생략한다.

③ 마지막 부분의 주제문은 가능한 바꾸지 않고 그대로 쓴다.

▶ 요약
回到公司，我把买花的过程告诉了同事，他很感激我。其实，那些花最终能否卖得出去，对他的女儿来说都是一次难得的人生体验。第二位同事也要去买花了。小姑娘不会知道这一切，这是成长的秘密。

지문 어휘 欣慰 xīnwèi 형 기쁘고 안심이 되다, 기쁘고 위안이 되다 ★ | 感激 gǎnjī 동 감사하다, 감격하다 | 议论 yìlùn 동 논하다, 의논하다, 왈가왈부하다 | 难得 nándé 형 얻기 어렵다, 하기 쉽지 않다, 드물다 ★ | 体验 tǐyàn 명 체험 동 체험하다 | 真实 zhēnshí 형 실제의, 진실하다 | 贴近 tiējìn 형 가깝다, 친하다 동 접근하다, 바싹 다가가다 | 成长 chéngzhǎng 동 성장하다, 생장하다 | 秘密 mìmì 명 비밀, 기밀

▶ 글 제목 짓기

1) 주제문을 활용하자.
   : 成长的秘密(성장의 비밀)

2) 주인공과 관련된 키워드를 활용하자.
   : 懂事的小姑娘(철이 든 여자아이)

모범 답안

					成	长	的	秘	密					
		有	一	天	，	我	的	同	事	对	我	说	，	他	的	女	儿	想	在
暑	假	期	间	锻	炼	自	己	，	于	是	就	在	公	司	附	近	的	市	场
卖	花	。	同	事	担	心	如	果	花	卖	不	出	去	，	孩	子	会	失	去

信心。所以，想请我帮忙去买一两盆。

听完，我就马上去了市场。我远远地看见一个小姑娘盯着每一个行人，可是没有一个人买她的花。小姑娘很失望。

我走到小姑娘的面前问她花怎么卖。小姑娘告诉我一盆是5元，另一盆是10元。我说，这两盆花差不多，如果便宜点儿的话，我两盆都要了。小姑娘同意给我便宜2元钱，我掏出钱买下了两盆花。

买完花，我问小姑娘，如果花都卖掉的话，打算拿这笔钱做什么。小姑娘说，她想给爸爸、妈妈买礼物。因为以前每次爸爸、妈妈给她零花钱，她都觉得少，但是今天自己挣钱，才知道爸爸、妈妈挣钱很辛苦。

回到公司，我把买花的过程告诉了同事，他很感激我。其实，那些花最终能否卖得出去，对他的女儿来说都是一次难得的人生体验。第二位同事也要去买花了。小姑娘不会知道这一切，这是成长的秘密。

지문 해석

　　有一天，我在公司写报告，我的同事急匆匆地来找我，想请我帮他一个忙。他告诉我，放暑假后他9岁的女儿想锻炼自己，于是，就在公司附近的市场摆摊卖花。同事偷偷在一边观察后发现，女儿的摊子已经摆了快一个小时，还没有卖出一盆花。同事很担心花卖不出去会让孩子失去信心。所以，他想请我帮个忙，去买上一两盆。

　　我听完，二话没说就朝市场走去。正午的太阳很毒，虽然只有几百米，走过去却已汗流浃背。我远远地看见，市场大门的一侧坐着一个小姑娘。我心想："这个小姑娘可能就是我同事的女儿。"

　　也许是天热的关系，路上过往的行人并不是很多，小姑娘坐在树荫下，眼巴巴地盯着每一个路过她身边的人。有一个人扭头看了小姑娘一眼，迟疑了一下，随即又加快了脚步，匆匆走了。小姑娘失望地看了看那个人的背影，又把目光移向下一个行人。可是，没有一个行人来买小姑娘的花。

　　就在这时，小姑娘看见了我，眼神里充满了期待。我并不想让她看出我是特意来买花的，因此，我装作没看见，自顾自地径直往前走。小姑娘又一次失望地低下了头。我从小姑娘身边经过的时候，故意走过了几步，然后突然转身走到小姑娘的面前。小姑娘喜出望外地看着我。我蹲下身问她："花怎么卖？"小姑娘激动地指着面前的花盆说："这盆5元。"然后，又指着另一盆说："这盆10元。"

　　我拿起花盆，比量了一下。我对小姑娘说："你看看，这两盆花差不多，这盆的价格却比那盆贵一倍，如果便宜点儿的话，我两盆都要了。"小姑娘高兴地说："那便宜2元钱，可以吗？"我点点头，从兜里掏出钱，买下了这两盆花。小姑娘拿出一个小塑料袋，高兴地帮我装了起来。

　　어느 날 회사에서 보고서를 쓰고 있는데 동료가 황급히 나를 찾아와 도움을 청했다. 그는 그의 아홉 살 난 딸아이가 여름방학을 맞아 자신을 단련시키고자 회사 근처 시장 노점에서 꽃을 판다고 했다. 동료가 한쪽에서 몰래 지켜보니 한 시간이 다 되도록 딸이 화분을 하나도 못 팔았다고 했다. 그는 꽃이 안 팔려 아이가 자신감을 잃을까 봐 걱정이었다. 그래서 나에게 가서 화분을 한 두개 사달라고 부탁을 했다.

　　그 말을 들은 나는 두말하지 않고 시장으로 갔다. 정오의 뙤약볕이 따가웠다. 수백 미터밖에 되지 않는 거리였지만 걸어가자니 땀이 등줄기를 타고 흘렀다. 멀리서 시장 정문 한쪽에 앉아있는 여자아이를 보았다. 그리고 속으로 '저 여자아이가 동료의 딸이겠다.'라고 생각했다.

　　날씨가 무더워서인지 지나는 행인이 많지 않았다. 여자 아이는 나무그늘 아래 앉아 지나가는 사람 하나하나를 눈이 빠지게 쳐다보았다. 아이를 힐끗 돌아보는 사람이 있긴 했지만 잠시 머뭇거리고는 이내 걸음을 재촉해 바삐 걸어갔다. 아이는 실망한 채로 그 사람의 뒷모습을 바라보다가 곧 다른 행인에게 시선을 돌렸다. 그러나 아무도 아이에게 꽃을 사러 오지 않았다.

　　바로 이때, 여자아이가 나를 보았다. 눈빛에는 기대가 가득 담겨있었다. 나는 내가 일부러 그 아이의 꽃을 사러 온 사람임을 들키고 싶지 않았다. 그래서 아이를 못 본 척 곧장 앞만 보고 걸었다. 그러자 아이는 또 한 번 낙담해 고개를 떨구었다. 나는 일부러 아이 옆을 몇 걸음 지나친 후에 휙 뒤돌아 그 앞으로 갔다. 아이는 나를 보고 기뻐 어쩔 줄 몰라 했다. 내가 쪼그려 앉아 '꽃은 얼마니?'하고 묻자, 아이는 앞에 놓인 꽃 화분을 가리키며 '이건 5위안이에요.'라고 흥분하며 대답했다. 그리고 다른 화분을 가리키며 '이건 10위안이고요.'라고 말했다.

　　나는 꽃 화분을 들어 비교한 다음 아이에게 말했다. "두 화분이 비슷해 보이는데, 이 화분이 저 화분보다 배나 비싸구나. 좀 싸게 해주면 두 개 다 살게." 아이는 기뻐하며 '두 개 다 사시면 2위안을 깎아드릴게요.'라고 말했다. 나는 고개를 끄덕이고 주머니에서 돈을 꺼내 화분 두 개를 샀다. 아이는 작은 비닐봉투를 꺼내, 기뻐하며 담아 주었다.

买好了花，我并不急着走，继续和小姑娘聊。我好奇地问她："如果花都卖掉的话，赚到的这笔钱，你打算做什么？"小姑娘眨巴着眼睛对我说："我想给爸爸、妈妈买一件礼物。"我又问："为什么呢？"小姑娘告诉我："以前爸爸、妈妈每天都会给我零花钱，可我总觉得太少了。今天自己出来卖花才知道，其实爸爸、妈妈挣钱很不容易。"

回到公司，我把买花的过程告诉了我的同事，他很欣慰，也很感激我。就这样，办公室里议论着小姑娘卖花的事情。其实，那些花最终能不能卖得出去，对她来说，都是一次难得的人生体验，这可能是她与真实生活最贴近的暑假，也会是她最有意义的一个暑假。

第二位同事准备出发去买花了，小姑娘不会知道这一切，这是成长的秘密。

나는 꽃을 사고 나서 바로 가지 않고 아이와 계속 이야기를 나누었다. 내가 궁금해하며 물었다. "꽃을 다 팔면, 번돈으로 무엇을 할 생각이니?" 아이는 눈을 깜박거리면서 말했다. "아빠, 엄마에게 선물을 사드리고 싶어요." 내가 또 '왜?'라고 묻자, 아이는 대답했다. "전에는 아빠, 엄마가 매일 저에게 용돈을 주셨는데, 저는 항상 그게 너무 적다고 생각했어요. 그런데 오늘 직접 나와서 꽃을 팔아보니 부모님께서 돈을 버시는 게 쉬운 일이 아니라는 걸 알았어요."

나는 회사로 돌아가 꽃을 산 과정을 동료에게 들려주었다. 그는 흐뭇해하며 나에게 고마워했다. 그렇게 사무실에는 여자아이의 꽃 장사 이야기로 들썩였다. 사실 그 꽃이 끝내 팔리든 안 팔리든 아이에게는 그 자체가 인생의 값진 경험이다. 그리고 이것은 아이에게 실제 생활과 가장 가까운 여름방학이며 가장 의미 있는 여름방학이 될 것이다.

두 번째 동료가 아이의 꽃을 사러 사무실을 나섰다. 아이는 이 모든 것을 알지 못할 것이며, 이는 성장의 비밀이다.

지문 어휘 | **报告** bàogào 명 보고서, 보고 동 보고하다, 발표하다 | **急匆匆** jícōngcōng 형 급히 서두르는 모양, 허둥대는 모양 | **摆摊** bǎitān 동 노점을 벌여 놓다 | **观察** guānchá 동 관찰하다, 살피다 | **盆** pén 양 대야나 화분 등으로 담는 수량을 세는 데 쓰임 | **失去** shīqù 동 잃어버리다, 잃다 | **信心** xìnxīn 명 자신, 신념, 믿음 | **二话没说** èrhuàméishuō 성 두말하지 않다 | **正午** zhèngwǔ 명 정오 | **汗流浃背** hànliújiābèi 성 땀이 등에 배다, 땀이 비 오듯 흐르다 | **侧** cè 명 편, 옆, 곁, 측면 | **小姑娘** xiǎogūniang 명 여자아이, 소녀 | **过往** guòwǎng 동 오가다, 왕래하다 | **行人** xíngrén 명 행인 | **树荫** shùyīn 명 나무 그늘 | **眼巴巴** yǎnbābā 형 눈이 빠지게 기다리는 모양, 간절히 기다리는 모양, 어쩔 수 없이 멍하니 바라보는 모양 | **盯** dīng 동 주시하다, 응시하다 | ★ | **扭头** niǔtóu 동 머리를 돌리다, 몸을 돌리다, 돌아서다 | **迟疑** chíyí 형 머뭇거리다, 망설이다, 주저하다 | ★ | **随即** suíjí 부 바로, 즉각, 즉시 | **加快** jiākuài 동 속도를 올리다, 빠르게 하다 | **脚步** jiǎobù 명 발걸음, 걸음걸이 | **背影** bèiyǐng 명 뒷모습 | **目光** mùguāng 명 시선, 눈빛, 시야 | ★ | **移** yí 동 옮기다, 이동하다 | **眼神** yǎnshén 명 눈빛, 눈매 | ★ | **充满** chōngmǎn 동 가득 채우다, 충만하다 | **期待** qīdài 동 기대하다 | **装作** zhuāngzuò 동 ~한 체하다 | **自顾自** zìgùzì 스스로를 돌보다, 각자가 알아서 하다, 자기 생각만 하다 | **径直** jìngzhí 부 곧장, 곧바로 | **转身** zhuǎnshēn 동 몸을 돌리다, 방향을 바꾸다 | **喜出望外** xǐchūwàngwài 성 뜻밖의 기쁜 일을 만나 기뻐서 어쩔 줄 모르다 | **蹲** dūn 동 쪼그리고 앉다, 웅크리고 앉다 | **比量** bǐliang 동 대충 재다 | **兜** dōu 명 호주머니, 자루 동 싸다, 품다 | **掏** tāo 동 꺼내다, 끄집어 내다, 끌어 내다 | **塑料袋** sùliàodài 명 비닐봉지 | **装** zhuāng 동 담다, 포장하다, 싣다 | **好奇** hàoqí 형 호기심을 갖다, 궁금하게 생각하다 | **笔** bǐ 양 몫, 건 (돈이나 그와 관련된 것에 쓰임) | **眨巴** zhǎba 동 (눈을) 깜박거리다, 깜짝이다 | **零花钱** línghuāqián 명 용돈, 사소한 비용 | **欣慰** xīnwèi 형 기쁘고 안심이 되다, 기쁘고 위안이 되다 | ★ | **感激** gǎnjī 동 감격하다 | **议论** yìlùn 동 논하다, 의논하다, 왈가왈부하다 | **难得** nándé 형 얻기 어렵다, 하기 쉽지 않다, 드물다 | ★ | **体验** tǐyàn 명 체험 동 체험하다 | **真实** zhēnshí 형 실제의, 진실하다 | **贴近** tiējìn 형 가깝다, 친하다 동 접근하다, 바싹 다가가다 | **成长** chéngzhǎng 동 성장하다, 생장하다 | **秘密** mìmì 명 비밀, 기밀

내공 쌓기

쓰기에서 글의 제목을 정하는 것은 매우 중요하다. 훌륭한 제목은 채점자들에게 좋은 인상을 줄 수 있으므로 제목 짓기에 관한 핵심 포인트를 익혀 좋은 점수를 받도록 하자.

1 쉽고 간단하게 제목 짓기

1 주제문을 활용하여 제목 붙이기

주제가 되는 핵심 문장은 주로 지문의 마지막 부분에 나온다. 글의 중심 내용을 분명하게 드러내고 있는 주제문을 활용하여 제목을 정하면 된다.

> 예 〈마지막 단락〉
>
> 人生从来都没有绝对的事。在某些时候，失去的时刻也就是收获的时刻，而且得到的远远比失去的多得多。很多时候我们都把失去当做一种痛苦，事实上，它也是一种幸福。因为在失去的同时，我们也在收获。只有懂得放弃，才能有更多得到好东西的机会。
>
> 인생에서 절대적인 일이란 없다. 잃어버렸을 때가 바로 얻을 때이고, 또 얻은 것이 잃은 것보다 훨씬 더 많을 때가 있다. 우리는 자주 잃은 것을 고통으로 여기는데, 사실 그것 또한 일종의 행복이다. 왜냐하면 잃은 것과 동시에 우리는 얻고 있기 때문이다. 버릴 줄 알아야만이 좋은 것을 얻을 기회가 더 많이 생기는 것이다.

→ 지문에서 상기 내용의 주제가 언급되었다면 글의 제목은 아래와 같이 지을 수 있다.

① 有舍才有得　　　　　　　버리는 것이 있어야 얻는 것도 있다
② 失去也是一种幸福　　　　버리는 것도 일종의 행복이다
③ 学会放弃　　　　　　　　포기하는 법을 배워라

2 지문에서 중요한 단서가 되는 사물을 찾아 제목 붙이기

이야기 흐름에 있어 단서가 되는 사물이 있을 경우 그 사물을 이용하여 제목을 만들면 된다.

> **예** 이야기 속 주인공으로 등장하는 인물이 한 쌍의 남녀이고, 커피와 소금이 이 커플의 첫 만남에서부터 결혼에 이르기까지 연결고리의 역할을 하는 내용이라면 '커피'와 '소금', 이 두 사물을 이용해 제목을 지으면 된다.
>
> ➡ 加盐的咖啡   소금을 넣은 커피

3 주인공과 관련된 키워드로 제목 붙이기

주인공의 이름이나 주인공과 관련된 핵심 단어를 사용하여 제목을 붙이는 것이 가장 쉽고 일반적인 방법이라고 할 수 있다.

> **예**
> ① 三个和尚的故事   세 스님의 이야기
> ② 老医生和年轻医生   늙은 의사와 젊은 의사
> ③ 农夫与蛇   농부와 뱀
> ④ 马云成功记   마윈(馬雲)의 성공기
> ⑤ 名医李时珍   명의 이시진(李時珍)
> ⑥ 东郭先生与狼   동곽(東郭) 선생과 늑대
> ⑦ 梁山伯与祝英台   양산백(梁山伯)과 축영대(祝英臺)
> ⑧ 花木兰替父从军   부친을 대신하여 종군한 뮬란

4 전체 지문에서 주제와 관련된 가장 중요한 핵심어로 제목 붙이기

지문에서 가장 중요한 핵심 단어를 찾아 그것을 그대로 제목으로 정할 수 있다.

> **예**
> ① 母爱   어머니의 사랑
> ➡ 伟大的母爱   위대한 어머니의 사랑
> ② 友情   우정
> ➡ 真挚的友情   참된 우정
> ③ 诚实   성실
> ➡ 诚实是最大的财富   성실은 최대의 재산이다
> ④ 誓言   맹세
> ➡ 不变的誓言   변치않는 맹세
> ⑤ 约定   약속
> ➡ 美丽的约定   아름다운 약속

2 제목을 쓸 때 주의해야 할 사항

1 제목은 원고지 첫 행의 중간에 쓰도록 한다. 비교적 긴 제목일 경우 네 칸을 띄고 다섯 번째 칸부터 쓰면 된다.

> 예

				一	把	打	开	心	灵	的	钥	匙						

2 제목은 '관형어+명사', '동사+목적어', '문장' 등의 형태로 짓는 것이 일반적이다. 그 중 '관형어+명사' 혹은 '동사+목적어' 형태가 쉽고 간단하며 채점자의 시선을 끌 수 있는 제목이라고 할 수 있다.

❶ '관형어+명사' 형태의 제목

- 爱的力量   사랑의 힘
- 女儿的日记   딸의 일기
- 母亲的怀抱   어머니의 품
- 一封迟来的信   늦게 도착한 편지
- 一件难忘的事   잊을 수 없는 일

❷ '동사+목적어' 형태의 제목

- 直面失败   실패를 직시하다
- 学会宽容   관용을 배우다
- 传播正能量   좋은 에너지를 퍼뜨리다
- 把握人生机遇   인생의 기회를 잡다
- 寻找真正的自我   진정한 자아를 찾다

❸ 문장 형태의 제목

- 吃亏是福   손해 보는 것이 복이다
- 快乐是一种习惯   기쁨은 일종의 습관이다
- 拼搏才会成功   최선을 다해야만 성공할 수 있다
- 从自己做起   나부터 실천하자
- 让世界充满爱   세상에 사랑이 넘치게 하자

단, 인생 철학에 관한 교훈성 이야기 글일 경우 주제에 맞는 적절한 성어나 속담 등을 제목으로 사용하면 더 높은 점수를 받을 수 있으므로 아래의 성어나 속담은 외워두도록 하자.

❶ 4자 성어 제목

- 毛遂自荐 MáoSuìzìjiàn 모수(毛遂)가 자천(自薦)하다, 스스로 자기를 추천하다, 자진하여 중임을 맡다
- 一字千金 yízìqiānjīn 일자천금, 글자 하나의 값이 천금의 가치가 있다. 글씨나 문장이 아주 훌륭하다.
- 生财有道 shēngcáiyǒudào 돈을 벌어도 정당하게 벌어야 한다.
- 愚公移山 Yúgōngyíshān 우공이산, 우공이 산을 옮기다, 위험과 곤란을 두려워하지 않고 강인한 끈기로 밀고 나가다.
- 塞翁失马 Sàiwēngshīmǎ 새옹지마, 나쁜 일이 마냥 나쁜 일만은 아니라, 경우에 따라서는 전화위복(轉禍爲福)이 될 수 있다.
- 亡羊补牢 wángyángbǔláo 손실을 입거나 문제가 발생한 후에 서둘러 보완하여 유사한 상황이 재차 발생하지 않도록 하다.
- 一诺千金 yínuòqiānjīn 한번 승낙한 말은 천금과도 같다, 약속한 말은 틀림없이 지킨다.
- 一鸣惊人 yìmíngjīngrén 평소에 조용히 있지만 한 번 시작하면 놀랄 만한 성과를 거두다.
- 一石二鸟 yìshí'èrniǎo 한 가지 일로 두 가지 목적을 달성하다, 일석이조
- 一箭双雕 yíjiànshuāngdiāo 일석이조, 일거양득

❷ 5자 성어 제목

- 人不可貌相 rénbùkěmàoxiàng 겉모습으로 사람의 재능과 품성을 판단해서는 안 된다.
- 三思而后行 sānsī'érhòuxíng 마땅히 심사숙고하고 나서 행동해야 한다.
- 防患于未然 fánghuànyúwèirán 사고를 미리 방지하다.
- 行行出状元 hángháng chūzhuàngyuán 어느 직종, 어느 직업이라도 다 뛰어난 인물이 있다.
- 功到自然成 gōngdàozìránchéng 공을 들이면 자연히 성공한다.

❸ 6자 성어 제목

- 真金不怕火炼 zhēnjīnbúpàhuǒliàn 정말 우수한 물건은 시험을 견딜 수 있다.
- 求人不如求己 qiúrénbùrúqiújǐ 남의 도움을 바라는 것보다 자신에게 바라는 것이 낫다.
- 远亲不如近邻 yuǎnqīnbùrújìnlín 먼 친척보다 가까운 이웃이 더 낫다. 먼 사촌보다 가까운 이웃이 낫다.
- 有志不在年高 yǒuzhìbúzàiniángāo 사람의 평가는 의지에 달린 것이지 나이와는 상관없다.
- 有志者事竟成 yǒuzhìzhěshìjìngchéng 하고자 하는 의지만 있으면 일은 반드시 성취된다. 뜻이 있는 곳에 길이 있다.

❹ 7자 성어 제목

- 心有灵犀一点通 xīnyǒulíngxīyìdiǎntōng　　　서로 마음이 통하다, 텔레파시가 통하다.
- 众人拾柴火焰高 zhòngrénshícháihuǒyàngāo　　　사람이 많으면 역량이 커진다.
- 长江后浪推前浪 Chángjiānghòulàngtuīqiánlàng　　　사물이나 사람은 끊임없이 새롭게 교체되게 마련이다.
- 解铃还须系铃人 jiělíngháixūxìlíngrén　　　방울을 단 사람이 방울을 떼어 내야 한다, 일은 저지른 사람이 해결해야 한다.

❺ 기타

- 青出于蓝而胜于蓝 qīngchūyúlánérshèngyúlán　　　청출어람, 제자가 스승에게서 배웠는데 제자가 스승보다 낫다.
- 冰冻三尺，非一日之寒 bīngdòngsānchǐ, fēiyírìzhīhán　　　하루 이틀 사이에 된 것이 아니다, 오랜 시간 동안 누적된 결과이다.

실전 테스트

1 다음 600자 가량의 지문을 6분 동안 읽은 후 보지 않고 240자 분량으로 요약해 보세요. (제한 시간 21분)

　　五年前，我刚考上大学，妈妈送我去学校报到。我们坐公交车到了火车站，下车的时候遇到了一个男孩儿，那个男孩儿很羞涩地对我们说："你们需要人帮忙背行李吗？背到站台，20元。"我们的行李确实很多，妈妈就答应了。

　　男孩儿戴着眼镜，身材消瘦，有一股书生气。他一手扛起我的被褥，一手拉着行李箱，看上去很吃力。排队买票的时候，妈妈问他："你是学生吧？"男孩儿点点头。妈妈又问："怎么不上学，来干苦力呢？"男孩儿抿了抿嘴唇说："我家里很困难，趁着假期出来打工。"原来，他也刚刚高中毕业，并且考上了一所重点大学，但是因为父亲病逝，母亲也无稳定收入，他拿不起学费，打算放弃上大学。

　　男孩儿一直帮我们把行李送到了火车上。妈妈拿出一百块钱塞到他的手中。男孩儿说："您是我的第一位客人，我找不开，您有零钱吗？"妈妈说："不用找了，这是我资助你的，你攒够了钱一定要去上大学。"他沉默了三秒后，说："谢谢您，但是您必须把地址给我，将来我毕了业，挣了钱，一定会还给您的。"看他坚持，我就把家里的地址给了他。

　　五年后的春节，一个陌生的年轻男子拿着丰盛的礼品到我家拜年。我和妈妈茫然地望着这位客人，他微笑着开口："你们还记得在火车站背行李的那个男孩儿吗？"我看着眼前这个精神焕发的男子，脑海中慢慢浮现那个背行李的羞涩男孩儿。原来，他靠背行李攒了些生活费，并申请了助学贷款，然后又靠勤工俭学完成了大学学业。现在他已经找到了工作，并且还清了贷款，今天登门是特意来还我们那一百块钱的。

2 다음 1,000자 가량의 지문을 10분 동안 읽은 후 보지 않고 400자 분량으로 요약해 보세요. (제한 시간 35분)

　　传说中，天上管理马匹的神仙叫伯乐。在人间，人们也把善于鉴别马匹优劣的人称为伯乐。

　　第一个被称为伯乐的人是春秋时代的孙阳。由于他相马的技术十分超群，人们便干脆叫他伯乐，而不称呼他的本名，并一直延续到现在。

　　一次，楚王委托伯乐购买一匹能日行千里的骏马。伯乐欣然答应，不过他告诉楚王，千里马虽好，却十分难遇，请楚王不要着急，他会尽力办好这件事。伯乐辗转多个国家，特别是在素来盛产名马的燕国和赵国进行了仔细寻访。伯乐虽然历尽艰辛，却还是没找到中意的良马。

　　一年夏天，伯乐在从齐国返回楚国的路上，看到了一匹拉着盐车的马。当时，这匹马吃力地在陡坡上行进，累得气喘吁吁，艰难地迈着步子。伯乐向来与马亲近，他情不自禁地走到马跟前。马看到伯乐，突然昂起头，瞪大眼睛，大声嘶鸣，好像要对伯乐倾诉什么。伯乐立即从声音中判断出，这是一匹难得的骏马。伯乐眼睛一亮，心中燃起了希望。他对车夫说：'这匹马如果在疆场上驰骋，任何马都比不过它；但用来拉车，它却不如普通的马。你还是把它卖给我吧。'车夫认为伯乐是个大傻瓜，他觉得这匹马太普通了，吃得很多却骨瘦如柴，拉车也没力气，便毫不犹豫地同意了。

　　伯乐如获至宝，牵着这匹骏马直奔楚国。当他牵马来到楚国王宫时，他拍拍马的脖颈说：'我给你找到了好主人。'千里马似乎听懂了伯乐的意思，抬起前蹄，引颈长嘶，洪亮的声音直上云霄。楚王听到马嘶声，便走出宫外。伯乐指着马说：'大王，我把千里马给您带来了，请仔细观看。'楚王见伯乐牵来的马瘦得不成样子，认为伯乐在愚弄他，十分不悦。他说：'我相信你会相马才让你买马，可你买的是什么马？连走路都很困难，怎么能上战场呢？'伯乐连忙解释说：'这确实是一匹千里马，只是因为拉了一段时间车，车夫喂养又不精心，所以看起来很瘦弱。我保证，只要精心喂养，不出半个月，一定会恢复体力，变得结实。'

　　楚王半信半疑，命令马夫尽心尽力把马喂好。果然，没出几天马就变得精壮神骏。楚王跨上马背，策马奔腾。马儿身轻如燕、健步如飞。喘息的工夫，已跑出百里。后来，千里马随楚王驰骋沙场，立下不少功劳。楚王也对伯乐更加敬重。

　　如今，人们常用伯乐来比喻那些善于发现人才，并懂得珍惜人才的人。

정답 및 해설 ≫ 해설서 p. 156

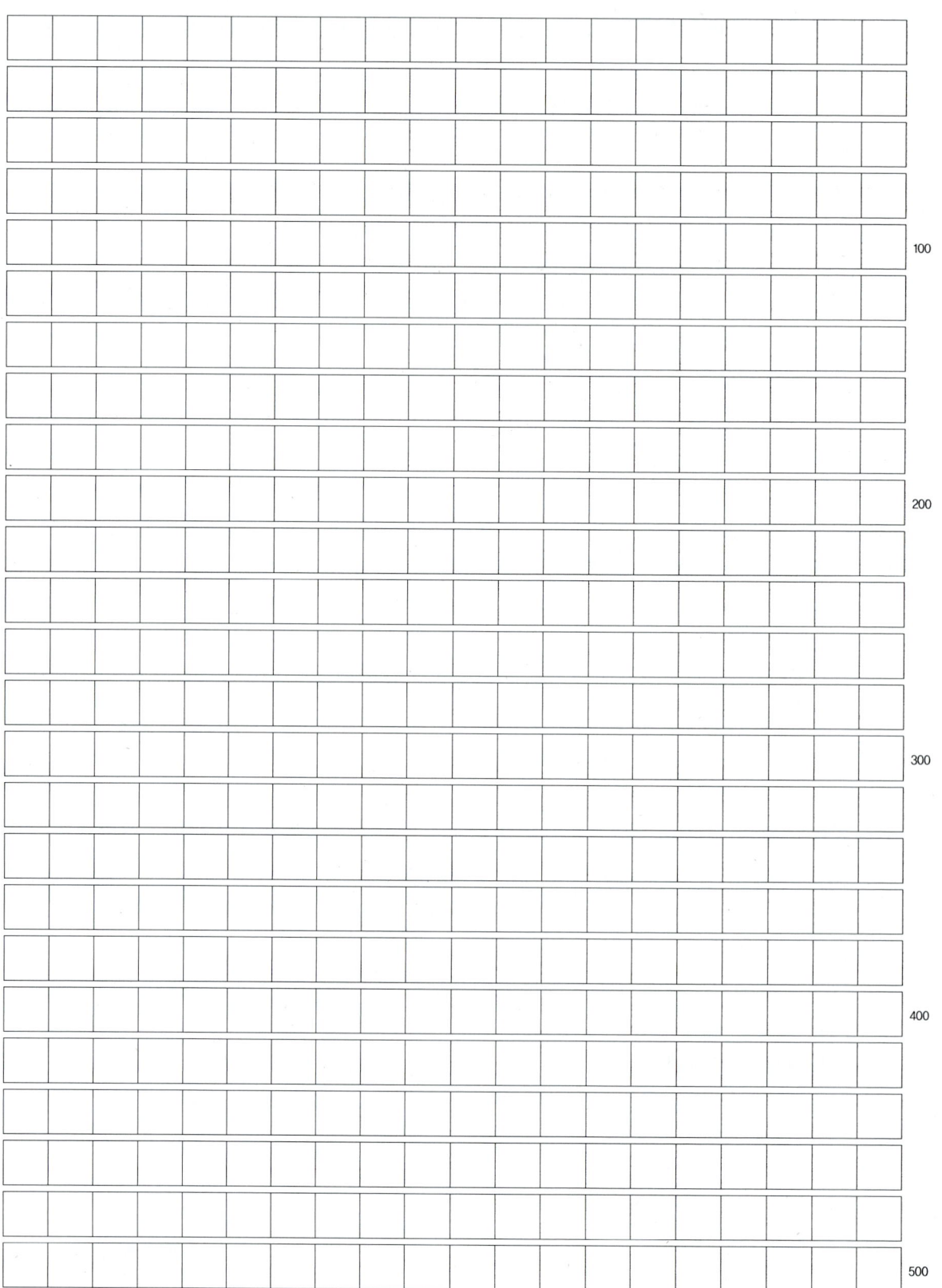

3 다음 1,000자 가량의 지문을 10분 동안 읽은 후 보지 않고 400자 분량으로 요약해 보세요. (제한 시간 35분)

　　漫步在南方一座小城的街头，你会邂逅许多小花坛。最吸引眼球的并不是那里争奇斗艳的鲜花，而是一个个小花坛里的标牌："城市氧吧"。

　　这个新奇的事物还要从十几年前说起。当时，城市的车辆与日俱增，存在许多交通安全隐患。这个城市的市政管理部门为了限制车速，在许多路口修建了交通环岛和拐弯弧线地。一个三月的清晨，园艺工人张师傅正在某小区前的交通环岛上种植花苗。在该小区居住的小芳恰巧路过，便上前向张师傅讨教栽培植物的技巧。原来，小芳特别想拥有一个自己的小花园，只可惜住在城市的公寓中，没有这样的条件。热心的张师傅毫无保留地向小芳传授经验，小芳为了回报师傅也经常来帮忙照料花坛，甚至自己买来漂亮的花苗点缀在花坛空出的土壤上。

　　在张师傅和小芳的照料下，没过多久，这个全城最惹眼的花坛吸引了市民的关注。小芳义务照料花坛的故事也被传开了。此后，许多市民通过各种渠道向相关部门申请义务照料花坛。市民纷纷打电话说："能否把其他路口的交通环岛和街角拐弯处的空地也设置成花坛？我们愿意义务劳动，自己栽培、自己照料。"

　　看到愿意参与城市绿化活动的市民不在少数，相关部门便决定把它立为一个试点公益项目。任何一个人都可以报名承包一个花坛，承包人可以料理一个月，一个夏天，或者一两年，如果愿意也可以延长到十几年。相关部门每年给承包人免费提供两次种子和肥料。市民亲切地把这个项目叫做"城市氧吧"，他们希望这些小花坛能为净化空气、改善环境起到小小的作用。

　　几乎每个生活在城市的成年人心中都有一个田园梦。只不过，由于场所和时间的限制，大家只能把这个愿望深埋心底，无处实现。"城市氧吧"项目圆了大家的愿望，同时，也能给城市增添一点绿色。花坛承包人中有的是情侣；有的是三口之家；有的是退休老人。大家齐心协力，松土、施肥、浇水，干得热火朝天，一个个别致的花坛呈现在市民面前。

　　后来，相关部门又请专业的园林设计师免费为承包人开设园艺培训班，吸引了更多市民加入到这个公益活动中来。城市里花坛的数量不断增多，质量也不断得到提高。

　　"城市氧吧"这一倡导性举措，不但改善了当地环境，还给市民的业余生活增添了乐趣，让市民参与到城市的绿化中来，提升了市民的主人翁意识。

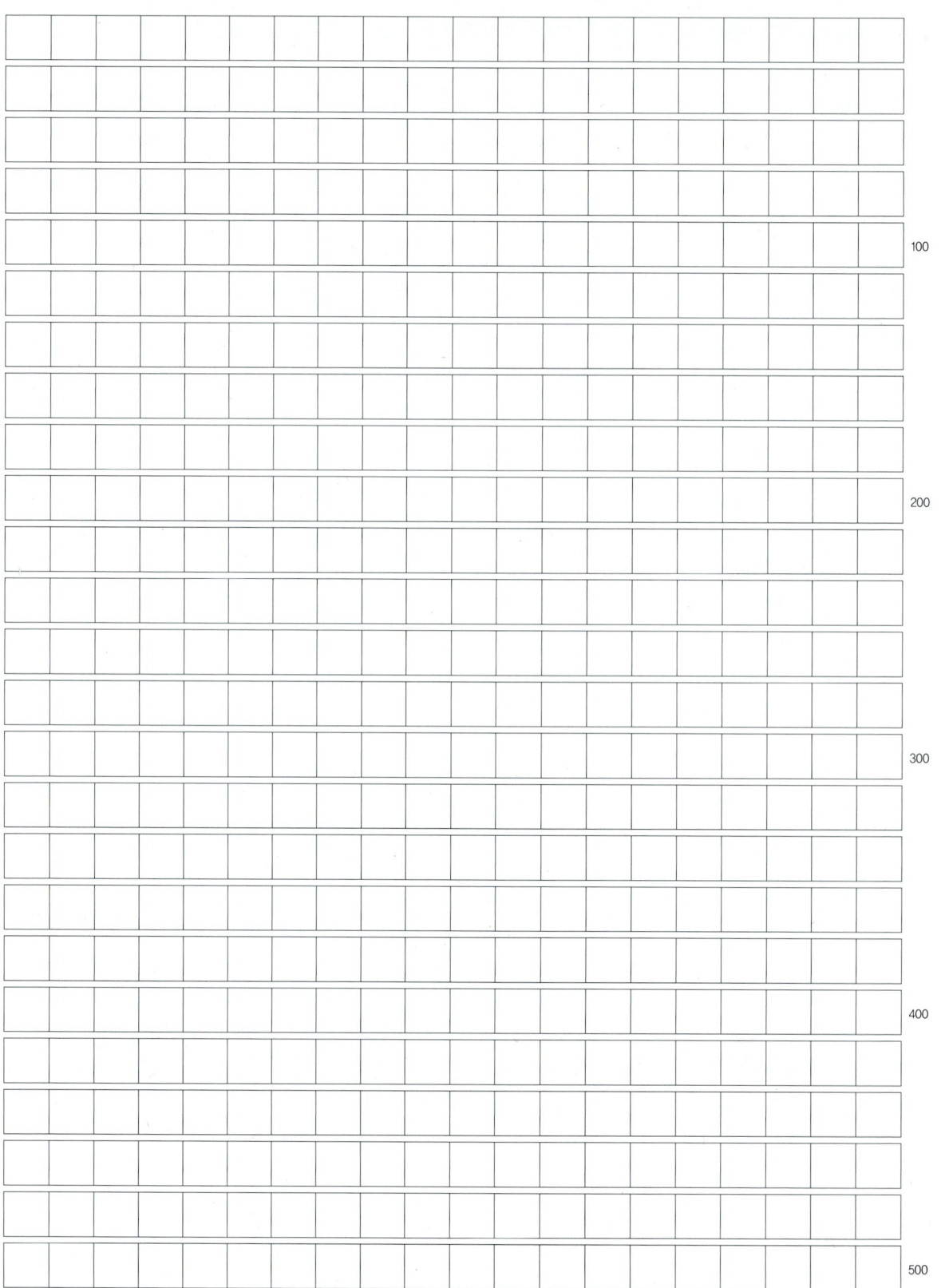

실전모의고사
1, 2회분

실제 시험을 보는 것처럼 시간에 맞춰 실전모의고사를 풀어보세요.

잠깐! 테스트 전 확인사항

1. 휴대폰의 전원을 끄셨나요?
2. 답안지, 연필, 지우개가 준비되셨나요?
3. 시계가 준비되셨나요? (제한시간 약 140분)

1회 해설서는 p.173, 2회 해설서는 p.273에 수록되어 있습니다.

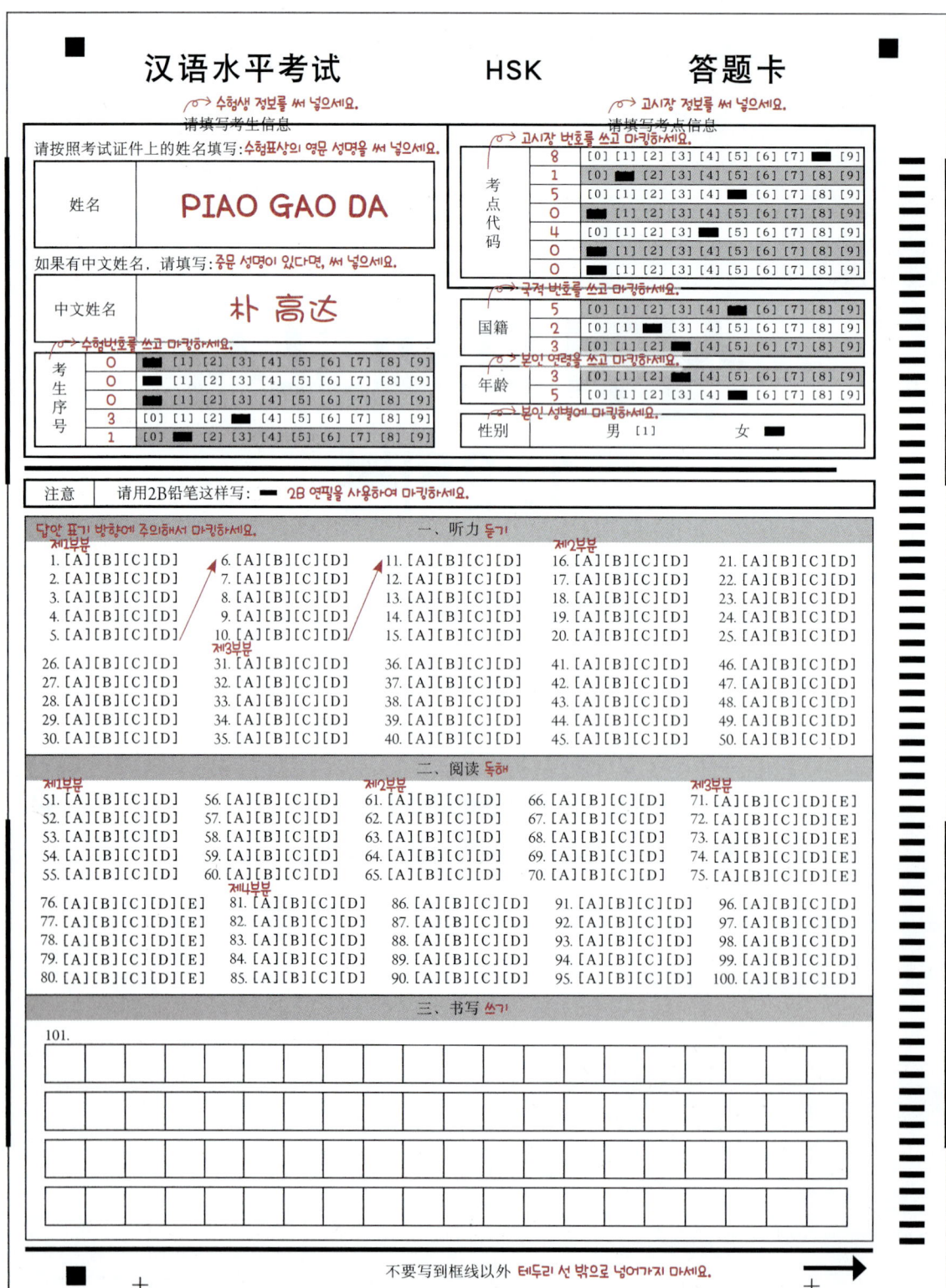

不要写到框线以外 테두리 선 밖으로 넘어가지 마세요.

汉语水平考试
HSK（六级）模拟试题
第一套

注　　　　意

一、HSK（六级）分三部分：
    1. 听力（50题，约35分钟）
    2. 阅读（50题，50分钟）
    3. 书写（1题，45分钟）

二、听力结束后，有5分钟填写答题卡。

三、全部考试约140分钟（含考生填写个人信息时间5分钟）。

一、听力

第一部分

第1-15题：请选出与所听内容一致的一项。

1. A 太阳雨十分罕见
   B 太阳雨影响农业
   C 太阳雨一般出现在南方
   D 太阳雨的形成有诸多因素

2. A 企鹅的体温很低
   B 企鹅濒临灭绝
   C 企鹅皮下脂肪少
   D 企鹅羽毛能帮其御寒

3. A 人的性格是多变的
   B 要有坚持不懈的精神
   C 管理者要善于利用员工的优点
   D 有天赋的员工创造的价值多

4. A 水下机器人操作复杂
   B 水下机器人已得到广泛应用
   C 水下机器人工作时间短
   D 水下机器人不安全

5. A 要控制盐的摄入量
   B 营养均衡很重要
   C 要经常在家吃饭
   D 饭店的菜盐很多

6. A 常吃面食对胃好
   B 山西水质软
   C 山西人的生活离不开醋
   D 山西醋远近闻名

7. A 要有耐心
   B 有些事不能过于认真
   C 细节决定成败
   D 只要坚持就会有奇迹

8. A 乌蒙山常年干旱
   B 乌蒙山铁矿丰富
   C 红土高原海拔低
   D 红土高原的形成与气候有关

9. A 球操对瘦身有帮助
   B 球操学习起来很简单
   C 球操可以提高食欲
   D 球操是新的比赛项目

10. A 竹筒饭做法复杂
    B 竹筒饭不需要水
    C 竹筒饭营养价值高
    D 竹筒饭不用任何调味料

11. A 朋友越多越好
    B 要学会调整心态
    C 应适度为人际泡沫脱水
    D 人际关系是社会交际的基础

12. A 要学会自力更生
    B 要珍惜已有的幸福
    C 现代人的压力都很大
    D 人们对幸福的要求都很低

13. A 数字阅读没有前景
    B 数字阅读很受青睐
    C 纸质读物已被淘汰
    D 青少年更喜欢纸质读物

14. A 辐射对人体没有伤害
    B 绿色植物可净化空气
    C 电脑辐射会伤害眼睛
    D 绿色植物可以防御辐射

15. A 做事要循序渐进
    B 要懂得互相协作
    C 不要过度依赖别人
    D 要不断发掘自己的潜力

第二部分

第16-30题：请选出正确答案。

16. A 回到了童年
    B 更有活力
    C 有一些负担
    D 社交面会变广

17. A 创新理念
    B 团队协作
    C 课外实践
    D 社交活动

18. A 更有名
    B 收入会增加
    C 促进教学
    D 更有人缘

19. A 多读书
    B 多听讲座
    C 多宣传自己
    D 多参加公益活动

20. A 准备跳槽
    B 做过演员
    C 主要负责教学工作
    D 现在不做编辑工作

21. A 腿
    B 思想
    C 神经
    D 大脑

22. A 竞争
    B 协作
    C 互相攀比
    D 互相排斥

23. A 技术上的不足
    B 资金周转困难
    C 移动互联网的影响
    D 智能手机市场竞争激烈

24. A 升级是必经之路
    B 转型是最重要的
    C 升级的过程很漫长
    D 转型需要很多人才

25. A 认为电商要脱离出来
    B 移动互联网的冲击很小
    C 认为员工能力有待提升
    D 对企业发展前景不看好

26. A 学术性
    B 多元化
    C 生活化
    D 商业性

27. A 观念陈旧
    B 广告太少
    C 过于注重唯美
    D 参赛作品少

28. A 已经进入稳定期
    B 没取得成绩
    C 遇到了障碍
    D 未形成较大规模

29. A 深入了解作品思想
    B 参加重要的比赛
    C 掌握先进技术
    D 借鉴国外作品

30. A 男的缺乏主持经验
    B 男的是主持人
    C 男的曾经是摄影师
    D 男的的专业是美术

第三部分

第31-50题：请选出正确答案。

31. A 徒手劈断木板
    B 用头撞断瓦片
    C 用脚踢断红砖
    D 目测木板厚度

32. A 快要结束
    B 力量耗尽
    C 变化多端
    D 力量均衡

33. A 要抓住机会
    B 要有创新精神
    C 目标要定远一些
    D 要有忧患意识

34. A 容易抢到球
    B 保护自己
    C 阻止对方犯规
    D 阻挡对方射门

35. A 用脚尖踢球
    B 用脚面踢球
    C 用脚内侧向侧前方踢
    D 用脚外侧踢球的一侧

36. A 力度大
    B 速度快
    C 沿弧线飞行
    D 飞行距离长

37. A 足球的规则
    B 香蕉球的原理
    C 力量对足球的影响
    D 罚点球的注意事项

38. A 鳞片
    B 气候
    C 渗透压
    D 水的深度

39. A 要不断喝水
    B 靠食物补充水分
    C 重金属污染严重
    D 需排出体内多余水分

40. A 不需要呼吸
    B 要经常游动
    C 只生活在海洋深处
    D 血液尿素含量高

41. A 检测光照情况
    B 记录睡眠时间
    C 测量体温
    D 检测体重的变化

42. A 光照可能引起失眠
    B 热量摄入与光照有关
    C 饮食规律能改善心情
    D 早上人体摄入热量较多

43. A 促进消化
    B 增加体重
    C 加速肌肉生成
    D 改变饮食习惯

44. A 名人画像
    B 四季画
    C 飞禽走兽
    D 名川大山

45. A 没有创作灵感
    B 笔墨用完了
    C 把握不好花色
    D 弄不清芭蕉叶的卷曲方向

46. A 亲自考察
    B 咨询友人
    C 随意创作
    D 参考友人名画

47. A 作画严谨
    B 大器晚成
    C 喜欢写诗句
    D 擅长写作

48. A 鼻尖发热
    B 鼻子变长
    C 鼻子堵塞
    D 嗅觉不灵敏

49. A 所喜欢的人
    B 真实想法
    C 心理健康
    D 心理素质

50. A 说谎使人焦虑
    B 实验失败了
    C 童话故事不科学
    D 被试者能完全控制自己的鼻子

二、阅读

第一部分

第51-60题：请选出有语病的一项。

51. A 生物学家发现，这种叶子具有缓解疼痛的作用。
    B 开车转弯时，一定要减速慢行，这也是交通法规所要求的。
    C 在严峻的就业形势下，职业教育对就业的促进作用日益凸显。
    D 当我们的意见与其他人不同时，应该我们做出适当的让步。

52. A 十年前，为了实现当演员的梦想，她只身一人来到了北京。
    B 茶树菇是一种高蛋白、低脂肪的纯天然食用菌，在民间被称为"神菇"的美誉。
    C 有时，一句话只是改动一个字，就会发生意想不到的变化。
    D 我们从地球上看，星星会有不同的颜色，这与它们表面的温度有关。

53. A 调研报告必须经过深入调查和反复核实，才能具有参考价值。
    B 据报道，明日起，国内汽油每升降价将近两毛多。
    C 迄今为止，除了地球，我们还未发现第二个真正适合人类居住的星球。
    D 春节是农历正月初一，又叫阴历年，俗称"过年"。

54. A 在大自然中，很多事物都蕴藏着无限的奥秘。
    B 只有来过这里的人，才能真正体会到这种美妙的感觉。
    C 当我们的胳膊被烫伤时，要小心地将贴身衣物脱去，以免防止形成水泡。
    D 有的人为了实现远大理想而奋斗，有的人却只安于现状。

55. A 只有亲自尝试过，你才不知道自己能不能成功。
    B 一个国家、一个民族的强盛，总是以文化兴盛为支撑的。
    C 如今，麦当劳和肯德基等快餐，已成为我们社会生活的必需与时尚。
    D "楼兰古国"神秘消失的原因，至今仍是一个颇有争议的问题。

56. A 北京的胡同绝不仅仅是城市的脉络，它更是北京历史文化发展演化的重要舞台。
    B 无论在工作中，还是在生活中，是否诚信都是最重要的原则。
    C 看完了这本小说之后，我不由得想起了父亲忙碌的身影。
    D 目前，微信为了方便用户在线支付，和多家银行共同推出了"微信银行"。

57. A 以前，"先生"一词除了可以称呼男士外，还可用来称呼女士。
    B 他不仅拥有天生的好嗓子，演技也到了出神入化的境界。
    C 通过深入地观察与不断地努力，他终于写出了这部优秀的作品。
    D 被应邀来参加论坛的各界人士，无不对这次活动给予高度评价。

58. A 他是一位尊重群众的领导，每个月都会深入基层，广泛听取群众的意见。
    B 海参全身的骨头多达2000万块儿，但这些骨头极小，用肉眼根本看不见，要在显微镜下放大几十倍甚至几百倍才能看见。
    C 此次江苏国际服装节既充满传统风情，又颇具现代感，让观众时装的独特魅力领略了。
    D 按照现代科技发展的速度，未来所有简单重复的脑力劳动都可能被人工智能所代替。

59. A 这世界上有两种东西是别人抢不走的：一是藏在心中的梦想，二是储存在大脑的知识。
    B 高新技术将成为企业提高市场占有率、获取超额利润、提高核心竞争力的重要手段。
    C 在冬季用冷水洗澡的话，能让皮肤受到有规律的刺激，促使人体的耐寒性增强。
    D 每年的秋冬时节，无花果成熟了，新鲜的无花果含有丰富的果糖，味道非常甜甜的，营养价值也很高。

60. A 倘若每天能带着一颗感恩的心去生活，因为我们便会成为世上最幸福的人。
    B 不管生活环境多么恶劣，白杨树总能从贫瘠的土地里汲取营养，并在狂风暴雨中茁壮成长。
    C 四川是著名的旅游胜地，除了有许多让人流连忘返的风景区外，还拥有丰富的美食。
    D 尽管童年时期的辍学经历对我的写作有很大的帮助，但如果让我重新选择的话，我会选择幸福的童年。

第二部分

第61-70题：选词填空。

61. _____可以说是一把铲子，你能用它来_____财富。它决定一个人的价值取向，也决定一个人的成败。但是要想成功，不能只是靠发现，还要_____行动起来，这样才会离成功更近一步。

    A 眼光　　挖掘　　立刻　　　　B 视觉　　开采　　立即
    C 视力　　激发　　不时　　　　D 眼神　　开辟　　即将

62. 《人性的弱点》是一部关于人生、处世哲学的著作。人们对该作品评价_____高。作者从提高人的_____入手，提出了在日常生活中如何_____，如何带给他人积极的影响，以创造一种幸福美好的人生。

    A 愈　　涵养　　难能可贵　　　B 曾　　气质　　礼尚往来
    C 颇　　修养　　为人处世　　　D 净　　素质　　天伦之乐

63. 立秋，是农历二十四节气中的第13个节气，也是秋天的第一个节气。立秋_____着孟秋时节的正式开始："秋"就是指天气_____转凉。到了立秋，梧桐树开始落叶，因此_____了"落叶知秋"这个成语。

    A 标志　　逐渐　　产生　　　　B 象征　　逐日　　生产
    C 标题　　渐渐　　诞生　　　　D 招标　　渐进　　生长

64. 剪纸是一种构思精巧的艺术，如杜甫诗中_____到的陕西白水一带的招魂剪纸。_____有些作品看似手工剪纸，但其实并不是手绘的。这些作品主要是通过电脑_____而成的，其流程_____数码插图的运用及纸张材质的选择。

    A 谈　　果然　　建造　　干涉
    B 遇　　万一　　建设　　交涉
    C 猜　　虽然　　制造　　普及
    D 提　　尽管　　制作　　涉及

65. 长期以来，很多人都认为第二语言是一种干扰，会引起思维_____。不过，其实这种干扰与其说是障碍，倒不如说让使用者"_____"，因为它会迫使大脑去解决内部_____，_____提高使用者的认知能力。

    A 错乱　　一箭双雕　　隔阂　　免得
    B 混乱　　因祸得福　　冲突　　从而
    C 混淆　　不可思议　　纠纷　　否则
    D 混浊　　得寸进尺　　冲动　　以致

66. 很多人喝完茶后，就会把茶叶倒掉。其实，茶叶有很多妙用：用热水_____过的茶叶，待晒干后，可以_____到袋子里做枕芯；如果家具脏了，也可以用抹布_____茶水擦洗，会让家具变得十分洁净；把茶叶放到洗脚水里，还能起到_____的作用。

   A 湿润   塞   溅   过滤
   B 湿透   拧   浇   消灭
   C 浸透   粘   洒   杀菌
   D 浸泡   装   蘸   消毒

67. 无论做任何事，你都不能_____每个人都对你满意。因为每个人都有看问题的_____和标准，都会根据自己的想法来看待世界。与其_____让所有的人都对你满意，不如_____地做真实的自我。

   A 指望   尺度   企图   踏踏实实
   B 盼望   角度   试图   脚踏实地
   C 渴望   程度   意图   滔滔不绝
   D 展望   幅度   试行   心不在焉

68. 自然界的一草一木都有其存在的价值和_____。大自然总是会用一只_____的手，巧妙地_____和平衡好各种生物之间的关系。人类应该尊重自然的_____和规律，与自然和谐相处。

   A 可行性   隐形   遥控   规章
   B 合理性   无形   调节   法则
   C 必要性   虚幻   节制   法规
   D 灵活性   神秘   操纵   规范

69. 红豆杉是中国_____濒危树种之一。南京中山植物园于上世纪50年代从江西引进一些幼苗种植于园内。经过几十年的生长繁殖，现已_____了一个种群，将统计到的植株按树龄_____为5级，每一级的植株_____与等级成反比。

   A 珍贵   落成   列   限量
   B 昂贵   养成   变   定量
   C 珍稀   形成   分   数量
   D 贵重   达成   视   重量

70. 一项研究发现，通过运动手指来_____大脑，远比死记硬背更能增强大脑的_____，并可延缓脑细胞的_____。手指的动作越复杂、越精妙，就越能与大脑活动_____更多的联系，从而使人变得更加聪慧。这对人类智力的_____有十分重要的作用。

   A 激活   动力   退步   创立   发育
   B 激励   势力   衰退   设立   启发
   C 冲击   潜力   损坏   设置   发掘
   D 刺激   活力   衰老   建立   开发

第三部分

第71-80题：选句填空。

71-75.

　　高角羚属于羚羊的一种，和其他羚羊没有明显的区别，(71)_____，所以又被称为飞羚。高角羚因其奔跑时优雅的姿态和杰出的跳跃能力而著名，受到惊吓时，可以跳三米高，跃出9米远。

　　(72)_____，可以在悬崖峭壁间跳跃，就好像传说中腾云驾雾的神兽一样。一旦遇到敌人，它们能迅速地利用悬崖峭壁逃跑。它们会以惊人的弹跳和准确的起落，飞快地登上悬崖与敌人保持相对安全的距离。(73)_____，从而使高角羚化险为夷。

　　如有敌人继续逼近，那高角羚就会毫不客气地用后腿支起身子，用两只前蹄有力地敲击岩石，以恫吓敌人。敲击岩石的响声会在寂静的山谷间持续回荡，颇具威力，(74)_____，茫然自失，落荒而逃。当然也有一些经验丰富的敌人不会被吓跑，仍想继续进攻。这时候，高角羚就会使出它们的"杀手锏"——把头低下，用利角与敌人开始正面交锋。此时，如果对方稍有不慎，就可能被高角羚的利角抵住，失去重心而葬身崖底。高角羚就是靠这"逃"、"吓"、"抵"三招，(75)_____。

A 高角羚有一种令人叹为观止的绝技

B 许多野兽往往会在这强大的"心理攻势"面前

C 使自己在残酷的生存环境中存活下来的

D 但它们的奔跑速度极快

E 这足以令敌人望而却步

76-80.

云南和海南两省是中国咖啡种植面积最广的地区。其中，(76)_____，约占全国总产量的90%。据说，云南德宏的咖啡是从国外引进的小粒种咖啡，所以也被称为"云南德宏小粒咖啡"。

小粒咖啡具有很高的经济价值。自15世纪以来，小粒咖啡逐渐传播到世界各地。目前，世界上已有70多个国家和地区在种植小粒咖啡。

据专家介绍，小粒咖啡应种植在海拔较高的地方，这是因为海拔越高，咖啡越香醇，海拔越低，咖啡则越苦。(77)_____，这样的地区出产的咖啡酸味适中且香味浓郁醇厚。

云南德宏有着非常适宜小粒咖啡生长的独特环境。从气候条件来看，该地区的光照时间长，(78)_____；而且昼夜温差较大，非常有利于咖啡营养的积累。所以，云南小粒咖啡含有丰富的蛋白质、脂肪、淀粉、咖啡碱、蔗糖以及葡萄糖等物质，香气浓郁，味道可口。

但是，(79)_____，云南小粒咖啡目前的知名度还不高。(80)_____，小粒咖啡一定会迎来一个新的发展时期。

A 有利于植物的生长及光合作用

B 相信随着云南咖啡产业的深入发展和市场需求的不断上升

C 云南德宏的咖啡产量最大

D 而海拔1100米左右的地区是最为适宜的

E 由于缺乏深加工技术的开发和良好的市场推广

第四部分

第81-100题：请选出正确答案。

81-84.
屏风是中国古代一种常见的家具，一般陈设于室内的显著位置，起到分隔、美化及挡风等作用。它与其他家具交相辉映，给人一种和谐、宁静之美。

作为一种传统家具，屏风的历史由来已久。最初的中国古代家具陈设非常简单，但随着物质生活越来越丰富，人们的审美观念也发生了巨大变化。于是，屏风就应运而生了。屏风最早被放置于皇帝宝座后面，以木为框，上裱绛帛，画有龙凤，是帝王的象征。后来屏风发展成为了古代家居装饰中不可或缺的物件。

当时，不是每户人家都能使用得起屏风的。屏风的制作非常讲究，尤其是王公贵族的屏风，多使用云母、水晶、玻璃等材料制作，并用玉石、珐琅、金银等贵重物品作为装饰，可谓极尽奢华。稍微有点儿钱的人家为了显示自家的财力，往往都会摆放这些价值不菲的屏风。

此外，屏风的样式也逐渐发生了改变——从原来的独扇屏发展成多扇屏拼合的曲屏，它可开合，也可折叠。之后还出现了纯粹作为摆设的插屏，娇小玲珑，饶有趣味。

古人还会根据季节变化，使用不同色彩的屏风。在夏季，会选用较淡雅的颜色，使居室显得清新凉爽；而在秋季，则会选用色彩稍鲜艳些的。

作为一个装饰元素，屏风兼具实用和艺术欣赏两方面的功能。它自身的色彩、质地、图案等传达着中式家居的理念，演绎出了中国传统文化的韵味，因此屏风至今仍然被广泛用于现代家居设计中。

81. 下列哪项不属于屏风的作用？
    A 美化   B 挡风
    C 消暑   D 分隔

82. 屏风最早被放置在什么地方？
    A 床的两侧   B 客厅入口
    C 宫殿门口   D 皇帝宝座后

83. 第4段主要谈的是：
    A 插屏的颜色   B 屏风的制作
    C 屏风样式的变化   D 屏风功能的改变

84. 根据上文，下列哪项正确？
    A 屏风体积小   B 屏风至今仍在使用中
    C 屏风在古代是财富的象征 D 秋季应使用色彩淡雅的屏风

85-88.

韩昭侯是战国时期韩国的国君。他平时说话直来直去，经常会无意间泄露一些国家机密，这往往使很多已经部署的计划无法进行。为此，大臣们都很伤脑筋，却又不敢直接告诉韩昭侯。

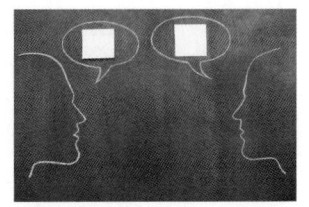

在一次退朝之后，一位叫堂溪公的大臣有要事要启奏，韩昭侯应准了。他对韩昭侯鞠了一躬，然后说道："假如有一块儿价值千金的玉，将它做成酒器后却没有底儿，您认为它能盛水吗？"韩昭侯说："不能。"堂溪公又说道："有一只边缘破破烂烂的碗，一文不值，但它不漏，您看它能盛酒吗？"韩昭侯有点不理解地说道："它当然可以啦。"

堂溪公因势利导，接着说："这就对了。一个边缘破破烂烂的碗，虽然值不了多少钱，但因为它不漏，所以可以用来装任何美酒；而一个玉做的酒器，尽管价值连城，但由于它没有底儿，连最基本的水都不能装，更不用说拿来装美酒了。人也是一样，如果一位地位至尊、举止至重的国君，经常泄露国家机密，那么他就好像是那件玉做的酒器，即使再有能力也治理不好国家。"

堂溪公的一番话让韩昭侯茅塞顿开，他连连点头说道："你说得对！你说得对！"从此以后，在和大臣们一起商议重要计划时，韩昭侯都小心对待，慎之又慎，连晚上睡觉都是独自一人，生怕自己说梦话把计划泄露出去，以致耽误国家大事。

有智慧的人能从日常琐事中，引出治国安邦的大道理。而能够虚心接受意见、不唯我独尊的人，才是明智的领导者。

85. 第1段中，对于韩昭侯的做法，大臣们有何反应？
 A 极其愤怒 B 不敢直言
 C 极力阻拦 D 认为不影响大局

86. 堂溪公把地位显赫却泄露机密的人比作什么？
 A 廉价的瓦罐 B 价值连城的宝石
 C 有裂缝儿的玉器 D 没底儿的玉质酒器

87. 关于韩昭侯，可以知道什么？
 A 知错就改 B 以前很谨慎
 C 依然我行我素 D 对堂溪公很不满

88. 根据上文，下列哪项正确？
 A 堂溪公很有智慧 B 大臣们都很糊涂
 C 韩昭侯喜欢收集酒器 D 金银不能用来做酒器

89-92.

近年来，在节能减排方面被寄予厚望的新能源汽车——电动汽车已进入到大众的视野中。电动汽车的频繁"抢镜"是否就预示着销售情况良好呢？事实上，这种新能源汽车的推广并没有想象中那么顺利。虽然很多业内人士认为，在补贴、减税等政策的扶持下，新能源汽车的技术水平和产业规模能得到快速的提升，但是作为新兴产物，新能源汽车仍然面临着技术不够成熟等问题。

以电动汽车的电池为例，续航能力差、电池组寿命短以及安全性差是电动汽车在技术领域面临的瓶颈。虽然有专家辩解道："在实验中，电动汽车的续航能力可以达到一箱汽油的行驶里程，电池完成充电仅需一两分钟。"但专家说的这些数据仅限于实验，在现实生活中很难做到。事实上，一辆完全依靠电池提供能源的纯电动汽车每消耗一度电就需要10公斤电池，50度电就要500公斤电池，且500公斤电池所支持的续航里程仅有200多公里。然而一辆普通燃油汽车一箱油50升左右，大约可续航500公里。如果电动汽车想像燃油汽车一样具有500公里续航能力的话，则需要携带更多的电池。可是，对汽车来说，轻量化也是一项重要的节能指标，质量重了，能量消耗自然就多了。这样一来，电动汽车节省能源的优势也就不那么明显了。

此外，电池组寿命短也是目前亟待解决的问题。电芯的单体不一致是影响电池组寿命的主要原因。由于电池的生产链条很长，在生产过程中，从原料到生产线都可能出现偏差，所以很难控制电芯单体的一致性。一般来讲，电动汽车在行驶5年或10万公里后，电池虽然可以继续使用，但续航能力会明显减弱，到时就需要不断地充电，会给出行带来不便。

最后，安全问题是困扰电动汽车产业的最大难题。自磷酸铁锂正极材料研制成功后，业内正逐步用磷酸铁锂电池来代替易燃易爆的钴酸锂电池。但是，磷酸铁锂电池其实也是一个小型炸弹。到目前为止，全世界的电池专家都无法消除并联电池容量超过200安时所带来的爆炸隐患。

89. 关于新能源汽车，可以知道什么？
　　A 发展速度变慢　　　　　　B 推广陷入困境
　　C 实验数据不佳　　　　　　D 还未投入市场

90. 第2段中，电动汽车与普通燃油汽车的比较说明了：
　　A 燃油汽车载重量大　　　　B 燃油汽车更值得购买
　　C 电动汽车续航能力强　　　D 电动汽车节能优势不明显

91. 电芯单体不一致会影响：
　　A 电池组寿命　　　　　　　B 电池安全性
　　C 电池生产链条　　　　　　D 汽车的灵活性

92. 上文主要谈的是：
　　A 新能源的利用　　　　　　B 电动汽车的营销策略
　　C 新能源汽车的发明过程　　D 电动汽车面临的技术难

93-96.

赵州桥是世界上现存最古老、最完整的敞肩石拱桥。这座桥能屹立1000多年而不倒，主要在于它在建造上有"三绝"。

第一绝——单孔。在中国古代众多的桥梁建筑中，较长的桥梁一般会采用多孔形式，即一座桥会由多个拱组成。这样每个拱的跨度会比较小，以当时的技术来说，多孔很容易修建。但是多孔桥的桥墩小而多，非常不利于舟船的穿行，另外，桥墩长期受水流冲击、侵蚀，容易塌毁。基于这些原因，赵州桥的设计者李春在建造该桥时，采用了单孔的形式，河中无桥墩，也就不会有塌毁的顾虑。赵州桥石拱跨径长达37米，在当时，这可以说是中国桥梁建造史上的空前创举。

第二绝——圆弧拱设计。半圆形拱适用于跨度小或者多孔的桥梁，而大跨度的桥梁若选用半圆形拱会造成桥高坡陡，给车马行人带来非常大的不便。而且拱顶过高的话，施工的危险性也会随之增加。李春考虑到这一点，和工匠们细心研究，采用了圆弧拱的形式，这种形式在大大降低石拱高度的同时，也达到了大跨度的目的。这样就使桥面十分平坦，给车辆和行人通行带来了方便。

第三绝——采用敞肩拱。李春把以往桥梁建筑中采用的实肩拱改为敞肩拱，即在大拱两端各设两个小拱。这种设计具有诸多优点。首先，可以减轻泄洪时对桥的冲击力，提高其安全性。第二，比起实肩拱，敞肩拱可节省大量土石材料，减轻桥身自重，桥身对桥台和桥基的垂直压力和水平推力也会降低，让桥身更加稳固。第三，符合结构力学原理。敞肩拱式结构可减少主拱圈的变形，提高桥梁的承载力和稳定性。第四，可以使桥的造型更加优美。4个小拱均衡对称，大拱与小拱构成了一幅完整的图画，显得桥更加轻巧秀丽，实现了建筑和艺术的完美统一。

93. 多孔桥的缺点是什么？
    A 浪费材料　　　　　　　　B 维护困难
    C 建造时间很长　　　　　　D 不利于船只航行

94. 关于圆弧拱形式设计，下列哪项正确？
    A 提高了桥面坡度　　　　　B 降低了拱的高度
    C 适用于跨度小的桥　　　　D 加大了施工的危险性

95. 采用敞肩拱的好处是什么？
    A 利于泄洪　　　　　　　　B 增加桥身重量
    C 便于行人通行　　　　　　D 缩小主拱跨度

96. 最适合做上文标题的是：
    A 赵州桥"三绝"　　　　　 B 圆弧拱的设计原理
    C 敞肩拱的神奇之处　　　　D 赵州桥的建造过程

97-100.

大家都深知过度寒冷会给身体造成十分大的危害。但是将降低体温作为一种医疗手段的话，却可以降低心脏病患者术后产生脑部后遗症的风险。

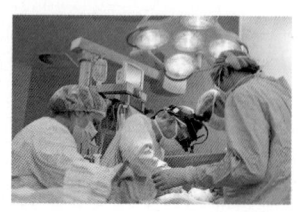

心脏手术的最大难题在于如何避免患者因缺氧造成的大脑损伤。人体如果缺氧5分钟，就会给大脑造成不可挽回的损伤；缺氧10分钟即可造成脑部神经死亡，导致患者成为"植物人"。心脑外科医生指出，如果在手术中能适当地降低患者体温，就可以减少对脑部的损伤。理由很简单，体温每降低一摄氏度，氧气的消耗量就会降低5%到8%。为此，很多医学家都提出了冷冻疗法。这种疗法的关键在于循序渐进地降低患者的体温。

冷冻疗法可以延长手术的安全时间。例如，在成人主动脉被切断或是在儿童先天性心脏病的手术中，需要完全中断患者的血液循环。为此，需要把患者的身体冷冻起来，使其接近冬眠状态。当体温降至16℃时，手术的安全时间为一个小时左右。一位心外科医师说："体温降得越低，我们在进行手术时，安全时间越充裕，手术成功的几率也就越大。"

但是，在延长手术安全时间的同时，过度的寒冷会给患者带来不小的风险。其中，最困难的一个环节就是如何快速地让术后患者的体温回升。冷冻的时间越长，患者术后所需的恢复时间也就越长。患者体温长时间低于正常水平时，产生心室纤维性颤动的风险会比一般手术患者高很多。不仅如此，医生还指出，低温会破坏血液蛋白，造成患者出现大脑水肿和血凝紊乱。另外，肌肉痉挛和免疫系统的改变等也是冷冻疗法所面临的难题。

97. 根据第2段，下列哪项属于心脏手术的最大难题？
    A 手术后苏醒慢　　　　　　　　B 体温突然下降
    C 缺氧造成的大脑损伤　　　　　D 患者很难进入冬眠状态

98. 关于冷冻疗法，下列哪项正确？
    A 手术费用昂贵　　　　　　　　B 可延长手术的安全时间
    C 手术前无需麻醉　　　　　　　D 不适用于先天性心脏病的手术

99. 下列哪项不是冷冻疗法可能对患者带来的危险？
    A 肌肉痉挛　　　　　　　　　　B 免疫系统紊乱
    C 脑部神经死亡　　　　　　　　D 血液蛋白遭破坏

100. 根据上文，下列哪项正确？
    A 冷冻疗法对皮肤伤害大　　　　B 降温可减少氧气消耗
    C 冷冻疗法关键在于保持体温　　D 缺氧5分钟即可造成死亡

三、书写

第101题：缩写。

(1) 仔细阅读下面这篇文章，时间为10分钟，阅读时不能抄写、记录。
(2) 10分钟后，监考收回阅读材料，请你将这篇文章缩写成一篇短文，时间为35分钟。
(3) 标题自拟。只需复述文章内容，不需加入自己的观点。
(4) 字数为400左右。
(5) 请把作文直接写在答题卡上。

有一所大学开设了一门选修课——大学生心理健康。选修这门课的学生多得不可思议，不少学生为了选这门课，会早早地坐在电脑前，等学校网站一开启报名通道，就先下手选这门课，晚点儿就选不上了。难道这些大学生都觉得自己有心理健康问题吗？其实另有隐情。

原来，多年以来，这门课的试卷几乎一成不变，及格率相当高。也就是说，考试前你向前辈打听打听去年的考试题，按照考试范围复习一下，得高分并不难。这已经是这所大学公开的秘密。

我认识一位这所大学的退休老教授，有一次，我拿这个公开的秘密和他开起了玩笑。我觉得这门选修课的教授懒得不可救药，连一年出一份考卷这样的事情也不愿意做。老教授仔细地听着，然后呵呵地笑起来。他说，其实这位教授很聪明。老教授让我思考一个问题：大学为什么要开心理健康选修课。他解释说，那就是希望学生们对心理健康知识有个大致的了解。目前，许多大学生需要心理健康辅导，但他们碍于面子，不愿意承认自己有心理健康问题；或者认为自己心理很健康，根本没必要学。他们就是冲着这门课考试容易通过，才选修的。既然选了，总得去听课，在考试前，总得复习复习。

我似乎对老教授的深意有所理解。老教授继续说："如果考试题出得全面，那在准备考试的过程中，学生就能了解一些心理健康的基本知识，这不就达到学习的目的了吗？"可以相信，这张考卷还将不断地使用下去。学生一边考试一边偷着乐，而教授也一边看考卷一边偷着乐。这才是一件双赢的事情。

不仅如此，这所大学还专门设有一个办公室，让学生去查考卷。老师和学生齐心协力，看看能不能让没有及格的学生重新找到及格的机会。我亲戚的孩子小志就在这所大学读书，他曾经因为差一分半没及格，去这个办公室查过试卷。当天，他起了个大早，但是查考卷的办公室已经人头攒动。排在他前面的学生打了55分，老师说："差5分，太多了，找不回来，你还是下次补考吧，加油！"下面轮到了小志，老师说："差半分问题不大，差一分半我就没把握了。我们一起来试试看吧！"结果他们两个人在考卷上这里找出一点，那里找出一点，终于凑成了及格，然后开开心心地握手告别。

这所大学的做法，打破了人们对学校的传统印象。考试的目的不是难倒学生，而是帮助学生掌握该掌握的知识，达到学校要求的成绩标准。没达到标准，老师不是批评学生笨，而是帮助学生找回应得的分数，或者鼓励你再接再厉。在教学管理上，确实很有人情味儿。

HSK（六级）答题卡

汉语水平考试　　　HSK　　　答题卡

请填写考生信息　　　　　　　　　　　　　　　请填写考点信息

请按照考试证件上的姓名填写：

| 姓名 | |

如果有中文姓名，请填写：

| 中文姓名 | |

| 考生序号 | [0] [1] [2] [3] [4] [5] [6] [7] [8] [9]
[0] [1] [2] [3] [4] [5] [6] [7] [8] [9]
[0] [1] [2] [3] [4] [5] [6] [7] [8] [9]
[0] [1] [2] [3] [4] [5] [6] [7] [8] [9]
[0] [1] [2] [3] [4] [5] [6] [7] [8] [9] |

| 考点代码 | [0] [1] [2] [3] [4] [5] [6] [7] [8] [9]
[0] [1] [2] [3] [4] [5] [6] [7] [8] [9]
[0] [1] [2] [3] [4] [5] [6] [7] [8] [9]
[0] [1] [2] [3] [4] [5] [6] [7] [8] [9]
[0] [1] [2] [3] [4] [5] [6] [7] [8] [9]
[0] [1] [2] [3] [4] [5] [6] [7] [8] [9] |

| 国籍 | [0] [1] [2] [3] [4] [5] [6] [7] [8] [9]
[0] [1] [2] [3] [4] [5] [6] [7] [8] [9]
[0] [1] [2] [3] [4] [5] [6] [7] [8] [9] |

| 年龄 | [0] [1] [2] [3] [4] [5] [6] [7] [8] [9]
[0] [1] [2] [3] [4] [5] [6] [7] [8] [9] |

| 性别 | 男 [1]　　　女 [2] |

注意　请用2B铅笔这样写：▬

一、听力

1. [A][B][C][D]　　6. [A][B][C][D]　　11. [A][B][C][D]　　16. [A][B][C][D]　　21. [A][B][C][D]
2. [A][B][C][D]　　7. [A][B][C][D]　　12. [A][B][C][D]　　17. [A][B][C][D]　　22. [A][B][C][D]
3. [A][B][C][D]　　8. [A][B][C][D]　　13. [A][B][C][D]　　18. [A][B][C][D]　　23. [A][B][C][D]
4. [A][B][C][D]　　9. [A][B][C][D]　　14. [A][B][C][D]　　19. [A][B][C][D]　　24. [A][B][C][D]
5. [A][B][C][D]　　10. [A][B][C][D]　　15. [A][B][C][D]　　20. [A][B][C][D]　　25. [A][B][C][D]

26. [A][B][C][D]　　31. [A][B][C][D]　　36. [A][B][C][D]　　41. [A][B][C][D]　　46. [A][B][C][D]
27. [A][B][C][D]　　32. [A][B][C][D]　　37. [A][B][C][D]　　42. [A][B][C][D]　　47. [A][B][C][D]
28. [A][B][C][D]　　33. [A][B][C][D]　　38. [A][B][C][D]　　43. [A][B][C][D]　　48. [A][B][C][D]
29. [A][B][C][D]　　34. [A][B][C][D]　　39. [A][B][C][D]　　44. [A][B][C][D]　　49. [A][B][C][D]
30. [A][B][C][D]　　35. [A][B][C][D]　　40. [A][B][C][D]　　45. [A][B][C][D]　　50. [A][B][C][D]

二、阅读

51. [A][B][C][D]　　56. [A][B][C][D]　　61. [A][B][C][D]　　66. [A][B][C][D]　　71. [A][B][C][D][E]
52. [A][B][C][D]　　57. [A][B][C][D]　　62. [A][B][C][D]　　67. [A][B][C][D]　　72. [A][B][C][D][E]
53. [A][B][C][D]　　58. [A][B][C][D]　　63. [A][B][C][D]　　68. [A][B][C][D]　　73. [A][B][C][D][E]
54. [A][B][C][D]　　59. [A][B][C][D]　　64. [A][B][C][D]　　69. [A][B][C][D]　　74. [A][B][C][D][E]
55. [A][B][C][D]　　60. [A][B][C][D]　　65. [A][B][C][D]　　70. [A][B][C][D]　　75. [A][B][C][D][E]

76. [A][B][C][D][E]　　81. [A][B][C][D]　　86. [A][B][C][D]　　91. [A][B][C][D]　　96. [A][B][C][D]
77. [A][B][C][D][E]　　82. [A][B][C][D]　　87. [A][B][C][D]　　92. [A][B][C][D]　　97. [A][B][C][D]
78. [A][B][C][D][E]　　83. [A][B][C][D]　　88. [A][B][C][D]　　93. [A][B][C][D]　　98. [A][B][C][D]
79. [A][B][C][D][E]　　84. [A][B][C][D]　　89. [A][B][C][D]　　94. [A][B][C][D]　　99. [A][B][C][D]
80. [A][B][C][D][E]　　85. [A][B][C][D]　　90. [A][B][C][D]　　95. [A][B][C][D]　　100. [A][B][C][D]

三、书写

101.

不要写到框线以外

不要写到框线以外

汉语水平考试
HSK（六级）模拟试题
第一套

注　　　意

一、 HSK（六级）分三部分：

　　 1. 听力（50题，约35分钟）

　　 2. 阅读（50题，50分钟）

　　 3. 书写（1题，45分钟）

二、 听力结束后，有5分钟填写答题卡。

三、 全部考试约140分钟（含考生填写个人信息时间5分钟）。

一、听力

第一部分

第1-15题：请选出与所听内容一致的一项。

1. A 要敢于探索
   B 要有良好的心态
   C 做事要有原则
   D 成功要有目标和规划

2. A 半躺姿势很伤腰
   B 脊椎变形很容易治疗
   C 运动可以缓解压力
   D 玩儿手机会导致视力下降

3. A 杏树营养价值高
   B "杏林"成了医界的别称
   C 董奉种了很多杏树
   D 董奉出身于医学世家

4. A 字母应用范围广
   B《新尔雅》最早收录英文字母词
   C 词典开始收录方言
   D 汉语词典已改版了很多次

5. A 锻炼对肌肉不好
   B 锻炼方式要多样
   C 锻炼姿势要正确
   D 锻炼贵在坚持

6. A 吸光尘土会污染环境
   B 吸光尘土能够吸收月光
   C 吸光尘土可以照明
   D 吸光尘土制作工序复杂

7. A 中国的中药店名多带"堂"字
   B 张仲景不喜欢在家坐诊
   C 张仲景很喜欢"堂"字
   D 张仲景是"同仁堂"的创始人

8. A 钓鱼技巧很重要
   B 钓鱼对眼睛有害
   C 钓鱼可使人忘记烦恼
   D 湖里不易钓鱼

9. A 蜂类产品出现于近代
   B 人们不太喜欢蜜蜂
   C 蜂蜜有防癌的作用
   D 人类食用蜂蜜历史悠久

10. A 三百六十行是国家规定的
    B 三十六行的记录始于明代
    C 三十六行不包括珠宝行
    D 三百六十行泛指社会分工

11. A 老年人不适合深度游
    B 团体旅游不够安全
    C 深度游需要充足的时间
    D 自助游费用比较昂贵

12. A 父母不能溺爱孩子
    B 父母要帮助孩子树立正确的人生观
    C 父母对孩子的要求不能太高
    D 孩子需要一定的压力

13. A 记者说错了话
    B 年轻人不喜欢马三立
    C 马三立是主持人
    D 马三立的言语非常幽默

14. A 壁板披隧道长达4公里
    B 沪昆高铁全程30个小时
    C 沪昆高铁已经通车
    D 壁板坡隧道十分狭窄

15. A 空气加湿器作用大
    B 冬季要关紧门窗
    C 室内要多放一些植物
    D 水生花草可调节室内湿度

第二部分

第16-30题：请选出正确答案。

16. A 成员都是硕士学历
    B 由学生团队起家
    C 得到了政府的支持
    D 没多长时间就解散了

17. A 产品规划有误
    B 得不到信任
    C 广告宣传不够
    D 产品已经饱和

18. A 研发周期长
    B 用户反馈不太好
    C 只追求效果
    D 产品技术含量高

19. A 能治疗重度感冒
    B 能净化空气
    C 有闹铃功能
    D 能延长深度睡眠时间

20. A 建立睡眠标准平台
    B 在网上开店
    C 研发一些相关的药物
    D 扩大市场

21. A 是悲剧电影
    B 即将上映
    C 由小说改编
    D 剧情错综复杂

22. A 导演
    B 卡车司机
    C 设计师
    D 同事

23. A 加强理论学习
    B 跟朋友们交流
    C 不能害怕挫折
    D 真实体验盲人生活

24. A 懂得原谅他人
    B 影迷越来越多
    C 对生活充满期待
    D 学会了推拿

25. A 男的缺乏自信
    B 男的没看原版小说
    C 专业推拿师手腕很灵活
    D 该剧的演员都是残疾人

26. A 有发展潜力
    B 为自己感到自豪
    C 缺乏勇气
    D 具有很强的责任心

27. A 安慰
    B 刺激
    C 勉励
    D 模仿

28. A 是充满善意的竞技
    B 大部分选手都有机会参与
    C 可谓功成名就的捷径
    D 并非人生的终极目标

29. A 获得冠军时的喜悦
    B 发现自己的优点
    C 家人的关爱
    D 高额的报酬

30. A 参加过多个国际赛事
    B 打算明年退役
    C 对自己要求很高
    D 当过羽毛球教练

第三部分

第31-50题：请选出正确答案。

31. A 防止水四处飘散
    B 牙膏会变硬
    C 容易咬到嘴唇
    D 太空舱里空间狭小

32. A 直接用水冲洗
    B 用纸巾擦拭身体
    C 用湿毛巾擦身
    D 用药水涂抹身体

33. A 材质是木制的
    B 利用太阳能加热
    C 通过真空管输入水
    D 直径不足一米

34. A 上小学时
    B 青少年期
    C 5岁前
    D 开口说话前

35. A 写作
    B 跑步比赛
    C 进行考试
    D 词语联想游戏

36. A 理想
    B 优点
    C 情商
    D 个性

37. A 心理健康
    B 身体健康
    C 智力开发
    D 大脑发育

38. A 蒸发海带汤
    B 提炼植物油
    C 淡化海水
    D 溶解淀粉

39. A 需要加入酱油
    B 要通风良好
    C 不采用化学原料
    D 产生大量的废水

40. A 味精在高温下会变质
    B 味精能增进食欲
    C 适当食用味精对人体无害
    D 味精可以促进骨骼生长

41. A 调动厨师积极性
    B 让客人快吃快走
    C 为了迎合高端顾客的喜好
    D 营造轻松舒适的氛围

42. A 减轻肠胃负担
    B 降低血糖
    C 激发创作的灵感
    D 增进食欲

43. A 要考虑自身特色
    B 要选择古典音乐
    C 要播放快节奏的音乐
    D 要符合年轻顾客的口味

44. A 就业率高
    B 成绩优异
    C 遇事冷静
    D 喜欢提问

45. A 毕业计划
    B 可乐瓶的用途
    C 就业信息
    D 装饰品的作用

46. A 要学会谦虚
    B 人生有多种选择
    C 要积极参与竞争
    D 人要懂得知足常乐

47. A 施肥步骤
    B 种植技巧
    C 灌溉频度
    D 施肥方法

48. A 不利于吸收养分
    B 使树根萎缩
    C 引起根部病害
    D 导致环境污染

49. A 听风就是雨
    B 高不成低不就
    C 不劳而获
    D 会哭的孩子有奶吃

50. A 要有独特的眼光
    B 要越挫越勇
    C 有追求才有动力
    D 有信心就会成功

二、阅读

第一部分

第51-60题：请选出有语病的一项。

51. A 要培养孩子的阅读习惯，家庭读书氛围很重要。
    B 花样游泳首次被列入现代奥运会的正式竞赛项目是在1984年。
    C 企业家不仅要善于抓住机遇，更要不忘初心，坚定不移地走好每一步。
    D 有氧运动可以燃烧脂肪，而增加肌肉或增强肌力并不会。

52. A 黑鹳常栖息于河流沿岸、沼泽、山区溪流附近，有沿用旧巢的习性。
    B 这部新影片讲述了一个离异家庭的故事，预计年底上映。
    C 实践证明，一个人能否成功，取决于他能建立良好的人际关系。
    D 就如何调动学生的学习兴趣，学校老师们已经讨论了很多次了。

53. A 对孩子来说，绘画是一种表达自我、观看世界。
    B 首届"青岛儿童艺术节"将于5月15日在青岛大剧院正式开幕。
    C《星月夜》这幅油画创作于1889年，是梵高的代表作品之一。
    D 没有经过实践检验的理论，说得再有道理也是一纸空文。

54. A 他拍完这部电影，就召开记者会宣布退出演艺圈。
    B 红茶具有暖胃的作用，因此很适合饮用在寒冷的天气。
    C 有些事情不是看到希望才去坚持，而是坚持了才有希望。
    D 人们在说话的过程中，常常会使用一些肢体语言来强调重点部分。

55. A 全体职工都十分兴高采烈地参加了由公司宣传部主办的迎新春晚会。
    B 连续十多天的强降雨，导致长江中下游部分地区发生了严重的洪涝灾害。
    C 若缺乏长远目标，企业就很难制定战略框架，无法实现快速、健康、持续发展。
    D 他是浙江温州人，后来移居北京，他一直对家乡菜情有独钟。

56. A 他看着锅里热气腾腾的茶叶蛋，突然想起了学生时代的生活。
    B 从前，这里只是一个小小的渔村，如今却被誉为"中国的夏威夷"。
    C 人们一直认为接种疫苗能够防止感冒展开成重症。
    D 大家都在同一个小区生活，邻里之间相互帮助是常有的事。

57. A 旅游业作为这座城市的支柱产业，支撑着该地区的经济发展。
    B 筑巢不是鸟类特有的技能，但鸟类的筑巢技巧在动物界是无与伦比的。
    C 我遇到不愉快的事情时，总是找不到合适的倾诉对象，只能把不快埋在心底。
    D 如果坐宇宙飞船像坐飞机一样方便，你就不会觉得宇宙感觉如此神秘了。

58. A 智障人的大脑存在实质性缺陷，会出现多项精神活动方面的异常或迟滞的症状。
    B 讲原则、讲规矩固然好，然而一个浑身上下散发着人情味的人，会赢得更多人的尊重。
    C 磁悬浮列车靠磁悬浮力来推动的列车，由于其轨道的磁力使之悬浮在空中，行驶时不同于其他列车需要接触地面，因此只受空气的阻力。
    D 当你问一个滑冰冠军什么是成功时，他一定会告诉你："跌倒了，再爬起来，便是成功。"

59. A 保持愉快的心情有许多好处，不但有助于增进食欲、提高工作效率，而且还能让青春永驻。
    B 世界自然基金会的调研报告显示，如今生物物种消亡的速度比以往任何时候都极其快。
    C 在与陌生人交往的过程中，所得到的有关对方的最初印象称为第一印象。
    D 如果您对我们的栏目有什么意见或建议，可以随时给我们发送短信或在网上给我们留言。

60. A 这种装饰风格不但新颖、时髦，反之用的材料都是环保的，对人体没有任何危害。
    B 很多中学生之所以喜欢看网络小说，是因为这些小说大部分都倡导个性和自由。
    C 香菜富含香精油，香气浓郁，但香精油极易挥发，且经不起长时间加热，所以香菜最好在食用前加入，以保留其香气。
    D 地震分为浅源地震、中源地震和深源地震，浅源地震的发震频率最高，它所释放的能量约占总释放能量的85%。

第二部分

第61-70题：选词填空。

61. 日日春是多年生草本_____。它有着"长春花"的美称，花朵多、花势繁茂，花期可从春季持续到秋季，_____开花。日日春中含70多种生物碱，是一种_____癌症的天然良药。

    A 事物　　　反复　　　防止
    B 植物　　　不断　　　预防
    C 物质　　　不停　　　治理
    D 物体　　　时时　　　整理

62. 中国的传统建筑大多采用_____的结构，也有一些园林、寺院和民居采用较为自由的方式。但不管是使用哪种方式，都会_____中和、平易和含蓄，并具有深沉的美学风格，体现着中华民族的_____习惯。

    A 对立　　　追究　　　思维
    B 对照　　　讲究　　　欣赏
    C 对应　　　争取　　　鉴赏
    D 对称　　　追求　　　审美

63. 选择困难症，有非常明显的表现，就是不自信，缺乏自立意识，害怕做决定。有这种症状的人在_____选择时，往往难以做出让自己满意的决定，严重者甚至会_____失措，最终_____对选择产生某种程度上的恐惧。

    A 面对　　　惊慌　　　导致
    B 遭遇　　　沉闷　　　致使
    C 遇到　　　惊讶　　　以致
    D 对付　　　紧张　　　促使

64. 3D电影是指用两个镜头从不同方向一起_____影像，再将两组胶片_____放映的立体电影。_____我们用眼睛直接观看，看到的画面就会有重影。只有戴上特制的3D眼镜，才会产生_____的立体视觉效果。

    A 摄制　　　同期　　　如果　　　流连忘返
    B 录制　　　同时　　　假使　　　莫名其妙
    C 摄影　　　同样　　　万一　　　糊里糊涂
    D 拍摄　　　同步　　　假如　　　身临其境

65. 私房菜的历史可以追溯到清末光绪年间。_____，祖籍广东的清朝官僚谭宗浚喜好美食，他将粤菜与京菜的精华_____制成"谭家菜"，一时名震北京。后来谭家家道_____，谭宗浚之子谭瑑青便在家设宴售卖"谭家菜"来_____家用，私房菜便由此起源。

    A 流传　　　汇合　　　败坏　　　补救
    B 据悉　　　集合　　　落后　　　弥补
    C 传说　　　联合　　　衰落　　　补偿
    D 据说　　　结合　　　败落　　　补贴

66. 连环画以连续的图画来讲述一个故事或者刻画一个人物，_____广泛，内容多样。它是_____的读物。因为连环画尺寸较为_____，而且画满"小人"，所以它还有一个非常_____的名字——"小人书"。
    A 题材　　老少皆宜　　袖珍　　形象
    B 话题　　赫赫有名　　珍贵　　情形
    C 课题　　得天独厚　　细微　　形式
    D 主题　　雅俗共赏　　细致　　夸张

67. 荔枝内含丰富的糖分，可以为人体补充_____、增加营养。一项研究_____，荔枝具有为大脑组织补养的功效，能_____改善失眠、健忘和神经疲劳等。而且，荔枝还含有丰富的维生素C，有助于增强_____力。
    A 力量　　证明　　明确　　防备
    B 能量　　表明　　明显　　免疫
    C 智力　　显示　　突出　　抵抗
    D 动力　　表示　　确切　　抵制

68. 雅西高速公路是由四川盆地_____向横断山区高地延伸的高速公路，_____中国大西南地震多发的深山峡谷。它被_____为世界上环境最恶劣、工程难度最大、科技_____最高的山区高速公路。
    A 边防　　延长　　确认　　标准
    B 边境　　经过　　承认　　档次
    C 边缘　　穿越　　公认　　含量
    D 边疆　　超越　　认定　　重量

69. 鼎是中国_____的重要礼器，一般都比较_____，常见器形为圆腹、两耳、三足的盆状，也有少量呈斗状，称为四足方鼎。人们在_____鼎这个事物的价值时，常常会忽视它本来的_____。其实它在作为礼器之前是一件炊具，多用于烹煮或盛放肉类。
    A 历代　　雄厚　　评价　　义务
    B 朝代　　浑厚　　批评　　责任
    C 古代　　厚重　　判断　　用途
    D 时代　　浓重　　批判　　宗旨

70. 近几年来，特殊聚合体材料等功能材料的_____，为人造肌肉的研究提供了新的发展契机。那些材料往往具有不同凡响的_____；可以根据电流变化_____弯曲、扭动、伸展和收缩等复杂的状态。开发人造肌肉_____在医学上具有重大_____，并且对机器人技术的发展也至关重要。
    A 降临　　本钱　　达到　　即便　　定义
    B 发明　　性能　　力求　　不单　　含义
    C 诞生　　本领　　呈现　　不仅　　意义
    D 涌现　　本能　　达成　　尽管　　意思

第三部分

第71-80题：选句填空。

71-75.

　　乌篷船是绍兴人的主要交通工具，船身细长，中间宽，两头窄，船上盖着一扇扇半圆形的乌篷。乌篷由薄薄的毛竹细条编成，中间有一层油毛毡，可防雨。乌篷船的船篷用黑漆漆过，(71)_____，因此人们称之为乌篷船。

　　乌篷船靠脚划大桨作为动力，用手划的小桨则是用来控制方向的。(72)_____，可以说是前无古人。乘客坐在小船上，(73)_____，欣赏古朴的民居石桥，还可将手伸至船外，感受一下凉爽清洌的河水。

　　以前，绍兴每家每户都有一只乌篷船，当进城赶集时，(74)_____，买好东西再继续向前划。除了赶集，人们还常常划着乌篷船走亲访友，或坐在船上看社戏。在当时，乌篷船可以说是必不可少的交通工具。

　　如今，(75)_____，在许多著名的景点旁，都会停着很多乌篷船。很多来绍兴的游客都会去坐一坐乌篷船，让乌篷船带着他们去领略绍兴的美景。那悠悠荡荡的乌篷船和小桥流水组成了一幅江南水乡特有的风景画，让人流连忘返。

A 这种手脚并用的划船方法

B 人们就直接把船划到店门口

C 绍兴方言把"黑"叫"乌"

D 乌篷船成了绍兴重要的旅游项目

E 不仅可以看到岸边的柳树稻田

76-80.

核雕是在植物果核上，利用其外形特点雕镂出各种造型的一种传统工艺。(76)_____，核雕技艺鲜有传人。

其实早在明代就已经有很多艺术家将核雕艺术的魅力发挥到了极致。当时，夏白眼在橄榄核上雕刻了16个小孩儿，每个小孩儿仅有半粒米高，(77)_____。而明代最有名的果核雕刻家王毅，他创作的"赤壁之舟"是核雕历史上罕见的珍品。舟长约3厘米，高约0.5厘米，(78)_____，而且窗户能开合。窗户旁边的栏杆上，右刻"山高月小水落石出"，左刻"清风徐来水波不兴"。船首刻有苏东坡及其好友黄鲁直、佛印和尚三人。(79)_____，而佛印和尚左臂挂着念珠，念珠历历可数。核舟以精致的雕刻工艺，成为后世核雕匠人仿效的典范。

核雕以其独特的艺术魅力让无数人为之倾倒，一个行情较好的核雕售价可达上千万。今天的核雕艺术家们在继承前人精湛的传统技艺的基础上，(80)_____，把这一古老而神奇的民间艺术推向又一个高峰。

A 眉目却清晰可见

B 由于操作上难度相当高

C 苏、黄两人共读一本书

D 也融入了新时代的内容和技法

E 船舱左右各有4扇窗

第四部分

第81-100题：请选出正确答案。

81-84.

药膳是中医学的一个重要组成部分，是中华民族历经数千年不断探索、积累而总结出的独具特色的临床实用学科，是祖先留给后人的瑰宝。

中国传统医学十分重视饮食调养与健康长寿的辨证关系，养生的主要方式包括食疗和药膳。食疗即用饮食调理，达到养生和防治疾病的目的；药膳即将食物与药物配伍制成膳食，达到养生和防治疾病的目的。

现代药膳在总结古人经验的基础上，得以进一步完善。其制作方式在遵循中医理论的前提下，汲取了现代科学的研究成果，具备理论化、科学化的特点。现代药膳遵循中药药性的归经理论，强调"酸入肝、苦入心、甘入脾、辛入肺、咸入肾"；提倡辨证用药，因人施膳，因时施膳。

药膳注重中药与饮食相结合，除了具有鲜明的中药特色外，还具有食品的一般特点，强调色、香、味、形，重视营养价值，因此一份好的药膳，不仅具有为人体补充营养、养生防病等积极作用，而且还能激起人们的食欲。

由于药膳是一种特殊的食品，故在烹制方法上也不同于一般的食物，除了常见的食品烹制方法外，还要根据中药炮制理论来进行原料的处理。现代药膳的技术与应用，也"八仙过海，各显神通"，不同地域有独具特色的药膳，如同会堂的荷叶凤脯、广春堂的银杏鸡丁、吉林的参茸熊掌等这些美味药膳都以其卓越的养生功效驰名全国。

81. 关于药膳，下列哪项正确？
    A 是一种新药物　　　　　　B 有防病治病的作用
    C 能包治百病　　　　　　　D 主治慢性病

82. 根据中医理论，辣与哪个人体器官有关？
    A 脾　　　　　　　　　　　B 肺
    C 胃　　　　　　　　　　　D 肾

83. 下列哪项不属于药膳的特点？
    A 倡导因人施药　　　　　　B 有助于养生防病
    C 具有营养价值　　　　　　D 具有一定的副作用

84. 上文主要想告诉我们：
    A 药膳的分类　　　　　　　B 药膳的由来
    C 药膳美味又健康　　　　　D 药膳食谱很简单

85-88.

　　谈到移动阅读，不能不提手机报。近年来，手机报作为"装在口袋里的媒体"逐渐步入人们的日常生活。它的移动性、便携性、互动性等特点，满足了信息时代受众在"碎片化时间"中阅读的习惯，用手机进行移动阅读得到了大家的青睐和认可。

　　随着无线互联网的不断发展，移动阅读已朝着丰富化、个性化的方向迈进。人们不再满足于内容单一的手机报，在电子阅读器、平板电脑等移动终端上阅读成为潮流所向。

　　移动阅读改变着人们的生活。过去，人们常用"汗牛充栋"来形容藏书多，然而在移动阅读时代，书房将不再"汗牛充栋"，一部普通的电子阅读器就可以存储成千上万本书籍，并可随身携带。这让人们更少光顾书店，纸质书籍备受冷落。

　　移动阅读与传统阅读方式相比，有许多优势。电子阅读器可以阅读几乎所有格式的电子书，可选书目繁多。而且有些阅读器的电子墨水技术使得辐射降低，对眼睛伤害小，效果也十分逼真，阅读时，就像玻璃下压着一本纸质书一样。而阅读客户端则通过阅读应用软件向读者推送电子书，用户可以下载或在线阅读。移动阅读让读书变得更加便利。

　　然而，移动阅读就像一把双刃剑，给我们带来丰富选择的同时，也带来了负面影响。在阅读器上从一本书切换到另一本书的功能十分便捷，读者很难从头到尾读完一本书。并且，在公交车、地铁等嘈杂的环境中阅读，对知识的吸收难免会大打折扣。因此有关专家指出，这种碎片化的"浅阅读"可能会对人的思维方式、分析能力等有负面影响，并提醒人们不要丢掉传统的"深度阅读"。

85. 关于手机报，可以知道：
　　A 安装程序很简单　　　　　　B 不属于移动阅读
　　C 最初没有得到人们的认可　　D 可随时随地阅读

86. 第4段主要谈的是什么？
　　A 移动阅读带来的变化　　　　B 纸质书籍被冷落的原因
　　C 移动阅读的优点　　　　　　D 移动阅读方式的多样化

87. 最后一段提醒人们：
　　A "浅阅读"会让读者吸收更多知识　　B 如何进行"深度阅读"
　　C "浅阅读"算不上是真正的阅读　　　D 移动阅读有弊端

88. 根据上文，可以知道什么？
　　A 许多人都对纸质书籍很满意　　　　B 移动阅读开始注重个性化
　　C 移动阅读使人的判断能力大大提高　D "深度阅读"造成眼睛疲劳

89-92.

最近出现了一个网络新词——"职场闲人"。有些人在各自的岗位上可谓"脚打后脑勺";而有些人却似乎无所事事,工作就是上上网、聊聊天儿,这就是所谓的"职场闲人"。

前程无忧招聘网的一项调查显示,不仅有四成职场人表示自己是"闲人",而且有近九成职场人表示自己周围存在着"闲人",其中,18.6%的职场人表示自己周围有很多"闲人"。

调查结果显示,职场人对同事的"闲人"状态褒贬不一,40.6%的人表示没感觉,因为每个人的价值观不同,对待工作的态度也不同;13.6%的人表示嫉恨,认为由于公司管理不善,导致不少人不干活却占高职、拿高薪;10.4%的人很反感,认为"闲人"影响了团队的工作氛围和工作的整体进度。此外,有9.0%的人羡慕"闲人",因为与自己要没完没了地工作比起来,"闲人"过得很滋润。

前程无忧招聘网高级职业顾问杜兰表示,大部分职场人能够正面看待"闲人"状态,但如果与自己有利益关系的团队中常常出现"闲人",还是无法接受,因为那会影响整个团队的工作效率。

其实,"职场闲人"的出现有许多原因。前程无忧招聘网调查显示,27.4%的职场人认为管理制度不完善是导致"闲人"现象的主要原因。另外,缺乏职业规划、缺乏工作热情、没有工作追求、能力与工作不匹配以及对现在的工作不满意等主观原因也会导致"闲人"的出现。杜兰表示,以较轻松的方式实现利益的最大化,或许是许多人梦寐以求的好差事。但是,当职场人真的"闲"下来的时候,必然会有一种危机感。因为"闲"就意味着较强的可替代性和较弱的价值观。所以,职场人要客观地审视自己的工作和心理状态,对"闲人"状态保持清醒的认知,并提高警惕,以免即将被炒鱿鱼却还浑然不知。

89. 第1段中"脚打后脑勺"最可能是:
  A 用脚踢别人的头   B 用力捶打头部
  C 手脚灵活   D 忙得不可开交

90. 关于"职场闲人",下列哪项正确?
  A 没有人不想做"职场闲人"   B 职务越高,"职场闲人"越少
  C 影响团队工作效率   D 人们都羡慕"职场闲人"

91. 杜兰认为"职场闲人":
  A 能够得到保障   B 不容易被取代
  C 会产生危机感   D 无需担心

92. 下列哪项最适合做上文的标题?
  A "职场闲人"要居安思危   B "职场闲人"无处不在
  C "职场闲人"的辛酸生活   D "职场闲人"出现的原因

93-96.

最近一项研究显示，蝴蝶在飞行时并不是沿着平缓的路径飞行，而是选择曲折颠簸的路径飞行。

其实，蝴蝶不飞"寻常路"是对抗捕食者的一种策略。因为飞行的路径越古怪，就越容易避开捕猎者。蝴蝶追求的并不是飞行的速度和高度，而是敏捷的变向能力。它们这样飞不仅能干扰捕猎者的预判，还能让捕猎者难以近身。生物学家对蝴蝶的这种飞行方式进行了模拟实验，结果显示，蝴蝶在向前飞行时伴随着许许多多的上升与下落，这样做可以在周围产生汹涌的气体湍流，这种湍流能够干扰捕猎者的攻击路线。所以毒性大的蝴蝶会比无毒的蝴蝶飞得平缓，这是因为它们不屑于用这种方法来逃避捕猎者。

那么,这种高难度的飞行是如何做到的呢？为了弄清楚这个问题，生物学家研究了蝴蝶的身体特点。蝴蝶的前翅与肌肉是相连的，而后翅只是被前翅带动，看起来似乎起不到什么作用。生物学家发现，将蝴蝶的后翅都去掉，它仍然可以像往常那样曲折地飞行，但飞行和转弯的速度明显慢了很多。这说明蝴蝶的后翅并不提供动力，而是专门用来增强身体转弯时的灵活性和加快飞行的。

生物学家估算了蝴蝶身体每个部分的重量之后，用高速摄影机记录下了蝴蝶的整个飞行过程。他们惊奇地发现，其实蝴蝶在飞行时，身体也起到了非常重要的作用。蝴蝶是通过改变身体和翅膀的相对位置来调整重心，从而完成转身等动作的。这就好像溜冰或者跳水运动员通过摆动手臂和腿来改变身体的重心，做出高难度的动作一样。

93. 蝴蝶飞行追求的是什么？
    A 吸引同类的注意　　　　　　B 敏捷的变向能力
    C 低空飞行的能力　　　　　　D 飞行的速度与高度

94. 关于蝴蝶后翅的作用，正确的一项是？
    A 飞行时后翅提供动力　　　　B 后翅与肌肉相连
    C 加快飞行速度　　　　　　　D 可以用来攻击捕猎者

95. 第4段以溜冰选手为例是为了说明：
    A 蝴蝶能够调整重心　　　　　B 蝴蝶飞行时节奏感很强
    C 蝴蝶身体很轻盈　　　　　　D 蝴蝶有较强的协作意识

96. 最适合做上文标题的是：
    A 捕食者的烦恼　　　　　　　B 不飞寻常路的蝴蝶
    C 蝴蝶的生活习性　　　　　　D 蝴蝶的勇气

97-100.

　　微晶玻璃又叫陶瓷玻璃，是一种新型建筑材料。微晶玻璃比陶瓷更亮，比普通玻璃更强韧。普通玻璃易碎的主要原因是内部的原子排列没有规则。而由晶体组成的微晶玻璃像陶瓷一样，它的原子排列是有规律的，因此韧性较好。

　　微晶玻璃还易于清洁，是天然石材的替代品。研究人员做了微晶玻璃与天然石材的对比研究，过程很简单，将墨水分别倒在大理石和微晶玻璃上，十分钟后，用毛巾擦除墨汁。他们发现，微晶玻璃上的墨汁可以轻易地被擦掉，而大理石上却留下了不少墨迹。这是什么原因呢？原来，大理石、花岗岩等天然石材表面粗糙，容易藏污纳垢；微晶玻璃如陶瓷般光滑，则不存在这种问题。另外，大理石的主要成分是碳酸钙，很容易与空气中的水和二氧化碳发生化学反应，这就是大理石建筑物日久变色的原因；而微晶玻璃几乎不与空气发生反应，所以它可以历久长新。

　　专家表示，微晶玻璃之所以具备这么卓越的品质，主要是因为原料的配比和工艺的设计非常科学。其中，工艺设计是技术的关键。制作微晶玻璃，首先要把原材料按照比例配好，然后放到窑炉里煅烧，等全部熔化之后，将其倒在冰冷的铁板上冷却，这道工艺便是淬火。淬火之后，原料就会变成一整块晶莹的玻璃。接下来，把玻璃捣碎，装入模具，重新放入窑炉煅烧，使它的原子排列规则化，将其从普通玻璃变为微晶玻璃。

　　专家还表示：一般的土渣中含有制作微晶玻璃的多数成分，用土渣做原材料不仅可以大大降低成本，还能变废为宝，有利于环境治理。

97. 和普通玻璃相比，微晶玻璃有什么特点？
　　A 韧性强　　　　　　　　B 轻薄
　　C 亮度高　　　　　　　　D 耐热性强

98. 根据第2段，大理石：
　　A 开采困难　　　　　　　B 表面粗糙
　　C 历久长新　　　　　　　D 有天然裂纹

99. 第3段主要谈的是什么？
　　A 淬火的原理　　　　　　B 窑炉的内部构造
　　C 微晶玻璃的应用范围　　D 微晶玻璃的制作工艺

100. 微晶玻璃为什么有利于环境治理？
　　A 会自动降解　　　　　　B 以土渣为原料
　　C 能吸收有害气体　　　　D 具有永久性

三、书写

第101题：缩写。

(1) 仔细阅读下面这篇文章，时间为10分钟，阅读时不能抄写、记录。
(2) 10分钟后，监考收回阅读材料，请你将这篇文章缩写成一篇短文，时间为35分钟。
(3) 标题自拟。只需复述文章内容，不需加入自己的观点。
(4) 字数为400左右。
(5) 请把作文直接写在答题卡上。

  他初中毕业后就独自来到城市闯荡。由于文化水平不高，而且身体又非常单薄，因此他只能找个比较轻松的体力活儿干。
  进城后不久，他就通过熟人介绍，找到了一份保洁的工作。这家保洁公司免费提供食宿，每个月的工资是800元，他在这里主要负责擦玻璃。保洁工作虽然很辛苦，但是薪水却给得很低，有的人只做三四天就走了，干得时间长的也不超过半年，而他却一直坚守着岗位。他不嫌脏、不嫌累，干起活儿来十分卖力，他的同事换了一批又一批，而他干了整整五年。
  转眼的工夫，他已经是二十多岁的小伙子了，这座城市里的写字楼、宾馆、商场他几乎都去服务过。他对工作一丝不苟，一如既往地认真负责。只要是他参与的保洁工作，无不受到客户的称赞。很多顾客专门请他来做保洁，他简直成了保洁公司的形象代言人。他坚持不懈的干劲，得到了许多人的认可，他和他的服务对象也成了朋友。
  有一天，公司新来的一名员工好奇地问他："听说你在这家公司干了好几年了，一直在擦玻璃，不过工资没涨多少，为什么不换个工作呢？"他笑笑说："会换的。"不久后，城市的繁华区有一家快餐店盛大开业，老板就是曾经擦玻璃的他。原来，他这些年只在公司就餐，生活用品也是能省则省，他将绝大部分的工资都攒了下来，并将这些钱作为创业基金。
  快餐在快节奏的城市极受欢迎，竞争自然异常激烈，而他的快餐店却很快打开了市场，生意越做越火。原因很简单，他在擦玻璃的几年间，走遍了这座城市的写字楼、宾馆、商场，并结识了里面的人，这些人都成了他的潜在客户。得知他开了家快餐店，大家都去给他捧场。他的快餐店还提供送餐服务，他们总是以最快的速度把热乎乎的饭菜送到客户手中。
  后来，他的快餐连锁店遍布城市的每一个角落，他的资产逾千万。认识他的人无不感慨，这个曾经擦玻璃擦得很出色的小伙子，做起生意来也是一把好手。有位记者在采访他时问道："您是如何从一个名不见经传的保洁工人成为拥有千万资产的快餐店老板的？"他说："因为我无论做什么事，都会一心一意地做好眼前的工作。做清洁工人也好，做老板也罢，最重要的是持之以恒。"记者又问道："您的快餐店是如何在众多实力雄厚的竞争对手中脱颖而出的?"他只是淡淡地说:"因为我曾给人擦过好几年的玻璃，并且擦得很好!"

　　正所谓"行行出状元"，无论什么工作，都有能做到极致的人。如果拥有强烈的责任感，和坚持不懈的精神，就有可能成为这一行业中受人瞩目的佼佼者。只要干一行爱一行，做一行钻一行，那么不论到哪个行业，都能站稳脚跟，做出成绩。

HSK（六级）答题卡

汉语水平考试 HSK 答题卡

请填写考生信息　　　　　　　　　　　　　　请填写考点信息

请按照考试证件上的姓名填写：

姓名

如果有中文姓名，请填写：

中文姓名

考点代码	[0] [1] [2] [3] [4] [5] [6] [7] [8] [9]
	[0] [1] [2] [3] [4] [5] [6] [7] [8] [9]
	[0] [1] [2] [3] [4] [5] [6] [7] [8] [9]
	[0] [1] [2] [3] [4] [5] [6] [7] [8] [9]
	[0] [1] [2] [3] [4] [5] [6] [7] [8] [9]
	[0] [1] [2] [3] [4] [5] [6] [7] [8] [9]
	[0] [1] [2] [3] [4] [5] [6] [7] [8] [9]

国籍	[0] [1] [2] [3] [4] [5] [6] [7] [8] [9]
	[0] [1] [2] [3] [4] [5] [6] [7] [8] [9]
	[0] [1] [2] [3] [4] [5] [6] [7] [8] [9]

考生序号	[0] [1] [2] [3] [4] [5] [6] [7] [8] [9]
	[0] [1] [2] [3] [4] [5] [6] [7] [8] [9]
	[0] [1] [2] [3] [4] [5] [6] [7] [8] [9]
	[0] [1] [2] [3] [4] [5] [6] [7] [8] [9]
	[0] [1] [2] [3] [4] [5] [6] [7] [8] [9]

年龄	[0] [1] [2] [3] [4] [5] [6] [7] [8] [9]
	[0] [1] [2] [3] [4] [5] [6] [7] [8] [9]

性别	男 [1]　　　女 [2]

注意　　请用2B铅笔这样写：■

一、听力

1. [A][B][C][D]　　6. [A][B][C][D]　　11. [A][B][C][D]　　16. [A][B][C][D]　　21. [A][B][C][D]
2. [A][B][C][D]　　7. [A][B][C][D]　　12. [A][B][C][D]　　17. [A][B][C][D]　　22. [A][B][C][D]
3. [A][B][C][D]　　8. [A][B][C][D]　　13. [A][B][C][D]　　18. [A][B][C][D]　　23. [A][B][C][D]
4. [A][B][C][D]　　9. [A][B][C][D]　　14. [A][B][C][D]　　19. [A][B][C][D]　　24. [A][B][C][D]
5. [A][B][C][D]　　10. [A][B][C][D]　　15. [A][B][C][D]　　20. [A][B][C][D]　　25. [A][B][C][D]

26. [A][B][C][D]　　31. [A][B][C][D]　　36. [A][B][C][D]　　41. [A][B][C][D]　　46. [A][B][C][D]
27. [A][B][C][D]　　32. [A][B][C][D]　　37. [A][B][C][D]　　42. [A][B][C][D]　　47. [A][B][C][D]
28. [A][B][C][D]　　33. [A][B][C][D]　　38. [A][B][C][D]　　43. [A][B][C][D]　　48. [A][B][C][D]
29. [A][B][C][D]　　34. [A][B][C][D]　　39. [A][B][C][D]　　44. [A][B][C][D]　　49. [A][B][C][D]
30. [A][B][C][D]　　35. [A][B][C][D]　　40. [A][B][C][D]　　45. [A][B][C][D]　　50. [A][B][C][D]

二、阅读

51. [A][B][C][D]　　56. [A][B][C][D]　　61. [A][B][C][D]　　66. [A][B][C][D]　　71. [A][B][C][D][E]
52. [A][B][C][D]　　57. [A][B][C][D]　　62. [A][B][C][D]　　67. [A][B][C][D]　　72. [A][B][C][D][E]
53. [A][B][C][D]　　58. [A][B][C][D]　　63. [A][B][C][D]　　68. [A][B][C][D]　　73. [A][B][C][D][E]
54. [A][B][C][D]　　59. [A][B][C][D]　　64. [A][B][C][D]　　69. [A][B][C][D]　　74. [A][B][C][D][E]
55. [A][B][C][D]　　60. [A][B][C][D]　　65. [A][B][C][D]　　70. [A][B][C][D]　　75. [A][B][C][D][E]

76. [A][B][C][D][E]　　81. [A][B][C][D]　　86. [A][B][C][D]　　91. [A][B][C][D]　　96. [A][B][C][D]
77. [A][B][C][D][E]　　82. [A][B][C][D]　　87. [A][B][C][D]　　92. [A][B][C][D]　　97. [A][B][C][D]
78. [A][B][C][D][E]　　83. [A][B][C][D]　　88. [A][B][C][D]　　93. [A][B][C][D]　　98. [A][B][C][D]
79. [A][B][C][D][E]　　84. [A][B][C][D]　　89. [A][B][C][D]　　94. [A][B][C][D]　　99. [A][B][C][D]
80. [A][B][C][D][E]　　85. [A][B][C][D]　　90. [A][B][C][D]　　95. [A][B][C][D]　　100. [A][B][C][D]

三、书写

101.

不要写到框线以外

不要写到框线以外

파고다 HSK 해설서

6급 종합서

HSK 6급

실전 테스트

# 실전 테스트 듣기 스크립트

공략 비법 01 인물, 사물

1.

金鹰奖是以观众投票为主进行评选的电视艺术大奖。自2005年起，改为每两年举办一次，金鹰奖与白玉兰奖、飞天奖并称中国电视剧的三大奖项。

2.

僧海豹是一种古老而稀有的海豹，它的身体外表平滑，呈流线型，活动灵巧，非常适合在水中快速游泳和潜水。敏锐的视觉和听觉使它更容易捕捉到各种鱼类。

3.

"四月八"是苗族的传统节日。每逢这天，苗族人都要聚集在一起举行各种活动。如今，贵阳的"四月八"已成为在贵阳及其附近居住的各少数民族共同狂欢的节日，也是展示民族传统文化的盛典。

4.

一个刚刚有了性别意识的小男孩儿，就已经在主动模仿父亲的行为，他不自觉地把父亲当成了自己的榜样。父亲的行为每时每刻都在影响着男孩儿，每个男孩儿长大以后都会发现自己越来越像父亲。

5.

黑胡椒是胡椒科的一种开花植物，原产于印度，现在印度和其他热带地区都广泛种植黑胡椒。黑胡椒果味辛辣，是人们最早使用的香料之一，可能也是现在使用最为广泛的香料。同时，在医学上也用作驱风药。

공략 비법 02 사회, 철학

1.

近几年，被送进养老院的老人日益增多。虽然养老院的环境豪华、设备齐全，但却不符合老人的生活习惯。其实老人更愿意在家中养老。尽管家里的条件不如养老院，但饮食起居更符合老人的生活习惯。

2.

正所谓："路遥知马力，日久见人心。"评价一个人价值的大小决不能仅看外表，更不能靠我们一时的主观判断，而是要长期不断地观察，只有这样才能正确评估一个人的价值。

3.

虽说多学一门技术，生活也就多一些保障，但泛而不精，对事物充满好奇却又不能持久，往往难以独当一面。技艺太多有时会适得其反，因此倒不如专心精炼一门手艺。

4.

低调者就是不显耀自己，不愿将自己高于别人之处表现出来，这是对其他人的一种尊重。一个人在社会上，如果过分地张扬，那么不管你多么优秀，人们都会选择远离你。

5.

世界上没有永远不被批评的人，也没有永远被赞美的人。所以，当别人批评我们的时候，我们不要满脸的不高兴，要虚心接受他的意见；当别人赞美我们的时候，我们要以平常心去面对，不能自满。人无完人，我们应该抱着谦虚谨慎的态度，做到有则改之，无则加勉。

공략 비법 03　**과학, 상식**

1.

太阳会放射出大量的紫外线，其中，一部分紫外线对人类、动物和植物有害。而臭氧层中的臭氧则能吸收来自太阳辐射的百分之九十九的紫外线，所以臭氧层就像一把保护伞，保护地球上的生物得以生存繁衍。

2.

花露水中含酒精，全身若涂满花露水靠近明火，瞬间就会变成火人。因为花露水中的酒精浓度高于可燃浓度，极易燃烧。所以为了避免发生意外，涂花露水时要离明火远一些。

3.

醋可以说是家里隐形的消毒剂。春夏之交，天气忽冷忽热，人们很容易感冒。于是很多人都会把醋放在水里加热，让屋里充满酸味，通过这种方法来杀菌消毒，预防感冒。

4.

一般液体加热后，会沸腾蒸发，可为何蛋清煮熟后却会变成固体？这是因为蛋清中含有一种酶，该物质在高温作用下，会使蛋清的性状发生改变，并且不会再变回去。而酶的化学本质就是蛋白质。

5.

如果直接用刀切新鲜的大葱，其辛辣的气味会熏得人直流眼泪，所以我们不妨先将大葱放入冰箱内冷冻或者放在水中浸泡一小时，等其辛辣物质稳定后再切，这样对人眼的刺激就会减弱。

공략 비법 04　**화자의 개인적 견해와 관점**

1.

夫妻为了家庭承受着不同的压力，当发生矛盾时，只要多理解对方，就能化解矛盾，家庭就会幸福美满。所以说，夫妻互相体贴、互相理解是最重要的。

2.

在挫折与失败面前，有些人永不言败，他们总能对自己说"失败是成功之母"。一个暂时失利的人，并不代表会一直失利。相反，如果他失去了再次奋斗的勇气，那么才是真正的失败。

3.

相对初入职场的草莓族来说，榴莲族已经入职多年，大多结婚生子，生活压力要大得多。工作对于他们来说，也许早已脱离了兴趣爱好。因此，他们在工作中对人对事，自然少了些随和，多了些暴躁。

4.

如果想要成就一番事业，就必须克服自身的弱点。例如，想做好学问，就要克服自己的浮躁之心，专心研究；要想有所作为，就得克服自己的畏难情绪，坚持不懈地努力。

5.

练习微笑就可以改变你的心情，调整你的心态。学会平静地接受现实，勇于面对生活中的困难，积极地看待人生，这样我们的心里就会充满阳光。而且，心中不会有恐惧，能够轻松地驱走阴影。

공략 비법 05　이야기(유머, 풍자)

1.

早上我和同桌吵架了，我俩谁也不理谁。上课时，我的手机收到一个短信，我一看是同桌发的短信，他写道："对不起，都是我的错。"我看后顿时很感动，正要回短信给他，这时，同桌突然举手大喊："老师，他上课玩手机！"

2.

有位富商想邀请一位著名作家来家里做客，于是给这位作家发了条短信："这周三下午两点，我在家。"作家觉得那个富人太高傲。于是，他就给那个富人回了条短信说："我也是。"

3.

今天是三八妇女节，于是丈夫对妻子说："今天是你的节日，平时很辛苦，今天的碗你就不用刷了。"妻子听后非常感动。可是丈夫又补充了一句："留着明天刷吧。"

4.

演出开始之前，舞蹈老师从舞台侧幕的缝隙中看到台下的观众寥寥无几，便回过头对演员们说："大家一定不要紧张，因为今天我们和观众相比，在数量上占绝对优势。"

5.

在一家火锅店，一个外国人想往火锅里加点儿汤。但由于发音不标准，那名外国人把"汤"说成了"糖"，服务员确认了几次之后，便离开了。过了一会儿，服务员拿着白糖走了过来："先生，这是您要的东西。"

공략 비법 06　문화·예술인 인터뷰

第1到5题是根据下面一段采访：

女：作为一名专业的摄影师，在这八年多的奋斗过程中，你遇到过什么困难？有没有放弃过？

男：这八年的时间里，虽然我历尽艰辛，但却没有放弃过，因为我把摄影当作我生活的一部分。在这个过程中，我觉得最大的困难就是作品跟商业运作两者的取舍。有时候，在创作作品时，难免会受到商业化元素的影响。

女：我们都知道您的经验丰富。对于摄影，您有自己的固定模式，您是怎么理解摄影的呢？

男：我对于摄影的理解就是记录，记录下当时所有美好的、忧伤的、开心的、愤怒的一面，抓住人物表情和眼神所透露出的情感。虽然摄影作品看起来是静态的，但是它是充满着感情的，我喜欢让这些感情流露出来。

女：有的人大量拍摄，然后悉心挑选。您觉得您是这种风格吗？

男：我从开始摄影一直到现在，拍摄都是拍一张算一张。我不喜欢大量拍摄，然后悉心挑选，感觉好像在碰运气。如果运气不好，到最后会连一张满意的都没有。

女：在您的所有摄影作品中，更注重多彩还是单色调？

男：我在我的作品中喜欢运用比较鲜艳的色彩，每个摄影师对于色彩跟美的理解都有自己的见解。我想要的就是色彩丰富、冲击力强。单色调也比较喜欢，特别是那种黑白色调的冲突。

女：您对一些摄影爱好者有什么建议吗？

男：我的建议就是要注重细节，不管拍摄什么题材，都要尽量做到完美无瑕。有时候再好的主题、再好的色彩、再好的模特，如果在拍摄的过程中出现某个细微的疏忽，一切就都变得不完美了。

1. 男的在摄影过程中遇到的最大困难是什么？
2. 男的是怎么理解摄影这一行业的？
3. 关于男的，下列哪项正确？
4. 在色彩的选择上，男的有什么特色？
5. 男的对摄影爱好者的忠告是什么？

공략 비법 07 스포츠인 인터뷰

第1到5题是根据下面一段采访：

女：您是如何接触到滑冰这个行业的？

男：1993年哈尔滨成功获得了第三届亚洲冬季运动会的举办权。政府也极力推广滑冰和滑雪运动。当时我所供职的公司负责承建第三届亚冬会室外滑冰场的建设与维护，这是哈尔滨最大的室外滑冰场。当时，我和我的几个同事只要一有时间，就会到滑冰场滑上几圈。就是从那时开始，我恋上了滑冰，并一直在这个行业待了20年。

女：您认为滑冰产业的挑战和机遇分别在哪里？

男：要说挑战，人才的缺失就是这个行业面临的最大挑战。另外水价的上涨也使滑冰场的经营成本大幅提升。但从整个行业的发展趋势来看，机遇还是比较多的。如滑冰场的管理和服务、滑冰场设备的制造和维护以及滑冰教学等方面还有很大的发展空间。

女：这次北京成功申请冬奥会会给滑冰行业带来哪些变化？

男：大的赛事对行业的推动作用是巨大的，正如第三届亚冬会开启了中国大众滑冰产业一样，冬奥会的举办也将加速滑冰运动的普及，同时也会吸引更多财团来这里投资，并且各省体育局也在积极培养运动员参加比赛。这些对整个行业都有很明显的促进作用。

女：室外滑冰场相对于室内滑冰场来说，占地面积要大很多。有些人就提出，这样会破坏生态平衡。对此，您是怎么看的呢？

男：滑冰产业本身是一个绿色环保的产业。在建设滑冰场之初，以可持续发展的理念为宗旨，尽量做到砍一种十，所以我们在场地的附近种上了很多的树木及花草，这样既可以防止水土流失，又可以让场地周围景色更加美丽。因此，并不会破坏生态平衡。

1. 男的认为滑冰产业面临的最大挑战是什么？
2. 下列属于滑冰产业机遇的一项是：
3. 男的认为申奥成功对滑冰产业有何影响？
4. 关于滑冰场的建设，下列哪项正确？
5. 关于男的，可以知道什么？

공략 비법 08 기업인 및 기타 특정 분야 전문가 인터뷰

第1到5题是根据下面一段采访：

女：最近一项调查数据显示，近几年国内拍卖市场不景气。与去年相比，今年拍卖行业的业绩下滑近四成，您怎样看待这种现象呢？

男：我认为以前是太景气了，那是不正常的。我觉得不景气反而是在恢复理性、往正常方向发展的一个标志。以前拍卖行业出现时就赶上盛世，大环境比较好，即使不推广，展览品也会被卖个精光。当时拍卖行业的管理也没有形成秩序和规律。所以前几年里很多拍卖行只是表面上很风光罢了，其实都是一些拍卖的作品在吸引着大家。

女：您认为拍卖行下一步该怎样做呢？

男：服务这件事是各行各业都需要去想的，我们还没有一个现成的示范。像国外，他们把服务是放在首位的，其次才是利益。而我们却正好相反。所以我们应该改变观念，在服务上应该多下工夫。

女：那么从现在的形式来看，您认为现在的拍卖行面临的最大问题是什么？

男：首先要知道拍卖行是干什么的，他们应该怎么做。拍卖行是一个服务机构，而不是一个店，谁的作品好卖就卖谁的，这样做必然会带来很多负面影响。我们要自己去发现、去培养、去推动，最后才谈盈利。

女：政府在扶持拍卖业发展方面应该做哪些工作呢？

男：首先要帮拍卖行业构建出一个政策宽松的平台；其次要加强专业的培训。我们明年一系列的工作就是要做好拍卖行业的培训，请国外一些经验丰富的拍卖行业专家给我们讲一讲应该怎么管理、怎么经营，让大家找到一个正确的方式。

1. 男的怎么看待拍卖行业不景气这一现象？
2. 男的认为拍卖行该如何做？
3. 男的是怎么定位拍卖行的？
4. 政府在扶持方面该采取哪些措施？
5. 男的所在的拍卖行业明年的重点工作是什么？

공략 비법 9 이야기 글

第1到3题是根据下面一段话：

1-3

一日，宋太宗摆酒设宴款待两个大臣，结果两个大臣都喝醉了，竟然当着皇帝的面比起功劳来。他们越比越来劲儿，最后斗起嘴来，完全把君臣礼节抛在了脑后。侍卫在旁边看着，觉得他们俩实在不像话，便奏请宋太宗将这两人抓起来治罪。宋太宗没有同意，只是草草撤了酒宴，派人分别把两位大臣送回了家。

次日清晨，两位大臣酒醒后，想起前一天的事惶恐万分，连忙进宫请罪。宋太宗看到他们战战兢兢的样子，轻描淡写地说："昨天我也喝醉了，什么都记不起来了。"两位大臣看到宋太宗的反应，内心感激万分。宽容是一个领导者必备的美德。

1. 两个大臣喝醉后，做了什么？
2. 宋太宗是如何处理这件事的？

3. 宋太宗的做法给管理者什么启示？

第4到7题是根据下面一段话：

4-7

古时候，有一位著名的医学家，他被人们誉为"神医"。他常常要给病人做手术，但当时根本没有麻药，所以手术时，病人往往疼得乱踢乱叫。无奈之下，他只能把病人绑在床上。看着病人痛苦的样子，他却无能为力。

有一天，一个摔断了腿的醉汉来就医，伤势十分严重，需要立即动手术。这位"神医"害怕那个醉汉乱动，就叫助手按住那个人。可没想到，整个手术过程中病人一点都没有挣扎，手术进行得非常顺利，这让他大惑不解，还是第一次遇到这样的情况。就在他冥思苦想之际，病人身上那股浓烈的酒味使他恍然大悟。原来，人喝醉了，就会失去知觉，也就感觉不到疼痛了。于是他想：如果能制成这样一种药，在手术前让病人吃下去，使病人暂时失去知觉，这样做手术时，病人就不会疼了。

后来，通过他不懈地努力和反复试验，终于发明了麻醉剂——麻沸散。病人做手术再也不会那么痛苦了。

4. 关于那名"神医"，下列哪项正确？

5. 为什么要按住那位喝醉的病人？

6. 文中的"冥思苦想"可能是什么意思？

7. 这段话主要谈的是什么？

공략 비법 10 설명문

第1到4题是根据下面一段话：

1-4

我们都知道，边开车边打电话是极其危险的，这是为什么呢？这是因为人的大脑不像电脑那样能够同时做很多工作。人脑一旦同时处理两项任务，哪怕是非常简单的任务，效率也会逐渐降低，出现双任务的相互干扰现象。驾驶汽车本身就是一项较为复杂的任务，在驾车的同时，人还要密切观察周围的环境，这又是一项需要全神贯注的工作。人在开车时，大脑已经是满负荷运转了。如果这个时候再打电话或者发短信，负责思维和控制语言系统的大脑额叶就会超载，很容易引发交通事故。人脑之所以会出现双任务的相互干扰现象。其实是源自大脑额叶的生理特性，人在同时做不同事情的时候，脑电波会在额叶的不同区域来回跳动，期间会有几百毫秒的停顿，在停顿期间，人的反应就会变慢。如果开车的时候出现这种情况，很可能会导致司机在危险发生时来不及做出反应，从而引发交通事故。就算是使用车载电话，其道理也是一样的，因为人脑此时仍处于双任务干扰的状态之中。所以在我们驾驶汽车时，为了我们自己和他人的人身安全，绝对不要使用电话。

1. 如果人脑在同一时间做两项任务，会怎么样？

2. 驾驶汽车时，我们应该怎么样？

3. 在脑电波处于停顿期间，我们会怎么样？

4. 这段话主要谈的是什么？

第5到7题是根据下面一段话：

5-7

地球的南北极处于地球自转轴的两端，温度都非常低。不过南极比北极更冷，这是为什么呢？首先，南极洲是陆地，北极地区则是一望无际的海洋。由于陆地降温快，海洋降温慢，因此冬季的南极要比北极更冷。这是造成两极温度差异的最重要原因；其次，南极洲的纬度高，太阳辐射相对较少；第三，南极圈内几乎每年都有极夜，这种极夜现象最长可达半年左右。也就是说，在这段时间，南极点根本就没有太阳辐射，与此同时，陆地热量也在不断散失，因此南极洲的平均温度比较低。

另外，南极洲是世界上平均海拔最高的大洲，而北极地区的平均海拔仅与海平面相当，海拔越高，温度就越低。因此，南极的气温要相对低一些。

5. 关于南极洲，可以知道什么？
6. 造成南北两极温度差异的主要原因是：
7. 根据这段话，下列哪项正确？

공략 비법 11 **실용문**

第1到3题是根据下面一段话：

1-3

一位心理学家做过这样一个实验：实验的对象是一些四岁的儿童。实验开始时，先给每个孩子一块巧克力，同时告诉孩子们，如果马上吃，只能吃一块。但如果等二十分钟后再吃，就能吃到两块。实验进行到五分钟的时候，有的孩子便按耐不住了，马上吃掉了巧克力。实验进行到十分钟的时候，又有一些孩子吃掉了巧克力，剩下的孩子则控制住了自己，他们通过转移注意力的方法来消磨时间。比如，闭上眼睛，或者自言自语，以克制自己的欲望，最终，这些孩子获得了两块巧克力。

后来，研究人员又进行了跟踪研究，发现那些获得两块巧克力的孩子，到上中学时表现出较强的自控能力和独立自主精神，而那些经不住巧克力诱惑的孩子，则很容易逃避挑战和困难。此后几十年的跟踪观察，也证明那些有耐心、等待吃两块巧克力的孩子，在事业上和生活上更容易获得成功。

1. 五分钟后，吃掉巧克力的孩子有什么特点？
2. 下列哪项属于文中孩子"转移注意力"的方法？
3. 通过这个实验，我们可以知道什么？

第4到7题是根据下面一段话：

4-7

一项研究显示，在低温条件下，很多物质都会发生变化。接近零下200℃时，空气会变成浅蓝色的液体，也就是液态空气。水银、汽油、酒精等液体处于液态空气中会变成坚硬的固体。平时富有弹性的橡胶则会变得很脆，就连钢铁也会变成"豆腐"。人们利用许多物质在低温下状态会发生变化这一特性，发明了一种低温技术。

人们利用低温技术处理报废的汽车，还能打捞沉船。常规打捞沉船的方法是，将高压气体注入船内，使船内的积水排出，沉船因有了浮力而露出水面。不过这种方法一般需要花很长时间，如果采用低温技术，只要向船舱内灌入低温液氮，使低温液氮爆炸般的膨胀，再使用高压气体泵架，使舱内积水迅速排出，沉船就会很快浮上来。有家公司曾做过一项实验：他们将船沉入10米深的海水中，然后把近30升液氮灌入船舱内，仅花了40秒钟就使船浮出了水面。

随着科学技术的日益发展，低温技术将为人类带来更多的好处。从食品保存到工业生产，再到尖端超导技术等各个领域。

4. 汽油处于液态空气中会怎么样？
5. 常规打捞沉船的方法有什么缺点？
6. 关于那家公司的实验，可以知道什么？
7. 这段话主要谈的是什么？

공략 비법 12 **논설문**

第1到4题是根据下面一段话：

1-4

我们每天都在与人交流思想、沟通感情、消除隔阂，这些基本上都是通过语言实现的，所以谈话技巧尤为重要。与人交谈首先要做到认真倾听，注意尊重对方，耐心听取和呼应对方的观点，这样你才能做出正确的判断，让我们的交流与沟通达到事半功倍的效果；其次，要慎重给出建议。最大的危险就是对方没有征求意见的时候提建议。如果你这样做了，你们之间的关系就会受到影响；另外，与人交谈时，说话人应随时注意听者的表情、姿态，看听者对谈话内容是否有兴趣。必要时需做出调整，遇有听者提出不同看法，应持鼓励态度。众人交谈，当个人意见被否定时，不要满脸不高兴，应该抱着求同存异的心态，相信时间能够证明一切。

1. 与人交谈时，首先要注意什么？
2. 根据文章内容，最大的危险是指什么？
3. 当听者提出不同看法的时候，我们应该怎么做？
4. 这段话主要谈什么？

第5到7题是根据下面一段话：

5-7

有一句名言叫"整体大于部分之和"。时间效应的开发也遵循这个道理，拿一个作家来说吧，假如关起门来一鼓作气，连续写上七八个小时，那么书的大致结构就初具规模了，但如果每天花半个小时写上两个星期，虽然总时长达到七个小时，但结果可能就相差甚远。又比如做某个实验，可能需要连续做五到十二个小时的时间，但如果中间偶有中断，通常就得重新开始，因此，做一件事重要的不是花多少时间，而是有多少不受干扰的整段时间。要想获得高效率就必须将时间整段运用，集中精力全力以赴，这样任何困难都会迎刃而解；相反零敲碎打往往解决不了问题。人的大脑要想达到最佳的工作状态就必须集中更多时间，保持思维连贯，大脑一旦进入状态，就会像启动了的发动机一样，只需要很小的动力便可维持运转。因此，无论在学习还是工作中，我们都应该尽量保持思维的连续性，以达到事半功倍的效果。

5. 时间效应的开发应该遵循什么规律？
6. 高效率是如何获得的？
7. 这段话主要想告诉我们什么？

# 실전 테스트 정답

一、听力 듣기 실전 테스트

공략 비법 01 **인물, 사물**
1. C   2. A   3. D   4. D   5. B

공략 비법 02 **사회, 철학**
1. B   2. D   3. A   4. A   5. B

공략 비법 03 **과학, 상식**
1. D   2. A   3. B   4. B   5. D

공략 비법 04 **화자의 개인적 견해와 관점**
1. B   2. A   3. C   4. D   5. B

공략 비법 05 **이야기(유머, 풍자)**
1. D   2. C   3. D   4. A   5. C

공략 비법 06 **문화·예술인 인터뷰**
1. A   2. C   3. D   4. A   5. B

공략 비법 07 **스포츠인 인터뷰**
1. A   2. B   3. A   4. C   5. D

공략 비법 08 **기업인 및 기타 특정 분야 전문가 인터뷰**
1. D   2. B   3. B   4. B   5. D

공략 비법 9 **이야기 글**
1. A   2. C   3. D   4. A   5. B
6. B   7. D

공략 비법 10 **설명문**
1. A   2. B   3. C   4. D   5. C
6. C   7. A

공략 비법 11 **실용문**
1. B   2. D   3. C   4. A   5. B
6. A   7. D

공략 비법 12 **논설문**
1. A   2. D   3. B   4. C   5. C
6. B   7. D

二、阅读　독해 실전 테스트

공략 비법 01　문장 어순 오류
1. D　　2. C　　3. C　　4. D　　5. B

공략 비법 02　문장 성분의 오용(부족)
1. B　　2. A　　3. D　　4. B　　5. B

공략 비법 03　문장 성분의 오용(잉여)
1. B　　2. B　　3. D　　4. D　　5. C

공략 비법 04　호응(搭配)의 오류
1. B　　2. C　　3. B　　4. C　　5. B

공략 비법 05　문맥상 모순 관계
1. A　　2. D　　3. B　　4. B　　5. C

공략 비법 06　'把자문', '被자문' 및 접속사 구문 오용
1. B　　2. D　　3. C　　4. B　　5. C

공략 비법 07　고정 어휘
1. B　　2. B　　3. D　　4. A　　5. D

공략 비법 08　유의어
1. B　　2. A　　3. C　　4. B　　5. A

공략 비법 09　허사(부사, 전치사, 접속사)
1. D　　2. B　　3. A　　4. D　　5. B

공략 비법 10　성어
1. A　　2. C　　3. A　　4. B　　5. C

공략 비법 11　연결사(부사, 접속사)
1. C　　2. B　　3. E　　4. D　　5. A　　6. C　　7. A　　8. D　　9. B　　10. E

공략 비법 12　대명사
1. C　　2. A　　3. D　　4. E　　5. B　　6. C　　7. E　　8. A　　9. D　　10. B

공략 비법 13　문장 성분 및 문맥 파악
1. D　　2. C　　3. E　　4. A　　5. B　　6. B　　7. E　　8. D　　9. C　　10. A

공략 비법 14　세부 내용 파악
1. B　　2. D　　3. D　　4. B　　5. C　　6. A　　7. A　　8. B

공략 비법 15　내용의 옳고 그름 판단
1. A　　2. A　　3. A　　4. D　　5. A　　6. C　　7. D　　8. D

공략 비법 16　주제 및 제목 찾기
1. C　　2. C　　3. D　　4. C　　5. D　　6. A　　7. C　　8. B

三、书写 쓰기 실전 테스트

공략 비법 지문 요약 쓰기

1.

守信的男孩儿

　　五年前，妈妈送我去大学报到。我们在火车站遇到一个男孩儿，他问我们需不需要帮忙背行李，价格是20元，我们答应了。
　　买票时，我们了解到，他家很困难，他虽然考上了大学，但是拿不起学费，他打算放弃上大学。
　　男孩儿帮我们把行李拿到了火车上。妈妈给了他一百块，妈妈说，这是她资助男孩儿的，让他一定要上大学。男孩儿说一定会把钱还给妈妈，并坚持要了我家的地址。
　　五年后的春节，一个年轻男子来我家拜年，他问我们还记不记得背行李的男孩儿。原来，他靠助学贷款和勤工俭学完成了学业，他是来还钱的。

2.

伯乐相马

　　人们把善于鉴别马匹优劣的人称为伯乐。春秋时代的孙阳是中国古代的第一位伯乐。后来人们就叫他伯乐，而不叫他的本名。
　　一次，楚王让伯乐买一匹千里马。伯乐说，千里马十分难找，请楚王不要着急。后来，伯乐寻访了许多国家，却一直没有找到满意的马。
　　一年夏天，伯乐在返回楚国的路上看到了一匹拉车的马。当时，这匹马在吃力地爬坡。通过这匹马的叫声，伯乐判断出这是一匹好马。于是，他让车夫把这匹马卖给他。车夫很爽快地答应了，因为他觉得这匹马很普通。
　　伯乐觉得自己得到了一个宝贝，他牵着这匹马回到了楚国。可是，楚王看到这匹马瘦得不成样子，觉得伯乐在骗他，心里很不高兴，他不相信这匹马能上战场。伯乐解释说，这匹马确实是千里马，只是因为拉车太累，喂养得也不好，所以很瘦弱，只要精心喂养，半个月内就能恢复体力。
　　后来，这匹马果然变得精壮结实，在很短的时间内就能跑一百里。千里马随楚王上战场，立下不少功劳。楚王也对伯乐更加敬重。现在，人们常用伯乐来形容善于发现人才，并懂得珍惜人才的人。

3.

城市氧吧

　　南方一座小城的街头有许多花坛，花坛里的"城市氧吧"标牌非常吸引眼球。十几年前，这个城市的市政管理部门为了限制车速，在许多路口建了交通环岛和拐弯弧线地。一年春天，园艺工人张师傅正在环岛上种植花苗，在附近居住的小芳正好路过，便向张师傅请教园艺知识。张师傅向小芳传授经验，小芳也经常帮忙照料花坛。

　　没过多久，小芳和张师傅照料的花坛成了全城最漂亮的花坛，受到了市民的关注。不少市民向相关部门申请义务照料花坛。他们说，希望把其他环岛和拐弯弧线地也做成花坛。于是，相关部门决定设立一个公益项目。任何人都可以承包一个花坛，时间不限，相关部门每年免费提供两次种子和肥料。市民把这个项目叫做"城市氧吧"。

　　"城市氧吧"圆了城市人的田园梦，男女老少共同努力，建成了许多美丽的花坛。后来，相关部门还提供免费园艺培训，参与的人更多了，花坛也更多、更美了。

　　这一公益项目，不仅改善了环境，还给市民生活增添了乐趣。让市民能够参与城市绿化，提升了市民的主人翁意识。

실전 테스트

공략비법 01 인물, 사물

본서 p. 40

1

金鹰奖是以观众投票为主进行评选的电视艺术大奖。自2005年起，改为每两年举办一次，金鹰奖与白玉兰奖、飞天奖并称中国电视剧的三大奖项。

A 金鹰奖是国际大奖
B 金鹰奖在国内不受欢迎
C 金鹰奖每两年举办一次
D 金鹰奖是关于电影的奖项

황금독수리상(Golden Egle Award)은 시청자 투표로 선정되는 TV 예술대상이다. 2005년부터 바뀌어 2년마다 한 번씩 개최되며, 백목련(白玉蘭)상, 비천(飛天)상과 함께 중국의 3대 드라마 상으로 불린다.

A 황금독수리상은 국제대상이다
B 황금독수리상은 국내에서 인기가 없다
C 황금독수리상은 2년마다 한 번씩 개최된다
D 황금독수리상은 영화 부문의 상이다

지문 어휘 金鹰奖 Jīnyīngjiǎng 명 황금 독수리상(Golden Egle Award) | 以~为主 yǐ~wéizhǔ ~을 위주로 하다 | 投票 tóupiào 동 투표하다 ★ | 评选 píngxuǎn 동 (심사) 선정하다 | 大奖 dàjiǎng 명 대상 | 举办 jǔbàn 동 개최하다, 열다 | 奖项 jiǎngxiàng 명 (어떤 부문의) 상, 상의 부문

보기 어휘 受欢迎 shòu huānyíng 인기가 있다, 환영을 받다

정답 C

해설 4개의 보기에 공통된 주어 '金鹰奖(황금독수리상)'이 있고, 지문은 이에 대해 소개하고 있다. 각 보기에 제시된 내용을 빨리 파악한 후 녹음에서 언급하는 문장과 일치하는지 하나하나 체크해가며 들어야 하는데, 녹음 중간 부분에서 '自2005年起，改为每两年举办一次。(2005년부터 바뀌어 2년마다 한 번씩 개최된다.)'를 듣고, 이 문장이 그대로 제시되어 있는 C가 정답임을 알 수 있다.

2

僧海豹是一种古老而稀有的海豹，它的身体外表平滑，呈流线型，活动灵巧，非常适合在水中快速游泳和潜水。敏锐的视觉和听觉使它更容易捕捉到各种鱼类。

A 僧海豹十分稀少
B 僧海豹较为常见
C 僧海豹视力很不好
D 僧海豹不擅长潜水

몽크물범은 오래되고 희귀한 바다표범의 일종으로, 그의 몸은 표면이 매끈하고 유선형을 띠고 있으며 움직임이 민첩해 수중에서 빠르게 헤엄치고 잠수하기에 매우 적합하다. 예리한 시각과 청각으로 몽크물범은 각종 어류를 더욱 쉽게 잡을 수 있다.

A 몽크물범은 매우 희소하다
B 몽크물범은 비교적 흔히 볼 수 있다
C 몽크물범은 시력이 매우 좋지 않다
D 몽크물범은 잠수에 뛰어나지 않다

| 지문 어휘 | 僧海豹 sēnghǎibào 몡 몽크물범 | 古老 gǔlǎo 톈 오래되다 | 稀有 xīyǒu 톈 희귀하다, 드물다 | 海豹 hǎibào 몡 바다표범 | 外表 wàibiǎo 몡 표면, 바깥, 겉모습 ★ | 平滑 pínghuá 톈 매끈매끈하다, 평평하고 미끄럽다 | 灵巧 língqiǎo 톈 민첩하다 | 潜水 qiánshuǐ 됭 잠수하다 ★ | 敏锐 mǐnruì 톈 (눈빛이) 예리하다, (감각이) 빠르다 ★ | 捕捉 bǔzhuō 됭 잡다, 붙잡다 ★

| 보기 어휘 | 稀少 xīshǎo 톈 희소하다, 적다, 드물다 | 常见 chángjiàn 톈 흔히 보는, 흔한 | 视力 shìlì 몡 시력 ★ | 擅长 shàncháng 됭 (어떤 방면에) 뛰어나다, 잘하다 ★

| 정답 | A

| 해설 | 4개의 보기에 공통된 주어 '僧海豹(몽크물범)'가 있고, 지문은 이에 대해 소개하는 내용이다. 첫 문장 '僧海豹是一种古老而稀有的海豹。(몽크물범은 오래되고 희귀한 바다표범의 일종이다.)'를 듣고, 이와 유사한 의미를 나타내는 A가 정답임을 알 수 있다. 여기서 '稀有(희귀하다)'와 '稀少(희소하다)'는 유의어임을 알아두자. 또한 이 문제처럼 녹음 앞부분의 내용을 듣고 바로 정답을 선택하게 된다면, 바로 다음 문제의 보기 내용을 살펴보며 시간을 절약하도록 하자.

3

"四月八"是苗族的传统节日。每逢这天，苗族人都要聚集在一起举行各种活动。如今，贵阳的"四月八"已成为在贵阳及其附近居住的各少数民族共同狂欢的节日，也是展示民族传统文化的盛典。

A 苗族人喜欢简单的服饰
B "四月八"是汉族特有的节日
C 苗族人都喜欢跳舞
D "四月八"能够展现民族文化

'쓰웨바(四月八)'는 묘족(苗族)의 전통 명절이다. 이날만 되면 묘족인들은 모두 한데 모여 각종 행사를 연다. 현재 구이양(贵阳)의 '쓰웨바'는 이미 구이양시 및 그 인근에 거주하는 여러 소수 민족이 다 같이 즐기는 명절이 되었으며, 민족의 전통 문화를 선보이는 큰 축제이기도 하다.

A 묘족인들은 단순한 옷차림을 선호한다
B '쓰웨바'는 한족 고유의 명절이다
C 묘족인들은 모두 춤추는 것을 즐긴다
D '쓰웨바'는 민족 문화를 드러낼 수 있다

| 지문 어휘 | 四月八 Sì yuè bā 쓰웨바(음력 사월 초팔일, 묘족(苗族)의 전통 명절 중 하나) | 苗族 Miáozú 몡 묘족(중국 소수 민족의 하나) | 逢 féng 됭 만나다, 마주치다 ★ | 聚集 jùjí 됭 한데 모이다, 합류하다 | 贵阳 Guìyáng 고 구이양, 귀양(구이저우(贵州)성의 성도) | 狂欢 kuánghuān 됭 마음껏 즐기다 | 展示 zhǎnshì 됭 선보이다, 나타내다, 전시하다 ★ | 盛典 shèngdiǎn 몡 축제, 성대한 의식

| 보기 어휘 | 服饰 fúshì 몡 복식, 의복과 장신구, 복장 | 特有 tèyǒu 됭 고유하다, 특유하다

| 정답 | D

| 해설 | 듣기 제1부분에서 어떤 대상을 소개하는 설명문은 보통 하나의 인물이나 사물에 대한 내용만 언급한다. 첫 문장 '四月八是苗族的传统节日。('쓰웨바(四月八)'는 묘족(苗族)의 전통 명절이다.)'를 듣고 이 지문은 묘족의 전통 명절인 '쓰웨바'에 대한 소개가 주된 내용임을 알 수 있다. 따라서 묘족에 대해 설명하고 있는 보기 A와 C는 정답에서 제외된다. 또한 '쓰웨바'는 묘족의 전통 명절이라고 했으므로 B 역시 정답이 아니다. 따라서 나머지 보기 D가 정답임을 알 수 있다. 사실 D에 관한 내용은 녹음 마지막 부분에서 '也是展示民族传统文化的盛典。(민족의 전통 문화를 선보이는 큰 축제이기도 하다.)'을 듣고 확인할 수 있지만, 이 문제와 같이 앞부분 내용만 듣고 정답이 아닌 3개 보기를 모두 제거할 수 있는 경우도 있다. 따라서 녹음 첫 문장부터 놓치지 말고 집중해서 듣고, 정답이 아닌 보기를 하나씩 제거해나가는 소거법을 사용한다면 보다 쉽게 문제를 풀 수 있다.

4

一个刚刚有了性别意识的小男孩儿，就已经在主动模仿父亲的行为，他不自觉地把父亲当成了自己的榜样。父亲的行为每时每刻都在影响着男孩儿，每个男孩儿长大以后都会发现自己越来越像父亲。

이제 막 성별을 인식하게 된 남자아이는 이미 아버지의 행동을 자진해서 흉내 내고 있으며, 저도 모르게 아버지를 자신의 롤모델로 삼는다. 아버지의 행동은 늘 아들에게 영향을 주게 되므로, 모든 남자아이들은 커서 자신이 점점 아버지를 닮아가는 것을 발견하게 된다.

A 儿子长得更像母亲
B 儿子更喜欢父亲
C 父母要多关心子女
D 父亲对儿子的影响很大

A 아들은 생김새는 어머니를 더 닮는다
B 아들은 아버지를 더 좋아한다
C 부모는 자녀에게 관심을 많이 가져야 한다
D 아버지가 아들에게 끼치는 영향은 크다

지문 어휘 意识 yìshí 명 의식 동 의식하다, 깨닫다 ｜ 模仿 mófǎng 동 모방하다 ｜ 榜样 bǎngyàng 명 본보기, 모범 ★ ｜ 每时每刻 měishíměikè 성 늘, 항상 ｜ 越来越 yuèláiyuè 부 갈수록, 점점 더 ｜ 像 xiàng 동 닮다, 비슷하다

정답 D

해설 녹음은 남자아이들이 아버지를 모방하게 되는 특성을 주된 내용으로 소개하고 있다. 따라서 이와 관련이 없는 보기 A와 C는 정답에서 제외된다. 녹음 중간 부분에서 '父亲的行为每时每刻都在影响着男孩儿。(아버지의 행동은 늘 아들에게 영향을 주게 된다.)'을 듣고 D가 정답임을 알 수 있다.

5

黑胡椒是胡椒科的一种开花植物，原产于印度，现在印度和其他热带地区都广泛种植黑胡椒。黑胡椒果味辛辣，是人们最早使用的香料之一，可能也是现在使用最为广泛的香料。同时，在医学上也用作驱风药。

흑후추는 후추과에 속하는 속씨 식물의 일종으로 원산지는 인도인데, 현재는 인도와 기타 열대 지방에서 광범위하게 재배되고 있다. 흑후추는 열매가 매운 맛이 나고, 인간이 최초로 사용한 향료 중 하나이며, 아마 현재 가장 널리 사용되고 있는 향료이기도 하다. 또한 의학에서도 구풍(驅風)약으로도 쓰이고 있다.

A 黑胡椒象征着生活幸福
B 黑胡椒可作为药物使用
C 黑胡椒从清朝时开始食用
D 黑胡椒香气十分迷人

A 흑후추는 삶의 행복을 상징한다
B 흑후추는 약물로 사용할 수 있다
C 흑후추는 청(清)나라 때부터 먹기 시작했다
D 흑후추는 향기가 매혹적이다

지문 어휘 黑胡椒 hēi hújiāo 명 흑후추 ｜ 科 kē 명 과(생물학상의 분류) ｜ 种植 zhòngzhí 동 재배하다 ★ ｜ 辛辣 xīnlà 형 (맛이나 냄새가) 맵다 ｜ 香料 xiāngliào 명 향료 ｜ 驱风 qū fēng 동 풍을 없애다

보기 어휘 象征 xiàngzhēng 동 상징하다 명 상징 ｜ 迷人 mírén 형 매혹적이다, 매력적이다

정답 B

해설 4개의 보기에 공통된 주어 '黑胡椒(흑후추)'가 있고, 지문은 이에 대해 소개하고 있다. 녹음 마지막 부분에서 '同时, 在医学上也用作驱风药。(또한 의학에서도 구풍(驅風)약으로도 쓰이고 있다.)'를 듣고 보기 중 '药(약)'가 제시되어 있는 B가 정답임을 알 수 있다.

공략비법 02 사회, 철학

본서 p. 46

1

近几年，被送进养老院的老人日益增多。虽然养老院的环境豪华、设备齐全，但却不符合老人的生活习惯。其实老人更愿意在家中养老。尽管家里的条件不如养老院，但饮食起居更符合老人的生活习惯。

최근 몇 년 동안, 양로원으로 보내지는 노인들이 갈수록 늘고 있다. 비록 양로원의 환경이 호화스럽고 시설이 완벽히 갖추어져 있기는 하지만, 이는 노인의 생활 습관에는 오히려 적합하지 않다. 사실 노인들은 집에서 노년 생활을 보내기를 더욱 원한다. 비록 가정의 조건이 양로원 보다 못하지만, 음식과 일상생활은 노인들의 생활 습관에 더욱 적합하다.

A 养老院设施很差
B 老人在家更舒服
C 儿女们不愿照顾老人
D 老龄化已经成为了社会问题

A 양로원의 시설은 형편없다
B 노인들은 집이 더 편하다
C 자녀들은 노인을 모시려 하지 않는다
D 고령화는 이미 사회 문제가 되었다

지문 어휘 日益 rìyì 부 날로, 나날이, 더욱 ★ | 增多 zēngduō 동 많아지다, 증가하다 | 豪华 háohuá 형 호화스럽다, 사치스럽다 | 设备 shèbèi 명 설비 | 齐全 qíquán 형 완전히 갖추다, 완비하다 ★ | 符合 fúhé 동 부합하다, 맞다, 일치하다 | 养老 yǎnglǎo 동 노인을 모시다, 노년에 안락하게 지내다 | 条件 tiáojiàn 명 조건 | 饮食 yǐnshí 명 음식 동 음식을 먹고 마시다 ★ | 起居 qǐjū 명 일상생활

보기 어휘 差 chà 형 형편없다, 나쁘다, 표준이 못 미치다 | 老龄化 lǎolínghuà 명 고령화 동 고령화되다

정답 B

해설 전환의 어감을 나타내는 '其实(사실)'가 정답 키워드이다. '其实老人更愿意在家中养老。尽管家里的条件不如养老院，但饮食起居更符合老人的生活习惯。(사실 노인들은 집에서 노년 생활을 보내기를 더욱 원한다. 비록 가정의 조건이 양로원 보다 못하지만, 음식과 일상생활은 노인들의 생활 습관에 더욱 적합하다.)'이라고 하였으므로 B가 정답임을 알 수 있다.

2

正所谓："路遥知马力，日久见人心。" 评价一个人价值的大小决不能仅看外表，更不能靠我们一时的主观判断，而是要长期不断地观察，只有这样才能正确评估一个人的价值。

소위 '길이 멀어야 말의 힘을 알 수 있고, 세월이 오래 지나야 사람의 마음을 알 수 있다.'는 말이 있다. 한 사람의 가치는 결코 겉모습만으로 평가해서는 안 되고, 일시적인 주관으로 판단해서는 더욱 안 되며, 오랜 시간 끊임없이 관찰해야만 비로소 개인의 가치를 정확히 평가할 수 있는 것이다.

A 第一印象更可靠
B 判断一个人主要靠主观
C 每个人都有自己的优点
D 正确评估不能只靠一时的判断

A 첫인상이 더욱 믿을 만하다
B 한 사람을 판단하는 것은 주로 주관에 따른다
C 모든 사람은 다 자신의 장점을 지니고 있다
D 정확한 평가는 일시적인 판단에만 의존해서는 안 된다

| 지문 어휘 | **所谓** suǒwèi 형 소위, 이른바, ~라는 것은 | **路遥知马力, 日久见人心** lù yáo zhī mǎlì, rì jiǔ jiàn rénxīn 속 길이 멀어야 말의 힘을 알 수 있고, 세월이 오래 지나서야 사람의 마음을 알 수가 있다 | **外表** wàibiǎo 명 겉모습, 외모, 외관 ★ | **靠** kào 동 기대다, 의지하다, 의거하다 | **一时** yìshí 명 잠시, 짧은 시간, 한 시기, 한 때 | **主观** zhǔguān 명 주관 형 주관적이다 | **判断** pànduàn 명 판단 동 판단하다 | **观察** guānchá 동 관찰하다, 살피다 | **评估** pínggū 동 평가하다 ★

| 보기 어휘 | **第一印象** dì yī yìnxiàng 첫인상 | **可靠** kěkào 형 믿을만하다, 확실하다

| 정답 | D

| 해설 | 화자는 사람의 가치 판단에 관한 속담을 먼저 언급한 후 자신의 관점을 제시하고 있다. 이러한 논설문 형태의 지문에서는 특히 당위성 여부를 나타내는 문장을 놓치지 말고 들어야 하는데, 녹음 중간 부분에서 '决不能~, 更不能~ (결코 ~해서는 안 되고, ~해서는 더욱 안 된다)'이라는 표현으로 언급된 '评价一个人价值的大小决不能仅看外表，更不能靠我们一时的主观判断。(한 사람의 가치는 결코 겉모습만으로 평가해서는 안 되고, 일시적인 주관으로 판단해서는 더욱 안 된다.)'을 듣고 D가 정답임을 알 수 있다.

3

虽说多学一门技术，生活也就多一些保障，但泛而不精，对事物充满好奇却又不能持久，往往难以独当一面。技艺太多有时会适得其反，因此倒不如专心精炼一门手艺。

한 가지 기술을 더 배워두면 생활 역시 좀 더 보장되기는 하지만, 폭넓게 알아도 깊이 알지 못하거나, 사물에 대한 충만한 호기심이 오히려 지속되지 못하면, 독자적으로 어떤 한 부분을 담당하기에 어려울 수 있다. 기예가 너무 많을 경우 때로는 역효과가 나기 때문에, 오히려 몰두하여 한 가지 기술을 갈고 닦는 것보다 못하다.

A 学艺贵在精
B 技艺越多越好
C 综合人才更重要
D 做事要分清主次

A 기예는 깊이 있게 배우는 것이 중요하다.
B 기예는 많을수록 좋다
C 종합적인 인재가 더욱 중요하다
D 일을 할 때는 우선순위를 분명히 해야 한다

| 지문 어휘 | **保障** bǎozhàng 명 보장 동 보장하다, 확보하다 ★ | **泛而不精** fàn'érbùjīng 폭넓게 알지만 깊이 알지 못하다 | **充满** chōngmǎn 동 충만하다, 가득 채우다, 넘치다 | **持久** chíjiǔ 형 오래 유지되다, 지속되다 ★ | **难以** nányǐ 부 ~하기 어렵다 | **独当一面** dúdāngyímiàn 성 독자적으로 어느 한 부분을 담당하다 | **技艺** jìyì 명 기예, 기술 | **适得其反** shìdéqífǎn 성 결과가 바라는 것과 정반대가 되다 | **倒不如~** dào bùrú~ 오히려 ~보다 못하다 | **专心** zhuānxīn 형 전념하다, 몰두하다 | **精炼** jīngliàn 동 정련하다(잘 연습하다), 정제하다 | **手艺** shǒuyì 명 수공 기술, 솜씨, 손재간 ★

| 보기 어휘 | **学艺** xué yì 동 기예를 배우다 | **贵** guì 형 중요하다, 가치가 높다, 귀중하다 | **精** jīng 형 정통하다, 능숙하다, 정교하다 | **综合人才** zōnghé réncái 종합적인 인재 | **分清** fēnqīng 동 분명히 하다, 분명하게 가리다 | **主次** zhǔcì 명 (일의) 경중, 주된 것과 부차적인 것

| 정답 | A

| 해설 | 결론을 이끌어내는 '因此(그래서)'가 정답 키워드이다. '因此' 뒤에 이어지는 문장을 집중해서 들으면 보다 쉽게 정답을 찾을 수 있는데, 여기에서는 화자가 '倒不如~ (오히려 ~보다 못하다)'라는 표현으로 자신의 관점을 더욱 강조하여 언급하였다. '技艺太多有时会适得其反，因此倒不如专心精炼一门手艺。(기예가 너무 많을 경우 때로는 역효과가 나기 때문에, 오히려 몰두하여 한 가지 기술을 갈고 닦는 것보다 못하다.)'라고 하였으므로 정답은 A이다.

4

低调者就是不显耀自己，不愿将自己高于别人之处表现出来，这是对其他人的一种尊重。一个人在社会上，如果过分地张扬，那么不管你多么优秀，人们都会选择远离你。

겸손한 사람은 자신을 뽐내지 않고, 자신이 다른 사람보다 우위에 있다는 것을 드러내려 하지 않는데, 이는 타인에 대한 일종의 존중이다. 어떤 사람이 사회에서 지나치게 자신을 과시하면, 당신이 얼마나 잘나든 상관 없이 사람들은 모두 당신을 멀리 할 것이다.

A 做人应该学会低调
B 成功的关键是忍耐
C 低调的人不受欢迎
D 事业的成功离不开张扬

A 겸손함을 배워야 한다
B 성공의 관건은 인내이다
C 겸손한 사람은 환영 받지 못한다
D 사업의 성공은 소문과 밀접한 연관이 있다

지문 어휘 低调 dīdiào 형 겸손하다, 떠벌리지 않다 명 비관적이거나 소극적인 사상 | 显耀 xiǎnyào 동 뽐내다, 자랑하다 | 尊重 zūnzhòng 동 존중하다 | 过分 guòfèn 동 지나치다 | 张扬 zhāngyáng 동 떠벌리다, 소문을 내다, 퍼뜨리다 | 远离 yuǎnlí 동 멀리 떠나다

보기 어휘 关键 guānjiàn 명 관건, 열쇠, 키포인트 형 결정적인, 매우 중요한 | 忍耐 rěnnài 동 인내하다, 참다, 견디다 ★ | 受欢迎 shòu huānyíng 환영을 받다, 인기가 있다

정답 A

해설 화자는 첫 문장에서 바로 자신의 관점을 언급하고 있다. '低调者就是放弃显耀自己，不愿将自己高于别人之处表现出来，这是对其他人的一种尊重。(겸손한 사람은 자신을 뽐내지 않고, 자신이 다른 사람보다 우위에 있다는 것을 드러내려 하지 않는데, 이는 타인에 대한 일종의 존중이다.)'을 듣고, 화자는 겸손함의 긍정적인 면을 언급하며 그 중요성에 대해 강조하고 있음을 알 수 있다. 따라서 정답은 A이다.

5

世界上没有永远不被批评的人，也没有永远被赞美的人。所以，当别人批评我们的时候，我们不要满脸的不高兴，要虚心接受他的意见；当别人赞美我们的时候，我们要以平常心去面对，不能自满。人无完人，我们应该抱着谦虚谨慎的态度，做到有则改之，无则加勉。

세상에 영원히 비판 받지 않는 사람은 아무도 없고, 영원히 칭찬 받는 사람 또한 아무도 없다. 그러므로 다른 사람이 우리를 비판할 때는 불쾌함이 가득한 얼굴을 하지 말고 그의 의견을 겸허히 받아들여야 하며, 다른 사람이 우리를 칭찬할 때는 평상심으로 대하며 자만해서는 안 된다. 완벽한 사람은 없기에, 우리는 겸손하고 신중한 태도를 가지고 타인이 지적한 자신의 결점에 대해 있으면 고치고 없으면 그런 잘못을 범하지 않도록 더욱 힘써야 한다.

A 要有上进心
B 要学会接受别人的批评
C 要懂得赞美别人
D 看人不能只看外表

A 성취욕을 가져야 한다
B 다른 사람의 비판을 받아들일 줄 알아야 한다
C 다른 사람을 칭찬하는 법을 터득해야 한다
D 사람을 평가함에 있어 겉모습만 봐서는 안 된다

지문 어휘 批评 pīpíng 동 비판하다, 지적하다, 꾸짖다 | 赞美 zànměi 동 찬미하다, 칭송하다 | 虚心 xūxīn 형 겸손하다, 겸허하다 | 平常心 píngchángxīn 명 평상심, 평정심 | 面对 miànduì 동 마주 대하다, 직면하다 | 自满 zìmǎn 형 자만하다 ★ | 人无完人 rénwúwánrén 완벽한 사람은 없다, 누구에게나 단점이 있다 | 谦虚 qiānxū 형 겸손하다, 겸허하다 | 谨慎 jǐnshèn 형 신중하다, 조심스럽다 | 有则改之, 无则加勉 yǒuzégǎizhī, wúzéjiāmiǎn 성 (타인이 지적해 준 자신의 결점이나 잘못에 대해) 있으면 고치고, 없으면 그런 잘못을 범하지 않도록 더욱 힘쓰다

보기 어휘 上进心 shàngjìnxīn 명 성취욕, 진취심 | 外表 wàibiǎo 명 겉모습, 외모, 외관 ★

정답 B

해설 결론을 이끌어내는 '所以(그러므로)'가 정답 키워드이다. '所以，当别人批评我们的时候，我们不要满脸的不高兴，要虚心接受他的意见。(그러므로 다른 사람이 우리를 비판할 때는 불쾌함이 가득한 얼굴을 하지 말고 그의 의견을 겸허히 받아들여야 한다.)'이라고 하였으므로 정답은 B이다. 이 문제와 같이 화자가 두 가지를 대조하는 방법으로 자신의 관점을 보다 강조하여 언급하는 경우, 이 부분에서 정답을 찾을 수 있는 핵심 내용이 언급되는 경우가 많으므로 이 점 또한 주의하도록 하자.

공략비법 03 과학, 상식

본서 p. 52

太阳会放射出大量的紫外线，其中，一部分紫外线对人类、动物和植物有害。而臭氧层中的臭氧则能吸收来自太阳辐射的百分之九十九的紫外线，所以臭氧层就像一把保护伞，保护地球上的生物得以生存繁衍。

태양은 자외선을 대량으로 방출하는데, 그 중 일부 자외선은 사람, 동물 및 식물에게 유해하다. 그런데 오존층의 오존이 태양에서 복사된 99%의 자외선을 흡수하기 때문에 오존층은 보호막과 같이 지구상의 생물들이 생존번식을 할 수 있도록 보호해준다.

A 臭氧会伤害皮肤
B 臭氧层正遭破坏
C 臭氧在逐渐减少
D 臭氧层减轻了紫外线的危害

A 오존층은 피부를 상하게 한다
B 오존층은 훼손되고 있다
C 오존은 점점 감소하고 있다
D 오존층이 자외선의 해로움을 감소시켰다

지문 어휘 放射 fàngshè 동 방출하다, 방사하다 ★ | 有害 yǒuhài 동 유해하다, 해롭다 | 紫外线 zǐwàixiàn 명 자외선 | 臭氧 chòuyǎng 명 오존 | 辐射 fúshè 동 복사하다, 방사하다 ★ | 得以 déyǐ 동 ~할 수 있다 | 繁衍 fányǎn 동 번식하다, 불어나다, 퍼지다

보기 어휘 伤害 shānghài 동 손상시키다, 해치다 | 皮肤 pífū 명 피부 | 遭 zāo 동 (불행이나 불리한 일을) 당하다, 겪다 | 破坏 pòhuài 동 훼손시키다, 해치다 | 逐渐 zhújiàn 부 점점, 점차 | 减少 jiǎnshǎo 동 감소하다, 줄어들다 | 减轻 jiǎnqīng 동 경감하다, 줄다 | 危害 wēihài 동 해를 끼치다

정답 D

해설 녹음은 오존층의 긍정적인 역할에 대해 설명하고 있다. 마지막 부분에서 언급된 '所以(그래서)'가 정답 키워드이다. '所以臭氧层就像一把保护伞，保护地球上的生物得以生存繁衍。(오존층은 보호막과 같이 지구상의 생물들이

생존번식을 할 수 있도록 보호해준다.)'이라고 하였는데, 여기서 보호해준다는 말은 해로움을 줄여준다는 의미와 일맥상통하므로 정답은 D이다.

2

花露水中含酒精，全身若涂满花露水靠近明火，瞬间就会变成火人。因为花露水中的酒精浓度高于可燃浓度，极易燃烧。所以为了避免发生意外，涂花露水时要离明火远一些。

화장수에는 알코올이 함유되어 있어 만약 전신에 화장수를 가득 바르고 타오르는 불에 가까이 가게 되면 순식간에 화인(火人)으로 변할 것이다. 화장수 속 알코올의 농도는 가연(可燃) 농도보다 높아서 매우 쉽게 연소되기 때문이다. 따라서 의외의 사고가 발생하는 것을 피하기 위해 화장수를 바를 때는 불에서 조금 떨어져야 한다.

A 涂花露水时要远离明火
B 夏季不要涂花露水
C 有的花露水中不含酒精
D 花露水不容易挥发

A 화장수를 바를 때는 불을 멀리해야 한다
B 여름철에는 화장수를 바르면 안 된다
C 일부 화장수에는 알코올이 함유되어 있지 않다
D 화장수는 쉽게 휘발되지 않는다

지문 어휘 花露水 huālùshuǐ 명 화장수, 로션 | 含 hán 동 함유하다, 포함하다 | 酒精 jiǔjīng 알코올 ★ | 若 ruò 접 만약 | 涂 tú 동 (화장품, 안료, 페인트, 약 등을) 바르다 | 明火 mínghuǒ 명 타오르는 불 | 瞬间 shùnjiān 명 눈 깜짝하는 사이, 순식간 | 浓度 nóngdù 명 농도 | 高于 gāoyú 형 ~보다 높다 | 可燃 kěrán 형 가연성의, 타기 쉬운 | 极易 jíyì 매우 쉽게 | 燃烧 ránshāo 동 연소하다, 타다 | 避免 bìmiǎn 동 피하다 | 意外 yìwài 명 의외의 사고, 뜻하지 않은 사고 형 의외의, 뜻밖의

보기 어휘 远离 yuǎnlí 동 멀리 떨어지다 | 挥发 huīfā 동 휘발하다

정답 A

해설 녹음은 화장수에 알코올이 함유되어 있어 불을 가까이 하면 사고가 발생할 수 있다는 점을 반복하여 강조하고 있다. 마지막 부분에서 언급된 '所以(따라서)'가 정답 키워드이다. '所以为了避免发生意外，涂花露水时要离明火远一些。(따라서 의외의 사고가 발생하는 것을 피하기 위해 화장수를 바를 때는 불에서 조금 떨어져야 한다.)'라고 하였으므로 정답은 A이다.

3

醋可以说是家里隐形的消毒剂。春夏之交，天气忽冷忽热，人们很容易感冒。于是很多人都会把醋放在水里加热，让屋里充满酸味，通过这种方法来杀菌消毒，预防感冒。

식초는 집안의 숨겨진 소독제라고 할 수 있다. 봄과 여름 사이에는 기온 변화가 심해서, 사람들이 감기에 걸리기 쉽다. 그래서 많은 사람들은 식초를 물에 넣고 끓여, 집안에 신 냄새가 가득하게 하는 방법으로 살균소독을 하고 감기를 예방한다.

A 要注意家庭防火
B 醋有消毒的作用
C 多喝醋可以治感冒
D 醋加热后会破坏营养

A 가정의 화재 예방에 주의해야 한다
B 식초는 소독 작용이 있다
C 식초를 많이 마시면 감기를 치료할 수 있다
D 식초를 가열하면 영양이 파괴된다

| 지문 어휘 | 醋 cù 명 식초 | 隐形 yǐnxíng 형 모습을 감추다, 자태를 숨기다 | 消毒剂 xiāodújì 명 소독제 | 交 jiāo 명 서로 맞닿는 시점, 서로 맞닿는 지점 | 忽~忽~ hū~hū~ ~이었다 ~이었다 하다 | 加热 jiārè 동 가열하다, 데우다 | 充满 chōngmǎn 동 가득하다, 충만하다, 넘치다 | 酸味 suānwèi 명 신 냄새, 신 맛 | 杀菌 shājūn 동 살균하다 | 预防 yùfáng 동 예방하다

| 보기 어휘 | 消毒 xiāodú 동 소독하다 ★ | 破坏 pòhuài 동 파괴하다, 훼손시키다 | 营养 yíngyǎng 명 영양

| 정답 | B

| 해설 | 녹음은 식초의 다양한 효능에 대해 소개하고 있다. 첫 문장 '醋可以说是家里隐形的消毒剂。(식초는 집안의 숨겨진 소독제라고 할 수 있다.)'를 듣고, '消毒(소독)'가 그대로 제시되어 있는 B가 정답임을 알 수 있다.

一般液体加热后，会沸腾蒸发，可为何蛋清煮熟后却会变成固体？这是因为蛋清中含有一种酶，该物质在高温作用下，会使蛋清的性状发生改变，并且不会再变回去。而酶的化学本质就是蛋白质。

A 蛋白质不易分解
B 固体蛋清不能变回液体
C 鸡蛋在高温下会变质
D 低温会破坏蛋清的结构

일반적인 액체는 가열하면 끓어서 증발하게 되는데, 알의 흰자는 왜 익히면 고체가 되는 걸까? 이는 흰자에 일종의 효소가 함유되어 있는데, 이 물질이 고온에서 흰자의 성질과 형상에 변화를 일으켜 다시 되돌아갈 수 없게 하기 때문이다. 그리고 효소의 화학적 본성이 바로 단백질이다.

A 단백질은 쉽게 분해되지 않는다
B 고체의 흰자는 액체로 다시 변할 수 없다
C 달걀은 고온에서 변질된다
D 저온이 알의 흰자 구조를 파괴시킨다

| 지문 어휘 | 液体 yètǐ 명 액체 | 加热 jiārè 동 가열하다, 데우다 | 沸腾 fèiténg 동 끓어오르다, 비등하다 ★ | 蒸发 zhēngfā 동 증발하다 ★ | 蛋清 dànqīng 명 (알의) 흰자 | 煮熟 zhǔ shú 동 익히다 | 固体 gùtǐ 명 고체 | 含有 hányǒu 동 함유하다, 포함하다 | 酶 méi 명 효소 | 性状 xìngzhuàng 명 성질과 형상 | 化学本质 huàxué běnzhì 화학적 본성 | 蛋白质 dànbáizhì 명 단백질 ★

| 보기 어휘 | 分解 fēnjiě 동 분해하다 ★ | 变质 biànzhì 동 변질되다 ★ | 破坏 pòhuài 동 파괴하다, 훼손시키다

| 정답 | B

| 해설 | 알의 흰자가 익으면 고체가 되는 특성을 소개하며, 그 원인으로 언급한 '因为蛋清中含有一种酶，该物质在高温作用下，会使蛋清的性状发生改变，并且不会再变回去。(흰자에 일종의 효소가 함유되어 있는데, 이 물질이 고온에서 흰자의 성질과 형상에 변화를 일으켜 다시 되돌아갈 수 없게 하기 때문이다.)'를 듣고, 고체로 된 흰자는 다시 액체로 바뀔 수 없음을 알 수 있다. 따라서 정답은 B이다. 이 문제와 같이 지문에서 어떤 과학 현상에 대한 궁금증을 먼저 드러내고, 이어서 그 현상을 일으키는 원인을 언급하는 경우, 이 원인이 바로 정답과 관련된 핵심 내용이라고 할 수 있다.

如果直接用刀切新鲜的大葱，其辛辣的气味会熏得人直流眼泪，所以我们不妨先将大葱放入冰箱内冷冻或者放在水中浸泡一小时，等其辛辣物质稳定后再切，这样对人眼的刺激就会减弱。

A 吃辛辣食物伤胃
B 吃大葱可缓解疲劳
C 冻过的大葱味道更香
D 冻过的大葱刺激性小

　　만약 칼로 직접 신선한 대파를 자르면, 그 매운 냄새가 유입되어 눈물을 흘리게 된다. 따라서 먼저 대파를 냉장고에 넣어 얼리거나 물에 한 시간 담가두어 매운 물질(성분)이 가라앉은 뒤에 자르는 것이 좋은데, 이렇게 하면 눈에 자극이 덜할 것이다.

A 매운 음식을 먹는 것은 위를 상하게 한다
B 대파를 먹으면 피로를 완화시킬 수 있다
C 얼었던 대파가 맛이 더 좋다
D 얼었던 대파는 자극성이 적다

지문 어휘 切 qiē 동 자르다, 썰다 | 大葱 dàcōng 명 대파 | 辛辣 xīnlà 형 (맛이나 냄새가) 맵다 | 气味 qìwèi 명 냄새 ★ | 熏 xūn 동 냄새가 스며들게 하다, 물들다 | 流眼泪 liú yǎnlèi 눈물을 흘리다 | 不妨 bùfáng 부 (~하는 것도) 괜찮다, 무방하다 ★ | 冷冻 lěngdòng 동 냉동하다, 얼리다 | 浸泡 jìnpào 동 물에 담그다 | 物质 wùzhì 명 물질 | 稳定 wěndìng 형 안정되다 | 刺激 cìjī 명 자극 동 자극하다 | 减弱 jiǎnruò 동 약해지다, 약화되다

보기 어휘 食物 shíwù 명 음식물 | 伤胃 shāng wèi 위를 상하게 하다 | 缓解 huǎnjiě 동 완화시키다, 누그러뜨리다 | 疲劳 píláo 형 피로하다 | 冻 dòng 동 얼다 | 味道 wèidào 명 맛 | 刺激性 cìjīxìng 명 자극성

정답 D

해설 녹음 중간 부분의 '所以(따라서)'와 마지막 부분의 '这样(이렇게 하면)'이 정답 키워드이다. 대파를 자를 때 눈물이 나는 것을 방지하기 위한 방법을 결론으로 제시하고 있는데 '所以我们不妨先将大葱放入冰箱内冷冻或者放在水中浸泡一小时.(따라서 먼저 대파를 냉장고에 넣어 얼리거나 물에 한 시간 담가둔다.)'라고 방법을 설명한 뒤, '这样对人眼的刺激就会减弱.(이렇게 하면 눈에 자극이 덜할 것이다.)'라고 결론을 언급하였으므로 정답은 D이다.

공략비법 04 화자의 개인적 견해와 관점

본서 p. 58

1

夫妻为了家庭承受着不同的压力，当发生矛盾时，只要多理解对方，就能化解矛盾，家庭就会幸福美满。所以说，夫妻互相体贴、互相理解是最重要的。

부부는 가정을 위해 각기 다른 스트레스를 감당해내고 있는데, 갈등이 발생했을 때 상대방을 더 이해해주면 갈등이 풀리고 가정에는 행복이 충만해진다. 그러므로 부부가 서로 살뜰히 보살피고 서로 이해하는 것이 가장 중요하다고 할 수 있다.

A 信任是感情的基础
B 夫妻应该互相理解
C 孩子是夫妻间最大的纽带
D 我们应该不断地挑战

A 신뢰는 감정의 기초다
B 부부는 서로 이해해야 한다
C 아이는 부부간의 가장 큰 연결 고리다
D 우리는 끊임없이 도전해야만 한다

지문 어휘 承受 chéngshòu 동 견뎌내다, 감당하다 | 矛盾 máodùn 명 갈등, 대립, 모순 형 모순적이다 | 化解 huàjiě 동 풀리다, 없애다, 제거하다 | 美满 měimǎn 형 아름답고 원만하다 ★ | 体贴 tǐtiē 동 살뜰히 보살피다, 자상하게 돌보다

보기 어휘 信任 xìnrèn 명 신임 동 신임하다 | 基础 jīchǔ 명 기초, 바탕 | 纽带 niǔdài 명 연결 고리, 공감대

정답 B

해설 녹음 마지막 부분에서 언급된 '所以(그러므로)'가 정답 키워드이다. '所以说，夫妻互相体贴、互相理解是最重要的。(그러므로 부부가 서로 살뜰히 보살피고 서로 이해하는 것이 가장 중요하다고 할 수 있다.)'라고 하였으므로 정답은 B이다.

2

在挫折与失败面前，有些人永不言败，他们总能对自己说"失败是成功之母"。一个暂时失利的人，并不代表会一直失利。相反，如果他失去了再次奋斗的勇气，那么才是真正的失败。

좌절과 실패 앞에서 어떤 사람들은 절대로 실패라는 말을 하지 않고 항상 스스로에게 '실패는 성공의 어머니다'라고 말한다. 잠시 패배한 사람이 결코 언제나 패배할 것임을 의미하지는 않는다. 반면, 만약 그가 다시금 분투할 용기를 잃었다면, 그것이야말로 진정한 실패인 것이다.

A 不要害怕挫折
B 要忘掉失败
C 对自己要严格一些
D 遇到问题要多思考

A 좌절을 두려워하지 말아야 한다
B 실패를 잊어버려야 한다
C 스스로에게 조금 엄격해야 한다
D 문제에 부딪치면 깊이 생각해야 한다

지문 어휘 挫折 cuòzhé 명 좌절, 실패 동 좌절시키다 ★ | 永不言败 yǒngbùyánbài 절대로 실패라는 말을 하지 않다 | 暂时 zànshí 명 잠시, 잠깐 | 失利 shīlì 동 패배하다, 실패하다 | 代表 dàibiǎo 동 대표하다, 나타내다 | 奋斗 fèndòu 동 분투하다 | 勇气 yǒngqì 명 용기

보기 어휘 思考 sīkǎo 동 사고하다, 깊이 생각하다

> **정답** A
>
> **해설** 화자는 첫 문장에서 성공과 관련된 명언을 언급하며 자신의 관점을 전하고 있는데, 在挫折与失败面前，有些人永不言败，他们总能对自己说"失败是成功之母"。(좌절과 실패 앞에서 어떤 사람들은 절대로 실패라는 말을 하지 않고 항상 스스로에게 '실패는 성공의 어머니다'라고 말한다.)를 듣고, 화자는 실패로 인해 좌절하지 말고 다시 도전하면 성공할 수 있다는 것을 강조하고 있음을 알 수 있다. 따라서 정답은 A이다.

3

相对初入职场的草莓族来说，榴莲族已经入职多年，大多结婚生子，生活压力要大得多。工作对于他们来说，也许早已脱离了兴趣爱好。**因此，他们在工作中对人对事，自然少了些随和，多了些暴躁。**

직장 초년생인 草莓族(딸기족)에 비해 榴莲族(두리안족)는 이미 입사한지 여러 해가 되었으며, 대다수가 결혼하고 자녀도 있어 삶의 스트레스가 훨씬 크다. 일이란 그들에게 있어서 어쩌면 이미 관심 밖을 벗어난 것일지도 모른다. 그래서 그들은 업무에서 사람과 일을 대할 때 저절로 덜 상냥하게 되고, 더 화를 잘 내게 되는 것이다.

A 榴莲族工作勤快
B 榴莲族更注重形象
C 榴莲族容易发脾气
D 榴莲族不在意薪水

A 두리안족은 일을 부지런히 한다
B 두리안족은 외모를 더 중요시한다
C 두리안족은 쉽게 화를 낸다
D 두리안족은 급여에 신경 쓰지 않는다

> **지문 어휘** 初入 chūrù 동 처음 들어서다 │ 职场 zhíchǎng 명 직장 │ 草莓族 cǎoméi zú 명 딸기족(겉모양은 예쁘지만 금방 물러지는 딸기처럼 90년 이후에 태어난 세대를 풍자하는 말) │ 榴莲族 liúlián zú 명 두리안족(직장 혹은 어느 집단에서 오래 머물렀으나 뾰족한 두리안 껍질처럼 성격이 괴팍해서 대인관계가 원만하지 않은 사람들을 가리키는 말) │ 入职 rù zhí 명 입사 │ 生子 shēng zǐ 동 자식을 낳다 │ 脱离 tuōlí 동 벗어나다, 떠나다, 이탈하다 ★ │ 随和 suíhe 형 상냥하다, 남과 사이 좋게 지내다 │ 暴躁 bàozào 형 화내다, 성내다 동 (성미가) 거칠고 급하다, 쉽게 화를 내다
>
> **보기 어휘** 勤快 qínkuai 형 부지런하다 │ 注重 zhùzhòng 동 중시하다, 중점을 두다 ★ │ 形象 xíngxiàng 명 외모, 이미지, 겉모습, 형상 │ 不在意 bú zàiyì 신경 쓰지 않다, 개의치 않다 │ 薪水 xīnshui 명 급여, 임금 ★
>
> **정답** C
>
> **해설** 녹음 마지막 부분에서 언급된 '因此(그래서)'가 정답 키워드이다. '因此，他们在工作中对人对事，自然少了些随和，多了些暴躁。(그래서 그들은 업무에서 사람과 일을 대할 때 저절로 덜 상냥하게 되고, 더 화를 잘 내게 되는 것이다.)'를 듣고 C가 정답임을 알 수 있다. 여기서 '暴躁(화를 내다)'는 '发脾气(성질부리다, 화를 내다)'와 동일한 의미를 나타내는 어휘로, '生气', '发火', '愤怒' 등도 모두 '화를 내다, 분노하다'라는 뜻으로 쓰인다는 점을 알아두자.

4

　　如果想要成就一番事业，就必须克服自身的弱点。例如，想做好学问，就要克服自己的浮躁之心，专心研究；要想有所作为，就得克服自己的畏难情绪，坚持不懈地努力。

　　하나의 사업을 이루어 내고 싶다면, 반드시 자신의 단점을 극복해야 한다. 예를 들어, 학문을 잘 하려면 자신의 조급한 마음을 극복하고 전념하여 연구해야 한다. 또한, 성과를 내고 싶다면 어려움을 두려워하는 마음을 극복하고 끊임없이 노력해야 한다.

A 人们都想成功
B 社会实践很重要
C 做事前要做好计划
D 要懂得克服自身弱点

A 사람은 모두 성공하고 싶어 한다
B 사회적 실천은 매우 중요하다
C 일을 하기 전에 계획을 잘 세워야 한다
D 자신의 단점을 극복할 줄 알아야 한다

지문 어휘 成就 chéngjiù 동 (주로 사업을) 이루다, 완성하다 명 성취, 성과 | 番 fān 양 종, 종류, 가지 ★ | 克服 kèfú 동 극복하다, 이기다 | 弱点 ruòdiǎn 명 단점, 약점 ★ | 浮躁 fúzào 형 조급하다, 경솔하다 | 专心 zhuānxīn 형 몰두하다, 열중하다 | 有所作为 yǒusuǒzuòwéi 성과가 있다 | 畏难 wèinán 동 어려움을 두려워하다 | 情绪 qíngxù 명 마음, 기분 | 坚持不懈 jiānchíbúxiè 조금도 느슨해지지 않고 끝까지 하다, 꾸준하게 하다

보기 어휘 实践 shíjiàn 명 실천 동 실천하다

정답 D

해설 화자는 첫 문장에서 자신의 관점을 언급한 후 이어서 예를 들어 설명하고 있는데, '必须(반드시)'가 정답 키워드이다. '如果想要成就一番事业，就必须克服自身的弱点。(하나의 사업을 이루어 내고 싶다면, 반드시 자신의 단점을 극복해야 한다.)'를 듣고 정답이 D임을 알 수 있다.

5

　　练习微笑就可以改变你的心情，调整你的心态。学会平静地接受现实，勇于面对生活中的困难，积极地看待人生，这样我们的心里就会充满阳光。而且，心中不会有恐惧，能够轻松地驱走阴影。

　　미소 짓는 연습이 당신의 기분을 바꿀 수 있고, 당신의 심리 상태를 조절할 수 있다. 차분히 현실을 받아들이는 법을 터득하고 삶의 어려움에 용감히 맞서며 인생을 긍정적으로 바라본다면, 마음에는 빛이 넘치게 된다. 게다가, 마음 속에 두려움이 생기지 않아 음영(어두움)을 가뿐히 물리칠 수 있다.

A 面部表情很关键
B 要积极地看待人生
C 失败的人不会微笑
D 每个人都会遭遇挫折

A 얼굴 표정이 매우 중요하다
B 인생을 긍정적으로 바라봐야 한다
C 실패한 사람은 웃지 않는다
D 모든 사람들은 다 좌절을 겪는다

지문 어휘 微笑 wēixiào 명 미소 동 미소 짓다 | 调整 tiáozhěng 동 조절하다, 조정하다 | 心态 xīntài 명 심리 상태 ★ | 平静 píngjìng 형 차분하다, 조용하다 | 勇于 yǒngyú 동 용감하게 ~하다 ★ | 看待 kàndài 동 대하다, 다루다 ★ | 充满 chōngmǎn 동 넘치다, 충만하다 | 恐惧 kǒngjù 동 두려워하다, 겁먹다 ★ | 驱走 qū zǒu 동 몰아내다, 쫓다 | 阴影 yīnyǐng 명 음영, 어두운 면, 그림자

| 보기 어휘 | 遭遇 zāoyù 통 부닥치다, 맞닥뜨리다 ★ | 挫折 cuòzhé 명 좌절, 실패 통 좌절시키다 ★ |

| 정답 | B |

| 해설 | 화자는 미소의 긍정적인 효과에 대해 이야기하고 있다. 녹음 중간 부분에서 '学会平静地接受现实，勇于面对生活中的困难，积极地看待人生，这样我们的心里就会充满阳光。(차분히 현실을 받아들이는 법을 터득하고 삶의 어려움에 용감히 맞서며 인생을 긍정적으로 바라본다면, 마음에는 빛이 넘치게 된다.)'이라고 하였는데, 이는 단순히 얼굴 표정이 중요하다는 A의 의미가 아니라, 미소를 통해 긍정적인 마인드를 가지는게 중요하다는 내용이므로 B가 정답이다.

공략비법 05 이야기(유머, 풍자)

본서 p. 64

早上我和同桌吵架了，我俩谁也不理谁。上课时，我的手机收到一个短信，我一看是同桌发的短信，他写道："对不起，都是我的错。"我看后顿时很感动，正要回短信给他，这时，同桌突然举手大喊："老师，他上课玩手机！"

A 吵架后我很内疚
B 同桌真心向我道歉
C 老师批评了同桌
D 同桌故意陷害我

아침에 나는 짝꿍과 말다툼을 해서 우리 둘은 서로 거들떠보지도 않았다. 수업할 때 휴대폰에 문자메시지가 와서 보니 짝꿍이 보낸 것이었다. 그 아이는 '미안해, 다 내 잘못이야.'라고 했다. 나는 메시지를 보고 순간 감동을 받았고, 막 답장을 보내려고 하는데, 이때 짝꿍이 갑자기 손을 들고 큰 소리로 외쳤다. "선생님, 얘가 수업하는데 휴대폰을 가지고 놀아요!"

A 말다툼을 한 후 나는 마음이 괴로웠다
B 짝꿍은 진심으로 나에게 사과했다
C 선생님께서 짝꿍을 혼내셨다
D 짝꿍은 고의로 나를 모함했다

| 지문 어휘 | 同桌 tóngzhuō 명 짝꿍 | 吵架 chǎo jià 통 말다툼하다 | 谁也不理谁 shéi yě bù lǐ shéi 서로 거들떠 보지 않다, 누구도 거들떠 보지 않다 | 顿时 dùnshí 부 갑자기, 문득, 일시에 ★ | 举手大喊 jǔshǒu dàhǎn 손을 들고 큰 소리로 외치다 |

| 보기 어휘 | 内疚 nèijiù 형 부끄러워하다, 양심의 가책을 느끼다 | 道歉 dàoqiàn 통 사과하다 | 故意 gùyì 부 고의로, 일부러 | 陷害 xiànhài 통 모함하다, 모해하다 ★ |

| 정답 | D |

| 해설 | 마지막 부분에 반전이 있는 이야기로 전체적인 내용을 이해해야 풀 수 있는 문제다. 화자는 짝꿍과 말다툼을 했고, 짝꿍의 사과 문자메시지를 받고 감동했다고 말했다. 그런데 마지막 부분에서 '正要回短信给他，这时，同桌突然举手大喊："老师，他上课玩手机！"(막 답장을 보내려고 하는데, 이때, 짝꿍이 갑자기 손을 들고 큰 소리로 외쳤다. '선생님, 얘가 수업하는데 휴대폰을 가지고 놀아요!')'라고 하였으므로, 짝꿍이 진심으로 사과한 것이 아니라 고의적으로 그를 모함하려 했음을 알 수 있다. 따라서 정답은 D이다.

2

有位富商想邀请一位著名作家来家里做客，于是给这位作家发了条短信："这周三下午两点，我在家。"作家觉得那个富人太高傲。于是，他就给那个富人回了条短信说："我也是。"

A 作家周末没有计划
B 那条短信的内容很难
C 作家认为富商很傲慢
D 富商不打算邀请那位作家

어느 부자 상인이 유명 작가를 집에 초대하여 대접하고 싶어서, 그 작가에게 '이번 주 수요일 오후 2시에 저는 집에 있어요.'라는 문자메시지를 보냈다. 작가는 그 부자가 너무 건방지다고 생각했다. 이에 그는 그 부자에게 답장을 보내 '저도 그래요.'라고 했다.

A 작가는 주말에 계획이 없다
B 그 문자 메시지의 내용은 어렵다
C 작가는 부자 상인이 거만하다고 생각한다
D 부자 상인은 작가를 초대할 생각이 없다

지문 어휘 富商 fùshāng 명 부유한 상인, 거상 | 邀请 yāoqǐng 동 초대하다, 초청하다 명 초대, 초청 | 高傲 gāo'ào 형 건방지다, 거만하다

보기 어휘 傲慢 àomàn 형 거만하다, 오만하다

정답 C

해설 부자 상인이 작가에게 '这周下午两点，我在家。(이번 주 수요일 오후 2시에 저는 집에 있어요.)라고 보낸 문자에, 작가는 그 초대를 받아들이지 않고, '我也是。(저도 그래요.)'라고 무성의하게 응대했다. 작가가 이런 태도를 보인 이유는 이 문장 바로 앞에서 언급된 '作家觉得那个富人太高傲。(작가는 그 부자가 너무 거만하다고 생각했다.)'를 통해 알 수 있으므로 정답은 C이다. 여기서 '高傲(건방지다)'와 '傲慢(거만하다)'은 유의어임을 알아두자.

3

今天是三八妇女节，于是丈夫对妻子说："今天是你的节日，平时很辛苦，今天的碗你就不用刷了。"妻子听后非常感动。可是丈夫又补充了一句："留着明天刷吧。"

A 丈夫应该帮助妻子
B 丈夫常常刷碗
C 今天是丈夫的节日
D 丈夫并不是真心体贴妻子

오늘은 3월 8일 국제 여성의 날(三八婦女節)이어서, 남편이 아내에게 말했다. "오늘은 당신의 날이네요. 평소 수고가 많았으니, 오늘 설거지는 하지 말아요." 아내는 이를 듣고, 매우 감동했다. 그런데 남편이 또 한 마디를 보태 '남겼다가 내일 해요.'라고 했다.

A 남편은 아내를 도와주어야 한다
B 남편은 자주 설거지를 한다
C 오늘은 남편의 기념일이다
D 남편은 결코 진심으로 아내를 아끼는 것이 아니다

지문 어휘 三八妇女节 Sānbā Fùnǚjié 명 국제 여성의 날(매년 3월 8일) | 刷 shuā 동 닦다 | 补充 bǔchōng 동 보충하다, 추가하다

보기 어휘 刷碗 shuā wǎn 동 설거지하다, 솔로 그릇을 닦다 | 体贴 tǐtiē 동 자상하게 돌보다, 보살피다

정답 D

국제 여성의 날을 맞아, 남편이 아내에게 '今天的碗你就不用刷了。(오늘 설거지는 하지 말아요.)'라고 했지만, 이어서 덧붙인 '留着明天刷吧。(남겨뒀다가 내일 해요.)'의 의미를 이해해야 정답을 찾을 수 있다. 남편이 아내를 진심으로 생각해서 설거지를 하지 말라고 한 게 아니라, 오늘은 설거지를 하지 말고 두었다가 내일 하라는 의미이므로 정답은 D이다.

4

演出开始之前，舞蹈老师从舞台侧幕的缝隙中看到台下的观众寥寥无几，便回过头对演员们说："大家一定不要紧张，因为今天我们和观众相比，在数量上占绝对优势。"

A 观众很少
B 临时换了个演员
C 那场演出很成功
D 舞蹈老师很生气

공연이 시작되기 전, 안무선생님이 무대 측면의 장막 틈새로 무대 아래 몇 안 되는 관객을 보고 출연자들에게 고개를 돌려 말했다. "다들 절대로 긴장하지 말아요. 오늘 우리가 관객들에 비해 인원수에서 압도적이니까요."

A 관객이 적다
B 갑자기 배우가 바뀌었다
C 그 공연은 성공적이었다
D 안무선생님은 매우 화가 났다

지문 어휘 演出 yǎnchū 명 공연 동 공연하다 | 舞蹈 wǔdǎo 명 춤, 무용 | 舞台 wǔtái 명 무대 | 侧幕 cèmù 명 측면 장막 | 缝隙 fèngxì 명 틈새 | 寥寥无几 liáoliáowújǐ 성 수량이 매우 적다, 매우 드물다 | 占 zhàn 동 차지하다, 점하다 | 绝对 juéduì 형 절대적인, 무조건적인 부 절대로, 완전히 | 优势 yōushì 명 우세

보기 어휘 临时 línshí 부 그때에 이르러 갑자기

정답 A

 이야기 형태의 지문에서는 특히 대화체 문장에 담긴 의미를 이해하는 것이 중요하다. 공연 전 관중석의 모습을 미리 본 안무선생님이 '大家一定不要紧张，因为今天我们和观众相比，在数量上占绝对优势。(다들 절대로 긴장하지 말아요. 오늘 우리가 관객들에 비해 인원수에서 압도적이니까요.)'라고 한 말을 통해, 공연을 하는 배우의 수가 관객보다 훨씬 더 많다는 것을 알 수 있으므로 정답은 A이다.

5

在一家火锅店，一个外国人想往火锅里加点儿汤。但由于发音不标准，那名外国人把"汤"说成了"糖"，服务员确认了几次之后，便离开了。过了一会儿，服务员拿着白糖走了过来："先生，这是您要的东西。"

A 那家餐厅没有糖
B 客人最后加了汤
C 客人发音不太好
D 客人对服务员不满意

한 훠궈집에서 어떤 외국인이 냄비에 국물을 좀 더 추가해 넣고 싶었다. 그러나 발음이 정확하지 않아, 그 외국인은 '汤(국물)'을 '糖(설탕)'이라 말했고, 종업원이 몇 번을 확인한 후 자리를 떠났다. 잠시 후 종업원은 흰 설탕을 가져와 '손님, 여기 요청하신 설탕입니다.'라고 했다.

A 그 식당에는 설탕이 없다
B 손님은 결국 국물을 추가했다
C 손님은 발음이 좋지 않다
D 손님은 종업원을 못마땅해 한다

지문 어휘 **火锅** huǒguō 명 훠궈(중국식 샤브샤브), 훠궈 냄비 | **发音** fāyīn 명 발음 동 발음하다, 소리를 내다 | **标准** biāozhǔn 형 표준적이다 명 표준, 기준 | **确认** quèrèn 동 확인하다

정답 C

해설 한 외국인에 관한 유머 이야기다. 중국어에서 '汤(국물)'과 '糖(설탕)'의 발음은 같지만 성조가 다르다는 점이 바로 이 내용의 유머 포인트가 되는데, 외국인은 '汤(국물)'을 원했으나, 그의 발음이 좋지 않아 종업원이 '糖(설탕)'으로 이해한 상황이다. 녹음 앞부분에서 '但由于发音不标准，那名外国人把"汤"说成了"糖"。(그러나 발음이 정확하지 않아, 그 외국인은 '汤(국물)'을 '糖(설탕)'이라고 말했다.)'이라는 문장을 듣고 정답이 C임을 알 수 있다.

공략비법 06 문화·예술인 인터뷰

본서 p. 79

第1到5题是根据下面一段采访：

1~5번 문제는 다음 인터뷰에 근거한다.

女：作为一名专业的摄影师，在这八年多的奋斗过程中，你遇到过什么困难？有没有放弃过？

男：这八年的时间里，虽然我历尽艰辛，但却没有放弃过，因为我把摄影当作我生活的一部分。1 在这个过程中，我觉得最大的困难就是作品跟商业运作两者的取舍。有时候，在创作作品时，难免会受到商业化元素的影响。

女：我们都知道您的经验丰富。对于摄影，您有自己的固定模式，您是怎么理解摄影的呢？

男：2 我对于摄影的理解就是记录，记录下当时所有美好的、忧伤的、开心的、愤怒的一面，抓住人物表情和眼神所透露出的情感。虽然摄影作品看起来是静态的，但是它是充满着感情的，我喜欢让这些感情流露出来。

女：有的人大量拍摄，然后悉心挑选。您觉得您是这种风格吗？

男：我从开始摄影一直到现在，拍摄都是拍一张算一张。3 我不喜欢大量拍摄，然后悉心挑选，感觉好像在碰运气。如果运气不好，到最后会连一张满意的都没有。

여: 전문 사진작가로서 8여 년간 노력의 과정에서 선생님은 어떤 어려움을 겪으셨습니까? 포기했던 적이 있으신가요?

남: 8년의 시간 동안 저는 갖은 어려움을 겪기는 했지만 포기를 한 적은 없었는데, 사진 촬영을 제 생활의 일부로 여겼기 때문입니다. 1 이 과정에서 제가 느낀 가장 큰 어려움은 작품과 상업 활동 둘 중 하나를 취사선택하는 것이었습니다. 때로는 작품을 만들 때 상업적 요소의 영향을 받게 되기 마련이거든요.

여: 모두들 선생님의 경험이 풍부하다고 알고 있습니다. 사진 촬영에 있어 본인만의 고정 패턴을 갖고 있으신데, 선생님께서는 사진을 어떻게 이해하고 계시나요?

남: 2 제가 사진에 대해 이해하고 있는 점은 바로 기록인데요, 그 당시의 모든 아름다움, 슬픔, 기쁨, 분노의 일면을 담아내고, 인물의 표정과 눈빛으로 드러나는 감정을 포착해내는 겁니다. 사진 작품이 정지된 상태로 보이지만, 그것은 감정으로 가득 차 있다는 것인데요, 저는 이러한 감정을 표현해내는 것을 좋아한답니다.

여: 어떤 사람들은 사진을 대량으로 찍은 다음, 심혈을 기울여 골라내기도 하는데요. 선생님께서는 본인이 이런 스타일이라고 생각하십니까?

남: 저는 사진 촬영을 시작했을 때부터 지금까지, 항상 한 장 찍고 한 장 확인하는 식으로 해왔습니다. 3 저는 많이 찍고 나서 세심하게 골라낸다는 게 요행을 바라는 것 같아서 좋아하지 않습니다. 만약 운이 좋지 않다면, 마지막까지 한 장도 만족스러운 게 없을 테니까요.

女: 在您的所有摄影作品中，更注重多彩还是单色调？
男: 4 我在我的作品中喜欢运用比较鲜艳的色彩，每个摄影师对于色彩跟美的理解都有自己的见解。我想要的就是色彩丰富、冲击力强。单色调也比较喜欢，特别是那种黑白色调的冲突。
女: 您对一些摄影爱好者有什么建议吗？
男: 5 我的建议就是要注重细节，不管拍摄什么题材，都要尽量做到完美无瑕。有时候再好的主题、再好的色彩、再好的模特，如果在拍摄的过程中出现某个细微的疏忽，一切就都变得不完美了。

여: 선생님의 모든 사진 작품에서는 다채로운 색상과 단색 중 무엇에 더 중점을 두고 있습니까?
남: 4 저는 작품에 비교적 화려한 색을 쓰는 것을 선호합니다. 모든 사진 작가들은 색채와 아름다움에 대한 이해에 있어 다 자신만의 견해를 지니고 있습니다. 제가 원하는 것은 바로 풍부한 색감과 강한 임팩트입니다. 단색 또한 좋아하는 편인데요. 특히 흑백의 대립이 그렇습니다.
여: 선생님께서 사진 애호가들에게 조언해주실 말씀이 있으시다면요?
남: 5 제가 드리고 싶은 조언은 디테일을 중시해야 한다는 것입니다. 어떤 소재로 사진 촬영을 하든, 가능한 흠잡을 데 없이 완벽하게 해야 합니다. 때로는 아무리 좋은 주제에, 아무리 좋은 색감에, 또 아무리 좋은 모델이라 하더라도 촬영 과정에서 미세한 실수가 생긴다면, 전부가 다 미흡해지게 되기도 한답니다.

지문 어휘 专业 zhuānyè 형 전문의 | 摄影师 shèyǐngshī 명 사진사, 촬영기사 | 奋斗 fèndòu 동 분투하다 | 历尽艰辛 lìjìnjiānxīn 온갖 고난을 겪다 | 摄影 shèyǐng 동 사진을 찍다, 영화를 촬영하다 | 作品 zuòpǐn 명 (문학, 예술의) 작품, 창작품 | 商业 shāngyè 명 상업, 비즈니스 | 运作 yùnzuò 동 활동하다, 운행하다 | 取舍 qǔshě 동 취사선택, 쓸 것은 쓰고 버릴 것은 버림 | 难免 nánmiǎn 동 면하기 어렵다, 불가피하다 ☆ | 元素 yuánsù 명 요소, 원소 ☆ | 固定 gùdìng 형 고정되다, 불변하다 동 고정시키다 | 模式 móshì 명 패턴, 양식, 유형 ☆ | 记录 jìlù 명 기록 동 기록하다 | 忧伤 yōushāng 형 슬프다 | 愤怒 fènnù 형 분노하다 ☆ | 一面 yímiàn 명 일면, 한 부분, 한 방면 | 抓住 zhuāzhù 동 포착하다, 잡다 | 表情 biǎoqíng 명 표정 동 (표정, 자태 등으로) 감정·기분을 나타내다 | 眼神 yǎnshén 명 눈빛, 눈매 ☆ | 透露 tòulù 동 드러내다, 나타내다 ☆ | 情感 qínggǎn 명 감정 | 静态 jìngtài 형 정태적인 명 정지, 정지 상태 | 充满 chōngmǎn 동 가득 차다, 충만하다, 넘치다 | 流露 liúlù 동 무의식 중에 나타내다, 무심코 드러내다 ☆ | 悉心 xīxīn 부 온 마음으로, 전심전력으로 | 挑选 tiāoxuǎn 동 고르다, 선택하다 | 风格 fēnggé 명 스타일, 풍격 | 碰运气 pèng yùnqi 동 운에 맡기다 | 注重 zhùzhòng 동 중점을 두다, 중시하다 ☆ | 多彩 duōcǎi 형 다채롭다 | 单色调 dān sèdiào 명 단색조 | 运用 yùnyòng 동 운용하다, 활용하다, 응용하다 | 鲜艳 xiānyàn 형 화려하다, 산뜻하고 아름답다 | 色彩 sècǎi 명 색채, 색깔, 빛깔 ☆ | 见解 jiànjiě 명 견해, 소견 ☆ | 冲击力 chōngjīlì 명 충격 | 冲突 chōngtū 명 충돌, 모순 동 충돌하다, 모순되다 ☆ | 建议 jiànyì 명 제안, 건의안 동 제의 | 细节 xìjié 명 디테일, 섬세한 묘사, 세부 묘사 | 题材 tícái 명 소재, 제재 | 完美无瑕 wánměi wúxiá 완벽하여 흠 잡을 데가 없다 | 主题 zhǔtí 명 주제, 테마 | 模特 mótè 명 모델 | 细微 xìwēi 형 미세하다, 자잘하다 | 疏忽 shūhu 명 실수 동 소홀히 하다 형 부주의하다, 경솔하다 ☆ | 完美 wánměi 형 매우 훌륭하다, 완전무결하다

1

男的在摄影过程中遇到的最大困难是什么?	남자가 사진 촬영을 하며 겪은 가장 큰 어려움은 무엇인가?
A 作品与商业运作的取舍	A 작품과 상업 활동간의 취사선택
B 作品所表达的思想	B 작품이 드러내는 사상
C 作品里的流行元素	C 작품 속의 유행 요소
D 主题的选择和把握	D 주제의 선택과 파악

보기 어휘 表达 biǎodá 동 나타내다, 표현하다, 드러내다 | 思想 sīxiǎng 명 사상, 의식 | 把握 bǎwò 동 파악하다, 잡다, 쥐다

정답 A

해설 이 문제의 정답 키워드는 '最(가장)'이다. 인터뷰 진행자인 여자가 인터뷰 대상자인 남자에게 첫 번째 질문으로 사진 촬영을 하며 겪은 어려움에 대해 묻고 있는데, 이에 대한 남자의 답변 중 '在这个过程中，我觉得最大的困难就是作品跟商业运作两者的取舍。(이 과정에서 제가 느낀 가장 큰 어려움은 작품과 상업 활동 둘 중 하나를 취사선택하는 것이었습니다.)'를 듣고 정답이 A임을 알 수 있다.

2

男的是怎么理解摄影这一行业的?	남자는 사진 촬영이라는 이 일을 어떻게 이해하고 있는가?
A 概念	A 개념
B 过程	B 과정
C 记录	C 기록
D 对象	D 대상

보기 어휘 概念 gàiniàn 명 개념 | 对象 duìxiàng 명 대상, (연애, 결혼의) 상대

정답 C

해설 사진 촬영이라는 일을 남자가 어떻게 이해하는지에 대해 묻고 있다. 이는 인터뷰에서 여자의 두 번째 질문과 동일한데, 이에 대한 남자의 답변 중 '我对于摄影的理解就是记录。(제가 사진에 대해 이해하고 있는 점은 바로 기록입니다.)'를 듣고 정답이 C임을 알 수 있다.

3

关于男的，下列哪项正确?	남자에 관해 다음 중 옳은 것은?
A 运气不佳	A 운이 좋지 않다
B 当过演员	B 배우를 한 적이 있다
C 大学专业是摄影	C 대학에서 사진을 전공했다
D 不喜欢大量拍摄	D 사진을 많이 찍는 것을 선호하지 않는다

보기 어휘 佳 jiā 형 좋다, 아름답다, 훌륭하다

정답 D

해설 남자에 관한 전반적인 것을 묻는 문제이다. 4개의 보기 중 B, C와 같이 인터뷰 대상자의 개인 정보 관련 내용은 주로 녹음 앞부분에서 언급되는데, 여기서는 남자가 과거 배우를 했다거나 대학에서 사진을 전공한 것에 관한 내용이 전혀 언급되지 않았다. 따라서 B와 C는 정답에서 제외된다. 여자는 남자에게 세 번째 질문으로 사진 촬영 스타일에 대해 묻고 있는데, 이에 대한 남자의 답변 중 '我不喜欢大量拍摄，然后悉心挑选，感觉好像在碰运气。(저는 많이 찍고 나서 세심하게 골라낸다는 게 요행을 바라는 것 같아서 좋아하지 않습니다.)'를 듣고 D가 정답임을 알 수 있다.

4

在色彩的选择上，男的有什么特色？
A 喜欢色彩鲜艳
B 喜欢对比色调
C 特别喜欢黑白照
D 更重视淡雅的色彩

색상 선택에 있어, 남자는 어떤 특징을 지니고 있는가?
A 화려한 색을 선호한다
B 색조 대비를 선호한다
C 흑백 사진을 특히 좋아한다
D 단아한 색을 더 중시한다

보기 어휘 对比 duìbǐ 명 대비, 비율 동 대비하다, 대조하다 | 黑白照 hēibái zhào 명 흑백 사진 | 淡雅 dànyǎ 형 단아하다, 말쑥하고 우아하다, 수수하고 고상하다

정답 A

해설 여자는 남자에게 네 번째 질문으로 작품의 색감에 대해 묻고 있는데, 이에 대해 남자의 답변 중 '我在我的作品中喜欢运用比较鲜艳的色彩。(저는 작품에 비교적 화려한 색을 쓰는 것을 선호합니다.)'를 듣고 A가 정답임을 알 수 있다.

5

男的对摄影爱好者的忠告是什么？
A 养成记录的习惯
B 注重细节
C 环游世界
D 认真观察

남자가 사진 애호가들에게 충고한 것은 무엇인가?
A 기록하는 습관을 기르는 것
B 디테일에 중점을 두는 것
C 세계일주를 하는 것
D 꼼꼼하게 관찰하는 것

보기 어휘 忠告 zhōnggào 명 충고 동 충고하다 | 环游 huányóu 동 두루 돌아다니다 | 观察 guānchá 동 (사물, 현상을) 관찰하다, 살피다

정답 B

해설 여자는 남자에게 마지막 질문으로 사진 애호가들을 위해 어떤 조언을 하고 싶은지 묻고 있다. 이에 대해 남자는 '我的建议就是要注重细节。(제가 드리고 싶은 조언은 디테일을 중시해야 한다는 것입니다.)'라고 하였으므로 정답은 B이다. 여기서 '建议(조언)'와 '忠告(충고)'는 유의어임을 알아두자.

공략비법 07 스포츠인 인터뷰

第1到5题是根据下面一段采访：　　　　1~5번 문제는 다음 인터뷰에 근거한다.

女：您是如何接触到滑冰这个行业的?

男：1993年哈尔滨成功获得了第三届亚洲冬季运动会的举办权。政府也极力推广滑冰和滑雪运动。当时我所供职的公司负责承建第三届亚冬会室外滑冰场的建设与维护，这是哈尔滨最大的室外滑冰场。当时，我和我的几个同事只要一有时间，就会到滑冰场滑上几圈。5 就是从那时开始，我恋上了滑冰，并一直在这个行业待了20年。

女：您认为滑冰产业的挑战和机遇分别在哪里?

男：要说挑战，1 人才的缺失就是这个行业面临的最大挑战。另外水价的上涨也使滑冰场的经营成本大幅提升。但从整个行业的发展趋势来看，机遇还是比较多的。2 如滑冰场的管理和服务、滑冰场设备的制造和维护以及滑冰教学等方面还有很大的发展空间。

女：这次北京成功申请冬奥会会给滑冰行业带来哪些变化?

男：大的赛事对行业的推动作用是巨大的，正如第三届亚冬会开启了中国大众滑冰产业一样，3 冬奥会的举办也将加速滑冰运动的普及，同时也会吸引更多财团来这里投资，并且各省体育局也在积极培养运动员参加比赛。这些对整个行业都有很明显的促进作用。

여: 당신은 어떻게 스케이팅 업계와 관계를 맺으셨습니까?

남: 1993년 하얼빈은 제3회 동계 아시안 게임 개최권을 성공적으로 획득하였고, 이에 정부 역시 스케이트와 스키 운동 보급을 위해 매우 힘썼습니다. 당시 제가 근무하던 회사가 제3회 동계 아시안 게임 실외 스케이트장 건설과 유지 업무를 맡았었는데요, 이는 하얼빈 최대 규모의 실외 스케이트장이었습니다. 그 때 저와 제 동료 몇 명은 시간만 나면 스케이트장을 찾아 스케이트를 타고 몇 바퀴씩 돌았습니다. 5 바로 그 무렵부터 저는 스케이트에 애착이 생겨, 이 업계에서 20년간 계속 일하게 된 것입니다.

여: 스케이팅 산업의 도전 과제와 기회는 각각 어디에 있다고 생각하시나요?

남: 도전 과제에 대해 말하자면, 1 인재 결핍이 바로 이 업계가 직면한 가장 큰 도전 과제라고 할 수 있습니다. 이밖에 물값 인상 역시 스케이트장의 경영 비용을 대폭 증가시켰습니다. 그러나 전반적인 업계의 발전 추세로 보면, 기회는 여전히 많은 편입니다. 2 예를 들어 스케이트장의 관리와 서비스, 스케이트장 설비의 제조 및 보수 및 스케이트 교육 등의 분야는 발전의 여지가 크게 남아 있습니다.

여: 이번 베이징의 동계 올림픽 유치 성공은 스케이팅 업계에 어떤 변화를 가져올 것 같습니까?

남: 큰 대회가 업계에 미치는 영향력은 아주 큰데, 제3회 동계 아시안 게임이 중국의 스케이팅 산업 대중화를 일으킨 것과 같이 3 동계 올림픽 개최 역시 스케이트 운동의 보급을 가속화하는 동시에, 더 많은 재단의 투자를 이끌어낼 것입니다. 또한 각 성(省)의 체육부들도 운동 선수들이 시합에 참가할 수 있도록 적극적으로 양성하고 있습니다. 이러한 것들이 전체적인 업계에 뚜렷한 촉진 작용을 보이고 있다고 할 수 있습니다.

女：室外滑冰场相对于室内滑冰场来说，占地面积要大很多。有些人就提出，这样会破坏生态平衡。对此，您是怎么看的呢？

男：滑冰产业本身是一个绿色环保的产业。4 在建设滑冰场之初，以可持续发展的理念为宗旨，尽量做到砍一种十，所以我们在场地的附近种上了很多的树木及花草，这样既可以防止水土流失，又可以让场地周围景色更加美丽。因此，并不会破坏生态平衡。

여: 실외 스케이트장은 실내 스케이트장에 비해 더 큰 부지 면적이 필요할 텐데요. 그래서 일부 사람들은 생태계 균형을 훼손시킬 수 있다고 지적하는데, 이에 대해 어떻게 보십니까?

남: 스케이팅 산업은 그 자체가 친환경 산업입니다. 저희는 4 스케이트장 건설 초기에 지속 가능한 발전의 이념을 목표로 삼아, 가급적 나무 한 그루를 벨 때 열 그루를 심어 환경보호를 실천하였고, 때문에 경기장 부근에 많은 나무와 화초들을 심었답니다. 이렇게 하면 수토 유실을 방지할 수 있을 뿐 아니라, 경기장 주변 경치를 더욱 아름답게 할 수도 있습니다. 그렇기 때문에 결코 생태계 균형을 훼손시킨다고 할 수 없습니다.

지문 어휘 接触 jiēchù 동 관계를 맺다, 접촉하다, 닿다 | 滑冰 huá bīng 명 스케이팅 동 스케이트를 타다 | 行业 hángyè 명 업계, 업종, 직종 | 届 jiè 양 회, 기, 차 | 亚洲冬季运动会 Yàzhōu dōngjì yùndònghuì 동계 아시안 게임 | 举办权 jǔbànquán 명 개최권 | 极力 jílì 부 있는 힘을 다하여 | 推广 tuīguǎng 동 널리 보급하다 | 滑雪 huá xuě 명 스키 동 스키를 타다 | 供职 gòngzhí 동 근무하다, 일하다 | 承建 chéngjiàn 동 건축 임무를 맡다 | 建设 jiànshè 동 건설하다, 세우다 명 건설 업무 | 维护 wéihù 동 유지하고 보호하다 ★ | 圈 quān 양 바퀴 | 待 dāi 동 머물다, 지내다, 남다 | 产业 chǎnyè 명 산업 ★ | 挑战 tiǎozhàn 명 도전 동 도전하다, 맞서다 | 机遇 jīyù 명 기회, 찬스 ★ | 分别 fēnbié 부 각각, 따로따로 | 面临 miànlín 동 (문제, 상황에) 직면하다, 당면하다, 앞에 놓여 있다 | 上涨 shàngzhǎng 동 오르다 | 经营 jīngyíng 동 (기업 등을) 경영하다, 기획하고 관리하다 | 成本 chéngběn 명 비용, 원가, 자본금 ★ | 提升 tíshēng 동 오르다 | 趋势 qūshì 명 추세 | 设备 shèbèi 명 설비, 시설 동 갖추다, 설비하다 | 制造 zhìzào 동 제조하다, 만들다 | 以及 yǐjí 접 및, 그리고, 아울러 | 空间 kōngjiān 명 공간 | 申奥 shēn'ào 동 (국제 올림픽 조직 위원회에) 올림픽 개최를 신청하다 | 赛事 sàishì 명 대회, 경기 | 推动 tuīdòng 동 추진하다, 나아가게 하다 | 巨大 jùdà 형 (규모, 수량 등이) 아주 크다 | 正如 zhèngrú 동 ~와 같다 | 开启 kāiqǐ 동 개척하다, 열다, 시작하다 ★ | 加速 jiāsù 동 가속하다, 속도를 내다 | 普及 pǔjí 동 보급되다, 보편화시키다, 대중화시키다 형 보편화된, 대중화된 ★ | 吸引 xīyǐn 동 끌어당기다, 유인하다 | 财团 cáituán 명 재단 | 投资 tóuzī 명 투자 동 투자하다 | 培养 péiyǎng 동 양성하다, 육성하다 | 明显 míngxiǎn 형 뚜렷하다, 분명하다 | 促进 cùjìn 동 촉진시키다, 재촉하다 | 占地面积 zhàndì miànjī 명 부지 면적 | 破坏 pòhuài 동 훼손시키다, 손상시키다, 해치다 | 生态平衡 shēngtài pínghéng 명 생태계 균형 | 绿色环保 lǜsè huánbǎo 친환경, 녹색 환경보호 | 可持续发展 kě chíxù fāzhǎn 명 지속 가능한 발전 | 理念 lǐniàn 명 이념, 관념, 생각 | 宗旨 zōngzhǐ 명 목적, 취지, 지향 ★ | 砍 kǎn 동 베다, 찍다, 패다 | 种 zhòng 동 심다, 재배하다 | 防止 fángzhǐ 동 방지하다 ★ | 流失 liúshī 동 (물, 흙, 광물 따위가) 유실되다

1

男的认为滑冰产业面临的最大挑战是什么?
A 人才难求
B 被环保组织否定
C 管理混乱
D 气候异常

남자는 스케이트 산업이 직면한 가장 큰 도전 과제가 무엇이라 생각하는가?
A 인재난
B 환경 보호 단체의 반대
C 관리상 혼선
D 이상 기후

보기 어휘 难求 nánqiú 형 구하기 어렵다 | 环保组织 huánbǎo zǔzhī 환경 보호 단체 | 否定 fǒudìng 동 (어떤 존재나 사실을) 부정하다 | 混乱 hùnluàn 형 혼란하다 ★ | 气候 qìhòu 명 기후 | 异常 yìcháng 형 정상이 아니다, 보통이 아니다 ★

정답 A

해설 이 문제는 '最(가장)'가 정답 키워드이다. 인터뷰 진행자인 여자는 인터뷰 대상자인 남자에게 두 번째 질문으로 스케이트 산업의 도전 과제와 기회가 무엇인지 묻고 있는데, 이에 대해 남자는 '人才的缺失就是这个行业面临的最大挑战。(인재 결핍이 바로 이 업계가 직면한 가장 큰 도전 과제이다.)'이라고 하였으므로, '人才的缺失(인재 결핍)'과 유사한 표현의 '人才难求(인재난)'가 제시된 A가 정답임을 알 수 있다.

2

下列属于滑冰产业机遇的一项是:
A 水价暴跌
B 滑冰教学
C 举办滑冰比赛
D 开设更多场馆

다음 중 스케이트 산업의 기회에 속하는 한 가지는?
A 물값 폭락
B 스케이트 교육
C 스케이트 경기 개최
D 스케이트장 추가 설립

보기 어휘 暴跌 bàodiē 동 폭락하다 | 开设 kāishè 동 설립하다, 개설하다, 차리다

정답 B

해설 스케이트 산업의 기회에 대해 묻고 있는데, 이 또한 1번 문제와 같이 여자의 두 번째 질문에 대한 남자의 답변을 통해 알 수 있다. 남자가 '如滑冰场的管理和服务、滑冰场设备的制造和维护以及滑冰教学等方面还有很大的发展空间。(예를 들어 스케이트장의 관리와 서비스, 스케이트장 설비의 제조와 보수 및 스케이트 교육 등의 분야는 발전의 여지가 크게 남아 있다.)'이라고 하였으므로 정답은 B이다.
1번, 2번 문제와 같이 인터뷰 진행자의 한 가지 질문에 해당되는 답변 내용에서 두 개의 문제를 출제하는 경우도 있기 때문에, 여러 개의 인터뷰 질문 중 특히 핵심이 되는 질문과 그 뒤에 이어지는 답변은 반드시 주의 깊게 들어야 한다. 또한, 2번 문제와 같이 질문에 대한 답변이 비교적 길고, 언급한 여러 항목 중 하나를 정답으로 골라야 하는 경우, 들으면서 순서대로 녹음 내용과 일치하지 않는 보기를 하나씩 소거해나가는 방법으로 정답을 찾는 게 더 효과적이다.

3

男的认为申奥成功对滑冰产业有何影响？

A 加速普及滑冰运动
B 改变现在的格局
C 使现有的制度更合理
D 滑雪场会有所增加

남자는 올림픽 유치 성공이 스케이트 산업에 어떤 영향을 끼칠 것이라 생각하는가?

A 스케이트 운동 보급이 가속화 된다
B 현재의 판도를 바꾼다
C 현 제도를 더욱 합리적이게 바꾼다
D 스키장이 다소 증가한다

보기어휘 格局 géjú 명 판도, 짜임새, 구조 ★ | 制度 zhìdù 명 제도, 규칙, 규정 | 合理 hélǐ 형 합리적이다

정답 A

해설 여자는 남자에게 세 번째 질문으로 올림픽 유치 성공이 스케이트 산업에 가져오게 될 변화에 대해 묻고 있는데, 이에 대한 남자의 답변 중 '冬奥会的举办也将加速滑冰运动的普及。(동계 올림픽의 개최 역시 스케이트 운동의 보급을 가속화한다.)'를 듣고 정답이 A임을 알 수 있다.

4

关于滑冰场的建设，下列哪项正确？

A 占用面积小
B 票价飙升
C 注重可持续发展
D 造成了环境污染

스케이트장의 건설에 관해 다음 중 옳은 것은?

A 점용 면적이 작다
B 입장권의 가격이 급등한다
C 지속 가능한 발전을 중시한다
D 환경 오염을 야기한다

보기어휘 占用面积 zhànyòng miànjī 명 점용 면적 | 飙升 biāoshēng 동 급등하다, 급증하다 | 环境污染 huánjìng wūrǎn 명 환경 오염

정답 C

해설 여자는 마지막 질문으로 스케이트장 건설이 생태계에 끼치는 영향에 대해 묻고 있다. 이에 대한 남자의 답변 중 '在建设滑冰场之初，以可持续发展的理念为宗旨。(스케이트장 건설 초기에 지속 가능한 발전의 이념을 목표로 삼다.)'를 듣고 정답이 C임을 알 수 있다. 지문의 '以~为宗旨(~을 목표로 삼다)'는 보기 C의 '注重(중시하다)'과 유사한 의미임을 알아두자.

5

关于男的，可以知道什么？

A 开设了一家滑冰场
B 参加过两届奥运会
C 现在是国家队的教练
D 从事滑冰行业20年

남자에 관해 알 수 있는 것은?

A 스케이트장을 설립하였다
B 올림픽에 두 번 참가했었다
C 현재 국가대표팀의 감독이다
D 스케이트 산업에 종사한지 20년이 되었다

보기어휘 教练 jiàoliàn 명 감독, 코치 동 훈련하다, 코치하다 | 从事 cóngshì 동 종사하다

정답 D

해설 남자에 관한 전반적인 것을 묻는 문제이다. 인터뷰 대상자의 개인 정보에 관한 문제는 대부분 녹음 앞부분에서 언급되는 경우가 많다. 여자는 남자에게 첫 번째 질문으로 스케이팅 산업을 접하게 된 계기를 묻고 있는데, 이에 대한 남자의 답변 중 '就是从那时开始，我恋上了滑冰，并一直在这个行业待了20年。(바로 그 무렵부터 저는 스케이트에 애착이 생겨, 이 업계에서 20년간 계속 일하게 된 것입니다.)'을 듣고 정답이 D임을 알 수 있다.

공략비법 08 기업인 및 기타 특정 분야 전문가 인터뷰

본서 p. 95

第1到5题是根据下面一段采访： 1~5번 문제는 다음 인터뷰에 근거한다.

女：最近一项调查数据显示，近几年国内拍卖市场不景气。与去年相比，今年拍卖行业的业绩下滑近四成，您怎样看待这种现象呢？

男：我认为以前是太景气了，那是不正常的。1 我觉得不景气反而是在恢复理性、往正常方向发展的一个标志。以前拍卖行业出现时就赶上盛世，大环境比较好，即使不推广，展览品也会被卖个精光。当时拍卖行业的管理也没有形成秩序和规律。所以前几年里很多拍卖行只是表面上很风光罢了，其实都是一些拍卖的作品在吸引着大家。

女：您认为拍卖行下一步该怎样做呢？

男：服务这件事是各行各业都需要去想的，我们还没有一个现成的示范。像国外，他们把服务是放在首位的，其次才是利益。而我们却正好相反。2 所以我们应该改变观念，在服务上应该多下工夫。

女：那么从现在的形式来看，您认为现在的拍卖行面临的最大问题是什么？

男：首先要知道拍卖行是干什么的，他们应该怎么做。3 拍卖行是一个服务机构，而不是一个店，谁的作品好卖就卖谁的，这样做必然会带来很多负面影响。我们要自己去发现、去培养、去推动，最后才谈盈利。

여: 최근 한 조사 데이터에 따르면, 최근 몇 년 동안 국내 경매 시장이 불경기라고 하던데요. 작년과 비교했을 때 올해 경매 업계의 성과가 40% 가량 하락했는데, 선생님께서는 이 현상을 어떻게 보십니까?

남: 이전에 경기가 너무 좋았던 게 비정상이고, 1 현재 불경기인 것이 오히려 이성을 되찾아 정상적으로 발전해가는 지표라고 저는 생각합니다. 과거 경매 업계가 생겨났을 때는 절정의 시기였고, 전체적인 사회 분위기가 좋은 편이어서, 널리 알리지 않더라도 전시품이 모두 팔릴 수 있었답니다. 그때는 경매업계의 관리에도 질서와 규칙이 갖춰지지 않았는데요. 그래서 지난 몇 년 간 많은 경매회사들은 겉으로만 그럴듯한 것뿐이었고, 사실은 다 경매 작품들이 사람들을 끌어들인 것이라 할 수 있습니다.

여: 선생님께서는 경매 회사들이 앞으로 어떻게 해야 한다고 생각하십니까?

남: 서비스라는 일은 모든 업종에 필요한 것인데, 우리에게는 아직 완성된 본보기가 없습니다. 외국처럼 서비스를 가장 우선 순위로 두고, 그 다음이 이익이 되어야 합니다. 하지만 우리는 그와 정반대입니다. 2 그러므로 관념을 바꿔야 하고, 서비스에 더 많은 노력을 기울여야 합니다.

여: 그럼 지금의 형태로 봤을 때, 선생님께서는 요즘 경매회사들이 직면한 가장 큰 문제가 무엇이라고 생각하시나요?

남: 가장 먼저 경매회사가 무엇을 하는 것이며, 그들이 어떻게 해야 하는지를 알아야 합니다. 3 경매 회사는 서비스 기구이지 상점이 아닙니다. 누구의 작품이 잘 팔린다고 해서 그것을 판다고 하면 이는 분명 많은 부정적 영향을 가져올 것입니다. 우리가 스스로 발견하고, 육성하고, 추진해야만 결국 이윤을 논할 수 있을 겁니다.

女: 政府在扶持拍卖业发展方面应该做哪些工作呢?
男: 4 首先要帮拍卖行业构建出一个政策宽松的平台；其次要加强专业的培训。5 我们明年一系列的工作就是要做好拍卖行业的培训，请国外一些经验丰富的拍卖行业专家给我们讲一讲应该怎么管理、怎么经营，让大家找到一个正确的方式。

여: 정부는 경매업 발전을 지원하는 데 있어 어떠한 일을 해야 할까요?
남: 4 우선 경매 업계가 정책이 완화된 플랫폼을 구축해낼 수 있도록 도와주어야 하고, 다음으로 전문적인 양성 훈련을 강화해야 합니다. 5 저희의 내년 일련의 프로젝트가 바로 경매업을 잘 육성시키는 것인데요, 외국의 경험이 풍부한 일부 경매업계 전문가들을 초청하여 어떻게 관리하고 어떻게 경영해야 하는지 들려주어 모두가 정확한 방법을 찾아낼 수 있도록 해야 합니다.

지문 어휘 数据 shùjù 명 데이터, 통계 수치 | 显示 xiǎnshì 동 보여주다, 나타내다 | 拍卖 pāimài 동 경매하다 | 景气 jǐngqì 형 (경제 상황이) 활발하다, 번영하다 | 业绩 yèjì 명 업적, 실적 | 下滑 xiàhuá 동 아래로 미끄러지다, 하락하다 | 成 chéng 양 10분의 1, 할 | 看待 kàndài 동 대하다, 다루다, 취급하다 ★ | 恢复 huīfù 동 회복하다, 회복시키다 | 理性 lǐxìng 명 이성 형 이성적이다 | 标志 biāozhì 명 지표, 상징, 표지 | 盛世 shèngshì 명 성세, 흥성한 시대 | 大环境 dà huánjìng 명 전체적인 사회 환경과 사회 분위기 | 推广 tuīguǎng 동 널리 보급하다, 일반화하다 | 展览品 zhǎnlǎnpǐn 명 전시품 | 精光 jīngguāng 형 아무것도 없다, 조금도 남지 않다 | 秩序 zhìxù 명 질서 | 规律 guīlǜ 명 규칙, 규율, 법칙 형 규칙적이다, 규율에 맞다 | 表面 biǎomiàn 명 겉, 표면, 외관 | 风光 fēngguāng 형 그럴듯하다, 영광스럽다, 근사하다, 체면이 서다 | 罢了 bàle 조 (서술문 끝에 쓰여) 단지~일 따름이다 | 吸引 xīyǐn 동 끌어당기다, 유인하다 | 现成 xiànchéng 형 원래부터 있는, 이미 갖추어져 있는, 기성의 ★ | 示范 shìfàn 명 시범, 모범 동 시범하다, 모범을 보이다 ★ | 首位 shǒuwèi 명 1위, 최상위, 일등 | 利益 lìyì 명 이익, 이득 | 观念 guānniàn 명 관념, 의식, 사상 | 下功夫 xià gōngfu 노력을 기울이다, 공을 들이다, 애를 쓰다 | 面临 miànlín 동 직면하다, 당면하다 | 机构 jīgòu 명 기구 ★ | 负面 fùmiàn 명 부정적인 면, 소극적인 면 | 培养 péiyǎng 동 육성하다, 배양하다, 기르다 | 推动 tuīdòng 동 추진하다, 촉진하다 | 盈利 yínglì 명 이윤, 이익 동 이익을 보다 ★ | 扶持 fúchí 동 부축하다, 돕다, 지지하다 | 构建 gòujiàn 동 구축하다, 세우다, 수립하다 | 政策 zhèngcè 명 정책 | 宽松 kuānsōng 형 넓다, 여유가 있다, 넉넉하다 | 平台 píngtái 명 플랫폼 | 加强 jiāqiáng 동 강화하다 | 专业 zhuānyè 명 전문의 명 전문, 전공 | 培训 péixùn 동 양성하다, 육성하다, 훈련하다 | 系列 xìliè 명 계열, 시리즈 ★ | 专家 zhuānjiā 명 전문가 | 方式 fāngshì 명 방법, 방식, 패턴

男的怎么看待拍卖行业不景气这一现象?
A 行业需要振兴
B 民众失去了信心
C 受经济危机的影响
D 正在恢复理性

남자는 경매 업계가 불경기인 이 현상을 어떻게 보는가?
A 업계에 진흥이 필요하다
B 사람들이 자신감을 잃었다
C 경제 위기의 영향을 받았다
D 이성을 되찾고 있다

보기 어휘 振兴 zhènxīng 동 진흥시키다 ★ | 失去 shīqù 동 잃다, 잃어버리다 | 危机 wēijī 명 위기, 위험한 고비 ★

정답 D

해설 인터뷰 진행자인 여자가 인터뷰 대상자인 남자에게 첫 번째 질문으로 경매 업계의 불경기 현상에 대해 묻고 있다. 남자의 답변 중 '我觉得不景气反而是在恢复理性、往正常方向发展的一个标志。(현재 불경기인 것이 오히려 이성을 되찾아 정상적으로 발전해가는 지표라고 저는 생각합니다.)'를 듣고 정답이 D임을 알 수 있다.

2

男的认为拍卖行该如何做?
A 要加强管理
B 改变观念
C 做好广告
D 增加好的拍卖品

남자는 경매 회사가 어떻게 해야 한다고 생각하는가?
A 관리를 강화해야 한다
B 관념을 바꿔야 한다
C 광고를 잘 해야 한다
D 좋은 경매품을 늘려야 한다

보기 어휘 加强 jiāqiáng 동 강화하다, 증강하다

정답 B

해설 경매 회사가 해야 할 일에 대한 남자의 생각을 묻고 있는데, 이는 여자의 두 번째 질문과 동일하다. 이에 대한 남자의 답변 중 자신의 견해에 대한 결론을 제시한 '所以我们应该改变观念。(그러므로 관념을 바꿔야 한다.)'을 듣고 정답이 B임을 알 수 있다. 녹음에서 화자가 자신의 관점이나 견해에 대한 결론을 언급하는 부분은 반드시 주의 깊게 듣도록 하자.

3

男的是怎么定位拍卖行的?
A 有助于经济的发展
B 是一个服务机构
C 能提升人们的审美观念
D 拍卖行不适合中国国情

남자는 경매 회사의 지위를 어떻게 평가하고 있는가?
A 경제 발전에 도움이 된다
B 하나의 서비스 기구이다
C 사람들의 심미적 관념을 향상시킨다
D 경매 회사는 중국 실정에 맞지 않다

보기 어휘 定位 dìngwèi 동 자리를 매기다, 객관적으로 평가하다 명 확정된 위치 | 提升 tíshēng 동 향상시키다, 높이다, 진급하다 | 审美 shěnměi 명 심미 형 심미적인 ★ | 国情 guóqíng 명 국정, 나라의 정세, 나라의 형편

정답 B

해설 이 문제는 다른 문제들과 다르게 인터뷰 속 여자의 질문과 일치하지 않는다. 하지만 대부분의 문제가 인터뷰 진행 순서대로 출제된다는 점을 감안해서 녹음을 들을 때 각 인터뷰 질문에 대한 내용을 간단하게 기록해두면 보다 쉽게 문제를 풀 수 있다. 여자는 남자에게 세 번째 질문으로 요즘 경매회사들이 직면한 가장 큰 문제에 대해 묻고 있는데, 이에 대한 남자의 답변 중 '拍卖行是一个服务机构而不是一个店。(경매 회사는 서비스 기구이지 상점이 아닙니다.)'을 듣고 정답이 B임을 알 수 있다.

4

政府在扶持方面该采取哪些措施?
A 提供资金
B 放宽政策
C 大力宣传
D 减免税金

정부는 지원 방면에서 어떠한 조치를 해 주어야 하는가?
A 자금 제공
B 정책 완화
C 대대적인 홍보
D 세금 감면

| 보기 어휘 | **措施** cuòshī 명 조치, 대책 | **放宽** fàngkuān 동 완화하다, 느슨하게 하다, 늦추다 | **宣传** xuānchuán 동 홍보하다, 선전하다 | **减免** jiǎnmiǎn 동 감면하다, 경감하다 | **税金** shuìjīn 명 세금

| 정답 | B

| 해설 | 이 문제는 '首先(우선)'이 정답 키워드이다. 여자는 남자에게 마지막 질문으로 경매업 발전 지원 방면에서의 정부의 역할에 대해 묻고 있다. 남자의 답변 중 '首先要帮拍卖行业构建出 一个政策宽松的平台。(우선 경매 업계가 정책이 완화된 플랫폼을 구축해낼 수 있도록 도와주어야 한다.)'를 듣고 정답이 B임을 알 수 있다. 이 문제와 같이 인터뷰 대상자가 본인의 관점이나 견해를 언급할 때 우선 순위를 나타내는 '首先(우선, 먼저)~，其次(그 다음으로)~'라는 표현을 사용한다면 그 내용이 무엇인지 반드시 놓치지 말고 듣도록 하자.

5

男的所在的拍卖行业明年的重点工作是什么？
A 收集藏品
B 承办展会
C 扩大投资
D 拍卖行业的培训

남자가 속한 경매 업종의 내년 중점 업무는 무엇인가?
A 소장품 수집
B 전람회 주관
C 투자 확대
D 경매업 육성

| 보기 어휘 | **所在** suǒzài 명 소재, 존재하는 곳 | **收集** shōují 동 수집하다, 끌어 모으다 | **藏品** cángpǐn 명 소장품 | **承办** chéngbàn 동 맡아 처리하다 ★ | **扩大** kuòdà 동 확대하다, 넓히다 | **投资** tóuzī 명 투자, 투자금 동 투자하다

| 정답 | D

| 해설 | 문제에서 '明年(내년)'을 잘 듣고, 경매 업계가 내년에 해야할 중점 업무에 대해 묻고 있다는 것을 정확히 파악해야 한다. 인터뷰 마지막 부분에서 남자가 정부의 역할에 대해 언급하면서 '我们明年一系列的工作就是要做好拍卖行业的培训。(저희의 내년 일련의 프로젝트가 바로 경매업을 잘 육성시키는 것입니다.)'이라고 하였으므로 정답은 D이다.

공략비법 09 이야기 글

본서 p. 109

第1到3题是根据下面一段话： 　　　　　1~3번 문제는 다음 내용에 근거한다.

一日，宋太宗摆酒设宴款待两个大臣，1 结果两个大臣都喝醉了，竟然当着皇帝的面比起功劳来。他们越比越来劲儿，最后斗起嘴来，完全把君臣礼节抛在了脑后。侍卫在旁边看看，觉得他们俩实在不像话，便奏请宋太宗将这两人抓起来治罪。宋太宗没有同意，只是草草撤了酒宴，派人分别把两位大臣送回了家。

次日清晨，两位大臣酒醒后，想起前一天的事惶恐万分，连忙进宫请罪。2 宋太宗看到他们战战兢兢的样子，轻描淡写地说："昨天我也喝醉了，什么都记不起来。"两位大臣看到宋太宗的反应，内心感激万分。3 宽容是一个领导者必备的美德。

어느 날 송태종(宋太宗)이 연회를 베풀어 대신 두 명을 접대했는데, 1 결국 두 신하가 모두 그만 술에 취해 놀랍게도 왕의 면전에서 자신들의 공로를 견주기 시작했다. 그들은 서로 견줄수록 더 흥분한 나머지 군신의 예절은 완전히 잊어버리고 언쟁을 벌이기 시작했다. 호위병이 옆에서 이를 보고 신하들이 말도 안 되는 행동을 하고 있다고 여겨 송태종에게 이 두 명을 잡아 죄를 다스리라고 아뢰었다. 송태종은 이에 동의하지 않았고, 연회를 대충 끝낸 뒤 사람을 보내 그 두 신하를 각각 집으로 데려다 주라고 하였다.

이튿날 이른 아침, 두 신하는 술에서 깬 뒤 전날 일을 떠올리고는 매우 놀라고 두려워 황급히 궁에 들어가 죄를 고하고 벌을 청했다. 2 송태종은 그들이 전전긍긍하는 모습을 보고는 '어제 과인 또한 술을 많이 마셔 아무것도 생각이 나지 않는다네.' 라고 얼렁뚱땅 얼버무리며 말했다. 두 신하는 송태종의 반응을 보고 매우 감격했다. 3 관용은 지도자가 반드시 갖추어야 할 미덕인 것이다.

지문 어휘 摆酒 bǎijiǔ 동 연회를 열다, 술자리를 만들다 | 设宴 shèyàn 동 연회를 베풀다 | 款待 kuǎndài 동 환대하다 | 大臣 dàchén 명 신하, 대신 | 功劳 gōngláo 명 공로 ★ | 来劲儿 láijìnr 동 흥분하다, 흥겨워하다, 신바람이 나다 | 斗嘴 dòu zuǐ 동 언쟁하다, 말다툼을 하다 | 君臣 jūnchén 명 군신, 임금과 신하 | 礼节 lǐjié 명 예절 | 抛 pāo 동 버리다, 던지다 | 侍卫 shìwèi 명 호위병 | 不像话 búxiànghuà 말이 안 된다, 꼴불견이다 | 奏 zòu 동 군주에게 아뢰다 | 治罪 zhì zuì 동 죄를 다스리다, 치죄하다, 응분의 처벌을 하다 | 草草 cǎocǎo 부 대충대충, 허둥지둥, 적당히 | 撤 chè 동 없애다, 제거하다, 치우다 | 次日 cìrì 명 이튿날, 다음 날 | 清晨 qīngchén 명 이른 아침 | 惶恐万分 huángkǒng wànfēn 매우 놀라고 두렵다, 대단히 황공하다 | 连忙 liánmáng 부 얼른, 급히, 재빨리 | 进宫 jìn gōng 동 궁에 들어가다 | 请罪 qǐng zuì 동 죄를 자수하고 처벌을 요청하다, 사죄하다 | 战战兢兢 zhànzhànjīngjīng 전전긍긍하다, 아주 조심하다 | 轻描淡写 qīngmiáodànxiě 성 얼렁뚱땅 넘어가다, 대강대강 얘기하고 지나가다, 슬그머니 넘어가다 | 宽容 kuānróng 동 관용하다, 너그럽다 ★ | 必备 bìbèi 동 반드시 갖추다 | 美德 měidé 명 미덕

两个大臣喝醉后，做了什么？
A 在皇上面前争吵
B 蓄意谋反
C 怒斥皇上
D 刺杀皇上

두 명의 신하는 술에 취한 뒤 무엇을 했는가?
A 왕의 면전에서 말다툼을 했다
B 고의로 반역을 꾀했다
C 왕에게 화를 냈다
D 왕을 암살했다

| 보기 어휘 | **争吵** zhēngchǎo 동 말다툼하다, 큰 소리로 언쟁하다 | **蓄意** xùyì 동 고의로 하다, 의도적으로 하다 | **谋反** móufǎn 동 반역을 꾀하다 | **怒斥** nùchì 동 화를 내며 꾸짖다, 노하여 욕하다, 분노하여 질책하다 | **皇上** huángshang 명 황상(황제를 부르는 칭호) | **刺杀** cìshā 동 암살하다

정답 **A**

해설 상황의 결과를 제시하는 '结果(결국)'가 정답 키워드이다. 지문 앞부분의 '结果两个大臣都喝醉了，竟然当着皇帝的面比起功劳来。他们越比越来劲儿，最后斗起嘴来。(결국 두 신하가 모두 그만 술에 취해 놀랍게도 왕의 면전에서 자신들의 공로를 견주기 시작했다. 그들은 서로 견줄수록 더 흥분한 나머지 언쟁을 벌이기 시작했다.)'를 듣고, 두 신하가 말다툼을 했음을 알 수 있다. 따라서 A가 정답이다. 여기서 '斗嘴(언쟁하다)'와 '争吵(말다툼을 하다)'는 유의어임을 알아두자.

2

宋太宗是如何处理这件事的?
A 依法治罪
B 忘得一干二净
C 不做计较
D 罢免官职

송태종은 이 일을 어떻게 처리하였는가?
A 법대로 치죄했다
B 깨끗이 잊어버렸다
C 문제시하지 않았다
D 관직을 해임했다

| 보기 어휘 | **依法** yī fǎ 동 법에 의거하다, 법에 따르다 | **治罪** zhì zuì 동 치죄하다, 죄를 다스리다, 응분의 처벌을 하다 | **一干二净** yìgānèrjìng 성 깨끗이, 모조리 | **计较** jìjiào 동 문제시하다, 따지다, 계산하여 비교하다 ★ | **罢免** bàmiǎn 동 해임하다, 파면하다 | **官职** guānzhí 명 관직

정답 **C**

해설 문장의 내포된 의미를 파악해야 하는 문제이다. 녹음 마지막 부분의 '宋太宗看到他们战战兢兢的样子，轻描淡写地说："昨天我也喝醉了，什么都记不起来了。"(송태종은 그들이 전전긍긍하는 모습을 보고는 '어제 과인 또한 술을 많이 마셔 아무것도 생각이 나지 않는다네.'라고 얼렁뚱땅 얼버무리며 말했다.)'를 듣고, 송태종이 어제 일어난 일을 정말 잊어버린 것이 아니라 문제삼지 않으려고 일부러 한 말임을 알 수 있다. 따라서 정답은 C이다.

3

宋太宗的做法给管理者什么启示?
A 要出类拔萃
B 要一诺千金
C 要勇往直前
D 要宽以待人

송태종의 행동은 관리자들에게 어떤 깨달음을 주는가?
A 같은 무리보다 뛰어나야 한다
B 약속한 말을 반드시 지켜야 한다
C 용감하게 앞으로 나아가야 한다
D 관용으로 사람을 대해야 한다

| 보기 어휘 | **出类拔萃** chūlèibácuì 성 같은 무리 가운데에서 특별히 뛰어나다 | **一诺千金** yínuòqiānjīn 성 약속한 말은 틀림없이 지킨다, 하나의 승낙을 얻는 것은 천금을 얻는 것보다 낫다, 한번 승낙한 말은 천금과도 같다 | **勇往直前** yǒngwǎngzhíqián 성 용감하게 앞으로 나아가다 | **宽以待人** kuānyǐdàirén 관용을 베풀다, 너그럽게 대하다

정답 **D**

해설 주제를 묻는 문제이다. 마지막 문장 '宽容是一个领导者必备的美德。(관용은 지도자가 반드시 갖추어야 할 미덕인 것이다.)'를 통해 지도자는 관용을 베풀어야 한다는 것이 바로 이 글의 핵심 주제임을 알 수 있으므로 정답은 D이다.

第4到7题是根据下面一段话： 4~7번 문제는 다음 내용에 근거한다.

4 古时候，有一位著名的医学家，他被人们誉为"神医"。他常常要给病人做手术，但当时根本没有麻药，所以手术时，病人往往疼得乱踢乱叫。无奈之下，他只能把病人绑在床上。看着病人痛苦的样子，他却无能为力。

有一天，一个摔断了腿的醉汉来就医，伤势十分严重，需要立即动手术。5 这位"神医"害怕那个醉汉乱动，就叫助手按住那个人。可没想到，整个手术过程中病人一点都没有挣扎，手术进行得非常顺利，这让他大惑不解，还是第一次遇到这样的情况。6 就在他冥思苦想之际，病人身上那股浓烈的酒味使他恍然大悟。原来，人喝醉了，就会失去知觉，也就感觉不到疼痛了。于是他想：如果能制成这样一种药，在手术前让病人吃下去，使病人暂时失去知觉，这样做手术时，病人就不会疼了。

7 后来，通过他不懈地努力和反复试验，终于发明了麻醉剂——麻沸散。病人做手术再也不会那么痛苦了。

4 옛날에 '신의(神醫)'라고 불리던 한 유명한 의학자가 있었는데, 그는 항상 환자를 수술해야 했지만, 당시에는 마취약이 아예 없어서, 수술할 때 환자들은 종종 아파서 발버둥을 치고 마구 소리를 질러댔다. 이에 어쩔 수 없이 그는 환자를 침대에 묶어두었는데, 환자가 고통스러워하는 모습을 보고도 그는 어찌할 도리가 없었다.

어느 날, 넘어져 다리가 부러진 술에 취한 한 남자가 치료를 받으러 왔는데, 부상이 매우 심각해서 즉시 수술이 필요했다. 5 이 '신의'는 그 술 취한 남자가 난동을 부릴까 겁이 나서, 조수에게 그 사람을 붙잡으라고 했다. 하지만 뜻밖에도, 수술하는 내내 환자는 전혀 발버둥을 치지 않았고, 수술은 매우 순조롭게 진행되었다. 그는 처음으로 맞은 이런 상황을 도저히 이해할 수 없었다. 6 그가 곰곰이 생각을 하고 있을 즈음, 환자의 몸에서 나던 진한 술 냄새가 그의 생각을 번쩍 들게 하였다. 알고 보니, 사람이 취하면 감각을 잃게 되고 고통을 느끼지 않게 되는 것이었다. 그리하여 그는 이런 종류의 약을 만들어 수술 전 환자들에게 섭취하게 해 잠시 감각을 잃게 만들면, 수술할 때 환자들이 통증을 느끼지 못할 것이라고 생각했다.

7 훗날, 그의 꾸준한 노력과 반복된 실험 끝에 드디어 '마페이산(麻沸散)'이라는 마취제가 발명되었고, 환자들이 수술을 받을 때 더 이상은 그렇게 고통스럽지 않게 되었다.

지문 어휘 誉为 yùwéi 동 ~라고 불리다, ~라고 칭송되다 | 神医 shényī 명 신의, 명의 | 手术 shǒushù 명 수술 동 수술하다 | 根本 gēnběn 부 아예, 전혀 | 麻药 máyào 명 마취약 | 乱 luàn 부 마구, 함부로, 제멋대로 | 踢 tī 동 차다, 발길질하다 | 无奈 wúnài 동 어찌해 볼 도리가 없다, 방법이 없다 | 绑 bǎng 동 묶다, 동이다, 감다 | 痛苦 tòngkǔ 명 고통, 아픔 | 无能为力 wúnéngwéilì 성 힘을 제대로 쓰지 못하다, 능력이 없다 ★ | 摔 shuāi 동 넘어지다 | 醉汉 zuìhàn 명 술 취한 남자 | 就医 jiù yī 동 치료를 받다, 진찰을 받다 | 伤势 shāngshì 명 부상 정도, 다친 상태 | 立即 lìjí 부 즉시, 곧, 바로 | 助手 zhùshǒu 명 조수 ★ | 按住 àn zhù 붙잡아놓다 | 挣扎 zhēngzhá 발버둥치다, 몸부림치다 ★ | 大惑不解 dàhuòbùjiě 도무지 이해가 되지 않다, 크나큰 의혹이 풀리지 않다 | 冥思苦想 míngsīkǔxiǎng 심사숙고하다, 깊이 생각하다 | 之际 zhījì 명 즈음, 때 ★ | 股 gǔ 양 줄기(맛, 기체, 냄새, 힘 따위를 세는 단위) | 浓烈 nóngliè 형 짙다, 강렬하다 | 恍然大悟 huǎngrándàwù 성 문득 모든 것을 깨치다 ★ | 失去 shīqù 잃다, 잃어버리다 | 知觉 zhījué 명 감각, 지각 | 制成 zhìchéng 동 ~로 만들다 | 不懈 búxiè 형 꾸준하다, 게으르지 않다 | 反复 fǎnfù 부 반복하여, 거듭, 되풀이하여 | 试验 shìyàn 명 실험, 테스트 동 실험하다, 시험하다, 테스트하다 ★ | 麻醉剂 mázuìjì 명 마취제, 마취약

4

关于那名"神医",下列哪项正确?
A 医术高超
B 发明了解酒丸
C 手术的费用很高
D 常常喝醉

그 '신의'에 관해 다음 중 옳은 것은?
A 의술이 뛰어나다
B 숙취 해소 알약을 발명했다
C 수술비가 비싸다
D 자주 술에 취한다

보기 어휘 高超 gāochāo 형 뛰어나다, 출중하다 ★ | 解酒丸 jiějiǔwán 명 숙취 해소 알약 | 费用 fèiyòng 명 비용, 지출

정답 A

해설 '神医(신의)'가 의미하는 것이 무엇인지는 녹음 첫 문장에서 언급되었다. '古时候,有一位著名的医学家,他被人们誉为"神医"。(옛날에 '신의(神医)'라고 불리던 한 유명한 의학자가 있었다.)'를 듣고, 그가 의술이 뛰어나서 사람들에게 신의(神医)로 불렸음을 알 수 있다. 따라서 정답은 A이다.

5

为什么要按住那位喝醉的病人?
A 害怕伤到自己
B 防止病人乱动
C 方便打麻药
D 病人不想做手术

왜 술에 취한 그 환자를 붙잡았는가?
A 자신을 다치게 할까 두려워서
B 환자가 난동을 부리는 것을 방지하기 위해서
C 마취약을 놓기 편하도록
D 환자가 수술을 받고 싶어하지 않아서

보기 어휘 防止 fángzhǐ 동 방지하다 ★

정답 B

해설 녹음 앞부분에서 이미 평소 수술 시 환자들이 통증 때문에 발버둥을 치고 소리를 질러대기 때문에 환자를 묶어둔다고 하였고, 뒤에 이어지는 내용에서 술 취한 남자가 즉시 수술이 필요했다고 언급하면서 '这位"神医"害怕那个醉汉乱动,就叫助手按住那个人。(이 '신의'는 그 술 취한 남자가 난동을 부릴까 겁이 나서, 조수에게 그 사람을 붙잡으라고 했다.)'이라고 하였으므로 정답은 B이다.

6

文中的"冥思苦想"可能是什么意思?
A 善于思考
B 认真思考
C 生活很辛苦
D 想不明白

지문 속 '冥思苦想'은 무슨 의미인가?
A 사고에 능하다
B 곰곰이 생각하다
C 생활이 매우 고생스럽다
D 이해하지 못하다

보기 어휘 善于 shànyú 동 ~에 능하다, ~을 잘하다 | 思考 sīkǎo 동 사고하다, 깊이 생각하다

정답 B

| 해설 | 지문 속 성어의 의미를 묻는 문제는 난이도가 높은 편이라고 할 수 있다. 성어는 글자의 표면적인 뜻을 먼저 이해한 뒤 그 내포적인 의미를 파악해야 하는데 '冥思苦想'은 '冥思'가 '깊이 사색하다'라는 뜻이고, '苦想'이 '고심하다'라는 뜻이므로, 이는 '심사숙고하다, 깊이 생각하다'라는 의미임을 알 수 있다. 이 밖에도, 녹음에서 '冥思苦想' 뒤에 이어진 문장을 듣고도 정답을 유추할 수 있다. '病人身上那股浓烈的酒味使他恍然大悟。(환자의 몸에서 나던 진한 술 냄새가 그의 생각을 번뜩 들게 하였다.)'라고 하였으므로 '冥思苦想'이 사람의 생각과 관련된 의미임을 알 수 있다. 따라서 정답은 B이다.

7

这段话主要谈的是什么?
A 中医的发展
B "神医"的传记
C 抢救病人的技巧
D "麻沸散"是如何诞生的

이 이야기의 주요 내용은 무엇인가?
A 중의(中醫)의 발전
B '신의(神醫)'의 전기
C 환자를 응급 처치하는 기술
D '마페이산(麻沸散)'은 어떻게 발명되었는가

| 보기 어휘 | **传记** zhuànjì 명 전기 ★ | **抢救** qiǎngjiù 동 응급 처치하다, 급히 구조하다 | **技巧** jìqiǎo 명 기교, 기예, 테크닉 ★ |
诞生 dànshēng 동 탄생하다, 생기다, 나오다 ★

| 정답 | D

| 해설 | 주제를 묻는 문제이다. 녹음 지문은 한 의사가 술에 취한 환자를 수술하는 과정에서 우연찮게 발견한 사실을 통해 마취제가 개발되었다는 이야기를 전하고 있다. 또한 마지막 부분에서 주제와 관련된 내용이 직접적으로 언급되었는데, '后来，通过他不懈地努力，反复试验，终于发明了重要的麻醉剂——麻沸散。(훗날, 그의 꾸준한 노력과 반복된 실험 끝에 드디어 중요한 마취제인 '마페이산(麻沸散)'이 발명되었다.)'을 듣고 정답이 D임을 알 수 있다.

공략비법 10 설명문

본서 p. 118

第1到4题是根据下面一段话:

1~4번 문제는 다음 내용에 근거한다.

4 我们都知道，边开车边打电话是极其危险的，这是为什么呢？这是因为人的大脑不像电脑那样能够同时做很多工作。1 人脑一旦同时处理两项任务，哪怕是非常简单的任务，效率也会逐渐降低，出现双任务的相互干扰现象。2 驾驶汽车本身就是一项较为复杂的任务，在驾车的同时，人还要密切观察周围的环境，这又是一项需要全神贯注的工作。人在开车时，大脑已经是满负荷运转了。如果这个时候再打电话或者发短信，负责思维和控制语言系统的大脑额叶就会超载，很容易引发交通事故。人脑之所以会出现双任务的相互干扰现象，其实是源自大脑额叶的生理特性，3 人在同时做不同事情的时候，脑电波会在额叶的不同区域来回跳动，期间会有几百毫秒的停顿，在停顿期间，人的反应就会变慢。如果开车的时候出现这种情况，很可能会导致司机在危险发生时来不及做出反应，从而引发交通事故。就算是使用车载电话，其道理也是一样的，因为人脑此时仍处于双任务干扰的状态之中。所以在我们驾驶汽车时，为了我们自己和他人的人身安全，绝对不要使用电话。

4 우리 모두 운전하면서 전화를 하는 것이 매우 위험하다고 알고 있는데, 왜 그런 걸까? 이는 인간의 뇌가 컴퓨터처럼 그렇게 동시에 많은 일을 할 수 없기 때문이다. 1 인간의 뇌는 일단 동시에 두 가지 일을 처리하게 되면, 설령 매우 간단한 일이라 해도 효율이 점점 떨어지고, 양쪽 일이 서로 방해하는 현상이 나타나게 된다. 2 차를 운전하는 것은 그 자체가 비교적 복잡한 일인데, 운전을 하는 동시에 주위 환경을 세심하게 살펴야 하기에, 이 또한 온 정신을 집중시켜야 하는 일인 것이다. 사람이 운전을 할 때 뇌는 이미 최대한으로 가동되고 있다. 만약 이 때 전화를 하거나 문자 메시지를 보내면, 사고를 담당하고 언어 체계를 통제하는 대뇌 전두엽이 과부하가 되어 교통사고를 일으키게 되기 쉽다. 이는 뇌에서 양쪽 일이 서로 방해하는 현상이 일어나기 때문이다. 사실 대뇌 전두엽의 생리적인 특성에 기인하면, 3 사람이 동시에 다른 일을 할 때, 뇌파는 전두엽의 각기 다른 구역에서 반복적으로 움직이는데, 그 사이 몇 백 밀리 초 동안 멈추게 되고, 멈추는 동안에는 사람의 반응이 느려진다. 운전을 할 때 이런 상황이 생긴다면, 운전자는 위험 발생 시 즉각적으로 반응하지 못하게 될 가능성이 높아 교통사고가 일어나게 된다. 설령 카폰을 사용한다 하더라도, 그 이치는 동일하다. 뇌는 이 때에도 여전히 두 가지 일이 서로 방해하는 상태에 놓여 있기 때문이다. 따라서 우리는 운전을 할 때 자신과 타인의 신변 안전을 위해 절대로 전화를 사용해서는 안 된다.

지문 어휘 | 极其 jíqí 🔹 매우, 아주, 몹시 | 一旦 yídàn 🔹 일단 ~한다면 | 处理 chǔlǐ 🔹 처리하다, 해결하다 | 效率 xiàolǜ 🔹 효율 | 逐渐 zhújiàn 🔹 점점 | 降低 jiàngdī 🔹 떨어지다, 내려가다, 줄이다 | 干扰 gānrǎo 🔹 방해하다, 지장을 주다 ⭐ | 驾驶 jiàshǐ 🔹 운전하다 | 本身 běnshēn 🔹 그 자체, 그 자신, 자신, 본인 ⭐ | 密切 mìqiè 🔹 세밀하게, 빈틈없이, 꼼꼼하게 🔹 밀접하다 | 观察 guānchá 🔹 살피다, 관찰하다 | 全神贯注 quánshénguànzhù 🔹 온 정신을 집중시키다 | 满负荷 mǎnfùhè 🔹 최대한 가동되다 | 运转 yùnzhuǎn 🔹 회전하다, 돌다, 운행하다 | 思维 sīwéi 🔹 사고, 사유 ⭐ | 控制 kòngzhì 🔹 통제하다, 제어하다, 규제하다 | 系统 xìtǒng 🔹 체계, 계통, 시스템 | 额叶 éyè 🔹 전두엽 | 超载 chāozài 🔹 과대 적재하다, 과적하다 | 事故 shìgù 🔹 사고 ⭐ | 源自 yuánzì ~에서 발원하다, ~에서 비롯되다 | 生理 shēnglǐ 🔹 생리 | 区域 qūyù 🔹 구역, 지역 ⭐ | 来回 láihuí 🔹 반복하여, 여러 차례 | 跳动 tiàodòng 🔹 뛰다, 깡충 뛰다, 활동하다 | 毫秒 háomiǎo 🔹 밀리 초(1,000분의 1초) | 停顿 tíngdùn 🔹 잠시 멈추다, 중지하다, 중단하다 ⭐ | 期间 qījiān 🔹 기간, 시간 | 反应 fǎnyìng 🔹 반응 🔹 반응하다 | 导致 dǎozhì 🔹 야기하다, 초래하다 | 引发 yǐnfā 🔹 일으키다, 야기하다 | 车载电话 chēzài diànhuà 🔹 카폰(car phone) | 道理 dàolǐ 🔹 이치, 도리 | 状态 zhuàngtài 🔹 상태 | 绝对 juéduì 🔹 절대로, 반드시

1

如果人脑在同一时间做两项任务，会怎么样？
A 效率会降低
B 反应会更快
C 会更加兴奋
D 脑细胞会再生

인간의 뇌는 동일한 시간에 두 가지 일을 하면 어떻게 되는가?
A 효율이 떨어진다
B 반응이 더 빨라진다
C 더 흥분하게 된다
D 뇌세포가 재생된다

보기 어휘 | 兴奋 xīngfèn 형 흥분하다 동 흥분시키다, 자극시키다 | 细胞 xìbāo 명 세포 ★ | 再生 zàishēng 동 재생하다, 다시 자라다

정답 A

해설 인간의 뇌가 동시에 두 가지 일을 하게 되었을 때 발생하게 되는 상황은 녹음 앞부분에서 언급되었다. '人脑一旦同时处理两项任务，哪怕是非常简单的任务，效率也会逐渐降低。(인간의 뇌는 일단 동시에 두 가지 일을 처리하게 되면, 설령 매우 간단한 일이라 해도 효율이 점점 떨어진다.)'라고 하였으므로 정답은 A이다.

2

驾驶汽车时，我们应该怎么样？
A 要有耐心
B 要集中精神
C 要低速慢行
D 要查询实时路况

운전을 할 때, 우리는 어떻게 해야 하는가?
A 인내심을 가져야 한다
B 정신을 집중해야 한다
C 저속으로 천천히 운행해야 한다
D 실시간 도로 상황을 알아봐야 한다

보기 어휘 | 低速 dīsù 형 저속의 | 慢行 màn xíng 천천히 운행하다 | 查询 cháxún 동 알아보다, 조사하여 묻다, 문의하다 | 实时路况 shíshí lùkuàng 실시간 도로 상황

정답 B

해설 운전을 할 때 어떻게 해야 하는지에 대해 묻고 있는데, 이는 녹음 중간 부분에서 '驾驶汽车本身就是一项较为复杂的任务，在驾车的同时，人还要密切观察周围的环境，这又是一项需要全神贯注的工作。(차를 운전하는 것은 그 자체가 비교적 복잡한 일인데, 운전을 하는 동시에 주위 환경을 세심하게 살펴야 하기에, 이 또한 온 정신을 집중시켜야 하는 일인 것이다.)'를 듣고 정답이 B임을 알 수 있다. 지문에서 언급된 성어 '全神贯注(온 정신을 집중시키다)'와 보기 B의 '集中精神(정신을 집중하다)'은 유사한 표현임을 기억해두자.

3

在脑电波处于停顿期间，我们会怎么样？
A 记忆力下降
B 偏头疼加剧
C 反应变慢
D 视力模糊

뇌파가 멈춰 있는 시간에 우리는 어떻게 되는가?
A 기억력이 떨어진다
B 편두통이 심해진다
C 반응이 느려진다
D 시력이 모호해진다

| 보기 어휘 | **记忆力** jìyìlì 명 기억력 | **偏头疼** piāntóuténg 편두통 | **加剧** jiājù 동 심해지다, 격화되다, 악화되다 ★ | **视力** shìlì 명 시력 ★ | **模糊** móhu 형 모호하다, 분명하지 않다

정답 **C**

해설 뇌파가 멈춰 있는 동안 일어나게 되는 현상에 대해 묻고 있다. 뇌파에 관한 내용은 녹음 중간 부분에서 언급되었다. '人在同时做不同事情的时候，脑电波会在额叶的不同区域来回跳动，期间会有几百毫秒的停顿，在停顿期间，人的反应就会变慢。(사람이 동시에 다른 일을 할 때, 뇌파는 전두엽의 각기 다른 구역에서 반복적으로 움직이는데, 그 사이 몇 백 밀리초 동안 멈추게 되고, 멈추는 동안에는 사람의 반응이 느려진다.)'이라고 하였으므로 C가 정답임을 알 수 있다.

4

这段话主要谈的是什么?
A 如何解决酒驾问题
B 大脑可以同时做双任务
C 车载电话的优点
D 为什么开车打电话不安全

이 글이 주로 이야기 하는 것은 무엇인가?
A 음주운전 문제를 어떻게 해결하는가
B 뇌는 동시에 두 가지 일을 할 수 있다
C 카폰의 장점
D 운전할 때 전화를 하는 것은 왜 안전하지 않은가

정답 **D**

해설 주제를 묻는 문제이다. 이는 첫 문장에서 '我们都知道，边开车边打电话是极其危险的，这是为什么呢？(우리 모두 운전하면서 전화를 하는 것이 매우 위험하다고 알고 있는데 왜 그런 걸까?)'라고 하였으므로 이 글은 운전을 하면서 전화를 하는 것이 위험한 이유에 대해 설명한 것임을 알 수 있다. 따라서 정답은 D이다

第5到7题是根据下面一段话： 5~7번 문제는 다음 내용에 근거한다.

地球的南北极处于地球自转轴的两端，温度都非常低。5.7 不过南极比北极更冷，这是为什么呢？6 首先，南极洲是陆地，北极地区则是一望无际的海洋。由于陆地降温快，海洋降温慢，因此冬季的南极要比北极更冷。这是造成两极温度差异的最重要原因；其次，南极洲的纬度高，太阳辐射相对较少；第三，南极圈内几乎每年都有极夜，这种极夜现象最长可达半年左右。也就是说，在这段时间，南极点根本就没有太阳辐射，与此同时，陆地热量也在不断散失，因此南极洲的平均温度比较低。

지구의 남북극은 지구 자전축의 양끝에 놓여 있어, 온도가 매우 낮다. 5.7 그런데 남극이 북극보다 더 추운데, 이는 왜 그런 것일까? 6 우선, 남극 대륙은 육지이지만 북극 지역은 끝없이 넓은 바다이기 때문이다. 육지는 기온이 내려가는 속도가 빠르고, 바다는 기온이 내려가는 속도가 느리기 때문에, 겨울철 남극이 북극보다 더 추운 것이다. 이것이 양극의 온도 차이를 일으키는 가장 중요한 원인이다. 그 다음으로, 남극 대륙의 위도가 높아 태양 복사가 상대적으로 적어서이다. 셋째, 남극권 내에서는 거의 매년 극야(極夜)가 일어나는데, 이 극야 현상은 최장 반년 가량에 이른다. 다시 말해, 이 기간 동안 남극점에는 태양 복사가 전혀 없으며, 이와 동시에 육지의 열이 끊임없이 소실되기 때문에 남극 대륙의 평균 온도가 비교적 낮은 것이다.

另外，南极洲是世界上平均海拔最高的大洲，而北极地区的平均海拔仅与海平面相当，海拔越高，温度就越低。7 因此，南极的气温要相对低一些。

이 밖에도, 남극 대륙은 세계에서 평균 해발이 가장 높은 대륙인 반면, 북극 지역의 평균 해발은 겨우 해수면에 상당하는 정도인데, 해발이 높을수록 온도는 낮아진다. 7 따라서 남극의 기온이 상대적으로 더 낮은 것이다.

지문 어휘 南北极 nánběijí 명 남북극 | 自转轴 zìzhuànzhóu 명 자전축 | 两端 liǎngduān 명 (사물의) 두 끝, 양단 | 南极洲 nánjízhōu 명 남극 대륙, 남극주 | 陆地 lùdì 명 육지, 땅 | 地区 dìqū 명 지역, 지구 | 一望无际 yíwàngwújì 성 아득히 넓어서 끝이 없다 | 海洋 hǎiyáng 명 바다, 해양 | 降温 jiàngwēn 동 기온이 떨어지다, 온도를 내리다 | 造成 zàochéng 동 일으키다, 조성하다, 야기하다 | 差异 chāyì 차이, 다른 점 | 纬度 wěidù 명 위도 | 辐射 fúshè 동 복사하다, 방사하다 ★ | 相对 xiāngduì 부 상대적으로, 비교적 | 南极圈 nánjíquān 명 남극권 | 极夜 jíyè 명 극야(극지방에서 겨울철에 해가 뜨지 않고 밤이 지속되는 기간) | 南极点 nánjídiǎn 명 남극점 | 根本 gēnběn 부 전혀, 아예 | 与此同时 yǔcǐtóngshí 이와 동시에, 아울러 | 热量 rèliàng 명 열, 열량 | 不断 búduàn 부 끊임없이, 계속해서, 부단히 동 끊임없다 | 散失 sànshī 동 소실되다, 산실되다 | 平均 píngjūn 명 평균의, 균등한 동 평균하다, 균등히 하다 | 海拔 hǎibá 명 해발 ★ | 海平面 hǎipíngmiàn 명 해수면

5

关于南极洲，可以知道什么？
A 水污染很严重
B 南极洲是海洋
C 南极洲更冷
D 南极的资源更丰富

남극에 관해 알 수 있는 것은?
A 수질 오염이 심각하다
B 남극 대륙은 바다이다
C 남극 대륙이 더 춥다
D 남극의 자원이 더 풍부하다

보기 어휘 水污染 shuǐwūrǎn 수질 오염 | 资源 zīyuán 명 자원

정답 C

해설 남극에 관해 묻고 있는데, 이는 녹음 앞부분에서 전환의 어감을 나타내는 '不过南极比北极更冷，这是为什么呢？(그런데 남극이 북극보다 더 추운데, 이는 왜 그런 것일까?)'를 듣고 정답이 C임을 알 수 있다.

6

造成南北两极温度差异的主要原因是：
A 大气层的破坏
B 冰川融化速度差异
C 海陆分布差异
D 太阳辐射强度

남북극의 온도 차이를 일으키는 주된 원인은:
A 대기층의 파괴
B 빙하 융해 속도 차이
C 바다와 육지의 분포 차이
D 태양 복사의 강도

보기 어휘 大气层 dàqìcéng 명 대기층 | 破坏 pòhuài 동 파괴하다, 훼손시키다, 손상시키다, 해치다 | 冰川 bīngchuān 명 빙하 | 融化 rónghuà 동 융해되다, 녹다 ★ | 分布 fēnbù 동 분포하다, 널려 있다 | 强度 qiángdù 명 강도

정답 C

해설 남북극의 온도 차이가 일어나는 원인은 5번 문제의 정답과 관련된 문장 '不过南极比北极更冷，这是为什么呢? (그런데 남극이 북극보다 더 추운데, 이는 왜 그런 것일까?)' 바로 뒤에서 이 질문의 답으로 언급된 문장을 통해 알 수 있다. '首先(우선)'이 정답 키워드인데, '首先，南极洲是陆地，北极地区则是一望无际的海洋。由于陆地降温快，海洋降温慢，因此冬季的南极要比北极更冷。(우선, 남극 대륙은 육지이지만 북극 지역은 끝없이 넓은 바다이기 때문이다. 육지는 기온이 내려가는 속도가 빠르고, 바다는 기온이 내려가는 속도가 느리기 때문에, 겨울철 남극이 북극보다 더 추운 것이다.)'이라고 하였으므로 정답은 C이다.

7

根据这段话，下列哪项正确?
A 北极温度比南极高
B 南极的平均海拔最低
C 北极生物品种多
D 极地地区臭氧层保护较好

이 글에 따르면 다음 중 옳은 것은?
A 북극의 온도는 남극보다 높다
B 남극의 평균 해발이 가장 낮다
C 북극 생물의 품종은 다양하다
D 극지방의 오존층은 보호가 잘 되어 있는 편이다

보기 어휘 生物 shēngwù 명 생물 ★ | 品种 pǐnzhǒng 명 품종 ★ | 极地 jídì 명 극지방, 극지 | 臭氧层 chòuyǎngcéng 명 오존층

정답 A

해설 이 문제는 5번의 정답과 관련된 문장을 듣고도 정답을 찾을 수 있다. 녹음 앞부분에서 '不过南极比北极更冷。(그런데 남극이 북극보다 더 춥다.)'이라고 하였는데, 이는 북극이 남극보다 온도가 높다는 의미이므로 정답은 A이다. 만약 이를 놓쳤다면, 결론을 제시한 마지막 문장 '因此，南极的气温要相对低一些。(따라서 남극의 기온이 상대적으로 더 낮은 것이다.)'를 듣고도 A가 정답임을 알 수 있다.

공략비법 11 실용문

第1到3题是根据下面一段话：　　　1~3번 문제는 다음 내용에 근거한다.

一位心理学家做过这样一个实验：实验的对象是一些四岁的儿童。实验开始时，先给每个孩子一块巧克力，同时告诉孩子们，如果马上吃，只能吃一块。但如果等二十分钟后再吃，就能吃到两块。1 实验进行到五分钟的时候，有的孩子便按耐不住了，马上吃掉了巧克力。实验进行到十分钟的时候，又有一些孩子吃掉了巧克力，2 剩下的孩子则控制住了自己，他们通过转移注意力的方法来消磨时间。比如，闭上眼睛，或者自言自语，以克制自己的欲望，最终，这些孩子获得了两块巧克力。

后来，研究人员又进行了跟踪研究，3 发现那些获得两块巧克力的孩子，到上中学时表现出较强的自控能力和独立自主精神，而那些经不住巧克力诱惑的孩子，则很容易逃避挑战和困难。3 此后几十年的跟踪观察，也证明那些有耐心、等待吃两块巧克力的孩子，在事业上和生活上更容易获得成功。

한 심리학자가 4세 아동들을 대상으로 이런 실험을 한 적이 있다. 실험을 시작할 때, 먼저 모든 아이들에게 초콜릿 한 조각을 주면서 지금 바로 먹으면 한 조각만 먹을 수 있지만, 20분을 기다린 후에 먹으면 두 조각을 먹을 수 있다고 말했다. 1 실험이 5분 진행되었을 때, 어떤 아이들은 참지 못하고 바로 초콜릿을 먹어버렸다. 실험이 10분 진행되었을 무렵, 또 몇몇 아이들이 초콜릿을 먹어버렸다. 2 남은 아이들은 자신을 다스리며, 주의력을 돌리는 방법으로 시간을 보냈다. 예를 들어, 자신의 욕구를 자제하기 위해 눈을 감거나 혼잣말을 하기도 했는데, 결국 이 아이들은 두 조각의 초콜릿을 얻게 되었다.

그 후, 연구원들이 다시 추적 연구를 진행했는데, 초콜릿 두 조각을 얻었던 그 아이들이 중학교에 진학했을 때 비교적 강한 자기 조절력과 자주 독립 정신을 보였던 반면 초콜릿의 유혹을 이겨내지 못한 아이들은 도전과 어려움을 쉽게 피해버렸다는 점을 발견해냈다. 3 그 뒤로 수십 년간 이어진 추적 관찰에서도 인내심을 가지고 기다려 초콜릿 두 조각을 먹었던 아이들이 일과 생활에서 더 쉽게 성공을 거두었다는 것이 증명되었다.

지문어휘 实验 shíyàn 명 실험 동 실험하다 | 儿童 értóng 명 아동 | 按耐 ànnài 동 참다, 억누르다 | 剩下 shèngxià 동 남다, 남기다 | 控制 kòngzhì 동 통제하다, 제어하다, 억누르다 | 转移 zhuǎnyí 동 옮기다, 바꾸다, 변경하다 ★ | 注意力 zhùyìlì 명 주의력 | 消磨 xiāomó 동 시간을 보내다, 소모하다 | 比如 bǐrú 접 예를 들어, 예를 들면, 예컨대 | 自言自语 zìyánzìyǔ 혼잣말을 하다, 중얼거리다 | 克制 kèzhì 동 자제하다, 억제하다, 억누르다 ★ | 欲望 yùwàng 명 욕구, 욕망 | 跟踪 gēnzōng 동 바짝 뒤를 따르다 ★ | 自控能力 zìkòng nénglì 명 자기 조절력 | 独立 dúlì 동 독립하다, 홀로서다 | 自主 zìzhǔ 동 자주적이다 ★ | 经不住 jīngbúzhù 이겨낼 수 없다, 감당할 수 없다 | 诱惑 yòuhuò 동 유혹하다, 끌어들이다 ★ | 逃避 táobì 동 피하다, 도피하다 | 挑战 tiǎozhàn 명 도전 동 도전하다 | 观察 guānchá 동 관찰하다, 살피다 | 等待 děngdài 동 기다리다 | 事业 shìyè 명 사업 ★

五分钟后，吃掉巧克力的孩子有什么特点？
A 很小气
B 缺乏耐心
C 很有好奇心
D 很自私

5분 후 초콜릿을 먹어버린 아이는 어떤 특징이 있는가?
A 매우 인색하다
B 인내심이 부족하다
C 호기심이 많다
D 매우 이기적이다

보기 어휘 小气 xiǎoqi 형 인색하다, 쩨쩨하다 | 缺乏 quēfá 동 부족하다, 결핍되다, 결여되다 | 耐心 nàixīn 명 인내심, 참을성 형 인내심이 있다 | 自私 zìsī 형 이기적이다

정답 B

해설 어떤 연구에 관한 지문은 해당 연구의 대상, 방법, 과정, 결과, 그리고 결과에 근거해 내린 결론 등이 매우 중요한 내용이라고 할 수 있다. 문제는 연구를 위한 실험 과정에서 5분 후 초콜릿을 먹어버린 아이들의 특징에 대해 묻고 있는데, 녹음 앞부분에서 '实验进行到五分钟的时候，有的孩子便按耐不住了，马上吃掉了巧克力。(실험이 5분 진행되었을 때, 어떤 아이들은 참지 못하고 바로 초콜릿을 먹어버렸다.)'를 듣고 정답이 B임을 알 수 있다.

2

下列哪项属于文中孩子"转移注意力"的方法？
A 讲故事
B 做游戏
C 听音乐
D 自言自语

다음 중 지문 속 아이들의 '주의력 이동' 방법에 속하는 것은?
A 이야기를 하는 것
B 게임을 하는 것
C 음악을 듣는 것
D 혼잣말을 하는 것

정답 D

해설 이 문제 또한 1번 문제와 같이 실험 과정에 대한 내용을 묻고 있다. 만약 지문 내용과 같이 하나의 실험 과정 중 두 가지 유형의 실험군이 등장할 경우 각각의 실험군에 대한 문제가 모두 출제될 가능성이 크다. 즉 1번 문제는 5분 안에 초콜릿을 먹어버린 아이들에 관해 물어봤다면 2번 문제는 20분을 기다렸다가 먹은 아이들에 관한 내용을 물을 것임을 유추할 수 있다. 녹음 중간 부분에서 '剩下的孩子则控制住了自己，他们通过转移注意力的方法来消磨时间。比如，闭上眼睛，或者自言自语。(남은 아이들은 자신을 다스리며, 주의력을 돌리는 방법으로 시간을 보냈다. 예를 들어, 눈을 감거나 혼잣말을 하기도 했다.)'라고 하였으므로 정답은 D이다.

3

通过这个实验，我们可以知道什么？
A 要培养孩子的创造力
B 鼓励孩子帮助他人
C 自控能力强的孩子更易成功
D 自控能力和年龄成正比

이 실험을 통해 알 수 있는 것은 무엇인가?
A 아이의 창조력을 길러야 한다
B 아이가 타인을 돕도록 격려해야 한다
C 자기 조절력이 강한 아이는 쉽게 성공한다
D 자기 조절력과 나이는 정비례한다

| 보기 어휘 | **创造力** chuàngzàolì 몡 창조력 | **正比** zhèngbǐ 몡 정비례 |

정답 C

해설 실험을 통한 연구 결과를 묻고 있는 문제이다. 이에 관한 내용은 녹음 마지막 부분에서 언급되었는데, '发现那些获得两块巧克力的孩子, 到上中学时表现出较强的自控能力和独立自主精神。(초콜릿 두 조각을 얻었던 그 아이들은 중학교에 진학했을 때 비교적 강한 자기 조절력과 자주 독립 정신을 보였다는 점을 발견해냈다.)'을 듣고, 초콜릿 두 조각을 얻었던 아이들이 자기 조절력이 강하다는 것을 알 수 있고, 그 뒤에 이어진 내용에서 '此后几十年的跟踪观察, 证明那些有耐心、等待吃两块巧克力的孩子, 在事业上和生活上更容易获得成功。(그 뒤로 수십 년간 이어진 추적 관찰에서도 인내심을 가지고 기다려 초콜릿 두 조각을 먹었던 아이들이 일과 생활에서 더 쉽게 성공을 거두었다는 것이 증명되었다.)'이라고 하였으므로 정답은 C이다.

第4到7题是根据下面一段话：   4~7번 문제는 다음 내용에 근거한다.

一项研究显示，在低温条件下，很多物质都会发生变化。接近零下200℃时，空气会变成浅蓝色的液体，也就是液态空气。4 水银、汽油、酒精等液体处于液态空气中会变成坚硬的固体。平时富有弹性的橡胶则会变得很脆，就连钢铁也会变成"豆腐"。人们利用许多物质在低温下状态会发生变化这一特性，发明了一种低温技术。

7 人们利用低温技术处理报废的汽车，还能打捞沉船。5 常规打捞沉船的方法是，将高压气体注入船内，使船内的积水排出，沉船因有了浮力而露出水面。不过这种方法一般需要花很长时间，如果采用低温技术，只要向船舱内灌入低温液氮，使低温液氮爆炸般的膨胀，再使用高压气体泵架，使舱内积水迅速排出，沉船就会很快浮上来。6 有家公司曾做过一项实验：他们将船沉入10米深的海水中，然后把近30升液氮灌入船舱内，仅花了40秒钟就使船浮出了水面。

7 随着科学技术的日益发展，低温技术将为人类带来更多的好处。从食品保存到工业生产，再到尖端超导技术等各个领域。

한 연구에 따르면, 저온 조건에서 많은 물질이 변화를 일으킨다고 한다. 영하 200도에 이르렀을 때 공기는 연한 남색 액체로 변하게 되는데, 이를테면 액화 공기인 것이다. 4 수은, 휘발유, 알코올 등의 액체는 액화 공기 중에서 단단한 고체로 변하게 된다. 평소 탄성이 뛰어난 고무는 약해지게 되고, 강철조차도 '두부'로 변해버린다. 사람들은 많은 물질이 저온에서 상태 변화가 일어난다는 이러한 특성을 이용하여, 일종의 저온 기술을 발명하였다.

7 사람들은 저온 기술을 이용해 폐기된 차를 처리하고, 침몰한 배도 인양할 수 있다. 5 배를 인양하는 일반적인 방법은 고압 기체를 선내에 주입해 배 안에 고인 물을 빼내어, 가라앉은 배에 부력이 생기게 하여 수면 위로 떠오르게 하는 것이었다. 그러나 이 방법은 보통 긴 시간이 소요되는데, 만약 저온 기술을 사용하면, 선실내에 저온 액체 질소를 주입하고 저온 액체 질소가 폭발하듯 팽창하게 한 다음, 고압 기체 펌프를 사용해 선내에 고인 물을 신속히 빼내기만 하면 침몰한 배는 빠르게 떠오르게 된다. 6 어느 회사에서 한 가지 실험을 했었는데, 그들이 배를 10미터 깊이의 바다에 잠기게 한 뒤, 근 30리터의 액체 질소를 선내에 주입하자, 겨우 40초 만에 배가 수면 위로 떠올랐다는 것이다.

7 과학 기술이 나날이 발전함에 따라, 저온 기술은 인류에게 더 많은 이점을 가져다 줄 것이다. 식품 보존에서 공업 생산까지, 나아가 최첨단 초전도 기술 등 여러 영역으로 이르게 될 것이다.

지문 어휘 低温 dīwēn 명 저온 | 物质 wùzhì 명 물질 | 浅蓝色 qiǎn lánsè 연한 남색 | 液体 yètǐ 명 액체 ★ | 液态空气 yètài kōngqì 액화 공기 | 水银 shuǐyín 수은 | 汽油 qìyóu 명 휘발유 | 酒精 jiǔjīng 명 알코올 ★ | 坚硬 jiānyìng 형 단단하다, 견고하다, 굳다 ★ | 固体 gùtǐ 명 고체 ★ | 弹性 tánxìng 명 탄성, 탄력성 ★ | 橡胶 xiàngjiāo 명 고무 | 脆 cuì 형 약하다, 쉽게 부서지다 | 钢铁 gāngtiě 명 강철 | 处理 chǔlǐ 동 처리하다, 해결하다 | 报废 bàofèi 동 폐기하다 | 打捞 dǎlāo 동 인양하다, 건져내다 | 沉船 chénchuán 명 침몰한 배 동 배가 침몰하다 | 常规 chángguī 형 일반적인, 통상적인 명 관례, 상규, 관습 | 高压气体 gāoyā qìtǐ 고압 기체, 고압 가스 | 注入 zhùrù 동 주입하다, 부어 넣다 | 积水 jīshuǐ 명 고인 물 동 물이 고이다 | 排出 pái chū 배출하다 | 浮力 fúlì 명 부력 | 露出 lùchū 동 드러내다, 노출시키다 | 船舱 chuáncāng 명 선실, 선창 | 灌入 guànrù 동 주입하다, 부어 넣다 | 液氮 yèdàn 명 액체 질소 | 爆炸 bàozhà 동 폭발하다 ★ | 般 bān 조 ~와 같은, ~와 같은 정도의 | 膨胀 péngzhàng 동 팽창하다, 부풀어오르다 | 泵架 bèngjià 명 펌프 | 迅速 xùnsù 형 신속하다, 재빠르다 | 浮 fú 동 뜨다, 띄우다 | 升 shēng 양 리터 | 日益 rìyì 부 나날이, 날로 ★ | 保存 bǎocún 동 보존하다, 간수하다, 간직하다 | 工业 gōngyè 명 공업 | 生产 shēngchǎn 동 생산하다 | 尖端 jiānduān 형 첨단의 ★ | 超导 chāodǎo 명 초전도 | 领域 lǐngyù 명 영역, 분야

4

汽油处于液态空气中会怎么样?
A 变成固体
B 不易挥发
C 呈绿色
D 不能燃烧

휘발유가 액화 공기 중에 있으면 어떻게 되는가?
A 고체로 변한다
B 쉽게 휘발되지 않는다
C 녹색을 띤다
D 연소되지 않는다

보기 어휘 挥发 huīfā 동 휘발하다 | 呈 chéng 동 띠다, 나타내다, 드러내다 | 燃烧 ránshāo 동 연소하다, 타다

정답 A

해설 듣기 제3부분에서 대부분의 문제가 지문 내용 전개 순서대로 출제된다는 점을 감안하고 들으면, 그리 어렵지 않게 정답을 찾을 수 있다. 문제는 휘발유가 액화 공기 중에 있을 때 어떻게 되는지를 묻고 있는데, 앞부분에서 '水银、汽油、酒精等液体处于液态空气中会变成坚硬的固体。(수은, 휘발유, 알코올 등의 액체는 액화 공기 중에서 단단한 고체로 변하게 된다.)'라고 하였으므로 정답은 A이다.

5

常规打捞沉船的方法有什么缺点?
A 损坏船体
B 耗时长
C 污染环境
D 浪费资金

배를 인양하는 일반적인 방법은 어떤 단점이 있는가?
A 선체를 훼손시킨다
B 시간이 오래 걸린다
C 환경을 오염시킨다
D 자금을 낭비한다

보기 어휘 损坏 sǔnhuài 동 훼손시키다, 손상시키다 ★ | 耗时 hào shí 시간이 걸리다 | 污染 wūrǎn 동 오염시키다

정답 B

해설 녹음 중간 부분에서 배를 인양하는 일반적인 방법을 소개하고 있는데, 전환의 어감을 나타내는 '不过(그러나)'가 정답 키워드이다. '常规打捞沉船的方法是，将高压气体注入船内，使船内的积水排出，沉船因有了浮力而露出水面。不过这种方法一般需要花很长时间。(배를 인양하는 일반적인 방법은 고압 기체를 선내에 주입해 배 안에 고인 물을 빼내어, 가라앉은 배에 부력이 생기게 하여 수면 위로 떠오르게 하는 것이었다. 그러나 이 방법은 보통 긴 시간이 소요된다.)'이라고 하였으므로 정답은 B이다. 지문의 '花很长时间(긴 시간이 소요되다)'과 보기 B의 '耗时长(시간이 오래 걸리다)'은 유사한 표현임을 알아두자.

6

关于那家公司的实验，可以知道什么?
A 结果很理想
B 危险性很大
C 实验室很豪华
D 实验出现了问题

그 회사의 실험에 관해 알 수 있는 것은?
A 결과가 만족스럽다
B 위험성이 크다
C 실험실이 호화스럽다
D 실험에 문제가 생겼다

보기 어휘 豪华 háohuá 형 호화스럽다

정답 A

해설 저온 기술에 대해 한 회사가 진행한 실험의 결과를 언급한 '有家公司曾做过一项实验：他们将船沉入10米深的海水中，然后把近30升液氮灌入船舱内，仅花了40秒钟就使船浮出了水面。(어느 회사에서 한 가지 실험을 했었는데, 그들이 배를 10미터 깊이의 바다에 잠기게 한 뒤, 약 30리터의 액체 질소를 선내에 주입하자, 겨우 40초 만에 배가 수면 위로 떠올랐다는 것이다.)'을 듣고 이 실험이 매우 성공적이었음을 알 수 있다. 따라서 정답은 A이다.

7

这段话主要谈的是什么?
A 如何处理报废的船只
B 海上救援的方法
C 液态物质的成分
D 低温技术的用途

이 글의 주요 내용은 무엇인가?
A 폐기된 선박을 어떻게 처리하는가
B 해상 구조 방법
C 액상 물질의 성분
D 저온 기술의 용도

보기 어휘 救援 jiùyuán 동 지원하다, 구원하다 | 成分 chéngfèn 명 구성 성분 | 用途 yòngtú 명 용도

정답 D

해설 주제를 묻는 문제이다. 녹음 중간 부분에서 먼저 '人们利用低温技术处理报废的汽车，还能打捞沉船。(사람들은 저온 기술을 이용해 폐기된 차를 처리하고, 침몰한 배도 인양할 수 있다.)'이라고 언급하며 저온 기술의 용도를 소개하였다. 마지막 부분에서도 '随着科学技术的日益发展，低温技术将为人类带来更多的好处。从食品保存到工业生产，再到尖端超导技术等各个领域。(과학 기술이 나날이 발전함에 따라, 저온 기술은 인류에게 더 많은 이점을 가져다 줄 것이다. 식품 보존에서 공업 생산까지, 나아가 최첨단 초전도 기술 등 여러 영역으로 이르게 될 것이다.)'라고 하였으므로, 이 글은 저온 기술이 다양한 용도로 쓰일 수 있다는 점을 주로 설명하고 있음을 알 수 있다. 따라서 정답은 D이다.

공략비법 12 논설문

본서 p. 135

第1到4题是根据下面一段话： 　1~4번 문제는 다음 내용에 근거한다.

我们每天都在与人交流思想、沟通感情、消除隔阂，这些基本上都是通过语言实现的，4 所以谈话技巧尤为重要。1 与人交谈首先要做到认真倾听，注意尊重对方，耐心听取和呼应对方的观点，这样你才能做出正确的判断，让我们的交流与沟通达到事半功倍的效果；其次，要慎重给出建议。2 最大的危险就是对方没有征求意见的时候提建议。如果你这样做了，你们之间的关系就会受到影响；另外，与人交谈时，说话人应随时注意听者的表情、姿态，看听者对谈话内容是否有兴趣。必要时需做出调整，3 遇有听者提出不同看法，应持鼓励态度。众人交谈，当个人意见被否定时，不要满脸不高兴，应该抱着求同存异的心态，相信时间能够证明一切。

우리는 매일같이 다른 사람과 생각을 교류하고, 감정을 소통하며, 마음의 벽을 허문다. 이들은 기본적으로 다 언어를 통해 이루어지기 때문에, 4 대화의 기술이 특히 중요하다. 1 타인과의 대화에서는 우선 진지하게 경청하며, 상대방을 존중하고, 상대방의 관점을 참을성 있게 귀담아 들으며 호응해야 하는데, 이렇게 해야만 정확한 판단을 할 수 있고, 우리의 교류와 소통이 적은 노력으로도 큰 효과를 얻을 수 있게 된다. 그 다음으로, 신중하게 조언해야 한다. 2 가장 큰 위험은 바로 상대방이 의견을 구하지도 않았을 때 조언 하는 것이다. 이렇게 할 경우 서로의 관계에 영향을 받을 수 있다. 이밖에, 대화를 할 때, 화자는 청자의 표정과 자세를 언제나 신경 써야 하고, 청자가 대화 내용에 흥미가 있는지 살펴야 한다. 필요한 경우 내용을 조정해야 하고, 3 청자가 다른 견해를 내려고 하면, 이에 독려하는 태도를 지녀야 한다. 많은 사람들과의 대화에서 개인의 의견이 받아들여지지 않을 때는 언짢은 표정을 짓지 말고, 공통점은 취하고 차이점은 보류하는 마음가짐으로 시간이 모든 걸 증명해 줄 것이라 믿어야 한다.

 지문 어휘 沟通 gōutōng 동 소통하다, 교류하다 | 消除 xiāochú 동 없애다, 제거하다, 풀다 ☆ | 隔阂 géhé 명 (생각, 감정의) 틈, 간격, 거리 ☆ | 技巧 jìqiǎo 명 기술, 기교, 테크닉 ☆ | 尤为 yóuwéi 부 특히, 유달리 | 倾听 qīngtīng 동 경청하다 ☆ | 听取 tīngqǔ 동 귀담아듣다, 청취하다 | 呼应 hūyìng 동 호응하다 | 事半功倍 shìbàngōngbèi 적은 노력으로 많은 성과를 올리다 | 慎重 shènzhòng 형 신중하다 ☆ | 征求 zhēngqiú 동 널리 구하다, 묻다 | 随时 suíshí 부 언제나, 수시로, 때를 가리지 않고 | 表情 biǎoqíng 명 표정 | 姿态 zītài 명 자세, 자태, 모습, 태도 ☆ | 调整 tiáozhěng 동 조정하다, 조절하다 | 遇 yù 동 겪다, 만나다 | 鼓励 gǔlì 동 독려하다, 격려하다, 용기를 북돋우다 | 否定 fǒudìng 동 부정하다 | 求同存异 qiútóngcúnyì 일치하는 점은 취하고, 의견이 서로 다른 점은 잠시 보류하다 | 心态 xīntài 명 마음가짐, 심리상태 ☆

1

与人交谈时，首先要注意什么？
A 认真倾听
B 衣冠整洁
C 姿态端庄
D 语言精练

타인과 대화를 할 때 우선 무엇에 주의해야 하는가?
A 진지하게 경청하는 것
B 깔끔한 옷차림
C 단정한 자세
D 간결한 언어

| 보기 어휘 | **衣冠** yīguān 명 옷차림 | **整洁** zhěngjié 형 깔끔하다, 단정하고 깨끗하다 | **端庄** duānzhuāng 형 단정하고 장중하다 | **精练** jīngliàn 형 간결하다

| 정답 | **A**

| 해설 | 이 문제는 '首先(우선)'이 정답 키워드이다. 화자는 타인과의 대화에서 해야 할 일을 언급하며 '与人交谈首先要做到认真倾听，注意尊重对方，耐心听取和呼应对方的观点。(타인과의 대화에서는 우선 진지하게 경청하며, 상대방을 존중하고, 상대방의 관점을 참을성 있게 귀담아 들으며 호응해야 한다.)'이라고 하였으므로 정답이 A임을 알 수 있다. 이처럼 화자가 자신의 관점이나 견해를 '首先(우선, 먼저)~，其次(그 다음으로)~'라는 표현으로 열거하여 언급하는 경우, 이 내용을 반드시 집중해서 들어야 한다.

2

根据文章内容，最大的危险是指什么?
A 不尊重对方
B 一直注视对方
C 说话声音太大
D 在不适当的时机提建议

지문 내용에 따르면 가장 큰 위험이 가리키는 것은 무엇인가?
A 상대방을 존중하지 않는 것
B 상대방을 계속 주시하는 것
C 말하는 목소리가 너무 큰 것
D 적절하지 않을 때 조언하는 것

| 보기 어휘 | **注视** zhùshì 동 주시하다 ★ | **对方** duìfāng 명 상대방, 상대편 | **适当** shìdàng 형 적절하다, 적당하다 | **时机** shíjī 명 때, 시기, 기회 ★

| 정답 | **D**

| 해설 | 이 문제는 '最(가장)'가 정답 키워드이다. 대화에서의 가장 큰 위험이 무엇인지에 대한 내용은 녹음 중간 부분에서 언급되었는데, '最大的危险就是对方没有征求意见的时候提建议。(가장 큰 위험은 바로 상대방이 의견을 구하지도 않았을 때 조언하는 것이다.)'를 듣고, 여기서 말하는 '상대방이 의견을 구하지도 않았을 때'가 의미하는 것은 '적절하지 않을 때'이므로 정답은 D이다.

3

当听者提出不同看法的时候，我们应该怎么做?
A 改变想法
B 持鼓励的态度
C 直接拒绝
D 统一意见

청자가 다른 견해를 제시할 때 우리는 어떻게 해야 하는가?
A 생각을 바꾼다
B 독려하는 태도를 유지한다
C 직접적으로 거절한다
D 의견을 통일한다

| 보기 어휘 | **拒绝** jùjué 동 거절하다 | **统一** tǒngyī 동 통일하다 형 일치된, 단일한

| 정답 | **B**

| 해설 | 청자가 다른 견해를 제시할 때 우리가 취해야 하는 자세가 무엇인지를 묻고 있다. 녹음 마지막 부분에서 대화를 할 때 화자가 청자에 대해 세심한 주의를 기울여야 함을 강조하면서 언급한 '遇欲有听者提出不同看法，应持鼓励态度。(청자가 다른 견해를 내려고 하면, 이에 독려하는 태도를 지녀야 한다.)'를 듣고 정답이 B임을 알 수 있다.

这段话主要谈什么？ A 演讲的秘诀 B 社交礼仪 C 谈话的技巧 D 风俗习惯	이 글은 주로 무엇을 말하고 있는가? A 연설의 비결 B 사교 예절 C 대화의 기술 D 풍속 습관

정답   C

해설   이 문제는 '所以(그래서)'가 정답 키워드인데, 녹음 앞부분에서 화자의 관점이 먼저 언급되었다. '所以谈话技巧尤为重要。(대화의 기술이 특히 중요하다.)'를 듣고 정답이 C임을 알 수 있다. 만약 앞부분에서 이 문장을 놓쳤더라도 전체적인 지문의 내용이 타인과의 대화에서 취해야 할 자세, 주의할 점, 의견 충돌시 대처방법 등에 관한 것이므로 이 글의 주제는 바로 대화의 기술이라는 것을 알 수 있다.

第5到7题是根据下面一段话：   5~7번 문제는 다음 내용에 근거한다.

5 有一句名言叫"整体大于部分之和"。时间效应的开发也遵循这个道理，拿一个作家来说吧，假如关起门来一鼓作气，连续写上七八个小时，那么书的大致结构就初具规模了，但如果每天花半个小时写上两个星期，虽然总时长达到七个小时，但结果可能就相差甚远。又比如做某个实验，可能需要连续做五到十二个小时的时间，但如果中间偶有中断，通常就得重新开始，7 因此，做一件事重要的不是花多少时间，而是有多少不受干扰的整段时间。6.7 要想获得高效率就必须将时间整段运用，集中精力全力以赴，这样任何困难都会迎刃而解；相反零敲碎打往往解决不了问题。人的大脑要想达到最佳的工作状态就必须集中更多时间，保持思维连贯，大脑一旦进入状态，就会像启动了的发动机一样，只需要很小的动力便可维持运转。因此，无论在学习还是工作中，我们都应该尽量保持思维的连续性，以达到事半功倍的效果。

5 '전체는 부분의 합보다 크다'라는 명언이 있다. 시간 효과의 개발 역시 이 이치를 따르는데, 작가를 예로 들자면, 가령 단번에 글을 완성하기 위해 7~8시간 연속으로 글을 쓰게 되면, 책의 대략적인 구조가 틀이 잡히게 될 것이다. 하지만 만약 매일 30분씩 2주 동안 글을 쓴다면, 총 시간은 7시간에 이르지만, 결과는 아마 차이가 매우 클 것이다. 또 어떤 실험을 예로 들면, 연속 5~12시간에 걸쳐 해야 하는데, 만약 중간에 공교롭게도 중단이 되면, 보통 다시 새로 시작해야만 한다. 7 따라서 한 가지 일을 할 때 중요한 것은 얼마의 시간을 들이는가가 아니라, 방해를 받지 않은 전체적인 시간이 얼마나 되는 가이다. 6.7 높은 효율을 얻고 싶다면 반드시 시간을 전체적으로 운용하고, 정신을 집중하여 전력을 다해야 하는데, 이렇게 하면 어떠한 어려움도 순조롭게 해결될 수 있다. 반대로 일을 조금씩 진행하게 되면 종종 문제를 해결할 수 없게 되기도 한다. 사람의 뇌가 최상의 작업 상태에 이르려면 반드시 더 많은 시간을 집중해야 하고, 사고를 일관되게 지켜야 하는데, 대뇌는 일단 작동하게 되면 작동이 시작된 발전기처럼, 매우 작은 동력만으로도 운행을 유지할 수 있다. 따라서, 공부에서든 일에서든 적은 노력으로 큰 효과를 내기 위해, 우리는 가능한 한 사고의 연속성을 유지해야 한다.

지문 어휘 整体大于部分之和 zhěngtǐ dàyú bùfen zhī hé 전체는 부분의 합보다 크다(아리스토텔레스 명언) | 效应 xiàoyìng 명 효과와 반응, 효응 | 遵循 zūnxún 동 따르다 ★ | 道理 dàolǐ 명 이치, 도리, 일리 | 假如 jiǎrú 접 가령, 만약, 만일 | 一鼓作气 yìgǔzuòqì 성 단숨에 해치우다, 처음의 기세로 끝장내다 | 连续 liánxù 동 연속하다, 계속하다 | 大致 dàzhì 형 대략적인, 대체적인 부 대개, 대체로 ★ | 结构 jiégòu 명 구조, 조직 | 初具规模 chūjù guīmó 기본적인 체계와 내용을 갖추다 | 相差 xiāngchà 동 서로 차이가 나다, 서로 다르다 ★ | 甚 shèn 부 매우, 몹시 | 比如 bǐrú 접 예를 들면, 예를 들어, 예컨대 | 实验 shíyàn 명 실험 동 실험하다 | 偶 ǒu 부 공교롭게도, 우연히 | 中断 zhōngduàn 동 중단되다, 중단하다 | 干扰 gānrǎo 동 방해하다, 지장을 주다 ★ | 高效率 gāo xiàolǜ 높은 효율, 고효율 | 运用 yùnyòng 동 운용하다, 활용하다 | 集中精力 jízhōng jīnglì 정신을 집중하다 | 全力以赴 quánlìyǐfù 성 전력투구하다, 모든 힘을 쏟다 ★ | 迎刃而解 yíngrèn'érjiě 성 순리적으로 문제가 해결되다 | 零敲碎打 língqiāosuìdǎ 성 일을 조금씩 처리하다 | 状态 zhuàngtài 명 상태 | 思维 sīwéi 명 사고, 사유 동 사유하다, 숙고하다 ★ | 连贯 liánguàn 동 일관되다, 연결되다, 통하다, 이어지다 | 一旦 yídàn 부 일단 ~한다면 | 启动 qǐdòng 동 작동을 시작하다 | 动力 dònglì 명 동력, 원동력 ★ | 维持 wéichí 동 유지하다, 지키다 ★ | 运转 yùnzhuǎn 동 운행하다, 돌다 | 连续性 liánxùxìng 명 연속성, 계속성 | 事半功倍 shìbàngōngbèi 성 적은 노력으로 많은 성과를 올리다

5

时间效应的开发应该遵循什么规律?
A 不能三心二意
B 一寸光阴一寸金
C 整体大于部分之和
D 做事要有始有终

시간 효과의 개발은 무슨 규칙을 따르는가?
A 우유부단하면 안 된다
B 시간은 금이다
C 전체는 부분의 합보다 크다
D 일을 할 때는 유종의 미를 거두어야 한다

보기 어휘 三心二意 sānxīn'èryì 성 우유부단하다, 마음속으로 확실히 정하지 못하다, 망설이다 | 一寸光阴一寸金 yí cùn guāngyīn yí cùn jīn 시간은 금이다 | 有始有终 yǒushǐyǒuzhōng 성 유종의 미를 거두다, 시작도 있고 끝도 있다

정답 C

해설 시간 효과의 개발이 따르게 되는 규칙이 무엇인지를 묻고 있다. 이는 첫 문장 '有一句名言叫"整体大于部分之和"。时间效应的开发也遵循这个道理。('전체는 부분의 합보다 크다'라는 명언이 있다. 시간 효과의 개발 역시 이 이치를 따른다.)'를 듣고, 여기서 언급한 명언인 C가 정답임을 알 수 있다.

6

高效率是如何获得的?
A 自我检讨
B 集中精力
C 理论结合实践
D 事先做好计划

높은 효율은 어떻게 얻을 수 있는가?
A 자아성찰
B 정신 집중
C 이론과 실천의 결합
D 사전에 계획 세우기

보기 어휘 检讨 jiǎntǎo 동 검토하다, 깊이 반성하다, 자기비판을 하다 ★ | 理论 lǐlùn 명 이론 | 结合 jiéhé 동 결합하다, 결부하다 | 实践 shíjiàn 명 실천, 이행 동 실천하다, 이행하다

정답 B

| 해설 | 높은 효율을 얻을 수 있는 방법에 대해 묻고 있다. 중간 부분에서 시간과 효율의 관계를 언급하며 '要想获得高效率就必须将时间整段运用，集中精力全力以赴。(높은 효율을 얻고 싶다면 반드시 시간을 전체적으로 운용하고, 정신을 집중하여 전력을 다해야 한다.)'라고 하였으므로 정답은 B이다.

7

这段话主要想告诉我们什么? | 이 글은 주로 우리에게 무엇을 알려주려고 하는가?
A 要按时间分段 | A 시간에 따라 단계별로 나누어야 한다
B 不要因小失大 | B 작은 일 때문에 큰 일을 그르치면 안 된다
C 要精益求精 | C 더 잘 하기 위해 애써야 한다
D 要学会整段运用时间 | D 시간을 전체적으로 쓰는 법을 익혀야 한다

| 보기 어휘 | **因小失大** yīnxiǎoshīdà 셍 작은 일에 힘쓰다 큰 일을 그르치다, 소탐대실 | **精益求精** jīngyìqiújīng 셍 더 잘하려고 애쓰다, 훌륭하지만 더 완벽을 추구하다 ★

| 정답 | D

| 해설 | 주제를 묻는 문제이다. 이 지문은 다른 지문과 다르게 녹음 중간 부분에서 화자의 관점이 언급되었는데, '因此(따라서)'가 바로 정답 키워드이다. '因此，做一件事重要的不是花多少时间，而是有多少不受干扰的整段时间。(따라서 한 가지 일을 할 때 중요한 것은 얼마의 시간을 들이는가가 아니라, 방해를 받지 않은 전체적인 시간이 얼마나 되는 가이다.)'을 듣고, 화자는 시간의 양이 아닌 시간을 전체적으로 쓰는 것의 중요성을 이야기하고 하고 있음을 알 수 있다.
또한, 이 문장 바로 뒤에 이어지는 6번 문제의 정답과 관련된 '要想获得高效率就必须将时间整段运用，集中精力全力以赴，这样任何困难都会迎刃而解。(높은 효율을 얻고 싶다면 반드시 시간을 전체적으로 운용하고, 정신을 집중하여 전력을 다해야 하는데, 이렇게 하면 어떠한 어려움도 순조롭게 해결될 수 있다.)'를 통해서도 화자는 시간을 전체적으로 써야 함을 강조하고 있음을 알 수 있다. 따라서 정답은 D이다.

HSK 6급 독해 실전 테스트

공략비법 01 문장 어순 오류

본서 p. 150

1

A 人生没有彩排，每一天都是现场直播。
B 在自然界，很多生物都有贮存生命的本领。
C 我们对有可能遇到的困难进行预防，这是完全有必要的。
D 从论文初稿到定稿，李老师大量的心血倾注了。

A 인생에는 리허설이 없고, 매일매일이 다 현장 생중계이다.
B 자연계에는 많은 생물들이 저장 수명(storage life) 능력을 지니고 있다.
C 우리가 겪을지도 모를 어려움에 대해 예방하는 것은 전적으로 필요하다고 할 수 있다.
D 논문의 초고부터 최종 원고까지, 이 선생님은 많은 심혈을 기울이셨다.

보기 어휘
彩排 cǎipái 명 리허설 동 리허설하다, 시연하다 | 现场 xiànchǎng 명 현장, 현지 | 直播 zhíbō 동 생중계하다 | 自然界 zìránjiè 명 자연계 | 贮存 zhùcún 동 저장하다, 저축하다 | 生命 shēngmìng 명 생명, 목숨 | 本领 běnlǐng 명 능력, 재능 | 预防 yùfáng 동 예방하다 | 必要 bìyào 명 필요 형 필요로 하다 | 初稿 chūgǎo 명 초고 | 定稿 dìnggǎo 명 최종 원고, 탈고된 원고 | 心血 xīnxuè 명 심혈 | 倾注 qīngzhù 동 기울이다, 쏟아 붓다

정답 D

해설 从论文初稿到定稿，李老师大量的心血倾注了。
→ 从论文初稿到定稿，李老师倾注了大量的心血。

술어와 목적어의 어순이 뒤바뀌었다. '心血(심혈)'는 술어가 되는 동사 '倾注(기울이다)'의 주어가 아닌 목적어이므로 '倾注'가 '心血' 앞에 와야 한다.

2

A 有时，即使是一张纸巾，也可以改变人的命运。
B 虽然我看过这部影片，但是有时间的话，我还想再看一遍。
C 我们在洗白色衬衫时，最好先将其浸泡10到20分钟，这样才能比较干净洗得。
D 他想起当年在部队的那些往事，眼泪就不由自主地落了下来。

A 때로는 티슈 한 장이라 하더라도 사람의 운명을 바꿀 수 있다.
B 나는 이 영화를 본 적이 있지만, 시간이 난다면 또 한 번 보고 싶다.
C 흰색 셔츠를 빨 때는 먼저 물에 10분에서 20분 담가 두는 것이 가장 좋은데, 이렇게 해야만 비교적 깨끗하게 빨 수 있다.
D 그는 당시 부대에서 있었던 그 옛 일들을 떠올리니, 눈물이 주체할 수 없이 흘렀다.

| 보기 어휘 | 纸巾 zhǐjīn 명 티슈, 냅킨 | 命运 mìngyùn 명 운명 | 影片 yǐngpiàn 명 영화 | 浸泡 jìnpào 동 (물에) 담그다, 잠그다 ★ | 部队 bùduì 명 부대, 군대 | 往事 wǎngshì 명 옛일, 지난 일 ★ | 不由自主 bùyóuzìzhǔ 자기 뜻대로 되지 않다, 자신을 제어할 수 없다 | 落 luò 동 떨어지다, 내려가다, 낮아지다

정답 C

해설 我们在洗白色衬衫时，最好先将其浸泡10到20分钟，这样才能<u>比较干净洗得</u>。
→ 我们在洗白色衬衫时，最好先将其浸泡10到20分钟，这样才能<u>洗得比较干净</u>。

보어는 술어를 보충하는 성분이므로, 항상 술어 뒤에 위치해야 한다. 따라서 정도보어 '比较干净(비교적 깨끗하다)'은 '洗得' 뒤에 와야 한다. 술어와 정도보어가 조사 '得'로 연결되는 경우 올바른 어순은 '술어(동사/형용사) + 得 + 정도보어'임을 반드시 기억하자.

3

A 笛子虽然短小简单，但它却有七千年的历史。
B 几个星期之后，种子破土而出，开出了鲜艳的花朵。
C 与其每天担心未来，不如现在好好儿努力，因为只有这样，才能拥有安全感让我们。
D 他的作品始终如一地关注社会最底层小人物的命运，文字富有浓郁的理想主义色彩。

A 피리는 비록 작고 단순하게 생겼지만, 7,000년의 역사를 지니고 있다.
B 몇 주 후 씨앗은 땅을 뚫고 나와 화려한 꽃봉오리를 피웠다.
C 매일같이 미래에 대해 걱정하기 보다는 현재 열심히 노력하는 편이 나은데, 이렇게 해야만이 우리가 비로소 안도감을 가질 수 있기 때문이다.
D 그의 작품은 한결같이 사회 밑바닥 계층의 보잘것없는 사람들의 운명을 주시하고 있는데, 글은 짙은 이상주의적 색채가 넘쳐난다.

| 보기 어휘 | 笛子 dízi 명 피리 | 种子 zhǒngzi 명 씨앗, 종자, 열매 | 破土而出 pòtǔ ér chū 땅을 뚫고 나오다 | 鲜艳 xiānyàn 형 화려하다 | 花朵 huāduǒ 명 꽃봉오리, 꽃 | 与其~不如~ yǔqí~ bùrú~ 접 ~하기 보다는 ~하는 편이 낫다 | 未来 wèilái 명 미래, 미래의, 향후 | 拥有 yōngyǒu 동 가지다, 소유하다 ★ | 安全感 ānquángǎn 안도감, 안정감 | 作品 zuòpǐn 명 작품, 창작품 | 始终如一 shǐzhōngrúyī 처음부터 끝까지 한결같다, 시종일관 | 最底层 zuì dǐcéng 밑바닥 계층, 최하층 | 小人物 xiǎorénwù 명 (사회적으로) 보잘것없는 사람 | 命运 mìngyùn 명 운명 | 文字 wénzì 명 글, 문장, 글자 | 富有 fùyǒu 동 충분히 가지다, 풍부하다 형 부유하다 | 浓郁 nóngyù 형 짙다, 농후하다 | 理想主义 lǐxiǎng zhǔyì 명 이상주의 | 色彩 sècǎi 명 색채, 정서, 분위기 ★

정답 C

해설 与其每天担心未来，不如现在好好儿努力，因为只有这样，才能拥有安全感<u>让我们</u>。
→ 与其每天担心未来，不如现在好好儿努力，因为只有这样，才能<u>让我们</u>拥有安全感。

사역동사 '让'은 반드시 '让 + 겸어 + 술어(동사/형용사) + ~'의 어순이 되어야 하므로 '让我们'은 동사 '拥有(가지다)' 앞에 와야 한다.

4

A 旅游业是集吃、住、行、游、购、娱等服务为一体的综合性产业。
B 在国际贸易中，贸易双方在具体问题上有分歧是正常现象。
C 其实看轻自己是一种智慧、一种风度、一种修养。
D 长江中下游地区土壤中富含微量元素硒，杨梅种植的国家级标准达到了。

A 관광업은 음식, 숙박, 교통, 여행, 쇼핑, 오락 등의 서비스를 하나로 합친 종합적인 산업이다.
B 국제 무역에서 쌍방 간 세부적인 사안으로 이견이 생기는 것은 정상적인 현상이다.
C 사실 자신을 낮게 여기는 것은 일종의 지혜이자, 매너이자, 교양이다.
D 창장(长江) 중하류 지역은 토양에 미량원소인 셀레늄이 풍부하게 함유되어 있어, 레드베이베리 재배의 국가적 표준에 이른다.

보기 어휘 综合性 zōnghéxìng 종합적, 총괄적 | 产业 chǎnyè 명 산업 ★ | 贸易 màoyì 명 무역, 교역 | 双方 shuāngfāng 명 쌍방, 양측 | 具体 jùtǐ 형 구체적이다, 상세한 | 分歧 fēnqí 명 불일치, 차이점 형 불일치하다, 어긋나다 ★ | 现象 xiànxiàng 명 현상 | 看轻 kàn qīng 동 경시하다, 얕보다 | 风度 fēngdù 명 매너, 품격, 기품 ★ | 修养 xiūyǎng 명 교양, 수양 동 수양하다 ★ | 长江 Chángjiāng 고유 창장, 양쯔강, 장강 | 中下游 zhōng xià yóu 명 중하류 | 土壤 tǔrǎng 명 토양, 토지 | 富含 fùhán 동 대량으로 함유하다 | 微量元素 wēiliàng yuánsù 미량 원소 | 硒 xī 명 셀레늄 | 杨梅 yángméi 명 레드베이베리, 양매(杨梅), 소귀나무 열매 | 种植 zhòngzhí 동 재배하다 ★

정답 D

해설 长江中下游地区土壤中富含微量元素硒，杨梅种植的国家级标准达到了。
→ 长江中下游地区土壤中富含微量元素硒，达到了杨梅种植的国家级标准。

술어와 목적어의 어순이 뒤바뀌었다. '标准(표준)'은 '达到(이르다)'의 주어가 아닌 목적어이므로, '达到'가 '标准' 앞에 와야 한다.

5

A 能否和自己做朋友，关键在于有没有另一个"自我"。
B 只有对时光充满敬畏，才会我们在岁月的长河中有所收获。
C 人们往往因为坚持完美而失去了一些他们原本可以拥有的东西。
D 测谎仪运用的是犯罪心理测试技术，测谎结果并不能作为定案的标准证据。

A 자신과 친구가 될 수 있는지 여부의 관건은 또 다른 '자아'가 있느냐 없느냐에 있다.
B 시간에 대한 경외감이 가득해야만이 세월이라는 길고 긴 과정에서 어느 정도 성과를 거둘 수 있을 것이다.
C 사람들은 종종 완벽을 고집하기 때문에 그들이 원래 가질 수 있었던 것들을 잃게 된다.
D 거짓말 탐지기가 작동하는 것은 범죄 심리 측정 기술로, 거짓말 측정 결과는 결코 확정된 안건의 기준이 되는 증거가 될 수 없다.

보기 어휘 能否 néngfǒu 동 ~할 수 있나요, ~해도 되나요 | 关键 guānjiàn 명 관건, 키포인트 형 결정적인, 매우 중요한 | 在于 zàiyú ~에 있다 | 自我 ziwǒ 명 자아, 자기 자신 | 时光 shíguāng 명 시간, 세월 ★ | 充满 chōngmǎn 동 충만하다, 넘치다 | 敬畏 jìngwèi 동 경외하다, 어려워하다 | 岁月 suìyuè 명 세월 ★ | 长河 chánghé 명 길고 긴 과정 | 收获 shōuhuò 명 성과, 수확 동 수확하다 | 完美 wánměi 형 완전하여 흠잡을 데가 없다, 완벽하다, 매우 훌륭하다 | 失去 shīqù 동 잃다, 잃어버리다 | 拥有 yōngyǒu 동 가지다, 보유하다, 소유하다 | 测谎仪 cèhuǎngyí 명 거짓말

탐지기 | **犯罪** fàn zuì 동 죄를 범하다, 죄를 저지르다 | **心理** xīnlǐ 명 심리 | **测试** cèshì 동 실험하다, 테스트하다 | **作为** zuòwéi 동 ~로 여기다, ~로 삼다 | **定案** dìng'àn 명 확정된 안건, 최후 결정된 안건 | **证据** zhèngjù 명 증거

정답 B

해설 只有对时光充满敬畏，<u>才会</u>我们在岁月的长河中有所收获。
→ 只有对时光充满敬畏，我们<u>才会</u>在岁月的长河中有所收获。

주어와 부사어의 어순이 뒤바뀌었다. 부사와 조동사는 문장에서 부사어로 쓰이므로 주어 뒤 술어 앞에 위치한다. 따라서 '才会'가 '我们' 뒤에 와야 한다.

공략비법 02 문장 성분의 오용(부족)

본서 p. 156

1

A 指甲能保护指腹末端，让其免受损伤，从而增强手指触觉的敏感性。
B 在这部电影中，刻画了一个典型的女护士长形象。
C 演出马上就要开始了，人们陆续走进了剧院。
D 保持一颗童心，你会活得更自在、更幸福。

A 손톱은 손가락 끝 부분을 보호하여 그것에 상처가 나지 않게 하며 손가락 촉각의 민감도를 높인다.
B 이 영화는 전형적인 여자 수간호사의 이미지를 그렸다.
C 공연이 곧 시작되려 하자, 사람들이 계속해서 극장으로 들어갔다.
D 동심을 유지하면 당신은 더 자유롭고 더 행복하게 살 수 있을 것이다.

보기어휘 **指甲** zhǐjia 명 손톱 ★ | **指腹** zhǐfù 명 손가락 끝부분 | **末端** mòduān 명 말단, 말미 | **免受** miǎnshòu 동 받지 않다, 당하지 않다 | **损伤** sǔnshāng 동 상처를 입다, 손상되다 | **增强** zēngqiáng 동 높이다, 강화하다 | **手指** shǒuzhǐ 명 손가락 | **触觉** chùjué 명 촉각 | **敏感性** mǐngǎnxìng 명 민감성 | **刻画** kèhuà 동 새기거나 그리다, 묘사하다, 형상화하다 | **典型** diǎnxíng 형 전형적인 명 전형 ★ | **形象** xíngxiàng 명 이미지, 형상 | **演出** yǎnchū 명 공연 동 공연하다 | **陆续** lùxù 부 계속해서, 끊임없이, 연이어 | **剧院** jùyuàn 명 극장 | **保持** bǎochí 동 유지하다, 지키다 | **颗** kē 양 알, 과립(둥글고 작은 알맹이 모양과 같은 것을 세는 단위) | **童心** tóngxīn 명 동심, 천진한 마음 | **自在** zìzài 형 자유롭다

정답 B

해설 <u>在这部电影中</u>，刻画了一个典型的女护士长形象。
→ <u>这部电影</u>刻画了一个典型的女护士长形象。

주어가 부족하다. 전치사구 '在这部电影中(이 영화에서)'은 주어가 될 수 없으므로, '在'와 '中'을 삭제하여 '这部电影(이 영화)'을 술어가 되는 동사 '刻画(그리다)'의 주어로 만들어야 옳은 문장이 된다.

2

A "天宫一号"的成功发射，标志着中国已经掌握建立初步空间站。
B 这里是城市的中心，有多条公交线路经过，地理位置十分优越。
C 醋有抑菌、杀菌的功效，但是感冒时喝醋的做法，还不知是否科学。
D 他攀登过峰峦雄伟的泰山，游览过红叶似火的香山，但还没有去过黄山。

A '톈궁 1호'의 성공적 발사는 중국이 이미 초보 단계의 우주정거장 건설 기술을 장악했음을 상징한다.
B 이곳은 도시의 중심인데다가, 여러 대중교통 노선이 지나고 있어 지리적 위치가 매우 좋다.
C 식초가 세균 번식 억제와 살균 효과를 지니고 있기는 하지만 감기에 걸렸을 때 식초를 마시는 방법이 과학적인지의 여부는 아직 알 수 없다.
D 그는 산봉우리가 웅장한 타이산(泰山)은 등반 해봤고, 단풍이 붉게 물든 샹산(香山)도 구경 해봤지만, 황산(黄山)에는 아직 가 본 적이 없다.

보기어휘 天宫一号 Tiāngōng yī hào 톈궁 1호(중국 최초의 우주 정거장) | 发射 fāshè 동 발사하다 ★ | 标志 biāozhì 동 상징하다, 명시하다 명 상징, 표지 | 掌握 zhǎngwò 동 장악하다, 지배하다, 정통하다, 숙달하다 ★ | 建立 jiànlì 동 세우다, 건립하다, 창설하다 | 初步 chūbù 형 초보 단계의, 초보적인 ★ | 空间站 kōngjiānzhàn 명 우주정거장 | 公交线路 gōngjiāo xiànlù 대중교통 노선, 버스 노선 | 经过 jīngguò 동 지나다, 거치다, 경과하다 | 地理位置 dìlǐ wèizhì 지리적 위치 | 优越 yōuyuè 형 우수하다, 우월하다 ★ | 抑菌 yì jūn 세균 번식을 억제하다 | 杀菌 shā jūn 동 살균하다 | 功效 gōngxiào 명 효과, 효능 ★ | 科学 kēxué 형 과학적이다 명 과학 | 攀登 pāndēng 동 등반하다, 타고 오르다 ★ | 峰峦 fēngluán 명 산등성이와 산봉우리 | 雄伟 xióngwěi 형 웅장하다, 웅대하다 ★ | 泰山 Tàishān 고유 타이산(泰山), 태산 | 游览 yóulǎn 동 유람하다 | 红叶 hóngyè 명 단풍 | 似 sì 동 ~와 같다, 비슷하다 부 마치 ~인 듯하다 | 香山 Xiāngshān 고유 샹산, 향산 | 黄山 Huángshān 고유 황산

정답 A

해설 "天宫一号"的成功发射，标志着中国已经掌握建立初步空间站。
→ "天宫一号"的成功发射，标志着中国已经掌握建立初步空间站<u>的技术</u>。

목적어가 부족하다. 전체 문장의 술어는 동사 '标志(상징하다)'이고, '中国已经掌握建立初步空间站'이 '标志'의 목적어가 된다. 그런데 이 목적어를 따로 떼어내어 분석해보면 '建立初步空间站(초보 단계의 우주정거장을 건설하다)'은 동사 '掌握(장악하다)'의 목적어가 될 수 없으므로, '掌握'와 호응하는 목적어 '技术(기술)'를 문장 맨 끝에 추가해야 한다. 또한 문맥상 '建立初步空间站'이 '技术'를 수식하는 관형어가 되어야 하므로, 이 뒤에도 '的'를 덧붙여 '建立初步空间站的技术'와 같이 고쳐야 한다.

3

A 大小兴安岭地区，森林覆盖率非常高，自然生态环境良好。
B 这里是德国被保存得最好的药品仓库，也是世界上最大的地下药房。
C 生活中很多东西都是相对的，是好是坏，关键是看你自己怎么想。
D 在对某项工作进行总结时，我们要克服没有条理，没有重点。

A 따샤오싱안링(大小興安岭) 지역은 삼림율이 매우 높아 자연 생태 환경이 양호하다.
B 이곳은 독일에서 가장 잘 보존되어 있는 약품 창고로, 세계 최대 지하 약방이기도 하다.
C 생활 속 많은 것들이 상대적이어서, 좋은 게 있으면 나쁜 것도 있는데, 관건은 자신이 어떻게 바라보느냐이다.
D 어떤 일에 대해 총결산을 할 때는 짜임새가 없고 요점이 없다는 문제점을 극복해야 한다.

> **보기 어휘** 大小兴安岭 Dàxiǎoxīng'ānlǐng 고유 따샤오싱안링(중국 동베이(东北)지역의 산맥) | 地区 dìqū 명 지역, 지구 | 森林 sēnlín 명 삼림 | 覆盖 fùgài 동 덮다, 뒤덮다 ☆ | 森林覆盖率 sēnlín fùgàilǜ 명 삼림율 | 生态 shēngtài 명 생태 | 保存 bǎocún 동 보존하다, 간수하다, 간직하다 | 药品 yàopǐn 명 약품 | 仓库 cāngkù 명 창고 ☆ | 相对 xiāngduì 부 상대적으로, 비교적 | 关键 guānjiàn 명 관건 형 결정적인 작용을 하는, 매우 중요한 | 总结 zǒngjié 동 총괄하다, 총결산하다 명 총결산, 최종 평가 | 克服 kèfú 동 극복하다, 이기다 | 条理 tiáolǐ 명 짜임새, 체계, 조리, 순서 | 重点 zhòngdiǎn 명 중점

> **정답** D

> **해설** 在对某项工作进行总结时，我们要克服没有条理，没有重点。
> → 在对某项工作进行总结时，我们要克服没有条理、没有重点的毛病。
>
> 목적어가 부족하다. 문장의 술어는 동사 '克服(극복하다)'인데, '没有条理、没有重点(짜임새가 없고 요점이 없다)'이 '克服'의 목적어가 될 수 없으므로, 문장 맨 끝에 '克服'와 호응하는 목적어 '毛病(문제)' 혹은 '困难(어려움)'이 추가되어야 한다. 또한 문맥상 '没有条理', '没有重点'이 '毛病'을 수식하는 관형어가 되어야 하므로, 쉼표(,)는 모점(、)으로 바꾸고 그 뒤에도 '的'를 덧붙여 '没有条理、没有重点的毛病'의 구조가 되어야 한다.

4

A 喧嚣的校园在晚休的铃声中渐渐沉睡了，宿舍里同学们的欢闹声已经听不见了。
B 在了解电脑的内部工作原理后，就会知道它只是"照章办事"而已。
C 我想起了第一学期和同学们一起度过的那个中秋月夜。
D 黄山在安徽风景名胜评选大赛中得票最多，被评为安徽奇险第一山。

A 떠들썩했던 캠퍼스는 저녁 쉬는 시간 종소리에 점점 잠들었고, 기숙사 안 학생들의 시끌벅적한 소리는 이미 들리지도 않는다.
B 컴퓨터 내부의 작동 원리를 이해하고 나면, 우리는 그것이 단지 '규칙대로 일을 처리하는' 것에 불과하다는 걸 알게 된다.
C 나는 첫 학기에 친구들과 함께 보냈던 그 추석날 달밤이 생각났다.
D 황산(黄山)이 안후이(安徽)성 풍경 명소 선정 대회에서 가장 많은 표를 얻어, 안후이성의 기이하고 험한 산으로 선정되었다.

> **보기 어휘** 喧嚣 xuānxiāo 형 떠들석하다, 시끄럽다, 소란스럽다 | 校园 xiàoyuán 명 캠퍼스 | 铃声 língshēng 명 종소리, 벨소리 | 渐渐 jiànjiàn 부 점점 | 沉睡 chénshuì 동 깊이 잠들다, 숙면하다 | 欢闹 huānnào 형 시끌벅적하다, 요란하다 동 신나게 떠들고 놀다 | 只是~而已 zhǐshì~éryǐ ~에 불과하다, 단지 ~일뿐이다, ~에 지나지 않는다 | 照章办事 zhàozhāngbànshì 규칙대로 일을 처리하다, 규정대로 처리하다 | 度过 dù guò 동 (시간을) 보내다, 지내다, 넘기다 | 中秋 Zhōngqiū 명 추석, 한가위 | 月夜 yuèyè 명 달밤 | 黄山 Huángshān 고유 황산 | 安徽 Ānhuī 고유 안후이, 안후이성 | 风景名胜 fēngjǐng míngshèng 명 풍경 명소 | 评选 píngxuǎn 동 선정하다 | 大赛 dàsài 명 대회, 큰 경기 | 得票 dé piào 동 표를 얻다, 득표하다 | 评为 píngwéi 동 ~으로 선정하다 | 奇险 qí xiǎn 기이하고 험하다

> **정답** B

> **해설** 在了解电脑的内部工作原理后，就会知道它只是"照章办事"而已。
> → 在了解电脑的内部工作原理后，我们就会知道它只是"照章办事"而已。
>
> 주어가 부족하다. 일반적으로 2인칭을 주어로 하는 청유문이나 명령문이 아닌 이상 문장에는 주어가 있어야 하는데, 술어가 되는 동사 '知道(알다)'의 주어가 없으므로, 문맥상 알맞은 의미의 주어 '我们(우리)'을 쉼표(,) 뒤에 추가해야 한다.

A 他在这部小说里运用了极其优美的语句，充分表达了自己对生活的渴望。
B 中央电视台春节联欢晚会即将开始，正在井然有序地进入演播厅。
C 水在生命演化过程中起到了非常重要的作用，它是生物体最重要的组成部分。
D 鲜柠檬维生素含量极高，能防止皮肤色素沉着，是天然的美容佳品。

A 그는 이 소설에서 매우 아름다운 문구를 사용하여 삶에 대한 자신의 갈망을 충분히 드러냈다.
B 중앙방송국(中央電視臺, CCTV)의 설 특별 공연이 곧 시작되려고 하자, 사람들이 질서 정연하게 스튜디오 안으로 들어가고 있다.
C 물은 생명진화 과정에서 중요한 작용을 하는데, 그것은 생물체의 가장 중요한 구성부분이라 할 수 있다.
D 신선한 레몬은 비타민 함유량이 매우 높아 피부 색소 침착을 방지해주는 천연의 고급 미용품이라 할 수 있다.

보기 어휘 运用 yùnyòng 동 활용하다, 응용하다 | 极其 jíqí 부 매우, 아주, 몹시 | 优美 yōuměi 형 우아하고 아름답다 | 充分 chōngfèn 부 충분히 형 충분하다 | 渴望 kěwàng 동 갈망하다, 간절히 바라다 ★ | 中央电视台 zhōngyāng diànshìtái 고유 중국공영채널 중앙방송(cctv) | 联欢晚会 liánhuān wǎnhuì 명 특별 공연, 특별 파티 | 即将 jíjiāng 부 곧, 머지 않아 ★ | 井然有序 jǐngrányǒuxù 성 질서 정연하다 | 演播厅 yǎnbōtīng 명 방송국 스튜디오 | 演化 yǎnhuà 동 진화하다, 발전 변화하다 | 生物体 shēngwùtǐ 명 생물체 | 组成部分 zǔchéng bùfen 구성 부분 | 柠檬 níngméng 명 레몬 | 维生素 wéishēngsù 명 비타민 ★ | 含量 hánliàng 명 함유량 | 防止 fángzhǐ 동 방지하다 ★ | 皮肤色素 pífū sèsù 피부 색소 | 沉着 chénzhuó 동 (색소 등이) 침착하다 형 침착하다 ★ | 天然 tiānrán 형 천연의 | 美容 měiróng 동 미용하다, 용모를 아름답게 꾸미다 | 佳品 jiāpǐn 명 상등품, 고급품

정답 B

해설 中央电视台春节联欢晚会即将开始，正在井然有序地进入演播厅。
→ 中央电视台春节联欢晚会即将开始，人们正在井然有序地进入演播厅。

주어가 부족하다. 뒤 절에서 술어가 되는 동사 '进入(들어가다)'의 주어가 없으므로, 문맥상 알맞은 의미의 주어 '人们(사람들)'을 쉼표(,) 뒤에 추가해야 한다.

공략비법 03 문장 성분의 오용(잉여)

본서 p. 165

A 这个世界的生存法则是物竞天择，适者生存。
B 近年来，随着旅行体验师越来越引起人们的关注。
C 在决定经商之前，他早已放弃了获得诺贝尔物理学奖的梦想。
D 睡眠是消除体力疲劳的最佳方法，而消除脑力疲劳的最好方法是适当参加一些体育活动。

A 이 세상의 생존 법칙은 생물 간의 경쟁이고, 적자생존이다.
B 최근 몇 년 동안 여행 체험가는 갈수록 사람들의 주목을 끌고 있다.
C 사업을 하기로 결정하기 전, 그는 일찍이 노벨 물리학상을 받는 꿈을 포기하였다.
D 수면이 육체적 피로를 푸는 가장 좋은 방법이긴 하나, 정신적 피로를 푸는 가장 좋은 방법은 스포츠 활동을 적당히 하는 것이다.

보기 어휘 生存 shēngcún 명 생존 동 생존하다 ★ | 法则 fǎzé 명 법칙, 규율 | 物竞天择 wùjìngtiānzé 성 (생물 간에) 생존 경쟁을 하여 자연에 적응한 것만 선택되어 살아남다 | 适者生存 shìzhě shēngcún 명 적자생존(환경에 적응하는 생물만이 살아남고, 그렇지 못한 것은 도태되어 멸망하는 현상) | 体验师 tǐyànshī 명 체험가 | 关注 guānzhù 동 주목하다, 관심을 가지다 | 经商 jīngshāng 동 사업하다, 장사하다, 상업에 종사하다 | 诺贝尔物理学奖 Nuòbèi'ěr wùlǐxuéjiǎng 노벨 물리학상 | 梦想 mèngxiǎng 명 꿈, 이상 ★ | 睡眠 shuìmián 명 수면, 잠 동 수면하다, 잠자다 | 消除 xiāochú 동 없애다, 해소하다 ★ | 体力 tǐlì 명 체력, 힘 | 疲劳 píláo 형 피로하다, 지치다 | 佳 jiā 형 좋다, 아름답다, 훌륭하다 | 脑力 nǎolì 명 지력, 이해력, 사고력 | 适当 shìdàng 형 적당하다, 적절하다

정답 B

해설 近年来，<u>随着</u>旅行体验师越来越引起人们的关注。
→ 近年来，旅行体验师越来越引起人们的关注。

부사어 자리에 불필요한 전치사가 추가되었다. 전치사 '随着'는 보통 문장 맨 앞에 위치해 '随着 + A(명사) + 的 + B(동사), C(명사) + D(동사)'의 형태로 'A가 B함에 따라, C가 D해진다'라는 의미를 나타내거나 또는 명사 앞에서 뒤 상황이 발생하게 되는 근거나 조건을 제시하는데, 이 문장에서 '随着'는 의미상, 어법상 전혀 어울리지 않고 불필요하므로 삭제해야 한다.

2

A 台风一般多发生在夏天，中心风力可达十二级以上。
B 低碳环保的生活方式已成为一种时尚风气，渐渐为人们所接受。
C 丝绸之路的开辟，大大促进了东西方经济、文化等方面的交流与合作。
D 即使您买了经济舱的机票，也绝对能体验到高质量的服务。

A 태풍은 일반적으로 대부분 여름에 발생하는데, 중심 풍력은 12급(級) 이상에 달한다.
B 저탄소 친환경 생활 방식은 이미 일종의 유행이 되어, 사람들에게 점점 받아들여지고 있다.
C 실크로드의 개통이 동서양의 경제, 문화 등 분야의 교류와 협력을 크게 촉진시켰다.
D 이코노미석 티켓을 구입하시더라도, 수준 높은 서비스를 충분히 경험하실 수 있습니다.

보기 어휘 台风 táifēng 명 태풍 ★ | 中心风力 zhōngxīn fēnglì 중심 풍력 | 低碳环保 dītàn huánbǎo 저탄소 친환경 | 时尚 shíshàng 명 시대적 유행, 당시의 풍조 | 风气 fēngqì 명 (사회, 집단의) 풍조, 기풍 ★ | 为~所~ wéi~ suǒ~ ~에 의해 ~하게 되다 | 丝绸之路 sīchóuzhīlù 명 실크로드 | 开辟 kāipì 동 개척하다, 개발하다, 개통하다 ★ | 促进 cùjìn 동 촉진시키다, 재촉하다 | 合作 hézuò 동 협력하다 | 经济舱 jīngjìcāng 명 이코노미석, 일반석, 보통석 | 绝对 juéduì 부 완전히, 절대로, 반드시 | 体验 tǐyàn 동 체험하다 명 체험 | 质量 zhìliàng 명 질, 품질

정답 B

해설 低碳环保的生活方式已成为一种时尚风气，渐渐为人们所接受。
→ 低碳环保的生活方式已成为一种时尚，渐渐为人们所接受。
→ 低碳环保的生活方式已成为一种风气，渐渐为人们所接受。

목적어가 하나 더 추가되어 의미가 중복되었다. '时尚'은 '유행, 시대적 풍모'라는 뜻이고, '风气'는 '기풍, 풍조'라는 뜻인데, 이 둘은 모두 시대 경향에 따른 사회적 분위기를 나타내는 것이므로 함께 쓸 수 없다. 그러므로 둘 중 하나를 삭제해야 한다.

3

A 认真倾听对方的话是交谈时最基本的礼貌。
B 爱养花的女人，必是懂得生活的女人。
C 在西湖白堤西侧，我们可以欣赏到平湖秋月的美景。
D 当在环境恶劣的深山老林进行实地考察研究的时候，后勤保障尤为重要的工作。

A 상대방의 말을 진지하게 경청하는 것은 대화 시 가장 기본적인 예절이다.
B 꽃 가꾸기를 좋아하는 여자는 틀림 없이 삶을 아는 여자이다.
C 시후(西湖)의 바이디(白堤) 서쪽에서, 우리는 핑후츄웨(平湖秋月)의 아름다운 경치를 감상할 수 있다.
D 환경이 열악한 깊은 산 숲에서 현장 답사 연구를 진행할 때는 물자 조달의 관리 및 확보가 특히 중요하다.

보기 어휘 倾听 qīngtīng 동 경청하다 ★ | 对方 duìfāng 명 상대방, 상대편 | 交谈 jiāotán 동 이야기를 나누다, 담화를 나누다 | 基本 jīběn 형 기본적인 부 대체로, 거의 | 礼貌 lǐmào 명 예의 형 예의 바르다 | 养花 yǎng huā 동 꽃을 가꾸다 | 西湖 Xīhú 고유 시후, 서호(중국 저장(浙江)성 항저우(杭州)에 있는 유명한 호수) | 白堤 báidī 고유 바이디(시후(西湖)에 있는 3대 제방 중 하나) | 西侧 xīcè 명 서쪽 | 欣赏 xīnshǎng 동 감상하다, 마음에 들다 | 平湖秋月 Pínghú qiūyuè 고유 핑후추웨, 평호추월(시후 10경(西湖十景) 중 하나) | 美景 měijǐng 명 아름다운 경치 | 恶劣 èliè 형 열악하다, 아주 나쁘다 | 深山老林 shēnshānlǎolín 성 깊은 산 속 나무가 울창하고 인적이 드문 숲 | 实地 shídì 명 현지,

현장 | **考察** kǎochá 동 고찰하다, 정밀히 관찰하다 ☆ | **后勤** hòuqín 명 물자 조달 관리 업무 ☆ | **保障** bǎozhàng 동 보장하다, 보증하다, 확보하다 ☆ | **尤为** yóuwéi 부 특히, 유달리, 각별히

정답 D

해설 当在环境恶劣的深山老林进行实地考察研究的时候，后勤保障尤为重要的工作。
→ 当在环境恶劣的深山老林进行实地考察研究的时候，后勤保障尤为重要。
→ 当在环境恶劣的深山老林进行实地考察研究的时候，后勤保障是尤为重要的工作。

불필요한 목적어가 추가되었다. 옳은 문장으로 고치는 방법은 두 가지인데, 첫째, 술어인 '**重要**(중요하다)'는 형용사로 목적어를 가질 수 없기 때문에 '**的工作**(~한 업무)'를 삭제해야 한다. 둘째, '**的工作**'를 그대로 둘 경우, 주어인 '**后勤保障**(물자 조달의 관리 및 확보)' 뒤에는 문맥에 어울리는 술어로 동사 '**是**'를 추가해야 한다.

A 敦煌石窟是集建筑、雕塑、绘画于一体的立体艺术。
B 在人体自愈的过程中，保持积极的心态和健康的生活方式尤为重要。
C 在景色优美的园林中散步，有助于消除长期工作带来的紧张和疲乏。
D 大家在不知不觉中就走了十里路左右的距离。

A 둔황(敦煌)석굴은 건축, 조각, 회화를 하나로 합친 입체 예술이다.
B 몸이 저절로 치유되는 과정에서, 긍정적인 마음가짐과 건강한 생활 방식을 유지하는 것은 특히 중요하다
C 경치가 아름다운 정원에서 산책하는 것은 장시간의 일에서 온 긴장과 피로를 푸는 데 도움이 된다.
D 모두들 자신도 모르는 사이에 10리 길 가량을 걸었다.

보기 어휘 **敦煌** Dūnhuáng 고유 둔황(간쑤(甘肃)성에 있는 지명) | **石窟** shíkū 명 석굴 | **集~于一体** jí~yú yìtǐ ~을 하나로 합치다 | **建筑** jiànzhù 동 건축, 건축물 | **雕塑** diāosù 명 조각, 조소 동 조소하다 ☆ | **绘画** huìhuà 명 회화, 그림 | **立体** lìtǐ 명 입체 형 입체의 ☆ | **愈** yù 동 (병이) 낫다 ☆ | **心态** xīntài 명 심리 상태 ☆ | **方式** fāngshì 명 방식, 방법, 패턴 | **尤为** yóuwéi 부 특히, 각별히, 유달리 | **景色** jǐngsè 명 경치, 풍경 | **优美** yōuměi 형 우아하고 아름답다 | **园林** yuánlín 명 정원, 원림 ☆ | **消除** xiāochú 동 풀다, 없애다, 해소하다 ☆ | **疲乏** pífá 형 피곤하다, 지치다 | **不知不觉** bùzhībùjué 성 자기도 모르는 사이에 | **里** lǐ 양 리(길이의 단위이며, 1리(里)는 500미터)

정답 D

해설 大家在不知不觉中就走了十里路左右的距离。
→ 大家在不知不觉中就走了十里路左右。
→ 大家在不知不觉中就走了十里左右的距离。
→ 大家在不知不觉中就走了十里左右的路。

목적어가 하나 더 추가되어 의미가 중복되었다. '**路**'는 '길, 노정'이라는 뜻이고, '**距离**'는 '거리'라는 뜻인데, 이 둘은 모두 '한 곳에서 다른 곳으로 이동할 수 있는 공간적 간격'을 나타내므로 함께 쓸 수 없다. 그러므로 둘 중 하나를 삭제해야 한다.

A 当我们一起坐下时，我才发现母亲的头发已经白了一半。
B 一阵风吹过，含羞草的叶子就会收缩起来，像一个害羞的少女一般。
C 在生活中，有很多人都可以帮助你取得成功，所以要重视人际关系十分重要。
D 倘若一个人在任何情况下都能感受到快乐，那么他便会成为世上最幸福的人。

A 우리가 함께 앉았을 때, 나는 그제서야 어머니의 머리카락이 이미 반은 하얘졌다는 것을 알게 되었다.
B 바람이 한바탕 불고 지나가면 함수초(含羞草) 잎은 수축하게 되는데, 마치 수줍은 소녀와도 같다.
C 살아가는 동안 많은 사람들이 당신이 성공할 수 있도록 도와주기 때문에 인간관계를 중요시해야 한다.
D 만약 어떠한 상황에서도 즐거움을 느낄 수 있다면 그가 세상에서 가장 행복한 사람이 될 것이다.

보기 어휘 一阵 yízhèn 명 한바탕 | 吹 chuī 동 (바람이) 불다 | 含羞草 hánxiūcǎo 명 함수초, 미모사 | 收缩 shōusuō 동 수축하다 ★ | 害羞 hàixiū 형 부끄러워하다, 수줍어하다 | 人际关系 rénjì guānxì 인간관계, 대인관계 | 倘若 tǎngruò 접 만일 ~한다면 ★

정답 C

해설 在生活中，有很多人都可以帮助你取得成功，所以要重视人际关系十分重要。
→ 在生活中，有很多人都可以帮助你取得成功，所以要重视人际关系。
→ 在生活中，有很多人都可以帮助你取得成功，所以人际关系十分重要。

술어가 하나 더 추가되어 의미가 중복되었다. 옳은 문장으로 고치는 방법은 두 가지인데, 첫째, 마지막 절에서 술어를 동사 '重视(중요시하다)'로 보면 그 뒤에 목적어가 되는 '人际关系(인간관계)'만 있으면 되므로 불필요한 '十分重要'를 삭제해야 한다. 둘째, 술어를 형용사 '重要(중요하다)'로 보면 이 절의 주어가 '人际关系'가 되어야 하므로 불필요한 '要重视'를 삭제해야 한다.

공략비법 04 호응(搭配)의 오류

본서 p. 172

###

A 我们在批评孩子时，一定不要伤害他的自尊心。
B 这幅栩栩如生的雕像画，体会了人与自然的和谐统一。
C 我们无法选择自己的出生，但可以选择自己的未来。
D 这家银行目前在全球76个国家为1300万用户提供服务。

A 우리가 아이를 혼낼 때는, 아이의 자존심을 절대 상하게 해서는 안 된다.
B 생동감이 넘치는 이 조각상은 인간과 자연의 조화로운 통일감을 구체적으로 드러냈다.
C 우리는 자신의 출생은 선택할 수 없지만, 자신의 미래는 선택할 수 있다.
D 이 은행은 현재 전세계 76개 국가 1,300만 가입자들에게 서비스를 제공한다.

보기 어휘 伤害 shānghài 동 상하게 하다, 손상시키다 | 自尊心 zìzūnxīn 명 자존심 | 栩栩如生 xǔxǔrúshēng 성 마치 살아있는 것같이 생생하다, 생동감이 넘쳐흐르다 | 雕像 diāoxiàng 명 조각상 | 体会 tǐhuì 동 체득하다, 체험하여 터득하다 | 和谐 héxié 형 조화롭다, 잘 어울리다 ★ | 统一 tǒngyī 형 통일된, 일치된 동 통일하다 | 用户 yònghù 명 가입자, 사용자 ★

정답 B

해설 这幅栩栩如生的雕像画，体会了人与自然的和谐统一。
→ 这幅栩栩如生的雕像画，体现了人与自然的和谐统一。

주어, 술어, 목적어가 호응하지 않는다. '体会'는 '(사람이) 체험하여 터득하다'라는 뜻으로 '雕像画(조각상)'가 주어가 될 수 없고, 또한 목적어 '和谐统一(조화로운 통일감)'와도 호응하지 않는다. 여기에서는 문맥상 '구체적으로 드러내다'는 뜻의 '体现'으로 고쳐야 한다. '体会'는 사람이 어떤 경험을 통해 얻은 깨달음을 나타내는 것으로, 주로 '体会 + 意义(의의)/感情(감정)/乐趣(재미)/痛苦(고통)/道理(이치)/重要性(중요성)' 등과 같이 호응한다는 것도 함께 알아두자.

###

A 幸福没有统一的标准，也没有固定的模式。
B 要想取得出众的成就，就必须有走在前面的勇气。
C 著名京剧表演艺术家梅兰芳先生的祖籍是江苏泰州人。
D 人们总是追求那些得不到的东西，而忽视那些已经得到的东西。

A 행복에는 통일된 기준도 없고, 고정적인 양식도 없다.
B 뛰어난 성과를 얻고 싶다면, 반드시 앞장서는 용기를 지녀야만 한다.
C 유명한 경극(京劇) 공연 예술가인 매란방(梅蘭芳)선생의 본적은 장쑤(江蘇)성 타이저우(泰州)이다.
D 사람들은 늘 얻지 못하는 것들은 추구하면서 이미 얻은 것은 소홀히 한다.

보기 어휘 固定 gùdìng 형 고정되다, 불변하다 | 模式 móshì 명 양식, 패턴, 모델 ★ | 出众 chūzhòng 형 뛰어나다, 출중하다 | 成就 chéngjiù 명 성과, 성취, 업적 | 勇气 yǒngqì 명 용기 | 著名 zhùmíng 형 유명한, 저명한 | 京剧 jīngjù 명 경극(중국 주요 전통극 중 하나) | 祖籍 zǔjí 명 본적 | 江苏 Jiāngsū 고유 장쑤, 장쑤성, 강소성 | 泰州 Tàizhōu 고유 타이저우, 태주(장쑤(江苏)성 중앙의 도시) | 追求 zhuīqiú 동 추구하다, 탐구하다 | 忽视 hūshì 동 소홀히 하다, 등한히 하다, 경시하다

| 정답 | C |

| 해설 | 著名京剧表演艺术家梅兰芳先生的祖籍是江苏泰州人。
→ 著名京剧表演艺术家梅兰芳先生的祖籍是江苏泰州。
→ 著名京剧表演艺术家梅兰芳先生是江苏泰州人。

주어와 목적어가 호응하지 않는다. 주어인 '祖籍'는 '본적'이라는 뜻으로 장소를 나타내는데, 목적어는 '～人', 즉 사람을 나타낸다. 따라서 이 두 성분이 서로 호응하지 않으므로, '人'을 삭제하여 '장소 + 是 + 장소'의 구조인 '～祖籍是江苏泰州.' 혹은 '的祖籍'를 삭제하여 '사람 + 是 + 사람'의 구조인 '～梅兰芳先生是江苏泰州人.'으로 고쳐야 한다.

3

A 快十点半了，我怕耽误他休息，便起身告辞了。
B 据鉴定，这幅画的作家出自徐悲鸿之手，具有非常高的收藏价值。
C 幼儿园本来想靠这个办法杜绝学生迟到的现象，结果却出人意料。
D 如果你觉得学某样东西对孩子很重要，那么应该先观察孩子是否对这样东西感兴趣。

A 곧 10시 반이어서 나는 그의 휴식을 방해할까 싶어 얼른 일어나 그에게 작별 인사를 했다.
B 감정에 따르면, 이 그림은 쉬베이홍(徐悲鸿)의 손에서 나온 것으로, 아주 높은 소장가치를 지니고 있다고 한다.
C 유치원은 원래 이 방법으로 아이들이 지각하는 현상을 근절하려 했으나, 결과는 오히려 뜻밖이었다.
D 어떤 것을 배우는 것이 아이에게 중요하다고 생각한다면, 먼저 아이가 그것에 관심이 있는지 없는지를 살펴봐야 한다.

| 보기 어휘 | 耽误 dānwu 동 방해하다, 일을 그르치다, 시기를 놓치다 | 起身 qǐshēn 동 몸을 일으키다 | 告辞 gàocí 동 작별 인사를 하다 ★ | 鉴定 jiàndìng 명 감정, 평가 동 감정하다, 평가하다 ★ | 出自～之手 chūzì~ zhī shǒu ～의 손에서 나오다 | 收藏 shōucáng 동 소장하다, 수장하다, 보관하다 ★ | 幼儿园 yòu'éryuán 명 유치원 | 杜绝 dùjué 동 근절하다, 두절하다, 끊다 ★ | 出人意料 chūrényìliào 뜻밖이다, 예상 밖이다 | 观察 guānchá 동 살피다, 관찰하다

| 정답 | B |

| 해설 | 据鉴定，这幅画的作家出自徐悲鸿之手，具有非常高的收藏价值。
→ 据鉴定，这幅画出自徐悲鸿之手，具有非常高的收藏价值。

주어, 술어, 목적어가 호응하지 않는다. 앞 절의 '出自～之手'는 '(어떤 작품이) ～의 손에서 나오다'라는 뜻이므로 '作家(작가)'가 주어가 될 수 없고, 또한 뒤 절의 '具有～价值(～가치를 지니다)'의 주어도 '作家'가 될 수 없으므로 '的作家'를 삭제하고 '画(그림)'를 주어로 해야 한다.

A 压岁钱是长辈对晚辈的一种关爱，同时也含有平安吉祥的寓意。
B 那位老师来了以后，学生们的汉语水平得到了明显的提高。
C 节日里的中山公园处处都展出着喜庆的气氛。
D 学习的最大障碍来自我们已知的部分，而不是未知的部分。

A 세뱃돈은 일종의 아랫사람에 대한 윗사람의 관심이자 사랑이면서, 또한 평안하고 길한 의미도 담고 있다.
B 그 선생님께서 오신 이후, 학생들의 중국어 실력이 눈에 띄게 향상됐다.
C 명절에는 중산공원 곳곳마다 경사스러운 분위기가 넘쳐난다.
D 학습의 가장 큰 장애는 우리가 이미 알고 있는 부분에서 생기는 것이지, 모르는 부분에서 생기는 것이 아니다.

보기 어휘 压岁钱 yāsuìqián 명 세뱃돈 ★ | 长辈 zhǎngbèi 명 손윗사람, 집안 어른 | 晚辈 wǎnbèi 명 손아랫사람, 후배 | 关爱 guān'ài 동 관심을 갖고 돌보다, 사랑으로 돌보다 | 含有 hányǒu 동 포함하다, 함유하다 | 平安 píng'ān 형 평안하다, 무사하다 | 吉祥 jíxiáng 형 길하다, 운수가 좋다 ★ | 寓意 yùyì 명 우의, 함축된 의미 | 明显 míngxiǎn 형 뚜렷하다, 분명하다 | 中山公园 Zhōngshān gōngyuán 고유 중산공원(베이징(北京)시에 있는 중국 국가공인 관광지 중 하나) | 处处 chùchù 명 곳곳에, 도처에 | 障碍 zhàng'ài 명 장애물, 방해물 ★ | 未知 wèizhī 동 알지 못하다 형 미지의, 알지 못하는

정답 C

해설 节日里的中山公园处处都<u>展出</u>着喜庆的<u>气氛</u>。
→ 节日里的中山公园处处都<u>洋溢</u>着喜庆的<u>气氛</u>。

술어와 목적어가 호응하지 않는다. '展出'는 '전시하다'는 뜻으로 어떤 작품이나 상품을 벌여 놓고 보여주는 것을 나타내므로 '气氛(분위기)'과는 호응할 수 없다. 여기에서는 문맥상 '(분위기, 감정, 기분 등이) 넘쳐흐르다, 충만하다'라는 뜻의 '洋溢[yángyì]'를 사용해 '洋溢着～气氛'으로 고쳐야 한다.

5

A 我们放弃阅读，就等于自愿走在黑暗的隧道里。
B 高原融雪河流和陡峭的山峰造成了七彩瀑布群这一旷世奇观。
C 梁山伯与祝英台忠贞的爱情故事，在中国可谓妇孺皆知。
D 面对别人犯下的错误，很多人总想让对方付出代价。

A 우리가 독서를 포기한다는 것은 바로 자발적으로 암흑의 터널을 걷는 것과 같다.
B 고원의 눈 녹은 하천과 가파른 산봉우리가 일곱 빛깔 폭포군(群)이라는 이 유일무이한 장관을 만들어냈다.
C 양산백과 축영대의 지조 있는 사랑 이야기는, 중국에서 모든 사람들이 다 안다고 할 수 있다.
D 다른 사람이 저지른 잘못에 대해서는 많은 사람들이 상대방에게 대가를 치르게 해야 한다고 생각한다.

보기 어휘 阅读 yuèdú 동 읽다, 열독하다 | 自愿 zìyuàn 동 자원하다 | 黑暗 hēi'àn 형 암흑의, 어둡다, 캄캄하다 | 隧道 suìdào 명 터널 ★ | 高原 gāoyuán 명 고원 | 融雪 róng xuě 눈이 녹다 | 河流 héliú 명 하천 | 陡峭 dǒuqiào 형 가파르다, 험준하다 ★ | 山峰 shānfēng 명 산봉우리 | 瀑布 pùbù 명 폭포 ★ | 旷世 kuàngshì 형 유일무이하다, 당대에 견줄 바가 없다 | 奇观 qíguān 명 기이한 풍경, 훌륭한 광경 | 梁山伯与祝英台 Liángshānbó yǔ zhùyīngtái 양산백과 축영대(중국의 민간 전설) | 忠贞 zhōngzhēn 형 충성스럽고 절의가 있다, 충정하다 | 可谓 kěwèi 동 ～라고 말할 수 있다, ～라고 할 만하다 | 妇孺皆知 fùrújiēzhī 성 모든 사람들이 알고 있다 | 面对 miànduì

동 마주 대하다, 마주 보다, 직면하다 | **对方** duìfāng 명 상대방, 상대편 | **付出** fùchū 동 (대가를) 지불하다, 지급하다, 들이다 | **代价** dàijià 명 대가 ★

정답 B

해설 高原融雪河流和陡峭的山峰造成了七彩瀑布群这一旷世奇观。
→ 高原融雪河流和陡峭的山峰造就了七彩瀑布群这一旷世奇观。

술어와 목적어가 호응하지 않는다. '造成'은 '(좋지 않은 결과를) 초래하다, 야기하다'는 뜻이므로 '奇观(기이한 풍경)'과 같이 쓸 수 없다. 여기에서는 문맥상 '만들어 내다'라는 뜻의 '造就'를 사용해 '造就~奇观'으로 고쳐야 한다. '造成'은 반드시 심각하거나 부정적인 내용을 목적어로 취하는 동사임을 기억하자.

공략비법 05 문맥상 모순 관계

본서 p. 180

1

A 是否团结向上是团队可持续发展的重要条件。
B "知易行难"是指认识、了解一件事情比较容易，但实际做起来却很难。
C 北京胡同有着悠久的历史，它真实地反映了北京的历史面貌。
D 一个人的外在形象，不单指他的外貌，还包括服饰装扮、言谈举止等。

A 단결력 향상의 여부는 팀이 지속적으로 발전할 수 있는지 아닌지의 중요한 조건이다.
B '지이행난(知易行难)'은 어떤 일을 알고 이해하는 것은 비교적 쉽지만, 실제로 해 보면 어렵다는 것을 가리킨다.
C 베이징 후통(胡同)은 유구한 역사를 지니고 있으며, 베이징의 역사적 면모를 꾸밈없이 반영하고 있다.
D 한 사람의 외적 이미지는, 그의 생김새를 가리킬 뿐만 아니라 옷차림, 말과 행동 등도 포함한다.

 团结 tuánjié 동 단결하다, 뭉치다 형 화목하다, 우호적이다 ★ | **向上** xiàng shàng 동 위로 향하다, 진보하다, 발전하다 | **可持续发展** kě chíxù fāzhǎn 지속 가능한 발전 | **知易行难** zhīyìxíngnán 성 도리를 알기는 쉽지만 실행하기는 어렵다 | **胡同** hútòng 명 후통, 골목, 뒷골목 | **悠久** yōujiǔ 형 유구하다, 아득하게 오래다 | **真实** zhēnshí 형 진실하다 | **反映** fǎnyìng 동 반영하다, 보고하다 | **面貌** miànmào 명 면모, 외관, 양상, 상태 ★ | **外在** wàizài 형 외재적인, 외적인 | **形象** xíngxiàng 명 이미지, 형상 | **不单** bùdān 접 ~뿐만 아니라 부 ~에 그치지 않다 | **外貌** wàimào 명 생김새, 외모 | **包括** bāokuò 동 포함하다 | **服饰** fúshì 명 옷차림, 복장 | **装扮** zhuāngbàn 동 꾸미다, 단장하다, 장식하다 | **言谈** yántán 명 말의 내용과 태도, 말투, 말씨 | **举止** jǔzhǐ 명 행동거지

정답 A

해설 是否团结向上是团队可持续发展的重要条件。
→ 是否团结向上是团队能否可持续发展的重要条件。
→ 团结向上是团队可持续发展的重要条件。

문장의 앞뒤 내용이 모순 관계이다. 주어 부분이 '是否(~인지 아닌지)'이므로, 이와 호응하는 내용도 '긍정 + 부정'의 양면적 의미를 갖추어야 한다. 따라서 문맥상 '能否(~할 수 있는지 아닌지)'를 '可持续发展(지속적으로 발전하다)' 앞에 추가해야 한다. 아니면, '是否'를 삭제하여 '团结向上(단결력 향상)'을 문장의 주어로 해도 옳은 문장이 된다.

A 经过20年的发展，他们的分公司已经遍布全球100多个国家和地区。
B 为了生存和生长，不论是植物还是人类，都会不遗余力的。
C 如果你想得到你从未得到过的东西，那就必须做一些你从来没有做过的事情。
D 迄今为止，人类发现的最早的恐龙化石距今有近一亿多年的历史。

A 20년의 발전을 거쳐, 그들의 지사는 이미 전 세계 100여 개 국가와 지역에 널리 분포되어 있다.
B 생존과 생장을 위해, 식물이든 인간이든 모두 있는 힘을 다 한다.
C 여태껏 가져본 적 없는 것을 갖고 싶다면, 지금까지 해보지 않은 일들을 반드시 해야 한다.
D 지금까지 인류가 발견한 최초의 공룡 화석은 지금으로부터 근 1억년 전의 것이다.

보기 어휘 遍布 biànbù 동 널리 분포하다, 널리 퍼지다 ★ | 生存 shēngcún 동 생존하다 명 생존 ★ | 生长 shēngzhǎng 동 생장하다, 자라다, 성장하다 | 不论 búlùn 접 ~든지, ~을 막론하고 | 人类 rénlèi 명 인류 | 不遗余力 bùyíyúlì 성 있는 힘을 다하다 | 从未 cóngwèi 부 여태껏 ~한 적이 없다, 지금까지 ~한 적이 없다 | 迄今为止 qìjīnwéizhǐ 지금에 이르기까지, 이제껏 ★ | 恐龙 kǒnglóng 명 공룡 | 化石 huàshí 명 화석 | 距今 jùjīn 동 지금으로부터(얼마간) 떨어져 있다

정답 D

해설 迄今为止，人类发现的最早的恐龙化石距今有近一亿多年的历史。
→ 迄今为止，人类发现的最早的恐龙化石距今有近一亿年的历史。
→ 迄今为止，人类发现的最早的恐龙化石距今有一亿多年的历史。

의미상 모순 관계인 두 단어가 함께 쓰였다. '近'은 어떤 수량에 근접함을 나타내고, '多'는 일정한 수량보다 조금 많음을 나타내므로 이 둘은 서로 모순적인 의미이다. 따라서 둘 중 하나만 써야 한다.

A 狼向东郭先生扑去，东郭先生大吃一惊，只好躲在毛驴的后边。
B 这次参加传统文化宣传活动的市民超过了一百人以上。
C 不到两年时间，他就成为这家公司最优秀的销售人员。
D 本届艺术节充分展示了中国文化艺术事业的最新成果。

A 늑대가 동곽(東郭) 선생에게 달려들자, 동곽 선생은 크게 놀라 할 수 없이 당나귀 뒤쪽에 숨었다.
B 이번 전통 문화 홍보 활동에 참가한 시민은 100명을 넘어섰다.
C 2년도 되지 않은 시간에, 그는 이 회사의 가장 우수한 영업 사원이 되었다.
D 이번 예술제는 중국 문화 예술 사업의 최신 성과를 충분히 보여주었다.

보기 어휘 东郭先生 Dōngguō xiānsheng 고유 동곽 선생(명(明)나라 마중석(馬中錫)의 《중산랑전(中山狼傳)》에 나오는 어리석고 인정 많은 인물) | 大吃一惊 dàchīyìjīng 성 크게 놀라다, 깜짝 놀라다 | 躲 duǒ 동 숨다, 피하다 | 毛驴 máolǘ 명 당나귀 | 宣传 xuānchuán 동 홍보하다, 선전하다 | 销售 xiāoshòu 명 판매, 매출 동 팔다, 판매하다 | 人员 rényuán 명 인원, 요원 | 届 jiè 양 회, 기, 차 | 充分 chōngfèn 부 충분히 형 충분하다 | 展示 zhǎnshì 동 분명하게 나타내 보이다, 전시하다 ★ | 事业 shìyè 명 사업 ★ | 成果 chéngguǒ 명 성과

정답 B

| 해설 | 这次参加传统文化宣传活动的市民超过了一百人以上。
→ 这次参加传统文化宣传活动的市民超过了一百人。
→ 这次参加传统文化宣传活动的市民在一百人以上。

의미상 모순 관계인 두 단어가 함께 쓰였다. '超过(초과하다)'는 어떤 수량을 넘어서는 것을 나타내므로, 여기서 100이라는 수를 포함하지 않는다. 반면, '以上(이상)'은 수량이 어떤 기준과 같거나 많음을 의미하므로 여기서 100을 포함한 그 이상의 수를 나타낸다. 따라서 이 둘은 서로 모순적인 의미이므로 '以上'을 삭제하거나 '超过'를 '在'로 고쳐야 한다.

4

A 2003年，她出版了家庭生活回忆录《我们仨》。
B 你能不能取得好成绩，取决于你不懈努力。
C 座右铭本来指的是古人写出来放在座位右边的格言。
D 自古以来，中国就是一个崇尚玉器的国家，中国人对玉有着特殊的情感。

A 2003년, 그녀는 가정 생활 회고록인《우리셋》을 출간하였다.
B 좋은 성적을 받을 수 있는지 없는지는 당신이 꾸준히 노력하는지 아닌지에 달려 있다.
C 좌우명이 본래 가리키는 것은 고대 현인들이 자리의 오른쪽에 써두었던 격언이다.
D 예로부터 중국은 옥기(玉器)를 숭상하는 국가여서, 중국인들은 옥에 대해 특별한 감정을 지니고 있다.

| 보기 어휘 | 出版 chūbǎn 동 출간하다, 출판하다, 발행하다 | 取决于 qǔjuéyú ～에 달려 있다 | 不懈 búxiè 형 게으르지 않다, 꾸준하다 | 座右铭 zuòyòumíng 명 좌우명 | 古人 gǔrén 명 고대의 영웅, 현인, 성인 등과 같은 사람, 옛 사람 | 格言 géyán 명 격언 | 自古以来 zìgǔyǐlái 예로부터 | 崇尚 chóngshàng 동 숭상하다, 받들다 | 玉器 yùqì 명 옥기, 옥그릇 | 特殊 tèshū 형 특수하다, 특별하다 | 情感 qínggǎn 명 감정, 정

| 정답 | B

| 해설 | 你能不能取得好成绩，取决于你不懈努力。
→ 你能不能取得好成绩，取决于你是否不懈努力。

문장의 앞뒤 내용이 의미상 모순 관계이다. 주어 부분이 '能不能'이므로 이와 호응하는 내용도 '긍정 + 부정'의 양면적 의미를 갖추어야 한다. 따라서 문맥상 '是否(~인지 아닌지)'를 '不懈努力(꾸준히 노력하다)' 앞에 추가해야 한다.

5

A 她望着车水马龙的街道，不知道该去哪儿。
B 一般看来，不顾客观实际而墨守成规的人，常常会做出荒唐可笑的事来。
C 为了避免今后不再发生类似的事故，我们必须尽快完善安全制度。
D "预则立，不预则废"，意思是凡事都要有所计划，这样我们才会更容易成功。

A 끊임없이 차가 다니는 길을 바라보며, 그녀는 어디로 가야 할 지 몰랐다.
B 일반적으로 봤을 때, 객관적인 사실을 감안하지 않고 옛 것만 고집하는 사람은 종종 황당하고 우스운 일을 저지르게 된다.
C 오늘 이후로 유사한 사고 발생을 막기 위해 우리는 되도록 빨리 안전 제도를 정비해야 한다.
D '미리 준비하면 성공하고, 준비하지 않으면 실패한다(预则立，不预则废)'는 말의 뜻은 모든 일에는 계획이 있어야 하고, 이렇게 해야만 우리가 더욱 쉽게 성공할 수 있다는 것이다.

> **보기어휘** 车水马龙 chēshuǐmǎlóng 형 왕래하는 수레는 흐르는 물과 같고, 오가는 말은 꿈틀거리는 용과 같다, 차의 왕래가 끊이지 않다 | 不顾 búgù 동 고려하지 않다, 감안하지 않다, 돌보지 않다 ★ | 客观 kèguān 형 객관적이다 | 墨守成规 mòshǒuchéngguī 낡은 것을 고집하다, 낡은 틀에 얽매이다 | 荒唐 huāngtáng 형 황당하다, 터무니없다 ★ | 可笑 kěxiào 형 우습다, 우스꽝스럽다, 가소롭다 | 避免 bìmiǎn 동 피하다, 면하다 | 类似 lèisì 형 유사하다, 비슷하다 ★ | 完善 wánshàn 동 완벽하게 하다 형 완벽하다, 완전하다 | 预则立, 不预则废 yù zé lì, bú yù zé fèi 미리 준비하면 성공하고, 준비하지 않으면 실패한다 | 凡事 fánshì 명 모든 일, 매사, 만사

> **정답** C

> **해설** 为了避免今后不再发生类似的事故，我们必须尽快完善安全制度。
> → 为了避免今后再发生类似的事故，我们必须尽快完善安全制度。
>
> '避免(피하다)'과 '不'가 함께 쓰여 의미상 모순이 생겼다. '避免'은 그 자체가 부정적인 것을 피한다는 뜻이므로 뒤에는 반드시 사고, 문제 등의 부정적 의미의 내용이 나와야 한다. 그런데 여기에서는 '避免' 뒤에 '不再发生~'으로 부정이 나와 있어 결과적으로 이중부정의 의미인 유사한 사고가 발생하지 않는 것을 피한다, 즉 유사한 사고가 발생한다는 것을 나타내어 의미상 모순이 생겼다. 따라서 '不'를 삭제해야 한다.

공략비법 06 '把자문', '被자문' 및 접속사 구문 오용

본서 p. 191

1

> A 如果我们长时间穿高跟鞋走路，就很容易引发脚部疾病。
> B 挫折不是高不可攀的山，就是我们前进的动力。
> C 在他转身的那一刻，他看到父亲眼里泛起了泪花。
> D 在生活节奏日益加快的今天，人们更愿意看一些轻松愉快的电视节目。
>
> A 하이힐을 신고 장시간 걸으면 발 부위 질환을 일으키기 쉽다.
> B 좌절은 오를 수 없는 높은 산이 아니라, 우리가 앞으로 나아가는 동력이다.
> C 그가 몸을 돌리던 그 순간, 그는 아버지의 눈에 눈물이 맺힌 걸 보았다.
> D 생활 리듬이 나날이 빨라지는 오늘날, 사람들은 편안하고 즐거운 TV 프로그램 시청을 더욱 원한다.

> **보기어휘** 高跟鞋 gāogēnxié 명 하이힐 | 引发 yǐnfā 동 일으키다, 야기하다 | 疾病 jíbìng 명 질병, 고질병 ★ | 挫折 cuòzhé 명 좌절, 실패 ★ | 高不可攀 gāobùkěpān 형 너무 높아서 오를 수 없다, 도달하기 어렵다, 접근하기 어렵다 | 前进 qiánjìn 동 앞으로 나아가다, 발전하다 | 动力 dònglì 명 동력 ★ | 泛起 fànqǐ 동 떠오르다, 솟아오르다 | 泪花 lèihuā 명 눈에 맺힌 눈물 | 节奏 jiézòu 명 리듬, 흐름 ★ | 日益 rìyì 명 나날이, 날로 ★

 정답 B

> **해설** 挫折不是高不可攀的山，就是我们前进的动力。
> → 挫折不是高不可攀的山，而是我们前进的动力。
>
> 접속사 사용이 잘못되었다. '不是A, 就是B'는 'A이거나 아니면, B이다'라는 의미로, A와 B 둘 중 하나를 긍정할 때 쓰이므로 문맥상 어울리지 않는다. 여기에서는 'A가 아니라 B이다'라는 의미로 앞부분을 부정하고 뒷부분을 긍정하는 '不是A, 而是B'로 고쳐야 한다.

2

A 能坚持二十年做一件事的人，肯定有足够的热情。
B 我的灵感来源于生活中的许多小细节，当然这些细节都源自于人。
C "东郭先生"已经成为汉语中的固定词语，专指那些不辨是非的人。
D 说到底，不管是北京和其他一线城市，都面临着同样的交通拥堵问题。

A 20년 동안 꾸준히 한 가지 일을 할 수 있는 사람은 분명 충분한 열정을 지니고 있을 것이다.
B 나의 영감은 생활 속 많은 사소한 부분에서 생겨난 것인데, 물론 이러한 사소한 부분들은 모두 사람으로부터 나오는 것이다.
C '동곽선생(東郭先生)'은 이미 중국어에서 고정 어휘가 되어, 시비를 구별하지 못하는 사람들을 지칭하고 있다.
D 결론적으로 말하면, 베이징이든 기타 일선 도시든 관계없이, 모두 다 동일한 교통 혼잡 문제를 겪고 있다.

보기 어휘 足够 zúgòu 형 충분하다, 만족하다 동 수요나 있어야 할 만한 정도에 도달하다 | 灵感 línggǎn 명 영감 ★ | 来源 láiyuán 동 기원하다, 유래하다 ★ | 细节 xìjié 명 사소한 부분, 세부 사항, 섬세한 묘사 | 源自于 yuánzìyú ~에서 시작하다, ~에서 발원하다 | 固定 gùdìng 형 고정되다, 불변하다 | 专指 zhuānzhǐ 동 전적으로 가리키다 | 不辨 búbiàn 동 구별하지 못하다, 분별하지 못하다 | 是非 shìfēi 명 시비, 옳고 그름 ★ | 说到底 shuō dào dǐ 동 끝까지 이야기하다, 결론적으로 말하다 | 一线 yíxiàn 명 일선, 최전선, 최전방 | 面临 miànlín 동 당면하다, 직면하다 | 拥堵 yōngdǔ 동 (사람이나 차량 등이 한데 몰려) 길이 막히다, 꽉 차다

정답 D

해설 说到底，不管是北京和其他一线城市，都面临着同样的交通拥堵问题。
→ 说到底，不管是北京还是其他一线城市，都面临着同样的交通拥堵问题。

접속사 구문의 구조가 잘못되었다. 조건 관계를 나타내는 '~에 관계없이, ~을 막론하고'라는 뜻의 접속사 '不管', '无论', '不论'은 앞 절에서 제시하는 조건의 범위가 반드시 의문사(의문대명사, 의문형용사, 의문부사), 선택, 양면사(정반), 4자 구조 등의 형태여야 한다. 그러므로 '和 ~와(과)'를 '还是 ~(이)든'로 고쳐야 한다.

3

A 北师大今年的自主招生将采用多元评价方式，着重对考生现有能力和未来潜质进行考核。
B 史铁生多年来与疾病顽强抗争，创作出大量优秀的文学作品。
C 孩子被父母受的影响很大，因此父母的一言一行、一举一动都要小心。
D 搜狐第三届"读本好书"评选活动正在进行中，此活动旨在推广健康的生活方式。

A 베이징 사범 대학의 올해 자율 모집은 다원적인 평가 방식을 채택하여, 수험생이 현재 지닌 능력과 미래 잠재적 소질에 대해 중점적으로 심사한다.
B 스톄성(史铁生)은 여러 해 동안 투병 속에서 많은 우수한 문학 작품을 창작해냈다.
C 아이가 부모에게 받는 영향이 매우 크기 때문에 부모는 모든 말과 행동을 조심해야 한다.
D 써우후(搜狐)의 제3회 '좋은 책 읽기(读本好书)' 선발 행사가 진행 중인데, 이 행사의 취지는 건강한 생활 방식을 보급하는 데 있다.

| 보기 어휘 | 自主 zìzhǔ 동 자주적이다, 자신의 뜻대로 처리하다 ★ | 招生 zhāoshēng 동 신입생을 모집하다 | 采用 cǎiyòng 동 채택하다, 채용하다, 적합한 것을 골라 쓰다 | 多元 duōyuán 형 다원의, 다방면의, 다양한 | 评价 píngjià 명 평가 동 평가하다 | 着重 zhuózhòng 동 치중하다, 강조하다 ★ | 未来 wèilái 명 미래 형 머지않은, 곧 다가오는 | 潜质 qiánzhì 명 잠재적 소질 | 考核 kǎohé 동 심사하다 ★ | 疾病 jíbìng 명 질병, 고질병 ★ | 顽强 wánqiáng 형 완강하다, 억세다 ★ | 抗争 kàngzhēng 동 투쟁하다, 항쟁하다 | 创作 chuàngzuò 동 창작하다 ★ | 文学 wénxué 명 문학 | 一言一行 yìyányìxíng 성 일언일행, 하나하나의 말과 행동 | 一举一动 yìjǔyídòng 성 일거수일투족, 모든 행동 | 搜狐 Sōuhú 고유 써우후, Sohu(중국의 유명한 검색 포털 중 하나) | 评选 píngxuǎn 동 선정하다, 평가하여 선발하다 | 旨 zhǐ 명 취지, 의도 | 旨在 zhǐzài 동 ~에 목적이 있다, ~에 취지가 있다 | 推广 tuīguǎng 동 널리 보급하다, 확대하다, 확충하다 |

정답 C

해설 孩子被父母受的影响很大，因此父母的一言一行、一举一动都要小心。
→ 孩子受父母的影响很大，因此父母的一言一行、一举一动都要小心。

'被'와 '受'가 모두 '받다, 당하다'는 의미의 피동을 나타내므로 이 둘은 한 문장에서 함께 사용할 수 없다. 그러므로 여기에서는 '被'를 삭제하고 '受父母的影响(부모에게 받는 영향)'으로 고쳐야 한다.

4

A 遇事不问青红皂白，随便拿他人泄愤，很可能给对方造成极大的伤害。
B 如果制定了目标，你就一定要坚持到底，而且不会获得成功。
C 在人类社会中，我们很少能看到像狼那样把个体与整体结合得如此完美的团队。
D 牡丹是中国特有的名贵花卉，素有"国色天香"、"花中之王"的美称。

A 일이 생겼을 때 옳고 그름을 분간하지 않고 마음대로 타인에게 분풀이를 하면, 상대에게 막대한 해를 끼칠 수도 있다.
B 만약 목표를 정했다면 끝까지 해야지 그렇지 않으면 성공할 수 없다.
C 인류 사회에서, 늑대처럼 그렇게 개체와 전체의 결합이 완벽한 공동체를 찾아보기 어렵다.
D 모란은 중국 고유의 진귀한 꽃으로, 본래부터 '절세미인', '꽃 중의 왕'이라는 아름다운 명칭을 지니고 있다.

| 보기 어휘 | 不问青红皂白 búwèn qīnghóngzàobái 성 일의 옳고 그름을 따지지 않다, 시비를 분간하지 않다 | 泄愤 xièfèn 동 분풀이를 하다, 울분을 터뜨리다 | 伤害 shānghài 동 해치다, 상하게 하다, 손상시키다 | 制定 zhìdìng 동 제정하다, 작성하다 | 狼 láng 명 늑대, 이리 | 个体 gètǐ 명 개체, 개인 | 整体 zhěngtǐ 명 전체, 전부 | 结合 jiéhé 동 결합하다 | 完美 wánměi 형 매우 훌륭하다, 완전하여 흠잡을 데가 없다, 완전무결하다 | 团队 tuánduì 명 단체, 팀 | 牡丹 mǔdan 명 모란 | 花卉 huāhuì 명 꽃, 화훼 | 素有 sùyǒu 원래부터 있는 | 国色天香 guósè tiānxiāng 절세미인이다 |

정답 B

해설 如果制定了目标，你就一定要坚持到底，而且不会获得成功。
→ 如果制定了目标，你就一定要坚持到底，否则不会获得成功。

접속사 사용이 잘못되었다. 앞 절의 '如果~, 就~'와 '不会获得成功'은 점층 관계가 아니다. 그러므로 '而且'를 문맥에 알맞은 '만약 그렇지 않으면'이라는 뜻의 '否则'로 고쳐야 한다. '否则'가 바로 '如果不这样'과 같은 의미임을 기억하도록 하자.

A 牛奶是最古老的天然饮料之一，它含有丰富的蛋白质、维生素、钙等营养物质。
B 活字印刷术是中国著名的"四大发明"之一，发明者是北宋时期的毕昇。
C 虽说这家知名企业从不打广告，产品则已销往全球60多个国家和地区。
D 他们看到了这个尚待开发的市场中所蕴藏的巨大商机。

A 우유는 가장 오래된 천연 음료 중 하나인데, 이것은 풍부한 단백질, 비타민, 칼슘 등의 영양물질을 함유하고 있다.
B 활자인쇄술은 중국의 유명한 '4대 발명' 중 하나인데, 발명가는 북송 시기의 필승(毕昇)이다.
C 이 유명한 회사는 지금까지 광고를 한 적 없지만, 제품은 이미 전 세계 60여 개 국가와 지역에서 판매되고 있다.
D 그들은 개발이 필요한 이 시장에 잠재되어 있는 거대한 사업 기회를 보았다.

보기 어휘 古老 gǔlǎo 형 오래 되다 | 天然 tiānrán 형 천연의, 자연의 | 含有 hányǒu 동 함유하다, 포함하다 | 蛋白质 dànbáizhì 명 단백질 ★ | 维生素 wéishēngsù 명 비타민 ★ | 钙 gài 명 칼슘 ★ | 营养 yíngyǎng 명 영양 | 物质 wùzhì 명 물질 | 活字印刷术 huózì yìnshuāshù 활자 인쇄술 | 四大发明 sì dà fāmíng 명 4대 발명품(중국 고대의 4가지 발명품으로 종이·인쇄술·나침반·화약을 일컬음) | 发明者 fāmíngzhě 명 발명가 | 北宋 BěiSòng 명 북송(960~1127년에 존재하였던 중국 왕조) | 时期 shíqī 명 시기 | 知名 zhīmíng 형 유명한, 잘 알려진 | 企业 qǐyè 명 기업 | 产品 chǎnpǐn 명 제품 | 尚待 shàngdài 동 아직 ~가 필요하다, 아직 ~을 기다려야 한다 | 蕴藏 yùncáng 동 잠재하다, 매장되다, 묻히다 ★ | 巨大 jùdà 형 거대하다, 아주 크다, 매우 많다 | 商机 shāngjī 명 사업 기회, 상업 기회

정답 C

해설 虽说这家知名企业从不打广告，产品则已销往全球60多个国家和地区。
→ 虽说这家知名企业从不打广告，产品却已销往全球60多个国家和地区。

접속사 호응이 잘못되었다. 전환 관계를 나타내는 '비록 ~하지만'이라는 뜻의 '虽说'는 '则'와 호응하지 않으므로 '则'를 '却(~하지만)'로 고쳐야 한다.

공략비법 07 고정 어휘

본서 p. 208~209

1

在吃午饭和晚饭时，喝上一杯葡萄酒，不仅可以<u>促进</u>消化，还能预防高脂肪、高热量对人体的<u>侵害</u>。同时，葡萄酒能增加肠道平滑肌纤维的收缩力，调整肠道<u>功能</u>，对结肠炎有一定疗效。

점심과 저녁 식사를 할 때, 와인 한 잔을 마시면 소화를 <u>촉진</u>할 수 있을 뿐만 아니라, 고지방과 고열량이 인체에 끼치는 <u>해</u>를 예방할 수도 있다. 동시에, 와인은 장의 평활근 섬유의 수축력도 증가시켜, 장 <u>기능</u>을 조절해 결장염에도 어느 정도의 치료 효과가 있다.

A	进展 ✕	侵略 ✕	性能 ✕
B	促进 ○	侵害 ○	功能 ○
C	督促 ✕	陷害 ✕	职能 ✕
D	促成 ✕	危害 ○	功效 ✕

A	진전하다	침략	성능
B	촉진하다	침해	기능
C	독촉하다	모함	직능
D	성사시키다	위해	효과

지문 어휘 消化 xiāohuà 동 소화하다 | 预防 yùfáng 동 예방하다 | 脂肪 zhīfáng 명 지방 ★ | 热量 rèliàng 명 열량, 칼로리 | 肠道 chángdào 명 장, 창자 | 平滑肌 pínghuájī 명 평활근 | 纤维 xiānwéi 명 섬유 ★ | 收缩力 shōusuōlì 명 수축력 | 调整 tiáozhěng 동 조정하다, 조절하다 | 结肠炎 jiécháng yán 명 결장염 | 疗效 liáoxiào 명 치료 효과

보기 어휘 A 进展 jìnzhǎn 동 진전하다, 진척하다 명 진전 ★ | 侵略 qīnlüè 동 침략하다 ★ | 性能 xìngnéng 명 성능 ★
B 促进 cùjìn 동 촉진하다, 촉진시키다 | 侵害 qīnhài 동 침해하다, 침범하여 해를 끼치다 | 功能 gōngnéng 명 기능, 작용, 효능
C 督促 dūcù 동 독촉하다 명 독촉, 재촉 ★ | 陷害 xiànhài 동 모함하다, 모해하다 ★ | 职能 zhínéng 명 직능, 기능, 효용 ★
D 促成 cùchéng 동 서둘러 성사시키다, 재촉하여 이루어지게 하다 | 危害 wēihài 동 해를 끼치다, 손상시키다 | 功效 gōngxiào 명 효능, 효과 ★

정답 B

해설 **첫 번째 빈칸**
동사 자리이다. '消化(소화)'와 호응하는 것으로 'B 促进'만 가능하다.
A 进展 동 진전하다 – 进展 + 顺利(순조롭다) / 神速(대단히 빠르다)
　　 명 진전 – 取得(얻다) / 毫无(조금도 없다) + 进展
B 促进 동 촉진하다 – 促进 + 发展(발전) / 生产(생산) / 合作(협력) / 生长(생장) / 血液循环(혈액순환)
C 督促 동 독촉하다 – 督促 + 사람 + 学习(공부하다) / 办理(처리하다)
D 促成 동 서둘러 성사시키다, 재촉하여 이루어지게 하다 – 促成 + 婚事(혼사) / 合作(협력)

두 번째 빈칸
명사 자리이다. '人体(인체)'와 함께 쓰여 '预防(예방하다)'과 호응하는 것으로 'B 侵害'와 'D 危害'가 다 가능하다.
A 侵略 동 침략하다 [침범하여 영토나 재물을 빼앗는 것을 의미]
　　　　　－ 侵略 + 别国(다른 나라)
　　　　　　 反对侵略(침략에 반대하다)
　　　　　　 侵略战争(침략 전쟁) / 文化侵略(문화 침략) / 侵略者(침략자) / 侵略军(침략군)

B 侵害 동 침해하다 [침범하여 해를 가하는 것을 의미]
  - 侵害 + 生命(생명) / 身体健康(신체건강) / 自由(자유) / 财产(재산) / 权利(권리) / 名誉(명예)
C 陷害 동 모함하다, 모해하다 [나쁜 꾀를 써서 다른 사람을 어려움에 빠뜨리는 것을 의미]
  - 陷害 + 朋友(친구) / 对手(라이벌) / 好人(좋은 사람)
D 危害 동 해를 끼치다, 해치다, 손상시키다
  - 危害 + 生命(생명) / 身体健康(신체건강) / 自由(자유) / 自然环境(자연환경) /
    社会秩序(사회질서) / 社会风气(사회기풍) / 公共利益(공공이익)

▶ 세 번째 빈칸

명사 자리이다. '肠道(장)'와 호응하여 '肠道功能(장 기능)'으로 쓰이고, 또한 '调整(조절하다)'과도 호응하는 것으로 'B 功能'만 가능하다.

A 性能 명 성능 [자동차나 기계가 지닌 성질과 능력을 의미]
  - 汽车(자동차) / 机器(기계) / 装备(장비) + 性能
    改进(개선하다) / 具有(지니다) / 提升(높이다) + 性能
    性能 + 试验(테스트) / 评价(평가) / 管理(관리) / 检查(검사)
B 功能 명 기능, 작용 [사물이 나타내는 이로운 작용을 의미]
  - 心血管(심혈관) / 脏腑(오장육부) / 防水(방수) / 保健(보건) / 附加(부가) + 功能
    功能 + 衰减(감퇴하다) / 减退(감퇴하다) / 失调(균형을 잃다) / 齐全(구비되다) / 完善(완벽하다)
C 职能 명 직능, 직책과 기능 [사물의 고유한 기능 혹은 사람이나 기구의 직무에 따른 역할을 의미]
  - 国家(국가) / 政府(정부) / 货币(화폐) + 的 + 职能
D 功效 명 효능, 효과 [주로 약품이나 식품의 효능을 의미]
  - 发挥(발휘하다) + 功效
    功效 + 显著(뚜렷하다)
    卓越(탁월한) + 的 + 功效

"博采众长"意思为广泛地采纳众人各方面的优点。在古代，人们常用"博采众长"这一成语来赞美善于听取臣子意见的皇帝。后来，人们习惯用"博采众长"形容善于学习别人的长处来弥补自己短处的人。

'박채중장(博采眾長)'은 여러 방면에서 많은 사람들이 지닌 장점을 널리 받아들인다는 의미이다. 고대 사람들은 흔히 '박채중장(博采眾長)' 이 성어로 신하의 의견을 귀담아 듣는 황제를 칭송하였다. 그 후로 사람들은 다른 사람의 장점을 본받아 자신의 단점을 보완하는 데 능한 사람을 '박채중장(博采眾長)'이라는 말로 묘사하는 데 익숙해졌다.

A 附和 ✕	谜语 ✕	称赞 ◉		A 따라 하다	수수께끼	칭찬하다
B 采纳 ◉	成语 ◉	形容 ◉		B 받아들이다	성어	묘사하다
C 索取 ✕	寓言 ✕	阐述 ✕		C 요구하다	우화	상세히 논술하다
D 批准 ✕	词语 ◉	表彰 ✕		D 비준하다	단어	표창하다

지문 어휘 | **博采众长** bócǎizhòngcháng 성 다른 사람의 장점을 널리 받아들이다 | **广泛** guǎngfàn 형 폭넓다, 광범위하다 | **众人** zhòngrén 명 많은 사람, 여러 사람 | **优点** yōudiǎn 명 장점 | **赞美** zànměi 찬미하다, 찬양하다 | **善于** shànyú 동 ~에 능숙하다, ~을 잘하다 | **听取** tīngqǔ 동 귀담아 듣다, 귀를 기울이다 | **臣子** chénzǐ 명 신하 | **皇帝** huángdì 명 황제 ★ | **弥补** míbǔ 동 보완하다, 메우다, 보충하다 ★

보기 어휘
A 附和 fùhè 동 남의 언행을 따라 하다, 부화하다 ★ | 谜语 míyǔ 명 수수께끼 ★ | 称赞 chēngzàn 동 칭찬하다
B 采纳 cǎinà 동 받아들이다 ★ | 成语 chéngyǔ 명 성어 | 形容 xíngróng 동 묘사하다, 형용하다 명 형상, 용모, 생김새
C 索取 suǒqǔ 동 요구하다, 달라고 하다, 받아 내려고 독촉하다 ★ | 寓言 yùyán 명 우화 ★ | 阐述 chǎnshù 동 상세히 논술하다 ★
D 批准 pīzhǔn 동 비준하다, 허가하다 | 词语 cíyǔ 명 단어, 어휘 | 表彰 biǎozhāng 동 표창하다 ★

정답 B

해설
첫 번째 빈칸
동사 자리이다. '优点(장점)'과 호응하는 것으로 'B 采纳'만 가능하다.
A 附和 동 남의 남의 언행을 따르다, 부화하다 [나쁜 의미로 쓰임]
　　　 – 随声附和(주관 없이 다른 사람의 말에 따르다)
B 采纳 동 받아들이다, 수락하다 – 采纳 + 要求(요구) / 意见(의견) / 建议(건의) / 忠告(충고) / 方案(방안)
C 索取 동 요구하다, 달라고 하다, 독촉해서 받아내다 – 索取 + 报酬(보수) / 金钱(금전) / 利益(이익) / 爱(사랑)
D 批准 동 비준하다 – 批准 + 计划(계획) / 方案(방안) / 法案(법안) / 项目(프로젝트)
　　　 명 비준, 허가, 승인 – 得到(얻다) / 获得(얻다) + 批准

두 번째 빈칸
'박채중장(博采眾長)'이 네 글자로 구성된 성어이므로 'B 成语'와 'D 词语'가 다 가능하다.
A 谜语 명 수수께끼 – 猜谜语(수수께끼를 알아맞히다)
B 成语 명 성어
C 寓言 명 우화
D 词语 명 단어, 어휘

세 번째 빈칸
문맥상 '칭찬하다'는 뜻의 'A 称赞'과 말로 '묘사하다'는 뜻의 'B 形容'이 다 가능하다.
A 称赞 동 칭찬하다 – 交口称赞(입을 모아 칭찬하다)
B 形容 동 묘사하다, 형용하다 – 难以(~하기 어렵다) / 无法(~할 수 없다) + 形容
C 阐述 동 상세히 논술하다 – 阐述 + 观点(관점) / 看法(견해) / 立场(입장)
D 表彰 동 표창하다 [어떤 사람의 공적을 널리 알려 칭찬하는 것을 의미]
　　　 – 表彰 + 优秀学生(우수 학생) / 道德模范(도덕적으로 모범이 되는 사람) / 先进工作者(모범 근로자)
　　　　表彰大会(표창대회)

3

生活和艺术有密切的依存关系：艺术大都<u>来源</u>于生活，它犹如生活的镜子，能够真实地<u>反映</u>社会生活，帮助人们了解和认识社会生活，使我们的社会更<u>和谐</u>，从而<u>增强</u>人与人之间的凝聚力。

생활과 예술은 밀접한 의존 관계가 있다. 예술은 대부분 생활에서 <u>생겨나는데</u>, 그것은 마치 생활의 거울과 같이 사회 생활을 진실되게 <u>반영하여</u> 사람들이 사회 생활을 이해하고 인식하는 데 도움을 주어 우리 사회를 더 <u>조화롭게</u> 함으로써 사람과 사람간의 단결력을 <u>강화시킨다</u>.

A 依赖 ✗　传播 ✗　安定 ◯　提升 ✗
B 由来 ✗　传达 ✗　安详 ✗　提炼 ✗
C 起源 ✗　反应 ✗　和睦 ✗　增加 ◯
D 来源 ◯　反映 ◯　和谐 ◯　增强 ◯

A 의지하다 | 전파하다 | 안정되다 | 높이다
B 유래 | 전달하다 | 점잖다 | 다듬다
C 기원하다 | 반응하다 | 화목하다 | 증가하다
D 생겨나다 | 반영하다 | 조화롭다 | 강화하다

| 지문 어휘 | 密切 mìqiè 형 밀접하다 | 依存 yīcún 동 의존하다 | 犹如 yóurú 동 마치 ~와 같다 ★ | 凝聚力 níngjùlì 명 단결력, 응집력

| 보기 어휘 | A 依赖 yīlài 동 의지하다, 기대다, 의존하다 ★ | 传播 chuánbō 동 전파하다 | 安定 āndìng 형 안정되다 동 안정시키다 | 提升 tíshēng 동 높이다, 진급하다, 진급시키다, 업그레이드하다
B 由来 yóulái 명 유래, 출처, 부 원래부터, 전부터 | 传达 chuándá 동 전달하다, 전하다, 나타내다, 표현하다 ★ | 安详 ānxiáng 형 점잖다, 차분하다, 침착하다 ★ | 提炼 tíliàn 동 다듬다, 추출하다, 정련하다, 향상시키다 ★
C 起源 qǐyuán 동 기원하다 명 기원 ★ | 反应 fǎnyìng 동 반응하다 | 和睦 hémù 형 화목하다 ★ | 增加 zēngjiā 동 증가하다, 더하다
D 来源 láiyuán 동 생겨나다 명 근원, 출처 ★ | 反映 fǎnyìng 동 반영하다, 반영시키다, 보고하다 | 和谐 héxié 형 조화롭다, 잘 어울리다 ★ | 增强 zēngqiáng 동 강화하다, 증강하다

| 정답 | D

| 해설 |
첫 번째 빈칸
동사 자리이다. 예술이 생겨난 곳을 의미하므로 어떤 사물의 출처를 나타낼 때 쓰이는 'D 来源'만 가능하다
A 依赖 동 의지하다, 기대다, 의존하다 – 依赖 + 父母(부모) / 出口(수출) / 进口(수입)
 依赖于(~에 기대다, ~에 의존하다)
B 由来 명 유래 – 由来已久(유래가 깊다)
C 起源 동 기원하다 – 起源于(~에서 기원하다)
 명 기원 – 人类(인류) / 生命(생명) + 起源
D 来源 동 생겨나다 – 来源于(~에서 생겨나다)
 명 근원, 출처 – 经济(경제) / 资金(자금) / 营养(영양) / 信息(정보) + 来源

두 번째 빈칸
동사 자리이다. '社会生活(사회 생활)'와 호응하는 것으로 'D 反映'만 가능하다.
A 传播 동 전파하다 [넓은 범위로 퍼짐을 의미]
 – 传播 + 疾病(질병) / 消息(소식) / 信息(정보) / 技术(기술) / 传统文化(전통 문화)
B 传达 동 전달하다 [한쪽에서 다른 한쪽으로 전하여 이르는 의미]
 – 传达 + 消息(소식) / 信息(정보) / 命令(명령) / 指示(지시) / 知识(지식) / 思想(사상) / 感情(감정)
C 反应 동 반응하다, 응답하다 [어떤 자극이나 작용으로 인해 어떤 현상이 일어나는 것을 의미]
 – 反应速度(반응속도) / 化学反应(화학반응) / 反应能力(반응력)
 명 반응
 – 反应 + 迅速(빠르다) / 敏感(민감하다) / 强烈(강하다) / 热烈(뜨겁다)
 作出(하다) / 引起(일으키다) / 发生(발생하다) / 产生(생겨나다) + 反应
D 反映 동 반영하다, 반영시키다 [사물의 속성이나 현상을 다른 것에 영향을 미쳐 드러내는 의미]
 – 反映 + 性格(성격) / 价值观(가치관) / 现实生活(현실 생활) / 社会风貌(사회 모습) / 时代面貌(시대적 면모)
 보고하다, 전달하다 [어떤 사실이나 의견을 상급자나 관련 부서에 보고하는 의미]
 – 反映 + 意见(의견) / 情况(상황)

세 번째 빈칸
'社会(사회)'와 호응하는 것으로 'A 安定'과 'D 和谐'가 다 가능하다.
A 安定 형 안정되다 – 生活(생활) + 安定
 동 안정시키다 – 安定 + 人心(인심)
B 安详 형 점잖다, 차분하다, 침착하다 – 举止(행동거지) / 神情(표정) + 安详
 安详地去世了(편안히 돌아가셨다)

C 和睦 형 화목하다 – 家庭(가정) + 和睦
　　　　　　　　　和睦相处(화목하게 지내다)
D 和谐 형 조화롭다 – 关系(관계) / 气氛(분위기) / 颜色(색깔) + 和谐

네 번째 빈칸
동사 자리이다. '凝聚力(단결력)'와 호응하는 것으로 'A 提升', 'C 增加', 'D 增强'이 다 가능하다.
A 提升 동 높이다, 진급하다, 업그레이드하다 – 提升 + 名誉(명예) / 职位(직위) / 效率(효율) / 性能(성능)
B 提炼 동 추출하다, 정련하다 – 提炼 + 石油(석유) / 金属(금속)
　　　　 다듬다, 향상시키다 – 提炼 + 主题(주제)
C 增加 동 증가하다, 더하다 [수량이 늘어남을 의미]
　　　　 – 增加 + 数量(수량) / 面积(면적) / 人员(인원) / 收入(수입) / 销量(판매량) / 品种(품종) /
　　　　　 功能(기능) / 负担(부담)
D 增强 동 증강하다, 강화하다 [효능이나 강도가 커진다는 의미]
　　　　 – 增强 + 体力(체력) / 体质(체력) / 免疫力(면역력) / 实力(실력) / 意识(의식) / 信心(자신감)

4

近年来，在中国的流行语中，"萌"系列词语时常出现。比如，"卖萌"、"萌萌哒"等。"萌"原指植物发芽，现在赋予了它新的意义，表示"相貌可爱"、"讨人喜欢"。这个词可以用在人身上，也可以用在事物上。

몇 년 동안 중국 유행어들 중에 '萌' 계열 단어가 자주 생겨났다. 예를 들면 '卖萌(귀여운 척하다)', '萌萌哒(너무 귀엽다)' 등이 있다. '萌'은 원래 식물의 싹이 트는 것을 가리키는데, 현재는 그것에 새로운 의미를 부여해 '생김새가 귀엽다', '남에게 귀여움을 받다' 등의 의미를 부여했다. 이 단어는 사람에게 쓰이기도 하고 사물에게 쓰이기도 한다.

A 系列 ◯ | 时常 ◯ | 赋予 ◯ | 讨 ◯
B 系统 ✕ | 频繁 ◯ | 给予 ✕ | 逼 ✕
C 行列 ✕ | 暂时 ✕ | 赠送 ✕ | 劝 ✕
D 列举 ✕ | 随时 ✕ | 供给 ✕ | 派 ✕

A 계열 | 자주 | 부여하다 | 받다
B 계통 | 빈번히 | 주다 | 협박하다
C 행렬 | 잠시 | 증정하다 | 권하다
D 열거 | 수시로 | 공급하다 | 파견하다

지문 어휘 流行语 liúxíngyǔ 명 유행어 | 萌 méng 동 (꽃·풀·나무의) 싹이 트다, 발생하다, 생겨나다, 일어나다 형 귀엽다 | 卖萌 màiméng 귀여운 척하다 | 萌萌哒 méngméngdā 너무 귀엽다 | 植物 zhíwù 명 식물 | 发芽 fā yá 동 싹이 트다, 발아하다 | 相貌 xiàngmào 명 생김새, 용모

보기 어휘 A 系列 xìliè 명 계열, 시리즈 ★ | 时常 shícháng 부 자주, 항상 ★ | 赋予 fùyǔ 동 부여하다, 주다 ★ |
讨 tǎo 동 받다, 사다, ~하게 되다, 초래하다
B 系统 xìtǒng 명 계통, 체계, 시스템 형 체계적이다 | 频繁 pínfán 형 빈번하다 ★ | 给予 jǐyǔ 주다, 부여하다 ★ |
逼 bī 동 협박하다, 핍박하다, 강제로 받아 내다
C 行列 hángliè 명 행렬, 대열 ★ | 暂时 zànshí 명 잠시 | 赠送 zèngsòng 동 증정하다, 선사하다 ★ |
劝 quàn 동 권하다, 권고하다, 설득하다
D 列举 lièjǔ 동 열거하다 ★ | 随时 suíshí 부 수시로, 언제나 | 供给 gōngjǐ 동 공급하다, 제공하다 ★ |
派 pài 동 파견하다

정답 A

> **해설**

첫 번째 빈칸
'萌(싹이 트다)'과 관련되어 하나의 시리즈를 이루는 단어라는 의미이므로 'A 系列'만 가능하다.

A 系列 몡 계열, 시리즈 – 系列 + 教材(교재) / 节目(프로그램)
B 系统 몡 계통, 시스템
– 组织(조직) / 控制(제어) / 操作(조작) / 防御(방어) / 呼吸(호흡) / 消化(소화) + 系统
系统 + 瘫痪(마비되다)
형 체계적이다 – 系统 + 地 + 学习(학습하다) / 研究(연구하다)
C 行列 몡 행렬, 대열 – 行列 + 整齐(가지런하다)
进入(들어서다) / 加入(합류하다) / 跻身(들어서다) / 摆脱(벗어나다) + 行列
D 列举 동 열거하다, 늘어놓다 – 列举 + 理由(이유) / 证据(증거) / 实例(실례) / 事实(사실)

두 번째 빈칸
문맥상 자주 나타나는 것을 의미하므로 'A 时常'과 'B 频繁'이 다 가능하다.

A 时常 부 자주, 항상 ['常常', '经常'의 동의어]
B 频繁 형 잦다, 빈번하다 – 频繁 + 出错(실수를 하다) / 受伤(부상당하다)
C 暂时 몡 잠시, 잠깐 – 暂时 + 回避(피하다) / 停业(휴업하다) / 领先(앞서다)
D 随时 부 수시로, 언제나 – 随时随地(언제 어디서나)

세 번째 빈칸
동사 자리이다. '意义(의미)'와 호응하는 것으로 'A 赋予'만 가능하다.

A 赋予 동 부여하다, 주다 – 赋予 + 寓意(함축된 의미) / 价值(가치) / 力量(힘) / 勇气(용기) / 希望(희망) /
权利(권리) / 使命(사명)
B 给予 동 주다 – 给予 + 帮助(도움) / 机会(기회) / 支持(지지) / 鼓励(격려) / 关心(관심) / 重视(중시) /
照顾(보살핌) / 肯定(긍정)
C 赠送 동 증정하다, 선사하다 – 赠送 + 礼物(선물) / 纪念品(기념품)
D 供给 동 공급하다 – 供给 + 粮食(식량) / 材料(재료) / 能量(에너지) / 血液(혈액) / 营养(영양)
供给 + 减少(감소하다) / 中断(차단되다)

네 번째 빈칸
'남에게 귀여움과 사랑을 받다'는 의미의 '讨人喜欢'은 고정된 형태로 쓰이므로 'A 讨'만 가능하다. 이 외에 '惹人喜欢'과 '逗人喜欢'도 동일한 의미로 쓰이므로 함께 알아두도록 하자.

A 讨 동 받다, 사다, ~하게 되다, 초래하다
– 讨 + 사람 + 烦(귀찮게 하다)
B 逼 동 협박하다, 핍박하다, 강제로 받아 내다
– 逼 + 사람 + 就范(복종하다) / 离开(떠나다) / 赔偿(배상하다)
C 劝 동 권하다, 권고하다, 설득하다
– 劝 + 사람 + 放弃(포기하다) / 采纳(받아들이다) / 息怒(화를 가라앉히다)
D 派 동 파견하다
– 派 + 사람 + 参加(참가하다) / 处理(처리하다) / 接待(접대하다)

不少家庭为了防止居室产生污浊空气，往往用"香"来除臭，认为空气清新剂应该能使空气<u>清洁</u>。其实不然，空气清新剂<u>名不副实</u>，它是靠香味遮掩异味，并不能真正<u>改善</u>空气的质量。空气清新剂<u>释放</u>到空气中，本身就是一种污染。

많은 가정에서 거실 공기가 탁해지는 것을 방지하기 위해 종종 '향'으로 냄새를 제거 하는데, 공기 방향제가 공기를 <u>깨끗하게</u> 할 것이라 여기기 때문이다. 실제로는 그렇지 않아서 공기 방향제는 <u>유명무실</u>하다. 그것은 향기로 이상한 냄새를 덮어버리기 때문에 결코 진정으로 공기의 질을 <u>개선할</u> 수는 없다. 공기방향제가 공기 중에 <u>방출되는</u> 것 자체가 바로 일종의 오염이라고 할 수 있다.

A 纯洁 ✕ | 空有虚名 ⦿ | 改进 ✕ | 涂抹 ✕
B 纯粹 ✕ | 有名无实 ✕ | 调节 ⦿ | 解放 ✕
C 崭新 ✕ | 顾名思义 ✕ | 恶化 ✕ | 分散 ✕
D 清洁 ⦿ | 名不副实 ⦿ | 改善 ⦿ | 释放 ⦿

A 순결하다 | 유명무실하다 | 개선하다 | 칠하다
B 순수하다 | 유명무실하다 | 조절하다 | 해방하다
C 참신하다 | 이름을 보고 그 뜻을 알 수 있다 | 악화되다 | 분산시키다
D 깨끗하다 | 유명무실하다 | 개선하다 | 방출하다

지문 어휘
防止 fángzhǐ 동 방지하다 ★ | 居室 jūshì 명 거실, 방 | 污浊 wūzhuó 형 혼탁하다, 더럽다 | 除臭 chúchòu 동 냄새를 없애다, 탈취하다 | 空气清新剂 kōngqì qīngxīnjì 명 공기 방향제 | 香味 xiāngwèi 명 향, 향기 | 遮掩 zhēyǎn 동 덮다, 가리다, 막다 | 异味 yìwèi 명 이상한 냄새, 독특한 냄새, 진기한 맛 | 本身 běnshēn 명 그 자체, 그 자신 ★ | 污染 wūrǎn 동 오염되다, 오염시키다

보기 어휘
A 纯洁 chúnjié 형 순결하다, 순수하고 맑다, 사심이 없다 ★ | 空有虚名 kōngyǒuxūmíng 성 유명무실하다, 헛된 명성만 지니고 있다 | 改进 gǎijìn 동 개선하다, 개량하다 명 개선, 개량 | 涂抹 túmǒ 동 칠하다, 바르다 ★
B 纯粹 chúncuì 형 순수하다 부 순전히, 완전히 ★ | 有名无实 yǒumíngwúshí 성 유명무실하다, 이름만 있고 실제 내용은 없다 | 调节 tiáojié 동 조절하다 ★ | 解放 jiěfàng 동 해방하다, 벗어나다, 자유롭게 되다
C 崭新 zhǎnxīn 형 참신하다, 아주 새롭다 ★ | 顾名思义 gùmíngsīyì 성 이름을 보고 그 뜻을 생각하다, 명칭을 보고 그 뜻을 짐작할 수 있다 | 恶化 èhuà 동 악화되다, 악화시키다 ★ | 分散 fēnsàn 동 분산시키다, 분산하다, 흩어지다 ★
D 清洁 qīngjié 형 깨끗하다, 청결하다 동 깨끗하게 하다 ★ | 名不副实 míngbúfùshí 성 유명무실하다, 명성이 실상과 부합되지 않다 | 改善 gǎishàn 동 개선하다 | 释放 shìfàng 동 방출하다, 석방하다 ★

정답 D

해설 **첫 번째 빈칸**
'空气(공기)'와 호응하는 것으로 'D 清洁'만 가능하다.
A 纯洁 형 순결하다 – 爱情(사랑) / 心灵(마음) + 纯洁
　　　　　　　　　纯洁 + 的 + 初恋(첫사랑)
　　동 순결하게 하다, 정화하다 – 纯洁 + 思想(생각)
B 纯粹 형 순수하다 – 纯粹 + 的 + 爱情(사랑) / 友谊(우정)
　　부 순전히, 완전히 – 纯粹 + 是 + ~(순전히 ~이다)
C 崭新 형 참신하다, 아주 새롭다 – 崭新 + 的 + 设计(디자인) / 创意(아이디어) / 构思(구상) / 面貌(면모)
D 清洁 형 깨끗하다, 청결하다 – 皮肤(피부) / 路面(길바닥) + 清洁
　　동 깨끗하게 하다 – 清洁 + 皮肤(피부) / 牙齿(치아)

두 번째 빈칸

문장이 '其实不然(실제로는 그렇지 않다)'으로 시작하여 전환의 어감을 나타내므로 빈칸에는 공기방향제에 대한 좋지 않은 내용이 제시되어야 한다. 따라서 유명무실하다는 의미의 'A 空有虚名', 'B 有名无实', 'D 名不副实'가 다 가능하다.

A 空有虚名 ⓢ 유명무실하다, 헛된 명성만 지니고 있다
B 有名无实 ⓢ 유명무실하다, 이름만 있고 실제 내용은 없다
C 顾名思义 ⓢ 이름을 보고 그 뜻을 생각하다, 명칭을 보고 그 뜻을 짐작할 수 있다
D 名不副实 ⓢ 유명무실하다, 명성이 실상과 부합되지 않다

세 번째 빈칸

동사 자리이다. '质量(질)'과 호응하는 것으로 'B 调节'와 'D 改善'이 다 가능하다.
A 改进 ⓓ 개선하다, 개량하다 – 改进 + 工作(업무) / 方法(방법) / 作风(기풍) / 技术(기술) / 服务(서비스)
B 调节 ⓓ 조절하다 – 调节 + 温度(온도) / 音量(음량) / 气氛(분위기) / 情绪(감정)
C 恶化 ⓓ 악화되다, 악화시키다 – 关系(관계) / 情况(상황) / 病情(병세) + 恶化
D 改善 ⓓ 개선하다 – 改善 + 生活(생활) / 环境(환경) / 关系(관계) / 方法(방법) / 方式(방식) / 方案(방안) /
　　　　　　　　　　　服务(서비스) / 血液循环(혈액순환)

네 번째 빈칸

동사 자리이다. 문맥상 공기 중에 방출된다는 의미이므로 'D 释放'만 가능하다.
A 涂抹 ⓓ 칠하다, 바르다 – 涂抹 + 药膏(연고) / 化妆品(화장품) / 油漆(페인트)
B 解放 ⓓ 해방하다 [벗어나다 속박이나 구속에서 벗어나 자유로워지는 것을 의미]
　　　　– 解放 + 思想(사상) / 生产力(생산력)
C 分散 ⓓ 분산시키다 – 分散 + 兵力(병력) / 注意力(주의력) / 投资(투자)
　　　　분산하다, 흩어지다 – 分散 + 活动(활동하다) / 居住(거주하다)
D 释放 ⓓ 방출하다 – 释放 + 压力(스트레스) / 能量(에너지) / 有毒气体(유독가스)
　　　　석방하다 – 释放 + 犯人(죄인) / 罪犯(죄인) / 俘虏(포로)

공략비법 08 유의어

露营前人们优先考虑采购的<u>装备</u>应该是帐篷，选择一个尺寸合适、安装简单的帐篷格外重要。此外，在我们露宿的时候，还要考虑到<u>多变</u>的天气，所以防水性也是选购时必须注意的重要<u>因素</u>。

캠핑 전 사람들이 우선적으로 구매를 고려하는 <u>장비</u>는 당연히 텐트인데, 사이즈가 적당하고 설치가 간단한 텐트를 선택하는 것이 특히 중요하다. 이 외에 밖에서 잘 때는 <u>변덕스러운</u> 날씨도 고려해야 하므로, 방수성 역시 텐트를 골라 구입할 때 반드시 주의해야 할 중요한 <u>요소</u>이다.

A 设备 ✗	变化 ◉	基因 ✗	A 설비	변화하다	유전자
B 装备 ◉	多变 ◉	因素 ◉	B 장비	변덕스럽다	요소
C 装置 ✗	变质 ✗	要素 ✗	C 장치	변질하다	요소
D 储备 ✗	变迁 ✗	元素 ✗	D 예비품	변천하다	원소

지문 어휘
露营 lùyíng 동 캠핑하다, 야영하다 | 优先 yōuxiān 동 우선하다 ★ | 采购 cǎigòu 동 구매하다, 구입하다 ★ | 帐篷 zhàngpeng 명 텐트, 장막 ★ | 尺寸 chǐcun 명 사이즈, 치수 | 格外 géwài 부 특별히, 각별히, 유달리 | 露宿 lùsù 동 밖에서 자다, 노숙하다 | 防水性 fángshuǐxìng 명 방수성 | 选购 xuǎngòu 동 선택하여 사다

보기 어휘
A 设备 shèbèi 명 설비, 시설 동 갖추다, 설비하다 | 变化 biànhuà 동 변화하다 명 변화 | 基因 jīyīn 명 유전자
B 装备 zhuāngbèi 명 장비 동 탑재하다, 장착하다, 장치하다 ★ | 多变 duōbiàn 형 변덕스럽다, 변화가 많다 | 因素 yīnsù 명 요소, 성분, (사물이 발전하는) 요인, 요소, 조건
C 装置 zhuāngzhì 명 장치 동 장치하다, 설치하다, 조립하다 | 变质 biànzhì 동 변질하다 ★ | 要素 yàosù 명 요소
D 储备 chǔbèi 명 예비품, 비축품 동 비축하다 ★ | 变迁 biànqiān 동 변천하다 ★ | 元素 yuánsù 명 원소

정답 B

해설
첫 번째 빈칸
명사 자리이다. 캠핑 장비를 의미하는 것이므로 'B 装备'만 가능하다.
A 设备 명 설비 – 医疗(의료) / 生产(생산) + 设备
　　　　　　　　扩充(확충하다) / 维修(보수하다) + 设备
　　　동 갖추다, 설비하다 – 设备 + 工具(도구) / 场地(장소)
B 装备 명 장비 – 技术(기술) / 军事(군사) + 装备
　　　동 탑재하다, 장착하다, 장치하다 – 装备 + 武器(무기) / 器材(기자재)
C 装置 명 장치 – 保安(보안) / 保险(안전) / 警告(경고) + 装置
　　　동 장치하다, 설치하다, 조립하다 – 装置 + 空调(에어컨) / 管道(수도관)
D 储备 명 예비품, 비축품 – 粮食(식량) / 物资(물자) + 储备
　　　동 비축하다 – 储备 + 粮食(식량) / 物资(물자)

두 번째 빈칸
'天气(날씨)'와 호응하는 것으로 'A 变化' 와 B '多变'이 다 가능하다.
A 变化 동 변화하다 – 形势(형세) / 天气(날씨) / 心情(기분) + 变化
　　　명 변화 – 家乡(고향) / 性格(성격) + 的 + 变化
B 多变 형 변덕스럽다, 변화가 많다 – 性格(성격) / 风格(스타일) + 多变

C 变质 동 변질하다 - 食物(음식물) / 感情(감정) + 变质
D 变迁 동 변천하다 - 社会(사회) / 时代(시대) + 变迁

세 번째 빈칸
명사 자리이다. 어떤 사물의 효력 발생 여부를 결정짓는 원인이나 조건을 의미하는 것이므로 'B 因素'만 가능하다.
A 基因 명 유전자 - 遗传(물려받다) + 基因
    基因序列(유전자 배열)
B 因素 명 요소, 성분, 요인, 조건 [어떤 사물의 효력 발생 여부를 결정짓는 조건이나 성분]
    - 基本(기본) / 有利(유리한) / 外在(외적) / 危险(위험) + 因素
C 要素 명 요소 [어떤 사물을 구성하는 데 있어 없어서는 안 될 필수적인 성분]
    - 构成(구성) / 组成(구성) / 必需(필수) / 本质(본질적) + 要素
D 元素 명 원소 [모든 물질을 구성하는 기본적인 요소]
    - 化学(화학) / 金属(금속) / 微量(미량) / 营养(영양) + 元素

2

大理石原指产于云南省大理的白色石灰岩，它质地坚硬，内有天然形成的白色和黑色花纹，犹如鬼斧神工。大理石本身应用价值极高，不仅用于豪华的公共建筑物，也用于制作精美的工艺品。

대리석은 원래 윈난(雲南)성 다리(大理)에서 생산되는 백색 석회암을 가리키며, 그것은 재질이 견고하고 내부에는 자연적으로 형성된 흰색과 검은색 무늬가 있는데 마치 정교함이 귀신이 만든 것과 같이 뛰어나다. 대리석은 그 자체로 응용 가치가 매우 높아서 화려한 공공 건축물에 쓰일 뿐만 아니라 정교한 공예품을 제작하는 데에도 쓰인다.

A	形成 ◎	犹如 ◎	本身 ◎	精美 ◎
B	建成 ✕	譬如 ✕	自身 ◎	精致 ◎
C	构成 ✕	例如 ✕	本人 ✕	精密 ✕
D	组成 ✕	如同 ◎	出身 ✕	精湛 ✕

A	형성되다	마치 ~와 같다	그 자체	정교하고 아름답다
B	건설하다	예를 들다	자신	정교하다
C	구성하다	예를 들다	본인	정밀하다
D	조성하다	마치 ~와 같다	출신	뛰어나다

지문 어휘 大理石 dàlǐshí 명 대리석 | 云南 Yúnnán 고유 윈난, 윈난성, 운남성 | 大理 Dàlǐ 고유 다리, 대리 | 石灰岩 shíhuīyán 명 석회암 | 质地 zhìdì 명 재질 | 坚硬 jiānyìng 형 견고하다, 단단하다 ★ | 天然 tiānrán 형 자연적의, 천연의 | 花纹 huāwén 명 무늬 | 鬼斧神工 guǐfǔshéngōng 정교함이 귀신이 만든 것과 같이 뛰어나다 | 豪华 háohuá 형 화려하다, 호화스럽다 | 制作 zhìzuò 동 제작하다, 만들다 | 工艺品 gōngyìpǐn 명 공예품 ★

보기 어휘 A 形成 xíngchéng 동 형성되다, 이루어지다 | 犹如 yóurú 동 마치 ~와 같다 ★ | 本身 běnshēn 명 그 자체, 그 자신, 본인 ★ | 精美 jīngměi 형 정교하고 아름답다
B 建成 jiànchéng 동 건설하다, 준공하다, 확립하다 | 譬如 pìrú 동 예를 들다 ★ | 自身 zìshēn 대 자신, 본인 | 精致 jīngzhì 형 정교하다, 세밀하다, 섬세하다 ★
C 构成 gòuchéng 동 구성하다, 짜다, 이루다 명 구성 | 例如 lìrú 동 예를 들다 | 本人 běnrén 명 본인 ★ | 精密 jīngmì 형 정밀하다 ★
D 组成 zǔchéng 동 조성하다, 구성하다, 조직하다 | 如同 rútóng 동 마치 ~와 같다, 흡사하다 | 出身 chūshēn 명 출신, 신분 동 어떤 신분을 갖고 있다 | 精湛 jīngzhàn 형 뛰어나다, 훌륭하다, 심오하다 ★

정답 A

> 해설

첫 번째 빈칸

'天然(자연적인)'과 호응하는 것으로 'A 形成'만 가능하다.

A 形成 동 형성되다, 이루어지다 [발전, 변화를 거쳐서 어떤 사물로 이루어지거나 어떤 상황이 생겨나게 됨을 의미]
- 形成 + 性格(성격) / 习惯(습관) / 风气(기풍) / 风格(스타일) / 文化(문화)

B 建成 동 건설하다, 준공하다 [건물이나 구조물을 짓는 의미]
- 建成 + 大桥(대교) / 公园(공원) / 铁路(철도)
건설하다, 확립하다 [사회, 도시 등의 조직체를 새로 만든다는 의미]
- 建成 + 民主主义社会(민주주의 사회)

C 构成 동 구성하다, 짜다, 이루다 [여러 부분들을 모아서 하나의 체계적인 통일체를 만드는 것을 의미]
- 构成 + 图画(그림) / 画面(화면) / 犯罪(범죄)
由~构成(~로 구성되다)
명 구성 – 文章(글) / 组织(조직) / 人员(인원) + 构成

D 组成 동 조성하다, 구성하다, 조직하다, 결성하다 [여러 개체를 모아서 하나의 집단을 이루는 것을 의미]
- 组成 + 团体(단체)
由~组成(~로 구성되다)

두 번째 빈칸

'마치 ~와 같다'는 의미로 'A 犹如'와 'D 如同'이 다 가능하다.

A 犹如 동 마치 ~와 같다
B 譬如 동 예를 들다
C 例如 동 예를 들다
D 如同 동 마치 ~와 같다

세 번째 빈칸

'대리석'이라는 사물 그 자체를 가리키는 것으로 'A 本身'과 'B 自身'이 다 가능하다.

A 本身 명 그 자체, 그 자신 [사물, 사람에 모두 쓰임]
- 人类(인류) / 事件(사건) / 劳动(노동) + 本身

B 自身 대 자신 [사물, 사람에 모두 쓰이고, 앞에 명사 없이 단독으로 자주 쓰임]
- 自身 + 难保(보장하기 어렵다) / 现状(현황) / 修养(수양)

C 本人 명 본인, 당사자 [사람에만 쓰임] – 本人 + 签名(서명) / 证件(증명서)

D 出身 명 출신, 신분 [사람에만 쓰임] – 出身 + 高贵(고귀하다) / 低贱(비천하다) / 低微(낮다)
동 어떤 신분을 갖고 있다 – 出身于~(~출신이다)

네 번째 빈칸

'工艺品(공예품)'과 호응하는 것으로 'A 精美'와 'B 精致'이 가능하다.

A 精美 형 정교하고 아름답다
- 精美 + 的 + 艺术品(예술품) / 雕塑(조소품) / 古董(골동품)

B 精致 형 정교하다, 세밀하다, 섬세하다
- 精致 + 的 + 包装(포장) / 壁挂(벽걸이 장식물) / 建筑(건축물)

C 精密 형 정밀하다
- 精密 + 的 + 机械(기계) / 仪器(기구) / 测量(측정) / 分析(분석)

D 精湛 형 뛰어나다, 훌륭하다, 심오하다
- 技艺(기예) / 手艺(솜씨) / 技术(기술) + 精湛

3

有些人认为网络让我们人与人之间的距离更近了。在网聊时，我们可以向对方<u>敞开</u>心扉，甚至可以和网友<u>无所不谈</u>；但在现实生活中，人们却越来越<u>冷漠</u>，有的孩子甚至根本不和父母交谈。网络到底是使我们变得更加<u>亲密</u>，还是更加疏远了呢？

일부 사람들은 인터넷이 사람과 사람간의 거리를 더 가깝게 한다고 생각한다. 인터넷 채팅을 할 때 우리는 상대에게 마음의 문을 <u>활짝 열</u> 수 있고 심지어 인터넷 친구와 <u>무슨 말이든 다 할</u> 수도 있다. 하지만 실생활에서는 사람들이 오히려 갈수록 <u>무관심해</u>지는데, 어떤 아이들은 심지어 부모님과 전혀 이야기를 하지 않기도 한다. 인터넷은 도대체 우리를 더 <u>친밀하게</u> 만드는 걸까 아니면 더 멀어지게 만드는 걸까?

A 揭开 ✗	无话不说 ⊙	冷淡 ⊙	密切 ✗	A 열다	무슨 말이든지 다하다	냉담하다	밀접하다
B 盛开 ✗	津津有味 ✗	冷酷 ✗	亲切 ✗	B 활짝 피다	흥미진진하다	냉혹하다	친절하다
C 敞开 ⊙	无所不谈 ⊙	冷漠 ⊙	亲密 ⊙	C 활짝 열다	무슨 말이든지 다하다	무관심하다	친밀하다
D 公开 ✗	侃侃而谈 ⊙	冷静 ✗	亲爱 ✗	D 공개하다	당당하고 차분하게 말하다	침착하다	친애하다

지문 어휘 网络 wǎngluò 명 인터넷, 네트워크 | 网聊 wǎngliáo 채팅 | 心扉 xīnfēi 명 마음의 문, 생각 | 甚至 shènzhì 부 심지어, ~조차도, ~까지도 | 根本 gēnběn 부 전혀, 아예 | 交谈 jiāotán 동 이야기를 나누다 | 疏远 shūyuǎn 형 멀다, 소원하다 ⭐

보기 어휘 A 揭开 jiēkāi 동 열다, 벗기다, 드러내다, 폭로하다 | 无话不说 wúhuàbùshuō 성 무슨 말이든지 다하다, 서로 하지 않는 말이 없다 | 冷淡 lěngdàn 형 냉담하다, 쌀쌀하다, 무관심하다 동 냉대하다 | 密切 mìqiè 형 밀접하다, 긴밀하다 부 밀접하게, 빈틈없이, 면밀하게 동 밀접하게 하다

B 盛开 shèngkāi 동 (꽃이) 활짝 피다, 만개하다, 만발하다 ⭐ | 津津有味 jīnjīnyǒuwèi 성 흥미진진하다, 감칠맛 나다, 아주 맛있다 ⭐ | 冷酷 lěngkù 형 냉혹하다, 잔인하다 ⭐ | 亲切 qīnqiè 형 친절하다, 친근하다

C 敞开 chǎngkāi 동 활짝 열다 ⭐ | 无话不谈 wúhuàbùtán 성 무슨 말이든지 다하다 | 冷漠 lěngmò 형 무관심하다, 냉담하다 | 亲密 qīnmì 형 친밀하다 ⭐

D 公开 gōngkāi 동 공개하다, 공개되다 형 공개적인 | 侃侃而谈 kǎnkǎn'értán 성 당당하고 차분하게 말하다 ⭐ | 冷静 lěngjìng 형 침착하다, 냉철하다, 냉정하다 | 亲爱 qīn'ài 형 친애하다

정답 C

해설 **첫 번째 빈칸**
동사 자리이다. '心扉(마음의 문)'와 호응하는 것으로 'C 敞开'만 가능하다.
A 揭开 동 열다, 벗기다 – 揭开 + 盖子(뚜껑) / 面具(마스크)
　　　　 열다, 올리다 – 揭开 + 序幕(서막) / 新篇章(새로운 장)
　　　　 드러내다, 폭로하다 – 揭开 + 秘密(비밀) / 内幕(내막) / 奥秘(신비) / 面纱(베일)
B 盛开 동 만개하다, 만발하다 – 百花(온갖 꽃) + 盛开
C 敞开 동 활짝 열다 – 敞开 + 门窗(문과 창문)
　　　　 활짝 열다, 툭 털어놓다 – 敞开 + 胸怀(마음) / 心胸(속마음) / 思想(생각) / 思路(생각의 갈피)
D 公开 동 공개하다, 공개되다 – 公开 + 秘密(비밀) / 资料(자료) / 信息(정보)
　　　　 형 공개적인 – 公开 + 的 + 事实(사실) / 行动(행동)
　　　　 公开审判(공개 심판)

두 번째 빈칸
'和网友(인터넷 친구와)'와 호응하는 것으로 'A 无话不说', 'C 无话不谈', 'D 侃侃而谈'이 다 가능하다.
이 성어들은 공통적으로 포함된 '谈'을 통해 어떤 대상과 이야기를 나누는 의미임을 유추할 수 있다.
A 无话不说 ⓢ 무슨 말이든지 다하다
B 津津有味 ⓢ 흥미진진하다
　　　　　　 감칠맛 나다, 아주 맛있다
C 无话不谈 ⓢ 무슨 말이든지 다하다
D 侃侃而谈 ⓢ 당당하고 차분하게 말하다

세 번째 빈칸
사람들이 냉정하고 무관심하다는 의미이므로 'A 冷淡'과 'C 冷漠'가 다 가능하다. 'B 冷酷'는 그 정도가 너무 심해 문맥에는 어울리지 않는다.
A 冷淡 ⓗ 냉담하다 – 冷淡 + 的 + 态度(태도) / 表情(표정) / 神情(표정) / 目光(시선) / 性格(성격) / 语调(어조)
　　　　 냉랭하다, 쓸쓸하다 – 气氛(분위기) / 关系(관계) + 冷淡
B 冷酷 ⓗ 냉혹하다, 잔인하다 – 冷酷 + 无情(무자비하다)
　　　　　　　　　　　　　 冷酷 + 的 + 现实(현실)
　　　　　　　　　　　　　 冷酷 + 地 + 拒绝(거절하다)
C 冷漠 ⓗ 무관심하다 – 性格(성격) / 表情(표정) / 神情(표정) + 冷漠
D 冷静 ⓗ 침착하다, 냉철하다 – 冷静 + 的 + 头脑(두뇌) / 判断力(판단력)
　　　　　　　　　　　　　　 冷静 + 地 + 思考(생각하다) / 考虑(고려하다) / 应对(대응하다)
　　　　　　　　　　　　　　 保持(유지하다) + 冷静

네 번째 빈칸
형용사 자리이다. 사람간의 관계를 나타내는 것이므로 'C 亲密'만 가능하다.
A 密切 ⓗ 밀접하다 – 密切 + 的 + 关系(관계)
　　　　ⓑ 밀접하게, 빈틈없이, 꼼꼼하게 – 密切 + 相关(관련되다) / 关注(주시하다) / 合作(협력하다)
　　　　ⓥ 밀접하게 하다, 가깝게 하다 – 密切 + 关系(관계)
B 亲切 ⓗ 친절하다, 친근하다, 다정하다 – 亲切 + 的 + 态度(태도) / 关怀(배려)
　　　　　　　　　　　　　　　　　　　 亲切 + 地 + 对待(대하다) / 交谈(이야기를 나누다)
　　　　　　　　　　　　　　　　　　　 亲切感(친근감)
C 亲密 ⓗ 친밀하다, 사이가 좋다 [사람과 사람의 관계를 나타낼 때 쓰임] – 亲密 + 的 + 关系(관계)
D 亲爱 ⓗ 친애하다 – 亲爱 + 的 + 祖国(조국) / 老师(스승) / 朋友(친구)

中秋节是中国最重要的传统节日之一。自古以来，中国人便有祭月、赏月、拜月的**风俗**。每到中秋节，家家户户都会一边赏月，一边吃月饼。月饼**象征**着一家团圆，也正好**符合**中秋节的文化意义，所以中秋节时，人们都要买上一些月饼拜访亲朋好友，这从**侧面**反映了中国人对亲情的重视。

추석(중추절)은 중국의 가장 중요한 전통 명절 중 하나이다. 예로부터 중국인들은 달에게 제사를 지내고 달맞이를 하고 달을 보며 기도하는 **풍속**이 있다. 추석이 되면 집집마다 모두 달 구경을 하며 월병(月餅)을 먹는다. 월병은 흩어져있던 온 가족이 한 자리에 모이는 것을 **상징하고** 추석의 문화적 의미에도 정확히 **부합하기** 때문에 추석 때 사람들은 월병을 구입해서 친척과 친구들을 찾아뵙는데, 이는 중국인들이 혈육간의 정을 중요시 여기는 점을 **한 단면**으로 보여주는 것이다.

A	习性 ✗	代表 ⊙	适合 ✗	正面 ✗
B	风俗	象征 ⊙	符合 ⊙	侧面 ⊙
C	习俗 ⊙	提示 ✗	合成 ✗	当面 ✗
D	礼仪 ✗	指示 ✗	相符 ✗	片面 ✗

A	습성	나타내다	적합하다	정면
B	풍속	상징하다	부합하다	한 단면
C	풍습	제시하다	합성하다	직접 마주하여
D	예의	지시하다	서로 부합하다	단편

지문 어휘 **中秋节** Zhōngqiūjié 명 추석, 중추절, 한가위 | **自古以来** zìgǔ yǐlái 예로부터 | **祭月** jì yuè 동 달에게 제사를 지내다 | **赏月** shǎng yuè 동 달맞이하다, 달 구경을 하다 | **拜月** bài yuè 동 달을 보며 기도하다 | **月饼** yuèbǐng 명 월병, 위에빙(중국에서 추석에 먹는 소를 넣어 만든 음식) | **团圆** tuányuán 한 자리에 모이다, 온 가족이 단란하게 지내다 ★ | **拜访** bàifǎng 동 삼가 방문하다, 예방하다 ★ | **反映** fǎnyìng 동 반영하다, 반영시키다 | **亲情** qīnqíng 명 혈육간의 정

보기 어휘 A **习性** xíxìng 명 습성, 습관 | **代表** dàibiǎo 동 나타내다, 대표하다, 표시하다 명 대표, 대표자 | **适合** shìhé 동 적합하다, 알맞다 | **正面** zhèngmiàn 명 정면, 좋은 면, 긍정적인 면
B **风俗** fēngsú 명 풍속 | **象征** xiàngzhēng 동 상징하다, 나타내다 명 상징 | **符合** fúhé 동 부합하다, 들어 맞다, 일치하다 | **侧面** cèmiàn 명 측면, 한 측면, 한 단면, 다른 방면 ★
C **习俗** xísú 명 풍습, 습속 ★ | **提示** tíshì 동 제시하다, 일러주다, 힌트를 주다 명 힌트 | **合成** héchéng 동 합성하다, 합쳐 이루어지다 ★ | **当面** dāngmiàn 부 직접 마주하여, 면전에서, 직접 맞대어 ★
D **礼仪** lǐyí 명 예의, 예절과 의식 | **指示** zhǐshì 동 지시하다, 가리키다, 명령하다 명 지시, 명령 ★ | **相符** xiāngfú 동 서로 부합하다, 서로 일치하다 | **片面** piànmiàn 명 단편, 한쪽 형 단편적이다, 일방적이다, 편파적이다

정답 B

해설 **첫 번째 빈칸**
명사 자리이다. 달에 관련된 중국인들의 문화 풍속을 의미하는 것이므로 'B 风俗'와 'C 习俗'가 다 가능하다.
A 习性 명 습성 [생물의 동일 종 내에서 공통되는 생활 양식이나 행동 양식을 의미]
  - 动物(동물)+的+习性
    不良(나쁜)+习性
B 风俗 명 풍속 - 风俗+习惯(습관)
    独特(독특한) / 古老(오래된)+的+风俗
C 习俗 명 풍습, 습속 - 传统(전통) / 生活(생활) / 社会(사회)+习俗
    独特(독특한) / 古老(오래된)+的+习俗
D 礼仪 명 예의, 예절과 의식 - 讲究(중요시하다) / 符合(맞다) / 遵守(지키다) / 违背(어긋나다)+礼仪

두 번째 빈칸

동사 자리이다. '着'와 함께 쓰여 '나타내다, 상징하다'는 의미를 지니는 것으로 'A 代表'와 'B 象征'이 다 가능하다.

A 代表 동 나타내다, 대표하다, 표시하다 – 代表着(~을 나타내다)
　　　　명 대표, 대표자 – 企业(기업) / 各界(각계) / 党派(당) + 代表
B 象征 동 상징하다, 나타내다 – 象征着(~을 상징하다)
　　　　명 상징 – 国家(국가) / 正义(정의) / 的 + 象征
C 提示 동 제시하다, 일러주다, 힌트를 주다 – 提示 + 要点(요점) / 重点(중점) / 方向(방향)
　　　　명 힌트 – 给予(주다) + 提示
D 指示 동 가리키다 – 指示 + 方向(방향)
　　　　　지시하다, 명령을 내리다
　　　　명 지시, 명령 – 发出(내리다) / 违背(거스르다) + 指示
　　　　　　　　　　　按照~的指示(~의 지시에 따라)

세 번째 빈칸

동사 자리이다. '意义(의미)'와 호응하는 것으로 'B 符合'만 가능하다.

A 适合 동 적합하다 – 适合 + 사람 / 사물
　　　　　　　　　　适合 + 사람 + 동작
B 符合 동 부합하다 – 符合 + 条件(조건) / 事实(사실) / 要求(요구) / 标准(기준) / 规范(규범) / 道理(이치) /
　　　　　　　　　　逻辑(논리) / 规律(규율)
C 合成 동 합성하다, 합쳐 이루어지다 – 合成 + 材料(재료) / 皮革(가죽)
D 相符 동 서로 부합하다, 서로 일치하다 – 名实相符(명실상부하다)
　　　　　　　　　　　　　　　　　　言行(언행) + 相符

네 번째 빈칸

명사 자리이다. '다른 한 측면, 다른 방면'이라는 비유적인 의미를 지니는 것으로 'B 侧面'만 가능하다.

A 正面 명 정면, 앞면 – 正面 + 回答(대답하다)
　　　　　좋은 면, 긍정적인 면 – 正面 + 影响(영향)
B 侧面 명 측면, 옆면
　　　　　한 측면, 한 단면 [어떤 사물이나 현상의 한 부분 혹은 다른 방면을 의미, 전치사 '从'과 자주 결합하여 쓰임]
　　　　　– 从某个侧面来看(어떤 측면에서 보면)
C 当面 부 직접 마주하여, 면전에서 – 当面 + 确认(확인하다) / 对质(대질하다)
D 片面 명 단편, 한쪽 – 片面之词(일방적인 말)
　　　　형 단편적이다, 일방적이다, 편파적이다 – 观点(관점) / 视角(시각) + 片面

5

《童年》是高尔基以自身为原型创作的自传体小说，<u>讲述</u>了他从三岁到十岁这一时期的童年生活。另一方面，作家又间或以成人的<u>视角</u>评点生活，使笔下的文字更富有思想性和<u>哲理</u>性，并用浅显的语言写出了对社会和人生的<u>独特</u>见解。

《동년(童年)》은 고리키(Gorky)가 자신을 모델로 하여 창작한 자전 소설로 세 살에서 열 살까지 이 시기 그의 어린 시절을 <u>이야기하고</u> 있다. 다른 한편으로 작가는 간혹 성인의 <u>시각</u>에서 삶을 비평함으로써 글에 사상성과 <u>철학</u>성을 더 풍부하게 드러냈고, 아울러 간단명료한 언어로 사회와 인생에 대한 <u>독특한</u> 견해를 풀어냈다.

A 讲述 ⊙	视角 ⊙	哲理 ⊙	独特 ⊙	A 이야기하다 | 시각 | 철학 | 독특하다
B 叙述 ⊗	视线 ⊗	逻辑 ⊙	独到 ⊙	B 서술하다 | 시선 | 논리 | 남다르다
C 阐述 ⊗	视野 ⊗	启示 ⊙	独立 ⊗	C 상세히 논술하다 | 시야 | 계시 | 독립하다
D 陈述 ⊗	视力 ⊗	原则 ⊗	唯独 ⊗	D 진술하다 | 시력 | 원칙 | 유독

지문 어휘 高尔基 Gāo'ěrjī 고유 고리키(Gorky)(러시아 사회주의 작가) | 自身 zìshēn 대 자신, 본인 | 原型 yuánxíng 명 원형, 기본 모양, 모델 | 创作 chuàngzuò 동 창작하다 명 창작, 문예 작품 ★ | 自传 zìzhuàn 명 자서전 | 间或 jiànhuò 부 간혹, 이따금 | 评点 píngdiǎn 동 비평하고 지적하다 | 笔下 bǐxià 명 글자, 문장, 글, 글재주 | 文字 wénzì 명 문자, 글자, 문장, 글 | 富有 fùyǒu 동 충분히 가지다, 다분하다 풍부하다 형 부유하다 | 思想性 sīxiǎngxìng 명 사상성 (문예 작품 등에 나타난 사회적 의의와 정치 경향을 말함) | 浅显 qiǎnxiǎn 형 (말, 글이) 간단하고 이해하기 쉽다, 간단명료하다 | 见解 jiànjiě 명 견해, 소견 ★

보기 어휘 A 讲述 jiǎngshù 동 이야기하다, 서술하다 | 视角 shìjiǎo 명 시각, 본 느낌 | 哲理 zhélǐ 명 철리(철학의 이치) | 独特 dútè 형 독특하다
B 叙述 xùshù 동 서술하다, 기술하다 | 视线 shìxiàn 명 시선 ★ | 逻辑 luóji 명 논리 | 独到 dúdào 형 남다르다, 독특하다
C 阐述 chǎnshù 동 상세히 논술하다, 명백하게 논술하다 ★ | 视野 shìyě 명 시야 ★ | 启示 qǐshì 명 계시 동 계시하다, 시사하다 | 独立 dúlì 동 독립하다
D 陈述 chénshù 동 진술하다 ★ | 视力 shìlì 명 시력 ★ | 原则 yuánzé 명 원칙 부 원칙적으로 | 唯独 wéidú 부 유독, 오직, 홀로

정답 A

해설 **첫 번째 빈칸**
동사 자리이다. '童年生活(어린 시절)'와 호응하는 것으로 'A 讲述'와 'B 叙述'가 다 가능하다.
A 讲述 동 이야기하다 – 讲述 + 故事(이야기) / 情节(줄거리) / 经历(경험)
B 叙述 동 서술하다 – 叙述 + 事情经过(사건의 경과) / 实例(실례)
C 阐述 동 상세히 논술하다 – 阐述 + 观点(관점) / 看法(견해) / 意义(의의)
D 陈述 동 진술하다 – 陈述 + 事实(사실) / 理由(이유) / 意见(의견) / 主张(주장) / 看法(견해)

두 번째 빈칸
명사 자리이다. '成人(성인)'과 호응하는 것으로 'A 视角'만 가능하다.
A 视角 명 시각 [사물이나 현상을 바라보거나 파악하는 각도 또는 입장을 의미]
  - 客观(객관적인) / 独特(독특한) + 的 + 视角
B 视线 명 시선, 눈길 [눈이 가는 방향이나 어떤 대상에 대한 주의나 관심을 의미]
  - 视线 + 模糊(흐려지다) / 集中(집중되다)
    集中(집중되다) / 转移(옮기다) / 避开(피하다) / 遮挡(가리다) / 分散(분산시키다) + 视线
C 视野 명 시야 [시력이 미치어 볼 수 있는 범위, 사물을 관찰하는 눈, 식견의 범위 등을 의미]
  - 视野 + 开阔(탁 트이다) / 广阔(넓다) / 狭窄(좁다)
    开阔(넓히다) + 视野
D 视力 명 시력 [물체의 형태 따위를 분간하는 눈의 능력]
  - 视力 + 衰退(감퇴하다) / 减退(감퇴하다) / 衰减(감퇴하다) / 下降(나빠지다)
    失去(잃다) / 丧失(잃다) / 恢复(회복하다) + 视力

세 번째 빈칸
세 번째 빈칸: 모든 보기가 '性(성)'과 함께 쓰일 수 있지만, '思想性(사상성)'과 어울리는 의미로 'A 哲理', 'B 逻辑', 'C 启示'가 가능하다.
A 哲理 명 철리(철학의 이치) - 人生哲理(인생 철학)
  深刻(깊이 있는) + 的 + 哲理
B 逻辑 명 논리 - 符合(부합하다) + 逻辑
  逻辑 + 清晰(분명하다) / 混乱(혼란스럽다)
C 启示 명 계시 - 深远(깊은) + 的 + 启示
  동 계시하다, 시사하다
D 原则 명 원칙 - 坚持(고수하다) / 遵守(지키다) / 违背(위배하다) + 原则
  原则上(원칙상)

네 번째 빈칸
'见解(견해)'와 호응하는 것으로 'A 独特'와 'B 独到'가 다 가능하다.
A 独特 형 독특하다 - 独特 + 的 + 风格(스타일) / 性格(성격) / 风味(풍미) / 设计(디자인) / 魅力(매력)
B 独到 형 남다르다, 독특하다 - 独到 + 的 + 看法(견해) / 想法(생각) / 思维(사고) / 观察力(관찰력)
C 独立 동 독립하다 - 独立 + 自主(자주적이다)
D 唯独 부 유독, 홀로 [주어 앞에 쓸 수 있는 부사임] - 唯独他不赞成(유독 그만 찬성하지 않았다)

공략비법 허사 (부사, 전치사, 접속사)

본서 p. 250~251

1

年糕是南方传统的饮食，历史<u>悠久</u>。最早在汉朝就出现了"糕"这个字，后来到明清时，年糕在北方一些地域日益<u>盛行</u>。当时，南北方的味道各不相同：北方年糕可蒸可炸，<u>以</u>甜为主；南方除蒸、炸外，还有炒和煮等做法，味道甜咸<u>皆</u>有。

설떡(年糕)은 남쪽 지방 전통 음식으로 역사가 <u>유구하다</u>. 최초는 한(漢)나라 때 '糕'라는 글자가 생겨났고, 훗날 명청(明清) 시기에 이르러 설떡이 북쪽 지방 일부 지역에서 날로 <u>성행하였다</u>. 당시 남쪽과 북쪽 지방의 맛은 각기 달랐는데 북쪽 지방의 설떡은 찌거나 튀겨 먹고 단 맛을 위주로 하는 반면, 남쪽 지방의 설떡은 찌고 튀기는 것 외에 볶거나 삶아 먹는 방법도 있으며 맛은 단 맛과 짠 맛 <u>모두</u> 지니고 있다.

A 久远 ⭕	流行 ⭕	由 ❌	愈 ❌	A 오래되다	유행하다	~로부터	~하면 할수록
B 陈旧 ❌	蔓延 ❌	自 ❌	准 ❌	B 낡다	만연하다	~에서부터	반드시
C 持久 ❌	盛产 ❌	按 ❌	莫 ❌	C 오래 유지되다	많이 생산하다	~에 따라서	~않다
D 悠久 ⭕	盛行 ⭕	以 ⭕	皆 ⭕	D 유구하다	성행하다	~을 가지고	모두

지문 어휘 年糕 niángāo 명 (중국식) 설떡 | 饮食 yǐnshí 명 음식 통 음식을 먹고 마시다 | 汉朝 hàn cháo 고유 한(漢)나라 | 糕 gāo 명 떡 | 明清 míng qīng 고유 명(明)나라와 청(清)나라 | 地域 dìyù 명 지역 | 日益 rìyì 부 날로, 나날이 ⭐ | 各不相同 gèbùxiāngtóng 성 서로 다르다, 제각기 다르다 | 蒸 zhēng 통 찌다 | 炸 zhá 통 (기름에) 튀기다 | 以~为主 yǐ~wéi zhǔ ~을 위주로 하다 | 炒 chǎo 통 볶다 | 煮 zhǔ 통 삶다, 끓이다, 익히다 | 味道 wèidao 명 맛, 기분, 느낌

보기 어휘 A 久远 jiǔyuǎn 형 멀고 오래다, 까마득하다 | 流行 liúxíng 통 유행하다, 널리 퍼지다 형 유행하는 | 由 yóu 전 ~로부터, ~에서, ~에 의해, ~이, ~가 | 愈 yù 부 ~하면 ~할수록 ⭐
B 陈旧 chénjiù 형 낡다, 오래 되다, 진부하다 ⭐ | 蔓延 mànyán 통 만연하다, 널리 번지다 ⭐ | 自 zì 전 ~에서부터 | 准 zhǔn 부 반드시, 틀림없이
C 持久 chíjiǔ 형 오래 유지되다, 지속되다 ⭐ | 盛产 shèngchǎn 통 많이 생산하다, 많이 나다 ⭐ | 按 àn 전 ~에 따라서, ~대로, ~에 의거하여 | 莫 mò 부 ~않다, ~못하다, ~해서는 안 된다, ~하지 마라
D 悠久 yōujiǔ 형 유구하다 | 盛行 shèngxíng 통 성행하다 ⭐ | 以 yǐ 전 ~을 가지고, ~으로, ~에 의해 | 皆 jiē 부 모두, 전부, 다 ⭐

정답 D

해설 **첫 번째 빈칸**
'历史(역사)'와 호응하는 것으로 'A 久远'과 'D 悠久'가 다 가능하다.
A 久远 형 오래되다 – 年代(연대) + 久远
久远 + 的 + 岁月(세월) / 往事(옛 일)
B 陈旧 형 낡다 – 陈旧 + 的 + 设备(설비) / 观念(관념) / 思想(사상) / 思维方式(사고방식) / 理论(이론)
C 持久 형 오래 유지되다 – 持久 + 的 + 和平(평화) / 战争(전쟁) / 关系(관계) / 友谊(우정) / 热情(열정)
持久性(영속성)
D 悠久 형 유구하다 – 悠久 + 的 + 文化(문화) / 传统(전통) / 文明(문명)

두 번째 빈칸
문맥상 설떡이 나날이 유행하는 것을 의미하므로 'A 流行'과 'D 盛行'이 다 가능하다.
A 流行 동 유행하다 – 流行性感冒(유행성 감기)
流行歌曲(유행가)
B 蔓延 동 만연하다 [어떤 나쁜 요소가 사방으로 널리 퍼진다는 의미]
– 疾病(질병) / 病毒(바이러스) / 火势(불길) / 不良风气(그릇된 기풍) / 危机感(위기감) + 蔓延
C 盛产 동 많이 생산하다, 많이 나다 – 盛产 + 水果(과일) / 茶叶(찻잎) / 美女(미인) / 艺术家(예술가)
D 盛行 동 성행하다, 널리 유행하다 – 盛行 + 曲风(곡의 장르) / 设计(디자인)

세 번째 빈칸
'以A为B(A를 B로 여기다)'의 구문이므로 '为主(위주로 하다)'와 호응하는 'D 以'만 가능하다.
A 由 전 ~로부터, ~에서 [동작의 기점, 경과하는 노선이나 장소]
~로 부터, ~에 의해 [근거의 대상]
~로 [구성 요소]
~이, ~가 [동작의 주체]
B 自 전 ~에서부터 [시간이나 동작의 기점]
C 按 전 ~에 따라서, ~대로 [기준]
D 以 전 ~을 가지고, ~으로, ~에 의해 [방식, 수단, 자격, 근거]

네 번째 빈칸
부사 자리이다. 문맥상 '甜咸(달고 짜다)'을 다 포함하는 것을 의미하므로 'D 皆'만 가능하다.
A 愈 부 ~하면 할수록 ['越'의 동의어]
B 准 부 반드시, 틀림없이 ['一定', '肯定'의 동의어]
C 莫 부 ~않다, ~못하다, ~하지 마라, 설마 ~란 말인가
D 皆 부 모두, 전부 ['都', '全'의 동의어]

2

在奥运赛场上，举重运动员在举重前往往会做一个深呼吸动作，然后大吼一声。发出吼声后，口腔立即关闭，同时胸、腹、背肌以及膈肌强烈收缩，这样可以使胸腔和腹腔的压力急剧升高，从而使举重运动员的上下肢和腰背肌形成一个稳定的支撑点，有利于他们发挥出更大的力量。

올림픽 경기에서 역도 선수들은 역기를 들기 전 종종 심호흡 동작을 한 후 한 차례 고함을 지른다. 큰 소리를 지르고 나면 구강은 즉시 닫히고 동시에 가슴, 배, 등의 근육 및 횡경막근이 강하게 수축하는데, 이렇게 되면 흉강과 복강의 압력을 급격히 상승시킬 수 있다. 그렇게 함으로써 역도 선수의 상하지와 허리, 등 근육에 안정적인 지탱점이 만들어져 그들이 더 큰 힘을 발휘하는 데 유리해진다.

A	即将 ✗	缩短 ✗	继而 ✗	发达 ✗	A	곧	단축하다	이어서	발달하다
B	立即 ◎	收缩 ◎	从而 ◎	发挥 ◎	B	즉시	수축하다	그렇게 함으로써	발휘하다
C	反倒 ✗	颤动 ✗	然而 ✗	发动 ✗	C	오히려	진동하다	그러나	발동하다
D	大约 ✗	压缩 ✗	时而 ✗	爆发 ✗	D	대략	압축하다	이따금	폭발시키다

지문 어휘

奥运赛场 àoyùn sàichǎng 몡 올림픽 경기 | 举重 jǔzhòng 몡 역도, 역기 图 무거운 물건을 들다 | 深呼吸 shēnhūxī 图 심호흡하다 | 大吼一声 dàhǒuyìshēng 크게 한 번 소리 지르다 | 发出 fāchū 图 (소리를) 내다, (냄새·열기를) 발산하다, (화물·우편물을) 보내다 | 吼声 hǒushēng 몡 크게 외치는 소리, 크게 울부짖는 소리 | 口腔 kǒuqiāng 몡 구강 ⭐ | 关闭 guānbì 图 닫다 | 胸 xiōng 몡 가슴 | 腹 fù 몡 배, 내심, 마음, 중심 | 背 bèi 몡 등 | 肌 jī 몡 근육 | 膈肌 géjī 몡 횡경막근 | 强烈 qiángliè 형 강렬하다, 선명하다, 뚜렷하다 | 胸腔 xiōngqiāng 몡 흉강 | 腹腔 fùqiāng 몡 복강 | 急剧 jíjù 图 급격하게, 급속히 ⭐ | 升高 shēnggāo 图 위로 오르다 | 上下肢 shàng xià zhī 상하지(상지와 하지) | 腰 yāo 몡 허리 | 形成 xíngchéng 图 형성하다, 이루다 | 稳定 wěndìng 형 안정적이다, 안정되다 图 진정시키다 | 支撑点 zhīchēng diǎn 지탱점 | 有利于 yǒulìyú ~에 유리하다

보기 어휘

A 即将 jíjiāng 图 곧, 머지않아 ⭐ | 缩短 suōduǎn 图 단축하다, 줄이다 | 继而 ji'ér 图 이어서, 계속하여, 뒤이어 ⭐ | 发达 fādá 图 발달하다, 발전시키다

B 立即 lìjí 图 즉시, 바로 | 收缩 shōusuō 图 수축하다, 좁히다 ⭐ | 从而 cóng'ér 젭 그렇게 함으로써, 그리하여, 따라서 | 发挥 fāhuī 图 발휘하다

C 反倒 fǎndào 图 오히려, 도리어 | 颤动 chàndòng 图 진동하다, 흔들리다, 떨다 | 然而 rán'ér 젭 그러나, 하지만 | 发动 fādòng 图 발동하다, 일으키다, 개시하다, 동원하다 ⭐

D 大约 dàyuē 图 대략, 대강, 아마 | 压缩 yāsuō 图 압축하다, 줄이다 ⭐ | 时而 shí'ér 图 이따금, 때때로, 때로는 | 爆发 bàofā 图 폭발시키다, 폭발하다, 갑자기 터져 나오다 ⭐

정답 B

해설

첫 번째 빈칸

부사 자리이다. 문맥상 크게 소리를 지르는 순간 바로 구강이 닫힌다는 것을 의미하므로 'B 立即'만 가능하다.

A 即将 图 곧, 머지 않아
B 立即 图 즉시, 바로 ['立刻'의 동의어]
C 反倒 图 오히려 ['反而'의 동의어]
D 大约 图 대략, 대강, 아마 ['大概', '大致', '大体'의 동의어]

두 번째 빈칸

동사 자리이다. '肌(근육)'와 호응하는 것으로 'B 收缩'만 가능하다.

A 缩短 图 단축하다, 줄이다 - 缩短 + 时间(시간) / 寿命(수명) / 期限(기한) / 距离(거리) / 过程(과정) / 流程(공정) / 长度(길이)
B 收缩 图 수축하다, 좁히다 - 肌肉(근육) / 血管(혈관) / 毛孔(모공) + 收缩
C 颤动 图 진동하다, 흔들리다 - 树叶(나뭇잎) / 手(손) + 颤动
D 压缩 图 압축하다, 줄이다 - 压缩 + 文章(문장) / 文件(파일) / 开支(지출) / 资金(자금) / 成本(원가)

세 번째 빈칸

문맥상 흉강과 복강의 압력이 상승하게 됨으로써 역도 선수의 일부 신체 근육에 지탱점이 생긴다는 것을 의미하므로, 어떤 원인으로 인해 결과가 생겨남을 나타내는 'B 从而'만 가능하다.

A 继而 图 이어서, 계속하여 ['接着'의 동의어]
B 从而 젭 그렇게 함으로써, 그리하여, 따라서
C 然而 젭 그러나, 하지만
D 时而 图 이따금, 때때로
　　　　　때로는~ 때로는~ - 时而A, 时而B(때로는 A하다가, 때로는 B하다)

네 번째 빈칸

동사 자리이다. '力量(힘)'과 호응하는 것으로 'B 发挥'와 'D 爆发'가 다 가능하다.

A 发达 [형] 발달하다 – 肌肉(근육) / 经济(경제) / 商业(상업) / 四肢(사지) / 大脑(두뇌) / 技术(기술) + 发达
　　 [동] 출세하다 [사람에게만 쓰임]

B 发挥 [동] 발휘하다
　　 – 发挥 + 能力(능력) / 实力(실력) / 潜力(잠재력) / 才能(재능) / 特长(특기) / 灵感(영감) /
　　　 作用(역할) / 创造力(창조력) / 积极性(적극성)

C 发动 [동] 시동을 걸다, 기기를 돌리다
　　 일으키다, 개시하다, 발동하다 – 发动 + 战争(전쟁) / 进攻(진공) / 攻势(공세)
　　 동원하다, 행동하게 하다 – 发动 + 群众(군중)

D 爆发 [동] 폭발하다, 돌발하다, 갑자기 터져 나오다 – 爆发 + 掌声(박수소리) / 战争(전쟁) / 洪水(홍수) /
　　　 冲突(충돌) / 经济危机(경제위기)

3

从前，有一座城，城门下面有个小池塘。一天，城门突然着火了，火越<u>烧</u>越旺，于是人们<u>纷纷</u>跑到城门外取水救火。最后，大火被扑灭了，但池塘里的水却被取干了，这里的鱼也无法<u>生存</u>下去了。成语"城门失火，殃及池鱼"就是这么来的，它比喻无辜被连累而<u>遭受</u>灾祸。				옛날 어느 도시 성문 아래에 작은 연못이 하나 있었다. 어느 날 갑자기 성문에 불이 났고 불은 점점 더 맹렬하게 <u>타올랐다</u>. 그러자 사람들은 <u>잇달아</u> 성문 밖으로 뛰쳐나와 물을 퍼서 불을 껐다. 결국, 큰불은 꺼졌지만, 연못 안의 물은 고갈되어 물고기들이 <u>생존해</u> 나갈 방법이 없어지게 되었다. '까닭 없이 연루되어 화를 입거나 손해를 보다(城門失火, 殃及池魚)'라는 성어는 이렇게 유래되었다. 이는 무고한 사람이 어떤 일에 연루되어 화를 <u>입게 되는</u> 것을 비유한다.			
A 烧 ⭕	纷纷 ⭕	生存 ⭕	遭受 ⭕	A 태우다	잇달아	생존하다	입다
B 炖 ❌	始终 ❌	存活 ⭕	遭遇 ❌	B 푹 삶다	시종일관	생존하다	당하다
C 炒 ❌	匆匆 ⭕	储存 ❌	承担 ❌	C 볶다	황급히	저장하여 두다	맡다
D 煳 ❌	默默 ❌	维持 ❌	承受 ❌	D 타다	묵묵히	유지하다	견뎌내다

지문 어휘 池塘 chítáng [명] 연못 | 着火 zháo huǒ [동] 불이 나다, 불붙다 | 旺 wàng [형] 맹렬하다, 왕성하다, 강하다 | 取水 qǔ shuǐ [동] 물을 얻다 | 救火 jiù huǒ [동] 불을 끄다, 화재를 진압하다 | 扑灭 pūmiè [동] 불을 끄다, 화재를 진압하다, 박멸하다 | 城门失火，殃及池鱼 chéngménshīhuǒ, yāngjíchíyú [성] 성문에 난 불을 끄려고 못의 물을 다 퍼서 쓰게 되어, 재앙이 물고기에까지 미치다, 까닭 없이 연루되어 화를 입거나 손해를 보다 | 无辜 wúgū [명] 무고한 사람 [형] 무고하다, 죄가 없다 ⭐ | 连累 liánlěi [동] 연루시키다, 말려들다 | 灾祸 zāihuò [명] 화, 재해, 재난

보기 어휘 A 烧 shāo [동] 태우다, 불사르다, 가열하다, 끓이다 | 纷纷 fēnfēn [부] 잇달아, 연달아, 계속해서 [형] 분분하다 | 生存 shēngcún [동] 생존하다 [명] 생존 ⭐ | 遭受 zāoshòu [동] (불행이나 손해를) 입다, 당하다, 만나다 ⭐

B 炖 dùn [동] 푹 삶다, 푹 고다 | 始终 shǐzhōng [부] 시종일관, 내내 [명] 처음과 끝 | 生活 shēnghuó [동] 생존하다, 살다, 생활하다 [명] 생활 | 遭遇 zāoyù [동] (불행한 일을) 당하다, 만나다, 부딪치다 [명] (불행한) 처지, 경우, 운명 ⭐

C 炒 chǎo [동] 볶다 | 匆匆 cōngcōng [형] 황급한 모양, 분주한 모양 | 储存 chǔcún [동] 저장하여 두다, 모아 두다 [명] 저장량 ⭐ | 承担 chéngdān [동] 맡다, 담당하다

D 煳 hú [형] 타다, 눋다 | 默默 mòmò [부] 묵묵히, 말없이 ⭐ | 维持 wéichí [동] 유지하다, 지키다 ⭐ | 承受 chéngshòu [동] 견뎌내다, 감당하다

> 정답   A

> 해설

첫 번째 빈칸

'火(불)'가 주어인 '越A越B(A할수록 B하다)'의 구문이므로 '旺(맹렬하다)'과 호응하는 'A 烧'만 가능하다.

A 烧 🅢 태우다, 가열하다, 끓이다 – 烧 + 柴(장작) / 饭(밥)
B 炖 🅢 푹 삶다 – 炖 + 菜(채소) / 肉(고기)
C 炒 🅢 볶다 – 炒 + 菜(채소) / 肉(고기)
D 煳 🅢 타다

두 번째 빈칸

부사 자리이다. '跑到(~로 뛰다)'와 호응하는 것으로 'A 纷纷'과 'C 匆匆'이 다 가능하다.

A 纷纷 🅟 잇달아, 연달아, 계속해서
　　　　　 – 纷纷 + 举手(손을 들다) / 留言(메시지를 남기다) / 退货(반품하다)
　　　　 🅗 분분하다, 어수선하게 많다, 어지럽게 날리다 – 议论纷纷(의견이 분분하다, 왈가왈부하다)
B 始终 🅟 시종일관, 한결같이, 언제나
　　　　 – 始终 + 坚持(견지하다) / 怀疑(의심하다) / 否认(부인하다)
　　　　　 始终如一(한결같다)
　　　 🅜 시종, 처음과 끝
C 匆匆 🅗 황급한 모양, 매우 급한 모양
　　　　 – 来去匆匆(바쁘게 오가다) / 形色匆匆(행색이 매우 조급해 보이다) /
　　　　　 岁月匆匆(세월이 무심하게 흐르다) / 匆匆忙忙(매우 바쁘다)
D 默默 🅟 묵묵히 – 默默 + 无言(말이 없다) / 忍受(견디다) / 奉献(공헌하다)

세 번째 빈칸

동사 자리이다. 문맥상 물고기들이 생존하는 것을 의미하므로 'A 生存'과 'B 生活'가 다 가능하다.

A 生存 🅢 생존하다
　　　　 – 生存 + 环境(환경) / 条件(조건) / 竞争(경쟁)
　　　　　 生存全(생존권)
　　　　　 适者生存(적자 생존)
B 存活 🅢 생존하다, 살아남다 [역경을 극복하고 살아남는다는 의미]
　　　　 – 顽强(꿋꿋이) + 地 + 存活
　　　　　 存活率(생존률)
C 储存 🅢 저장하다, 모아 두다
　　　　 – 储存 + 食品(식품) / 粮食(양식) / 物资(물자) / 信息(정보) / 文件(파일) / 热量(열)
　　　　　 储存量(저장량)
D 维持 🅢 유지하다 – 维持 + 生命(생명) / 生活(생활) / 生计(생계) / 秩序(질서) / 体面(체면) / 现状(현상) /
　　　　　 平衡(균형) / 和平(평화)

네 번째 빈칸

동사 자리이다. '灾祸(화)'와 호응하는 것으로 'A 遭受'와 'B 遭遇'가 다 가능하다.

A 遭受 🅢 입다, 당하다 – 遭受 + 打击(타격) / 重创(중상) / 损失(손실)
B 遭遇 🅢 당하다, 부닥치다, 만나다 – 遭遇 + 困难(어려움) / 危机(위기) / 意外(의외의 사고)
　　　　 🅜 처지, 경우, 운명 – 不幸(불행한) / 悲惨(비참한) + 的 + 遭遇
C 承担 🅢 맡다 – 承担 + 责任(책임) / 工作(일) / 工程(공사) / 任务(임무) / 风险(위험) / 费用(비용)
D 承受 🅢 견뎌내다 – 承受 + 压力(스트레스) / 困难(어려움) / 痛苦(고통) / 失败(실패) / 考验(시련)

越是泥泞的道路，留下的足迹越是<u>清晰</u>；越是陡峭的山峰，登顶后看到的<u>风景</u>越是美妙。正所谓"天上不会掉馅饼"，世上没有<u>平白无故</u>的成功，所有的鲜花都是用汗水浇灌而成的。所以，<u>倘若</u>选准了道路，就要勇敢地走下去。

질퍽거리는 도로일수록 남겨지는 발자국은 더욱 <u>또렷하고</u>, 가파른 산봉우리일수록 정상에 오른 후 보이는 <u>풍경</u>은 더욱 아름다운 법이다. 이른바 '하늘에서 떡이 떨어지지 않는다'는 말은 세상에는 <u>아무런 이유 없는</u> 성공이란 없으며 모든 꽃들도 땀으로 물을 줘서 만들어진다는 것이다. 그러므로 <u>만약</u> 길을 정했다면 용감하게 나아가야만 한다.

A	清新 ✗	景色 ○	莫名其妙 ○	并且 ✗
B	显著 ✗	景观 ○	事半功倍 ✗	故此 ✗
C	明显 ○	风光 ✗	无缘无故 ○	固然 ✗
D	清晰 ○	风景 ○	平白无故 ○	倘若 ○

A 신선하다 | 경치 | 영문을 알 수 없다 | 게다가
B 현저하다 | 경관 | 적은 노력으로 큰 성과를 거두다 | 그러므로
C 분명하다 | 풍경 | 아무런 이유도 없다 | 물론 ~이지만
D 또렷하다 | 풍경 | 아무런 이유도 없다 | 만약 ~한다면

지문 어휘 泥泞 nínìng 형 질퍽거리다 명 진창 | 道路 dàolù 명 도로, 길, 노정, 경로, 과정 | 足迹 zújì 명 발자국, 발자취 | 陡峭 dǒuqiào 형 (산세 등이) 가파르다, 험준하다, 깎아지르다 | 山峰 shānfēng 명 산봉우리, 산봉 | 登顶 dēngdǐng 동 산의 정상에 오르다 | 美妙 měimiào 형 아름답다 ★ | 所谓 suǒwèi 형 소위, 이른바, ~라는 것은 | 馅饼 xiànbǐng 명 떡 | 鲜花 xiānhuā 명 꽃 | 汗水 hànshuǐ 명 땀 | 浇灌 jiāoguàn 동 관개하다, 물을 대다, 붓다

보기 어휘 A 清新 qīngxīn 형 신선하다, 참신하다 | 景色 jǐngsè 명 경치, 풍경 | 莫名其妙 mòmíngqímiào 성 영문을 알 수 없다, 대단히 오묘하다 ★ | 并且 bìngqiě 접 게다가
B 显著 xiǎnzhù 형 현저하다, 두드러지다 ★ | 景观 jǐngguān 명 경관, 경치 | 事半功倍 shìbàngōngbèi 성 적은 노력으로 큰 성과를 올리다 | 故此 gùcǐ 접 그러므로, 그래서
C 明显 míngxiǎn 형 분명하다, 분명히 드러나다 | 风光 fēngguāng 명 풍경, 경치 ★ | 无缘无故 wúyuánwúgù 성 아무런 이유도 없다 | 固然 gùrán 접 물론 ~이지만, 물론 ~이거니와 ★
D 清晰 qīngxī 형 또렷하다, 분명하다 ★ | 风景 fēngjǐng 명 풍경, 경치 | 平白无故 píngbáiwúgù 성 아무런 이유도 없다, 조금의 이유도 없다 | 倘若 tǎngruò 접 만약 ~ 한다면 ★

정답 D

해설 **첫 번째 빈칸**
'足迹(발자국)'와 호응하는 것으로 'C 明显'과 'D 清晰'가 다 가능하다.
A 清新 형 신선하다 – 清新 + 的 + 空气(공기) / 风(바람)
　　　　참신하다 – 清新 + 的 + 形象(이미지) / 魅力(매력) / 风格(스타일)
B 显著 형 현저하다, 두드러지다 – 效果(효과) / 成效(효과) + 显著
　　　　显著 + 的 + 发展(발전) / 变化(변화) / 成绩(성적) / 成就(성과) / 特征(특징)
C 明显 형 분명하다, 분명히 드러나다 – 明显 + 的 + 效果(효과) / 目标(목표) / 优势(우세) / 差距(격차)
　　　　明显 + (地) + 加快(빨라지다) / 好转(호전되다) / 减少(감소하다) / 下降(떨어지다) / 突出(두드러지다)
D 清晰 형 또렷하다, 분명하다 – 声音(목소리) / 字迹(필적) / 影子(그림자) / 轮廓(윤곽) / 头脑(두뇌) / 记忆(기억) / 条理(조리) + 清晰

두 번째 빈칸

명사 자리이다. 문맥상 정상에서 보이는 풍경을 의미하므로 'A 景色', 'B 景观', 'C 风光', 'D 风景'이 모두 가능하다.
A 景色 명 경치 – 美丽(아름다운) + 的 + 景色
　　　　　　　景色 + 优美(아름답다) / 宜人(마음에 들다, 사람에게 좋은 느낌을 주다)
B 景观 명 경관 – 自然(자연) / 人造(인공) + 景观
C 风光 명 풍경, 풍광 – 风光 + 秀丽(수려하다)
　　　　　　　自然风光(자연 풍광)
D 风景 명 풍경 – 风景 + 优美(아름답다) / 如画(그림 같다)

세 번째 빈칸

'天上不会掉馅饼'이 '세상에는 공짜가 없다'는 뜻이므로 빈칸에 들어갈 표현 또한 '세상에는 이유 없는 성공은 없다'는 의미여야 한다. 따라서 'A 莫名其妙', 'C 无缘无故', 'D 平白无故'가 다 가능하다.
A 莫名其妙 성 영문을 알 수 없다, 대단히 오묘하다
B 事半功倍 성 적은 노력으로 큰 성과를 올리다 ['事倍功半'의 반의어]
C 无缘无故 성 아무런 이유도 없다
D 平白无故 성 아무런 이유도 없다, 조금의 이유도 없다

네 번째 빈칸

가정의 의미를 나타내는 '如果/要是/假如/假使/倘若/若 + A, 就/便 + B(만약 ~한다면 ~이다)'의 구문이므로 'D 倘若'만 가능하다
A 并且 접 게다가, 나아가 [점층 또는 병렬 관계]
B 故此 접 그러므로, 그래서 [인과 관계]
C 固然 접 물론 ~이지만 [전환 관계]
D 倘若 접 만약 ~한다면 [가설 관계]

5

人们说，眼睛是<u>内心</u>世界的真实写照，其实，眼睛<u>不光</u>能折射出当时的想法，还能<u>反映</u>出健康状况。如果眼睑发黑，很可能有重度神经衰弱或者肝肾功能衰竭等<u>疾病</u>。所以，<u>一旦</u>眼睑发暗，便要立即就医。

사람들은 눈이 <u>내면</u> 세계의 자화상이라고 말하지만 사실 눈은 사람의 당시 생각을 드러낼 <u>뿐만 아니라</u> 건강 상태도 <u>반영한다</u>. 만약 눈꺼풀이 거무스름하다면 심각한 신경 쇠약 혹은 간부전증이나 신부전증 등의 <u>질병</u>이 있을 가능성이 있다. 그래서 <u>일단</u> 눈꺼풀이 거무스름해지면 즉시 진찰을 받아야 한다.

A 内幕 ✗　不单 ○　反馈 ✗　症状 ✗　势必 ✗
B 内心 ○　不光 ○　反映 ○　疾病 ○　一旦 ○
C 内部 ✗　不论 ✗　反驳 ✗　弊病 ✗　恰巧 ✗
D 心目 ✗　不料 ✗　映射 ✗　疾患 ✗　尤其 ✗

A 내막 ｜ ~뿐만 아니라 ｜ 피드백 ｜ 증상 ｜ 틀림없이
B 내면 ｜ ~뿐만 아니라 ｜ 반영하다 ｜ 질병 ｜ 일단
C 내부 ｜ ~을 막론하고 ｜ 반박하다 ｜ 폐단 ｜ 때마침
D 마음속 ｜ 뜻밖에 ｜ 반영하다 ｜ 질환 ｜ 특히

> **지문 어휘** 真实 zhēnshí 형 진실하다 ｜ 写照 xiězhào 명 묘사, 서술 동 인물의 형상을 그리다 ｜ 折射 zhéshè 동 굴절하다, 사물의 실질을 드러내고 표현하다, 사물의 면모를 반영하다 ｜ 健康状况 jiànkāng zhuàngkuàng 명 건강 상태 ｜ 眼睑 yǎnjiǎn 명 눈꺼풀 ｜ 重度 zhòngdù 정도나 증상이 심각하다 ｜ 神经衰弱 shénjīng shuāiruò 명 신경쇠약 ｜ 肝肾功能衰竭 gān shèn gōngnéng shuāijié 간부전증과 신부전증 ｜ 发暗 fā'àn 어두워지다, 칙칙해지다 ｜ 立即 lìjí 부 즉시, 곧 ｜ 就医 jiùyī 동 진찰을 받다, 치료를 받다

보기 어휘

A 内幕 nèimù 몡 내막, 속사정 ⭐ | 不单 bùdān 젭 ~뿐만 아니라 | 反馈 fǎnkuì 몡 피드백 동 되돌아오다 ⭐ |
症状 zhèngzhuàng 몡 증상, 증후 ⭐ | 势必 shìbì 튀 틀림없이, 꼭 ⭐

B 内心 nèixīn 몡 내면, 내심, 속마음 | 不光 bùguāng 젭 ~뿐만 아니라 | 反映 fǎnyìng 동 반영하다, 보고하다 |
疾病 jíbìng 몡 질병, 병 ⭐ | 一旦 yídàn 튀 일단 ~한다면

C 内部 nèibù 몡 내부 | 不论 búlùn 젭 ~을 막론하고 | 反驳 fǎnbó 동 반박하다 ⭐ | 弊病 bìbìng 몡 폐단, 문제
점 ⭐ | 恰巧 qiàqiǎo 튀 때마침, 공교롭게도 ⭐

D 心目 xīnmù 몡 마음속, 심중 | 不料 búliào 튀 뜻밖에, 의외에 ⭐ | 映射 yìngshè 동 반영하다, 비치다 | 疾患
jíhuàn 몡 질환, 질병 | 尤其 yóuqí 튀 특히, 더욱

정답 B

해설

첫 번째 빈칸
'世界(세계)'와 호응하는 것으로 'B 内心'만 가능하다.
A 内幕 몡 내막 [좋지 않은 일의 사정이나 실상을 의미]
－ 暴露(폭로하다) / 揭露(폭로하다) / 隐藏(숨기다) + 内幕
事件(사건) + 的 + 内幕
B 内心 몡 내면, 내심, 속마음 － 内心深处(마음 깊은 곳)
C 内部 몡 내부 [물건이나 공간의 안쪽 부분 혹은 어떤 범위의 안을 의미]
D 心目 몡 마음속, 심중 － 心目中(마음속)
在~的心目中(~의 마음 속에)
心目中 + 的 + 英雄(영웅) / 偶像(우상)

두 번째 빈칸
점층 관계를 나타내는 '不但/不仅/不单/不光/不只A, 也/还B(A 뿐만 아니라 B하다)'의 구문이므로 'A 不单'과 'B 不光'이 다 가능하다.
A 不单 젭 ~뿐만 아니라 [점층 관계]
B 不光 젭 ~뿐만 아니라 [점층 관계]
C 不论 젭 ~을 막론하고 [조건 관계]
D 不料 튀 뜻밖에, 의외에

세 번째 빈칸
동사 자리이다. '健康状况(건강 상태)'과 호응하는 것으로 'B 反映'과 'D 映射'가 다 가능하다.
A 反馈 몡 피드백 － 给予(주다) / 收到(받다) + 反馈
客户(거래처) / 用户(사용자) + 的 + 反馈
동 (정보, 반응 등이) 되돌아오다
B 反映 동 반영하다, 반영시키다 － 反映 + 生活(생활) / 现实(현실) / 价值观(가치관) / 历史(역사) /
社会问题(사회문제) / 时代特征(시대적 특징) / 时代面貌(시대적 면모)
보고하다 － 反映 + 情况(상황)
C 反驳 동 반박하다 － 反驳 + 问题(문제) / 观点(관점) / 论据(논거)
D 映射 동 반영하다, 반사하다 － 映射 + 时代变迁(시대적 변천)
비치다 － 阳光映射在~(햇빛이 ~에 비치다)

네 번째 빈칸
명사 자리이다. 문맥상 '질병'이라는 의미를 나타내는 'B 疾病'과 'D 疾患'이 다 가능하다.
A 症状 몡 증상, 증세 － 症状 + 严重(심각하다) / 恶化(악화되다) / 明显(분명하다)
B 疾病 몡 질병 － 引起(일으키다) / 预防(예방하다) / 战胜(싸워 이기다) + 疾病
C 弊病 몡 폐단, 폐해 ['弊端'의 동의어] － 纠正(시정하다) + 弊病
D 疾患 몡 질환, 질병 ['疾病'의 동의어]

다섯 번째 빈칸

가정의 의미를 나타내는 '一旦A, 就/便B(일단 A하면 바로 B하다)'의 구문이므로 'B 一旦'만 가능하다.

A 势必 _부 틀림없이, 반드시, 기필코 ['必定'의 동의어]
B 一旦 _부 일단
C 恰巧 _부 때마침, 공교롭게도 ['正好'의 동의어]
D 尤其 _부 특히, 더욱 ['特别'의 동의어]

공략비법 10 성어

본서 p. 264~265

偶然翻出了十年前的照片，恍若隔世。不由自主地感叹青春易逝，年华易老。我们应该懂得珍惜，用心呵护美好，把握自己的人生，别迷失了生活的方向。

우연히 10년 전의 사진을 펼쳐 보았는데 마치 딴 세상 같았다. 쉽게 지나간 청춘과 빠르게 흘러간 세월에 한탄이 절로 나왔다. 우리는 반드시 소중히 여길 줄 알고 정성을 다해 아름다움을 가꾸며 자신의 인생을 붙잡아 삶의 방향을 잃지 말아야 한다.

A 偶然 ⊙	恍若隔世 ⊙	把握 ⊙	A 우연히	마치 딴 세상 같다	붙잡다
B 毅然 ✗	恍然大悟 ✗	掌握 ✗	B 결연히	문득 모든 것을 깨치다	장악하다
C 居然 ✗	莫名其妙 ✗	控制 ✗	C 뜻밖에	영문을 알 수 없다	제어하다
D 蓦然 ✗	出乎意料 ✗	抑制 ✗	D 문득	예상 밖이다	억제하다

지문 어휘 不由自主 bùyóuzìzhǔ _성 자기 뜻대로 되지 않다, 자신을 제어할 수 없다 | 感叹 gǎntàn _동 한탄하다, 탄식하다 | 青春 qīngchūn _명 청춘 | 逝 shì _동 지나가다, 흐르다 | 年华 niánhuá _명 세월, 시간 | 珍惜 zhēnxī _동 소중히 여기다, 아끼다 | 呵护 hēhù _동 가꾸다, 애지중지하다 | 美好 měihǎo _형 아름답다, 훌륭하다, 행복하다 | 迷失 míshī _동 잃다, 잃어버리다

보기 어휘 A 偶然 ǒurán _부 우연히, 뜻밖에 | 恍若隔世 huǎngruògéshì _성 마치 딴 세상 같다 | 把握 bǎwò _동 붙잡다, 파악하다, 포착하다 _명 (성공에 대한) 확신, 자신, 가능성
B 毅然 yìrán _부 결연히, 의연히, 단호히 ★ | 恍然大悟 huǎngrándàwù _성 문득 모든 것을 깨치다 ★ | 掌握 zhǎngwò _동 장악하다, 숙달하다, 정통하다
C 居然 jūrán _부 뜻밖에, 놀랍게도, 예상 외로 | 莫名其妙 mòmíngqímiào _성 영문을 알 수 없다, 오묘하다 ★ | 控制 kòngzhì _동 제어하다, 통제하다
D 蓦然 mòrán _부 문득, 무심코 | 出乎意料 chūhūyìliào _성 예상 밖이다, 뜻밖이다 | 抑制 yìzhì _동 억제하다, 억누르다

정답 A

> **해설**

첫 번째 빈칸
부사 자리이다. 사진을 우연히 펼쳐 보았다는 의미이므로 'A 偶然'만 가능하다.
- A 偶然 🔵 우연히 – 偶然 + 发现(발견하다) / 遇到(만나다) / 碰见(만나다)
  🔵 우연하다 – 偶然 + 的 + 机会(기회) / 事故(사고)
- B 毅然 🔵 결연히, 의연히, 단호히 – 毅然 + 决定(결정하다) / 放弃(포기하다) / 拒绝(거절하다)
  毅然决然(의지가 굳세고 일 처리가 과단성이 있다)
- C 居然 🔵 뜻밖에 ['竟然'의 동의어]
- D 蓦然 🔵 문득, 무심코 ['突然'과 '忽然'의 동의어] – 蓦然 + 想起(생각나다) / 回首(고개를 돌리다)

두 번째 빈칸
10년 전의 사진을 펼쳐 보고 세월의 흐름을 한탄한다는 내용이므로, 문맥상 빈칸은 10년 전 사진 속의 모습이 어떠했는지에 대한 느낌을 표현하는 말임을 알 수 있다. 따라서 'A 恍若隔世'만 가능하다.
- A 恍若隔世 🔵 마치 딴 세상 같다
- B 恍然大悟 🔵 문득 모든 것을 깨치다, 갑자기 모두 알게 되다
- C 莫名其妙 🔵 영문을 알 수 없다, 대단히 오묘하다
- D 出乎意料 🔵 예상 밖이다, 예상이 빗나가다

세 번째 빈칸
동사 자리이다. '人生(인생)'과 호응하는 것으로 'A 把握'만 가능하다
- A 把握 🔵 붙잡다, 파악하다
  – 把握 + 机会(기회) / 机遇(기회) / 时机(시기) / 时间(시간) / 现实(현실) / 本质(본질)
  🔵 (성공에 대한) 확신, 자신, 가능성
- B 掌握 🔵 장악하다, 숙달하다, 정복하다
  – 掌握 + 知识(지식) / 技术(기술) / 技巧(테크닉) / 信息(정보) / 命运(운명)
- C 控制 🔵 제어하다, 통제하다
  – 控制 + 情绪(감정) / 感情(감정) / 理智(이성) / 生产量(생산량) / 价格(가격)
- D 抑制 🔵 억제하다, 억누르다
  – 抑制 + 感情(감정) / 欲望(욕구) / 冲动(충동) / 兴奋(흥분) / 怒气(화) / 愤怒(분노) / 物价(물가)

2

上海的南京路是上海开埠后最早建立的一条商业街。这条路是商业店铺比较密集、现代化气息十分<u>浓厚</u>的地段，以奢侈品和高端消费为<u>主流</u>。与此同时，独特的<u>风土人情</u>与现代的奢华时尚交织，为这条老街增添了别样的魅力，现代化的大型建筑使南京路更加绮丽<u>繁华</u>。

상하이 난징루(南京路)는 상하이 개항 후 최초로 세워진 상점 거리이다. 이 거리는 점포들이 비교적 밀집해있고 현대화된 분위기가 매우 <u>짙은</u> 지역으로 사치품과 고급 제품 소비가 <u>주류</u>를 이룬다. 이와 동시에, 독특한 <u>풍습</u>이 현대의 사치스러운 분위기와 얽혀져 이 옛 거리에 남다른 매력을 더하고 현대식의 대형 건축물은 난징루를 더욱 아름답고 <u>번화하게</u> 한다.

A 深厚 ❌	格局 ❌	精打细算 ❌	宏大 ❌	A 깊고 두텁다	짜임새	면밀하게 계획하다	웅대하다
B 浓郁 ⊙	主题 ❌	称心如意 ❌	繁荣 ❌	B 짙다	주제	마음에 꼭 들다	번영하다
C 浓厚 ⊙	主流 ⊙	风土人情 ⊙	繁华 ⊙	C 짙다	주류	지방의 특색과 풍습	번화하다
D 雄厚 ❌	宗旨 ❌	远近闻名 ❌	崇高 ❌	D 풍부하다	취지	널리 이름이 나 있다	고상하다

지문 어휘 南京路 Nánjīnglù 고유 난징루(南京路)(상하이(上海)의 주요 쇼핑센터가 있는 거리) | 开埠 kāibù 동 개항하다, 무역항을 열다 | 建立 jiànlì 동 세우다, 건립하다, 이루다, 맺다 | 商业街 shāngyèjiē 명 상점 거리, 상가 | 店铺 diànpù 명 상점, 점포 | 密集 mìjí 형 밀집한, 조밀한, 빽빽한 동 밀집하다, 조밀하게 모이다 | 气息 qìxī 명 분위기, 정취 | 地段 dìduàn 명 지역, 구간, 구역 | 奢侈品 shēchǐpǐn 명 사치품 | 高端 gāoduān 형 고급의, 프리미엄의 | 与此同时 yǔ cǐ tóngshí 이와 동시에, 아울러 | 独特 dútè 형 독특하다, 특별하다 | 奢华 shēhuá 형 사치스럽고 화려하다 | 时尚 shíshàng 형 시대적 유행, 당시 분위기 | 交织 jiāozhī 동 뒤섞이다, 엇갈리다, 교차하다 | 增添 zēngtiān 동 더하다, 늘리다, 보태다 ★ | 别样 biéyàng 대 남다른 것, 일반적이지 않은 것, 다른 종류, 다른 방식 | 魅力 mèilì 명 매력 | 绮丽 qǐlì 형 산뜻하고 아름답다

보기 어휘 A 深厚 shēnhòu 형 깊고 두텁다 | 格局 géjú 명 짜임새, 구조, 구도 ★ | 精打细算 jīngdǎxìsuàn 성 면밀하게 계획하다 ★ | 宏大 hóngdà 형 웅대하다, 거대하다, 방대하다
B 浓郁 nóngyù 형 짙다, 그윽하다, 강하다 | 主题 zhǔtí 명 주제, 테마 | 称心如意 chènxīnrúyì 성 마음에 꼭 들다, 생각대로 되다 ★ | 繁荣 fánróng 형 번영하다, 번창하다 동 번영시키다
C 浓厚 nónghòu 형 짙다, 농후하다 ★ | 主流 zhǔliú 명 주류 ★ | 风土人情 fēngtǔrénqíng 성 지방의 특색과 풍습 ★ | 繁华 fánhuá 형 번화하다 ★
D 雄厚 xiónghòu 형 풍부하다, 충분하다 ★ | 宗旨 zōngzhǐ 명 취지, 종지 ★ | 远近闻名 yuǎnjìnwénmíng 성 널리 이름이 나 있다 | 崇高 chónggāo 형 고상하다, 숭고하다 ★

정답 C

해설
첫 번째 빈칸
형용사 자리이다. '气息(분위기)'와 호응하는 것으로 'B 浓郁'와 'C 浓厚'가 다 가능하다.
A 深厚 형 깊고 두텁다 – 深厚 + 的 + 感情(감정) / 友谊(우정) / 基础(기초) / 底蕴(내막)
B 浓郁 형 짙다, 그윽하다, 강하다 – 浓郁 + 的 + 香味(향기) / 味道(맛) / 色彩(색채) / 风土人情(지역의 풍습과 인심)
C 浓厚 형 짙다, 농후하다
　　　　　 – 浓厚 + 的 + 雾气(안개) / 烟雾(연기) / 味道(맛) / 气味(냄새) / 兴趣(흥미) / 色彩(색채) / 气氛(분위기) / 氛围(분위기)
D 雄厚 형 풍부하다 – 雄厚 + 的 + 资金(자금) / 本钱(밑천) / 力量(역량) / 实力(실력) / 基础(기초)

두 번째 빈칸
명사 자리이다. '以A为B(A를 B로 여기다)'의 구문이고, 문맥상 주류를 이룬다는 의미이므로 'C 主流'만 가능하다.
A 格局 명 짜임새, 구조 – 建立(세우다) / 形成(이루다) + 格局
B 主题 명 주제, 테마 – 以A为主题(A를 주제로 하다)
　　　　　　　　　确定(정하다) / 把握(파악하다) / 脱离(벗어나다) / 突出(부각시키다) + 主题
　　　　　　　　　主题 + 鲜明(뚜렷하다)
　　　　　　　　　永恒(영원한) + 的 + 主题
C 主流 명 주류 – 属于(속하다) / 形成(이루다) / 占据(차지하다) + 主流
　　　　　　　主流文化(주류 문화) / 主流媒体(주요 매스컴) / 主流观念(주류적 관념)
D 宗旨 명 취지 – 以A为宗旨(A를 취지로 하다)
　　　　　　　践行(실천하다) + 宗旨

세 번째 빈칸
명사 자리이다. '独特(독특하다)'와 호응하고 명사로 쓰이는 성어는 'C 风土人情'이다.
A 精打细算 성 면밀하게 계획하다
B 称心如意 성 마음에 꼭 들다, 생각대로 되다 ['心满意足'와 '如愿以偿'의 동의어]
C 风土人情 성 지방의 특색과 풍습
D 远近闻名 성 널리 이름이 나 있다 ['驰名中外'와 '举世闻名'의 동의어]

네 번째 빈칸
문맥상 난징루를 더 번화하게 하였다는 의미이므로 'C 繁华'만 가능하다.
　A 宏大 형 웅대하다, 거대하다, 방대하다 - 规模(규모) / 气势(기세) + 宏大
　　　　　　　　　　　　　　　宏大 + 的 + 工程(공사) / 项目(프로젝트) / 志愿(포부)
　B 繁荣 형 번영하다, 번창하다 - 经济(경제) / 文化(문화) + 繁荣
　　　　　　　　　　　　　 繁荣 + 的 + 时代(시대) / 时期(시기)
　　　　　　　　　　　　　 繁荣昌盛(국가나 사업이 왕성하게 번영하다)
　　　　동 번영시키다 - 繁荣 + 市场(시장) / 经济(경제) / 文化事业(문화 사업)
　C 繁华 형 번화하다 - 繁华 + 的 + 街道(거리) / 地方(곳) / 地段(지역) / 城市(도시) / 景象(모습)
　D 崇高 형 고상하다, 숭고하다 - 崇高 + 的 + 品质(인품) / 精神(정신) / 理想(이상)

3

　在体育项目中，种子选手通常是指有一定实力的选手。为了防止种子选手在小组赛中相遇而被淘汰，会把他们分到不同的小组。这样，水平高的选手就能在后面的比赛中同场竞技。因此，最引人注目的比赛往往出现在最后。

스포츠 경기 종목에서 시드 선수란 보통 상당한 실력을 지닌 선수를 가리킨다. 시드 선수들이 조 경기에서 만나게 되어 탈락하는 것을 막기 위해 그들을 서로 다른 조로 나누게 되는데, 그렇게 하면 실력이 뛰어난 선수들이 후반 경기에서 함께 겨루게 되므로 가장 사람들의 이목을 끄는 경기는 대개 마지막에 등장하게 된다.

A 通常 ◯	防止 ◯	淘汰 ◯	引人注目 ◯
B 普通 ✗	防御 ✗	退步 ✗	小心翼翼 ✗
C 一般 ◯	截止 ✗	打败 ◯	举世闻名 ✗
D 照常 ✗	阻止 ✗	退出 ✗	津津乐道 ✗

A 보통 | 방지하다 | 도태하다 | 사람들의 이목을 끌다
B 보통이다 | 방어하다 | 퇴보하다 | 매우 조심스럽다
C 일반적으로 | 마감하다 | 싸워 이기다 | 전 세계에 이름이 알려지다
D 평소대로 | 저지하다 | 퇴장하다 | 흥미진진하게 이야기하다

지문 어휘 体育项目 tǐyù xiàngmù 스포츠 경기 종목 | 种子选手 zhǒngzi xuǎnshǒu 명 시드 선수 | 实力 shílì 명 실력 | 小组赛 xiǎozǔ sài 조 경기 | 相遇 xiāngyù 동 만나다, 마주치다 | 竞技 jìngjì 명 경기, 스포츠, 기예

보기 어휘 A 通常 tōngcháng 부 보통, 통상적으로 명 통상, 보통, 평상시 형 보통이다, 일반적이다 | 防止 fángzhǐ 동 방지하다 ★ | 淘汰 táotài 동 도태하다, 가려 내다, 제거하다 ★ | 引人注目 yǐnrénzhùmù 성 사람들의 이목을 끌다
B 普通 pǔtōng 형 보통이다, 평범하다 | 防御 fángyù 동 방어하다 ★ | 退步 tuìbù 동 퇴보하다, 후퇴하다, 나빠지다 | 小心翼翼 xiǎoxīnyìyì 성 매우 조심스럽다, 신중하고 소홀함이 없다 ★
C 一般 yìbān 부 일반적으로, 보통 형 일반적이다, 보통이다 | 截止 jiézhǐ 동 마감하다, 일단락 짓다 ★ | 打败 dǎbài 동 싸워 이기다, 물리치다 | 举世闻名 jǔshìwénmíng 성 전 세계에 이름이 알려지다, 세계적으로 명성이 크다
D 照常 zhàocháng 부 평소대로 동 평소대로 하다, 평소와 같다 | 阻止 zǔzhǐ 동 저지하다 | 退出 tuìchū 동 퇴장하다, 물러나다, 탈퇴하다 | 津津乐道 jīnjīnlèdào 성 흥미진진하게 이야기하다

정답 A

해설

첫 번째 빈칸

부사 자리이다. '보통'이라는 뜻을 나타내는 'A 通常'과 'C 一般'이 다 가능하다.

A 通常 🔵부 보통, 통상적으로
　　　　🔵형 통상적인 – 通常 + 的 + 方法(방법) / 情况(상황)
B 普通 🔵형 보통이다, 평범하다 – 普通 + 水平(수준) / 教育(교육)
C 一般 🔵부 일반적으로, 보통
　　　　🔵형 일반적이다, 보통이다, 평범하다 ['普通'의 동의어]
　　　　　– 水平(수준) / 成绩(성적) / 长相(용모) / 性格(성격) + 一般
D 照常 🔵부 평소대로 – 照常 + 进行(진행하다) / 上班(출근하다) / 营业(영업하다)
　　　　🔵동 평소대로 하다, 평소와 같다 – 一切(모든 것) + 照常

두 번째 빈칸

세 번째 빈칸에 알맞은 단어를 먼저 선택한 후 의미를 파악해야 하는데, 문맥상 수준 높은 선수들이 탈락되는 현상이 일어나지 못하게 한다는 내용이므로 'A 防止'만 가능하다.

A 防止 🔵동 막다, 방지하다 [나쁜 일이 발생하지 않게 미리 막는다는 의미]
　　　　– 防止 + 受伤(부상당하다) / 遗忘(잊어버리다) / 生病(병이 나다)
B 防御 🔵동 방어하다 – 防御体系(방어 체계)
　　　　　　　　　　防御设施(방어 시설)
　　　　　　　　　　防御措施(방어 조치)
C 截止 🔵동 마감하다, 일단락 짓다 – 截止 + 报名(신청)
　　　　　　　　　　　　　　　　截止日期(마감일)
D 阻止 🔵동 저지하다 – 阻止 + 行动(행동하다) / 前进(전진하다) / 发言(발언하다)

세 번째 빈칸

동사 자리이다. '被'와 함께 쓰여 탈락의 의미를 나타내는 'A 淘汰'와 패배하는 의미를 나타내는 'C 打败'가 다 가능하다.

A 淘汰 🔵동 도태하다, (쓸데없거나 적합하지 않은 것 등을) 가려 내다 – 淘汰出局(탈락되다)
　　　　　　　　　　　　　　　　　　　　　　　　　　　　　　淘汰赛(토너먼트 경기)
B 退步 🔵동 퇴보하다, 후퇴하다, 나빠지다 – 技术(기술) / 实力(실력) / 成绩(성적) / 技艺(기예) + 退步
C 打败 🔵동 싸워 이기다, 쳐서 물리치다 – 打败 + 敌人(적) / 对手(적수)
D 退出 🔵동 퇴장하다, 물러나다 – 退出 + 比赛(경기) / 会场(회의장) / 竞选(경선)
　　　　　탈퇴하다 – 退出 + 组织(조직) / 社团(클럽)

네 번째 빈칸

'比赛(경기)'와 호응하는 것으로 'A 引人注目'만 가능하다.

A 引人注目 🔵성 사람들의 이목을 끌다
B 小心翼翼 🔵성 매우 조심스럽다, 신중하고 소홀함이 없다
C 举世闻名 🔵성 전 세계에 이름이 알려지다, 세계적으로 명성이 크다
D 津津乐道 🔵성 흥미진진하게 이야기하다

创意的关键不在于你有没有<u>出色</u>的想法或理念，而在于你是否愿意为此付出努力，<u>一丝不苟</u>地去做。就像人们常说的那样，创意是人人都有的，而关键是我们要放弃<u>幻想</u>，要<u>脚踏实地</u>地去做。因为想法可以有无数个，而行动却只能有一个。

　　아이디어의 관건은 당신이 <u>뛰어난</u> 생각이나 이념을 지녔는지 여부에 달려있는 것이 아니라 당신이 그것을 위해 노력을 기울이며 <u>조그마한 것도 소홀히 하지 않고 성실히</u> 하는지 여부에 달려 있다. 사람들이 흔히 말하는 대로 아이디어는 누구나 다 가지고 있지만 관건은 우리가 <u>환상</u>을 버리고 <u>실제에 근거하여 착실히</u> 행해야 한다는 것이다. 생각은 무수히 지닐 수 있지만 행동은 단지 하나이기 때문이다.

A 优秀 ⭕ 司空见惯 ❌ 理想 ❌ 一目了然 ❌
B 出色 ⭕ 一丝不苟 ⭕ 幻想 ⭕ 脚踏实地 ⭕
C 优异 ❌ 迎刃而解 ❌ 联想 ❌ 实事求是 ⭕
D 优质 ❌ 急于求成 ❌ 空想 ❌ 全力以赴 ⭕

A 우수하다 | 늘 보아서 낯설지 않다 | 이상 | 일목요연하다
B 뛰어나다 | 조금도 소홀히 하지 않다 | 환상 |
　실제에 근거하여 착실히 일하다
C 우수하다 | 순조롭게 해결되다 | 연상 | 실사구시
D 우수하다 | 서둘러 목적을 이루려 하다 | 공상 | 전력을 다하다

지문 어휘 　创意 chuàngyì 형 아이디어, 창의, 창조적인 의견, 창의적인 구상 동 독창적인 구상을 펼치다 | 关键 guānjiàn 명 관건, 키포인트 형 매우 중요한 | 在于 zàiyú 동 ~에 달려 있다, ~에 있다 | 理念 lǐniàn 명 이념, 신념, 믿음 | 付出 fùchū 동 들이다, 바치다, 지불하다 | 无数 wúshù 형 무수하다, 매우 많다, 수를 헤아리기 어렵다

보기 어휘 　A 优秀 yōuxiù 형 우수하다 | 司空见惯 sīkōngjiànguàn 성 사공은 자주 보아서 신기하지 않다, 늘 보아서 신기하지 않다, 흔히 있는 일이다 | 理想 lǐxiǎng 명 이상, 꿈 형 이상적이다 | 一目了然 yímùliǎorán 성 일목요연하다, 한눈에 환히 알다

B 出色 chūsè 형 대단히 뛰어나다, 특별히 우수하다 | 一丝不苟 yìsībùgǒu 성 조금도 소홀히 하지 않다 ⭐ | 幻想 huànxiǎng 명 환상, 공상 동 상상하다 | 脚踏实地 jiǎotàshídì 성 실제에 근거하여 착실하게 일하다, 일하는 것이 착실하고 견실하다

C 优异 yōuyì 형 우수하다, 뛰어나다 ⭐ | 迎刃而解 yíngrèn'érjiě 성 대나무를 가를 때 윗부분만 가르면 아래는 칼날 따라 쉽게 갈라진다, 핵심적인 문제만 해결하면 다른 것들은 잇따라 풀린다, 순리적으로 문제가 해결되다 | 联想 liánxiǎng 동 연상하다 ⭐ | 实事求是 shíshìqiúshì 성 실사구시, 사실에 토대로 하여 진리를 탐구하다 ⭐

D 优质 yōuzhì 형 질이 우수한, 양질의 | 急于求成 jíyúqiúchéng 성 객관적인 조건을 무시하고, 서둘러 목적을 달성하려 하다 | 空想 kōngxiǎng 명 공상 동 공상하다 | 全力以赴 quánlìyǐfù 성 전력을 다하다, 최선을 다하다

정답 　B

해설 　**첫 번째 빈칸**
형용사 자리이다. '想法(생각)', '理念(이념)'과 호응하는 것으로 'A 优秀'와 'B 出色'가 다 가능하다.
A 优秀 형 우수하다 – 优秀 + 的 + 人才(인재) / 作品(작품) / 论文(논문)
B 出色 형 대단히 뛰어나다 – 出色 + 的 + 作品(작품) / 表演 (공연) / 设计(설계)
C 优异 형 우수하다 – 优异 + 的 + 成绩(성적)
D 优质 형 (질이) 우수하다 – 优质 + 产品(제품) / 服务(서비스)

두 번째 빈칸

앞 절의 '付出努力(노력을 기울이다)'와 어울리는 의미로 'B 一丝不苟'만 가능하다.

- A 司空见惯 성 사공은 자주 보아서 신기하지 않다
  늘 보아서 신기하지 않다, 흔히 있는 일이다
- B 一丝不苟 성 조금도 소홀히 하지 않다
- C 迎刃而解 성 대나무를 가를 때 윗부분만 가르면 아래는 칼날 따라 쉽게 갈라진다
  핵심적인 문제를 해결하면 그와 관련된 기타 문제도 쉽게 해결할 수 있다
- D 急于求成 성 객관적인 조건을 무시하고, 서둘러 목적을 달성하려 하다

세 번째 빈칸

'放弃(버리다)'와 호응하는 것으로 'B 幻想'와 'D 空想'이 다 가능하다.

- A 理想 명 이상 – 拥有(지니다) / 追求(추구하다) / 实现(실현하다) + 理想
  형 이상적이다 – 理想 + 的 + 对象(배우자) / 职业(직업)
- B 幻想 명 환상 – 抱有(품다) / 充满(가득하다) / 陷入(빠지다) + 幻想
  동 상상하다, 공상하다
- C 联想 동 연상하다 – 联想能力(연상능력)
- D 空想 명 공상 – 陷入(빠지다) / 停止(그만두다) + 空想
  동 공상하다

네 번째 빈칸

환상을 버린다는 내용 뒤에 이어져 문맥상 어울리는 의미로 'B 脚踏实地', 'C 实事求是', 'D 全力以赴'가 다 가능하다.

- A 一目了然 성 일목요연하다, 한눈에 환히 알다
- B 脚踏实地 성 실제에 근거하여 착실하게 일하다, 일하는 것이 착실하고 견실하다
- C 实事求是 성 실사구시, 사실에 토대로 하여 진리를 탐구하다
- D 全力以赴 성 전력을 다하다, 최선을 다하다

5

父母是孩子的第一任老师。一项研究显示：孩子在幼儿时期，好奇心在不断增强，喜欢自己去体验新事物。作为父母应该把握孩子这个时期的心理特点，因势利导，在确保孩子安全的前提下，让孩子去做力所能及的事情。

부모는 아이의 첫 스승이다. 한 연구에 따르면, 아이는 유아기 때 호기심이 계속 강해져서 스스로 새로운 사물을 체험하는 것을 좋아한다고 한다. 부모들은 이 시기 아이의 심리적 특징을 파악해 상황에 맞추어 교육을 해야 하며, 아이의 안전을 확실히 보장한다는 전제 하에 아이가 자기 능력으로 해낼 수 있는 일을 하게 해야 한다.

A 证明 ✗	领会 ✗	因地制宜 ✗	情况 ○
B 表明 ○	体会 ✗	视而不见 ✗	情节 ✗
C 显示 ○	体验 ○	因势利导 ○	前提 ○
D 认可 ✗	履行 ✗	拭目以待 ✗	情景 ✗

- A 증명하다 | 깨닫다 | 지역 실정에 맞게 적절한 대책을 세우다 | 상황
- B 분명하게 밝히다 | 체득하다 | 보고도 못 본 척 하다 | 줄거리
- C 나타내다 | 체험하다 | 상황에 따라 유리하게 이끌다 | 전제
- D 승낙하다 | 이행하다 | 간절히 기대하다 | 정경

지문어휘 任 rèn 동 맡다, 담당하다, 임명하다, 감당하다 | 幼儿 yòu'ér 명 유아 | 好奇心 hàoqíxīn 명 호기심 | 增强 zēngqiáng 동 증강하다, 강화하다, 높이다 | 把握 bǎwò 동 파악하다, 잡다, 붙잡다 명 믿음, 가능성 | 确保 quèbǎo 동 확보하다 ★ | 力所能及 lìsuǒnéngjí 성 자기 능력으로 해낼 수 있다, 스스로 할 만한 능력이 있다

보기 어휘

A 证明 zhèngmíng 동 증명하다 명 증명, 증명서 | 领会 lǐnghuì 동 깨닫다, 이해하다, 납득하다 ★ | 因地制宜 yīndìzhìyí 성 지역 실정에 맞게 적절한 대책을 세우다 | 情况 qíngkuàng 명 상황, 형편, 정황

B 表明 biǎomíng 동 분명하게 밝히다, 표명하다 | 体会 tǐhuì 동 체득하다, 체험하여 터득하다 명 (체험에서 얻은) 느낌, 경험, 깨달음 | 视而不见 shì'érbújiàn 성 보고도 못 본 척 하다, 관심이 없다 | 情节 qíngjié 명 줄거리, 사건의 내용과 경위 ★

C 显示 xiǎnshì 동 나타내다, 내보이다, 과시하다 | 体验 tǐyàn 동 체험하다 명 체험 | 因势利导 yīnshìlìdǎo 성 상황이나 정세에 따라 유리하게 이끌다 | 前提 qiántí 명 전제, 전제 조건 ★

D 认可 rènkě 동 승낙하다, 허락하다 ★ | 履行 lǚxíng 동 이행하다, 실행하다 ★ | 拭目以待 shìmùyǐdài 성 눈을 비비며 기다리다, 손꼽아 기다리다, 간절히 기대하다 | 情景 qíngjǐng 명 정경, 광경, 장면, 모습

정답 C

해설

첫 번째 빈칸

동사 자리이다. '研究(연구)'와 호응하는 것으로 'B 表明'과 'C 显示'이 다 가능하다.

A 证明 동 증명하다 – 事实(사실) / 事例(사례) / 结果(결과) + 证明
　　　　명 증명, 증명서 – 已婚证明(혼인 증명)
　　　　　　　　　　　　在职证明(재직 증명)

B 表明 동 분명하게 밝히다 – 调查(조사) / 结果(결과) / 统计(통계) / 测验(조사) + 表明
　　　　　　　　　　　　　表明 + 态度(태도) / 立场(입장) / 意思(의사) / 观点(관점) / 看法(견해) / 身份(신분)

C 显示 동 나타내다, 보여주다 – 调查(조사) / 结果(결과) / 统计(통계) / 测验(조사) + 显示
　　　　　　　　　　　　　　显示 + 画面(화면) / 特征(특징) / 才能(재능) / 优势(우세함) / 差距(격차)
　　　　과시하다 – 显示 + 力量(힘) / 权威(권위)

D 认可 동 승낙하다, 허락하다 – 得到(얻다) / 获得(얻다) + 认可
　　　　　　　　　　　　　　一致(일치된) + 认可

두 번째 빈칸

동사 자리이다. 문맥상 아이가 몸소 체험하는 것을 의미하므로 'C 体验'만 가능하다.

A 领会 동 깨닫다, 이해하다 – 领会 + 意思(의미) / 意图(의도) / 道理(이치) / 精神(정신) / 实质(본질)

B 体会 동 체득하다, 체험하여 터득하다, 경험하여 알다
　　　　명 (체험에서 얻은) 느낌, 경험, 깨달음 – 讲述(이야기하다) + 体会
　　　　　　　　　　　　　　　　　　　　　　 心得体会(체험 소감)

C 体验 동 체험하다 – 体验 + 生活(생활)

D 履行 동 이행하다 – 履行 + 义务(의무) / 规则(규칙) / 承诺(승낙) / 诺言(약속) / 合同(계약)

세 번째 빈칸

앞뒤 문맥을 통해 부모가 유아기 자녀의 교육을 어떻게 해야 하는지에 관한 내용임을 알 수 있으므로 'C 因势利导'만 가능하다.

A 因地制宜 성 지역 실정에 맞게 적절한 대책을 세우다

B 视而不见 성 보고도 못 본 척 하다, 관심이 없다

C 因势利导 성 상황에 따라 유리하게 이끌다

D 拭目以待 성 눈을 비비며 기다리다, 손꼽아 기다리다, 간절히 기대하다

네 번째 빈칸

명사 자리이다. 어떤 상황이나 조건을 나타내는 고정격식인 '在~下'와 호응하는 것으로 'A 情况'과 'C 前提'가 다 가능하다.

A 情况 몡 상황 – 特殊(특수한) / 具体(구체적인) + 情况
B 情节 몡 줄거리, 사건의 내용과 경위 – 故事(이야기) + 情节
　　　　　　　　　　　　　　　　　　虚构(꾸며내다) + 情节
　　　　　　　　　　　　　　　　　　动人(감동적인) / 复杂(복잡한) + 的 + 情节
C 前提 몡 전제 – 前提条件(전제조건)
　　　　　　　　以A为前提(A를 전제로 하다)
D 情景 몡 정경, 광경 [구체적인 장면을 의미] – 可怕(끔찍한) / 难忘(잊기 어려운) / 感人(감동적인) + 的 + 情景

공략비법 11 연결사(부사, 접속사)

1-5　　　　　　　　　　　　　　　　　　　　　　　　　　　　본서 p. 279

　　　新中式就是将中式建筑元素和现代建筑手法相结合，从而衍生出的一种新建筑形式。
　　　中国的传统建筑主张"浑然一体"，讲究人与环境的和谐共生。无论是采用院墙围合方式的北方四合院，还是以"天人合一"为理念的南方园林，**(1) C 都追求人与环境的和谐相处**。
　　　新中式建筑的设计在传承中国传统建筑精髓的同时，**(2) B 更注重贴近生活**，一切以"人性化"为出发点，强调的是居住的舒适度。比如在设计中会更多地考虑房间的采光和通风，更突出卫生间和厨房在居室中的地位。而且在庭院、地下室的设计中，**(3) E 也吸纳了更多现代生活流线的创新之笔**。
　　　新中式建筑在整体风格上，**(4) D 仍然保留着中式住宅的神韵和精髓**。空间结构上有意遵循了传统住宅的布局格式，虽延续了传统住宅一贯采用的覆瓦坡屋顶，**(5) A 但不循章守旧**，根据各地特色吸收了当地的建筑色彩及建筑风格，能自成特色。

신중식(新中式)은 중국식 건축 요소와 현대식 건축기법이 결합되어 생겨난 일종의 새로운 건축 형식이다.

중국의 전통 건축은 '혼연일체'를 주장하며 사람과 환경의 조화로운 공생을 중시한다. 담장이 둘러져 있는 방식을 사용한 북방의 사합원(四合院)이나 '천인합일'을 이념으로 삼은 남방의 원림(园林)은 **(1) C 모두 사람과 환경의 조화로운 삶을 추구하고 있다**.

신중식 건축의 설계는 중국 전통 건축의 정수를 전수하고 계승함과 동시에 **(2) B 생활밀착형을 더욱 중시하는데** 모든 것은 '휴머니즘'에 기반해 거주의 편의성을 강조한다. 예를 들면 설계에서 방의 채광과 통풍을 더 많이 고려하고 거실에서 화장실과 주방의 위치를 좀 더 눈에 띄게 만들며, 또한 정원과 지하실 설계에서도 **(3) E 현대적인 라이프스타일에 맞는 더 많은 창의적인 기법을 채택하였다**.

신중식 건축은 전체적인 스타일 면에서 **(4) D 여전히 중국식 주택의 운치와 정수를 유지하고 있다**. 공간 구조에서 의식적으로 전통 주택의 구도 양식을 따랐는데, 전통 주택에서 줄곧 사용하고 있는 기와를 덮은 경사 지붕 형태를 이어오기는 했지만 **(5) A 옛 것에 얽매이지 않고** 각 지역 특색에 맞게 현지의 건축 색채와 스타일을 받아들여 독자적인 특징을 갖추게 되었다.

A 但不循章守旧
B 更注重贴近生活
C 都追求人与环境的和谐相处
D 仍然保留着中式住宅的神韵和精髓
E 也吸纳了更多现代生活流线的创新之笔

A (그러나) 옛 것에 얽매이지 않는다
B 생활밀착형을 더욱 중시한다
C 모두 사람과 환경의 조화로운 삶을 추구한다
D 여전히 중국식 주택의 운치와 정수를 유지하고 있다
E 현대적인 라이프스타일에 맞는 더 많은 창의적인 기법을 채택하였다

지문 어휘 | 中式 zhōngshì 형 중국풍의, 중국식의 | 建筑 jiànzhù 명 건축물 | 元素 yuánsù 명 요소 ★ | 手法 shǒufǎ 명 기교, 수법, 솜씨 ★ | 结合 jiéhé 동 결합하다, 결부하다 | 从而 cóng'ér 접 이리하여, 그리하여, 따라서 | 衍生 yǎnshēng 동 파생하다, 서서히 전개시키다 | 形式 xíngshì 명 형식 | 传统 chuántǒng 명 전통 형 전통적이다 | 主张 zhǔzhāng 동 주장하다 명 주장, 견해, 의견 | 浑然一体 húnrányìtǐ 성 혼연일체가 되다, 완전히 하나로 어우러지다 | 讲究 jiǎngjiu 동 중요시하다, ~에 신경 쓰다, ~에 정성들이다 | 和谐 héxié 형 잘 어울리다, 조화롭다 ★ | 共生 gòngshēng 동 공생하다 | 采用 cǎiyòng 동 적합한 것을 골라 쓰다, 채용하다 | 院墙 yuànqiáng 명 담장, 담 | 方式 fāngshì 명 방식, 방법, 패턴 | 四合院 sìhéyuàn 명 사합원(베이징의 전통 주택 양식으로, 가운데 마당을 중심으로 사방이 모두 집채로 둘러싸여 있음) | 天人合一 tiānrénhéyī 천인합일, 하늘과 사람은 하나이다 | 理念 lǐniàn 명 이념, 관념, 신념 | 园林 yuánlín 명 원림, 정원 ★ | 传承 chuánchéng 동 전수하고 계승하다, 전승하다 | 精髓 jīngsuǐ 명 정수, 진수 | 人性化 rénxìnghuà 동 휴머니즘, 의인화하다 | 强调 qiángdiào 동 강조하다 | 居住 jūzhù 동 거주하다 ★ | 舒适 shūshì 형 쾌적하다, 편안하다 | 比如 bǐrú 접 예를 들어, 예를 들면, 예컨대 | 采光 cǎiguāng 동 채광, 채광하다 | 通风 tōngfēng 동 통풍, 통풍시키다, 환기시키다 형 공기가 통하다 | 卫生间 wèishēngjiān 명 화장실 | 居室 jūshì 명 거실, 방 | 地位 dìwèi 명 위치, 지위, 차지한 자리 | 整体 zhěngtǐ 명 전체, 전부, 총체 | 风格 fēnggé 명 스타일, 풍격 | 空间 kōngjiān 명 공간 | 结构 jiégòu 명 구조, 조직, 짜임새 | 有意 yǒuyì 부 의식적으로, 일부러, 고의로 | 遵循 zūnxún 동 따르다 ★ | 住宅 zhùzhái 명 주택 ★ | 布局 bùjú 명 구도, 짜임새 ★ | 格式 géshi 명 양식, 격식 ★ | 延续 yánxù 동 연속하다, 계속하다 ★ | 一贯 yíguàn 형 일관되다, 한결같다 ★ | 采用 cǎiyòng 동 채택하다, 채용하다, 적합한 것을 골라서 쓰다 | 覆瓦 fù wǎ 기와를 덮다 | 坡 pō 동 경사지다, 비스듬하다 명 비탈, 언덕 ★ | 屋顶 wūdǐng 명 지붕, 옥상 | 特色 tèsè 명 특색, 특징 ★ | 吸收 xīshōu 동 받아들이다, 흡수하다, 섭취하다 | 当地 dāngdì 명 현지, 현장, 그 지방 | 色彩 sècǎi 명 색채, 색깔 ★ | 自成 zì chéng 스스로 이루다

보기 어휘 | 循章 xún zhāng 조항을 따르다, 규정을 따르다 | 守旧 shǒujiù 동 구습에 얽매이다, 옛 모습을 유지하다 ★ | 注重 zhùzhòng 동 중시하다, 중점을 두다 ★ | 贴近 tiējìn 동 접근하다, 바싹 다가가다 형 친하다, 가깝다 | 追求 zhuīqiú 동 추구하다 | 仍然 réngrán 부 여전히, 변함없이, 아직도 | 保留 bǎoliú 동 보존하다, 유지하다 | 神韵 shényùn 명 운치, 기품 | 吸纳 xīnà 동 채택하다, 받아들이다 | 流线 liúxiàn 명 유선, 유체의 흐름을 나타내는 선 | 创新 chuàngxīn 동 창조하다 명 창의성, 창조성, 창의 ★ | 笔 bǐ 명 필법, 필치

정답 1. C 2. B 3. E 4. D 5. A

해설
1. 앞 절의 '无论(~에 관계없이)'과 '还是(또는)'를 통해 '无论A还是B, 都/也C(A이든 B이든 관계없이 C이다)' 구문임을 알 수 있으므로, 정답의 범위는 부사 '都'와 '也'가 포함되어 있는 C와 E로 좁혀진다. 그런데 빈칸이 제시된 두 번째 단락은 중국 전통 건축의 특징을 주로 언급하고 있으므로 '现代生活流线(현대적인 라이프스타일)'이 포함되어 있는 E는 정답에서 제외된다. 따라서 정답은 C이다.

2. 앞 절의 '在~的同时(~함과 동시에)'를 통해 '在A的同时, 也/更B(A함과 동시에 또한 B이다)' 구문임을 알 수 있으므로, 정답의 범위는 '也'와 '更'이 포함되어 있는 B와 E로 좁혀진다. 이 두 개 보기 중에서 헷갈릴 수 있지만, 빈칸 뒤에서 거주의 편의성을 강조한다는 내용을 언급하고 있으므로 문맥상 생활밀착형을 중시한다는 의미의 B가 제시되어야 함을 알 수 있다. 그러므로 정답은 B이다.

3. '而且(또한)'가 이끄는 문장에서 함께 쓰일 수 있는 부사는 '也', '还', '更' 등이 있으므로, 나머지 세 개의 보기 중 '也'가 포함되어 있는 E가 정답이다. 또한, 두 번째 단락은 신중식 건축의 현대적 기법에 대한 내용을 설명하고 있으므로, 문맥상으로 보아도 E가 가장 적절하다.

4. 앞 절의 '在整体风格上(전체적인 스타일 면에서)'을 통해 스타일이 어떠한지에 대해 구체적으로 언급하는 내용이 이어질 것임을 알 수 있으므로 정답은 D이다. 예술이나 문학에 관한 내용에서 '风格(스타일)'와 '保留(유지하다)'는 자주 함께 쓰인다는 점을 기억해두자.

5. 앞 절의 '虽'를 통해 '虽A, 但/但是/可/可是B(비록 A이지만 B이다)' 구문임을 알 수 있으므로 A가 정답이다.

6-10

본서 p. 280

无论是普通感冒，还是流感，都会出现打喷嚏、流鼻涕等症状。正是因为有了这些症状，[6] C 我们才意识到自己感冒了。这些症状是怎么出现的呢？下面，就让我们来一起了解一下。

当我们的上呼吸道被病毒感染时，免疫系统就会开始起作用，体内会产生大量的白细胞来吞噬正在作怪的病毒。[7] A 这样不单会促使鼻腔分泌出鼻涕，而且也会引发喷嚏。这一系列反应造成了鼻塞和流鼻涕等症状。

[8] D 如果病情更严重的话，体内现有的白细胞可能不足以消灭病毒，身体就开始提升体温来抑制病毒的繁殖，我们就会出现发烧的症状，这种情况会持续到免疫系统生产出足以抵御感染的白细胞为止。[9] B 只要免疫系统找到了合适的白细胞，淋巴结便开始充血，我们便会感觉到咽喉疼痛。

综上所述，感冒时出现的各种令人难受的症状，都是免疫系统在消灭病毒的过程中引起的，[10] E 并非病毒本身所致。而不同的体质，感冒时出现的症状也会有所差异。

A 这样不单会促使鼻腔分泌出鼻涕
B 只要免疫系统找到了合适的白细胞
C 我们才意识到自己感冒了
D 如果病情更严重的话
E 并非病毒本身所致

일반적인 감기든 유행성 감기든 모두 재채기나 콧물이 나는 등의 증상이 나타나게 된다. 바로 이런 증상들이 있기 때문에 [6] C 우리는 비로소 자신이 감기에 걸렸다는 걸 알아차리게 되는 것이다. 이런 증상들은 어떻게 나타나는 것일까? 이어서 함께 알아보도록 하자.

기관지가 바이러스에 감염되면 면역 체계가 작동하기 시작하여, 체내에는 대량의 백혈구가 생겨나 해를 끼치는 바이러스를 잡아먹게 된다. [7] A 그렇게 되면 비강에서 콧물을 분비할 뿐만 아니라 재채기도 나오게 된다. 이 일련의 반응들이 코 막힘과 콧물이 나는 증상을 야기한다.

[8] D 만약 병이 더 심각한 경우 기존의 체내 백혈구만으로 바이러스를 없애기 힘들 때 우리 몸은 바이러스의 번식을 억제하기 위해 체온을 올리기 시작하고, 우리에게는 열이 나는 증상이 나타나게 되는데, 이런 상황은 면역 체계가 감염을 억제할 정도로 충분한 백혈구를 생성해낼 때까지 지속된다. [9] B 면역 체계가 적합한 백혈구를 찾으면 림프선이 충혈되면서 목구멍의 통증을 느끼게 된다.

결론적으로 말하면, 감기에 걸렸을 때 나타나는 여러 불편한 증상들은 모두 면역 체계가 바이러스를 없애는 과정에서 일어나는 것이지 [10] E 결코 바이러스 그 자체로 생기는 게 아니다. 또한 각기 다른 체질로 인해 감기에 걸렸을 때 나타나는 증상도 다소 차이가 있다.

A 그렇게 되면 비강에서 콧물을 분비할 뿐만 아니라
B 면역 체계가 적합한 백혈구를 찾으면
C 우리는 비로소 자신이 감기에 걸렸다는 걸 알아차리게 되는
D 만약 병이 더 심각한 경우
E 결코 바이러스 그 자체로 생기는 게 아니다

지문 어휘　流感 liú gǎn 유행성 감기(流行性感冒)의 약칭 | 打喷嚏 dǎ pēntì 동 재채기를 하다 | 流鼻涕 liú bítì 콧물을 흘리다 | 症状 zhèngzhuàng 명 증상, 증후 ★ | 上呼吸道 shàng hūxīdào 명 (콧구멍, 목구멍 등의) 상부 호흡 기관 | 病毒 bìngdú 명 바이러스, 병균 | 感染 gǎnrǎn 동 감염되다, 전염되다, 영향을 끼치다 ★ | 免疫 miǎnyì 명 면역 동 면역이 되다 ★ | 系统 xìtǒng 명 체계, 시스템, 계통 | 产生 chǎnshēng 동 생기다, 나타나다, 발생하다 | 白细胞 báixìbāo 명 백혈구 | 吞噬 tūnshì 동 삼키다, 통째로 먹다 | 作怪 zuò guài 동 해를 끼치다, 못되게 굴다, 방해하다 | 引发 yǐnfā 동 일으키다, 야기하다 | 一系列 yíxìliè 형 일련의, 연속의 | 反应 fǎnyìng 명 반응 동 반응하다 | 造成 zàochéng 동 야기하다, 초래하다, 조성하다 | 鼻塞 bísè 동 코가 막히다 | 现有 xiànyǒu 동 현존하다, 현재 있다 | 足以 zúyǐ 부 ~하기에 족하다, 충분히 ~할 수 있다 ★ | 消灭 xiāomiè 동 없애다, 소멸하다, 제거하다 ★ | 提升 tíshēng 동 높이다, 진급하다 | 体温 tǐwēn 명 체온 | 抑制 yìzhì 동 억제하다 | 繁殖 fánzhí 동 번식하다, 늘어나다 ★ | 持续 chíxù 동 지속하다 | 抵御 dǐyù 동 막아내다, 저항하다 | 为止 wéizhǐ 동 ~을 끝으로 하다 | 淋巴结 línbājié 명 림프선, 림프샘 | 充血 chōngxuè 동 충혈되다 | 咽喉 yānhóu 명 목구멍, 인후 | 疼痛 téngtòng 형 아프다 | 综上所述 zōngshàngsuǒshù 앞서 말한 내용을 종합하다 | 体质 tǐzhì 명 체질, 체력 | 差异 chāyì 명 차이, 다른 점

보기 어휘　不单 bùdān 접 ~뿐만 아니라 | 促使 cùshǐ 동 ~하도록 재촉하다, ~하게끔 하다 | 分泌 fēnmì 동 분비하다 ★ | 鼻涕 bítì 명 콧물 ★ | 意识 yìshí 동 의식하다, 깨닫다 명 의식 ★ | 病情 bìngqíng 명 병세 | 本身 běnshēn 명 그 자체, 그 자신, 본인 ★

정답　6. C　7. A　8. D　9. B　10. E

해설

6. 앞 절의 '正是因为(바로 ~때에)'를 통해 '正是因为A，才B(바로 A하기 때문에 비로소 B하다)'의 구문임을 알 수 있으므로 정답은 C이다.

7. 뒤 절의 접속사 '而且(게다가)'를 통해 점층 관계를 나타내는 '不单A, 而且也B(A 뿐만 아니라 또한 B하다)'의 구문임을 알 수 있다. 따라서 정답은 A이다. '不单'은 '不仅', '不但'등의 동의어임을 알아두자.

8. 빈칸 뒤에 이어지는 절에 '就'가 있는 것으로 보아, 정답의 범위는 '就'와 호응하는 접속사가 포함되어 있는 B와 D로 좁혀진다. 그러나 빈칸 뒷부분에서 언급하는 내용이 바이러스 감염 상황이 심각해질 경우 나타나는 결과에 관한 것이므로, 가설 관계를 나타내는 '如果A的话, 就/便B(만약 A라면, B이다)'의 구문임을 알 수 있다. 따라서 정답은 D이다.

9. 8번 정답으로 D를 선택한 후 살펴보면, 빈칸 뒤에 이어지는 절에 '便'이 있으므로 빈칸에 들어갈 문장 역시 8번 문제와 같이 '便'과 호응하는 접속사가 포함되어 있을 것임을 알 수 있다. 따라서 조건 관계를 나타내는 '只要A, 就/便B(A하기만 하면 B이다)'구문의 B가 정답이다. 이 밖에 문맥을 살펴보아도, 빈칸 앞에서 면역체계가 충분한 백혈구를 생성해내는 것에 관해 언급하고 있으므로, 그 뒤에는 면역체계가 적합한 백혈구를 찾게 되었을 때와 관련된 내용이 이어지는 것이 가장 적절하다고 할 수 있다.

10. 전체 문장의 주어는 '症状(증상)'이고, 그 뒤에 이어지는 '都是~引起的'와 주어진 빈칸의 위치를 통해, '是A, 并不是/并非B(A이지, 결코 B가 아니다)'의 구문임을 알 수 있으므로 정답은 E이다.

공략비법 12 대명사

1-5

　在一个团队里总有这样一些成员。这些成员虽然会按时完成任务，但却不是很积极。那么，[1] C <u>应该怎样提高他们的积极性呢</u>？团队的管理者们不妨试试"参与管理"。

　所谓的"参与管理"就是让成员参与团队的重大问题的讨论，在这个过程中，成员会不自觉地将个人利益与团队的利益联系起来，从而激发出他们强烈的责任感；同时，[2] A <u>参与管理会让成员感到自己被团队信任和重视</u>，这会使他们很有成就感。

　此外，在参与管理的过程中，成员的个人能力也会得到提高，[3] D <u>这将有助于他们在以后的工作中取得更好的成绩</u>。因此，成员参与管理对团队的发展也是极其有利的。

　在参与管理的过程中，要兼顾权力、信息、知识和技能、报酬这4个方面。如果仅仅授予成员做决策的权力，却不告知必要的信息，不进行培训，[4] E <u>他们则无法做出正确的决策</u>；尽管给予了成员权力，提供给了他们足够的信息，[5] B <u>并为了提高专业知识水平和技能</u>，对他们进行了培训，却不将绩效与报酬联系在一起，成员会失去参与管理的热情。

A 参与管理会让成员感到自己被团队信任和重视
B 并为了提高专业知识水平和技能
C 应该怎样提高他们的积极性呢
D 这将有助于他们在以后的工作中取得更好的成绩
E 他们则无法做出正确的决策

팀에는 꼭 이런 팀원들이 있다. 제때 임무를 완수하기는 하지만, 그다지 적극적이지는 않다. 그럼 [1] C <u>어떻게 해야 그들의 적극성을 향상시킬 수 있을까</u>? 팀 관리자들이 '참여관리(参与管理)'를 시도해보는 것도 괜찮다.

소위 '참여관리'란 팀의 중대한 문제를 토론하는 데 팀원을 참여하게 하는 것인데, 이 과정에서 팀원은 무의식적으로 개인의 이익과 팀의 이익을 연관시키게 되고 이로써 그들의 강한 책임감을 불러 일으키게 된다. 또한 [2] A <u>참여관리는 팀원에게 자신이 팀으로부터 신뢰와 존중을 받고 있다고 느끼게 해주는데</u>, 이로 인해 그들은 성취감을 맛보게 된다.

이 밖에도 참여관리를 하는 동안 팀원 개인의 능력 역시 향상되는데, [3] D <u>이는 그들이 이후 업무에서 더 좋은 성과를 낼 수 있도록 도움을 준다</u>. 그래서 팀원의 참여관리는 팀 발전에도 매우 이롭다.

참여관리를 하는 동안에는 권한, 정보, 지식과 기능, 급여, 이 네 가지 방면을 동시에 고려해야 한다. 만약 팀원에게 단지 결정 권한만 줄뿐 필요한 정보를 알려 주지 않고 교육 하지 않으면 [4] E <u>그들은 정확한 정책 결정을 할 수 없다</u>. 팀원에게 권한을 부여하고 충분한 정보도 제공하며 [5] B <u>전문지식 수준과 기능 향상을 위해</u> 그들에게 교육을 진행 하더라도, 성과를 급여와 연계하지 않는다면 팀원은 참여관리에 대한 의욕을 잃어버리게 된다.

A 참여관리는 팀원에게 자신이 팀으로부터 신뢰와 존중을 받고 있다고 느끼게 해준다
B 전문지식 수준과 기능 향상을 위해
C 어떻게 해야 그들의 적극성을 향상시킬 수 있을까
D 이는 그들이 이후 업무에서 더 좋은 성과를 낼 수 있도록 도움을 준다
E 그들은 정확한 정책 결정을 할 수 없다

지문 어휘 团队 tuánduì 몡 단체, 팀 | 成员 chéngyuán 몡 성원, 구성원, 팀원 | 积极 jījí 톙 적극적이다, 열성적이다, 긍정적이다 | 不妨 bùfáng 묀 ~하는 것도 괜찮다, 무방하다 ★ | 所谓 suǒwèi 톙 소위, 이른바, ~라는 것은 | 参与 cānyù 동 참여하다, 참가하다 | 重大 zhòngdà 톙 중대하다, 무겁다 | 自觉 zìjué 동 자각하다, 스스로 느끼다 | 利益 lìyì 몡 이익, 이득 | 激发 jīfā 동 불러일으키다, 끓어오르게 하다, 분발시키다 ★ | 强烈 qiángliè 톙 강렬하다, 맹렬하다 | 责任感 zérèngǎn 몡 책임감 | 成就感 chéngjiùgǎn 몡 성취감 | 此外 cǐwài 젭 이 외에, 이 밖에 | 极其 jíqí 묀 아주, 극히 | 有利 yǒulì 톙 유리하다, 이롭다 | 兼顾 jiāngù 동 동시에 돌보다, 두루 돌보다, 아울러 고려하다 | 权力 quánlì 몡 권한, 권력 | 信息 xìnxī 몡 정보 | 技能 jìnéng 몡 기능, 솜씨 ★ | 报酬 bàochou 몡 급여, 보수 ★ | 授予 shòuyǔ 동 주다, 수여하다 ★ | 决策 juécè 몡 결정된 정책, 결정된 전략 동 정책을 결정하다, 방침을 결정하다 ★ | 告知 gàozhī 동 알리다, 알려 주다 | 必要 bìyào 톙 필요로 하다 몡 필요 | 培训 péixùn 동 양성하다, 육성하다, 훈련하다 ★ | 给予 jǐyǔ 동 주다, 부여하다 ★ | 足够 zúgòu 동 충분하다, 만족하다 | 绩效 jìxiào 몡 업적과 성과 | 失去 shīqù 동 잃다, 잃어버리다 | 热情 rèqíng 몡 의욕, 열의, 열정 톙 열정적이다, 친절하다

보기 어휘 信任 xìnrèn 동 신임하다, 신뢰하다 | 重视 zhòngshì 동 중시하다, 중요시하다 | 积极性 jījíxìng 몡 적극성 | 有助于 yǒuzhùyú 동 ~에 도움이 되다, ~에 유용하다

정답 1. C 2. A 3. D 4. E 5. B

해설

1. 물음표를 통해 의문 형식의 문장임을 알 수 있으므로, 보기 중 의문대명사 '怎样(어떻게)'이 포함된 C가 정답이다.

2. 뒤 절에서 그들에게 성취감을 맛보게 하는 '这'가 가리키는 말이 팀으로부터 신뢰와 존중을 받는 것임을 알 수 있으므로 정답은 A이다.

3. 앞 절에서 언급한 팀원 개인의 능력 향상이 바로 D의 '这'임을 알 수 있는데, 문맥상으로 보아도 개인의 능력이 향상된다는 말 뒤에 이어질 내용으로 이후 업무 성과에 관한 것이 가장 적절하므로 정답은 D이다

4. 앞절의 '如果'를 통해 '如果A, 就/便/则B(만약 A라면 B이다)' 구문임을 알 수 있으므로, '则'가 포함되어 있는 E가 정답이다. '则'는 가정에 따른 결과를 나타낼 때 쓰인다는 점을 기억해두자.

5. 앞 절에서는 팀원에게 권한을 부여하고 충분한 정보를 제공한다고 하였고, 뒤 절에서는 그들에게 교육을 진행한다고 하였다. 이 내용들이 병렬 관계임을 알 수 있으므로 빈칸에는 '并'이 포함되어 있는 B가 가장 적절하다. 또한 빈칸 뒤 절에서 언급한 교육을 진행하는 목적이 바로 전문지식 수준과 기능 향상임을 알 수 있으므로 정답은 B이다.

　　一天，有个宰相请理发师为自己修面。由于理发师太紧张，慌乱之中，不小心把宰相的眉毛刮掉了半截。理发师顿时惊恐万分，**(6) C** 他很害怕被惩罚。他急中生智，立即停下手中的工作，故意盯着宰相的肚子。宰相见状，迷惑地问道："**(7) E** 你盯着我的肚子看什么呢？"理发师忙解释道："我听说，宰相肚里能撑船。可您的肚子并不大啊，怎能撑船呢？"

　　宰相听完，不禁捧腹大笑："那是说宰相的气量大，待人仁慈。"理发师连忙对宰相说："大人，非常抱歉，我刚才失手将您的眉毛刮掉了一半！您大人有大量，请原谅我吧！"宰相一听，正要发火，**(8) A** 但又想到他自己刚说过的话，不能让人认为他是出尔反尔的人。宰相无奈之下，只得冷静下来，豁达地说："没关系，你就帮我都剃掉吧，然后拿笔画上就行了。"就这样，理发师凭借自己的机智，逃过了一劫。理发师先对宰相进行赞美，**(9) D** 然后说出自己的错误，宰相就很难治他的罪。

　　可见，适当的赞美不仅能缓和气氛，**(10) B** 增进彼此的亲近感，还能够化解矛盾，免于遭难。

A 但又想到他自己刚说过的话
B 增进彼此的亲近感
C 他很害怕被惩罚
D 然后说出自己的错误
E 你盯着我的肚子看什么呢

　　어느 날, 한 재상이 이발사에게 면도를 부탁했다. 이발사는 너무 긴장해서 허둥대다가 실수로 재상의 눈썹 절반을 밀어 버렸다. 이발사는 갑자기 겁이 덜컥 났고, **(6) C** 그는 벌을 받을까 봐 두려웠다. 그러던 중 그는 좋은 생각이 떠올라 하던 일을 즉시 멈추고 일부러 재상의 배를 뚫어져라 쳐다봤다. 재상은 이를 보고 어찌된 영문인지 물었다. "**(7) E** 무엇 때문에 내 배를 뚫어져라 쳐다보는 것인가?" 이발사는 서둘러 해명했다. "재상의 뱃속에서는 배도 저을 수 있다고 들어서요. 하지만 나리의 배는 전혀 크지 않은데 어찌 배를 저을 수 있습니까?"

　　재상은 이 말을 듣고 웃음을 참지 못하며 말했다. "그 말은 재상의 도량이 넓고 인자하다는 뜻이라네." 이발사가 황급히 재상에게 말했다. "나리, 죽을 죄를 지었습니다. 소인이 좀 전에 실수로 나리 눈썹을 반이나 밀어버렸습니다! 마음이 넓으신 나리께서 소인을 용서해 주십시오!" 재상은 이 말을 듣고 화를 내려다, **(8) A** 방금 전 자신이 했던 말이 또 떠올랐는데, 이발사가 자신을 언행이 맞지 않는 사람으로 여기게 하고 싶지 않았다. 재상은 어쩔 수 없이 마음을 가라앉히고 호쾌하게 말했다. "괜찮소. 그냥 다 밀어버리고 붓으로 그려주면 될 일이오." 이렇게 해서 이발사는 기지를 발휘한 덕분에 화를 면했다. 이발사는 먼저 재상을 칭찬하고, **(9) D** 그 다음에 자신의 잘못을 말해 재상이 그의 잘못을 벌하기 어렵게 만들었다.

　　적당한 칭찬은 분위기를 누그러뜨리고 **(10) B** 서로의 친밀감을 높일 뿐만 아니라, 갈등을 해소하여 문제에서 벗어날 수 있게 해 준다는 걸 알 수 있다.

A (그러나) 방금 전 자신이 했던 말이 또 떠올랐다
B 서로의 친밀감을 높이다
C 그는 벌을 받을까 봐 무서웠다
D 그 다음에 자신의 잘못을 말하다
E 무엇 때문에 내 배를 뚫어져라 쳐다보는 것인가

> 지문 어휘

宰相 zǎixiàng 명 재상(과거 임금을 보좌하며 모든 관원을 지휘, 감독하는 벼슬 자리에 있는 사람을 통틀어 이르던 말) | **理发师** lǐfàshī 명 이발사 | **修面** xiū miàn 동 면도하다 | **慌乱** huāngluàn 형 허둥대다, 허둥거리다 | **眉毛** méimao 명 눈썹 | **刮** guā 동 깎다, 깎아내다, 벗겨내다, 긁어내다 | **半截** bànjié 명 절반, 중도, 중간 | **顿时** dùnshí 부 갑자기, 곧바로, 문득 | **惊恐** jīngkǒng 형 질겁하다, 놀라 두려워하다 | **万分** wànfēn 부 대단히, 극히, 매우 ☆ | **急中生智** jízhōngshēngzhì 성 다급한 가운데 좋은 생각이 떠오르다, 급한 중에 수가 생기다 | **立即** lìjí 부 즉시, 곧, 바로, 금방 | **故意** gùyì 부 일부러, 고의로 | **盯** dīng 동 주시하다, 응시하다 ☆ | **见状** jiàn zhuàng 동 상황을 목격하다 | **迷惑** míhuò 형 어리둥절하다, 시비를 가리지 못하다, 당황하다 동 미혹되다, 현혹되다 ☆ | **宰相肚里能撑船** zǎixiàng dùlǐ néng chēng chuán 재상의 뱃속은 배도 저을 수 있다, 도량이 넓다 | **不禁** bùjīn 부 참지 못하고, 자기도 모르게, 절로 ☆ | **捧腹大笑** pěngfù dàxiào 몹시 웃다, 포복절도하다 | **气量** qìliàng 명 도량, 포용력, 기량 | **待人** dài rén 동 사람을 대하다, 사람을 대접하다, 함께 지내다 | **仁慈** réncí 형 인자하다 ☆ | **连忙** liánmáng 부 급히, 얼른 | **大人** dàren 명 나리, 어르신, 대인, 성인 | **抱歉** bàoqiàn 동 미안하게 생각하다, 미안해하다 | **失手** shī shǒu 동 실수하다 | **大量** dàliàng 형 도량이 넓다, 관대하다 | **发火** fāhuǒ 동 화를 내다, 성질을 부리다 | **出尔反尔** chū'ěrfǎněr 성 언행의 앞뒤가 맞지 않다, 이랬다 저랬다 하다 | **无奈** wúnài 동 어찌 해 볼 도리가 없다, 방법이 없다, 부득이 하다 | **只得** zhǐdé 부 어쩔 수 없이, 부득이, 할 수 없이 | **豁达** huòdá 형 확 트이다, 도량이 크다, 속이 깊고 너그럽다 | **凭借** píngjiè 전 ~에 의해, ~에 따라, ~에 의거하여 동 ~에 의지하다, ~에 기대다, ~을 기반으로 하다 | **机智** jīzhì 명 기지 형 기지가 넘치다 ☆ | **逃** táo 동 도망가다, 달아나다, 피하다, 비키다 | **劫** jié 명 화, 재난 동 강탈하다, 협박하다, 위협하다, 강요하다 | **赞美** zànměi 동 칭찬하다, 찬미하다, 찬양하다 | **治罪** zhì zuì 동 죄를 다스리다, 치죄하다 | **可见** kějiàn 접 ~라는 것을 알 수 있다, ~을 볼 수 있다 | **缓和** huǎnhé 동 누그러뜨리다, 완화시키다, 진정시키다 형 완화하다, 느슨해지다 ☆ | **化解** huàjiě 동 없애다, 제거하다, 풀리다 | **矛盾** máodùn 명 갈등, 대립, 불화, 모순 형 모순적이다 | **免于** miǎnyú 동 ~을 면하다, ~에서 벗어나다 | **遭难** zāo nàn 동 문제에 부닥치다, 난처하게 되다, 재난을 당하다

> 보기 어휘

增进 zēngjìn 동 증진하다, 높이다 | **彼此** bǐcǐ 대 서로, 피차, 상호 | **亲近感** qīnjìngǎn 명 친근감, 친밀감 | **惩罚** chéngfá 동 벌하다, 징벌하다 명 벌, 징벌 ☆

> 정답

6. C   7. E   8. A   9. D   10. B

> 해설

6. 앞 절의 '理发师(이발사)'이 C의 '他'이고, 또한 문맥상으로 보아도 '惊恐(겁이 나다)'과 '害怕(두렵다)'가 의미상 연관이 있음을 알 수 있으므로 정답은 C이다.

7. 큰 따옴표와 물음표를 통해 의문 형식의 직접화법 문장임을 알 수 있으므로, 2인칭의 '你'를 주어로 하고, 문장에 '什么'가 포함되어 있는 E가 정답이다.

8. 앞 절의 '宰相(재상)'이 바로 A의 '他'이고, 빈칸 앞뒤 문장의 내용이 전환 관계임을 알 수 있으므로 정답은 A이다.

9. 앞 절의 '先(먼저)'을 통해 '先A, 然后B(먼저 A하고 그 다음에 B하다)' 구문임을 알 수 있으므로 정답은 D이다.

10. 빈칸 앞뒤 절을 통해 '不仅A, 还/也/更B(A뿐만 아니라 B하다)' 구문임을 알 수 있다. 앞 절에서 칭찬이 분위기를 누그러뜨린다고 하였으므로, 이와 어울리는 내용으로 서로의 친밀감을 높인다는 의미의 B가 가장 적절하다.

공략비법 13 문장 성분 및 문맥 파악

1-5

　　《史记》是西汉著名史学家司马迁撰写的一部史书，也是中国历史上第一部纪传体通史，[1] D 它被列为"二十四史"之首。这部著作记载了上至上古传说中的黄帝时代，下至汉武帝太初四年间共3000多年的历史，它与《汉书》、《后汉书》、《三国志》合称"前四史"。《史记》全书包括十二本纪、三十世家、七十列传、十表、八书，共130篇，52.65万余字。

　　《史记》对后世史学和文学的发展都产生了深远影响。[2] C 《史记》被认为是一部优秀的文学著作，在中国文学史上有重要地位。它被鲁迅誉为"史家之绝唱，无韵之《离骚》"，有很高的文学价值。

　　20世纪以来，[3] E 司马迁与《史记》的学术研究队伍日益壮大，学者除了对司马迁生年、生平、家世和《史记》的名称、体制、取材、义例等具体问题进行考证之外，[4] A 更加扩展了《史记》的综合集成研究。以文献为本，[5] B 吸取本土考古学成果，结合西方史学学理与方法，考证精严，论断谨慎，逻辑分析严密，极大地推动了大陆对《史记》的研究，从"史料学"上升到"史记学"的理论高度，取得了突破性成果。

A 更加扩展了《史记》的综合集成研究
B 吸取本土考古学成果
C 《史记》被认为是一部优秀的文学著作
D 它被列为"二十四史"之首
E 司马迁与《史记》的学术研究队伍日益壮大

《사기(史记)》는 서한(西漢)의 유명한 역사학자 사마천(司馬遷)이 저술한 역사책으로, 중국 역사상 최초의 기전체 통사(通史)이며 [1] D 이는 '24사'의 으뜸으로 평가 받는다. 이 저서는 위로는 상고의 전설 속 황제시대 때부터 아래로는 한무제(태초 4년간)때까지 총 3,000여 년의 역사를 기록하고 있으며, 《한서》, 《후한서》, 《삼국지》와 함께 '전사사(前四史)'로 불린다. 《사기》는 전서가 '12본기', '30세가', '70열전', '10표', '8서'를 포함한 총 130편으로 구성되며 526,500여 자로 되어 있다.

《사기》는 후대 사학과 문학의 발전에 큰 영향을 주었다. [2] C 《사기》는 한 편의 우수한 문학 작품으로 여겨지는데 중국 문학사(文學史) 상 중요한 위치에 있다. 루쉰(鲁迅)이 '사서(史書)의 절세 명문이요, 운이 없는 《이소》다.' 라고 했을 만큼 문학적 가치가 매우 높다.

20세기 이래 [3] E 사마천과 《사기》의 학술 연구 단체가 나날이 성장하고 있는데, 학자들은 사마천의 생년, 생애, 집안, 《사기》의 명칭, 체제, 취재, 저작의 요지 등 구체적인 것들을 고증하는 것 외에도 [4] A 《사기》에 대한 종합적인 연구를 더욱 넓히고 있다. 문헌을 토대로 [5] B 현지 고고학의 성과를 받아들여 서양 역사학의 이론과 방법을 결합해 정밀하고 엄밀한 고증, 신중한 평가, 세밀한 논리 분석으로 중국에서 《사기》에 대한 연구를 대대적으로 추진하였고, '사료학(史料學)'에서 '사기학(史記學)'으로 이론의 수준을 끌어올려 획기적인 성과를 거두었다.

A 《사기》에 대한 종합적인 연구를 더욱 넓히고 있다
B 현지 고고학의 성과를 받아들이다
C 《사기》는 한 편의 우수한 문학 작품으로 여겨진다
D 이는 '24사'의 으뜸으로 평가 받는다
E 사마천과 《사기》의 학술 연구 단체가 나날이 성장하고 있다

지문 어휘 | 史记 Shǐjì 고유 《사기》(한(漢)나라의 사마천(司馬遷)이 지은 역사서) | 西汉 XīHàn 고유 서한 | 史学 shǐxué 명 역사학, 사학 | 司马迁 Sīmǎ Qiān 고유 사마천(중국 고대의 사학자이자 문필가) | 撰写 zhuànxiě 동 (문장을) 쓰다, 짓다, 저술하다 | 史书 shǐshū 명 역사책, 사서 | 二十四史 Èrshísìshǐ 24사(정사(正史)로 일컬어지던 24종의 기전체 역사책) | 著作 zhùzuò 명 저서, 저작, 작품 ★ | 记载 jìzǎi 동 기재하다, 기록하다 ★ | 上古 shànggǔ 명 상고 시대 |

传说 chuánshuō 명 전설 동 말이 이리저리 전해지다 | **黄帝** Huángdì 명 황제 | **时代** shídài 명 시대, 시기 | **汉武帝** Hànwǔdì 한무제(한(漢)나라 황제 유철(劉徹)) | **太初** tàichū 태초 | **汉书** Hànshū 한서(漢書)(한나라의 사적을 기록한 책) | **后汉书** Hòuhànshū 후한서(後漢書)(후한시대의 역사를 기록한 책) | **三国志** Sānguózhì 고유 삼국지(三國志)(위, 촉, 오의 3국이 정립한 시기부터 진이 중국을 통일한 시기까지의 역사를 기록한 책) | **合称** héchēng 동 병칭하다, 합쳐서 명명하다 명 병칭 | **前四史** Qiánsìshǐ 전사사(중국의 《사기(史记)》, 《한서(漢書)》, 《후한서(後漢書)》, 《삼국지(三國志)》 이 네 책을 통틀어 이르는 말) | **包括** bāokuò 동 포함하다, 포괄하다 | **十二本纪** Shí'èr běnjì 12본기(《사기(史记)》중 제왕들을 기록한 전기) | **三十世家** sānshí shìjiā 30세가(《사기(史记)》중 제후를 기록한 전기) | **七十列传** Qīshí lièzhuàn 70열전(《사기(史记)》중 의롭거나 탁월한 인물을 기록한 전기) | **十表** Shíbiǎo 10표(《사기(史记)》의 내용을 대표하는 역사적 사건과 인물을 일목요연하게 요약해 놓은 것, 연대기에 해당됨) | **八书** Bā shū 팔서(《사기(史记)》의 지류(志類)를 여덟 가지로 분류한 책) | **后世** hòushì 명 후대, 후세 | **文学** wénxué 명 문학 | **产生** chǎnshēng 동 생기다, 발생하다, 나타나다 | **深远** shēnyuǎn 형 심원하다, 깊고 크다 | **文学史** wénxuéshǐ 명 문학사 | **地位** dìwèi 명 자리, 위치 | **鲁迅** Lǔ Xùn 고유 루쉰, 노신(중국 현대의 저명한 문학가, 사상가, 혁명가) | **誉为** yùwéi 동 ~라고 칭송되다, ~라고 불리다 | **史家** shǐjiā 명 역사책의 유파, 역사가 | **绝唱** juéchàng 명 절세 명문, 최고 경지, 최고봉 | **韵** yùn 명 (시문의) 운, 압운(押韻) | **离骚** Lísāo 고유 이소(전국(戰國) 시대 초(楚)나라의 굴원(屈原)이 지은 장편 서사시) | **生平** shēngpíng 명 생애, 일생, 평생 | **家世** jiāshì 명 가세, 집안의 가문과 세계(世系) | **名称** míngchēng 명 명칭, 이름 | **体制** tǐzhì 명 체제, 형식, 격식 | **取材** qǔcái 동 취재하다, 제재를 고르다 | **义例** yìlì 명 저작의 요지와 체재 | **具体** jùtǐ 형 구체적이다 | **以~为本** yǐ~wéi běn ~을 토대로 하다, ~을 바탕으로 하다 | **文献** wénxiàn 명 문헌 ★ | **结合** jiéhé 동 결합하다 | **学理** xuélǐ 명 학리, 학문상의 이치, 과학상의 원리 | **考证** kǎozhèng 명 고증 동 고증하다 | **精严** jīngyán 형 정밀하고 엄밀하다, 적절하고 엄격하다 | **论断** lùnduàn 명 평가, 단정 동 평가를 내리다, 단정하다 | **谨慎** jǐnshèn 형 신중하다, 조심스럽다 | **逻辑** luójí 명 논리, 객관적 법칙 | **分析** fēnxī 명 분석 동 분석하다 | **严密** yánmì 형 세밀하다, 엄밀하다, 빈틈없다 ★ | **极大** jídà 부 더할 수 없이 크게, 한껏, 최대 한도로 | **推动** tuī dòng 동 추진하다, 나아가게 하다, 촉진하다 | **大陆** dàlù 명 중국 대륙 | **突破** tūpò 동 돌파하다, 타파하다, 극복하다 ★

[보기 어휘] **扩展** kuòzhǎn 동 넓히다, 확장하다 | **吸取** xīqǔ 동 받아들이다, 흡수하다, 섭취하다, 얻다 ★ | **本土** běntǔ 명 본토, 향토 | **考古学** kǎogǔxué 명 고고학 | **成果** chéngguǒ 명 성과, 결과 | **列为** liè wéi 동 (어떤 부류에) 속하여 ~가 되다, ~에 끼다 | **队伍** duìwu 명 조직, 단체 ★ | **日益** rìyì 부 날로, 나날이, 더욱 ★ | **壮大** zhuàngdà 동 커지다, 장대해지다

[정답] 1. **D**   2. **C**   3. **E**   4. **A**   5. **B**

[해설]

1. 문장 맨 앞의 '《史记》'가 주어이고, 빈칸 뒤 이어진 문장에서 '这部著作(이 저서)'가 가리키는 것 또한 '《史记》'이므로, 빈칸에 들어가는 정답의 범위는 C와 D로 좁혀진다. 이 두 보기 중에서 헷갈릴 수 있는데, 이럴 경우 시간을 지체하지 말고 일단 넘어간 다음, 다른 문제에서 확실한 답을 먼저 찾도록 하자.

2. 뒤 절의 '中国文学史(중국 문학사)'와 의미상 연관이 있는 '文学著作(문학 작품)'가 포함된 C가 정답이다. 이로 인해 《사기》에 대한 전반적인 소개를 주요 내용으로 하고 있는 첫 번째 단락에 제시된 1번 문제의 정답은 D임을 알 수 있다.

3. 뒤 절에서 사마천과 《사기》에 대한 학자들의 연구에 관해 상세하게 설명하고 있다. 따라서 빈칸에는 이를 포괄할 수 있는 내용이 먼저 제시되어야 함을 알 수 있으므로 E가 정답이다.

4. 앞 절의 '除了(~을 제외하고)'를 통해, '除了A以外/之外, 更B(A이외에 더욱 B하다)' 구문임을 알 수 있으므로, '更'의 동의어인 '更加'가 포함되어 있는 A가 정답이다.

5. 앞 절에서 문헌을 토대로 한다고 언급하였으므로 이에 이어지는 말로 고고학의 성과를 받아들인다는 의미의 B가 가장 적절하다. 이 밖에도 뒤 절의 '西方史学(서양 역사학)'와 B의 '本土考古学(현지 고고학)'는 의미상 연관이 있음을 알 수 있다.

天气日益变冷，人们都换上了冬装。其实不仅人需要换冬装，(6) B 轮胎也需要换冬季轮胎。这是因为普通的夏季轮胎在低温时会变硬，而且还会影响到抓地能力和制动性能，如此一来将无法保证行车安全。而冬季轮胎是专门针对冬季路面而设计的，制作配方和胎面花纹都与夏季轮胎有着很大的区别，比较特殊，(7) E 可以提高轮胎的抓地和防滑性能。增强在低温状态下汽车对地面的附着力，让其在寒冷天气下和积雪湿滑的道路上，都能有很好的制动效果。

那么，更换冬季轮胎时有什么是需要注意的呢？首先，要选择一款适合自己车型的冬季轮胎，用来应对不同的路况；其次，(8) D 在更换轮胎时一定要同时更换4个轮胎，因为若只更换部分轮胎，在行驶中，4个轮胎与地面的附着力会不均，从而形成潜在的安全隐患；最后，(9) C 冬季轮胎也是有保质期的，使用两三年就需要进行更换，否则，(10) A 轮胎的摩擦力逐渐变小，抓地和防滑性能也会变差，容易引发交通事故。

A 轮胎的摩擦力逐渐变小
B 轮胎也需要换冬季轮胎
C 冬季轮胎也是有保质期的
D 在更换轮胎时一定要同时更换4个轮胎
E 可以提高轮胎的抓地和防滑性能

날씨가 점점 추워지면 사람들은 모두 겨울 옷을 입는다. 사실 사람만 겨울 옷으로 바꿔 입을 게 아니라 (6) B 타이어도 겨울용으로 바꿔야 한다. 이는 일반적인 여름용 타이어는 저온에서 타이어가 단단해지고 접지력과 제동 능력에도 영향을 주어 이런 상황이 계속되면 자동차 안전 운행을 보장할 수 없기 때문이다. 그러나 겨울용 타이어는 겨울철 노면에 알맞게 설계되어 있고 제작 방법과 타이어의 무늬가 여름용 타이어와는 큰 차이가 있어 비교적 특수하기 때문에 (7) E 타이어의 접지력과 미끄럼 방지 성능을 향상시킨다. 저온 상태에서 지면에 대한 자동차의 부착력을 강화하면 추운 날씨나 눈이 쌓여 미끄러운 노면에서도 타이어의 제동 효과를 높일 수 있다.

그렇다면 겨울용 타이어로 교체할 때 주의해야 할 점은 무엇일까? 먼저, 자신의 차종에 적합한 겨울용 타이어를 선택해 다양한 도로 상황에 대응해야 한다. 둘째, (8) D 타이어를 바꿀 때는 4개의 타이어를 동시에 바꿔야 하는데, 만약 타이어를 일부만 바꾸면 운전할 때 4개의 타이어와 지면의 부착력이 균일하지 않아서 안정상 잠재된 위험이 생기기 때문이다. 마지막으로 (9) C 겨울용 타이어에도 품질 보증 기간이 있는데 2~3년 정도 사용하고 나면 바로 교체해야 한다. 그렇지 않으면, (10) A 타이어의 마찰력이 점점 감소해 접지력과 미끄럼 방지 성능도 떨어져 교통 사고를 쉽게 유발할 수 있다.

A 타이어의 마찰력이 점점 감소한다
B 타이어도 겨울용으로 바꿔야 한다
C 겨울용 타이어에도 품질 보증 기간이 있다
D 타이어를 바꿀 때는 4개 타이어를 동시에 바꿔야 한다
E 타이어의 접지력과 미끄럼 방지 성능을 향상시킨다

지문 어휘

日益 rìyì 〔부〕 날로, 나날이, 더욱 ★ | **冬装** dōngzhuāng 〔명〕 겨울 옷, 동복 | **轮胎** lúntāi 〔명〕 타이어, 타이어 튜브 ★ | **低温** dīwēn 〔명〕 저온 | **变硬** biànyìng 〔동〕 딱딱하게 변하다, 경화되다, 강경해지다 | **抓地** zhuā dì 접지하다, 땅에 딱 붙게 하다 | **制动** zhìdòng 〔동〕 제동하다, 브레이크를 걸다 | **性能** xìngnéng 〔명〕 성능 ★ | **如此一来** rúcǐ yīlái 이렇게 되다, 이와 같이 되다 | **行车** xíng chē 〔동〕 차를 몰다, 운행하다, 운전하다 | **专门** zhuānmén 〔부〕 오로지, 전문적으로, 특별히 〔형〕 전문적이다 | **针对** zhēnduì 〔동〕 겨누다, 겨냥하다, 조준하다, 초점을 맞추다 | **制作** zhìzuò 〔동〕 제작하다, 제조하다, 만들다 | **配方** pèifāng 〔명〕 화학 제품이나 금속 제품의 배합 방법화학 제품이나 금속 제품의 배합 방법, 약품의 처방 | **花纹** huāwén 〔명〕 무늬와 도안 | **特殊** tèshū 〔형〕 특수하다, 특별하다 | **增强** zēngqiáng 〔동〕 강화하다, 증강하다, 높이다 | **状态** zhuàngtài 〔명〕 상태 | **附着力** fùzhuólì 부착력 | **积雪** jīxuě 〔명〕 쌓인 눈 | **湿滑** shī huá 질퍽하고 미끄럽다 | **更换** gēnghuàn 〔동〕 바꾸다, 교체하다, 변경하다, 새 것으로 갈다 | **车型** chēxíng 〔명〕 차종, 차량 모델 | **应对** yìngduì 〔동〕 대응하다, 대처하다, 응답하다 | **路况** lùkuàng 〔명〕 도로 상황, 도로 사정 | **行驶** xíngshǐ 〔동〕 달리다, 운행하다, 통행하다 | **均** jūn 〔형〕 균등하다, 균일하다, 고르다 〔부〕 모두 | **从而** cóng'ér 〔접〕 따라서, 이리하여, 그리하여 | **形成** xíngchéng 〔동〕 이루어지다, 형성되다 | **潜在** qiánzài 〔동〕 잠재하다 | **隐患** yǐnhuàn 〔명〕 위험, 잠복해 있는 병, 화, 겉으로 드러나지 않은 폐해나 재난 ★ | **变差** biàn chà 나빠지다 | **引发** yǐnfā 〔동〕 일으키다, 야기하다 | **交通事故** jiāotōng shìgù 〔명〕 교통 사고

보기 어휘

摩擦力 mócālì 〔명〕 마찰력 | **逐渐** zhújiàn 〔부〕 점점, 점차 | **保质期** bǎozhìqī 〔명〕 품질 보증 기간 | **防滑** fáng huá 〔동〕 미끄럼을 방지하다

정답

6. B   7. E   8. D   9. C   10. A

해설

6. 앞 절의 '不仅(~뿐만 아니라)'을 통해 '不仅A, 也/还/更B(A뿐만 아니라 B하다)' 구문임을 알 수 있으므로, 정답의 범위는 '也'를 포함하고 있는 A, B, C로 좁혀진다. 그러나 문맥상 사람은 겨울 옷으로 바꿔 입는다는 내용에 상응하는 것으로 타이어도 겨울용 타이어로 바꾼다는 의미의 B가 가장 적절하다.

7. 앞 절에서 겨울용 타이어는 여름용 타이어와 달리 제작 방법과 무늬가 특수하다고 언급하였으므로, 문맥상 그것이 타이어의 접지력과 미끄럼 방지 성능을 향상시킨다는 의미의 E가 이어져야 함을 알 수 있다.

8. 타이어 교체 시 주의해야 할 두 번째 사항으로 빈칸 뒤 이어진 문장의 '4个轮胎(4개의 타이어)'가 그대로 제시되어 있는 D가 정답임을 알 수 있다.

9. 뒤 절의 '两三年(2~3년)'을 통해 어떤 기간을 의미하는 것임을 알 수 있으므로, '保质期(품질 보증 기간)'가 포함된 C가 정답이다.

10. 뒤 절에서 접지력과 미끄럼 방지 성능이 떨어져 교통 사고를 유발한다고 하였으므로, 이를 야기하는 원인으로 가장 적절한 것은 타이어 마찰력이 감소한다는 의미의 A이다.

공략비법 14 세부 내용 파악

1-4

　　在心理学上，有一种现象叫做过度理由效应。[1] 在我们的生活当中，人们都试图为自己的行为寻找理由，如果这个理由来自于外部的刺激，那么外部刺激一旦消失，人们就会终止这种行为。

　　心理学家做了一项实验：他们选择了一群年龄在3~5岁之间，并且特别爱画画儿的孩子。他将这些孩子分为三组，第一组孩子只要画画儿，就会得到一块软糖作为奖励；第二组孩子会不定时地得到软糖；[2] 第三组孩子则只画画儿没有奖励。之后，心理学家让所有孩子自由休息，目的在于考察他们能否一直维持对画画儿的兴趣。结果发现，与其他组相比，第一组孩子对画画儿的兴趣明显减少了很多。问他们为什么不画画儿时，他们的回答是"休息时，就算画画儿了也没有糖吃"。通过这一小小的测试，心理学家认为：过度的奖励会损害人们对一些活动的内部动机。

　　过度的物质奖励对内部动机有一定的消解作用，而无形的精神奖励，例如口头的表扬，会提升人们的自信，但不会激发人们的内在动机。[3] 不过另一项研究表明：在做枯燥乏味的任务时，对表现优异者进行物质奖励也会在一定程度上提高其内部动机。这被称为"强化原则"。在儿童教育领域，过度理由效应和强化原则都发挥着作用，[4] 然而"精神上的鼓励"则更可以帮助儿童树立正确的人生观和价值观。

　　심리학에 과잉정당화 효과(Over justification effect)라는 게 있다. [1] 사람들은 생활하면서 모두 자신의 행동에 대해 이유를 찾으려고 하는데 그 이유가 외부의 자극에서 비롯됐을 경우 그 자극이 일단 사라지면 사람들은 그 행동을 멈추게 된다는 것이다.

　　심리학자는 그림 그리기를 아주 좋아하는 3~5세 연령의 아이들을 대상으로 한 가지 실험을 했다. 그는 이 아이들을 세 개 조로 나누어, 첫 번째 조 아이들에게는 그림을 그리기만 하면 젤리를 상으로 주고, 두 번째 조 아이들에게는 아무 때나 젤리를 줬다. [2] 세 번째 조 아이들에겐 그림만 그리게 할 뿐 상을 주진 않았다. 그 후 심리학자는 모든 아이들이게 자유시간을 주었는데, 아이들이 그림 그리는 것에 대해 흥미를 계속 유지할 수 있는지 여부를 관찰하기 위해서였다. 그 결과 다른 조에 비해 첫 번째 조 아이들에게서 그림 그리기에 대한 흥미가 현저히 떨어졌다는 걸 알 수 있었다. 아이들에게 왜 그림을 그리지 않느냐고 물었더니 그들의 답변은 '쉴 때는 그림을 그려도 먹을 젤리가 없다'라는 것이었다. 심리학자는 이 작은 테스트를 통해 과한 보상은 일부 활동에 대한 사람들의 내적 동기를 해칠 수 있다는 것을 알게 되었다.

　　과도한 물질적 보상은 내적 동기를 어느 정도 사라지게 하는 작용을 하고, 말로 하는 칭찬과 같은 무형의 정신적 격려는 자신감을 높여주지만 사람들의 내적 동기를 유발하지는 않는다. [3] 그런데 또 다른 연구 결과에 따르면 따분한 일을 할 때 우수한 능력을 보인 사람에게 물질적 보상을 했더니 내적 동기가 상당부분 향상되었다고 한다. 이를 '강화원리'라고 한다. 아동 교육 분야에 있어서 '과잉정당화 효과'와 '강화원리' 모두 효과는 있지만, [4] '정신적인 격려'가 아이들이 정확한 인생관과 가치관을 세우는 데 더 도움을 준다.

지문 어휘 心理学 xīnlǐxué 명 심리학 | 现象 xiànxiàng 명 현상 | 过度理由效应 guòdù lǐyóu xiàoyìng 과잉정당화 효과 (Over justification effect) | 试图 shìtú 동 시도하다 ★ | 寻找 xúnzhǎo 동 찾다 | 一旦 yídàn 부 일단 ~한다면 | 行为 xíngwéi 명 행동, 행위, 행실 | 软糖 ruǎntáng 명 젤리, 캐러멜 | 奖励 jiǎnglì 명 상, 상금, 상품 동 장려하다, 표창하다 ★ | 不定时 búdìngshí 아무 때나 | 考察 kǎochá 동 정밀히 관찰하다, 고찰하다, 시찰하다 ★ | 能否 néngfǒu 동 ~할 수 있을까, ~해도 되나요 | 维持 wéichí 동 유지하다, 지키다, 지지하다 ★ | 明显 míngxiǎn 형 뚜렷하다, 분명하다, 확연히 드러나다 | 测试 cèshì 명 테스트, 시험 동 테스트하다, 시험하다 | 损害 sǔnhài 동 해치다, 손해를 입다, 손상시키다 | 内部 nèibù 명 내부 | 动机 dòngjī 명 동기 ★ | 消解 xiāojiě 없애다, 해소하다, 풀다, 제거하다 | 无形 wúxíng 형 무형의, 보이지 않는 부 모르는 사이에, 어느 새, 어느 틈에 | 口头 kǒutóu 동 말로 나타내다, 구두로 하다 명 구두 ★ | 表扬 biǎoyáng 동 칭찬하다 | 提升 tíshēng 동 높이다, 올라가다, 진급하다, 진급시키다, 발탁하다 | 自信 zìxìn 명 자신감 형 자신감 있다, 자신만만하다 동 자신하다, 자부하다 | 激发 jīfā 동 불러일으키다 ★ | 内在 nèizài 형 내재적인, 내재하는 ★ | 表明 biǎomíng 동 표명하다, 분명히 밝히다 | 枯燥乏味 kūzàofáwèi 따분하다, 무미건조하다, 지루하다 | 优异 yōuyì 형 특히 우수하다, 특출하다 ★ | 物质 wùzhì 명 물질 | 程度 chéngdù 명 정도, 수준 | 强化 qiánghuà 동 강화하다 | 原则 yuánzé 명 원칙 | 领域 lǐngyù 명 분야, 영역 | 发挥 fāhuī 동 발휘하다, 충분히 잘 나타내다 | 鼓励 gǔlì 동 격려하다, 용기를 북돋우다 | 树立 shùlì 동 세우다, 수립하다 ★ | 人生观 rénshēngguān 명 인생관 | 价值观 jiàzhíguān 명 가치관

1

根据第1段，正确的一项是：
A 人所受到的外部刺激越多越好
B 人们常为自己的行为找理由
C 不要为自己的行为找借口
D 只有付出才会有回报

첫 번째 단락에 근거해 옳은 것은?
A 사람이 받게 되는 외부자극은 많을수록 좋다
B 사람들은 늘 자신의 행동에 대한 이유를 찾는다
C 자신의 행동에 핑계를 대서는 안 된다
D 뭔가를 지불해야만 그에 따른 보상이 있다

보기 어휘 找借口 zhǎo jièkǒu 핑계를 대다, 구실을 찾다 | 回报 huíbào 동 보답하다, 보고하다 ★

정답 B

해설 질문의 핵심어는 '第1段(첫 번째 단락)'이다. 첫 번째 단락은 '过度理由效应(과잉정당화 효과)'에 대한 개념 설명이 주요 내용인데, '在我们的生活当中，人们都试图为自己的行为寻找理由。(사람들은 생활하면서 모두 자신의 행동에 대해 이유를 찾으려고 한다.)'라고 하였으므로 정답은 B이다.

2

关于那个实验，可以知道什么?
A 第一组孩子没有奖励
B 试验进行了一个星期
C 孩子们都得到了一块糖
D 第三组孩子未获得软糖

그 실험에 관해 알 수 있는 것은?
A 첫 번째 조 아이들에겐 상이 없다
B 테스트는 1주일 동안 진행되었다
C 아이들은 모두 젤리를 얻었다
D 세 번째 조 아이들은 젤리를 받지 못했다

보기 어휘 试验 shìyàn 명 테스트, 시험 동 테스트하다, 시험하다 ★

정답 D

해설 질문의 핵심어는 '实验(실험)'이다. 두 번째 단락에서 실험 대상, 과정, 결과 등을 설명하고 있는데, 여기서 쌍반점의 위치 확인이 매우 중요하다. 쌍반점은 문장 간의 병렬이나 전환 관계를 나타내므로, 이 부호가 있는 부분을 살펴보면 실험 과정에 대한 내용을 보다 쉽게 파악할 수 있다. 세 번째 실험 조에 관해서 '第三组孩子则只画画儿没有奖励。(세 번째 조 아이들에겐 그림만 그리게 할 뿐 상을 주진 않았다.)'라고 하였는데, 여기서 '没有奖励(상이 없다)'와 동일한 의미를 나타내는 D가 정답이다.

3

下列属于"强化原则"观点的一项是?	다음 중 '강화원리'의 관점에 해당하는 것은?
A 自卑的人缺少物质奖励	A 열등감을 가진 사람은 물질적 보상이 부족하다
B 人们要时刻保持警惕	B 사람은 늘 경계심을 유지해야 한다
C 口头表扬只能提升人的兴趣	C 말로 하는 칭찬은 흥미만 높인다
D 恰当的物质奖励可以提高内部动机	D 적당한 물질적 보상은 내적 동기를 높일 수 있다

보기 어휘 自卑 zìbēi 형 스스로 열등하다, 남보다 못하다고 느끼다 ★ | 缺少 quēshǎo 동 부족하다, 모자라다 | 时刻 shíkè 부 늘, 시시각각, 언제나 명 시간, 시각, 때 | 保持 bǎochí 동 유지하다, 지키다 | 警惕 jǐngtì 동 경계심을 갖다 ★ | 恰当 qiàdàng 형 적당하다, 알맞다, 합당하다 ★

정답 D

해설 질문의 핵심어는 '强化原则(강화원리)'이다. 이는 큰 따옴표를 통해 지문 마지막 부분에서 쉽게 찾을 수 있다. 큰 따옴표는 강조 어구나 인용 어구를 나타낼 때 사용하므로, 그에 관한 내용 또한 주의 깊게 봐야 한다. '强化原则'가 제시된 문장 앞에서 '不过另一项研究表明：在做枯燥乏味的任务时，对表现优异者进行物质奖励也会在一定程度上提高其内部动机。(그런데 또 다른 연구 결과에 따르면 따분한 일을 할 때 우수한 능력을 보인 사람에게 물질적 보상을 했더니 내적 동기가 상당부분 향상되었다고 한다.)'라고 하였으므로 정답은 D이다.

4

过度理由效应对儿童教育的启示是:	과잉정당화 효과가 아동 교육에 있어서 시사하는 바는?
A 要给孩子自由空间	A 아이에게 자유로운 공간을 줘야 한다
B 要善于利用精神鼓励	B 정신인 격려를 잘 활용해야 한다
C 要多抽时间和孩子在一起	C 아이와 함께 할 시간을 많이 마련해야 한다
D 要重视孩子的素质教育	D 아이의 인성 교육을 중시해야 한다

보기 어휘 启示 qǐshì 명 시사, 계시 동 시사하다, 계시하다 ★ | 空间 kōngjiān 명 공간 | 利用 lìyòng 동 이용하다, 활용하다 | 抽 chōu 동 빼내다, 뽑다, 꺼내다 | 素质教育 sùzhìjiàoyù 명 인성 교육, 전인 교육

정답 B

해설 질문의 핵심어는 '儿童教育(아동교육)'이고, 이 문제는 글의 주제를 묻는 것이라 할 수 있다. 실험 내용을 설명하며 전달하고자 하는 교훈은 마지막 부분에 제시되어 있다. '然而(그런데)'이 이끄는 문장이 작가의 주된 관점임을 알 수 있는데, 然而"精神上的鼓励"则更可以帮助儿童树立正确的人生观和价值观。('정신적인 격려'가 아이들이 정확한 인생관과 가치관을 세우는 데 더 도움을 준다.)이라고 하였으므로 정답은 B이다.

최근, 科学家发明了一种新型的材料，**(5)** 这种薄得像纸一样的材料有着非凡的储存电量的能力。这种材料由纳米纤维素和一种高分子导电聚合物制成，能被上百次地使用，而且只需要几秒钟就可以将电充满。粗略地看，会认为这种材料只是一张普通的黑色纸张，但摸起来却像塑料。这种新型的材料被称为"能量纸"。

科学家先用高压水把纤维素纤维分解开，然后把这些直径只有20纳米的纤维加入到含有带电聚合物的水溶剂中，聚合物就会在纤维上聚集，形成一层薄薄的镀层。而这些被覆盖的纤维相互缠结，它们之间缝隙中的液体就成为了电解液，**(6)** 就这样最终形成"能量纸"。

科学家认为这种材料使离子和电子同时具有导电性，它对小型设备储存电荷的方法产生了重大影响，将来甚至可以为更高容量的电力需求服务。

不同于我们现在使用的含有大量金属和有毒化学品的电池和电容器，**(7)** 这种"能量纸"由简单的材料制成，不会产生有毒物质，而且很轻还能防水。**(8)** 现在它面临的最大挑战是需要研究出一套工业流程来进行大规模生产。就像平常的木浆纸一样，这种材料必须经过脱水程序才能制成片材，如果能解决这个问题，再加上商业伙伴的支持，也许在未来这种"能量纸"就随处可见了。

최근 과학자들이 신소재를 하나 발명했는데, **(5)** 종이만큼 얇은 이 소재는 뛰어난 전력저장능력을 지니고 있다. 이 소재는 나노미터 수준의 섬유소와 일종의 고분자 물질로 된 전도 폴리머로 만들어졌으며 수 백번을 사용할 수 있고 몇 초 만에 완충된다. 얼핏 보면 이 소재는 평범한 검은색 종이처럼 보이는데 만져보면 비닐과 비슷하다. 이 신소재는 '에너지 종이(能量纸)'로 불린다.

과학자들은 먼저 고압의 물로 섬유질의 섬유를 분해한 뒤 직경이 20나노미터에 불과한 이 섬유들을 전기폴리머가 들어간 수용매에 넣었는데, 그랬더니 폴리머가 섬유에 모여 도금한 얇은 금속층을 형성했다. 게다가 폴리머에 덮인 섬유가 서로 엉켜 그 틈 사이에 있던 액체가 전해액이 되면서 **(6)** 결과적으로 '에너지 종이'가 만들어지게 된 것이다.

과학자들은 이 소재로 인해 이온과 전자가 동시에 전도성을 갖게 되면서 소형설비가 전하를 저장하는 방법에 큰 영향을 끼쳤고 앞으로는 심지어 더욱 높은 용량의 전력이 필요한 곳에 쓰일 수 있다고 보고 있다.

우리가 현재 사용하고 있는 금속과 독성화학물질이 다량 함유된 전지와 축전기와는 달리 **(7)** 이 '에너지 종이'는 단순한 소재로 만들어져 유독물질이 생기지 않고, 게다가 가벼우며 방수도 가능하다. **(8)** 에너지 종이가 현재 직면한 가장 큰 도전과제라면 산업공정으로 대규모 생산이 가능한 지 연구할 필요가 있다는 것이다. 일반 펄프지와 마찬가지로 이 소재도 탈수 과정을 거쳐야 낱장으로 만들 수 있다. 만약 이 문제가 해결되고 비즈니스 파트너의 지지가 더해진다면 머지않아 '에너지 종이'를 어디서든 보게 될 것이다.

지문 어휘 发明 fāmíng 동 발명하다 명 발명 | 新型 xīnxíng 형 신형의, 신식의 | 非凡 fēifán 형 뛰어나다, 보통이 아니다, 비범하다 | 储存 chǔcún 동 저장하다, 쌓아두다 ☆ | 电量 diànliàng 명 전기량, 전량 | 纳米 nàmǐ 명 나노미터 | 纤维素 xiānwéisù 명 섬유소 | 高分子 gāofēnzǐ 명 고분자, 고분자 화합물 | 导电 dǎo diàn 동 전도하다, 전기가 통하다 | 聚合物 jùhéwù 명 폴리머, 중합체 | 制成 zhìchéng 동 만들어지다, 제작되다 | 充满 chōngmǎn 동 충만하다, 가득 차다, 넘치다 | 粗略 cūlüè 형 대략적인, 대체적인 | 塑料 sùliào 명 비닐, 플라스틱, 가소성 있는 고분자 화합물의 총칭 | 高压 gāoyā 명 고압, 높은 압력, 높은 전압 | 纤维 xiānwéi 명 섬유 ☆ | 分解 fēnjiě 동 분해하다, 분열되다, 해결하다 ☆ | 直径 zhíjìng 명 직경 ☆ | 纳米 nàmǐ 양 나노미터(1나노는 10억분의 1미터임) | 水溶剂 shuǐróngjì 명 수용매 | 聚集 jùjí 동 한데 모이다, 합류하다, 집중하다 | 形成 xíngchéng 동 형성하다, 이루다, 만들다 | 镀层 dùcéng 도금한 얇은 금속 층 | 覆盖 fùgài 동 덮다, 뒤덮다, 덮어 가

리다 ★ | **相互** xiānghù 튀 상호, 서로, 피차 | **缠结** chánjié 동 마구 뒤얽히다 | **缝隙** fèngxì 명 틈, 틈새 | **液体** yètǐ 명 액체 | **电解液** diànjiěyè 명 전해액 | **最终** zuìzhōng 명 최후, 최종, 끝 형 마지막의, 최종의 | **离子** lízǐ 명 이온 | **电子** diànzǐ 명 전자 | **小型** xiǎoxíng 형 소형의, 소규모의 | **设备** shèbèi 명 설비, 시설 동 갖추다, 설비하다 | **电荷** diànhè 명 전하 | **产生** chǎnshēng 동 생기다, 발생하다, 나타나다 | **重大** zhòngdà 형 중대한 | **容量** róngliàng 명 용량 | **需求** xūqiú 명 수요, 필요 ★ | **金属** jīnshǔ 명 금속 | **毒** dú 명 독, 독극물 | **化学品** huàxué pǐn 명 화학품 | **电池** diànchí 명 전지 | **电容器** diànróngqì 명 축전기, 콘덴서 | **物质** wùzhì 명 물질 | **防水** fángshuǐ 동 방수하다 | **面临** miànlín 동 직면하다, 당면하다 | **挑战** tiǎo zhàn 명 도전 동 도전하다 | **工业** gōngyè 명 공업 | **流程** liúchéng 명 공정, 과정 | **大规模** dà guīmó 형 대규모의, 대량의 | **生产** shēngchǎn 동 생산하다 | **平常** píngcháng 형 일반적이다, 보통이다, 평범하다 명 평시, 보통, 평상시 | **木浆纸** mùjiāng zhǐ 펄프지 | **脱水** tuō shuǐ 동 탈수되다, 수분이 빠지다 | **程序** chéngxù 명 순서, 절차, 단계, 프로그램 | **商业** shāngyè 명 상업, 비즈니스 | **伙伴** huǒbàn 명 파트너, 동반자, 동료 | **随处可见** suíchù kějiàn 어디서든 보게 되다

5

关于"能量纸",下列哪项正确?
A 稍微厚一点
B 不需要充电
C 有强大的储电能力
D 属于一次性设备

'에너지 종이'에 관해 다음 중 옳은 것은?
A 조금 두껍다
B 충전할 필요가 없다
C 뛰어난 전기저장능력을 지니고 있다
D 일회성 설비에 해당된다

보기 어휘 **充电** chōng diàn 동 충전하다 | **储电** chǔ diàn 전기를 저장하다 | **属于** shǔyú 동 ~에 속하다

정답 C

해설 질문의 핵심어는 '能量纸(에너지 종이)'이다. 첫 번째 단락 마지막 문장에서 '能量纸'을 언급한 것으로 보아, 이 단락은 '能量纸'이라고 일컫게 된 배경 소개가 중심 내용임을 알 수 있다. 앞부분부터 내용을 살펴봐야 하는데, 첫 문장에서 '这种薄得像纸一样的材料有着非凡的储存电量的能力。(종이만큼 얇은 이 소재는 뛰어난 전력저장능력을 지니고 있다.)'라고 하였으므로, 여기서 '非凡的储存电量的能力(뛰어난 전력저장능력)'와 동일한 의미를 나타내는 C가 정답이다.

6

第2段主要介绍的是什么?
A "能量纸"的制作过程
B 电解液的分解
C 如何提取纳米纤维
D 金属的溶解方法

두 번째 단락에서 주로 소개하는 것은 무엇인가?:
A 에너지 종이의 제작 과정
B 전해액의 분해
C 어떻게 나노미터의 섬유질을 얻는가
D 금속의 용해 방법

보기 어휘 **提取** tíqǔ 동 추출하다 ★ | **金属** jīnshǔ 명 금속 | **溶解** róngjiě 동 용해하다 ★

정답 A

해설 질문의 핵심어는 '第2段(두 번째 단락)'이다. 단락 마지막 부분에서 그 중심 내용을 알 수 있다. '就这样(그렇게)'이 정답 키워드라고 할 수 있는데, 마지막 문장에서 就这样最终形成 "能量纸"。(결과적으로 '에너지 종이'가 만들어지게 된 것이다.)라고 하였으므로, 이 단락은 '에너지 종이'가 만들어지는 과정을 설명하고 있음을 알 수 있다. 따라서 정답은 A이다.

7

根据上文，"能量纸"的优点是什么?
A 无毒
B 易溶解
C 不需要脱水
D 制作简单

윗글에 따르면 에너지 종이의 장점은 무엇인가?
A 무독성이다
B 쉽게 용해된다
C 탈수할 필요가 없다
D 제작이 간단하다

보기 어휘 无毒 wúdú 형 무독하다, 독이 없다

정답 A

해설 질문의 핵심어는 '优点(장점)'인데, 이는 지문에 제시되어 있지 않다. 그런데 대부분의 문제가 지문의 흐름에 따라 순서대로 출제되므로, 이 문제의 정답과 관련된 내용은 세 번째 단락이나 마지막 단락에서 언급될 것임을 유추할 수 있다. 세 번째 단락은 '科学家认为'로 시작하는 것으로 보아, 과학자들의 견해에 관한 내용임을 알 수 있으므로 정답과 관련이 없다. 마지막 단락에서 에너지 종이의 장점에 대해 언급하고 있는데, 这种"能量纸"由简单的材料制成，不会产生有毒物质。(이 '에너지 종이'는 단순한 소재로 만들어져 유독물질이 생기지 않는다.)'이라고 하였으므로 정답은 A이다.

8

目前此项技术面临的最大挑战是什么?
A 很难申请专利
B 如何进行大规模生产
C 还没有得到赞助
D 还没得到政府的认可

현재 이 기술이 직면한 가장 큰 도전 과제는 무엇인가?
A 특허를 내기 어렵다
B 어떻게 대규모 생산을 해야 하는지
C 경제적인 지원을 얻지 못했다
D 정부의 허가를 받지 못했다

보기 어휘 专利 zhuānlì 명 특허, 특허권 ★ | 赞助 zànzhù 동 찬조하다, 지지하다, 협찬하다 ★ | 认可 rènkě 동 승낙하다, 허가하다, 인가하다, 허락하다 ★

정답 B

해설 질문의 핵심어는 '最大挑战(가장 큰 도전 과제)'이다. 이는 마지막 단락 중간 부분에 제시되어 있는데, '现在它面临的最大挑战是需要研究出一套工业流程来进行大规模生产。(그것(에너지 종이)이 현재 직면한 가장 큰 문제라면 산업공정으로 대규모 생산이 가능한 지 연구할 필요가 있다는 것이다.)'이라고 하였으므로 정답은 B이다.

공략비법 15 내용 옳고 그름 판단

1-4

본서 p. 313

(1) 大多数鱼类都属于冷血动物，因为它们的体温都与外部环境温度相同。根据早前的研究，只有鲨鱼在某种程度上不是"纯粹的冷血动物"，**(2)** 因为它们身上的某些部位有用来保暖的肌肉组织，而且体内还有相应的"散热机制"。而为了探究其他鱼类是否都是冷血动物，生物学家收集了各种鱼类的体温数据，并研究了它们鳃的样本。结果，生物学家惊讶地发现月鱼拥有与鲨鱼等"非纯粹冷血动物"类似的"散热机制"。月鱼鳃的血管可以通过一种逆流热交换机制来减少热量的丧失，即从鳃部向身体输送低温有氧血液的血管与从身体向鳃部输送温暖无氧血液的血管接触后，**(4)** 静脉血暖化动脉血这一热量交换过程避免了热量从皮肤表面流失，因此使月鱼能保持比外部水温略高的体温。而且较高的体温加快了月鱼体内的生理过程。比如，肌肉可以更快地收缩，瞬间看到事物的清晰度得到提高，神经传递速度也会变快。**(3)** 这就使月鱼拥有了更快的游速、更好的视力和较快的反应速度。此外，月鱼的脂肪分布保证了其身体能更好地留住热量，肌肉组织也发挥着保暖作用。

(1) 대다수 어류는 모두 변온동물에 속하는데, 그것들의 체온이 외부 환경의 온도와 같기 때문이다. 오래 전 연구에 따르면, 상어만이 부분적으로 '순수한 의미의 변온동물'이 아닌 것으로 나타났다. **(2)** 상어의 몸 일부에 보온기능을 하는 근육 조직이 있는데다 체내에도 그에 상응하는 '산열시스템'이 있기 때문이다. 기타 어류들도 변온동물인지 알아보기 위해 생물학자들은 각종 어류의 체온 수치를 모아 그 어류들의 아가미 샘플을 연구했다. 결과, 생물학자들은 놀랍게도 빨간 개복치에 순수한 의미의 변온동물이 아닌 상어 등과 유사한 '산열시스템'이 있다는 사실을 발견했다. 빨간 개복치의 아가미 혈관은 일종의 역류성 열 교환시스템을 통해 열의 손실을 줄일 수 있는데, 즉 아가미에서 몸 쪽으로 저온의 유산소 혈액을 보내는 혈관과 몸에서 아가미 쪽으로 따뜻한 무산소 혈액을 보내는 혈관이 만나면 **(4)** 정맥혈로 동맥혈을 따뜻하게 만드는 열 교환 과정이 피부 표면에서 열이 유실되는 걸 막는다. 그렇기 때문에 빨간 개복치가 외부의 수온보다 약간 높은 체온을 유지할 수 있게 되는 것이다. 게다가 비교적 높은 체온은 빨간 개복치의 체내 생리(生理) 과정을 가속화한다. 예를 들면 근육이 더 빨리 수축해 순간적으로 물체를 보는 선명도가 향상되고 신경 전달 속도도 빨라진다. **(3)** 이것으로 빨간 개복치는 헤엄치는 속도가 빨라지고 시력이 좋아지며 반응 속도도 빨라진다. 이 밖에 빨간 개복치의 지방 분포는 그 몸이 열을 더 잘 보존할 수 있게 해주며, 근육 조직 역시 보온 역할을 한다.

지문 어휘 冷血动物 lěngxuè dòngwù 변온 동물 | 体温 tǐwēn 명 체온 | 外部 wàibù 명 외부, 밖, 바깥 | 早前 zǎoqián 명 이전, 옛날 | 研究 yánjiū 명 연구 동 연구하다 | 鲨鱼 shāyú 명 상어 | 纯粹 chúncuì 형 순수하다 부 순전히, 완전히 ★ | 保暖 bǎonuǎn 동 보온하다 | 肌肉 jīròu 명 근육 | 组织 zǔzhī 명 조직 동 조직하다, 구성하다 | 相应 xiāngyìng 동 상응하다, 서로 맞아 어울리다 | 散热 sànrè 동 산열하다, 열을 발산하다 | 机制 jīzhì 명 시스템, 체제 | 探究 tànjiū 동 파고들어 깊이 연구하다, 탐구하다 | 生物学家 shēngwùxuéjiā 명 생물학자 | 收集 shōují 동 끌어 모으다, 수집하다, 채집하다 | 数据 shùjù 명 통계 수치, 데이터 | 鳃 sāi 명 아가미 ★ | 样本 yàngběn 명 샘플, 견본 | 惊讶 jīngyà 형 놀랍고 의아하다 ★ | 月鱼 yuèyú 명 빨간 개복치 | 拥有 yōngyǒu 동 가지다, 보유하다, 소유하다 ★ | 类似 lèisì 형 유사하다, 비슷하다 ★ | 血管 xuèguǎn 명 혈관 | 逆流 nìliú 명 역류 동 역류하다 | 交换 jiāohuàn 명 교환 동 교환하다 | 热量 rèliàng 명 열, 열량 | 丧失 sàngshī 동 잃다, 상실하다 ★ | 即 jí 부 곧, 즉, 바로 | 输送 shūsòng 동 수송하다, 운송하다 | 低温 dīwēn 명 저온 | 血液 xuèyè 명 혈액 | 接触 jiēchù 동 닿다, 접촉하다 | 静脉血 jìngmàixuè 명 정맥혈 | 动脉血 dòngmàixuè 명 동맥혈 | 避免 bìmiǎn 동 피하다, 모면

하다 | **表面** biǎomiàn 명 표면, 외견, 외관 | **流失** liúshī 동 떠내려가 없어지다, 유실되다, 상실되다 | **保持** bǎochí 동 유지하다, 지키다 | **略** lüè 부 약간, 대충, 대략 | **加快** jiākuài 동 가속화하다, 빠르게 하다, 속도를 올리다 | **生理** shēnglǐ 명 생리 ★ | **比如** bǐrú 접 예를 들다, 예컨대 | **收缩** shōusuō 동 수축하다 ★ | **瞬间** shùnjiān 명 순간 ★ | **清晰度** qīngxīdù 명 선명도, 해상도 | **神经** shénjīng 명 신경 ★ | **传递** chuándì 동 전달하다, 전하다 | **视力** shìlì 명 시력 ★ | **反应** fǎnyìng 명 반응 동 반응하다 | **此外** cǐwài 명 이 밖에, 이 이외 | **脂肪** zhīfáng 명 지방 ★ | **分布** fēnbù 동 분포하다, 널려 있다 | **留住** liúzhù 동 잡아두다, 머무르다 | **发挥** fāhuī 동 발휘하다, 충분히 잘 나타내다 | **性能** xìngnéng 명 성능 ★

1

关于"冷血动物", 下列哪项正确?
A 体温与周围环境相同
B 寿命都很长
C 视力都很好
D 喜欢低温的环境

'변온동물'에 관해 다음 중 옳은 것은?
A 체온이 주위 환경과 같다
B 수명이 길다
C 시력이 좋다
D 저온 환경을 좋아한다

보기 어휘 寿命 shòumìng 명 수명, 목숨, 생명

정답 A

해설 질문의 핵심어는 '冷血动物(변온동물)'이다. 이는 첫 문장에서 바로 찾을 수 있는데, 대다수 어류가 변온동물에 속하는 이유를 언급하며 '因为它们的体温都与外部环境温度相同。(그것들의 체온이 외부 환경의 온도와 같기 때문이다.)'이라고 하였으므로 변온동물의 체온이 주위 환경과 같다는 것을 알 수 있다. 따라서 정답은 A이다.

2

关于鲨鱼, 正确的一项是:
A 有用于保暖的肌肉组织
B 属于冷血动物
C 种类在减少
D 行动缓慢

상어에 관해 옳은 것은:
A 보온기능을 하는 근육 조직이 있다
B 변온동물에 속한다
C 종류가 감소하고 있다
D 행동이 느리다

보기 어휘 种类 zhǒnglèi 명 종류 | 缓慢 huǎnmàn 형 느리다, 완만하다

정답 A

해설 질문의 핵심어는 '鲨鱼(상어)'이다. 이는 두 번째 줄에서 찾을 수 있는데 앞뒤 문장의 내용을 파악하며 보기 내용과 일치하는지 하나하나 체크해야 한다. 상어가 순수한 의미의 변온동물이 아니라고 언급하며 因为它们身上的某些部位有用来保暖的肌肉组织,而且体内还有相应的"散热机制"。(그것들(상어)의 몸 일부에 보온기능을 하는 근육 조직이 있는데다 체내에도 그에 상응하는 '산열시스템'이 있기 때문이다.)이라고 하였으므로 정답은 A이다.

3

下列哪项不是较高的体温给月鱼带来的好处？
A 嗅觉更敏锐
B 反应更迅速
C 视觉更清晰
D 游行速度快

다음 중 비교적 높은 체온이 빨간 개복치에게 주는 이점이 아닌 것은?
A 후각이 예민해진다
B 반응 속도가 빨라진다
C 시야가 좋아진다
D 헤엄치는 속도가 빨라진다

보기 어휘 嗅觉 xiùjué 명 후각 ★ | 敏锐 mǐnruì 형 예민하다, 날카롭다, 예리하다 ★ | 视觉 shìjué 명 시각 | 清晰 qīngxī 형 또렷하다, 분명하다 ★ | 游行 yóuxíng 동 정처 없이 떠돌아다니다, 만유하다

정답 A

해설 질문의 핵심어는 '月鱼(빨간 개복치)'와 '较高的体温(비교적 높은 체온)'이다. 이들은 지문 마지막 부분에서 찾을 수 있는데 내용에 근거해 옳지 않은 것을 묻는 문제이므로 정답을 선택할 때 실수가 없도록 주의해야 한다. 비교적 높은 체온이 빨간 개복치의 체내 생리 과정을 가속화한다고 언급하며 그 예를 든 내용에서 '这就使月鱼拥有了更快的游速、更好的视力和较快的反应速度。(이것으로 빨간 개복치는 헤엄치는 속도가 빨라지고 시력이 좋아지며 반응 속도도 빨라진다.)'라고 하였으므로 '嗅觉(후각)'는 언급되지 않았음을 알 수 있다. 따라서 정답은 A이다.

4

月鱼鳃通过什么减少热量的流失？
A 通过对鳃的控制
B 不断地游动身体
C 收缩体内的血管
D 静脉血向动脉血传递热量

빨간 개복치의 아가미는 무엇으로 열의 유실을 줄이는가?
A 아가미에 대한 통제를 통해서
B 끊임없이 몸을 움직여서
C 체내 혈관을 수축시켜서
D 정맥혈이 동맥혈로 열을 전달해서

보기 어휘 控制 kòngzhì 동 제어하다, 통제하다, 규제하다, 억제하다 | 游动 yóudòng 동 이리저리 옮겨 다니다, 유동하다

정답 D

해설 질문의 핵심어는 '月鱼鳃(빨간 개복치의 아가미)'와 '热量(열)', '流失(유실)'이다. 이들은 지문 중간 부분에서 찾을 수 있는데, '静脉血暖化动脉血这一热量交换过程避免了热量从皮肤表面流失。(정맥혈로 동맥혈을 따뜻하게 만드는 열 교환 과정이 피부 표면에서 열이 유실되는 걸 막는다.)'라고 하였으므로 정답은 D이다. 3번과 4번 문제는 지문의 흐름 순서를 따르지 않은 난이도가 다소 높은 문제 유형에 속하므로 더욱 주의해야 한다.

5-8

(5) 很多人认为，目光直视看到的东西获得的信息最重要，也最可靠；周边视觉，也就是"余光"，能够提供的细节信息极少。然而，新的研究成果显示，在场景认知方面，周边视觉的作用远比人们意识到的要重要得多。

实验中，研究人员向被试者展示了一些生活场景图片。图片的中心部分或者外围部分会被遮挡住，而且图片被展示的时间非常短。**(6)** 被试者看完这些图片后，需判断出图片是什么地方的场景。结果发现，如果中央部分缺失，被试者仍然可以认出他们看到的是什么场景。但若是周边图像缺失，他们辨认起来却很困难。这表明，中央视觉更偏向于识别物体，而周边视觉则是用来识别场景的。

从进化的角度来讲，在原始社会，猿人常常要一边取火，一边提防猛兽，这是出于安全的考虑。**(7)** 于是，人类不得不学会用"余光"迅速获取周边的危险信号，以便能快速地摆脱猛兽的攻击，这样才能够生存下来。

由此可见，周边视觉对人类具有重要的意义，**(8)** 它能够帮助人类觉察周围环境的特点和变化，以便快速地做出反应。网页上角落出现的小广告，其实就是利用了这个原理。虽然你不想看它，但你还是会不由自主地注意到它的存在。

많은 사람들은 직관적으로 본 사물에서 얻은 정보가 가장 중요하고 믿을 만한 것이지, **(5)** 주변 시야, 즉 '곁눈질'이 제공하는 세부 정보는 극히 적다고 여긴다. 그런데 새로운 연구 성과에 따르면 장면을 인지하는 데 있어서 주변 시야의 역할이 사람들이 의식하는 것보다 훨씬 중요한 것으로 나타났다.

실험에서 연구원들은 피실험자들에게 생활 모습이 담긴 사진을 보여줬다. 사진의 중심 또는 주변은 가려져 있었고 피실험자들에게 사진을 보여준 시간은 굉장히 짧았다. **(6)** 피실험자들은 이 사진들을 본 후 사진이 어느 곳의 정경인지 판단해 내야 했다. 결과, 중간 부분이 없어진 경우 피실험자들은 자신이 본 것이 어떤 장면인지 알아낼 수 있었지만, 주변 이미지가 없어진 경우 그들은 분간해 내기가 어려웠다. 이는 중심 시야는 물체를 식별하는데 주로 쓰이는 반면, 주변 시야는 장면을 식별하는 기능을 주로 하는 것임을 보여준다.

진화의 관점에서 보자면 원시시대의 원인(猿人)들은 안전을 위해 불을 피우면서 동시에 맹수의 공격에 대비해야 했던 것이다. **(7)** 그래서 인류는 어쩔 수 없이 '곁눈질'로 주변의 위험 신호를 신속하게 포착해 재빨리 맹수의 공격으로부터 벗어나는 법을 배우며 살아남을 수 있었다.

이로써 주변 시야는 인류에게 있어 중요한 의미를 지니며 **(8)** 그것은 사람들이 민첩하게 반응할 수 있도록 주변 환경의 특징과 변화를 알아차리는데 도움을 주는 것임을 알 수 있다. 인터넷 홈페이지 구석에 노출된 조그마한 광고는, 사실 이런 원리를 이용한 것이다. 보고 싶지 않아도 저절로 그 광고에 주의를 기울이게 되기 때문이다.

지문 어휘 **目光** mùguāng 명 시선, 눈길, 눈빛 ★ | **直视** zhíshì 동 직시하다, 곧바로 앞을 주시하다 | **信息** xìnxī 명 소식, 정보, 뉴스 | **可靠** kěkào 형 믿을 만하다, 믿음직하다 | **周边** zhōubiān 명 주변, 주위 ★ | **视觉** shìjué 명 시야, 시각 | **余光** yúguāng 명 곁눈질 | **细节** xìjié 명 세부적인 내용, 자세한 사정, 사소한 부분 | **成果** chéngguǒ 명 성과, 수확 | **显示** xiǎnshì 동 나타내 보이다, 분명하게 표현하다, 내보이다 | **场景** chǎngjǐng 명 정경, 장면, 모습, 신 | **认知** rènzhī 명 인지 동 인지하다 | **意识** yìshí 동 의식하다, 느끼다, 깨닫다 명 의식 ★ | **实验** shíyàn 명 실험 동 실험하다 | **被试者** bèishìzhě 피시험자 | **展示** zhǎnshì 동 드러내다, 나타내다 ★ | **图片** túpiàn 명 사진이나 그림 등의 총칭, 이미지 | **中心** zhōngxīn 명 중심, 한가운데 ★ | **外围** wàiwéi 명 주위, 바깥 둘레 | **遮挡** zhēdǎng 동 가리다, 막다, 차단하다 ★ | **中央** zhōngyāng 명 중앙 ★ | **缺失** quēshī 동 부족하다, 잃어버리다 명 결함, 결점 | **认出** rèn chū 동 알아차리다, 분별하다, 식별하다 | **图像** túxiàng 명 이미지, 형상, 영상 | **辨认** biànrèn 동 분간해 내다, 알아보다, 식별해 내다 ★ | **表明** biǎomíng 동 표

명하다, 분명하게 밝히다, 분명히 드러내다 | **偏向** piānxiàng 동 기울다, 쏠리다, 편향되다 명 편향, 부정확한 경향 | **识别** shíbié 동 식별하다, 가려내다 ★ | **物体** wùtǐ 명 물체 | **进化** jìnhuà 동 진화하다 ★ | **角度** jiǎodù 명 관점, 각도 | **原始社会** yuánshǐ shèhuì 원시 사회 | **猿人** yuánrén 명 원인, 원시인 | **取火** qǔ huǒ 동 불을 붙이다, 불씨를 얻다 | **提防** dīfang 동 방비하다, 조심하다 | **猛兽** měngshòu 명 맹수, 야수 | **迅速** xùnsù 형 신속하다, 급속하다, 재빠르다 | **信号** xìnhào 명 신호 | **以便** yǐbiàn 접 ~하기 편리하도록, ~하기 위하여 | **摆脱** bǎituō 동 벗어나다, 빠져 나오다 ★ | **攻击** gōngjī 동 공격하다, 비난하다 ★ | **生存** shēngcún 동 생존하다 명 생존 ★ | **由此可见** yóucǐ kějiàn 이로써 알 수 있다, 이로부터 알 수 있다 | **觉察** juéchá 동 알아차리다, 감지하다, 깨닫다 | **反应** fǎnyìng 명 반응 동 반응하다 | **网页** wǎngyè 명 인터넷 홈페이지 | **角落** jiǎoluò 명 구석, 모퉁이 ★ | **原理** yuánlǐ 명 원리 ★ | **不由自主** bùyóuzìzhǔ 성 저절로, 자기도 모르게 | **存在** cúnzài 명 존재 동 존재하다

5

关于"余光",传统观点认为:
A 作用不大
B 是虚幻的
C 会干扰注意力
D 十分重要

'곁눈질'에 대한 전통적인 관점은?
A 역할이 크지 않다
B 허황된 것이다
C 주의력을 방해한다
D 매우 중요하다

보기 어휘 **传统** chuántǒng 형 전통적인 명 전통 | **虚幻** xūhuàn 형 허황된, 비현실적인 | **干扰** gānrǎo 동 방해하다, 교란시키다, 지장을 주다 ★ | **注意力** zhùyìlì 명 주의력

정답 A

해설 질문의 핵심어는 '余光(곁눈질)'과 '传统观点(전통적인 관점)'이다. 이들은 첫 번째 단락에서 찾을 수 있는데, 지문에서 언급한 '很多人认为(많은 사람들은 ~라고 여긴다)' 뒤에 언급되는 내용이 바로 전통적인 관점을 나타내는 것임을 알 수 있다. 周边视觉,也就是"余光",能够提供的细节信息极少。(주변 시야, 즉 '곁눈질'이 제공하는 세부 정보는 극히 적다.)'라고 하였으므로 정답은 A이다.

6

关于图片实验,正确的一项是?
A 目的是测试人的精神集中能力
B 图片场景是不常见的景色
C 被试者需要判断出照片场景
D 人们对这项实验持怀疑的态度

사진 실험에 관해 옳은 것은?
A 사람의 정신 집중력을 측정하는 게 목적이다
B 사진 속 장면은 흔히 볼 수 있는 풍경이 아니다
C 피실험자들은 사진에 나온 정경을 판단해야 한다
D 사람들은 이 실험에 대해 회의적이다

보기 어휘 **测试** cèshì 동 측정하다, 테스트하다, 시험하다 명 측정, 테스트, 시험 | **集中** jízhōng 동 집중하다, 모으다 | **常见** chángjiàn 동 자주 보다, 흔히 보다 | **景色** jǐngsè 명 경치, 풍경 | **持** chí 동 주장하다, 품다, 지니다 | **怀疑** huáiyí 동 의심하다, 의심을 품다

정답 C

해설 질문의 핵심어는 '图片实验(사진 실험)'이다. 두 번째 단락에서 실험에 관한 내용을 언급하고 있는데, 실험의 주제로 '被试者看完这些图片后,需判断出图片是什么地方的场景。(피실험자들은 이 사진들을 본 후 사진이 어느 곳의 정경인지 판단해 내야 했다.)'이라고 하였으므로 정답은 C이다.

7

进化学理论主要阐明了什么?
A 早期人类不文明
B 自然之谜还需探究
C 现代人的"余光"退化严重
D 周边视觉有利于人类生存

진화학 이론이 주로 말하고자 하는 바는 무엇인가?
A 초기 인류는 야만적이다
B 자연의 미스터리는 깊은 연구가 필요하다
C 현대인의 '곁눈질'은 심각하게 퇴화되었다
D 주변 시야는 인류 생존에 도움이 된다

보기 어휘 理论 lǐlùn 명 이론 | 阐明 chǎnmíng 동 명백하게 밝히다 | 文明 wénmíng 형 문명화된, 교양이 있다, 언행이 점잖다 | 自然之谜 zìrán zhī mí 자연의 미스터리 | 探究 tànjiū 동 파고들어 깊이 연구하다, 탐구하다 | 退化 tuìhuà 명 퇴화 동 퇴화하다 | 有利于 yǒulìyú ~에 유리하다, ~에 이롭다

정답 D

해설 질문의 핵심어는 '进化学理论(진화학 이론)'이다. 이는 세 번째 단락에서 찾을 수 있는데 결과를 제시하는 '于是(그래서)'이 이끄는 문장이 바로 핵심 내용이다. '于是，人类不得不学会用"余光"~，这样才能够生存下来。(그래서 인류는 어쩔 수 없이 '곁눈질'로 ~하는 법을 배우며 살아남을 수 있었다.)'라고 하였으므로 정답은 D이다.

8

根据上文，下列哪项正确?
A 余光降低注意力
B 人们都有恐惧的心理
C 古代人更加敏感
D 周边视觉能快速察觉危险

윗글에 근거해 다음 중 옳은 것은?
A 곁눈질이 주의력을 떨어뜨린다
B 사람은 모두 공포심리가 있다.
C 고대인들이 더 민감했다.
D 주변 시야는 위험을 빨리 알아챌 수 있게 한다.

보기 어휘 降低 jiàngdī 동 내리다, 낮추다, 줄이다 | 恐惧 kǒngjù 동 겁먹다, 두려워하다 ★ | 心理 xīnlǐ 명 심리 | 敏感 mǐngǎn 형 민감하다, 예민하다 ★ | 察觉 chájué 동 발견하다, 느끼다, 발각하다

정답 D

해설 질문에 제시된 특정 핵심어가 없으므로 각 보기의 내용을 먼저 파악하고 지문에서 해당 내용을 찾아야 한다. 이 글은 곁눈질의 긍정적인 면을 언급하고 있으므로 A는 정답이 아니다. B와 C에 관한 내용은 언급되지 않았으므로 역시 정답에서 제외된다. D에 관한 내용은 마지막 단락에서 찾을 수 있다. '它能够帮助人类觉察周围环境的特点和变化，以便快速地做出反应。(그것(주변 시야)은 사람들이 민첩하게 반응할 수 있도록 주변 환경의 특징과 변화를 알아차리는데 도움을 준다.)'이라고 하였는데, 여기서 언급한 주변 환경의 특징과 변화가 위험적인 요소를 포함하고 있음을 알 수 있으므로 정답은 D이다.

공략비법 16 주제 및 제목 찾기

1-4

　　近些年来，机器人开始慢慢取代人类，进行一些简单的工厂工作。然而智能机器人的技术不断发展，**(4) 人工智能机器人竟然开始"舞文弄墨"了。**

　　前不久，美国某网站上的一条关于地震的新闻赚足了人们的眼球，**(1) 因为它的作者是一个机器人。**而机器人的发明者是一名记者，这名记者在两年前编写了这套新闻自动生成系统来替他写稿。

　　机器人写手的高调亮相，让很多人工智能技术的支持者 **(2) 兴奋不已。**在现在这个"争分夺秒"的网络媒体时代，机器人写稿快速、高效，给苦于竞争的媒体带来了优先"突围"的机遇。近年来，很多著名的新闻网站都曾使用过类似的新闻生成系统。

　　机器人写手的出现让一些记者很担心他们的工作会被抢走，但他们的担心其实是多余的。实际上，机器人撰写新闻的过程就像一个复杂的填词游戏，**(3) 它最能胜任的就是一些具有固定模式的行业性文章，而无法对事件进行深入分析。**如果有一天记者真的被冷冰冰的机器人所取代，那么新闻恐怕将沦为诸多报道模式的生硬"拼盘"。

　　机器人不可能把自己完全投入到工作中去，更别说要它在镜头前随机应变地进行采访或深入大街小巷明察暗访了。机器人写手虽有其技术优势，但在灵活性和创造力上无法与人相比。因此，机器人写手只能起到一种辅助作用，而无法取代"人类记者"。

　　최근 들어 로봇은 서서히 사람을 대신해 공장의 단순한 업무를 수행하기 시작했다. 그런데 인공지능 로봇 기술이 끊임없이 발전하면서 **(4) 인공지능 로봇이 놀랍게도 '글솜씨까지 발휘하기' 시작했다.**

　　얼마 전 미국의 한 사이트에 올라온 지진 관련 기사가 사람들의 주목을 끌었는데 **(1) 그것의 저자가 로봇이었기 때문이다.** 로봇을 발명한 사람은 어떤 기자로, 그 기자는 2년 전 이 뉴스 자동 생성 시스템을 만들어 그 대신 기사를 작성하게 했다.

　　글 쓰는 로봇의 등장으로 인공 지능기술을 지지하는 사람들은 **(2) 흥분을 감추지 못했다.** '분초를 다투는' 인터넷 미디어 시대에 로봇은 빠르고 효율적으로 원고를 작성하기에 경쟁에 지친 매체에게 우선적으로 '돌파구'를 마련할 기회를 주었다. 근래 유명한 많은 뉴스 사이트들 역시 이와 유사한 뉴스 생성 시스템을 사용한 바 있다.

　　글 쓰는 로봇의 출현으로 일부 기자들은 일자리를 뺏길까 염려하지만 그들의 걱정은 사실 기우에 불과하다. 실제로 로봇이 기사를 쓰는 과정은 복잡한 낱말 맞추기 게임과 같아서 **(3) 로봇이 감당해낼 수 있는 임무는 기껏해야 고정 패턴이 있는 상업성 글에 지나지 않으며 사건에 대한 심도 있는 분석은 하지 못한다.** 언젠가 차가운 로봇이 기자를 정말 대신하게 되면 뉴스는 '다양한 보도 유형'으로 내놓은 부자연스러운 '모듬 요리'로 전락하고 말 것이다.

　　로봇은 자신을 온전히 일에 내던질 수 없으며, 카메라 앞에서 순발력 있게 인터뷰를 진행한다거나 사회의 어두운 이면을 여러모로 조사한다는 건 더더욱 불가능하다. 글 쓰는 로봇이 비록 우수한 기술을 가지고 있지만, 융통성과 창의력 면에 있어서는 사람과 비교할 수 없다. 그러므로 글 쓰는 로봇은 일종의 보조 역할만 할 뿐 '사람 기자'를 대신할 수는 없다.

지문 어휘 | **机器人** jīqì rén 명 로봇 | **取代** qǔdài 동 대체하다 | **人类** rénlèi 명 인류, 인간 | **智能** zhìnéng 명 지능 ★ | **人工** réngōng 형 인공의, 인위적인 | **舞文弄墨** wǔwénnòngmò 성 글재주를 부리다, 글장난을 하다, 붓끝을 놀려 법을 우롱하다 | **地震** dìzhèn 명 지진 | **赚足** zhuàn zú 충분히 벌다 | **眼球** yǎnqiú 명 안구, 주의력 | **发明者**

fāmíng zhě 발명자, 발명가 | 编写 biānxiě 동 편집하다, 편저하다 | 自动 zìdòng 형 자동으로, 자발적인, 자진하여, 주동적인 | 生成 shēngchéng 동 생성되다, 생기다, 태어나다 | 系统 xìtǒng 명 시스템, 계통, 체계 | 写稿 xiě gǎo 동 원고를 쓰다 | 写手 xiěshǒu 명 글쓰기나 문자 편집에 재능이 있는 사람 | 高调 gāodiào 명 고조, 높은 곡조, 높은 톤, 그럴싸한 말 | 亮相 liàng xiàng 동 모습을 드러내다, 공개적으로 의견을 표명하다 | 支持者 zhīchízhě 명 지지자, 서포터 | 兴奋不已 xīngfènbùyǐ 매우 흥분하다 | 争分夺秒 zhēngfēnduómiǎo 성 1분 1초를 다투다, 1분 1초라도 헛되이 쓰지 않다 | 网络 wǎngluò 명 네트워크, 계통, 망, 시스템 ☆ | 媒体 méitǐ 명 대중 매체, 매스 미디어 | 高效 gāoxiào 형 높은 효율의, 높은 능률의 | 苦于 kǔyú 형 ~에 지치다, ~에 괴로워하다, ~에 고생하다 | 优先 yōuxiān 동 우선하다 ☆ | 突围 tūwéi 동 돌파하다, 포위망을 뚫다 | 机遇 jīyù 명 기회, 찬스 ☆ | 类似 lèisì 형 유사하다, 비슷하다 ☆ | 抢走 qiǎngzǒu 동 빼앗기다 | 多余 duōyú 형 쓸데없는, 불필요한, 여분의, 나머지의 | 撰写 zhuànxiě 동 (문장을) 쓰다, 짓다, 저술하다 | 填词 tián cí 동 낱말을 채우다, 낱말을 맞추다 | 胜任 shèngrèn 동 감당할 수 있다, 능히 감당하다 | 固定 gùdìng 형 고정된, 일정한 | 模式 móshì 명 패턴, 표준 양식, 모델 ☆ | 行业性 hángyèxìng 상업성 | 无法 wúfǎ 동 방법이 없다, 할 수 없다 | 事件 shìjiàn 명 사건, 사태 | 深入 shēnrù 형 깊다, 철저하다 동 깊이 들어가다 ☆ | 分析 fēnxī 동 분석하다 명 분석 | 冷冰冰 lěngbīngbīng 형 얼음처럼 차다, 차디차다, 냉담하다 | 沦为 lún wéi ~로 전락하다 | 诸多 zhūduō 형 수많은, 허다한 | 生硬 shēngyìng 형 딱딱하다, 부자연스럽다, 어색하다, 섬세하지 못하다, 서툴다 | 拼盘 pīnpán 모둠 요리, 여러 방면의 조건이나 역량을 한데 모으는 것 | 投入 tóurù 동 뛰어들다, 투입하다, 몰두하다 | 镜头 jìngtóu 명 렌즈 ☆ | 随机应变 suíjīyìngbiàn 성 임기응변하다 | 采访 cǎifǎng 동 취재하다, 인터뷰하다 | 大街小巷 dàjiēxiǎoxiàng 성 거리와 골목, 온 거리 | 明察暗访 míngchá'ànfǎng 성 음으로 양으로 조사하다, 여러 가지 방법으로 조사 연구하다 | 优势 yōushì 명 우세, 우위 | 灵活性 línghuó xìng 명 융통성, 유연성 | 创造力 chuàngzàolì 명 창의력, 창조력 | 辅助 fǔzhù 형 보조적인, 부차적인

1

关于那条新闻，下列哪项正确?
A 人们不太关注
B 是明星报道的
C 它的作者是机器人
D 是一则不真实的消息

그 기사에 관해 다음 중 옳은 것은?
A 사람들이 별로 주목하지 않는다
B 스타가 보도한 것이다
C 기사의 저자는 로봇이다
D 사실이 아닌 정보다

보기 어휘 关注 guānzhù 동 관심을 가지다, 주목하다 명 관심, 주목 | 则 zé 양 조항, 편, 토막(조목으로 나누어진 것이나 단락을 이루는 문장의 수를 셀 때 쓰임) | 真实 zhēnshí 형 진실하다

정답 C

해설 질문의 핵심어는 '新闻(기사)'이다. 이는 두 번째 단락에서 찾을 수 있는데, '因为它的作者是一个机器人。(그것(기사)의 저자가 로봇이었기 때문이다.)'이라고 하였으므로 정답은 C이다.

2

和第3段划线的词语意思相似的一项是:
A 大失所望
B 一筹莫展
C 欣喜若狂
D 沾沾自喜

세 번째 단락의 밑줄 친 단어와 의미가 유사한 것은:
A 크게 실망하다
B 속수무책이다
C 기뻐서 어쩔 줄 모르다
D 우쭐거리며 뽐내다

| 보기 어휘 | 大失所望 dàshīsuǒwàng 성 크게 실망하다 | 一筹莫展 yìchóumòzhǎn 성 써 볼 만한 계책이 하나도 없다, 속수무책이다 | 欣喜若狂 xīnxǐruòkuáng 성 미친 듯 기쁘다, 기뻐서 어쩔 줄 모르다 | 沾沾自喜 zhānzhānzìxǐ 성 득의양양해하며 스스로 즐거워하다, 우쭐거리며 뽐내다

| 정답 | C

| 해설 | '兴奋不已'의 의미를 묻는 문제이다. 밑줄 친 어휘의 의미를 묻는 문제는 각 한자의 뜻을 살펴보면 전체적인 의미를 파악할 수 있는 경우가 많다. '兴奋'이 '흥분하다'는 뜻이고 '不已'가 '멈추지 않다, ~해 마지않다'는 뜻이므로 보기 중 '兴奋不已'와 유사한 의미를 지니는 성어는 C임을 알 수 있다. 또한 지문에서 '兴奋不已'가 포함된 문장을 보아도 글 쓰는 로봇의 등장에 대해 인공 지능기술 지지자들이 매우 기뻐했을 것임을 유추할 수 있다.

3

机器人写手：
A 具有很高的灵活性
B 能单独采访
C 已经取代了人类记者
D 无法深入分析事件

글 쓰는 로봇은:
A 뛰어난 융통성을 지녔다
B 단독으로 인터뷰를 할 수 있다
C 이미 사람 기자를 대신했다.
D 사건을 심도 있게 분석할 수 없다

| 보기 어휘 | 单独 dāndú 부 단독으로, 혼자서

| 정답 | D

| 해설 | 질문의 핵심어는 '机器人写手(글쓰는 로봇)'이다. 이는 세 번째와 네 번째 그리고 마지막 단락에서 찾을 수 있다. 각 보기의 내용을 파악하고 지문에서 해당 내용을 찾아야 한다. A의 '灵活性(융통성)'은 마지막 단락에서 언급되었는데 '但在灵活性和创造力上无法与人相比。(융통성과 창의력 면에 있어서는 사람과 비교할 수 없다.)'라고 하였으므로, A는 정답이 아니다. B는 지문에서 언급되지 않았고 C도 마지막 단락에서 机器人写手只能起到一种辅助作用, 而无法取代"人类记者"。(글 쓰는 로봇은 일종의 보조 역할만 할 뿐 '사람 기자'를 대신할 수 없다.)라고 하였으므로 정답에서 제외된다. D에 관한 내용은 네 번째 단락에서 찾을 수 있는데 '它最能胜任的就是一些具有固定模式的行业性文章，而无法对事件进行深入分析。(그것(로봇)이 감당해낼 수 있는 임무는 기껏해야 고정 패턴이 있는 상업성 글에 지나지 않으며 사건에 대한 심도 있는 분석은 하지 못한다.)'라고 하였으므로 정답은 D이다.

4

最适合做上文标题的是：
A 大众媒体的局限性
B 记者的角色定位
C "舞文弄墨"的机器人
D 人工智能技术的应用

윗글의 제목으로 가장 적합한 것은:
A 대중 매체의 한계성
B 기자의 역할과 위치
C 글솜씨를 발휘하는 로봇
D 인공지능 기술의 응용

| 보기 어휘 | 局限性 júxiànxìng 명 한계성 | 角色 juésè 명 배역, 역할, 어떤 부류의 사람 | 定位 dìngwèi 명 확정된 위치, 정해진 자리 동 사물의 자리를 정하다, 객관적으로 평가하다 | 应用 yìngyòng 명 응용 동 응용하다

| 정답 | C

| 해설 | 제목을 묻는 문제이다. 이 글은 로봇의 글 쓰기 능력에 관해 주로 소개하고 있고, 또한 첫 번째 단락에 언급된 주제문을 통해서도 글의 제목을 찾을 수 있다. 첫 번째 단락 마지막 부분에서 人工智能机器人竟然开始 "舞文弄墨"了。(인공지능 로봇이 놀랍게도 '글 솜씨까지 발휘하기' 시작했다.)라고 하였으므로 정답은 C이다.

快递，在如今人们的生活中已是不可或缺的一部分，但是有一点大家要知道快递并不是现代社会发展的产物。早在秦汉时期就形成了成熟的快递体制；隋唐以后，对速度慢、泄露个人信息等违规行为已有严厉的处罚措施。

无论哪个时期，都十分看重投递的速度。**[5] 秦汉时期，步递一般平均两个小时走10里，大多用于短途投递**；如果是用专车，每天可行80多里；最快的是骑马，可"日行三百多里"。即古人所谓的"至速"。

[6] 到了隋唐，由于大运河的开凿，水路快递逐渐兴起，快递业发展也更为迅速。唐玄宗时期，中国有近1700个驿站，其中水驿占了十分之一，陆驿占到了一半，剩下的则是水陆兼驿。据学者推算，盛唐时期，从事驿传的工作人员约有两万人。而且，唐朝时便开始流行用快递运送水果、水产品。当时，山东向朝廷进贡的螃蟹就是用快递来运送的。

宋代的快递为"急脚递"，是结合了步递和马递而发展起来的，"急脚递"并不是字面上的靠人力快递，而是马递的一种，要求日行400里。而元代有一家店铺的名字叫"急递铺"，已接近于现代的快递公司。

[7] 魏晋时期，魏国陈群等人制定了《邮驿令》，这是中国第一部邮政法规，在中国邮政史上具有里程碑式的意义。

택배는 오늘날 우리 생활에서 없어서는 안 될 중요한 일부가 되었다. 그런데 한 가지 알아둬야 할 점은 택배가 결코 현대 사회 발전의 산물이 아니라는 점이다. 일찍이 진한(秦漢)시대에 완전한 속달 우편 체계가 형성되었고, 수당(隋唐)시대 이후에는 속도가 느리거나 개인 정보를 누설하는 등의 규정 위반 행위에 대해서 엄중히 처벌하였다.

어느 시대든 배달 속도를 상당히 중시했다. **[5] 진한(秦漢) 시대에 도보 배달은 보통 10리를 가는 데 평균 2시간이 걸려 주로 단거리 배달에 이용되었고**, 수레를 이용하면 하루에 80리 이상을 갈 수 있었으며, 가장 빠른 방법은 말을 타는 것으로 하루에 300리 정도를 갈 수 있었다. 즉 옛 사람이 말하는 '지속(至速)'에 해당했다.

[6] 수당(隋唐)시대에 이르러 대운하 공사로 수로를 통한 속달 우편이 점점 발전하면서 속달 우편업도 더 빠르게 발전했다. 당나라 현종(玄宗)시기 중국에는 1,700개에 가까운 역참(驿站)이 있었는데 그 중 수참(水站)이 10분의 1을 차지하고, 육참(陆站)이 절반을 차지했으며 나머지는 수참과 육참을 겸한 역참이었다. 학자들은 성당(盛唐)시기에 역전에서 일한 사람 수를 약 2만 명으로 추산하고 있다. 게다가 당나라 때 과일, 수산물 등을 속달하는 게 유행하기 시작했다. 당시 산동(山東)에서 조공으로 조정에 진상하던 게는 속달로 보내진 것이었다.

송(宋)대의 속달은 '급각체(急脚遞)'로, 걸어서 배달하는 것과 말을 타고 배달하는 것이 결합해 발전하게 된 것이다. '급각체'는 문자 그대로 사람의 힘으로 배달하는 것이 아니라, 말을 타고 가는 방법이라 하루에 400리를 가야 했다. 그리고 원(元)대에 있었던 '급체포(急遞铺)'라는 점포는 오늘날의 택배 회사에 가깝다고 할 수 있다.

[7] 위진(魏晋)시대에 위나라 진군(陳群) 등의 사람이 중국의 최초 우정법규인 《우역령(邮驛令)》을 제정했는데, 이는 중국 우정사(邮政史)에 기념비적인 의미를 지닌다.

지문 어휘

快递 kuàidì 명 택배, 특급 우편, 속달 우편 | **如今** rújīn 명 지금, 이제, 오늘날 | **不可或缺** bùkěhuòquē 성 없어서는 안 되다, 꼭 필요하다 | **产物** chǎnwù 명 산물, 결과 | **秦汉** Qín Hàn 고유 진한(秦漢) 시대 | **形成** xíngchéng 동 형성하다, 이루다, 구성하다 | **体制** tǐzhì 명 체계, 체제 | **隋唐** Suí Táng 고유 수당(隋唐) 시대 | **泄露** xièlòu 동 누설하다, 폭로하다 ★ | **信息** xìnxī 명 소식, 정보, 뉴스 | **违规** wéi guī 동 규정을 어기다 | **行为** xíngwéi 명 행위 | **严厉** yánlì 형 호되다, 매섭다, 단호하다 ★ | **处罚** chǔfá 명 처벌 동 처벌하다, 징벌하다 | **措施** cuòshī 명 조치 동 조치하다, 대책을 행하다 | **看重** kànzhòng 동 중시하다 | **投递** tóudì 동 배달하다, 보내다 | **步递** bù dì 도보 배달, 걸어서 배달하다 | **平均** píngjūn 형 평균의, 균등한, 평균적인 동 균등히 하다, 고르게 하다 | **里** lǐ 양 리(길이 단위로, 1리는 500미터임) | **短途** duǎntú 형 단거리의, 근거리의 | **专车** zhuānchē 명 수레, 전용차 | **日行** rìxíng 동 하루에 ~만

큼 가다 | **古人** gǔrén 몡 옛 사람 | **所谓** suǒwèi 혱 소위, 이른바, ~라는 것은 | **大运河** Dàyùnhé 고유 대운하(중국 베이징으로부터 항저우에 이르는 운하) | **开凿** kāizáo 동 뚫다, 파다, 굴착하다 | **水路** shuǐlù 몡 수로, 해로, 뱃길 | **逐渐** zhújiàn 부 점점, 점차 | **兴起** xīngqǐ 동 일어나다, 흥기하다, 세차게 일어나다 | **迅速** xùnsù 혱 신속하다, 재빠르다 | **唐玄宗** Táng xuánzōng 고유 당현종[중국 당나라의 제6대 황제] | **驿站** yìzhàn 몡 역참(驛站)(옛날 공공 업무를 수행하기 위해 설치된 교통 통신기관) | **兼** jiān 동 겸하다, 동시에 하다 | **学者** xuézhě 몡 학자 | **推算** tuīsuàn 동 추산하다, 미루어 계산하다 | **盛唐** shèng Táng 성당(중국 당(唐)나라의 문학사를 그 융성 단계로 보아, 초당(初唐), 성당(盛唐), 중당(中唐), 만당(晚唐)의 네 시기로 나누었을 때 둘째 시기) | **从事** cóngshì 동 종사하다 | **驿传** yìchuán 몡 역전 | **进贡** jìn gòng 동 조공을 바치다, 공물을 바치다, 상납하다 | **螃蟹** pángxiè 몡 게 | **宋代** Sòng dài 고유 송(宋)대 | **马递** mǎ dì 말 타고 배달하다 | **元代** Yuán dài 고유 원(元)대 | **店铺** diànpù 몡 점포, 상점, 가게 | **接近** jiējìn 혱 비슷하다, 가깝다 동 접근하다, 다가가다 가까이하다 | **制定** zhìdìng 동 제정하다, 만들다, 세우다 | **邮政** yóuzhèng 몡 우정, 우편에 관한 행정 | **法规** fǎguī 몡 법규 | **具有** jùyǒu 동 지니다, 가지다, 구비하다 | **里程碑** lǐchéngbēi 몡 이정표, 기념비적 사건, 역사상 이정표가 되는 사건 ⭐

5

秦汉时期，步递:
A 出现过泄密事件
B 可以日行百里
C 被称为 "急脚递"
D 多用于短途投递

진한(秦漢)시대 때, 도보 배달은:
A 비밀 문서가 누설되었다
B 하루에 100리를 갈 수 있었다
C '급각체'라고 불렸다
D 단거리 배달에 주로 쓰였다

정답 D

해설 질문의 핵심어는 '秦汉时期(진한시대)'와 '步递(도보 배달)'이다. 이는 두 번째 단락에서 찾을 수 있는데 '秦汉时期，步递一般平均两个小时走10里，大多用于短途投递。(진한(秦漢)시대에 도보 배달은 보통 10리를 가는 데 평균 2시간이 걸려 주로 단거리 배달에 이용되었다.)'라고 하였으므로 정답은 D이다.

6

根据第3段，下列哪项正确?
A 隋唐时水路快递兴起
B 快递的速度很重要
C 水驿一共有850个
D 唐朝的水驿多于路驿

세 번째 단락에 근거해 다음 중 옳은 것은?
A 수당(隋唐)시대 때 수로를 통한 속달이 발전했다
B 속달의 속도가 매우 중요하다
C 수참은 총 850개가 있다
D 당나라 때 수참이 육참보다 많았다

정답 A

해설 질문의 핵심어는 '第3段(세 번째 단락)'이다. 특정 단락에 관한 내용을 묻는 문제는 단락의 처음과 마지막 부분을 집중해서 살펴봐야 한다. 세 번째 단락 첫 문장에서 '到了隋唐，由于大运河的开凿，水路快递逐渐兴起，快递业发展也更为迅速。(수당(隋唐)시대에 이르러 대운하 공사로 수로를 통한 속달 우편이 점점 발전하면서 속달 우편업도 더 빠르게 발전했다.)'라고 하였으므로 정답은 A이다.

7

关于魏晋时期的快递业，可以知道什么？
A 从业者约两万人
B 开始流行用快递运送水果
C 有了专门的邮政法规
D 步递的位置很重要

위진(魏晉)시대의 속달업에 관해 알 수 있는 것은?
A 종사자만 약 2만 명이었다
B 속달로 과일을 운송하는 게 유행하기 시작했다
C 전문적인 우정법규가 생겼다
D 도보 배달은 위치가 매우 중요했다

정답 C

해설 질문의 핵심어는 '魏晋时期(위진시대)'이다. 이는 마지막 단락에서 찾을 수 있는데, '魏晋时期，魏国陈群等人制定了《邮驿令》，这是中国第一部邮政法规。(위진(魏晉)시대에 위나라 진군(陳群) 등의 사람이 중국의 최초 우정법규인 《우역령(邮驛令)》을 제정했다.)'라고 하였으므로 정답은 C이다.

8

上文主要谈的是什么？
A 快递业的现状
B 快递的演变历程
C 驿站的主要职能
D 交通工具的多样性

윗글이 주로 이야기하는 것은 무엇인가?
A 택배업의 현황
B 속달 우편의 변천 과정
C 역참의 주요 기능
D 교통수단의 다양성

정답 B

해설 주제를 묻는 문제이다. 이 글은 속달 우편의 역사를 시대별로 나누어 그 특징을 소개하고 있으므로 정답은 B이다.

공략비법 지문 요약 쓰기

1

본서 p. 383

- **기억해야 할 기본 정보**
    시간1: 5년 전(五年前)
    인물1: 나(我)
    인물2: 엄마(妈妈)
    장소1: 기차역(火车站)
    인물3: 사내아이(男孩儿) = 청년(年轻男子)
    장소2: 기차 안(火车上)
    시간2: 5년 뒤 춘절(五年后的春节)

1단락 (이야기의 발단)	
①五年前，我刚考上大学，妈妈送我去学校报到。②我们坐公交车到了火车站，下车的时候遇到了一个男孩儿。③那个男孩儿很羞涩地对我们说："你们需要人帮忙背行李吗？背到站台，20元。"我们的行李确实很多，妈妈就答应了。	5년 전 대학에 입학 등록을 하러 가는 나를 엄마가 배웅해주셨다. 우리는 기차역에서 한 사내아이를 만났는데, 그는 우리에게 짐을 들어주기를 원하는지 물었고, 엄마는 그의 말에 응했다.
	▶ 요약 포인트 ① '五年前(5년 전)'과 같이 시간을 나타내는 표현은 외워서 그대로 쓴다. ② '坐', '到', '下'와 같이 중요하지 않은 동작을 연결 지어 구체적으로 서술하는 부분이나 '羞涩(수줍어서 머뭇머뭇하다)'와 같이 사람의 모습을 묘사하는 부분은 생략한다. ③ 직접화법은 간접화법으로 바꾸어 표현한다. : 쌍점(:)과 큰따옴표(" ")는 쉼표(,)로 바꾸고, 물음표(？)는 마침표(。)로 바꾸면 된다. : 사내아이가 짐을 들어주기를 원하는지 묻는 내용이므로 '说'를 '问'으로 바꾸어야 하고, 또한 '需要'를 정반 의문의 형식인 '需不需要'로 표현해야 한다. : 3인칭(男孩儿)이 1인칭(我们)에게 한 말 속의 2인칭(你们)은 1인칭(我们)으로 바꾼다.

▶ 요약

　　五年前，妈妈送我去大学报到。我们在火车站遇到一个男孩儿，他问我们需不需要帮忙背行李，价格是20元，我们答应了。

지문 어휘 | **报到** bàodào 동 참석 등록을 하다, 도착 보고를 하다 | **公交车** gōngjiāochē 명 버스 | **羞涩** xiūsè 형 수줍어서 머뭇머뭇하다, 부끄럽다, 겸연쩍다 | **站台** zhàntái 명 플랫폼 | **答应** dāying 동 동의하다, 승낙하다, 대답하다

2단락 (이야기의 전개 1)

①男孩儿戴着眼镜，身材消瘦，有一股书生气。②他一手扛起我的被褥，一手拉着行李箱，看上去很吃力。排队买票的时候，妈妈问他："你是学生吧？"男孩儿点点头。妈妈又问："怎么不上学，来干苦力呢？"③男孩儿抿了抿嘴唇说："我家里很困难，趁着假期出来打工。"④原来，他也刚刚高中毕业，并且考上了一所重点大学，但是因为父亲病逝，母亲也无稳定收入，他拿不起学费，打算放弃上大学。	표를 사려고 할 때 우리는 사내아이가 대학에 합격했지만 학비를 감당하지 못해 대학 진학을 포기하려고 한다는 것을 알게 되었다. ▶ 요약 포인트 ① ② 사내아이의 겉모습과 동작을 구체적으로 묘사하는 부분은 생략한다. ③ '抿嘴唇(입을 오므리다)'과 같이 신체 동작을 묘사하는 부분은 생략한다. 직접화법은 간접화법으로 바꾸어 표현한다. : 쌍점(:)과 큰따옴표(" ")는 쉼표(,)로 바꾼다. : 3인칭(男孩儿)이 한 말 속의 1인칭(我)은 3인칭(他)으로 바꾼다. ④ 대학에 붙었지만 학비를 내지 못했다는 내용은 '虽然〜但是〜(비록 〜하지만 〜하다)' 구문을 사용해 표현할 수 있다.

▶ 요약

　　买票时，我们了解到，他家很困难，他虽然考上了大学，但是拿不起学费，他打算放弃上大学。

지문 어휘 | **身材** shēncái 명 몸매, 체격, 몸집 | **消瘦** xiāoshòu 동 여위다, 수척해지다 | **股** gǔ 양 맛, 기체, 냄새, 힘 따위를 세는 단위 | **书生气** shūshēngqì 명 학자풍, 학자 타입 | **扛** káng 동 (어깨에) 메다 ★ | **被褥** bèirù 명 이불, 이불과 요, 침구 | **吃力** chīlì 형 힘들다, 고달프다 ★ | **苦力** kǔlì 명 고된 노동, 중노동자 | **抿** mǐn 동 (입이나 날개를) 오므리다, 다물다 | **嘴唇** zuǐchún 명 입술 ★ | **趁着** chènzhe 〜을 틈타, (시간이나 기회 등을) 이용하여 | **假期** jiàqī 명 방학 기간, 휴가 기간 | **打工** dǎ gōng 동 아르바이트하다, 일하다 | **高中** gāozhōng 명 고등학교 | **所** suǒ 양 개, 하나(학교나 병원을 세는 단위) | **病逝** bìngshì 동 병으로 죽다 | **稳定** wěndìng 형 안정되다 | **收入** shōurù 명 수입, 소득 동 받아들이다, 수록하다 | **拿不起** nábuqǐ 동 감당할 수 없다, 완수할 수 없다

3단락 (이야기의 전개 2)

　　男孩儿一直帮我们把行李送到了火车上。①妈妈拿出一百块钱塞到他的手中。男孩儿说："您是我的第一位客人，我找不开，您有零钱吗？"②妈妈说："不用找了，这是我资助你的，你攒够了钱一定要去上大学。"③他沉默了三秒后，说："谢谢您，但是您必须把地址给我，将来我毕了业，挣了钱，一定会还给您的。"看他坚持，我就把家里的地址给了他。

사내아이는 우리 짐을 기차 안까지 옮겨 주었고, 엄마는 100위안을 꺼내 그에게 주며, 이것은 엄마가 그를 도와주는 것이니 그에게 대학 진학을 꼭 하라고 했다. 그는 엄마에게 반드시 돈을 갚겠다고 하며 우리 집 주소를 달라고 고집했다.

▶ 요약 포인트

① '拿出一百块钱塞到他的手中。(100위안을 꺼내 그의 손에 쥐어줬다.)'는 '给了他一百块。(그에게 100위안을 주었다.)'로 쉽게 바꿀 수 있다.

② 직접화법은 간접화법으로 바꾸어 표현한다.
: 쌍점(:)과 큰따옴표(" ")는 쉼표(,)로 바꾼다.

③ 자세한 상황 묘사는 생략하고 직접화법은 간접화법으로 바꾸어 표현한다.
: 쌍점(:)과 큰따옴표(" ")는 쉼표(,)로 바꾼다.
: 3인칭(他)이 3인칭(妈妈)에게 한 말 속의 2인칭(您)은 명확한 3인칭(妈妈)으로 바꾼다.

▶ 요약

　　男孩儿帮我们把行李拿到了火车上。妈妈给了他一百块，妈妈说，这是她资助男孩儿的，让他一定要上大学。男孩儿说一定会把钱还给妈妈，并坚持要了我家的地址。

지문 어휘　塞 sāi 동 집어넣다, 채우다, 막아버리다 | 资助 zīzhù 동 (경제적으로) 돕다 ★ | 攒 zǎn 동 쌓다, 모으다, 저축하다 |
沉默 chénmò 동 침묵하다 형 과묵하다, 조용하다

4단락 (이야기의 결말)

　　①五年后的春节，一个陌生的年轻男子拿着丰盛的礼品到我家拜年。②我和妈妈茫然地望着这位客人，他微笑着开口："你们还记得在火车站背行李的那个男孩儿吗？"我看着眼前这个精神焕发的男子，脑海中慢慢浮现那个背行李的羞涩男孩儿。③原来，他靠背行李攒了些生活费，并申请了助学贷款，然后又靠勤工俭学完成了大学学业。④现在他已经找到了工作，并且还清了贷款，今天登门是特意来还我们那一百块钱的。

5년 뒤 설날(춘절)에 한 남자가 우리 집에 새해 인사를 하러 왔다. 그는 우리에게 짐을 들어주던 사내아이를 아직 기억하는지 물었다. 알고 보니, 그 사내아이는 학자금 대출도 받고, 또 학업과 일을 병행한 끝에 대학을 졸업하게 되자 돈을 갚으러 온 것이었다.

▶ 요약 포인트

① '五年后的春节(5년 뒤 설날)'와 같이 시간을 나타내는 표현은 외워서 그대로 쓴다.
중요하지 않은 동작을 묘사하는 부분은 생략하고 한 남자가 새해 인사를 하러 왔다는 핵심 내용만 쓴다.

② 나와 엄마의 모습을 구체적으로 묘사하는 부분은 생략하고, 남자가 직접화법으로 한 말은 간접화법으로 바꾸어 표현한다.
: 쌍점(:)과 큰따옴표(" ")는 쉼표(,)로 바꾸고, 물음표(?)는 마침표(。)로 바꾸면 된다.
: 남자가 짐을 들어주던 사내아이를 기억하는지 묻는 내용이므로 '开口'를 '问'으로 바꾸어야 하고, 또한 '记得'를 정반 의문의 형식인 '记不记得'로 표현해야 한다.
: 3인칭(他)이 한 말 속의 2인칭(你们)은 1인칭(我们)으로 바꾼다.

③ 靠~完成学业(~로 학업을 마치게 되다)'에서 그가 대학을 졸업할 수 있었던 주된 이유는 중요하므로 언급해야 한다.

④ 그의 현재 상황에 대해 구체적으로 서술하는 부분은 생략하고, 그가 설날에 우리 집을 찾은 목적이라고 할 수 있는 '还钱(돈을 갚다)'에 관한 내용은 중요하므로 반드시 언급해야 한다.

▶ **요약**

　　　五年后的春节，一个年轻男子来我家拜年，他问我们还记不记得背行李的男孩儿。原来，他靠助学贷款和勤工俭学完成了学业，他是来还钱的。

지문 어휘 陌生 mòshēng ⑱ 생소하다, 낯설다 ｜ 丰盛 fēngshèng ⑱ 풍성하다, 성대하다 ☆ ｜ 拜年 bài nián ⑧ 세배하다, 새해 인사를 드리다 ☆ ｜ 茫然 mángrán ⑱ 아무것도 모르거나 어쩔 줄 몰라 하는 모양, 망연하다 ☆ ｜ 精神焕发 jīngshénhuànfā ⑱ 생기를 발산하다 ｜ 脑海 nǎohǎi ⑱ 머리, 뇌리, 생각 ｜ 浮现 fúxiàn ⑧ (지난 일이) 머릿속에 떠오르다 ｜ 助学 zhùxué ⑧ 공부하는 사람을 도와 주다, 교육 사업을 일으키는 데 돕다 ｜ 贷款 dàikuǎn ⑱ 대출금 ⑧ 대출하다 ｜ 勤工俭学 qíngōngjiǎnxué 일하면서 공부하다, 고학 ｜ 还清 huánqīng ⑧ (빚을) 완전히 갚다, 청산하다 ｜ 登门 dēng mén ⑧ 방문하다 ｜ 特意 tèyì ⑨ 특별히, 일부러 ☆

▶ **글 제목 짓기**

1) 주인공과 관련된 키워드를 활용하자.
   : 守信的男孩儿(신용을 지킨 사내아이)

2) 주제와 관련된 핵심 표현을 활용하자.
   : 知恩图报(지은보은, 남에게 입은 은혜를 알고 그 은혜를 갚음)

모범 답안

						守	信	的	男	孩	儿			
		五	年	前	，	妈	妈	送	我	去	大	学	报	到	。	我	们	在	火
车	站	遇	到	一	个	男	孩	儿	，	他	问	我	们	需	不	需	要	帮	忙
背	行	李	，	价	格	是	20	元	，	我	们	答	应	了	。

买票时，我们了解到，他家很困难，他虽然考上了大学，但是拿不起学费，他打算放弃上大学。

　　男孩儿帮我们把行李拿到了火车上。妈妈给了他一百块，妈妈说，这是她资助男孩儿的，让他一定要上大学。男孩儿说一定会把钱还给妈妈，并坚持要了我家的地址。

　　五年后的春节，一个年轻男子来我家拜年，他问我们还记不记得背行李的男孩儿。原来，他靠助学贷款和勤工俭学完成了学业，他是来还钱的。

지문 해석

　　五年前，我刚考上大学，妈妈送我去学校报到。我们坐公交车到了火车站，下车的时候遇到了一个男孩儿，那个男孩儿很羞涩地对我们说："你们需要人帮忙背行李吗？背到站台，20元。"我们的行李确实很多，妈妈就答应了。

　　男孩儿戴着眼镜，身材消瘦，有一股书生气。他一手扛起我的被褥，一手拉着行李箱，看上去很吃力。排队买票的时候，妈妈问他："你是学生吧？"男孩儿点点头。妈妈又问："怎么不上学，来干苦力呢？"男孩儿抿了抿嘴唇说："我家里很困难，趁着假期出来打工。"原来，他也刚刚高中毕业，并且考上了一所重点大学，但是因为父亲病逝，母亲也无稳定收入，他拿不起学费，打算放弃上大学。

5년 전 내가 막 대학에 붙었을 때 엄마가 학교에 등록하러 가는 나를 바래다주셨다. 우리가 버스를 타고 기차역에 도착해 차에서 내렸을 때 한 사내아이를 만났는데, 그 아이는 수줍어하며 우리에게 말했다. "짐을 들어드릴까요? 플랫폼까지 20위안입니다." 짐이 정말 많아서 엄마는 그 말에 응했다.

사내아이는 안경을 쓰고 있었고 마른 몸에 모범생의 티가 났다. 그는 한 손으로는 내 이불을 어깨에 메고, 다른 한 손으로는 짐 가방을 끌었는데 매우 힘겨워 보였다. 줄을 서서 표를 사려고 할 때 엄마가 그에게 물었다. "너 학생이니?" 아이는 고개를 끄덕였다. 엄마가 또 물었다. "왜 학교를 다니지 않고 이런 힘든 일을 하는 거니?" 아이는 입술을 오므리며 말했다. "저희 집 형편이 어려워서요. 방학을 이용해 아르바이트 하는 거예요." 알고 보니, 그도 막 고등학교를 졸업하고 명문 대학에 입학했는데, 아버지는 병으로 돌아가시고, 어머니도 안정적인 수입이 없어 학비를 감당하지 못해 대학 진학을 포기하려고 한다는 것이었다.

男孩儿一直帮我们把行李送到了火车上。妈妈拿出一百块钱塞到他的手中。男孩儿说："您是我的第一位客人，我找不开，您有零钱吗？"妈妈说："不用找了，这是我资助你的，你攒够了钱一定要去上大学。"他沉默了三秒后，说："谢谢您，但是您必须把地址给我，将来我毕了业，挣了钱，一定会还给您的。"看他坚持，我就把家里的地址给了他。

　　五年后的春节，一个陌生的年轻男子拿着丰盛的礼品到我家拜年。我和妈妈茫然地望着这位客人，他微笑着开口："你们还记得在火车站背行李的那个男孩儿吗？"我看着眼前这个精神焕发的男子，脑海中慢慢浮现那个背行李的羞涩男孩儿。原来，他靠背行李攒了些生活费，并申请了助学贷款，然后又靠勤工俭学完成了大学学业，现在他已经找到了工作，并且还清了贷款，今天登门是特意来还我们那一百块钱的。

사내아이는 짐을 기차 안까지 옮겨주었다. 엄마는 100위안을 꺼내 그의 손에 쥐어주었다. 아이가 말했다. "부인이 저의 첫 번째 손님이셔서 제가 돈을 거슬러드릴 수가 없습니다. 혹시 잔돈 있으십니까?" 엄마가 말했다. "거슬러 주지 않아도 된다. 이건 내가 도와주는 거로 하자. 돈을 모아 꼭 대학에 진학하렴." 3초간 침묵이 흐른 뒤 그가 말했다. "감사합니다만 저에게 주소는 남겨주세요. 나중에 제가 졸업하고 돈을 벌게 되면 반드시 갚겠습니다." 그가 끝까지 고집을 부려 나는 집 주소를 그에게 적어주었다.

5년 뒤 춘절에 한 낯선 남자가 푸짐한 선물을 안고 우리 집에 새해 인사를 하러 왔다. 나와 엄마가 멍하니 바라보자 이 손님은 미소를 지으며 말했다. "기차역에서 짐을 들어주던 그 사내아이를 아직 기억하십니까?" 나는 눈앞의 활기차 보이는 이 남자를 보자 짐을 나르던 그 수줍은 모습의 사내아이가 뇌리에 떠올랐다. 알고 보니, 그는 짐을 들어주며 생활비를 조금 모으고 학자금 대출도 받고, 또 학업과 일을 병행한 끝에 대학 학업을 마치게 된 것이었다. 현재 그는 이미 일을 찾았고 대출금도 갚았다고 했는데, 오늘은 일부러 우리에게 그 100위안을 갚으러 찾아온 것이었다.

지문 어휘

报到 bàodào 동 참석 등록을 하다, 도착 보고를 하다 | **公交车** gōngjiāochē 명 버스 | **羞涩** xiūsè 형 수줍어서 머뭇머뭇하다, 부끄럽다, 겸연쩍다 | **站台** zhàntái 명 플랫폼 | **答应** dāying 동 동의하다, 승낙하다, 대답하다 | **身材** shēncái 명 몸매, 체격, 몸집 | **消瘦** xiāoshòu 동 여위다, 수척해지다 | **股** gǔ 양 맛, 기체, 냄새, 힘 따위를 세는 단위 | **书生气** shūshēngqì 명 학자풍, 학자 타입 | **扛** káng 동 (어깨에) 메다 ★ | **被褥** bèirù 명 이불, 이불과 요, 침구 | **吃力** chīlì 형 힘들다, 고달프다 ★ | **苦力** kǔlì 명 고된 노동, 중노동자 | **抿** mǐn 동 (입이나 날개를) 오므리다, 다물다 | **嘴唇** zuǐchún 명 입술 ★ | **趁着** chènzhe ~을 틈타, (시간이나 기회 등을) 이용하여 | **假期** jiàqī 명 방학 기간, 휴가 기간 | **打工** dǎ gōng 동 아르바이트하다, 일하다 | **高中** gāozhōng 명 고등학교 | **所** suǒ 양 개, 하나 (학교나 병원을 세는 단위) | **病逝** bìngshì 동 병으로 죽다 | **稳定** wěndìng 형 안정되다 | **收入** shōurù 명 수입, 소득 동 받아들이다, 수록하다 | **拿不起** nábuqǐ 동 감당할 수 없다, 완수할 수 없다 | **塞** sāi 동 집어넣다, 채우다, 막아버리다 | **资助** zīzhù 동 (경제적으로) 돕다 ★ | **攒** zǎn 동 쌓다, 모으다, 저축하다 | **沉默** chénmò 동 침묵하다 형 과묵하다, 조용하다 | **陌生** mòshēng 형 생소하다, 낯설다 | **丰盛** fēngshèng 형 풍성하다, 성대하다 ★ | **拜年** bài nián 동 세배하다, 새해 인사를 드리다 ★ | **茫然** mángrán 형 아무것도 모르거나 어쩔 줄 몰라 하는 모양, 망연하다 ★ | **精神焕发** jīngshénhuànfā 성 생기를 발산하다 | **脑海** nǎohǎi 명 머리, 뇌리, 생각 | **浮现** fúxiàn 동 (지난 일이) 머릿속에 떠오르다 | **助学** zhùxué 동 공부하는 사람을 도와 주다, 교육 사업을 일으키는 데 돕다 | **贷款** dàikuǎn 명 대출금 동 대출하다 | **勤工俭学** qíngōngjiǎnxué 일하면서 공부하다, 고학 | **还清** huánqīng 동 (빚을) 완전히 갚다, 청산하다 | **登门** dēng mén 동 방문하다 | **特意** tèyì 부 특별히, 일부러 ★

본서 p. 385

해설

- **기억해야 할 기본정보**

  인물1: 백락(伯乐)
  시간1: 춘추시대(春秋时代)
  인물2: 손양(孙阳)
  인물3: 초나라 왕(楚王)
  시간2: 어느 여름 날(一年夏天)
  인물4: 마부(车夫)
  동물: 수레를 끄는 말(拉车的马)
  장소: 초나라(楚国)

1, 2단락 (이야기의 도입)	
①传说中，天上管理马匹的神仙叫伯乐。在人间，人们也把善于鉴别马匹优劣的人称为伯乐。 ②第一个被称为伯乐的人是春秋时代的孙阳。由于他相马的技术十分超群，③人们便干脆叫他伯乐，而不称呼他的本名，并一直延续到现在。	사람들은 훌륭한 말을 잘 가려내는 사람을 백락이라고 칭한다. 춘추시대 사람인 손양은 중국에서 최초로 백락이라고 불린 사람이다. 후에 사람들은 그를 본명 대신 백락이라고 불렀다. ▶ 요약 포인트 ① 전설과 같은 배경 설명은 생략하고, 말 감별 기술이 탁월한 사람을 백락이라고 불렀다는 핵심 내용만 쓴다. ② '伯乐(백락)', '孙杨(손양)'등의 핵심 인물과 '春秋时代(춘추시대)'라는 시간은 중요하므로 반드시 언급해야 한다. ③ '便干脆叫(아예 ~라고 부르다)', '而不称呼(~라고 부르지 않다)'와 같은 표현은 '就叫', '而不叫'와 같이 쉽고 간단한 표현으로 바꿀 수 있다.

▶ 요약

人们把善于鉴别马匹优劣的人称为伯乐。春秋时代的孙阳是中国古代的第一位伯乐。后来人们就叫他伯乐，而不叫他的本名。

지문 어휘 马匹 mǎpǐ 몡 마필(말의 총칭) | 神仙 shénxiān 몡 신선, 선인 ★ | 伯乐 Bólè 고유 백락(말을 잘 가려내는 사람을 일컫는 말로, 인재를 잘 알아보고 등용하는 사람을 비유) | 人间 rénjiān 몡 세상 | 善于 shànyú 동 ~을 잘하다, ~에 능숙하다 | 鉴别 jiànbié 동 감별하다, 구별하다 ★ | 优劣 yōuliè 몡 우열 | 时代 shídài 몡 (역사상의) 시대, 시기 | 孙阳 Sūnyáng 고유 손양(孫陽) | 相马 xiàngmǎ 동 말의 좋고 나쁨을 가려내다, 인재를 잘 알아보다 | 超群 chāoqún 형 출중하다, 월등하다, 뛰어나다 | 干脆 gāncuì 부 차라리, 아예 형 명쾌하다, 시원스럽다 | 本名 běnmíng 몡 본명, 본 이름 | 延续 yánxù 동 계속하다, 지속하다 ★

3단락 (이야기의 전개 1)

一次，① 楚王委托伯乐购买一匹能日行千里的骏马。伯乐欣然答应，不过他告诉楚王，千里马虽好，却十分难遇，请楚王不要着急，他会尽力办好这件事。②伯乐辗转多个国家，特别是在素来盛产名马的燕国和赵国进行了仔细寻访。伯乐虽然历尽艰辛，却还是没找到中意的良马。

한번은 초나라 왕이 백락에게 천리마 한 필을 사 오라고 했다. 백락은 천리마는 만나기가 매우 어려우니 서두르지 말라고 했다. 이후 백락은 여러 나라를 돌아다녔으나 마음에 드는 말을 찾지 못했다.

▶ 요약 포인트
① '委托(의뢰하다)'는 쉬운 표현인 '让'으로 바꿀 수 있다.

② 연나라와 조나라에 대해 부연설명 하는 부분은 생략하고 포괄적인 표현인 '许多国家'를 사용하여 여러 나라를 돌아 다녔지만 만족할 만한 말을 찾지 못했다는 핵심 내용만 쓴다.

▶ 요약
一次，楚王让伯乐买一匹千里马。伯乐说，千里马十分难找，请楚王不要着急。后来，伯乐寻访了许多国家，却一直没有找到满意的马。

지문 어휘 委托 wěituō 동 의뢰하다, 위탁하다 ★ | 楚王 Chǔ wáng 초나라 왕 | 购买 gòumǎi 동 사다, 구매하다 | 日行千里 rìxíng qiānlǐ 하루에 천 리를 가다 | 欣然 xīnrán 부 즐겁게, 기쁘게, 기꺼이 | 千里马 qiānlǐmǎ 명 천리마, 준마 | 尽力 jìnlì 동 온 힘을 다하다 | 辗转 zhǎnzhuǎn 동 전전하다, 여러 곳을 거치다 | 素来 sùlái 부 원래, 이전부터 | 盛产 shèngchǎn 동 많이 나다, 많이 생산하다 ★ | 燕国 Yànguó 고유 연(燕)나라 | 赵国 Zhàoguó 고유 조(赵)나라 | 寻访 xúnfǎng 동 탐방하다, 방문하다 | 艰辛 jiānxīn 명 고생 형 고생스럽다 | 中意 zhòngyì 동 만족하다, 마음에 들다 | 良马 liángmǎ 명 훌륭한 말

4단락 (이야기의 전개 2)

一年夏天，伯乐在从齐国返回楚国的路上，看到了一匹拉着盐车的马。①当时，这匹马吃力地在陡坡上行进，累得气喘吁吁，艰难地迈着步子。伯乐向来与马亲近，他情不自禁地走到马跟前。马看到伯乐，突然昂起头，瞪大眼睛，大声嘶鸣，好像要对伯乐倾诉什么。②伯乐立即从声音中判断出，这是一匹难得的骏马。伯乐眼睛一亮，心中燃起了希望。③他对车夫说："这匹马如果在疆场上驰骋，任何马都比不过它；但用来拉车，它却不如普通的马。你还是把它卖给我吧。"④车夫认为伯乐是个大傻瓜，他觉得这匹马太普通了，吃得很

어느 여름 날 백락은 초나라로 돌아가는 길에 수레를 끄는 말을 보았다. 말은 힘겹게 언덕을 오르고 있었다. 백락은 이 말의 울음소리를 통해 좋은 말임을 알아차렸다. 그래서 마부에게 이 말을 자신에게 팔라고 말했고, 마부는 흔쾌히 승낙했다. 마부가 보기에 이 말은 먹기만 하고 힘은 못 쓰는 지극히 평범한 말이었기 때문이다.

▶ 요약 포인트
① 말의 당시 모습을 구체적으로 서술하고, 반응을 상세하게 묘사하는 부분은 생략한다.

② 백락이 말의 울부짖는 소리로 그 말이 준마임을 알아차렸다는 내용은 중요하므로 언급해야 한다.

③ 직접화법은 간접화법으로 바꾸어 표현한다.
: 쌍점(:)과 큰따옴표(" ")는 쉼표(,)로 바꾼다.
: 백락(他)이 마부에게 그 말을 팔라고 하는 내용이므로 '说'는 '让'으로 바꾼다.
: 3인칭(他)이 3인칭(车夫)에게 한 말 속의 2인칭(你)은 명확한 3인칭(车夫)으로 1인칭(我)은 3인칭(他)으로 바꾼다.

多却骨瘦如柴，拉车也没力气，便毫不犹豫地同意了。

④ 마부가 그 말을 팔겠다고 동의한 이유는 간단하게 언급하고, '毫不犹豫地(조금도 주저하지 않고)'는 생략하거나 '很爽快地'와 같이 간단하게 바꿀 수 있다.

▶ 요약

　　一年夏天，伯乐在返回楚国的路上看到了一匹拉车的马。当时，这匹马在吃力地爬坡。通过这匹马的叫声，伯乐判断出这是一匹好马。于是，他让车夫把这匹马卖给他。车夫很爽快地答应了，因为他觉得这匹马很普通。

지문 어휘

返回 fǎnhuí 동 되돌아오다, 되돌아가다 | 齐国 Qíguó 고유 제(齐)나라 | 楚国 Chǔguó 고유 초(楚)나라 | 盐车 yánchē 명 소금 수레 | 吃力 chīlì 형 힘들다, 고달프다 ★ | 陡坡 dǒupō 명 험한 비탈길, 가파른 고개 | 行进 xíngjìn 동 앞으로 나아가다, 전진하다 | 气喘吁吁 qìchuǎnxūxū 성 호흡을 가쁘게 몰아 쉬다, 숨이 가빠서 식식거리는 모양 | 艰难 jiānnán 형 어렵다, 힘들다 ★ | 迈 mài 동 내딛다, 나아가다 ★ | 步子 bùzi 명 발걸음, 보조, 걸음걸이 | 向来 xiànglái 부 본래부터, 줄곧, 지금까지 | 亲近 qīnjìn 동 가까이 가다, 친해지다 형 친근하다, 가깝다 | 情不自禁 qíngbúzìjīn 성 감정을 스스로 억제하기 힘들다 | 昂 áng 동 (머리, 고개를) 들다, 높이 쳐들다 | 瞪 dèng 동 (눈을) 크게 뜨다, 휘둥그렇게 뜨다 ★ | 嘶鸣 sīmíng 동 (나귀, 말 등이) 큰 소리로 울다, 울부짖다 | 倾诉 qīngsù 동 이것저것 다 말하다, 다 털어놓다 | 车夫 chēfū 명 마부, 인력거꾼, 운전사 | 疆场 jiāngchǎng 명 전쟁터 | 驰骋 chíchěng 동 내달리다, 질주하다 | 瘦骨如柴 gǔshòurúchái 성 장작개비같이 바싹 마르다, 수척하다 | 毫不犹豫 háobùyóuyù 성 조금도 주저하지 않다, 대단히 결단력이 있다

5단락 (이야기의 전개 3)

　　① 伯乐如获至宝，牵着这匹骏马直奔楚国。当他牵马来到楚国王宫时，②他拍拍马的脖颈说："我给你找到了好主人。"③千里马似乎听懂了伯乐的意思，抬起前蹄，引颈长嘶，洪亮的声音直上云霄。楚王听到马嘶声，便走出宫外。伯乐指着马说："大王，我把千里马给您带来了，请仔细观看。"④楚王见伯乐牵来的马瘦得不成样子，认为伯乐在愚弄他，十分不悦。⑤他说："我相信你会相马才让你买马，可你买的是什么马？连走路都很困难，怎么能上战场呢？"⑥伯乐连忙解释说："这确实是一匹千里马，只是因为拉了一段时间车，车夫喂养得又不精心，所以看起来很瘦弱。我保证，只要精心喂养，不出半个月，一定会恢复体力，变得结实。"

백락은 보물을 얻은 듯 기뻐하며 말을 이끌고 초나라로 돌아갔다. 그러나 말의 야윈 모습을 본 초나라 왕은 백락이 자신을 속였다고 생각해 불쾌해했다. 그는 이 말이 전장에 나갈 수 있으리라고는 전혀 믿지 않았다. 백락은 이 말은 천리마가 틀림없으며, 수레를 끄느라 지치고 잘 먹지 못해서 야윈 것이니 정성껏 보살피면 보름 안에 기운을 회복할 거라고 설명했다.

▶ 요약 포인트

① '如获至宝(진귀한 보물을 얻은 것 같다)'는 '得到一个宝贝'라는 쉬운 표현으로 바꿀 수 있다.

② ③ 백락이 말에게 한 말이나 그에 대한 말의 반응은 핵심 내용이 아니므로 생략한다.

④ '愚弄(우롱하다)'은 '骗'이나 '欺骗'이라는 쉬운 표현으로 바꿀 수 있고, '不悦(불쾌하다)'는 '不高兴'으로 바꿀 수 있다.

⑤ ④에서 백락이 그 말을 사온 것에 대한 초나라 왕의 생각이 이미 언급되었으므로 이에 관한 내용을 직접화법으로 다시 제시한 부분은 생략해도 된다.

⑥ 백락이 그 말은 천리마라고 설명하는 부분은 중요하므로 가능한 자세히 쓰고 직접화법의 문장은 간접화법으로 바꾸어 표현한다.
: 여기에서는 문장부호 (:)와 (" ")를 (,)와 (。)로만 바꾸어 주면 된다.

▶ 요약

　　伯乐觉得自己得到了一个宝贝，他牵着这匹马回到了楚国。可是，楚王见马瘦得不成样子，认为伯乐在骗他，心里很不高兴，他不相信这匹马能上战场。伯乐解释说，这匹马确实是千里马，只是因为拉车太累，喂养得也不好，所以很瘦弱，只要精心喂养，半个月内就能恢复体力。

지문 어휘

如获至宝 rúhuòzhìbǎo 셩 진귀한 보물을 얻은 것 같다, 얻은 것을 매우 귀히 여기다 | 牵 qiān 통 끌다, 끌어 잡아당기다 ★ | 直奔 zhíbèn 통 곧장 달려가다 | 王宫 wánggōng 명 왕궁 | 脖颈 bógěng 명 목덜미 | 前蹄 qiántí 명 앞발굽 | 引颈长嘶 yǐnjǐngchángsī 목을 길게 빼고 오래 울부짖다 | 洪亮 hóngliàng 형 (소리가) 크고 낭랑하다, 우렁차다 | 直上云霄 zhíshàng yúnxiāo 하늘 높이 솟아오르다 | 嘶声 sīshēng 명 울음소리 | 观看 guānkàn 통 보다, 참관하다, 관람하다 | 连忙 liánmáng 부 얼른, 급히, 재빨리 | 喂养 wèiyǎng 통 사육하다, 기르다 | 精心 jīngxīn 형 정성을 들이다 ★ | 瘦弱 shòuruò 형 여위고 허약하다 | 恢复 huīfù 통 회복하다 | 结实 jiēshi 형 튼튼하다, 건장하다

6단락 (이야기의 결말)

楚王半信半疑，命令马夫尽心尽力把马喂好。①果然，没出几天马就变得精壮神骏。楚王跨上马背，策马奔腾。马儿身轻如燕、健步如飞。②喘息的工夫，已跑出百里。后来，③千里马随楚王驰骋沙场，立下不少功劳。④楚王也对伯乐更加敬重。	이후 이 말은 정말 건장해져 매우 짧은 시간 안에 백리를 달릴 수 있게 되었다. 천리마는 초나라 왕을 따라 전장에 나가 많은 공을 세웠다. 초나라 왕은 백락을 더욱 존중하게 되었다. ▶ 요약 포인트 ① 말이 건장하게 변했다는 내용은 중요하므로 반드시 언급한다. ② '喘息的工夫(숨을 돌리는 시간)'는 '在很短的时间内'라는 쉬운 표현으로 바꿀 수 있다. ③ '驰骋(내달리다)'은 '奔跑'로, '沙场(전쟁터)'는 '战场'이라는 쉬운 표현으로 바꿀 수 있다. ④ 결말로 제시한 문장은 가능한 바꾸지 않고 그대로 쓴다.

▶ 요약

　　后来，这匹马果然变得精壮结实，在很短的时间内就能跑一百里。千里马随楚王上战场，立下不少功劳。楚王也对伯乐更加敬重。

지문 어휘 半信半疑 bànxìnbànyí 형 반신반의하다 | 命令 mìnglìng 동 명령하다 | 马夫 mǎfū 명 마부 | 尽心尽力 jìnxīnjìnlì 몸과 마음을 다하다, 있는 힘과 성의를 다하다 | 精壮神骏 jīngzhuàng shénjùn 건장한 준마, 힘이 센 천마 | 跨 kuà 동 (두 다리를 벌리고) 걸터앉다 | 奔腾 bēnténg 동 내달리다 | 身轻如燕 shēnqīngrúyàn 몸이 제비처럼 가볍다 | 健步如飞 jiànbùrúfēi 성 나는 듯이 가볍고 빠르게 걷다, 걸음걸이가 씩씩하고 빠르다 | 喘息 chuǎnxī 동 헐떡거리다, 숨을 몰아 쉬다 | 工夫 gōngfu 명 시간 | 沙场 shāchǎng 명 전쟁터 | 功劳 gōngláo 명 공로 ★ | 敬重 jìngzhòng 동 존중하다, 존경하다

7단락 (이야기의 주제)

如今，人们常用伯乐来比喻那些善于发现人才，并懂得珍惜人才的人。	오늘날에는 인재를 잘 알아보고 인재를 귀히 여길 줄 아는 사람을 백락에 비유한다.
	▶ 요약 포인트 주제문은 가능한 그대로 쓴다.

▶ 요약
현在，人们常用伯乐来形容善于发现人才，并懂得珍惜人才的人。

지문 어휘 如今 rújīn 명 지금, 이제 | 常用 chángyòng 동 상용하다, 늘 쓰다 형 상용하는, 늘 사용하는 | 比喻 bǐyù 동 비유하다 ★ | 珍惜 zhēnxī 동 진귀하게 여겨 아끼다, 소중히 여기다 | 人才 réncái 명 인재

▶ **글 제목 짓기**

1) 관련 성어를 이용하자.
   : 伯乐相马(인재를 잘 식별하다)

2) 주제문을 활용하자.
   : 珍惜人才(인재를 귀하게 여기자)
   : 善用人才(인재를 잘 등용하자)

3) 주인공 이름을 이용하자.
   : 珍惜人才的伯乐(인재를 귀하게 여기는 백락)
   : 善用人才的伯乐(인재를 잘 등용하는 백락)

모범 답안

							伯	乐	相	马					
	人	们	把	善	于	鉴	别	马	匹	优	劣	的	人	称	为	伯	乐	。
春	秋	时	代	的	孙	阳	是	中	国	古	代	的	第	一	位	伯	乐	。	后
来	人	们	就	叫	他	伯	乐	，	而	不	叫	他	的	本	名	。
	一	次	，	楚	王	让	伯	乐	买	一	匹	千	里	马	。	伯	乐	说 ，

千里马十分难找，请楚王不要着急。后来，伯乐寻访了许多国家，却一直没有找到满意的马。

一年夏天，伯乐在返回楚国的路上看到了一匹拉车的马。当时，这匹马在吃力地爬坡。通过这匹马的叫声，伯乐判断出这是一匹好马。于是，他让车夫把这匹马卖给他。车夫很爽快地答应了，因为他觉得这匹马很普通。

伯乐觉得自己得到了一个宝贝，他牵着这匹马回到了楚国。可是，楚王看到这匹马瘦得不成样子，觉得伯乐在骗他，心里很不高兴，他不相信这匹马能上战场。伯乐解释说，这匹马确实是千里马，只是因为拉车太累，喂养得也不好，所以很瘦弱，只要精心喂养，半个月内就能恢复体力。

后来，这匹马果然变得精壮结实，在很短的时间内就能跑一百里。千里马随楚王上战场，立下不少功劳。楚王也对伯乐更加敬重。

现在，人们常用伯乐来形容善于发现人才，并懂得珍惜人才的人。

지문 해석

传说中，天上管理马匹的神仙叫伯乐。在人间，人们也把善于鉴别马匹优劣的人称为伯乐。

第一个被称为伯乐的人是春秋时代的孙阳。由于他相马的技术十分超群，人们便干脆叫他伯乐，而不称呼他的本名，并一直延续到现在。

一次，楚王委托伯乐购买一匹能日行千里的骏马。伯乐欣然答应，不过他告诉楚王，千里马虽好，却十分难遇，请楚王不要着急，他会尽力办好这件事。伯乐辗转多个国家，特别是在素来盛产名马的燕国和赵国进行了仔细寻访。伯乐虽然历尽艰辛，却还是没找到中意的良马。

一年夏天，伯乐在从齐国返回楚国的路上，看到了一匹拉着盐车的马。当时，这匹马吃力地在陡坡上行进，累得气喘吁吁，艰难地迈着步子。伯乐向来与马亲近，他情不自禁地走到马跟前。马看到伯乐，突然昂起头，瞪大眼睛，大声嘶鸣，好像要对伯乐倾诉什么。伯乐立即从声音中判断出，这是一匹难得的骏马。伯乐眼睛一亮，心中燃起了希望。他对车夫说：" 这匹马如果在疆场上驰骋，任何马都比不过它；但用来拉车，它却不如普通的马。你还是把它卖给我吧。"车夫认为伯乐是个大傻瓜，他觉得这匹马太普通了，吃得很多却骨瘦如柴，拉车也没力气，便毫不犹豫地同意了。

伯乐如获至宝，牵着这匹骏马直奔楚国。当他牵马来到楚国王宫时，他拍拍马的脖颈说："我给你找到了好主人。"千里马似乎听懂了伯乐的意思，抬起前蹄，引颈长嘶，洪亮的声音直上云霄。楚王听到马嘶声，便走出宫外。伯乐指着马说："大王，我把千里马给您带来了，请仔细观看。"楚王见伯乐牵来的马瘦得不成样子，认为伯乐在愚弄他，十分不悦。他说："我

하늘나라의 말을 관리하는 신선 백락(伯樂)에 대한 전설이 있다. 그런데 속세에서 사람들도 훌륭한 말을 잘 가려내는 사람을 가리켜 백락이라고 칭한다.

최초의 백락은 춘추시대 사람인 손양(孫陽)이다. 그는 말 감별 기술이 매우 탁월하여 사람들이 아예 그의 본명을 부르지 않고 백락이라고 불렀는데, 이 비유는 오늘날까지 이어지고 있다.

한 번은, 초나라 왕이 백락에게 하루에 천 리를 갈 수 있는 준마 한 필을 사달라고 부탁했다. 백락은 이를 흔쾌히 승낙했다. 그러나 그는 초나라 왕에게 천리마는 좋기는 하나 만나기가 매우 어렵다고 이르며, 서두르지 말 것을 청하며, 최선을 다하겠다고 했다. 백락은 여러 나라를 돌아다녔다. 특히 평소 명마가 많이 나기로 유명한 연(燕)나라와 조(趙)나라를 샅샅이 뒤졌다. 백락은 갖은 고생을 겪었지만 끝내 마음에 드는 말을 찾지 못했다.

그러던 어느 한 여름 날 백락은 제(齊)나라에서 초(楚)나라로 돌아가는 길에 소금 수레를 끄는 말 한 필을 보았다. 그 말은 가파른 언덕을 힘겹게 오르고 있었는데, 숨을 헐떡이며 간신히 발걸음을 내딛고 있었다. 일생 말과 가까이 지내온 백락은 자신도 모르게 말에게 다가갔다. 말은 백락을 보자 갑자기 고개를 쳐들고 눈을 크게 뜨며 울부짖었다. 마치 백락에게 하소연을 하는 듯 했다. 그 소리를 들은 백락은 곧 이 말이 보기 드문 준마임을 알아차렸다. 그의 눈에 빛이 나고 그의 마음속에는 희망이 차 올랐다. 백락이 마부에게 말했다. "이 말은 전장에서 싸운다면 그 어떤 말에게도 뒤지지 않을 겁니다. 그런데 수레나 끌고 있으니 보통의 말보다도 못하지 않습니까? 이 말을 저에게 파십시오." 마부는 백락을 보며 참으로 어리석다고 생각했다. 그의 눈에 이 말은 지극히 평범하여, 많이 먹기만 하고 힘은 영 못 써 수레도 힘없이 끌기 때문이다. 마부는 조금의 망설임도 없이 백락에게 말을 팔기로 했다.

백락은 보물이라도 얻은 것처럼 준마를 이끌고 초나라로 곧장 달려갔다. 초나라 왕궁에 이르자 그는 말의 목을 찰싹찰싹 치며 말했다. "너에게 좋은 주인을 찾아줄게." 천리마는 백락의 말을 알아듣기라도 한듯 앞발을 들어 올리며 하늘로 목을 길게 빼 하늘 끝에 닿을 만큼 커다란 소리를 냈다. 말의 울음소리를 듣고 궁궐 밖으로 나온 초나라 왕에게 백락은 말을 가리키며 말했다. "대왕님, 천리마를 대령하오니 살펴보십시오." 초나라 왕은 백락이 끌고 온 말이 형편없이 야윈 모습을 보고 그가 자신을 놀린다고 생각했다. 그래서 몹시 불쾌해하며, '나는 자네가 말을 잘 감별할

相信你会相马才让你买马，可你买的是什么马？连走路都很困难，怎么能上战场呢？"伯乐连忙解释说："这确实是一匹千里马，只是因为拉了一段时间车，车夫喂养得又不精心，所以看起来很瘦弱。我保证，只要精心喂养，不出半个月，一定会恢复体力，变得结实。"

楚王半信半疑，命令马夫尽心尽力把马喂好。果然，没出几天马就变得精壮神骏。楚王跨上马背，策马奔腾。马儿身轻如燕、健步如飞。喘息的工夫，已跑出百里。后来，千里马随楚王驰骋沙场，立下不少功劳。楚王也对伯乐更加敬重。

如今，人们常用伯乐来比喻那些善于发现人才，并懂得珍惜人才的人。

것으로 믿고 말을 사 오라고 했는데, (도대체) 무슨 말을 사 온 것인가? 제대로 걷지도 못하는 말을 어떻게 전장으로 보내겠다는 말인가?'하고 말했다. 백락은 황급히 설명했다. "이것은 훌륭한 천리마임이 틀림없습니다. 그간 수레를 끄느라, 또 마부가 제대로 먹이지 않아서 야위긴 했지만 말입니다. 제가 장담합니다. 정성껏 먹이고 보살피면 보름 안에 기운을 회복하여 건장해질 것입니다."

초나라 왕은 반신반의하며 마부에게 최선을 다해 말을 잘 먹이도록 명령했다. 과연 며칠이 지나지 않아 말은 건장해졌다. 초나라 왕이 말의 등에 올라타 채찍질을 하자 말은 제비처럼 가볍게 훨훨 날아 단숨에 백리를 달렸다. 이후 천리마는 초나라 왕을 태우고 전장을 누비면서 많은 공을 세웠다. 그리고 초나라 왕은 백락을 더욱 존중하게 되었다.

오늘날에는 인재를 잘 알아보고 인재를 귀히 여길 줄 아는 사람을 백락에 비유한다.

지문 어휘

马匹 mǎpǐ 명 마필(말의 총칭) | 神仙 shénxiān 명 신선, 선인 ★ | 伯乐 Bólè 고유 백락(말을 잘 가려내는 사람을 일컫는 말로, 인재를 잘 알아보고 등용하는 사람을 비유) | 人间 rénjiān 명 세상 | 善于 shànyú 동 ~을 잘하다, ~에 능숙하다 | 鉴别 jiànbié 동 감별하다, 구별하다 ★ | 优劣 yōuliè 명 우열 | 时代 shídài 명 (역사상의) 시대, 시기 | 孙阳 Sūnyáng 고유 손양(孫陽) | 相马 xiàngmǎ 동 말의 좋고 나쁨을 가려내다, 인재를 잘 알아보다 | 超群 chāoqún 형 출중하다, 월등하다, 뛰어나다 | 干脆 gāncuì 부 차라리, 아예 형 명쾌하다, 시원스럽다 | 本名 běnmíng 명 본명, 본 이름 | 延续 yánxù 동 계속하다, 지속하다 ★ | 委托 wěituō 동 의뢰하다, 위탁하다 ★ | 楚王 Chǔ wáng 초나라 왕 | 购买 gòumǎi 동 사다, 구매하다 | 日行千里 rìxíng qiānlǐ 하루에 천 리를 가다 | 欣然 xīnrán 부 즐겁게, 기쁘게, 기꺼이 | 千里马 qiānlǐmǎ 명 천리마, 준마 | 尽力 jìnlì 동 온 힘을 다하다 | 辗转 zhǎnzhuǎn 동 전전하다, 여러 곳을 거치다 | 素来 sùlái 부 원래, 이전부터 | 盛产 shèngchǎn 동 많이 나다, 많이 생산하다 ★ | 燕国 Yànguó 고유 연(燕)나라 | 赵国 Zhàoguó 고유 조(趙)나라 | 寻访 xúnfǎng 동 탐방하다, 방문하다 | 艰辛 jiānxīn 명 고생 형 고생스럽다 | 中意 zhòngyì 동 만족하다, 마음에 들다 | 良马 liángmǎ 명 훌륭한 말 | 返回 fǎnhuí 동 되돌아오다, 되돌아가다 | 齐国 Qíguó 고유 제(齊)나라 | 楚国 Chǔguó 고유 초(楚)나라 | 盐车 yánchē 명 소금 수레 | 吃力 chīlì 형 힘들다, 고달프다 ★ | 陡坡 dǒupō 명 험한 비탈길, 가파른 고개 | 行进 xíngjìn 동 앞으로 나아가다, 전진하다 | 气喘吁吁 qìchuǎnxūxū 성 호흡을 가쁘게 몰아 쉬다, 숨이 가빠서 식식거리는 모양 | 艰难 jiānnán 형 어렵다, 힘들다 ★ | 迈 mài 동 내딛다, 나아가다 ★ | 步子 bùzi 명 발걸음, 보조, 걸음걸이 | 向来 xiànglái 부 본래부터, 줄곧, 지금까지 | 亲近 qīnjìn 동 가까이 가다, 친해지다 형 친근하다, 가깝다 | 情不自禁 qíngbúzìjīn 성 감정을 스스로 억제하기 힘들다 | 昂 áng 동 (머리, 고개를) 들다, 높이 쳐들다 | 瞪 dèng 동 (눈을) 크게 뜨다, 휘둥그렇게 뜨다 ★ | 嘶鸣 sīmíng 동 (나귀, 말 등이) 큰 소리로 울다, 울부짖다 | 倾诉 qīngsù 동 이것저것 다 말하다, 다 털어놓다 | 车夫 chēfū 명 마부, 인력거꾼, 운전사 | 疆场 jiāngchǎng 명 전쟁터 | 驰骋 chíchěng 동 내달리다, 질주하다 | 瘦骨如柴 gǔshòurúchái 성 장작개비같이 바싹 마르다, 수척하다 | 毫不犹豫 háobùyóuyù 성 조금도 주저하지 않다, 대단히 결단력이 있다 | 如获至宝 rúhuòzhìbǎo 성 진귀한 보물을 얻은 것 같다, 얻은 것을 매우 귀히 여기다 | 牵 qiān 동 끌다, 끌어 잡아당기다 ★ | 直奔 zhíbèn 곧장 달려가다 | 王宫 wánggōng 명 왕궁 | 脖颈 bógěng 명 목덜미 | 前蹄 qiántí 명 앞발굽 | 引颈长嘶 yǐnjǐngchángsī 목을 길게 빼고 오래 울부짖다 | 洪亮 hóngliàng 형 (소리가) 크고 낭랑하다, 우렁차다 | 直上云霄 zhíshàng yúnxiāo 하늘 높이 솟아오르다 | 嘶声 sīshēng 명 울음소리 | 观看 guānkàn 동 보다, 참관하다, 관람하다 | 连忙 liánmáng 부 얼른, 급히, 재빨리 | 喂养 wèiyǎng 동 사육하다, 기르다 | 精心 jīngxīn 형 정성을 들이다

★ | 瘦弱 shòuruò 형 여위고 허약하다 | 恢复 huīfù 동 회복하다 | 结实 jiēshi 형 튼튼하다, 건장하다 | 半信半疑 bànxìnbànyí 성 반신반의하다 | 命令 mìnglìng 동 명령하다 | 马夫 mǎfū 명 마부 | 尽心尽力 jìnxīnjìnlì 성 몸과 마음을 다하다, 있는 힘과 성의를 다하다 | 精壮神骏 jīngzhuàng shénjùn 건장한 준마, 힘이 센 천마 | 跨 kuà 동 (두 다리를 벌리고) 걸터앉다 | 奔腾 bēnténg 동 내달리다 | 身轻如燕 shēnqīngrúyàn 몸이 제비처럼 가볍다 | 健步如飞 jiànbùrúfēi 성 나는 듯이 가볍고 빠르게 걷다, 걸음걸이가 씩씩하고 빠르다 | 喘息 chuǎnxī 동 헐떡거리다, 숨을 몰아 쉬다 | 工夫 gōngfu 명 시간 | 沙场 shāchǎng 명 전쟁터 | 功劳 gōngláo 명 공로 ★ | 敬重 jìngzhòng 동 존중하다, 존경하다 | 如今 rújīn 명 지금, 이제 | 常用 chángyòng 동 상용하다, 늘 쓰다 형 상용하는, 늘 사용하는 | 比喻 bǐyù 동 비유하다 ★ | 珍惜 zhēnxī 동 진귀하게 여겨 아끼다, 소중히 여기다 | 人才 réncái 명 인재

3

본서 p. 387

- 기억해야 할 기본정보

장소: 남쪽 지방 한 도시(南方一座小城)
시간1: 십여 년 전(十几年前)
시간2: 3월의 어느 날 새벽(一个三月的清晨)
인물1: 장 기사(张师傅)
인물2: 샤오팡(小芳)
인물3: 시민(市民)

1단락 (이야기의 도입)

①漫步在南方一座小城的街头，你会邂逅许多小花坛。②最吸引眼球的并不是那里争奇斗艳的鲜花，而是一个个小花坛里的标牌："城市氧吧"。	남쪽 지방의 한 도시 길거리에는 화단이 많이 있는데, 그 화단 속의 '도시 산소 바'라는 표지판이 시선을 끈다.
	▶ 요약 포인트 ① '邂逅(우연히 만나다)'는 '有'와 같은 쉬운 표현으로 바꾼다. ② '不是A, 而是B'구문에서는 B가 핵심적인 내용이므로, B에 해당되는 부분만 간추려 언급한다.

▶ 요약

南方一座小城的街头有许多花坛，花坛里的"城市氧吧"标牌非常吸引眼球。

지문 어휘
漫步 mànbù 동 한가롭게 거닐다, 발길 닿는 대로 걷다 | 邂逅 xièhòu 동 뜻하지 않게 만나다, 우연히 만나다 | 花坛 huātán 명 화단 | 眼球 yǎnqiú 명 눈, 눈길, 안구 | 争奇斗艳 zhēngqídòuyàn 성 각종 꽃들이 저마다 아름다움을 뽐내다 | 鲜花 xiānhuā 명 꽃, 생화 | 标牌 biāopái 명 표지판, 표지, 간판 | 氧吧 yǎngbā 명 산소 바(Bar)

2단락 (이야기의 발단, 전개 1)

这个新奇的事物还要从十几年前说起。①当时，城市的车辆与日俱增，存在许多交通安全隐患。②这个城市的市政管理部门为了限制车速，在许多路口修建了交通环岛和拐弯弧线地。③一个三月的清晨，园艺工人张师傅正在某小区前的交通环岛上种植花苗。④在该小区居住的小芳恰巧路过，便上前向张师傅讨教栽培植物的技巧。原来，小芳特别想拥有一个自己的小花园，只可惜住在城市的公寓中，没有这样的条件。⑤热心的张师傅毫无保留地向小芳传授经验，小芳为了回报师傅也经常来帮忙照料花坛，甚至自己买来漂亮的花苗点缀在花坛空出的土壤上。	십여 년 전 이 도시의 행정관리 부서는 차량운행 속도를 제한하기 위해 여러 교차로에 로터리와 커브 길을 만들었다. 어느 해 봄 정원사인 장 기사가 꽃모종을 심고 있는데, 마침 지나가던 동네 주민 샤오팡이 장 기사에게 원예 관련 지식을 물어보았다. 장 기사는 샤오팡에게 비결을 전수해주었고, 샤오팡도 자주 와서 화단을 보살피는 일을 도왔다. ▶ 요약 포인트 ① ② 사건의 배경이 되는 내용은 생략하고, 십여 년 전 도시의 행정관리 부서가 여러 교차로에 로터리와 커브 길을 만들었다는 핵심 내용만 언급한다. ③ 구체적인 시간 '一个三月的清晨(3월의 새벽)'은 '一个春天'과 같이 간단하게 표현하고, 핵심 인물인 '张师傅(장 기사)'가 꽃모종을 심고 있다는 동작은 중요하므로 언급해야 한다. ④ 어려운 표현은 쉬운 표현으로 바꿀 수 있다. : '恰巧(공교롭게도)'는 '正好'나 '恰好'로 바꾸어도 된다. : '讨教(가르침을 청하다)'는 '请教'로 바꾸어도 된다. : '栽培植物的技巧(식물 재배법)'는 '园艺知识'로 바꾸어도 된다. ⑤ '热心的(친절한)'나 '毫无保留地(조금도 남김없이)'와 같이 사람의 태도나 행동을 자세하게 묘사하는 부분은 생략한다. 또한, '为了回报张师傅~(장 기사에게 보답하기 위해~)'처럼 내용 전개상 그리 중요하지 않은 목적을 나타내는 부분도 생략할 수 있다. 장 기사가 샤오팡에게 비결을 전수해준 것과 샤오팡이 화단을 보살피는 일을 도왔다는 것이 핵심 내용이므로, 이는 반드시 언급해야 한다.

▶ 요약

　　十几年前，这个城市的市政管理部门为了限制车速，在许多路口建了交通环岛和拐弯弧线地。一年春天，园艺工人张师傅正在环岛上种植花苗，在附近居住的小芳正好路过，便向张师傅请教园艺知识。张师傅向小芳传授经验，小芳也经常帮忙照料花坛。

지문 어휘 　新奇 xīnqí 형 참신하다, 신기하다, 새롭다 | 事物 shìwù 명 사물 | 与日俱增 yǔrìjùzēng 성 날이 갈수록 많아지다, 날로 늘어나다 ★ | 安全隐患 ānquán yǐnhuàn 안전 방면의 잠복해 있는 위험 | 市政管理部门 shìzhèng guǎnlǐ bùmén 도시 행정관리 부서 | 限制 xiànzhì 동 제한하다, 규제하다, 한정하다 명 제한, 규제, 한정 | 车速 chēsù 명 자동차의 속도, 차의 속력 | 修建 xiūjiàn 동 건설하다, 건축하다 ★ | 环岛 huándǎo 명 로터리 | 拐弯 guǎi wān 동 커브를 돌다, 방향을 틀다 | 弧线 húxiàn 명 곡선, 커브 | 园艺工人 yuányì gōngrén 정원사 | 种植 zhòngzhí 동 씨를 뿌리고 묘목을 심다, 재배하다 ★ | 花苗 huāmiáo 명 꽃과 나무의 모, 새싹 | 恰巧 qiàqiǎo 부 때마침, 공교롭게도 ★ | 讨教 tǎo jiào 동 가르침을 청하다, 지도를 요청하다 | 栽培 zāipéi 동 재배하다, 심어 가꾸다 ★ | 技巧

jìqiǎo 형 기교, 기예 ★ | 拥有 yōngyǒu 동 보유하다, 소유하다 ★ | 公寓 gōngyù 명 아파트 | 热心 rèxīn 형 친절하다, 마음씨가 따뜻하다 | 保留 bǎoliú 동 보존하다, 유지하다 ★ | 毫无保留 háowú bǎoliú 조금도 남김없이, 아낌없이 | 传授 chuánshòu 동 전수하다, 가르치다 ★ | 回报 huíbào 동 보답하다 ★ | 照料 zhàoliào 동 돌보다, 보살피다 | 点缀 diǎnzhuì 동 꾸미다, 장식하다, 아름답게 하다 ★ | 土壤 tǔrǎng 명 토양, 흙 ★

3, 4단락 (이야기의 전개 2)

①在张师傅和小芳的照料下，没过多久，这个全城最惹眼的花坛吸引了市民的关注。小芳义务照料花坛的故事也被传开了。②此后，许多市民通过各种渠道向相关部门申请义务照料花坛。③市民纷纷打电话说："能否把其他路口的交通环岛和街角拐弯处的空地也设置成花坛？我们愿意义务劳动，自己栽培、自己照料。"

看到愿意参与城市绿化活动的市民不在少数，④相关部门便决定把它立为一个试点公益项目。任何一个人都可以报名承包一个花坛，承包人可以料理一个月，一个夏天，或者一两年，如果愿意也可以延长到十几年。相关部门每年给承包人免费提供两次种子和肥料。⑤市民亲切地把这个项目叫做"城市氧吧"，他们希望这些小花坛能为净化空气、改善环境起到小小的作用。

얼마 지나지 않아 샤오팡과 장 기사가 가꾼 화단이 이 도시에서 가장 아름다운 화단으로 관심을 끌었다. 그 후 많은 시민이 관련 부서에 화단 가꾸기 자원봉사를 신청했다. 그들은 다른 로터리와 커브 길에도 화단을 만들기를 희망했다. 이에 관련 부서는 공익 프로젝트를 신설하기로 했다. 누구나 화단 하나를 맡아 아무 때나 와서 보살필 수 있도록 하고, 관련 부서는 매년 이들에게 두 차례 씨앗과 비료를 무료로 제공했다. 시민들은 이 사업을 '도시 산소 바'라고 불렀다.

▶ 요약 포인트
① '在张师傅和小芳的照料下(장 기사와 샤오팡의 보살핌으로)', '最惹眼的(가장 눈에 띄는)'와 같은 중요하지 않은 내용은 생략하고, 화단이 관심을 끈다는 핵심 내용만 언급한다.

② 시민들이 화단 가꾸기 봉사를 신청했다는 것이 가장 핵심적인 내용이므로 이는 반드시 언급해야 한다.

③ 시민들이 전화를 걸어 제안한 내용을 구체적으로 제시한 부분은 중요하지 않으므로 생략한다.

④ '把자문'은 일반 문형으로 쉽게 바꾸어 표현해도 된다.

⑤ 시민들이 이 사업을 '도시 산소바'라고 불렀다는 핵심 내용만 쓰고, 그들의 희망사항을 서술한 부분은 생략한다.

▶ 요약
没过多久，小芳和张师傅照料的花坛成了全城最漂亮的花坛，受到了市民的关注。不少市民向相关部门申请义务照料花坛。他们说，希望把其他环岛和拐弯弧线地也做成花坛。于是，相关部门决定设立一个公益项目。任何人都可以承包一个花坛，时间不限，相关部门每年免费提供两次种子和肥料。市民把这个项目叫做"城市氧吧"。

지문어휘 惹眼 rěyǎn 동 주목을 끌다, 시선을 끌다, 눈에 띄다 | 关注 guānzhù 동 주시하다, 관심을 가지다 명 관심, 중시 | 义务 yìwù 형 봉사의, 무보수의 명 의무 | 传开 chuánkāi 동 퍼지다 | 渠道 qúdào 명 경로, 방법 ★ | 部门 bùmén 명 부서, 부문 | 相关部门 xiāngguān bùmén 관련 부서, 해당 부문 | 纷纷 fēnfēn 부 잇달아, 연달아, 계속해서 | 能否 néngfǒu ~할 수 있나요, ~할 수 있을까 | 设置 shèzhì 동 설치하다, 설립하다, 세우다 ★ | 绿化 lǜhuà 동 녹화하다 | 试点 shìdiǎn 동 시험적으로 해 보다, 시행하다 | 公益 gōngyì 명 공익, 공공 이익 | 项目 xiàngmù 명 프로젝트, 과제, 사업 | 承包 chéngbāo 동 도맡다, 책임지고 떠맡다 ★ | 延长 yáncháng 동 연

장하다, 늘이다 | **种子** zhǒngzi 명 씨앗, 열매, 씨 ★ | **肥料** féiliào 명 비료, 거름 | **亲切** qīnqiè 형 친근하다, 친절하다 | **净化** jìnghuà 동 정화하다, 깨끗하게 하다 | **改善** gǎishàn 동 개선하다

5, 6단락 (이야기의 결말)

①几乎每个生活在城市的成年人心中都有一个田园梦。只不过，由于场所和时间的限制，大家只能把这个愿望深埋心底，无处实现。"城市氧吧"项目圆了大家的愿望，同时，也能给城市增添一点绿色。②花坛承包人中有的是情侣；有的是三口之家；有的是退休老人。大家齐心协力，松土、施肥、浇水，干得热火朝天，一个个别致的花坛呈现在市民面前。

③后来，相关部门又请专业的园林设计师免费为承包人开设园艺培训班，吸引了更多市民加入到这个公益活动中来。④城市里花坛的数量不断增多，质量也不断得到提高。

'도시 산소 바'는 도시 사람들의 꿈을 실현시켜 주었으며, 남녀노소가 함께 노력하여 아름다운 화단이 많이 만들어졌다. 그 후 관련 부서는 무료 원예 교실까지 개설해 참여하는 사람이 더욱 늘었다. 화단 역시 더 많아지고 더욱 아름다워졌다.

▶ 요약 포인트
① '도시 산소 바'가 도시인 들의 꿈을 실현 시켜 주었다는 핵심 내용만 쓴다.

② '有的A ; 有的B ; 有的C'와 같이 열거된 부분은 요약 시 포괄적인 표현으로 바꾸어 언급해야 한다. 여기에서는 여러 가지 신분의 사람들을 열거하였으므로 '남녀노소'라는 뜻의 **'男女老少'** 라는 표현으로 대체하는 것이 좋다.
'齐心协力(함께 노력하다)'는 '共同努力'라는 쉬운 표현으로 바꿀 수 있다.
'松土(땅을 고르다)', '施肥(비료를 주다)', '浇水(물을 주다)'와 같이 동작을 구체적으로 서술하는 부분은 중요하지 않으므로 생략하고, 색다른 화단을 많이 만들었다는 핵심 내용만 쓴다.

③ '开设(개설하다)'와 '吸引(끌어들이다)'이 핵심 동작이므로 관련 부서가 무료 원예 교실을 개설해 많은 사람들이 참여하게 되었다는 내용만 쉬운 표현으로 바꾸어 언급한다.

④ 화단이 많아지고 좋아졌다는 의미이므로 '多', '美'와 같은 쉬운 표현으로 바꿀 수 있다.

▶ 요약

"城市氧吧"圆了城市人的田园梦，男女老少共同努力，建成了许多美丽的花坛。后来，相关部门还提供免费园艺培训，参与的人更多了，花坛也更多、更美了。

지문 어휘 | **田园梦** tiányuán mèng 전원생활에 대한 꿈 | **深埋** shēnmái 동 깊이 묻다 | **心底** xīndǐ 명 마음속 | **圆** yuán 동 완전하게 하다, 모두 갖추다, 이루다 | **增添** zēngtiān 동 더하다, 늘이다 ★ | **情侣** qínglǚ 명 연인, 애인 | **三口之家** sān kǒu zhī jiā 세 식구 가정 | **退休** tuìxiū 동 퇴직하다, 은퇴하다 | **齐心协力** qíxīnxiélì 성 한마음 한 뜻으로 함께 노력하다 ★ | **松土** sōng tǔ 동 (파종하기 적합하도록 흙을) 부드럽게 하다, 푹신푹신하게 하다 | **施肥** shī féi 동 비료를 주다 | **浇水** jiāo shuǐ 동 물을 뿌리다, 관개하다 | **热火朝天** rèhuǒcháotiān 성 열기가 하늘을 찌른다 | **别致** biézhì 형 색다르다, 별나다, 독특하다 ★ | **呈现** chéngxiàn 동 나타나다, 양상을 띠다 ★ | **园林** yuánlín 명 정원 ★ | **设计师** shèjìshī 명 디자이너, 설계사 | **开设** kāishè 동 개설하다 | **培训班** péixùnbān 명 양성반, 육성반 | **加入** jiārù 동 참여하다, 참가하다, 가입하다

7단락 (이야기의 주제)

"城市氧吧"这一倡导性举措，不但改善了当地环境，还给市民的业余生活增添了乐趣，让市民参与到城市的绿化中来，提升了市民的主人翁意识。

'도시 산소 바' 사업으로 인해 환경이 개선되었을 뿐만 아니라 시민들의 여가생활도 더욱 즐거워졌다. 시민들은 도시 녹화 활동에 참여하면서 주인의식도 키울 수 있었다.

▶ 요약 포인트
주제문은 가능한 바꾸지 않고 그대로 쓴다.

▶ 요약
这一公益项目，不仅改善了环境，还给市民生活增添了乐趣。让市民能够参与城市绿化，提升了市民的主人翁意识。

지문 어휘 倡导性举措 chàngdǎoxìng jǔcuò 선도적인 움직임 | 业余生活 yèyú shēnghuó 여가생활 | 乐趣 lèqù 명 즐거움, 재미, 기쁨 ★ 提升 tíshēng 동 높이다, 올리다 | 主人翁意识 zhǔrénwēng yìshí 주인 의식

▶ 글 제목 짓기

1) 주제와 관련된 핵심어이자 이야기의 단서가 되는 것을 이용하자.
   : 城市氧吧(도시 산소 바)

2) 지문 속 핵심 문장을 이용하자.
   : 圆市民的田园梦(전원생활에 대한 시민들의 꿈을 실현시키다)

모범 답안

						城	市	氧	吧										
		南	方	一	座	小	城	的	街	头	有	许	多	花	坛	，	花	坛	里
的	"	城	市	氧	吧	"	标	牌	非	常	吸	引	眼	球	。				
		十	几	年	前	，	这	个	城	市	的	市	政	管	理	部	门	为	了
限	制	车	速	，	在	许	多	路	口	建	了	交	通	环	岛	和	拐	弯	弧
线	地	。	一	年	春	天	，	园	艺	工	人	张	师	傅	正	在	环	岛	上
种	植	花	苗	，	在	附	近	居	住	的	小	芳	正	好	路	过	，	便	向
张	师	傅	请	教	园	艺	知	识	。	张	师	傅	向	小	芳	传	授	经	验，
小	芳	也	经	常	帮	忙	照	料	花	坛	。								
		没	过	多	久	，	小	芳	和	张	师	傅	照	料	的	花	坛	成	了

全城最漂亮的花坛，受到了市民的关注。不少市民向相关部门申请义务照料花坛。他们说，希望把其他环岛和拐弯弧线地也做成花坛。于是，相关部门决定设立一个公益项目。任何人都可以承包一个花坛，时间不限，相关部门每年免费提供两次种子和肥料。市民把这个项目叫做"城市氧吧"。

"城市氧吧"圆了城市人的田园梦，男女老少共同努力，建成了许多美丽的花坛。后来，相关部门还提供免费园艺培训，参与的人更多了，花坛也更多、更美了。

这一公益项目，不仅改善了环境，还给市民生活增添了乐趣。让市民能够参与城市绿化，提升了市民的主人翁意识。

지문 해석

漫步在南方一座小城的街头，你会邂逅许多小花坛。最吸引眼球的并不是那里争奇斗艳的鲜花，而是一个个小花坛里的标牌："城市氧吧"。

这个新奇的事物还要从十几年前说起。当时，城市的车辆与日俱增，存在许多交通安全隐患。这个城市的市政管理部门为了限制车速，在许多路口修建了交通环岛和拐弯弧线地。一个三月的清晨，园艺工人张师傅正在某小区前的交通环岛上种植花苗。在该小区居住的小芳恰巧路过，便上前向张师傅讨教栽培植物的技

남쪽 지방의 한 작은 도시에서 길거리를 걷다 보면 조그만 화단들을 만나게 된다. 그런데 가장 시선을 잡아 끄는 것은 저마다 아름다움을 자랑하는 화려한 꽃이 아닌 조그만 화단에 있는 '도시 산소 바(Bar)'라는 표지판이다.

이 참신한 물건에 대해 말하자면 십여 년 전으로 거슬러 올라간다. 당시 도시의 자동차가 날로 늘어나 도시 교통안전에 대한 우려가 컸다. 이 도시의 행정관리 부서는 차량운행 속도를 제한하기 위해 여러 교차로에 로터리와 커브 길을 만들었다. 3월의 어느 날 새벽, 정원사인 장(張) 기사는 한 아파트 단지 앞 로터리에서 꽃모종을 심고 있었다. 마침 이 단지에 사는 샤오팡(小芳)이 이곳을 지나가다가 장 기사에게 다가가 식물 재배법을 좀 알려달라고 했다. 알고보니 샤오팡은 원래부터 자신의 집에 작은

巧。原来，小芳特别想拥有一个自己的小花园，只可惜住在城市的公寓中，没有这样的条件。热心的张师傅毫无保留地向小芳传授经验，小芳为了回报师傅也经常来帮忙照料花坛，甚至自己买来漂亮的花苗点缀在花坛空出的土壤上。

　　在张师傅和小芳的照料下，没过多久，这个全城最惹眼的花坛吸引了市民的关注。小芳义务照料花坛的故事也被传开了。此后，许多市民通过各种渠道向相关部门申请义务照料花坛。市民纷纷打电话说："能否把其他路口的交通环岛和街角拐弯处的空地也设置成花坛？我们愿意义务劳动，自己栽培、自己照料。"

　　看到愿意参与城市绿化活动的市民不在少数，相关部门便决定把它立为一个试点公益项目。任何一个人都可以报名承包一个花坛，承包人可以料理一个月、一个夏天，或者一两年，如果愿意也可以延长到十几年。相关部门每年给承包人免费提供两次种子和肥料。市民亲切地把这个项目叫做"城市氧吧"，他们希望这些小花坛能为净化空气、改善环境起到小小的作用。

　　几乎每个生活在城市的成年人心中都有一个田园梦。只不过，由于场所和时间的限制，大家只能把这个愿望深埋心底，无处实现。"城市氧吧"项目圆了大家的愿望，同时，也能给城市增添一点绿色。花坛承包人中有的是情侣；有的是三口之家；有的是退休老人。大家齐心协力，松土、施肥、浇水，干得热火朝天，一个个别致的花坛呈现在市民面前。

　　后来，相关部门又请专业的园林设计师免费为承包人开设园艺培训班，吸引了更多市民加入到这个公益活动中来。城市里花坛的数量不断增多，质量也不断得到提高。

화단을 몹시 만들고 싶어 했는데, 도시의 아파트에 살다 보니 이러한 조건이 여의치 않았다. 친절한 장 기사는 샤오팡에게 비결을 조금도 남김없이 전수해주었다. 이후 샤오팡도 장 기사에게 보답하는 마음으로 자주 와서 화단 손질을 도왔다. 심지어 직접 예쁜 꽃모종을 사와서 화단의 빈 곳을 꾸미기도 했다.

이 화단은 장 기사와 샤오팡이 와서 가꾼 지 얼마 지나지 않아 이 도시에서 가장 눈에 띄는 화단으로 시민들의 관심을 끌었다. 샤오팡이 화단 가꾸기 자원봉사를 한 이야기도 퍼져나갔다. 그 후 많은 시민이 여러 경로를 통해 관련 부서에 화단 가꾸기 봉사를 신청했다. 시민들이 너도나도 전화를 걸어 '다른 교차로의 로터리와 길모퉁이의 빈터를 화단으로 만들 수는 없을까요? 우리가 자원봉사로 직접 심고 가꾸겠습니다.' 라고 제안했다.

도시 녹화 활동에 참여하고 싶어 하는 시민이 소수에 그치지 않음을 확인하고, 관련 부서는 즉시 그것을 시범 공익 프로젝트로 정했다. 어느 누구도 신청만 하면 화단 하나를 맡아 관리할 수 있도록 했는데, 그 사람은 한 달간, 한 해 여름, 혹은 1~2년 동안 그 화단을 보살필 수 있고, 원할 때에는 십 수 년까지 연장도 가능하다. 또한, 관련 부서는 매년 두 번씩 화단 책임자에게 씨앗과 비료를 무료로 제공한다. 시민들은 이 프로젝트에 '도시 산소 바'라는 친근한 이름을 붙여주었다. 그들은 이 화단이 공기를 정화하고 환경을 개선하는데 작은 이바지를 할 수 있기를 바라는 마음에서다.

도시에 사는 어른들은 대부분 전원생활에 대한 꿈을 품고 있다. 단지 장소와 시간의 제약으로 인해 모두가 이러한 꿈을 마음속 깊은 곳에 담아둔 채 실현할 방법이 없을 뿐이다. '도시 산소 바' 프로젝트는 이러한 사람들의 꿈을 실현시켜 주었으며, 동시에 도시에 조금이나마 싱그러운 녹색을 더해주었다. 화단 책임자 가운데는 연인도 있고 세 식구 가정도 있고, 은퇴한 노인도 있다. 모두 한마음 한뜻으로 함께 노력해 땅을 고르고, 비료를 뿌리고, 물을 주는 그들의 열기 덕분에 색다른 화단 하나하나가 시민들 앞에 펼쳐졌다.

그 후 관련 부서는 원예 전문 디자이너를 초청해 화단 가꾸기를 맡은 사람들에게 무료 원예 교실을 열어주었는데, 덕분에 더욱 많은 시민이 이 공익활동에 참여하게 되었다. 그 결과, 도시에는 화단이 점점 많아지고 그 질도 날로 좋아지고 있다.

"城市氧吧"这一倡导性举措，不但改善了当地环境，还给市民的业余生活增添了乐趣，让市民参与到城市的绿化中来，提升了市民的主人翁意识。

'도시 산소 바'라는 선도적인 움직임은 그 지역의 환경을 개선시켰을 뿐만 아니라 시민의 여가생활에 즐거움도 더해주었다. 더불어 시민들은 도시 녹화 활동에 참여하면서 시민으로서의 주인 의식도 키울 수 있었다.

지문 어휘

漫步 mànbù 한가롭게 거닐다, 발길 닿는 대로 걷다 | 邂逅 xièhòu 통 뜻하지 않게 만나다, 우연히 만나다 | 花坛 huātán 명 화단 | 眼球 yǎnqiú 명 눈, 눈길, 안구 | 争奇斗艳 zhēngqídòuyàn 성 각종 꽃들이 저마다 아름다움을 뽐내다 | 鲜花 xiānhuā 명 꽃, 생화 | 标牌 biāopái 명 표지판, 표지, 간판 | 氧吧 yǎngbā 명 산소 바(Bar) | 新奇 xīnqí 형 참신하다, 신기하다, 새롭다 | 事物 shìwù 명 사물 | 与日俱增 yǔrìjùzēng 성 날이 갈수록 많아지다, 날로 늘어나다 ★ | 安全隐患 ānquán yǐnhuàn 안전 방면의 잠복해 있는 위험 | 市政管理部门 shìzhèng guǎnlǐ bùmén 도시 행정관리 부서 | 限制 xiànzhì 통 제한하다, 규제하다, 한정하다 명 제한, 규제, 한정 | 车速 chēsù 명 자동차의 속도, 차의 속력 | 修建 xiūjiàn 통 건설하다, 건축하다 ★ | 环岛 huándǎo 명 로터리 | 拐弯 guǎi wān 통 커브를 돌다, 방향을 틀다 | 弧线 húxiàn 명 곡선, 커브 | 园艺工人 yuányì gōngrén 정원사 | 种植 zhòngzhí 통 씨를 뿌리고 묘목을 심다, 재배하다 ★ | 花苗 huāmiáo 명 꽃과 나무의 모, 새싹 | 恰巧 qiàqiǎo 부 때마침, 공교롭게도 ★ | 讨教 tǎo jiào 통 가르침을 청하다, 지도를 요청하다 | 栽培 zāipéi 통 재배하다, 심어 가꾸다 ★ | 技巧 jìqiǎo 명 기교, 기예 ★ | 拥有 yōngyǒu 통 보유하다, 소유하다 ★ | 公寓 gōngyù 명 아파트 | 热心 rèxīn 형 친절하다, 마음씨가 따뜻하다 | 保留 bǎoliú 통 보존하다, 유지하다 | 毫无保留 háowú bǎoliú 조금도 남김없이, 아낌없이 | 传授 chuánshòu 통 전수하다, 가르치다 ★ | 回报 huíbào 통 보답하다 ★ | 照料 zhàoliào 통 돌보다, 보살피다 | 点缀 diǎnzhuì 통 꾸미다, 장식하다, 아름답게 하다 ★ | 土壤 tǔrǎng 명 토양, 흙 ★ | 惹眼 rěyǎn 통 주목을 끌다, 시선을 끌다, 눈에 띄다 | 关注 guānzhù 통 주시하다, 관심을 가지다 명 관심, 중시 | 义务 yìwù 형 봉사의, 무보수의 명 의무 | 传开 chuánkāi 통 퍼지다 | 渠道 qúdào 명 경로, 방법 ★ | 部门 bùmén 명 부서, 부문 | 相关部门 xiāngguān bùmén 관련 부서, 해당 부문 | 纷纷 fēnfēn 부 잇달아, 연달아, 계속해서 | 能否 néngfǒu 통 ~할 수 있나요, ~할 수 있을까 | 设置 shèzhì 통 설치하다, 설립하다, 세우다 ★ | 绿化 lǜhuà 통 녹화하다 | 试点 shìdiǎn 통 시험적으로 해 보다, 시행하다 | 公益 gōngyì 명 공익, 공공 이익 | 项目 xiàngmù 명 프로젝트, 과제, 사업 | 承包 chéngbāo 통 도맡다, 책임지고 떠맡다 ★ | 延长 yáncháng 통 연장하다, 늘이다 | 种子 zhǒngzi 명 씨앗, 열매, 씨 ★ | 肥料 féiliào 명 비료, 거름 | 亲切 qīnqiè 형 친근하다, 친절하다 | 净化 jìnghuà 통 정화하다, 깨끗하게 하다 | 改善 gǎishàn 통 개선하다 | 田园梦 tiányuán mèng 전원생활에 대한 꿈 | 深埋 shēnmái 통 깊이 묻다 | 心底 xīndǐ 명 마음속 | 圆 yuán 통 완전하게 하다, 모두 갖추다, 이루다 | 增添 zēngtiān 통 더하다, 늘리다 ★ | 情侣 qínglǚ 명 연인, 애인 | 三口之家 sān kǒu zhī jiā 세 식구 가정 | 退休 tuìxiū 통 퇴직하다, 은퇴하다 | 齐心协力 qíxīnxiélì 성 한마음 한 뜻으로 함께 노력하다 | 松土 sōng tǔ 통 (파종하기 적합하도록 흙을) 부드럽게 하다, 푹신푹신하게 하다 | 施肥 shī féi 통 비료를 주다 | 浇水 jiāo shuǐ 통 물을 뿌리다, 관개하다 | 热火朝天 rèhuǒcháotiān 성 열기가 하늘을 찌른다 | 别致 biézhi 형 색다르다, 별나다, 독특하다 ★ | 呈现 chéngxiàn 통 나타나다, 양상을 띠다 ★ | 园林 yuánlín 명 정원 ★ | 设计师 shèjìshī 명 디자이너, 설계사 | 开设 kāishè 통 개설하다 | 培训班 péixùnbān 양성반, 육성반 | 加入 jiārù 통 참여하다, 참가하다, 가입하다 | 倡导性举措 chàngdǎoxìng huódòng jǔcuò 선도적인 움직임 | 业余生活 yèyú shēnghuó 여가생활 | 乐趣 lèqù 명 즐거움, 재미, 기쁨 ★ | 提升 tíshēng 통 높이다, 올리다 | 主人翁意识 zhǔrénwēng yìshí 주인 의식

HSK 6급

실전모의고사 1회

大家好！欢迎参加HSK(六级)考试。
大家好！欢迎参加HSK(六级)考试。
大家好！欢迎参加HSK(六级)考试。

HSK(六级)听力考试分三部分，共50题。
请大家注意，听力考试现在开始。

第一部分

第1到15题请选出与所听内容一致的一项。
现在开始第一题：

1

形成太阳雨的原因很多，有的是因为能产生雨的乌云被强风吹到晴天的地方，有的则是因为天气突变，从高空落下的雨还没落地，乌云就已经消散了，这就形成了晴天下雨的现象。

2

企鹅的羽毛又细又密，呈鳞片状，不但风吹不进去，就连海水也浸不透。此外，它的皮下脂肪也很厚，这些都为企鹅维持体温提供了保障，因而企鹅才能在寒冷的南极生存下来。

3

正所谓"人无完人"，每个人都有优缺点。所以作为管理者，你要做的并不是改正员工的缺点，而是要合理地利用其优点，使每个人的能力都能得到充分发挥，进而为公司创造更多的价值。

4

水下机器人又名无人遥控潜水器，是一种在水下作业的机器人。它可在高度危险、被污染以及能见度极低的环境中长时间工作。如今该机器人已被广泛应用于救灾、石油开发、科学研究等领域。

5

在我们的生活中有些盐会隐形，很多食品在制造过程中会放盐，味精等调味料也是含盐大户。食盐过多对健康不利，所以我们在购买食品时应注意查看营养成分表，尽量选择低盐产品，在饭店吃饭时，也要跟店家提前说少放盐。

6

众所周知，山西人最爱食醋，这主要是因为山西的水硬度高，醋可以起到软化水质的作用。另外，山西人的主食大都为面食，尤其是各种杂粮面，而多吃醋能促进面食消化，久而久之，醋就成了山西人餐桌上必备的调味品。

7

世界上的事最怕认真二字。只要认真，任何奇迹都会发生。可认真虽好，一旦过了头或对那些无关紧要的细节过于执着的话，恐怕就会适得其反，因此要把握好度。

8

乌蒙山区有一片神奇的红土高原，它就是位于云南省的东川红土地，知道它是如何形成的吗？乌蒙山区海拔高、多雨、高温，会使土壤中的铁元素发生氧化反应，并且沉积下来，于是就形成了炫目的红土高原。

9

球操是以健身球为器械的一项健身运动，它最早应用于医学方面，帮助病人锻炼运动神经，后来逐渐被推广为一种健身运动，因它具有快速燃烧脂肪的效果，所以受到了减肥人士的喜爱。

10

在云南，不同的民族使用竹子的方式也有所不同，如傣族人用竹子烧制竹筒饭，烧出的饭不仅清香可口，而且营养价值极高。它的做法很简单，只需将装着大米、调味料和水的竹筒放在火上烤熟即可。

11

也许你认识的人很多，但真正意义上的朋友可能寥寥无几，看似膨胀实则空虚的人际关系实际上反映出了人们孤独的内心。专家建议，我们应该适度地为人际泡沫脱水，只有这样，才能摆脱其带来的无奈和困扰。

12

人们对幸福的要求有高有低。或许有人会说你怎么这么容易就满足，你对幸福的要求实在太低了。但是其实要求低并不可怕，可怕的是你已经拥有了幸福，却视而不见，不懂得好好儿珍惜。

13

科学家通过研究得出了一个结论，即：目前选择数字阅读的青少年人数还没有达到人们预想的程度，尚不足纸质阅读人数的三成。超过半数的青少年认为，纸质读物的阅读效果更好。

14

有人说在电脑旁边放一盆绿色植物，可以减少电脑的辐射。其实电脑辐射是沿直线传播的，所以在电脑旁边摆放绿色植物来防御辐射的做法其实毫无用处。不过摆放绿色植物能起到缓解眼疲劳、净化空气的作用。

15

中国有句老话叫"一双筷子易折断，十双筷子抱成团"。这句话的意思是一双筷子很容易断，十双筷子却不易折断。其实人生也是这样，一个人的能力再强，要是和集体的力量比起来就会显得特别单薄。很多事只有我们彼此协助，才能做得更好。

第二部分

第16到30题请选出正确答案。

现在开始第16到20题：

第16到20题是根据下面一段采访：

男：李老师，您以前做过编辑，现在是一名老师，这么大的身份转换您是怎么看的？

女：我年轻时不太喜欢小孩子，到了中年才有所改变。特别是跟学生在一起的时候，觉得自己特别有活力，而且教学相长，我还可以从学生身上学到很多东西。

男：您一直重视学生的课外实践，能否谈谈在这方面的经验？

女：新闻传播学是实践性很强的专业，若只是学习理论，而实践活动跟不上的话，就算你的成绩再优异，也是白费。所以我们非常重视学生的课外实践，鼓励学生参加一些重要的赛事，如全国大学生广告节、电视纪录片大赛、短片大赛等，我们的学生每次都会获奖。另外，我给学生上课时，每次都会带学生动手实践，这几年我带学生做的报纸、杂志、图书有数十种。

男：听说您现在仍然在做一些编辑工作，您是如何平衡二者之间的关系的呢？

女：作为新闻传播专业的老师，学生若脱离了传媒实践那也只能是空谈，结果可想而知。在媒体兼职做一些事情对教学或科研会有许多益处。与这些出版机构合作，可以同业界保持紧密联系，对教学也有帮助。当然，编辑工作会耗费很多时间，在编校上也需要投入很多精力，势必会影响到我的本职工作，所以我会把精力放在组稿上，文字的编校基本上交给助理编辑处理。

男：对于想要报考或已经就读新闻传播类专业的学生，您有什么建议？

女：这个专业学生的知识面一定要宽，要阅读很多课外书才行，"书到用时方恨少"，在校时多读书，读好书。如果不这样，以后肯定会追悔莫及的。另外，要有意识地训练，多实践。

16 女的觉得与学生在一起会怎么样？
17 女的在教学中比较重视什么？
18 女的认为兼职做编辑的好处是什么？
19 女的建议学新闻传播的学生怎么做？
20 关于女的，下列哪项是正确的？

第21到25题是根据下面一段采访：

女：您怎么看待电商和物流之间的关系，如果让您打个比喻，您觉得它们是什么样的关系呢？

男：假设电商是我们的一种思想，那么物流肯定是那一双腿，你要把东西送出去，就必须要有可以传输出去的工具，我觉得今后最重要的就是电商、物流、金融这个铁三角，他们三者互相支持，缺一不可，还有就是他们之间不能拆对方的台，更不能抢别人的饭碗，你只能通过促进别人的成长来带动自己的成长。电商不能说空调卖得不错，就收购一家空调公司自己去干，既然你建立了平台，就必须考虑别人，因为只有别人成功了，你才可以成功。

女：我们都知道企业家永远都是居安思危的，不管他们的企业做得多大，他们总会担心企业的未来。对于您所在的企业，您是不是也有这样的担心呢？

男：就行业变革来说，很多人还没搞清楚计算机网络是怎么回事，移动互联网就来了，对计算机网络的冲击很大。当今，中国日常上网用的电脑只有三四亿台，而智能手机用户至少有十几亿。手机对年轻人影响越来越大，如何迎接移动互联网的到来，这对我和公司来说都是最大的挑战，我们员工的平均年龄只有二十多岁，他们缺乏经验，面对几亿消费者几万亿资金的市场，他们的资历就显得浅多了，所以他们的能力还要不断提升。

女：今年中国经济年度人物评选活动的主题是"转型升级的智慧和行动"，您也入围了，在您心中转型升级的核心是什么？

男：我觉得不是每个企业都需要转型，但是每个企业都需要升级。不论是在电子商务领域，还是在移动互联网、金融、物流等领域，要做的事情非常多，只是我们现在的能力还不够，所以我们必须不断地提升自身能力，开拓我们的视野，扩大我们的胸怀，这比转型更重要，我相信企业只要升级到位，到时就会自然而然地转型了。

21 男的把电商比喻成什么？
22 "铁三角"之间应是什么关系？
23 男的觉得目前最大的挑战是什么？
24 男的怎样看待企业的转型升级？
25 下列哪项符合男的的观点？

第26到30题是根据下面一段采访：

女：作为中国当代摄影展的资深主持人，您如何看待这次盐城摄影展？

男：可以说这次的摄影展是一次总结展。它向我们全面地展示了摄影艺术在中国的发展历程。

女：那么盐城摄影展的定位是怎样的？

男：盐城摄影展一直以学术性作为自己的定位。盐城每年都会邀请一些学术界和艺术界有声望和经验的专家作为嘉宾。

女：您说过摄影展的主办方也要有强大的学术背景。为什么要强调学术背景呢？

男：中国大部分摄影节过于强调摄影唯美的一面，但突出学术性的展览还不多。所以如何提高大型摄影活动的学术氛围，是中国摄影展览必须正视的问题。

女：您觉得中国当代摄影师的关注点以及表达方式的变化主要体现在哪儿？

男：中国的摄影艺术经历了20多年追求唯美的阶段，这一阶段已接近尾声。目前，纪实摄影正在兴起，也取得过一定成绩，但还没形成较大的规模。很多老一代的摄影师已经不拍唯美的风景照片了，改拍一些寓意深刻的纪实类照片。

女：近几年来，很多年轻摄影师在盐城摄影展中展露头角。对于这些摄影师，您有什么忠告吗？

男：一些中国年轻摄影师特别想融入国际舞台。但他们却一味地模仿，忽略了自己的特点，还不知道那些成功作品背后的文化背景。这样做不但会贻笑大方，而且会耽误自身的进一步提升。所以我希望年轻摄影师能深入了解作品背后的思想，并在国际舞台上坚持呈现民族文化。

26 盐城摄影展的定位是怎样的？
27 男的是怎么看中国大部分的摄影节的？
28 关于中国的纪实摄影，可以知道什么？
29 男的给年轻摄影师提出了什么建议？
30 关于男的，下列哪项正确？

第三部分

第31到50题请选出正确答案。

现在开始第31到33题：

第31到33题是根据下面一段话：

　　掌风所至，半寸厚的木板应声而断，这是跆拳道中手掌劈木板的情景。但这并不是跆拳道高手的专利，多则几天，少则几分钟，我们一般人也可以练成这样的绝技，这其中有何技巧呢？其实很简单，当你准备劈木板时，你的眼睛盯着木板的前面，那么你的手掌与木板接触时，掌力已经是强弩之末了，以这样的力量，肯定是劈不开木板的；而假如你的眼睛盯着离木板后面不远的地方，手掌劈到木板时的力量就正好处于极点，能使出最大的力量。因为你的目标在半尺之外，手掌就会穿越木板这一阻碍。把目标定得稍微远一点儿，你可能就会做出非常优异的成绩。

31 根据这段话，大多数人可以练成什么绝技？
32 强弩之末在这段话中指的是什么意思？
33 这段话主要想告诉我们什么？

第34到37题是根据下面一段话：

　　我们在看足球比赛时，会看到罚任意球的场面。罚球时防守方几个球员在自家球门前排成一排，组成一道人墙，以阻挡对方将球射入球门，但有些进攻方踢出去的球会从人墙的一侧绕过，就在将要偏离球门的那一刻，来个自行转弯，令守门员措手不及，他们只能眼睁睁地看着球飞快地飞入球门，这种踢球的技巧被叫做"香蕉球"。为什么足球会在空中沿弧线飞行呢？原来在踢香蕉球时运动员并不是用脚背去踢球的中心，而是用脚的内侧向侧前方去踢球，脚内侧的摩擦，会使足球不断地旋转，旋转时足球两侧的空气流动速度不同，球两侧的压强也不同，于是足球就会向压强小的一侧转弯，最终形成香蕉球。

34　防守方为什么要组成人墙？
35　运动员是怎样踢出香蕉球的？
36　香蕉球的特点是什么？
37　这段话主要谈的是什么？

第38到40题是根据下面一段话：

　　水是生命之源，是人们新陈代谢的主要媒介。人可以几天不吃东西，但绝对不可以几天不喝水，那么生活在水里的鱼也要喝水吗？实际上，生活在淡水中的鱼是不需要喝水的，而生活在海里的鱼则要经常喝水。因为淡水鱼体液的渗透压高于周围淡水的渗透压，水分很容易渗入到体内，所以淡水鱼不但不必喝水还要设法排出体内过多的水分；而生活在海里的鱼，它们则是相反的，体内的水分不断被排出体外，所以它们要经常喝水以补充体内流失的水分。但海里的鱼也有例外的，比如鲨鱼，它就不需要喝水，它血液中尿素含量较高，所以体液的渗透压要高于海水的渗透压。

38　鱼喝不喝水与什么有关？
39　关于淡水鱼，下列哪项正确？
40　根据这段话，鲨鱼与其它海洋鱼类的区别是什么？

第41到43题是根据下面一段话：

一项最新研究显示，每天早晨如果能接受阳光的照耀会使人食欲下降从而减少热量的摄入。该研究对50名被试者进行了一周的观察实验，不仅记录他们的饮食和睡眠状况，同时也要求他们携带传感器以检测接受光照的时间和强度。分析结果表明，光照除了会影响睡眠之外，和食欲也有着显著的关联。那些能在早晨8点就接受光照的人，摄入的热量更少，体重指数也更低，而那些起床几小时后才能接受光照的人情况则相反。研究者认为光照之所以能影响人的热量摄入，很有可能和褪黑素有关，这种激素受光照作用后，很可能会再反过来影响人体代谢，或者通过影响生物钟的方式来改变人的饮食习惯。

41 让被试者携带传感器的目的是什么？
42 实验结果表明什么？
43 褪黑素可能对人体有什么影响？

第44到47题是根据下面一段话：

画家齐白石和作家老舍是忘年之交。一次老舍选了几句著名的诗句，请齐白石用不同季节的画作表现出来，齐白石很快就以春、夏、冬三季的花卉作为主题，完成了三幅绝妙之作，但唯独对"芭蕉叶卷抱秋花"这句诗所体现的秋景迟迟没有落笔。老舍忍不住问其原因，齐白石回答："我想画几株有着初生卷叶的芭蕉，但我记不清楚芭蕉叶卷曲的方向，而且不知道是顺时针还是逆时针方向，没有参考的实物，我不敢乱画呀。"从那之后，齐白石每当遇见从南方来的友人，都会询问他们是否观察过芭蕉叶卷曲的方向，但都以失望告终，他还去翻阅了大量资料，始终没有找到答案，无奈之下齐白石只能动笔完成那幅画，然而，画作中的芭蕉叶并没有初生的卷叶，老舍看后顿时明白，为什么齐白石的作品能被奉为经典了。

44 老舍请齐白石画什么样的画？
45 齐白石为什么单单留下那幅画没完成？
46 为了解决那个难题齐白石是怎么做的？
47 关于齐白石可以知道什么？

第48到50题是根据下面一段话：

记得小时候看的童话故事中，有个孩子因为说了谎话，鼻子变得长长的，这恐怕是很多人小时候的魔咒。多年后，我们总是会嘲笑儿时的自己竟然会对此信以为真。然而，研究人员却发现，鼻子的确会泄露说谎的秘密。虽然鼻子不会变长，但是鼻尖会变热，一个人内心世界的情报很容易通过身体变化被破译。研究者曾做过这样一个实验，他们用热成像仪记录被试者的面部温度，当被试者说谎时，他们就会感觉到鼻尖的灼热。而当被试者努力对自己进行心理暗示，告诉自己我并没有撒谎时，鼻尖的温度又会逐渐回落到正常水平。研究者解释说：人在说谎时，会产生焦虑感，此时负责调节体温的大脑岛叶皮质就会被激活，从而导致包括鼻尖在内的整个面部温度上升，甚至整个身体都会发热。这就难怪有人说，我们在说谎话时，会出现面红耳赤，鼻尖冒汗的情况。

48 鼻子是怎样泄露秘密的？

49 内心世界的情报指的是什么？

50 根据这段话，下列哪项正确？

听力考试现在结束。

HSK 6급 1회 모의고사 정답

一、听力

第一部分

1. D 2. D 3. C 4. B 5. A 6. C 7. B 8. D 9. A 10. C
11. C 12. B 13. D 14. B 15. B

第二部分

16. B 17. C 18. C 19. A 20. C 21. B 22. B 23. C 24. A 25. C
26. A 27. C 28. D 29. A 30. B

第三部分

31. A 32. B 33. C 34. D 35. C 36. C 37. B 38. C 39. D 40. D
41. A 42. B 43. D 44. B 45. D 46. B 47. A 48. A 49. B 50. A

二、阅读

第一部分

51. D 52. B 53. B 54. C 55. A 56. B 57. D 58. C 59. D 60. A

第二部分

61. A 62. C 63. A 64. D 65. B 66. D 67. B 68. B 69. C 70. D

第三部分

71. D 72. A 73. E 74. B 75. C 76. C 77. D 78. A 79. E 80. B

第四部分

81. C   82. D   83. C   84. B   85. B   86. D   87. A   88. A   89. B   90. D
91. A   92. D   93. D   94. B   95. A   96. A   97. C   98. B   99. C   100. B

三、书写

101.
一所有人情味儿的大学

　　一所大学开设了大学生心理健康选修课，选这门课的学生非常多，下手晚了，就选不上。难道学生们都觉得自己有心理问题吗？其实另有隐情。
　　原来，多年以来，这门课的考试卷几乎不变，及格率很高。考试前向前辈打听一下复习范围，就很容易得高分。这已经是这所大学公开的秘密。
　　我认识一位这所大学的退休老教授，他说，这门课的教授很聪明。他认为，开设心理健康课的目的，就是让大学生对心理健康知识有所了解。许多大学生有心理问题，但不好意思说出来；也有很多学生认为自己心理很健康，根本不用学。他们是因为这门课考试容易通过，才报名的。老教授告诉我，如果考卷内容全面，学生就能在复习中了解心理健康的基本知识，这就达到了教学目的。这是一件一举两得的事情。
　　此外，这所大学还设有一个查考卷的办公室。如果学生分数接近及格，老师会帮他们找出可以得分的部分，重新找回及格的机会。
　　考试的目的不是难倒学生，而是帮助学生掌握知识，达到成绩标准。这所大学在教学管理上的做法，很有人情味儿。

HSK 6급 1회 듣기 听力

제1부분 1~15번 문제는 단문을 듣고 일치하는 내용을 고르는 문제입니다.

1

形成太阳雨的原因很多，有的是因为能产生雨的乌云被强风吹到晴天的地方，有的则是因为天气突变，从高空落下的雨还没落地，乌云就已经消散了，这就形成了晴天下雨的现象。

A 太阳雨十分罕见
B 太阳雨影响农业
C 太阳雨一般出现在南方
D 太阳雨的形成有诸多因素

여우비를 형성하는 원인은 매우 많다. 비를 내리게 하는 먹구름이 강풍이 불어 날씨가 화창한 지역으로 이동한 경우도 있고, 갑작스런 날씨 변화에 하늘에서 떨어지던 비가 땅에 닿기도 전에 먹구름이 이미 흩어져 사라지는 경우도 있는데, 이로써 맑은 날 비가 내리는 현상이 나타나게 되는 것이다.

A 여우비는 매우 보기 드물다
B 여우비는 농업에 영향을 준다
C 여우비는 보통 남쪽 지방에서 나타난다
D 여우비가 형성되는 데에는 여러 가지 요인이 있다

지문 어휘 形成 xíngchéng 통 (어떤 사물이나 기풍, 국면 등이) 형성되다, 이루어지다 | 乌云 wūyún 명 먹구름, 검은 구름 | 则 zé 접 오히려, 그러나 | 突变 tūbiàn 통 갑자기 변하다, 돌변하다 | 消散 xiāosàn 통 흩어져 사라지다 | 现象 xiànxiàng 명 현상

보기 어휘 罕见 hǎnjiàn 형 보기 드물다, 희한하다 ★ | 农业 nóngyè 명 농업 | 诸多 zhūduō 형 많은 | 因素 yīnsù 명 요인, 원인, 요소

정답 D

해설 4개의 보기에 공통적으로 '太阳雨(여우비)'가 포함되어 있는 것으로 보아 지문은 이에 대한 소개가 주요 내용임을 유추할 수 있다. 첫 문장 '形成太阳雨的原因很多。(여우비를 형성하는 원인은 매우 많다.)'를 듣고, 여기서 '原因很多。(원인이 많다.)'와 유사한 표현인 '有诸多因素。(여러 가지 요인이 있다.)'가 제시되어 있는 D가 정답임을 알 수 있다.

2

企鹅的羽毛又细又密，呈鳞片状，不但风吹不进去，就连海水也浸不透。此外，它的皮下脂肪也很厚，这些都为企鹅维持体温提供了保障，因而企鹅才能在寒冷的南极生存下来。

펭귄의 깃털은 가늘고 조밀하며 비늘 형태로 되어 있어서 바람이 들어가지 않을 뿐만 아니라, 바닷물에도 젖지 않는다. 이 밖에, 펭귄은 피하지방도 두꺼운데, 이러한 것들이 모두 펭귄이 체온을 유지하는 데 도움이 되기 때문에 펭귄이 추운 남극에서도 살아남을 수 있는 것이다.

A 企鹅的体温很低 B 企鹅濒临灭绝 C 企鹅皮下脂肪少 D 企鹅羽毛能帮其御寒	A 펭귄은 체온이 낮다 B 펭귄은 멸종위기에 처해 있다 C 펭귄은 피하지방이 적다 D 펭귄의 깃털은 펭귄이 추위를 막는 데 도움을 준다

지문 어휘 企鹅 qǐ'é 몡 펭귄 | 羽毛 yǔmáo 몡 깃털, 새의 깃과 짐승의 털 | 细 xì 혱 가늘다 | 密 mì 혱 조밀하다, 빽빽하다, 촘촘하다 | 呈 chéng 동 나타내다, 띠다, 드러내다 | 鳞片 línpiàn 몡 비늘 | 状 zhuàng 몡 형태, 모습, 형상 | 浸 jìn 동 (물에) 담그다, 잠그다 | 透 tòu 동 (액체, 빛, 공기 등이) 스며들다, 침투하다, 투과하다, 통과하다 | 脂肪 zhīfáng 몡 지방 ★ | 维持 wéichí 동 유지하다, 지키다 ★ | 体温 tǐwēn 몡 체온 | 保障 bǎozhàng 동 보장, 보증 ★ | 因而 yīn'ér 젭 그러므로, 따라서 | 南极 nánjí 몡 남극 | 生存 shēngcún 동 살아남다, 생존하다 몡 생존 ★

보기 어휘 濒临 bīnlín 동 가까이 가다, 인접하다 ★ | 灭绝 mièjué 동 멸종하다, 완전히 없어지다, 완전히 제거하다 | 御寒 yùhán 동 추위를 막다, 방한하다

정답 D

해설 4개의 보기에 공통적으로 '企鹅(펭귄)'가 포함되어 있는 것으로 보아 지문은 펭귄에 대한 소개가 주요 내용임을 유추할 수 있다. 첫 문장 '企鹅的羽毛~不但风吹不进去，就连海水也浸不透。(펭귄의 깃털은 ~ 바람이 들어가지 않을 뿐만 아니라, 바닷물에도 젖지 않는다.)'를 듣고, 여기서 바람이 잘 들어가지 않는다고 언급한 내용이 바로 추위를 막는데 도움이 된다는 의미임을 알 수 있으므로 정답은 D이다.

3

正所谓"人无完人"，每个人都有优缺点。所以作为管理者，你要做的并不是改正员工的缺点，而是要合理地利用其优点，使每个人的能力都能得到充分发挥，进而为公司创造更多的价值。	소위 '완벽한 사람은 없다'는 말처럼 사람은 누구나 장단점이 있다. 그러므로 관리자로서 해야 할 일은 직원의 결점을 고치기보다는 그들의 장점을 적절하게 이용하여 모든 사람의 능력이 충분히 발휘될 수 있게 하고, 나아가 회사에 더 많은 가치를 창출하는 것이다.
A 人的性格是多变的 B 要有坚持不懈的精神 C 管理者要善于利用员工的优点 D 有天赋的员工创造的价值多	A 사람의 성격은 변덕스럽다 B 끈기 있는 정신이 필요하다 C 관리자는 직원의 장점을 잘 활용할 줄 알아야 한다 D 타고난 재능을 지닌 직원이 창출해내는 가치가 많다

지문 어휘 所谓 suǒwèi 혱 소위, ~라는 것은, ~란, 이른 바 | 人无完人 rénwúwánrén 완벽한 사람은 없다, 누구에게나 단점이 있다 | 改正 gǎizhèng 동 개정하다, 시정하다, 정정하다 | 合理 hélǐ 혱 합리적이다, 도리에 맞다 | 利用 lìyòng 동 이용하다, 활용하다 | 充分 chōngfèn 부 충분히, 힘껏 혱 충분하다 | 发挥 fāhuī 동 발휘하다 | 进而 jìn'ér 젭 더 나아가, 진일보하여 ★ | 创造 chuàngzào 동 창조하다, 만들다 | 价值 jiàzhí 몡 가치

보기 어휘 多变 duōbiàn 동 변덕스럽다, 변화가 많다 | 坚持不懈 jiānchíbúxiè 성 조금도 느슨해지지 않고 끝까지 견지하다 | 精神 jīngshén 몡 정신 | 善于 shànyú 동 ~을 잘하다, ~에 능숙하다 | 天赋 tiānfù 몡 타고난 재능, 천부적인 소질 ★

정답 C

해설 녹음 중간 부분에서 결론을 이끌어내는 '所以(그러므로)'가 정답 키워드이다. 화자는 자신의 관점을 '不是A, 而是B(A가 아니라 B이다)' 구문을 이용해 언급하고 있는데, '所以作为管理者，你要做的并不是改正员工的缺点，而是要合理地利用其优点。(그러므로 관리자로서 해야 할 일은 직원의 결점을 고치기보다는 그들의 장점을 적절하게 이용해야 한다.)'을 듣고, 여기서 '而是'이 이끄는 문장이 바로 화자가 강조하는 내용임을 알 수 있으므로 정답은 C이다.

4

水下机器人又名无人遥控潜水器，是一种在水下作业的机器人。它可在高度危险、被污染以及能见度极低的环境中长时间工作。如今该机器人已被广泛应用于救灾、石油开发、科学研究等领域。

수중 로봇은 무인잠수정(ROV)이라고도 부르는데, 이는 일종의 물 속에서 작업하는 로봇이다. 수중 로봇은 매우 위험하며 오염되어 있고 가시도가 극히 낮은 환경에서 장시간 작업이 가능하다. 현재 이 로봇은 재해구제 작업, 석유 개발, 과학연구 등의 분야에서 이미 널리 활용되고 있다.

A 水下机器人操作复杂
B 水下机器人已得到广泛应用
C 水下机器人工作时间短
D 水下机器人不安全

A 수중 로봇은 조작법이 복잡하다
B 수중 로봇은 이미 광범위하게 활용되고 있다
C 수중 로봇은 작업시간이 짧다
D 수중 로봇은 안전하지 않다

지문 어휘 水下机器人 shuǐxià jīqì rén 명 수중 로봇 | 无人遥控潜水器 wúrén yáokòng qiánshuǐqì 무인잠수정(ROV) ★ | 作业 zuòyè 동 작업을 하다 | 高度 gāodù 형 정도가 매우 높다 명 고도 | 污染 wūrǎn 동 오염시키다, 오염되다 | 能见度 néngjiàndù 명 가시도, 가시거리 | 广泛 guǎngfàn 부 폭넓게, 광범위하게, 형 광범위하다, 폭넓다, 두루 미치다 | 救灾 jiù zāi 동 재난에서 구원하다, 이재민을 구제하다 | 石油 shíyóu 명 석유 ★ | 开发 kāifā 동 개발하다, 개간하다, 개척하다 | 领域 lǐngyù 명 분야, 영역

보기 어휘 操作 cāozuò 동 조작하다, 다루다 ★

정답 B

해설 4개의 보기에 공통된 주어 '水下机器人(수중 로봇)'이 있는 것으로 보아, 지문은 이에 대한 소개가 주요 내용임을 유추할 수 있다. 녹음 마지막 부분에서 '如今该机器人已被广泛应用于救灾、石油开发、科学研究等领域。(현재 이 로봇은 재해구제 작업, 석유 개발, 과학연구 등의 분야에서 이미 널리 활용되고 있다.)'를 듣고, 수중로봇이 이미 폭넓게 활용되고 있음을 알 수 있으므로 정답은 B이다.

5

在我们的生活中有些盐会隐形，很多食品在制造过程中会放盐，味精等调味料也是含盐大户。食盐过多对健康不利，所以我们在购买食品时应注意查看营养成分表，尽量选择低盐产品，在饭店吃饭时，也要跟店家提前说少放盐。

우리 생활에서 일부 소금들은 모습을 감추고 있는데, 많은 식품들이 제조 과정에서 소금이 들어가고 조미료 같은 양념도 다량의 소금을 함유하고 있다. 소금을 과다 섭취하면 건강에 좋지 않기 때문에 식품을 구매할 때는 영양 성분표를 주의 깊게 살펴봐야 한다. 가능한 저염 식품을 선택하고 식당에서 밥을 먹을 때도 주인에게 미리 소금을 적게 넣어달라고 주문해야 한다.

A 要控制盐的摄入量
B 营养均衡很重要
C 要经常在家吃饭
D 饭店的菜盐很多

A 소금 섭취량을 조절해야 한다
B 영양 균형은 매우 중요하다
C 자주 집에서 식사를 해야 한다
D 식당 요리는 소금이 많이 들어간다

지문 어휘 隐形 yǐnxíng 형 모습을 감추다, 자태를 숨기다, 투명한 | 食品 shípǐn 명 식품 | 制造 zhìzào 동 제조하다, 만들다 | 味精 wèijīng 명 조미료 | 调味料 tiáowèiliào 양념, 조미료 | 含 hán 동 함유하다, 포함하다, 품다 | 大户 dàhù 명 어떤 분야에서 비중이 큰 생산 단위, 큰 손, 거액 투자자 | 不利 búlì 형 순조롭지 못하다, 잘 되지 않다 | 购买 gòumǎi 동 구매하다, 구입하다 | 查看 chákàn 동 살펴보다, 관찰하다, 조사하다 | 营养 yíngyǎng 명 영양 | 成分 chéngfèn 명 구성 성분, 요소 | 尽量 jǐnliàng 부 가능한 한, 되도록, 최대 한도로 | 店家 diànjiā 명 (식당, 여관, 술집의) 주인, 지배인

보기 어휘 控制 kòngzhì 동 조절하다, 억제하다, 제어하다 | 摄入量 shèrùliàng 섭취량 | 均衡 jūnhéng 형 균형이 잡히다, 고르다

정답 A

해설 지문은 과다한 소금 섭취가 좋지 않다는 것을 주요 내용으로 하고 있다. 녹음 마지막 부분에서 '尽量选择低盐产品，在饭店吃饭时，也要跟店家提前说少放盐。(가능한 저염 식품을 선택하고 식당에서 밥을 먹을 때도 주인에게 미리 소금을 적게 넣어달라고 주문해야 한다.)'을 듣고, 화자는 소금 섭취량 조절을 강조하고 있음을 알 수 있으므로 정답은 A이다.

6

众所周知，山西人最爱食醋，这主要是因为山西的水硬度高，醋可以起到软化水质的作用。另外，山西人的主食大都为面食，尤其是各种杂粮面，而多吃醋能促进面食消化，久而久之，醋就成了山西人餐桌上必备的调味品。

잘 알려진 대로 산시(山西)사람들은 식초를 즐겨 먹는다. 이는 주로 산시 지역의 물이 경도가 높은데 식초가 수질을 부드럽게 하는 역할을 하기 때문이다. 이 밖에, 산시 사람들의 주식은 대부분 면, 특히 잡곡으로 만든 각종 면인데, 식초를 많이 먹으면 면 소화를 촉진시킬 수 있다 보니 어느새 식초가 산시 사람들의 식탁에서 필수적인 조미료로 자리 잡게 되었다.

A 常吃面食对胃好
B 山西水质软
C 山西人的生活离不开醋
D 山西醋远近闻名

A 면을 자주 먹으면 위에 좋다
B 산시는 수질이 부드럽다
C 산시 사람들의 생활에서 식초는 없어서는 안 된다
D 산시 지역의 식초는 널리 알려졌다

지문 어휘 众所周知 zhòngsuǒzhōuzhī 성 모든 사람이 다 알고 있다 ★ | 山西 Shānxī 고유 산시, 산시성, 산서성 | 醋 cù 명 식초, 초 | 硬度 yìngdù 명 경도(물속에 칼슘염과 마그네슘염이 함유되어 있는 정도) | 软化 ruǎnhuà 동 부드럽게 하다, 연화하다, 연하게 하다 | 主食 zhǔshí 명 주식 | 面食 miànshí 명 밀가루 음식 | 杂粮面 záliángmiàn 잡곡으로 만든 면 | 促进 cùjìn 동 촉진시키다, 재촉하다 | 消化 xiāohuà 동 소화하다 | 久而久之 jiǔ'érjiǔzhī 성 오랜 시일이 지나다, 긴 시간이 지나다 | 必备 bìbèi 동 필수이다, 반드시 구비하다, 반드시 갖추다 | 调味品 tiáowèipǐn 조미료, 향신료

보기 어휘 胃 wèi 명 위, 위장 | 远近闻名 yuǎnjìnwénmíng 널리 알려지다, 널리 이름이 나다

| 정답 | C |

| 해설 | 지문은 산시 사람들이 식초를 즐겨 먹는 이유를 설명하고 있다. 녹음 마지막 부분에서 '醋就成了山西人餐桌上必备的调味品.(식초가 산시 사람들의 식탁에서 필수적인 조미료로 자리 잡게 되었다.)'을 듣고, '必备(필수적이다)'와 유사한 표현인 '离不开(없어서는 안 된다)'가 제시되어 있는 C가 정답임을 알 수 있다. |

7

世界上的事最怕认真二字。只要认真，任何奇迹都会发生。可认真虽好，一旦过了头或对那些无关紧要的细节过于执着的话，恐怕就会适得其反，因此要把握好度。

세상사는 성실이라는 두 글자를 가장 두려워한다. 성실하게 하기만 하면 어떤 기적이든 일어난다. 그런데 성실이라는 게 좋기는 해도 너무 지나치거나 별로 중요하지 않은 세세한 것에 집착한다면 정반대의 결과를 가져올 수 있기 때문에 적정선을 지키는 것이 좋다.

A 要有耐心
B 有些事不能过于认真
C 细节决定成败
D 只要坚持就会有奇迹

A 인내심을 가져야 한다
B 어떤 일에서는 너무 성실해도 안 된다
C 디테일이 성패를 결정한다
D 꾸준히 하면 기적이 생긴다

| 지문 어휘 | 奇迹 qíjì 명 기적 | 一旦 yídàn 부 일단 ~한다면 | 无关紧要 wúguānjǐnyào 성 중요하지 않다, 대수롭지 않다 | 细节 xìjié 명 사소한 부분, 디테일, 세부사항 | 执着 zhízhuó 형 집착하다, 고집스럽다, 융통성이 없다 ★ | 适得其反 shìdéqífǎn 성 결과가 바라는 것과 정반대가 되다 | 把握 bǎwò 동 파악하다, 붙잡다, 포착하다 | 度 dù 명 정도(어떤 사물이 그 본질을 유지하는 양적 변화의 한계) |

| 보기 어휘 | 成败 chéngbài 명 성패, 성공과 실패 |

| 정답 | B |

| 해설 | 녹음 중간 부분의 '可(그런데)'가 정답 키워드이다. '可认真虽好，一旦过了头或对那些无关紧要的细节过于执着的话，恐怕就会适得其反。(그런데 성실이라는 게 좋기는 해도 너무 지나치거나 별로 중요하지 않은 세세한 것에 집착한다면 정반대의 결과를 가져올 수 있다.)'을 듣고 화자는 성실함도 너무 지나치면 안 된다는 내용을 강조하는 것임을 알 수 있으므로 정답은 B이다. |

8

乌蒙山区有一片神奇的红土高原，它就是位于云南省的东川红土地，知道它是如何形成的吗？乌蒙山区海拔高、多雨、高温，会使土壤中的铁元素发生氧化反应，并且沉积下来，于是就形成了炫目的红土高原。

우멍산(烏蒙山) 지역에는 신기한 홍토고원이 있다. 윈난(雲南)성 동촨홍투디(東川紅土地)에 위치해 있는 이 곳이 어떻게 만들어졌는지 아는가? 우멍산은 해발고도가 높고 고온다우 지역이라 토양 속 철 원소가 산화반응으로 침전되는데, 그리하여 눈부신 홍토고원이 만들어진 것이다.

A 乌蒙山常年干旱　　　　　　　　　　　A 우멍산은 일년 내내 가뭄이다
B 乌蒙山铁矿丰富　　　　　　　　　　　B 우멍산은 철광석이 풍부하다
C 红土高原海拔低　　　　　　　　　　　C 홍토고원은 해발고도가 낮다
D 红土高原的形成与气候有关　　　　　　D 홍토고원의 형성은 기후와 관련이 있다

지문 어휘 乌蒙山区 Wūméng shānqū 우멍산(烏蒙山) 지역 | 神奇 shénqí 형 신기하다, 신비롭고 기이하다 ★ | 红土 hóng tǔ 홍토, 적색토 | 高原 gāoyuán 명 고원 | 云南省 Yúnnánshěng 고유 윈난성, 운남성 | 东川红土地 Dōngchuān hóngtǔdì 고유 동촨홍투디(東川紅土地) | 海拔 hǎibá 명 해발 ★ | 土壤 tǔrǎng 명 토양, 흙 ★ | 铁 tiě 명 철, 쇠 | 元素 yuánsù 명 원소, 요소 ★ | 氧化反应 yǎnghuà fǎnyìng 산화 반응 | 沉积 chénjī 동 침전하다, 가라앉다, 쌓이다 | 炫目 xuànmù 형 눈부시다

보기 어휘 常年 chángnián 명 일년 내내, 장기간 | 干旱 gānhàn 형 가뭄 ★ | 铁矿 tiěkuàng 명 철광석

정답 D

해설 지문은 우멍산 지역 홍토고원의 형성 원인을 주로 소개하고 있다. 녹음 중간 부분에서 '乌蒙山区海拔高、多雨、高温~，于是就形成了炫目的红土高原。(우멍산은 해발고도가 높고 고온다우 지역이라~, 그리하여 눈부신 홍토고원이 만들어진 것이다.)'을 듣고 홍토고원의 형성이 높은 해발고도 및 고온다우한 기후와 관련이 있음을 알 수 있으므로 정답은 D이다.

9

　　球操是以健身球为器械的一项健身运动，它最早应用于医学方面，帮助病人锻炼运动神经，后来逐渐被推广为一种健身运动，因它具有快速燃烧脂肪的效果，所以受到了减肥人士的喜爱。

　　짐볼운동은 짐볼을 기구로 사용하는 신체단련 운동으로, 처음에는 의학분야에서 환자들이 운동신경을 단련하는 데 활용되다가 그후 점차 일종의 건강 운동으로 널리 보급되었다. 이 운동은 지방을 빠르게 연소시키는 효과가 있어 다이어트를 하는 사람들에게 인기를 얻고 있다.

A 球操对瘦身有帮助　　　　　　　　　　A 짐볼운동은 살을 빼는 데 도움이 된다
B 球操学习起来很简单　　　　　　　　　B 짐볼운동은 배우기 쉽다
C 球操可以提高食欲　　　　　　　　　　C 짐볼운동은 식욕을 높인다
D 球操是新的比赛项目　　　　　　　　　D 짐볼운동은 새로운 경기종목이다

지문 어휘 球操 qiú cāo 짐볼운동 | 健身 jiàn shēn 동 신체를 건강하게 하다, 튼튼하게 하다 | 健身球 jiànshēnqiú 짐볼 | 器械 qìxiè 명 기구, 기계 | 应用 yìngyòng 동 활용하다, 응용하다, 사용하다 | 运动神经 yùndòng shénjīng 명 운동신경 | 逐渐 zhújiàn 부 점차, 점점 | 推广 tuīguǎng 동 널리 보급하다, 확충하다, 확대하다 | 具有 jùyǒu 동 있다, 가지다, 지니다, 구비하다 | 燃烧 ránshāo 동 연소하다, 타다 | 人士 rénshì 명 인사 ★

보기 어휘 瘦身 shòu shēn 동 살을 빼다 | 食欲 shíyù 명 식욕 | 项目 xiàngmù 명 종목, 항목, 사항

정답 A

해설 4개의 보기에 공통된 주어 '球操(짐볼운동)'가 있는 것으로 보아, 지문은 이에 대한 소개가 주요 내용임을 유추할 수 있다. 녹음 마지막 부분에서 '因它具有快速燃烧脂肪的效果，所以受到了减肥人士的喜爱。(이 운동은 지방을 빠르게 연소시키는 효과가 있어 다이어트를 하는 사람들에게 인기를 얻고 있다.)'를 듣고, 여기서 '减肥(다이어트를 하다)'의 유의어인 '瘦身(살을 빼다)'이 제시되어 있는 A가 정답임을 알 수 있다.

10

在云南，不同的民族使用竹子的方式也有所不同，如傣族人用竹子烧制竹筒饭，烧出的饭不仅清香可口，而且营养价值极高。它的做法很简单，只需将装着大米、调味料和水的竹筒放在火上烤熟即可。

A 竹筒饭做法复杂
B 竹筒饭不需要水
C 竹筒饭营养价值高
D 竹筒饭不用任何调味料

윈난(雲南)에서는 민족마다 대나무를 사용하는 방식이 제각각이다. 예를 들어 다이족(傣族)은 대나무를 가마에 구워 죽통밥을 만드는데 그렇게 지은 밥은 향긋하고 맛도 좋은데다 영양가도 매우 높다. 만드는 방법은 간단하다. 쌀, 조미료, 물을 채워 넣은 죽통을 불에 넣어 구워 익히기만 하면 된다.

A 죽통밥은 만드는 방법이 복잡하다
B 죽통밥에는 물이 필요 없다
C 죽통밥은 영양가가 높다
D 죽통밥은 어떠한 조미료도 필요 없다

지문 어휘 云南 Yúnnán 고유 윈난, 윈난성, 운남 | 竹子 zhúzi 명 대나무 | 傣族 Dǎizú 명 다이족(傣族)(중국 소수 민족 중 하나) | 烧制 shāozhì 동 가마에 넣어 굽다 | 竹筒饭 zhútǒngfàn 죽통밥, 대나무통밥 | 清香 qīngxiāng 형 맑고 향기롭다 명 맑은 향기 | 可口 kěkǒu 형 맛있다, 입에 맞다 ★ | 营养价值 yíngyǎng jiàzhí 영양가 | 装 zhuāng 동 담다, 포장하다 | 调味料 tiáowèiliào 명 조미료 | 烤 kǎo 동 굽다, 말리다 | 熟 shú 형 (음식이) 익다 | 即可 부 ~하면 바로 된다, ~하면 곧 ~할 수 있다

정답 C

해설 4개의 보기에 공통된 주어 '竹筒饭(죽통밥)'이 있는 것으로 보아, 지문은 이에 대한 소개가 주요 내용임을 유추할 수 있다. 녹음 중간 부분에서 '傣族人用竹子烧制竹筒饭，烧出的饭不仅清香可口，而且营养价值极高。(다이족(傣族)은 대나무를 가마에 구워 죽통밥을 만드는데 그렇게 지은 밥은 향긋하고 맛도 좋은데다 영양가도 매우 높다.)'를 듣고 정답이 C임을 알 수 있다.

11

也许你认识的人很多，但真正意义上的朋友可能寥寥无几，看似膨胀实则空虚的人际关系实际上反映出了人们孤独的内心。专家建议，我们应该适度地为人际泡沫脱水，只有这样，才能摆脱其带来的无奈和困扰。

A 朋友越多越好
B 要学会调整心态
C 应适度为人际泡沫脱水
D 人际关系是社会交际的基础

어쩌면 당신의 지인이 많다고 해도 진정한 의미에서의 친구는 얼마 되지 않을 것이다. 겉보기에는 엄청 대단한 것처럼 보여도 속은 텅 비어있는 인간관계는 사실 사람들의 고독한 내면 상태를 반영한다. 전문가들은 우리가 인간관계에서 거품을 적당히 걷어내야만 그런 관계가 가져올 무력감과 속앓이에서 벗어날 수 있다고 조언한다.

A 친구는 많을수록 좋다
B 마음을 다스리는 법을 배워야 한다
C 인간관계에서 거품을 적당히 걷어내야 한다
D 인간관계는 사회생활의 밑바탕이다

지문 어휘 真正 zhēnzhèng 형 진정한, 참된 부 정말로, 진짜로 | 意义 yìyì 명 의미, 뜻, 의의, 가치 | 寥寥无几 liáoliáowújǐ 성 수량이 매우 적다, 얼마 되지 않다 | 膨胀 péngzhàng 동 부풀어오르다, 팽창하다, 불어나다 | 实则 shízé 접 사실, 실은 | 空虚 kōngxū 형 텅 비다, 공허하다, 내용이 없다 ★ | 人际关系 rénjì guānxì 인간관계, 대인관계 | 反映 fǎnyìng 동 반영시키다, 반영하다, 보고하다 | 孤独 gūdú 형 고독하다, 외롭다, 쓸쓸하다 ★ | 内心 nèixīn 명 내면, 마음, 마음속, 속내 | 专家 zhuānjiā 명 전문가 | 适度 shìdù 형 적당하다, 적절하다 | 泡沫 pàomò 명 거품, 물거품 ★ | 脱水 tuōshuǐ 동 탈수하다, 수분이 빠지다, 건조하다 | 摆脱 bǎituō 동 벗어나다, 빠져 나오다, 이탈하다 ★ | 无奈 wúnài 동 어찌 해 볼 도리가 없다, 방법이 없다, 하는 수 없다 | 困扰 kùnrǎo 동 괴롭히다, 귀찮게 굴다, 성가시게 하다

보기 어휘 调整 tiáozhěng 동 조절하다, 조정하다 | 心态 xīntài 명 심리 상태 ★

정답 C

해설 녹음 마지막 부분의 '应该(~해야만 한다)'가 정답 키워드이다. 인간관계에 대해 전문가가 조언한 내용 중 '我们应该适度地为人际泡沫脱水。(우리가 인간관계에서 거품을 적당히 걷어내야만 한다.)'를 듣고 이 문장이 그대로 제시되어 있는 C가 정답임을 알 수 있다.

12

人们对幸福的要求有高有低。或许有人会说你怎么这么容易就满足，你对幸福的要求实在太低了。但是其实要求低并不可怕，可怕的是你已经拥有了幸福，却视而不见，不懂得好好儿珍惜。

A 要学会自力更生
B 要珍惜已有的幸福
C 现代人的压力都很大
D 人们对幸福的要求都很低

행복에 대한 사람들의 요구는 다 다르다. 혹시 누군가 당신에게 어쩜 이렇게 쉽게 만족하느냐는 말을 했다면 행복에 대한 당신의 요구는 매우 낮은 것이다. 하지만 사실 요구가 낮다고 두려워할 필요는 없다. 두려운 것은 당신이 이미 행복을 가지고 있음에도 이를 보고도 못 본 체하며 소중히 여기는 법을 모르는 일이다.

A 자력갱생 하는 법을 배워야 한다
B 이미 가진 행복을 소중히 여겨야 한다
C 현대인들의 스트레스는 크다
D 행복에 대한 사람들의 요구는 모두 낮다

지문 어휘 或许 huòxǔ 부 혹시, 아마, 어쩌면 | 满足 mǎnzú 동 만족하다, 흡족하다, 만족시키다 | 可怕 kěpà 형 두렵다, 무섭다, 겁나다, 끔찍하다 | 拥有 yōngyǒu 동 가지다, 보유하다, 지니다 ★ | 视而不见 shì'érbújiàn 보고도 못 본 체하다, 주의하지 않다, 관심이 없다 | 珍惜 zhēnxī 동 소중히 여기다, 진귀하게 여겨 아끼다

보기 어휘 自力更生 zìlìgēngshēng 성 자력갱생하다, 자신의 힘만으로 살아가다

정답 B

해설 녹음 중간 부분의 '但是(하지만)'이 정답 키워드이다. '但是其实要求低并不可怕，可怕的是你已经拥有了幸福，却视而不见，不懂得好好儿珍惜。(하지만 사실 요구가 낮다고 두려워할 필요는 없다. 두려운 것은 당신이 이미 행복을 가지고 있음에도 이를 보고도 못 본 체하며 소중히 여기는 법을 모르는 일이다.)'를 듣고, 화자는 이미 가지고 있는 행복을 소중히 여겨야 함을 강조하고 있음을 알 수 있으므로 정답은 B이다.

13

　　科学家通过研究得出了一个结论，即：目前选择数字阅读的青少年人数还没有达到人们预想的程度，尚不足纸质阅读人数的三成。超过半数的青少年认为，纸质读物的阅读效果更好。

A 数字阅读没有前景
B 数字阅读很受青睐
C 纸质读物已被淘汰
D 青少年更喜欢纸质读物

과학자들이 연구를 통해 결론을 내렸는데, 이는 바로 현재 디지털 독서를 하는 청소년의 수가 여전히 종이책 독서를 하는 인원수의 30%에도 못 미쳐 사람들이 예상한 수준에 아직 이르지 못했다는 것이다. 절반이 넘는 청소년들이 종이책의 독서 효과가 더 좋다고 생각하고 있었다.

A 디지털 독서는 장래가 없다
B 디지털 독서는 인기가 많다
C 종이책 독서는 이미 도태되었다
D 청소년들은 종이책 독서를 더 선호한다

지문 어휘 科学家 kēxuéjiā 명 과학자 | 结论 jiélùn 명 결론, 결말 | 即 jí 부 바로, 곧, 즉 | 数字阅读 shùzì yuèdú 디지털 독서 | 青少年 qīngshàonián 명 청소년 | 达到 dádào 동 이르다, 도달하다 | 预想 yùxiǎng 동 예상하다 명 예상 | 程度 chéngdù 명 수준, 정도 | 尚 shàng 부 여전히, 아직 | 纸质 zhǐzhì 종이 | 成 chéng 양 10분의1, 할

보기 어휘 前景 qiánjǐng 명 장래, 미래, 앞날 ★ | 青睐 qīnglài 명 인기, 호감 | 淘汰 táotài 동 도태하다, 추려 내다 ★

정답 D

해설 녹음은 청소년들의 디지털 독서에 대한 연구 결과를 소개하고 있다. 마지막 부분에서 '超过半数的青少年认为，纸质读物的阅读效果更好。(절반이 넘는 청소년들이 종이책의 독서 효과가 더 좋다고 생각하고 있었다.)'를 듣고 청소년들이 종이책 독서를 더욱 선호하고 있음을 알 수 있으므로 정답은 D이다.

14

　　有人说在电脑旁边放一盆绿色植物，可以减少电脑的辐射。其实电脑辐射是沿直线传播的，所以在电脑旁边摆放绿色植物来防御辐射的做法其实毫无用处。不过摆放绿色植物能起到缓解眼疲劳、净化空气的作用。

A 辐射对人体没有伤害
B 绿色植物可净化空气
C 电脑辐射会伤害眼睛
D 绿色植物可以防御辐射

어떤 사람은 컴퓨터 옆에 녹색식물 화분을 하나 놔두면 컴퓨터의 전자파를 줄일 수 있다고 말한다. 사실 전자파는 직선을 따라 전파되기 때문에 컴퓨터 옆에 녹색식물을 놔두어 전자파를 막는 방법은 소용이 없다. 그러나 녹색식물을 놔두게 되면 눈의 피로를 완화하고 공기를 정화하는 효과는 거둘 수 있다.

A 전자파는 인체에 무해하다
B 녹색식물은 공기를 정화할 수 있다
C 전자파는 눈에 해롭다
D 녹색식물은 전자파를 막을 수 있다

지문 어휘 盆 pén ② 대야나 화분 등으로 담는 사물의 수량을 세는 데 쓰임 | 辐射 fúshè ③ 전자파, 복사, 방사 ⑤ 기계파, 전자파, 다량의 미립자가 사방으로 방출되다 ★ | 沿 yán ④ ~을 따라 | 直线 zhíxiàn ③ 직선 | 传播 chuánbō ⑤ 전파하다, 널리 퍼뜨리다 | 摆放 bǎifàng ⑤ 놓다, 두다, 진열하다 | 绿色植物 lǜsèzhíwù ③ 녹색식물, 무공해식물 | 防御 fángyù ⑤ 방어하다 ★ | 毫无 háo wú ⑤ 조금도 ~이 없다, 전혀 ~이 없다 ★ | 用处 yòngchu ③ 쓸모, 용도 | 缓解 huǎnjiě ⑤ 완화시키다, 호전시키다, 누그러뜨리다 | 眼疲劳 yǎn píláo 눈의 피로 | 净化 jìnghuà ⑤ 정화하다, 깨끗하게 하다

보기 어휘 伤害 shānghài ⑤ 손상시키다, 상하게 하다, 해치다

정답 B

해설 녹음 마지막 부분의 '不过(그러나)'가 정답 키워드이다. '不过摆放绿色植物能起到缓解眼疲劳、净化空气的作用。(그러나 녹색식물을 놔두게 되면 눈의 피로를 완화하고 공기를 정화하는 효과는 거둘 수 있다.)'을 듣고, 녹색식물이 공기를 정화할 수 있음을 알 수 있으므로 정답은 B이다.

15

中国有句老话叫"一双筷子易折断, 十双筷子抱成团"。这句话的意思是一双筷子很容易断, 十双筷子却不易折断。其实人生也是这样, 一个人的能力再强, 要是和集体的力量比起来就会显得特别单薄。很多事只有我们彼此协助, 才能做得更好。

중국에 '젓가락 한 쌍은 쉽게 부러지지만 열 쌍은 하나로 똘똘 뭉친다'는 말이 있다. 이 말은 젓가락 한 쌍은 쉽게 부러져도 열 쌍은 쉽게 부러지지 않는다는 뜻이다. 사실 인생도 그렇다. 개인의 능력이 아무리 뛰어나도 단체의 힘과 비교해보면 월등히 약해 보인다. 우리가 서로 협조해야만 비로소 더 잘 해낼 수 있는 일들이 많다.

A 做事要循序渐进
B 要懂得互相协作
C 不要过度依赖别人
D 要不断发掘自己的潜力

A 일을 할 때는 순서대로 차근차근 해나가야 한다
B 서로 협동할 줄 알아야 한다
C 지나치게 남에게 의존하면 안 된다
D 끊임없이 자신의 잠재력을 발굴해야 한다

지문 어휘 折断 zhéduàn ⑤ 부러뜨리다, 꺾다, 끊다 | 抱成团 bàochéng tuán 하나로 똘똘 뭉치다, 여러 사람의 행동이 한 사람처럼 일치하다 | 集体 jítǐ ③ 단체, 집단 | 力量 lìliang ③ 힘, 역량 | 显得 xiǎnde ⑤ ~하게 보인다, ~인 것 같다 | 单薄 dānbó ③ 약하다, 빈약하다, 취약하다 | 彼此 bǐcǐ ④ 피차, 상호, 서로, 쌍방 | 协助 xiézhù ⑤ 협조하다, 협력하고 원조하다 ★

보기 어휘 循序渐进 xúnxùjiànjìn ③ 순차적으로 진행하다, 점차적으로 제고시키다 | 协作 xiézuò ⑤ 협동하다, 협업하다 | 依赖 yīlài ⑤ 의지하다, 기대다 ★ | 发掘 fājué ⑤ 발굴하다, 캐내다 | 潜力 qiánlì ③ 잠재력 ★

정답 B

해설 화자는 협동과 관련된 명언을 언급하며 자신의 관점을 전하고 있는데, 녹음 마지막 부분의 '只有(오직 ~해야만)'가 정답 키워드이다. '很多事只有我们彼此协助, 才能做得更好。(우리가 서로 협조해야만 비로소 더 잘 해낼 수 있는 일들이 많다.)'를 듣고, 여기서 '彼此协助(서로 협조하다)'와 유사한 표현인 '互相协作(서로 협동하다)'가 제시되어 있는 B가 정답임을 알 수 있다.

제2부분

16~30번 문제는 인터뷰를 듣고 질문에 알맞은 답을 고르는 문제입니다.

第16到20题是根据下面一段采访：

男：李老师，20 您以前做过编辑，现在是一名老师，这么大的身份转换您是怎么看的？

女：我年轻时不太喜欢小孩子，到了中年才有所改变。16 特别是跟学生在一起的时候，觉得自己特别有活力，而且教学相长，我还可以从学生身上学到很多东西。

男：17 您一直重视学生的课外实践，能否谈谈在这方面的经验？

女：新闻传播学是实践性很强的专业，若只是学习理论，而实践活动跟不上的话，就算你的成绩再优异，也是白费。17 所以我们非常重视学生的课外实践，鼓励学生参加一些重要的赛事，如全国大学生广告节、电视纪录片大赛、短片大赛等，我们的学生每次都会获奖。另外，我给学生上课时，每次都会带学生动手实践，这几年我带学生做的报纸、杂志、图书有数十种。

男：听说您现在仍然在做一些编辑工作，您是如何平衡二者之间的关系的呢？

女：作为新闻传播专业的老师，学生若脱离了传媒实践那也只能是空谈，结果可想而知。在媒体兼职做一些事情对教学或科研会有许多益处。18 与这些出版机构合作，可以同业界保持紧密联系，对教学也有帮助。当然，编辑工作会耗费很多时间，在编校上也需要投入很多精力，势必会影响到我的本职工作，所以我会把精力放在组稿上，文字的编校基本上交给助理编辑处理。

남: 이 교수님. 20 예전에 편집자로 일하셨다가 지금은 교수님이 되셨는데요. 전혀 다른 신분으로 바뀐 것에 대해 어떻게 생각하시나요?

여: 젊었을 때는 제가 아이들을 별로 좋아하지 않았는데 중년이 되고서 좀 달라졌답니다. 16 특히 학생들과 함께 있을 때 제가 유난히 활기가 생기는 것 같아요. 교학상장(教學相長)이라는 말처럼 제가 학생들에게 많이 배울 수도 있고요.

남: 17 교수님은 줄곧 학생들의 교외실습을 중요하게 생각해오셨는데요. 이와 관련된 경험을 좀 얘기해주실 수 있나요?

여: 신문방송학은 실습이 중요한 전공이랍니다. 이론만 공부하고 실습이 뒷받침되지 않으면 설령 성적이 아무리 우수해도 헛수고나 다름없습니다. 17 그래서 저희는 학생들의 교외실습을 매우 중요하게 생각하고 학생들이 중요한 대회에 참가할 수 있도록 격려합니다. 예를 들면 전국 대학생 광고 공모전, TV 다큐멘터리 영화제, 단편영화제 등이 있죠. 그런 대회에서 저희 학생들은 매번 입상을 한답니다. 또한 저는 수업을 할 때마다 늘 학생들을 데리고 직접 실습을 하는데요. 최근 몇 년 동안 학생들과 만든 신문, 잡지, 도서가 수십 가지나 됩니다.

남: 지금도 여전히 편집 일을 하고 계시다고 들었는데 두 가지 일 사이에서 어떻게 균형을 맞추고 계신가요?

여: 신문방송학을 전공한 사람으로서 저는 학생들이 미디어 실습을 하지 않는다는 건 말이 안 된다고 생각합니다. 실습하지 않은 결과는 불을 보듯 뻔합니다. 매체에서 겸직을 하면 제가 학생들을 가르치거나 과학연구를 하는 데 좋은 점이 많습니다. 18 출판기관들과 협력하면 동종 업계에서 긴밀한 관계를 유지할 수 있고 학습 지도에도 도움이 됩니다. 물론 편집 일이라는 게 시간이 많이 들고 편집·교정에도 역시 많은 에너지를 쏟아야 하기에 제 본업에 영향을 줄 수 밖에 없답니다. 그래서 저는 주로 원고 청탁에 힘을 쏟고 교열 업무는 대개 보조 편집자에게 맡깁니다.

男：对于想要报考或已经就读新闻传播类专业的学生，您有什么建议？
女：19 这个专业学生的知识面一定要宽，要阅读很多课外书才行，"书到用时方恨少"，在校时多读书，读好书。如果不这样，以后肯定会追悔莫及的。另外，要有意识地训练，多实践。

남：신문방송학과를 지망하거나 이미 신문방송학과를 전공으로 공부하고 있는 학생들에게 해주실 조언이 있으시다면요?
여：19 신문방송학과를 전공하는 학생들은 지식의 범위가 넓어야 합니다. 그러려면 전공서적 이외의 책을 많이 읽어야겠죠. '책을 쓸 때가 되어서야 비로소 적은 것을 후회하게 된다'는 말이 있듯이 학창시절에 책을 많이 읽고 또 좋은 책을 읽어야 합니다. 안 그러면 나중에 후회해도 늦습니다. 그리고 한 가지 더, 의식적으로 훈련하고 더 많이 실습하시길 바랍니다.

지문 어휘 编辑 biānjí 명 편집자, 편집인 동 편집하다 | 身份 shēnfen 명 신분, 지위 | 转换 zhuǎnhuàn 동 바꾸다, 전환하다, 돌리다 | 中年 zhōngnián 명 중년 | 活力 huólì 명 활력, 생기, 원기 ★ | 教学相长 jiàoxuéxiāngzhǎng 성 교학상장, 가르치고 배우는 과정에서 교사와 학생이 함께 발전하다 | 新闻传播学 xīnwén chuánbō xué 신문방송학 | 实践性 shíjiàn xìng 실천성 | 专业 zhuānyè 명 전공 형 전문의 | 若 ruò 접 만일, 만약 | 理论 lǐlùn 명 이론 | 优异 yōuyì 형 특히 우수하다, 특출하다 ★ | 赛事 sàishì 명 대회, 경기 | 广告节 guǎnggàojié 광고 공모전 | 纪录片 jìlùpiàn 명 다큐멘터리 영화 | 短片 duǎnpiàn 명 단편영화 | 获奖 huò jiǎng 동 입상하다, 수상하다 | 动手 dòngshǒu 동 시작하다, 착수하다 ★ | 图书 túshū 명 도서 | 平衡 pínghéng 동 균형되게 하다, 균형 있게 하다, 균형을 맞추다 | 二者 èrzhě 명 양자 | 脱离 tuōlí 동 (어떤 상황이나 환경에서) 벗어나다, 떠나다 ★ | 传媒 chuánméi 명 대중 매체(전파매체)의 약칭 | 空谈 kōngtán 명 공담, 공론, 헛 소리 | 可想而知 kěxiǎng'érzhī 성 미루어 알 수 있다, 가히 짐작할 수 있다 | 兼职 jiānzhí 동 겸직하다 | 教学 jiàoxué 명 교육, 교수, 수업 | 科研 kēyán 명 과학 연구(과학연구)의 약칭 | 益处 yìchù 명 좋은 점, 장점, 이로운 점 | 出版 chūbǎn 동 출판하다, 출간하다, 발행하다 | 机构 jīgòu 명 기구 ★ | 合作 hézuò 동 협력하다 | 同业界 tóngyèjiè 동종 업계 | 保持 bǎochí 동 유지하다, 지키다 | 紧密 jǐnmì 형 긴밀하다, 밀접하다 | 耗费 hàofèi 동 소모하다, 소비하다 ★ | 编校 biānjiào 동 편집하고 교정하다 | 精力 jīnglì 명 에너지, 정력 | 势必 shìbì 부 반드시, 꼭 ★ | 本职 běnzhí 명 본업, 자기의 직책이나 직무, 본 직장 | 组稿 zǔ gǎo 동 원고를 청탁하다 | 基本上 jīběnshang 부 대체로, 거의 | 助理 zhùlǐ 동 보조하다, 보좌하다 명 보좌관, 비서 ★ | 处理 chǔlǐ 동 처리하다, 해결하다 | 报考 bàokǎo 동 (시험에) 응시하다, 시험에 지원하다 | 就读 jiùdú 동 학교에 다니다, 취학하다 | 知识面 zhīshimiàn 명 지식의 범위, 지식의 폭 | 书到用时方恨少 shūdàoyòngshífānghènshǎo 책을 쓸 때가 되어서야 비로소 적은 것을 후회하게 된다, 사회에 나오기 전에 충분히 학문을 닦아 두어야 한다 | 追悔莫及 zhuīhuǐmòjí 성 후회해도 소용없다, 후회막급이다 | 训练 xùnliàn 동 훈련하다, 훈련시키다

16

女的觉得与学生在一起会怎么样?

여자는 학생들과 함께 하는 것을 어떻게 생각하는가?

A 回到了童年
B 更有活力
C 有一些负担
D 社交面会变广

A 어린 시절로 돌아갔다
B 더 활기가 생긴다
C 조금 부담이 된다
D 교제의 범위가 넓어지게 된다

보기 어휘 童年 tóngnián 명 동년, 어린 시절 | 负担 fùdān 명 부담, 책임 동 부담하다, 책임지다 ★ | 社交面 shèjiāomiàn 교제의 범위

| 정답 | B |

| 해설 | 인터뷰 진행자인 남자가 인터뷰 대상자인 여자에게 첫 번째 질문으로 직업 전환에 대한 생각을 묻고 있는데, 이에 대한 답변을 통해 학생들과 함께하는 것에 대한 여자의 생각을 알 수 있다. 여자가 '特别是跟学生在一起的时候，觉得自己特别有活力.(특히 학생들과 함께 있을 때 제가 유난히 활기가 생기는 것 같아요.)'라고 하였으므로 정답은 B이다.

17

女的在教学中比较重视什么? | 여자는 학생들을 가르칠 때 무엇을 중요하게 여기는 편인가?

A 创新理念 | A 혁신적인 이념
B 团队协作 | B 팀의 협력
C 课外实践 | C 교외실습
D 社交活动 | D 사교활동

| 보기 어휘 | 创新 chuàngxīn 동 옛 것을 버리고 새 것을 창조하다 명 창의성, 창조성 ★ | 理念 lǐniàn 명 이념 | 团队 tuánduì 명 단체, 팀 | 协作 xiézuò 동 협동하다, 협력하다 | 社交 shèjiāo 명 사교

| 정답 | C |

| 해설 | 여자가 학생들을 가르칠 때 중요하게 생각하는 것에 대해 묻고 있는데, 이에 대한 내용은 남자의 두 번째 질문과 그에 대한 여자의 답변에서 중복 언급되었다. 남자의 두 번째 질문에서 '您一直重视学生的课外实践.(교수님은 줄곧 학생들의 교외실습을 중요하게 생각해오셨는데요.)'과 이 질문에 이어진 여자의 답변 중 '所以我们非常重视学生的课外实践.(그래서 저희는 학생들의 교외실습을 매우 중요하게 생각하고 있습니다.)'을 듣고, 여자가 학생들을 지도할 때 교외실습을 중요시 여긴다는 것을 알 수 있으므로 정답은 C이다.

18

女的认为兼职做编辑的好处是什么? | 여자는 편집자 일을 겸하는 것의 장점은 무엇이라고 생각하는가?

A 更有名 | A 더 유명해진다
B 收入会增加 | B 수입이 늘어난다
C 促进教学 | C 학습 지도를 돕는다
D 更有人缘 | D 인맥이 넓어진다

| 보기 어휘 | 促进 cùjìn 동 촉진시키다, 촉진하다, 재촉하다 | 人缘 rényuán 명 인연, 인간관계

| 정답 | C |

| 해설 | 남자는 여자에게 세 번째 질문으로 편집 일과 학생을 지도하는 일을 겸하는 것에 대해 묻고 있다. 이에 대한 여자의 답변 중 '与这些出版机构合作，可以同业界保持紧密联系，对教学也有帮助.(출판기관들과 협력하면 동종 업계에서 긴밀한 관계를 유지할 수 있고 학습 지도에도 도움이 됩니다.)'를 듣고, '对教学有帮助(학습 지도에 도움이 된다)'와 유사한 표현인 '促进教学(학습 지도를 돕는다)'가 제시되어 있는 C가 정답임을 알 수 있다.

19

女的建议学新闻传播的学生怎么做?

A 多读书
B 多听讲座
C 多宣传自己
D 多参加公益活动

여자는 신문방송학을 공부하는 학생들에게 어떻게 하라고 조언했는가?

A 책을 많이 읽어라
B 강의를 많이 들어라
C 자신을 더 홍보하라
D 공익활동에 더 참여해라

보기 어휘 讲座 jiǎngzuò 몡 강좌 | 宣传 xuānchuán 동 (대중을 향하여) 선전하다, 홍보하다 | 公益 gōngyì 몡 공익, 공공 이익

정답 A

해설 여자가 신문방송학을 공부하는 학생들에게 해 준 조언의 말이 무엇인지 묻고 있는데, 이는 남자의 마지막 질문과 동일하다. 이에 대한 여자의 답변 중 '这个专业学生的知识面一定要宽，要阅读很多课外书才行。(신문방송학과를 전공한 학생들은 지식의 범위가 넓어야 합니다. 그러려면 전공서적 이외의 책을 많이 읽어야겠죠.)'이라고 하였으므로 정답은 A이다.

20

关于女的，下列哪项是正确的?

A 准备跳槽
B 做过演员
C 主要负责教学工作
D 现在不做编辑工作

여자에 관해 다음 중 옳은 것은?

A 이직을 준비한다
B 배우를 했었다
C 주로 학생들을 가르치는 일을 한다
D 현재는 편집하는 일을 하지 않는다

보기 어휘 跳槽 tiàocáo 동 직업을 바꾸다, 이직하다, 다른 부서로 옮기다

정답 C

해설 여자에 관한 전반적인 것에 대해 묻는 문제이다. 이런 유형의 문제는 주로 인터뷰 앞부분에서 언급되는 인터뷰 대상자의 개인 정보 관련 내용을 통해 정답을 찾을 수 있다. 남자의 첫 번째 질문에서 '您以前做过编辑，现在是一名老师。(예전에 편집자로 일하셨다가 지금은 교수님이 되셨는데요.)'를 듣고 여자는 현재 학생을 가르치는 일을 하고 있음을 알 수 있으므로 정답은 C이다.
한편, D에 제시된 내용은 인터뷰 중간 부분에서 여자가 학생들을 가르치며 실습 차원에서 편집 일도 겸한다고 언급하였으므로 이는 정답이 아니다.

第21到25题是根据下面一段采访：

女：您怎么看待电商和物流之间的关系，如果让您打个比喻，您觉得它们是什么样的关系呢？

男：21 假设电商是我们的一种思想，那么物流肯定是那一双腿，你要把东西送出去，就必须要有可以传输出去的工具，22 我觉得今后最重要的就是电商、物流、金融这个铁三角，他们三者互相支持，缺一不可，还有就是他们之间不能拆对方的台，更不能抢别人的饭碗，你只能通过促进别人的成长来带动自己的成长。电商不能说空调卖得不错，就收购一家空调公司自己去干，既然你建立了平台，就必须考虑别人，因为只有别人成功了，你才可以成功。

女：我们都知道企业家永远都是居安思危的，不管他们的企业做得多大，他们总会担心企业的未来。对于您所在的企业，您是不是也有这样的担心呢？

男：就行业变革来说，很多人还没搞清楚计算机网络是怎么回事，移动互联网就来了，对计算机网络的冲击很大。当今，中国日常上网用的电脑只有三四亿台，而智能手机用户至少有十几亿。23 手机对年轻人影响越来越大，如何迎接移动互联网的到来，这对我和公司来说都是最大的挑战，我们员工的平均年龄只有二十多岁，他们缺乏经验，面对几亿消费者几万亿资金的市场，25 他们的资历就显得浅多了，所以他们的能力还要不断提升。

女：今年中国经济年度人物评选活动的主题是"转型升级的智慧和行动"，您也入围了，在您心中转型升级的核心是什么？

여: 선생님께서는 전자상거래와 물류 간의 관계를 어떻게 보시나요? 비유를 한다면 그것들이 어떤 관계라고 생각하시나요?

남: 21 전자상거래를 우리의 사상이라고 가정한다면 물류는 두 다리가 될 겁니다. 물건을 보내려면 반드시 보낼 수 있는 도구가 필요하니까요. 22 저는 앞으로 가장 중요한 것은 전자상거래, 물류, 금융 이 트라이앵글이라고 생각합니다. 이 세 가지는 서로 지지해야 하기 때문에 하나라도 없어서는 안 됩니다. 또한 그들 사이에서는 상대의 기반을 무너뜨리면 안 되고, 상대의 밥그릇을 뺏어서도 안 됩니다. 상대의 성장을 촉진시킴으로써 본인의 성장을 이끌어나갈 수 밖에 없는 것이죠. 전자상거래는 에어컨이 잘 팔린다고 해서 에어컨 회사 하나를 인수해 직접 팔 수는 없습니다. 플랫폼을 만든 이상 상대를 고려해야 합니다. 상대가 성공해야만 내가 성공할 수 있으니까요.

여: 기업가들은 편안한 상황에서도 항상 경계를 늦추지 않고 대비하는 걸로 알고 있습니다. 기업의 규모와 관계없이 기업가들은 늘 기업의 미래를 걱정한다고 하던데, 선생님께서도 지금 계신 기업에 대해 이런 우려를 가지고 계신가요?

남: 업계 변혁을 얘기해보자면, 많은 사람들이 컴퓨터 네트워크가 뭔지 잘 모를 때 모바일 인터넷 시대가 찾아왔고 이로 인해 컴퓨터 네트워크가 받은 충격이 매우 컸습니다. 오늘날 중국에 일상적인 인터넷 사용을 위한 컴퓨터는 3, 4억 대에 불과하지만 스마트폰 사용자 수는 최소 10여 억 명에 달합니다. 23 휴대폰이 젊은이들에게 미치는 영향력이 점점 커지면서 모바일 인터넷 시대의 도래를 어떻게 맞이할 것인지가 저와 저희 회사에게 있어 가장 큰 도전이라고 할 수 있습니다. 저희 회사 직원들의 평균연령대는 20대라 경험이 부족합니다. 수 억 명의 소비자와 수 조 원의 자금이 있는 시장을 상대로 하기엔 25 직원들의 경력이 턱없이 부족하기 때문에 끊임없이 직원들의 능력을 향상시킬 필요가 있습니다.

여: 올해의 중국 경제인물 선정 행사의 주제가 '체제전환과 고도화를 위한 지혜와 행동'이었는데요. 선생님께서도 이름을 올리셨더군요. 선생님께서 생각하시는 체제전환과 고도화의 핵심은 무엇입니까?

男: **24** 我觉得不是每个企业都需要转型，但是每个企业都需要升级。不论是在电子商务领域，还是在移动互联网、金融、物流等领域，要做的事情非常多，只是我们现在的能力还不够，所以我们必须不断地提升自身能力，开拓我们的视野，扩大我们的胸怀，这比转型更重要，我相信企业只要升级到位，到时就会自然而然地转型了。

남: **24** 저는 모든 기업이 체제전환을 할 필요는 없지만 고도화는 꼭 필요하다고 생각합니다. 전자상거래 분야든 모바일 인터넷, 금융, 물류 등의 분야든 해야 할 일은 많은데 지금 우리의 역량이 부족할 뿐이죠. 따라서 계속해서 자신의 능력을 향상시키고 시야를 넓히며 마음을 크게 가져야만 합니다. 체제전환보다 이게 더 중요합니다. 고도화가 잘 이루어지기만 한다면 기업 체제전환은 자연히 이루어질 거라고 믿습니다.

[지문 어휘] 看待 kàndài 동 보다, 대하다, 취급하다 ★ | 电商 diànshāng 전자상거래(电子商务)의 약칭 | 物流 wùliú 명 물류, 물품 유통 | 比喻 bǐyù 명 비유 동 비유하다 ★ | 假设 jiǎshè 동 가정하다, 꾸며내다 | 思想 sīxiǎng 명 사상, 생각 | 传输 chuánshū 동 수송하다, 전송하다, 보내다 | 工具 gōngjù 명 도구, 수단, 방법 | 金融 jīnróng 명 금융 ★ | 铁三角 tiěsānjiǎo 철의 삼각편대, 세 가지 중심이 되는 곳, 트라이앵글 | 三者 sānzhě 명 삼자 | 缺一不可 quēyībùkě 성 하나라도 부족해선 안 된다, 조금이라도 모자라면 안 된다 | 拆台 chāi tái 동 (일의 진척, 집단이나 개인 등의) 토대나 기반을 무너뜨리다 | 抢 qiǎng 동 빼앗다, 약탈하다 | 饭碗 fànwǎn 명 밥그릇, 직업 | 促进 cùjìn 동 촉진시키다, 재촉하다, 독촉하다 | 成长 chéngzhǎng 동 생장하다, 성장하다, 자라다 | 带动 dàidòng 동 이끌어 움직이다, 이끌어 나가다, 선도하다 | 收购 shōugòu 동 매입하다, 구입하다 | 建立 jiànlì 동 세우다, 창설하다, 수립하다 | 平台 píngtái 명 플랫폼 | 企业家 qǐyèjiā 명 기업가 | 居安思危 jū'ānsīwēi 성 언제든지 위험에 대처할 수 있도록 준비하다 | 未来 wèilái 명 미래, 향후 형 머지않은, 곧 | 行业 hángyè 명 직업, 직종, 업종 | 变革 biàngé 동 변혁하다 | 计算机 jìsuànjī 명 컴퓨터 | 网络 wǎngluò 명 네트워크, 인터넷 | 移动互联网 yídònghùliánwǎng 명 모바일 인터넷, 이동 인터넷 | 冲击 chōngjī 명 충격, 쇼크 동 세차게 부딪히다, 충돌하다 ★ | 当今 dāngjīn 명 지금, 현재, 오늘날, 요즘 | 智能手机 zhìnéng shǒujī 명 스마트폰 | 用户 yònghù 명 사용자, 가입자 ★ | 迎接 yíngjiē 동 맞이하다, 영접하다 | 挑战 tiǎozhàn 명 도전 동 도전하다 | 员工 yuángōng 명 직원, 사원 | 平均 píngjūn 형 평균의, 균등한, 평균적인 | 缺乏 quēfá 동 결핍되다, 결여되다 | 面对 miànduì 동 마주 대하다, 마주 보다, 직면하다 | 消费者 xiāofèizhě 명 소비자 | 资金 zījīn 명 자금 | 市场 shìchǎng 명 시장 | 资历 zìlì 명 자격과 경력 | 显得 xiǎnde 동 드러나다, ~하게 보이다, ~인 것 같다 | 不断 búduàn 부 끊임없이, 계속, 부단히 | 提升 tíshēng 동 높이다, 오르다, 업그레이드하다, 진급하다 | 年度 niándù 명 연도 ★ | 人物 rénwù 명 인물 | 评选 píngxuǎn 동 심사 선정하다, 평가하여 선발하다 | 主题 zhǔtí 명 주제 | 转型 zhuǎnxíng 동 사회 경제 구조, 문화 형태, 가치관 등을 전환하다, 상품의 모델 혹은 구조를 바꾸다 | 升级 shēngjí 동 향상시키다, 승급하다, 승진하다 | 智慧 zhìhuì 명 지혜 | 行动 xíngdòng 명 행동, 행위 | 入围 rùwéi 동 선발을 통해 범위에 들다 | 核心 héxīn 명 핵심 | 领域 lǐngyù 명 분야, 영역 | 开拓 kāituò 동 확장하다, 개척하다, 개간하다 ★ | 视野 shìyě 명 시야 ★ | 扩大 kuòdà 동 넓히다, 확대하다, 키우다 | 胸怀 xiōnghuái 명 마음, 포부, 도량 ★ | 到位 dàowèi 동 규정된 위치에 도착하다, 요구하는 수준에 도달하다 | 自然而然 zìrán'érrán 성 자연히, 저절로

21

男的把电商比喻成什么? | 남자는 전자상거래를 무엇에 비유했나?

A 腿
B 思想
C 神经
D 大脑

A 다리
B 사상
C 신경
D 대뇌

보기 어휘 神经 shénjīng 몡 신경 ★ | 大脑 dànǎo 몡 대뇌

정답 B

해설 인터뷰 진행자인 여자가 인터뷰 대상자인 남자에게 첫 번째 질문으로 전자상거래와 물류 간의 관계를 어떻게 비유할 수 있는지에 대해 묻고 있는데, 이에 대한 남자의 답변 중 '假设电商是我们的一种思想，那么物流肯定是那一双腿。(전자상거래를 우리의 사상이라고 가정한다면 물류는 두 다리가 될 겁니다.)'를 듣고 정답이 B임을 알 수 있다.

22

"铁三角"之间应是什么关系? | '트라이앵글'은 어떤 관계여야 하는가?

A 竞争
B 协作
C 互相攀比
D 互相排斥

A 경쟁
B 협력
C 상호 비교
D 상호 배척

보기 어휘 协作 xiézuò 동 협력하다, 협동하다 | 攀比 pānbǐ 동 (자기보다 강한 사람과) 비교하다 | 排斥 páichì 동 배척하다 ★

정답 B

해설 '铁三角(트라이앵글)'는 여자의 첫 번째 질문에 대한 남자의 답변에서 언급되었다. 남자가 '我觉得今后最重要的就是电商物流金融这个铁三角，他们三者互相支持，缺一不可。(저는 앞으로 가장 중요한 것은 전자상거래, 물류, 금융 이 트라이앵글이라고 생각합니다. 이 세 가지는 서로 지지해야 하기 때문에 하나라도 없어서는 안 됩니다.)'라고 하였으므로, 여기서 '互相支持(서로 지지하다)'의 유의어인 '协作(협력하다)'가 제시되어 있는 B가 정답임을 알 수 있다.

23

男的觉得目前最大的挑战是什么? | 남자는 현재 가장 큰 도전이 무엇이라고 생각하는가?

A 技术上的不足
B 资金周转困难
C 移动互联网的影响
D 智能手机市场竞争激烈

A 기술 부족
B 자금 회전의 어려움
C 모바일 인터넷의 영향
D 스마트폰 시장 경쟁의 치열함

| 보기 어휘 | 周转 zhōuzhuǎn 동 (자금을) 회전시키다 ★ | 激烈 jīliè 형 치열하다, 격렬하다 |

| 정답 | C |

| 해설 | 이 문제는 '最(가장)'가 정답 키워드이다. 남자가 생각하는 현재의 가장 큰 도전은 여자가 두 번째 질문으로 기업의 미래에 대해 우려하는 바가 있는지 물은 것에 대한 남자의 답변에서 언급되었다. '手机对年轻人影响越来越大，如何迎接移动互联网的到来，这对我和公司来说都是最大的挑战。(휴대폰이 젊은이들에게 미치는 영향력이 점점 커지면서 모바일 인터넷 시대의 도래를 어떻게 맞이할 것인지가 저와 저희 회사에게 있어 가장 큰 도전이라고 할 수 있습니다.)'이라고 하였으므로 정답은 C이다.

24

| 男的怎样看待企业的转型升级？ | 남자는 기업의 체제전환과 고도화를 어떻게 보는가? |

A 升级是必经之路
B 转型是最重要的
C 升级的过程很漫长
D 转型需要很多人才

A 고도화는 반드시 거쳐야 할 과정이다
B 체제전환이 가장 중요하다
C 고도화 과정은 길다
D 체제전환은 많은 인재를 필요로 한다

| 보기 어휘 | 必经之路 bìjīngzhīlù 성 반드시 거쳐야 할 길 또는 과정 | 漫长 màncháng 형 길다, 멀다 ★ |

| 정답 | A |

| 해설 | 체제전환과 고도화에 대한 남자의 생각을 묻고 있는데, 이는 여자의 마지막 질문과 동일하다. 이에 대한 남자의 답변 중 '我觉得不是每个企业都需要转型，但是每个企业都需要升级。(저는 모든 기업이 체제전환을 할 필요는 없지만 고도화는 모든 기업에게 꼭 필요하다고 생각합니다.)'를 듣고 정답이 A임을 알 수 있다.

25

| 下列哪项符合男的的观点？ | 다음 중 남자의 관점에 부합하는 것은? |

A 认为电商要脱离出来
B 移动互联网的冲击很小
C 认为员工能力有待提升
D 对企业发展前景不看好

A 전자상거래는 따로 분리되어야 한다
B 모바일 인터넷의 충격은 작다
C 직원들의 능력이 향상되어야 한다
D 기업발전 전망이 어둡다

| 보기 어휘 | 脱离 tuōlí 동 이탈하다, 벗어나다, 떠나다 ★ | 移动互联网 yídòng hùliánwǎng 모바일 인터넷, 이동 인터넷 | 有待 yǒudài 동 ~할 필요가 있다, ~이 기대되다 | 前景 qiánjǐng 명 장래, 앞날 ★ |

| 정답 | C |

| 해설 | 이 문제는 인터뷰 진행 순서대로 묻는 문제가 아니므로 더욱 주의가 필요하다. 녹음을 들으며 보기 내용을 체크해두어야 하는데, 인터뷰 앞부분에서 남자는 전자상거래, 물류, 금융이 서로 협력하는 관계여야 함을 강조하였으므로 A는 정답에서 제외된다. 이어서 인터뷰 중간 부분에서 남자는 모바일 인터넷의 영향력이 점점 커진다고 하였으므로 B도 정답에서 제외된다.
여자가 두 번째 질문으로 기업의 미래에 대해 우려하는 바가 있는지 물은 것에 대해 남자는 답변 마지막 부분에서 '他们的资历就显得浅多了，所以他们的能力还要不断提升。(직원들의 경력이 턱없이 부족하기 때문에 끊임없이 직원들의 능력을 향상시킬 필요가 있습니다.)'이라고 하였으므로 정답은 C이다.

第26到30题是根据下面一段采访：

女：30 作为中国当代摄影展的资深主持人，您如何看待这次盐城摄影展？

男：可以说这次的摄影展是一次总结展。它向我们全面地展示了摄影艺术在中国的发展历程。

女：那么盐城摄影展的定位是怎样的？

男：26 盐城摄影展一直以学术性作为自己的定位。盐城每年都会邀请一些学术界和艺术界有声望和经验的专家作为嘉宾。

女：您说过摄影展的主办方也要有强大的学术背景。为什么要强调学术背景呢？

男：27 中国大部分摄影节过于强调摄影唯美的一面，但突出学术性的展览还不多。所以如何提高大型摄影活动的学术氛围，是中国摄影展览必须正视的问题。

女：您觉得中国当代摄影师的关注点以及表达方式的变化主要体现在哪儿？

男：中国的摄影艺术经历了20多年追求唯美的阶段，这一阶段已接近尾声。28 目前，纪实摄影正在兴起，也取得过一定成绩，但还没形成较大的规模。很多老一代的摄影师已经不拍唯美的风景照片了，改拍一些寓意深刻的纪实类照片。

女：近几年来，很多年轻摄影师在盐城摄影展中展露头角。对于这些摄影师，您有什么忠告吗？

男：一些中国年轻摄影师特别想融入国际舞台。但他们却一味地模仿，忽略了自己的特点，还不知道那些成功作品背后的文化背景。这样做不但会贻笑大方，而且会耽误自身的进一步提升。29 所以我希望年轻摄影师能深入了解作品背后的思想，并在国际舞台上坚持呈现民族文化。

여: 30 중국 현대 사진전의 전문 진행자로서, 선생님께서는 이번 옌청(鹽城)사진전을 어떻게 보십니까?

남: 이번 사진전은 총결산 전시회라고 할 수 있는데요, 사진 예술이 중국에서 발전해 온 과정을 전반적으로 보여주었답니다.

여: 그럼 옌청 사진전은 어떻게 자리매김하고 있습니까?

남: 26 옌청 사진전은 줄곧 학술성으로 자리매김하고 있습니다. 옌청은 매년 학술계와 예술계에서 명성을 지니고 경험이 풍부한 전문가들을 내빈으로 모시고 있습니다.

여: 선생님께서는 사진전의 주최측 역시 뛰어난 학술적 배경이 필요하다고 말하신 적이 있는데요. 무엇 때문에 학술적 배경을 강조하시는 겁니까?

남: 27 중국 대부분의 사진제는 사진의 미적인 부분을 지나치게 강조하지만 학술성을 부각시킨 전시는 많지 않습니다. 그렇기 때문에 대형 사진 행사에서 학술적 분위기를 어떻게 끌어올리느냐는 중국의 사진전들이 반드시 직시해야 하는 문제입니다.

여: 중국 현대 사진 작가들이 주목하는 점과 표현 방식의 변화는 주로 어디에서 드러난다고 생각하십니까?

남: 중국의 사진 예술은 20여 년간 미(美)를 추구하는 단계를 거쳤는데, 이 단계는 이미 종반으로 접어들었다고 할 수 있습니다. 28 현재는 실화 사진이 유행하면서 어느 정도 성과를 거두기는 했지만 아직 큰 규모로 발전하지는 못했습니다. 옛 세대 많은 사진 작가들은 이미 아름다운 풍경 사진이 아닌 깊은 의미가 담긴 실화 사진을 찍는 방향으로 변화했답니다.

여: 최근 몇 년간 많은 젊은 사진 작가들이 옌청 사진전에서 데뷔를 하고 있습니다. 이 사진 작가들에게 충고하고 싶은 말씀이 있으신지요?

남: 일부 젊은 사진 작가들은 국제무대에 진출하고 싶어하면서 단순히 모방만 할 뿐 자신의 특징을 살리지 못하고, 또한 성공한 그런 작품들 뒤에는 문화적 배경이 있다는 것도 모르고 있습니다. 이렇게 하다가는 사람들의 웃음거리가 될 뿐만 아니라 자신의 발전을 그르칠 수도 있습니다. 29 그러니 젊은 사진작가들이 작품의 배경 사상을 깊이 있게 이해하여 국제무대에서 민족 문화를 드러내는 데 힘써 주기를 바랍니다.

지문 어휘 当代 dāngdài 명 현대, 당대, 그 시대 ★ | 摄影展 shèyǐngzhǎn 사진전 | 资深 zīshēn 형 경력이 오랜, 베테랑의 ★ | 主持人 zhǔchí 명 진행자, 사회자 | 看待 kàndài 동 보다, 대하다, 취급하다 ★ | 盐城 Yánchéng 고유 옌청 (장쑤(江苏)성에 있는 도시) | 总结展 zǒngjié zhǎn 총결산 전시회 | 展示 zhǎnshì 동 나타내다, 드러내다, 전시하다 ★ | 历程 lìchéng 명 과정, 지내 온 경로 | 定位 dìngwèi 명 (확정된) 위치, 자리 동 자리를 매기다, 자리를 정하다, 위치를 측정하다 | 声望 shēngwàng 명 명망, 명성과 덕망 | 嘉宾 jiābīn 명 내빈, 귀빈 | 主办方 zhǔbànfāng 주최 측 | 强大 qiángdà 형 강대하다 | 学术 xuéshù 명 학술 | 背景 bèijǐng 명 배경 | 过于 guòyú 부 지나치게, 몹시 ★ | 唯美 wéiměi 심미, 유미 | 一面 yímiàn 명 한 부분, 한 방면, 일면 | 展览 zhǎnlǎn 동 전람하다 | 氛围 fēnwéi 명 분위기 | 正视 zhèngshì 동 똑바로 보다, 정확히 보다 | 关注点 guānzhùdiǎn 주목하는 점, 관심의 초점 | 追求 zhuīqiú 동 추구하다, 탐구하다 | 阶段 jiēduàn 명 단계, 국면 | 接近 jiējìn 동 접근하다, 가까이 가다 형 가깝다, 비슷하다 | 尾声 wěishēng 명 (활동이나 일의) 종결 단계, 마지막 단계 | 规模 guīmó 명 규모, 형태, 범위 | 寓意 yùyì 명 (함축된) 의미 | 深刻 shēnkè 형 깊다, 핵심을 찌르다, 본질을 파악하다 | 纪实 jìshí 명 실제 상황을 기록하다 동 실제 사건의 기록 | 露头角 lù tóujiǎo 처음으로 알려지기 시작하다, 처음으로 재능을 드러내다, 두각을 나타내기 시작하다 | 融入 róngrù 동 진출하다, 나아가다 | 舞台 wǔtái 명 무대 | 一味 yíwèi 부 단순히, 무턱대고, 맹목적으로 | 模仿 mófǎng 동 모방하다, 흉내내다 | 忽略 hūlüè 동 소홀히 하다, 등한시하다 ★ | 贻笑大方 yíxiàodàfāng 사람들의 웃음거리가 되다, 전문가의 비웃음을 사다 | 耽误 dānwu 동 일을 그르치다, 시간을 허비하다 | 提升 tíshēng 동 오르다, 높이다, 진급하다, 업그레이드하다 | 深入 shēnrù 동 깊이 들어가다, 깊이 파고들다 형 심각하다, 철저하다

26

盐城摄影展的定位是怎样的?

A 学术性
B 多元化
C 生活化
D 商业性

옌청 사진전은 어떻게 자리매김하고 있는가?

A 학술성
B 다원화
C 생활화
D 상업성

보기 어휘 多元化 duōyuánhuà 동 다원화하다 ★ | 商业性 shāngyèxìng 상업성

정답 A

해설 옌청 사진전이 어떻게 자리매김하고 있는지에 대해 묻고 있는데, 이 문제는 인터뷰 진행자인 여자의 두 번째 질문과 동일하다. 이에 대한 남자의 답변 중 '盐城摄影展一直以学术性作为自己的定位。(옌청 사진전은 줄곧 학술성으로 자리매김하고 있답니다.)'를 듣고 정답이 A임을 알 수 있다. '定位(자리매김)'는 듣기 제2부분에서 문화, 예술 주제와 관련하여 자주 출제되는 어휘이므로 반드시 익혀두도록 하자.

27

男的是怎么看中国大部分的摄影节的?

A 观念陈旧
B 广告太少
C 过于注重唯美
D 参赛作品少

남자는 중국 대부분의 사진제를 어떻게 보고 있는가?

A 관념이 진부하다
B 홍보가 너무 적다
C 미적인 부분을 과도하게 중시한다
D 참가 작품이 적다

| 보기 어휘 | 陈旧 chénjiù 형 낡다, 오래되다 ★

| 정답 | C

| 해설 | 중국의 사진제에 관한 남자의 생각은 여자가 세 번째 질문으로 사진전의 학술적 배경을 강조하는 이유를 물은 것에 대한 남자의 답변을 통해 알 수 있다. 남자가 '中国大部分摄影节过于强调摄影唯美的一面。(중국 대부분의 사진제는 사진의 미적인 부분을 지나치게 강조합니다.)'이라고 하였으므로 정답은 C이다.

28

关于中国的纪实摄影, 可以知道什么?
중국의 실화 사진에 관해 알 수 있는 것은?

A 已经进入稳定期
B 没取得成绩
C 遇到了障碍
D 未形成较大规模

A 이미 안정기에 진입했다
B 성과를 얻지 못했다
C 장애물을 만났다
D 아직 규모가 크지 않다

| 보기 어휘 | 稳定期 wěndìngqī 안정기 | 障碍 zhàng'ài 명 장애물, 방해물 ★

| 정답 | D

| 해설 | 실화 사진에 관한 내용은 여자의 네 번째 질문에 대한 남자의 답변에서 언급되었는데, '目前, 纪实摄影正在兴起, 也取得过一定成绩, 但还没形成较大的规模。(현재는 실화 사진이 유행하면서 어느 정도 성과를 거두기는 했지만 아직 큰 규모로 발전하지는 못했습니다.)'를 듣고, 여기서 '但(하지만)' 뒤에 이어진 문장이 핵심 내용임을 알 수 있으므로 정답은 D이다.

29

男的给年轻摄影师提出了什么建议?
남자는 젊은 사진 작가들에게 어떤 조언의 말을 했는가?

A 深入了解作品思想
B 参加重要的比赛
C 掌握先进技术
D 借鉴国外作品

A 작품의 사상을 깊이 이해하는 것
B 중요한 경기에 참가하는 것
C 선진 기술을 장악하는 것
D 외국 작품을 참고하는 것

| 보기 어휘 | 掌握 zhǎngwò 동 숙달하다, 정통하다, 장악하다 | 先进技术 xiānjìn jìshù 선진 기술 | 借鉴 jièjiàn 동 참고로 하다, 본보기로 삼다 ★

| 정답 | A

| 해설 | 여자는 남자에게 마지막 질문으로 젊은 사진 작가들에게 충고하고 싶은 말이 있는지 묻고 있다. 이에 대한 남자의 답변 중 '所以我希望年轻摄影师能深入了解作品背后的思想, 并在国际舞台上坚持呈现民族文化。(그러니 젊은 사진작가들이 작품의 배경 사상을 깊이 있게 이해하여 국제무대에서 민족 문화를 드러내는 데 힘써주기를 바랍니다.)'를 듣고 정답이 A임을 알 수 있다.

30

关于男的，下列哪项正确? 　　　남자에 관해 다음 중 옳은 것은?

A 男的缺乏主持经验　　　　　　A 남자는 진행 경험이 부족하다
B 男的是主持人　　　　　　　　B 남자는 진행자이다
C 男的曾经是摄影师　　　　　　C 남자는 이전에 사진작가였다
D 男的的专业是美术　　　　　　D 남자의 전공은 미술이다

정답 B

해설 남자에 관한 전반적인 것에 대해 묻는 문제이다. 여자의 첫 번째 질문에서 '作为中国当代摄影展的资深主持人(중국 현대 사진전의 전문 진행자로서)'을 듣고 남자는 현재 사진전의 진행자임을 알 수 있으므로 정답은 B이다.

제3부분 31~50번 문제는 지문을 듣고 질문에 알맞은 답을 고르는 문제입니다.

第31到33题是根据下面一段话:

掌风所至，半寸厚的木板应声而断，31 这是跆拳道中手掌劈木板的情景。但这并不是跆拳道高手的专利，多则几天，少则几分钟，我们一般人也可以练成这样的绝技，这其中有何技巧呢? 其实很简单，当你准备劈木板时，你的眼睛盯着木板的前面，那么你的手掌与木板接触时，32 掌力已经是强弩之末了，以这样的力量，肯定是劈不开木板的; 而假如你的眼睛盯着离木板后面不远的地方，手掌劈到木板时的力量就正好处于极点，能使出最大的力量。因为你的目标在半尺之外，手掌就会穿越木板这一阻碍。33 把目标定得稍微远一点儿，你可能就会做出非常优异的成绩。

손바닥으로 일으키는 바람이 닿자 약 1.7센티미터 두께의 목판이 기합소리와 동시에 부러진다. 31 이는 태권도에서 손바닥으로 목판을 쪼개는 모습이다. 하지만 이는 결코 태권도 고수들만의 전유물은 아니며, 길게는 며칠, 짧게는 몇 분만에 우리처럼 보통 사람들도 이런 기술을 연마할 수 있다. 여기에는 어떤 기교가 있는 것일까? 실은 매우 간단하다. 목판을 쪼개기 위한 준비를 하면서 눈이 목판 앞쪽을 주시하면, 손바닥이 목판에 닿을 때 32 손바닥의 힘은 이미 약해질 대로 약해진 상태가 되는데, 이 힘으로는 절대 목판을 쪼갤 수 없다. 그런데 눈이 목판의 뒤쪽에서 멀지 않은 곳을 주시하면 손바닥이 목판을 쪼갤 때의 힘이 최대치에 달해 가장 큰 힘을 낼 수 있게 된다. 목표물이 약 15센티미터 바깥에 있기 때문에 손바닥이 목판이라는 장애물을 통과할 수 있게 되는 것이다. 33 목표를 조금 멀리 두면 훌륭한 성과를 낼 수 있다.

지문 어휘 掌风 zhǎng fēng 손바닥으로 일으키는 바람 | 至 zhì 통 ~에 이르다, ~까지 미치다, 도착하다 | 寸 cùn 양 촌, 치(1척의 10분의 1, 약 3.33cm) | 木板 mùbǎn 명 목판, 나무판 | 应声而断 yìng shēng ér duàn 소리와 함께 끊어지다, 소리와 함께 부서지다 | 跆拳道 táiquándào 명 태권도 | 手掌 shǒuzhǎng 명 손바닥 | 劈 pī 통 쪼개다, 패다, 쪼개지다, 갈라지다 | 情景 qíngjǐng 명 모습, 정경, 광경 | 专利 zhuānlì 명 전유물, 특허, 특허권 ★ | 则 zé 접 ~하면 ~하다(조건이나 인과 관계를 나타냄) | 练 liàn 통 연마하다, 연습하다, 훈련하다 | 绝技 juéjì 명 아주 뛰어난 기술, 기예 | 技巧 jìqiǎo 명 기교, 테크닉 ★ | 盯 dīng 통 주시하다, 뚫어져라 쳐다보다 ★ | 接触 jiēchù 통 닿다, 접촉하다 |

掌力 zhǎnglì 명 손바닥 힘 | 强弩之末 qiángnǔzhīmò 성 강궁으로 쏜 화살도 끝에 가서는 힘이 없어 얇은 비단조차 못 뚫는다. (강한 힘이) 이미 쇠약해지다 | 假如 jiǎrú 접 가령, 만일 | 力量 lìliang 명 힘 | 处于 chǔyú 동 처하다, 놓이다 | 极点 jídiǎn 명 극점, 최고도 | 穿越 chuānyuè 동 통과하다, 지나가다 ★ | 阻碍 zǔ'ài 명 장애물 동 가로막다 ★ | 优异 yōuyì 형 특히 우수하다, 특출하다 ★

31

根据这段话，大多数人可以练成什么绝技？

A 徒手劈断木板
B 用头撞断瓦片
C 用脚踢断红砖
D 目测木板厚度

이 글에 따르면 대다수 사람들은 어떤 뛰어난 기술을 연마할 수 있는가?

A 맨손으로 목판 쪼개기
B 머리로 기왓장 깨기
C 발로 벽돌 깨기
D 육안으로 목판두께 맞추기

보기 어휘 徒手 túshǒu 명 맨손, 빈손 형 맨손의 | 断 duàn 동 자르다, 끊다 | 撞 zhuàng 동 부딪치다 | 瓦片 wǎpiàn 명 기왓장 | 踢 tī 동 차다 | 红砖 hóngzhuān 명 붉은 벽돌 | 目测 mùcè 동 눈짐작으로 대충 재다 | 厚度 hòudù 명 두께

정답 A

해설 대부분의 사람들이 연마할 수 있는 태권도 기술이 무엇인지 묻고 있는데, 녹음 앞부분에서 '这是跆拳道中手掌劈木板的情景。但这并不是～，多则几天，少则几分钟，我们一般人也可以练成这样的绝技。(이는 태권도에서 손바닥으로 목판을 쪼개는 모습이다. 하지만 이는 결코 ～아니며, 길게는 며칠, 짧게는 몇 분만에 우리처럼 보통 사람들도 이런 기술을 연마할 수 있다.)'를 듣고 정답이 A임을 알 수 있다.

32

强弩之末在这段话中指的是什么意思？

A 快要结束
B 力量耗尽
C 变化多端
D 力量均衡

이 글에서 '强弩之末'이 가리키는 것은 무슨 의미인가?

A 곧 끝날 것이다
B 힘이 소진되다
C 변화가 많다
D 힘이 균형을 이루다

보기 어휘 耗尽 hàojìn 동 다 써버리다 | 变化多端 biànhuà duōduān 변화가 많다, 변덕이 심하다 | 均衡 jūnhéng 형 균형이 잡히다, 고르다

정답 B

해설 '强弩之末'는 녹음 중간 부분에서 언급되었다. '掌力已经是强弩之末了，以这样的力量，肯定是劈不开木板的。(손바닥의 힘은 이미 약해질 대로 약해진 상태가 되는데, 이 힘으로는 절대 목판을 쪼갤 수 없다.)'라고 하였으므로 여기서 '强弩之末(강노지말)'는 목판을 쪼갤 수 없을만큼 힘이 약하다는 뜻임을 알 수 있다. 따라서 정답은 B이다.

这段话主要想告诉我们什么?

A 要抓住机会
B 要有创新精神
C 目标要定远一些
D 要有忧患意识

이 글은 주로 우리에게 무엇을 알려주려고 하는가?

A 기회를 잡아야 한다
B 창의적인 정신을 지녀야 한다
C 목표를 좀 더 멀리 설정해야 한다
D 위기의식을 가져야 한다

보기 어휘 抓住 zhuāzhù 동 붙잡다, 움켜잡다 | 创新 chuàngxīn 명 창의성, 혁신, 창의 | 精神 jīngshén 명 정신 | 忧患意识 yōuhuàn yìshi 명 위기 의식

정답 C

해설 주제를 묻는 문제이다. 마지막 문장인 '把目标定得稍微远一点儿,你可能就会做出非常优异的成绩。(목표를 조금 멀리 두면 훌륭한 성과를 낼 수 있다.)'를 듣고 정답이 C임을 알 수 있다.

第34到37题是根据下面一段话:

我们在看足球比赛时,会看到罚任意球的场面。34 罚球时防守方几个球员在自家球门前排成一排,组成一道人墙,以阻挡对方将球射入球门,但有些进攻方踢出去的球会从人墙的一侧绕过,就在将要偏离球门的那一刻,来个自行转弯,令守门员措手不及,他们只能眼睁睁地看着球飞快地飞入球门,36 这种踢球的技巧被叫做"香蕉球"。为什么足球会在空中沿弧线飞行呢? 35 原来在踢香蕉球时运动员并不是用脚背去踢球的中心,而是用脚的内侧向侧前方去踢球,脚内侧的摩擦,会使足球不断地旋转,旋转时足球两侧的空气流动速度不同,球两侧的压强也不同,37 于是足球就会向压强小的一侧转弯,最终形成香蕉球。

우리는 축구 경기에서 페널티 킥을 차는 장면을 보게 된다. 34 페널티 킥을 찰 때 수비팀 선수들 몇 명은 자기팀 골대 앞에 일렬로 서서 인간벽을 만들어 상대가 골인시키지 못하게 막는다. 그런데 공격팀 선수가 찬 공이 인간벽의 한쪽을 돌아 골대를 벗어나려던 그 순간 자체적으로 커브를 돌 때가 있다. 이 경우 골키퍼는 당황하게 되고 수비팀 선수들은 공이 골대로 날아드는 장면을 그저 눈 뜨고 지켜볼 수 밖에 없는데 36 이런 공차기 기술을 '바나나 킥'이라고 부른다. 그런데 공이 왜 공중에서 곡선을 그리며 나는 것일까? 35 알고 보니, 바나나 킥을 찰 때 선수들은 발등을 이용해 공의 중심을 차는 것이 아니라 발 안쪽을 이용해 전방 사이드를 향해 차는 것이어서 발 안쪽의 마찰로 공이 계속 회전하게 되고 회전할 때 공 양측의 공기 유동속도가 달라지고 압력 또한 달라지게 되어 37 압력이 작은 쪽으로 공이 회전하면서 결국 바나나 킥이 된 것이다.

지문 어휘 罚任意球 fárènyìqiú 페널티 킥(penalty kick) | 场面 chǎngmiàn 명 장면, 신, 광경 | 罚球 fáqiú 동 (축구에서) 페널티 킥을 차다 | 防守 fángshǒu 동 수비하다, 방어하다 | 球员 qiúyuán 명 (구기 운동의) 선수 | 球门 qiúmén 명 (축구, 아이스하키 등에서의) 골대 | 组成 zǔchéng 동 구성하다, 조직하다 | 人墙 rénqiáng 명 인간 장벽, 인간 울타리 | 阻挡 zǔdǎng 동 가로막다, 저지하다 | 射入球门 shèrù qiúmén 골대에 골을 넣다, 골인 | 进攻 jìngōng 동 공격하다, 진공하다, (경쟁, 시합에서) 공세를 취하다 | 一侧 yícè 명 한쪽, 한편 | 绕过 ràoguò 돌다, 돌아가다 | 偏离 piānlí 동 벗어나다, 빗나가다 | 刻 kè 명 때, 순간 | 自行 zìxíng 부 스스로, 자체로 | 转弯 zhuǎn wān 동

모퉁이를 돌다 | **守门员** shǒuményuán 명 (축구, 핸드볼, 하키 등의) 골키퍼 | **措手不及** cuòshǒubùjí 성 어찌할 바를 몰라 당황하다, 미처 손쓸 새가 없다 | **眼睁睁** yǎnzhēngzhēng 형 눈을 뻔히 뜨고 무기력하게 쳐다보는 모양 | **叫做** jiàozuò 동 ~라고 부르다 | **香蕉球** xiāngjiāoqiú 명 바나나 킥 | **沿** yán 전 ~를 따라, ~를 끼고 | **弧线** húxiàn 명 곡선, 커브 | **脚背** jiǎobèi 명 발등 | **脚内侧** jiǎo nèi cè 발 안쪽 | **侧前方** cè qiánfāng 전방 사이드 | **摩擦** mócā 명 마찰 동 마찰하다, 비비다 | **旋转** xuánzhuǎn 동 회전하다, 돌다 | **流动** liúdòng 동 유동하다, 옮겨 다니다 | **压强** yāqiáng 명 단위 면적당 받는 압력 | **最终** zuìzhōng 명 최후, 최종 형 최후의, 최종의

34

防守方为什么要组成人墙?

A 容易抢到球
B 保护自己
C 阻止对方犯规
D 阻挡对方射门

수비팀은 왜 인간벽을 만들어야 하는가?

A 쉽게 공을 뺏으려고
B 자신을 보호하려고
C 상대가 반칙하는 걸 막으려고
D 상대가 골인시키는 걸 막으려고

보기 어휘 **阻止** zǔzhǐ 동 막다, 저지하다 | **犯规** fàn guī 동 규칙을 위반하다 | **阻挡** zǔdǎng 동 저지하다, 가로막다 | **射门** shèmén 동 (축구, 핸드볼 등에서) 슛하다

정답 D

해설 수비팀이 인간벽을 만드는 이유는 녹음 앞부분에서 언급되었다. '罚球时防守方几个球员在自家球门前排成一排, 组成一道人墙, 以阻挡对方将球射入球门.(페널티 킥을 찰 때 수비팀 선수들 몇 명은 자기팀 골대 앞에 일렬로 서서 인간벽을 만들어 상대가 골인시키지 못하게 막는다.)'을 듣고 정답이 D임을 알 수 있다. 사실 이 문제는 녹음을 듣지 않더라도 축구의 페널티 킥에 대한 배경 지식이 있다면 쉽게 정답을 고를 수 있다.

35

运动员是怎样踢出香蕉球的?

A 用脚尖踢球
B 用脚面踢球
C 用脚内侧向侧前方踢
D 用脚外侧踢球的一侧

선수들은 어떻게 바나나 킥을 차는가?

A 발끝으로 찬다
B 발등으로 찬다
C 발 안쪽으로 앞쪽 사이드를 향해 찬다
D 발 바깥쪽으로 공의 한쪽을 찬다

보기 어휘 **脚尖** jiǎojiān 명 발끝 | **脚面** jiǎomiàn 명 발등 | **脚外侧** jiǎo wài cè 발 바깥쪽

정답 C

해설 선수들이 바나나 킥을 차는 방법에 대해서는 녹음 중간 부분에서 언급되었는데, '原来在踢香蕉球时运动员并不是用脚背去踢球的中心, 而是用脚的内侧向侧前方去踢球.(알고 보니, 바나나 킥을 찰 때 선수들은 발등을 이용해 공의 중심을 차는 것이 아니라 발 안쪽을 이용해 전방 사이드를 향해 차는 것이었다.)'라고 하였으므로 정답이 C임을 알 수 있다. 이와 같이 '不是A, 而是B(A가 아니라 B이다)' 구문에서는 B가 바로 정답과 관련된 핵심 내용이므로 이 부분은 반드시 집중해서 듣도록 하자.

36

香蕉球的特点是什么?

A 力度大
B 速度快
C 沿弧线飞行
D 飞行距离长

바나나 킥의 특징은 무엇인가?

A 힘이 세다
B 속도가 빠르다
C 공이 곡선을 그리며 난다
D 비행거리가 길다

보기 어휘 力度 lìdù 명 역량, 힘의 세기

정답 C

해설 35번의 정답과 관련된 문장 바로 앞에서 언급된 '这种踢球的技巧被叫做"香蕉球"。为什么足球会在空中沿弧线飞行呢?(이런 공차기 기술을 '바나나 킥'이라고 부른다. 그런데 공이 왜 공중에서 곡선을 그리며 나는 것일까?)'를 듣고 공이 곡선을 그리며 나는 것이 바로 바나나 킥의 특징임을 알 수 있으므로 정답은 C이다.

37

这段话主要谈的是什么?

A 足球的规则
B 香蕉球的原理
C 力量对足球的影响
D 罚点球的注意事项

이 글에서 주로 말하고자 하는 것은 무엇인가?

A 축구의 규칙
B 바나나 킥의 원리
C 힘이 축구에 미치는 영향
D 페널티 킥을 할 때 주의사항

보기 어휘 规则 guīzé 명 규칙, 규정 형 규칙적이다 | 原理 yuánlǐ 명 원리 ★ | 罚点球 fádiǎnqiú 명 페널티 킥 | 注意事项 zhùyì shìxiàng 주의 사항

정답 B

해설 주제를 묻는 문제이다. 지문은 축구에서 바나나 킥이라고 불리는 공차기 기술을 소개하고 있는데, 특히 바나나 킥을 찰 때 공이 공중에서 곡선을 그리며 나는 특징에 대해 자세하게 언급하며 마지막 부분에서 '于是足球就会向压强小的一侧转弯，最终形成香蕉球。(그래서 압력이 작은 쪽으로 공이 회전하면서 결국 바나나 킥이 된 것이다.)'라고 하였으므로, 이 글은 바나나 킥의 원리에 대한 설명이 주된 내용임을 알 수 있다. 따라서 정답은 B이다.

第38到40题是根据下面一段话：

水是生命之源，是人们新陈代谢的主要媒介。人可以几天不吃东西，但绝对不可以几天不喝水，那么生活在水里的鱼也要喝水吗？实际上，生活在淡水中的鱼是不需要喝水的，而生活在海里的鱼则要经常喝水。38 因为淡水鱼体液的渗透压高于周围淡水的渗透压，水分很容易渗入到体内，39 所以淡水鱼不但不必喝水还要设法排出体内过多的水分；而生活在海里的鱼，它们则是相反的，体内的水分不断被排出体外，所以它们要经常喝水以补充体内流失的水分。但海里的鱼也有例外的，40 比如鲨鱼，它就不需要喝水，它血液中尿素含量较高，所以体液的渗透压要高于海水的渗透压。

물은 생명의 근원이자 인간의 신진대사에 있어서 중요한 매개체이다. 사람은 며칠 동안 음식을 먹지 않을 수는 있어도 물을 마시지 않고는 절대 살 수 없다. 그렇다면 물 속에서 생활하는 물고기도 물을 마셔야 할까? 실제로 민물에서 사는 물고기는 물을 마실 필요가 없지만 바다에서 사는 물고기는 자주 물을 마셔야 한다. 38 민물고기의 체액 삼투압은 주변 민물의 삼투압보다 높아 수분이 체내에 침투하기 쉽기 때문에 39 꼭 물을 마실 필요가 없고 오히려 넘치는 수분을 몸 밖으로 배출해야 한다. 그런데 바닷고기는 정반대다. 체내 수분이 끊임없이 몸 밖으로 배출되기 때문에 자주 물을 마셔서 몸 속에서 빠져나간 수분을 보충해야 한다. 물론 바닷고기에도 예외는 있다. 40 예를 들면, 상어는 물을 마실 필요가 없다. 혈액 속에 요소 함량이 많아서 체액 삼투압이 바닷물의 삼투압보다 높기 때문이다.

지문 어휘 生命之源 shēngmìngzhīyuán 생명의 근원 | 新陈代谢 xīnchén dàixiè 명 신진대사 | 媒介 méijiè 명 매개체, 매개물 | 淡水 dànshuǐ 명 민물, 담수 | 淡水鱼 dànshuǐyú 명 민물고기, 담수어 | 体液 tǐyè 명 체액 | 渗透压 shèntòuyā 명 삼투압 | 周围 zhōuwéi 명 주변, 주위 | 渗入 shènrù 동 스며들다, 배다 | 设法 shèfǎ 동 방법을 강구하다 | 排出 páichū 동 배출하다 | 过多 guòduō 형 과다하다, 지나치게 많다 | 水分 shuǐfèn 명 수분 | 补充 bǔchōng 동 보충하다 | 流失 liúshī 동 유실되다, 없어지다, 떠내려가다 | 例外 lìwài 명 예외, 예외적인 상황 동 예외로 하다 | 鲨鱼 shāyú 명 상어 | 血液 xuèyè 명 혈액, 피 | 尿素 niàosù 명 요소, 카르바미드 | 含量 hánliàng 명 함량

38

鱼喝不喝水与什么有关?

A 鳞片
B 气候
C 渗透压
D 水的深度

물고기가 물을 마시는 것은 무엇과 관련이 있는가?

A 비늘
B 기후
C 삼투압
D 물의 깊이

보기 어휘 鳞片 línpiàn 명 비늘 | 气候 qìhòu 명 기후 | 深度 shēndù 명 깊이, 심도

정답 C

해설 물고기가 물을 마실 필요가 있는지에 대해 녹음 중간 부분에서 민물고기는 물을 마실 필요가 없고 바닷고기는 자주 물을 마셔야 한다고 언급하였다. 이에 대한 이유를 설명하며 '因为淡水鱼体液的渗透压高于周围淡水的渗透压，水分很容易渗入到体内。(민물고기의 체액 삼투압은 주변 민물의 삼투압보다 높아 수분이 체내에 침투하기 쉽다.)'라고 하였으므로 물고기가 물을 마시는 것은 삼투압과 관련이 있음을 알 수 있다. 따라서 정답은 C이다.

39

关于淡水鱼，下列哪项正确？ | 민물고기에 관해 다음 중 옳은 것은?

A 要不断喝水
B 靠食物补充水分
C 重金属污染严重
D 需排出体内多余水分

A 끊임없이 물을 마셔야 한다
B 음식물로 수분을 보충한다
C 중금속 오염이 심각하다
D 체내의 불필요한 수분을 배출해야 한다

보기 어휘 靠 kào 동 기대다, 접근하다, 의지하다 | 食物 shíwù 명 음식물 | 重金属 zhòngjīnshǔ 명 중금속 | 污染 wūrǎn 명 오염 동 오염되다, 오염시키다 | 严重 yánzhòng 형 심각하다 | 多余 duōyú 형 불필요한, 여분의, 나머지의

정답 D

해설 민물고기에 관해 묻고 있는데, 이 문제는 녹음 중간 부분에서 결론을 이끌어 내는 '所以(그래서)'가 정답 키워드이다. '所以淡水鱼不但不必喝水还要设法排出体内过多的水分.((그래서) 민물고기는 꼭 물을 마실 필요가 없고 오히려 넘치는 수분을 몸 밖으로 배출해야 한다.)'이라고 하였으므로 정답은 D이다.

40

根据这段话，鲨鱼与其它海洋鱼类的区别是什么？ | 이 글에 따르면 상어는 다른 바닷고기와 어떤 차이가 있는가?

A 不需要呼吸
B 要经常游动
C 只生活在海洋深处
D 血液尿素含量高

A 호흡할 필요가 없다
B 자주 헤엄쳐야 한다
C 심해에서만 생활한다
D 혈액의 요소 함량이 높다

보기 어휘 呼吸 hūxī 동 호흡하다, 숨을 쉬다 | 游动 yóudòng 동 헤엄치다, 이리저리 옮겨 다니다 | 深处 shēnchù 명 깊숙한 곳, 심층

정답 D

해설 상어에 관한 내용은 녹음 마지막 부분에서 언급되었는데, '比如鲨鱼，它就不需要喝水，它血液中尿素含量较高，所以体液的渗透压要高于海水的渗透压.(예를 들면, 상어는 물을 마실 필요가 없다. 혈액 속에 요소 함량이 많아서 체액 삼투압이 바닷물의 삼투압보다 높기 때문이다.)'라고 하였으므로 정답은 D이다.

第41到43题是根据下面一段话：

一项最新研究显示，每天早晨如果能接受阳光的照耀会使人食欲下降从而减少热量的摄入。该研究对50名被试者进行了一周的观察实验，不仅记录他们的饮食和睡眠状况，41 同时也要求他们携带传感器以检测接受光照的时间和强度。分析结果表明，光照除了会影响睡眠之外，和食欲也有着显著的关联。那些能在早晨8点就接受光照的人，摄入的热量更少，体重指数也更低，而那些起床几小时后才能接受光照的人情况则相反。42 研究者认为光照之所以能影响人的热量摄入，很有可能和褪黑素有关，43 这种激素受光照作用后，很可能会再反过来影响人体代谢，或者通过影响生物钟的方式来改变人的饮食习惯。

최근 한 연구에 따르면 매일 아침 햇빛을 쬘 경우 사람의 식욕을 저하시켜 열량 섭취를 줄이는 것으로 나타났다. 이 연구는 피실험자 50명을 대상으로 일주일 동안 관찰 실험을 진행했는데, 그들이 먹는 음식, 수면상태를 기록하는 한편 41 그들에게 센서를 휴대하게 하여 햇빛을 쬔 시간과 강도를 측정하게 했다. 분석 결과, 햇빛을 쬐는 것은 수면에 영향을 미치는 것을 제외하고도 식욕과 밀접한 관련이 있는 것으로 나타났다. 아침 8시에 햇빛을 받는 사람은 섭취하는 열량도 더 적고 체중지수도 더욱 낮았지만 기상한지 몇 시간 후에 겨우 햇빛을 본 사람들의 상황은 정반대였다. 42 연구자들은 햇빛을 쬐는 것이 사람의 열량 섭취에 영향을 주는 이유가 멜라토닌과 관련이 있을 가능성이 높으며, 43 이 호르몬은 햇빛을 받으면 다시 인체 대사에 영향을 주거나 생체시계에 영향을 주는 방식으로 사람들의 식습관을 변화시킨다고 판단했다.

지문 어휘 照耀 zhàoyào 동 밝게 비추다, 환하게 비추다 | 食欲 shíyù 명 식욕 | 下降 xiàjiàng 동 떨어지다, 낮아지다 | 减少 jiǎnshǎo 동 줄다, 감소하다 | 热量 rèliàng 명 열량 | 摄入 shèrù 동 섭취하다 | 被试者 bèishìzhě 명 피실험자 | 观察 guānchá 동 관찰하다, 살피다 | 实验 shíyàn 동 실험하다 명 실험 | 睡眠 shuìmián 명 수면, 잠 | 状况 zhuàngkuàng 명 상황, 상태 | 携带 xiédài 동 휴대하다, 지니다 | 传感器 chuángǎnqì 명 센서, 감응 신호 장치 | 检测 jiǎncè 동 검사 측정하다 | 光照 guāngzhào 동 내리쬐다, 두루 비추다 | 显著 xiǎnzhù 형 현저하다, 뚜렷하다 | 关联 guānlián 동 관련되다 | 指数 zhǐshù 명 지수 | 褪黑素 tuìhēisù 멜라토닌 | 激素 jīsù 명 호르몬 | 反过来 fǎnguòlái 동 뒤집다, 거꾸로 하다 | 代谢 dàixiè 동 신진대사하다, 신구 교대하다 | 生物钟 shēngwùzhōng 명 생체시계, 생물학적 시계 | 饮食习惯 yǐnshí xíguàn 식습관

让被试者携带传感器的目的是什么?

피실험자들에게 센서를 휴대하게 한 목적은 무엇인가?

A 检测光照情况
B 记录睡眠时间
C 测量体温
D 检测体重的变化

A 햇빛을 쬔 상황을 측정하려고
B 수면시간을 기록하려고
C 체온을 측정하려고
D 체중 변화를 측정하려고

보기 어휘 记录 jìlù 동 기록하다 명 기록 | 测量 cèliáng 동 측량하다 명 측량, 측정

정답 A

| 해설 | 피실험자들에게 센서를 가지고 다니게 한 목적은 녹음 앞부분에서 언급되었는데, '同时也要求他们携带传感器以检测接受光照的时间和强度。(그들에게 센서를 휴대하게 하여 햇빛을 쬔 시간과 강도를 측정하게 했다.)'를 듣고 정답이 A임을 알 수 있다.

42

实验结果表明什么?

A 光照可能引起失眠
B 热量摄入与光照有关
C 饮食规律能改善心情
D 早上人体摄入热量较多

실험 결과가 나타내는 것은 무엇인가?

A 햇빛을 쬐면 불면증을 일으킬 수 있다
B 열량 섭취는 햇빛을 쬐는 것과 관련이 있다
C 규칙적인 식습관은 기분을 좋게 만든다
D 아침에 인체가 섭취하는 열량이 비교적 많다

| 보기 어휘 | 失眠 shīmián 동 불면증에 걸리다, 잠을 이루지 못하다 | 规律 guīlǜ 형 규칙적이다 명 규율, 규칙 | 改善 gǎishàn 동 개선하다

| 정답 | B

| 해설 | 실험 결과는 주로 녹음 마지막 부분에서 언급되는데, '研究者认为光照之所以能影响人的热量摄入，很有可能和褪黑素有关。(연구자들은 햇빛을 쬐는 것이 사람의 열량 섭취에 영향을 주는 이유가 멜라토닌과 관련이 있다고 판단했다.)'을 듣고 열량 섭취가 햇빛을 쬐는 것과 관련이 있음을 알 수 있으므로 정답은 B이다.

43

褪黑素可能对人体有什么影响?

A 促进消化
B 增加体重
C 加速肌肉生成
D 改变饮食习惯

멜라토닌은 인체에 어떤 영향을 미치는가?

A 소화를 촉진시킨다
B 체중을 증가시킨다
C 근육 생성을 가속화시킨다
D 식습관을 변화시킨다

| 보기 어휘 | 促进 cùjìn 동 촉진시키다, 촉진하다 | 消化 xiāohuà 동 소화하다 | 加速 jiāsù 동 가속화하다, 속도를 내다 | 肌肉 jīròu 명 근육 | 生成 shēngchéng 동 생성되다, 생겨나다

| 정답 | D

| 해설 | 멜라토닌이 인체에 미치는 영향은 마지막 문장에서 언급되었는데 '这种激素受光照作用后~，或者通过影响生物钟的方式来改变人的饮食习惯。(이 호르몬은 햇빛을 받으면 ~ 하거나 생체시계에 영향을 주는 방식으로 사람들의 식습관을 변화시킨다.)'이라고 하였으므로 정답은 D이다.

第44到47题是根据下面一段话：

画家齐白石和作家老舍是忘年之交。44 一次老舍选了几句著名的诗句，请齐白石用不同季节的画作表现出来，齐白石很快就以春、夏、冬三季的花卉作为主题，完成了三幅绝妙之作，但唯独对"芭蕉叶卷抱秋花"这句诗所体现的秋景迟迟没有落笔。老舍忍不住问其原因，齐白石回答："45 我想画几株有着初生卷叶的芭蕉，但我记不清楚芭蕉叶卷曲的方向，而且不知道是顺时针还是逆时针方向，没有参考的实物，我不敢乱画呀。"从之后，46 齐白石每当遇见从南方来的友人，都会询问他们是否观察过芭蕉叶卷曲的方向，但都以失望告终，他还去翻阅了大量资料，始终没有找到答案，47 无奈之下齐白石只能动笔完成那幅画，然而，画作中的芭蕉叶并没有初生的卷叶，老舍看后顿时明白，为什么齐白石的作品能被奉为经典了。

화가 제백석(齊白石)과 작가 노사(老舍)는 나이 차를 뛰어넘은 좋은 친구 사이였다. 44 한 번은 노사가 유명한 시 몇 구절을 골라 제백석에게 각기 다른 계절 그림으로 표현해달라고 청하자 제백석은 재빨리 봄, 여름, 겨울철 화훼를 주제로 절묘한 그림 세 폭을 완성했다. 그런데 유독 '파초잎이 가을꽃을 감싸 안았다(芭蕉葉卷抱秋花)'라는 시구가 나타내는 가을 풍경에 대해서만큼은 쉽사리 그림을 그리지 못했다. 노사가 궁금증을 참지 못하고 그 이유를 묻자 제백석이 대답했다. "45 나는 막 태어난 덩굴잎이 있는 몇 개의 파초를 그리고 싶은데 파초잎이 굽어진 방향이 기억나지 않아서일세. 시계 방향인지, 시계 반대 방향인지도 잘 모르겠군. 참고할 만한 실물도 없으니 함부로 그릴 수가 없었던 거라네." 그 날 이후 46 제백석은 남쪽에서 온 친구를 만나게 될 때면 파초잎이 굽어진 방향을 살펴본 적이 있는지 물었는데 결국 알아내지 못했다. 그는 또 많은 양의 자료를 뒤적여 봤지만 답을 얻지 못했다. 47 어쩔 수 없는 상황에서 제백석은 그 그림을 완성했지만 그가 그린 파초잎에는 막 태어난 덩굴잎이 없었다. 그림을 본 노사는 제백석의 작품이 왜 걸작으로 칭송 받는지를 깨닫게 되었다.

지문 어휘 | 齐白石 Qíbáishí 고유 제백석(齊白石)(중국의 화가) | 老舍 lǎoshè 고유 노사(老舍), 라오서(중국의 현대 작가) | 忘年之交 wàngniánzhījiāo 성 나이, 학력 등에 관계없이 맺어진 우의를 이르는 말 | 诗句 shījù 명 시구, 시가 | 花卉 huāhuì 명 화훼, 화초 | 作为 zuòwéi 동 ~로 여기다, ~로 삼다 | 主题 zhǔtí 명 주제 | 绝妙 juémiào 형 절묘하다, 매우 교묘하다 | 唯独 wéidú 부 유독, 홀로, 오직 ★ | 迟迟 chíchí 형 꾸물거리는 모양 부 천천히, 느릿느릿 | 落笔 luòbǐ 동 붓을 대다, 그림을 그리다 | 忍不住 rěnbúzhù 동 견딜 수 없다 | 原因 yuányīn 명 원인 | 株 zhū 명 포기, 그루 ★ | 卷叶 juǎn yè 명 말린 잎 | 芭蕉 bājiāo 명 파초 | 卷曲 juǎnqū 형 구불구불하다, 꼬불꼬불하다 | 顺时针 shùnshízhēn 형 시계 방향의 | 逆时针 nìshízhēn 형 시계 반대 방향의 | 实物 shíwù 명 실물, 현물 | 询问 xúnwèn 동 알아보다, 물어보다 | 观察 guānchá 동 관찰하다, 살피다 | 以~告终 yǐ~gàozhōng ~로 끝나다, ~로 끝을 알리다 | 翻阅 fānyuè 동 (서적이나 서류를) 뒤적여 보다, 쭉 훑어보다 | 无奈之下 wúnài zhīxià 어쩔 수 없는 상황에서 | 动笔 dòngbǐ 동 펜을 들다, 글을 쓰기 시작하다 | 顿时 dùnshí 부 곧바로, 갑자기, 문득 ★ | 被奉为 bèi fèngwéi ~으로 칭송 받다 | 经典 jīngdiǎn 명 중요하고 권위 있는 저작 형 전형적이고 영향력이 비교적 큰

44

老舍请齐白石画什么样的画?

A 名人画像
B 四季画
C 飞禽走兽
D 名川大山

노사는 제백석에게 어떤 그림을 그려달라고 청했는가?

A 명사(名士)의 초상화
B 사계절
C 날짐승과 들짐승
D 산과 하천

보기 어휘 画像 huàxiàng 명 초상화 통 초상화를 그리다 | 飞禽走兽 fēiqínzǒushòu 명 날짐승과 들짐승 ★ | 名川大山 míngchuān dàshān 명 유명한 하천과 큰 산

정답 B

해설 노사가 제백석에서 그려달라고 청한 그림에 대한 내용은 녹음 앞부분에서 언급되었는데, '一次老舍选了几句著名的诗句，请齐白石用不同季节的画作表现出来。(한 번은 노사가 유명한 시 몇 구절을 골라 제백석에게 각기 다른 계절 그림으로 표현해달라고 청했다.)'를 듣고 정답이 B임을 알 수 있다.

45

齐白石为什么单单留下那幅画没完成?

A 没有创作灵感
B 笔墨用完了
C 把握不好花色
D 弄不清芭蕉叶的卷曲方向

제백석이 단지 그 그림만 완성하지 못한 이유는 무엇인가?

A 창작의 영감이 없어서
B 붓과 먹을 다 써서
C 꽃 색깔에 자신이 없어서
D 파초잎이 말려있는 방향을 잘 몰라서

보기 어휘 创作 chuàngzuò 통 창작하다 명 창작품 ★ | 灵感 línggǎn 명 영감 ★ | 笔墨 bǐmò 명 붓과 먹, 글자, 문장

정답 D

해설 제백석이 '파초잎이 가을꽃을 감싸 안았다(芭蕉葉卷抱秋花)'라는 시구가 나타내는 가을 풍경을 그려내지 못한 이유는 녹음 중간 부분에서 그가 노사에게 한 말을 통해 알 수 있는데, '我想画几株有着初生卷叶的芭蕉，但我记不清楚芭蕉叶卷曲的方向。(나는 막 태어난 덩굴잎 몇 개가 있는 파초를 그리고 싶은데 파초잎이 굽어진 방향이 기억나지 않아서일세.)'이라고 하였으므로 정답은 D이다.

46

为了解决那个难题齐白石是怎么做的?

A 亲自考察
B 咨询友人
C 随意创作
D 参考友人名画

그 난제를 해결하기 위해 제백석은 어떻게 행동했는가?

A 직접 조사했다
B 친구들에게 물어보았다
C 마음대로 창작했다
D 친구의 명화를 참고했다

보기 어휘 | **亲自** qīnzì 〔부〕 직접, 친히 | **考察** kǎochá 〔동〕 현지 조사하다, 시찰하다, 정밀히 관찰하다 ⭐ | **咨询** zīxún 〔동〕 물어보다, 자문하다, 의견을 구하다 | **随意** suíyì 〔부〕 마음대로, 되는대로, 하고 싶은 대로 ⭐

정답 | **B**

해설 | 제백석이 파초잎이 굽어진 방향을 알아내기 위해 한 행동은 녹음 중간 부분에서 언급되었는데, '齐白石每当遇见从南方来的友人，都会询问他们是否观察过芭蕉叶卷曲的方向，但都以失望告终。(제백석은 남쪽에서 온 친구를 만나게 될 때면 파초잎이 굽어진 방향을 살펴본 적이 있는지 물었는데 결국 알아내지 못했다.)'을 듣고 정답이 B임을 알 수 있다.

47

关于齐白石可以知道什么？	제백석에 관해 알 수 있는 것은?
A 作画严谨	A 그림을 그릴 때 빈틈이 없다
B 大器晚成	B 대기만성형이다
C 喜欢写诗句	C 시구를 쓰는 걸 좋아한다
D 擅长写作	D 글짓기에 능하다

보기 어휘 | **作画** zuòhuà 〔동〕 그림을 그리다 | **严谨** yánjǐn 〔형〕 빈틈없다, 치밀하다, 엄격하다 | **大器晚成** dàqìwǎnchéng 〔성〕 대기만성 | **擅长** shàncháng 〔동〕 뛰어나다, 잘하다 ⭐

정답 | **A**

해설 | 제백석은 파초잎이 굽어진 방향을 결국 알아내지 못했는데, 녹음 마지막 부분에서 '无奈之下齐白石只能动笔完成那幅画，然而，画作中的芭蕉叶并没有初生的卷叶。(어쩔 수 없는 상황에서 제백석은 그 그림을 완성했지만 그가 그린 파초잎에는 막 태어난 덩굴잎이 없었다.)'라고 하였으므로, 제백석은 그림을 그릴 때 빈틈이 없고 치밀함을 알 수 있다. 또한 마지막 문장에서 노사가 제백석의 작품이 걸작으로 칭송받는 이유를 깨달았다고 언급한 부분을 통해서도 정답이 A임을 알 수 있다.

第48到50题是根据下面一段话：

记得小时候看的童话故事中，有个孩子因为说了谎话，鼻子变得长长的，这恐怕是很多人小时候的魔咒。多年后，我们总是会嘲笑儿时的自己竟然会对此信以为真。然而，研究人员却发现，鼻子的确会泄露说谎的秘密。**48** 虽然鼻子不会变长，但是鼻尖会变热，**49** 一个人内心世界的情报很容易通过身体变化被破译。研究者曾做过这样一个实验，他们用热成像仪记录被试者的面部温度，当被试者说谎时，他们就会感觉到鼻尖的灼热。而当被试者努力对自己进行心理暗示，告诉自己

어릴 적에 봤던 동화 이야기 중에 거짓말을 해서 코가 길어지는 아이가 있었다. 이는 아마 많은 사람들이 소싯적에 무서워했던 말일 것이다. 오랜 시간이 지나 우리는 어릴 적 자신이 그 말을 진실이라고 믿었었다며 코웃음 쳤을 것이다. 그런데 연구원들이 코가 실제로 거짓말의 비밀을 드러낸다는 사실을 발견했다. **48** 코가 길어지는 건 아니지만 코끝에 열이 나면서 **49** 한 사람의 내면세계에 대한 정보가 신체의 변화를 통해 드러나게 되는 것이다. 연구원들은 열 영상기로 피실험자들의 얼굴 온도를 기록하는 실험을 했다. 피실험자들은 거짓말을 하면 코끝에 뜨거운 열감을 느꼈다. 그런데 피실험자들이 스스로에게 자신은 결코 거짓말을 하지 않았다며 심리적 암시를 하는 경우 코끝의 온도가 다시 점점 정상 수준으로 내려왔다. 연구

我并没有撒谎时，鼻尖的温度又会逐渐回落到正常水平。研究者解释说：50 人在说谎时，会产生焦虑感，此时负责调节体温的大脑岛叶皮质就会被激活，从而导致包括鼻尖在内的整个面部温度上升，甚至整个身体都会发热。这就难怪有人说，我们在说谎话时，会出现面红耳赤，鼻尖冒汗的情况。

원들은 50 사람이 거짓말을 하면 초조해지는데 이 때 체온 조절 기능을 하는 대뇌피질의 '섬엽(insula)'이 활성화되면서 코끝을 비롯해 얼굴 전체의 온도를 상승시키며 심한 경우 몸 전체에 열이 나게 된다고 설명했다. 그래서 사람들이 거짓말을 하면 얼굴이 붉어지고 코끝에 땀이 난다는 말을 하는 것이다.

지문 어휘 童话 tónghuà 명 동화 ★ | 谎话 huǎnghuà 명 거짓말, 허튼 소리 | 魔咒 mózhòu 명 저주 | 嘲笑 cháoxiào 동 비웃다 | 信以为真 xìnyǐwéizhēn 성 진실이라고 믿다 | 的确 díquè 부 참으로, 확실히, 분명히 | 泄露 xièlòu 동 누설하다, 폭로하다 | 说谎 shuō huǎng 동 거짓말하다 | 秘密 mìmì 명 비밀 | 鼻尖 bíjiān 명 코 끝 | 变热 biàn rè 열이 나다 | 内心世界 nèixīn shìjiè 내면세계 | 情报 qíngbào 명 정보 ★ | 破译 pòyì (암호나 정보 등을) 해독하다 | 热成像仪 rèchéngxiàngyí 명 열 영상기 | 记录 jìlù 동 기록하다 명 기록 | 被试者 bèishìzhě 피실험자 | 灼热 zhuórè 형 몹시 뜨겁다, 작열하다 | 心理暗示 xīnlǐ ànshì 심리적 암시 | 撒谎 sāhuǎng 동 거짓말을 하다 | 逐渐 zhújiàn 부 점점, 점차 | 回落 huíluò 동 올라갔다가 다시 떨어지다 | 焦虑 jiāolǜ 형 초조하다, 걱정스럽다 | 调节 tiáojié 동 조절하다 | 岛叶 dǎoyè 명 섬엽(insula) | 皮质 pízhì 명 대뇌피질(大脑皮质)의 약칭 | 激活 jīhuó 동 활성화하다, 반응을 촉진하다 | 上升 shàngshēng 동 상승하다, 위로 올라가다 | 难怪 nánguài 부 어쩐지, 과연, 그러기에 | 面红耳赤 miànhóngěrchì 성 얼굴이 귀밑까지 빨개지다 | 冒汗 màohàn 동 땀을 흘리다, 땀이 나다

48

鼻子是怎样泄露秘密的?

A 鼻尖发热
B 鼻子变长
C 鼻子堵塞
D 嗅觉不灵敏

코가 어떻게 비밀을 알려주는가?

A 코끝에 열이 난다
B 코가 길어진다
C 코가 막힌다
D 후각이 둔해진다

보기 어휘 堵塞 dǔsè 동 막히다 | 嗅觉 xiùjué 명 후각 | 灵敏 língmǐn 형 예민하다, 영민하다, 재빠르다

정답 A

해설 녹음 중간 부분에서 연구원들이 코가 거짓말의 비밀을 드러낸다는 사실을 발견했다고 언급하며 '虽然鼻子不会变长，但是鼻尖会变热。(코가 길어지는 건 아니지만 코끝에 열이 난다.)'라고 하였으므로 정답은 A이다.

49

内心世界的情报指的是什么? | 내면세계의 정보가 가리키는 바는 무엇인가?

A 所喜欢的人 | A 좋아하는 사람
B 真实想法 | B 진실된 생각
C 心理健康 | C 심리적 건강
D 心理素质 | D 심리적 소양

보기 어휘 素质 sùzhì 명 소양, 자질

정답 B

해설 내면세계의 정보에 대한 내용은 48번 문제의 정답과 관련된 문장 바로 뒤에서 언급되었다. '一个人内心世界的情报很容易通过身体变化被破译。(한 사람의 내면세계에 대한 정보가 신체의 변화를 통해서 드러나게 되는 것이다.)'를 듣고, 여기서 내면세계의 정보가 가리키는 것이 겉으로 드러나지 않는 마음 속의 진실된 생각이나 감정을 의미하는 것임을 알 수 있으므로 정답은 B이다.

50

根据这段话，下列哪项正确? | 이 글에 근거하여 다음 중 옳은 것은?

A 说谎使人焦虑 | A 거짓말은 사람을 초조하게 만든다
B 实验失败了 | B 실험은 실패했다
C 童话故事不科学 | C 동화 이야기는 비과학적이다
D 被试者能完全控制自己的鼻子 | D 피실험자들은 자신의 코를 완전히 통제할 수 있다

보기 어휘 科学 kēxué 형 과학적이다 명 과학 | 控制 kòngzhì 동 통제하다, 제어하다

정답 A

해설 거짓말을 하면 코끝에 열이 나는 현상과 관련하여 연구원들이 실험 결과를 설명하는 내용 중 '人在说谎时，会产生焦虑感。(사람이 거짓말을 하면 초조해진다.)'을 듣고 정답이 A임을 알 수 있다.

HSK 6급 1회 독해

제1부분 51~60번 문제는 제시된 4개의 보기 중 틀린 문장을 고르는 문제입니다.

51

A 生物学家发现，这种叶子具有缓解疼痛的作用。
B 开车转弯时，一定要减速慢行，这也是交通法规所要求的。
C 在严峻的就业形势下，职业教育对就业的促进作用日益凸显。
D 当我们的意见与其他人不同时，应该我们做出适当的让步。

A 생물학자들은 이 잎이 통증완화 효과가 있다는 것을 알아냈다.
B 운전을 하다가 커브를 돌 때는 반드시 속도를 줄여 서행해야 하는데 이 역시 교통법규로 규정되어 있다.
C 취업문제가 심각한 상황에서 직업교육의 취업 증가 효과가 날로 부각되었다.
D 다른 사람과 의견이 다를 때 우리는 적당히 양보해야 한다.

보기 어휘 生物学家 shēngwùxuéjiā 명 생물학자 | 叶子 yèzi 명 잎, 잎사귀 | 具有 jùyǒu 동 있다, 지니다 | 缓解 huǎnjiě 동 완화시키다, 호전되다 | 疼痛 téngtòng 명 통증 형 아프다 | 作用 zuòyòng 명 효과, 작용, 역할 동 작용하다, 영향을 미치다 | 转弯 zhuǎnwān 동 커브를 돌다, 모퉁이를 돌다 | 减速 jiǎn sù 동 속도를 줄이다, 감속하다 | 法规 fǎguī 명 법규 | 要求 yāoqiú 동 요구하다 | 严峻 yánjùn 형 심각하다, 중대하다, 모질다 ★ | 就业 jiùyè 동 취업하다 ★ | 形势 xíngshì 명 정세, 형편 | 职业 zhíyè 명 직업 | 促进 cùjìn 동 촉진시키다, 촉진하다 | 日益 rìyì 부 날로, 나날이 ★ | 凸显 tūxiǎn 동 부각되다, 분명하게 드러나다 | 适当 shìdàng 형 적당하다, 적절하다 | 让步 ràngbù 동 양보하다 ★

정답 D

해설 当我们的意见与其他人不同时，应该我们做出适当的让步。
➡ 当我们意见与其他人不同时，我们应该做出适当的让步。

어순 오류 문제이다. 부사어로 쓰이는 조동사 '应该(~해야만 한다)'는 주어 뒤 술어 앞에 위치하므로, '应该'가 '我们(우리)' 뒤 '做出(~을 하다)' 앞에 와야 한다.

52

A 十年前，为了实现当演员的梦想，她只身一人来到了北京。
B 茶树菇是一种高蛋白、低脂肪的纯天然食用菌，在民间被称为"神菇"的美誉。
C 有时，一句话只是改动一个字，就会发生意想不到的变化。
D 我们从地球上看，星星会有不同的颜色，这与它们表面的温度有关。

A 10년 전 배우가 되겠다는 꿈을 이루기 위해 그녀는 홀로 베이징에 왔다.
B 차나무 버섯은 고단백, 저지방의 순 천연 식용균의 일종으로, 민간에서 '신의 버섯'이라고 불린다.
C 때로는 한 마디의 말에서 한 글자만 바꿔도 생각지 못한 변화를 가져오기도 한다.
D 우리가 지구에서 볼 때 별들이 다른 색을 띠는 것은 별의 표면 온도와 관련이 있다.

보기 어휘 实现 shíxiàn 동 실현하다 | 演员 yǎnyuán 명 배우, 연기자 | 梦想 mèngxiǎng 명 꿈 동 간절히 바라다, 몽상하다 | 只身一人 zhīshēnyīrén 홀로, 혼자서, 단독으로 | 茶树菇 cháshùgū 차나무 버섯 | 高蛋白 gāodànbái 고단백 | 低脂肪 dī zhīfáng 저지방 | 纯天然 chún tiānrán 순 천연의 | 食用菌 shíyòngjūn 명 식용균 | 美誉 měiyù 명 명성, 명예 | 改动 gǎidòng 동 바꾸다, 변경하다 | 意想不到 yìxiǎngbùdào 예상치 못한, 뜻밖에 | 地球 dìqiú 명 지구 | 表面 biǎomiàn 명 표면 | 温度 wēndù 명 온도 | 有关 yǒuguān 동 관련이 있다, 관계가 있다

정답 B

해설 茶树菇是一种高蛋白、低脂肪的纯天然食用菌，在民间被称为"神菇"的美誉。
➡ 茶树菇是一种高蛋白、低脂肪的纯天然食用菌，在民间被称为"神菇"。

불필요한 문장 성분이 추가된 오류 문제이다. 뒤 절에서 '称为'는 '~로 부르다'는 뜻으로 목적어는 '神菇(신의 버섯)'가 되어야 한다. 따라서 '的美誉(~라는 명성)'를 삭제해야 옳은 문장이 된다.

➡ 茶树菇是一种高蛋白、低脂肪的纯天然食用菌，在民间有"神菇"的美誉。
➡ 茶树菇是一种高蛋白、低脂肪的纯天然食用菌，民间享有"神菇"的美誉。

이 밖에도, 보기 B를 어휘의 호응 관계 오류 문장으로 볼 경우 '美誉(명성)'는 동사 '称为(~로 부르다)'가 아닌 '有(있다)' 혹은 '享有(누리다)'와 호응하여 쓰이므로 '被成为'를 '有'나 '享有'로 고쳐도 옳은 문장이 된다.

53

A 调研报告必须经过深入调查和反复核实，才能具有参考价值。
B 据报道，明日起，国内汽油每升降价将近两毛多。
C 迄今为止，除了地球，我们还未发现第二个真正适合人类居住的星球。
D 春节是农历正月初一，又叫阴历年，俗称"过年"。

A 조사 연구 보고서는 깊이 있는 조사와 반복 확인 작업을 거쳐야만 참고 가치를 지니게 된다.
B 보도에 따르면, 내일부터 국내 휘발유 가격이 리터당 2마오 정도 인하된다고 한다.
C 지금까지 지구를 제외하고 인류가 거주하기에 정말 적합한 두 번째 행성은 발견되지 않았다.
D 춘절은 음력 정월 초하루로, 음력 설이라고도 하며 속칭 '설을 쇤다'고 한다.

> [보기 어휘] **调研报告** diàoyán bàogào 명 조사 연구 보고서 | **经过** jīngguò 통 거치다, 경유하다 | **深入** shēnrù 형 깊다, 철저하다, 투철하다 통 깊이 들어가다, 깊이 파고들다 | **调查** diàochá 통 조사하다 | **反复** fǎnfù 부 반복하여, 거듭 통 반복하다 | **核实** héshí 통 확인하다, 실태를 조사하다 | **报道** bàodào 명 보도 통 보도하다 | **汽油** qìyóu 명 휘발유, 가솔린 | **升** shēng 양 리터 | **降价** jiàngjià 통 가격을 낮추다, 할인하다 | **将近** jiāngjìn 부 거의 ~에 근접하다, 거의 ~에 이르다 ★ | **迄今为止** qìjīnwéizhǐ 성 (이전 어느 시점부터) 지금까지 ★ | **未** wèi 부 아직 ~하지 않다 | **适合** shìhé 통 적합하다, 부합하다 | **人类** rénlèi 명 인류 | **居住** jūzhù 통 거주하다 ★ | **星球** xīngqiú 명 별, 천체 | **农历** nónglì 명 음력 | **正月** zhēngyuè 명 정월 ★ | **阴历年** yīnlìnián 명 음력설 | **俗称** súchēng 통 속칭하다, 통속적으로 부르다 명 속칭

> [정답] B

> [해설] 据报道，明日起，国内汽油每升降价将近两毛多。
> ➡ 据报道，明日起，国内汽油价格每升降价将近两毛。
> ➡ 据报道，明日起，国内汽油价格每升降价两毛多。
>
> 논리적 모순이 있는 문제이다. 의미상 모순 관계인 두 단어가 함께 쓰였는데, '将近'은 '거의 ~에 근접하다'는 뜻이고, '多'는 일정한 수량보다 조금 많음을 나타내므로, 이 둘 중 하나만 써야 옳은 문장이 된다.

54

A 在大自然中，很多事物都蕴藏着无限的奥秘。
B 只有来过这里的人，才能真正体会到这种美妙的感觉。
C 当我们的胳膊被烫伤时，要小心地将贴身衣物脱去，以免防止形成水泡。
D 有的人为了实现远大理想而奋斗，有的人却只安于现状。

A 대자연 속 많은 사물들에는 무한한 신비가 숨겨져 있다.
B 이곳에 와본 적이 있는 사람들만 이런 미묘한 느낌을 진정으로 체험할 수 있다.
C 팔에 화상을 입었을 때는 수포가 생기지 않도록 몸에 딱 붙는 옷을 주의해서 벗어야 한다.
D 어떤 사람은 원대한 이상을 실현하기 위해 고군분투하는 반면 어떤 사람은 그저 현실에 안주한다.

> [보기 어휘] **大自然** dàzìrán 명 대자연 | **蕴藏** yùncáng 통 잠재하다, 매장되다, 묻히다, 간직하다 ★ | **无限** wúxiàn 형 무한하다, 끝이 없다 | **奥秘** àomì 명 신비, 비밀 | **体会** tǐhuì 통 체험하여 터득하다, 체득하다 | **美妙** měimiào 형 미묘하다, 아름답다, 훌륭하다 ★ | **胳膊** gēbo 명 팔 | **烫伤** tàng shāng 통 화상을 입다 | **贴身** tiē shēn 형 (옷이) 몸에 꼭 붙다 | **衣物** yīwù 명 의복과 기타 일용품 | **脱** tuō 통 벗다 | **以免** yǐmiǎn 접 ~하지 않도록, ~하지 않기 위해서 | **防止** fángzhǐ 통 방지하다 | **形成** xíngchéng 통 형성되다, 이루어지다 | **水泡** shuǐpào 명 수포, 물거품 | **远大** yuǎndà 형 원대하다 | **奋斗** fèndòu 통 분투하다 | **安于** ānyú 통 ~에 안주하다, ~에 만족하다 | **现状** xiànzhuàng 명 현 상태, 현재 상황, 현황 ★

> [정답] C

> [해설] 当我们的胳膊被烫伤时，要小心地将贴身衣物脱去，以免防止形成水泡。
> ➡ 当我们的胳膊被烫伤时，要小心地将贴身衣物脱去，以免形成水泡。
> ➡ 当我们的胳膊被烫伤时，要小心地将贴身衣物脱去，防止形成水泡。
>
> 논리적 모순이 있는 문제이다. '以免'은 '~하지 않도록'이라는 뜻이고, '防止'는 '방지하다'는 뜻으로, 이들은 모두 어떤 좋지 않은 일이나 현상이 일어나지 못하도록 막는 것을 의미한다. 여기에서는 이 두 단어를 함께 써서 이중 부정, 즉 '수포가 생기도록 한다'는 긍정의 의미가 되어 모순이 생겼다. 따라서 이 둘 중 하나만 써야 옳은 문장이 된다.

A 只有亲自尝试过，你才不知道自己能不能成功。
B 一个国家、一个民族的强盛，总是以文化兴盛为支撑的。
C 如今，麦当劳和肯德基等快餐，已成为我们社会生活的必需与时尚。
D "楼兰古国"神秘消失的原因，至今仍是一个颇有争议的问题。

A 직접 시도해봐야만 본인이 성공할 수 있는지 비로소 알 수 있다.
B 국가와 민족의 강성함은 문화 융성으로 유지되는 것이다.
C 오늘날 맥도날드와 KFC 등의 패스트푸드는 이미 우리 사회 생활의 필수품이자 트렌드가 되었다.
D '누란 왕국(樓蘭王國)'의 비밀이 사라진 원인은 지금까지도 여전히 상당한 논란의 여지가 있다.

[보기어휘] 亲自 qīnzì 부 직접, 친히 | 尝试 chángshì 동 시도해보다, 테스트해보다 | 民族 mínzú 명 민족 | 强盛 qiángshèng 형 강성하다 | 兴盛 xīngshèng 형 흥성하다, 번창하다 | 支撑 zhīchēng 동 버티다, 지탱하다 | 如今 rújīn 명 지금, 오늘날 | 快餐 kuàicān 명 패스트푸드 | 社会 shèhuì 명 사회 | 必需 bìxū 형 필수품 동 반드시 필요로 하다 | 时尚 shíshàng 명 시대적 유행, 당시의 분위기 형 유행의, 세련된 | 楼兰古国 lóulán gǔguó 고유 누란 왕국(樓蘭王國) | 神秘 shénmì 형 신비하다 | 消失 xiāoshī 동 자취를 감추다, 모습을 감추다 | 至今 zhìjīn 부 지금까지, 여태껏 | 仍 réng 부 여전히 | 颇 pō 부 상당히, 꽤 ★ | 争议 zhēngyì 동 논의하다, 쟁의하다

[정답] A

[해설] 只有亲自尝试过，你才不知道自己能不能成功。
➡ 只有你亲自尝试过，你才知道自己能不能成功。

논리적 모순이 있는 문제이다. 앞 절에서 직접 시도해봐야만 한다고 했으므로 문맥상 뒤 절에는 자신이 성공할 수 있는지 알 수 있다는 내용이 제시되어야 하므로 '不'를 삭제해야 옳은 문장이 된다.

56

A 北京的胡同绝不仅仅是城市的脉络，它更是北京历史文化发展演化的重要舞台。
B 无论在工作中，还是在生活中，是否诚信都是最重要的原则。
C 看完了这本小说之后，我不由得想起了父亲忙碌的身影。
D 目前，微信为了方便用户在线支付，和多家银行共同推出了"微信银行"。

A 베이징의 후통(胡同)은 결코 도시의 맥락에만 그치는 게 아니라 베이징의 역사 문화가 발전해 온 주요 무대라고 할 수 있다.
B 일에서든 생활에서든 성실과 신용이 가장 중요한 원칙이다.
C 이 소설을 다 읽고 나니 나도 모르게 분주한 아버지의 모습이 떠올랐다.
D 현재 웨이신(위챗)은 이용자들이 온라인 결제를 편리하게 할 수 있도록 여러 은행들과 함께 '웨이신 은행'을 출시했다.

[보기어휘] 胡同 hútòng 명 후통, 골목 | 脉络 màiluò 명 맥락, 조리, 두서 | 演化 yǎnhuà 동 발전하다, 진화하다 | 舞台 wǔtái 명 무대 | 诚信 chéngxìn 명 성실과 신용, 성실과 신뢰 형 성실하다, 신용을 지키다 | 交际 jiāojì 동 교제하다, 서로 사귀다 | 原则 yuánzé 명 원칙 | 不由得 bùyóude 부 저도 모르게, 저절로, 자연히 ★ | 忙碌 mánglù 형 (정신 없이) 바쁘다, 눈코 뜰 새 없다 ★ | 身影 shēnyǐng 명 모습, 사람의 형상, 그림자 | 微信 wēixìn 명 위챗(중국의 무료 채팅 어플) | 用户 yònghù 명 가입자, 이용자, 아이디(ID) ★ | 在线 zàixiàn 동 온라인상태이다, 인터넷에 연결되어 있다 | 支付 zhīfù 동 지불하다, 내다 | 推出 tuīchū 동 출시하다, 내놓다

| 정답 | B |

| 해설 | 无论在工作中，还是在生活中，是否诚信都是最重要的原则。
➡ 无论在工作中，还是在生活中，诚信都是最重要的原则。

논리적 모순이 있는 문제이다. '是否'는 '~인지 아닌지'라는 양면적 의미를 나타내므로 이와 호응하는 내용도 '긍정 + 부정'의 의미를 갖추어야 모순이 생기지 않는다. 이 문장은 목적어 부분에서 가장 중요한 원칙이라는 한 가지 측면만 제시하였으므로 주어 부분에서 '是否'를 삭제해야 옳은 문장이 된다.

57

A 以前，"先生"一词除了可以称呼男士外，还可用来称呼女士。	A 예전에 '선생'이라는 단어는 남성을 호칭할 수 있었을 뿐만 아니라 여성을 호칭하는 용도로도 쓰였다.
B 他不仅拥有天生的好嗓子，演技也到了出神入化的境界。	B 그는 선천적으로 타고난 좋은 성대를 가지고 있을 뿐만 아니라 연기력도 입신의 경지에 도달했다.
C 通过深入地观察与不断地努力，他终于写出了这部优秀的作品。	C 깊이 있게 관찰하고 끊임없이 노력해서 그는 마침내 이 우수한 작품을 써냈다.
D 被应邀来参加论坛的各界人士，无不对这次活动给予高度评价。	D 초청을 받아 포럼에 참가한 각계 인사들은 모두 이번 행사에 대해 높이 평가했다.

| 보기 어휘 | 称呼 chēnghu 통 호칭하다, ~라고 부르다 명 호칭 | 拥有 yōngyǒu 통 보유하다, 소유하다 ★ | 天生 tiānshēng 형 타고난, 선천적인 ★ | 嗓子 sǎngzi 명 목소리 | 演技 yǎnjì 명 연기 | 出神入化 chūshénrùhuà 성 입신의 경지에 이르다, 기예가 절묘한 경지에 이르다 | 深入 shēnrù 형 깊다, 철저하다 통 깊이 들어가다, 깊이 파고들다 | 观察 guānchá 통 관찰하다, 살피다 | 终于 zhōngyú 부 마침내, 결국 | 优秀 yōuxiù 형 우수하다 | 作品 zuòpǐn 명 작품 | 应邀 yìngyāo 통 초청에 응하다, 초대에 응하다 ★ | 论坛 lùntán 명 포럼, 논단, 칼럼 ★ | 各界 gèjiè 명 각계, 각 분야, 각 방면 | 人士 rénshì 명 인사 ★ | 无不 wúbù 부 ~하지 않는 것이 없다, 모두 ~하다 | 给予 jǐyǔ 통 주다, 부여하다 ★ | 高度 gāodù 형 정도가 매우 높다 명 고도, 높이 | 评价 píngjià 명 평가 통 평가하다

| 정답 | D |

| 해설 | 被应邀来参加论坛的各界人士，无不对这次活动给予高度评价。
➡ 应邀来参加论坛的各界人士，无不对这次活动给予高度评价。

'被자문' 사용 오류 문제이다. 동사 '应邀'는 그 자체로 '초청에 응하다'는 뜻으로 피동의 의미를 나타내는 '被'를 쓸 필요가 없으므로 이를 삭제해야 옳은 문장이 된다.

58

A 他是一位尊重群众的领导，每个月都会深入基层，广泛听取群众的意见。
B 海参全身的骨头多达2000万块儿，但这些骨头极小，用肉眼根本看不见，要在显微镜下放大几十倍甚至几百倍才能看见。
C 此次江苏国际服装节既充满传统风情，又颇具现代感，让观众时装的独特魅力领略了。
D 按照现代科技发展的速度，未来所有简单重复的脑力劳动都可能被人工智能所代替。

A 그는 대중을 존중하는 지도자로, 매월 사회 저변으로 깊이 들어가 대중의 의견을 두루 청취한다.
B 해삼은 온몸의 뼈가 2000만 개에 이르지만, 이러한 뼈는 매우 작아서 육안으로는 절대 보이지 않는다. 현미경으로 몇 십 배 심지어 몇 백 배를 확대해야만 볼 수 있다.
C 이번 쟝쑤(江蘇) 국제 패션축제는 전통적인 분위기가 넘쳐 나면서도 현대적인 감각을 꽤 갖추고 있어 관람객들이 독특한 패션의 매력을 느낄 수 있었다.
D 현대 과학기술의 발전 속도에 따라 앞으로 단순하고 반복적인 모든 정신노동은 다 인공지능으로 대체될 것이다.

보기 어휘 尊重 zūnzhòng 동 존중하다 | 群众 qúnzhòng 명 대중, 군중 | 领导 lǐngdǎo 명 지도자, 리더 동 지도하다, 영도하다 | 深入 shēnrù 동 깊이 들어가다 형 깊다, 철저하다 | 基层 jīcéng 명 저변, 낮은 계층 | 广泛 guǎngfàn 부 광범위하게 형 광범위하다, 폭넓다 | 听取 tīngqǔ 동 (의견, 보고 등) 귀담아 듣다 | 海参 hǎishēn 명 해삼 | 全身 quánshēn 명 온몸, 전신 | 骨头 gǔtou 명 뼈 | 多达 duō dá ~만큼 달하다 | 肉眼 ròuyǎn 명 육안 | 显微镜 xiǎnwēijìng 명 현미경 | 放大 fàngdà 동 확대하다 | 倍 bèi 양 배 | 甚至 shènzhì 부 심지어, ~조차도 | 此次 cǐcì 명 이번, 금번 | 江苏 Jiāngsū 고유 쟝쑤, 쟝쑤성, 강소성 | 服装节 fúzhuāngjié 패션축제 | 充满 chōngmǎn 동 충만하다, 넘치다 | 传统 chuántǒng 형 전통적이다, 역사가 유구한 명 전통 | 风情 fēngqíng 명 분위기, 운치, 지역적 특색 | 颇 pō 부 꽤, 상당히 | 观众 guānzhòng 명 관람객, 관중, 시청자 | 时装 shízhuāng 명 패션, 유행 의상 | 魅力 mèilì 명 매력 | 领略 lǐnglüè 동 느끼다, 깨닫다, 이해하다 | 科技 kējì 명 과학기술 | 未来 wèilái 형 머지 않은, 곧 다가오는 명 미래, 향후 | 重复 chóngfù 동 반복하다, 되풀이하다 | 脑力劳动 nǎolì láodòng 정신 노동 | 人工智能 réngōng zhìnéng 명 인공지능 | 代替 dàitì 동 대체하다, 대신하다

정답 C

해설 此次江苏国际服装节既充满传统风情，又颇具现代感，让观众时装的独特魅力领略了。
➡ 此次江苏国际服装节既充满传统风情，又颇具现代感，让观众领略了时装的独特魅力。

어순 오류 문제이다. 마지막 절에서 사역동사 '让(~하게 하다)'은 반드시 '让 + 겸어 + 술어(동사/형용사) + ~'의 어순이 되어야 하므로, 동사 '领略(느끼다)'는 겸어인 '观众(관람객)' 뒤에 와야 한다.

59

A 这世界上有两种东西是别人抢不走的：一是藏在心中的梦想，二是储存在大脑的知识。
B 高新技术将成为企业提高市场占有率、获取超额利润、提高核心竞争力的重要手段。
C 在冬季用冷水洗澡的话，能让皮肤受到有规律的刺激，促使人体的耐寒性增强。
D 每年的秋冬时节，无花果成熟了，新鲜的无花果含有丰富的果糖，味道非常甜甜的，营养价值也很高。

A 이 세상에는 남이 빼앗을 수 없는 게 두 가지 있는데 하나는 마음에 품은 꿈이고 다른 하나는 머리에 담긴 지식이다.
B 첨단 기술은 기업이 시장 점유율을 높이고, 이윤을 초과 달성하고, 핵심 경쟁력을 끌어올리는 중요한 수단이 될 것이다.
C 겨울철에 찬물로 샤워를 하면, 피부가 일정한 자극을 받게 되어 인체의 내한성을 높일 수 있다.
D 매년 가을과 겨울철에는 무화과가 무르익는데, 싱싱한 무화과는 당분이 풍부해 맛이 매우 달고 영양 가치도 높다.

보기 어휘 抢 qiǎng 동 빼앗다, 약탈하다 | 藏 cáng 동 숨기다, 감추다 | 梦想 mèngxiǎng 명 꿈, 이상 동 간절히 바라다, 몽상하다 | 储存 chǔcún 동 모아 두다, 쌓아두다, 저축하여 두다 ★ | 大脑 dànǎo 명 대뇌 | 高新技术 gāoxīn jìshù 첨단 기술, 하이테크놀로지(high-technology) | 占有率 zhànyǒulǜ 점유율 | 获取 huòqǔ 동 얻다, 취득하다, 획득하다 | 超额 chāo'é 명 초과액 동 정량을 초과하다, 목표액 이상을 달성하다 | 利润 lìrùn 명 이윤 | 核心 héxīn 명 핵심 | 竞争力 jìngzhēnglì 경쟁력 | 手段 shǒuduàn 명 수단, 방법, 수완 | 皮肤 pífū 명 피부 | 规律 guīlǜ 명 규칙, 규율 형 규칙적이다, 규율에 맞다 | 刺激 cìjī 동 자극하다, 고무하다, 북돋우다 | 促使 cùshǐ 동 ~하도록 재촉하다, ~하게끔 추진하다 | 耐寒性 nàihánxìng 내성 | 增强 zēngqiáng 동 높이다, 강화하다 | 时节 shíjié 명 계절, 철, 절기, 때 | 无花果 wúhuāguǒ 명 무화과 | 成熟 chéngshú 형 익다, 성숙하다, 숙련된다 | 新鲜 xīnxiān 형 싱싱하다, 신선하다 | 含有 hányǒu 동 함유하다, 포함하다 | 果糖 guǒtáng 명 과당 | 营养 yíngyǎng 명 영양

정답 D

해설 每年的秋冬时节，无花果成熟了，新鲜的无花果含有丰富的果糖，味道非常甜甜的，营养价值也很高。

➡ 每年的秋冬时节，无花果成熟了，新鲜的无花果含有丰富的果糖，味道甜甜的，营养价值也很高。
➡ 每年的秋冬时节，无花果成熟了，新鲜的无花果含有丰富的果糖，味道非常甜，营养价值也很高。

문형 오용 문제이다. 중첩한 형용사는 그 자체가 정도의 심화를 나타내므로 '很', '非常', '十分' 등과 같은 정도 부사의 수식을 받을 수 없다. 따라서 이 문장에서는 '甜甜的(매우 달다)'와 '非常甜(아주 달다)' 중에 하나만 써야 옳은 문장이 된다.

A 倘若每天能带着一颗感恩的心去生活，因为我们便会成为世上最幸福的人。
B 不管生活环境多么恶劣，白杨树总能从贫瘠的土地里汲取营养，并在狂风暴雨中茁壮成长。
C 四川是著名的旅游胜地，除了有许多让人流连忘返的风景区外，还拥有丰富的美食。
D 尽管童年时期的辍学经历对我的写作有很大的帮助，但如果让我重新选择的话，我会选择幸福的童年。

A 만약 매일 감사하는 마음을 지니고 생활할 수 있다면 우리는 세상에서 가장 행복한 사람이 될 것이다.
B 생활환경이 아무리 열악해도 백양나무는 척박한 땅에서조차 영양을 흡수하며 세찬 폭풍우 속에서도 튼튼하게 자란다.
C 쓰촨(四川)은 유명한 관광 명소로 사람들의 발길을 사로 잡는 경치 좋은 곳이 많은 것 외에 풍부한 먹거리도 있다.
D 어린 시절 중퇴한 경험이 내가 글을 쓰는 데 큰 도움을 주긴 했지만 만약 나에게 다시 선택하라고 한다면 나는 행복한 유년 시절을 택할 것이다.

보기 어휘 倘若 tǎngruò 접 만약 ~한다면 ★ | 颗 kē 양 알, 방울[둥글고 작은 알맹이 모양과 같은 것을 세는 데 쓰임] | 感恩 gǎn'ēn 동 감사해 마지않다, 고맙게 여기다 | 恶劣 èliè 형 열악하다, 아주 나쁘다 | 白杨树 báiyángshù 고유 백양나무, 포플러 | 贫瘠 pínjí 형 (땅이) 척박하다, 메마르다 | 汲取 jíqǔ 동 흡수하다, 빨아들이다, 얻다 | 营养 yíngyǎng 명 영양 | 狂风暴雨 kuángfēngbàoyǔ 성 세찬 폭풍우, 사납고 맹렬한 기세, 극도로 위험한 처지 | 茁壮 zhuózhuàng 형 튼튼하다, 건장하다, 실하다 | 四川 Sìchuān 고유 쓰촨, 쓰촨성, 사천성 | 旅游胜地 lǚyóu shèngdì 관광 명소 | 流连忘返 liúliánwàngfǎn 성 놀이에 빠져 돌아가는 것을 잊다, 아름다운 경지에 빠져 떠나기 싫어하다 | 风景区 fēngjǐngqū 경치 좋은 곳 | 拥有 yōngyǒu 동 가지다, 지니다, 보유하다 ★ | 美食 měishí 명 맛있는 음식 | 童年时期 tóngnián shíqī 어린 시절, 유년 시절 | 辍学 chuòxué 동 중퇴하다, 학업을 그만두다 | 重新 chóngxīn 부 다시, 재차, 새로

정답 A

해설 倘若每天能带着一颗感恩的心去生活，因为我们便会成为世上最幸福的人。
➡ 倘若每天能带着一颗感恩的心去生活，我们便会成为世上最幸福的人。

불필요한 어휘 사용 오류 문제이다. 이 문장은 '倘若A，便/就B(만약 A 한다면 B하다)'의 구문으로 뒤 절에서 '원인'을 이끌어내는 접속사 '因为(~때문에)'가 불필요하게 추가되었다. 따라서 '因为'를 삭제해야 옳은 문장이 된다.

제2부분   61~70번 문제는 빈칸에 들어가는 알맞은 어휘를 고르는 문제입니다.

61

眼光可以说是一把铲子，你能用它来挖掘财富。它决定一个人的价值取向，也决定一个人的成败。但是要想成功，不能只是靠发现，还要立刻行动起来，这样才会离成功更近一步。

안목은 삽이라고 할 수 있는데, 당신은 그것으로 부를 캐낼 수 있다. 그것은 한 사람의 가치 성향을 결정하고, 또한 한 사람의 성공과 실패를 결정짓는다. 그러나 성공하고 싶다면 단지 발견만 해서는 안 되고 즉시 행동으로 옮겨야 한다. 그래야만 비로소 성공에 한 걸음 더 가까이 갈 수 있다.

A 眼光 ◉	挖掘 ◉	立刻 ◉		A 안목	캐다	즉시
B 视觉 ✕	开采 ✕	立即 ◉		B 시각	채굴하다	즉시
C 视力 ✕	激发 ✕	不时 ✕		C 시력	불러일으키다	자주
D 眼神 ✕	开辟 ✕	即将 ✕		D 눈빛	개척하다	곧

지문 어휘 铲子 chǎnzi 명 삽, 주걱 | 财富 cáifù 명 부, 재산 ★ | 取向 qǔxiàng 명 방향, 추세

보기 어휘 A 眼光 yǎnguāng 명 안목, 식견, 관점, 시선 ★ | 挖掘 wājué 동 캐다, 발굴하다 ★ | 立刻 lìkè 부 즉시, 바로
B 视觉 shìjué 명 시각, 본 느낌 | 开采 kāicǎi 동 채굴하다, 발굴하다 ★ | 立即 lìjí 부 즉시, 곧, 바로
C 视力 shìlì 명 시력 ★ | 激发 jīfā 동 불러일으키다, 끓어오르게 하다 ★ | 不时 bùshí 부 자주, 늘, 종종 ★
D 眼神 yǎnshén 명 눈빛, 눈매 ★ | 开辟 kāipì 동 개척하다, 개통하다, 열다 ★ | 即将 jíjiāng 부 곧, 머지않아 ★

정답 A

해설 **첫 번째 빈칸**
명사 자리이다. 두 번째 빈칸에 알맞은 단어를 먼저 고른 후 살펴봐야 한다. 부를 캐낼 수 있는 삽에 비유할 수 있는 것으로 'A 眼光'만 가능하다.
A 眼光 명 안목, 식견, 관점, 시선 – 眼光 + 高(높다) / 准(정확하다) / 尖锐(예리하다) / 敏锐(날카롭다)
B 视觉 명 시각 – 视觉 + 疲劳(피로하다) / 敏锐(예민하다)
C 视力 명 시력 – 视力 + 减退(감퇴하다) / 衰退(감퇴하다) / 下降(떨어지다)
　　　　　　　失去(잃다) / 丧失(잃다) + 视力
D 眼神 명 눈빛, 눈매 – 温和(온화한) / 慈爱(자상한) / 渴望(갈망하는) + 的 + 眼神

두 번째 빈칸
동사 자리이다. '财富(부)'와 호응하는 것으로 'A 挖掘'만 가능하다.
A 挖掘 동 캐다, 발굴하다
　　　– 挖掘 + 人才(인재) / 文物(문물) / 遗迹(유적) / 资源(자원) / 潜力(잠재력) / 真相(진상)
B 开采 동 채굴하다, 발굴하다
　　　– 开采 + 石油(석유) / 煤矿(탄광) / 天然气(천연 가스)
C 激发 동 불러일으키다
　　　– 激发 + 兴趣(흥미) / 热情(열정) / 灵感(영감) / 欲望(욕구) / 好奇心(호기심) / 创造力(창의력) /
　　　　　　　积极性(적극성)
D 开辟 동 개척하다, 개통하다, 열다
　　　– 开辟 + 航线(항로) / 市场(시장) / 销路(판로) / 新时代(새 시대) / 新领域(새 영역) /
　　　　　　　新局面(새 국면)

세 번째 빈칸

부사 자리이다. 문맥상 즉시 행동으로 옮겨야 한다는 의미이므로 'A 立刻'와 'B 立即'가 다 가능하다.

A 立刻 🖁 즉시, 곧, 바로
B 立即 🖁 즉시, 곧, 바로
C 不时 🖁 자주, 늘, 종종 ['时时', '经常'의 동의어]
D 即将 🖁 곧, 머지않아 – 即将 + 开始(시작하다) / 到来(도래하다) / 来临(다가오다)

《人性的弱点》是一部关于人生、处世哲学的著作。人们对该作品评价颇高。作者从提高人的修养入手，提出了在日常生活中如何为人处世，如何带给他人积极的影响，以创造一种幸福美好的人生。

《인성의 약점》은 인생과 처세 철학에 관한 저서이다. 사람들은 이 작품에 대해 상당히 높이 평가하고 있다. 작가는 인간의 수양을 쌓는 것에서부터 접근해 행복하고 아름다운 인생을 만들기 위해 일상 생활에서 어떻게 남과 잘 어울리며 살아가야 하는지, 또 어떻게 타인에게 긍정적인 영향을 주어야 하는지를 제시하였다.

A 愈 ❌	涵养 ⭕	难能可贵 ❌	A ~할수록 | 교양 | 쉽지 않은 일을 해내어 대견스럽다
B 曾 ❌	气质 ❌	礼尚往来 ❌	B 일찍이 | 기질 | 오는 정이 있으면 가는 정이 있다
C 颇 ⭕	修养 ⭕	为人处世 ⭕	C 상당히 | 수양 | 남과 잘 어울리며 살아가다
D 净 ❌	素质 ⭕	天伦之乐 ❌	D 단지 | 소양 | 가족이 느끼는 단란함

지문 어휘 人性 rénxìng 명 인성, 인간의 본성 | 弱点 ruòdiǎn 명 약점 | 著作 zhùzuò 명 저서, 저작, 작품 ⭐ | 评价 píngjià 명 평가 동 평가하다 | 入手 rù shǒu 동 착수하다, 손을 대다 | 积极 jījí 형 긍정적이다, 적극적이다 | 创造 chuàngzào 동 만들다, 창조하다 명 발명품, 창조물

보기 어휘 A 愈 yù 부 ~할수록 ~하다 동 (병이) 낫다, 뛰어넘다 ⭐ | 涵养 hányǎng 명 교양, 소양, 수양 | 难能可贵 nánnéngkěguì 성 쉽지 않은 일을 해내어 대견스럽다, 매우 장하다 ⭐

B 曾 céng 부 일찍이, 이미 | 气质 qìzhì 명 기질, 성미, 기개, 자질 ⭐ | 礼尚往来 lǐshàngwǎnglái 성 예의상 오가는 정을 중시하다, 오는 정이 있으면 가는 정이 있다 ⭐

C 颇 pō 부 상당히, 꽤 ⭐ | 修养 xiūyǎng 명 수양, 교양 ⭐ | 为人处世 wéirénchǔshì 성 남과 잘 어울리며 살아가다, 처세하다

D 净 jìng 부 단지, 오로지 | 素质 sùzhì 명 소양, 자질, 소질 ⭐ | 天伦之乐 tiānlúnzhīlè 성 가족이 누리는 단란함, 가족이 누리는 즐거움 ⭐

정답 C

해설 **첫 번째 빈칸**

부사 자리이다. 작품에 대한 평가 수준이 매우 높음을 의미하므로 'C 颇'만 가능하다.

A 愈 🖁 ~할수록 ['越'의 동의어] – 愈A愈B (A할수록 B하다)
B 曾 🖁 일찍이, 이미 – 曾经(일찍이)
　　　　　　　　　　　不曾(~한 적이 없다)
　　　　　　　　　　　未曾(일찍이 ~한 적이 없다)
C 颇 🖁 상당히, 꽤 ['很', '相当'의 동의어] – '颇为(상당히)'
D 净 🖁 오로지, 단지 ['只', '仅'의 동의어]

두 번째 빈칸
문맥상 수양, 교양을 쌓는다는 의미이므로 'A 涵养', 'C 修养', 'D 素质'이 다 가능하다.
A 涵养 명 교양, 소양, 수양 – 富有(충분히 가지다) / 提高(향상시키다) + 涵养
B 气质 명 기질, 성미 – 高雅(우아한) / 高贵(고귀한) + 的 + 气质
          자질, 기개 – 学者(학자) / 英雄(영웅) + 的 + 气质
          领导气质(지도자 자질)
C 修养 명 수양, 교양 – 提高(향상시키다) / 具备(지니다) + 修养
          人格修养(인격수양)
       동 수양하다, 교양이나 학식을 쌓다
D 素质 명 소양, 자질, 소질 – 提高(향상시키다) / 具备(지니다) + 素质
          身体素质(신체소질)
          素质教育(전인교육)
          心理素质(심리적 자질)

세 번째 빈칸
지문은 인생과 처세 철학이 담긴 한 작품을 소개하는 내용이므로 이에 어울리는 'C 为人处世'만 가능하다.
A 难能可贵 성 쉽지 않은 일을 해내어 대견스럽다, 매우 장하다
B 礼尚往来 성 예의상 오가는 정을 중시하다, 오는 정이 있으면 가는 정이 있다
C 为人处世 성 남과 잘 어울리며 살아가다, 처세하다 – 善于(잘하다) + 为人处世
D 天伦之乐 성 가족이 누리는 단란함, 가족이 누리는 즐거움 – 享受(누리다) + 天伦之乐

63

立秋，是农历二十四节气中的第13个节气，也是秋天的第一个节气。立秋<u>标志</u>着孟秋时节的正式开始："秋"就是指天气<u>逐渐</u>转凉。到了立秋，梧桐树开始落叶，因此<u>产生</u>了"落叶知秋"这个成语。

입추는 음력 24절기 중 13번째 절기로 가을의 첫 번째 절기이기도 하다. 입추는 맹추(孟秋)시기가 정식으로 시작되었음을 <u>상징하는데</u>, '추(秋)'가 바로 날씨가 <u>점점</u> 쌀쌀해지는 것을 가리키는 말이다. 입추가 되면 오동나무 잎은 떨어지기 시작하는데 이 때문에 '낙엽지추(落葉知秋)'라는 성어가 <u>생겨나게</u> 되었다.

A 标志 ◯	逐渐 ◯	产生 ◯	A 상징하다	점점	생겨나다
B 象征 ◯	逐日 ◯	生产 ✕	B 상징하다	나날이	생산하다
C 标题 ✕	渐渐 ◯	诞生 ✕	C 제목	점점	탄생하다
D 招标 ✕	渐进 ✕	生长 ✕	D 입찰 공고하다	점차 발전하다	생장하다

지문 어휘 立秋 lìqiū 명 입추 동 가을이 시작되다 | 农历 nónglì 명 음력 ★ | 节气 jiéqì 명 절기 | 孟秋 mèngqiū 명 맹추, 음력 칠월 | 时节 shíjié 명 시기, 시절, 계절 | 转凉 zhuǎn liáng 쌀쌀해지다, 서늘해지다 | 梧桐树 wútóngshù 명 오동나무 | 落叶 luòyè 동 잎이 떨어지다 명 낙엽 | 落叶知秋 luòyèzhīqiū 잎이 떨어지는 것으로 가을이 오는 것을 알다 | 成语 chéngyǔ 명 성어

보기 어휘 A 标志 biāozhì 동 상징하다, 명시하다 명 상징, 표지 | 逐渐 zhújiàn 부 점점, 점차 | 产生 chǎnshēng 동 생겨나다, 생기다, 발생하다, 나타나다

B 象征 xiàngzhēng 동 상징하다, 표시하다, 나타내다 명 상징, 표지, 심벌 | 逐日 zhúrì 부 나날이, 날마다, 날로 | 生产 shēngchǎn 동 생산하다

C 标题 biāotí 명 제목, 표제, 타이틀 ⭐ | 渐渐 jiànjiàn 부 점점 | 诞生 dànshēng 동 탄생하다, 생기다, 나오다 ⭐
D 招标 zhāobiāo 동 입찰 공고하다, 청부 입찰자를 모집하다 ⭐ | 渐进 jiànjìn 동 점차적으로 발전하다, 점진하다 |
生长 shēngzhǎng 동 생장하다, 자라다, 성장하다

정답 A

해설

첫 번째 빈칸
동사 자리이다. 문맥상 맹추(孟秋)시기의 시작을 상징한다는 의미이므로 'A 标志'와 'B 象征'이 다 가능하다.
A 标志 동 상징하다, 명시하다 – 标志着(상징하다)
　　　 명 상징, 표지 – 成功(성공) + 的 + 标志
B 象征 동 상징하다, 표시하다, 나타내다 – 象征着(상징하다)
　　　 명 상징, 표지, 심벌 – 自由(자유) + 的 + 象征
C 标题 명 제목, 표제, 타이틀 – 作文标题(작문 제목)
　　　　　　　　　　　　　新闻标题(뉴스 타이틀)
D 招标 동 입찰 공고하다, 청부 입찰자를 모집하다 – 广告招标(광고 입찰)
　　　　　　　　　　　　　　　　　　　　　　　工程招标(공사 입찰)
　　　　　　　　　　　　　　　　　　　　　　　项目招标(프로젝트 입찰)
　　　　　　　　　　　　　　　　　　　　　　　公开招标(공개 입찰)

두 번째 빈칸
부사 자리이다. 문맥상 날씨가 쌀쌀해지는 정도가 조금씩 더해진다는 의미이므로 'A 逐渐', 'B 逐日', 'C 渐渐'이 모두 가능하다.
A 逐渐 부 점점, 점차
B 逐日 부 나날이, 날마다, 날로
C 渐渐 부 점점
D 渐进 동 점차적으로 발전하다, 점진하다 – 循序渐进(순서를 따라 점차 발전하다)

세 번째 빈칸
동사 자리이다. '成语(성어)'와 호응하는 것으로 'A 产生'만 가능하다.
A 产生 동 생겨나다, 발생하다, 나타나다 – 产生 + 影响(영향) / 兴趣(흥미) / 疑问(의문) / 好感(호감) /
　　　　　　　　　　　　　　　　　　　　　　　 共鸣(공감) / 误会(오해) / 冲突(충돌)
B 生产 동 생산하다 – 生产 + 物品(물품) / 药品(약품) / 煤炭(석탄)
　　　　　　　　　　 促进(촉진하다) / 扩大(확대하다) + 生产
　　　　　　　　　　 生产 + 下降(떨어지다) / 瘫痪(마비되다)
　　　　　　　　　　 生产流程(생산공정)
　　　　　　　　　　 生产规划(생산기획)
　　　　　　　　　　 生产量(생산량)
C 诞生 동 탄생하다, 생기다, 나오다 – 宇宙(우주) / 作品(작품) / 纪录(기록) / 英雄(영웅) + 诞生
　　　　　　　　　　　　　　　　　　 人类(인류) / 生命(생명) / 文明(문명) / 明星(스타) + 的 + 诞生
D 生长 동 생장하다, 자라다, 성장하다 – 植物(식물) / 庄稼(농작물) / 骨头(뼈) + 生长
　　　　　　　　　　　　　　　　　　　 停止(멈추다) + 生长
　　　　　　　　　　　　　　　　　　　 生长期(성장기, 생장 기간)
　　　　　　　　　　　　　　　　　　　 生长发育(생장 발육)
　　　　　　　　　　　　　　　　　　　 生长环境(성장 환경)
　　　　　　　　　　　　　　　　　　　 生长激素(성장 호르몬, 생장 호르몬)

剪纸是一种构思精巧的艺术，如杜甫诗中<u>提</u>到的陕西白水一带的招魂剪纸。<u>尽管</u>有些作品看似手工剪纸，但其实并不是手绘的。这些作品主要是通过电脑<u>制作</u>而成的，其流程<u>涉及</u>数码插图的运用及纸张材质的选择。

지엔즈(剪纸)는 일종의 구상이 정교한 예술인데, 예를 들면 두보(杜甫)의 시에서 <u>언급된</u> 산시(陕西)성 바이수이(白水) 일대의 초혼(招魂) 지엔즈 같은 것이다. 어떤 작품들은 <u>비록</u> 지엔즈처럼 보이더라도 사실 손으로 직접 그린 것이 아니다. 그런 작품들은 주로 컴퓨터를 통해 <u>제작된</u> 것으로, 그 제작 공정은 디지털 삽화 활용 및 종이 재질 선택과 <u>관련되어 있다</u>.

A 谈 ⊙ | 果然 ✗ | 建造 ✗ | 干涉 ✗
B 遇 ✗ | 万一 ✗ | 建设 ✗ | 交涉 ✗
C 猜 ✗ | 虽然 ⊙ | 制造 ✗ | 普及 ✗
D 提 ⊙ | 尽管 ⊙ | 制作 ⊙ | 涉及 ⊙

A 말하다 | 과연 | 세우다 | 간섭하다
B 만나다 | 만일 | 건설하다 | 교섭하다
C 추측하다 | 비록 ~하지만 | 제조하다 | 보급하다
D 언급하다 | 비록 ~하지만 | 제작하다 | 관련되다

지문 어휘 剪纸 jiǎnzhǐ 명 지엔즈(剪纸)(중국의 전통 종이공예) | 构思 gòusī 명 구상 동 구상하다 ★ | 精巧 jīngqiǎo 형 정교하다 | 杜甫 Dù Fǔ 고유 두보(중국 당(唐)대의 시인) | 陕西 Shǎnxī 고유 산시, 산시성, 섬서성 | 白水 Báishuǐ 고유 바이수이, 바이수이현, 배수현(중국 산시(陕西)성 동북부에 위치한 지역) | 一带 yídài 명 일대 | 招魂 zhāo hún 동 죽은 사람의 혼을 불러오다, 멸망한 것을 부활시키다 | 看似 kànsì 동 보기에 마치 ~같다 | 手绘 shǒu huì 손으로 그린, 핸드드로잉 | 流程 liúchéng 명 공정, 과정 | 数码 shùmǎ 명 디지털, 숫자 ★ | 插图 chātú 명 삽화, 도포 | 运用 yùnyòng 동 활용하다, 운용하다 | 纸张 zhǐzhāng 명 종이 | 材质 cáizhì 명 재질

보기 어휘 A 谈 tán 동 말하다, 이야기하다 | 果然 guǒrán 부 과연, 아니나다를까 접 만약 ~한다면 | 建造 jiànzào 동 세우다, 짓다, 건축하다 | 干涉 gānshè 동 간섭하다 명 간섭 ★

B 遇 yù 동 만나다 | 万一 wànyī 접 만일 명 만일의 경우, 뜻밖의 일 | 建设 jiànshè 동 건설하다, 창립하다 | 交涉 jiāoshè 동 교섭하다, 협상하다 명 교섭 ★

C 猜 cāi 동 추측하다, 알아맞히다, 추정하다 | 虽然 suīrán 접 비록 ~하지만, 설령 ~일지라도 | 制造 zhìzào 동 제조하다, 만들다, 조장하다 | 普及 pǔjí 동 보급하다, 대중화시키다 ★

D 提 tí 동 언급하다, 들다, 꺼내다 | 尽管 jǐnguǎn 접 비록 ~하지만, 설령 ~일지라도 | 制作 zhìzuò 동 제작하다, 창작하다 | 涉及 shèjí 동 관련되다, 연관되다 ★

정답 D

해설 첫 번째 빈칸
동사 자리이다. 문맥상 두보(杜甫)의 작품에서 초혼 지엔즈(招魂剪纸)가 언급되었다는 의미이므로 'A 谈'과 'D 提'가 다 가능하다.
A 谈 동 말하다, 이야기하다 – 谈到 + 问题(문제) / 话题(화제) / 前景(전망)
B 遇 동 만나다 – 遇到 + 问题(문제) / 困难(어려움) / 障碍(장애) / 考验(시련)
C 猜 동 추측하다, 알아맞히다, 추정하다 – 猜到 + 秘密(비밀) / 答案(답안)
D 提 동 언급하다, 들다, 꺼내다 – 提到 + 问题(문제) / 名字(이름) / 内容(내용)

두 번째 빈칸

전환의 의미를 나타내는 '虽然/尽管A, 但/但是/可/可是B(비록 A하지만 B하다)'의 구문이므로 'C 虽然'과 'D 尽管'이 다 가능하다.

- A 果然 🖲 과연, 아니나다를까
  - 🔵 만약 ~한다면 [가설 관계]
- B 万一 🔵 만일(발생 가능성이 희박하거나 발생하지 않기를 바라는 일의 가정을 나타냄) [가설 관계]
  - 🔵 만일의 경우, 뜻밖의 일
- C 虽然 🔵 비록 ~하지만, 설령 ~일지라도 [전환 관계]
- D 尽管 🔵 비록 ~하지만, 설령 ~일지라도 [전환 관계]

세 번째 빈칸

동사 자리이다. '作品(작품)'과 호응하는 것으로 '制作'만 가능하다.

- A 建造 🔵 세우다, 짓다, 건축하다
  - 建造 + 房屋(집) / 住宅(주택) / 工厂(공장) / 船舶(선박)
- B 建设 🔵 건설하다, 창립하다
  - 建设 + 城市(도시) / 社会(사회) / 经济(경제) / 文化(문화) / 工程(공사) / 体系(체계)
- C 制造 🔵 제조하다, 만들다
  - 制造 + 机器(기계) / 机械(기계) / 汽车(자동차)
  - 조장하다
  - 制造 + 气氛(분위기) / 局面(국면) / 矛盾(갈등) / 混乱(혼란) / 恐怖(공포) / 纠纷(분쟁)
- D 制作 🔵 제작하다, 창작하다
  - 制作 + 礼物(선물) / 图案(도안) / 工艺品(공예품) / 艺术品(예술품) / 书籍(서적) / 电影(영화)

네 번째 빈칸

동사 자리이다. 문맥상 제작 공정이 디지털 삽화 활용과 종이 재질 선택 이 두 가지 요소와 관련이 있다는 의미이므로 'D 涉及'만 가능하다.

- A 干涉 🔵 간섭하다 – 干涉 + 他人(타인) / 内政(내정) / 自由(자유)
- B 交涉 🔵 교섭하다, 협상하다 – 与 + ~ + 交涉(~와 교섭하다)
  - 提出(제기하다) + 交涉
  - 交涉问题(교섭문제)
- C 普及 🔵 보급하다, 대중화시키다 – 普及 + 教育(교육) / 知识(지식) / 语言(언어) / 技术(기술) / 网络(인터넷)
- D 涉及 🔵 관련되다, 연관되다 – 涉及 + 各方面(여러 방면) / 各个领域(여러 분야)
  - 涉及面(관련되는 범위)

长期以来，很多人都认为第二语言是一种干扰，会引起思维<u>混乱</u>。不过，其实这种干扰与其说是障碍，倒不如说让使用者"<u>因祸得福</u>"，因为它会迫使大脑去解决内部<u>冲突</u>，<u>从而</u>提高使用者的认知能力。	오랫동안 많은 사람들은 제2언어가 일종의 방해가 되어 사고의 <u>혼란</u>을 야기한다고 여겨왔다. 그런데 사실 이러한 방해는 장애라고 하기보다 사용자들에게 '<u>전화위복</u>'이 된다고 할 수 있는데, 왜냐하면 그것으로 인해 대뇌가 내부 <u>충돌</u>을 해결함<u>으로써</u> 사용자의 인지 능력을 향상시키기 때문이다.

A 错乱 ✗	一箭双雕 ✗	隔阂 ✗	免得 ✗	
B 混乱 ◉	因祸得福 ◉	冲突 ◉	从而 ◉	
C 混淆 ✗	不可思议 ✗	纠纷 ✗	否则 ✗	
D 混浊 ✗	得寸进尺 ✗	冲动 ✗	以致 ✗	

A 착란	일석이조	간격	~하지 않도록
B 혼란	전화위복	충돌	그렇게 함으로써
C 뒤섞이다	불가사의하다	분쟁	그렇지 않으면
D 혼탁하다	욕심이 한도 끝도 없다	충동	~이 되다

지문 어휘 干扰 gānrǎo 동 방해하다, 지장을 주다 ★ | 思维 sīwéi 명 사고, 사유 ★ | 与其~倒不如~ yǔqí~dào bùrú~ ~하기 보다는 ~하는 편이 낫다 | 障碍 zhàng'ài 명 장애 ★ | 内部 nèibù 명 내부 | 迫使 pòshǐ 동 ~하지 않을 수 없게 하다, 강제로 ~하게 하다 | 认知能力 rènzhī nénglì 인지 능력

보기 어휘
A 错乱 cuòluàn 형 착란, 혼란스럽다, 무질서하다 | 一箭双雕 yíjiànshuāngdiāo 성 한 개의 화살로 두 마리 독수리를 맞추다, 일석이조, 일거양득 | 隔阂 géhé 명 (생각, 감정) 간격, 틈, 거리 ★ | 免得 miǎnde 접 ~하지 않도록, ~않기 위해서 ★

B 混乱 hùnluàn 형 혼란하다, 어지럽다 ★ | 因祸得福 yīnhuòdéfú 성 재난 때문에 도리어 복을 얻다, 화가 복이 되다, 전화위복 | 冲突 chōngtū 동 충돌하다, 부딪치다, 모순되다, 상충하다 | 从而 cóng'ér 접 그렇게 함으로써, 이리하여, 그리하여

C 混淆 hùnxiáo 동 뒤섞이다, 헛갈리다, 뒤섞다 | 不可思议 bùkěsīyì 성 불가사의하다, 사람의 사유로는 헤아릴 수 없다 | 纠纷 jiūfēn 명 다툼, 분쟁, 분규 ★ | 否则 fǒuzé 접 그렇지 않으면

D 混浊 hùnzhuó 형 혼탁하다 | 得寸进尺 décùnjìnchǐ 성 한 치 얻고 한 자 나가다, 욕심이 한도 끝도 없다, 만족을 모르다 | 冲动 chōngdòng 명 충동 동 충동하다, 격해지다 ★ | 以致 yǐzhì 접 ~에 이르다, ~이 되다, ~을 초래하다 ★

정답 B

해설 첫 번째 빈칸:
'思维(사고)'와 호응하는 것으로 'B 混乱'만 가능하다.
A 错乱 형 착란, 혼란스럽다, 무질서하다 – 精神错乱(정신 착란)
B 混乱 형 혼란하다, 어지럽다 – 思想(사상) / 思路(생각의 갈피) / 交通(교통) / 秩序(질서) / 社会(사회) + 混乱
发生(발생하다) / 造成(야기하다) / 陷入(빠지다) + 混乱
C 混淆 동 뒤섞이다, 헛갈리다 – 是非(시비) / 黑白(흑백) / 真伪(진위) + 混淆
混淆不清(뒤섞여 분간할 수 없다)
뒤섞다 – 混淆 + 是非(시비)
混淆视听(남의 이목을 혼란 시키다)
D 混浊 형 혼탁하다 – 空气(공기) / 河水(강물) + 混浊

두 번째 빈칸

'与其A, 倒不如B(A하기 보다는 B하는 편이 낫다)'의 구문이므로, 빈칸은 앞 절의 '障碍(장애)'와 반대되는 의미로 'B 因祸得福'만 가능하다.

A 一箭双雕 성 한 개의 화살로 두 마리 독수리를 맞추다, 일석이조, 일거양득 ['一举两得'의 동의어]
B 因祸得福 성 재난 때문에 도리어 복을 얻다, 화가 복이 되다, 전화위복
C 不可思议 성 불가사의하다, 사람의 사유로는 헤아릴 수 없다
D 得寸进尺 성 한 치 얻고 한 자 나가다, 욕심이 한도 끝도 없다, 만족을 모르다 ['得一望十'의 동의어]

세 번째 빈칸

문맥상 대뇌의 내부 충돌을 의미하는 것이므로 'B 冲突'만 가능하다.

A 隔阂 명 간격, 틈, 거리 – 产生(생기다) / 消除(없애다) / 缩小(좁히다) + 隔阂
B 冲突 동 충돌하다, 부딪치다 – 意见(의견) / 利害(이해) + 冲突
　　　　　　　　　产生(생기다) / 发生(발생하다) / 引起(일으키다) / 避免(피하다) + 冲突
　　　　모순되다, 상충하다 – 语言(말) + 冲突
C 纠纷 명 분쟁, 다툼, 분규 – 制造(조장하다) / 引起(일으키다) / 解决(해결하다) / 调解(조정하다) + 纠纷
　　　　　　　　纠纷 + 终止(종결되다)
　　　　　　　　国际纠纷(국제 분쟁)
D 冲动 명 충동 – 创作冲动(창작의 충동)
　　　　　　　一时(일시) + (的) + 冲动
　　　형 충동하다, 격해지다 – 抑制(억누르다) + 冲动
　　　　　　　冲动消费(충동구매)

네 번째 빈칸

앞 절이 원인에 해당되고 빈칸이 포함된 절이 그로 인한 결과를 나타내는 것이므로 'B 从而'만 가능하다.

A 免得 접 ~하지 않도록, ~않기 위해서 (발생하지 않기를 바라는 일에 쓰임) ['以免', '省得'의 동의어]
B 从而 접 그렇게 함으로써, 이리하여, 그리하여 [인과 관계]
C 否则 접 그렇지 않으면 [가정 관계]
D 以致 접 ~이 되다, ~을 초래하다(좋지 않은 결과나 원치 않는 일에 쓰임) [인과 관계]

很多人喝完茶后，就会把茶叶倒掉。其实，茶叶有很多妙用：用热水浸泡过的茶叶，待晒干后，可以装到袋子里做枕芯；如果家具脏了，也可以用抹布蘸茶水擦洗，会让家具变得十分洁净；把茶叶放到洗脚水里，还能起到消毒的作用。

많은 사람들이 차를 다 마시고 찻잎을 그냥 버리는데, 사실 찻잎에는 많은 효능이 있다. 뜨거운 물에 담갔던 찻잎은 햇볕에 말린 후 주머니에 담아 베갯속으로 사용할 수 있고, 가구가 더러워졌을 경우에도 걸레에 찻물을 묻혀 닦으면 가구가 아주 깨끗해진다. 또한 찻잎을 발 씻는 물에 넣으면 소독 작용을 하기도 한다.

				A 촉촉하다	채우다	튀다	여과하다
A 湿润 ✗	塞 ○	溅 ✗	过滤 ✗	B 흠뻑 젖다	비틀다	끼얹다	소멸하다
B 湿透 ✗	拧 ✗	浇 ✗	消灭 ✗	C 스미다	붙이다	뿌리다	살균하다
C 浸透 ✗	粘 ✗	洒 ✗	杀菌 ○	D 담그다	담다	묻히다	소독하다
D 浸泡 ○	装 ○	蘸 ○	消毒 ○				

지문 어휘 茶叶 cháyè 명 찻잎 | 倒 dào 동 붓다, 따르다, 거꾸로 되다, 반대로 되다 | 妙用 miàoyòng 명 불가사의한 효능, 신통한 효험 | 待 dài 동 기다리다, 필요로 하다, 대우하다 | 晒干 shài gān 햇볕에 말리다, 바싹 말리다 | 袋子 dàizi 명 주머니, 자루 | 枕芯 zhěnxīn 명 베갯속 | 家具 jiājù 명 가구 | 抹布 mābù 명 걸레, 행주 | 擦洗 cā xǐ 동 깨끗이 닦다, 주물러 빨다 | 洁净 jiéjìng 형 깨끗하다, 청결하다

보기 어휘
A 湿润 shīrùn 형 촉촉하다, 축축하다, 습윤하다 | 塞 sāi 동 채우다, 쑤셔 넣다, 막다, 막히다 | 溅 jiàn 동 (액체가) 튀다 ⭐ | 过滤 guòlǜ 동 여과하다, 거르다 ⭐

B 湿透 shī tòu 동 흠뻑 젖다, 푹 적시다 | 拧 nǐng 동 비틀다, 비틀어 돌리다, 틀어지다 ⭐ | 浇 jiāo 동 (액체를) 끼얹다, 뿌리다, 물을 대다 | 消灭 xiāomiè 동 소멸하다, 사라지다, 멸망하다, 소멸시키다 ⭐

C 浸透 jìntòu 동 스미다, 침투하다, 배어 있다 | 粘 zhān 동 붙이다, 눌어붙다, 달라붙다 | 洒 sǎ 동 뿌리다, 엎지르다 | 杀菌 shā jūn 동 살균하다 |

D 浸泡 jìnpào 동 (물에) 담그다 ⭐ | 装 zhuāng 동 담다, 꾸미다, 설치하다, ~인 체하다 | 蘸 zhàn 동 묻히다, 찍다 | 消毒 xiāodú 동 소독하다 ⭐

정답 D

해설

첫 번째 빈칸
동사 자리이다. 문맥상 물에 담갔던 찻잎을 의미하는 것이므로 'D 浸泡'만 가능하다.
A 湿润 형 촉촉하다, 축축하다 – 空气(공기) / 眼睛(눈) + 湿润
　　　　습윤하다 – 湿润 + 的 + 森林(숲) / 气候(기후)
B 湿透 동 흠뻑 젖다, 푹 적시다 – 全身(온몸) / 浑身(온몸) + 湿透
C 浸透 동 스미다, 침투하다
　　　　배어 있다, 담겨 있다 [사상이나 감정이 가득 차있음을 의미] – 浸透 + 着 + 心血(심혈) / 深情(깊은 정)
D 浸泡 동 담그다 [물 속에 담근다는 의미]

두 번째 빈칸
동사 자리이다. 문맥상 주머니에 넣는다는 의미이므로 'A 塞'와 'D 装'이 다 가능하다.
A 塞 동 채우다, 쑤셔 넣다, 막다, 막히다
B 拧 동 비틀다, 비틀어 돌리다
　　　틀어지다 [감정이나 의견이 어긋남을 의미]
C 粘 동 붙이다, 눌어붙다, 달라붙다
D 装 동 담다 ['放'의 동의어]
　　　꾸미다, 단장하다 ['装饰', '打扮'의 동의어]
　　　설치하다 ['安装'의 동의어]
　　　~인 체하다 ['假装'의 동의어]

세 번째 빈칸
동사 자리이다. 문맥상 찻물을 묻힌다는 의미이므로 'D 蘸'만 가능하다.
A 溅 동 튀다 [물방울이나 흙탕물 따위가 튀는 것을 의미]
B 浇 동 끼얹다, 뿌리다, 물을 대다 [액체를 끼얹거나 논밭에 물을 주는 것을 의미]
C 洒 동 뿌리다, 엎지르다 [물이나 물건을 땅에 흩뜨려 뿌리는 것을 의미]
D 蘸 동 묻히다, 찍다 [액체나 가루 따위에 묻히는 것을 의미]

네 번째 빈칸
'作用(작용)'과 함께 쓰여 문맥에 어울리는 의미로 '살균 작용'이라는 뜻의 'C 杀菌'과 '소독 작용'이라는 뜻의 'D 消毒'가 다 가능하다.

A 过滤 동 여과하다, 거르다 – 过滤功能(여과 기능)
　　　　　　　　　　　　　　过滤装置(여과 장치)
B 消灭 동 소멸하다, 없애다, 소멸시키다 – 消灭 + 害虫(해충) / 敌人(적) / 证据(증거)
C 杀菌 동 살균하다 – 杀菌效果(살균 효과)
D 消毒 동 소독하다 – 消毒效果(소독효과)
　　　　　　　　　　　消毒药水(소독약)
　　　　　　　　　　　消毒棉(소독면)

67

无论做任何事，你都不能<u>盼望</u>每个人都对你满意。因为每个人都有看问题的<u>角度</u>和标准，都会根据自己的想法来看待世界。与其<u>试图</u>让所有的人都对你满意，不如<u>脚踏实地</u>地做真实的自我。

어떤 일을 하든지 모든 사람들이 다 당신에 대해 만족하기를 <u>바라서는</u> 안 된다. 사람마다 문제를 보는 <u>각도</u>와 기준이 있기 때문에, 다들 자신의 생각에 따라 세상을 바라보게 된다. 모든 사람들이 당신에 대해 만족하게끔 <u>꾀하기</u>보다 <u>착실하게</u> 진실된 자신을 만드는 편이 더 낫다.

A 指望 ◯ | 尺度 ✕ | 企图 ✕ | 踏踏实实 ◯
B 盼望 ◯ | 角度 ◯ | 试图 ◯ | 脚踏实地 ◯
C 渴望 ✕ | 程度 ✕ | 意图 ✕ | 滔滔不绝 ✕
D 展望 ✕ | 幅度 ✕ | 试行 ✕ | 心不在焉 ✕

A 바라다 | 척도 | 기도하다 | 착실하게
B 바라다 | 각도 | 꾀하다 | 착실하게
C 갈망하다 | 정도 | 의도 | 끊임없이
D 전망하다 | 폭 | 시행하다 | 건성으로

지문 어휘 看待 kàndài 동 대하다, 대우하다, 다루다 ★ | 真实 zhēnshí 형 진실하다 | 自我 zìwǒ 대 자기 자신 명 자아

보기 어휘 A 指望 zhǐwàng 동 바라다, 기대하다 명 기대, 가망성, 희망 ★ | 尺度 chǐdù 명 척도, 표준, 제한 | 企图 qǐtú 동 기도하다, 의도하다, 도모하다 명 의도 ★ | 踏踏实实 tātāshíshí 형 착실하다, 성실하다, 마음이 놓이다, 편안하다

B 盼望 pànwàng 동 간절히 바라다, 희망하다 | 角度 jiǎodù 명 각도 | 试图 shìtú 동 꾀하다, 시도하다 ★ | 脚踏实地 jiǎotàshídì 성 일하는 것이 착실하고 견실하다

C 渴望 kěwàng 동 갈망하다, 간절히 바라다 ★ | 程度 chéngdù 명 정도, 수준 | 意图 yìtú 명 의도, 기도 ★ | 滔滔不绝 tāotāobùjué 성 말이 끝이 없다, 쉴새 없이 말하다 ★

D 展望 zhǎnwàng 동 전망하다, 멀리 바라보다, 앞을 내다보다 ★ | 幅度 fúdù 명 폭, 너비 | 试行 shìxíng 동 시행하다, 시험 삼아 해보다 | 心不在焉 xīnbúzàiyān 성 마음이 여기에 있지 않다, 건성으로 하다, 정신을 딴 데 팔다

정답 B

해설

첫 번째 빈칸
동사 자리이다. 문맥상 기대하고 바란다는 의미이므로 'A 指望'과 'B 盼望'이 다 가능하다.
- A 指望 통 바라다, 기대하다
       명 기대, 가망성, 희망 – 有(있다) / 没有(없다) + 指望
- B 盼望 통 간절히 바라다, 희망하다 – 盼望 + 统一(통일) / 和平(평화) / 重逢(재회)
- C 渴望 통 갈망하다 [실현 가능성이 적은 일에 쓰임] – 渴望 + 自由(자유) / 和平(평화) / 成功(성공)
- D 展望 통 먼 곳을 보다, 멀리 바라보다 – 展望 + 四周(사방)
       전망하다, 앞을 내다보다 – 展望 + 未来(미래)

두 번째 빈칸
명사 자리이다. 빈칸 앞의 '看问题的(문제를 보는)'와 호응하는 것으로 'B 角度'만 가능하다.
- A 尺度 명 척도, 표준 – 价值尺度(가치척도)
                    双重尺度(이중잣대)
       제한 – 放宽(완화하다) + 尺度
- B 角度 명 각도, 시각 – 客观(객관적인) / 全新(새로운) + 的 + 角度
                    从不同角度(각기 다른 각도에서)
                    从各个角度(여러 각도에서)
                    从 + ~ + 角度 + 来说(~의 시각에서 말하자면)
- C 程度 명 정도, 수준 – 达到(이르다) + 程度
                    很大程度上(대체로)
- D 幅度 명 폭, 너비 – 上升(상승) / 降低(인하) / 增加(증가) / 减少(감소) + 幅度

세 번째 빈칸
문맥상 시도하다는 의미이므로 'B 试图'만 가능하다.
- A 企图 통 기도하다, 의도하다, 도모하다 [주로 나쁜 방면에서 쓰임] – 企图 + 自杀(자살)
       명 의도 – 不良企图(나쁜 의도)
- B 试图 통 꾀하다, 시도하다 – 试图 + 改变(변화) / 减肥(다이어트)
- C 意图 명 의도, 기도 – 意图 + 明显(분명하다)
                    主观意图(주관적인 의도)
- D 试行 통 시행하다, 시험 삼아 해보다 – 试行方案(시안)
                                试行机构(시범 기관)

네 번째 빈칸
문맥상 성실하고 착실하게 진실된 자신을 만든다는 의미이므로 'A 踏踏实实'과 'B 脚踏实地'가 다 가능하다.
- A 踏踏实实 형 착실하다, 성실하다
            마음이 놓이다, 편안하다
- B 脚踏实地 성 일하는 것이 착실하고 견실하다
- C 滔滔不绝 성 말이 끝이 없다, 쉴새 없이 말하다 – 滔滔不绝 + 地 + 说(말하다) / 讲(이야기하다)
- D 心不在焉 성 마음이 여기에 있지 않다, 건성으로 하다, 정신을 딴 데 팔다 ['漫不经心'의 동의어]

68

自然界的一草一木都有其存在的价值和<u>合理性</u>。大自然总是会用一只<u>无形</u>的手，巧妙地<u>调节</u>和平衡好各种生物之间的关系。人类应该尊重自然的<u>法则</u>和规律，与自然和谐相处。

자연계의 모든 초목은 다 그 존재 가치와 <u>합리성</u>을 지닌다. 대자연은 늘 <u>보이지 않는</u> 손으로 각종 생물간의 관계를 교묘하게 <u>조절하고</u> 균형을 맞춘다. 인류는 자연의 <u>법칙</u>과 규율을 존중해야 하며, 자연과 조화롭게 살아가야 한다.

A	可行性 ✗	隐形 ◯	遥控 ✗	规章 ✗
B	合理性 ◯	无形 ◯	调节 ◯	法则 ◯
C	必要性 ◯	虚幻 ✗	节制 ◯	法规 ✗
D	灵活性 ✗	神秘 ◯	操纵 ✗	规范 ✗

A	실행 가능성	모습을 감춘	원격조종하다	규칙
B	합리성	보이지 않는	조절하다	법칙
C	필요성	비현실적인	절제하다	법규
D	유연성	신비한	조종하다	규범

지문 어휘
自然界 zìránjiè 몡 자연계 | **一草一木** yì cǎo yí mù 일초일목, 풀 한 포기 나무 한 그루 | **存在** cúnzài 몡 존재 동 존재하다 | **巧妙** qiǎomiào 혱 교묘하다 | **平衡** pínghéng 동 균형을 맞추다, 균형되게 하다 혱 균형이 맞다 | **规律** guīlǜ 몡 규율, 규칙 혱 규율에 맞다, 규칙적이다 | **和谐** héxié 혱 조화롭다, 잘 어울리다, 잘 맞다 ★ | **相处** xiāngchǔ 동 함께 지내다, 함께 살다

보기 어휘
A **可行性** kěxíngxìng 몡 실행 가능성 | **隐形** yǐnxíng 동 모습을 감추다, 자태를 숨기다 | **遥控** yáokòng 동 원격조종하다 ★ | **规章** guīzhāng 몡 규칙, 규정

B **合理性** hélǐxìng 몡 합리성 | **无形** wúxíng 혱 보이지 않는, 무형의 | **调节** tiáojié 동 조절하다 ★ | **法则** fǎzé 몡 법칙

C **必要性** bìyàoxìng 몡 필요성 | **虚幻** xūhuàn 혱 비현실적인, 허황한 | **节制** jiézhì 동 절제하다, 억제하다, 통제 관리하다 ★ | **法规** fǎguī 몡 법규

D **灵活性** línghuóxìng 몡 유연성, 융통성 | **神秘** shénmì 혱 신비한 | **操纵** cāozòng 동 (기계, 기기 등을) 조종하다, 다루다, (부당한 방법으로) 조작하다 ★ | **规范** guīfàn 몡 규범

정답 B

해설
첫 번째 빈칸
'存在(존재)'와 호응하는 것으로 'B 合理性'과 'C 必要性'이 다 가능하다.
A 可行性 몡 실행 가능성 – 具有(갖추다) / 缺乏(부족하다) + 可行性
　　　　　　　　　　　　可行性 + 方案(방안) / 研究(연구) / 分析(분석)
B 合理性 몡 합리성 – 追求(추구하다) / 失去(잃다) + 合理性
C 必要性 몡 필요성 – 强调(강조하다) + 必要性
　　　　　　　　　　感觉(느끼다) / 意识(의식하다) + 到 + 必要性
D 灵活性 몡 유연성, 융통성 – 具有(갖추다) / 缺乏(부족하다) / 发挥(발휘하다) / 提高(높이다) + 灵活性

두 번째 빈칸
문맥상 눈에 보이지 않는 손을 의미하므로 '모습을 감추다'는 뜻의 'A 隐形', '보이지 않다'는 뜻의 'B 无形', 그리고 '신비하다'는 뜻의 'D 神秘'가 다 가능하다.
A 隐形 혱 모습을 감추다, 자태를 숨기다 – 隐形眼镜(콘텍트렌즈)
B 无形 혱 보이지 않는, 무형의
　　　　　　　　– 无形 + 的 + 价值(가치) / 财产(재산) / 援助(원조) / 鞭策(채찍질) / 压力(압력)
C 虚幻 혱 비현실적인, 허황한 – 虚幻 + 的 + 世界(세계) / 想象(상상)

D 神秘 형 신비한 - 神秘 + 的 + 现象(현상) / 面纱(베일)
　　　　　　 神秘感(신비감)
　　　　　　 神秘主义(신비주의)

세 번째 빈칸
'关系(관계)'와 호응하는 것으로 'B 调节'만 가능하다.
A 遥控 동 원격 조종하다 - 遥控器(리모컨)
　　　　　　　　　　　 遥控装置(원격 장치)
B 调节 동 조절하다
　　　 - 调节 + 温度(온도) / 体温(체온) / 饮食(음식) / 情绪(기분) / 纠纷(분쟁) / 物价(물가)
C 节制 동 절제하다, 제한하다, 억제하다 - 节制 + 饮食(음식) / 欲望(욕망)
D 操纵 동 조종하다, 다루다, 조작하다 - 操纵 + 机器(기계) / 设备(설비)
　　　 조작하다 [부당한 수단이나 방법을 사용함을 의미] - 操纵 + 市场(시장) / 物价(물가)

네 번째 빈칸
명사 자리이다. '自然(자연)'과 호응하는 것으로 'B 法则'만 가능하다.
A 规章 명 규칙, 규정 - 遵守(준수하다) / 违反(위반하다) + 规章
　　　　　　　　　　 规章制度(규칙과 제도)
B 法则 명 법칙, 규율 - 永恒(불변의) + 的 + 法则
　　　　　　　　　　 生存(생존) / 经济(경제) / 基本(기본) + 法则
C 法规 명 법규 - 遵守(준수하다) / 违反(위반하다) + 法规
　　　　　　　 交通法规(교통 법규)
D 规范 명 규범 - 符合(부합하다) / 合乎(맞다) / 遵守(준수하다) / 遵循(따르다) / 确立(확립하다) + 规范
　　　　　　　 道德(도덕) / 社会(사회) / 行为(행동) / 语言(언어) + 规范(규범)
　　　　　　　 规范化(규범화하다)

红豆杉是中国珍稀濒危树种之一。南京中山植物园于上世纪50年代从江西引进一些幼苗种植于园内。经过几十年的生长繁殖，现已形成了一个种群，将统计到的植株按树龄分为5级，每一级的植株数量与等级成反比。

A 珍贵 ⊙　落成 ⊗　列 ⊗　限量 ⊗
B 昂贵 ⊗　养成 ⊗　变 ⊗　定量 ⊗
C 珍稀 ⊙　形成 ⊙　分 ⊙　数量 ⊙
D 贵重 ⊗　达成 ⊗　视 ⊗　重量 ⊗

주목(朱木)은 중국에서 진귀하고 멸종 위기에 처한 수종(樹種) 중 하나이다. 난징(南京) 중산(中山) 식물원은 1950년대 장시(江西)성에서 들여온 일부 어린 모종을 식물원에 심었다. 수 십 년간의 생장과 번식을 거쳐 현재는 이미 한 개체군을 형성하였고, 집계된 나무를 나이에 따라 5개 등급으로 나누었는데 각 등급의 나무 수량은 등급과 반비례한다.

A 진귀하다 | 준공되다 | 배열하다 | 제한량
B 비싸다　 | 양성하다 | 변하다　 | 일정량
C 진귀하다 | 형성하다 | 나누다　 | 수량
D 귀중하다 | 달성하다 | 보다　　 | 중량

지문 어휘
红豆杉 hóngdòushān 명 주목(朱木)[주목과에 속한 상록 침엽 교목] | 濒危 bīn wēi 동 위기에 처하다, 죽음에 다다르다 | 树种 shùzhǒng 명 수종, 나무 종류 | 植物园 zhíwùyuán 명 식물원 | 引进 yǐnjìn 동 도입하다, 끌어들이다 | 幼苗 yòumiáo 명 어린 모종, 새싹 | 种植 zhòngzhí 동 심다, 재배하다 ★ | 生长 shēngzhǎng 동 생장하다, 자라다 | 繁殖 fánzhí 동 번식하다, 증가하다 ★ | 种群 zhǒngqún 명 개체군, 종군 | 统计 tǒngjì 동 통계하다, 합산하다 ★ | 植株 zhízhū (뿌리, 줄기, 잎을 모두 갖춘 성장한) 식물체 | 等级 děngjí 명 등급, 계급 ★ | 反比 fǎnbǐ 반비례

보기 어휘
A 珍贵 zhēnguì 형 진귀하다, 귀중하다 ★ | 落成 luòchéng 동 준공되다, 낙성되다 ★ | 列 liè 동 배열하다, 끼워 넣다 | 限量 xiànliàng 명 제한량 동 양을 제한하다

B 昂贵 ánguì 형 비싸다 ★ | 养成 yǎngchéng 동 양성하다, 기르다 | 变 biàn 동 변하다, 바뀌다 | 定量 dìngliàng 명 일정량 동 양을 정하다

C 珍稀 zhēnxī 형 진귀하고 드물다 ★ | 形成 xíngchéng 동 형성하다, 이루어지다 | 分 fēn 동 나누다, 분리하다, 구분하다 | 数量 shùliàng 명 수량

D 贵重 guìzhòng 형 귀중하다, 중요하다 | 达成 dáchéng 동 달성하다, 도달하다 ★ | 视 shì 동 보다, 간주하다, 살피다 | 重量 zhòngliàng 명 중량, 무게

정답
C

해설
첫 번째 빈칸
'濒危(멸종 위기에 처하다)'와 연관된 의미로 'A 珍贵'와 'C 珍稀'가 다 가능하다.
A 珍贵 형 진귀하다, 귀중하다 – 珍贵 + 的 + 礼物(선물) / 文物(문물) / 资料(자료) / 回忆(추억)
B 昂贵 형 비싸다 – 昂贵 + 的 + 宝石(보석) / 代价(대가)
　　　　　　　　　价格(가격) + 昂贵
C 珍稀 형 진귀하고 드물다 – 珍稀 + 动物(동물) / 物种(종)
D 贵重 형 귀중하다, 중요하다 – 贵重 + 物品(물품) / 金属(금속)

두 번째 빈칸
문맥상 한 개체군을 이루었다는 의미이므로 'C 形成'만 가능하다.
A 落成 동 준공되다, 낙성되다 – 大桥(다리) / 新屋(새 집) + 落成
B 养成 동 양성하다, 기르다 – 养成 + 习惯(습관)
C 形成 동 형성하다, 이루어지다
　　　– 形成 + 景观(장관) / 性格(성격) / 风格(풍격) / 风气(기풍) / 体系(체계) / 局面(국면)
D 达成 동 달성하다, 도달하다
　　　– 达成 + 目标(목표) / 共识(공통된 인식) / 协议(합의) / 交易(교역) / 和解(화해)

세 번째 빈칸
'为(~이 되다)'와 함께 쓰여 '~로 나누다'는 뜻을 나타내는 것으로 'C 分'만 가능하다.
A 列 동 배열하다, 끼워 넣다 – 列为~(~에 들다)
B 变 동 변하다, 바뀌다 – 变为~(~로 변하다)
C 分 동 나누다, 분리하다, 구분하다
D 视 동 보다, 간주하다 – 视为~(~로 간주되다)

네 번째 빈칸

문맥상 나무의 수를 의미하는 것이므로 'C 数量'만 가능하다.
A 限量 몡 제한량 [한정된 분량이나 수량을 의미]
　　　 통 양을 제한하다
B 定量 몡 일정량 [규정된 분량이나 수량을 의미]
　　　 통 양을 정하다
C 数量 몡 수량
D 重量 몡 중량, 무게

70

一项研究发现，通过运动手指来<u>刺激</u>大脑，远比死记硬背更能增强大脑的<u>活力</u>，并可延缓脑细胞的<u>衰老</u>。手指的动作越复杂、越精妙，就越能与大脑活动<u>建立</u>更多的联系，从而使人变得更加聪慧。这对人类智力的<u>开发</u>有十分重要的作用。

한 연구에 따르면, 손가락 운동을 통해 대뇌를 <u>자극하는</u> 것은 단순히 암기하는 것보다 대뇌의 <u>활력</u>을 더 강화시키고 뇌세포의 <u>노화</u>를 늦출 수 있다고 한다. 손가락 동작이 복잡하고 정교할수록 대뇌활동과 더 많은 연관을 <u>맺게</u> 되어 사람을 더욱 총명하게 만든다. 이는 인간의 지능 <u>개발</u>에 있어 매우 중요한 작용을 한다.

A 激活 ✕ 动力 ✕ 退步 ✕ 创立 ✕ 发育 ✕
B 激励 ✕ 势力 ✕ 衰退 ○ 设立 ✕ 启发 ✕
C 冲击 ✕ 潜力 ✕ 损坏 ✕ 设置 ✕ 发掘 ✕
D 刺激 ○ 活力 ○ 衰老 ○ 建立 ○ 开发 ○

A 활성화시키다 | 동력 | 퇴보하다 | 창립하다 | 발육하다
B 격려하다 | 세력 | 쇠퇴하다 | 설립하다 | 일깨우다
C 세차게 부딪치다 | 잠재력 | 파손하다 | 설치하다 | 발굴하다
D 자극하다 | 활력 | 노화되다 | 맺다 | 개발하다

지문 어휘 手指 shǒuzhǐ 몡 손가락 | 大脑 dànǎo 몡 대뇌 | 远比 yuǎnbǐ ~보다 훨씬 | 死记硬背 sǐjìyìngbèi 솅 단순히 암기하다, 무턱대고 외우고 기계적으로 암송하다 | 增强 zēngqiáng 통 강화하다, 높이다, 증강하다 | 延缓 yánhuǎn 통 늦추다, 뒤로 미루다 | 脑细胞 nǎo xìbāo 몡 뇌 세포 | 精妙 jīngmiào 혱 정교하다 | 聪慧 cōnghuì 혱 총명하고 슬기롭다 | 智力 zhìlì 몡 지능, 지력 ★

보기 어휘 A 激活 jīhuó 통 활성화하다 | 动力 dònglì 몡 동력, 원동력 ★ | 退步 tuìbù 통 퇴보하다, 후퇴하다 | 创立 chuànglì 통 창립하다, 창설하다 ★ | 发育 fāyù 통 발육하다, 자라다, 성장하다 ★
B 激励 jīlì 통 격려하다, 북돋워주다 | 势力 shìlì 몡 세력 ★ | 衰退 shuāituì 통 (신체, 정신, 능력 등이) 쇠퇴하다, 쇠약해지다, (국가의 정치나 경제 상황이) 쇠락하다 ★ | 设立 shèlì 통 설립하다, 건립하다 ★ | 启发 qǐfā 통 일깨우다, 깨우치다
C 冲击 chōngjī 통 세차게 부딪치다, 충돌하다 ★ | 潜力 qiánlì 몡 잠재력 ★ | 损坏 sǔnhuài 통 파손하다, 훼손하다, 손상시키다 ★ | 设置 shèzhì 통 설치하다, 설립하다, 세우다 ★ | 发掘 fājué 통 발굴하다, 찾아 내다, 캐내다 ★
D 刺激 cìjī 통 자극하다, 흥분시키다 몡 자극 | 活力 huólì 몡 활력, 생기, 원기 ★ | 衰老 shuāilǎo 통 노화되다, 노쇠하다, 늙어 쇠약해지다 | 建立 jiànlì 통 맺다, 세우다, 이루다, 형성하다 | 开发 kāifā 통 개발하다

정답 D

해설 **첫 번째 빈칸**

'大脑(대뇌)'와 호응하는 것으로 'D 刺激'만 가능하다.
A 激活 통 활성화하다 - 激活 + 免疫系统(면역계통) / 市场(시장) / 经济(경제) / 投资(투자)
B 激励 통 격려하다, 북돋워주다 ['鼓励'의 동의어]

C 冲击 동 세차게 부딪치다, 충돌하다 – 造成(일으키다) / 带来(가져오다) / 受到(받다) + 冲击
　　　　　　猛烈(맹렬히) + 地 + 冲击
　　　　　　冲击力(충격)
D 刺激 동 자극하다, 흥분시키다 – 刺激 + 皮肤(피부) / 消费(소비) / 好奇心(호기심) / 食欲(식욕)
　　　　　　受到(받다) + 刺激
　　　명 자극 – 强烈(강렬한) + 的 + 刺激

두 번째 빈칸
'大脑(대뇌)'와 호응하는 것으로 'D 活力'만 가능하다.
A 动力 명 동력, 원동력 – 人生(인생) / 社会发展(사회발전) + 的 + 动力
B 势力 명 세력 – 扩大(확대하다) / 缩小(줄이다) / 吸收(흡수하다) / 牵制(견제하다) + 势力
C 潜力 명 잠재력 – 发挥(발휘하다) / 开发(개발하다) / 挖掘(발굴하다) / 激发(불러일으키다) + 潜力
D 活力 명 활력, 생기, 원기 – 充满(넘치다) / 失去(잃다) / 注入(불어넣다) / 洋溢(넘쳐나다) + 活力

세 번째 빈칸
'脑细胞(뇌세포)'와 호응하는 것으로 'B 衰退'와 'D 衰老'가 다 가능하다.
A 退步 동 퇴보하다, 후퇴하다 – 实力(실력) / 技术(기술) + 退步
B 衰退 동 쇠퇴하다, 쇠약해지다 – 视力(시력) / 精力(정력) / 记忆力(기억력) / 势力(세력) + 衰退
　　　　쇠락하다 – 经济(경제) + 衰退
C 损坏 동 파손하다, 훼손하다, 손상시키다 – 损坏 + 公物(공공기물) / 形象(이미지) / 名誉(명예)
D 衰老 동 노화되다, 노쇠하다, 늙어 쇠약해지다 – 皮肤(피부) + 衰老
　　　　　　预防(예방하다) + 衰老
　　　　　　抗衰老(항노화)

네 번째 빈칸
'联系(연관)'와 호응하는 것으로 'D 建立'만 가능하다.
A 创立 동 창립하다, 창설하다 – 创立 + 公司(회사) / 学校(학교) / 学派(학파) / 理论(이론) / 思想(사상)
B 设立 동 설립하다, 건립하다 – 设立 + 学校(학교) / 机构(기구) / 基金(기금)
C 设置 동 설치하다, 설립하다, 세우다 – 设置 + 机构(기구) / 障碍(장애물) / 基金(기금) / 悬念(서스펜스)
D 建立 동 맺다, 이루다, 형성하다 – 建立 + 关系(관계) / 友谊(우정)
　　　　세우다, 설치하다 – 建立 + 制度(제도) / 政策(정책) / 基地(기지)

다섯 번째 빈칸
'智力(지능)'와 호응하는 것으로 'A 发育'와 'D 开发'가 다 가능하다.
A 发育 동 발육하다, 자라다, 성장하다 – 骨骼(뼈) / 身体(신체) + 发育
　　　　　　发育 + 良好(양호하다) / 迟缓(느리다)
　　　　　　生长发育(생장 발육)
B 启发 동 일깨우다, 계발하다, 영감을 주다 – 启发 + 思想(사상) / 积极性(의욕) / 想象力(상상력)
C 发掘 동 발굴하다, 찾아 내다, 캐내다 – 发掘 + 人才(인재) / 古迹(고적) / 能力(능력) / 潜力(잠재력)
D 开发 동 개발하다 – 开发 + 产品(제품) / 技术(기술) / 资源(자원) / 能源(에너지) / 潜力(잠재력)

제3부분 71~80번 문제는 빈칸에 들어가는 알맞은 문장을 고르는 문제입니다.

71-75

　　高角羚属于羚羊的一种，和其他羚羊没有明显的区别，**(71) D** 但它们的奔跑速度极快，所以又被称为飞羚。高角羚因其奔跑时优雅的姿态和杰出的跳跃能力而著名，受到惊吓时，可以跳三米高，跃出9米远。

　　(72) A 高角羚有一种令人叹为观止的绝技，可以在悬崖峭壁间跳跃，就好像传说中腾云驾雾的神兽一样。一旦遇到敌人，它们能迅速地利用悬崖峭壁逃跑。它们会以惊人的弹跳和准确的起落，飞快地登上悬崖与敌人保持相对安全的距离。**(73) E** 这足以令敌人望而却步，从而使高角羚化险为夷。

　　如有敌人继续逼近，那高角羚就会毫不客气地用后腿支起身子，用两只前蹄有力地敲击岩石，以恫吓敌人。敲击岩石的响声会在寂静的山谷间持续回荡，颇具威力，**(74) B** 许多野兽往往会在这强大的"心理攻势"面前，茫然自失，落荒而逃。当然也有一些经验丰富的敌人不会被吓跑，仍想继续进攻。这时候，高角羚就会使出它们的"杀手锏"——把头低下，用利角与敌人开始正面交锋。此时，如果对方稍有不慎，就可能被高角羚的利角抵住，失去重心而葬身崖底。高角羚就是靠这"逃"、"吓"、"抵"三招，**(75) C** 使自己在残酷的生存环境中存活下来的。

A 高角羚有一种令人叹为观止的绝技
B 许多野兽往往会在这强大的"心理攻势"面前
C 使自己在残酷的生存环境中存活下来的
D 但它们的奔跑速度极快
E 这足以令敌人望而却步

　　임팔라(impala)는 영양과에 속하는 동물로 다른 영양들과 뚜렷한 차이가 없다. **(71) D** 하지만 임팔라는 뛰는 속도가 굉장히 빨라서, 페이링(飛羚)이라고도 불린다. 임팔라는 뛸 때의 우아한 자태와 뛰어난 점프력으로 유명한데, 놀랐을 때는 3미터 높이, 9미터 멀리까지도 거뜬히 뛰어오른다.

　　(72) A 임팔라는 사람들을 감탄하게 하는 재주를 가지고 있는데, 가파른 절벽 사이를 뛰어다니는 모습은 마치 구름과 안개를 타고 하늘을 날았다던 전설 속의 짐승과 흡사하다. 일단 적을 만나면 임팔라는 절벽을 이용해 재빠르게 도망친다. 그것들은 놀라운 점프력과 정확한 오르내림으로 쏜살같이 절벽으로 올라가 적과 상대적으로 안전한 거리를 유지한다. **(73) E** 이는 적을 뒷걸음치게 만들기 충분하고, 그리하여 임팔라는 위험에서 벗어나게 된다.

　　만약 천적이 계속해서 쫓아오면 임팔라는 가차없이 뒷다리로 몸을 지탱하고 두 앞발로 힘껏 바위를 두드려 적을 위협한다. 바위를 두드리는 소리가 고요한 산골짜기 사이로 계속 메아리 치게 되면 상당히 위협적이다. **(74) B** 수많은 야생동물들은 이 강력한 '심리공격' 앞에서 종종 망연자실하여 정신없이 도망간다. 물론 경험이 풍부한 적은 놀라지 않고 여전히 계속해서 공격하려 한다. 이때 임팔라는 '비장의 무기'를 쓰는데, 고개를 숙여 날카로운 뿔을 이용해 적과의 정면승부를 시작한다. 이때 상대는 조금이라도 방심하게 되면 바로 임팔라의 뿔에 받혀 중심을 잃고 절벽 아래로 떨어져 목숨을 잃게 될 수 있다. 임팔라는 '점프', '위협', '뿔 공격' 이 세 가지 수단으로 **(75) C** 스스로를 잔혹한 생존환경에서 살아남게 하는 것이다.

A 임팔라는 사람들을 감탄하게 하는 재주를 가지고 있다
B 수많은 야생동물들은 이 강력한 '심리공격' 앞에서 종종
C 스스로를 잔혹한 생존환경에서 살아남게 하는 것이다
D 하지만 임팔라는 뛰는 속도가 굉장히 빠르다
E 이는 적을 뒷걸음치게 만들기 충분하다

지문 어휘

高角羚 gāojiǎolíng 명 임팔라(impala) | 属于 shǔyú 동 ~에 속하다 | 羚羊 língyáng 명 영양(염소, 산양 따위의 짐승을 통틀어 이르는 말) | 明显 míngxiǎn 형 뚜렷하다, 분명하다 | 飞羚 fēilíng 명 페이링(飛羚) | 奔跑 bēnpǎo 동 빨리 뛰다, 내달리다 질주하다 | 优雅 yōuyǎ 형 우아하다, 고상하다 | 姿态 zītài 명 자태, 자세, 모습 | 杰出 jiéchū 형 남보다 뛰어나다, 걸출하다, 출중하다 ☆ | 跳跃 tiàoyuè 동 뛰어오르다, 도약하다 ☆ | 著名 zhùmíng 형 유명하다, 저명하다 | 惊吓 jīngxià 동 깜짝 놀라다, 무서워하다 | 悬崖峭壁 xuányáqiàobì 성 깎아지른 듯한 절벽, 험준한 산세 ☆ | 传说 chuánshuō 명 전설 동 이리저리 말이 전해지다 | 腾云驾雾 téngyúnjiàwù 성 구름과 안개를 타고 하늘을 날다, 바람 같이 질주하다, 머리가 혼미하다 | 神兽 shénshòu 명 전설 속의 짐승, 신적인 짐승 | 敌人 dírén 명 적 | 惊人 jīngrén 형 사람을 놀라게 하다 | 弹跳 tántiào 동 뛰어 오르다, 도약하다 | 起落 qǐluò 동 오르내리다, 등락하다 | 距离 jùlí 명 거리, 간격 | 化险为夷 huàxiǎnwéiyí 성 위험한 상태를 평온하게 하다 | 逼近 bījìn 동 접근하다, 가까이 가다 | 毫不客气 háobu kèqi 가차없이, 사정없이, 조금도 거리낌없이 | 支 zhī 동 지탱하다, 지지하다, 세우다, 받치다, 지불하다 | 蹄 tí 명 발굽 | 敲击 qiāojī 동 두들기다 | 岩石 yánshí 명 바위, 암석 | 恫吓 dònghè 동 위협하다, 으르다, 겁주다 | 响声 xiǎngshēng 명 소리, 기척 | 寂静 jìjìng 형 고요하다, 조용하다 ☆ | 山谷 shāngǔ 명 산골짜기 | 回荡 huídàng 동 메아리 치다, 울리다 | 威力 wēilì 명 위력 ☆ | 茫然自失 mángrán zìshī 망연자실 | 落荒而逃 luòhuāng'értáo 길을 버리고 황야로 도망가다, 도주하다, 경황없이 도망치다 | 吓跑 xiàpǎo 동 놀라 달아나다, 놀라 도망가다 | 进攻 jìngōng 동 공격하다, 진공하다, 진격하다 ☆ | 杀手锏 shāshǒujiǎn 명 비장의 무기 | 利 lì 형 날카롭다, 예리하다, 순조롭다, 유리하다 | 角 jiǎo 명 뿔 | 正面 zhèngmiàn 부 정면으로 명 정면 | 交锋 jiāofēng 동 교전하다, 맞붙다 | 不慎 búshèn 형 방심하다, 부주의하다, 조심하지 않다 | 抵 dǐ (뿔로) 받다, 부딪치다, 떠받치다, 막다, 저항하다, 맞먹다 | 重心 zhòngxīn 명 무게 중심 | 葬身 zàng shēn 동 매장하다, 몸을 묻다, 목숨을 잃다 | 崖底 yádǐ 명 절벽 아래, 벼랑 끝, 낭떠러지 | 招 zhāo 명 수단, 기술, 방법

보기 어휘

叹为观止 tànwéiguānzhǐ 감탄해 마지않다 | 野兽 yěshòu 명 야수 | 强大 qiángdà 형 강대하다 | 心理攻势 xīnlǐ gōngshì 명 심리 공격 | 残酷 cánkù 형 잔혹하다 | 存活 cúnhuó 동 (역경을 극복하고) 생존하다, 살아남다 | 足以 zúyǐ 부 충분히 ~할 수 있다 | 望而却步 wàng'érquèbù 성 (위험하거나 힘이 닿지 않을 듯한 일을 보고) 뒷걸음질치다, 꽁무니를 빼다

정답

71. D   72. A   73. E   74. B   75. C

해설

71. 뒤 절에서 임팔라가 '飞羚(페이링)'으로 불린다고 하였는데 '飞'가 '날다'라는 뜻이므로 빈칸에서 임팔라의 뛰는 속도가 빠르다는 내용이 먼저 언급될 것임을 유추할 수 있다. 또한 D의 '它们'이 가리키는 것도 이 문장 맨 앞 절의 '高角羚(임팔라)'이므로 정답은 D이다.

72. 뒤 절에서 가파른 절벽 사이를 뛰어다닌다고 언급한 내용이 바로 임팔라가 지닌 재주를 의미하므로 정답은 A이다.

73. 빈칸 앞 문장의 '敌人(적)'이 E에 동일하게 제시되어 있고, 또한 E의 '这'가 가리키는 것도 앞 문장에서 언급한 임팔라의 놀라운 점프력과 정확한 오르내림임을 알 수 있으므로 E가 정답이다. 이 밖에도, 빈칸 뒤 절에서 임팔라가 위험에서 벗어나게 된다는 결과를 언급하였는데 이에 대한 원인으로 가장 적절한 것 역시 적이 뒷걸음친다는 내용의 E이다.

74. 뒤 절에 제시된 '茫然自失，落荒而逃(망연자실하여 정신없이 도망간다)'의 주어가 바로 B의 '野兽(야생동물)'임을 알 수 있고, 앞뒤 문맥으로 보아도 야생동물들이 강력한 '심리공격'으로 인해 도망간다는 내용이 어울리므로 정답은 B이다.

75. 빈칸은 '高角羚(임팔라)'을 주어로 하는 술어 자리임을 알 수 있고, 앞뒤 문맥으로 보아 앞 절에서 언급한 '점프', '위협', '뿔 공격' 이 세 가지 수단이 바로 임팔라가 잔혹한 생존환경에서 살아남을 수 있는 조건임을 알 수 있다. 따라서 정답은 C이다.

76-80

　　云南和海南两省是中国咖啡种植面积最广的地区。其中，**(76) C** 云南德宏的咖啡产量最大，约占全国总产量的90%。据说，云南德宏的咖啡是从国外引进的小粒种咖啡，所以也被称为"云南德宏小粒咖啡"。

　　小粒咖啡具有很高的经济价值。自15世纪以来，小粒咖啡逐渐传播到世界各地。目前，世界上已有70多个国家和地区在种植小粒咖啡。

　　据专家介绍，小粒咖啡应种植在海拔较高的地方，这是因为海拔越高，咖啡越香醇，海拔越低，咖啡则越苦。**(77) D** 而海拔1100米左右的地区是最为适宜的，这样的地区出产的咖啡酸味适中且香味浓郁醇厚。

　　云南德宏有着非常适宜小粒咖啡生长的独特环境。从气候条件来看，该地区的光照时间长，**(78) A** 有利于植物的生长及光合作用；而且昼夜温差较大，非常有利于咖啡营养的积累。所以，云南小粒咖啡含有丰富的蛋白质、脂肪、淀粉、咖啡碱、蔗糖以及葡萄糖等物质，香气浓郁，味道可口。

　　但是，**(79) E** 由于缺乏深加工技术的开发和良好的市场推广，云南小粒咖啡目前的知名度还不高。**(80) B** 相信随着云南咖啡产业的深入发展和市场需求的不断上升，小粒咖啡一定会迎来一个新的发展时期。

A 有利于植物的生长及光合作用
B 相信随着云南咖啡产业的深入发展和市场需求的不断上升
C 云南德宏的咖啡产量最大
D 而海拔1100米左右的地区是最为适宜的
E 由于缺乏深加工技术的开发和良好的市场推广

윈난(雲南)과 하이난(海南) 두 성(省)은 중국에서 커피 재배면적이 가장 넓은 지역이다. 그 중에서도 **(76) C** 윈난 더훙(德宏)의 커피 생산량이 가장 많은데, 전국 총 생산량의 약 90%를 차지한다. 듣자 하니 윈난 더훙의 커피는 외국에서 들여온 아라비카 종(種)이어서 '윈난 더훙 아라비카'로도 불린다고 한다.

아라비카는 높은 경제적 가치를 지닌다. 15세기부터 점점 세계 각지로 전파되어, 현재는 세계에서 이미 70여 개 국가와 지역에서 아라비카를 재배하고 있다.

전문가에 따르면 아라비카는 해발고도가 비교적 높은 지역에서 재배해야만 하는데, 이는 해발고도가 높을수록 커피는 더 진하고 향기로운 반면 해발고도가 낮을수록 커피가 더 쓴 맛이 나기 때문이라고 한다. **(77) D** 해발 1,100미터 정도의 지역이 가장 적합한데, 이런 지역에서 생산하는 커피는 신맛이 적당하고 깊고 그윽한 향이 난다.

윈난 더훙은 아라비카 생장에 매우 적합한 독특한 환경을 갖추고 있다. 기후 조건으로 보면 이 지역은 일조시간이 길어서, **(78) A** 식물의 생장과 광합성 작용에 유리하다. 또한 일교차가 큰 편이어서 커피가 영양분을 쌓는 데도 상당히 유리하다. 그래서 윈난의 아라비카는 단백질과 지방, 전분, 카페인, 자당 및 포도당 등의 물질을 풍부하게 함유하고 있고 향이 진하며 맛이 좋다.

하지만 **(79) E** 정밀 가공 기술 개발과 원활한 시장 보급이 부진한 탓에, 윈난 아라비카의 현재 인지도는 아직 높지 않다. **(80) B** 윈난 커피 산업이 깊이 있게 발전하고 시장 수요가 꾸준히 증가함에 따라, 아라비카는 반드시 새로운 발전 시기를 맞이하게 될 것이다.

A 식물의 생장과 광합성 작용에 유리하다
B 윈난 커피 산업이 깊이 있게 발전하고 시장 수요가 꾸준히 증가함에 따라
C 윈난 더훙(德宏)의 커피 생산량이 가장 많다
D 해발 1,100미터 정도의 지역이 가장 적합하다
E 정밀 가공 기술 개발과 원활한 시장 보급이 부진하기 때문에

지문 어휘

云南 Yúnnán 고유 윈난, 윈난성, 운남성 | 海南 Hǎinán 고유 하이난, 하이난성, 해남성 | 种植 zhòngzhí 동 재배하다, 종식하다 | 面积 miànjī 명 면적 | 约 yuē 부 대략, 약 | 占 zhàn 동 차지하다, 점거하다 | 总产量 zǒngchǎnliàng 명 총 생산량 | 据说 jùshuō 동 말하는 바에 의하면 ~라 한다, 전해지는 말에 의하면 ~라 한다 | 德宏 Déhóng 고유 더훙(윈난성의 자치구) | 引进 yǐnjìn 동 들여오다, 도입하다 | 小粒咖啡 xiǎolì kāfēi 명 아라비카 원두 커피 | 经济价值 jīngjì jiàzhí 경제 가치 | 逐渐 zhújiàn 부 점점, 점차 | 传播 chuánbō 동 전파하다, 널리 퍼뜨리다 | 海拔 hǎibá 명 해발 | 香醇 xiāngchún 형 (맛이나 향기가) 향기롭고 순수하다, 진하다 | 出产 chūchǎn 동 나다, 생산하다 명 천연 산물, 생산품 | 酸味 suānwèi 명 신 맛, 신 냄새 | 适中 shìzhōng 형 정도가 알맞다 | 香味 xiāngwèi 명 향, 향기 | 浓郁 nóngyù 형 짙다, 농후하다, 빽빽하다 | 醇厚 chúnhòu 형 (냄새, 맛 등이) 깔끔하고 진하다 | 适宜 shìyí 동 적합하다, 적당하다 형 알맞다 | 生长 shēngzhǎng 동 생장하다, 자라다, 성장하다 | 独特 dútè 형 독특하다, 특별하다 | 光照 guāngzhào 동 (태양이) 내리쬐다 | 昼夜 zhòuyè 명 낮과 밤 | 温差 wēnchā 명 온도차, 일교차 | 有利于 yǒulìyú ~에 유리하다 | 营养 yíngyǎng 명 영양 동 영양을 보충하다 | 积累 jīlěi 명 축적 동 쌓이다, 축적되다 | 含有 hányǒu 동 함유하다, 포함하다 | 蛋白质 dànbáizhì 명 단백질 | 脂肪 zhīfáng 명 지방 ★ | 淀粉 diànfěn 명 전분, 녹말 | 咖啡碱 kāfēijiǎn 명 카페인 | 蔗糖 zhètáng 명 자당, 사탕수수 즙을 끓여 만든 설탕 | 葡萄糖 pútáotáng 명 포도당 | 物质 wùzhì 명 물질 | 香气 xiāngqì 명 향기 | 味道 wèidào 명 맛 | 可口 kěkǒu 형 맛 있다, 입에 맞다 ★ | 知名度 zhīmíngdù 명 지명도 | 迎来 yínglái 동 맞이하다

보기 어휘

植物 zhíwù 명 식물 | 光合作用 guānghé zuòyòng 명 광합성 작용 | 深入 shēnrù 형 깊다, 철저하다 동 깊이 들어가다, 깊이 파고들다 | 需求 xūqiú 명 수요, 필요 ★ | 上升 shàngshēng 동 상승하다, 올라가다 | 缺乏 quēfá 동 결핍되다, 결여되다 | 深加工 shēnjiāgōng 동 심층 가공하다, 정교하게 가공하다 | 开发 kāifā 동 개발하다, 개간하다, 개척하다 | 良好 liánghǎo 형 좋다, 양호하다, 훌륭하다 | 推广 tuīguǎng 동 널리 보급하다, 일반화하다

정답

76. C 77. D 78. A 79. E 80. B

해설

76. 앞 절의 '其中(그중)'을 통해 빈칸에는 윈난성이나 하이난성에 속한 어느 특정 지역의 커피 재배에 관한 내용이 언급될 것임을 유추할 수 있으므로, '云南德宏(윈난 더훙)'이라는 지명이 제시되어 있는 C가 정답이다. 이 밖에도, 뒤 절의 '总产量(총 생산량)'을 통해서도 '产量'이라는 단어가 동일하게 제시되어 있는 C가 정답임을 쉽게 알 수 있다.

77. 앞 절의 '海拔(해발)'와 뒤 절의 '地区(지역)'가 모두 D에 동일하게 제시되어 있으므로 D가 정답임을 바로 알 수 있다.

78. 앞 절에서 일조시간이 길다고 언급하였으므로, 빈칸에는 일조시간과 밀접한 연관이 있는 식물의 생장과 광합성 작용에 대한 내용을 제시한 A가 가장 적절하다고 할 수 있다.

79. 뒤 절에서 윈난 아라비카의 인지도가 높지 않다고 언급하였으므로, 이에 대한 원인으로 가장 적절한 것은 가공 기술 개발과 원활한 시장 보급이 부진하다는 내용을 제시한 E이다.

80. 뒤 절에서 윈난 아라비카가 앞으로 발전하게 될 것이라는 긍정적인 면을 언급하였으므로, 빈칸에는 이에 대한 근거로 커피 산업의 발전과 시장 수요의 증가에 대한 내용을 제시한 B가 가장 적절하다.

제4부분

81~100번 문제는 지문을 읽고 질문에 알맞은 답을 고르는 문제입니다.

第81到84题是根据下面一段话：

屏风是中国古代一种常见的家具，一般陈设于室内的显著位置，**[81]** 起到分隔、美化及挡风等作用。它与其他家具交相辉映，给人一种和谐、宁静之美。

作为一种传统家具，屏风的历史由来已久。最初的中国古代家具陈设非常简单，但随着物质生活越来越丰富，人们的审美观念也发生了巨大变化。于是，屏风就应运而生了。**[82]** 屏风最早被放置于皇帝宝座后面，以木为框，上裱绛帛，画有龙凤，是帝王的象征。后来屏风发展成为了古代家居装饰中不可或缺的物件。

当时，不是每户人家都能使用得起屏风的。屏风的制作非常讲究，尤其是王公贵族的屏风，多使用云母、水晶、玻璃等材料制作，并用玉石、珐琅、金银等贵重物品作为装饰，可谓极尽奢华。稍微有点儿钱的人家为了显示自家的财力，往往都会摆放这些价值不菲的屏风。

此外，**[83]** 屏风的样式也逐渐发生了改变——从原来的独扇屏发展成多扇屏拼合的曲屏，它可开合，也可折叠。之后还出现了纯粹作为摆设的插屏，娇小玲珑，饶有趣味。

古人还会根据季节变化，使用不同色彩的屏风。在夏季，会选用较淡雅的颜色，使居室显得清新凉爽；而在秋季，则会选用色彩稍鲜艳些的。

作为一个装饰元素，屏风兼具实用和艺术欣赏两方面的功能。它自身的色彩、质地、图案等传达着中式家居的理念，演绎出了中国传统文化的韵味，**[84]** 因此屏风至今仍然被广泛用于现代家居设计中。

병풍은 중국 고대에 흔히 볼 수 있었던 가구로 보통 실내에서 눈에 띄는 위치에 배치되어 **[81]** 공간 분리, 미화 및 바람막이 등의 역할을 했다. 병풍은 다른 가구와 서로 어우러져 조화롭고 편안한 아름다움을 준다.

전통 가구로서 병풍의 역사는 유래가 깊다. 중국 최초의 고대가구 진열은 매우 단순했지만 물질적으로 생활이 풍족해지면서 사람들의 심미관도 크게 달라졌다. 그리하여 병풍이 생겨나게 된 것이다. **[82]** 병풍은 처음에 황제의 보좌 뒤편에 놓아두었는데, 나무로 된 틀에 진홍색 천으로 감싸고 용과 봉황을 그려 넣은 것은 제왕의 상징이었다. 그 후로 병풍은 고대 주거 장식의 필수품으로 발전하였다.

당시 모든 가정이 병풍을 사용할 수 있는 것은 아니었다. 병풍의 제작은 상당히 정교했는데, 특히 높은 벼슬에 있는 귀족들의 병풍은 운모, 수정, 유리 같은 재료를 많이 사용하여 제작했고, 또한 옥석, 법랑, 금은 등의 귀중품이 장식으로 사용되었기 때문에 무척이나 호화스러웠다. 금전적 여유가 좀 있는 사람들은 본인의 재력을 과시하기 위해서 값어치가 나가는 병풍을 세워두기도 했다.

이 밖에 **[83]** 병풍의 모양도 점점 변화했다. 기존의 단폭에서 여러 폭이 접합된 곡병(曲屏)으로 발전했는데, 그것은 펼치고 닫거나 접을 수 있었다. 그 후에는 오직 장식만을 위한 소형 병풍이 등장했는데 아기자기하고 매력적인 정취가 넘쳤다.

옛 사람들은 또 계절 변화에 따라 다양한 색상의 병풍을 사용했는데, 여름철에는 비교적 단아한 색을 선택해서 집에 시원한 느낌을 주었고 가을철에는 조금 화려한 색을 골라 사용했다.

장식적 요소로서 병풍은 실용과 예술 감상 두 방면의 기능을 두루 갖췄다. 병풍 자체의 색깔, 재질, 무늬 등은 중국식 주거 이념을 전하면서 중국 전통문화의 정취를 나타낸다. **[84]** 이 때문에 병풍은 지금까지 여전히 현대 주거 디자인에 광범위하게 사용되고 있다.

지문 어휘 | **屏风** píngfēng 명 병풍 | **常见** chángjiàn 형 흔히 보는, 신기할 것 없는 동 자주 보다, 흔히 있다 | **陈设** chénshè 동 배치하다, 배열하다 | **室内** shìnèi 명 실내 | **显著** xiǎnzhù 형 뚜렷하다, 현저하다, 두드러지다, 돋보이다 ★ | **位置** wèizhì 명 위치 | **分隔** fēngé 동 분리하다, 사이를 두다 | **美化** měihuà 동 미화하다, 아름답게 꾸미다, (나쁜 것을) 미화하다 | **挡风** dǎngfēng 동 바람을 막다 | **作用** zuòyòng 명 역할, 작용 | **交相辉映** jiāoxiānghuīyìng 성 여러 빛이나 색채 따위가 서로 비추다 | **和谐** héxié 형 잘 어울리다, 조화롭다 ★ | **宁静** níngjìng 형 편안하다, 조용하다, 평온하다 | **传统** chuántǒng 형 전통적이다, 대대로 전해진 명 전통 | **由来已久** yóuláiyǐjiǔ 성 유래가 깊다, 유래가 이미 오래되다 | **最初** zuìchū 명 최초, 처음 | **物质** wùzhì 명 물질, 재물 | **审美** shěnměi 명 심미 형 심미적 동 아름다움을 감상하고 평가하다 ★ | **观念** guānniàn 명 관념, 사고 방식 | **巨大** jùdà 형 아주 크다, 아주 많다, 거대하다 | **应运而生** yìngyùn'érshēng 성 천명에 따라 생겨나다, 시대의 요구에 의해서 나오다, 객관적인 형세에 따라 나타나다 | **放置** fàngzhì 동 놓아 두다, 방치하다 | **皇帝** huángdì 명 황제 | **宝座** bǎozuò 명 보좌 | **框** kuàng 명 틀, 테 | **裱** biǎo 동 (서화 따위를) 표구하다 | **绛帛** jiàngbó 명 진홍색 견직물 | **龙凤** lóngfèng 명 용과 봉황 | **帝王** dìwáng 명 제왕, 군주 | **象征** xiàngzhēng 명 상징, 심벌 동 상징하다 | **家居** jiājū 명 주거, 집안 | **装饰** zhuāngshì 명 장식, 장식품 동 장식하다 | **不可或缺** bùkěhuòquē 성 없어서는 안 된다, 필수적이다 | **物件** wùjiàn 명 물건, 물품 | **制作** zhìzuò 동 제작하다, 만들다 | **讲究** jiǎngjiu 동 정교하다, 화려하다 동 중요시 여기다, ~에 주의하다, ~에 신경쓰다 | **王公贵族** wánggōng guìzú 명 높은 벼슬의 귀족 | **云母** yúnmǔ 명 운모(규산염 광물의 한 가지) | **水晶** shuǐjīng 명 수정, 크리스털 | **玉石** yùshí 명 옥, 옥돌, 옥석 | **珐琅** fàláng 명 법랑, 에나멜, 파랑 | **翡翠** fěicuì 명 비취 | **金银** jīnyín 명 금과 은 | **贵重** guìzhòng 형 귀중하다, 중요하다 | **物品** wùpǐn 명 물품 | **可谓** kěwèi 동 ~라고 말할 수 있다, ~라고 할 만하다 | **尽** jìn 동 극치에 달하다, 다 없어지다, 다 사용하다 | **奢华** shēhuá 형 호화스럽다 | **显示** xiǎnshì 동 과시하다, 뚜렷하게 나타내 보이다 | **自家** zìjiā 대 자기, 자기 집 | **财力** cáilì 명 재력, 경제력 | **摆放** bǎifàng 동 진열하다, 배열하다, 나열하다 | **价值不菲** jiàzhí bùfěi 가격이 싸지 않다 | **此外** cǐwài 이 외에, 이 밖에 | **样式** yàngshì 명 모양, 양식, 스타일 | **逐渐** zhújiàn 부 점점, 점차 | **独扇屏** dú shàn píng 단폭 병풍 | **多扇屏** duō shàn píng 여러 폭으로 된 병풍 | **拼合** pīnhé 동 모아서 합치다, 조합하다, 결합하다 | **曲屏** qūpíng 명 곡병 | **开合** kāihé 동 펼쳤다 닫았다 하다, 개폐하다 | **折叠** zhédié 동 접다, 개다 | **纯粹** chúncuì 부 순전히, 완전히 형 순수하다, 깨끗하다 ★ | **摆设** bǎishè 명 장식품, 진열품 동 장식하다, 진열하다 | **插屏** chāpíng 명 탁상용 작은 병풍 | **娇小玲珑** jiāoxiǎolínglóng 성 아기자기하다, 깜찍하다, 작고 정교하다 | **饶有** ráoyǒu 동 많다, 상당하다 | **趣味** qùwèi 명 정취, 취미, 흥미 ★ | **古人** gǔrén 명 옛 사람 | **色彩** sècǎi 명 색채, 색깔 | **选用** xuǎnyòng 동 골라 쓰다 | **淡雅** dànyǎ 형 단아하다, 수수하고 고상하다 | **居室** jūshì 명 집, 방 | **清新** qīngxīn 형 시원하고 새롭다, 신선하다, 참신하다 | **凉爽** liángshuǎng 형 시원하고 상쾌하다 | **稍** shāo 부 조금, 약간, 잠시 | **鲜艳** xiānyàn 형 화려하다, 산뜻하고 아름답다 | **元素** yuánsù 명 요소, 원소 ★ | **兼具** jiānjù 동 두루 갖추다, 겸비하다 | **实用** shíyòng 형 실용적이다 | **欣赏** xīnshǎng 동 감상하다, 마음에 들다 | **功能** gōngnéng 명 기능, 효능 | **质地** zhìdì 명 재질, 재료의 품질 | **图案** tú'àn 명 무늬, 도안 ★ | **传达** chuándá 동 전하다, 표현하다, 나타내다 ★ | **中式** Zhōngshì 형 중국식의, 중국풍의 | **理念** lǐniàn 명 이념 | **演绎** yǎnyì 동 나타내다, 명료하게 하다, 설명하다 ★ | **韵味** yùnwèi 명 정취, 여운, 함축된 의미 | **至今** zhìjīn 부 지금까지, 오늘까지 | **广泛** guǎngfàn 부 광범위하게, 폭넓게 형 광범위하다, 폭넓다 | **设计** shèjì 명 디자인, 설계 동 디자인하다, 설계하다

81

下列哪项不属于屏风的作用?

다음 중 병풍의 역할에 속하지 않는 것은?

A 美化
B 挡风
C 消暑
D 分隔

A 미화
B 바람막이
C 피서
D 공간 분리

보기어휘 消暑 xiāoshǔ 동 더위를 가시게 하다, 피서하다

정답 C

해설 질문의 핵심어는 '作用(역할)'이고, 이 문제와 같이 부정형으로 묻는 경우에는 특히 주의해야 한다. 병풍의 역할에 관한 내용은 첫 번째 단락에서 찾을 수 있는데, '起到分隔、美化及挡风等作用。(공간 분리, 미화 및 바람 막이 등의 역할을 했다.)'이라고 하였으므로 정답은 C이다.

82

屏风最早被放置在什么地方?

병풍은 처음에 어디에 놓아 두었는가?

A 床的两侧
B 客厅入口
C 宫殿门口
D 皇帝宝座后

A 침대 양쪽
B 거실 입구
C 궁전 입구
D 황제의 보좌 뒤

보기어휘 侧 cè 명 편, 곁, 측면 | 宫殿 gōngdiàn 명 궁전 ★

정답 D

해설 질문의 핵심어는 '最早(처음)'와 '放置(놓아 두다)'이다. 이에 관한 내용은 두 번째 단락 중간 부분에서 언급되었는데, '屏风最早被放置于皇帝宝座后面。(병풍은 처음에 황제의 보좌 뒤편에 놓아 두었다.)'이라고 하였으므로 정답은 D이다.

83

第4段主要谈的是:

네 번째 단락이 주로 이야기하는 것은?

A 插屏的颜色
B 屏风的制作
C 屏风样式的变化
D 屏风功能的改变

A 소형 병풍의 색상
B 병풍의 제작
C 병풍의 모양 변화
D 병풍의 기능 변화

정답 C

| 해설 | 질문의 핵심어는 '第4段(네 번째 단락)'이다. 단락의 중심 내용은 주로 단락의 앞부분이나 마지막 부분을 통해 알 수 있는데, 네 번째 단락은 앞부분에서 '屏风的样式也逐渐发生了改变。(병풍의 모양도 점점 변화했다.)'이라고 언급한 뒤 줄표(——)를 사용하여 그에 대한 부연 설명을 하고 있으므로 정답은 C이다. |

84

根据上文，下列哪项正确？

A 屏风体积小
B 屏风至今仍在使用中
C 屏风在古代是财富的象征
D 秋季应使用色彩淡雅的屏风

윗글에 근거해 다음 중 옳은 것은?

A 병풍은 부피가 작다
B 병풍은 지금까지도 여전히 사용되고 있다
C 병풍은 고대에 부의 상징이었다
D 가을철에는 색이 단아한 병풍을 사용해야 한다

보기 어휘	体积 tǐjī 명 부피, 체적 ★	财富 cáifù 명 부, 재산, 자산 ★
정답	B
해설	질문에 제시된 특정 핵심어가 없으므로 각 보기 내용을 먼저 파악한 뒤 지문에서 해당 부분을 찾아야 한다. 보기 순서대로 살펴보면, 병풍의 부피에 관한 내용은 지문에서 언급되지 않았으므로 A는 정답에서 제외된다. 이어서 병풍 사용에 관해서는 마지막 단락에서 '因此屏风至今仍然被广泛用于现代家居设计中。(이 때문에 병풍은 지금까지 여전히 현대 주거 디자인에 광범위하게 사용되고 있다.)'이라고 하였으므로 정답은 B이다.

第85到88题是根据下面一段话：

韩昭侯是战国时期韩国的国君。他平时说话直来直去，经常会无意间泄露一些国家机密，这往往使很多已经部署的计划无法进行。(85) 为此，大臣们都很伤脑筋，却又不敢直接告诉韩昭侯。

在一次退朝之后，一位叫堂溪公的大臣有要事要启奏，韩昭侯应准了。他对韩昭侯鞠了一躬，然后说道："假如有一块儿价值千金的玉，将它做成酒器后却没有底儿，您认为它能盛水吗？"韩昭侯说："不能。"堂溪公又说道："有一只边缘破破烂烂的碗，一文不值，但它不漏，您看它能盛酒吗？"韩昭侯有点不理解地说道："它当然可以啦。"

한소후(韓昭侯)는 전국(戰國)시기 한(韓)나라의 군주였다. 그는 평소 말을 직설적으로 하는 편이라 무의식 중에 국가 기밀을 누설하는 일이 잦았다. 이로 인해 이미 안배된 많은 계획들이 종종 진행되지 못했다. (85) 이 때문에 대신들은 고심했으나 감히 한소후에게 직접 아뢰지는 못했다.

한번은 퇴청 후 당계공(堂溪公)이라는 대신이 아뢸 중요한 일이 있다고 하자 한소후는 이에 응했다. 당계공은 한소후에게 절을 올린 뒤 말했다. "만약 천금의 가치가 있는 옥이 있어 그것으로 술그릇을 만들었는데 그릇 밑이 없다면 물을 담을 수 있겠습니까?" 한소후가 말했다. "담을 수 없다." 당계공은 또 이렇게 말했다. "가장자리가 낡고 해진 그릇이 있는데 아무런 가치가 없어도 그것이 새지 않는다면 술을 담을 수 있겠습니까?" 한소후는 이해가 좀 안 된다는 듯이 대답했다. "당연히 담을 수 있지."

堂溪公因势利导，接着说："这就对了。一个边缘破破烂烂的碗，虽然值不了多少钱，但因为它不漏，所以可以用来装任何美酒；[86] 而一个玉做的酒器，尽管价值连城，但由于它没有底儿，连最基本的水都不能装，更不用说拿来装美酒了。人也是一样，如果一位地位至尊、举止至重的国君，经常泄露国家机密，那么他就好像是那件玉做的酒器，即使再有能力也治理不好国家。"

堂溪公的一番话让韩昭侯茅塞顿开，他连连点头说道：[87]"你说得对！你说得对！"从此以后，在和大臣们一起商议重要计划时，韩昭侯都小心对待，慎之又慎，连晚上睡觉都是独自一人，生怕自己说梦话把计划泄露出去，以致耽误国家大事。

[88] 有智慧的人能从日常琐事中，引出治国安邦的大道理。而能够虚心接受意见、不唯我独尊的人，才是明智的领导者。

당계공은 이 때다 싶어 말을 이어갔다. "그렇습니다. 가장자리가 낡고 해진 그릇은 별 가치는 없어도 새지 않기 때문에 어떤 좋은 술도 담을 수 있지요. [86] 그런데 옥으로 만든 술그릇은 설령 가치가 대단하다 한들 밑이 없기 때문에 가장 기본인 물조차도 담을 수 없습니다. 좋은 술은 더 말할 것도 없겠지요. 사람도 마찬가지입니다. 만일 지위가 지극히 높고 행동 하나하나가 중요한 군주가 시도 때도 없이 국가 기밀을 누설한다면, 그는 마치 옥으로 만든 그 술그릇처럼 아무리 능력이 있어도 나라를 잘 다스리지 못하는 법입니다."

당계공의 말에 한소후는 크게 깨닫고 연신 고개를 끄덕이며 말했다. [87]"그대의 말이 옳다! 옳고 말고!" 그 후로 대신들과 함께 중요한 계획을 논의할 때마다 한소후는 조심히 대처하며 신중에 신중을 기했다. 혹여 자신이 잠꼬대로 계획을 누설해서 국가대사를 그르칠까 싶어 밤에 잠도 혼자 잤다.

[88] 지혜로운 사람은 일상 속의 작은 일에서도 나라를 다스리는 큰 도리를 이끌어낼 줄 안다. 겸손하게 남의 의견을 받아들이고 독선적이지 않은 사람이야말로 현명한 지도자라고 할 수 있다.

지문 어휘 韩昭侯 Hánzhāohóu 고유 한소후(전국 시기 한(韓)나라 군주) | 战国 Zhànguó 고유 전국 시대 | 时期 shíqī 명 시기 | 韩 Hán 고유 한(韓)(주(周)대의 나라 이름) | 国君 guójūn 명 국왕, 임금 | 直来直去 zhíláizhíqù 성 곧바로 갔다 곧바로 돌아오다, 직설적으로, 노골적으로 | 无意间 wúyìjiān 부 모르는 사이에, 무심코 | 泄露 xièlòu 동 (비밀이나 기밀 등을) 누설하다, 폭로하다 | 机密 jīmì 명 기밀, 극비 형 기밀이다, 극비이다 ★ | 部署 bùshǔ 동 안배하다, 배치하다 명 안배, 배치 ★ | 为此 wèicǐ 접 이 때문에, 이를 위해서 | 大臣 dàchén 명 대신, 중신 ★ | 伤脑筋 shāng nǎojīn 골치를 앓다, 골머리를 썩다, 애를 먹다 ★ | 不敢 bùgǎn 동 감히 ~하지 못하다 | 退朝 tuìcháo 동 퇴청하다, 조정을 나오다 | 堂溪公 Tángxīgōng 고유 당계공 | 要事 yàoshì 명 중요한 일, 중요한 사건 | 启奏 qǐzòu 동 왕에게 아뢰다, 상주하다 | 应准 yìngzhǔn 동 허락하다, 허용하다 | 鞠躬 jū gōng 동 허리를 굽혀 절하다 ★ | 价值 jiàzhí 명 가치 | 千金 qiānjīn 형 귀중하다, 진귀하다 명 천금, 많은 돈, 따님 | 玉 yù 명 옥 ★ | 酒器 jiǔqì 명 술그릇, 주기, 주구 | 底儿 dǐr 명 밑, 바닥, 기초, 토대 | 盛 chéng 동 (용기 등에) 물건을 담다 | 边缘 biānyuán 명 가장자리 부분 ★ | 破破烂烂 pòpolànlàn 형 낡다, 해지다 | 一文不值 yìwénbùzhí 아무런 가치가 없다, 보잘것없다 | 漏 lòu 동 새다, 빠지다 | 因势利导 yīnshìlìdǎo 성 사물의 발전 추세에 따라 유리한 방향으로 이끌다 | 装 zhuāng 동 담다, 포장하다 | 价值连城 jiàzhíliánchéng 성 가치가 이어진 성과 같다, 물건이 특별히 가치가 있다, 물품이 매우 귀중하다 | 基本 jīběn 형 기본의, 기본적인, 근본적인 | 地位 dìwèi 명 지위, 위치 | 至尊 zhìzūn 형 지극히 존귀하다 명 지존, 황제 | 治理 zhìlǐ 동 다스리다, 관리하다 ★ | 番 fān 양 회, 차례, 번, 바탕 ★ | 茅塞顿开 máosèdùnkāi 성 띠로 막힌 것 같던 마음이 한 순간에 뚫리다, 문득 깨치다, 마음이 탁 트이다 | 连连 liánlián 부 연신, 끊임없이, 줄곧 | 从此以后 cóngcǐyǐhòu 부 이후로, 이 다음에, 그 뒤로 | 商议 shāngyì 동 논의하다, 상의하다, 협의하다 | 对待 duìdài 동 대하다, 대응하다, 대처하다 | 慎 shèn 형 삼가다, 조심하다, 신중히 하다 | 独自 dúzì 부 혼자서, 홀로, 단독으로 | 生怕 shēngpà 동 몹시 두려워하다, 매우 걱정하다 | 以致 yǐzhì 접 ~이 되다, ~을 가져오다, ~을 초래하다

[주로 나쁜 결과나 원치 않는 일에 쓰임] ★ | 耽误 dānwu 동 (시간을 지체하다가) 일을 그르치다, 시기를 놓치다 | 大事 dàshì 명 대사, 큰일 | 智慧 zhìhuì 명 지혜 | 琐事 suǒshì 명 사소한 일, 자질구레한 일 | 引出 yǐnchū 동 끌어 내다 | 治国 zhìguó 동 나라를 다스리다, 치국하다 | 安邦 ānbāng 동 나라를 평안하게 다스리다 | 大道理 dàdàoli 명 큰 도리, 대원칙 | 虚心 xūxīn 형 겸손하다, 겸허하다 | 唯我独尊 wéiwǒdúzūn 성 유아독존, 세상에서 자기만 잘났다고 뽐내는 태도 | 明智 míngzhì 형 현명하다, 총명하다 ★ | 领导者 lǐngdǎozhě 명 지도자, 리더

85

第1段中，对于韩昭侯的做法，大臣们有何反应?

A 极其愤怒
B 不敢直言
C 极力阻拦
D 认为不影响大局

첫 번째 단락에서 한소후의 행동에 대해 대신들은 어떤 반응을 보였는가?

A 무척 분노하였다
B 감히 직언하지 못했다
C 힘껏 제지하였다
D 대세에 영향을 미치지 않는다고 생각했다

보기 어휘 极其 jíqí 부 무척, 아주, 대단히 | 愤怒 fènnù 형 분노하다 ★ | 直言 zhíyán 동 직언하다, 솔직하게 말하다 | 极力 jílì 부 힘껏, 있는 힘을 다하여 | 阻拦 zǔlán 동 저지하다, 막다 ★ | 大局 dàjú 명 대세, 대국

정답   B

해설   질문의 핵심어는 '第1段(첫 번째 단락)'과 '大臣们(대신들)'이다. 대신들의 반응에 관한 내용은 첫 번째 단락 마지막 부분에서 언급되었는데 '为此，大臣们都很伤脑筋，却又不敢直接告诉韩昭侯。(이 때문에 대신들은 고심했으나 감히 한소후에게 직접 아뢰지는 못했다.)'라고 하였으므로, 여기서 '不敢直接告诉(감히 직접 아뢰지 못하다)'와 동일한 의미를 나타내는 B가 정답임을 알 수 있다.

86

堂溪公把地位显赫却泄露机密的人比作什么?

A 廉价的瓦罐
B 价值连城的宝石
C 有裂缝儿的玉器
D 没底儿的玉质酒器

당계공은 지위가 높으나 기밀을 누설하는 자를 무엇에 비유했는가?

A 저렴한 항아리
B 가치가 대단한 보석
C 금이 간 옥그릇
D 밑이 없는 옥재질의 술그릇

보기 어휘 显赫 xiǎnhè 형 (명성, 권세 등이) 혁혁하다, 대단하다 | 廉价 liánjià 형 저렴하다, 싼 값이다 명 저렴한 가격, 싼 값 | 瓦罐 wǎguàn 명 질항아리 | 裂缝儿 lièfèngr 명 갈라진 금 | 玉器 yùqì 명 옥그릇, 옥기 | 玉质 yù zhì 옥재질

정답   D

해설   질문의 핵심어는 '泄露机密的人(기밀을 누설하는 자)'이다. 당계공이 한소후에게 옥으로 만든 술그릇에 관한 이야기를 하는 내용은 두 번째와 세 번째 단락에서 언급되었는데, 세 번째 단락 마지막 부분을 통해 정답을 찾을 수 있다. '而一个玉做的酒器，尽管价值连城，但由于它没有底儿，~。人也是一样，如果一位地位至尊、举止至重的国君，经常泄露国家机密，那么他就好像是那件玉做的酒器，~。(그런데 옥으로 만든 술그릇은

설령 가치가 대단하다 한들 밑이 없기 때문에 ~ 사람도 마찬가지입니다. 만일 지위가 지극히 높고 행동 하나하나가 중요한 군주가 시도 때도 없이 국가 기밀을 누설한다면, 그는 마치 옥으로 만든 그 술그릇처럼 ~'라고 하였으므로 당계공은 기밀을 누설하는 군주를 옥으로 만든 밑이 없는 술그릇에 비유한 것임을 알 수 있다. 따라서 정답은 D이다.

87

关于韩昭侯，可以知道什么？	한소후에 관해 알 수 있는 것은?
A 知错就改	A 잘못을 알면 바로 고친다
B 以前很谨慎	B 예전에 매우 신중했다
C 依然我行我素	C 여전히 제멋대로이다
D 对堂溪公很不满	D 당계공에게 매우 불만이다

보기 어휘 谨慎 jǐnshèn 형 (언행이) 신중하다, 조심스럽다 | 依然 yīrán 부 여전히 형 의연하다 | 我行我素 wǒxíngwǒsù 성 평소 자기 방식대로 하다, 다른 사람의 비평이나 권고를 받아들이지 않고 자신의 방식을 고집하다

정답 A

해설 질문의 핵심어는 '韩昭侯(한소후)'인데 보기를 통해 지문에서 그의 성격이나 태도에 관한 내용을 살펴봐야 하는 문제임을 알 수 있다. 네 번째 단락에서 당계공의 말을 들은 한소후의 반응에 관해서 언급되었는데, '你说得对! 你说得对! 从此以后，在和大臣们一起商议重要计划时，韩昭侯都小心对待，慎之又慎。(그대의 말이 옳다! 옳고 말고! 그 후로 대신들과 함께 중요한 계획을 논의할 때마다 한소후는 조심히 대처하며 신중에 신중을 기했다.)'이라고 하였으므로 한소후는 자신의 잘못을 깨닫고 즉시 자신의 행동을 고치는 사람임을 알 수 있다. 따라서 정답은 A이다.

88

根据上文，下列哪项正确？	윗글에 근거해 다음 중 옳은 것은?
A 堂溪公很有智慧	A 당계공은 매우 지혜롭다
B 大臣们都很糊涂	B 대신들은 모두 어리석다
C 韩昭侯喜欢收集酒器	C 한소후는 술그릇 수집을 즐긴다
D 金银不能用来做酒器	D 금은으로는 술그릇을 만들 수 없다

보기 어휘 糊涂 hútu 형 어리석다, 멍청하다, 흐리멍덩하다 | 收集 shōují 동 수집하다, 모으다

정답 A

해설 앞의 세 문제의 정답을 찾는 과정을 통해서 당계공은 한소후의 잘못된 행동을 바로 잡기 위해 일부러 옥으로 만든 술그릇에 관한 이야기를 하며 지혜롭고 현명한 방법으로 문제를 해결했음을 알 수 있다. 따라서 정답은 A이다.
이 밖에도, 어떤 유형의 글이든 주제문이 제시된 부분은 반드시 주의 깊게 살펴봐야 하는데, 이 글은 마지막 단락에서 '有智慧的人能从日常琐事中，引出治国安邦的大道理。(지혜로운 사람은 일상 속의 작은 일에서도 나라를 다스리는 큰 도리를 이끌어낼 줄 안다.)'라고 하였으므로, 여기서 언급한 지혜로운 사람이 바로 이야기 속의 당계공임을 역시 알 수 있다.

第89到92题是根据下面一段话：

近年来，在节能减排方面被寄予厚望的新能源汽车——电动汽车已进入到大众的视野中。电动汽车的频繁"抢镜"是否就预示着销售情况良好呢？**[89]** 事实上，这种新能源汽车的推广并没有想象中那么顺利。虽然很多业内人士认为，在补贴、减税等政策的扶持下，新能源汽车的技术水平和产业规模能得到快速地提升，但是作为新兴产物，新能源汽车仍然面临着技术不够成熟等问题。

以电动汽车的电池为例，续航能力差、电池组寿命短以及安全性差是电动汽车在技术领域面临的瓶颈。虽然有专家辩解道："在实验中，电动汽车的续航能力可以达到一箱汽油的行驶里程，电池完成充电仅需一两分钟。"但专家说的这些数据仅限于实验，在现实生活中很难做到。事实上，一辆完全依靠电池提供能源的纯电动汽车每消耗一度电就需要10公斤电池，50度电就要500公斤电池，且500公斤电池所支持的续航里程仅有200多公里。然而一辆普通燃油汽车一箱油50升左右，大约可续航500公里。如果电动汽车想像燃油汽车一样具有500公里续航能力的话，则需要携带更多的电池。可是，对汽车来说，轻量化也是一项重要的节能指标，质量重了，能量消耗自然就多了。**[90]** 这样一来，电动汽车节省能源的优势也就不那么明显了。

此外，电池组寿命短也是目前亟待解决的问题。**[91]** 电芯的单体不一致是影响电池组寿命的主要原因。由于电池的生产链条很长，在生产过程中，从原料到生产线都可能出现偏差，所以很难控制电芯单体的一致性。一般来讲，电动汽车在行驶5年或10万公里后，电池虽然可以继续使用，但续航能力会明显减弱，到时就需要不断地充电，会给出行带来不便。

最后，安全问题是困扰电动汽车产业的最大难题。自磷酸铁锂正极材料研制成功后，业内正逐步用磷酸铁锂电池来代替易燃易爆的钴酸锂电池。但是，磷酸铁锂电池其实也是一个小型炸弹。到目前为止，全世界的电池专家都无法消除并联电池容量超过200安时所带来的爆炸隐患。

마지막으로 안전 문제가 전기 자동차 산업의 최대 난제다. 리튬인산철 양극재 연구 제작에 성공한 이후 업계는 타거나 폭발하기 쉬운 리튬이온 배터리를 리튬인산철 배터리로 점차 대체하고 있다. 하지만 리튬인산철 배터리도 사실 소형 폭탄이나 다름없다. 지금까지 전세계의 배터리 전문가들은 병렬 배터리 용량이 200암페어시를 초과할 때 발생할 수 있는 폭발의 위험을 없애지 못했다.

지문 어휘 节能减排 jiénéng jiǎnpái 에너지 절약 및 온실 가스 감축 | 寄予 jìyǔ 동 (기대, 희망 등을) 걸다, 두다 | 厚望 hòuwàng 명 간절한 기대, 간절한 희망 | 新能源 xīn néngyuán 명 신 에너지, 새로운 에너지 자원 | 电动汽车 diàndòng qìchē 명 전기 자동차 | 大众 dàzhòng 명 대중, 군중 | 视野 shìyě 명 시야 ★ | 频繁 pínfán 형 빈번하다, 잦다 ★ | 抢镜 qiǎngjìng 동 멋진 장면을 포착하여 서둘러 촬영하다, 스포트라이트를 받다, 인기를 독차지하다 | 预示 yùshì 동 예시하다 | 销售 xiāoshòu 동 판매, 매출 동 팔다, 판매하다, 매출하다 | 良好 liánghǎo 형 좋다, 양호하다, 훌륭하다 | 推广 tuīguǎng 동 널리 보급하다, 널리 확대하다 | 想象 xiǎngxiàng 명 상상 동 상상하다 | 业内人士 yènèi rénshì 명 업계 인사, 해당 직종이나 업무 범위 내에 있는 사람 | 补贴 bǔtiē 명 보조금, 수당 ★ | 减税 jiǎnshuì 동 감세하다 | 政策 zhèngcè 명 정책 ★ | 扶持 fúchí 동 부축하다, 돕다, 지지하다 | 产业 chǎnyè 명 산업 | 规模 guīmó 명 규모, 범위 | 快速 kuàisù 형 신속하다, 빠르다 | 提升 tíshēng 동 높이다, 진급시키다, 발탁하다 | 作为 zuòwéi 전 ~의 자격으로서, ~의 신분으로서 동 ~로 삼다, ~로 여기다 | 新兴 xīnxīng 형 신흥의, 새로 일어난 | 产物 chǎnwù 명 산물, 결과 | 面临 miànlín 동 직면하다, 당면하다, 앞에 놓여 있다 | 成熟 chéngshú 형 성숙하다, 무르익다, 완숙되다, 숙련되다 | 以~为例 yǐ~wéi lì ~을 예로 들다 | 电池 diànchí 명 배터리, 전지 | 续航 xùháng 동 항공하다, 연속 운항하다 | 电池组 diànchízǔ 명 배터리팩, 전지팩 | 寿命 shòumìng 명 수명 | 领域 lǐngyù 명 분야, 영역 | 瓶颈 píngjǐng 명 장애, 난관 | 辩解 biànjiě 동 해명하다, 변명하다 ★ | 实验 shíyàn 명 실험 동 실험하다 | 达到 dádào 동 달성하다, 도달하다 | 汽油 qìyóu 명 휘발유, 가솔린 | 行驶 xíngshǐ 동 (차, 배 등이) 통행하다, 달리다, 운행하다 | 里程 lǐchéng 명 이정, 노정 | 充电 chōngdiàn 동 충전하다 | 数据 shùjù 명 데이터 | 仅限于 jǐnxiànyú 동 ~에 한하다, 한정되다 | 现实 xiànshí 명 현실 형 현실적이다 | 依靠 yīkào 동 의존하다, 기대다 ★ | 纯 chún 부 완전히, 순전히 | 消耗 xiāohào 동 (정신, 힘, 물자 등을) 소모하다 ★ | 度 dù 양 킬로와트 | 公斤 gōngjīn 양 킬로그램 | 公里 gōnglǐ 양 킬로미터 | 燃油 rányóu 명 액체 연료(휘발유나 등유 등을 가리킴) | 升 shēng 양 리터 | 大约 dàyuē 부 대략, 아마 | 则 zé 접 ~하면 ~하다, 오히려 | 携带 xiédài 동 휴대하다, 지니다 ★ | 轻量化 qīngliànghuà 경량화 | 指标 zhǐbiāo 명 지표, 수치 ★ | 质量 zhìliàng 명 질량, 품질 | 能量 néngliànghuà 명 에너지 ★ | 优势 yōushì 명 장점, 우세 | 明显 míngxiǎn 형 뚜렷하다, 분명하다, 확연히 드러나다 | 此外 cǐwài 접 이 외에, 그 밖에 | 亟待 jídài 동 시급히 ~을 요하다, 조속히 ~을 기다리다 | 电芯 diànxīn 명 배터리 셀 | 单体 dāntǐ 명 개체 | 一致 yízhì 형 일치하다 | 链条 liàntiáo 명 체인 | 原料 yuánliào 명 원료 | 生产线 shēngchǎnxiàn 명 생산 라인 | 偏差 piānchā 명 편차, 오차 ★ | 控制 kòngzhì 동 장악하다, 점거하다, 통제하다, 억제하다 | 减弱 jiǎnruò 동 약해지다, 약화되다 | 出行 chūxíng 동 외출하다 | 困扰 kùnrǎo 동 귀찮게 굴다, 괴롭히다 | 磷酸铁锂 línsuān tiělǐ 명 리튬인산철 | 正极 zhèngjí 명 (건전지, 축전지의) 양극, 플러스극 | 研制 yánzhì 동 연구 제작하다 | 业内 yènèi 명 업계 내 | 逐步 zhúbù 부 점차 | 代替 dàitì 동 대체하다, 대신하다 | 易燃易爆 yìrán yìbào 형 가연성 높고 폭발하기 쉽다 | 钴酸锂 gǔsuānlǐ 리튬이온 | 小型 xiǎoxíng 형 소형의, 소규모의 | 炸弹 zhàdàn 명 폭탄 | 无法 wúfǎ 동 방법이 없다, 할 수 없다 | 消除 xiāochú 동 없애다, 해소하다, 제거하다 ★ | 并联 bìnglián 명 병렬 연결, 병렬 접속 | 容量 róngliàng 명 용량 | 安 ān 양 암페어(安培)(전류의 세기를 재는 국제 기준 단위의 줄임말) | 爆炸 bàozhà 동 폭발하다, 작렬하다 ★ | 隐患 yǐnhuàn 명 잠복해 있는 위험, 겉에 드러나지 않은 폐해 ★

89

关于新能源汽车, 可以知道什么?

A 发展速度变慢
B 推广陷入困境
C 实验数据不佳
D 还未投入市场

신 에너지 자동차에 관해 알 수 있는 것은 무엇인가?

A 발전 속도가 느려졌다
B 보급에 어려움을 겪고 있다
C 실험 데이터가 좋지 않다
D 아직 시장에 나오지 않았다

보기 어휘 变慢 biàn màn 느려지다 | 陷入 xiànrù 동 (불리한 지경에) 빠지다, 떨어지다 ★ | 困境 kùnjìng 명 곤경, 궁지 | 数据 shùjù 명 데이터, 통계 수치 | 佳 jiā 형 좋다, 아름답다, 멋지다 | 投入 tóurù 동 돌입하다, 뛰어들다, 투입하다 | 市场 shìchǎng 명 시장

정답 B

해설 질문의 핵심어는 '新能源汽车(신 에너지 자동차)'이다. 이는 첫 번째 단락에서 찾을 수 있는데, 중간 부분에서 전환의 어감을 나타내는 '事实上(사실)'이 정답 키워드이다. '事实上, 这种新能源汽车的推广并没有想象中那么顺利。(사실 이런 신 에너지 자동차의 보급은 결코 생각만큼 그리 순조롭지 않았다.)'라고 하였으므로 정답은 B이다.

90

第2段中, 电动汽车与普通燃油汽车的比较说明了:

A 燃油汽车载重量大
B 燃油汽车更值得购买
C 电动汽车续航能力强
D 电动汽车节能优势不明显

두 번째 단락에서 전기 자동차와 일반 휘발유 자동차의 비교가 설명하는 것은:

A 휘발유 자동차는 적재량이 크다
B 휘발유 자동차가 더 구매 가치가 있다
C 전기 자동차는 항속력이 강하다
D 전기 자동차의 에너지 절약 장점이 뚜렷하지 않다

보기 어휘 载重量 zàizhòngliàng 명 적재량

정답 D

해설 질문의 핵심어는 '第2段(두 번째 단락)'과 '普通燃油汽车(일반 휘발유 자동차)'이다. 두 번째 단락 마지막 부분에서 전기 자동차와 일반 휘발유 자동차를 비교하며 가장 핵심이 되는 내용을 언급하였는데, 여기서 결과를 이끌어 내는 '这样(이렇게 되면)'이 정답 키워드이다. '这样一来, 电动汽车节省能源的优势也就不那么明显了。(이렇게 되면 에너지 절약이라는 전기 자동차의 장점도 그다지 뚜렷해 보이지 않게 된다.)'라고 하였으므로 정답은 D이다.

91

电芯单体不一致会影响：

A 电池组寿命
B 电池安全性
C 电池生产链条
D 汽车的灵活性

배터리 셀의 불일치가 영향을 주는 것은:

A 배터리팩의 수명
B 배터리의 안전성
C 배터리의 생산체인
D 자동차의 유연성

[보기어휘] 灵活性 línghuóxìng 명 유연성, 융통성

[정답] A

[해설] 질문의 핵심어는 '电芯(배터리 셀)'과 '不一致(불일치)'이다. 이는 세 번째 단락에서 찾을 수 있는데 단락 앞부분에서 '电芯的单体不一致是影响电池组寿命的主要原因。(배터리 셀의 불일치는 배터리팩 수명에 영향을 주는 중요한 원인이다.)'이라고 하였으므로 정답은 A이다.

92

上文主要谈的是：

A 新能源的利用
B 电动汽车的营销策略
C 新能源汽车的发明过程
D 电动汽车面临的技术难

윗글이 주로 이야기 하는 것은?

A 신 에너지의 이용
B 전기 자동차의 마케팅 전략
C 신 에너지 자동차의 발명 과정
D 전기 자동차가 직면한 기술난

[보기어휘] 利用 lìyòng 동 이용하다, 활용하다 | 营销 yíngxiāo 동 판매하다, 판촉하다, 마케팅하다 | 策略 cèlüè 명 전술, 전략, 책략 ★ | 发明 fāmíng 명 발명 동 발명하다 | 技术难 jìshùnán 기술난

[정답] D

[해설] 주제를 묻는 문제이다. 전체적인 글의 내용을 이해해야 하는데, 각 단락의 중심 내용을 다시 살펴보지 않더라도 앞의 세 문제의 정답을 찾는 과정을 통해 이 글은 주로 신 에너지 자동차, 즉 전기 자동차가 직면한 다양한 문제점에 관해 언급하고 있음을 알 수 있다. 따라서 정답은 D이다.

第93到96题是根据下面一段话：

赵州桥是世界上现存最古老、最完整的敞肩石拱桥。[96]这座桥能屹立1000多年而不倒，主要在于它在建造上有"三绝"。

第一绝——单孔。在中国古代众多的桥梁建筑中，较长的桥梁一般会采用多孔形式，即一座桥会由多个拱组成。这样每个拱的跨度会比较小，以当时的技术来说，多孔很容易修建。[93]但是多孔桥的桥墩小而多，非常不利于舟船的穿行，另外，桥墩长期受水流冲击、侵蚀，容易塌毁。基于这些原因，赵州桥的设计者李春在建造该桥时，采用了单孔的形式，河中无桥墩，也就不会有塌毁的顾虑。赵州桥石拱跨径长达37米，在当时，这可以说是中国桥梁建造史上的空前创举。

第二绝——圆弧拱设计。半圆形拱适用于跨度小或者多孔的桥梁，而大跨度的桥梁若选用半圆形拱会造成桥高坡陡，给车马行人带来非常大的不便。而且拱顶过高的话，施工的危险性也会随之增加。李春考虑到这一点，和工匠们细心研究，采用了圆弧拱的形式，[94]这种形式在大大降低石拱高度的同时，也达到了大跨度的目的。这样就使桥面十分平坦，给车辆和行人通行带来了方便。

第三绝——采用敞肩拱。李春把以往桥梁建筑中采用的实肩拱改为敞肩拱，即在大拱两端各设两个小拱。这种设计具有诸多优点。[95]首先，可以减轻泄洪时对桥的冲击力，提高其安全性。第二，比起实肩拱，敞肩拱可节省大量土石材料，减轻桥身自重，桥身对桥台和桥基的垂直压力和水平推力也会降低，让桥身更加稳固。第三，符合结构力学原理。敞肩拱式结构可减少主拱圈的变形，提高桥梁的承载力和稳定性。第四，可以使桥的造型更加优美。4个小拱均衡对称，大拱与小拱构成了一幅完整的图画，显得桥更加轻巧秀丽，实现了建筑和艺术的完美统一。

수 있다. 넷째, 다리의 조형이 더 아름다워진다. 작은 아치 4개가 대칭으로 균형을 이루고 큰 아치와 작은 아치가 한 폭의 완전한 그림을 구성하여 다리가 더 정교하고 아름답게 보이므로 건축과 예술의 완벽한 통일성을 실현하게 된다.

지문 어휘 | 赵州桥 Zhàozhōuqiáo 자오저우차오, 조주교(趙州橋) | 现存 xiàncún 동 현존하다, 현재 남아 있다 | 古老 gǔlǎo 형 오래되다 | 完整 wánzhěng 형 완벽하다, 완전하다, 온전하다 | 敞肩石拱桥 chǎngjiān shígǒngqiáo 개방식 아치형 돌다리 | 屹立不倒 yìlì bùdǎo 흔들리지 않고 쓰러지지 않다 | 在于 zàiyú 동 ~에 있다, ~에 달려 있다 | 建造 jiànzào 동 건축하다, 세우다 | 三绝 sānjué 세 가지 뛰어난 점 | 孔 kǒng 명 구멍 ★ | 众多 zhòngduō 형 아주 많다 | 桥梁 qiáoliáng 명 교량, 다리 ★ | 建筑 jiànzhù 명 건축물 | 采用 cǎiyòng 동 채택하다, 적합한 것을 골라 쓰다 | 形式 xíngshì 명 형식, 형태 | 跨度 kuàdù 명 기둥 사이의 거리, 경간 | 修建 xiūjiàn 동 건설하다, 건축하다 | 桥墩 qiáodūn 명 교각 | 舟船 zhōuchuán 명 배 | 穿行 chuānxíng 동 (구멍, 틈, 공터 등을) 통과하다, 지나가다 | 长期 chángqī 명 장시간, 장기간 | 水流 shuǐliú 명 물살, 물의 흐름 | 冲击 chōngjī 동 (흐르는 물 등이) 세차게 부딪치다 ★ | 侵蚀 qīnshí 동 침식하다 | 塌毁 tāhuǐ 동 무너지다, 붕괴하다 | 基于 jīyú 전 ~때문에, ~에 근거하다 | 李春 Lǐchūn 고유 이춘 | 顾虑 gùlǜ 명 걱정, 염려 ★ | 跨径 kuàjìng 명 기둥 사이의 거리 | 长达 chǎng dá ~에 달하다 | 史上 shǐshàng 명 역사상 | 空前创举 kōngqián chuàngjǔ 명 전례없는 최초의 시도, 최초의 행동 | 圆弧 yuánhú 명 원호(수학에서 원둘레 또는 기타 곡선 위의 두 점에 의하여 한정된 부분) | 半圆形 bànyuánxíng 명 반원형 | 若 ruò 접 만일, 만약 | 选用 xuǎnyòng 동 (여럿 가운데서) 골라 쓰다, 선용하다 | 坡 pō 명 언덕 ★ | 陡 dǒu 형 가파르다 | 车马 chēmǎ 명 수레와 말, 거마 | 行人 xíngrén 명 행인, 길을 가는 사람 | 拱顶 gǒngdǐng 명 아치의 천장, 돔(dom) | 施工 shīgōng 동 시공하다, 공사하다 | 随之 suízhī 이에 따라 | 工匠 gōngjiàng 명 장인, 공예가 | 细心 xìxīn 형 세심하다, 면밀하다 | 桥面 qiáomiàn 명 교량의 노면 | 平坦 píngtǎn 형 평평하다 ★ | 车辆 chēliàng 명 차량 | 通行 tōngxíng 동 (사람, 차량 등이) 통행하다, 다니다 | 以往 yǐwǎng 명 종전, 이전, 과거, 이왕, 기왕 ★ | 实肩拱 shíjiāngǒng 충복식 아치 | 端 duān 명 (사물의) 끝 ★ | 设计 shèjì 동 설치하다 명 설계 | 诸多 zhūduō 형 많은 | 泄洪 xièhóng 동 (댐 등에서) 홍수를 막기 위해 방수하다 큰물을 흘려보내다 | 冲击力 chōngjīlì 충격, 충격력 | 安全性 ānquánxìng 안정성 | 比起 bǐqǐ ~와 비교하다 | 节省 jiéshěng 동 아끼다, 절약하다 형 검소하다 | 土石 tǔshí 명 돌과 흙 | 桥身 qiáoshēn 명 교량 본체 | 自重 zìzhòng 명 자체 중량, 자중 | 桥台 qiáotái 명 교대, 다리 받침 | 桥基 qiáojī 명 다리 목, 다리 어귀(땅과 맞닿는 다리의 끝 부분) | 垂直 chuízhí 형 수직의 ★ | 推力 tuīlì 명 미는 힘, 추진력 | 降低 jiàngdī 동 줄이다, 낮추다, 내리다 | 稳固 wěngù 형 견고하다, 튼튼하다 | 结构 jiégòu 명 구조, 조직, 짜임새 | 力学 lìxué 명 역학 | 原理 yuánlǐ 명 원리 | 主拱圈 zhǔ gǒngquān 주(主)아치 | 变形 biànxíng 동 변형하다, 모양이 변하다 | 承载力 chéngzàilì 명 적재 능력 | 稳定性 wěndìngxìng 안정성 | 优美 yōuměi 형 우아하고 아름답다, 우미하다 | 均衡 jūnhéng 동 균형이 잡히다, 고르다 | 对称 duìchèn 형 대칭이다 ★ | 构成 gòuchéng 동 구성하다, 이루다 명 구성, 형성 | 图画 túhuà 명 그림, 도화 | 显得 xiǎnde 동 ~하게 보이다, ~인 것 같다 | 轻巧 qīngqiǎo 형 가볍고 정교하다, 깜찍하다 | 秀丽 xiùlì 형 아름답다, 수려하다 | 完美 wánměi 형 완벽하다, 매우 훌륭하다, 완전무결하다 | 统一 tǒngyī 동 통일하다, 하나로 일치되다 형 일치된, 단일한

93

多孔桥的缺点是什么? | 다공식 다리의 단점은 무엇인가?

A 浪费材料
B 维护困难
C 建造时间很长
D 不利于船只航行

A 재료가 낭비된다
B 유지보수가 어렵다
C 건축 시간이 매우 길다
D 배가 드나들기 어렵다

보기 어휘 浪费 làngfèi 동 낭비하다 | 维护 wéihù 동 유지하고 보호하다, 지키다, 수호하다 ★ | 船只 chuánzhī 명 선박, 배 | 航行 hángxíng 동 항해하다, 항행하다, 운항하다 ★

정답 D

해설 질문의 핵심어는 '多孔桥(다공식 다리)'이다. 이는 두 번째 단락에서 언급되었는데, 중간 부분에서 전환의 어감을 나타내는 '但是(하지만)'이 정답 키워드이다. '但是多孔桥的桥墩小而多，非常不利于舟船的穿行。(하지만 다공식 다리는 교각이 작고 많아서 배가 드나들기 어려웠다.)'이라고 하였으므로 배가 드나들기 어렵다는 것이 바로 다공식 다리의 단점임을 알 수 있으므로 정답은 D이다.

94

关于圆弧拱形式设计，下列哪项正确? | 원호(圆弧)형식의 아치 설계에 관해 다음 중 옳은 것은?

A 提高了桥面坡度
B 降低了拱的高度
C 适用于跨度小的桥
D 加大了施工的危险性

A 교량 노면의 경사도를 높인다
B 아치의 높이를 줄인다
C 경간폭이 좁은 교량에 적합하다
D 시공의 위험도를 높인다

보기 어휘 坡度 pōdù 명 경사도, 기울기

정답 B

해설 질문의 핵심어는 '圆弧拱形式设计(원호 형식의 아치 설계)'로 이는 세 번째 단락에서 언급되었다. 단락 마지막 부분에서 자오저우차오의 설계자인 이춘이 원호형 아치 형식을 채택하였다고 하며, 이어서 '这种形式在大大降低石拱高度的同时，也达到了大跨度的目的。(이런 형식이 아치형 돌다리의 높이를 크게 줄이는 한편 경간폭을 넓히는 목적도 달성하였다.)'라고 하였으므로 정답은 B이다.

95

采用敞肩拱的好处是什么? | 개방식 아치의 장점은 무엇인가?

A 利于泄洪
B 增加桥身重量
C 便于行人通行
D 缩小主拱跨度

A 홍수를 막기 위해 방수하는 데 유리하다
B 다리 몸체의 무게를 증가시킨다
C 사람이 통행하는 데 편리하다
D 주(主)아치의 경간폭을 줄인다

| 보기어휘 | 利于 lìyú 동 ~에 이롭다, ~에 도움이 되다 | 便于 biànyú 동 ~에 편하다, ~하기 쉽다 ★ | 缩小 suōxiǎo 동 줄이다, 축소하다

| 정답 | A

| 해설 | 질문의 핵심어는 '敞肩拱(개방식 아치)'이다. 이는 네 번째 단락에서 언급되었는데, 여기서 우선 순위를 나타내는 '首先(먼저)'이 정답 키워드다. '首先，可以减轻泄洪时对桥的冲击力，提高其安全性。(먼저 홍수를 막기 위해 방수할 때 다리에 가해지는 충격을 줄여 안전성이 높아진다.)'이라고 하였으므로 정답은 A이다.

96

最适合做上文标题的是：

A 赵州桥"三绝"
B 圆弧拱的设计原理
C 敞肩拱的神奇之处
D 赵州桥的建造过程

윗글의 제목으로 가장 적합한 것은?

A 자오저우차오(赵州桥)의 '세 가지 뛰어난 점'
B 원호(圆弧)형식의 아치 설계 원리
C 개방식 아치의 신기한 점
D 자오저우차오(赵州桥)의 건축 과정

| 보기어휘 | 神奇 shénqí 형 신기하다, 신비하고 기이하다 ★

| 정답 | A

| 해설 | 제목을 묻는 문제이다. 이 글은 첫 번째 단락에서 제목과 관련된 내용을 찾을 수 있는데, 这座桥能屹立1,000多年而不倒，主要在于它在建造上有"三绝"。(이 다리가 1천여 년간 굳건히 자리를 지키며 무너지지 않을 수 있었던 건 건축에 있어 그것이 '세 가지 뛰어난 점'을 지니고 있기 때문이다.)라고 언급한 문장을 통해 이 글은 자오저우차오(赵州桥)가 지닌 '세 가지 뛰어난 점'을 중점적으로 소개할 것임을 알 수 있다. 따라서 제목으로 가장 적절한 것은 A이다.

第97到100题是根据下面一段话：

大家都深知过度寒冷会给身体造成十分大的危害。但是将降低体温作为一种医疗手段的话，却可以降低心脏病患者术后产生脑部后遗症的风险。

[97] 心脏手术的最大难题在于如何避免患者因缺氧造成的大脑损伤。人体如果缺氧5分钟，就会给大脑造成不可挽回的损伤；缺氧10分钟即可造成脑部神经死亡，导致患者成为"植物人"。心脑外科医生指出，如果在手术中能适当地降低患者体温，就可以减少对脑部的损伤。理由很简单，[100] 体温每降低一摄氏度，氧气的消耗量就会降低5%到8%。为此，很多医学家都提出了冷冻疗法。这种疗法的关键在于循序渐进地降低患者的体温。

지나친 추위는 건강을 크게 해칠 수 있다는 걸 모두 잘 알고 있을 것이다. 그런데 체온 저하를 의료 수단으로 활용하면 수술 후 심장병 환자에게 나타날 수 있는 뇌 후유증 발생 위험을 줄일 수 있다.

[97] 심장 수술의 최대 난제는 산소부족으로 환자에게 나타날 수 있는 대뇌 손상을 어떻게 피할 것인가이다. 인체는 5분간 산소가 부족하면 대뇌에 돌이킬 수 없는 손상을 초래하고, 10분간 산소가 부족하게 되면 뇌 부위 신경이 죽게 되어 환자가 '식물인간'이 될 수 있다. 심뇌혈관계 외과의사들은 수술 시 환자의 체온을 적당히 낮추면 뇌 부위 손상을 줄일 수 있다고 지적한다. 이유는 간단하다. [100] 체온이 1도 내려갈 때마다 산소 소모량은 5~8% 감소한다. 이 때문에 많은 의사들이 냉동요법을 제안한다. 이 치료법의 핵심은 순차적으로 환자 체온을 낮추는 것이다.

(98) 冷冻疗法可以延长手术的安全时间。例如，在成人主动脉被切断或是在儿童先天性心脏病的手术中，需要完全中断患者的血液循环。为此，需要把患者的身体冷冻起来，使其接近冬眠状态。当体温降至16℃时，手术的安全时间为一个小时左右。一位心外科医师说："体温降得越低，我们在进行手术时，安全时间越充裕，手术成功的几率也就越大。"

但是，在延长手术安全时间的同时，过度的寒冷会给患者带来不小的风险。其中，最困难的一个环节就是如何快速地让术后患者的体温回升。冷冻的时间越长，患者术后所需的恢复时间也就越长。患者体温长时间低于正常水平时，产生心室纤维性颤动的风险会比一般手术患者高很多。不仅如此，(99) 医生还指出，低温会破坏血液蛋白，造成患者出现大脑水肿和血凝紊乱。另外，肌肉痉挛和免疫系统的改变等也是冷冻疗法所面临的难题。

[98] 냉동요법은 안전하게 수술할 수 있는 시간을 연장시킨다. 예를 들면, 대동맥이 잘린 성인 또는 선천적 심장병을 앓고 있는 어린이를 수술할 때는 환자의 혈액순환을 완전히 중단시킬 필요가 있다. 이를 위해서는 환자의 몸을 냉동시켜 동면 상태에 가깝도록 만드는 것이 필요하다. 체온이 16℃까지 내려가면 안전하게 수술할 수 있는 시간이 1시간 정도 된다. 한 심장외과 의사는 '체온이 내려갈수록 수술을 진행할 때 안전하게 수술할 수 있는 시간이 늘어나 수술 성공률도 높아진다'고 말했다.

하지만 안전하게 수술할 수 있는 시간이 늘어나는 만큼 지나친 온도 저하는 환자에게 적잖은 위험을 야기한다. 그중 가장 어려운 부분이 바로 수술 후 어떻게 하면 환자의 체온을 빠르게 끌어올릴 수 있느냐 하는 문제다. 냉동시간이 길어질수록 수술 후 환자에게 필요한 회복시간도 길어진다. 환자의 체온이 장시간 정상 수준 아래로 내려가면 심실 카운터쇼크가 발생할 위험이 일반 수술 환자보다 훨씬 높다. 뿐만 아니라 [99] 의사들은 또 저온일 경우 혈액 속 단백질을 파괴해 뇌수종과 혈액 응고 이상을 초래할 수 있다고도 지적했다. 이 밖에 근육 경련과 면역체계 변화 역시 냉동요법이 직면한 과제이다.

지문 어휘

| 深知 shēnzhī 동 매우 잘 이해하다, 깊이 알다 | 过度 guòdù 형 과도하다, 지나치다 ★ | 寒冷 hánlěng 형 춥고 차다, 한랭하다 | 造成 zàochéng 동 초래하다, 야기하다 | 危害 wēihài 명 해, 손상 동 해치다, 손상시키다 | 体温 tǐwēn 명 체온 | 医疗 yīliáo 명 의료 | 手段 shǒuduàn 명 수단, 방법, 수법 | 心脏病 xīnzàngbìng 명 심장병 | 患者 huànzhě 명 환자 ★ | 术后 shùhòu 명 수술 후 | 脑部 nǎobù 명 뇌 부위 | 后遗症 hòuyízhèng 명 후유증 | 风险 fēngxiǎn 명 위험 | 心脏 xīnzàng 명 심장 | 手术 shǒushù 명 수술 동 수술하다 | 避免 bìmiǎn 동 피하다, 면하다, 방지하다 | 缺氧 quē yǎng 명 산소 부족, 산소 결핍 | 大脑 dànǎo 명 대뇌 | 损伤 sǔnshāng 동 손상되다, 상처를 입다, 손해를 입다 | 人体 réntǐ 명 인체 | 不可挽回 bùkěwǎnhuí 돌이킬 수 없다 | 脑部 nǎobù 명 뇌 부위 | 神经 shénjīng 명 신경 | 死亡 sǐwáng 동 죽다, 사망하다, 생명을 잃다 명 사망, 멸망, 파국 ★ | 植物人 zhíwùrén 명 식물인간 | 心脑外科 xīnnǎo wàikē 명 심뇌혈관계 외과 | 摄氏度 shèshìdù 양 섭씨, 섭씨 온도 ★ | 氧气 yǎngqì 명 산소 | 消耗量 xiāohàoliàng 명 소모량 ★ | 为此 wèicǐ 접 이 때문에, 이를 위해서 | 医学家 yīxuéjiā 명 의학자 | 冷冻 lěngdòng 동 냉동하다, 얼리다 | 疗法 liáofǎ 명 요법, 치료법 | 关键 guānjiàn 명 핵심, 관건 형 결정적인 작용을 하는, 매우 중요한 | 循序渐进 xúnxùjiànjìn 성 순차적으로 진행하다, 점차적으로 발전시키다 ★ | 延长 yáncháng 동 연장하다, 늘이다 | 成人 chéngrén 명 성인, 어른 | 主动脉 zhǔdòngmài 명 큰동맥, 대동맥 | 切断 qiēduàn 동 (칼로) 자르다, 썰다 | 先天性 xiāntiānxìng 명 선천성 | 中断 zhōngduàn 동 중단하다, 끊다, 끊기다 ★ | 血液循环 xuèyè xúnhuán 혈액순환 | 接近 jiējìn 동 가까이하다, 접근하다, 친하다 | 冬眠 dōngmián 동 동면하다, 겨울잠을 자다 | 状态 zhuàngtài 명 상태 | 心外科 xīn wàikē 심장외과 | 医师 yīshī 명 의사 | 充裕 chōngyù 형 풍족하다, 여유롭다 | 几率 jīlǜ 명 확률 | 过度 guòdù 형 과도하다, 지나치다 ★ | 风险 fēngxiǎn 명 위험, 모험 | 环节 huánjié 명 부분, 일환 ★ | 快速 kuàisù 형 빠르다, 신속하다 | 回升 huíshēng 동 다시 오르다, 다시 상승하다 | 恢复 huīfù 동 회복하다, 회복되다 | 产生 chǎnshēng 동 발생하다, 생기다, 나타나다 | 心室纤维性颤动 xīnshì xiānwéixìng chàndòng 심실 카운터쇼크 | 指出 zhǐchū 동 지적하

다, 밝히다, 가리키다 | **破坏** pòhuài 동 파괴하다, 손상시키다, 해치다 | **血液蛋白** xuèyè dànbái 혈액 속 단백질 | **大脑水肿** dànǎo shuǐzhǒng 뇌수종 | **血凝** xuè níng 혈액이 응고하다, 피가 엉기다 | **紊乱** wěnluàn 형 무질서하다, 어지럽다, 혼란하다 | **痉挛** jìngluán 동 경련이 일어나다 | **免疫系统** miǎnyì xìtǒng 면역체계

97

根据第2段，下列哪项属于心脏手术的最大难题？

A 手术后苏醒慢
B 体温突然下降
C 缺氧造成的大脑损伤
D 患者很难进入冬眠状态

두 번째 단락에 근거해 다음 중 심장 수술의 최대 난제에 해당하는 것은?

A 수술 후 의식 회복이 늦어지는 것
B 체온이 갑자기 내려가는 것
C 산소 부족으로 나타나게 되는 대뇌 손상
D 환자가 동면상태로 들어서기 어려운 것

보기 어휘 苏醒 sūxǐng 동 의식을 회복하다, 되살아나다, 소생하다 ⭐

정답 C

해설 질문의 핵심어는 '第2段(두 번째 단락)'과 '最大难题(최대 난제)'이다. 두 번째 단락 첫문장에서 '心脏手术的最大难题在于如何避免患者因缺氧造成的大脑损伤。(심장 수술의 최대 난제는 산소부족으로 환자에게 나타날 수 있는 대뇌 손상을 어떻게 피할 것인가이다.)'이라고 하였으므로 정답은 C이다.

98

关于冷冻疗法，下列哪项正确？

A 手术费用昂贵
B 可延长手术的安全时间
C 手术前无需麻醉
D 不适用于先天性心脏病的手术

냉동요법에 관해 다음 중 옳은 것은?

A 수술 비용이 매우 비싸다
B 안전하게 수술할 수 있는 시간을 연장한다
C 수술 전 마취가 필요 없다
D 선천적인 심장병 수술에는 적합하지 않다

보기 어휘 昂贵 ánɡɡuì 형 비싸다 ⭐ | 麻醉 mázuì 동 마취하다 ⭐

정답 B

해설 질문의 핵심어는 '冷冻疗法(냉동요법)'이다. 이는 세 번째 단락에서 찾을 수 있는데, 첫문장에서 '冷冻疗法可以延长手术的安全时间。(냉동요법은 안전하게 수술할 수 있는 시간을 연장시킨다.)'라고 하였으므로 정답은 B이다.

99

下列哪项不是冷冻疗法可能对患者带来的危险?

다음 중 냉동요법이 환자에게 초래할 수 있는 위험이 아닌 것은?

A 肌肉痉挛
B 免疫系统紊乱
C 脑部神经死亡
D 血液蛋白遭破坏

A 근육 경련
B 면역체계 이상
C 뇌 부위 신경이 죽는 것
D 혈액 속 단백질 파괴

보기 어휘 遭 zāo 동 (불행이나 불리한 일을) 당하다, 겪다, 입다, 부닥치다

정답 C

해설 이 문제는 부정형으로 묻고 있으므로 더욱 주의해야 한다. 냉동요법의 위험에 관해서는 마지막 단락에서 언급하고 있는데, '医生还指出，低温会破坏血液蛋白，造成患者出现大脑水肿和血凝紊乱。另外，肌肉痉挛和免疫系统的改变等也是冷冻疗法所面临的难题。(의사들은 또 저온일 경우 혈액 속 단백질을 파괴해 뇌수종과 혈액 응고 이상을 초래할 수 있다고도 지적했다. 이 밖에 근육 경련과 면역체계 변화 역시 냉동요법이 직면한 과제다.)'라고 하였으므로 A, B, D는 모두 냉동요법으로 인해 야기될 수 있는 위험에 속한다고 할 수 있다. 따라서 정답은 C이다. C에 관한 내용은 두 번째 단락에서 缺氧10分钟即可造成脑部神经死亡，导致患者成为"植物人"。(10분간 산소가 부족하게 되면 뇌 부위 신경이 죽게 되어 환자가 '식물인간'이 될 수 있다.)과 같이 언급되었으므로 이는 냉동요법과는 관련이 없다.

100

根据上文，下列哪项正确?

윗글에 근거하여 다음 중 옳은 것은?

A 冷冻疗法对皮肤伤害大
B 降温可减少氧气消耗
C 冷冻疗法关键在于保持体温
D 缺氧5分钟即可造成死亡

A 냉동 요법은 피부에 매우 해롭다
B 체온 저하가 산소 소모량을 감소시킬 수 있다
C 냉동 요법의 핵심은 체온 유지에 있다
D 5분간 산소가 부족하면 바로 사망한다

보기 어휘 伤害 shānghài 동 손상시키다, 상하게 하다 | 保持 bǎochí 동 유지하다, 지키다 | 即可 jíkě 부 ~하면 바로 ~할 수 있다, 바로 가능하다

정답 B

해설 질문에 제시된 특정 핵심어가 없으므로 각 보기 내용을 먼저 파악한 뒤 지문에서 해당 부분을 찾아야 한다. 냉동요법과 피부에 관한 내용은 지문에서 언급되지 않았으므로 A는 정답에서 제외된다. 이어서 체온 저하와 산소 소모량의 관계에 대한 내용은 두 번째 단락에서 언급되었는데 마지막 부분에서 '体温每降低一摄氏度，氧气的消耗量就会降低5%到8%。(체온이 1도 내려갈 때마다 산소 소모량은 5~8% 감소한다.)'라고 하였으므로 정답은 B이다.

HSK 6급 1회 쓰기

101번 문제는 한 편의 글을 읽고 요약쓰기를 하는 문제입니다.

101

- 기억해야 할 기본 정보

    장소1: 한 대학(一所大学)
    인물1: 학생(学生)
    인물2: 나(我)
    인물3: 퇴임한 노교수(退休老教授)
    장소2: 시험지 확인 사무실(查考卷的办公室)

1, 2단락 (이야기의 발단)

①有一所大学开设了一门选修课——大学生心理健康。②选修这门课的学生多得不可思议，不少学生为了选这门课，会早早地坐在电脑前，等学校网站一开启报名通道，就先下手选这门课，晚点儿就选不上了。③难道这些大学生都觉得自己有心理健康问题吗？其实另有隐情。

原来，多年以来，④这门课的试卷几乎一成不变，及格率相当高。⑤也就是说，考试前你向前辈打听打听去年的考试题，按照考试范围复习一下，得高分并不难。这已经是这所大学公开的秘密。

어느 대학에서 '대학생 심리건강'이라는 교양 과목을 개설했는데 이 수업을 신청한 학생이 많았다. 이 수업의 시험 문제는 거의 변하지 않아 통과율이 매우 높았다.

▶ 요약 포인트
① 대학에서 '대학생 심리건강'이라는 수업을 개설했다는 것이 이야기 발단에서 가장 핵심이 되는 내용이므로, 이는 반드시 언급해야 한다.

② '坐'나 '选'과 같이 구체적인 동작 묘사는 생략하고 이 수업을 신청하는 학생이 많다는 핵심 내용만 언급한다.
'晚点儿就选不上了。(조금만 늦어도 수강신청을 할 수 없었다.)'에서 '选不上'과 같이 부정으로 강조한 표현은 가능한 그대로 쓴다.

③ 이 수업과 관련된 비밀이 무엇인지 알려주기 전 궁금증을 유발하는 내용이므로 언급하는 것이 좋다.

④ '一成不变(변함이 없다)'은 '不变'이라는 쉬운 표현으로 바꾼다.

④ ⑤ 시험 문제가 변하지 않아 통과율이 높고 쉽게 높은 점수를 받을 수 있다는 것이 이 대학의 공공연한 비밀이라는 내용은 중요하므로 반드시 언급해야 한다.

▶ 요약

　　一所大学开设了大学生心理健康选修课，选这门课的学生非常多，下手晚了，就选不上。难道学生们都觉得自己有心理问题吗？其实另有隐情。
　　原来，多年以来，这门课的考试卷几乎不变，及格率很高。考试前向前辈打听一下复习范围，就很容易得高分。这已经是这所大学公开的秘密。

지문 어휘 | **所** suǒ 양 개, 하나(학교나 병원을 세는 단위) | **开设** kāishè 동 개설하다, 설립하다 | **门** mén 양 과목, 가지(과목이나 과학 기술을 세는 단위) | **选修课** xuǎnxiūkè 명 교양 과목, 선택 과목 | **心理** xīnlǐ 명 심리 | **不可思议** bùkěsīyì 성 불가사의하다 ★ | **开启** kāiqǐ 동 열다, 개방하다, 시작하다 | **通道** tōngdào 명 채널, 경로 | **下手** xiàshǒu 동 착수하다, 시작하다 | **另有隐情** lìngyǒu yǐnqíng 명 다른 속사정, 말 못할 사실 | **试卷** shìjuàn 명 시험지 | **一成不变** yìchéngbúbiàn 성 법이 한번 정해지면 고칠 수 없다, 변함이 없다, 고정불변하다 | **及格率** jígélǜ 합격률 | **相当** xiāngdāng 부 상당히, 무척 형 상당하다 | **前辈** qiánbèi 명 선배, 연장자 | **打听** dǎting 동 물어보다, 알아보다 | **范围** fànwéi 명 범위 | **公开** gōngkāi 형 공개적인, 터놓은 동 공개하다, 오픈되다 | **秘密** mìmì 명 비밀, 기밀

3, 4단락 (이야기의 전개 1)

　　①我认识一位这所大学的退休老教授，有一次，我拿这个公开的秘密和他开起了玩笑。②我觉得这门选修课的教授懒得不可救药，连一年出一份考卷这样的事情也不愿意做。老教授仔细地听着，然后呵呵地笑起来。他说，其实这位教授很聪明。③老教授让我思考一个问题：大学为什么要开心理健康选修课。他解释说，那就是希望学生们对心理健康知识有个大致的了解。④目前，许多大学生需要心理健康辅导，但他们碍于面子，不愿意承认自己有心理健康问题；或者认为自己心理很健康，根本没必要学。⑤他们就是冲着这门课考试容易通过，才选修的。既然选了，总得去听课，在考试前，总得复习复习。
　　我似乎对老教授的深意有所理解。⑥老教授继续说："如果考试题出得全面，那在准备考试的过程中，学生就能了解一些心理健康的基本知识，这不就达到学习的目的了吗？"可以相信，这张考卷还将不断地使用下去。学生一边考试一边偷着乐，而教

나는 이 대학에서 퇴직한 노교수와 그 공공연한 비밀에 관해 이야기를 나누었다. 노교수는 대학에서 심리건강 수업을 개설한 목적은 학생들이 심리건강에 대한 지식을 이해하도록 하기 위함이라고 말했다. 그 수업은 교수와 학생 서로에게 득이 되는 일이었다.

▶ 요약 포인트

① 새로 등장한 핵심 인물인 노교수(老教授)는 외워둔다.

② 사실로 확인되지 않은 주관적인 생각이나 느낌을 묘사하는 부분은 중요하지 않으므로 생략한다.

③ 대학에서 심리건강 수업을 개설한 목적에 관한 내용은 중요하므로 반드시 언급한다.

④ '碍于面子，不愿意承认自己有心理健康问题。(체면에 구애되어 자신에게 심리적 문제가 있음을 인정하지 않으려 한다.)'와 같은 표현은 '不好意思说出来。(쉽게 말을 하지 못한다.)'와 같이 쉽고 간단하게 표현하면 된다.

⑤ 여기서 '冲着'는 이유를 나타내는 의미로 쓰였으므로 '因为'와 같은 쉬운 표현으로 바꿀 수 있다.

⑥ 직접화법은 간접화법으로 바꾸어 표현한다.
　: 쌍점(：)과 큰따옴표(" ")는 쉼표(，)로 바꾼다.
　: 노교수가 나에게 시험 문제가 변하지 않는 이유를 알려주는 내용이므로 '说'를 '告诉'로 바꾸면 된다.
　: 노교수가 한 말 속의 반어문 '不～吗?'는 일반 평서문으로 바꿀 때 '不'와 '吗'를 삭제하고 물음표(？)는 마침표(。)로 바꾸면 된다.

授也一边看考卷一边偷着乐。⑦这才是一件双赢的事情。

⑦ 여기서 '双赢(양측 모두 이익을 얻다)'을 유사한 의미의 '一举两得(일거양득)'이라는 성어로 표현하면 고득점을 받을 수 있다.

> ▶ 요약
>
> 我认识一位这所大学的退休老教授，他说，这门课的教授很聪明。他认为，开设心理健康课的目的，就是让大学生对心理健康知识有所了解。许多大学生有心理问题，但不好意思说出来；也有很多学生认为自己心理很健康，根本不用学。他们是因为这门课考试容易通过，才报名的。老教授告诉我，如果考卷内容全面，学生就能在复习中了解心理健康的基本知识，这就达到了教学目的。这是一件一举两得的事情。

지문 어휘 **退休** tuìxiū 통 퇴임하다 | **不可救药** bùkějiùyào 성 병이 심해서 치료할 방법이 없다, 만회할 수 없는 지경에 이르다 | **考卷** kǎojuàn 명 시험지 | **仔细** zǐxì 형 세심하다, 주의하다 | **呵呵** hēhē 의성 하하, 허허 | **思考** sīkǎo 통 사고하다, 깊이 생각하다 | **大致** dàzhì 형 대략적인, 대체적인 부 대략, 대체로 ★ | **辅导** fǔdǎo 통 도우며 지도하다, 과외 하다 | **碍于** ài yú ~에 구애되다, ~에 가로막히다 | **面子** miànzi 명 체면, 면목 ★ | **承认** chéngrèn 통 인정하다, 승인하다 | **必要** bìyào 형 필요로 하다, 없어서는 안 되다 명 필요, 필요성 | **冲** chōng 전 ~에 근거하여, ~에 의거하여, ~ 쪽으로, ~을 향하여 | **通过** tōngguò 통 통과되다, 건너가다 | **深意** shēnyì 명 깊은 뜻, 깊은 의미 | **全面** quánmiàn 형 전면적이다, 전반적이다 | **基本** jīběn 형 기본의, 근본적인 | **偷着乐** tōuzhe lè 몰래 기뻐하다, 몰래 즐거워하다 | **双赢** shuāngyíng 통 양측 모두 이익을 얻다

5단락 (이야기의 전개 2)

①不仅如此，这所大学还专门设有一个办公室，让学生去查考卷。②老师和学生齐心协力，看看能不能让没有及格的学生重新找到及格的机会。③我亲戚的孩子小志，就在这所大学读书，他曾经因为差一分半没及格，去这个办公室查过试卷。当天，他起了个大早，但是查考卷的办公室已经人头攒动。排在他前面的学生打了55分，老师说："差5分，太多了。找不回来，你还是下次补考吧，加油！"下面轮到了小志，老师说："差半分问题不大，差一分半我就没把握了。我们一起来试试看吧！"结果他们两个人在考卷上这里找出一点，那里找出一点，终于凑成了及格，然后开开心心地握手告别。

이 대학은 학생들이 시험지를 확인해볼 수 있는 사무실을 따로 마련했다. 내 친척 샤오즈(小志)는 점수가 조금 모자랐는데 교수님의 도움으로 다시 한번 통과의 기회를 얻었다.

> ▶ 요약 포인트
>
> ① 대학에 시험지 확인을 위한 사무실이 마련되어 있다는 것은 중요한 내용이므로 이를 기본적인 문장형식을 사용하여 '大学设有查考卷的办公室。(대학에는 시험지를 확인할 수 있는 사무실이 마련되어 있다.)'와 같이 쉽고 간단하게 표현하면 된다.
>
> ② 시험을 통과하지 못한 학생이 다시 통과의 기회를 얻을 수 있도록 교수가 힘써준다는 내용은 중요하므로 언급해야 한다.
>
> ③ 이야기 전개에서 샤오즈(小志)는 중요한 인물이 아니므로, 그와 관련된 구체적인 내용은 생략해도 된다.
> 이 단락에서 샤오즈의 사례를 들며 전하고자 하는 핵심 내용은 바로 학생의 점수가 합격선에 가까울 경우 교수가 그 학생이 합격할 수 있도록 도와준다는 것이므로 이는 반드시 언급해야 한다.
> 이때, 학생의 점수가 합격선에 가깝다는 내용은 '学生分数接近及格。'와 같이 표현하면 된다.

또한, 교수가 학생이 점수를 얻을 수 있는 부분을 찾아내는 것을 돕는다는 내용은 '老师会帮他们找出可以得分的部分。'과 같이 표현하면 된다.

▶ 요약

　　此外，这所大学还设有一个查考卷的办公室。如果学生分数接近及格，老师会帮他们找出可以得分的部分，重新找回及格的机会。

지문 어휘 专门 zhuānmén 🖼 특별히, 일부러, 전문적으로 🖼 전문적이다 | 设有 shèyǒu 🖼 설치되어 있다 | 查 chá 🖼 확인하다, 검사하다, 조사하다 | 齐心协力 qíxīnxiélì 🖼 한마음 한 뜻으로 함께 노력하다 ⭐ | 及格 jígé 🖼 합격하다 | 人头攒动 réntóucuándòng 사람들로 북적거리다, 사람들이 떼를 지어 움직이다 | 排 pái 🖼 배열하다, 차례로 놓다 | 打分 dǎ fēn 🖼 점수를 매기다 | 补考 bǔ kǎo 🖼 재시험보다 | 轮 lún 🖼 차례가 되다, 순번이 되다, 교대로 하다 | 把握 bǎwò 🖼 가망, 확신 🖼 잡다, 붙들다, 파악하다 | 凑成 còuchéng 🖼 만들다, 지어내다 | 握手 wò shǒu 🖼 악수하다, 손을 잡다 🖼 악수 | 告别 gàobié 🖼 떠나다, 작별 인사를 하다

6단락 (이야기의 결말)

　　这所大学的做法，打破了人们对学校的传统印象。①考试的目的不是难倒学生，而是帮助学生掌握该掌握的知识，达到学校要求的成绩标准。②没达到标准，老师不是批评学生笨，而是帮助学生找回应得的分数，或者鼓励学生再接再厉。③在教学管理上，确实很有人情味儿。

이 대학은 학사 관리 시스템에서 인간미가 넘친다

▶ 요약 포인트

① '该掌握的(숙지해야 할)'나 '学校要求的(학교에서 요구하는)'와 같이 '的'가 들어간 수식 성분은 생략한다.

② 앞 문장에 대한 부연 설명으로 비슷한 내용을 한 번 더 언급하는 부분은 생략한다.

③ 주제를 제시한 문장은 가능한 바꾸지 않고 원문 그대로 쓰는 것이 좋은데, 이 주문에서는 우선 주어가 단락 첫 문장에 제시된 '这所大学的做法(이 대학의 방법)'임을 파악해야 한다. 그런 다음 이를 주제문과 연결 지어 '这所大学在教学管理上的做法，很有人情味儿。(이 대학의 학사관리 방법은 참 인간적이다.)'과 같이 완전한 문장으로 표현해야 한다.

▶ 요약

　　考试的目的不是难倒学生，而是帮助学生掌握知识，达到成绩标准。这所大学在教学管理上的做法，很有人情味儿。

지문 어휘 做法 zuòfǎ 🖼 (일 처리나 물건을 만드는) 방법 | 打破 dǎpò 🖼 깨다, 타파하다, 때려부수다 | 传统 chuántǒng 🖼 전통적이다, 보수적이다 🖼 전통 | 难倒 nándǎo 🖼 괴롭히다, 곤란하게 하다, 당황하게 하다 | 掌握 zhǎngwò 🖼 숙달하다, 정통하다, 장악하다 | 达到 dádào 🖼 달성하다, 이르다 | 应得 yīngdé 🖼 마땅히 얻어야 한다, 받아야 마땅하다 | 分数 fēnshù 🖼 점수 | 再接再厉 zàijiēzàilì 🖼 수탉이 서로 싸울 때, 쪼기 전에 항상 부리를 다듬다, 더욱 더 힘쓰다, 한층 더 분발하다 ⭐ | 人情味儿 rénqíngwèir 🖼 인간미

▶ **글 제목 짓기**

1) 주제문을 이용하자.
   一所有人情味儿的大学 인간미가 넘치는 대학

2) 이야기의 단서가 되는 것을 이용하자.
   公开的秘密 공공연한 비밀

3) 주제와 관련된 핵심어를 이용하자.
   双赢的考试 서로에게 득이 되는 시험

모범 답안

　　　　　　一所有人情味儿的大学
　　一所大学开设了大学生心理健康选修课，选这门课的学生非常多，下手晚了，就选不上。难道学生们都觉得自己有心理问题吗？其实另有隐情。
　　原来，多年以来，这门课的考试卷几乎不变，及格率很高。考试前向前辈打听一下复习范围，就很容易得高分。这已经是这所大学公开的秘密。
　　我认识一位这所大学的退休老教授，他说，这门课的教授很聪明。他认为，开设心理健康课的目的，就是让大学生对心理健康知识有所了解。许多大学生有心理问题，但不好意思说出来；也有很多学生认为自己心理很健康，根本不用学。他们是因为这门课考试容易通过，才报名的。老教授告诉我，如果考卷内容全面，学生就能在复习中了解心理健康的基本知识，这就达到了教学目的。这是一件一举两得的事情。

此外，这所大学还设有一个查考卷的办公室。如果学生分数接近及格，老师会帮他们找出可以得分的部分，重新找回及格的机会。考试的目的不是难倒学生，而是帮助学生掌握知识，达到成绩标准。这所大学在教学管理上的做法，很有人情味儿。

有一所大学开设了一门选修课——大学生心理健康。选修这门课的学生多得不可思议，不少学生为了选这门课，会早早地坐在电脑前，等学校网站一开启报名通道，就先下手选这门课，晚点儿就选不上了。难道这些大学生都觉得自己有心理健康问题吗？其实另有隐情。

原来，多年以来，这门课的试卷几乎一成不变，及格率相当高。也就是说，考试前你向前辈打听打听去年的考试题，按照考试范围复习一下，得高分并不难。这已经是这所大学公开的秘密。

我认识一位这所大学的退休老教授，有一次，我拿这个公开的秘密和他开起了玩笑。我觉得这门选修课的教授懒得不可救药，连一年出一份考卷这样的事情也不愿意做。老教授仔细地听着，然后呵呵地笑起来。他说，其实这位教授很聪明。老教授让我思考一个问题：大学为什么要开心理健康选修课。他解释说，那就是希望学生们对心理健康知识有个大致的了解。目前，许多大学生需要心理健康辅导，但他们碍于面子，不愿意承认自己有心理健康问题；或者认为自己心理很健康，根本没必要学。他们就是冲着这门课考试容易通过，才选修的。既然选了，总得去听课，在考试前，总得复习复习。

　　我似乎对老教授的深意有所理解。老教授继续说："如果考试题出得全面，那在准备考试的过程中，学生就能了解一些心理健康的基本知识，这不就达到学习的目的了吗？"可以相信，这张考卷还将不断地使用下去。学生一边考试一边偷着乐，而教授也一边看考卷一边偷着乐。这才是一件双赢的事情。

　　不仅如此，这所大学还专门设有一个办公室，让学生去查考卷。老师和学生齐心协力，看看能不能让没有及格的学生重新找到及格的机会。我亲戚的孩子小志就在这所大学读书，他曾经因为差一分半没及格，去这个办公室查过试卷。当天，他起了个大早，但是查考卷的办公室已经人头攒动。排在他前面的学生打了55分，老师说："差5分，太多了，找不回来，你还是下次补考吧，加油！"下面轮到了小志，老师说："差半分问题不大，差一分半我就没把握了。我们一起来试试看吧！"结果他们两个人在考卷上这里找出一点，那里找出一点，终于凑成了及格，然后开开心心地握手告别。

　　这所大学的做法，打破了人们对学校的传统印象。考试的目的不是难倒学生，而是帮助学生掌握该掌握的知识，达到学校要求的成绩标准。没达到标准，老师不是批评学生笨，而是帮助学生找回应得的分数，或者鼓励学生再接再厉。在教学管理上，确实很有人情味儿。

하지만, 그들은 체면에 구애되어 자신에게 심리적 문제가 있음을 인정하지 않으려 하거나 자신은 심리적으로 건강하기 때문에 이런 수업을 들을 필요가 전혀 없다고 여긴다. 그들은 이 수업이 시험 통과가 쉽다는 점을 이유로 수강신청을 하는 것이다. 그런데 수강신청을 한 이상 어찌 됐든 수업을 들어야 하고 시험 전에 복습도 해야 한다.

　　나는 노교수님의 깊은 뜻을 알 것 같았다. 노교수님은 이어서 이렇게 말씀하셨다. "전체적인 범위에서 시험 문제를 내면 시험을 준비하는 과정에서 학생들이 심리건강에 대한 기본 지식을 이해하게 되니, 이게 바로 학습의 목적을 달성한 것 아니겠나?" 이 시험지는 앞으로도 계속 사용될 것이라 믿어도 좋다. 학생들은 즐겁게 시험을 보고, 교수님도 시험지를 보며 기분이 좋으니, 이것이야말로 서로에게 득이 되는 일일 것이다.

　　그뿐만 아니라, 이 대학은 학생들이 시험지를 확인해볼 수 있는 사무실을 따로 마련했다. 교수와 학생은 서로 힘을 합쳐 시험에 통과하지 못한 학생이 다시 한번 통과의 기회를 찾을 수 있는지 살펴보았다. 내 친척의 아이인 샤오즈(小志)는 이 대학에서 공부를 하는데, 그는 예전에 1.5점이 부족해 시험을 통과하지 못한 바람에 사무실에 가서 시험지를 확인해본 적이 있다. 그날 샤오즈는 아침 일찍 일어났지만, 시험지 확인 사무실은 이미 인산인해를 이루고 있었다. 그의 앞에 줄을 선 학생은 55점을 받았는데, 교수님은 '5점은 차이가 너무 커서 안 되겠군. 다음 번에 보충시험을 보렴. 힘내!'라고 하셨다. 다음 차례는 샤오즈였다. 교수님은 이렇게 말씀하셨다. "0.5점이면 문제가 되지 않지만, 1.5점이라 장담은 못 하겠구나. 우리 같이 한번 살펴보자!" 결국, 두 사람은 시험지 여기저기에서 조금씩 찾아내 통과를 만들어냈다. 그리고 기분 좋게 악수를 하고 헤어졌다.

　　이 대학의 방법은 사람들이 대학에 대해 가지고 있던 기존의 이미지를 깨뜨렸다. 시험의 목적은 학생들을 괴롭히기 위한 것이 아니라, 학생들이 숙지해야 할 지식을 습득하고 학교에서 요구하는 성적 기준에 도달하도록 돕는 것이다. 기준에 도달하지 못한 경우에도 교수는 학생에게 멍청하다고 꾸짖는 것이 아니라, 점수를 얻을 수 있게 도와주거나 다시 한번 힘을 내도록 격려한다. 학사 관리에서 참으로 인간미가 넘친다고 할 수 있다.

지문 어휘

所 suǒ 양 개, 하나(학교나 병원을 세는 단위) | 开设 kāishè 동 개설하다, 설립하다 | 门 mén 양 과목, 가지(과목이나 과학 기술을 세는 단위) | 选修课 xuǎnxiūkè 명 교양 과목, 선택 과목 | 心理 xīnlǐ 명 심리 | 不可思议 bùkěsīyì 성 불가사의하다 ★ | 开启 kāiqǐ 동 열다, 개방하다, 시작하다 | 通道 tōngdào 명 채널, 경로 | 下手 xiàshǒu 동 착수하다, 시작하다 | 另有隐情 lìngyǒu yǐnqíng 명 다른 속사정, 말 못할 사실 | 试卷 shìjuàn 명 시험지 | 一成不变 yìchéngbúbiàn 성 법이 한번 정해지면 고칠 수 없다, 변함이 없다, 고정불변하다 | 及格率 jígélǜ 합격률 | 相当 xiāngdāng 부 상당히, 무척 형 상당하다 | 前辈 qiánbèi 명 선배, 연장자 | 打听 dǎting 동 물어보다, 알아보다 | 范围 fànwéi 명 범위 | 公开 gōngkāi 형 공개적인, 터놓은 동 공개하다, 오픈되다 | 秘密 mìmì 명 비밀, 기밀 | 退休 tuìxiū 동 퇴임하다 | 不可救药 bùkějiùyào 성 병이 심해서 치료할 방법이 없다, 만회할 수 없는 지경에 이르다 | 考卷 kǎojuàn 명 시험지 | 仔细 zǐxì 형 세심하다, 주의하다 | 呵呵 hēhē 의성 하하, 허허 | 思考 sīkǎo 동 사고하다, 깊이 생각하다 | 大致 dàzhì 형 대략적인, 대체적인 부 대략, 대체로 ★ | 辅导 fǔdǎo 동 도우며 지도하다, 과외 하다 | 碍于 ài yú ~에 구애되다, ~에 가로막히다 | 面子 miànzi 명 체면, 면목 ★ | 承认 chéngrèn 동 인정하다, 승인하다 | 必要 bìyào 형 필요로 하다, 없어서는 안 되다 명 필요, 필요성 | 冲 chòng 전 ~에 근거하여, ~에 의거하여, ~쪽으로, ~을 향하여 | 通过 tōngguò 동 통과되다, 건너가다 | 深意 shēnyì 명 깊은 뜻, 깊은 의미 | 全面 quánmiàn 형 전면적이다, 전반적이다 | 基本 jīběn 형 기본의, 근본적인 | 偷着乐 tōuzhe lè 몰래 기뻐하다, 몰래 즐거워하다 | 双赢 shuāngyíng 동 양측 모두 이익을 얻다 | 专门 zhuānmén 부 특별히, 일부러, 전문적으로 형 전문적이다 | 设有 shèyǒu 동 설치되어 있다 | 查 chá 동 확인하다, 검사하다, 조사하다 | 齐心协力 qíxīnxiélì 성 한마음 한 뜻으로 함께 노력하다 ★ | 及格 jígé 동 합격하다 | 人头攒动 réntóucuándòng 사람들로 북적거리다, 사람들이 떼를 지어 움직이다 | 排 pái 동 배열하다, 차례로 놓다 | 打分 dǎ fēn 동 점수를 매기다 | 补考 bǔ kǎo 동 재시험 보다 | 轮 lún 동 차례가 되다, 순번이 되다, 교대로 하다 | 把握 bǎwò 동 가망, 확신 잡다, 붙들다, 파악하다 | 凑成 còuchéng 동 만들다, 지어내다 | 握手 wò shǒu 동 악수하다, 손을 잡다 명 악수 | 告别 gàobié 동 떠나다, 작별 인사를 하다 | 做法 zuòfǎ 명 (일 처리나 물건을 만드는) 방법 | 打破 dǎpò 동 깨다, 타파하다, 때려부수다 | 传统 chuántǒng 형 전통적이다, 보수적이다 명 전통 | 难倒 nándǎo 동 괴롭히다, 곤란하게 하다, 당황하게 하다 | 掌握 zhǎngwò 동 숙달하다, 정통하다, 장악하다 | 达到 dádào 동 달성하다, 이르다 | 应得 yīngdé 동 마땅히 얻어야 한다, 받아야 마땅하다 | 分数 fēnshù 명 점수 | 再接再厉 zàijiēzàilì 성 수탉이 서로 싸울 때, 쪼기 전에 항상 부리를 다듬다, 더욱 더 힘쓰다, 한층 더 분발하다 ★ | 人情味儿 rénqíngwèir 명 인간미

HSK 6급

실전모의고사
2회

HSK 6급 2회 모의고사 듣기 스크립트

大家好！欢迎参加HSK（六级）考试。
大家好！欢迎参加HSK（六级）考试。
大家好！欢迎参加HSK（六级）考试。

HSK（六级）听力考试分三部分，共50题。
请大家注意，听力考试现在开始。

第一部分
第1到15题请选出与所听内容一致的一项。
现在开始第一题：

1
如果想获得成功，首先要明确自己前进的方向。一个懂得给自己确立目标的人，会更靠近成功。结合实际情况给自己的人生做个整体规划，脚踏实地努力才能更高效地实现目标，生活也会变得充实而有意义。

2
大多数人在玩手机时，总喜欢半躺在沙发上。其实这样我们的后腰是悬空的，上半身的重量全压在腰椎上，此时肌肉韧带处于松弛状态，会失去对腰椎的固定作用。长此以往，容易造成腰椎疾病。

3
董奉是三国时期著名的医生，他给人看病从不收钱，只要求病人痊愈后栽植杏树。天长日久，他家周围竟然种植了10万余株杏树。后来人们就用"杏林春暖"、"誉满杏林"等来称颂医生的高尚品德和高明的医术。

4
汉语词典收录英文字母词的历史有上百年了，收录英文字母词其实已成为汉语词典等工具书通行的做法，1903年出版的《新尔雅》中所收录的"X光线"一词是汉语词典首次收录的英文字母词。

5
如果我们在锻炼时只是采用一种方式，那么经常锻炼的那部分肌肉极易劳损，而没有运动到的肌肉则被忽视。久而久之，很可能导致身体不协调。从心理学角度来看，时常变换锻炼方式会让人觉得更新鲜且容易坚持。

6
吸光尘土是一种新型建筑材料，将其喷在固体表面，白天可以吸收阳光，到了晚上则会发出柔和的蓝光。使用吸光尘土能降低大城市对街道照明设施的需求，从而减少碳排放量。

7
我国各地中药店的名字里大都含有一个"堂"字，如"同仁堂"、"敬修堂"等。据说，古代名医张仲景做官时，曾在自己办公的大堂里治病救人。后来，很多中药店为了怀念他开始使用"堂"字命名，并沿用至今。

8

垂钓时必须聚精会神，这能让人将生活和工作中的琐事、烦心事全都抛在脑后。很多垂钓爱好者认为，钓鱼时静静地坐着等鱼上钩，既可以修身养性，又可以磨炼人的意志。

9

蜜蜂不仅是花儿的朋友，也是人类的朋友。英国科学家所做的研究显示，人类与蜜蜂的"交情"可以追溯到公元前7000年。从那时起，人类就已经开始食用包括蜂蜜在内的蜂类产品了。

10

关于行业的分类，早在唐代就有"三十六行"的记载。后来，随着行业分工越来越细，民间逐渐流传"三百六十行"的行业分类之说。所谓"三百六十行"就是指行业种类多样，"三百六十"只是一个概数。

11

深度旅游不同于传统的走马观花式的团体旅游，它要求旅游者有足够的时间和精力对旅游地进行深入地观察。由于旅行社的团体旅游都是以消费为主，且受到诸多条件限制，所以当前深度旅游主要面对自助游的游客。

12

父母比孩子有更多的人生经验，但不能说他们一定是对的，因为他们可能从过去的经验中得出错误的结论。父母往往忽视孩子自身的兴趣，不考虑实际情况，对孩子要求过高，制定出不切实际的计划。这样会使孩子因压力太大而失去生活的乐趣。

13

在一次颁奖晚会上，一名记者问著名的相声艺术家马三立："在这次获奖者中，您的年纪最大，您怎么看？"他风趣地答道："我这样的年长者与年轻人一同得奖，表示我尚未落伍，且雄心仍在。"话音一落，满堂喝彩。

14

亚洲最长的高铁隧道——沪昆高铁壁板坡隧道全长14.7公里，地跨云南、贵州两省。沪昆高铁已于2016年全线通车，现在，旅客从昆明到上海只需10个小时左右，比过去缩短近30个小时，大大提高了客运效率。

15

室内空气干燥对人体健康不利。因此，最好采取一些措施增加空气湿度。最环保也最省钱的方法，就是在室内养一两盆水生花草。比如在客厅里养一盆常见的睡莲，它不仅能调节室内湿度，还能起到美化房间的作用。

第二部分

第16到30题请选出正确答案。

现在开始第16到20题：

第16到20题是根据下面一段采访：

女：最初你们的创业团队是如何组建的？

男：我们是由一个学生团队起家的，一开始都是一起参加科研项目的同学和一些朋友。但随着队伍不断地壮大，我们便开始寻找有经验的人来做硬件、软件和营销等工作。

女：在企业创办之初，你们遇到的最大困难是什么？

男：最大的困难是筹不到钱。很多投资机构对学生团队的信任度非常低，我们是以学生为主的团队，社会经验特别少，很多人认为学生团队大多数是抱着玩玩的心态，做事不能持之以恒。还有一个困难就是不太了解市场营销。实验室里研究的产品只追求效果，而不用考虑成本、产品稳定性等问题，但是一旦要把实验室产品转变为在市场上销售的商品，就要考虑到成本、供应链、市场接受度等更多实质性的东西了。

女：你们目前已研发完成的智能睡眠眼罩具体有哪些功能呢？

男：首先，睡觉前戴上这款眼罩，进入睡眠状态时，眼罩上的三个电极就会开始监测人的睡眠状态以及精力恢复情况；其次，眼罩旁边设置了一个传导耳机，睡觉之前可以用耳机听一些舒心的音乐；另外，在你睡觉的过程中，眼罩还会根据脑电波的情况进行一些特定的声波刺激，达到延长深度睡眠时间的效果。

女：可以和我们透露一下你们的发展目标和前景吗？

男：在未来的三到五年内，我们主要会做两件事。第一，把整个睡眠监测的硬件系统做好，并建立一个睡眠标准平台；第二，要将硬件系统推广出去，然后把所有和睡眠相关的企业、服务提供商以及用户都整合到这个平台上。

16 关于该团队创建的情况，可以知道什么？

17 创业初期男的为什么融不到资？

18 男的认为实验室产品有什么问题？

19 关于智能睡眠眼罩，下列哪项正确？

20 未来三到五年，男的要做什么？

第21到25题是根据下面一段采访：

女：您最新出演的这部电影正在热映。听说这部电影是由一部文学作品改编的，您看过原版的小说吗？

男：看过，而且看了很多遍。小说的结尾有点悲情，但编剧将其改成了温馨的结局，所有人都将那些恩恩怨怨放下了，然后在一起幸福地生活。

女：您这次饰演了一位盲人推拿师，听说片头那双给卡车司机推拿的手就是您的，技法很专业，是为了拍电影专门去学的吗？

男：是的，专业推拿师的手腕要比普通人的手腕灵活得多，为了能演到神似，我特意去学了一套手腕灵活操。现在我懂得推拿时要像揉面一样，从丹田、腰部发力，手接触到皮肤时，就能顺着肌肉走，把整个肌肉都悬起来。

女：您把盲人这个角色演得惟妙惟肖，您是怎么做到的呢？

男：其实作为一个视力正常的人，想要演好盲人就必须真切地去感受他们的生活状态。导演在选定角色之后带着所有主创人员到北京盲人学校体验生活。我们在训练室真实地体验了盲人的生活，经过一段时间，慢慢学会了在黑暗中行走，在别人的指引下，按照既定线路穿越拱门，跨越障碍等。老师们还给我们讲解了盲人的生活常态以及盲杖的使用方法，这些都对角色的塑造有着非常大的帮助。

女：您在拍摄过程中最大的收获是什么？

男：我发现，盲人虽然眼睛看不到，但内心是光明的。通过和盲人一起感受生活中美好的事物，我对生活更加充满期待，这是我拍完这部电影所获得的最宝贵的东西。

21　关于这部电影，可以知道什么？

22　电影的开头男的为谁做推拿？

23　男的认为怎样才能演好盲人这个角色？

24　男的觉得拍摄这部电影最大的收获是什么？

25　根据这段采访，下列哪项正确？

第26到30题是根据下面一段采访：

女：此次亚运会你将以大满贯的身份出战，与过去相比，现在的你有什么不同？

男：我为自己感到骄傲。我在国家队用了十多年证明自己是男子单打组中教练首选的运动员之一。我曾经参加过几次奥运会，这次是我第三次代表中国男单参加亚运会，我的目标是创造后人难以超越的纪录。

女：奥运史上，连续参加三四届的先例屡见不鲜，但是能够始终保持高水平的几乎没有。

男：没错！在羽毛球这个项目中，每一场比赛消耗的体能和精力都非常大，和其他项目是完全不一样的，特别是男子单打，非常辛苦。我在过去十多年的职业生涯中，已经把我最好的竞技状态都展现了出来。只要我继续打，对很多年轻人来说就是一种激励。一个运动员一辈子没有几次能代表祖国参加奥运会和亚运会，我格外珍惜。但我相信这绝不是我人生的终点。

女：你的父母也将前往亚运会赛场观看比赛。我们知道，过去你父母很少到现场看你比赛，这次有他们到场，是否会觉得更心安？

男：是的，他们都会到场，这样我的压力也会减轻不少。因为我知道，不管结果如何，他们都会一如既往地支持我。家人的爱是最无私的，这让我时刻能感受到温暖。

女：35岁的你对幸福的理解是什么？

男：我觉得幸福不在于你住多大的房子、拥有多少财富。也许通过你的努力拥有了这些之后，会有一种成就感，但那种成就感并不一定就是幸福感。我觉得幸福是家人的爱，比如他们默默的支持和鼓励。

26 男的如何评价现在的自己？
27 男的认为自己对年轻人有什么作用？
28 男的对奥运会和亚运会有什么看法？
29 男的认为幸福是什么？
30 关于男的，下列哪项正确？

第三部分

第31到50题请选出正确答案。

现在开始第31到33题：

第31到33题是根据下面一段话：

　　在太空中由于失重，用水时会比较复杂，而且也很奇妙，比如，宇航员在太空刷牙的方式与在地面差不多，但漱口水要吐在纸上丢弃。因为一旦液体渗出，就会像泡泡一样在太空舱里到处"晃悠"，难以回收，所以刷牙时需要小心。早在"天空实验室"空间站里，宇航员就可以淋浴了，但那时他们只能用浸有清洁液的湿毛巾擦身，并不是真正意义上的淋浴。近年来，有的宇宙飞船装备了可供真正淋浴的太空浴室。其实太空浴室就是一个直径不足一米的密封塑胶浴桶，宇航员在里面打开喷头，就会有温水喷下，随后的步骤和地球上淋浴是一样的。但一切都完毕后，需要利用真空吸管吸走身上及桶内的泡沫和水。随着科技不断地发展，外太空的生活水平在不断提高，科学家们将会为宇航员创造出更加舒适的工作环境。

31 为什么宇航员刷牙时要小心？
32 以前在"天空实验室"空间站里宇航员是怎样洗澡的？
33 关于太空浴室，可以知道什么？

第34到37题是根据下面一段话：

很多心理学家表示，人在5岁之前就已经形成了对自我的感知。一个研究所为了证实这个说法进行了一项实验，检测300多名5岁儿童对自我的感知，实验方法非常简单，就是让孩子们做一个词语联想的游戏。研究人员让他们先选择一面代表自己的旗子，随后想象一些词汇与之相联系，譬如好或坏。结果发现，孩子们更倾向于将自己与正面的词汇联系在一起。该研究表明，人对自我的感觉是固有的，孩子们在开始读书之前就已经形成了这种心理。心理学家对这个结论表示认可并指出，5岁儿童就可以充分理解他们自身的一些积极特质，比如个子高、会认字等。该研究团队会在未来的30年对这些儿童进行追踪研究，看看5岁时的自我感知是否会与未来的心理健康状况，以及集体生活的适应情况有所联系。

34 心理学家认为人们对自我的感知可能形成于什么时候？

35 研究人员用哪种方法测量儿童对自我的感知？

36 根据这段话，所谓积极特质指的是什么？

37 下列哪项属于研究团队追踪研究范围？

第38到40题是根据下面一段话：

人类很早就用各种浓汤作为调味品来增加食物的鲜味，而且通过蒸发海带汤得到了很鲜的谷氨酸钠，这就是味精的主要成分。很多人认为味精是化工品，虽然在菜里加入味精会增加食物的鲜味，但吃多了对身体不好。但事实并非如此，最初的味精是水解蛋白质纯化后得到的，而现代工业生产中，则是利用能分泌谷氨酸的细菌发酵出来的，发酵的原料是淀粉、甜菜、甘蔗等，这其实跟醋、盐、糖、酱油差不多，生产过程中并不使用化学原料。如果醋、盐、糖、酱油被认为是无害的，那么味精也应该被视为天然产物。尽管很多人仍然对味精的安全性存在着疑问，多项实验却证明味精并没有危害性。只有个别实验发现，在服用大剂量的情况下，会在某种非常敏感的动物体内产生神经性毒素，但这种剂量是人类从食物中摄入量的好几十倍。

38 早先人们通过什么方式得到了谷氨酸钠？

39 关于味精的现代生产过程可以知道什么？

40 根据这段话，下列哪项正确？

第41到43题是根据下面一段话：

　　许多餐厅为了营造一种轻松舒适的氛围，除了会保持整洁的环境外，还会在顾客用餐时播放背景音乐。用餐时听优美的轻音乐可让大脑交感神经变得兴奋，消化腺分泌的消化液增多，消化道的蠕动加快，促进营养物质的吸收。而且音乐的快慢还会影响咀嚼的速度，慢节奏可以使人细嚼慢咽，这样更有助于消化食物，减轻肠胃的负担。如今，为了让顾客在享受美食的同时还能舒缓紧张的神经，越来越多的餐厅开始注重背景音乐。不过，需要注意的是背景音乐的选择应该个性化，要根据餐厅的经营特色、生意状况和消费群体的欣赏习惯等选择播放最合适的音乐。

41　餐厅为什么要播放背景音乐？

42　根据这段话，下列哪项是听慢节奏音乐的功效？

43　餐厅在选择背景音乐时需要注意什么？

第44到46题是根据下面一段话：

　　有一所名牌大学，其毕业生的就业率一直在全国名列前茅。一些研究人员对该校进行了研究，发现这所学校有一个特别的传统。一直以来，该校新生入学后的第一堂课就是让大家了解可乐瓶的用途。在课堂上，学生们明白了最为常见的可乐瓶不仅能做成笔筒，还可以当花盆。把它剪开以后，还可以做成装饰品。把下面减掉，又可以当做漏斗。此外，在瓶身开个洞，还可以做成简易的储蓄罐。
　　通过这堂课，学生们明白了一个平凡的可乐瓶竟然有这么多的用途，更何况我们人呢？任何一种用途都足以让一个人生活下去。因而从这所学校毕业的学生，无论他们的处境如何，他们都会对未来充满希望。

44　符合该校毕业生特点的一项是？

45　新生入学后的第一堂课讲的是什么？

46　根据这段话，下列哪项正确？

第47到50题是根据下面一段话：

　　有一天，我路过一个果树园，看见一个果农正在给果树施肥，果农在离果树两米左右的地方挖了一个坑，然后把肥料埋下去。我好奇地问："为什么把肥料放在这么远的地方？这样树能汲取到营养吗？"

　　果农笑着说："如果把肥料直接堆放到树的根部，果树的生长就会受到影响。"我更不解了，问道："把肥料直接堆放到根部，果树不是能更好地吸收肥料的养分，更有利于成长吗？"果农风趣地说："这种'饭来张口，衣来伸手'的生活，只会让果树失去自力更生的动力。"

　　果农见我还是一头雾水，于是继续解释："你想，把肥料直接堆放在根部，那么树根就会停留在原地，吸收现成的养分，而不会向更深、更远的地方探索，甚至会萎缩。树根不牢固，树也就长不高。"

　　人生也是如此。正是有了一段追求的距离，一段憧憬的距离，才能有奋斗的激情，才能更成功。

47　说话人对什么感到好奇？

48　把肥料放到树的根部有什么坏处？

49　这段话中"饭来张口，衣来伸手"是什么意思？

50　这段话主要想告诉我们什么？

听力考试现在结束。

HSK 6급 2회 모의고사 정답

一、听力

第一部分
1. D 2. A 3. B 4. B 5. B 6. C 7. A 8. C 9. D 10. D
11. C 12. C 13. D 14. C 15. D

第二部分
16. B 17. B 18. C 19. D 20. A 21. C 22. B 23. D 24. C 25. C
26. B 27. C 28. D 29. C 30. A

第三部分
31. A 32. C 33. D 34. C 35. D 36. B 37. A 38. A 39. C 40. C
41. D 42. A 43. A 44. A 45. B 46. B 47. D 48. B 49. C 50. C

二、阅读

第一部分
51. D 52. C 53. A 54. B 55. A 56. C 57. D 58. C 59. B 60. A

第二部分
61. B 62. D 63. A 64. D 65. D 66. A 67. B 68. C 69. C 70. C

第三部分
71. C 72. A 73. E 74. B 75. D 76. B 77. A 78. E 79. C 80. D

第四部分

81. B 82. B 83. D 84. C 85. D 86. C 87. D 88. B 89. D 90. C
91. C 92. A 93. B 94. C 95. A 96. B 97. A 98. B 99. D 100. B

三、书写

101.

行行出状元

　　他初中毕业后就到城市打工，进城后不久就找到了一份保洁工作。公司免费提供食宿，工资是800元，他负责擦玻璃。因为保洁工作很辛苦，工资又低，他的同事换了一批又一批，而他却不怕脏、不怕累，一干就是五年。
　　一转眼，他已经二十多岁了。五年来，他为这座城市的很多写字楼等场所服务过。他工作认真负责，受到了客户的称赞，许多客户专门请他保洁，他也与客户成为了朋友。
　　有新员工问他，保洁工作工资低，为什么不换个工作。他说，会换的。不久后，他用攒了多年的工资，开了一家快餐店。虽然这个行业竞争激烈，但是因为他以前的客户都来捧场，所以他的生意越做越火。此外，他的快餐店还提供送餐服务。
　　后来，他的快餐连锁店遍布城市的每一个角落，他的资产超过千万。有记者问他是如何做到的。他说，因为他曾经擦过好几年玻璃，并且擦得很好。
　　所谓"行行出状元"，如果有强烈的责任感和坚持不懈的精神，就有可能成为行业中的明星。只要干一行爱一行，在哪个行业都能做出成绩。

HSK 6급 2회 듣기

제1부분
1~15번 문제는 단문을 듣고 일치하는 내용을 고르는 문제입니다.

1

如果想获得成功，首先要明确自己前进的方向。一个懂得给自己确立目标的人，会更靠近成功。结合实际情况给自己的人生做个整体规划，脚踏实地努力才能更高效地实现目标，生活也会变得充实而有意义。

A 要敢于探索
B 要有良好的心态
C 做事要有原则
D 成功要有目标和规划

사람이 성공하고 싶으면 우선 자신이 나아갈 방향을 명확하게 해야 한다. 스스로에게 목표를 확립시킬 줄 아는 사람은 성공에 더 가까워질 수 있다. 실제 상황과 결부시켜 자신의 인생에 전체적인 계획을 세워 착실하게 노력해야만 목표를 더 효율적으로 실현할 수 있고 생활도 충실해지고 의미 있어진다.

A 용감하게 탐색하라
B 좋은 마음가짐을 가져라
C 일을 할 때는 원칙이 있어야 한다
D 성공하려면 목표와 계획이 있어야 한다

지문 어휘 明确 míngquè 동 명확하게 하다, 확실하게 하다 형 명확하다, 확실하다 | 前进 qiánjìn 동 앞으로 나아가다, 발전하다 | 确立 quèlì 동 확립하다, 수립하다 ★ | 靠近 kàojìn 동 가까이 가다, 접근하다 형 가깝다 | 结合 jiéhé 동 결부하다, 결합하다 ★ | 整体 zhěngtǐ 명 전체, 전부 | 规划 guīhuà 명 발전 계획, 기획 동 기획하다, 계획하다 | 脚踏实地 jiǎotàshídì 성 일하는 것이 착실하고 견실하다 ★ | 高效 gāoxiào 형 고효율의, 높은 효능의 | 实现 shíxiàn 동 실현하다, 달성하다 | 充实 chōngshí 형 충실하다, 충분하다 동 충족시키다, 강화하다 ★ | 意义 yìyì 명 의의, 의미, 뜻

보기 어휘 敢于 gǎnyú 동 용감하게 ~하다, 대담하게 ~하다 | 探索 tànsuǒ 동 탐색하다, 탐구하다 ★ | 良好 liánghǎo 형 좋다, 양호하다, 훌륭하다 | 心态 xīntài 명 심리 상태 ★ | 原则 yuánzé 명 원칙 부 원칙적으로

정답 D

해설 4개의 보기에 공통적으로 포함된 '要(~해야 한다)'를 통해 화자의 관점을 묻는 문제임을 유추할 수 있다. 녹음 중간 부분에서 '一个懂得给自己确立目标的人，会更靠近成功。(스스로에게 목표를 확립시킬 줄 아는 사람은 성공에 더 가까워질 수 있다.)'이라는 문장과 그 뒤에 이어진 '给自己的人生做个整体规划，脚踏实地努力才能更高效地实现目标。(자신의 인생에 전체적인 계획을 세워 착실하게 노력해야만 목표를 더 효율적으로 실현할 수 있다.)'를 듣고, 화자는 성공하려면 목표와 계획을 세워야 함을 강조하고 있음을 알 수 있으므로 정답은 D이다.

2

　　大多数人在玩手机时，总喜欢半躺在沙发上。其实这样我们的后腰是悬空的，上半身的重量全压在腰椎上，此时肌肉韧带处于松弛状态，会失去对腰椎的固定作用。长此以往，容易造成腰椎疾病。

A 半躺姿势很伤腰
B 脊椎变形很容易治疗
C 运动可以缓解压力
D 玩儿手机会导致视力下降

　　대다수 사람들은 휴대폰을 사용할 때 소파에 반쯤 누운 자세를 선호한다. 사실 이렇게 하면 등허리가 뜨고 상반신의 무게가 전부 요추를 누르게 되는데, 이 때 근육 인대는 느슨한 상태가 되어 요추에 대한 고정 역할을 하지 못하게 된다. 이런 상태가 계속되면 요추 질환을 야기하기 쉬워진다.

A 반쯤 누운 자세는 허리를 상하게 한다
B 경추 변형은 치료하기 쉽다
C 운동은 스트레스를 완화시킬 수 있다
D 휴대폰 사용은 시력 저하를 야기한다

지문 어휘 后腰 hòuyāo 명 등허리 | 悬空 xuánkōng 동 허공에 뜨다, 결말이 나지 않다 ☆ | 上半身 shàngbànshēn 명 상반신 | 重量 zhòngliàng 명 무게, 중량 | 腰椎 yāozhuī 명 요추 | 肌肉 jīròu 명 근육 | 韧带 rèndài 명 인대 | 松弛 sōngchí 형 늘어지다, 느슨하다, 헐겁다 동 느슨하게 하다, 이완하다 | 状态 zhuàngtài 명 상태 | 失去 shīqù 동 잃다, 잃어버리다 | 固定 gùdìng 형 고정되다, 불변하다 동 고정하다 | 长此以往 chángcǐyǐwǎng 계속 이 상태로 나아가다, 이런 식으로 나아가다 | 造成 zàochéng 동 (좋지 않은 결과를) 초래하다, 야기하다 | 疾病 jíbìng 명 질병, 질환

보기 어휘 姿势 zīshì 명 자세, 모양 | 脊椎 jǐzhuī 명 척추, 척추골 ☆ | 变形 biànxíng 동 변형하다, 모양이 변하다 | 治疗 zhìliáo 동 치료하다 | 缓解 huǎnjiě 동 완화시키다, 호전시키다 | 导致 dǎozhì 동 (어떤 사태를) 야기하다, 초래하다, 가져오다 | 视力 shìlì 명 시력 | 下降 xiàjiàng 동 떨어지다, 낮아지다, 내리다

정답 A

해설 첫 문장 '大多数人在玩手机时，总喜欢半躺在沙发上。(대다수 사람들은 휴대폰을 사용할 때 소파에 반쯤 누운 자세를 선호한다.)'과 이 문장 바로 뒤에 이어진 전환의 어감을 나타내는 '其实(사실)'를 통해 화자는 소파에 반쯤 누운 자세로 휴대폰을 사용하게 되면 일어날 수 있는 문제점을 중점적으로 언급할 것임을 유추할 수 있다. 마지막 문장에서 '长此以往，容易造成腰椎疾病。(이런 상태가 계속되면 요추 질환을 야기하기 쉬워진다.)'이라고 하였으므로 정답은 A이다.

3

　　董奉是三国时期著名的医生，他给人看病从不收钱，只要求病人痊愈后栽植杏树。天长日久，他家周围竟然种植了10万余株杏树。后来人们就用"杏林春暖"、"誉满杏林"等来称颂医生的高尚品德和高明的医术。

　　동봉(董奉)은 삼국시대의 유명한 의사로, 그는 사람들에게 진찰을 해주며 돈을 받은 적이 없는데 다만 환자에게 병이 나으면 살구나무를 심어달라고 부탁했다. 시간이 흘러 동봉의 집 주변에는 놀랍게도 살구나무가 무려 10만 여 그루가 심어졌다. 후세사람들은 '행림춘난(杏林春暖, 살구나무 숲에 봄이 가득하다)', '예만행림(譽滿杏林, 살구나무 숲에 명예가 가득하다)'과 같은 말로 동봉 선생의 고상한 품성과 뛰어난 의술을 칭찬했다.

A 杏树营养价值高 B "杏林"成了医界的别称 C 董奉种了很多杏树 D 董奉出身于医学世家	A 살구나무는 영양가치가 높다 B '행림'은 의학계의 별칭이 되었다 C 동봉은 많은 살구나무를 심었다 D 동봉은 의사집안 출신이다

지문 어휘 董奉 Dǒng Fèng 고유 동봉(董奉)(오(吳)나라의 의사) | 三国 Sānguó 고유 삼국(위(魏), 촉(蜀), 오(吳) 세 나라가 병립하던 시기) | 时期 shíqī 명 시기 | 痊愈 quányù 동 병이 낫다, 치유되다, 완쾌되다 | 栽植 zāizhí 동 재배하다 ★ | 杏树 xìngshù 명 살구나무 | 天长日久 tiānchángrìjiǔ 성 오랜 시간이 지나다, 오랜 세월이 지나다 | 杏林 xìnglín 명 행림, 살구나무 숲 | 杏林春暖 xìnglínchūnnuǎn 살구나무 숲에 봄이 가득하다, 의술이 매우 뛰어남을 비유하는 말 | 誉满杏林 yù mǎn xìnglín 살구나무 숲에 명예가 가득하다, 의술이 매우 뛰어남을 비유하는 말 | 称颂 chēngsòng 동 칭송하다, 칭찬하다, 찬미하다 | 高尚 gāoshàng 형 고상하다, 품위 있다, 우아하다 ★ | 品德 pǐndé 명 인품과 덕성, 품성 ★ | 高明 gāomíng 형 뛰어나다, 고명하다 명 고명한 사람 ★ | 医术 yīshù 명 의술, 의료 기술

보기 어휘 营养 yíngyǎng 명 영양 | 价值 jiàzhí 명 가치 | 别称 biéchēng 명 별칭, 별명 | 出身 chūshēn 동 어떤 신분을 갖고 있다 명 신분, 출신 ★ | 医学 yīxué 명 의학 | 世家 shìjiā 명 (전문 기술을) 대대로 계승하는 집안, 명문

정답 B

해설 녹음 앞부분에서 소개된 동봉(董奉)에 관한 이야기 내용을 이해하면 더 쉽게 풀 수 있는 문제이다. 동봉의 집 주변에 수많은 살구나무가 심어졌다고 하였으므로, 동봉은 그 나무 수만큼 많은 환자들의 병을 낫게 해 준 의술이 뛰어난 의사였음을 알 수 있다. 이어서 마지막 부분에서 后来人们就用"杏林春暖"、"誉满杏林"等来称颂医生的高尚品德和高明的医术. (후세사람들은 '행림에 봄이 따뜻하다(杏林春暖)', '행림에 명예가 가득하다(譽滿杏林)'와 같은 말로 동봉선생의 고상한 품성과 뛰어난 의술을 칭찬했다.)를 듣고, 훗날 '杏林(행림, 살구나무 숲)'이 의사의 의술이 뛰어남을 비유하는 말로 쓰이게 되었음을 알 수 있으므로 정답은 B이다.

4

汉语词典收录英文字母词的历史有上百年了，收录英文字母词其实已成为汉语词典等工具书通行的做法，1903年出版的《新尔雅》中所收录的"X光线"一词是汉语词典首次收录的英文字母词。	한어사전(漢語詞典)에 영문 알파벳 단어가 수록된 역사는 수백 년에 이른다. 알파벳 단어 수록은 사실 이미 한어사전 등 공구서(工具書)에서 통용되고 있는 방법이다. 1903년 출판된 《신이아(新爾雅)》에 수록되어 있는 'x-rays(엑스선)'이 한어사전에 처음으로 수록된 알파벳 단어다.
A 字母应用范围广 B《新尔雅》最早收录英文字母词 C 词典开始收录方言 D 汉语词典已改版了很多次	A 알파벳은 응용범위가 넓다 B《신이아(新爾雅)》가 최초로 영문 알파벳 단어를 수록했다 C 사전이 방언을 수록하기 시작했다 D 한어사전은 여러 차례 개정되었다

지문 어휘 汉语词典 Hànyǔ cídiǎn 한어사전, 중국어 사전 | 收录 shōulù 동 수록하다, 싣다 | 字母词 zìmǔcí 알파벳 단어 | 工具书 gōngjùshū 명 공구서, 도구서, 참고 도서 | 通行 tōngxíng 동 통용되다, 통행하다, 유행하다 | 出版 chūbǎn 동 출판하다, 발행하다, 출간하다 | 新尔雅 Xīn'ěryǎ 고유 신이아(중국어 사전 이름) | X光线 Xguāngxiàn 명 X선, 엑스레이 | 首次 shǒucì 명 처음, 최초

보기 어휘 应用 yìngyòng 동 응용하다, 이용하다 형 응용, 실용 | 范围 fànwéi 명 범위 | 方言 fāngyán 명 방언, 사투리 ★ | 改版 gǎibǎn 동 개정하다, 개판하다

| 정답 | B |

해설　녹음 마지막 부분에서 1903年出版的《新尔雅》中所收录的"X光线"一词是汉语词典首次收录的英文字母词. (1903년 출판된 《신이아(新爾雅)》에 수록되어 있는 'x-rays(엑스선)'이 한어사전에 처음으로 수록된 알파벳 단어다.)라고 하였으므로 정답이 B임을 알 수 있다. 여기서 '首次(처음)'와 '最早(최초)'는 유사한 표현임을 알아두자.

5

如果我们在锻炼时只是采用一种方式，那么经常锻炼的那部分肌肉极易劳损，而没有运动到的肌肉则被忽视。久而久之，很可能导致身体不协调。从心理学角度来看，时常变换锻炼方式会让人觉得更新鲜且容易坚持。

만약 우리가 운동할 때 한 가지 방법만 사용하게 되면 항상 운동하게 되는 그 부위의 근육은 아주 쉽게 손상되는 반면 운동이 되지 않는 근육은 소홀하게 된다. 이런 식으로 계속되면 신체의 부조화를 초래할 가능성이 크다. 심리학적 관점에서 보면 운동 방법을 자주 바꿔주는 것은 사람들에게 더 새로운 기분을 느끼게 하고 (운동을) 지속하기 쉽게 한다.

A 锻炼对肌肉不好
B 锻炼方式要多样
C 锻炼姿势要正确
D 锻炼贵在坚持

A 운동은 근육에 좋지 않다
B 운동 방법은 다양해야 한다
C 운동 자세는 정확해야 한다
D 운동은 꾸준히 하는 게 중요하다

지문 어휘　**方式** fāngshì 명 방법, 방식, 패턴 | **肌肉** jīròu 명 근육 | **极易** jí yì 아주 쉽게, 매우 수월하게 | **劳损** láosǔn 동 과로로 인해 손상되다 | **忽视** hūshì 동 소홀히 하다, 경시하다, 무시하다 | **久而久之** jiǔ'érjiǔzhī 성 오랜 시일이 지나다, 긴 시간이 지나다 | **心理学** xīnlǐxué 명 심리학 | **角度** jiǎodù 명 각도, 관점 | **时常** shícháng 부 늘, 자주, 항상 | **变换** biànhuàn 동 바꾸다, 변환하다 | **新鲜** xīnxiān 형 새롭다, 신선하다, 싱싱하다

보기 어휘　**多样** duōyàng 형 다양하다 | **姿势** zīshì 명 자세, 모양, 형 | **贵在** ~guì zài ~이 중요하다, 중요한 것은 ~이다

| 정답 | B |

해설　화자는 운동 방법에 대한 자신의 관점을 언급하고 있다. 녹음 앞부분과 마지막 부분을 집중해서 들어야 하는데, 앞부분의 '如果我们在锻炼时只是采用一种方式，那么经常锻炼的那部分肌肉极易劳损。(만약 우리가 운동할 때 한 가지 방법만 사용하게 되면 항상 운동하게 되는 그 부위의 근육은 아주 쉽게 손상된다.)'과 마지막 부분의 '时常变换锻炼方式会让人觉得更新鲜且容易坚持。(운동 방법을 자주 바꿔주는 것은 사람들에게 더 새로운 기분을 느끼게 하고 (운동을) 지속하기 쉽게 한다.)'를 듣고 화자는 운동을 할 때 여러 가지 방법을 취할 것을 강조하고 있음을 알 수 있으므로 정답은 B이다.

6

吸光尘土是一种新型建筑材料，将其喷在固体表面，白天可以吸收阳光，到了晚上则会发出柔和的蓝光。使用吸光尘土能降低大城市对街道照明设施的需求，从而减少碳排放量。

A 吸光尘土会污染环境
B 吸光尘土能够吸收月光
C 吸光尘土可以照明
D 吸光尘土制作工序复杂

스타패스(Starpath)는 일종의 신형 건축자재로, 그것을 고체 표면에 뿌리면 낮에 햇빛을 흡수했다가 밤이 되면 은은한 푸른 빛을 발산한다. 스타패스 사용이 거리 조명시설에 대한 대도시의 수요를 낮춰 탄소 배출량을 줄일 수 있다.

A 스타패스는 환경을 오염시킨다
B 스타패스는 달빛을 흡수할 수 있다
C 스타패스는 조명을 밝힐 수 있다
D 스타패스는 제작 공정이 복잡하다

지문 어휘 吸光尘土 xīguāng chéntǔ 명 스타패스(Starpath)(스프레이식 도로 코팅제) | 新型 xīnxíng 형 신형의, 신식의 | 建筑 jiànzhù 동 건축하다, 건설하다, 세우다 명 건축물 | 喷 pēn 동 내뿜다, 분출하다 | 固体 gùtǐ 명 고체 ★ | 表面 biǎomiàn 명 표면, 겉 | 吸收 xīshōu 동 흡수하다, 빨아들이다, 받아들이다 | 发出 fāchū 동 발산하다, 뿜어 내다 | 柔和 róuhé 형 부드럽다, 연하고 부드럽다, 온화하다 ★ | 蓝光 lánguāng 푸른 빛, 블루 레이(blue-ray) | 降低 jiàngdī 동 낮추다, 내리다, 줄이다 | 照明 zhàomíng 동 조명하다, 비추다 | 设施 shèshī 명 시설 | 需求 xūqiú 명 수요, 필요 ★ | 从而 cóng'ér 접 그리하여, 따라서 | 碳 tàn 명 탄소 | 排放量 páifàngliàng 배출량

보기 어휘 污染 wūrǎn 동 오염시키다, 오염되다 | 月光 yuèguāng 명 달빛 | 制作 zhìzuò 동 제작하다, 만들다, 창작하다 | 工序 gōngxù 동 제작 공정, 제조 절차

정답 C

해설 4개의 보기에 공통적으로 포함된 '吸光尘土(스타패스)'를 통해 지문은 이에 대해 소개하는 내용임을 유추할 수 있다. 녹음 마지막 부분의 '使用吸光尘土能降低大城市对街道照明设施的需求.(스타패스 사용이 거리 조명시설에 대한 대도시의 수요를 낮출 수 있다.)'를 듣고 스타패스가 조명 기능을 지니고 있음을 알 수 있으므로 정답은 C이다.

7

我国各地中药店的名字里大都含有一个"堂"字，如"同仁堂"、"敬修堂"等。据说，古代名医张仲景做官时，曾在自己办公的大堂里治病救人。后来，很多中药店为了怀念他开始使用"堂"字命名，并沿用至今。

A 中国的中药店名多带"堂"字
B 张仲景不喜欢在家坐诊
C 张仲景很喜欢"堂"字
D 张仲景是"同仁堂"的创始人

중국 각지의 한약방 이름에는 '동인당(同仁堂)', '경수당(敬修堂)'처럼 대부분 '당(堂)'자가 들어가 있다. 듣자 하니, 고대 명의였던 장중경(張仲景)이 관직에 있을 때 본인이 업무를 보던 관공서 정청(大堂, 정무를 보는 건물)에서 환자를 치료했다고 한다. 그 후로 많은 한약방에서 그를 기리며 '당(堂)'자를 사용하여 이름을 짓기 시작한 것이 오늘날까지 이어지게 된 것이다.

A 중국의 한약방 이름에는 '당(堂)'자가 많이 들어간다
B 장중경은 집에서 진료를 보는 것을 싫어했다
C 장중경은 '당(堂)'자를 매우 좋아했다
D 장중경이 '동인당(同仁堂)'의 창업주이다

| 지문 어휘 | 中药店 zhōngyàodiàn 명 한약방 | 同仁堂 Tóngréntáng 고유 동인당(약국 이름) | 敬修堂 Jìngxiūtáng 고유 중수당 (약국 이름) | 据说 jùshuō 동 들리는 말에 의하면 ~라 한다, 전해지는 말에 의하면 ~라 한다 | 古代 gǔdài 명 고대 | 名医 míngyī 명 명의 | 张仲景 Zhāng Zhòngjǐng 고유 장중경(張仲景)(중국 후한(後漢)의 의학자) | 做官 zuòguān 동 관직에 오르다, 관리가 되다 | 大堂 dàtáng 명 옛날 관공서의 정청(正廳), 법정 | 治病 zhìbìng 동 병을 고치다, 질병을 치료하다 | 救人 jiùrén 동 사람을 구하다, 다른 사람의 어려운 처지를 구제해 주다 | 命名 mìng míng 동 이름 짓다, 명명하다 ★ | 沿用 yányòng 동 계속하여 사용하다, 계속하여 따르다 | 至今 zhìjīn 부 오늘까지, 지금까지

보기 어휘: 坐诊 zuòzhěn 동 (의사, 한의사가 고정된 장소에서) 진료를 하다 | 创始人 chuàngshǐrén 명 창업주, 창립인, 창시자

정답: A

해설: 첫 문장에서 바로 정답과 관련된 핵심 내용을 언급하고 있는데, 我国各地中药店的名字里大都含有一个 "堂" 字。(중국 각지의 한약방 이름에는 대부분 '당(堂)'자가 들어가 있다.)라고 하였으므로 정답은 A이다.

8

垂钓时必须聚精会神，这能让人将生活和工作中的琐事、烦心事全都抛在脑后。很多垂钓爱好者认为，钓鱼时静静地坐着等鱼上钩，既可以修身养性，又可以磨炼人的意志。

A 钓鱼技巧很重要
B 钓鱼对眼睛有害
C 钓鱼可使人忘记烦恼
D 湖里不易钓鱼

낚시할 때는 반드시 정신을 집중해야 하는데 이는 사람들에게 생활과 업무에서의 자질구레한 일과 걱정거리를 전부 잊어버리게 해 준다. 낚시 애호가들은 낚시를 할 때 가만히 앉아 입질을 기다리는 것이 심신을 수양할 수 있는 한편 의지도 단련할 수 있다고 여긴다.

A 낚시할 때는 테크닉이 중요하다
B 낚시를 하는 것은 눈에 해롭다
C 낚시는 걱정거리를 잊게 해 준다
D 호수에서 낚시를 하는 것은 쉽지 않다

지문 어휘: 垂钓 chuídiào 동 낚시질하다, 낚싯대를 드리우다 | 聚精会神 jùjīnghuìshén 성 정신을 집중하다, 열중하다 ★ | 琐事 suǒshì 명 자질구레한 일, 사소한 일 | 烦心事 fánxīnshì 걱정거리, 근심스러운 일, 짜증나는 일 | 抛 pāo 동 던지다, 버려두다, 버리다 | 爱好者 àihàozhě 명 애호가 | 钓鱼 diàoyú 동 낚시하다 | 上钩 shàng gōu 동 낚싯바늘에 걸리다, 속임수에 빠지다 | 修身养性 xiūshēnyǎngxìng 성 심신을 수양하다 | 磨炼 móliàn 동 단련하다, 연마하다, 갈고 닦다 | 意志 yìzhì 명 의지 ★

보기 어휘: 技巧 jìqiǎo 명 테크닉, 기교, 기예 ★ | 有害 yǒuhài 동 해롭다, 유해하다

정답: C

해설: 4개의 보기에 공통적으로 포함된 '钓鱼(낚시하다)'를 통해 녹음은 낚시에 관한 내용임을 유추할 수 있다. 첫 문장에서 정답과 관련된 핵심 내용이 언급되었는데, '垂钓时必须聚精会神，这能让人将生活和工作中的琐事、烦心事全都抛在脑后。(낚시할 때는 반드시 정신을 집중해야 하는데 이는 사람들에게 생활과 업무에서의 자질구레한 일과 걱정거리를 전부 잊어버리게 해 준다.)'라고 하였으므로 정답은 C이다.

9

　　蜜蜂不仅是花儿的朋友，也是人类的朋友。英国科学家所做的研究显示，人类与蜜蜂的"交情"可以追溯到公元前7000年。从那时起，人类就已经开始食用包括蜂蜜在内的蜂类产品了。

A 蜂类产品出现于近代
B 人们不太喜欢蜜蜂
C 蜂蜜有防癌的作用
D **人类食用蜂蜜历史悠久**

　　꿀벌은 꽃의 친구일 뿐만 아니라 인류의 친구이기도 하다. 영국 과학자들이 수행한 연구에 따르면 인류와 꿀벌의 '우정'은 기원전 7,000년으로 거슬러 올라간다고 한다. 그때부터 이미 인류는 벌꿀을 비롯한 벌 관련 제품을 식용하기 시작했다.

A 벌 관련 제품은 근대에 생겨났다
B 사람들은 꿀벌을 별로 좋아하지 않는다
C 벌꿀은 암 예방 효과가 있다
D **인류가 벌꿀을 식용한 역사는 오래되었다**

지문 어휘 蜜蜂 mìfēng 명 꿀벌 | 人类 rénlèi 명 인류 | 科学家 kēxuéjiā 명 과학자 | 显示 xiǎnshì 동 뚜렷하게 나타내 보이다, 분명하게 표현하다 | 交情 jiāoqing 명 우정, 친분 | 追溯 zhuīsù 동 강의 근원지를 향해 거슬러 올라가다, 사물의 근본으로 거슬러 올라가 살피다 ★ | 公元前 gōngyuánqián 기원전 | 食用 shíyòng 동 식용하다, 먹다 형 식용의 | 包括 bāokuò 동 포함하다, 포괄하다 | 蜂蜜 fēngmì 명 벌꿀 | 在内 zàinèi 동 안에 포함하다, 내포하다 | 蜂类产品 fēnglèi chǎnpǐn 꿀벌과 관련된 제품

보기 어휘 近代 jìndài 명 근대 | 防癌 fáng'ái 암을 예방하다 | 悠久 yōujiǔ 형 유구하다, 아득하게 오래다

정답 D

해설 보기 내용을 통해 지문은 '蜜蜂(꿀벌)'과 '蜂蜜(벌꿀)'에 관한 내용임을 유추할 수 있다. 녹음 중간 부분의 人类与蜜蜂的"交情"可以追溯到公元前7000年。(인류와 꿀벌의 '우정'은 기원전 7,000년으로 거슬러 올라간다.)과 그 뒤에 바로 이어진 '从那时起，人类就已经开始食用包括蜂蜜在内的蜂类产品了。(그때부터 이미 인류는 벌꿀을 비롯한 벌 관련 제품을 식용하기 시작했다.)'를 듣고 인류가 아주 오래 전부터 벌꿀을 식용했음을 알 수 있다. D의 '历史悠久(역사가 유구하다)'가 바로 지나온 시간이 길고 오래되었음을 의미하므로 정답은 D이다.

10

　　关于行业的分类，早在唐代就有"三十六行"的记载。后来，随着行业分工越来越细，民间逐渐流传"三百六十行"的行业分类之说。所谓"三百六十行"就是指行业种类多样，"三百六十"只是一个概数。

A 三百六十行是国家规定的
B 三十六行的记录始于明代
C 三十六行不包括珠宝行
D **三百六十行泛指社会分工**

　　업종 분류에 관해 일찍이 당(唐)대에 '삼십육항(36行)'이 있었다는 기록이 있다. 훗날 업종 분업이 갈수록 세분화되어감에 따라 민간에서는 360항으로 업종을 분류했다는 설이 점점 퍼져 나왔다. 이른바 '삼백육십항(360行)'은 업종이 다양하다는 것을 가리키며 '360'은 단지 대략적인 수에 불과하다.

A 삼백육십항은 국가가 규정한 것이다
B 삼십육항에 대한 기록은 명(明)대부터 시작되었다
C 삼십육항은 보석 업종을 포함하지 않는다
D **삼백육십항은 넓게는 사회 분업을 가리킨다**

지문 어휘 | **行业** hángyè 명 업종, 직종, 직업 | **分类** fēnlèi 동 분류하다 | **唐代** Tángdài 고유 당대, 당나라 | **三十六行** sānshíliùháng 성 36항, 36개의 직업, 여러 가지 업종을 두루 이르는 말 | **记载** jìzǎi 명 기록, 사료 동 기재하다, 기록하다 ★ | **分工** fēngōng 동 분업하다, 분담하다 | **民间** mínjiān 명 민간 ★ | **逐渐** zhújiàn 부 점점, 점차 | **流传** liúchuán 동 세상에 널리 퍼지다, 대대로 전해 내려오다 | **三百六十行** sānbǎiliùshíháng 명 360항, 갖가지 직업 | **说** shuō 명 학설, 주장, 이론 | **所谓** suǒwèi 명 이른바, 소위 ~라는 것은 | **种类** zhǒnglèi 명 종류 | **多样** duōyàng 형 다양하다 | **概数** gàishù 명 대략적인 수, 어림 수

보기 어휘 | **记录** jìlù 명 기록 동 기록하다 | **始于** shǐyú ~에 시작되다, ~에서 비롯되다 | **明代** Míngdài 고유 명대, 명나라 | **珠宝** zhūbǎo 명 진주와 보석, 보석류 | **泛指** fànzhǐ 동 넓게는 ~을 가리키다, 총괄하여 ~을 가리키다

정답 | D

해설 | 녹음에서 '三十六行(삼십육항)'과 '三百六十行(삼백육십항)'을 잘 구분해서 들어야 하는데, 첫 문장에서 '삼십육항'은 당(唐)대의 기록이라고 하였으므로 B는 정답에서 제외된다. 마지막 문장 所谓 "三百六十行" 就是指行业种类多样, "三百六十" 只是一个概数. (이른바 '삼백육십항(360行)'은 업종이 다양하다는 것을 가리키며 '360'은 단지 대략적인 수에 불과하다.)를 듣고, 여기서 '行业种类多样(업종이 다양하다)'이 바로 D의 '社会分工(사회 분업)'을 가리키는 것임을 알 수 있으므로 정답은 D이다.

11

深度旅游不同于传统的走马观花式的团体旅游，它要求旅游者有足够的时间和精力对旅游地进行深入地观察。由于旅行社的团体旅游都是以消费为主，且受到诸多条件限制，所以当前深度旅游主要面对自助游的游客。

A 老年人不适合深度游
B 团体旅游不够安全
C 深度游需要充足的时间
D 自助游费用比较昂贵

썬두요우(深度遊, 주제가 있는 심도 여행)는 수박겉핥기 식의 전통적인 단체 패키지여행과는 달리 여행자에게 충분한 시간과 에너지를 들여 여행지를 깊이 있게 관찰할 것을 요구한다. 여행사의 패키지 여행은 소비 위주인데다 여러 가지 조건이 제한적이기 때문에 오늘날 썬두요우는 주로 자유 여행객을 대상으로 한다.

A 노인들에게는 썬두요우가 적합하지 않다
B 단체 패키지 여행은 별로 안전하지 않다
C 썬두요우는 충분한 시간이 필요하다
D 자유 여행은 경비가 비싸다

지문 어휘 | **深度旅游** shēndù lǚyóu 썬두요우, 주제가 있는 심도 여행, 테마 여행 | **传统** chuántǒng 형 전통적이다, 보수적이다 명 전통 | **走马观花** zǒumǎ guānhuā 말 타고 가면서 꽃구경하다, 수박겉핥기 식이다, 대강 훑어보다 | **团体** tuántǐ 명 단체, 집단 ★ | **旅游者** lǚyóuzhě 명 관광객, 여행객 | **足够** zúgòu 형 충분하다, 만족하다 | **观察** guānchá 동 관찰하다, 살피다 | **旅行社** lǚxíngshè 명 여행사 | **消费** xiāofèi 동 소비하다 | **诸多** zhūduō 형 많은, 여러 가지의 | **限制** xiànzhì 동 제한하다, 한정하다, 규제하다 명 제한, 한정 | **当前** dāngqián 명 오늘, 현재, 현 단계 동 직면하다 | **面对** miànduì 동 마주 보다, 마주 대하다, 직면하다 | **自助游** zìzhùyóu 명 자유 여행 | **游客** yóukè 명 여행객, 관광객

보기 어휘 | **充足** chōngzú 형 충분하다, 충족하다 | **昂贵** ánguì 형 비싸다 ★

정답 | C

해설 | 녹음은 패키지 여행과의 비교를 통해 썬두요우(深度遊)의 특징에 대해 주로 소개하고 있는데, 중간 부분에서 '它要求旅游者有足够的时间和精力对旅游地进行深入地观察. (그것(썬두요우)은 여행자에게 충분한 시간과 에너지를 들여 여행지를 깊이 있게 관찰할 것을 요구한다.)'라고 하였으므로 정답은 C이다. 여기서 '足够(충분하다)'와 '充足(충분하다)'는 유의어임을 알아두자.

12

父母比孩子有更多的人生经验，但不能说他们一定是对的，因为他们可能从过去的经验中得出错误的结论。父母往往忽视孩子自身的兴趣，不考虑实际情况，对孩子要求过高，制定出不切实际的计划。这样会使孩子因压力太大而失去生活的乐趣。

A 父母不能溺爱孩子
B 父母要帮助孩子树立正确的人生观
C 父母对孩子的要求不能太高
D 孩子需要一定的压力

부모들은 자녀보다 훨씬 더 많은 인생 경험을 가지고 있기는 하지만 그들이 꼭 옳다고 할 수는 없다. 그들은 어쩌면 과거의 경험으로부터 잘못된 결론을 내릴 수도 있기 때문이다. 부모들은 흔히 아이의 흥미를 무시하고 실제 상황을 고려하지 않은 채 아이에 대한 요구가 지나치게 높아 현실에 맞지 않는 계획을 세우기도 한다. 그렇게 되면 아이가 너무 큰 스트레스로 인해 생활의 즐거움을 잃게 될 수 있다.

A 부모는 아이를 과잉보호 해서는 안 된다
B 부모는 아이가 올바른 인생관을 갖도록 도와주어야 한다
C 아이에 대한 부모의 요구가 너무 높아서는 안 된다
D 아이에게 어느 정도의 스트레스는 필요하다

지문 어휘 得出 déchū 동 얻어내다, 도출하다 | 结论 jiélùn 명 결론, 결말 | 忽视 hūshì 동 소홀히 하다, 무시하다, 경시하다 | 自身 zìshēn 대 자신 | 实际情况 shíjì qíngkuàng 실제 상황 | 制定 zhìdìng 동 정하다, 제정하다 | 不切实际 búqièshíjì 실제에 맞지 않다, 현실에 부합되지 않다 | 乐趣 lèqù 명 즐거움, 재미

보기 어휘 溺爱 nì'ài 동 지나치게 귀여워하다, 과잉보호 하다 | 树立 shùlì 동 세우다, 수립하다 | 人生观 rénshēngguān 명 인생관 ★

정답 C

해설 화자는 부모의 자녀 교육에 대한 자신의 관점을 언급하고 있다. 녹음 마지막 부분에서 '对孩子要求过高，制定出不切实际的计划。这样会使孩子因压力太大而失去生活的乐趣。(아이에 대한 요구가 지나치게 높아 현실에 맞지 않는 계획을 세우기도 한다. 그렇게 되면 아이가 너무 큰 스트레스로 인해 생활의 즐거움을 잃게 될 수 있다.)'를 듣고, 아이에 대한 부모의 요구가 너무 높으면 안 된다는 것이 화자가 중점적으로 강조하는 내용임을 알 수 있으므로 정답은 C이다.

13

在一次颁奖晚会上，一名记者问著名的相声艺术家马三立："在这次获奖者中，您的年纪最大，您怎么看？"他风趣地答道："我这样的年长者与年轻人一同得奖，表示我尚未落伍，且雄心仍在。"话音一落，满堂喝彩。

A 记者说错了话
B 年轻人不喜欢马三立
C 马三立是主持人
D 马三立的言语非常幽默

한 시상식에서 어떤 기자가 유명한 만담가인 마싼리(馬三立)에게 이렇게 말했다. "이번 수상자 중에서 선생님의 연세가 가장 많으신데 어떻게 생각하십니까?" 마싼리는 재치 있게 대답했다. "저 같은 연장자가 젊은 사람들과 함께 상을 받았다는 것은 제가 아직 시대에 뒤처지지 않았고 여전히 야망이 있다는 것을 의미하는 거겠죠." 이 말이 떨어지자 모든 사람들이 갈채를 보냈다.

A 기자는 말실수를 했다
B 젊은 사람들은 마싼리를 좋아하지 않는다
C 마싼리는 사회자이다
D 마싼리의 말은 매우 유머러스하다

| 지문 어휘 | 颁奖 bān jiǎng 동 (상장, 상품, 상금 등을) 시상하다, 주다 | 著名 zhùmíng 형 유명하다, 저명하다 | 相声 xiàngsheng 명 만담(설창 문예의 일종) | 艺术家 yìshùjiā 명 예술가 | 马三立 Mǎ Sānlì 고유 마싼리(馬三立) | 获奖者 huòjiǎngzhě 명 수상자 | 年纪 niánjì 명 나이, 연령 | 风趣 fēngqù 형 재미있다, 유머스럽다, 흥미롭다 ★ | 年长者 niánzhǎngzhě 명 연장자, 손윗사람 | 一同 yìtóng 부 함께, 같이 | 得奖 dé jiǎng 동 수상하다, 상을 받다 | 尚未 shàngwèi 부 아직 ~하지 않았다 | 落伍 luòwǔ 동 (시대에) 뒤쳐지다, 낙오하다 | 且 qiě 접 게다가, 또한 | 雄心 xióngxīn 명 야망, 원대한 포부 | 话音 huàyīn 명 말소리, 이야기 소리 | 满堂喝彩 mǎntáng hècǎi 모든 사람이 갈채를 보내다

| 보기 어휘 | 主持人 zhǔchírén 명 사회자, 진행자 | 言语 yányǔ 명 말, 언어, 말투 | 幽默 yōumò 형 유머러스하다

| 정답 | D

| 해설 | 녹음은 유명한 만담가인 마싼리에 대한 에피소드이다. 중간 부분에서 기자는 마싼리에게 수상자 중 연령이 가장 높은 것에 대한 그의 생각을 묻고 있는데, 그 뒤에 이어진 他风趣地答道："我这样的长者与年轻人一同得奖，表示我尚未落伍，且雄心仍在。"(그가 재치 있게 대답했다. "저 같은 연장자가 젊은 사람들과 함께 상을 받았다는 것은 제가 아직 시대에 뒤쳐지지 않았고, 여전히 야망이 있다는 것을 의미하는 거겠죠.")라는 문장을 듣고 마싼리가 유머러스한 대답을 했음을 알 수 있으므로 정답은 D이다. 여기서 '风趣(재미있다)'와 '幽默(유머러스하다)'는 유의어임을 알아 두자.

14

亚洲最长的高铁隧道——沪昆高铁壁板坡隧道全长14.7公里，地跨云南、贵州两省。沪昆高铁已于2016年全线通车，现在，旅客从昆明到上海只需10个小时左右，比过去缩短近30个小时，大大提高了客运效率。

아시아에서 가장 긴 고속철도 터널인 후쿤(沪昆)고속철도 비반포(壁板坡)터널은 전체 길이가 14.7킬로미터로 윈난(雲南)과 구이저우(贵州) 두 성(省)을 가로지르고 있다. 후쿤고속철도는 2016년에 이미 전 노선이 개통되었고, 현재 관광객들은 쿤밍에서 상하이까지 10시간 정도면 도착할 수 있는데 과거에 비해 30시간 가까이 단축되어 여객 수송률을 크게 높였다.

A 壁板披隧道长达4公里
B 沪昆高铁全程30个小时
C 沪昆高铁已经通车
D 壁板坡隧道十分狭窄

A 비반포터널의 길이는 4킬로미터에 달한다
B 후쿤고속철도는 전 코스 소요시간이 30시간이다
C 후쿤고속철도는 이미 개통되었다
D 비반포터널은 매우 좁다

| 지문 어휘 | 高铁 gāotiě 명 고속철도 | 隧道 suìdào 명 터널, 굴 ★ | 沪昆高铁 Hù-Kūn gāotiě 고유 후쿤고속철도 | 壁板坡隧道 Bìbǎnpō suìdào 고유 비반포터널 | 贯通 guàntōng 동 연결되다, 잇다, 통달하다 | 跨 kuà 동 가로로 놓이다, 가로로 걸치다, (큰 걸음으로) 뛰어넘다, 건너뛰다 ★ | 云南 Yúnnán 고유 윈난, 윈난성, 운남성 | 贵州 Guìzhōu 고유 구이저우, 구이저우성, 귀주성 | 全线 quánxiàn 명 전 노선, 전 구간 | 通车 tōngchē 동 (철도, 도로 등이) 개통하다 | 昆明 Kūnmíng 고유 쿤밍, 곤명 | 缩短 suōduǎn 동 단축하다 | 客运效率 kèyùn xiàolǜ 명 여객 수송률

| 보기 어휘 | 狭窄 xiázhǎi 형 비좁다, 협소하다 ★ | 全程 quánchéng 명 전 코스, 전체 노정

| 정답 | C

| 해설 | 보기를 살펴보면 녹음은 '沪昆高铁(후쿤고속철도)'와 '壁板披隧道(비반포터널)'에 관한 내용일 것임을 유추할 수 있는데, 이 둘을 잘 구분해서 들어야 한다. 녹음 앞부분에서 비반포터널의 전체 길이는 14.7킬로미터라고 하였으므로 A는 정답에서 제외된다. 마지막 부분에서 후쿤고속철도 개통으로 쿤밍에서 상하이까지 소요시간이 30시간 가까이 단축되었다고 하였으므로 B 역시 정답에서 제외된다. 중간 부분에서 '沪昆高铁已于2016年全线通车(후쿤고속철도는 2016년에 이미 전 노선이 개통되었다.)'라고 하였으므로 정답은 C이다.

15

　　室内空气干燥对人体健康不利。因此，最好采取一些措施增加空气湿度。最环保也最省钱的方法，就是在室内养一两盆水生花草。比如，在客厅里养一盆常见的睡莲，它不仅能调节室内湿度，还能起到美化房间的作用。

　　실내 공기가 건조하면 인체 건강에 좋지 않다. 따라서 공기의 습도를 높이는 조치를 취하는 것이 바람직하다. 가장 친환경적이면서 또한 가장 경제적인 방법은 바로 실내에서 수생화초를 화분으로 한 두 개 기르는 것이다. 예를 들면, 흔히 볼 수 있는 수련(睡莲) 화분을 거실에서 기르면, 그것이 실내 습도를 조절할 수 있을 뿐 아니라 집을 아름답게 꾸미는 효과도 낼 수 있다.

A 空气加湿器作用大
B 冬季要关紧门窗
C 室内要多放一些植物
D 水生花草可调节室内湿度

A 가습기의 효과는 크다
B 겨울철에는 문과 창문을 꼭 닫아야 한다
C 실내에 식물을 좀 더 많이 두어야 한다
D 수생화초는 실내 습도를 조절할 수 있다

지문 어휘 室内 shìnèi 명 실내 | 干燥 gānzào 형 건조하다, 무미건조하다 동 건조시키다 | 人体 réntǐ 명 인체 | 不利 búlì 형 잘 되지 않다, 불리하다, 순조롭지 못하다 | 采取 cǎiqǔ 동 취하다, 채택하다 | 措施 cuòshī 명 조치, 대책 | 湿度 shīdù 명 습도 | 环保 huánbǎo 명 환경 보호(环境保护)의 약칭 | 省钱 shěng qián 동 돈을 아끼다, 절약하다 | 养 yǎng 동 (동물을) 기르다, 사육하다 | 盆 pén 양 대야나 화분 등으로 담는 사물의 수량을 세는 데 쓰임 | 水生花草 shuǐshēng huācǎo 명 수생 화초 | 常见 chángjiàn 형 흔히 보는, 신기할 것 없는 동 흔히 보다 | 睡莲 shuìlián 고유 수련 | 调节 tiáojié 동 조절하다 | 美化 měihuà 동 아름답게 가꾸다, 미화하다

보기 어휘 空气加湿器 kōngqìjiāshīqì 명 가습기 | 冬季 dōngjì 명 겨울철, 동계

정답 D

해설 실내 공기의 습도 조절에 관해 A와 B에 대한 내용은 언급되지 않았으므로 이들은 정답에서 제외된다. 녹음 중간 부분에서 화자는 실내에서 수생화초를 화분으로 한 두 개의 기르는 것이 공기 습도를 높이는 좋은 방법이라고 언급하였으므로 C도 정답이 아니다. 마지막 부분에서 '比如，在客厅里养一盆常见的睡莲，它不仅能调节室内湿度(예를 들면, 흔히 볼 수 있는 수련(睡莲) 화분을 거실에서 기르면, 그것이 실내 습도를 조절할 수 있을 뿐 아니라)'라고 하였으므로 정답은 D이다.

제2부분　16~30번 문제는 인터뷰를 듣고 질문에 알맞은 답을 고르는 문제입니다.

第16-20题是根据下面一段采访：

女：最初你们的创业团队是如何组建的？

男：16 我们是由一个学生团队起家的，一开始都是一起参加科研项目的同学和一些朋友。但随着队伍不断地壮大，我们便开始寻找有经验的人来做硬件、软件和营销等工作。

女：在企业创办之初，你们遇到的最大困难是什么？

男：17 最大的困难是筹不到钱。很多投资机构对学生团队的信任度非常低，我们是以学生为主的团队，社会经验特别少，很多人认为学生团队大多数都是抱着玩玩的心态，做事不能持之以恒。还有一个困难就是不太了解市场营销。18 实验室里研究的产品只追求效果，而不用考虑成本、产品稳定性等问题，但是一旦要把实验室产品转变为在市场上销售的商品，就要考虑到成本、供应链、市场接受度等更多实质性的东西了。

女：你们目前已研发完成的智能睡眠眼罩具体有哪些功能呢？

男：首先，睡觉前戴上这款眼罩，进入睡眠状态时，眼罩上的三个电极就会开始监测人的睡眠状态以及精力恢复情况；其次，眼罩旁边设置了一个传导耳机，睡觉之前可以用耳机听一些舒心的音乐；另外，在你睡觉的过程中，19 眼罩还会根据脑电波的情况进行一些特定的声波刺激，达到延长深度睡眠时间的效果。

女：可以和我们透露一下你们的发展目标和前景吗？

여：처음에 창업팀을 어떻게 꾸리신 건가요？

남：16 저희는 학생팀으로 시작했는데요. 처음에는 과학연구 프로젝트에 함께 참여한 동창들과 몇몇 친구들이 전부였었지만 팀의 규모가 계속 커지면서 하드웨어, 소프트웨어, 마케팅 등 업무를 맡아주실 경험이 있는 분들을 찾기 시작했습니다.

여：창업 초기에 겪으셨던 가장 큰 어려움은 무엇이었나요？

남：17 가장 큰 어려움은 자금을 마련하지 못한 것이었습니다. 많은 투자기관에서 학생팀에 대한 신뢰도가 매우 낮았거든요. 학생을 위주로 한 팀인데다 사회 경험도 아주 적었고, 게다가 많은 사람들이 학생팀은 대다수가 가볍게 즐기려는 마음을 갖고 있어 오래가지 못할 거라고 생각했으니까요. 또 다른 어려움은 바로 시장 마케팅을 잘 알지 못했다는 것입니다. 18 실험실에서 연구하는 제품은 효과만 중시할 뿐 원가나 제품의 안정성 같은 문제는 고려하지 않아도 되지만 일단 실험실 제품을 시장에서 판매하는 상품이 되도록 하려면 원가, 공급망, 시장 수용성 등 더 많은 실질적인 것들을 고려해야 했습니다.

여：현재 연구 개발이 완성된 스마트 수면안대는 구체적으로 어떤 기능이 있나요？

남：우선, 잠자기 전 이 안대를 착용하면 수면 상태에 들었을 때 안대에 있는 3개의 전극이 그 사람의 수면 상태와 기력 회복 상황을 모니터링할 수 있습니다. 그 다음으로 안대 옆쪽에 전도 이어폰이 설치되어 있어서 자기 전에 이어폰으로 마음이 편안해지는 음악을 들을 수 있습니다. 그 밖에도 잠을 자는 동안 19 뇌파 상황에 따라 안대가 특정한 음파자극을 줌으로써 숙면 시간을 늘리는 효과도 있습니다.

여：앞으로의 발전 목표와 전망을 말씀해 주실 수 있나요？

男: 在未来的三到五年内，我们主要会做两件事。20 第一，把整个睡眠监测的硬件系统做好，并建立一个睡眠标准平台；第二，要将硬件系统推广出去，然后把所有和睡眠相关的企业、服务提供商以及用户都整合到这个平台上。

남: 앞으로 3~5년간 저희는 두 가지 일을 중점적으로 할 것입니다. 20 첫째, 전체 수면 모니터링을 위한 하드웨어 시스템을 갖추어 하나의 수면 표준 플랫폼을 구축하는 것입니다. 둘째, 하드웨어 시스템을 널리 보급하여 수면과 관련된 모든 기업, 서비스 제공자, 사용자를 이 플랫폼으로 재통합시키는 것입니다.

지문 어휘 最初 zuìchū 명 처음, 최초 | 创业 chuàngyè 동 창업하다 ★ | 团队 tuánduì 명 팀, 단체 | 组建 zǔjiàn 동 조직하다, 편성하다 | 起家 qǐjiā 동 (가세, 사업을) 일으켜 세우다 | 科研 kēyán 명 과학 연구 | 项目 xiàngmù 명 프로젝트, 과제 | 队伍 duìwu 명 집단, 단체 | 壮大 zhuàngdà 동 커지다, 강대해지다 형 강건하다, 튼튼하다 | 寻找 xúnzhǎo 동 찾다, 구하다 | 硬件 yìngjiàn 명 하드웨어 | 软件 ruǎnjiàn 명 소프트웨어 | 营销 yíngxiāo 동 마케팅하다, 판매하다 | 企业 qǐyè 명 기업 | 创办 chuàngbàn 동 창립하다, 창설하다 | 筹 chóu 동 마련하다, 조달하다, 계획하다 명 계책, 방법 | 投资 tóuzī 동 투자하다 | 机构 jīgòu 명 기구 ★ | 信任度 xìnrèndù 신뢰도 | 心态 xīntài 명 심리 상태 ★ | 持之以恒 chízhīyǐhéng 성 오랫동안 견지하다, 끈기 있게 계속하다 | 实验室 shíyànshì 명 실험실 | 产品 chǎnpǐn 명 제품, 생산품 | 追求 zhuīqiú 동 추구하다, 탐구하다 | 成本 chéngběn 명 원가, 자본금 ★ | 稳定性 wěndìngxìng 명 안정성 | 一旦 yídàn 부 일단 ~한다면 | 转变 zhuǎnbiàn 동 바꾸다, 바뀌다 | 销售 xiāoshòu 동 팔다, 판매하다, 매출하다 명 판매, 매출 | 供应链 gòngyìngliàn 명 공급망, 공급사슬 | 市场接受度 shìchǎng jiēshòudù 시장 수용성 | 实质性 shízhìxìng 실질적 | 研发 yánfā 동 연구 개발하다 | 智能 zhìnéng 명 지능 형 지능이 있는, 지능을 갖춘 | 睡眠 shuìmián 명 수면, 잠 동 수면하다, 잠자다 | 眼罩 yǎnzhào 명 안대 | 具体 jùtǐ 형 구체적이다, 상세한 동 구체화하다 | 功能 gōngnéng 명 기능, 효능 | 款 kuǎn 양 스타일, 모양, 유형 | 状态 zhuàngtài 명 상태 | 电极 diànjí 명 전극, 터미널, 폴 | 监测 jiāncè 동 모니터링하다, 감시하고 측정하다 | 以及 yǐjí 접 및, 그리고, 아울러 | 精力 jīnglì 명 기력, 정력, 정신과 체력 | 恢复 huīfù 동 회복하다, 회복시키다 | 设置 shèzhì 동 설치하다, 설립하다, 세우다 ★ | 传导 chuándǎo 동 전도 동 전도되다 | 耳机 ěrjī 명 이어폰 | 舒心 shūxīn 형 마음이 편하다, 기분이 좋다, 한가롭다 | 脑电波 nǎodiànbō 명 뇌파 | 特定 tèdìng 형 특정한 ★ | 声波 shēngbō 명 음파 | 刺激 cìjī 동 자극하다, 흥분시키다 | 达到 dádào 동 이르다, 도달하다, 달성하다 | 延长 yáncháng 동 늘이다, 연장하다 | 深度 shēndù 형 (정도가) 심한 명 심도, 깊이 | 透露 tòulù 동 (정보, 상황, 의중 등을) 넌지시 드러내다, 누설하다 ★ | 前景 qiánjǐng 명 전망, 장래, 앞날 ★ | 未来 wèilái 명 미래, 멀지 않은 장래, 향후 | 系统 xìtǒng 명 시스템, 체계 형 체계적이다 | 建立 jiànlì 동 세우다, 만들다, 형성하다, 맺다 | 平台 píngtái 명 플랫폼 | 推广 tuīguǎng 동 널리 보급하다, 널리 확대하다 | 相关 xiāngguān 동 서로 관련되다, 상관이 있다 | 服务提供商 fúwù tígòngshāng 서비스 제공자, 서비스 제공업체 | 用户 yònghù 명 사용자, 가입자, 아이디(ID) ★ | 整合 zhěnghé 동 재통합시키다, 조정을 거쳐 다시 조합되다

16

关于该团队创建的情况，可以知道什么?

A 成员都是硕士学历
B 由学生团队起家
C 得到了政府的支持
D 没多长时间就解散了

이 팀의 창립상황에 관해 알 수 있는 것은?

A 구성원이 모두 석사출신이다
B 학생팀으로 시작했다
C 정부의 지원을 받았다
D 얼마 지나지 않아 해산했다

| 보기 어휘 | 创建 chuàngjiàn 동 창립하다, 창건하다, 창설하다 | 成员 chéngyuán 명 구성원 ★ | 硕士 shuòshì 명 석사 |
学历 xuélì 명 학력 | 政府 zhèngfǔ 명 정부 | 解散 jiěsàn 동 해산하다, 흩어지다 ★

| 정답 | B

| 해설 | 인터뷰 진행자인 여자는 인터뷰 대상인 남자에게 첫 번째 질문으로 창업팀을 어떻게 꾸리게 되었는지에 관해 묻고 있는데, 이에 대한 남자의 답변 중 '我们是由一个学生团队起家的。(저희는 학생팀으로 시작했는데요.)'를 듣고 정답이 B임을 알 수 있다.

17

创业初期男的为什么融不到资?	창업 초기에 남자는 왜 융자를 받을 수 없었나?
A 产品规划有误	A 제품기획이 잘못되어서
B 得不到信任	B 신용을 얻지 못해서
C 广告宣传不够	C 광고 홍보가 부족해서
D 产品已经饱和	D 제품이 이미 포화상태여서

| 보기 어휘 | 初期 chūqī 명 초기 | 融资 róng zī 동 융자하다 명 융자 ★ | 规划 guīhuà 명 기획, 발전계획 동 기획하다, 계획하다, 꾀하다 ★ | 信任 xìnrèn 동 신뢰하다, 신임하다, 믿고 맡기다 | 宣传 xuānchuán 동 홍보하다, 선전하다 | 饱和 bǎohé 형 포화 상태에 이르다, 최고조에 달하다 ★

| 정답 | B

| 해설 | 남자가 융자를 받을 수 없었던 이유를 묻고 있는 이 문제는 인터뷰 속의 '最(가장)'가 정답 키워드이다. 여자는 남자에게 두 번째 질문으로 창업 초기에 겪었던 가장 큰 어려움에 관해 묻고 있다. 이에 대한 남자의 답변 중 '最大的困难是筹不到钱。(가장 큰 어려움은 자금을 마련하지 못한 것이었습니다.)'을 듣고, 여기서 '筹不到钱(자금을 마련하지 못하다)'이 바로 이 문제의 질문인 '融不到资(융자를 받지 못하다)'와 유사한 의미임을 알 수 있으며, 이어서 남자가 자금을 마련하지 못한 이유로 '很多投资机构对学生团队的信任度非常低。(많은 투자기관에서 학생팀에 대한 신뢰도가 매우 낮았었거든요.)' 라고 하였으므로 정답은 B이다.

18

男的认为实验室产品有什么问题?	남자는 실험실 제품이 어떤 문제가 있다고 보는가?
A 研发周期长	A 연구 개발 주기가 길다
B 用户反馈不太好	B 사용자 피드백이 별로 좋지 않다
C 只追求效果	C 단지 효과만 중시한다
D 产品技术含量高	D 제품의 기술력이 높다

| 보기 어휘 | 周期 zhōuqī 명 주기 ★ | 反馈 fǎnkuì 명 피드백 동 (정보나 반응이) 되돌아오다 ★ | 含量 hánliàng 명 함량

| 정답 | C

| 해설 | 실험실 제품에 대한 남자의 생각은 녹음에서 17번 문제의 정답과 관련된 내용에 이어서 언급되었다. 여자가 두 번째 질문으로 창업 초기에 겪었던 어려움이 무엇인지 물은 것에 대해 남자는 두 가지의 어려움을 언급하였는데, 가장 큰 어려움이었던 자금 마련에 이어 두 번째 어려움으로 시장 마케팅을 잘 알지 못했던 점을 언급하며 '实验室里研究的产品只追求效果。(실험실에서 연구하는 제품은 효과만 중시할 뿐입니다.)'라고 하였으므로 정답은 C이다.

19

关于智能睡眠眼罩，下列哪项正确？

A 能治疗重度感冒
B 能净化空气
C 有闹铃功能
D 能延长深度睡眠时间

스마트 수면안대에 관해 다음 중 옳은 것은?

A 심한 감기를 치료할 수 있다
B 공기를 정화할 수 있다
C 알람 기능이 있다
D 숙면 시간을 연장할 수 있다

보기 어휘 治疗 zhìliáo 동 치료하다 | 重度 zhòngdù 형 중증의 | 净化 jìnghuà 동 정화하다, 깨끗하게 하다 | 闹铃 nàolíng 명 알람

정답 D

해설 여자는 세 번째 질문으로 스마트 수면안대의 기능에 관해 묻고 있는데, 이에 대한 남자의 답변 중 '眼罩还会根据脑电波的情况进行一些特定的声波刺激，达到延长深度睡眠时间的效果。(뇌파 상황에 따라 안대가 특정한 음파자극을 줌으로써 숙면 시간을 늘리는 효과도 있습니다.)'를 듣고 정답이 D임을 알 수 있다.

20

未来三到五年，男的要做什么？

A 建立睡眠标准平台
B 在网上开店
C 研发一些相关的药物
D 扩大市场

앞으로 3~5년 안에 남자가 하려는 것은?

A 수면 표준 플랫폼 구축
B 온라인 매장 오픈
C 관련 약품 연구 개발
D 시장 확대

보기 어휘 药物 yàowù 명 약품, 약물 | 扩大 kuòdà 동 확대하다, 넓히다, 키우다

정답 A

해설 대부분의 인터뷰에서 인터뷰 대상자의 장래 계획이나 목표 등에 관한 내용은 주로 마지막 부분에서 언급된다. 여자는 남자에게 마지막 질문으로 앞으로의 발전 목표와 전망에 관해 묻고 있는데, 이에 대해 남자는 두 가지 사항을 언급하였다. 그 첫 번째로 '把整个睡眠监测的硬件系统做好，并建立一个睡眠标准平台。(전체 수면 모니터링을 위한 하드웨어 시스템을 갖추어 하나의 수면 표준 플랫폼을 구축하는 것입니다.)'를 듣고 정답이 A임을 알 수 있다.

第21-25题是根据下面一段采访：

女：您最新出演的这部电影正在热映。21 听说这部电影是由一部文学作品改编的，您看过原版的小说吗？

男：看过，而且看了很多遍。小说的结尾有点悲情，但编剧将其改成了温馨的结局，所有人都将那些恩恩怨怨放下了，然后在一起幸福地生活。

女：您这次饰演了一位盲人推拿师，22 听说片头那双给卡车司机推拿的手就是您的，技法很专业，是为了拍电影专门去学的吗？

男：是的，25 专业推拿师的手腕要比普通人的手腕灵活得多，为了能演到神似，我特意去学了一套手腕灵活操。现在我懂得推拿时要像揉面一样，从丹田、腰部发力，手接触到皮肤时，就能顺着肌肉走，把整个肌肉都悬起来。

女：您把盲人这个角色演得惟妙惟肖，您是怎么做到的呢？

男：其实作为一个视力正常的人，23 想要演好盲人就必须真切地去感受他们的生活状态。导演在选定角色之后带着所有主创人员到北京盲人学校体验生活。我们在训练室真实地体验了盲人的生活，经过一段时间，慢慢学会了在黑暗中行走，在别人的指引下，按照既定线路穿越拱门，跨越障碍等。老师们还给我们讲解了盲人的生活常态以及盲杖的使用方法，这些都对角色的塑造有着非常大的帮助。

女：您在拍摄过程中最大的收获是什么？

男：我发现，盲人虽然眼睛看不到，但内心是光明的。24 通过和盲人一起感受生活中美好的事物，我对生活更加充满期待，这是我拍完这部电影所获得的最宝贵的东西。

지문 어휘 出演 chūyǎn 동 출연하다, 연기하다 | 热映 rèyìng 동 인기리에 상영되다 | 文学作品 wénxué zuòpǐn 문학작품 | 文学 wénxué 문학작품 | 改编 gǎibiān 동 각색하다, 개작하다 | 原版 yuánbǎn 명 원작, 원판 | 结尾 jiéwěi 명 결말, 마무리 단계 동 끝나다, 결말을 짓다 | 悲情 bēiqíng 명 슬픈 감정, 슬픈 느낌 | 编剧 biānjù 명 시나리오 작가, 극작가 동 시나리오나 각본 등을 쓰다 | 温馨 wēnxīn 형 따뜻하다, 온화하고 향기롭다 | 结局 jiéjú 명 결말, 끝, 마지막 ☆ | 恩恩怨怨 ēn'enyuànyuàn 명 얽히고 설킨 정, 은혜와 원망 | 饰演 shìyǎn 동 ~역을 연기하다 | 盲人 mángrén 명 맹인, 장님 | 推拿师 tuīnáshī 안마사, 마사지사 | 片头 piàntóu 오프닝 타이틀, 메인 타이틀 | 卡车 kǎchē 명 트럭 | 推拿 tuīná 동 안마하다, 마사지하다 | 技法 jìfǎ 명 솜씨, 기법 | 专业 zhuānyè 형 전문의 명 전문, 전공 | 拍 pāi 동 촬영하다, 찍다 | 手腕 shǒuwàn 명 손목, 재능, 기량 | 灵活 línghuó 형 유연하다, 민첩하다, 융통성이 있다 | 神似 shénsì 동 아주 비슷하다. 흡사하다 | 特意 tèyì 부 특별히, 일부러 ☆ | 套 tào 양 가지, 벌, 조, 세트 | 操 cāo 명 체조 | 揉面 róu miàn 동 밀가루를 반죽하다 | 丹田 dāntián 명 단전 | 腰部 yāobù 명 허리, 요부 | 发力 fā lì 힘을 쓰다 | 接触 jiēchù 동 닿다, 접촉하다 | 顺着 shùnzhe ~에 따라, ~에 따라서 | 肌肉 jīròu 명 근육 | 悬 xuán 동 (바닥에 닿지 않게) 들어올리다, 쳐들다, 걸다 | 角色 juésè 명 배역, 역할, 역 | 惟妙惟肖 wéimiàowéixiào 진짜와 똑같이 모방하다, 실물처럼 생동감 있게 묘사하다 | 作为 zuòwéi 동 ~의 신분으로서, ~의 자격으로서 | 视力 shìlì 명 시력 ☆ | 真切 zhēnqiè 형 진실하다, 성실하다, 진지하다 | 感受 gǎnshòu 동 (영향을) 받다, 느끼다 명 느낌, 체험, 감상 | 状态 zhuàngtài 명 상태 | 导演 dǎoyǎn 명 감독, 연출자 동 감독하다, 연출하다 | 选定 xuǎndìng 동 선정하다 | 主创人员 zhǔchuàng rényuán 명 주 제작자, 주요 창작 멤버(영화나 드라마 등의 감독, 작가, 주연 배우 등을 나타냄) | 体验 tǐyàn 동 체험하다 명 체험 | 训练室 xùnliànshì 명 훈련실, 트레이닝실 | 真实 zhēnshí 형 진실하다 | 黑暗 hēi'àn 형 어둡다, 캄캄하다 | 行走 xíngzǒu 동 걷다, 거닐다 | 指引 zhǐyǐn 동 인도하다, 안내하다, 이끌다 | 既定 jìdìng 형 이미 정한, 기정의 | 线路 xiànlù 명 노선, 선로 | 穿越 chuānyuè 동 지나가다, 통과하다 ☆ | 拱门 gǒng mén 명 아치형 문 | 跨越 kuàyuè 동 뛰어넘다, 건너뛰다 | 障碍 zhàng'ài 명 장애물, 방해물 동 방해하다, 막다, 저해하다 ☆ | 讲解 jiǎng jiě 동 설명하다, 해설하다 | 常态 chángtài 명 평소의 상태, 정상적인 상태 | 以及 yǐjí 접 및, 그리고, 아울러 | 盲杖 mángzhàng 명 맹인용 지팡이 | 塑造 sùzào 동 인물을 형상화하다, 빚어서 만들다, 조소하다 ☆ | 拍摄 pāishè 동 촬영하다, (사진을) 찍다 | 收获 shōuhuò 명 소득, 수확, 성과 동 수확하다 | 内心 nèixīn 명 마음, 마음속, 내심 | 光明 guāngmíng 형 밝게 빛나다, 환하다 명 광명, 빛 | 充满 chōngmǎn 동 충만하다, 넘치다, 가득 차다 | 期待 qīdài 동 기대하다, 바라다 | 宝贵 bǎoguì 형 귀중한, 소중한

21

关于这部电影，可以知道什么?

A 是悲剧电影
B 即将上映
C 由小说改编
D 剧情错综复杂

이 영화에 관해 알 수 있는 것은?

A 비극영화다
B 곧 상영할 예정이다
C 소설을 각색했다
D 줄거리가 복잡하게 얽혀 있다

보기 어휘 悲剧 bēijù 명 비극 | 即将 jíjiāng 부 곧, 머지않아 ☆ | 上映 shàngyìng 동 상영하다 | 剧情 jùqíng 명 (영화나 연극의) 줄거리 | 错综复杂 cuòzōngfùzá 형 마구 뒤얽혀 복잡하다

정답 C

해설 인터뷰 진행자인 여자는 인터뷰 대상자인 남자가 출연한 영화에 대해 간단하게 소개하며 인터뷰를 시작하는데, 여자의 첫 번째 질문인 '听说这部电影是由一部文学作品改编的，您看过原版的小说吗? (이 영화가 한 문학작품을 각색한 거라고 들었는데 원작 소설을 보신 적 있나요?)'를 듣고 이 영화는 소설을 각색한 것임을 알 수 있으므로 정답은 C이다.

22

电影的开头男的为谁做推拿？

A 导演
B 卡车司机
C 设计师
D 同事

영화 첫머리에서 남자는 누구를 위해 안마를 했나?

A 감독
B 트럭 운전사
C 디자이너
D 동료

보기 어휘 开头 kāi tóu 명 첫머리, 시작, 처음 | 设计师 shèjìshī 명 디자이너, 설계사

정답 B

해설 여자는 남자에게 두 번째 질문으로 안마 연기에 관해 묻고 있다. 여자가 이 질문을 하기 앞서 '听说片头那双给卡车司机推拿的手就是您的。(오프닝 타이틀에서 트럭 운전사에게 안마하는 손이 본인 손이라면서요.)'라고 하였는데, 여기서 '片头(오프닝 타이틀)'가 바로 이 문제 속의 '电影的开头(영화의 첫머리)'임을 알 수 있다. 따라서 정답은 B이다.

23

男的认为怎样才能演好盲人这个角色？

A 加强理论学习
B 跟朋友们交流
C 不能害怕挫折
D 真实体验盲人生活

남자는 어떻게 해야만 맹인이라는 이 역할을 제대로 연기해낼 수 있다고 생각하는가?

A 이론 공부를 강화하는 것
B 친구들과 교류하는 것
C 좌절을 두려워하지 않는 것
D 실제로 맹인들의 생활을 체험하는 것

보기 어휘 加强 jiāqiáng 동 강화하다 | 挫折 cuòzhé 명 좌절, 실패 동 좌절시키다, 패배시키다 ⭐

정답 D

해설 맹인이라는 배역을 잘 소화해내는 것에 대한 남자의 생각을 묻고 있는데, 이는 여자의 세 번째 질문과 동일하다. 남자의 답변 중 '想要演好盲人就必须真切地去感受他们的生活状态。(맹인 역할을 제대로 연기해 내려면 실제적으로 그들의 생활을 체험해봐야만 했답니다.)'를 듣고 정답이 D임을 알 수 있다.

24

男的觉得拍摄这部电影最大的收获是什么?

A 懂得原谅他人
B 影迷越来越多
C 对生活充满期待
D 学会了推拿

남자는 촬영하면서 얻게 된 가장 큰 소득이 무엇이라고 생각하는가?

A 타인을 용서하는 법을 알게 된 것
B 영화 팬들이 갈수록 늘어난 것
C 생활에 대한 기대가 충만해진 것
D 안마를 배운 것

보기 어휘 原谅 yuánliàng 동 용서하다, 양해하다 | 影迷 yǐngmí 명 영화 팬

정답 C

해설 남자가 생각하는 촬영 과정을 통해 얻은 것에 대해 묻고 있는데, 이는 인터뷰에서 여자의 마지막 질문과 동일하다. 남자의 답변 중 '通过和盲人一起感受生活中美好的事物，我对生活更加充满期待。(맹인들과 함께 생활 속 아름다운 것들을 느낀 가운데 저는 삶에 대한 더 많은 기대를 갖게 되었답니다.)'를 듣고 정답이 C임을 알 수 있다.

25

根据这段采访,下列哪项正确?

A 男的缺乏自信
B 男的没看原版小说
C 专业推拿师手腕很灵活
D 该剧的演员都是残疾人

이 인터뷰에 따르면, 다음 중 옳은 것은?

A 남자는 자신감이 부족하다
B 남자는 원작 소설을 보지 않았다
C 전문 안마사는 손목이 유연하다
D 이 영화의 배우는 장애인이다

보기 어휘 缺乏 quēfá 동 결핍되다, 결여되다 | 剧 jù 명 극, 연극 | 残疾人 cánjírén 명 장애인

정답 C

해설 이 문제는 인터뷰 진행 순서대로 묻지 않는 유형이다. 이런 유형의 문제는 주로 마지막 문제로 출제되는 경우가 많으므로 주의가 필요하다. 녹음을 들으며 각 보기에 제시된 내용을 체크해두어야 하는데, 남자의 자신감 여부에 관해서는 인터뷰에서 언급되지 않았으므로 A는 정답에서 제외된다. 한편, 여자가 첫 번째 질문으로 영화의 원작 소설을 봤는지 물은 것에 대해 남자는 여러 번 봤다고 하였으므로 B도 정답이 아니다. 이어서 여자가 남자에게 두 번째 질문으로 영화를 위해서 안마하는 기술을 따로 배웠는지 묻고 있는데, 이에 대한 남자의 답변 중 '专业推拿师的手腕要比普通人的手腕灵活得多。(전문 안마사의 손목은 일반인들보다 훨씬 유연하거든요.)'를 듣고 정답이 C임을 알 수 있다.

第26-30题是根据下面一段采访：

女：此次亚运会你将以大满贯的身份出战，与过去相比，现在的你有什么不同？

男：26 我为自己感到骄傲。我在国家队用了十多年证明自己是男子单打组中教练首选的运动员之一。30 我曾经参加过几次奥运会，这次是我第三次代表中国男单参加亚运会，我的目标是创造后人难以超越的纪录。

女：奥运史上，连续参加三四届的先例屡见不鲜，但是能够始终保持高水平的几乎没有。

男：没错！在羽毛球这个项目中，每一场比赛消耗的体能和精力都非常大，和其他项目是完全不一样的，特别是男子单打，非常辛苦。我在过去十多年的职业生涯中，已经把我最好的竞技状态都展现了出来。27 只要我继续打，对很多年轻人来说就是一种激励。一个运动员一辈子没有几次能代表祖国参加奥运会和亚运会，我格外珍惜。28 但我相信这绝不是我人生的终点。

女：你的父母也将前往亚运会赛场观看比赛。我们知道，过去你父母很少到现场看你比赛，这次有他们到场，是否会觉得更心安？

男：是的，他们都会到场，这样我的压力也会减轻不少。因为我知道，不管结果如何，他们都会一如既往地支持我。家人的爱是最无私的，这让我时刻能感受到温暖。

女：35岁的你对幸福的理解是什么？

여: 이번 아시안게임에 그랜드슬램을 달성한 신분으로 출전하게 되셨는데, 과거와 비교하여 현재는 어떤 점이 달라졌나요?

남: 26 저는 제 자신에게 자긍심을 느낍니다. 국가 대표팀에서 십여 년을 지내며 제가 남자 단식팀에서 감독님이 우선 선발하는 선수 중 하나라는 것을 증명해 보였기 때문입니다. 30 저는 올림픽에 이미 여러 번 참가했었고, 이번은 제가 중국 남자 단식을 대표하여 세 번째 아시안게임에 참가하는 것인데, 저의 목표는 후배들이 뛰어넘기 어려운 기록을 만들어내는 것입니다.

여: 올림픽 역사상 연속 3, 4회에 걸쳐 참가한 선례는 흔한데, 줄곧 수준 높은 실력을 유지하는 선수는 거의 없는 것 같은데요.

남: 맞습니다. 특히 배드민턴이라는 종목은 경기마다 소모되는 체력과 에너지가 다른 종목들과는 완전히 다르다고 할 수 있는데, 특히 남자 단식 경기가 굉장히 힘듭니다. 저는 이미 지난 십여 년의 선수 생활에서 최상의 시합 컨디션을 보여 주었습니다. 27 제가 계속 배드민턴을 친다면 많은 청년들에게는 일종의 격려가 될 수 있겠죠. 어떤 운동선수는 나라를 대표하여 올림픽이나 아시안게임에 참가하는 것이 평생 몇 번도 채 안 되기에, 저는 이를 특별히 소중하게 여기고 있습니다. 28 하지만 이것이 결코 제 인생의 종착점은 아니라고 믿습니다.

여: 부모님께서도 아시안게임 경기장에 가셔서 경기를 관람하신다고 들었습니다. 저희가 알기로 예전에는 부모님께서 현장을 찾아 경기를 보시는 일이 드물었다고 하던데 이번에는 부모님께서 경기장에 오시면 더 편안한 마음이 드시겠군요.

남: 네, 부모님께서 경기장을 찾아주시면 제 부담도 많이 줄어들 것 같은데요. 왜냐하면 결과가 어떻든 그들은 변함없이 저를 응원해주시는 걸 아니까요. 가족들의 사랑은 가장 헌신적인 것이어서 그로 인해 저는 항상 따뜻함을 느낀답니다.

여: 서른다섯 살이신데 행복에 대해서는 어떻게 생각하시나요?

男: 我觉得幸福不在于你住多大的房子、拥有多少财富。也许通过你的努力拥有了这些之后，会有一种成就感，但那种成就感并不一定就是幸福感。29 我觉得幸福是家人的爱，比如他们默默的支持和鼓励。

남: 저는 행복이라는 것은 얼마나 큰 집에 사는지, 얼만큼의 재산을 가지고 있는지에 있지 않다고 생각합니다. 어쩌면 자신의 노력으로 그러한 것들을 가지게 된 뒤 일종의 성취감이 생길 수는 있겠지만, 그런 성취감이 반드시 행복감이라고는 할 수 없습니다. 29 저는 행복이란 가족들의 사랑이라고 생각하는데, 예를 들면 그들의 묵묵한 응원과 격려 같은 것이죠.

지문 어휘 此次 cǐcì 명 이번, 금번 | 亚运会 Yàyùnhuì 아시안 게임(亚洲运动会)의 줄임말 | 大满贯 dàmǎnguàn 명 그랜드 슬램 | 身份 shēnfen 명 신분, 지위 | 出战 chūzhàn 동 출전하다 | 国家队 guójiāduì 명 국가 대표팀 | 单打组 dāndǎzǔ (탁구, 테니스, 배드민턴 등의) 단식팀 | 教练 jiàoliàn 명 감독, 코치 | 首选 shǒuxuǎn 형 가장 먼저 선택하다 | 奥运会 Àoyùnhuì 올림픽(奥林匹克运动会)의 줄임말 | 代表 dàibiǎo 동 대표하다, 대신하다, 나타내다 | 创造 chuàngzào 동 만들다, 창조하다 | 后人 hòurén 명 후세 사람, 후대 사람 | 难以 nányǐ 부 ~하기 어렵다, ~하기 곤란하다 | 超越 chāoyuè 동 뛰어넘다, 넘다, 초월하다 ★ | 纪录 jìlù 명 기록 | 连续 liánxù 동 연속하다, 계속하다 | 届 jiè 양 회, 기, 차(정기적인 회의 또는 졸업 년차에 쓰임) | 先例 xiānlì 명 선례 | 屡见不鲜 lǚjiànbùxiān 흔히 있는 일이다, 늘 보아서 신기하지 않다 | 始终 shǐzhōng 부 줄곧, 내내, 시종일관 | 保持 bǎochí 동 유지하다, 지키다 | 羽毛球 yǔmáoqiú 명 배드민턴 | 项目 xiàngmù 명 종목, 항목 | 消耗 xiāohào 동 소모하다 ★ | 体能 tǐnéng 명 체력, 에너지, 몸의 운동 능력 | 精力 jīnglì 명 에너지, 정력 | 职业生涯 zhíyè shēngyá 프로 생활, 직장 생활, 직업 경력 | 竞技状态 jìngjì zhuàngtài (운동 선수의) 시합 컨디션 | 展现 zhǎnxiàn 동 나타나다, 드러내다 ★ | 激励 jīlì 동 격려하다, 북돋워 주다 ★ | 一辈子 yíbèizi 명 평생, 일생 | 祖国 zǔguó 명 조국 | 格外 géwài 부 각별히, 유달리, 특별히 | 珍惜 zhēnxī 동 소중히 여기다 | 绝不是 jué búshì 결코 ~이 아니다 | 终点 zhōngdiǎn 명 종착점, 종점, 결승점 | 前往 qiánwǎng 동 향하여 가다, 나아가다 | 赛场 sàichǎng 명 경기장 | 观看 guānkàn 동 관람하다, 보다 | 现场 xiànchǎng 명 현장 | 到场 dào chǎng 동 현장에 가다 | 心安 xīn'ān 형 마음이 편안하다 | 一如既往 yìrújìwǎng 변함없다, 지난날과 다름없다 ★ | 无私 wúsī 형 헌신적이다, 사심이 없다, 아낌없다 | 时刻 shíkè 부 항상, 늘 명 시각, 때, 순간 | 温暖 wēnnuǎn 형 따뜻하다, 따스하다 동 따뜻하게 하다, 포근하게 하다 | 在于 zàiyú 동 ~에 있다, ~에 달려 있다 | 拥有 yōngyǒu 동 가지다, 보유하다, 지니다 ★ | 财富 cáifù 명 재산, 부, 자산 ★ | 成就感 chéngjiùgǎn 명 성취감 | 默默 mòmò 형 묵묵하다, 아무 말 없이 잠잠하다 부 묵묵히 ★

男的如何评价现在的自己？

A 有发展潜力
B 为自己感到自豪
C 缺乏勇气
D 具有很强的责任心

남자는 현재의 자신을 어떻게 평가하고 있는가?

A 발전 잠재력이 있다
B 스스로에게 자긍심을 느낀다
C 용기가 부족하다
D 강한 책임감을 지녔다

보기 어휘 潜力 qiánlì 명 잠재력 ★ | 自豪 zìháo 형 스스로 긍지를 느끼다, 스스로 자랑스럽게 생각하다 | 责任心 zérènxīn 책임감

정답 B

해설 인터뷰 진행자인 여자는 인터뷰 대상자인 남자에게 첫 번째 질문으로 과거와 비교해 현재 어떤 점이 다른지에 대해 묻고 있는데, 이에 대한 남자의 답변 중 '我为自己感到骄傲。(저는 제 자신에게 자긍심을 느낍니다.)'를 듣고 정답이 B임을 알 수 있다. 여기서 '骄傲(자랑스럽다)'와 '自豪(긍지를 느끼다)'는 유의어임을 알아두자.

27

男的认为自己对年轻人有什么作用?	남자는 자신이 청년들에게 어떤 영향을 끼친다고 생각하는가?
A 安慰	A 위안
B 刺激	B 자극
C 勉励	C 격려
D 模仿	D 모방

보기 어휘 **安慰** ānwèi 동 위안하다, 위로가 되다 | **刺激** cìjī 동 자극하다, 흥분시키다 | **勉励** miǎnlì 동 격려하다, 장려하다 ★ | **模仿** mófǎng 동 모방하다, 흉내를 내다

정답 C

해설 남자가 생각하는 자신이 청년들에게 끼칠 수 있는 영향에 관한 내용은 인터뷰 중간 부분에서 언급되었다. 남자는 자신이 지난 십여 년의 선수 생활 동안 최상의 시합 컨디션을 보여 주었다고 하며, '只要我继续打，对很多年轻人来说就是一种激励。(제가 계속 배드민턴을 친다면 많은 청년들에게는 일종의 격려가 될 수 있겠죠.)'라고 하였으므로 정답이 C임을 알 수 있다. 여기서 '激励(격려하다)'와 '勉励(격려하다)'는 유의어임을 알아두자.

28

男的对奥运会和亚运会有什么看法?	남자는 올림픽과 아시안게임에 대해 어떠한 견해를 가지고 있는가?
A 是充满善意的竞技	A 선의가 넘치는 시합이다
B 大部分选手都有机会参与	B 대부분의 선수가 출전 기회를 지닌다
C 可谓功成名就的捷径	C 세상에 이름을 떨칠 수 있는 지름길이라고 할만 하다
D 并非人生的终极目标	D 인생의 최종 목표는 결코 아니다

보기 어휘 **充满** chōngmǎn 동 충만하다, 넘치다, 가득 차다 | **善意** shànyì 명 호의, 선의 | **竞技** jìngjì 명 경기 동 기예를 겨루다 | **选手** xuǎnshǒu 명 선수 ★ | **参与** cānyù 동 참가하다, 참여하다 | **可谓** kěwèi ~라고 할 만하다, ~라고 말할 수 있다 | **功成名就** gōngchéngmíngjiù 성 공을 세워 이름을 떨치다 | **捷径** jiéjìng 명 가까운 길, 지름길 | **并非** bìngfēi 동 결코 ~이 아니다, 결코 ~하지 않다 ★ | **终极目标** zhōngjí mùbiāo 최종 목표

정답 D

해설 인터뷰 중간 부분에서 27번의 정답과 관련된 내용에 이어서 남자는 올림픽과 아시안게임에 대한 자신의 생각을 언급하였는데, 여기서 전환의 어감을 나타내는 '但(하지만)'이 정답 키워드이다. 남자는 선수로서 올림픽이나 아시안게임에 여러 번 참가하는 것이 쉽지 않기에 자신은 그것을 특별히 소중하게 여긴다고 언급한 뒤 '但我相信这绝不是我人生的终点。(하지만 이것이 결코 제 인생의 종착점은 아니라고 믿습니다.)'라고 하였으므로, 여기서 '终点(종착점)'이 바로 D의 '终极目标(최종 목표)'를 의미하는 것임을 알 수 있다. 따라서 정답은 D이다.

29

男的认为幸福是什么?	남자는 행복이 무엇이라 생각하는가?
A 获得冠军时的喜悦	A 우승할 때의 기쁨
B 发现自己的优点	B 자신의 장점을 발견하는 것
C 家人的关爱	C 가족의 관심과 사랑
D 高额的报酬	D 높은 보수

보기 어휘 冠军 guànjūn 명 우승, 챔피언 | 喜悦 xǐyuè 형 기쁘다, 즐겁다, 유쾌하다 ★ | 关爱 guān'ài 동 관심을 갖고 돌보다, 사랑으로 돌보다 | 高额 gāo'é 형 고액의, 높은 액수의 | 报酬 bàochou 명 보수, 대가, 급여 ★

정답 C

해설 행복에 대한 남자의 생각을 묻고 있는데, 이는 인터뷰에서 여자의 마지막 질문과 동일하다. 남자의 답변 중 '我觉得幸福是家人的爱，比如他们默默的支持和鼓励。(저는 행복이란 가족들의 사랑이라고 생각하는데, 예를 들면 그들의 묵묵한 응원과 격려 같은 것이죠.)'를 듣고 정답이 C임을 알 수 있다.

30

关于男的, 下列哪项正确?	남자에 관해, 다음 중 옳은 것은?
A 参加过多个国际赛事	A 여러 국제대회에 참가한 적이 있다
B 打算明年退役	B 내년에 은퇴할 계획이다
C 对自己要求很高	C 자신에게 매우 엄격하다
D 当过羽毛球教练	D 배드민턴 감독을 한 적이 있다

보기 어휘 国际赛事 guójì sàifhì 국제대회, 국제경기 | 退役 tuìyì 동 은퇴하다, 제대하다

정답 A

해설 인터뷰 대상자인 남자의 전반적인 것에 관해 묻는 문제이다. 이런 유형의 문제는 보통 인터뷰 앞부분에서 정답과 관련된 핵심 내용이 언급되는데, 여자의 첫 번째 질문에 대한 남자의 답변 중 '我曾经参加过几次奥运会，这次是我第三次代表中国男单参加亚运会。(저는 올림픽에 이미 여러 번 참가했었고, 이번은 제가 중국 남자 단식을 대표하여 세 번째 아시안게임에 참가하는 것입니다.)'를 듣고 남자는 과거 국제대회에 여러 번 참가했었음을 알 수 있으므로 정답은 A이다.

제3부분

31~50번 문제는 지문을 듣고 질문에 알맞은 답을 고르는 문제입니다.

第31到33题是根据下面一段话：

在太空中由于失重，用水时会比较复杂，而且也很奇妙，比如，宇航员在太空刷牙的方式与在地面差不多，但漱口水要吐在纸上丢弃。31 因为一旦液体渗出，就会像泡泡一样在太空舱里到处"晃悠"，难以回收，所以刷牙时需要小心。早在"天空实验室"空间站里，宇航员就可以淋浴了，32 但那时他们只能用浸有清洁液的湿毛巾擦身，并不是真正意义上的淋浴。近年来，有的宇宙飞船装备了可供真正淋浴的太空浴室。33 其实太空浴室就是一个直径不足一米的密封塑胶浴桶，宇航员在里面打开喷头，就会有温水喷下，随后的步骤和地球上淋浴是一样的。但一切都完毕后，需要利用真空吸管吸走身上及桶内的泡沫和水。随着科技不断地发展，外太空的生活水平在不断提高，科学家们将会为宇航员创造出更加舒适的工作环境。

우주는 무중력 상태이기 때문에 물을 사용할 때 비교적 복잡해지고 신기해진다. 예를 들면 우주 비행사가 우주에서 양치질을 하는 방식은 지상에서와 별반 다를 게 없지만 양칫물은 종이에 뱉어서 버려야 한다. 31 액체는 일단 배어 나오면 거품처럼 우주 캡슐 안 여기저기를 '떠돌아 다녀' 회수가 어렵기 때문에 양치질을 할 때 조심할 필요가 있다. 일찍이 우주 정거장 '스카이랩(Skylab)'에서는 우주 비행사가 샤워를 할 수 있었다. 32 그런데 그때는 클렌저를 적신 물수건으로 몸을 닦는 거라 진정한 의미의 샤워는 아니었다. 최근 어떤 우주선에는 실제로 샤워가 가능한 우주목욕탕이 갖춰져 있다. 33 사실 우주목욕탕은 직경이 1미터도 안 되는 밀폐된 플라스틱 목욕통인데 우주 비행사가 그 안에서 샤워꼭지를 틀면 온수가 나온다. 이어지는 순서는 지구에서 하는 목욕과 동일하다. 하지만 모든 과정이 끝나면 진공빨대로 몸과 목욕통에 있는 거품과 물을 모두 빨아들여야 한다. 과학기술이 끊임없이 발전하면서 대기권 밖 우주의 생활수준도 계속 향상되고 있다. 과학자들은 우주 비행사들을 위해 더 쾌적한 작업 환경을 만들 것이다.

지문 어휘 太空 tàikōng 명 우주 ★ | 失重 shī zhòng 동 무중력 상태가 되다, 중심을 잃다 | 奇妙 qímiào 형 신기하다, 기묘하다 ★ | 宇航员 yǔhángyuán 명 우주 비행사 | 漱口水 shùkǒushuǐ 명 양칫물 | 吐 tù 동 토하다, 게우다 | 丢弃 diūqì 동 내다 버리다, 포기하다 | 液体 yètǐ 명 액체 ★ | 渗出 shènchū 동 배어 나오다, 스며 나오다 | 泡泡 pàopao 명 거품, 방울 | 太空舱 tàikōngcāng 명 우주선 캡슐 ★ | 晃悠 huàngyou 동 빈둥거리며 돌아다니다, 어슬렁거리다, 흔들리다 | 难以 nányǐ 부 ~하기 어렵다, ~하기 곤란하다 | 回收 huíshōu 동 회수하다, 회수하여 이용하다 ★ | 天空实验室 tiānkōng shíyànshì 명 스카이랩(Skylab), 유인 우주 실험실 | 空间站 kōngjiānzhàn 명 우주 정거장 | 淋浴 línyù 동 샤워하다, 목욕하다 | 浸 jìn 동 (물에) 적시다, 담그다, 배다, 스며들다 | 清洁液 qīngjiéyè 명 클렌저 | 湿毛巾 shīmáojīn 물수건, 젖은 수건 | 擦身 cāshēn 동 몸을 닦다, 몸을 스치다 | 宇宙飞船 yǔzhòu fēichuán 명 우주선 ★ | 装备 zhuāngbèi 동 장착하다, 장치하다, 탑재하다 명 장비 ★ | 供 gōng 동 제공하다, 공급하다 | 浴室 yùshì 명 목욕탕, 욕실 | 直径 zhíjìng 명 직경 ★ | 不足 bùzú 동 부족하다, (일정한 숫자에) 이르지 못하다 형 부족하다 | 密封 mìfēng 형 밀폐된, 밀봉한 동 밀폐하다, 밀봉하다 ★ | 塑胶 sùjiāo 명 플라스틱, 합성 수지 | 浴桶 yùtǒng 명 목욕통 | 喷头 pēntóu 명 (샤워기, 분무기 등의) 분사꼭지 | 温水 wēnshuǐ 명 온수, 따뜻한 물 | 喷 pēn 동 내뿜다, 분출하다 | 随后 suíhòu 부 그 다음, 추후 이어서, 그 다음에, 뒤따라 | 步骤 bùzhòu 명 순서, 절차, 차례 | 完毕 wánbì 동 끝나다, 마치다, 완결하다 ★ | 利用 lìyòng 동 이용하다, 활용하다, 응용하다 | 真空 zhēnkōng 명 진공 | 吸管 xīguǎn 명 빨대, 흡입관 | 泡沫 pàomò 명 거품 ★ | 科技 kējì 명 과학 기술 | 不断 búduàn 부 끊임없이, 계속해서 동 끊임없다 | 外太空 wàitàikōng 명 지구의 대기권 밖의 공간 | 创造 chuàngzào 동 만들다, 창조하다 명 창조물 | 舒适 shūshì 형 쾌적하다, 편안하다

31

为什么宇航员刷牙时要小心?	우주 비행사들이 양치할 때 왜 조심해야 하는가?
A 防止水四处飘散	A 물이 사방으로 튀는 것을 막기 위해서
B 牙膏会变硬	B 치약이 굳지 않게 하려고
C 容易咬到嘴唇	C 입술을 깨물게 되기 쉬워서
D 太空舱里空间狭小	D 우주 캡슐 공간이 협소해서

보기 어휘 防止 fángzhǐ 동 방지하다 ★ | 四处 sìchù 명 사방, 도처 | 飘散 piāosàn 동 (안개나 기체 등이) 사방으로 흩날리다, 공중에 흩어지다 | 变硬 biànyìng 동 딱딱하게 변하다 | 咬 yǎo 동 물다, 깨물다, 베물다 | 嘴唇 zuǐchún 명 입술 ★ | 空间 kōngjiān 명 공간 | 狭小 xiáxiǎo 형 협소하다, 좁고 작다

정답 A

해설 우주 비행사가 양치질을 할 때 조심해야 하는 이유를 묻고 있다. 녹음에서 어떤 이유나 원인을 제시하고 그에 따른 결과나 결론을 이끌어내는 부분은 반드시 집중해서 들어야 한다. 녹음 앞부분에서 因为一旦液体渗出，就会像泡泡一样在太空舱里到处"晃悠"，难以回收，所以刷牙时需要小心. (액체는 일단 배어 나오면 거품처럼 우주 캡슐 안 여기저기를 '떠돌아다녀' 회수가 어렵기 때문에 양치질을 할 때 조심할 필요가 있다.)'이라고 하였으므로 정답은 A이다.

32

以前在"天空实验室"空间站里宇航员是怎样洗澡的?	예전에 우주 정거장 '스카이랩(Skylab)'에서 우주 비행사는 어떻게 샤워를 했는가?
A 直接用水冲洗	A 직접 물로 씻는다
B 用纸巾擦拭身体	B 티슈로 몸을 닦는다
C 用湿毛巾擦身	C 물수건으로 몸을 닦는다
D 用药水涂抹身体	D 물약을 몸에 바른다

보기 어휘 冲洗 chōngxǐ 동 (물로) 씻어 내다, 현상 인화하다 | 纸巾 zhǐjīn 명 티슈, 냅킨 | 擦拭 cāshì 동 닦다 | 药水 yàoshuǐ 명 물약 | 涂抹 túmǒ 동 바르다, 칠하다

정답 C

해설 우주 정거장 '스카이랩(Skylab)'에서 샤워를 하는 것에 관한 내용은 녹음 중간 부분에서 언급되었는데, 여기서 전환의 어감을 나타내는 '但(하지만)'이 정답 키워드이다. '但那时他们只能用浸有清洁液的湿毛巾擦身，并不是真正意义上的淋浴。(그런데 그때는 클렌저를 적신 물수건으로 몸을 닦는 거라 진정한 의미의 샤워는 아니었다.)'라고 하였으므로 정답은 C이다.

关于太空浴室，可以知道什么?　　　우주목욕탕에 관해 알 수 있는 것은?

A 材质是木制的　　　　　　　　　　A 재질은 목제이다
B 利用太阳能加热　　　　　　　　　B 태양열을 이용해 가열한다
C 通过真空管输入水　　　　　　　　C 진공관으로 물을 주입한다
D 直径不足一米　　　　　　　　　　D 직경이 1미터가 안 된다

보기어휘 　**材质** cáizhì 명 재질 ｜ **木制** mùzhì 목제, 나무로 만들다 ｜ **太阳能** tàiyángnéng 명 태양열, 태양 에너지 ｜ **真空管** zhēnkōngguǎn 명 진공관 ｜ **输入** shūrù 동 들여보내다, 받아들이다, 입력하다

정답 　D

해설 　우주목욕탕에 관해서는 녹음 중간 부분에서 32번 문제의 정답과 관련된 내용에 이어 언급되었다. 이 문제는 전환의 어감을 나타내는 '其实(사실)'가 정답 키워드이다. '其实太空浴室就是一个直径不足一米的密封塑胶浴桶。(사실 우주목욕탕은 직경이 1미터도 안 되는 밀폐된 플라스틱 목욕통이다.)'이라고 하였으므로 정답은 D이다.

第34到37题是根据下面一段话：

很多心理学家表示，34 人在5岁之前就已经形成了对自我的感知。一个研究所为了证实这个说法进行了一项实验，检测300多名5岁儿童对自我的感知，实验方法非常简单，35 就是让孩子们做一个词语联想的游戏。研究人员让他们先选择一面代表自己的旗子，随后想象一些词汇与之相联系，譬如好或坏。结果发现，孩子们更倾向于将自己与正面的词汇联系在一起。该研究表明，人对自我的感觉是固有的，孩子们在开始读书之前就已经形成了这种心理。心理学家对这个结论表示认可并指出，36 5岁儿童就可以充分理解他们自身的一些积极特质，比如个子高、会认字等。37 该研究团队会在未来的30年对这些儿童进行追踪研究，看看5岁时的自我感知是否会与未来的心理健康状况，以及集体生活的适应情况有所联系。

많은 심리학자들이 34 사람은 5세 이전에 이미 자아에 대한 인식이 형성된다고 밝혔다. 한 연구소에서 이 견해를 증명하기 위해 5세 아동 300여 명의 자아에 대한 인식을 테스트하는 실험을 진행했다. 실험 방법은 매우 간단했는데, 35 아이들에게 단어 연상 놀이를 하게 하는 것이다. 연구원들은 아이들에게 먼저 자기를 나타내는 깃발을 선택하게 한 다음 그것과 서로 연관되는 어휘를 상상하게 했다. 예를 들면 좋고 나쁨과 같은 것이다. 그 결과 아이들은 자신을 긍정적인 어휘와 함께 연관시키려는 경향을 보였다. 이 연구에 따르면, 자아에 대한 사람의 느낌은 고유하며, 학교를 다니기 전 아이들에게는 이미 이런 심리가 형성되어 있다고 한다. 심리학자들은 이 결론에 대해 동의하는 입장을 보이며 36 5세 아동은 '키가 크다' 혹은 '글자를 안다'와 같이 자신의 긍정적인 특징을 충분히 이해할 수 있다고 전했다. 37 이 연구팀은 앞으로 30년간 이 아이들을 대상으로 5세 때의 자아 인식이 미래의 심리 건강 상태 및 단체 생활 적응 상황과 연관성이 있는지 여부를 추적 연구할 예정이다.

지문 어휘 心理学家 xīnlǐxuéjiā 명 심리학자 | 形成 xíngchéng 동 형성되다, 이루어지다 | 自我 zìwǒ 명 자아 대 자기 자신 | 感知 gǎnzhī 명 인식, 감지, 지각 동 감지하다, 느끼다 | 证实 zhèngshí 동 사실을 증명하다, 실증하다 ★ | 说法 shuōfa 명 견해, 의견, 이치, 도리 | 实验 shíyàn 명 실험 동 실험하다 | 检测 jiǎncè 동 테스트하다, 검사 측정하다 | 联想 liánxiǎng 동 연상하다 ★ | 旗子 qízi 명 깃발 | 随后 suíhòu 부 그 다음에, 뒤따라, 이어서 | 想象 xiǎngxiàng 동 상상하다 상상 | 词汇 cíhuì 명 어휘 | 譬如 pìrú 동 예를 들다 ★ | 倾向于 qīngxiàng yú ~하는 경향이 있다, ~에 치우치다 | 正面 zhèngmiàn 명 긍정적인 면, 정면 | 表明 biǎomíng 동 분명하게 밝히다, 표명하다 | 固有 gùyǒu 형 고유의 ★ | 心理 xīnlǐ 명 심리 | 结论 jiélùn 명 결론, 결말 | 认可 rènkě 동 승낙하다, 인가하다, 허락하다 ★ | 指出 zhǐchū 동 밝히다, 지적하다, 가리키다 | 充分 chōngfèn 부 충분히, 힘껏 형 충분하다 | 自身 zìshēn 대 자신, 본인 | 特质 tèzhì 명 특유의 성질 | 认字 rèn zì 동 (글자를) 알다, 깨우치다 | 团队 tuánduì 명 팀, 단체 | 未来 wèilái 명 미래, 멀지 않은 장래, 향후 | 追踪 zhuīzōng 동 추적하다, 행방을 뒤쫓다 | 状况 zhuàngkuàng 명 상황, 상태, 형편 | 集体 jítǐ 명 단체, 집단 | 适应 shìyìng 동 적응하다

34

心理学家认为人们对自我的感知可能形成于什么时候?

심리학자들은 자아에 대한 사람들의 인식이 언제 형성된다고 보는가?

A 上小学时
B 青少年期
C 5岁前
D 开口说话前

A 초등학교를 다닐 때
B 청소년기
C 5세 전
D 말을 시작하기 전

보기 어휘 青少年期 qīngshàoniánqī 청소년기 | 开口 kāikǒu 동 말을 하다, 입을 떼다

정답 C

해설 자아에 대한 인식 형성 시기를 묻고 있는데, 이는 녹음 앞부분에서 언급되었다. '人在5岁之前就已经形成了对自我的感知。(사람은 5세 이전에 이미 자아에 대한 인식이 형성된다.)'라고 하였으므로 정답은 C이다.

35

研究人员用哪种方法测量儿童对自我的感知?

연구원들은 어떤 방법으로 자아에 대한 아이들의 인식을 테스트했는가?

A 写作
B 跑步比赛
C 进行考试
D 词语联想游戏

A 글쓰기
B 달리기 시합
C 시험 진행
D 단어 연상 게임

보기 어휘 测量 cèliáng 동 시험을 통해 가능하다, 평가하다, 측량하다 명 측량, 측정 ★ | 写作 xiězuò 동 글을 쓰다, 글을 짓다

정답 D

| 해설 | 어떤 실험이나 연구에 관한 실용문 형태의 지문에서 실험의 대상, 방법, 과정, 결과 등을 언급하는 내용은 반드시 집중해서 들어야 한다. 녹음 앞부분에서 실험 방법이 간단하다고 언급한 뒤 이어서 '就是让孩子们做一个词语联想的游戏。(아이들에게 단어 연상 놀이를 하게 하는 것이다.)'라고 하였으므로 정답은 D이다. |

36

根据这段话, 所谓积极特质指的是什么?

이 글에 따르면 소위 긍정적인 특징이 가리키는 것은 무엇인가?

A 理想
B 优点
C 情商
D 个性

A 꿈
B 장점
C 감성지수(EQ)
D 개성

보기 어휘 所谓 suǒwèi 형 소위, 이른바, ~라는 것은 | 智慧 zhìhuì 명 지혜 | 情商 qíngshāng 명 감성지수(EQ)(사람의 정서와 사회에 대한 적응 능력)

정답 B

해설 긍정적인 특징이 무엇인지에 대해 묻고 있는데, 이에 관한 내용은 녹음 마지막 부분에서 언급되었다. '5岁儿童就可以充分理解他们自身的一些积极特质, 比如个子高、会认字等。(5세 아동은 '키가 크다' 혹은 '글자를 안다'와 같이 자신의 긍정적인 특징을 충분히 이해할 수 있다.)'라고 하였으므로, 여기서 긍정적인 특징의 예로 든 '키가 크다', '글자를 안다'는 바로 아이들이 지닐 수 있는 장점에 속하는 것임을 알 수 있다. 따라서 정답은 B이다.

37

下列哪项属于研究团队追踪研究范围?

다음 중 연구팀의 추적 연구 범위에 속하는 것은?

A 心理健康
B 身体健康
C 智力开发
D 大脑发育

A 심리 건강
B 신체 건강
C 지능 개발
D 대뇌 발육

보기 어휘 智力开发 zhìlì kāifā 지능 개발 | 大脑发育 dànǎo fāyù 대뇌 발육

정답 A

해설 연구팀의 추적 연구 계획에 관한 내용은 마지막 문장에서 언급되었다. '该研究团队会~进行追踪研究, 看看5岁时的自我感知是否会与未来的心理健康状况, 以及集体生活的适应情况有所联系。(이 연구팀은~ 5세 때의 자아 인식이 미래의 심리 건강 상태 및 단체 생활 적응 상황과 연관성이 있는지 여부를 추적 연구할 예정이다.)'라고 하였으므로 정답은 A이다.

第38到40题是根据下面一段话：

人类很早就用各种浓汤作为调味品来增加食物的鲜味，38 而且通过蒸发海带汤得到了很鲜的谷氨酸钠，这就是味精的主要成分。很多人认为味精是化工品，虽然在菜里加入味精会增加食物的鲜味，但吃多了对身体不好。但事实并非如此，最初的味精是水解蛋白质纯化后得到的，39 而现代工业生产中，则是利用能分泌谷氨酸的细菌发酵出来的，发酵的原料是淀粉、甜菜、甘蔗等，这其实跟醋、盐、糖、酱油差不多，生产过程中并不使用化学原料。如果醋、盐、糖、酱油被认为是无害的，那么味精也应该被视为天然产物。尽管很多人仍然对味精的安全性存在着疑问，40 多项实验却证明味精并没有危害性。只有个别实验发现，在服用大剂量的情况下，会在某种非常敏感的动物体内产生神经性毒素，但这种剂量是人类从食物中摄入量的好几十倍。

38

早先人们通过什么方式得到了谷氨酸钠?

예전에 사람들은 어떤 방식으로 글루탐산나트륨(MSG)을 얻었는가?

A 蒸发海带汤
B 提炼植物油
C 淡化海水
D 溶解淀粉

A 미역국을 증발시켜서
B 식물성 기름을 추출해서
C 바닷물을 담수화해서
D 전분을 용해해서

보기 어휘 早先 zǎoxiān 몡 이전, 옛날 | 提炼 tíliàn 동 추출하다, 정련하다, 다듬다 ★ | 植物油 zhíwùyóu 몡 식물성 기름, 식물유 | 淡化 dànhuà 동 담수화하다, (관념, 인식, 태도, 감정 등이) 희미해지다, 약해지다 | 海水 hǎishuǐ 몡 바닷물, 해수 | 溶解 róngjiě 동 용해하다 ★

정답 A

해설 과거 글루탐산나트륨(MSG)을 얻게 된 방식에 대해 묻고 있는데, 이에 관한 내용은 녹음 앞부분에서 언급되었다. 어떤 방식이나 수단을 이끌어내는 '通过(~을 통해서)'가 들리면 그 부분을 집중해서 들어야 하는데, '而且通过蒸发海带汤得到了很鲜的谷氨酸钠。(뿐만 아니라 미역국을 증발시켜 신선한 글루탐산나트륨(MSG)을 얻었다.)'라고 하였으므로 정답은 A이다.

39

关于味精的现代生产过程可以知道什么?

현대의 조미료 생산과정에 관해 알 수 있는 것은?

A 需要加入酱油
B 要通风良好
C 不采用化学原料
D 产生大量的废水

A 간장을 넣어야 한다
B 통풍이 잘 되어야 한다
C 화학원료를 사용하지 않는다
D 대량의 폐기물이 발생한다

보기 어휘 加入 jiārù 동 넣다, 가입하다, 참가하다 | 通风 tōngfēng 형 공기가 통하다, 통풍시키다, 소식을 누설하다 | 良好 liánghǎo 형 좋다, 양호하다, 훌륭하다 | 产生 chǎnshēng 동 생기다, 발생하다, 나타나다 | 废水 fèishuǐ 몡 폐수

정답 C

해설 현대의 조미료 생산과정에 관한 내용은 녹음 중간 부분에서 언급되었는데, 여기서 전환의 어감을 나타내는 '其实(사실)'가 정답 키워드이다. '而现代工业生产中, 则是利用~发酵出来的, 发酵的原料是~, 这其实跟醋、盐、糖、酱油差不多, 生产过程中并不使用化学原料。(그런데 현대 공업생산과정에서는 ~을 이용해 발효시켜 조미료를 얻는다. 발효한 원료는 ~인데 이는 사실 식초, 소금, 설탕, 간장과 같이 생산과정에서 화학원료를 전혀 사용하지 않는다.)'라고 하였으므로 정답은 C이다.

根据这段话，下列哪项正确？ | 이 글에 따르면 다음 중 옳은 것은?

A 味精在高温下会变质
B 味精能增进食欲
C 适当食用味精对人体无害
D 味精可以促进骨骼生长

A 조미료는 고온에서 변질된다
B 조미료는 식욕을 돋운다
C 조미료를 적당하게 먹는 것은 인체에 무해하다
D 조미료는 뼈의 생장을 촉진시킨다

보기 어휘 变质 biànzhì 동 변질되다 ★ | 增进 zēngjìn 동 증진하다, 증진시키다 | 食欲 shíyù 명 식욕 | 食用 shíyòng 동 먹다, 식용하다 | 人体 réntǐ 명 인체 | 无害 wúhài 동 무해하다, 해롭지 않다 | 促进 cùjìn 동 촉진시키다, 재촉하다 | 骨骼 gǔgé 명 뼈, 골격 | 生长 shēngzhǎng 동 생장하다, 자라다

정답 C

해설 녹음은 조미료의 안전성 여부에 관한 내용을 중점적으로 다루고 있다. 녹음 마지막 부분에서 실험 결과를 소개하며 '多项实验却证明味精并没有危害性。(여러 실험에서 조미료가 결코 위해성이 없다는 것이 증명되었다.)'이라고 하였으므로, 여기서 '并没有危害性(결코 위해성이 없다)'과 유사한 표현의 '对人体无害(인체에 무해하다)'가 제시된 C가 정답임을 알 수 있다.

第41到43题是根据下面一段话：

41 许多餐厅为了营造一种轻松舒适的氛围，除了会保持整洁的环境外，还会在顾客用餐时播放背景音乐。用餐时听优美的轻音乐可让大脑交感神经变得兴奋，消化腺分泌的消化液增多，消化道的蠕动加快，促进营养物质的吸收。而且音乐的快慢还会影响咀嚼的速度，42 慢节奏可以使人细嚼慢咽，这样更有助于消化食物，减轻肠胃的负担。如今，为了让顾客在享受美食的同时还能舒缓紧张的神经，越来越多的餐厅开始注重背景音乐。43 不过，需要注意的是，背景音乐的选择应该个性化，要根据餐厅的经营特色、生意状况和消费群体的欣赏习惯等选择播放最合适的音乐。

41 많은 식당에서 가볍고 편안한 분위기를 만들기 위해서 청결한 환경을 유지하는 것 외에도 손님들이 식사를 할 때 배경음악을 틀어 놓는다. 식사를 할 때 우아하고 아름다운 경음악을 들으면 대뇌 교감신경을 흥분시켜 소화선에서 분비되는 소화액이 증가하고, 소화관의 연동운동도 빨라져 영양물의 흡수를 촉진시킨다. 뿐만 아니라 음악의 빠르기도 음식물을 씹는 속도에 영향을 줄 수 있다. 42 느린 템포에서는 잘게 씹고 천천히 삼키게 되는데 그렇게 되면 음식물 소화에 더 도움을 주어 위장의 부담을 덜어준다. 요즘에는 고객이 맛있는 음식을 즐기면서 긴장된 신경을 완화시킬 수 있도록 갈수록 많은 식당들이 배경음악을 중시하기 시작했다. 43 하지만 주의할 점은 배경음악을 고르는 데 있어 개성이 담겨야 하는데, 식당의 경영 특색, 영업 상황, 소비층의 감상 습관 등을 고려해 가장 알맞은 음악을 선택하여 틀어야 한다.

지문 어휘 营造 yíngzào 동 만들다, 경영하다, 건설하다 | 舒适 shūshì 형 쾌적하다, 편안하다 | 氛围 fēnwéi 명 분위기 | 保持 bǎochí 동 유지하다, 지키다 | 整洁 zhěngjié 형 단정하고 깨끗하다, 말끔하다 | 用餐 yòng cān 동 식사를 하다, 밥을 먹다 | 播放 bōfàng 동 방송하다, 방영하다 | 背景音乐 bèijǐng yīnyuè 명 배경음악 | 优美 yōuměi 형 우아하고 아름답다, 우미하다 | 轻音乐 qīngyīnyuè 명 경음악 | 大脑 dànǎo 명 대뇌 | 交感神经 jiāogǎn shénjīng 명 교감신경 | 兴奋 xīngfèn 형 흥분하다, 격분하다 동 흥분시키다, 자극시키다 | 消化腺 xiāohuàxiàn 명 소화선

分泌 fēnmì 동 분비하다 ★ | 消化液 xiāohuàyè 명 소화액 | 消化道 xiāohuàdào 명 소화관 | 蠕动 rúdòng 동 연동운동을 하다, 꿈틀거리다 | 加快 jiākuài 동 빠르게 하다, 가속화하다 | 促进 cùjìn 동 촉진하다, 재촉하다, 독촉하다 | 营养物质 yíngyǎng wùzhì 영양 물질 | 吸收 동 흡수하다, 섭취하다, 받아들이다 | 咀嚼 (음식물을) 씹다, 음미하다 ★ | 节奏 jiézòu 명 템포, 리듬 ★ | 细嚼慢咽 xìjiáomànyà 성 음식을 오래오래 잘 씹고 천천히 삼키다, 일을 차근차근하다 | 消化 xiāohuà 동 소화하다 | 食物 shíwù 명 음식물 | 肠胃 chángwèi 명 위장 | 负担 fùdān 명 부담, 책임 동 부담하다, 책임지다 ★ | 如今 rújīn 명 지금, 현재, 오늘날 | 享受 xiǎngshòu 동 누리다, 향유하다, 즐기다 | 美食 měishí 명 맛있는 음식 | 舒缓 shūhuǎn 동 완만하게 하다 형 완만하다, 느리다 | 神经 shénjīng 명 신경 ★ | 注重 zhùzhòng 동 중시하다, 중점을 두다 ★ | 个性化 gèxìnghuà 동 개성화시키다, 독특한 특색을 갖게 하다 | 经营 jīngyíng 동 경영하다, 운영하다 | 特色 tèsè 명 특색, 특징 | 生意 shēngyi 명 영업, 장사, 사업, 비즈니스 | 消费 xiāofèi 동 소비하다 | 群体 qúntǐ 명 집단, 단체 | 欣赏 xīnshǎng 동 감상하다, 좋아하다

41

餐厅为什么要播放背景音乐?

A 调动厨师积极性
B 让客人快吃快走
C 为了迎合高端顾客的喜好
D 营造轻松舒适的氛围

식당에서는 왜 배경음악을 트는가?

A 요리사의 의욕을 불러 일으키려고
B 손님들이 빨리 식사하고 빨리 떠나게끔 하려고
C 프리미엄 고객의 기호에 맞추려고
D 가볍고 편안한 분위기를 만들기 위해서

보기 어휘 调动 diàodòng 동 불러 일으키다, 자극하다, 바꾸다, 이동하다 ★ | 积极性 jījíxìng 명 의욕, 적극성, 열의 | 厨师 chúshī 명 요리사, 주방장 | 迎合 yínghé 동 비위를 맞추다, 영합하다 | 高端 gāoduān 형 고급의 명 고위층 관원이나 책임자 | 喜好 xǐhào 동 좋아하다, 호감을 가지다, 흥미를 느끼다

정답 D

해설 식당에서 배경음악을 트는 이유를 묻고 있는데, 이는 녹음에서 첫 문장 '许多餐厅为了营造一种轻松舒适的氛围，除了~外，还会在顾客用餐时播放背景音乐。(많은 식당에서 가볍고 편안한 분위기를 만들기 위해서 ~ 외에도 손님들이 식사를 할 때 배경음악을 틀어놓는다.)'를 듣고 D가 정답임을 알 수 이다.

42

根据这段话，下列哪项是听慢节奏音乐的功效?

A 减轻肠胃负担
B 降低血糖
C 激发创作的灵感
D 增进食欲

이 글에 따르면, 다음 중 느린 템포의 음악을 들었을 때 얻을 수 있는 효과는?

A 위장의 부담을 덜어준다
B 혈당을 낮춘다
C 창작의 영감을 불러 일으킨다
D 식욕을 돋운다

보기 어휘 功效 gōngxiào 명 효과, 효능 ★ | 降低 jiàngdī 동 낮추다, 내리다 | 血糖 xuètáng 명 혈당 | 激发 jīfā 동 (감정을) 불러 일으키다, 끓어 오르게 하다 ★ | 创作 chuàngzuò 동 창작하다 명 창작품 | 增进 zēngjìn 동 증진시키다, 증진하다 | 食欲 shíyù 명 식욕, 밥맛

정답 A

해설 식사를 할 때 느린 템포의 음악을 들으면 좋은 점에 대해서 묻고 있는데, 이는 녹음 중간 부분에서 언급되었다. 결론을 이끌어내는 '这样(그렇게 되면)'이 정답 키워드인데, '慢节奏可以使人细嚼慢咽，这样更有助于消化食物，减轻肠胃的负担。(느린 템포에서는 잘게 씹고 천천히 삼키게 되는데 그렇게 되면 음식물 소화에 더 도움을 주어 위장의 부담을 덜어준다.)'이라고 하였으므로 정답은 A이다.

43

餐厅在选择背景音乐时需要注意什么? | 식당에서 배경음악을 고를 때 주의해야 할 점은?

A 要考虑自身特色 | A 자신의 특색을 고려해야 한다
B 要选择古典音乐 | B 클래식음악을 선택해야 한다
C 要播放快节奏的音乐 | C 빠른 템포의 음악을 틀어야 한다
D 要符合年轻顾客的口味 | D 젊은 고객의 취향에 맞춰야 한다

보기 어휘 古典音乐 gǔdiǎn yīnyuè 클래식음악, 고전음악 | 口味 kǒuwèi 명 취향, 입맛, 기호

정답 A

해설 배경음악을 선택할 때 주의해야 할 사항은 마지막 부분에서 언급되었다. 여기서 전환의 어감을 나타내는 '不过(하지만)'가 정답 키워드이다. '不过，需要注意的是，背景音乐的选择应该个性化，要根据餐厅的经营特色、生意状况和消费群体的欣赏习惯等选择播放最合适的音乐。(하지만 주의할 점은 배경음악을 고르는 데 있어 개성이 담겨야 하는데, 식당의 경영 특색, 영업 상황, 소비층의 감상 습관 등을 고려해 가장 알맞은 음악을 선택하여 틀어야 한다.)'라고 하였으므로 정답은 A이다.

第44到46题是根据下面一段话:

44 有一所名牌大学，其毕业生的就业率一直在全国名列前茅。一些研究人员对该校进行了研究，发现这所学校有一个特别的传统。45 一直以来，该校新生入学后的第一堂课就是让大家了解可乐瓶的用途。在课堂上，学生们明白了最为常见的可乐瓶不仅能做成笔筒，还可以当花盆。把它剪开以后，还可以做成装饰品。把下面减掉，又可以当做漏斗。此外，在瓶身开个洞，还可以做成简易的储蓄罐。

通过这堂课，46 学生们明白了一个平凡的可乐瓶竟然有这么多的用途，更何况我们人呢？任何一种用途都足以让一个人生活下去。因而从这所学校毕业的学生，无论他们的处境如何，他们都会对未来充满希望。

44 어느 한 명문 대학 졸업생 취업률이 줄곧 전국 상위권을 차지하였다. 연구원들이 이 학교에 대한 연구를 진행하고서 특별한 전통 한 가지를 발견해냈는데, 45 지금껏 이 학교 신입생들의 입학 후 첫 수업은 바로 학생들에게 콜라병의 용도를 이해하게 하는 것이라고 한다. 이 수업에서 학생들은 가장 흔히 볼 수 있는 콜라병이 연필꽂이가 될 수 있을 뿐만 아니라 화분도 될 수 있으며, 또 병을 잘라서 장식품으로 만들 수도 있고, 아랫면을 잘라내 깔때기로 만들기도 하며, 이 밖에도 병 몸체에 구멍을 내어 간편한 저금통으로 만들 수도 있다는 것을 알게 되었다.

이 수업을 통해 46 학생들은 평범한 콜라병도 의외로 이렇게나 많은 용도가 있는데, 하물며 우리와 같은 사람은 어떻겠는지, 어떠한 용도로서라도 한 사람이 살아가기에는 충분하다는 것을 깨닫게 되었다. 그래서 이 학교를 졸업한 학생들은 그들의 처지가 어떻든 간에 미래에 대한 희망이 가득하다고 한다.

지문 어휘 名牌大学 míngpái dàxué 명문 대학 | 就业率 jiùyèlǜ 명 취업률 | 名列前茅 mínglièqiánmáo 성 이름이나 서열이 선두에 있다, 성적이 선두에 있다 | 研究人员 yánjiū rényuán 연구원 | 传统 chuántǒng 명 전통 형 전통적이다, 보수적이다 | 入学 rùxué 동 입학하다 | 堂 tang 양 시간(수업 횟수를 세는 데 쓰임) | 用途 yòngtú 명 용도 | 课堂 kètáng 명 수업 시간, 교실 | 常见 chángjiàn 형 흔한, 늘 보이는 | 笔筒 bǐtǒng 명 연필꽂이, 필통 | 花盆 huāpén 명 화분 | 装饰品 zhuāngshìpǐn 명 장식품 | 漏斗 lòudǒu 명 깔때기 | 洞 dòng 명 구멍 | 简易 jiǎnyì 형 간편하다 | 储蓄罐 chǔxùguàn 명 저금통 | 平凡 píngfán 형 평범하다, 보통이다 ★ | 何况 hékuàng 부 하물며, 더군다나 | 足以 zúyǐ 부 충분히 ~할 수 있다, ~하기에 족하다 ★ | 因而 yīn'ér 접 그래서, 그러므로, 따라서 | 处境 chǔjìng 명 처지, 상태 ★ | 未来 wèilái 명 미래, 멀지 않은 장래, 향후 | 充满 chōngmǎn 동 가득 차다, 충만하다, 넘치다

44

符合该校毕业生特点的一项是?

이 학교 졸업생 특징과 일치하는 것은?

A 就业率高
B 成绩优异
C 遇事冷静
D 喜欢提问

A 취업률이 높다
B 성적이 매우 우수하다
C 일이 생기면 침착하게 행동한다
D 질문하기를 좋아한다

보기 어휘 优异 yōuyì 형 특히 우수하다, 특출하다 ★ | 遇事 yùshì 동 일이 생기다, 뜻밖의 사고를 당하다 | 冷静 lěngjìng 형 침착하다, 냉정하다 | 提问 tíwèn 동 질문하다 명 질문

정답 A

해설 이 학교 졸업생의 특징에 대해 묻고 있는데, 녹음에서 첫 문장 '有一所名牌大学，其毕业生的就业率一直在全国名列前茅。(어느 한 명문 대학 졸업생 취업률이 줄곧 전국 상위권을 차지하였다.)'를 듣고, 여기서 '名列前茅'가 서열이나 성적이 선두에 있다는 의미를 알 수 있으므로 정답은 A이다. '前茅'는 옛날 전쟁에서 병사가 띠풀로 만든 신호용 깃발을 들고 선두에서 가는 것을 이르는 말로, 이는 '선봉에 서다, 상위권에 속하다'라는 비유적인 뜻을 지닌다.

45

新生入学后的第一堂课讲的是什么?

신입생들의 입학 후 첫 수업에서 강의하는 것은 무엇인가?

A 毕业计划
B 可乐瓶的用途
C 就业信息
D 装饰品的作用

A 졸업 계획
B 콜라병의 용도
C 취업 정보
D 장식품의 효과

보기 어휘 信息 xìnxī 명 정보, 소식

정답 B

해설 신입생들의 입학 후 첫 수업에 관해 묻고 있는데, 이는 녹음 앞부분에서 언급되었다. 연구원들이 발견해낸 이 학교의 전통을 언급하며, '一直以来，该校新生入学后的第一堂课就是让大家了解可乐瓶的用途。(지금껏 이 학교 신입생들의 입학 후 첫 수업은 바로 학생들에게 콜라병의 용도를 이해하게 하는 것이라고 한다.)' 라고 하였으므로 정답은 B이다.

根据这段话，下列哪项正确? | 이 글에 따르면 다음 중 옳은 것은?

A 要学会谦虚
B 人生有多种选择
C 要积极参与竞争
D 人要懂得知足常乐

A 겸손함을 익혀야 한다
B 인생에는 여러 가지 선택이 있다
C 적극적으로 경쟁에 참여해야 한다
D 만족함을 알아야 한다

보기 어휘 谦虚 qiānxū 형 겸손하다 | 参与 cānyù 동 참여하다, 참가하다 | 竞争 jìngzhēng 명 경쟁 동 경쟁하다 | 知足常乐 zhīzúchánglè 성 만족함을 알면 항상 즐겁다 ★

정답 B

해설 보기 내용을 통해 주제에 관해 묻는 문제임을 유추할 수 있다. 녹음 마지막 부분에서 '学生们明白了一个平凡的可乐瓶竟然有这么多的用途，更何况我们人呢？并且任何一种用途都足以让一个人生活下去。(학생들은 평범한 콜라병도 의외로 이렇게나 많은 용도가 있는데, 하물며 우리와 같은 사람은 어떻겠는지, 어떠한 용도로서라도 한 사람이 살아가기에는 충분하다는 것을 깨닫게 되었다.)'라고 하였으므로, 이 글은 사람이 인생에서 한 가지 역할만이 아닌 여러 가지 역할로 살아갈 수 있다는 것을 강조하고 있음을 알 수 있다. 따라서 정답은 B이다.

第47到50题是根据下面一段话:

有一天，我路过一个果树园，看见一个果农正在给果树施肥，果农在离果树两米左右的地方挖了一个坑，然后把肥料埋下去。47 我好奇地问："为什么把肥料放在这么远的地方？这样树能汲取到营养吗？"

果农笑着说："如果把肥料直接堆放到树的根部，果树的生长就会受到影响。"我更不解了，问道："把肥料直接堆放到根部，果树不是能更好地吸收肥料的养分，更有利于成长吗？"果农风趣地说："49 这种'饭来张口，衣来伸手'的生活，只会让果树失去自力更生的动力。"

果农见我还是一头雾水，于是继续解释："你想，48 把肥料直接堆放在根部，那么树根就会停留在原地，吸收现成的养分，而不会向更深、更远的地方探索，甚至会萎缩。树根不牢固，树也就长不高。"

어느 날 나는 한 과수원을 지나가다가 과수 재배자가 과일나무에 비료를 주는 것을 보게 되었는데, 그는 과일 나무에서 2미터쯤 떨어진 곳에 구덩이를 하나 파고 그곳에 비료를 묻었다. 47 나는 궁금해서 물었다. "왜 비료를 이렇게 먼 곳에 두시는 건가요? 이렇게 하면 나무가 영양을 흡수할 수 있습니까?"

과수 재배자는 웃으며 말했다. "만약 비료를 직접 과일 나무 뿌리 부분에 쌓아 두게 되면 과일나무가 성장하는 데 영향을 미치게 됩니다." 나는 더 이해가 되지 않아 물었다. "비료를 직접 과일나무 뿌리 부분에 쌓아 두면 나무가 비료의 양분을 더 잘 빨아들여서 성장에 훨씬 유리하지 않나요?" 과수 재배자는 흥미롭다는 듯 말했다. 49 "밥이 오면 입을 벌리고 옷이 오면 손을 내미는 그러한 생활은 과일나무에게 스스로의 힘으로 생존해 나가는 원동력을 잃게 할 뿐입니다."

과수 재배자는 여전히 영문을 몰라 하는 나를 보고 설명을 이어갔다. "생각해 보세요. 48 비료를 직접 과일나무 뿌리 부분에 쌓아둔다면 나무 뿌리는 제자리에 머물며 이미 준비된 양분을 빨아들이기만 할 뿐 더 깊고 먼 곳으로 양분을 찾아 다니지 않게 될 것이고, 심지어 시들어버릴 수도 있습니다. 뿌리가 튼튼하지 않으면 나무도 크게 자라나지 못합니다."

人生也是如此。50 正是有了一段追求的距离，一段憧憬的距离，才能有奋斗的激情，才能更成功。

인생 또한 이러하다. 50 추구하는 거리와 동경하는 거리가 있어야 비로소 분투하려는 열정을 지니게 되고 더 성공할 수 있게 된다.

지문어휘 路过 lùguò 동 지나다, 거치다, 경유하다 | 果树园 guǒshùyuán 명 과수원 | 果农 guǒnóng 명 과수 재배자, 과일 제품 생산자 | 果树 guǒshù 명 과일 나무, 과수 | 施肥 shī féi 동 비료를 주다 | 挖坑 wā kēng 구덩이를 파다 | 肥料 féiliào 명 비료 | 埋 mái 동 묻다, 파묻다 | 好奇 hàoqí 형 궁금하게 생각하다, 호기심이 많다 | 汲取 jíqǔ 동 흡수하다, 빨아들이다, 얻다 | 营养 yíngyǎng 명 영양 | 堆放 duīfàng 동 쌓아 두다 | 根部 gēnbù 뿌리 부분 | 生长 shēngzhǎng 동 성장하다, 생장하다 | 吸收 xīshōu 동 빨아들이다, 흡수하다 | 养分 yǎngfèn 명 양분 | 有利于 yǒulìyú ~에 유리하다, ~에 이롭다 | 风趣 fēngqù 형 흥미롭다, 재미있다, 유머러스하다 | 饭来张口, 衣来伸手 fànláizhāngkǒu, yīláishēnshǒu 속 밥이 오면 입을 벌리고 옷이 오면 손을 내밀다, 안일하고 나태한 생활 | 失去 shīqù 동 잃다, 잃어버리다 | 自力更生 zìlìgēngshēng 성 자신의 힘으로 생존을 추구하다, 자력갱생하다 | 动力 dònglì 명 동력, 원동력 | 一头雾水 yìtóuwùshuǐ 성 도무지 영문을 모르다, 갈피를 잡을 수 없다 | 停留 tíngliú 동 머물다, 멈추다, 체류하다 | 原地 yuándì 명 제자리, 원래 위치 | 现成 xiànchéng 형 이미 갖추어져 있는, 원래부터 있는, 기성의 ★ | 探索 tànsuǒ 동 찾다, 탐색하다 ★ | 萎缩 wěisuō 형 시들다, 마르다, 쇠퇴하다 | 牢固 láogù 형 튼튼하다, 견고하다, 든든하다 ★ | 正是 zhèng shì 동 바로 ~이다, 마침 ~이다 | 追求 zhuīqiú 동 추구하다, 탐구하다 | 憧憬 chōngjǐng 동 동경하다 | 奋斗 fèndòu 동 분투하다 | 激情 jīqíng 명 열정적인 감정

47

说话人对什么感到好奇?

A 施肥步骤
B 种植技巧
C 灌溉频度
D 施肥方法

화자는 무엇에 대해 궁금증을 느꼈는가?

A 비료를 주는 순서
B 재배 기술
C 논밭에 물을 대는 빈도
D 비료를 주는 방법

보기어휘 步骤 bùzhòu 명 순서, 절차, 차례 | 种植 zhòngzhí 동 재배하다 ★ | 技巧 jìqiǎo 명 기술, 기교, 솜씨 ★ | 灌溉 guàngài 동 논밭에 물을 대다, 관개하다 ★ | 频度 píndù 명 빈도

 D

해설 이야기 속에서 화자가 자신의 감정이나 심리를 드러내는 부분은 집중해서 들어야 한다. 녹음 앞부분에서 我好奇地问: "为什么把肥料放在这么远的地方? 这样树能汲取到营养吗?" (나는 궁금해서 물었다. "왜 비료를 이렇게 먼 곳에 두시는 건가요? 이렇게 하면 나무가 영양을 흡수할 수 있습니까?")를 듣고, 화자는 과수 재배자가 비료를 주는 방법에 대해 궁금해한 것임을 알 수 있으므로 정답은 D이다.

48

把肥料放到树的根部有什么坏处？	비료를 나무의 뿌리 부분에 놔두면 어떤 나쁜 점이 있는가?
A 不利于吸收养分 B 使树根萎缩 C 引起根部病害 D 导致环境污染	A 양분을 빨아들이는데 불리하다 B 나무 뿌리를 시들게 한다 C 뿌리 부분에 병해를 일으킨다 D 환경오염을 초래한다

보기 어휘 病害 bìnghài 명 병해 | 导致 dǎozhì 동 초래하다, 야기하다 | 环境污染 huánjìng wūrǎn 환경 오염

정답 B

해설 비료를 나무의 뿌리 부분에 쌓아 두는 것이 나무에게 끼치는 영향은 녹음 마지막 부분에서 언급되었다. 과수 재배자가 설명한 내용을 주의 깊게 들어야 하는데, '把肥料直接堆放在根部，那么树根~，甚至会萎缩。(비료를 직접 과일나무 뿌리 부분에 쌓아둔다면 나무 뿌리는 ~, 심지어 시들어버릴 수도 있습니다.)'라고 하였으므로 정답이 B임을 알 수 있다.

49

这段话中"饭来张口，衣来伸手"是什么意思？	이 이야기 속의 '饭来张口，衣来伸手'는 무슨 의미인가?
A 听风就是雨 B 高不成低不就 C 不劳而获 D 会哭的孩子有奶吃	A 성급하게 판단하다 B 요구가 비현실적이어서 이루어지기 힘들다 C 스스로 일하지 않고 이익을 얻다 D 무슨 일에서든 자기가 요구해야 얻을 수 있다

보기 어휘 听风就是雨 tīngfēng jiù shì yǔ 바람 소리를 듣고 비가 온다고 생각하다, 성급하게 판단하다 | 高不成低不就 gāobùchéng dībújiù 높은 것은 바라볼 수 없고, 낮은 것은 눈에 차지 않다, 요구가 비현실적이어서 이루어지기 힘들다 | 不劳而获 bùláo'érhuò 스스로 일하지 않고 이익을 얻다, 불로 소득을 올리다 | 会哭的孩子有奶吃 huì kū de háizi yǒu nǎi chī 우는 아이 젖 준다, 무슨 일에서든 자기가 요구해야 얻을 수 있다

정답 C

해설 '饭来张口，衣来伸手'는 녹음 중간 부분에서 언급되었는데, 이는 '밥이 오면 입을 벌리고, 옷이 오면 손을 내밀다'는 뜻으로, 아무 일도 하지 않고 무언가를 얻기 바라는, 즉 안일하고 나태한 생활을 비유적으로 이르는 말이다. 따라서 정답은 C이다.
'饭来张口，衣来伸手'의 내포된 의미를 바로 유추해내기 어렵다면, 그 뒤에 이어진 문장 '只会让果树失去自力更生的动力。(과일나무에게 스스로의 힘으로 생존해 나가는 원동력을 잃게 할 뿐입니다.)'를 듣고도, 스스로 생존해 나갈 수 있는 힘을 잃게 만드는 것으로 C의 '不劳而获(일하지 않고 이익을 얻다)'가 가장 적절한 것임을 알 수 있다.

50

这段话主要想告诉我们什么?

A 要有独特的眼光
B 要越挫越勇
C 有追求才有动力
D 有信心就会成功

이 이야기가 주로 우리에게 알려주고자 하는것은 무엇인가?

A 독특한 안목을 지녀야 한다
B 좌절을 겪을수록 용감해져야 한다
C 추구하는 바가 있어야만 원동력이 생긴다
D 자신감이 있으면 성공할 수 있다

보기어휘 眼光 yǎnguāng 명 안목, 식견, 관점 ★ | 越挫越勇 yuè cuo yuè yǒng 좌절을 겪을수록 용감해진다

정답 C

해설 주제를 묻는 문제이다. 이야기 글의 지문은 주로 녹음 마지막 부분에서 그 주제가 언급되는데, 이는 반드시 주의 깊게 들어야 한다. '正是有了一段追求的距离，一段憧憬的距离，才能有奋斗的激情，才能更成功。(추구하는 거리와 동경하는 거리가 있어야 비로소 분투하려는 열정을 지니게 되고 더 성공할 수 있게 된다.)'이라고 하였으므로, 이 이야기는 추구하는 바가 있어야 살아갈 원동력이 생긴다는 것을 강조하고 있음을 알 수 있다. 따라서 정답은 C이다.

HSK 6급 2회 독해

제1부분 51~60번 문제는 제시된 4개의 보기 중 틀린 문장을 고르는 문제입니다.

51

A 要培养孩子的阅读习惯，家庭读书氛围很重要。
B 花样游泳首次被列入现代奥运会的正式竞赛项目是在1984年。
C 企业家不仅要善于抓住机遇，更要不忘初心，坚定不移地走好每一步。
D 有氧运动可以燃烧脂肪，而增加肌肉或增强肌力并不会。

A 아이의 독서 습관을 길러주려면 가정의 독서 분위기가 매우 중요하다.
B 수중 발레가 현대 올림픽에서 정식 경기 종목으로 처음 채택된 것은 1984년이다.
C 기업가는 기회를 잘 잡아야 할 뿐만 아니라 초심을 잃지 않고 확고한 자세로 한 걸음 한 걸음 나아가야 한다.
D 유산소 운동이 지방을 연소시킬 수는 있지만, 결코 근육을 늘리거나 근력을 강화하지는 않는다.

보기 어휘 培养 péiyǎng 동 기르다, 양성하다, 키우다 | 家庭 jiātíng 명 가정 | 氛围 fēnwéi 명 분위기 | 花样游泳 huāyàng yóu yǒng 명 수중 발레, 싱크로나이즈드 스위밍 | 首次 shǒucì 명 처음, 최초, 첫 번째 | 列入 lièrù 동 끼워 넣다, 집어넣다 | 奥运会 Àoyùnhuì 명 올림픽(奥林匹克运动会의 줄임말) | 竞赛 jìngsài 동 경기하다, 시합하다, 경쟁하다 ★ | 项目 xiàngmù 명 종목, 항목 | 企业家 qǐyèjiā 명 기업가 | 善于 shànyú 동 ~을 잘하다, ~에 능하다 | 机遇 jīyù 명 기회, 좋은 시기 ★ | 初心 chūxīn 명 초심, 처음의 마음 | 坚定不移 jiāndìngbùyí 성 (입장, 주장, 의지 등이) 확고 부동하여 조금도 흔들림이 없다 | 有氧运动 yǒuyǎng yùndòng 명 유산소 운동 | 燃烧 ránshāo 동 연소하다, 타다 | 脂肪 zhīfáng 명 지방 ★ | 肌肉 jīròu 명 근육 | 增强 zēngqiáng 동 강화하다, 높이다 | 肌力 jīlì 근력

정답 D

해설 有氧运动可以燃烧脂肪，而增加肌肉或增强肌力并不会。
➡ 有氧运动可以燃烧脂肪，而并不会增加肌肉或增强肌力。

어순 오류 문제이다. 문장에서 부사어는 술어 앞에 위치하므로, 뒤 절에서 부사어가 되는 '并不会(결코 ~하지 않다)'는 동사 술어 '增加(늘리다)' 앞에 와야 옳은 문장이 된다.

52

A 黑鹳常栖息于河流沿岸、沼泽、山区溪流附近，有沿用旧巢的习性。
B 这部新影片讲述了一个离异家庭的故事，预计年底上映。
C 实践证明，一个人能否成功，取决于他能建立良好的人际关系。
D 就如何调动学生的学习兴趣，学校老师们已经讨论了很多次了。

A 먹황새(黑鹳)는 보통 강의 연안, 습지, 산간 지역의 개천 부근에 서식하며 오래된 둥지를 계속 사용하는 습성이 있다.
B 이 영화는 한 이혼 가정 이야기를 다루었는데 연말에 상영될 예정이다.
C 경험에 비춰 봤을 때, 한 사람의 성공여부는 그가 좋은 인간관계를 맺을 수 있는지 여부에 달려있다.
D 어떻게 학생들의 학습 흥미를 불러일으킬지에 대해 학교 선생님들은 이미 여러 차례 논의했다.

보기 어휘 | 黑鹳 hēiguàn 명 먹황새 | 栖息于 qīxīyú ~에 서식하다 | 河流 héliú 명 강, 하천 | 沿岸 yán'àn 명 연안 | 沼泽 zhǎozé 명 습지, 늪, 소택지 ★ | 溪流 xīliú 명 개천, 시내 | 沿用 yányòng 동 계속하여 사용하다, 계속해서 따르다 | 旧巢 jiù cháo 오래된 둥지 | 习性 xíxìng 명 습성, 습관 | 影片 yǐngpiàn 명 영화 | 讲述 jiǎngshù 동 서술하다, 이야기하다, 진술하다 | 离异家庭 líyì jiātíng 이혼 가정 | 预计 yùjì 동 예상하다, 전망하다, 예측하다 | 年底 niándǐ 명 연말 | 上映 shàngyìng 동 상영하다 | 实践 shíjiàn 명 실천, 실행, 이행 | 能否 néngfǒu 동 ~할 수 있나요? ~할 수 있을까? ~해도 되나요? | 取决于 qǔjuéyú ~에 달려있다 | 良好 liánghǎo 형 좋다, 양호하다, 훌륭하다 | 人际关系 rénjì guānxì 명 인간관계, 대인관계 | 调动 diàodòng 동 불러일으키다, 맞바꾸다, 이동하다 ★

정답 C

해설 实践证明，一个人<u>能否</u>成功，取决于他能建立良好的人际关系。
➡ 实践证明，一个人<u>能否</u>成功，取决于他<u>是否</u>能建立良好的人际关系。

논리적 모순이 있는 문제이다. '能否'는 '~할 수 있는지 아닌지'라는 양면적 의미를 나타내므로 이와 호응하는 내용도 '긍정 + 부정'의 의미를 갖추어야 모순이 생기지 않는다. 이 문장은 술어 '证明(증명하다)'의 목적어 안에서 주어가 되는 것이 '一个人能否成功(한 사람의 성공 여부)'이므로, 이와 호응하는 목적어 부분에도 '是否(~인지 아닌지)'를 추가하여 '他是否能建立良好的人际关系。(그가 좋은 인간 관계를 맺을 수 있는지 여부)'로 고쳐야 옳은 문장이 된다.

53

A 对孩子来说，绘画是一种表达自我、观看世界。
B 首届"青岛儿童艺术节"将于5月15日在青岛大剧院正式开幕。
C 《星月夜》这幅油画创作于1889年，是梵高的代表作品之一。
D 没有经过实践检验的理论，说得再有道理也是一纸空文。

A 아이들에게 그림 그리기는 일종의 자아를 표현하고 세상을 바라보는 방법이다.
B 제1회 '칭다오(青岛) 아동 예술제'가 5월 15일 칭다오대극원(青島大劇院)에서 정식 개막한다.
C 《별이 빛나는 밤에》이 유화는 1889년에 창작된 반 고흐의 대표작 중 하나이다.
D 실천을 통해 검증되지 않은 이론은 아무리 일리가 있더라도 쓸모 없는 것이다.

보기 어휘 | 绘画 huìhuà 동 그림을 그리다 명 회화, 그림 | 表达 biǎodá 동 표현하다, 나타내다, 드러내다 | 观看 guānkàn 동 보다, 참관하다, 관람하다 | 首届 shǒujiè 명 제1회, 제1차 | 青岛 Qīngdǎo 고유 칭다오, 청도 | 定于 dìngyú 동 (~에) 예정하다, (~에 의하여) 정하다 | 青岛大剧院 Qīngdǎo dàjùyuàn 고유 칭다오대극원(青島大劇院) | 开幕 kāi mù 동 개막하다, 막을 열다 | 油画 yóuhuà 명 유화 | 创作 chuàngzuò 동 창작하다 명 창작품 ★ | 梵高 Fàngāo 고유 반 고흐 | 作品 zuòpǐn 명 작품 | 实践 shíjiàn 명 실천, 실행 동 실천하다, 실행하다 | 检验 jiǎnyàn 동 검증하다, 검사하다 ★ | 理论 lǐlùn 명 이론 | 道理 dàolǐ 명 일리, 도리, 이치 | 一纸空文 yìzhǐkōngwén 성 빈 종잇장, 공수표, 아무런 효력이 없는 문서 조각, 실행이 없는 약속을 비유함

정답 | A

해설 | 对孩子来说，绘画是一种表达自我、观看世界。
➡ 对孩子来说，绘画是一种表达自我、观看世界的方法。

문장 성분이 부족한 오류 문제이다. 문장에서 주어는 '绘画(그림 그리기)'이고 술어는 '是(~이다)'인데 주어와 호응하는 목적어가 없으므로, 문맥상 어울리는 목적어 '方法(방법)'를 문장 맨 끝에 추가해야 한다. 또한 여기서 '表达自我、观看世界(자아를 표현하고 세상을 바라보다)'가 '方法'를 수식하는 관형어가 되어야 하므로 그 뒤에도 '的'를 덧붙여 '表达自我、观看世界的方法'의 구조가 되어야 한다.

54

A 他拍完这部电影，就召开记者会宣布退出演艺圈。
B 红茶具有暖胃的作用，因此很适合饮用在寒冷的天气。
C 有些事情不是看到希望才去坚持，而是坚持了才有希望。
D 人们在说话的过程中，常常会使用一些肢体语言来强调重点部分。

A 그는 이 영화 촬영을 마친 후 바로 기자회견을 열어 연예계 은퇴를 선언했다.
B 홍차는 위를 따뜻하게 하는 효과를 지니고 있어서 추운 날씨에 마시기 좋다.
C 어떤 일들은 희망이 보여서 견디는 게 아니라 끝까지 견뎌내니까 희망이 생기는 것이다.
D 사람들은 이야기 도중에 종종 바디랭귀지를 사용해 중요한 부분을 강조하기도 한다.

보기 어휘 | 拍 pāi 동 촬영하다, (사진을) 찍다 | 召开 zhàokāi 동 (회의를) 열다, 개최하다 | 记者会 jìzhěhuì 명 기자회견 | 宣布 xuānbù 동 선언하다, 선포하다, 발표하다 | 退出 tuìchū 동 퇴장하다, 물러나다, 탈퇴하다, 로그아웃 | 演艺圈 yǎnyìquān 명 연예계 | 具有 jùyǒu 동 있다, 지니다, 구비하다 | 暖胃 nuǎn wèi 위를 따뜻하게 하다 | 饮用 yǐnyòng 동 마시다, 음용하다 | 寒冷 hánlěng 형 몹시 춥다 | 肢体语言 zhītǐ yǔyán 명 바디랭귀지, 신체 언어 | 强调 qiángdiào 동 강조하다 | 重点 zhòngdiǎn 형 중요한, 주요한 명 중점

정답 | B

해설 | 红茶具有暖胃的作用，因此很适合饮用在寒冷的天气。
➡ 红茶具有暖胃的作用，因此很适合在寒冷的天气饮用。

어순 오류 문제이다. 뒤 절에서 술어 '适合(알맞다)'의 목적어 안에서 술어 역할을 하는 동사와 부사어 역할을 하는 전치사구의 순서가 뒤바뀌었다. 동사 '饮用'은 '마시다'는 뜻으로 전치사구 '在寒冷的天气(추운 날씨에)'는 '饮用'의 보어가 아닌 부사어가 되어야 한다. 문장에서 전치사구 부사어는 동사 술어 앞에 위치해야 하므로 '在寒冷的天气'가 '饮用' 앞에 와야 옳은 문장이 된다.

55

A 全体职工都十分兴高采烈地参加了由公司宣传部主办的迎新春晚会。
B 连续十多天的强降雨，导致长江中下游部分地区发生了严重的洪涝灾害。
C 若缺乏长远目标，企业就很难制定战略框架，无法实现快速、健康、持续发展。
D 他是浙江温州人，后来移居北京，他一直对家乡菜情有独钟。

A 전 직원들은 모두 매우 기뻐하며 회사 홍보팀이 주관한 새봄맞이 파티에 참가했다.
B 열흘 넘게 지속된 집중 호우는 창장(長江) 중하류 지역에 심각한 침수피해를 초래했다.
C 만약 장기적인 목표가 결여되어 있다면 기업은 전략 프레임을 짜기가 어려워져, 신속하고 건전하며 지속적인 발전을 이루어낼 수 없다.
D 그는 저장(浙江) 원저우(溫州) 사람으로, 후에 베이징으로 이사하고도 그는 여전히 고향 음식에 대한 애정이 남다르다.

보기 어휘 职工 zhígōng 명 직원, 노동자 | 兴高采烈 xìnggāocǎiliè 성 매우 기쁘다, 매우 흥겹다 | 宣传部 xuānchuánbù 명 홍보팀, 홍보부 | 主办 zhǔbàn 동 주관하다, 주최하다 ★ | 迎新春晚会 yíng xīnchūn wǎnhuì 새봄맞이 파티 | 连续 liánxù 동 연속하다, 계속하다 | 强降雨 qiángjiàngyǔ 집중 호우 | 导致 dǎozhì 동 초래하다, 야기하다 | 长江 Chángjiāng 고유 창장(長江), 양쯔강 | 中下游 zhōngxiàyóu 명 중하류 | 洪涝灾害 hónglào zāihài 침수 피해 | 若 ruò 접 만약, 만일 | 缺乏 quēfá 동 결여되다, 부족하다 | 长远 chángyuǎn 형 길다, 장구하다, 원대하다 | 企业 qǐyè 명 기업 | 制定 zhìdìng 동 정하다, 제정하다 | 战略 zhànlüè 명 전략 ★ | 框架 kuàngjià 명 프레임, 뼈대, 골격 ★ | 快速 kuàisù 형 신속하다, 빠르다 | 持续 chíxù 동 지속하다 | 浙江 Zhèjiāng 고유 저장, 저장성, 절강성 | 温州 Wēnzhōurén 고유 원저우, 온주 | 移居 yíjū 동 이사하다, 거처를 옮기다 | 家乡菜 jiāxiāngcài 명 고향 음식 | 情有独钟 qíngyǒudúzhōng 성 사람이나 사물에 각별한 애정을 보이다

정답 A

해설
全体职工都十分兴高采烈地参加了由公司宣传部主办的迎新春晚会。
➡ 全体职工都兴高采烈地参加了由公司宣传部主办的迎新春晚会。

불필요한 어휘 사용 오류 문제이다. 성어 '兴高采烈'는 '매우 기쁘다'는 뜻으로, 그 자체로 기쁨의 정도가 매우 깊고 심함을 나타내기 때문에 '十分' 같은 정도부사를 함께 쓸 수 없다. 따라서 '十分'을 삭제해야 옳은 문장이 된다.

56

A 他看着锅里热气腾腾的茶叶蛋，突然想起了学生时代的生活。
B 从前，这里只是一个小小的渔村，如今却被誉为"中国的夏威夷"。
C 人们一直认为接种疫苗能够防止感冒展开成重症。
D 大家都在同一个小区生活，邻里之间相互帮助是常有的事。

A 그는 냄비에서 김이 모락모락 나는 차예단(茶葉蛋, 중국식 달걀 조림)을 보고 문득 학창 시절이 떠올랐다.
B 예전에 이곳은 아주 작은 어촌에 불과했지만 지금은 '중국의 하와이(夏威夷)'로 불린다.
C 사람들은 줄곧 예방 접종이 감기가 중증으로 발전하는 것을 막아줄 것이라고 생각해왔다.
D 모두가 한 동네에서 생활하기 때문에 이웃 간에 서로 돕는 것은 흔한 일이다.

보기 어휘 | 锅 guō 명 냄비, 솥 | 热气腾腾 rèqìténgténg 형 뜨거운 김이 나다, 열기가 무럭무럭 나다 | 茶叶蛋 cháyèdàn 명 차예단(찻잎, 오향, 간장 등을 넣어 삶은 달걀) | 从前 cóngqián 명 이전, 옛날 | 渔村 yúcūn 명 어촌 | 如今 rújīn 명 지금, 오늘날, 현재 | 誉为 yùwéi 동 ~라고 불리다, ~라고 칭송되다 | 夏威夷 Xiàwēiyí 고유 하와이(Hawaii) | 接种 jiēzhòng 동 접종하다 | 疫苗 yìmiáo 명 백신 | 防止 fángzhǐ 동 방지하다 ★ | 重症 zhòngzhèng 명 중증 | 小区 xiǎoqū 명 동네, 주택 단지

정답 C

해설 人们一直认为接种疫苗能够防止感冒展开成重症。
➡ 人们一直认为接种疫苗能够防止感冒发展成重症。

어휘의 호응 관계 오류 문제이다. 동사 '展开'는 '펼치다, 전개하다'는 뜻으로 '感冒(감기)', '重症(중증)'과 호응하지 않는다. 이는 주로 '展开 + 翅膀(날개) / 活动(활동) / 行动(행동) / 运动(운동) / 争论(논쟁) / 辩论(변론)'과 같이 쓰인다. 여기에서는 감기와 같은 현상이 중증 상태로 진전되는 것을 나타내므로 '发展(발전하다)'을 써야 옳은 문장이 된다.

57

A 旅游业作为这座城市的支柱产业，支撑着该地区的经济发展。
B 筑巢不是鸟类特有的技能，但鸟类的筑巢技巧在动物界是无与伦比的。
C 我遇到不愉快的事情时，总是找不到合适的倾诉对象，只能把不快埋在心底。
D 如果坐宇宙飞船像坐飞机一样方便，你就不会觉得宇宙感觉如此神秘了。

A 관광업은 이 도시의 주요 산업으로서 이 지역의 경제발전을 지탱하고 있다.
B 둥지 트는 것이 조류 특유의 기술은 아니지만, 조류가 둥지를 트는 솜씨는 동물계에서 독보적이다.
C 불쾌한 일을 겪을 때마다 나는 항상 하소연 할 적절한 상대를 찾지 못해 불쾌감을 마음 속에만 담아두게 된다.
D 우주선을 타는 것이 비행기를 타는 것처럼 쉬운 거라면, 우주가 이토록 신비롭게 느껴지지는 않았을 것이다.

보기 어휘 | 旅游业 lǚyóuyè 명 관광업 | 作为 zuòwéi 동 ~의 자격으로서, ~의 신분으로서, ~로 여기다 | 支柱 zhīzhù 명 지주, 버팀목, 기둥 ★ | 产业 chǎnyè 명 산업 ★ | 支撑 zhīchēng 동 지탱하다, 버티다, 받치다 ★ | 筑巢 zhù cháo 동 둥지를 틀다, 보금자리를 짓다 | 鸟类 niǎolèi 명 조류 | 特有 tèyǒu 동 특유하다, 고유하다 | 技能 jìnéng 명 기술, 기능 ★ | 技巧 jìqiǎo 명 솜씨, 기교, 재능, 테크닉 ★ | 动物界 dòngwùjiè 명 동물계 | 无与伦比 wúyǔlúnbǐ 성 비교가 안 된다, 견줄 데가 없다 | 倾诉 qīngsù 동 하소연하다, 이것저것 다 말하다 | 不快 búkuài 형 불쾌하다, 즐겁지 않다 | 心底 xīndǐ 명 마음속 | 宇宙飞船 yǔzhòufēichuán 명 우주선 | 宇宙 yǔzhòu 명 우주 ★ | 神秘 shénmì 형 신비하다

정답 D

해설 如果坐宇宙飞船像坐飞机一样方便，你就不会觉得宇宙感觉如此神秘了。
➡ 如果坐宇宙飞船像坐飞机一样方便，你就不会觉得宇宙如此神秘了。

의미 중복 오류 문제이다. 뒤 절에서 술어 '觉得'가 '~라고 느끼다'는 뜻인데, 이와 비슷한 의미의 '感觉(느끼다)'가 불필요하게 중복되어 쓰였다. 따라서 '感觉'를 삭제해야 옳은 문장이 된다.

58

A 智障人的大脑存在实质性缺陷，会出现多项精神活动方面的异常或迟滞的症状。
B 讲原则、讲规矩固然好，然而一个浑身上下散发着人情味的人，会赢得更多人的尊重。
C 磁悬浮列车靠磁悬浮力来推动的列车，由于其轨道的磁力使之悬浮在空中，行驶时不同于其他列车需要接触地面，因此只受空气的阻力。
D 当你问一个滑冰冠军什么是成功时，他一定会告诉你："跌倒了，再爬起来，便是成功。"

A 지적 장애인의 대뇌에는 실질적인 결함이 존재하기에 정신 활동면에서 여러 가지 이상 또는 지체 증상이 나타날 수 있다.
B 원칙을 중시하고 규범을 지키는 것이 물론 좋기는 하지만, 온몸에서 인간미를 풍기는 사람이 더 많은 사람들의 존중을 받게 된다.
C 자기부상열차는 자기부상력으로 밀고 나아가는 열차로, 그 궤도의 자기력이 그것을 공중에 뜨게 하기 때문에 운행 시 지면과의 접촉을 필요로 하는 기타 열차와는 달리 공기의 저항만을 받는다.
D 한 스케이트 챔피언에게 성공이 무엇인지 묻는다면 그는 틀림없이 이렇게 답할 것이다. "넘어져도 다시 일어나는 것이 바로 성공입니다."

보기 어휘 智障人 zhìzhàngrén 지적 장애인 | 大脑 dànǎo 명 대뇌 | 实质性 shízhìxìng 실질적 | 缺陷 quēxiàn 명 결함, 결점 ★ | 异常 yìcháng 형 정상이 아니다, 보통이 아니다 부 특히, 몹시 ★ | 迟滞 chízhì 동 지체하다, 느리다, 침체되다 | 症状 zhèngzhuàng 명 증상, 증후 ★ | 讲 jiǎng 동 중시하다, 추구하다, 주의하다 | 原则 yuánzé 명 원칙 | 规矩 guīju 명 규범, 규칙, 표준 | 固然 gùrán 접 물론 ~하지만 ★ | 浑身上下 húnshēnshàngxià 온몸에, 전신에 | 散发 sànfā 동 발산하다, 퍼지다, 내뿜다 ★ | 人情味 rénqíngwèi 명 인간미 | 赢得 yíngdé 동 받다, 획득하다 | 尊重 zūnzhòng 동 존중하다 | 磁悬浮列车 cíxuánfúlièchē 명 자기부상열차 | 磁悬浮力 cíxuánfúlì 자기부상력 | 推动 tuīdòng 동 밀고 나아가다, 추진하다 | 轨道 guǐdào 명 궤도, 궤적 | 磁力 cílì 명 자기력, 자력 | 悬浮 xuánfú 동 뜨다, 떠다니다 | 行驶 xíngshǐ 동 운행하다, 운항하다, 달리다 | 列车 lièchē 명 열차 | 接触 jiēchù 동 접촉하다 | 地面 dìmiàn 명 지면, 바닥 | 阻力 zǔlì 명 저항 | 滑冰 huá bīng 명 스케이팅 동 스케이트를 타다 | 冠军 guànjūn 명 챔피언, 우승자, 우승 | 跌倒 diēdǎo 동 넘어지다, 쓰러지다

정답 C

해설
磁悬浮列车靠磁悬浮力来推动的列车，由于其轨道的磁力使之悬浮在空中，行驶时不同于其他列车需要接触地面，因此只受空气的阻力。
➡ 磁悬浮列车**是**靠磁悬浮力来推动的列车，由于其轨道的磁力使之悬浮在空中，行驶时不同于其他列车需要接触地面，因此只受空气的阻力。

문장 성분이 부족한 오류 문제이다. 앞 절에서 주어는 '磁悬浮列车(자기부상열차)'이고 목적어는 '列车(열차)'인데, 이들에 호응하는 술어가 없다. 따라서 주어인 '磁悬浮列车' 뒤에 문맥에 어울리는 동사 '是(~이다)'를 추가해야 옳은 문장이 된다.

59

A 保持愉快的心情有许多好处，不但有助于增进食欲、提高工作效率，而且还能让青春永驻。
B 世界自然基金会的调研报告显示，如今生物物种消亡的速度比以往任何时候都极其快。
C 在与陌生人交往的过程中，所得到的有关对方的最初印象称为第一印象。
D 如果您对我们的栏目有什么意见或建议，可以随时给我们发送短信或在网上给我们留言。

A 즐거운 기분을 유지하면 많은 장점들이 있는데, 식욕을 돕고 업무 효율을 향상시키는 데 도움이 될 뿐만 아니라 젊음을 오래도록 유지할 수도 있다.
B 세계 자연보호 기금의 조사연구 보고에 따르면 현재 생물종의 멸망 속도가 과거 어느 때보다 훨씬 빠르다고 한다.
C 낯선 사람과 교제하는 과정에서 상대방과 관련해 처음 받게 되는 인상을 첫인상이라고 한다.
D 저희 칼럼에 대해 의견이나 건의사항이 있으시면 언제든 저희에게 문자 메시지를 보내주시거나 인터넷에 글을 남겨주세요.

보기 어휘 保持 bǎochí 동 유지하다, 지키다 | 有助于 yǒuzhùyú 동 ~에 도움이 되다 | 增进 zēngjìn 동 증진하다, 증진시키다 | 食欲 shíyù 명 식욕, 밥맛 | 效率 xiàolǜ 명 효율 | 青春 qīngchūn 명 청춘 | 永驻 yǒngzhù 동 영원히 머물다, 영원히 사라지지 않다 | 世界自然基金会 shìjiè zìrán jījīnhuì 세계 자연보호 기금 | 调研 diàoyán 동 조사 연구하다 | 报告 bàogào 명 보고, 보고서 동 보고하다 | 显示 xiǎnshì 동 나타내 보이다, 분명하게 표현하다 | 如今 rújīn 명 현재, 오늘날 | 生物 shēngwù 명 생물 ★ | 物种 wùzhǒng 명 종 | 消亡 xiāowáng 동 멸망하다, 사라지다, 소멸하다 | 以往 yǐwǎng 명 과거, 이전, 종전 ★ | 极其 jíqí 부 매우, 아주, 몹시 | 陌生人 mòshēngrén 명 낯선 사람 | 交往 jiāowǎng 동 교제하다, 왕래하다, 내왕하다 명 교제, 왕래 ★ | 对方 duìfāng 명 상대방, 상대편 | 最初 zuìchū 명 처음, 최초 | 栏目 lánmù 명 칼럼, 항목 ★ | 随时 suíshí 부 언제나, 수시로 | 发送 fāsòng 동 보내다, 발송하다, 송출하다 | 留言 liú yán 동 메시지를 남기다

정답 B

해설 世界自然基金会的调研报告显示，如今生物物种消亡的速度比以往任何时候都<u>极其</u>快。
➡ 世界自然基金会的调研报告显示，如今生物物种消亡的速度比以往任何时候都快。

불필요한 어휘 사용 오류 문제이다. 'A + 比 + B + C(A는 B보다 C하다)' 구조의 '比자문'에서 술어가 되는 C앞에는 '极其(매우)'와 같은 정도부사를 쓸 수 없으므로 뒤 절에서 '极其'를 삭제해야 옳은 문장이 된다.

A 这种装饰风格不但新颖、时髦，反之用的材料都是环保的，对人体没有任何危害。
B 很多中学生之所以喜欢看网络小说，是因为这些小说大部分都倡导个性和自由。
C 香菜富含香精油，香气浓郁，但香精油极易挥发，且经不起长时间加热，所以香菜最好在食用前加入，以保留其香气。
D 地震分为浅源地震、中源地震和深源地震，浅源地震的发震频率最高，它所释放的能量约占总释放能量的85%。

A 이 장식은 스타일이 참신하고 세련된 데다 사용한 재료가 모두 친환경적이어서 인체에 아무런 해가 없다.
B 많은 중고등학생들이 인터넷 소설을 좋아하는 것은 그런 소설들이 대부분 개성과 자유를 내세우고 있기 때문이다.
C 고수에는 향료 오일이 풍부하게 함유되어 있어 향기가 진하지만, 향료 오일은 매우 쉽게 휘발되는 데다가 장시간의 가열을 견디지 못하기 때문에, 고수는 그 향기를 유지시키기 위해 섭취 전에 넣는 것이 바람직하다.
D 지진은 천발 지진, 중발 지진, 심발 지진으로 나뉘는데, 천발 지진의 발생 빈도가 가장 높으며, 그것으로 방출되는 에너지는 총 방출 에너지의 약 85%를 차지한다.

보기 어휘 装饰 zhuāngshì 몡 장식, 장식품 | 风格 fēnggé 몡 스타일, 풍격 | 新颖 xīnyǐng 몡 참신하다, 신선하다 ⭐ | 时髦 shímáo 몡 세련되다, 유행이다, 현대적이다 | 反之 fǎnzhī 젭 반대로, 반면, 바꾸어서 말하면 ⭐ | 环保 huánbǎo 몡 환경 보호(环境保护)의 약칭 | 人体 réntǐ 몡 인체 | 危害 wēihài 몡 해, 손상, 손해 동 해치다, 손상시키다 | 网络小说 wǎngluò xiǎoshuō 몡 인터넷 소설 | 倡导 chàngdǎo 동 앞장서서 제창하다, 선도하다 ⭐ | 个性 gèxìng 몡 개성 | 自由 zìyóu 몡 자유 톙 자유롭다 | 香菜 xiāngcài 몡 고수 | 富含 fùhán 동 풍부히 함유되어 있다 | 香精油 xiāngjīngyóu 향료 오일, 에센셜 오일 | 香气 xiāngqì 몡 향기 | 浓郁 nóngyù 몡 짙다, 농후하다, 강하다 | 极易 jí yì 매우 쉽게 | 挥发 huīfā 동 휘발하다 | 经不起 jīngbuqǐ 견딜 수 없다, 감당할 수 없다 | 加热 jiārè 동 가열하다 | 食用 shíyòng 동 식용하다, 먹다 | 加入 jiārù 동 넣다 | 保留 bǎoliú 동 유지하다, 보존하다, 남겨두다 | 地震 dìzhèn 몡 지진 | 浅源地震 qiǎnyuán dìzhèn 천발 지진(얕은 지층에서 발생하는 지진) | 中源地震 zhōngyuán dìzhèn 중발 지진(중간 지층에서 발생하는 지진) | 深源地震 shēnyuán dìzhèn 심발 지진(깊은 지층에서 발생하는 지진) | 频率 pínlǜ 빈도, 빈도수 | 释放 shìfàng 동 방출하다, 석방하다 ⭐ | 能量 néngliàng 몡 에너지 ⭐

정답 A

해설 这种装饰风格，不但新颖、时髦，反之用的材料都是环保的，对人体没有任何危害。
➡ 这种装饰风格，不但新颖、时髦，而且用的材料都是环保的，对人体没有任何危害。

어휘의 호응 관계 오류 문제이다. 점층 관계를 나타내는 접속사 '不但'은 '不但A，而且/并且B(A 뿐만 아니라 B하다)'와 같이 호응하여 쓰이므로, 여기서 '反之(반대로)'를 '~뿐만 아니라'는 뜻을 나타내는 '而且' 또는 '并且'로 고쳐야 옳은 문장이 된다. '反之'는 문장에서 앞뒤 내용이 상반되는 의미를 나타낼 때 쓰이는 접속사임을 기억하자.

제2부분

61~70번 문제는 빈칸에 들어가는 알맞은 어휘를 고르는 문제입니다.

61

日日春是多年生草本<u>植物</u>。它有着"长春花"的美称，花朵多、花势繁茂，花期可从春季持续到秋季，<u>不断</u>开花。日日春中含70多种生物碱，是一种<u>预防</u>癌症的天然良药。

일일초는 다년생 초본 <u>식물</u>이다. 이는 '매일초'라는 아름다운 이름도 지니고 있는데, 꽃이 많고 무성하며 개화 시기는 봄부터 가을까지 이어져 <u>계속해서</u> 꽃을 피운다. 일일초는 70여 종의 알칼로이드를 함유하고 있어 암을 <u>예방하는</u> 천연약이라고 할 수 있다.

A 事物 ✗	反复 ○	防止 ✗	A 사물 | 반복하여 | 방지하다
B 植物 ○	不断 ○	预防 ○	B 식물 | 계속해서 | 예방하다
C 物质 ✗	不停 ✗	治理 ✗	C 물질 | 끊임없이 | 통치하다
D 物体 ✗	时时 ✗	整理 ✗	D 물체 | 항상 | 정리하다

지문 어휘 | 日日春 Rìrìchūn 고유 일일초 | 多年生 duōniánshēng 형 다년생의 | 草本 cǎoběn 명 초본 (땅 위로 나와 있는 부분이 목질(木質)로 발달하지 못하고, 연하고 물기가 많은 풀 줄기로 된 식물을 통틀어 이르는 말) | 长春花 chángchūnhuā 고유 매일초 | 美称 měichēng 명 아름다운 이름, 좋은 평판 동 찬미하여 부르다 | 花势 huā shì 꽃이 피는 기세, 꽃이 자라는 현상 | 繁茂 fánmào 형 (초목이) 무성하다, 우거지다, 번성하다 | 花期 huāqī 명 개화기, 꽃 피는 시기 | 持续 chíxù 동 지속하다 | 生物碱 shēngwùjiǎn 명 알칼로이드 | 癌症 áizhèng 명 암 ★ | 天然 tiānrán 형 천연의, 자연의 | 良药 liángyào 명 좋은 약, 좋은 해결책

보기 어휘 | A 事物 shìwù 명 사물 | 反复 fǎnfù 부 반복하여, 되풀이하여 동 반복하다, 되풀이하다 | 防止 fángzhǐ 동 방지하다 ★
B 植物 zhíwù 명 식물 | 不断 búduàn 부 계속해서, 끊임없이 동 끊임없다 | 预防 yùfáng 동 예방하다, 미리 방비하다
C 物质 wùzhì 명 물질, 재물 | 不停 bùtíng 부 끊임없이, 계속해서 동 멈추지 않다, 끊임없다 | 治理 zhìlǐ 동 통치하다, 관리하다, 손질하다 ★
D 物体 wùtǐ 명 물체 | 时时 shíshí 부 항상, 늘, 시각마다 | 整理 zhěnglǐ 동 정리하다

정답 B

해설 첫 번째 빈칸

명사 자리이다. '草本(초본)'과 함께 쓰이는 것으로 'B 植物'만 가능하다.

A 事物 명 사물 – 客观(객관적인) / 新生(신생) + 事物
新鲜(신선한) / 新奇(신기한) + 的 + 事物

B 植物 명 식물 – 野生(야생) + 植物
培育(기르다) + 植物

C 物质 명 물질 – 物质 + 需求(수요) / 奖励(장려)
酸性(산성) / 碱性(알칼리성) + 物质

D 物体 명 물체 – 发光(빛나는) / 可疑(수상한) / 不明(정체불명의) + 物体
巨大(거대한) / 微小(자그마한) / 坚硬(단단한) / 柔软(부드러운) + 的 + 物体

두 번째 빈칸
부사 자리이다. 문맥상 계속해서 꽃이 피는 것을 의미하므로 'A 反复', 'B 不断', 'C 不停'이 다 가능하다.
A 反复 🔵부 반복하여, 되풀이하여
　　　　－反复＋强调(강조하다) / 试验(테스트하다) / 思考(사고하다) / 训练(훈련하다)
　　　🔵동 반복하다, 되풀이하다
B 不断 🔵부 계속해서, 부단히, 끊임없이
　　　　－不断＋进步(발전하다) / 提高(향상되다) / 进取(진취적으로 나아가다) / 突破(돌파하다)
　　　🔵동 끊임없다
C 不停 🔵부 끊임없이, 계속해서
　　　　－不停＋地＋讲解(설명하다) / 提问(질문하다) / 咳嗽(기침하다) / 转动(돌아가다)
　　　🔵동 멈추지 않다, 끊임없다
D 时时 🔵부 항상, 늘 [常常, 时常의 동의어]
　　　　－时时＋想起(떠올리다) / 怀念(그리워하다) / 思念(그리워하다) / 浮现(떠오르다)

세 번째 빈칸
'癌症(암)'과 호응하는 것으로 'B 预防'만 가능하다.
A 防止 🔵동 방지하다 [좋지 않은 현상이나 일이 일어나지 못하도록 막는다는 의미]
　　　　－防止＋扩散(확산하다) / 传染(전염하다) / 上当(속다)
B 预防 🔵동 예방하다, 미리 방비하다 [질병이나 재해 따위를 미리 대비하여 막는다는 의미]
　　　　－预防＋疾病(병) / 火灾(화재)
　　　　　预防措施(예방 조치)
C 治理 🔵동 통치하다, 관리하다, 손질하다
　　　　－治理＋环境(환경) / 国家(국가) / 沙漠(사막) / 河流(강) / 荒山(황폐한 산)
D 整理 🔵동 정리하다
　　　　－整理＋衣物(의류) / 行李(짐) / 材料(자료) / 文件(서류)

62

中国的传统建筑大多采用<u>对称</u>的结构，也有一些园林、寺院和民居采用较为自由的方式。但不管是使用哪种方式，都会<u>追求</u>中和、平易和含蓄，并具有深沉的美学风格，体现着中华民族的<u>审美</u>习惯。

중국의 전통 건축은 대부분 <u>대칭</u> 구조를 채택했는데, 일부 원림, 사원, 민가에서는 비교적 자유로운 방식을 사용하기도 했다. 하지만 어떤 방식을 사용했는지와 관계없이 온건하고 겸손하며 함축적인 것을 <u>추구하였고</u>, 또한 깊이 있는 미학적 스타일을 갖춰 중화민족의 <u>심미적</u> 관습을 드러내고 있다.

A 对立 ✗	追究 ✗	思维 ✗	A 대립하다 ǀ 추궁하다 ǀ 사유하다
B 对照 ✗	讲究 ◎	欣赏 ◎	B 대조하다 ǀ 중요시하다 ǀ 감상하다
C 对应 ✗	争取 ✗	鉴赏 ✗	C 대응하다 ǀ 쟁취하다 ǀ 감상하다
D 对称 ◎	追求 ◎	审美 ◎	D 대칭이다 ǀ 추구하다 ǀ 심미적

지문 어휘 **传统建筑** chuántǒng jiànzhù 전통 건축 ǀ **采用** cǎiyòng 🔵동 채택하다, 채용하다 ǀ **结构** jiégòu 🔵명 구조, 짜임새, 구성 ǀ **此外** cǐwài 🔵명 이 밖에, 이 외에 ǀ **园林** yuánlín 🔵명 원림, 정원 ⭐ ǀ **寺院** sìyuàn 🔵명 사원, 절, 사찰 ǀ **民居** mínjū 🔵명 민가 ǀ **较为** jiàowéi 🔵부 비교적 ǀ **自由** zìyóu 🔵형 자유롭다 🔵명 자유 ǀ **方式** fāngshì 🔵명 방식 ǀ **中和** zhōnghé 🔵형 온건하다 ǀ **平易** píngyì 🔵형 겸손하고 온화하다 ǀ **含蓄** hánxù 🔵형 함축적이다 ǀ **具有** jùyǒu 🔵동 가지다, 있다 ǀ **深沉** shēnchén 🔵형 깊다, 심하다 ⭐ ǀ **美学** měixué 🔵명 미학 ǀ **风格** fēnggé 🔵명 스타일, 풍격 ǀ **体现** tǐxiàn 🔵동 구체적으로 드러내다, 구현하다 ǀ **中华民族** Zhōnghuá mínzú 🔵명 중화 민족, 중국 민족

| 보기 어휘 | A 对立 duìlì 동 대립하다, 대립되다 ★ | 追究 zhuījiū 동 추궁하다, 따지다, 규명하다 ★ | 思维 sīwéi 동 사유하다, 사고하다, 생각하다 명 사유 ★

B 对照 duìzhào 동 대조하다 ★ | 讲究 jiǎngjiu 동 중요시하다, 소중히 여기다 형 정교하다, 화려하다 | 欣赏 xīnshǎng 동 감상하다, 좋아하다, 마음에 들다

C 对应 duìyìng 동 대응하다 ★ | 争取 zhēngqǔ 동 쟁취하다, 얻어 내다, ~하려고 힘쓰다 | 鉴赏 jiànshǎng 동 (예술품이나 문물 등을) 감상하다

D 对称 duìchèn 형 대칭이다 ★ | 追求 zhuīqiú 동 추구하다, 탐구하다 | 审美 shěnměi 형 심미적 명 심미 동 아름다움을 감상하고 평가하다 ★

| 정답 | D

| 해설 | **첫 번째 빈칸**
문맥상 건축 예술의 대칭 구조를 의미하므로 'D 对称'만 가능하다.
A 对立 동 대립하다, 대립되다 – 利益(이익) / 观点(관점) / 意见(의견) + 对立
　　　　　　　　　　　　对立关系(대립 관계)
　　　　　　　　　　　　相互对立(상호 대립)
B 对照 동 대조하다 – 对照 + 笔迹(필적) / 原作(원작) / 原文(원문)
　　　　　　　　　　对照研究(대조 연구)
　　　　　　　　　　对照实验(대조 실험)
C 对应 동 대응하다 – 一一(일일이) + 对应
　　　　　　　　　　与 + A + 相对应(A와 서로 대응하다)
　　　　　　　　　　对应关系(대응 관계)
　　　　　　　　　　对应措施(대응 조치)
D 对称 형 대칭이다 – 相互(서로) + 对称
　　　　　　　　　　对称 + 图形(도형) / 设计(디자인)

두 번째 빈칸
동사 자리이다. 문맥상 온건하고 겸손하며 함축적인 것을 '중요시하다'는 뜻의 'B 讲究'와 '추구하다'는 뜻의 'D 追求'가 다 가능하다.
A 追究 동 추궁하다, 따지다
　　　– 追究 + 责任(책임) / 根源(근원) / 原因(원인)
B 讲究 동 중요시하다, 소중히 여기다
　　　– 讲究 + 原则(원칙) / 面子(체면) / 策略(전략) / 卫生(위생) / 礼貌(예의) / 礼仪(예절)
　　　형 정교하다, 화려하다
C 争取 동 쟁취하다, 얻어 내다
　　　– 争取 + 时间(시간) / 机会(기회) / 自由(자유) / 胜利(승리) / 独立(독립) / 荣誉(명예)
　　　~하려고 힘쓰다
D 追求 동 추구하다, 탐구하다
　　　– 追求 + 目标(목표) / 幸福(행복) / 正义(정의) / 梦想(꿈) / 完美(완벽) / 时尚(유행)

> 세 번째 빈칸

'习惯(관습)'과 함께 쓰이는 것으로 'B 欣赏'과 'D 审美'가 다 가능하다.

- A 思维 동 사유하다, 생각하다 – 思维方式(사고 방식)
  思维能力(사고 능력)
  思维定式(사고 패턴)
  명 사유 – 思维 + 活跃(활기 차다) / 敏捷(민첩하다) / 混乱(혼란하다)
- B 欣赏 동 감상하다 – 欣赏 + 风景(풍경) / 作品(작품) / 诗歌(시가) / 名画(명화) / 名曲(명곡)
  좋아하다, 마음에 들다
- C 鉴赏 동 감상하다 – 鉴赏 + 字画(서화) / 音乐(음악) / 古董(골동품)
- D 审美 형 심미적 – 审美 + 观念(관념) / 能力(능력) / 标准(기준)
  명 심미 – 审美眼光(심미안)
  동 아름다움을 감상하고 평가하다

63

选择困难症，有非常明显的表现，就是不自信，缺乏自立意识，害怕做决定。有这种症状的人在<u>面对</u>选择时，往往难以做出让自己满意的决定，严重者甚至会<u>惊慌</u>失措，最终<u>导致</u>对选择产生某种程度上的恐惧。

A 面对 ⊙ 惊慌 ⊙   导致 ⊙
B 遭遇 ✗ 沉闷 ✗   致使 ✗
C 遇到 ⊙ 惊讶 ✗   以致 ✗
D 对付 ✗ 紧张 ✗   促使 ✗

선택 곤란증에서 매우 두드러지게 나타나는 모습은 자신이 없고 자립심이 부족하며 결정을 내리는 걸 두려워 한다는 것이다. 이런 증세가 있는 사람들은 선택에 <u>직면할</u> 때 흔히 자신이 만족하는 결정을 내리지 못한다. 증세가 심각한 사람은 심지어 <u>놀라고 당황하여</u> 어찌할 바를 몰라 결국 선택에 대해 어느 정도의 공포감이 생기는 결과를 <u>초래한다</u>.

A 직면하다 | 놀라고 당황하다 | 초래하다
B 당하다 | 답답하다 | 야기하다
C 만나다 | 의아스럽다 | ~을 가져오다
D 대처하다 | 긴장하다 | ~하도록 재촉하다

> 지문 어휘

选择困难症 xuǎnzékùnnanzhèng 명 선택 곤란증(선택을 쉽게 하지 못하는 병) | 明显 míngxiǎn 형 뚜렷하다, 분명하다, 확연히 드러나다 | 表现 biǎoxiàn 명 태도, 행동, 표현 동 나타내다, 표현하다 | 缺乏 quēfá 동 결핍되다, 결여되다 | 自立 zìlì 동 자립하다 | 意识 yìshí 명 의식 동 의식하다, 깨닫다 ★ | 症状 zhèngzhuàng 명 증상 ★ | 难以 nányǐ 부 ~하기 어렵다, ~하기 곤란하다 | 失措 shīcuò 동 어찌할 바를 모르다, 갈팡질팡하다 | 最终 zuìzhōng 명 결국, 최후, 최종 형 최후의, 최종의 | 产生 chǎnshēng 동 생기다, 발생하다, 나타나다 | 程度 chéngdù 명 정도, 수준 | 恐惧 kǒngjù 동 공포감을 느끼다, 겁먹다, 두려워하다 ★

> 보기 어휘

A 面对 miànduì 동 직면하다, 마주 대하다 | 惊慌 jīnghuāng 형 놀라고 당황하다, 놀라 허둥대다 | 导致 dǎozhì 동 (어떤 사태를) 초래하다, 야기하다

B 遭遇 zāoyù 동 (불행하거나 불리한 일을) 당하다, 만나다 명 처지, 경우 ★ | 沉闷 chénmèn 형 (마음이) 답답하다, 우울하다, (분위기나 날씨가) 음울하다, (성격이) 명랑하지 않다 ★ | 致使 zhìshǐ 동 ~을 야기하다, ~를 초래하다 ★

C 遇到 yùdào 동 만나다 | 惊讶 jīngyà 형 의아스럽다, 놀랍다 ★ | 以致 yǐzhì 접 ~을 가져오다, ~이 되다 ★

D 对付 duìfu 동 대처하다, 다루다, 그런대로 하다, 아쉬운대로 하다 ★ | 紧张 jǐnzhāng 형 긴장하다, 불안하다, 부족하다 | 促使 cùshǐ 동 ~하도록 재촉하다, ~하게끔 추진하다

> 정답 A

> 해설

첫 번째 빈칸

동사 자리이다. '选择(선택)'와 호응하는 것으로 'A 面对'와 'C 遇到'가 다 가능하다.

A 面对 동 마주 대하다, 직면하다
- 面对 + 问难(문제) / 困难(어려움) / 挫折(좌절) / 考验(시련) / 灾难(재난) / 人生(인생) / 现实(현실)

B 遭遇 동 당하다, 만나다
- 遭遇 + 车祸(교통사고) / 不幸(불행) / 危机(위기) / 水灾(수해) / 干旱(가뭄)

동 처지, 경우
- 悲惨(비참한) + 的 + 遭遇

C 遇到 동 만나다, 마주치다
- 遇到 + 困难(어려움) / 难题(난제) / 挫折(좌절) / 阻碍(장애물) / 敌人(적)

D 对付 동 대처하다, 다루다
- 对付 + 敌人(적)
  勇敢(용감히) + 地 + 对付
  그런대로 하다, 아쉬운대로 하다
- 对付吃(그냥저냥 먹다)
  对付用(아쉬운 대로 사용하다)
  对付穿(그런대로 입다)
  对付住(그런대로 살다)

두 번째 빈칸

'失措(어찌할 바를 모르다)'와 함께 쓰이는 것으로 'A 惊慌'만 가능하다. '惊慌失措'는 '놀라고 당황하여 어찌할 바를 모르다'는 뜻의 성어이다.

A 惊慌 형 놀라고 당황하다, 놀라 허둥대다 - 神色(표정) + 惊慌

B 沉闷 형 (마음이) 답답하다, 우울하다 - 心情(마음) + 沉闷
  (분위기나 날씨가) 음울하다 - 沉闷 + 的 + 气氛(분위기) / 天气(날씨)
  (성격이) 명랑하지 않다 - 性格(성격) + 沉默

C 惊讶 형 의아스럽다, 놀랍다 - 惊讶 + 的 + 目光(눈빛) / 表情(표정)

D 紧张 형 긴장하다 - 紧张 + 的 + 表情(표정) / 神情(기색) / 情绪(정서)
  불안하다 - 时局(시국) + 紧张
  부족하다 - 住房(주택) / 粮食(식량) + 紧张

세 번째 빈칸

문맥상 공포감을 갖게 되는 좋지 않은 결과를 초래한다는 의미이므로 'A 导致'와 'B 致使'이 다 가능하다.

A 导致 동 초래하다, 야기하다 [주로 나쁜 결과에 쓰임]
- 导致 + 后果(나쁜 결과) / 失败(실패) / 失误(실수) / 疾病(질병) / 灭亡(멸망) / 崩溃(붕괴)

B 致使 동 ~을 야기하다, ~를 초래하다 [주로 나쁜 결과에 쓰임]]
- 致使 + 病情恶化(병세 악화) / 水土流失(수토 유실) / 物价上涨(물가 상승)
  由于A, 致使B(A때문에 B하다)

C 以致 접 ~을 가져오다, ~이 되다 [주로 나쁜 결과나 원치 않는 일에 쓰임]
- 以致 + 受伤(부상) / 中毒(중독) / 死亡(사망)

D 促使 동 ~하도록 재촉하다, ~하게끔 추진하다
- 促使 + 发展(발전하다) / 前进(앞으로 나아가다) / 改变(변하다) / 进步(향상하다)

3D电影是指用两个镜头从不同方向一起拍摄影像，再将两组胶片同步放映的立体电影。假如我们用眼睛直接观看，看到的画面就会有重影。只有戴上特制的3D眼镜，才会产生身临其境的立体视觉效果。

3D영화는 렌즈 두 개를 사용해 서로 다른 방향에서 같이 영상을 촬영한 다음 두 필름을 동시 상영하는 입체영화이다. 만약 우리가 눈으로 직접 보게 되면 화면이 겹쳐서 보인다. 특수 제작한 3D안경을 써야만 실감나는 입체적 시각효과가 나타나게 된다.

A 摄制 ⓧ 同期 ⓧ 如果 ⓧ 流连忘返 ⓧ
B 录制 ⓧ 同时 ⓧ 假使 ⓧ 莫名其妙 ⓧ
C 摄影 ⓧ 同样 ⓧ 万一 ⓧ 糊里糊涂 ⓧ
D 拍摄 ⓞ 同步 ⓞ 假如 ⓞ 身临其境 ⓞ

A 촬영 제작하다 | 같은 시기 | 만약 | 아름다운 경치에 빠져 떠나기 싫어하다
B 녹화하다 | 동시 | 만약 | 영문을 알 수 없다
C 영화를 촬영하다 | 다름없다 | 만일 | 흐리멍덩하다
D 촬영하다 | 동시 | 만약 | 그 장소에 직접 가다

지문 어휘 镜头 jìngtóu 몡 (사진기, 촬영기 등의) 렌즈, (사진 촬영시의) 화면, 장면, (영화의) 신 ★ | 影像 yǐngxiàng 몡 영상, 모습, 형상 | 组 zǔ 양 짝, 세트, 조 | 胶片 jiāopiàn 몡 (촬영용) 필름 | 放映 fàngyìng 동 상영하다, 방영하다 | 立体 lìtǐ 형 입체의, 입체감을 주는 ★ | 观看 guānkàn 동 보다, 관람하다 | 画面 huàmiàn 몡 화면 | 重影 chóngyǐng 몡 겹친 영상 동 영상이 겹치다 | 特制 tèzhì 동 특수 제작하다, 특별 제작하다 | 视觉 shìjué 몡 시각

보기 어휘 A 摄制 shèzhì 동 (영화 작품 등을) 촬영 제작하다 | 同期 tóngqī 몡 같은 시기, 동일한 시기 | 如果 rúguǒ 접 만약, 만일 | 流连忘返 liúliánwàngfǎn 성 놀이에 빠져 돌아가는 것을 잊다, 아름다운 경치에 빠져 떠나기 싫어하다
B 录制 lùzhì 동 녹화하다 | 同时 tóngshí 부 동시에 명 시간을 같이하다, 동시이다 | 假使 jiǎshǐ 접 만약, 가령 | 莫名其妙 mòmíngqímiào 성 영문을 알 수 없다, 어리둥절하게 하다, 대단히 오묘하다 ★
C 摄影 shèyǐng 동 영화를 촬영하다, 사진을 찍다 | 同样 tóngyàng 형 다름없다, 서로 같다, 마찬가지이다 접 마찬가지로 | 万一 wànyī 접 만일 명 뜻밖의 일, 만일의 경우 | 糊里糊涂 húlihútú 형 흐리멍덩하다, 얼떨떨하다, 어리둥절하다
D 拍摄 pāishè 동 촬영하다, (사진을) 찍다 | 同步 tóngbù 명 동시 발생, 동시성, 동기 동 (서로) 진행 속도를 맞추다, 행동을 통일하다 | 假如 jiǎrú 접 만약, 가령 | 身临其境 shēnlínqíjìng 성 어떤 장소에 직접 가서 체험하다, 어떤 입장에 서다

정답 D

해설 첫 번째 빈칸
동사 자리이다. 문맥상 렌즈 두 개로 서로 다른 방향에서 영상을 촬영하거나 녹화한다는 의미이므로 'A 摄制', 'B 录制', 'D 拍摄'가 다 가능하다. 'C 摄影'은 이합사로 뒤에 목적어를 취할 수 없고 이 자체로 영화나 사진을 찍는다는 의미이므로 빈칸에는 어울리지 않는다.

A 摄制 동 촬영 제작하다 – 摄制 + 电影(영화) / 广告(광고)
　　　　　　摄制组(촬영 제작팀)
B 录制 동 녹화하다 – 录制 + 节目(프로그램) / 歌曲(노래) / 专辑(앨범)
C 摄影 동 영화를 촬영하다, 사진을 찍다 – 摄影 + 技术(기술) / 作品(작품) / 器材(장비)
　　　　　　摄影展(사진전)
　　　　　　摄影师(촬영기사)
D 拍摄 동 촬영하다, 찍다 – 拍摄 + 电影(영화) / 照片(사진) / 雪景(설경) / 人物(인물)
　　　　　　拍摄手法(촬영 기법)
　　　　　　拍摄技术(촬영 기술)

두 번째 빈칸

문맥상 두 필름을 동시에 상영한다는 의미이므로 'B 同时'와 'D 同步'가 다 가능하다.

A 同期 명 같은 시기, 동일한 시기 – 同期 + 上映(상영하다) / 播出(방송하다)
B 同时 명 동시 [시간이 같음을 강조]
　　　　 – 同时 + 到达(도착하다) / 起飞(이륙하다) / 出发(출발하다) / 进行(진행하다)
　　　 접 동시에
C 同样 형 다름없다, 서로 같다, 마찬가지이다
　　　　 – 同样 + 悲惨(비참하다) / 迟钝(둔하다) / 重要(중요하다) / 困难(곤란하다)
　　　 접 마찬가지로
D 同步 명 동시 발생, 동시성, 동기
　　　 동 진행 속도를 맞추다, 보조를 맞추다 [행동이 같음을 강조]
　　　　 – 同步 + 直播(생중계하다) / 更新(경신하다) / 上市(출시되다) / 发展(발전하다)

세 번째 빈칸

뒤 절의 '就'와 호응하여 가설 관계를 나타내는 것으로 'A 如果', 'B 假使', 'D 假如'가 다 가능하다.

A 如果 접 만약, 만일 [가설 관계]
B 假使 접 만일, 가령 [가설 관계]
C 万一 접 만일(발생 가능성이 희박하거나 발생하지 않기를 바라는 일에 쓰임) [가설 관계]
　　　 명 뜻밖의 일, 만일의 경우
D 假如 접 만약, 가령 [가설 관계]

네 번째 빈칸

문맥상 입체적 시각 효과를 직접 체험할 수 있다는 의미이므로 'D 身临其境'만 가능하다.

A 流连忘返 성 놀이에 빠져 돌아가는 것을 잊다
　　　　　　 아름다운 경치에 빠져 떠나기 싫어하다
B 莫名其妙 성 영문을 알 수 없다
　　　　　　 대단히 오묘하다
C 糊里糊涂 형 흐리멍덩하다, 어리둥절하다
D 身临其境 성 그 장소에 직접 가서 체험하다
　　　　　　 어떤 입장에 서다

私房菜的历史可以追溯到清末光绪年间。据说，祖籍广东的清朝官僚谭宗浚喜好美食，他将粤菜与京菜的精华结合制成"谭家菜"，一时名震北京。后来谭家家道败落，谭宗浚之子谭瑑青便在家设宴售卖"谭家菜"来补贴家用，私房菜便由此起源。

가정식 요리의 역사는 청나라 말기 광서(光緒)년간으로 거슬러 올라간다. 듣자 하니, 본적이 광둥(廣東)인 청나라 관료 탄쫑쥔(譚宗浚)은 맛있는 음식을 먹는 걸 좋아했다고 한다. 그는 광둥 요리와 베이징 요리의 정수를 결합해 '탄씨 가문 요리'를 만들어 베이징에서 한때 이름을 날렸다. 훗날 탄씨 가문의 가세가 쇠퇴하자 탄쫑쥔의 아들 탄쫜칭(譚瑑青)은 집에서 연회를 베풀며 탄씨 가문 요리를 만들어 팔아 생활비를 보탰는데 가정식 요리는 바로 이로부터 기원한다.

A 流传 ✗	汇合 ✗	败坏 ✗	补救 ✗	A 전해 내려오다	한 데 모으다	손상시키다	보완하다
B 据悉 ✗	集合 ✗	落后 ✗	弥补 ✗	B 아는 바로는	집합하다	뒤쳐지다	메우다
C 传说 ✓	联合 ✗	衰落 ✓	补偿 ✗	C 전설에 의하면	연합하다	쇠락하다	보상하다
D 据说 ✓	结合 ✓	败落 ✓	补贴 ✓	D 듣자 하니	결합하다	쇠퇴하다	보조하다

지문 어휘 私房菜 sīfángcài 명 가정식 요리 | 追溯 zhuīsù 동 사물의 근본으로 거슬러 올라가 살피다 | 清末 Qīng mò 청나라 말기 | 光绪年间 Guāngxù niánjiān 광서(光緖)년간 | 祖籍 zǔjí 명 원적 | 广东 Guǎngdōng 고유 광동, 광동성, 광동성 | 清朝 Qīngcháo 고유 청나라, 청대 | 官僚 guānliáo 명 관료 | 谭宗浚 Tán Zōngjùn 고유 탄쭝쥔(譚宗濬) | 喜好 xǐhào 동 좋아하다, 흥미를 느끼다 | 美食 měishí 명 맛있는 음식 | 粤菜 yuècài 명 광동 요리 | 京菜 jīngcài 명 베이징 요리 | 精华 jīnghuá 명 정화, 정수 ★ | 谭家菜 Tánjiā cài 고유 탄씨 가문 요리 | 一时 yìshí 명 한 시기, 한때 | 名震 míng zhèn 명성을 날리다 | 家道 jiādào 명 가세, 집안의 경제 상황 | 谭瑑青 Tán Zhuànqīng 고유 탄좐칭(譚瑑青) | 设宴 shè yàn 동 연회를 베풀다 | 售卖 shòumài 동 팔다, 판매하다 | 家用 jiāyòng 명 생활비

보기 어휘 A 流传 liúchuán 동 대대로 전해 내려오다, 유전되다 | 汇合 huìhé 동 한 데 모으다, 합치다, 물줄기가 합류하다 | 败坏 bàihuài 동 손상시키다, 망치다, 더럽히다 형 부패하다, 문란하다 ★ | 补救 bǔjiù 동 보완하다 ★
B 据悉 jùxī 동 아는 바에 의하면 ~라고 한다 ★ | 集合 jíhé 동 집합하다, 모으다 명 집합 | 落后 luòhòu 동 뒤처지다, 뒤떨어지다, 낙후되다 | 弥补 míbǔ 동 메우다, 보충하다 ★
C 传说 chuánshuō 동 이리저리 말이 전해지다 명 전설 | 联合 liánhé 동 연합하다, 단결하다 | 衰落 shuāiluò 동 쇠락하다, 몰락하다 | 补偿 bǔcháng 동 보상하다 ★
D 据说 jùshuō 동 말하는 바에 의하면 ~라 한다, 다른 사람의 말에 의하면 ~라 한다 | 结合 jiéhé 동 결합하다, 결부하다 | 败落 bàiluò 동 쇠퇴하다, 기울다 | 补贴 bǔtiē 동 보조하다 명 보조금, 수당 ★

정답 D

해설

첫 번째 빈칸
역사적 인물과 관련된 이야기이므로 'C 传说'와 'D 据说'가 다 가능하다.
A 流传 동 대대로 전해 내려오다, 유전되다 [주로 신화, 전통 풍습, 작품, 소문 등이 널리 전해짐을 의미]
  − 千古(오랜 세월) / 广为(널리) / 到处(곳곳에) + 流传
  流传至今(지금까지 전해 내려오다)
B 据悉 동 아는 바에 의하면 ~라고 한다 [어떤 뉴스 보도나 관련 자료에 근거함을 의미]
C 传说 동 이리저리 말이 전해지다 − 神话(신화) / 民间(민간) + 传说
  명 전설 − 古老(오래된) + 的 + 传说
D 据说 동 말하는 바에 의하면 ~라 한다, 다른 사람의 말에 의하면 ~라 한다

두 번째 빈칸
동사 자리이다. 문맥상 광동 요리의 정수와 베이징 요리의 정수를 결합시켰다는 것이므로 'D 结合'만 가능하다.
A 汇合 동 한 데 모으다, 합치다 − 汇合 + 力量(힘)
  물줄기가 합류하다 − 两江(두 강) / 河流(하천) + 汇合
B 集合 동 집합하다, 모으다 − 集合 + 时间(시간) / 地点(장소)
  紧急集合(비상 소집)
  명 집합 [수학에서의 집합을 의미]
C 联合 동 연합하다, 단결하다 − 联合 + 举办(거행하다) / 作战(작전하다)
  联合声明(연합 성명)
  联合宣言(연합 선언)
D 结合 동 결합하다 − 劳逸(노동과 휴식) / 城乡(도시와 농촌) + 结合
  결부하다 − 结合 + 实际(실제) / 现实(현실)

세 번째 빈칸

동사 자리이다. '家道(가세)'와 호응하는 것으로 'C 衰落'와 'D 败落'가 다 가능하다.
- A 败坏 동 손상시키다, 망치다, 더럽히다 – 败坏 + 名声(명성) / 家风(가풍)
          형 부패하다, 문란하다 – 道德(도덕) / 风气(기풍) + 败坏
- B 落后 동 뒤쳐지다, 뒤떨어지다, 낙후되다 – 技术(기술) / 发展(발전) / 成绩(성적) / 经济(경제) + 落后
- C 衰落 동 쇠락하다, 몰락하다 – 国家(국가) / 经济(경제) / 企业(기업) + 衰落
- D 败落 동 쇠퇴하다, 기울다 – 家境(집안 형편) / 权势(권세) + 败落

네 번째 빈칸

동사 자리이다. '家用(생활비)'과 호응하는 것으로 'D 补贴'만 가능하다
- A 补救 동 보완하다 – 补救 + 漏洞(구멍)
                    补救 + 措施(조치) / 方案(방안)
- B 弥补 동 메우다, 보충하다 – 弥补 + 过错(잘못) / 损失(손실) / 空白(공백) / 缺陷(결함) / 缺点(단점)
- C 补偿 동 보상하다 – 补偿 + 费用(비용) / 损失(손실)
- D 补贴 동 보조하다 – 补贴 + 生活费(생활비)
          명 보조금, 수당 – 生活(생활) / 财政(재정) / 粮食(식량) + 补贴

连环画以连续的图画来讲述一个故事或者刻画一个人物，<u>题材</u>广泛，内容多样。它是<u>老少皆宜</u>的读物。因为连环画尺寸较为<u>袖珍</u>，而且画满"小人"，所以它还有一个非常<u>形象</u>的名字——"小人书"。

레환화(連環畵, 그림책)는 연속된 그림으로 이야기를 전하거나 인물을 묘사한 것으로 <u>소재</u>가 광범위하고 내용이 다양하다. 이는 <u>나이에 상관없이 읽기에 적합한</u> 도서라고 할 수 있다. 레환화의 크기가 비교적 <u>소형</u>인데다 '소인'이 가득 그려져 있기 때문에 그것은 매우 <u>생동감 있는</u> '소인서(小人書)'라는 이름도 가지고 있다.

A	题材 ○	老少皆宜 ○	袖珍 ○	形象 ○
B	话题 ✕	赫赫有名 ✕	珍贵 ✕	情形 ✕
C	课题 ✕	得天独厚 ✕	细微 ✕	形式 ✕
D	主题 ○	雅俗共赏 ○	细致 ✕	夸张 ✕

A 소재 | 나이에 상관없이 다 적합하다 | 소형의 | 생동감있는
B 화제 | 명성이 자자하다 | 진귀한 | 상황
C 과제 | 우월한 자연 조건을 갖고 있다 | 미세한 | 형식
D 주제 | 모든 계층 사람들이 다 감상할 수 있다 | 정교한 | 과장하다

지문 어휘 连环画 liánhuánhuà 명 례환화, 그림 이야기책 | 连续 liánxù 동 연속하다, 계속하다 | 图画 túhuà 명 그림, 도화 | 讲述 jiǎngshù 동 서술하다, 진술하다 | 刻画 kèhuà 동 (인물의 형상이나 성격 따위를) 묘사하다 | 人物 rénwù 명 인물 | 广泛 guǎngfàn 형 광범위하다, 폭넓다 | 多样 duōyàng 형 다양하다 | 读物 dúwù 명 도서, 읽을거리 | 尺寸 chǐcùn 명 크기, 사이즈 | 较为 jiàowéi 부 비교적 | 小人书 xiǎorénshū 명 소인서, 그림책

보기 어휘 A 题材 tícái 명 소재, 제재 ★ | 老少皆宜 lǎoshào jiēyí 노인이나 젊은이에게 다 적합하다 | 袖珍 xiùzhēn 형 소형의, 포켓형의 | 形象 xíngxiàng 형 생동적이다, 생생하다 명 이미지, 형상

B 话题 huàtí 명 화제, 이야기의 주제 | 赫赫有名 hèhèyǒumíng 성 명성이 자자하다, 명성이 매우 높다 | 珍贵 zhēnguì 형 진귀하다, 귀중하다 동 아끼고 사랑하다, 진귀하게 여기다 ★ | 情形 qíngxing 명 상황, 정황, 형편 ★

C 课题 kètí 명 과제, 프로젝트 ★ | 得天独厚 détiāndúhòu 성 우월한 자연 조건을 갖고 있다, 특별히 좋은 조건을 갖추다, 처한 환경이 남달리 좋다 | 细微 xìwēi 형 미세하다, 자잘하다 | 形式 xíngshì 명 형식, 형태

D 主题 zhǔtí 몡 주제 | 雅俗共赏 yǎsúgòngshǎng 솅 고상한 사람이나 속인이나 다 같이 감상할 수 있다, 또는 계층의 사람들이 누구나 다 감상할 수 있다 | 细致 xìzhì 혱 정교하다, 섬세하다 ☆ | 夸张 kuāzhāng 동 과장하다, 과장해서 말하다 명 과장법

정답 A

해설

첫 번째 빈칸
명사 자리이다. 문맥상 그림책의 '소재'라는 뜻의 'A 题材'와 '주제'라는 뜻의 'D 主题'가 다 가능하다.
A 题材 명 소재, 제재 – 战争(전쟁) / 历史(역사) + 题材
　　　　　　　　　　题材 + 多样(다양하다)
B 话题 명 화제, 이야기의 주제 – 共同(공동) / 热门(인기) + 话题
　　　　　　　　　　　寻找(찾다) / 转换(돌리다) + 话题
C 课题 명 과제, 프로젝트 – 研究(연구) + 课题
　　　　　　　　　　　首要(가장 중요한) / 重大(중대한) + 课题
D 主题 명 주제 – 切入(깊이 들어가다) / 提炼(다듬다) / 脱离(벗어나다) + 主题

두 번째 빈칸
'读物(도서)'와 호응하는 것으로 'A 老少皆宜'와 'D 雅俗共赏'이 다 가능하다.
A 老少皆宜 솅 노인이나 젊은이에게 다 적합하다
B 赫赫有名 솅 명성이 자자하다, 명성이 매우 높다
C 得天独厚 솅 우월한 자연 조건을 갖고 있다, 처한 환경이 남달리 좋다
　　　　　　 – 得天独厚 + 的 + 地方(지역) / 资源(자원)
　　　　　　　环境条件(자연조건) / 地理条件(지리조건) + 得天得厚
D 雅俗共赏 솅 각 계층의 사람들이 누구나 다 감상할 수 있다

세 번째 빈칸
형용사 자리이다. 문맥상 '尺寸(크기)'과 함께 쓰여 롄환화의 크기가 소형이라는 의미이므로 'A 袖珍'만 가능하다. 'C 细微'도 '尺寸'과 호응할 수 있지만, 이는 '미세하다'는 뜻이므로 문맥에는 어울리지 않는다.
A 袖珍 혱 소형의, 포켓형의 – 袖珍 + 词典(사전) / 书籍(서적) / 笔记本(노트북)
B 珍贵 혱 진귀하다, 귀중하다
　　　　 – 珍贵 + 的 + 文物(문물) / 友谊(우정) / 礼物(선물) / 资料(자료) / 遗产(유산)
　　　　 동 아끼고 사랑하다, 진귀하게 여기다
C 细微 혱 미세하다, 자잘하다 – 细微 + 的 + 变化(변화) / 差别(차별) / 动作(동작) / 声音(소리)
D 细致 혱 정교하다, 섬세하다 – 做工(솜씨) / 工作(일) + 细致
　　　　　　　　　　　　　 细致 + 地 + 观察(관찰하다) / 描写(묘사하다)

네 번째 빈칸
앞 절에서 롄환화에 '소인' 그림이 가득하다고 하였으므로 그로 인해 롄환화가 '소인서(小人书)'라는 생동감 넘치는 이름을 지니게 되었음을 알 수 있다. 따라서 'A 形象'만 가능하다.
A 形象 혱 생동적이다, 생생하다 – 生动形象(생동감 있다)
　　　　 명 이미지, 형상 – 树立(세우다) / 维护(지키다) / 损坏(손상시키다) + 形象
B 情形 명 상황, 정황, 형편 – 真实(실제인) / 详细(상세한) + 情形
C 形式 명 형식, 형태 – 形式 + 多样(다양하다) / 呆板(딱딱하다) / 各异(제각기 다르다)
D 夸张 동 과장하다, 과장해서 말하다 – 夸张 + 的 + 广告(광고) / 表情(표정) / 举动(동작) / 反应(반응)
　　　　 명 과장법

67

荔枝内含丰富的糖分，可以为人体补充 能量、增加营养。一项研究 表明，荔枝具有为大脑组织补养的功效，能 明显 改善失眠、健忘和神经疲劳等。而且，荔枝还含有丰富的维生素C，有助于增强 免疫力。

리치(여지)에는 풍부한 당분이 함유되어 있어 인체에 에너지 를 보충하고 영양분을 증가시켜 준다. 한 연구가 밝힌 바로는 리치는 뇌조직을 보양하는 효과가 있어서 불면증, 건망증, 신경 피로 등을 뚜렷하게 개선하는 것으로 나타났다. 또한 리치에는 비타민C가 풍부하기 때문에 면역력 강화에도 도움이 된다.

A 力量 ✗	证明 ◎	明确 ✗	防备 ✗	A 힘 | 증명하다 | 명확하다 | 방비하다
B 能量 ◎	表明 ◎	明显 ◎	免疫 ◎	B 에너지 | 분명하게 밝히다 | 뚜렷하다 | 면역이 되다
C 智力 ✗	显示 ◎	突出 ✗	抵抗 ◎	C 지능 | 뚜렷하게 나타내다 | 두드러지다 | 저항하다
D 动力 ✗	表示 ✗	确切 ✗	抵制 ✗	D 동력 | 표시하다 | 확실하다 | 배척하다

지문 어휘 荔枝 lìzhī 명 리치, 여지 | 糖分 tángfèn 명 당분 | 人体 réntǐ 명 인체 | 补充 bǔchōng 동 보충하다 | 营养 yíngyǎng 명 영양 | 具有 jùyǒu 동 있다, 가지다 | 大脑 dànǎo 명 대뇌 | 组织 zǔzhī 명 조직 동 조직하다, 구성하다 | 补养 bǔyǎng 동 보양하다 | 功效 gōngxiào 명 효과, 효능 | 改善 gǎishàn 동 개선하다 | 失眠 shīmián 동 불면증에 걸리다 | 健忘 jiànwàng 동 잘 잊어버리다 | 神经 shénjīng 명 신경 ★ | 疲劳 píláo 형 피로하다, 피곤하다, 지치다 | 维生素 wéishēngsù 명 비타민 ★ | 增强 zēngqiáng 동 강화하다, 증강하다

보기 어휘 A 力量 lìliàng 명 힘, 역량 | 证明 zhèngmíng 동 증명하다 명 증서, 증명서 | 明确 míngquè 형 명확하다, 확실하다 동 명확하게 하다, 확실하게 하다 | 防备 fángbèi 동 방비하다, 대비하다

B 能量 néngliàng 명 에너지 ★ | 表明 biǎomíng 동 분명하게 밝히다, 표명하다 | 明显 míngxiǎn 형 뚜렷하다, 분명하다 | 免疫 miǎnyì 동 면역이 되다 ★

C 智力 zhìlì 명 지능, 지력 ★ | 显示 xiǎnshì 동 뚜렷하게 나타내 보이다, 분명하게 표현하다 | 突出 tūchū 형 두드러지다, 뛰어나다 동 돌파하다, 돌출하다, 부각시키다 | 抵抗 dǐkàng 동 저항하다, 대항하다 ★

D 动力 dònglì 명 동력 ★ | 表示 biǎoshì 동 표시하다, 나타내다, 의미하다 명 표정, 기색 | 确切 quèqiè 형 확실하고 적절하다, 정확하다 ★ | 抵制 dǐzhì 동 배척하다, 억제하다, 막아내다 ★

정답 B

해설 첫 번째 빈칸
명사 자리이다. 문맥상 인체에 에너지를 보충하는 의미이므로 'B 能量'만 가능하다.
A 力量 명 힘, 역량 – 增强(강화하다) / 产生(생기다) / 贡献(바치다) + 力量
B 能量 명 에너지 – 补充(보충하다) / 消耗(소모하다) / 释放(방출하다) / 积蓄(비축하다) + 能量
C 智力 명 지능, 지력 – 提高(향상시키다) / 开发(개발하다) + 智力
　　　　　　　　　　智力 + 发达(발달하다) / 退化(퇴화되다)
D 动力 명 동력 – 前进(전진하는) / 发展(발전하는) / 工作(일하는) + 的 + 动力

두 번째 빈칸

'研究(연구)'와 호응하는 것으로 'A 证明', 'B 表明', 'C 显示'이 다 가능하다.

A 证明 동 증명하다 – 事实(사실) / 实践(실천) + 证明
  명 증서, 증명서 – 提交(제출하다) / 开具(작성하다) + 证明
    户籍证明(호적 증명)
    已婚证明(기혼 증명)
B 表明 동 분명하게 밝히다, 표명하다 – 表明 + 态度(태도) / 立场(입장) / 身份(신분) / 观点(관점)
C 显示 동 뚜렷하게 나타내 보이다 – 显示 + 力量(힘) / 才干(재능) / 实力(실력) / 威力(위력)
D 表示 동 표시하다, 나타내다 – 表示 + 关心(관심) / 满意(만족) / 诚意(성의) / 反对(반대) / 抗议(항의)
  명 (감정이나 기분을 나타내는) 표정, 기색

세 번째 빈칸

문맥상 불면증, 건망증, 신경피로 등을 뚜렷하게 개선한다는 의미이므로 'B 明显'만 가능하다.

A 明确 형 명확하다, 확실하다 – 态度(태도) / 目标(목표) / 观点(관점) + 明确
  동 명확하게 하다, 확실하게 하다 – 明确 + 目标(목표) / 方向(방향)
B 明显 형 뚜렷하다, 분명하다 – 差距(차이) / 效果(효과) / 优势(우세) + 明显
    明显 + (地) + 减少(감소하다) / 下降(떨어지다) / 好转(호전되다) /
      加快(빨라지다)
C 突出 형 두드러지다, 뛰어나다 – 表现(표현) / 成绩(성적) + 突出
  동 부각시키다 – 突出 + 重点(중점) / 特色(특색) / 地位(위치)
    돌출하다
D 确切 형 확실하고 적절하다, 정확하다 – 消息(소식) / 答案(답안) + 确切
    确切 + 的 + 解释(해석) / 证据(증거)

네 번째 빈칸

'力(능력)'와 함께 쓰여 '면역력'이라는 뜻의 'B 免疫'와 '저항력'이라는 뜻의 'C 抵抗'이 다 가능하다.

A 防备 동 방비하다, 대비하다 – 防备 + 敌人(적)
    防备措施(방비책)
    毫无防备(무방비)
B 免疫 동 면역이 되다 – 免疫 + 系统(시스템) / 机制(제제) / 能力(능력)
C 抵抗 동 저항하다, 대항하다 – 顽强(완강히) / 奋力(있는 힘을 다해) + 抵抗
    抵抗 + 侵略(침략)
D 抵制 동 배척하다, 보이콧하다 – 抵制 + 赝品(위조품) / 外货(외국 상품)
    막아내다 – 抵制 + 谣言(헛소문)
    거절하다 – 抵制 + 诱惑(유혹)

68

雅西高速公路是由四川盆地边缘向横断山区高地延伸的高速公路，穿越中国大西南地震多发的深山峡谷。它被公认为世界上环境最恶劣、工程难度最大、科技含量最高的山区高速公路。

야시(雅西)고속도로는 쓰촨(四川)분지 가장자리에서 산악지대 고지를 횡단하여 이어지는 고속도로로, 지진이 자주 발생하는 중국 서남부의 높은 산과 깊은 골짜기를 통과한다. 이 세계에서 환경이 가장 열악하고 공사 난이도가 가장 높으며 과학 기술 함량 또한 가장 높은 산간 고속도로로 공인받았다.

A 边防 ✗	延长 ✗	确认 ◉	标准 ✗	A 국경 수비	연장하다	명확히 인정하다	기준
B 边境 ✗	经过 ◉	承认 ✗	档次 ✗	B 국경	지나다	인정하다	등급
C 边缘 ◉	穿越 ◉	公认 ◉	含量 ◉	C 가장자리	통과하다	공인하다	함량
D 边疆 ✗	超越 ✗	认定 ◉	重量 ✗	D 국경 지대	넘다	인정하다	중량

지문 어휘 雅西高速公路 Yǎ-Xī gāosù gōnglù [고유] 야시(雅西)고속도로(중국 야안(雅安)시와 시창(西昌)시를 연결하는 고속도로) | 四川 Sìchuān [고유] 쓰촨, 쓰촨성, 사천성 | 盆地 péndì [명] 분지 ★ | 横断 héngduàn [동] 횡단하다, 가로 지르다 | 山区 shānqū [명] 산악 지구, 산간 지역 | 高地 gāodì [명] 고지 | 延伸 yánshēn [동] 펴다, 늘이다, 확장하다 ★ | 大西南 dàxīnán [명] 중국의 광활한 서남부 지역 | 地震 dìzhèn [명] 지진 | 多发 duōfā [동] 다발적이다 | 深山峡谷 shēnshān xiágǔ 높은 산과 깊은 골짜기, 심산 계곡 | 恶劣 èliè [형] 열악하다 | 难度 nándù [명] 난이도, 난도 | 科技 kējì [명] 과학 기술

보기 어휘 A 边防 biānfáng [명] 국경 수비, 변경 수비 | 延长 yáncháng [동] 연장하다, 늘이다 | 确认 quèrèn [동] 명확히 인정하다, 확인하다 | 标准 biāozhǔn [명] 기준, 표준 [형] 표준의, 표준적이다
B 边境 biānjìng [명] 국경, 변경 ★ | 经过 jīngguò [동] 지나다, 통과하다, 경유하다 | 承认 chéngrèn [동] 인정하다, 시인하다 | 档次 dàngcì [명] (품질 등의) 등급
C 边缘 biānyuán [명] 가장자리, 직전, 끝자락, 위기 ★ | 穿越 chuānyuè [동] 통과하다, 넘다, 지나가다 | 公认 gōngrèn [동] 공인하다, 모두가 인정하다 ★ | 含量 hánliàng [명] 함량
D 边疆 biānjiāng [명] 국경 지대, 변경 ★ | 超越 chāoyuè [동] 넘다, 추월하다, 뛰어넘다 ★ | 认定 rèndìng [동] 인정하다, 굳게 믿다, 확정하다 ★ | 重量 zhòngliàng [명] 중량, 무게

정답 C

해설 **첫 번째 빈칸**
'四川盆地(쓰촨분지)'와 함께 쓰이는 것으로 'C 边缘'만 가능하다. 나머지 보기들은 모두 나라 간의 국경을 의미하는 것이므로 빈칸에는 적절하지 않다.
A 边防 [명] 국경 수비, 변경 수비 - 边防 + 部队(부대) / 战士(전사) / 哨所(초소)
B 边境 [명] 국경, 변경 - 边境 + 线(선) / 地区(지역)
封锁(봉쇄하다) / 驻守(주둔하여 지키다) + 边境
C 边缘 [명] 가장자리 - 城市(도시) / 大陆(대륙) + 的 + 边缘
직전, 끝자락, 위기 - 崩溃(붕괴) / 死亡(사망) + 边缘
D 边疆 [명] 국경 지대, 변경 - 流放(유배하다) / 守护(수호하다) / 驻守(주둔하여 지키다) + 边疆

두 번째 빈칸
문맥상 고속도로가 높은 산과 깊은 골짜기를 통과한다는 의미이므로 'B 经过'와 'C 穿越'가 다 가능하다.
 A 延长 동 연장하다, 늘이다 – 延长 + 时间(시간) / 寿命(수명) / 签证(비자) / 日程(일정)
 B 经过 동 지나다, 통과하다, 경유하다 – 经过 + 身旁(곁) / 山路(산길)
          거치다 – 经过 + 思考(사고) / 讨论(토론)
 C 穿越 동 통과하다, 넘다, 지나가다 – 穿越 + 草地(초원) / 森林(숲) / 海峡(해협) / 时空(시공)
 D 超越 동 넘다, 추월하다, 뛰어넘다 – 超越 + 自己(자신) / 极限(극한) / 权限(권한) / 范围(범위)

세 번째 빈칸
사람들에게 인정받고 공인되었다는 의미이므로 'A 确认', 'C 公认', 'D 认定'이 다 가능하다. 'B 承认'은 '시인하다'라는 의미의 인정을 나타내므로 빈칸에는 어울리지 않는다.
 A 确认 동 명확히 인정하다, 확인하다 – 确认 + 真伪(진위) / 身份(신분) / 成绩(성적) / 结果(결과)
 B 承认 동 인정하다, 시인하다 – 承认 + 错误(잘못) / 事实(사실) / 过失(과실) / 罪行(범행)
 C 公认 동 공인하다 – 公认 + 的 + 事实(사실) / 标准(기준)
 D 认定 동 인정하다, 굳게 믿다 – 认定 + 目标(목표)
                            资格认定(자격 검정)

네 번째 빈칸
'科技(과학 기술)'와 호응하는 것으로 'C 含量'만 가능하다.
 A 标准 명 기준, 표준 – 收费(요금) / 择偶(배우자 선택) / 选拔(선발) + 标准
            达到(이르다) / 符合(부합하다) / 合乎(맞다) / 制定(정하다) + 标准
        형 표준의, 표준적이다 – 行动(행동) + 标准
 B 档次 명 등급 – 提高(향상시키다) / 降低(낮추다) + 档次
 C 含量 명 함량 – 维生素(비타민) / 脂肪(지방) / 酒精(알코올) / 技术(기술) + 含量
           含量 + 丰富(풍부하다) / 不足(부족하다)
           增加(증가하다) / 减少(줄이다) / 提高(향상시키다) / 降低(낮추다) + 含量
 D 重量 명 중량, 무게 – 检测(측정하다) / 承受(견디다) + 重量

69

鼎是中国古代的重要礼器，一般都比较厚重，常见器形为圆腹、两耳、三足的盆状，也有少量呈斗状，称为四足方鼎。人们在判断鼎这个事物的价值时，常常会忽视它本来的用途。其实它在作为礼器之前是一件炊具，多用于烹煮或盛放肉类。

정(鼎)은 중국 고대의 중요한 예기(禮器)로 일반적으로 두껍고 무거운 편인데, 흔히 볼 수 있는 모양은 배쪽이 둥글고 귀가 두 개, 발이 세 개인 대야 형태이다. 말 모양을 한 정도 소량 있기는 한데, 이는 사족방정(四足方鼎)이라고 부른다. 사람들은 정이라는 사물의 가치를 판단할 때 종종 그 본래 용도를 간과한다. 사실 정은 예기로 사용되기 전에 취사 도구로서 익힘 요리를 할 때나 육류 식품을 담는 데 많이 사용되었다.

A 历代 ✗	雄厚 ✗	评价 ✗	义务 ✗	A 역대	충분하다	평가하다	의무
B 朝代 ✗	浑厚 ✗	批评 ✗	责任 ✗	B 왕조	낮고 힘차다	비평하다	책임
C 古代 ◉	厚重 ◉	判断 ◉	用途 ◉	C 고대	두껍고 무겁다	판단하다	용도
D 时代 ✗	浓重 ✗	批判 ✗	宗旨 ✗	D 시대	농후하다	비판하다	취지

| 지문 어휘 | 鼎 dǐng 명 정(옛날 취사용 솥이었으나 후대에 예기(禮器)로 용도가 변경되어 왕권의 상징이 되었음) | 礼器 lǐqì 명 예기 (예식이나 의식에 사용되는 그릇) | 常见 chángjiàn 형 흔히 보는, 신기할 것 없는 | 器形 qì xíng 용기의 모양 | 圆 yuán 형 둥글다 | 腹 fù 명 배, 중앙부 | 盆状 pén zhuàng 대야나 화분의 형태 | 少量 shǎoliàng 명 소량의, 적은 양의 | 斗状 dǒu zhuàng 말 모양 | 事物 shìwù 명 사물 | 忽视 hūshì 동 간과하다, 소홀히 하다, 주의하지 않다 | 炊具 chuījù 명 취사 도구 | 烹煮 pēng zhǔ 익힘 | 肉类 ròulèi 명 육류 식품

| 보기 어휘 | A 历代 lìdài 명 역대 ★ | 雄厚 xiónghòu 형 (인력이나 물자 등이) 충분하다, 풍부하다, 대단하다 | 评价 píngjià 동 평가하다 명 평가 | 义务 yìwù 명 의무

B 朝代 cháodài 명 왕조의 연대, 조대 ★ | 浑厚 húnhòu 형 (소리가) 낮고 힘차다 | 批评 pīpíng 동 비평하다, 꾸짖다, 지적하다 | 责任 zérèn 명 책임

C 古代 gǔdài 명 고대 | 厚重 hòuzhòng 형 두껍고 무겁다, 풍성하다, 풍성하다 | 判断 pànduàn 동 판단하다, 판정하다 | 用途 yòngtú 명 용도

D 时代 shídài 명 시대, 시기 | 浓重 nóngzhòng 형 농후하다, 짙다, 강하다 | 批判 pīpàn 동 비판하다, 지적하다 | 宗旨 zōngzhǐ 명 취지, 종지, 주지 ★

| 정답 | C

| 해설 | **첫 번째 빈칸**
문맥상 중국 고대를 의미하므로 'C 古代' 만 가능하다.
A 历代 명 역대 [이어서 내려온 여러 대를 의미] – 历代 + 皇帝(황제) / 君王(제왕) / 圣贤(성인과 현인)
B 朝代 명 왕조의 연대, 조대 – 朝代 + 更迭(바뀌다)
C 古代 명 고대 – 古代 + 历史(역사) / 人物(인물) / 诗词(시와 사) / 遗迹(유적)
D 时代 명 시대, 시기 – 时代 + 特征(특징) / 风貌(풍모) / 背景(배경)
　　　　　　　　　　　学生(학생) / 信息(정보) + 时代

두 번째 빈칸
문맥상 '鼎(정)'이라는 예기의 모양을 의미하므로 'C 厚重'만 가능하다.
A 雄厚 형 충분하다, 풍부하다 – 雄厚 + 的 + 财力(재력) / 基础(기초)
　　　　　대단하다 – 雄厚 + 的 + 实力(실력)
B 浑厚 형 낮고 힘차다 – 浑厚 + 的 + 嗓音(목청) / 歌声(노랫소리)
C 厚重 형 두껍고 무겁다 – 厚重 + 的 + 大衣(외투) / 城门(성문)
　　　　　풍성하다, 풍성하다 – 厚重 + 的 + 礼物(선물)
D 浓重 형 농후하다, 짙다, 강하다 – 浓重 + 的 + 色彩(색채) / 气味(냄새) / 口音(사투리)

세 번째 빈칸
'价值(가치)'와 호응하는 것으로 'A 评价'와 'C 判断'이 다 가능하다.
A 评价 동 평가하다 – 客观(객관적으로) / 高度(높이) + 评价
　　　　명 평가 – 获得(얻다) / 给予(부여하다) + 评价
B 批评 동 비평하다, 꾸짖다 – 严肃(근엄하게) / 严厉(호되게) / 委婉(완곡하게) + 地 + 批评
　　　　　　　　　　　　　接受(받아들이다) + 批评
C 判断 동 판단하다, 판정하다 – 判断 + 对错(옳고 그름) / 优劣(우열) / 是非(시비)
D 批判 동 비판하다, 지적하다 – 猛烈(거세게) / 严厉(호되게) + (地) + 批判
　　　　　　　　　　　　　批判意识(비판의식)
　　　　　　　　　　　　　批判精神(비판정신)
　　　　　　　　　　　　　批判主义(비판주의)

네 번째 빈칸

뒤 문장을 통해 '鼎(정)'의 용도를 의미하는 것임을 알 수 있으므로 'C 用途'만 가능하다.

- A 义务 _명 의무 – 承担(맡다) / 履行(이행하다) + 义务
  _형 무보수의, 봉사의 – 义务 + 教育(교육) / 劳动(노동)
- B 责任 _명 책임 – 承担(맡다) / 担负(부담하다) / 推卸(전가하다) / 追究(추궁하다) + 责任
  责任 + 重大(중대하다)
- C 用途 _명 용도 – 用途 + 多样(다양하다) / 广泛(광범위하다)
- D 宗旨 _명 취지, 종지, 주지 – 企业(기업) / 服务(서비스) + 宗旨
  违背(위배되다) / 符合(부합하다) + 宗旨

70

近几年来，特殊聚合体材料等功能材料的诞生，为人造肌肉的研究提供了新的发展契机。那些材料往往具有不同凡响的本领；可以根据电流变化呈现弯曲、扭动、伸展和收缩等复杂的状态。开发人造肌肉不仅在医学上具有重大意义，并且对机器人技术的发展也至关重要。

최근 몇 년 동안 특수 폴리머 등 기능성 재료가 탄생하면서 인공근육 연구에 새로운 발전의 계기를 마련했다. 이 재료들은 뛰어난 재주를 지니고 있는데 전류변화에 따라 굴곡, 뒤틀림, 확장, 수축 등 복잡한 상태를 나타낼 수 있다. 인공근육 개발은 의학적으로 중대한 의의가 있을 뿐만 아니라, 로봇기술 발전에 있어서도 매우 중요하다.

A 降临 ✗ 本钱 ✗ 达到 ✗ 即便 ✗ 定义 ✗
B 发明 ○ 性能 ○ 力求 ✗ 不单 ○ 含义 ✗
C 诞生 ○ 本领 ○ 呈现 ○ 不仅 ○ 意义 ○
D 涌现 ✗ 本能 ✗ 达成 ✗ 尽管 ✗ 意思 ✗

A 도래하다 | 밑천 | 도달하다 | 설령 ~라 하더라도 | 정의
B 발명하다 | 성능 | 힘써 추구하다 | ~뿐만 아니라 | 속뜻
C 탄생하다 | 재주 | 나타내다 | ~뿐만 아니라 | 의의
D 한꺼번에 나타나다 | 본능 | 달성하다 | 비록 ~하지만 | 의미

지문 어휘 特殊 tèshū _형 특수하다, 특별하다 | 聚合体 jùhétǐ _명 폴리머(polymer), 중합체 | 功能 gōngnéng _명 기능, 작용 | 人造 rénzào _형 인공의, 인조의 | 肌肉 jīròu _명 근육 | 契机 qìjī _명 계기, 동기 | 不同凡响 bùtóngfánxiǎng _성 뛰어나다 | 电流 diànliú _명 전류 | 弯曲 wānqū _동 구부리다, 휘다 | 구불구불하다, 꼬불꼬불하다 | 扭动 niǔdòng _동 (몸을 좌우로) 비틀다, 흔들다 | 伸展 shēnzhǎn _동 늘이다, 펼치다 | 收缩 shōusuō _동 수축하다 ☆ | 状态 zhuàngtài _명 상태 | 开发 kāifā _동 개발하다 | 肌肉 jīròu _명 근육 | 医学 yīxué _명 의학 | 重大 zhòngdà _형 중대하다 | 机器人 jīqìrén _명 로봇 | 至关重要 zhìguānzhòngyào 지극히 중요하다

보기 어휘
A 降临 jiànglín _동 도래하다, 일어나다 ☆ | 本钱 běnqián _명 밑천, 원금, 자본금 ☆ | 达到 dádào _동 도달하다, 이르다 | 即便 jíbiàn _접 설령 ~하더라도 | 定义 dìngyì _명 정의 ☆

B 发明 fāmíng _동 발명하다 _명 발명 | 性能 xìngnéng _명 성능 | 力求 lìqiú _동 힘써 추구하다, 몹시 애쓰다 ☆ | 不单 bùdān _접 ~뿐만 아니라 | 含义 hányì _명 속뜻, 내포된 의미 ☆

C 诞生 dànshēng _동 탄생하다, 생기다 ☆ | 本领 běnlǐng _명 재주, 능력, 솜씨 | 呈现 chéngxiàn _동 나타내다, 드러나다, 양상을 띠다 ☆ | 不仅 bùjǐn _접 ~뿐만 아니라 | 意义 yìyì _명 의의, 의미

D 涌现 yǒngxiàn _동 한꺼번에 나타나다 ☆ | 本能 běnnéng _명 본능 ☆ | 达成 dáchéng _동 달성하다, 얻다 ☆ | 尽管 jǐnguǎn _접 비록 ~하지만, 설령 ~라 하더라도, ~에도 불구하고 _부 얼마든지, 마음대로 | 意思 yìsi _명 의미, 뜻

정답 C

> 해설

첫 번째 빈칸

문맥상 재료의 '발명'이라는 뜻의 'B 发明'과 '탄생'이라는 뜻의 'C 诞生'이 다 가능하다.

A 降临 동 도래하다, 일어나다 – 灾难(재난) / 夜幕(어둠) / 机遇(기회) + 降临
B 发明 동 발명하다 – 发明 + 新材料(신소재) / 新技术(신기술)
　　　　　　　　　发明专利(발명 특허)
　　　　명 발명 – 最新发明(최신 발명)
C 诞生 동 탄생하다, 생기다 – 生命(생명) / 新纪录(신기록) + 诞生 + 了
　　　　　　　　　国家(국가) / 冠军(챔피언) + 的 + 诞生
D 涌现 동 한꺼번에 나타나다 – 不断(끊임없이) + 涌现

涌现出 + 大量(대량) / 一批(한 무더기) / 众多(아주 많은) + 명사

涌现 + 出 + 作家(작가) / 新人(신인) / 产品(제품) / 纠纷(분쟁)

두 번째 빈칸

사물이 가지고 있는 기능을 의미하므로 'B 性能'과 'C 本领'이 다 가능하다. 'C 本领'은 사물 외에 사람의 능력을 나타낼 때도 쓸 수 있다.

A 本钱 명 밑천, 원금, 자본금 – 收回(회수하다) / 捞回(건지다) / 赔光(날리다) + 本钱
B 性能 명 성능 – 性能 + 优异(특히 우수하다) / 卓越(탁월하다)
　　　　　　　　测试(테스트하다) / 检测(검사하다) + 性能
C 本领 명 재주, 능력, 솜씨 – 本领 + 高强(뛰어나다) / 出众(출중하다)
　　　　　　　　掌握(숙달하다) / 传授(전수하다) + 本领
D 本能 명 본능 – 人类(인류) / 动物(동물) + 本能
　　　　　本能反应(본능적 반응)

세 번째 빈칸

'状态(상태)'와 호응하는 것으로 'C 呈现'만 가능하다.

A 达到 동 도달하다, 이르다 – 达到 + 要求(요구) / 目的(목적) / 极限(한계) / 顶点(최고조)
B 力求 동 힘써 추구하다, 몹시 애쓰다 – 力求 + 完美(완벽) / 慎重(신중) / 改进(개선) / 团结(단결)
C 呈现 동 나타내다, 드러나다, 양상을 띠다 – 呈现 + 特征(특징) / 景象(광경) / 局面(국면) / 趋势(추세)
D 达成 동 달성하다, 얻다 – 达成 + 目标(목표) / 协议(협의) / 愿望(소망) / 共识(공감대) / 梦想(꿈)

네 번째 빈칸

뒤 절의 '并且(게다가)'와 호응하여 점층 관계를 나타내는 것으로 'B 不单'과 'C 不仅'이 다 가능하다.

A 即便 접 설령 ~하더라도 [가설 겸 양보 관계]
B 不单 접 ~뿐만 아니라 [점층 관계]
C 不仅 접 ~뿐만 아니라 [점층 관계]
D 尽管 접 비록 ~하지만, 설령 ~라 하더라도, ~에도 불구하고 [전환 관계]
　　　　 부 얼마든지, 마음대로

다섯 번째 빈칸

'重大(중대한)'와 호응하는 것으로 'C 意义'만 가능하다.

A 定义 명 정의 – 准确(확실한) / 模糊(모호한) + 的 + 定义
B 含义 명 속뜻, 내포된 의미 – 真正(진정한) / 深刻(깊은) + 的 + 含义
C 意义 명 의의, 의미 – 历史(역사적) / 象征(상징적) + 意义
D 意思 명 의미, 뜻 – 明白(알다) / 理解(이해하다) / 懂得(깨닫다) + 意思

제3부분 71~80번 문제는 빈칸에 들어가는 알맞은 문장을 고르는 문제입니다.

71-75

　　乌篷船是绍兴人的主要交通工具，船身细长，中间宽，两头窄，船上盖着一扇扇半圆形的乌篷。乌篷由薄薄的毛竹细条编成，中间有一层油毛毡，可防雨。乌篷船的船篷用黑漆漆过，**(71) C** 绍兴方言把"黑"叫"乌"，因此人们称之为乌篷船。

　　乌篷船靠脚划大桨作为动力，用手划的小桨则是用来控制方向的。**(72) A** 这种手脚并用的划船方法，可以说是前无古人。乘客坐在小船上，**(73) E** 不仅可以看到岸边的柳树稻田，欣赏古朴的民居石桥，还可将手伸至船外，感受一下凉爽清冽的河水。

　　以前，绍兴每家每户都有一只乌篷船，当进城赶集时，**(74) B** 人们就直接把船划到店门口，买好东西再继续向前划。除了赶集，人们还常常划着乌篷船走亲访友，或坐在船上看社戏。在当时，乌篷船可以说是必不可少的交通工具。

　　如今，**(75) D** 乌篷船成了绍兴重要的旅游项目，在许多著名的景点旁，都会停着很多乌篷船。很多来绍兴的游客都会去坐一坐乌篷船，让乌篷船带着他们去领略绍兴的美景。那悠悠荡荡的乌篷船和小桥流水组成了一幅江南水乡特有的风景画，让人流连忘返。

A 这种手脚并用的划船方法
B 人们就直接把船划到店门口
C 绍兴方言把"黑"叫"乌"
D 乌篷船成了绍兴重要的旅游项目
E 不仅可以看到岸边的柳树稻田

　　우펑촨(乌篷船)은 샤오싱(绍兴) 사람들의 주요 교통 수단으로 선체는 가늘고 긴데 중간이 넓고 양 끝은 좁으며 배 위에 반원 모양의 검은 덮개가 여러 개 덮여 있다. 우펑은 아주 얇은 죽순대를 가느다랗게 엮어서 만들며 중간에는 펠트지가 한 겹 있어 비를 막을 수 있다. 우펑촨의 돛에 검은 칠을 하기도 했고 **(71) C** 샤오싱 방언으로 '검다'는 뜻의 '헤이(黑)'는 '우(乌)'라고 부르기 때문에 사람들은 그것을 우펑촨으로 칭하게 되었다.

　　우펑촨은 발로 젓는 큰 노를 동력으로 하며 손으로는 작은 노를 저어 방향을 조절한다. **(72) A** 손과 발을 같이 써서 배를 젓는 이런 방법은 전무후무하다고 할 수 있다. 승객들은 배에 앉아서 **(73) E** 물가의 버드나무와 논도 보고, 고풍스러운 민가와 돌다리를 감상할 수 있을 뿐만 아니라, 배 밖으로 손을 내밀어 시원하고 맑은 강물을 느낄 수도 있다.

　　예전에 샤오싱에는 집집마다 모두 우펑촨이 한 대씩 있어서 시내에 장을 보러 갈 때 **(74) B** 사람들은 직접 배를 저어 가게 입구까지 가서 물건을 산 다음 계속 배를 저어 앞으로 갔다. 사람들은 장보러 가는 것 말고도 우펑촨을 타고 친지나 친구 집을 방문하거나 선상에서 지신제(地神祭) 연극을 보기도 했다. 당시 우펑촨은 없어선 안 될 필수 교통수단이었다.

　　오늘날 **(75) D** 우펑촨은 샤오싱의 주요 관광상품이 되어, 여러 유명 관광지 부근에 우펑촨이 많이 정박해 있다. 샤오싱을 방문한 많은 관광객들은 우펑촨을 타고 샤오싱의 아름다운 경치를 느낄 수 있다. 흔들거리며 가는 우펑촨과 작은 다리, 흐르는 물은 장난(江南) 수향만의 독특한 풍경화를 만들어 사람들의 발길을 붙잡는다.

A 손과 발을 같이 써서 배를 젓는 이런 방법
B 사람들은 직접 배를 저어 가게 입구까지 간다
C 샤오싱 방언으로 '검다'는 뜻의 '헤이(黑)'는 '우(乌)'라고 부른다
D 우펑촨은 샤오싱의 주요 관광상품이 되었다
E 물가의 버드나무와 논을 볼 수 있을 뿐만 아니라

지문 어휘

乌篷船 wūpéngchuán 명 (비, 바람, 햇볕 등을 막기 위해) 검은 칠을 한 뜸을 씌운 배 | 绍兴 Shàoxīng 고유 샤오싱, 소흥 | 工具 gōngjù 명 수단, 도구 | 船身 chuánshēn 명 선체 | 细长 xìcháng 형 가늘고 길다, 좁고 길다 | 盖 gài 동 덮다, 덮어 가리다 | 扇 shàn 양 짝, 틀, 장, 폭(문이나 창문 등을 셀 때 쓰임) | 半圆形 bànyuánxíng 명 반원형 | 乌蓬 wū péng 검은 덮개 | 由~所编成 yóu~ suǒ biānchéng ~으로 엮어서 만들다 | 毛竹 máozhú 명 죽순대 | 细条 xìtiáo 명 가느다랗다, 호리호리하다 | 油毛毡 yóumáozhān 명 펠트지 | 防雨 fáng yǔ 동 비를 막다 | 船篷 chuánpéng 명 배의 돛, 배의 덮개 | 黑漆 hēiqī 명 검은 빛깔로 칠함 | 漆 qī 동 (도료를) 칠하다 | 划 huá 동 (배를) 젓다, 물을 헤치고 앞으로 나아가다 | 桨 jiǎng 명 노 | 动力 dònglì 명 동력, 원동력 ★ | 控制 kòngzhì 동 조절하다, 억제하다, 통제하다 | 前无古人 qiánwúgǔrén 성 전무후무하다, 이제까지 그 누구도 해본 적이 없다 | 乘客 chéngkè 명 승객 | 欣赏 xīnshǎng 동 감상하다 | 古朴 gǔpǔ 형 수수하면서 고풍스럽다, 소박하고 예스럽다 | 民居 mínjū 명 민가 | 石桥 shíqiáo 명 돌다리 | 伸 shēn 동 내밀다, 펴다, 펼치다 | 感受 gǎnshòu 동 느끼다, (영향을) 받다 명 느낌, 체험, 감상 | 凉爽 liángshuǎng 형 시원하고 상쾌하다, 서늘하다 | 清冽 qīngliè 형 맑고 차다, 선선하다, 쌀쌀하다 | 每家每户 měijiā měihù 집집마다 | 进城 jìn chéng 동 시내에 들어가다, 도시로 들어가다 | 赶集 gǎn jí 동 장터에 장을 보러 가다, 장터에 물건을 팔거나 사러 가다 | 走亲访友 zǒuqīnfǎngyǒu 성 친지나 친구의 집을 방문하다 | 社戏 shèxì 명 농촌에서 지신제(땅을 맡아 다스린다는 신령에게 올리는 제사)를 올릴 때 하던 연극 | 必不可少 bìbùkěshǎo 성 없어서는 안 되다, 필수적이다, 꼭 필요하다 | 如今 rújīn 명 오늘날, 지금, 현재 | 景点 jǐngdiǎn 명 관광지, 경치가 좋은 곳, 명소 | 游客 yóukè 명 관광객, 여행객 | 领略 lǐnglüè 동 느끼다, 이해하다, 깨닫다, 음미하다 | 美景 měijǐng 명 아름다운 경치 | 悠悠荡荡 yōuyōudàngdàng 형 흔들흔들하다, 나부끼다, 정처 없이 떠돌다 | 流水 liúshuǐ 명 흐르는 물, 유수 | 组成 zǔchéng 동 짜다, 조성하다, 구성하다, 조직하다 | 江南 Jiāngnán 고유 장난, 강남 | 水乡 shuǐxiāng 명 수향, 물의 고장 | 特有 tèyǒu 동 특유하다, 고유하다 | 风景画 fēngjǐnghuà 명 풍경화 | 流连忘返 liúliánwàngfǎn 성 아름다운 경치에 빠져 떠나기 싫어하다, 놀이에 빠져 돌아가는 것을 잊다

보기 어휘

并用 bìngyòng 동 같이 쓰다, 동시에 사용하다 | 划船 huá chuán 동 (노 따위로) 배를 젓다 | 方言 fāngyán 명 방언, 사투리 ★ | 乌 wū 형 검다 | 项目 xiàngmù 명 항목, 종목, 사항 | 岸边 ànbiān 명 물가, 기슭 | 柳树 liǔshù 명 버드나무 | 稻田 dàotián 명 논

정답

71. C   72. A   73. E   74. B   75. D

해설

71. 앞 절에서는 우펑촨(乌篷船)의 돛에 검은 칠을 했다고 하였고, 뒤 절에서는 사람들이 그 배를 우펑촨으로 칭하게 되었다고 하였으므로, 빈칸에서는 검은색과 우펑촨이라는 이름과의 관련성에 대해 언급할 것임을 유추할 수 있다. 따라서 정답은 C이다.

72. 앞 문장에서 손과 발을 이용해 노를 저어 방향을 조절하는 방법에 대해 자세히 언급하였는데, A의 '这种~的划船方法(~해서 배를 젓는 이런 방법)'가 바로 그것을 가리키는 것이므로 정답은 A이다. 또한 이 문제는 앞 문장의 '手(손)'와 '脚(발)'가 A에 동일하게 제시되어 있으므로 쉽게 정답을 선택할 수 있다.

73. 뒤 절의 '还'를 통해 '不仅A，还B(A 뿐만 아니라 B하다)'의 구문임을 알 수 있으므로 정답은 E이다.

74. 앞 절의 '赶集(시장에 장을 보러 가다)'와 뒤 절의 '买好东西(물건을 사다)'를 통해 빈칸에는 이들과 관련된 내용이 언급될 것임을 알 수 있다. B에 '店门口(가게 입구)'가 포함되어 있으므로 정답은 B이다.

75. 뒤 절의 '著名的景点(유명 관광지)'을 통해 빈칸에서 관광에 관한 내용이 먼저 언급되었을 것임을 알 수 있으므로, 우펑촨이 관광상품이라고 제시한 D가 정답이다.

76-80

核雕是在植物果核上，利用其外形特点雕镂出各种造型的一种传统工艺。**(76) B** 由于操作上难度相当高，核雕技艺鲜有传人。

其实早在明代就已经有很多艺术家将核雕艺术的魅力发挥到了极致。当时，夏白眼在橄榄核上雕刻了16个小孩儿，每个小孩儿仅有半粒米高，**(77) A** 眉目却清晰可见。而明代最有名的果核雕刻家王毅，他创作的"赤壁之舟"是核雕历史上罕见的珍品。舟长约3厘米，高约0.5厘米，**(78) E** 船舱左右各有4扇窗，而且窗户能开合。窗户旁边的栏杆上，右刻"山高月小水落石出"，左刻"清风徐来水波不兴"。船首刻有苏东坡及其好友黄鲁直、佛印和尚三人。**(79) C** 苏、黄两人共读一本书，而佛印和尚左臂挂着念珠，念珠历历可数。核舟以精致的雕刻工艺，成为后世核雕匠人仿效的典范。

核雕以其独特的艺术魅力让无数人为之倾倒，一个行情较好的核雕售价可达上千万。今天的核雕艺术家们在继承前人精湛的传统技艺的基础上，**(80) D** 也融入了新时代的内容和技法，把这一古老而神奇的民间艺术推向又一个高峰。

A 眉目却清晰可见
B 由于操作上难度相当高
C 苏、黄两人共读一本书
D 也融入了新时代的内容和技法
E 船舱左右各有4扇窗

씨앗 조각(核雕)은 과일의 씨에 그 외형적 특징을 이용해서 각종 형상을 조각하는 전통 공예다. **(76) B** 작업 난이도가 상당히 높아서 씨앗 조각 기술 계승자가 적다.

사실 일찍이 명대에 이미 씨앗 조각 예술의 매력을 최고의 경지까지 보여준 예술가들이 많았다. 당시 하백안(夏白眼)은 감람(올리브) 씨앗에 16명의 아이들을 조각했는데 모든 아이들이 고작 쌀 반 톨만한 크기인데도 **(77) A** 생김새가 또렷하게 보였다. 한편 명대에 가장 유명한 씨앗 조각가 왕구(王毅)가 만든 '적벽의 배(赤壁之舟)'는 씨앗 조각 역사상 보기 드문 진귀한 작품이다. 배의 길이가 약 3센티미터 높이는 약 0.5센티미터이며, **(78) E** 선실 좌우로 창이 각각 4개가 있고 창문은 개폐가 가능했다. 창 옆 난간 오른쪽에는 '산은 높고 달은 작으며 물이 낮아지면 돌이 드러난다', 왼쪽에는 '청풍은 쉬이 불어오니 물결이 일지 않는다'라는 글귀가 새겨져 있다. 뱃머리에는 소동파(蘇東坡)와 그의 벗인 황노직(黃魯直), 불인(佛印) 스님 이렇게 세 명이 새겨져 있다. **(79) C** 소동파와 황노직 두 사람은 함께 책을 읽고 불인 스님은 왼팔에 염주를 차고 있는데, 염주의 개수도 똑똑히 셀 수 있을 정도이다. 배 조각(核舟)은 정교한 조각 공예로 후대 씨앗 조각 장인들이 모방하는 본보기가 되었다.

씨앗 조각은 그 독특한 예술적 매력으로 많은 사람들을 매료시켰는데 잘 나가는 씨앗 조각은 판매가가 무려 몇 천만 위안에 달한다. 현재 씨앗 조각 예술가들은 선인들로부터 이어받은 훌륭한 전통 기예를 바탕으로 **(80) D** 새로운 시대의 콘텐츠와 기법도 융합시켜 이 오래되고 신기한 민간 예술을 또 한번 최고 수준으로 끌어올리고 있다.

A 생김새가 또렷하게 보였다
B 작업 난이도가 상당히 높아서
C 소동파와 황노직 두 사람은 함께 책을 읽다
D 새로운 시대의 콘텐츠와 기법도 융합시켰다
E 선실 좌우로 창이 각각 4개가 있다

지문 어휘 | 核雕 hédiāo 명 씨앗 조각(과일 씨앗에 인물, 산수, 풍경 등을 조각해서 만든 공예품) | 果核 guǒhé 명 과일의 씨 | 利用 lìyòng 동 이용하다, 활용하다 | 外形 wàixíng 명 외형 | 雕镂 diāolòu 동 조각하다, 새기다 | 造型 zàoxíng 명 형상, 조형, 이미지 ☆ | 传统工艺 chuántǒng gōngyì 전통 공예 | 技艺 jìyì 명 기술, 기예, 기교 | 鲜有 xiǎnyǒu 동 적다, 희소하다, 귀하다 | 传人 chuánrén 명 계승자, 후계자 동 (주로 특수한 기예) 다른 사람에게 전수하다 | 明代 Míngdài 고유 명대, 명나라 | 魅力 mèilì 명 매력 | 发挥 fāhuī 동 발휘하다, 표현하다 | 极致 jízhì 명 최고의 경지 | 夏白眼 Xià Báiyǎn 고유 하백안(夏白眼) | 橄榄核 gǎnlǎn hé 감람(올리브) 열매의 씨 | 雕刻 diāokè 동 조각하다 명 조각, 조각 작품 ☆ | 粒 lì 양 알, 톨, 발 | 알, 알갱이 | 雕刻家 diāokèjiā 명 조각가 | 王毂 Wáng Gòu 고유 왕구(王毂) | 创作 chuàngzuò 동 창조하다, 만들다 명 창조물, 발명품 | 赤壁 chìbì zhī 적벽 | 舟 zhōu 명 배 ☆ | 罕见 hǎnjiàn 형 보기 드물다, 희한하다 ☆ | 珍品 zhēnpǐn 명 진품, 진귀한 물건 | 厘米 límǐ 양 센티미터 | 开合 kāihé 동 열거나 닫다, 개폐하다 | 栏杆 lángān 명 난간 | 山高月小水落石出 shāngāoyuèxiǎo shuǐluòshíchū 산은 높고 달은 작으며 물이 낮아지면 돌이 드러난다, 산고월소수락석출 | 清风徐来水波不兴 qīngfēngxúlái shuǐbōbùxīng 청풍은 쉬이 불어오니 물결이 일지 않는다, 청풍서래수파불흥 | 船首 chuánshǒu 명 뱃머리 | 苏东坡 Sū Dōngpō 고유 소동파(蘇東坡) | 及其 jíqí 접 ~및 그에 따르는 | 黄鲁直 Huáng Lǔzhí 고유 황노직(黃魯直) | 佛印和尚 Fóyìn héshàng 고유 불인(佛印) 스님 | 左臂 zuǒ bì 왼팔 | 念珠 niànzhū 명 염주 | 历历可数 lìlì kěshǔ 똑똑히 셀 수 있다 | 核舟 hézhōu 명 과일의 씨로 조각한 배 | 精致 jīngzhì 형 정교하고 치밀하다, 섬세하다 | 后世 hòushì 명 후대, 후세, 자손 | 匠人 jiàngrén 명 장인, 공예가 | 仿效 fǎngxiào 동 모방하다, 흉내내다, 본받다 | 典范 diǎnfàn 명 본보기, 모범 | 独特 dútè 형 독특하다, 특별하다 | 倾倒 qīngdǎo 동 매료되다, 탄복하다, 흠모하다 | 行情 hángqíng 명 시세, 시가 | 售价 shòujià 명 판매가격 | 达 dá 동 달하다, 이르다 | 继承 jìchéng 동 이어받다, 상속하다 ☆ | 前人 qiánrén 명 선인, 옛 사람 | 精湛 jīngzhàn 형 (기예가) 훌륭하다, 뛰어나다 (학문이) 깊다, 심오하다 | 古老 gǔlǎo 형 오래 되다 | 神奇 shénqí 형 신기하다, 신비롭고 기이하다 ☆ | 民间 mínjiān 명 민간 ☆ | 推向 tuīxiàng 동 일정한 방향으로 밀다, 추진하다 | 高峰 gāofēng 명 최고조, 절정, 정점 ☆

보기 어휘 | 眉目 méimù 명 생김새, 눈썹과 눈 | 清晰可见 qīngxī kějiàn 또렷하게 보이다, 분명하게 잘 보이다 | 操作 cāozuò 동 작업하다, 조작하다, 다루다 ☆ | 难度 nándù 명 난이도 | 融入 róngrù 동 융합되어 들어가다, 진출하다, 유입되다 | 新时代 xīnshídài 명 새로운 시대 | 技法 jìfǎ 명 기법, 기교와 방법 | 船舱 chuáncāng 명 선실, 선창

정답 76. B   77. A   78. E   79. C   80. D

해설

76. 뒤 절에서 씨앗 조각(核雕)의 계승자가 적다고 하였으므로, 이에 대한 이유로 가장 적절한 것은 씨앗 조각의 제작 난이도가 높다고 제시한 B이다.

77. 앞 절에서 조각한 아이들의 형상을 묘사하며 쌀 반톨만한 크기라고 하였으므로, 이에 이어지는 말로 가장 어울리는 것은 그렇게 작은 크기인데도 생김새가 또렷하다는 내용의 A이다.

78. 뒤 절에서 창문은 개폐가 가능했다고 하였으므로 빈칸에는 창문과 관련된 내용이 언급될 것임을 알 수 있다. 따라서 정답은 E이다. 또한 이 문제는 뒤 절의 '窗(창)'이 E에 동일하게 제시되어 있어 정답을 쉽게 선택할 수 있다.

79. 앞 문장에서 뱃머리에는 소동파(蘇東坡), 황노직(黃魯直), 불인(佛印) 스님 세 사람이 새겨져 있다고 하였는데, 빈칸 뒤 절에서는 불인 스님의 모습에 대해서만 언급하고 있으므로, 빈칸에는 소동파와 황노직에 관한 내용이 언급될 것임을 알 수 있다. 따라서 정답은 C이다.

80. 이 빈칸에서는 씨앗 조각 예술가들이 선인들로부터 이어받은 전통 기예를 바탕으로 무엇을 하는지에 관한 내용이 언급되어야 하므로, 새로운 시대의 콘텐츠와 기법을 융합시킨다고 제시한 D가 가장 적절하다.

제4부분   81~100번 문제는 지문을 읽고 질문에 알맞은 답을 고르는 문제입니다.

81-84

　　药膳是中医学的一个重要组成部分，是中华民族历经数千年不断探索、积累而总结出的独具特色的临床实用学科，是祖先留给后人的瑰宝。

　　中国传统医学十分重视饮食调养与健康长寿的辨证关系，养生的主要方式包括食疗和药膳。食疗即用饮食调理，达到养生和防治疾病的目的；[81] 药膳即将食物与药物配伍制成膳食，达到养生和防治疾病的目的。

　　现代药膳在总结古人经验的基础上，得以进一步完善。其制作方式在遵循中医理论的前提下，汲取了现代科学的研究成果，具备理论化、科学化的特点。现代药膳遵循中药药性的归经理论，强调"酸入肝、苦入心、甘入脾、[82] 辛入肺、咸入肾；[83] 提倡辨证用药，因人施膳，因时施膳。

　　药膳注重中药与饮食相结合，除了具有鲜明的中药特色外，还具有食品的一般特点，强调色、香、味、形，重视营养价值，[83] 因此一份好的药膳，不仅具有为人体补充营养、养生防病等积极作用，而且还能激起人们的食欲。

　　由于药膳是一种特殊的食品，故在烹制方法上也不同于一般的食物，除了常见的食品烹制方法外，还要根据中药炮制理论来进行原料的处理。现代药膳的技术与应用，也"八仙过海，各显神通"，不同地域有独具特色的药膳，如同会堂的荷叶凤脯、广春堂的银杏鸡丁、吉林的参茸熊掌等这些美味药膳都以其卓越的养生功效驰名全国。

　　약선은 중의학의 중요한 구성 부분으로 중화 민족이 수천 년에 걸쳐 꾸준히 탐구하고 축적하여 총결해 낸 특색 있는 임상 실용 학문 분야이며, 선조들이 후세에 남겨준 귀중한 보물이라고 할 수 있다.

　　중국 전통 의학은 음식 보양과 무병장수의 변증적 관계를 매우 중시했는데, 보양하는 주된 방법은 식이 요법과 약선을 포함하고 있다. 식이요법은 바로 음식을 관리하여 보양 및 질병의 예방과 치료 목적에 이르게 한 것이고, [81] 약선은 바로 음식과 약물을 배합해서 만든 것을 식사로 하여 보양 및 질병의 예방과 치료 목적에 이르게 한 것이다.

　　현대 약선은 옛 사람들의 경험을 종합한 것을 토대로 한층 더 완벽해졌다. 그 제조 방식은 중의학 이론을 따른다는 전제로 현대 과학의 연구 성과를 받아들여 이론화와 과학화의 특징을 갖추게 되었다. 현대 약선은 한약 약성의 귀경 이론에 따라, '신 것은 간으로, 쓴 것은 심장으로, 단 것은 비장으로, [82] 매운 것은 폐로, 짠 것은 신장으로 들어간다'를 강조하면서, [83] 병의 증상을 판별하여 약을 쓰고 사람에 맞게 음식을 쓰며 때에 맞게 음식을 써야 함을 주장했다.

　　약선은 한약과 음식의 결합을 중요시 여기는데, 뚜렷한 한약의 특색 외에도 식품의 일반적인 특징도 지니고 있어, 색, 향, 맛, 형태를 강조하고 영양가를 중시한다. [83] 이 때문에 좋은 약선은 인체에 영양을 보충해주고 보양 및 질병 예방 등의 긍정적인 효과를 지니고 있을 뿐만 아니라 사람들의 식욕도 불러 일으킨다.

　　약선이 일종의 특수한 식품이기 때문에 조리 방법에 있어서도 일반적인 음식과는 차이가 있는데, 흔히 볼 수 있는 음식 조리법 외에도 한약 조제 이론에 따라 원료를 손질하기도 한다. 현대 약선의 기술과 응용 또한 '제각기 나름대로의 방법을 가지고 있다'고 할 수 있다. 각 지역마다 특색 있는 약선을 지니고 있는데, 예를 들어 동회당(同會堂)의 연잎 닭고기 찜, 광춘당(廣春堂)의 은행 닭고기 볶음, 지린의 인삼 녹용 웅장과 같은 맛있는 약선들은 모두 탁월한 보양 효과로 전국에서 이름을 날리고 있다.

지문 어휘 药膳 yàoshàn 명 약선, 한방 약재를 섞은 자양 식품 | 中医学 zhōngyīxué 명 중의학(중국 전통 의학) | 组成部分 zǔchéng bùfen 구성 부분 | 中华民族 Zhōnghuá mínzú 고유 중화 민족 | 历经 lìjīng 동 여러 번 경험하다, 여러 번 겪다 | 探索 tànsuǒ 동 탐구하다, 탐색하다 ★ | 积累 jīlěi 동 축적하다, 쌓이다 | 独具 dújù 동 독자적으로 갖추다 | 特色 tèsè 명 특색, 특징 형 독특한, 특별한 | 临床 línchuáng 명 임상 동 임상하다 | 实用 shíyòng 동 실제로 사용하다, 실제로 쓰다 형 실용적이다 | 学科 xuékē 명 학문의 분야, 학과 | 祖先 zǔxiān 명 선조, 조상 ★ | 后人 hòurén 명 후세 사람 | 瑰宝 guībǎo 명 진귀한 보물, 보배 | 饮食 yǐnshí 동 음식을 먹고 마시다 명 음식 ★ | 调养 tiáoyǎng 동 건강을 보살피다, 몸조리하다 | 健康长寿 jiànkāng chángshòu 무병 장수 | 辨证 biànzhèng 동 변증하다, 논증하다 | 养生 yǎngshēng 동 보양하다, 양생하다 | 包括 bāokuò 동 포함하다 | 食疗 shíliáo 명 식이 요법, 식사 요법 | 调理 tiáolǐ 동 관리하다, 돌보다 | 达到 dádào 동 이르다, 달성하다 | 防治 fángzhì 동 예방 치료하다 ★ | 疾病 jíbìng 명 병, 질병 ★ | 药物 yàowù 명 약물, 약품 | 配伍 pèiwǔ 동 약을 배합하여 같이 사용하다, 여러 가지 약을 같이 쓰다 | 膳食 shànshí 명 식사, 음식 | 古人 gǔrén 명 옛 사람 | 得以 déyǐ 동 ~하게 되다, ~할 수 있다 | 进一步 jìnyíbù 부 나아가, 진일보하여 | 完善 wánshàn 형 완벽하다, 완전하다 동 완벽하게 하다 | 制作 zhìzuò 동 제조하다, 제작하다, 만들다 | 遵循 zūnxún 동 따르다 ★ | 理论 lǐlùn 명 이론 동 논쟁하다 | 前提 qiántí 명 전제 | 汲取 jíqǔ 동 얻다, 흡수하다 | 具备 jùbèi 동 갖추다, 구비하다 | 理论化 lǐlùnhuà 명 이론화 | 科学化 kēxuéhuà 명 과학화 | 中药 zhōngyào 명 한약, 중국 의약 | 药性 yàoxìng 명 약성, 약물의 성질 | 归经理论 guījīng lǐlùn 귀경 이론 | 强调 qiángdiào 동 강조하다 | 肝 gān 명 간 | 甘 gān 형 달다 | 脾 pí 명 비장 | 辛 xīn 형 맵다 | 肺 fèi 명 폐 ★ | 肾 shèn 명 신장, 콩팥 | 提倡 tíchàng 동 제창하다 | 辨证用药 biànzhèng yòngyào 병의 증후를 판별하고 약을 쓰다 | 因人施膳 yīn rén shī shàn 사람에게 맞게 음식을 쓰다 | 注重 zhùzhòng 동 중시하다, 중점을 두다 ★ | 因时施膳 yīn shí shī shàn 때에 맞게 음식을 쓰다 | 结合 jiéhé 동 결합하다, 결부하다 | 鲜明 xiānmíng 형 뚜렷하다, 선명하다, 분명하다 ★ | 色香味形 sè xiāng wèi xíng 색, 향기, 맛, 형태 | 营养价值 yíngyǎng jiàzhí 영양 가치 | 人体 réntǐ 명 인체 | 补充 bǔchōng 동 보충하다 | 防病 fáng bìng 동 질병을 예방하다 | 激起 jīqǐ 동 일어나게 하다, 야기하다 | 食欲 shíyù 명 식욕 | 故 gù 접 그래서, 그러므로 | 烹制 pēngzhì 동 조리하다, 요리하다 | 常见 chángjiàn 형 흔히 보는, 신기할 것 없는 동 자주 보다 | 炮制 páozhì 동 조제하다, 포제하다 | 原料 yuánliào 명 원료 | 处理 chǔlǐ 동 처리하다 | 应用 yìngyòng 명 응용 동 응용하다, 사용하다 | 八仙过海，各显神通 bāxiān guòhǎi, gèxiǎn shéntōng 성 여덟 신선이 바다를 건너며 제각기 재주를 피우다, 사람마다 자기 나름대로의 방법과 수단을 발휘하다, 제각기 나름대로의 방법을 가지고 있다 | 地域 dìyù 명 지역 | 同会堂 Tónghuìtáng 고유 동회당(同會堂) | 荷叶凤脯 héyè fèngfǔ 연잎으로 싸는 닭고기 요리 | 广春堂 Guǎngchūntáng 고유 광춘당(廣春堂) | 银杏鸡丁 yínxìng jīdīng 은행나무 열매와 닭고기 조각으로 만드는 요리 | 吉林 Jílín 고유 지린, 길림 | 参茸熊掌 shēnróng xióngzhǎng 인삼 녹용 웅장, 인삼, 녹용 및 곰 발바닥으로 만드는 요리 | 美味 měiwèi 형 맛이 좋다 명 맛있는 음식 | 卓越 zhuóyuè 형 탁월하다, 출중하다 ★ | 功效 gōngxiào 명 효과, 효능 ★ | 驰名 chímíng 동 이름을 날리다, 명성을 떨치다

##

关于药膳，下列哪项正确？ | 약선에 관해 다음 중 옳은 것은?

A 是一种新药物 | A 새로운 약물이다
B 有防病治病的作用 | B 질병을 예방하고 치료하는 효과가 있다
C 能包治百病 | C 만병을 치료할 수 있다
D 主治慢性病 | D 주로 만성 질병을 치료한다

보기 어휘 包治百病 bāozhì bǎibìng 만병 통치 | 主治 zhǔzhì 동 주로 치료하다, 전문적으로 치료하다 | 慢性病 mànxìngbìng 명 만성 질병

| 정답 | B |

| 해설 | 질문에서 '药膳(약선)'에 대해 제시된 특정 키워드가 없으므로 보기 순서대로 해당 내용을 지문에서 찾아 살펴봐야 한다. 첫 번째 단락 앞부분에서 '中华民族历经数千年不断探索、积累总结出的~.(중화민족이 수천 년에 걸쳐 꾸준히 탐구하고 축적하여 총결해 낸~)'라고 한데다가 두 번째 단락에서 약선은 음식과 약물을 배합해서 만든 것이라고 하였으므로 A는 정답에서 제외된다. 이어서 두 번째 단락에서 식이 요법과 약선에 관해 그 차이점을 설명하며 마지막 부분에서 '药膳即将食物与药物配伍制成膳食，达到养生和防治疾病的目的.(약선은 바로 음식과 약물을 배합해서 만든 것을 식사로 하여 보양 및 질병의 예방과 치료 목적에 이르게 한 것이다.)'라고 하였으므로 정답은 B이다.

82

根据中医理论，辣与哪个人体器官有关？

A 脾
B 肺
C 胃
D 肾

중의학 이론에 근거해 매운 것은 어느 신체 기관과 관련이 있는가?

A 비장
B 폐
C 위
D 신장

| 보기 어휘 | 胃 wèi 몡 위 |

| 정답 | B |

| 해설 | 질문의 핵심어는 '辣(맵다)'이다. '辣'는 '辛(맵다)'의 동의어이므로 지문에서는 '辛'이 제시된 부분을 살펴보면 정답을 찾을 수 있다. 세 번째 단락 마지막 부분에서 약성의 귀경 이론을 언급하며 '辛入肺.(매운 것은 폐로 들어간다.)'라고 하였으므로 정답은 B이다.

83

下列哪项不属于药膳的特点？

A 倡导因人施药
B 有助于养生防病
C 具有营养价值
D 具有一定的副作用

다음 중 약선의 특징에 속하지 않는 것은?

A 사람에 따라 약을 써야 함을 주장한다
B 보양과 질병 예방에 도움이 된다
C 영양가가 있다
D 어느 정도의 부작용을 지닌다

| 보기 어휘 | 倡导 chàngdǎo 통 선도하다, 앞장서서 제창하다 ★ | 因人施药 yīn rén shī yào 사람에 맞게 약을 주다 | 副作用 fùzuòyòng 몡 부작용

| 정답 | D |

| 해설 | 약선의 특징과 관련해 부정형으로 묻는 질문이므로 더욱 주의해야 한다. 약선이 지닌 특징으로 세 번째 단락 마지막 부분에서 '提倡辨证用药，因人施膳，因时施膳.(병의 증상을 판별하여 약을 쓰고 사람에 맞게 음식을 쓰며 때에 맞게 음식을 써야 함을 주장했다.)'이라고 하였으므로 A는 정답이 아니다. 이어서 네 번째 단락 마지막 부분에서 '因此一份好的药膳，不仅具有为人体补充营养、养生防病等积极作用(이 때문에 좋은 약선은 인체에 영양을 보충해주고 보양 및 질병 예방 등의 긍정적인 효과를 지니고 있을 뿐만 아니라)'이라고 하였으므로 B와 C도 정답에서 제외된다. 따라서 정답은 D이다.

上文主要想告诉我们:	윗글은 우리에게 무엇을 알려주려 하는가:
A 药膳的分类	A 약선의 분류
B 药膳的由来	B 약선의 유래
C 药膳美味又健康	C 약선은 맛있고 건강하다
D 药膳食谱很简单	D 약선 식단은 간단하다

보기 어휘 由来 yóulái 명 유래, 출처 | 美味 měiwèi 형 맛이 좋다 명 맛있는 음식 | 食谱 shípǔ 명 식단

정답 C

해설 주제를 묻는 문제이다. 이 글은 약선이 보양 및 질병 예방 등의 효과도 지니는 데다 맛도 좋다는 내용을 중점적으로 다루고 있으므로 정답은 C이다. 약선의 유래에 관해서는 지문 앞부분에서만 간략하게 언급되었으므로 B는 글의 전체적인 주제가 될 수 없다.

85-88

谈到移动阅读，不能不提手机报，近年来，手机报作为"装在口袋里的媒体"逐渐步入人们的日常生活。**[85]** 它的移动性、便携性、互动性等特点，满足了信息时代受众在"碎片化时间"中阅读的习惯，用手机进行移动阅读得到了大家的青睐和认可。

随着无线互联网的不断发展，**[88]** 移动阅读已朝着丰富化、个性化的方向迈进。人们不再满足于内容单一的手机报，在电子阅读器、平板电脑等移动终端上阅读成为潮流所向。

移动阅读改变着人们的生活。过去，人们常用"汗牛充栋"来形容藏书多，然而在移动阅读时代，书房将不再"汗牛充栋"，一部普通的电子阅读器就可以存储成千上万本书籍，并可随身携带。这让人们更少光顾书店，纸质书籍备受冷落。

모바일 독서에 대해 말하자면 모바일 신문을 언급하지 않을 수 없는데, 최근 몇 년간 모바일 신문은 '주머니 안에 담긴 대중매체'로서 사람들의 일상생활 속으로 점점 들어오게 되었다. **[85]** 모바일 신문의 이동성, 휴대 용이성, 연동성 같은 특징은 정보화 시대 대중들이 '자투리 시간'에 독서하는 습관을 충족시켰고, 휴대폰으로 모바일 독서를 하는 것은 모두의 인기와 인정을 받게 되었다.

무선 인터넷이 끊임없이 발전하면서 **[88]** 모바일 독서는 이미 다양화, 개성화되는 방향으로 나아가고 있다. 사람들은 더 이상 단순한 내용의 모바일 신문에 만족하지 않으며 전자 독서기, 태블릿 PC와 같은 이동 단말기로 독서하는 것이 추세가 되었다.

모바일 독서가 사람들의 생활을 바꾸고 있는데, 과거, 사람들은 흔히 '짐으로 실으면 소가 땀을 흘리고, 쌓으면 지붕에 닿는다'는 말로 장서(藏書)가 많음을 묘사했지만, 모바일 독서 시대에 서재는 더 이상 '짐으로 실으면 소가 땀을 흘리고, 쌓으면 지붕에 닿는다'는 말로 표현할 수 없다. 보통의 전자 독서기 한 대에는 수많은 책을 저장할 수 있는 데다가 휴대도 할 수 있다. 이것으로 사람들이 서점을 덜 찾게 되어 종이 도서는 외면을 받게 되었다.

[86] 移动阅读与传统阅读方式相比，有许多优势。电子阅读器可以阅读几乎所有格式的电子书，可选书目繁多。而且有些阅读器的电子墨水技术使得辐射降低，对眼睛伤害小，效果也十分逼真，阅读时，就像玻璃下压着一本纸质书一样。而阅读客户端则通过阅读应用软件向读者推送电子书，用户可以下载或在线阅读。移动阅读让读书变得更加便利。

[87] 然而，移动阅读就像一把双刃剑，给我们带来丰富选择的同时，也带来了负面影响。在阅读器上从一本书切换到另一本书的功能十分便捷，读者很难从头到尾读完一本书。并且，在公交车、地铁等嘈杂的环境中阅读，对知识的吸收难免会大打折扣。因此有关专家指出，这种碎片化的"浅阅读"可能会对人的思维方式、分析能力等有负面影响，并提醒人们不要丢掉传统的"深度阅读"。

[86] 모바일 독서는 전통적인 독서 방식에 비해 많은 장점이 있다. 전자 독서기는 거의 모든 서식의 전자책을 읽어낼 수 있으며 선택할 수 있는 도서 목록도 다양하다. 게다가 일부 독서기의 전자잉크 기술은 전자파 방출을 낮추고 눈을 덜 상하게 하며 효과도 진짜와 같이 뛰어나서 독서를 할 때 마치 유리 밑에 종이로 된 책을 끼워놓은 것 같기도 하다. 한편 독서 클라이언트 단말기는 독서 앱을 통해 독자에게 전자책을 푸시(push) 알림으로 보내, 사용자는 다운을 받거나 온라인으로 독서를 할 수 있다. 모바일 독서로 인해 책을 읽는 것이 훨씬 편리해진 것이다.

[87] 그런데 모바일 독서는 양날의 검과 같이 우리에게 다양한 선택을 가져다 주면서 동시에 부정적인 영향을 주기도 한다. 독서기에서는 한 책에서 또 다른 책으로 바뀌는 기능이 매우 간편하기 때문에 독자들은 책을 처음부터 끝까지 한 권을 다 읽는 것이 어렵다. 뿐만 아니라, 버스나 지하철 같은 떠들썩한 환경에서 책을 읽는 것은 지식을 받아들이는 데 있어 해가 될 수 밖에 없다. 이 때문에 관련 전문가들은 이런 파편화 된 '얕은 독서'가 어쩌면 사람들의 사고 방식이나 분석 능력 등에 부정적인 영향을 끼칠 수도 있기에 사람들이 전통적인 '깊은 독서'를 포기하지 않도록 일깨워야 한다고 지적한다.

지문 어휘 移动阅读 yídòng yuèdú 모바일 독서 | 手机报 shǒujībào 모바일 신문 | 作为 zuòwéi 동 ~의 자격으로서, ~의 신분으로서, ~로 여기다 | 媒体 méitǐ 명 대중 매체, 매스컴 | 步入 bùrù 걸어 들어가다, 일의 진행이 일정 단계에 이르다 | 移动性 yídòngxìng 이동성 | 便携性 biànxiéxìng 휴대 용이성 | 互动性 hùdòngxìng 연동성 | 满足 mǎnzú 동 충족하다, 만족하다, 흡족하다 | 信息时代 xìnxī shídài 명 정보화 시대 | 受众 shòuzhòng 명 청중, 관객, 시청자 | 碎片化时间 suìpiànhuà shíjiān 자투리 시간 | 青睐 qīnglài 명 인기, 호감 | 认可 rènkě 동 승낙하다, 인가하다, 허락하다 ☆ | 无线互联网 wúxiàn hùliánwǎng 명 무선 인터넷 | 丰富化 fēngfùhuà 다양하다, 풍부하게 하다 | 个性化 gèxìnghuà 동 개성화되다 | 迈进 màijìn 동 나아가다, 매진하다, 돌진하다 | 单一 dānyī 형 단일하다 | 电子阅读器 diànzǐ yuèdúqì 명 전자 독서기 | 平板电脑 píngbǎn diànnǎo 명 태블릿PC | 移动终端 yídòng zhōngduān 이동 단말기 | 潮流 cháoliú 명 추세, 경향 ☆ | 汗牛充栋 hànniúchōngdòng 성 책을 운반할 때 소가 힘들어서 땀이 나고 책을 쌓으면 지붕에 닿을 정도이다. 짐으로 실으면 소가 땀을 흘리고 쌓으면 들보에까지 차다, 장서가 매우 많다 | 形容 xíngróng 동 묘사하다, 형용하다 명 용모, 생김새 | 藏书 cángshū 명 장서, 소장 도서 동 책을 소장하다 | 书房 shūfáng 명 서재 | 存储 cúnchǔ 동 저장하다, 저축하다 명 저장품, 비축 자금 | 成千上万 chéngqiānshàngwàn 성 수천 수만, 대단히 많다 | 书籍 shūjí 명 서적, 책 ☆ | 随身携带 suíshēn xiédài 휴대하다 | 光顾 guānggù 동 찾아 주시다, 보살펴 주시다(손님을 맞을 때 쓰임) | 纸质 zhǐzhì 명 종이 | 备受 bèishòu 동 다 받다, 겪을 대로 다 겪다 | 冷落 lěngluò 동 냉대하다, 푸대접하다 형 쓸쓸하다, 적막하다 ☆ | 优势 yōushì 명 장점, 강점 | 格式 géshi 명 서식, 격식, 양식 | 电子书 diànzǐ shū 명 전자 도서 | 书目 shūmù 명 도서 목록, 책 목록 | 繁多 fánduō 형 다양하다, 많다, 풍부하다 | 电子墨水技术 diànzǐ mòshuǐ jìshù 전자 잉크 기술 | 辐射 fúshè 명 전자파, 복사, 방사 동 복사하다, 방출하다 ☆ | 伤害 shānghài 동 상하게 하다, 손상시키다, 상처를 주다 | 逼真 bīzhēn 형 진짜와 같다, 뚜렷하다, 선명하다 | 玻璃 bōli 명 유리 | 客户端 kèhùduān 클라이언트 단말기 | 应用软件 yìngyòng ruǎnjiàn 명 앱(App), 애플리케이션, 응용 소프트웨어 | 推送 tuīsòng 푸시(Push) | 用户 yònghù 명

사용자, 가입자, 아이디(ID) | **下载** xiàzài 동 다운로드하다 | **在线** zàixiàn 동 온라인 상태이다, 인터넷에 연결되어 있다 | **便利** biànlì 형 편리하다 동 편리하게 하다 | **双刃剑** shuāngrènjiàn 명 양날 검, 유리한 점과 불리한 점의 양면성을 가진 것 | **负面** fùmiàn 명 부정적인 면, 소극적인 면 | **切换** qiēhuàn 동 빠르게 화면을 바꾸다, 전환되다 | **功能** gōngnéng 명 기능, 작용, 효능 | **便捷** biànjié 형 간편하다, 빠르고 편리하다 | **从头到尾** cóngtóu dàowěi 명 처음부터 끝까지, 시종 | **嘈杂** cáozá 형 떠들썩하다, 시끌벅적하다 | **吸收** xīshōu 동 받아들이다, 얻다, 흡수하다 | **难免** nánmiǎn 동 면하기 어렵다, ~하게 마련이다 | **大打折扣** dà dǎ zhékòu 크게 잃다, 크게 떨어지다, 엉망이 되다 | **碎片化** suìpiànhuà 파편화 되다, 조각화 되다 | **浅阅读** qiǎn yuèdú 얕은 독서, 가벼운 독서, 겉읽기 | **思维方式** sīwéi fāngshì 사고 방식 | **丢掉** diūdiào 동 내버리다, 떨쳐 버리다 | **传统** chuántǒng 형 전통적이다, 대대로 전해진 명 전통 | **深度阅读** shēndù yuèdú 깊은 독서, 심화 독서, 깊이 읽기

85

关于手机报，可以知道:

A 安装程序很简单
B 不属于移动阅读
C 最初没有得到人们的认可
D 可随时随地阅读

모바일 신문에 관해 알 수 있는 것은:

A 설치 순서가 간단하다
B 모바일 독서에 속하지 않는다
C 처음에는 사람들의 인정을 받지 못했다
D 언제 어디서든 읽을 수 있다

보기 어휘 **安装** ānzhuāng 동 설치하다, 고정하다, 장착하다 | **程序** chéngxù 명 프로그램 | **随时随地** suíshí suídì 언제 어디서나

정답 D

 질문의 핵심어는 '手机报(모바일 신문)'이다. 이에 관한 내용은 첫 번째 단락에서 찾을 수 있는데, 모바일 신문의 특징을 언급하며 '它的移动性、便携性、互动性等特点，满足了信息时代受众在 "碎片化时间" 中阅读的习惯。(그것(모바일 신문)의 이동성, 휴대 용이성, 연동성 같은 특징은 정보화 시대 대중들이 '자투리 시간'에 독서하는 습관을 충족시켰다.)'이라고 하였으므로, 여기서 '移动性(이동성)'과 '便携性(휴대 용이성)'이 나타내는 의미가 바로 언제 어디서든 읽을 수 있다는 것임을 알 수 있다. 따라서 정답은 D이다.

86

第4段主要谈的是什么?

A 移动阅读带来的变化
B 纸质书籍被冷落的原因
C 移动阅读的优点
D 移动阅读方式的多样化

네 번째 단락이 주로 이야기하는 것은 무엇인가?

A 모바일 독서가 가져온 변화
B 종이 도서가 외면을 받게 된 이유
C 모바일 독서의 장점
D 모바일 독서 방식의 다양화

보기 어휘 **多样化** duōyànghuà 동 다양화하다

정답 C

| 해설 | 질문의 핵심어는 '第4段(네 번째 단락)'이다. 단락의 주제는 대부분 해당 단락의 앞 부분이나 마지막 부분을 살펴보면 알 수 있다. 네 번째 단락은 첫 문장에서 주요 내용이 언급되었는데, '移动阅读与传统阅读方式相比，有许多优势。(모바일 독서는 전통적인 독서 방식에 비해 많은 장점이 있다.)'라고 하였으므로 정답은 C이다.

87

最后一段提醒人们：

A "浅阅读"会让读者吸收更多知识
B 如何进行 "深度阅读"
C "浅阅读"算不上是真正的阅读
D 移动阅读有弊端

마지막 단락이 우리에게 일깨우는 바는:

A '얕은 독서'를 하면 독자들은 더 많은 지식을 얻을 수 있다
B 어떻게 '깊은 독서'를 할 것인가
C '얕은 독서'는 진정한 독서라고 할 수 없다
D 모바일 독서에는 폐해가 있다

| 보기 어휘 | 算不上 suànbushàng ~라고 할 수 없다, ~로 칠 수 없다, 기준에 이르지 못하다 | 弊端 bìduān 명 폐해, 폐단 ★

| 정답 | D

| 해설 | 질문의 핵심어는 '最后一段(마지막 단락)'이다. 전환의 어감을 나타내는 첫 문장 '然而，移动阅读就像一把双刃剑，给我们带来丰富选择的同时，也带来了负面影响。(그런데 모바일 독서는 양날의 검과 같이 우리에게 다양한 선택을 가져다 주면서 동시에 부정적인 영향을 주기도 한다.)'을 통해, 이 단락에서는 모바일 독서의 부정적인 영향을 중점적으로 언급할 것임을 알 수 있다. 따라서 정답은 D이다. 여기서 '负面影响(부정적인 영향)'과 '弊端(폐해)'는 유사한 표현임을 알아두자.

88

根据上文，可以知道什么?

A 许多人都对纸质书籍很满意
B 移动阅读开始注重个性化
C 移动阅读使人的判断能力大大提高
D "深度阅读"造成眼睛疲劳

윗글에 근거하여 알 수 있는 것은?

A 많은 사람들이 종이 도서에 대해 만족스러워한다
B 모바일 독서는 개성화를 중시하기 시작했다
C 모바일 독서는 사람의 판단력을 크게 향상시킨다
D '깊은 독서'는 눈의 피로를 야기한다

| 보기 어휘 | 注重 zhùzhòng 동 중시하다 ★ | 造成 zàochéng 동 야기하다, 초래하다, 조성하다 | 疲劳 píláo 형 피로하다

| 정답 | B

| 해설 | 질문에 제시된 특정 핵심어가 없으므로 보기 순서대로 해당 내용을 지문에서 찾아 살펴봐야 한다. 사람들이 종이 도서를 만족스럽게 생각하는지에 관해서는 지문에서 언급되지 않았으므로 A는 정답에서 제외된다. 이어서 모바일 독서에 관해 두 번째 단락에서 '移动阅读已朝着丰富化、个性化的方向迈进。(모바일 독서는 이미 다양화, 개성화되는 방향으로 나아가고 있다.)'이라고 하였으므로 정답은 B이다.

最近出现了一个网络新词——"职场闲人"。有些人在各自的岗位上可谓 [89]"脚打后脑勺"；而有些人却似乎无所事事，工作就是上上网、聊聊天儿，这就是所谓的"职场闲人"。

前程无忧招聘网的一项调查显示，不仅有四成职场人表示自己是"闲人"，而且有近九成职场人表示自己周围存在着"闲人"，其中18.6%的职场人表示自己周围有很多"闲人"。

调查结果显示，职场人对同事的"闲人"状态褒贬不一，40.6%的人表示没感觉，因为每个人的价值观不同，对待工作的态度也不同；13.6%的人表示嫉恨，认为由于公司管理不善，导致不少人不干活却占高职、拿高薪；10.4%的人很反感，认为"闲人"影响了团队的工作氛围和工作的整体进度。此外，有9.0%的人羡慕"闲人"，因为与自己要没完没了地工作比起来，"闲人"过得很滋润。

前程无忧招聘网高级职业顾问杜兰表示，大部分职场人能够正面看待"闲人"状态，但如果与自己有利益关系的团队中常常出现"闲人"，还是无法接受，[90]因为那会影响整个团队的工作效率。

其实，"职场闲人"的出现有许多原因。前程无忧招聘网调查显示，27.4%的职场人认为管理制度不完善是导致"闲人"现象的主要原因。另外，缺乏职业规划、缺乏工作热情、没有工作追求、能力与工作不匹配以及对现在的工作不满意等主观原因也会导致"闲人"的出现。杜兰表示，以较轻松的方式实现利益的最大化，或许是许多人梦寐以求的好差事。[91]但是，当职场人真的"闲"下来的时候，必然会有一种危机感。因为"闲"就意味着较强的可替代性和较弱的价值观。所以，职场人要客观地审视自己的工作和心理状态，对"闲人"状态保持清醒的认知，并提高警惕，以免即将被炒鱿鱼却还浑然不知。

는 상황이 머지 않아 일어나지 않도록, 자신의 일과 심리 상태를 객관적으로 자세히 살펴봐야 하고, '빈둥이'의 행태에 대한 분명한 인식을 지니고 경계심을 높여야 한다.

지문 어휘 网络新词 wǎngluò xīncí 인터넷 신조어 | 职场 zhíchǎng 명 직장 | 闲人 xiánrén 명 빈둥거리는 사람, 한가한 사람 | 岗位 gǎngwèi 명 직장, 부서, 근무지 ☆ | 可谓 kěwèi 통 ~라고 말할 수 있다, ~라고 할 만하다 | 脚打后脑勺 jiǎo dǎ hòunǎosháo 발로 뒷통수를 치다, 눈코 뜰 새가 없다 | 似乎 sìhū 부 마치 | 无所事事 wúsuǒshìshì 성 하는 일이 없다, 한가하여 아무 일도 하지 않다 | 所谓 suǒwèi 형 이른바, 소위, ~라는 것은 | 前程无忧 qiánchéngwúyōu 고유 쳰청우요(51Job)(중국 온라인 채용 사이트) | 招聘网 zhāopìn wǎng 채용 사이트 | 显示 xiǎnshì 통 뚜렷하게 나타내 보이다, 분명하게 표현하다 | 成 chéng 양 10분의 1, 할 | 职场人 zhíchǎngrén 직장인 | 存在 cúnzài 통 존재하다 명 존재 | 状态 zhuàngtài 명 상태 | 褒贬不一 bāobiǎn bùyī 좋고 나쁨을 평가하는 기준이 일정치 않다, 평가가 엇갈리다 | 价值观 jiàzhíguān 명 가치관 | 对待 duìdài 통 대하다, 다루다, 대응하다 | 嫉恨 jíhèn 통 질투하고 미워하다 | 不善 búshàn 통 잘하지 못하다 형 좋지 않다, 나쁘다 ☆ | 导致 dǎozhì 통 야기하다, 초래하다, 가져오다 | 占 zhàn 통 차지하다, 점용하다, 보유하다 | 高职 gāo zhí 명 고위직 | 高薪 gāoxīn 명 높은 임금 | 反感 fǎngǎn 통 반감을 가지다, 불만을 가지다 명 반감, 불만 ☆ | 团队 tuánduì 명 팀, 단체 | 氛围 fēnwéi 명 분위기 | 整体 zhěngtǐ 명 전체, 전부 | 进度 jìndù 명 진도, 진행 속도 | 没完没了 méiwánméiliǎo 성 한도 끝도 없다 | 滋润 zīrùn 형 편안하다, 안락하다, 윤택하다 통 촉촉하게 적시다 ☆ | 高级 gāojí 형 고급인, 선임인 | 职业顾问 zhíyè gùwèn 명 직업 카운슬러, 직업 상담원 | 杜兰 Dù Lán 고유 두란(杜蘭) | 正面 zhèngmiàn 명 긍정적인 면, 좋은 면 | 看待 kàndài 통 대우하다, 다루다, 취급하다 ☆ | 利益 lìyì 명 이익, 이득 | 无法 wúfǎ 통 ~할 수 없다, ~할 방법이 없다 | 效率 xiàolǜ 명 효율, 능률 | 制度 zhìdù 명 제도, 규칙, 규정 | 完善 wánshàn 형 완벽하다, 완전하다 통 완벽하게 하다 | 现象 xiànxiàng 명 현상 | 缺乏 quēfá 통 부족하다, 결여되다, 결핍하다 | 规划 guīhuà 명 발전 계획, 기획 통 기획하다, 계획하다, 꾀하다 ☆ | 追求 zhuīqiú 통 추구하다, 탐구하다 | 匹配 pǐpèi 통 정합(整合)하다, 매칭하다 | 以及 yǐjí 접 아울러, 및, 그리고 | 主观 zhǔguān 형 주관적인 명 주관 | 实现 shíxiàn 통 실현하다, 달성하다 | 最大化 zuìdàhuà 통 최대화하다 | 或许 huòxǔ 부 아마, 어쩌면, 혹시 | 梦寐以求 mèngmèiyǐqiú 성 꿈 속에서도 바라다, 자나깨나 갈망하다, 간절히 바라다 | 差事 chāishì 명 일, 임무, 직무 | 必然 bìrán 부 분명히, 반드시 형 필연적이다 필연 | 危机感 wēijīgǎn 명 위기감 | 意味着 yìwèizhe 의미하다, 뜻하다, 나타내다 ☆ | 可替代性 kětìdàixìng 대체 가능성 | 客观 kèguān 형 객관적이다 | 审视 shěnshì 통 자세히 살펴보다 | 心理状态 xīnlǐ zhuàngtài 심리 상태 | 保持 bǎochí 통 유지하다, 지키다 | 清醒 qīngxǐng 형 분명하다, 또렷하다 통 정신이 들다 ☆ | 认知 rènzhī 통 인식하다, 인지하다 명 인식, 인지 | 警惕 jǐngtì 명 경계심, 경계 통 경계하다, 경계심을 갖다 ☆ | 以免 yǐmiǎn 접 ~하지 않도록, ~하지 않기 위해서 ☆ | 即将 jíjiāng 부 곧, 머지않아 ☆ | 炒鱿鱼 chǎo yóuyú 해고하다, 파면하다 | 浑然不知 húnránbùzhī 전혀 알지 못하다

89

第1段中"脚打后脑勺"最可能是:

A 用脚踢别人的头
B 用力捶打头部
C 手脚灵活
D 忙得不可开交

첫 번째 단락 중 '脚打后脑勺'는 어떤 의미일 가능성이 가장 큰가?

A 발로 다른 사람의 머리를 차다
B 힘껏 머리 부위를 치다
C 손발이 재빠르다
D 정신없이 바쁘다

| 보기 어휘 | 捶打 chuídǎ 동 두드리다, 치다 | 灵活 형 재빠르다, 민첩하다, 융통성이 있다 | 不可开交 bùkěkāijiāo 성 벗어날 수 없다, 해결할 수 없다 |

| 정답 | D |

| 해설 | '脚打后脑勺'의 내포된 의미를 묻는 문제이다. '脚打后脑勺'는 '발로 뒤통수를 치다'라는 뜻으로, 달리기를 할 때 양 발이 교체되는 빈도가 높고 보폭도 넓어서 발뒤꿈치가 뒤통수에 닿을만큼 달리는 속도가 빠르다는 것을 나타내는데, 이는 너무 바빠서 눈코 뜰 새가 없음을 비유하는 말로 쓰인다. D의 '不可开交'가 '벗어날 수 없다, 해결할 수 없다'는 뜻이므로 정답은 D이다.

90

关于"职场闲人"，下列哪项正确？

A 没有人不想做"职场闲人"
B 职务越高，"职场闲人"越少
C 影响团队工作效率
D 人们都羡慕"职场闲人"

'직장 빈둥이'에 관해 다음 중 옳은 것은?

A '직장 빈둥이'가 되기를 바라지 않는 사람은 없다
B 직책이 높을수록 '직장 빈둥이'는 적다
C 팀의 업무 효율에 영향을 끼친다
D 사람들은 모두 '직장 빈둥이'를 부러워한다

| 보기 어휘 | 职务 zhíwù 명 직책, 직무 |

| 정답 | C |

| 해설 | 질문에서 '职场闲人(직장 빈둥이)'에 대해 제시된 특정 핵심어가 없으므로 보기 순서대로 해당 내용을 지문에서 찾아 살펴봐야 한다. 세 번째 단락 마지막 부분에서 '有9.0%的人羡慕闲人. (9.0%의 사람들은 빈둥이를 부러워했다.)'이라고 하였으므로 A는 정답에서 제외된다. 이어서 '직장 빈둥이'가 생겨나는 것과 직책간의 연관성은 지문에서 언급되지 않았으므로 B 역시 정답이 아니다. 한편, 네 번째 단락 마지막 부분에서 직장인들이 자신의 이익과 관련된 팀에 '빈둥이'가 자주 나타나는 것은 받아들일 수 없다고 한 이유를 제시하며 '因为那会影响整个团队的工作效率. (왜냐하면 그것이 팀 전체 업무 효율에 영향을 끼칠 수 있기 때문이다.)'라고 하였으므로 정답은 C이다.

91

杜兰认为"职场闲人"：

A 能够得到保障
B 不容易被取代
C 会产生危机感
D 无需担心

두란(杜蘭)은 '직장 빈둥이'에 대해 어떻게 생각하는가:

A 보장받을 수 있다
B 대체되기 어렵다
C 위기감이 생긴다
D 걱정할 필요가 없다

| 보기 어휘 | 保障 bǎozhàng 명 보장, 보증 동 보장하다, 보증하다, 확보하다 | 取代 qǔdài 동 대체하다 | 无需 wúxū 동 ~할 필요가 없다 |

| 정답 | C |

| 해설 | 질문의 핵심어는 '杜兰(두란)'이다. 두란이라는 사람이 '직장 빈둥이'에 관해 언급한 내용은 네 번째와 다섯 번째 단락에 제시되어 있다. 다섯 번째 단락 중간 부분에서 전환의 어감을 나타내는 '但是(하지만)'가 정답 키워드이다. 但是，当职场人真的"闲"下来的时候，必然会有一种危机感. (하지만 직장인들은 정말로 '한가해'지게 되면 일종의 위기감이 생긴다고 한다.)이라고 하였으므로 정답은 C이다.

下列哪项最适合做上文的标题?	다음 중 윗글의 제목으로 가장 적합한 것은?
A "职场闲人"要居安思危 B "职场闲人"无处不在 C "职场闲人"的辛酸生活 D "职场闲人"出现的原因	A '직장 빈둥이'는 항상 비상시를 염두에 두어라 B '직장 빈둥이'는 어디에나 다 있다 C '직장 빈둥이'의 눈물겨운 생활 D '직장 빈둥이'가 생겨난 원인

보기 어휘 居安思危 jū'ānsīwēi 성 편안한 처지에 있으면서 위험이 발생할 것을 생각하다, 항상 비상시를 염두에 두다 | 无处不在 wúchù búzài 어디에나 다 있다, 없는 데가 없다 | 辛酸 xīnsuān 형 맵고 시다, 슬프고 괴롭다

정답 A

해설 이 글은 '직장 빈둥이'라는 신조어의 개념 및 그와 관련된 한 조사 결과를 소개하고 있다. '직장 빈둥이'에 대한 직장인들의 평가 내용 및 그 현상이 일어난 원인을 자세히 설명하고, 나아가 '직장 빈둥이'에 대한 분명한 인식을 지닐 것을 강조하고 있으므로 이 글에 가장 잘 어울리는 제목은 A이다.

93-96

最近一项研究显示，[96] 蝴蝶在飞行时并不是沿着平缓的路径飞行，而是选择曲折颠簸的路径飞行。

其实，[96] 蝴蝶不飞"寻常路"是对抗捕食者的一种策略。因为飞行的路径越古怪，就越容易避开捕猎者。[93] 蝴蝶追求的并不是飞行的速度和高度，而是敏捷的变向能力。它们这样飞不仅能干扰捕猎者的预判，还能让捕猎者难以近身。生物学家对蝴蝶的这种飞行方式进行了模拟实验，结果显示，蝴蝶在向前飞行时伴随着许许多多的上升与下落，这样做可以在周围产生汹涌的气体湍流，这种湍流能够干扰捕猎者的攻击路线。所以毒性大的蝴蝶会比无毒的蝴蝶飞得平缓，这是因为它们不屑于用这种方法来逃避捕猎者。

那么，这种高难度的飞行是如何做到的呢？为了弄清楚这个问题，生物学家研究了蝴蝶的身体特点。蝴蝶的前翅与肌肉是相连的，而后翅只是被前翅带动，看起来似乎起不到什么作用。生物学家发现，将蝴蝶的后翅都去掉，它仍然可以像往常

최근 한 연구에 따르면 [96] 나비는 비행할 때 평탄한 길이 아니라 구불구불하고 흔들리는 길을 따라 나는 것으로 나타났다.

사실 [96] 나비가 '일반적인 길'로 날지 않는 것은 포식자에게 저항하는 일종의 전략이다. 비행 경로가 이상할수록 포획자를 피하기 쉽기 때문이다. [93] 나비가 추구하는 것은 비행 속도와 고도가 아닌 민첩한 방향 전환 능력이다. 나비들이 이렇게 날면 포획자의 예측을 방해할 뿐만 아니라 포획자가 쉽게 다가오지 못하도록 만든다. 생물학자들이 나비의 이런 비행 방식에 대해 모의 실험을 진행했는데, 실험 결과 나비는 앞으로 날아갈 때 수도 없이 위아래로 오르락 내리락 하는데, 이렇게 하면 주위에 거센 기체 급류를 일으키게 되어 이 급류가 포획자의 공격 노선을 방해하는 것으로 나타났다. 그래서 독성이 큰 나비는 독이 없는 나비에 비해 완만하게 나는데, 그들은 이런 방법으로 포획자를 피할 필요가 없기 때문이다.

그렇다면 이런 고난도 비행은 나비가 어떻게 할 수 있는 것일까? 이 문제를 밝히기 위해 생물학자들은 나비의 신체적 특징을 연구했다. 나비의 앞날개는 근육과 연결되어 있는 반면 뒷날개는 앞날개의 움직임에 따라 움직일 수 밖에 없어 별다른 역할을 하지 않는 것 같았다. 생물학자들은 나비의 뒷날개를 모두 제거해도 나비는 여전히 평소처럼 그렇게 구불구불하게

那样曲折地飞行，但飞行和转弯的速度明显慢了很多。**[94]** 这说明蝴蝶的后翅并不提供动力，而是专门用来增强身体转弯时的灵活性和加快飞行的。

生物学家估算了蝴蝶身体每个部分的重量之后，用高速摄影机记录下了蝴蝶的整个飞行过程。他们惊奇地发现，其实蝴蝶在飞行时，身体也起到了非常重要的作用。蝴蝶是通过改变身体和翅膀的相对位置来调整重心，从而完成转身等动作的。**[95]** 这就好像溜冰或者跳水运动员通过摆动手臂和腿来改变身体的重心，做出高难度的动作一样。

비행할 수 있지만 대신 비행 속도와 회전 속도가 현저히 느려진다는 걸 알게 되었다. **[94]** 이는 나비의 뒷날개가 결코 동력을 실어주진 않지만, 회전할 때 몸의 유연성을 높이고 비행 속도를 빠르게 하는 역할로 쓰인다는 것을 말해준다.

생물학자들은 나비의 모든 신체 부위의 무게를 추산한 뒤 고속 카메라를 이용해 나비가 비행하는 전 과정을 기록했다. 그들은 놀랍게도 나비가 비행할 때 사실 몸도 중요한 역할을 한다는 걸 알게 되었다. 나비는 몸과 날개가 맞대고 있는 위치를 바꿔 중심을 조절해서 방향 전환과 같은 동작을 하는 것이었다. **[95]** 이는 스케이트나 다이빙 선수들이 팔과 다리를 흔들어 몸의 무게 중심을 바꿔가며 고난도의 동작을 만들어내는 것과 마찬가지다.

지문 어휘 | **蝴蝶** húdié 명 나비 | **飞行** fēixíng 동 비행하다 | **沿着** yánzhe 전 ~을 따라서 | **平缓** pínghuǎn 형 평탄하다, 완만하다, 느리다 | **路径** lùjìng 명 길, 경로 | **曲折** qūzhé 형 구불구불하다, 굽다 ★ | **颠簸** diānbǒ 동 위아래로 흔들리다, 요동하다 ★ | **寻常路** xúnchánglù 일반적인 경로나 방법 | **对抗** duìkàng 동 저항하다, 대항하다 ★ | **捕食者** bǔshízhě 포식자 | **策略** cèlüè 명 전략, 전술 형 전략적이다, 전술적이다 ★ | **古怪** gǔguài 형 기이하다, 괴상하다 ★ | **避开** bìkāi 동 피하다, 비키다 | **捕猎者** bǔlièzhě 포획자 | **追求** zhuīqiú 동 추구하다, 탐구하다 | **敏捷** mǐnjié 형 민첩하다, 빠르다 ★ | **变向** biàn xiàng 방향 전환 | **干扰** gānrǎo 동 방해하다, 지장을 주다, 교란시키다 ★ | **预判** yùpàn 동 예측하다 | **难以** nányǐ 부 ~하기 어렵다, ~하기 곤란하다 | **生物学家** shēngwù xuéjiā 생물학자 | **模拟实验** mónǐ shíyàn 모의 실험 | **伴随** bànsuí 동 수반하다, 따라가다, 수행하다 ★ | **上升** shàngshēng 동 상승하다, 위로 올라가다 | **下落** xiàluò 동 떨어지다, 하락하다 | **产生** chǎnshēng 동 생기다, 발생하다, 나타나다 | **汹涌** xiōngyǒng 형 물이 세차게 일어나다, 물이 용솟음치다 ★ | **气体** qìtǐ 명 기체 | **湍流** tuānliú 명 급류 | **攻击** gōngjī 동 공격하다, 진공하다 ★ | **路线** lùxiàn 명 노선 | **毒性** dúxìng 명 독성 | **不屑于** búxièyú 동 할 가치가 없다고 여기다, 상대할 가치가 없다고 여기다 | **逃避** táobì 동 도피하다 | **高难度** gāonándù 고난도 | **前翅** qián chì 앞날개 | **肌肉** jīròu 명 근육 | **相连** xiānglián 동 연결되다, 이어지다 | **后翅** hòu chì 뒷날개 | **带动** dàidòng 동 이끌어 움직이다, 이끌어 나가다 | **似乎** sìhū 부 마치 | **去掉** qùdiào 동 없애 버리다, 빼 버리다 | **往常** wǎngcháng 명 평소, 평상시 ★ | **持续** chíxù 동 지속하다 | **明显** míngxiǎn 형 뚜렷하다, 확연히 드러나다, 분명하다 | **动力** dònglì 명 동력 | **增强** zēngqiáng 동 높이다, 강화하다 | **转弯** zhuǎnwān 동 커브를 돌다, 모퉁이를 돌다 | **灵活性** línghuóxìng 명 유연성, 융통성 | **加快** jiākuài 동 속도를 빠르게 하다 | **估算** gūsuàn 동 추산하다 | **重量** zhòngliàng 명 무게, 중량 | **高速摄影机** gāosù shèyǐngjī 고속 카메라 | **记录** jìlù 동 기록하다 명 기록 | **惊奇** jīngqí 형 놀라며 의아해하다, 이상하여 놀라다 ★ | **翅膀** chìbǎng 명 날개 | **相对** xiāngduì 동 맞대다, 마주 하다 형 상대적이다 부 비교적, 상대적으로 | **位置** wèizhi 명 위치, 지위 | **调整** tiáozhěng 동 조절하다, 조정하다 | **重心** zhòngxīn 명 중심, 무게 중심 ★ | **转身** zhuǎnshēn 동 방향을 전환하다, 몸을 돌리다 | **溜冰** liūbīng 명 스케이팅 동 스케이트를 타다 | **跳水** tiàoshuǐ 명 다이빙 동 다이빙하다 | **摆动** bǎidòng 동 좌우로 흔들다, 흔들거리다 | **手臂** shǒubì 명 팔, 팔뚝

93

蝴蝶飞行追求的是什么?	나비의 비행이 추구하는 것은 무엇인가?
A 吸引同类的注意	A 동족의 주의를 끄는 것
B 敏捷的变向能力	B 민첩한 방향 전환 능력
C 低空飞行的能力	C 저공 비행 능력
D 飞行的速度与高度	D 비행 속도와 고도

보기 어휘 吸引 xīyǐn 동 끌다, 끌어당기다, 매료시키다 | 同类 tónglèi 명 동족, 동류, 같은 무리 | 低空飞行 dīkōng fēixíng 저공 비행 | 高度 gāodù 명 고도, 높이

정답 B

해설 질문의 핵심어는 '追求(추구하다)'이다. 이에 관한 내용은 두 번째 단락에서 언급되었는데, '蝴蝶追求的并不是飞行的速度和高度，而是敏捷的变向能力。(나비가 추구하는 것은 비행 속도와 고도가 아닌 민첩한 방향 전환 능력이다.)'라고 하였으므로 정답은 B이다. '不是A，而是B(A가 아니라 B다)' 구문에서는 B가 바로 핵심 내용이므로 이 부분을 주의 깊게 살펴보면 쉽게 정답을 찾을 수 있다.

94

关于蝴蝶后翅的作用，正确的一项是?	나비 뒷날개의 역할에 관해 옳은 것은?
A 飞行时后翅提供动力	A 비행 시 뒷날개가 동력을 준다
B 后翅与肌肉相连	B 뒷날개는 근육과 서로 연결되어 있다
C 加快飞行速度	C 비행 속도를 빠르게 한다
D 可以用来攻击捕猎者	D 포획자를 공격하는 데 쓰인다

정답 C

해설 질문의 핵심어는 '后翅(뒷날개)'이다. 나비의 날개에 관한 내용은 세 번째 단락에서 찾을 수 있는데, 단락 앞부분에서 '蝴蝶的前翅与肌肉是相连的。(나비의 앞날개는 근육과 연결되어 있다.)'라고 하였으므로 B는 정답에서 제외된다. 단락의 마지막 문장 '这说明蝴蝶的后翅并不提供动力，而是专门用来增强身体转弯时的灵活性和加快飞行的。(이는 나비의 뒷날개가 결코 동력을 실어주진 않지만, 회전할 때 몸의 유연성을 높이고 비행 속도를 빠르게 하는 역할로 쓰인다는 것을 말해준다.)'를 통해 정답이 C임을 알 수 있다.

95

第4段以溜冰选手为例是为了说明：

A 蝴蝶能够调整重心
B 蝴蝶飞行时节奏感很强
C 蝴蝶身体很轻盈
D 蝴蝶有较强的协作意识

네 번째 단락에서 스케이트 선수의 예시가 설명하는 것은:

A 나비는 중심을 조절할 수 있다
B 나비는 날 때 리듬감이 강하다
C 나비의 몸은 유연하다
D 나비는 협동심이 강하다

보기 어휘 例 lì 명 예, 보기, 사례 | 节奏感 jiézòugǎn 명 리듬감, 리듬 감각 | 轻盈 qīngyíng 형 유연하다, 가볍다, 경쾌하다 | 协作 xiézuò 동 협동하다, 합력하다, 협업하다 | 意识 yìshí 명 의식 동 의식하다, 깨닫다 ★

정답 A

해설 질문의 핵심어는 '第4段(네 번째 단락)'과 '溜冰选手(스케이트 선수)'인데, '溜冰选手'는 네 번째 단락 마지막 문장에서 언급되었다. '这就好像溜冰或者跳水运动员通过摆动手臂和腿来改变身体的重心，做出高难度的动作一样。(이는 스케이트나 다이빙 선수들이 팔과 다리를 흔들어 몸의 무게 중심을 바꿔가며 고난도의 동작을 만들어 내는 것과 마찬가지다.)'라고 하였는데, 여기서 '好像~一样(~와 마찬가지다)'이라는 표현을 통해 나비 역시 스케이트나 다이빙 선수들처럼 몸의 중심을 바꿀 수 있다는 것이 핵심 내용임을 알 수 있다. 따라서 정답은 A이다.

96

最适合做上文标题的是：

A 捕食者的烦恼
B 不飞寻常路的蝴蝶
C 蝴蝶的生活习性
D 蝴蝶的勇气

윗글의 제목으로 가장 적합한 것은:

A 포식자의 고민
B 일반적인 길로 날지 않는 나비
C 나비의 생활 습성
D 나비의 용기

보기 어휘 烦恼 fánnǎo 형 고민스럽다, 걱정스럽다 | 习性 xíxìng 명 습성, 습관 | 勇气 yǒngqì 명 용기

정답 B

해설 제목을 묻는 문제이다. 이 글은 첫 번째 단락에서 나비에 관한 한 연구조사 결과를 소개하며 '蝴蝶在飞行时并不是沿着平缓的路径飞行，而是选择曲折颠簸的路径飞行。(나비는 비행할 때 평탄한 길이 아니라 구불구불하고 흔들리는 길을 따라 난다.)'이라고 언급한 뒤, 이어서 두 번째 단락부터 蝴蝶不飞 "寻常路"(나비가 '일반적인 길'로 날지 않는 것)에 대한 이유와 배경을 구체적으로 설명하고 있다. 따라서 이 글에 가장 적절한 제목은 B이다.

97-100

　　微晶玻璃又叫陶瓷玻璃，是一种新型建筑材料。[97] 微晶玻璃比陶瓷更亮，比普通玻璃更强韧。普通玻璃易碎的主要原因是内部的原子排列没有规则。而由晶体组成的微晶玻璃像陶瓷一样，它的原子排列是有规律的，[97] 因此韧性较好。

　　微晶玻璃还易于清洁，是天然石材的替代品。研究人员做了微晶玻璃与天然石材的对比研究，过程很简单，将墨水分别倒在大理石和微晶玻璃上，十分钟后，用毛巾擦除墨汁。他们发现，微晶玻璃上的墨汁可以轻易地被擦掉，而大理石上却留下了不少墨迹。这是什么原因呢？[98] 原来，大理石、花岗岩等天然石材表面粗糙，容易藏污纳垢；微晶玻璃如陶瓷般光滑，则不存在这种问题。另外，大理石的主要成分是碳酸钙，很容易与空气中的水和二氧化碳发生化学反应，这就是大理石建筑物日久变色的原因；而微晶玻璃几乎不与空气发生反应，所以它可以历久长新。

　　专家表示，微晶玻璃之所以具备这么卓越的品质，主要是因为原料的配比和工艺的设计非常科学。其中，[99] 工艺设计是技术的关键。制作微晶玻璃，首先要把原材料按照比例配好，然后放到窑炉里煅烧，等全部熔化之后，将其倒在冰冷的铁板上冷却，这道工艺便是淬火。淬火之后，原料就会变成一整块晶莹的玻璃。接下来，把玻璃捣碎，装入模具，重新放入窑炉煅烧，使它的原子排列规则化，将其从普通玻璃变为微晶玻璃。

　　专家还表示：[100] 一般的土渣中含有制作微晶玻璃的多数成分，用土渣做原材料不仅可以大大降低成本，还能变废为宝，有利于环境治理。

　　세라믹 유리라고도 불리는 미정질 유리는 일종의 신형 건축 재료이다. [97] 미정질 유리는 세라믹보다 밝고 일반 유리보다 강하다. 일반 유리가 쉽게 깨지는 주요 원인은 내부의 원자 배열이 불규칙하기 때문이다. 한편 결정체로 구성된 미정질 유리는 세라믹과 마찬가지로 원자 배열이 규칙적이어서 [97] 강인성이 좋은 편이다.

　　미정질 유리는 세척도 편해 천연 석재의 대체품이 된다. 연구원들이 미정질 유리와 천연 석재를 비교한 연구를 했는데 과정은 간단했다. 잉크를 대리석과 미정질 유리에 각각 떨어뜨린 다음 10분 뒤 수건으로 잉크를 닦아내는 것이었다. 연구원들은 미정질 유리의 잉크는 쉽게 지워졌지만, 대리석에는 잉크 자국이 많이 남은 것을 발견했다. 이것은 무슨 이유일까? [98] 알고 보니 대리석, 화강암과 같은 천연 석재의 표면은 거칠어서 지저분한 흔적이 쉽게 남지만, 미정질 유리는 세라믹처럼 매끄럽기 때문에 이런 문제가 없는 것이다. 이 밖에도, 대리석의 주성분인 탄산칼슘은 공기 중의 물과 이산화탄소와 만나 화학 반응을 일으키기 쉬운데 이것이 바로 대리석 건축물이 오래되면 변색되는 이유다. 반면 미정질 유리는 공기와 거의 반응하지 않기 때문에 오랜 시간이 흘러도 새 것 같다.

　　전문가들은 미정질 유리가 이렇게 탁월한 품질을 갖출 수 있었던 주된 이유가 원료의 배합과 공정 설계가 매우 과학적이기 때문이라고 밝혔다. 그중 [99] 공정 설계가 기술의 관건이다. 미정질 유리를 제작하려면 먼저 원재료를 비율에 맞게 배합한 뒤, 가마 안에 넣어 구워서 휘발 성분을 없애야 한다. 전부 다 녹으면 차가운 철판에 부어 냉각시키는데 이 공정이 바로 담금질이다. 담금질을 하고 나면 원료는 빛나고 투명한 유리가 된다. 그런 다음 그 유리를 빻아 부수어 몰드에 채워 넣고 다시 가마에 넣어 구워내면 유리의 원자 배열이 규칙화되어 그것을 보통 유리에서 미정질 유리로 변화시킨다.

　　전문가들은 또 [100] 평범한 흙 부스러기에 미정질 유리를 만들 수 있는 여러 성분이 함유되어 있어, 흙 부스러기를 원료로 하면 원가를 크게 줄일 수 있을 뿐만 아니라 재활용도 할 수 있어 환경 관리에 도움이 될 수 있다고 밝혔다.

지문 어휘 微晶玻璃 wēijīng bōli 미정질 유리 | 陶瓷玻璃 táocí bōli 세라믹 유리 | 新型 xīn xíng 형 신형의, 신식의 | 建筑材料 jiànzhù cáiliào 건축 재료 | 陶瓷 táocí 명 세라믹, 도자기 ★ | 强韧 qiángrèn 형 강인하다 명 강인 | 易碎 yìsuì 형 깨지기 쉽다 | 内部 nèibù 명 내부 | 原子 yuánzǐ 명 원자 | 排列 páiliè 동 배열하다 | 规则 guīzé 명 규칙, 규정 형 규칙적이다 | 晶体 jīngtǐ 명 결정체, 결정 | 组成 zǔchéng 동 구성하다, 조성하다 | 规律 guīlǜ 명 규칙, 규율, 법칙 형 규율에 맞다, 규칙적이다 | 韧性 rènxìng 명 강인성, 인성 | 易于 yìyú 동 ~하기 쉽다, 쉽게 ~할 수 있다 | 清洁 qīngjié 동 깨끗하게 하다 형 깨끗하다, 청결하다 ★ | 天然 tiānrán 형 자연의, 천연의 | 石材 shícái 명 석재 | 替代品 tìdàipǐn 명 대체품 | 研究人员 yánjiū rényuán 연구원 | 对比 duìbǐ 동 비교하다, 대비하다, 대조하다 명 비율 | 墨水 mòshuǐ 명 잉크, 먹물 | 分别 fēnbié 부 각각 동 구별하다, 헤어지다 | 大理石 dàlǐshí 명 대리석 | 擦除 cā chú 동 닦아내다, 지우다 | 墨汁 mòzhī 명 잉크, 먹물 | 轻易 qīngyì 형 쉽다, 수월하다, 간단하다 | 擦掉 cā diào 동 지우다 | 墨迹 mòjì 명 잉크 자국, 먹으로 쓴 흔적 | 花岗岩 huāgāngyán 명 화강암 | 表面 biǎomiàn 명 표면, 겉, 외관 | 粗糙 cūcāo 형 거칠다, 매끄럽지 못하다 | 藏污纳垢 cáng wū nà gòu 지저분한 흔적이나 더러운 때가 남는다, 더러운 때 | 如~般 rú~bān ~와 같다, ~와 비슷하다 | 光滑 guānghuá 형 매끄럽다, 반들반들하다 | 成分 chéngfèn 명 성분, 요소 | 碳酸钙 tànsuāngài 명 탄산칼륨 | 二氧化碳 èryǎnghuàtàn 명 이산화탄소 ★ | 化学反应 huàxué fǎnyìng 명 화학 반응 | 日久 rìjiǔ 형 시일이 오래 지나다, 시일이 경과하다 | 变色 biàn sè 동 색깔이 변하다, 변색되다 | 历久长新 lìjiǔ cháng xīn 오랜 시간이 흘러도 새 것 같다 | 具备 jùbèi 동 갖추다, 구비하다 | 卓越 zhuóyuè 형 탁월하다, 출중하다 ★ | 品质 pǐnzhì 명 품질, 질, 품성 ★ | 原料 yuánliào 명 원료 | 配比 pèibǐ 명 배분율, 배합률, 조합율 | 工艺 gōngyì 명 가공하는 작업 또는 그 방법이나 기술, 공예 | 科学 kēxué 형 과학적이다 명 과학 | 技术 jìshù 명 기술 | 关键 guānjiàn 명 관건, 키 포인트 형 결정적인 작용을 하는, 매우 중요한 | 制作 zhìzuò 동 제작하다, 제조하다, 만들다 | 原材料 yuáncáiliào 명 원재료, 원자재 | 比例 bǐlì 명 비율, 비례 | 配 pèi 동 배합하다 | 窑炉 yáolú 명 도기를 굽는 가마 | 煅烧 duànshāo 동 어떤 물질을 태워 휘발 성분을 없애고 재로 만들다, 하소하다 | 熔化 rónghuà 동 열을 가하여 금속 따위를 녹이다, 녹다 | 冰冷 bīnglěng 형 얼음같이 차다, 매우 차다 | 铁板 tiěbǎn 명 철판 | 冷却 lěngquè 동 냉각하다, 냉각되다 ★ | 淬火 cuìhuǒ 동 (쇠나 유리 등을) 담금질하다 | 整块 zhěngkuài 명 온, 통, 일체 | 晶莹 jīngyíng 형 빛나고 투명하다, 반짝반짝 빛나다 | 玻璃 bōli 명 유리 | 捣碎 dǎosuì 동 빻아 부수다, 찧어 부수다 | 模具 mújù 명 (생산용) 몰드, 모형 | 规则化 guīzéhuà 규칙화 | 土渣 tǔ zhā 흙 부스러기 | 含有 hányǒu 동 함유하다, 포함하다 | 成本 chéngběn 명 원가, 자본금 ★ | 变废为宝 biàn fèi wéi bǎo 폐물을 보배로 만들다, 쓰레기를 유용한 물건으로 만들다 | 有利于 yǒulìyú ~에 도움이 되다, ~에 유리하다 | 治理 zhìlǐ 동 관리하다, 다스리다, 통치하다 ★

和普通玻璃相比，微晶玻璃有什么特点？

일반 유리와 비교했을 때 미정질 유리는 어떤 특징을 지니고 있는가?

A 韧性强
B 轻薄
C 亮度高
D 耐热性强

A 강인성이 뛰어나다
B 얇고 가볍다
C 광도가 높다
D 내열성이 강하다

보기 어휘 轻薄 qīng báo 얇고 가볍다 | 亮度 liàngdù 명 광도 | 耐热性 nàirèxìng 내열성

정답 A

해설 질문의 핵심어는 '微晶玻璃(미점질 유리)'와 '普通玻璃(일반 유리)'이다. 미정질 유리와 일반 유리를 비교한 내용은 첫 번째 단락 앞부분에서 언급되었다. '微晶玻璃比陶瓷更亮，比普通玻璃更强韧。(미정질 유리는 세라믹보다 밝고 일반 유리보다 강하다.)'이라고 하였으므로 미정질 유리의 강인성이 뛰어나다는 것을 알 수 있다. 또한 단락 마지막 부분에서도 미정질 유리의 규칙적인 원자 배열에 대해 언급하며 '因此韧性较好。(그래서 강인성이 좋은 편이다.)'라고 하였으므로 정답은 A이다.

98

根据第2段，大理石： | 두 번째 단락에 따르면 대리석은:

A 开采困难
B 表面粗糙
C 历久长新
D 有天然裂纹

A 채굴이 어렵다
B 표면이 거칠다
C 오래 되어도 새 것 같다
D 자연적으로 생긴 무늬가 있다

보기 어휘 开采 kāicǎi 동 채굴하다, 발굴하다, 개발하다 ★ | 裂纹 lièwén 명 기물의 갈라진 금, 빙렬 무늬

정답 B

해설 질문의 핵심어는 '第2段(두 번째 단락)'과 '大理石(대리석)'이다. '大理石'은 두 번째 단락 중간 부분에서 언급되었는데, 여기서 '这是什么原因呢? (이것은 무슨 이유일까?)'라는 물음 뒤에 이어진 '原来(알고 보니)'가 정답 키워드이다. '原来，大理石、花岗岩等天然石材表面粗糙，容易藏污纳垢。(알고 보니 대리석, 화강암과 같은 천연석재의 표면은 거칠어서 지저분한 흔적이 쉽게 남는다.)'라고 하였으므로 정답은 B이다.

99

第3段主要谈的是什么? | 세 번째 단락이 주로 이야기하는 것은 무엇인가?

A 淬火的原理
B 窑炉的内部构造
C 微晶玻璃的应用范围
D 微晶玻璃的制作工艺

A 담금질의 원리
B 가마의 내부 구조
C 미정질 유리의 활용 범위
D 미정질 유리의 제작 공정

보기 어휘 原理 yuánlǐ 명 원리 ★ | 内部构造 nèibù gòuzào 내부 구조 | 应用范围 yìngyòng fànwéi 활용 범위, 응용 범위

정답 D

해설 질문의 핵심어는 '第3段(세 번째 단락)'인데, 세 번째 단락 앞부분에 제시된 '关键(관건)'이 정답 키워드이다. '工艺设计是技术的关键。(공정 설계가 기술의 관건이다.)'이라고 하였으므로 이 단락의 주요 내용은 공정 설계에 관한 것임을 알 수 있다. 따라서 정답은 D이다.

微晶玻璃为什么有利于环境治理? | 미정질 유리는 왜 환경관리에 도움이 되는가?

A 会自动降解
B 以土渣为原料
C 能吸收有害气体
D 具有永久性

A 스스로 분해되기 때문에
B 흙을 원료로 하기 때문에
C 유해 가스를 흡수하기 때문에
D 영구성을 지니고 있기 때문에

보기 어휘 **自动** zìdòng 🖲 자발적으로, 주체적으로 🖲 자동적인, 주동적인 | **降解** jiàngjiě 🖲 고분자 화합물이 분해되다 | **吸收** xīshōu 🖲 흡수하다, 빨아들이다, 받아들이다 | **有害气体** yǒuhài qìtǐ 유해 가스 | **永久性** yǒngjiǔxìng 영구성

정답 B

해설 질문의 키워드는 '环境治理(환경관리)'이다. 이에 관한 내용은 마지막 단락에서 찾을 수 있다. 흙 부스러기에 미정질 유리를 만들 수 있는 성분이 함유되어 있다고 언급하며 '用土渣做原材料不仅~，还能变废为宝，有利于环境治理。(흙 부스러기를 원료로 하면 ~ 뿐만 아니라 재활용도 할 수 있어 환경 관리에 도움이 될 수 있다.)'라고 하였으므로 정답은 B이다.

HSK 6급 2회 쓰기

101번 문제는 한 편의 글을 읽고 요약쓰기를 하는 문제입니다.

101

- **기억해야 할 기본 정보**
  - 인물1: 그(他)
  - 시간1: 그가 중학교를 졸업한 뒤(他初中毕业后)
  - 장소: 도시(城市)
  - 시간2: 도시로 온지 얼마 되지 않아(进城后不久)
  - 시간3: 눈 깜짝할 사이(转眼的工夫)
  - 시간4: 어느 날(有一天)
  - 인물2: 신입직원(新员工)
  - 시간5: 얼마 후(不久后)
  - 시간6: 나중에(后来)
  - 인물3: 기자(记者)

1, 2단락 (이야기의 발단, 전개1)

①他初中毕业后就独自来到城市闯荡。②由于文化水平不高，而且身体又非常单薄，因此他只能找个比较轻松的体力活儿干。③进城后不久，他就通过熟人介绍，找到了一份保洁的工作。这家保洁公司免费提供食宿，每个月的工资是800元，他在这里主要负责擦玻璃。④保洁工作虽然很辛苦，但是薪水却给得很低，有的人只做三四天就走了，干得时间长的也不超过半年，而他却一直坚守着岗位。⑤他不嫌脏、不嫌累，干起活儿来十分卖力，他的同事换了一批又一批，而他干了整整五年。

그는 중학교 졸업 후 도시로 와서 청소 일을 하게 되었다. 일이 힘들고 월급도 적었지만 그는 5년 동안 최선을 다해 일했다.

▶ 요약 포인트

① 시간을 나타내는 표현인 '初中毕业后(중학교 졸업 후)'와 장소를 나타내는 단어 '城市(도시)'는 외워둔다.

② '他(그)'에 대한 구체적인 묘사를 원인으로 제시한 부분은 생략하고 '找体力活儿干(가벼운 육체 노동일을 구해서 하다)'이라는 결과만 언급한다. 그리고 '找体力活儿干'은 '打工'이라는 쉽고 간단한 표현으로 바꿀 수 있다.

③ 시간을 나타내는 표현인 '进城后不久(도시로 온 지 얼마 되지 않아)'은 외워둔다.
여기서 '找到保洁工作(청소 일자리를 구했다)', '公司提供食宿(회사가 숙식을 제공한다)', '工资是800元(월급은 800위안이다)', '擦玻璃(유리를 닦다)'가 중요한 내용이므로 이들만 간추려 언급한다.

④ '薪水(급여)'는 '工资'라는 쉬운 표현으로 바꿀 수 있다.
상황을 자세하게 서술하고 있는 '有的人~坚守着岗位'는 전체적으로 생략하는 대신 이 문장의 핵심 내용을 ⑤에 제시된 '同事换了一批又一批(동료가 한 무리 또 한 무리 바뀌다)'와 '他干了五年。(그는 5년을 일했다.)'이라는 표현을 사용해 간단하게 언급한다.

▶ 요약

　　他初中毕业后就到城市打工，进城后不久就找到了一份保洁工作。公司免费提供食宿，工资是800元，他负责擦玻璃。因为保洁工作很辛苦，工资又低，他的同事换了一批又一批，而他却不怕脏、不怕累，一干就是五年。

지문 어휘 | 独自 dúzì 튀 혼자서, 홀로, 단독으로 | 闯荡 chuǎngdàng 동 세상을 떠돌며 경험을 쌓다 | 文化水平 wénhuà shuǐpíng 교육 수준, 문화 수준 | 单薄 dānbó 형 (신체가) 허약하다 | 体力活儿 tǐlìhuór 명 육체 노동 | 熟人 shúrén 명 지인, 잘 아는 사람 | 保洁 bǎojié 동 청결을 유지하다 | 食宿 shísù 명 숙식 | 负责 fùzé 동 맡다, 책임지다 형 맡은 바 책임을 다하다, 책임감이 강하다 | 擦 cā 동 닦다 | 玻璃 bōli 명 유리 | 薪水 xīnshui 명 급여, 봉급 ★ | 坚守 jiānshǒu 동 꿋꿋이 지키다, 떠나지 않다 | 岗位 gǎngwèi 명 직장, 근무지, 부서 ★ | 嫌 xián 동 불만스럽게 생각하다, 싫어하다 | 卖力 màilì 최선을 다하다, 전심전력하다 | 整整 zhěngzhěng 튀 꼬박, 온전히

3단락 (이야기의 전개 2)

①转眼的工夫，他已经是二十多岁的小伙子了，这座城市里的写字楼、宾馆、商场他几乎都去服务过。②他对工作一丝不苟，一如既往地认真负责。只要是他参与的保洁工作，无不受到客户的称赞。很多顾客专门请他来做保洁，他简直成了保洁公司的形象代言人。③他坚持不懈的干劲，得到了许多人的认可，他和他的服务对象也成了朋友。

그는 자신의 일에 성실하게 책임을 다했기에 고객들의 칭찬을 받았고, 나아가 고객들과 친구가 되었다.

▶ 요약 포인트
① 시간을 나타내는 표현인 '转眼的工夫(눈 깜짝할 사이)'는 외워 둔다. 여기서 '转眼的工夫'는 '一转眼'과 같이 간단하게 바꿀 수 있다. '写字楼、宾馆、商场'과 같이 열거하는 대상은 모두 언급할 필요 없이 '写字楼等场所(오피스 빌딩 등의 장소)'와 같이 간추려 표현한다.

② '一丝不苟(조금도 소홀함이 없다)'와 '认真负责(성실하게 책임을 다하다)'는 비슷한 의미를 나타내므로 둘 중 한가지 표현만 선택해서 쓴다. '一如既往地'와 같은 '地' 앞의 수식 성분은 삭제한다.

③ '坚持不懈的干劲(꾸준한 열정)', '得到认可(인정을 받다)'와 같은 표현은 앞부분에서 언급한 '认真负责(성실하게 책임을 다하다)'나 '受到称赞(칭찬을 받다)'과 비슷한 의미를 나타내므로 생략해도 된다.

▶ 요약

　　一转眼，他已经二十多岁了。五年来，他为这座城市的很多写字楼等场所服务过。他工作认真负责，受到了客户的称赞，许多客户专门请他保洁，他也与客户成为了朋友。

지문 어휘 | **转眼** zhuǎnyǎn 동 눈 깜짝하다 | **工夫** gōngfu 명 (소비한) 시간 | **写字楼** xiězìlóu 명 오피스 빌딩, 비즈니스 빌딩 | **服务** fúwù 동 근무하다, 일하다, 서비스하다 | **一丝不苟** yìsībùgǒu 성 (일을 함에 있어서) 조금도 소홀히 하지 않다, 조금도 빈틈이 없다 ★ | **一如既往** yìrújìwǎng 성 변함없다, 지난날과 다름없다 ★ | **参与** cānyù 동 참여하다, 참가하다 | **无不** wúbù 부 ~하지 않는 것이 없다, 모두 ~이다 | **称赞** chēngzàn 동 칭찬하다, 찬양하다 | **简直** jiǎnzhí 부 그야말로, 완전히, 정말로 | **形象代言人** xíngxiàng dàiyánrén 명 홍보대사, 브랜드 모델 | **坚持不懈** jiānchíbúxiè 성 꾸준히 하다, 조금도 느슨해지지 않고 끝까지 견지하다 | **干劲** gànjìn 명 열정, 의욕, 열의 ★ | **认可** rènkě 동 승낙하다, 인가하다, 허락하다 ★

4, 5단락 (이야기의 전개 3)

　　①有一天，公司新来的一名员工好奇地问他："听说你在这家公司干了好几年了，一直在擦玻璃，不过工资没涨多少，为什么不换个工作呢？"他笑笑说："会换的。"②不久后，城市的繁华区有一家快餐店盛大开业，老板就是曾经擦玻璃的他。③原来，他这些年只在公司就餐，生活用品也是能省则省，他将绝大部分工资都攒了下来，并将这些钱作为创业基金。
　　④快餐在快节奏的城市极受欢迎，竞争自然异常激烈，而他的快餐店却很快打开了市场，生意越做越火。⑤原因很简单，他在擦玻璃的几年间，走遍了这座城市的写字楼、宾馆、商场，并结识了里面的人，这些人都成了他的潜在客户。得知他开了家快餐店，大家都去给他捧场。他的快餐店还提供送餐服务，他们总是以最快的速度把热乎乎的饭菜送到客户手中。

그는 자신의 패스트푸드점을 차리게 되었다. 그의 예전 고객들이 찾아와 그를 응원해주어 그의 사업은 점점 번창해갔다.

▶ 요약 포인트

① 시간을 나타내는 표현인 '有一天(어느날)'은 외워둔다.
　직접화법은 간접화법으로 바꾸어 표현한다.
　 : 쌍점(:)과 큰따옴표(" ")는 쉼표(,)로 바꾸고, 물음표(?)는 마침표(。)로 바꾼다.
　 : 3인칭(新来的员工)이 3인칭(他)에게 하는 말 속의 2인칭(你)은 3인칭(他)으로 바꾼다.

② 여기서 핵심 내용은 '快餐店开业(패스트푸드점이 개업했다)', '老板是他(사장이 그 사람이다)'인데, 이를 한 문장으로 간단하게 '他开了一家快餐店.'과 같이 표현하면 된다.
　'城市的繁华区(도시의 번화한 지역)', '盛大(성대하다)', '擦玻璃的(유리를 닦던)' 등과 같은 수식 성분은 중요하지 않으므로 모두 생략한다.

③ 그가 돈을 어떻게 아꼈는지 구체적으로 서술하는 부분은 중요하지 않으므로 생략하고, 여기서 핵심 내용이 되는 '攒了工资(월급을 모았다)'만 언급하면 된다.
　그리고 요약 시 ②번과 ③번 문장을 하나로 연결해 '他用攒了多年的工资，开了一家快餐店.(그는 여러 해 모은 월급으로 한 패스트푸드점을 차렸다.)'와 같이 표현하면 된다.

④ 치열한 경쟁 속에서도 그의 패스트푸드점은 시장을 열어 사업이 점점 번창해갔다는 결과는 중요하므로 이 내용은 반드시 언급한다.

⑤ 그의 사업이 번창하게 된 원인으로 잠재고객이었던 예전 고객들이 그를 찾아와 응원해주었다는 ㉠ 내용은 중요하므로 반드시 언급한다.

또한, 결과를 나타내는 ④번과 원인을 서술한 ⑤번 문장을 '因为(원인), 所以(결과)' 구문을 사용하여 '因为他以前的客户都来捧场，所以他的生意越做越火。(그의 예전 고객들이 찾아와 응원해주었기 때문에 그의 사업은 점점 번창해갔다.)'와 같이 한 문장으로 간단명료하게 표현하는 것이 좋다.

▶ 요약

　　有新员工问他，保洁工作工资低，为什么不换个工作。他说，会换的。不久后，他用攒了多年的工资，开了一家快餐店。虽然这个行业竞争激烈，但是因为他以前的客户都来捧场，所以他的生意越做越火。此外，他的快餐店还提供送餐服务。

지문 어휘　**涨** zhǎng 동 (수위나 물가 등이) 오르다 | **繁华** fánhuá 형 번화하다 ★ | **快餐店** kuàicāndiàn 명 패스트푸드점 | **盛大** shèngdà 형 성대하다 | **开业** kāi yè 동 개업하다 | **就餐** jiùcān 동 식사를 하다, 밥을 먹다 | **省** shěng 동 아끼다, 절약하다 | **绝大部分** juédà bùfen 대부분 | **攒** zǎn 동 모으다, 저축하다, 저장하다 ★ | **创业** chuàng yè 동 창업하다 ★ | **基金** jījīn 명 기금 ★ | **节奏** jiézòu 명 리듬, 흐름 | **异常** yìcháng 부 몹시, 특히 형 심상치 않다, 보통이 아니다 ★ | **激烈** jīliè 형 치열하다, 격렬하다 ★ | **结识** jiéshí 동 사귀다, 친분을 맺다 | **潜在** qiánzài 동 잠재하다 | **客户** kèhù 명 고객, 거래처, 바이어 ★ | **捧场** pěngchǎng 동 (다른 사람의 어떤 활동 장소를 찾아가서) 성원해 주다, 격려해 주다 | **送餐** sòng cān 동 음식을 배달하다 | **热乎乎** rèhūhū 형 뜨끈하다, 따끈하다

6단락 (이야기의 결말)

后来，他的快餐连锁店遍布城市的每一个角落，他的资产逾千万。①认识他的人无不感慨，这个曾经擦玻璃擦得很出色的小伙子，做起生意来也是一把好手。②有位记者在采访他时问道："您是如何从一个名不见经传的保洁工人成为拥有千万资产的快餐店老板的？"他说："因为我无论做什么事，都会一心一意地做好眼前的工作。做清洁工人也好，做老板也罢，最重要的是持之以恒。"③记者又问道："您的快餐店是如何在众多实力雄厚的竞争对手中脱颖而出的？"④他只是淡淡地说："因为我曾给人擦过好几年的玻璃，并且擦得很好！"	그 후로 그는 천만 위안의 자산을 보유한 사장이 되었다.
	▶ 요약 포인트 ① 그에 대한 사람들의 평가를 구체적으로 서술한 부분은 중요하지 않으므로 생략한다. ② ③ 기자의 두 가지 질문 중 중점적인 내용만 간추려 하나의 질문으로 요약한 후 이를 간접화법으로 표현한다. ②에서는 '您如何成为老板?(당신은 어떻게 사장님이 되신 건가요?)'이 ③에서는 '快餐店如何脱颖而出?(패스트푸드점은 어떻게 급부상하게 된 건가요?)'가 핵심 내용인데 이들을 '他是如何做到的(그가 어떻게 해낸 것인가)'와 같이 쉽고 간단하게 언급하면 된다. 또한, 기자의 질문은 직접화법을 간접화법으로 바꾸어 표현한다. : 쌍점(:)과 큰따옴표(" ")는 쉼표(,)로 바꾸고, 물음표(?)는 마침표(。) 바꾼다. : 3인칭(记者)이 3인칭(他)에게 한 말 속의 2인칭(您)은 3인칭(他)으로 바꾼다.

④ 그가 대답한 말도 직접화법을 간접화법으로 바꾸어 표현한다.
: 쌍점(:)과 큰따옴표(" ")는 쉼표(,)로 바꾸고, 물음표(?)는 마침표(。) 바꾼다.
: 3인칭(他)이 스스로 한 말 속의 1인칭(我)은 3인칭(他)으로 바꾼다.

▶ 요약

后来，他的快餐连锁店遍布城市的每一个角落，他的资产超过千万。有记者问他是如何做到的。他说，因为他曾经擦过好几年玻璃，并且擦得很好。

지문 어휘 连锁店 liánsuǒdiàn 몡 체인점 | 遍布 biànbù 동 널리 퍼지다, 널리 분포하다 ★ | 角落 jiǎoluò 몡 구석, 모퉁이 ★ | 资产 zīchǎn 몡 자산, 재산 ★ | 逾 yú 동 넘다, 초과하다 | 感慨 gǎnkǎi 동 감탄하다, 감격하다, 감개무량하다 ★ | 出色 chūsè 형 특별히 좋다, 대단히 뛰어나다 | 一把好手 yìbǎhǎoshǒu (어떤 방면에) 재능이 있는 사람, 능력이 있는 사람 | 采访 cǎifǎng 동 인터뷰하다, 취재하다 | 名不见经传 míngbújiànjīngzhuàn 성 이름이 아직 경전에 보이지 않다, 지명도가 높지 않다 | 拥有 yōngyǒu 동 보유하다, 가지다 | 一心一意 yìxīnyíyì 성 한마음 한 뜻으로, 전심전력으로 | 罢 bà 조 '也'와 결합하여 '~해도 좋고 ~해도 좋다'의 뜻으로 쓰임 | 持之以恒 chízhīyǐhéng 성 꾸준히 하다, 오랫동안 견지하다 | 众多 zhòngduō 형 아주 많다 | 实力 shílì 몡 실력 ★ | 雄厚 xiónghòu 형 풍부하다, 충분하다 ★ | 竞争对手 jìngzhēng duìshǒu 몡 경쟁 상대 | 脱颖而出 tuōyǐng'érchū 성 송곳 끝이 주머니를 뚫고 나오다, 자기의 재능을 전부 드러내다, 두각을 나타내다, 사람의 재능이 완전히 드러나다 | 淡淡 dàndàn 형 담담하다, 덤덤하다, 희미하다, 냉담하다

7단락 (이야기의 교훈)

① 正所谓"行行出状元"，无论什么工作，都有能做到极致的人。如果拥有强烈的责任感，和坚持不懈的精神，就有可能成为这一行业中受人瞩目的佼佼者。② 只要干一行爱一行，做一行钻一行，那么不论到哪个行业，都能站稳脚跟，做出成绩。

강한 책임감과 꾸준히 노력하는 정신을 지니고 있다면 그 직종에서 사람들의 주목을 받는 출중한 사람이 될 수 있다.

▶ 요약 포인트
① '行行出状元(어느 직종이라도 뛰어난 사람이 있기 마련이다)'이라는 속담이 바로 이 주제 단락의 핵심 내용이므로 이 표현만 정확히 외워두면 다른 부분은 요약 시 생략해도 좋다.

② '干一行爱一行(하는 일에 만족하며 열심히 하다)'과 '做一行钻一行(하는 일에 최선을 다해 전념하다)'은 비슷한 의미를 나타내므로 둘 중 한 가지 표현만 선택해서 언급하면 된다.

▶ 요약

所谓"行行出状元"，如果有强烈的责任感和坚持不懈的精神，就有可能成为行业中的明星。只要干一行爱一行，在哪个行业都能做出成绩。

지문 어휘 行行出状元 hángháng chū zhuàngyuán 어느 직종이라도 뛰어난 사람이 있기 마련이다 | 极致 jízhì 몡 최고의 경지 | 强烈 qiángliè 형 강렬하다, 맹렬하다 | 责任感 zérèngǎn 몡 책임감 | 瞩目 zhǔmù 동 주목하다, 주시하다 | 佼佼者 jiǎojiǎozhě 몡 출중한 사람, 뛰어난 사람 | 干一行爱一行，做一行钻一行 gàn yìháng ài yìháng, zuò yìháng zuān yìháng 하는 일에 만족하며 최선을 다해 전념하다 | 站稳脚跟 zhànwěn jiǎogēn 입지를 굳히다, 입장을 확고히 하다

▶ 글 제목 짓기

1) 주제문을 활용하자.
   行行出状元(어느 직종이라도 뛰어난 사람이 있기 마련이다)

2) 주제와 관련된 핵심 문장을 이용하자.
   干一行爱一行(하는 일에 만족하며 열심히 하다)

3) 주인공을 이용하자.
   擦玻璃的小伙子(유리를 닦던 청년)

모범 답안

　　　　　行行出状元

　　他初中毕业后就到城市打工，进城后不久就找到了一份保洁工作。公司免费提供食宿，工资是800元，他负责擦玻璃。因为保洁工作很辛苦，工资又低，他的同事换了一批又一批，而他却不怕脏、不怕累，一干就是五年。

　　一转眼，他已经二十多岁了。五年来，他为这座城市的很多写字楼等场所服务过。他工作认真负责，受到了客户的称赞，许多客户专门请他保洁，他也与客户成为了朋友。

　　有新员工问他，保洁工作工资低，为什么不换个工作。他说，会换的。不久后，他用攒了多年的工资，开了一家快餐店。虽然这个行业竞争激烈，但是因为他以前的客户都来捧场，所以他的生意越做越火。此外，他的快餐店还提供送餐服务。

　　后来，他的快餐连锁店遍布城市的每一个

角落，他的资产超过千万。有记者问他是如何做到的。他说，因为他曾经擦过好几年玻璃，并且擦得很好。

　　所谓"行行出状元"，如果有强烈的责任感和坚持不懈的精神，就有可能成为行业中的明星。只要干一行爱一行，在哪个行业都能做出成绩。

지문 해석

　　他初中毕业后就独自来到城市闯荡。由于文化水平不高，而且身体又非常单薄，因此他只能找个比较轻松的体力活儿干。

　　进城后不久，他就通过熟人介绍，找到了一份保洁的工作。这家保洁公司免费提供食宿，每个月的工资是800元，他在这里主要负责擦玻璃。保洁工作虽然很辛苦，但是薪水却给得很低，有的人只做三四天就走了，干得时间长的也不超过半年，而他却一直坚守着岗位。他不嫌脏、不嫌累，干起活儿来十分卖力，他的同事换了一批又一批，而他干了整整五年。

　　转眼的工夫，他已经是二十多岁的小伙子了，这座城市里的写字楼、宾馆、商场他几乎都去服务过。他对工作一丝不苟，一如既往地认真负责。只要是他参与的保洁工作，无不受到客户的称赞。很多顾客专门请他来做保洁，他简直成了保洁公司的形象代言人。他坚持不懈的干劲，得到了许多人的认可，他和他的服务对象也成了朋友。

그는 중학교를 졸업한 뒤 세상을 경험해 보고자 홀로 도시로 왔다. 교육 수준이 높지 않은데다 몸도 허약해 비교적 가벼운 육체 노동일을 구해서 할 수 밖에 없었다.

도시로 온지 얼마 되지 않아 그는 지인의 소개로 청소 일자리 하나를 구하게 되었다. 이 청소 회사는 숙식이 무료로 제공되며 매달 월급은 800위안이었는데, 그는 이곳에서 주로 유리를 닦는 일을 맡았다. 청소하는 일이 고된데도 급여가 적어서 어떤 사람들은 고작 3, 4일 일하고 그만 둔다거나 길게 근무하더라도 반 년을 넘지 못했는데 그는 계속해서 자리를 지켰다. 그는 더럽거나 힘들다며 불평하지 않고 일을 할 때는 최선을 다했으며, 그의 동료가 한 무리 또 한 무리 바뀌는데도 그는 꼬박 5년을 일했다.

눈 깜짝할 사이 그는 20살을 훌쩍 넘은 청년이 되었고, 이 도시의 오피스 빌딩, 호텔, 백화점은 그가 거의 다 가서 일을 해보았다. 그는 일을 하는 데 있어 조금도 소홀함이 없었고 변함없이 성실하게 책임을 다했다. 그가 참여하는 청소 작업이라면 고객들의 칭찬을 받지 않는 게 없었다. 많은 고객들이 그가 와서 청소해줄 것을 특별히 요청하였고, 그는 그야말로 회사의 홍보대사처럼 되었다. 그의 꾸준한 열정이 수많은 사람들의 인정을 받았고 그는 그의 고객들과도 친구가 되었다.

有一天，公司新来的一名员工好奇地问他："听说你在这家公司干了好几年了，一直在擦玻璃，不过工资没涨多少，为什么不换个工作呢？"他笑笑说："会换的。"不久后，城市的繁华区有一家快餐店盛大开业，老板就是曾经擦玻璃的他。原来，他这些年只在公司就餐，生活用品也是能省则省，他将绝大部分的工资都攒了下来，并将这些钱作为创业基金。

　　快餐在快节奏的城市极受欢迎，竞争自然异常激烈，而他的快餐店却很快打开了市场，生意越做越火。原因很简单，他在擦玻璃的几年间，走遍了这座城市的写字楼、宾馆、商场，并结识了里面的人，这些人都成了他的潜在客户。得知他开了家快餐店，大家都去给他捧场。他的快餐店还提供送餐服务，他们总是以最快的速度把热乎乎的饭菜送到客户手中。

　　后来，他的快餐连锁店遍布城市的每一个角落，他的资产逾千万。认识他的人无不感慨，这个曾经擦玻璃擦得很出色的小伙子，做起生意来也是一把好手。有位记者在采访他时问道："您是如何从一个名不见经传的保洁工人成为拥有千万资产的快餐店老板的？"他说："因为我无论做什么事，都会一心一意地做好眼前的工作。做清洁工人也好，做老板也罢，最重要的是持之以恒。"记者又问道："您的快餐店是如何在众多实力雄厚的竞争对手中脱颖而出的？"他只是淡淡地说："因为我曾给人擦过好几年的玩璃，并且擦得很好！"

　　正所谓"行行出状元"，无论什么工作，都有能做到极致的人。如果拥有强烈的责任感，和坚持不懈的精神，就有可能成为这一行业中受人瞩目的佼佼者。只要干一行爱一行，做一行钻一行，那么不论到哪个行业，都能站稳脚跟，做出成绩。

　　어느 날 회사에 새로 온 한 직원이 궁금하다는 듯 그에게 물었다. "당신은 이 회사에서 여러 해 동안 일해오며 계속 유리를 닦아도 월급이 얼마 오르지도 않았다고 하던데, 왜 직장을 옮기지 않는 겁니까?" 그는 웃으며 말했다. "옮길 겁니다." 얼마 후 도시의 번화한 지역에 한 패스트푸드점이 성대하게 개업을 했는데, 사장이 바로 예전에 유리를 닦던 그 사람이었다. 알고 보니 그는 몇 년간 회사에서만 식사를 하며 생활용품도 아낄 수 있는 건 아껴서 대부분의 월급을 모아 그 돈을 창업기금으로 삼았던 것이다.

　　패스트푸드는 생활 리듬이 빠른 도시에서 큰 인기를 얻고 있어 당연히 경쟁이 치열했지만 그의 패스트푸드점은 빠르게 시장을 열어 사업이 점점 번창해갔다. 이유는 간단했다. 유리를 닦았던 몇 년간 그는 이 도시의 오피스 빌딩, 호텔, 백화점을 다 돌아다니며 그곳 사람들을 알게 되었는데 그 사람들이 모두 그의 잠재고객이 된 것이다. 그가 패스트푸드점을 차린 것을 알고 다들 그를 찾아와 응원해주었다. 그의 가게는 배달서비스도 제공했는데, 항상 뜨끈뜨끈한 음식을 고객에게 신속하게 배달해 주었다.

　　그 후로 그의 패스트푸드 체인점은 도시 구석구석으로 퍼져나갔고, 그의 자산은 천만 위안을 넘어섰다. 그를 아는 사람들은 예전에 유리를 잘 닦던 그 청년이 사업에서도 재주가 뛰어나다며 하나같이 감탄했다. 한 기자가 그를 취재할 때 이렇게 물었다. "당신은 무명의 한 청소 노동자에서 어떻게 천만 위안의 자산을 보유한 패스트푸드점의 사장이 될 수 있었던 건가요?" 그가 말했다. "저는 무슨 일을 하든 눈앞의 일에 전념합니다. 청소부가 되든 사장이 되든 가장 중요한 것은 꾸준히 하는 것입니다." 기자가 또 물었다. "당신의 패스트푸드점은 뛰어난 실력의 수많은 경쟁 상대들 중에서 어떻게 급부상하게 된 건가요?" 그는 그저 담담하게 말했다. "제가 한때 꽤 여러 해 동안 사람들에게 유리를 닦아준데다 유리를 잘 닦았기 때문이겠죠!"

　　소위 '어느 직종이라도 뛰어난 사람이 있기 마련이다'라는 말처럼 무슨 일이든 최고의 경지에 오르는 사람이 될 수 있다. 강한 책임감과 꾸준히 노력하는 정신을 지니고 있다면 그 직종에서 사람들의 주목을 받는 출중한 사람이 될 수 있다. 하는 일에 만족하며 최선을 다해 전념하면 어느 직종에서든 입지를 굳히고 성과를 이루어낼 수 있다.

지문 어휘

独自 dúzì 🔸 혼자서, 홀로, 단독으로 | 闯荡 chuǎngdàng 🔹 세상을 떠돌며 경험을 쌓다 | 文化水平 wénhuà shuǐpíng 교육 수준, 문화 수준 | 单薄 dānbó 🔹 (신체가) 허약하다 | 体力活儿 tǐlìhuór 🔹 육체 노동 | 熟人 shúrén 🔹 지인, 잘 아는 사람 | 保洁 bǎojié 🔹 청결을 유지하다 | 食宿 shísù 🔹 숙식 | 负责 fùzé 🔹 맡다, 책임지다 🔹 맡은 바 책임을 다하다, 책임감이 강하다 | 擦 cā 🔹 닦다 | 玻璃 bōli 🔹 유리 | 薪水 xīnshui 🔹 급여, 봉급 ⭐ | 坚守 jiānshǒu 🔹 꿋꿋이 지키다, 떠나지 않다 | 岗位 gǎngwèi 🔹 직장, 근무지, 부서 ⭐ | 嫌 xián 🔹 불만스럽게 생각하다, 싫어하다 | 卖力 màilì 최선을 다하다, 전심전력하다 | 整整 zhěngzhěng 🔸 꼬박, 온전히 | 转眼 zhuǎnyǎn 🔹 눈 깜짝하다 | 工夫 gōngfu 🔹 (소비한) 시간 | 写字楼 xiězìlóu 🔹 오피스 빌딩, 비즈니스 빌딩 | 服务 fúwù 🔹 근무하다, 일하다, 서비스하다 | 一丝不苟 yìsībùgǒu 🔹 (일을 함에 있어서) 조금도 소홀히 하지 않다, 조금도 빈틈이 없다 ⭐ | 一如既往 yìrújìwǎng 🔹 변함없다, 지난날과 다름없다 ⭐ | 参与 cānyù 🔹 참여하다, 참가하다 | 无不 wúbù 🔸 ~하지 않는 것이 없다, 모두 ~이다 | 称赞 chēngzàn 🔹 칭찬하다, 찬양하다 | 简直 jiǎnzhí 🔸 그야말로, 완전히, 정말로 | 形象代言人 xíngxiàng dàiyánrén 🔹 홍보대사, 브랜드 모델 | 坚持不懈 jiānchíbúxiè 🔹 꾸준히 하다, 조금도 느슨해지지 않고 끝까지 견지하다 | 干劲 gànjìn 🔹 열정, 의욕, 열의 ⭐ | 认可 rènkě 🔹 승낙하다, 인가하다, 허락하다 ⭐ | 涨 zhǎng 🔹 (수위나 물가 등이) 오르다 | 繁华 fánhuá 🔹 번화하다 ⭐ | 快餐店 kuàicāndiàn 🔹 패스트푸드점 | 盛大 shèngdà 🔹 성대하다 | 开业 kāi yè 🔹 개업하다 | 就餐 jiùcān 🔹 식사를 하다, 밥을 먹다 | 省 shěng 🔹 아끼다, 절약하다 | 绝大部分 juédà bùfen 대부분 | 攒 zǎn 🔹 모으다, 저축하다, 저장하다 ⭐ | 创业 chuàng yè 🔹 창업하다 ⭐ | 基金 jījīn 🔹 기금 ⭐ | 节奏 jiézòu 🔹 리듬, 흐름 | 异常 yìcháng 🔸 몹시, 특히 🔹 심상치 않다, 보통이 아니다 | 激烈 jīliè 🔹 치열하다, 격렬하다 | 结识 jiéshí 🔹 사귀다, 친분을 맺다 | 潜在 qiánzài 🔹 잠재하다 | 客户 kèhù 🔹 고객, 거래처, 바이어 ⭐ | 捧场 pěngchǎng 🔹 (다른 사람의 어떤 활동 장소를 찾아가서) 성원해 주다, 격려해 주다 | 送餐 sòng cān 🔹 음식을 배달하다 | 热乎乎 rèhūhū 🔹 뜨끈하다, 따끈하다 | 连锁店 liánsuǒdiàn 🔹 체인점 | 遍布 biànbù 🔹 널리 퍼지다, 널리 분포하다 ⭐ | 角落 jiǎoluò 🔹 구석, 모퉁이 ⭐ | 资产 zīchǎn 🔹 자산, 재산 ⭐ | 逾 yú 🔹 넘다, 초과하다 | 感慨 gǎnkǎi 🔹 감탄하다, 감격하다, 감개무량하다 ⭐ | 出色 chūsè 🔹 특별히 좋다, 대단히 뛰어나다 | 一把好手 yìbǎhǎoshǒu (어떤 방면에) 재능이 있는 사람, 능력이 있는 사람 | 采访 cǎifǎng 🔹 인터뷰하다, 취재하다 | 名不见经传 míngbújiànjīngzhuàn 🔹 이름이 아직 경전에 보이지 않다, 지명도가 높지 않다 | 拥有 yōngyǒu 🔹 보유하다, 가지다 | 一心一意 yìxīnyíyì 🔹 한마음 한 뜻으로, 전심전력으로 | 罢 bà 🔸 '也'와 결합하여 '~해도 좋고 ~해도 좋다'의 뜻으로 쓰임 | 持之以恒 chízhīyǐhéng 🔹 꾸준히 하다, 오랫동안 견지하다 | 众多 zhòngduō 🔹 아주 많다 | 实力 shílì 🔹 실력 ⭐ | 雄厚 xiónghòu 🔹 풍부하다, 충분하다 ⭐ | 竞争对手 jìngzhēng duìshǒu 🔹 경쟁 상대 | 脱颖而出 tuōyǐng'érchū 🔹 송곳 끝이 주머니를 뚫고 나오다, 자기의 재능을 전부 드러내다, 두각을 나타내다, 사람의 재능이 완전히 드러나다 | 淡淡 🔹 담담하다, 덤덤하다, 희미하다, 냉담하다 | 行行出状元 hángháng chū zhuàngyuán 어느 직종이라도 뛰어난 사람이 있기 마련이다 | 极致 jízhì 🔹 최고의 경지 | 强烈 qiángliè 🔹 강렬하다, 맹렬하다 | 责任感 zérèngǎn 🔹 책임감 | 瞩目 zhǔmù 🔹 주목하다, 주시하다 | 佼佼者 jiǎojiǎozhě 🔹 출중한 사람, 뛰어난 사람 | 干一行爱一行，做一行钻一行 gàn yìháng ài yìháng, zuò yìháng zuān yìháng 하는 일에 만족하며 최선을 다해 전념하다 | 站稳脚跟 zhànwěn jiǎogēn 입지를 굳히다, 입장을 확고히 하다

파고다 HSK

어휘노트

6급
종합서

PAGODA Books

第一

필수 호응 표현 200

六级

# HSK 6급 필수 호응 표현 1~40

🎧 HSK6_DAY01

1	安详入睡	ānxiáng rùshuì	편안히 잠들다
2	摆脱困境	bǎituō kùnjìng	힘든 상황을 벗어나다
3	迸发能量	bèngfā néngliàng	에너지를 내뿜다
4	必备素质	bìbèi sùzhì	자질을 갖추다
5	濒临危机	bīnlín wēijī	위기에 직면하다
6	遍布全国	biànbù quánguó	전국에 분포하다
7	辨认气味	biànrèn qìwèi	냄새·향기를 구분해내다
8	秉承传统	bǐngchéng chuántǒng	전통을 계승하다, 이어받다
9	博得宠爱	bódé chǒng'ài	총애를 받다, 사랑을 얻다
10	采用技术	cǎiyòng jìshù	기술을 채택하다
11	操纵机器	cāozòng jīqì	기계를 다루다, 기계를 조작하다
12	测量深浅	cèliáng shēnqiǎn	깊이를 측정하다
13	倡导环保	chàngdǎo huánbǎo	환경보호를 제창하다
14	成为渠道	chéngwéi qúdào	루트·핵심·수단·방법이 되다
15	充满气息	chōngmǎn qìxī	숨결·분위기·느낌이 가득하다
16	处于状态	chǔyú zhuàngtài	상태에 처하다, 상태에 놓이다
17	触发灵感	chùfā línggǎn	영감을 불러일으키다, 유발시키다
18	传递信息	chuándì xìnxī	정보를 전달하다
19	促进团结	cùjìn tuánjié	단결을 촉진하다

20	打磨宝石	dǎmó bǎoshí	보석을 다듬다
21	打破常规	dǎpò chángguī	관습·관례를 깨뜨리다
22	打破困局	dǎpò kùnjú	곤란한 국면을 이겨내다
23	导致风险	dǎozhì fēngxiǎn	위험을 초래하다
24	导致死亡	dǎozhì sǐwáng	사망에 이르게 하다
25	导致瘫痪	dǎozhì tānhuàn	마비가 되다
26	抵抗衰老	dǐkàng shuāilǎo	노화를 막다, 약화를 막다
27	抵御寒冷	dǐyù hánlěng	매서운 추위를 견디다
28	抵御侵袭	dǐyù qīnxí	침범·침해를 막다
29	奠定基础	diàndìng jīchǔ	기초를 다지다
30	发布命令	fābù mìnglìng	명령을 선포하다
31	发挥潜能	fāhuī qiánnéng	잠재력을 발휘하다
32	繁衍后代	fányǎn hòudài	자손을 번식하다
33	放松情绪	fàngsōng qíngxù	기분을 풀다, 긴장을 풀다
34	废除制度	fèichú zhìdù	제도를 폐지하다
35	分散压力	fēnsàn yālì	스트레스를 분산시키다
36	奋力拼搏	fènlì pīnbó	있는 힘을 다해 필사적으로 싸우다
37	封锁边境	fēngsuǒ biānjìng	국경을 봉쇄하다
38	赋予生命力	fùyǔ shēngmìnglì	생명을 불어 넣다
39	赋予朝气	fùyǔ zhāoqì	패기·활력을 부여하다, 불어넣다
40	改变现状	gǎibiàn xiànzhuàng	현 상황을 바꾸다

HSK 6급 필수 호응 표현 41~80 🎧 HSK6_DAY02

41	改良土壤	gǎiliáng tǔrǎng	토양을 개량하다
42	构成体系	gòuchéng tǐxì	체계를 이루다
43	辜负期望	gūfù qīwàng	기대를 저버리다
44	关怀备至	guānhuái bèizhì	극진히 보살피다
45	耗费精力	hàofèi jīnglì	에너지·기운을 낭비하다, 함부로 쓰다
46	衡量价值	héngliáng jiàzhí	가치를 따지다, 재다, 가늠하다
47	化解矛盾	huàjiě máodùn	갈등을 해소하다
48	还原元素	huányuán yuánsù	원소로 환원하다
49	焕发活力	huànfā huólì	활력을 발산하다, 뿜어내다
50	挥霍金钱	huīhuò jīnqián	돈을 헤프게 쓰다
51	获得称号	huòdé chēnghào	칭호·호칭을 얻다
52	获取利润	huòqǔ lìrùn	이윤을 얻다
53	继承遗产	jìchéng yíchǎn	유산을 물려받다
54	计较利益	jìjiào lìyì	이익을 따지다
55	加快节奏	jiākuài jiézòu	템포를 빠르게 하다
56	加入行列	jiārù hángliè	무리·대열에 들어가다, 가입하다
57	加入组织	jiārù zǔzhī	조직에 가입하다
58	减轻负担	jiǎnqīng fùdān	부담을 줄이다
59	减少开支	jiǎnshǎo kāizhī	지출을 줄이다

60	鉴别真伪	jiānbié zhēnwěi	진위를 감별하다
61	建立感情	jiànlì gǎnqíng	감정을 맺다
62	讲究诚信	jiǎngjiu chéngxìn	신용을 중시하다
63	揭开面纱	jiēkāi miànshā	베일을 벗다
64	节省支出	jiéshěng zhīchū	지출을 아끼다
65	节约成本	jiéyuē chéngběn	원가를 절약하다, 줄이다
66	节约能源	jiéyuē néngyuán	자원을 절약하다
67	解除疲劳	jiěchú píláo	피로를 풀다
68	进入状态	jìnrù zhuàngtài	상태에 들어가다
69	经过探索	jīngguò tànsuǒ	탐구를 거치다
70	经历磨难	jīnglì mónàn	고난을 겪다
71	精通外语	jīngtōng wàiyǔ	외국어에 능통하다
72	具备素质	jùbèi sùzhì	소질·자질을 갖추다
73	惧怕挫折	jùpà cuòzhé	실패나 좌절을 두려워하다
74	开发潜能	kāifā qiánnéng	잠재능력을 개발하다
75	开发智力	kāifā zhìlì	지능을 개발하다
76	开展活动	kāizhǎn huódòng	활동·행사를 벌이다
77	考验毅力	kǎoyàn yìlì	의지를 시험하다
78	克服困难	kèfú kùnnan	어려움을 극복하다
79	扩大规模	kuòdà guīmó	규모를 확대하다
80	扩散影响	kuòsàn yǐngxiǎng	영향력을 확산하다

HSK 6급 필수 호응 표현 81~120

🎧 HSK6_DAY03

81	拉开序幕	lākāi xùmù	서막을 열다, 개막하다
82	立场坚定	lìchǎng jiāndìng	입장이 확고하다
83	力争夺冠	lìzhēng duóguàn	우승을 쟁취하기 위해 노력을 아끼지 않다
84	列入行列	lièrù hángliè	행렬·대열에 들어서다
85	聆听心声	língtīng xīnshēng	마음속의 말을 듣다
86	流露真情	liúlù zhēnqíng	무심코 진심을 드러내다
87	垄断市场	lǒngduàn shìchǎng	시장을 독점하다
88	履行诺言	lǚxíng nuòyán	약속을 지키다
89	满足需求	mǎnzú xūqiú	수요를 만족시키다
90	弥补缺口	míbǔ quēkǒu	흠이나 부족한 점을 보완하다
91	弥补缺陷	míbǔ quēxiàn	결함·단점을 보완하다
92	弥补损失	míbǔ sǔnshī	손실을 메우다
93	磨练意志	móliàn yìzhì	의지를 단련시키다
94	拍摄电影	pāishè diànyǐng	영화를 촬영하다
95	赔偿损失	péicháng sǔnshī	손해배상하다
96	潜藏危险	qiáncáng wēixiǎn	위험이 도사리고 있다
97	潜伏危机	qiánfú wēijī	위기가 잠복해 있다
98	清除噪音	qīngchú zàoyīn	소음을 제거하다
99	破坏形象	pòhuài xíngxiàng	이미지를 망가뜨리다

100	区分好坏	qūfēn hǎohuài	좋고 나쁨을 구분하다
101	取得成就	qǔdé chéngjiù	성과를 거두다
102	缺乏手段	quēfá shǒuduàn	수단이 부족하다
103	融合A与B	rónghé A yǔ B	A와 B를 융합하다, 한데 모으다
104	融合精华	rónghé jīnghuá	정수(精髓)를 융합하다
105	散布流言	sànbù liúyán	근거 없는 소문·유언비어를 퍼뜨리다
106	丧失机会	sàngshī jīhuì	기회를 잃다
107	丧失信心	sàngshī xìnxīn	자신감을 상실하다
108	善待他人	shàndài tārén	타인을 잘 대하다
109	善用人才	shànyòng réncái	인재를 잘 활용하다, 쓰다
110	善用资源	shànyòng zīyuán	자원을 잘 활용하다
111	涉及内容	shèjí nèiróng	내용을 언급하다
112	施展才能	shīzhǎn cáinéng	재능을 펼치다
113	实施援助	shíshī yuánzhù	원조를 실시하다
114	受到青睐	shòudào qīnglài	총애·각광·사랑을 받다
115	树立威信	shùlì wēixìn	위신을 세우다, 수립하다
116	树立形象	shùlì xíngxiàng	이미지를 만들다
117	素有~之称	sùyǒu ~zhīchēng	예로부터 ~라는 이름을 가지고 있다
118	损害身体健康	sǔnhài shēntǐ jiànkāng	신체 건강에 해를 끼치다
119	缩短差距	suōduǎn chājù	차이·간격을 좁히다, 줄이다
120	陶冶身心	táoyě shēnxīn	몸과 마음을 가다듬다, 연마하다

# HSK 6급 필수 호응 표현 121~160 🎧 HSK6_DAY04

121	讨教技巧	tǎojiào jìqiǎo	기술·기교를 배우는 데 가르침을 청하다
122	提倡环保	tíchàng huánbǎo	환경보호를 주장하다, 외치다
123	提供线索	tígōng xiànsuǒ	실마리·단서를 제공하다
124	体现风貌	tǐxiàn fēngmào	풍격과 면모를 구현하다, 드러내다
125	体现精神	tǐxiàn jīngshén	정신을 구현하다, 드러내다
126	调和关系	tiáohé guānxi	관계를 조정하다
127	调整心态	tiáozhěng xīntài	심리상태를 조절하다, 마음을 다잡다
128	突破记录	tūpò jìlù	기록을 깨다
129	推迟发展	tuīchí fāzhǎn	발전을 지연시키다
130	推出特价	tuīchū tèjià	특가를 내놓다, 출시하다
131	脱离现实	tuōlí xiànshí	현실을 벗어나다
132	拓展业务	tuòzhǎn yèwù	업무를 확대하다
133	挖掘潜能	wājué qiánnéng	잠재력을 발굴하다
134	威胁健康	wēixié jiànkāng	건강을 위협하다
135	违背道德	wéibèi dàodé	도덕을 위배하다, 어기다
136	违背意愿	wéibèi yìyuàn	뜻·바람을 저버리다
137	维持局面	wéichí júmiàn	국면을 유지하다
138	维持生活	wéichí shēnghuó	생활을 유지하다, 생계를 지탱하다
139	维持现状	wéichí xiànzhuàng	현 상황을 지켜나가다, 유지하다

140	维持秩序	wéichí zhìxù	질서를 유지하다
141	维护权利	wéihù quánlì	권리를 지키고 보호하다
142	维护信誉	wéihù xìnyù	신용과 명예를 지키고 보호하다
143	稳定情绪	wěndìng qíngxù	정서를 안정시키다, 기분을 가라앉히다
144	吸取教训	xīqǔ jiàoxùn	교훈을 받아들이다, 배우다
145	掀起热潮	xiānqǐ rècháo	열기·붐을 일으키다
146	陷入困境	xiànrù kùnjìng	곤경에 빠지다
147	陷入陷阱	xiànrù xiànjǐng	함정에 빠지다, 덫에 걸리다
148	享受名誉	xiǎngshòu míngyù	명예를 누리다
149	享受天伦之乐	xiǎngshòu tiānlúnzhīlè	가족간의 행복을 누리다
150	消除疲劳	xiāochú píláo	피로를 없애다
151	消除压力	xiāochú yālì	스트레스를 없애다
152	消除障碍	xiāochú zhàng'ài	장애물을 제거하다
153	消耗卡路里	xiāohào kǎlùlǐ	칼로리를 소모하다
154	消耗体力	xiāohào tǐlì	체력을 소모하다
155	泄露秘密	xièlòu mìmì	비밀을 폭로하다, 누설하다
156	形成风格	xíngchéng fēnggé	풍격·스타일을 이루다, 형성하다
157	选择渠道	xuǎnzé qúdào	방법을 선택하다
158	削弱信心	xuēruò xìnxīn	자신감이 약해지다
159	询问意见	xúnwèn yìjiàn	의견을 묻다
160	延缓衰老	yánhuǎn shuāilǎo	노화를 늦추다

HSK 6급 필수 호응 표현 161~200 🎧 HSK6_DAY05

161	掩盖缺点	yǎngài quēdiǎn	결점을 감추다
162	邀请专家	yāoqǐng zhuānjiā	전문가를 초청하다
163	隐瞒错误	yǐnmán cuòwù	잘못을 숨기다
164	引起共鸣	yǐnqǐ gòngmíng	공감을 불러일으키다
165	赢得信赖	yíngdé xìnlài	신뢰를 얻다
166	赢得信任	yíngdé xìnrèn	신임을 얻다
167	赢得喝彩	yíngdé hècǎi	갈채를 받다
168	营造氛围	yíngzào fēnwéi	분위기를 조성하다
169	诱发病害	yòufā bìnghài	병해를 유발하다
170	圆了~之梦	yuánle ~ zhīmèng	(어떤) 꿈을 이루다
171	蕴藏风险	yùncáng fēngxiǎn	위험이 잠재되어 있다, 숨겨져 있다
172	蕴藏商机	yùncáng shāngjī	상업적 기회가 잠재되어 있다
173	孕育矛盾	yùnyù máodùn	모순을 내포하다
174	赞赏成绩	zànshǎng chéngjì	성적을 칭찬하다
175	增进感情	zēngjìn gǎnqíng	감정을 키우다
176	增进交流	zēngjìn jiāoliú	교류를 증진하다, 확대하다
177	增强力量	zēngqiáng lìliàng	힘을 강화하다
178	增添负担	zēngtiān fùdān	부담을 더하다
179	增添乐趣	zēngtiān lèqù	즐거움을 더하다

180	增添色彩	zēngtiān sècǎi	색채 · 분위기를 더하다
181	展示风貌	zhǎnshì fēngmào	풍격을 나타내다, 면모를 보이다
182	占领市场	zhànlǐng shìchǎng	시장을 점령하다
183	战胜困难	zhànshèng kùnnan	어려움을 이겨내다, 싸워 이기다
184	掌握分寸	zhǎngwò fēncun	분수를 지키다, 정도를 지키다
185	掌握技能	zhǎngwò jìnéng	기능을 완전히 익히다
186	掌握技术	zhǎngwò jìshù	기술에 정통하다
187	珍惜生命	zhēnxī shēngmìng	생명을 소중히 여기다
188	征收税款	zhēngshōu shuìkuǎn	세금을 징수하다
189	支配时间	zhīpèi shíjiān	시간을 배정하다
190	制定目标	zhìdìng mùbiāo	목표를 정하다
191	治疗疾病	zhìliáo jíbìng	질병을 치료하다
192	重视诚信	zhòngshì chéngxìn	신용을 중시하다
193	注意劳逸结合	zhùyì láoyì jiéhé	일과 휴식의 결합을 중시하다
194	注重细节	zhùzhòng xìjié	세부적인 부분 · 디테일을 중시하다
195	转达意见	zhuǎndá yìjiàn	의견을 전달하다
196	追求完美	zhuīqiú wánměi	완벽함을 추구하다
197	总结规律	zǒngjié guīlǜ	규칙을 총결하다
198	总结经验	zǒngjié jīngyàn	경험을 총결하다, 다 모으다
199	阻碍发展	zǔ'ài fāzhǎn	발전을 저해하다, 가로막다
200	遵循规律	zūnxún guīlǜ	규칙을 따르다

Mini test

괄호 안에 올 수 있는 단어를 고르세요.

1. 摆脱 (　　) ① 能量　② 困境　③ 全国
2. 辨认 (　　) ① 气味　② 素质　③ 入睡
3. 濒临 (　　) ① 传统　② 宠爱　③ 危机
4. 采用 (　　) ① 技术　② 渠道　③ 团结
5. 处于 (　　) ① 传统　② 气息　③ 状态
6. 触发 (　　) ① 灵感　② 风险　③ 困局
7. 导致 (　　) ① 命令　② 死亡　③ 潜能
8. 繁衍 (　　) ① 侵袭　② 基础　③ 后代
9. 奋力 (　　) ① 拼搏　② 现状　③ 压力
10. 赋予 (　　) ① 土壤　② 生命力　③ 矛盾
11. 衡量 (　　) ① 元素　② 行列　③ 价值
12. 焕发 (　　) ① 节奏　② 活力　③ 真伪
13. 减轻 (　　) ① 负担　② 感情　③ 金钱
14. 讲究 (　　) ① 负担　② 诚信　③ 遗产

15. 解除（　）	① 面纱	② 疲劳	③ 成本
16. 节约（　）	① 能源	② 状态	③ 磨难
17. 精通（　）	① 外语	② 智力	③ 毅力
18. 扩散（　）	① 素质	② 序幕	③ 影响
19. 列入（　）	① 行列	② 缺口	③ 损失
20. 力争（　）	① 规模	② 夺冠	③ 困难
21. 垄断（　）	① 市场	② 缺口	③ 需求
22. 潜伏（　）	① 电影	② 危机	③ 缺口
23. 取得（　）	① 成就	② 危险	③ 手段
24. 散布（　）	① 信心	② 流言	③ 差距
25. 丧失（　）	① 机会	② 人才	③ 好坏

정답

1. ② 2. ① 3. ③ 4. ① 5. ③ 6. ① 7. ② 8. ③ 9. ① 10. ②
11. ③ 12. ② 13. ① 14. ② 15. ② 16. ① 17. ① 18. ③ 19. ① 20. ②
21. ① 22. ② 23. ① 24. ② 25. ①

26. 善用( )	① 资源	② 青睐	③ 身心
27. 施展( )	① 差距	② 才能	③ 内容
28. 陶冶( )	① 身心	② 环保	③ 线索
29. 突破( )	① 特价	② 现实	③ 记录
30. 拓展( )	① 发展	② 业务	③ 情绪
31. 推出( )	① 特价	② 健康	③ 道德
32. 违背( )	① 生活	② 意愿	③ 秘密
33. 掀起( )	① 热潮	② 秩序	③ 局面
34. 陷入( )	① 体力	② 陷阱	③ 疲劳
35. 形成( )	① 渠道	② 体力	③ 风格
36. 削弱( )	① 信心	② 压力	③ 共鸣
37. 延缓( )	① 信赖	② 衰老	③ 专家
38. 赢得( )	① 信赖	② 病害	③ 动机
39. 蕴藏( )	① 成绩	② 风险	③ 感情
40. 增进( )	① 交流	② 色彩	③ 技术

41. 增添 (   )   ① 色彩   ② 规律   ③ 技能

42. 阻碍 (   )   ① 力量   ② 负担   ③ 发展

43. 遵循 (   )   ① 乐趣   ② 规律   ③ 矛盾

44. 展示 (   )   ① 乐趣   ② 交流   ③ 风貌

45. 掌握 (   )   ① 任务   ② 技能   ③ 诚信

46. 征收 (   )   ① 税款   ② 风貌   ③ 发展

47. 制定 (   )   ① 目标   ② 分寸   ③ 困难

48. 支配 (   )   ① 时间   ② 生命   ③ 风貌

49. 追求 (   )   ① 完美   ② 目标   ③ 技术

50. 转达 (   )   ① 交流   ② 负担   ③ 意见

정답

26. ① 27. ② 28. ① 29. ③ 30. ② 31. ① 32. ② 33. ① 34. ② 35. ③
36. ① 37. ② 38. ① 39. ② 40. ① 41. ① 42. ③ 43. ② 44. ③ 45. ②
46. ① 47. ① 48. ① 49. ① 50. ③

第二

HSK 6급

혼동하기 쉬운 유의어 100

六級

DAY 06 혼동하기 쉬운 유의어 1~20

1. 爱戴 : 爱护 : 爱惜

爱戴	àidài	동 추대하다, 받들어 모시다
爱戴~	长辈(연장자, 손윗사람) / 英雄(영웅) / 领袖(지도자)	
爱护	àihù	동 아끼고 보호하다
爱护~	花草(화초) / 晚辈(후배, 손아랫사람) / 孩子(아이)	
爱惜	àixī	동 소중히 여기다, 아끼다
爱惜~	名誉(명예) / 成果(성과) / 时光(시간)	

2. 保护 : 保守 : 保卫

保护	bǎohù	동 보호하다
保护~	环境(환경) / 动物(동물) / 森林(삼림)	
保守	bǎoshǒu	형 보수적이다 동 고수하다, 지키다
~保守	思想(사상) / 行为(행동, 행위) / 观念(관념)	
保守~	秘密(비밀) / 机密(기밀)	
保卫	bǎowèi	동 보위하다
保卫~	国家(국가) / 祖国(조국) / 领土(영토) / 和平(평화)	

3		把握 ： 掌握	
把握	bǎwò	동 붙잡다, 꽉 잡다	
把握~	机会(기회) / 机遇(기회) / 时机(시기)		
掌握	zhǎngwò	동 정통하다, 마스터하다, 장악하다	
掌握~	技术(기술) / 方法(방법) / 知识(지식) / 本质(본질)		

4		摆脱 ： 解脱 ： 脱离	
摆脱	bǎituō	동 벗어나다	
摆脱~	敌人(적) / 困境(곤경) / 贫困(빈곤)		
解脱	jiětuō	동 벗어나다	
~解脱(出来)	从痛苦中(고통에서) / 从困境中(곤경에서) / 从束缚中(속박에서)		
脱离	tuōlí	동 떠나다, 관계를 끊다	
脱离~	环境(환경) / 实际(실제) / 危险(위험) / 关系(관계)		

5		颁布 ： 颁发	
颁布	bānbù	동 반포하다, 공포하다	
颁布~	法令(법령) / 军令(군령)		
颁发	bānfā	동 수여하다, 하달하다, 공포하다	
颁发~	奖金(상금) / 证书(증서) / 勋章(훈장)		

6		包袱 ： 负担 ： 压力	
包袱	bāofu	명 부담, 짐 동 부담하다, 책임지다	
~包袱	心理(심리) / 思想(사상)		
负担	fùdān	명 부담	
负担~	责任(책임) / 重任(중임, 중책) / 费用(비용)		
~负担	心理(심리) / 身体(신체) / 经济(경제)		
压力	yālì	명 압력, 스트레스	
~压力	心理(심리) / 生活(생활) / 工作(업무) / 学习(학업)		

7		包含 ： 包括	
包含	bāohán	동 포함하다	
包含~	意义(의미) / 内容(내용) / 道理(도리) / 要素(요소)		
包括	bāokuò	동 포함하다	
包括~	某人(어떤 사람) / 部分(부분) / 方面(방면) / 在内(안에 포함되다)		

8	保持 : 维持 : 坚持 : 支持 : 维护		
保持	bǎochí	동 유지하다	
保持~	状态(상태) / 关系(관계) / 距离(거리) / 警惕(경계심) / 均衡(균형)		
维持	wéichí	동 유지하다	
维持~	生活(생활) / 生命(생명) / 秩序(질서) / 现状(현상) / 和平(평화)		
坚持	jiānchí	동 견지하다, 고수하다, 지키다	
坚持~	态度(태도) / 观点(관점) / 主张(주장) / 原则(원칙) / 锻炼(단련)		
支持	zhīchí	동 지지하다, 후원하다	
支持~	观点(관점) / 意见(의견) / 建议(건의) / 决定(결정)		
~支持	得到(얻다) / 给予(주다)		
维护	wéihù	동 지키다, 옹호하다, 수호하다	
维护~	权益(권익) / 主权(주권) / 尊严(존엄) / 和平(평화)		

9	爆发 : 爆炸		
爆发	bàofā	동 폭발하다, 갑자기 터져 나오다	
~爆发	战争(전쟁) / 危机(위기) / 情绪(감정)		
爆炸	bàozhà	동 폭발하다	
~爆炸	炸弹(폭탄) / 机器(기계) / 瓦斯(가스) / 气球(기구, 애드벌룬)		

10		本领 ： 能力 ： 本事	
本领	běnlǐng	명 솜씨, 기량, 재능	
~本领	拿手的(자신 있는) / 过硬的(훌륭한, 대단한)		
本领~	高强(뛰어나다) / 出众(출중하다)		
能力	nénglì	명 능력	
~能力	管理(관리) / 生产(생산) / 交际(사교) / 反应(반응)		
本事	běnshì	명 능력, 재능, 기량	
~本事	施展(펼치다) / 亮出(보이다) / 增强(강화하다)		

11		表示 ： 表达 ： 表明 ： 表现	
表示	biǎoshì	동 나타내다, 표시하다 명 표정, 기색	
表示~	谢意(사의, 감사의 뜻) / 感激(감격) / 关怀(관심, 배려) / 抗议(항의)		
~表示	显出(드러내다)		
表达	biǎodá	동 표현하다, 드러내다	
表达~	感情(감정) / 想法(생각) / 思想(사상) / 意愿(소원, 염원) / 观点(관점)		
表明	biǎomíng	동 분명히 밝히다	
表明~	态度(태도) / 观点(관점) / 立场(입장)		
~表明	研究(연구) / 调查(조사) / 结果(결과)		
表现	biǎoxiàn	동 나타내다, 표현하다 명 태도, 활약, 행동, 표현	
表现出~	关心(관심) / 不满(불만)		
表现~	良好(좋다) / 突出(뛰어나다) / 出色(훌륭하다) / 差劲(형편없다)		

12 濒临 : 面临

濒临	bīnlín	동 인접하다, 가까이하다
濒临~	灭绝(멸종) / 险境(위험한 지경) / 绝境(궁지) / 死亡(사망)	
面临	miànlín	동 직면하다
面临~	问题(문제) / 危险(위험) / 挑战(도전) / 破产(파산)	

13 操作 : 操纵

操作	cāozuò	동 조작하다, 다루다
操作~	机器(기계) / 设备(설비) / 电脑(컴퓨터)	
操纵	cāozòng	동 제어하다, 조종하다
操纵~	某人(어떤 사람_부정적 의미) / 某事(어떤 일_부정적 의미)	

14 成绩 : 成就 : 成果

成绩	chéngjì	명 성적, 성과
~成绩	学习(학업) / 工作(업무)	
成绩~	优异(뛰어나다) / 良好(양호하다)	
成就	chéngjiù	명 성취, 성과 동 성취하다, 이루다
~成就	伟大的(위대한) / 杰出的(걸출한)	
成就~	事业(사업) / 梦想(꿈)	
成果	chéngguǒ	명 성과
~成果	劳动(노동) / 研究(연구) / 科技(과학 기술)	

15		承担 : 承受 : 担负
承担	chéngdān	동 맡다, 담당하다
承担~	责任(책임) / 工作(업무) / 任务(임무) / 费用(비용) / 风险(위험)	
承受	chéngshòu	동 견디다, 이겨내다
承受~	压力(스트레스) / 痛苦(고통) / 考验(시련) / 负担(부담)	
担负	dānfù	동 부담하다, 맡다, 지다
担负~	责任(책임) / 工作(업무) / 义务(의무) / 使命(사명)	

16		诚实 : 诚挚 : 诚恳
诚实	chéngshí	형 성실하다, 참되다
诚实~	的人(~한 사람) / 的回答(~한 대답) / 守信(신용을 지키다)	
~诚实	说话(말 하는 것) / 办事(일 처리)	
诚挚	chéngzhì	형 성실하고 진실하다
诚挚~	的友谊(~한 우정) / 的祝福(~한 축복) / 的情感(~한 감정) / 的歉意(~한 유감의 뜻)	
诚恳	chéngkěn	형 진실하다, 성실하다
~诚恳	态度(태도)	
诚恳地~	劝说(타이르다) / 请求(요청하다) / 道歉(사과하다)	

17	充足 : 充分 : 充实 : 充满 : 充沛 : 充裕		
充足	chōngzú	형 충분하다	
~充足	阳光(햇빛) / 时间(시간) / 营养(영양) / 资金(자금)		
充分	chōngfèn	형 충분하다 부 충분히	
充分~	的理由(~한 이유) / 的信心(~한 자신감) / 的准备(~한 준비)		
充分(地)~	分析(분석하다) / 解释(설명하다) / 发挥(발휘하다) / 展示(보여 주다)		
充实	chōngshí	형 충실하다, 풍부하다, 넘치다 동 충족시키다, 보강하다	
~充实	内容(내용) / 生活(생활)		
充实~	内容(내용) / 自我(자아) / 资金(자금)		
充满	chōngmǎn	동 가득하다, 넘치다	
充满~	笑声(웃음소리) / 活力(활력) / 信心(자신감) / 好奇(호기심) / 情趣(정취)		
充沛	chōngpèi	형 넘쳐흐르다, 왕성하다	
~充沛	雨量(강우량) / 精力(원기) / 体力(체력)		
充裕	chōngyù	형 여유롭다, 풍족하다	
~充裕	阳光(햇빛) / 时间(시간) / 空间(공간) / 资金(자금)		

18	处理 : 办理 : 治理 : 审理		
处理	chǔlǐ	동	처리하다
处理~	问题(문제) / 关系(관계) / 事情(일, 사건_해결의 의미)		
办理	bànlǐ	동	처리하다
办理~	手续(수속) / 业务(업무) / 证件(증명서)		
治理	zhìlǐ	동	다스리다, 통치하다
治理~	国家(국가) / 天下(천하) / 污染(오염)		
审理	shěnlǐ	동	심사 처리하다
审理~	案件(안건) / 罪犯(범인)		

19	传播 : 传达 : 传递		
传播	chuánbō	동	전하다, 퍼뜨리다
传播~	疾病(질병) / 病毒(바이러스) / 消息(소식) / 信息(정보) / 文化(문화)		
传达	chuándá	동	전달하다
传达~	指示(지시) / 命令(명령) / 口信(메시지, 전언)		
传递	chuándì	동	전달하다, 건네다
传递~	信号(신호) / 信息(정보) / 温暖(따스함) / 爱心(사랑하는 마음)		

20		达到 : 到达 : 抵达 : 达成	
达到	dádào	통 달성하다, 도달하다	
达到~	目的(목적) / 要求(요구) / 标准(기준) / 水平(수준) / 高潮(최고조)		
到达	dàodá	통 도달하다	
到达~	目的地(목적지) / 地点(지점) / 阶段(단계) / 顶端(정상)		
抵达	dǐdá	통 도착하다, 도달하다	
抵达~	目的地(목적지) / 终点(종점) / 海岸(해안)		
达成	dáchéng	통 달성하다	
达成~	协议(협의) / 妥协(타협) / 交易(교역) / 共识(공통된 인식)		

DAY 07 혼동하기 쉬운 유의어 21~40

21	繁华 : 繁荣		
繁华	fánhuá	형 번화하다	
繁华~	的城市(~한 도시) / 的市区(~한 시내) / 的街道(~한 거리)		
繁荣	fánróng	형 번영하다	
~繁荣	经济(경제) / 文化(문화)		

22	发表 : 发布 : 公布 : 宣布 : 宣告
发表	fābiǎo	동 발표하다, 게재하다
发表~	文章(글) / 论文(논문) / 意见(의견) / 宣言(선언)
发布	fābù	동 선포하다, 발하다, 발포하다, 출시하다
发布~	信息(정보) / 声明(성명) / 警告(경고) / 命令(명령) / 新产品(신상품)
公布	gōngbù	동 (공개적으로) 발표하다, 알리다
公布~	法令(법령) / 结果(결과) / 成绩(성적) / 名单(명단)
宣布	xuānbù	동 선포하다, 선언하다
宣布~	独立(독립) / 弃权(기권) / 开幕(개막) / 退役(은퇴) / 决定(결정)
宣告	xuāngào	동 선고하다, 선포하다, 고하다
宣告~	独立(독립) / 无罪(무죄) / 失败(실패) / 破产(파산)

23	封闭 ： 闭塞		
封闭	fēngbì	동 봉하다, 폐쇄하다, 봉쇄하다	
封闭~	机场(공항) / 工厂(공장) / 入口(입구) / 高速公路(고속도로)		
闭塞	bìsè	형 불편하다, 외지다, 소식에 어둡다	
~闭塞	交通(교통) / 消息(소식) / 信息(정보)		

24	方针 ： 措施 ： 政策		
方针	fāngzhēn	명 방침	
~方针	经营(경영) / 教育(교육) / 基本(기본) 制定(정하다) / 坚持(고수하다) / 围绕(~을 중심에 놓다)		
措施	cuòshī	명 조치, 대책	
~措施	安全(안전) / 紧急(긴급) / 防范(방비, 예방) 采取(취하다)		
政策	zhèngcè	명 정책	
~政策	民族(민족) / 经济(경제) / 外交(외교) / 生育(출산) / 开放(개방) 制定(정하다) / 落实(실현시키다) / 实施(실시하다)		

25		途径 ： 手段	
途径	tújìng	명 경로, 절차, 루트	
~途径	传染(전염) / 传播(전파) / 基本(기본) / 法律(법률) 寻找(찾다) / 获取(얻다) 通过(~을 통해)		
手段	shǒuduàn	명 수단, 방법	
~手段	技术(기술) / 营销(마케팅) / 非法(불법) / 报复(보복) / 欺骗(사기) 采取(채택하다) / 耍(부리다)		

26		丰富 ： 丰满 ： 丰盛	
丰富	fēngfù	형 풍부하다, 넉넉하다	
~丰富	内容(내용) / 营养(영양) / 经验(경험) / 资源(자원)		
丰满	fēngmǎn	형 풍만하다, 풍성하다	
丰满~	的羽毛(~한 깃털) / 的身材(~한 몸매)		
丰盛	fēngshèng	형 풍성하다, 성대하다	
丰盛~	的饭菜(~한 음식) / 的早餐(~한 조찬) / 的宴席(~한 연회)		

27	改良 ： 改进 ： 改善		
改良	gǎiliáng	개량하다, 개선하다	
改良~	土壤(토양) / 品种(품종) / 技术(기술)		
改进	gǎijìn	개선하다, 개량하다	
改进~	技术(기술) / 方法(방법) / 态度(태도)		
改善	gǎishàn	개선하다, 개량하다	
改善~	生活(생활) / 环境(환경) / 条件(조건) / 关系(관계)		

28	关注 ： 关心		
关注	guānzhù	주목하다, 주시하다	
关注~	新闻(뉴스) / 时事(시사) / 社会(사회)		
~关注	广泛的(폭넓은) / 深切的(깊은) 给予(주다) / 表示(나타내다) / 引起(끌다)		
关心	guānxīn	관심을 갖다	
关心~	他人(타인) / 问题(문제)		
~关心	格外的(각별한) / 过度的(과도한) 给予(주다) / 表示(나타내다)		

29	孤独 ： 孤单 ： 孤立		
孤独	gūdú	형 고독하다, 외롭다	
孤独~	终老(여생을 마치다)		
~孤独	摆脱(벗어나다) / 消除(없애다)		
孤单	gūdān	형 외롭다, 쓸쓸하다, 미약하다	
孤单~	一人(한 사람)		
~孤单	生活(생활) / 势力(세력)		
孤立	gūlì	형 고립되어 있다 동 고립시키다	
孤立~	无援(지원이 없다) / 无助(도움이 없다) 敌人(적) / 对手(라이벌)		

30	鼓励 ： 鼓舞		
鼓励	gǔlì	동 격려하다, 용기를 북돋다	
鼓励~	某人(어떤 사람)		
~鼓励	给予(주다) / 受到(받다)		
鼓舞	gǔwǔ	동 격려하다, 고무하다	
鼓舞~	人心(사람의 마음) / 斗志(투지)		
~鼓舞	给予(주다) / 受到(받다)		

31	规则 : 规律		
规则	guīzé	명 규칙, 규정	
~规则	交通(교통) / 比赛(경기) 遵守(준수하다) / 违反(위반하다)		
规律	guīlǜ	명 규율, 규칙, 법칙	형 규칙적이다
~规律	自然(자연) / 供求(공급과 수요) / 客观(객관적) 遵循(따르다) / 违反(위반하다) 饮食(식사) / 生活(생활)		

32	和睦 : 和平	
和睦	hémù	형 화목하다
~和睦	家庭(가정)	
和睦~	相处(함께 지내다)	
和平	hépíng	명 평화 형 평화롭다
~和平	世界(세계) 维护(유지하고 보호하다) / 守护(수호하다)	
和平~	共处(함께 살다, 공존하다)	

33		忽略 ： 忽视	
忽略	hūlüè	동 등한시하다, 소홀히 하다(고려하지 않았다)	
忽略~	问题(문제) / 细节(세부적인 부분) / 因素(요소)		
忽视	hūshì	동 (고의적으로) 등한시하다, 소홀히 하다	
忽视~	环保(환경 보호) / 健康(건강) / 本质(본질)		

34		缓和 ： 缓解	
缓和	huǎnhé	동 완화시키다, 늦추다	
缓和~	矛盾(갈등) / 气氛(분위기) / 局势(국면)		
缓解	huǎnjiě	동 완화시키다, 누그러뜨리다	
缓解~	压力(스트레스) / 情绪(정서) / 疲劳(피로) / 疼痛(통증)		

35		机遇 ： 时机 ： 关键	
机遇	jīyù	명 기회	
~机遇	把握(붙잡다) / 抓住(잡다) 难得的(얻기 힘든)		
时机	shíjī	명 유리한 시기, 기회	
~时机	有利(유리하다) 掌握(장악하다) / 错过(놓치다)		
关键	guānjiàn	명 관건, 열쇠, 키포인트 형 매우 중요한, 결정적인	
关键~	问题(문제) / 时刻(순간) / 阶段(단계)		

36		幻想 ： 理想 ： 梦想	
幻想	huànxiǎng	명 환상 동 상상하다	
~幻想	抱有(품다) / 陷入(빠지다) / 充满(가득 차다)		
幻想~	成功(성공) / 未来(미래)		
理想	lǐxiǎng	명 이상, 꿈 형 이상적이다	
~理想	实现(실현하다) / 追求(추구하다)		
理想~	的大学(~인 대학) / 的工作(~인 일) / 的对象(~인 배우자)		
梦想	mèngxiǎng	명 꿈 동 몽상하다	
~梦想	实现(실현하다) / 追求(추구하다)		
梦想~	成真(진짜가 되다)		

37		及时 ： 按时 ： 准时	
及时	jíshí	부 제때에, 적시에, 즉시	
及时~	解决(해결하다) / 处理(처리하다)		
按时	ànshí	부 제때에, 제 시간에	
按时~	起床(기상하다) / 吃药(약을 먹다) / 完成(완성하다)		
准时	zhǔnshí	부 정시에, 제때에	
准时~	出发(출발하다) / 结束(끝나다) / 起飞(이륙하다) / 到达(도착하다)		

38	技能 : 技巧 : 技术		
技能	jìnéng		명 기능, 솜씨
~技能	基本(기본) / 专业(전문) / 实践(실천) 掌握(완전히 익히다) / 提高(향상시키다) / 提升(높이다)		
技巧	jìqiǎo		명 기교, 테크닉
~技巧	表演(연출) / 创作(창작) / 经营(경영) / 销售(판매) / 人际交往(사교) 掌握(완전히 익히다) / 提高(향상시키다) / 提升(높이다) / 展示(보여주다)		
技术	jìshù		명 기술
~技术	先进(선진) / 尖端(첨단) / 科学(과학) / 专业(전문) 掌握(완전히 익히다) / 提高(향상시키다) / 提升(높이다) / 引进(도입하다)		
技术~	改造(개조) / 创新(혁신) / 支持(지원)		

39	坚定 : 坚强 : 坚韧 : 坚实 : 坚固 : 坚硬		
坚定	jiāndìng		형 확고하다, 굳다 동 확고히 하다
坚定~	的意志(~한 의지) / 的信念(~한 신념) 信心(자신감) / 决心(결심) / 立场(입장)		
坚强	jiānqiáng		형 굳세다, 완강하다
坚强~	的意志(~한 의지) / 的性格(~한 성격) / 的后盾(~한 후견인) / 的生命力(~한 생명력)		
坚韧	jiānrèn		형 단단하고 질기다, 강인하다
~坚韧	质地(재질, 품질) / 性格(성격)		

坚实	jiānshí	형 건장하다, 튼튼하다, 견고하다
坚实~	的身体(~한 몸) / 的外壳(~한 케이스) / 的基础(~한 기초) / 保障(~한 보장)	
坚固	jiāngù	형 견고하다
坚固~	的建筑(~한 건축물) / 的产品(~한 제품) / 的基石(~한 초석) / 的材料(~한 재료)	
坚硬	jiānyìng	형 단단하다, 견고하다, 굳다
~坚硬	质地(재질) / 外壳(껍데기, 케이스) / 岩石(암석)	

40	鉴定 ： 鉴别	
鉴定	jiàndìng	동 감정하다
鉴定~	文物(문물) / 真伪(진위) / 笔迹(필적) / 艺术品(예술품) / 古董(골동품)	
鉴别	jiànbié	동 감별하다, 식별하다
鉴别~	真伪(진위) / 好坏(좋고 나쁨) / 优劣(우열)	

혼동하기 쉬운 유의어 41~60

41 结合 : 联合

结合	jiéhé	동 결합하다
~结合	劳逸(노동과 휴식) / 城乡(도시와 농촌) 紧密(긴밀하게) / 完美(완벽한)	
联合	liánhé	동 연합하다, 결합하다, 단결하다 명 연합, 결합
联合~	公报(성명) / 声明(성명) / 行动(행동) / 作战(작전)	

42 接触 : 接近

接触	jiēchù	동 접촉하다, 관계를 갖다
接触~	新鲜事物(새로운 사물) / 皮肤(피부) / 网络(인터넷)	
接近	jiējìn	동 접근하다, 가까이 가다 형 가깝다, 비슷하다
接近~	终点(종점) / 目标(목표) / 成功(성공)	
~接近	意见(의견) / 性格(성격)	

43	结算 ： 结账		
结算	jiésuàn		동 결산하다, 결제하다
结算~	现金(현금) / 财务(재무) / 清单(명세서) / 报告(보고, 보고서) / 窗口(창) / 方式(방식)		
结账	jiézhàng		동 계산하다, 결산하다
~结账	现金(현금) / 信用卡(신용카드)		

44	激发 ： 激励		
激发	jīfā		동 불러 일으키다, 끓어오르게 하다
激发~	潜力(잠재력) / 热情(열정) / 欲望(욕망) / 活力(활력)		
激励	jīlì		동 격려하다, 북돋워 주다
激励~	某人(어떤 사람) / 学生(학생) / 职员(직원)		

45	解决 ： 解除		
解决	jiějué		동 해결하다, 풀다
解决~	问题(문제) / 事情(일, 사건) / 困难(어려움) / 纠纷(분쟁)		
解除	jiěchú		동 제거하다, 없애다, 해제하다
解除~	危机(위기) / 烦恼(고민) / 误会(오해) / 职务(직무)		

46		记录 ： 记载	
记录	jìlù	동 기록하다 명 기록	
记录~	内容(내용) / 日程(일정)		
~记录	打破(깨다) / 列入(들어가다) / 更新(갱신하다) 会议(회의) / 世界(세계)		
记载	jìzǎi	동 기재하다, 기록하다	
记载~	事项(사항) / 历史(역사)		
~记载	据实(사실에 근거하여)		

47		紧张 ： 紧急 ： 紧迫 ： 紧密	
紧张	jǐnzhāng	형 긴장하다, 불안하다, 바쁘다, 부족하다	
~紧张	心情(마음) / 工作(일) / 粮食(식량)		
紧张~	的情绪(~한 정서, 마음) / 的气氛(~된 분위기) / 的局势(~된 국면, 정세)		
紧急	jǐnjí	형 긴급하다	
紧急~	情况(상황) / 事件(사건) / 通知(통지) / 措施(조치) / 命令(명령)		
紧迫	jǐnpò	형 긴박하다, 급박하다	
~紧迫	时间(시간) / 任务(임무) / 形势(형세)		
紧密	jǐnmì	형 긴밀하다	
紧密~	联系(연락하다) / 结合(결합하다) / 合作(협력하다) / 团结(단결하다)		

48		进展 : 发展 : 进步
进展	jìnzhǎn	형 (감정·일·계획) 진전하다, 진보하다
进展~	迅速(신속하다) / 顺利(순조롭다) / 缓慢(더디다)	
发展	fāzhǎn	동 (국가·경제·기업·사업이) 발전하다
~发展	时代(시대) / 企业(기업) / 科技(과학 기술) 快速(빠르게) / 迅速(신속하게) / 迅猛(급격히) / 均衡(균형 있게)	
进步	jìnbù	동 (학업·사업·사상·사회·문명이) 진보하다, 발전하다
进步~	快(빠르다) / 大(크다) / 明显(눈에 띄다)	
~进步	学习(학업) / 时代(시대)	

49		精彩 : 精美 : 精致
精彩	jīngcǎi	형 훌륭하다, 멋있다
精彩~	的表演(~한 공연) / 的作品(~한 작품) / 的节目(~한 프로그램)	
~精彩	生活(삶) / 比赛(경기) / 活动(행사) / 演出(공연)	
精美	jīngměi	형 정교하다, 아름답다
精美~	的工艺品(~한 공예품) / 的瓷器(~한 도자기) / 的建筑(~한 건축)	
~精美	包装(포장)	
精致	jīngzhì	형 정교하다, 섬세하다
精致~	的工艺品(~한 공예품) / 的花纹(~한 무늬) / 的手工制品(~한 수공 제품)	
~精致	装修(인테리어) / 包装(포장)	

50	惊奇 ： 惊讶 ： 惊喜		

惊奇	jīngqí	형 놀랍고도 이상하다
惊奇~	的眼光(~한 시선) / 的表情(~한 표정) / 的事(~한 일)	
惊讶	jīngyà	형 놀랍고 의아하다
惊讶~	的表情(~한 표정) / 的神情(~한 표정)	
惊讶地~	发现(발견하다)	
惊喜	jīngxǐ	동 놀랍고도 기뻐하다
惊喜~	不已(~해 마지않다) / 万分(대단히) 的价格(~한 가격) / 的优惠活动(~한 할인 행사)	

51	决策 ： 决定	

决策	juécè	명 (결정된) 책략이나 방침 동 (책략·정책·방침 등을) 결정하다
~决策	重大(중대한) / 最终(최종) 依法(법에 따라) / 果断(과감하게)	
决定	juédìng	명 결정 동 결정하다
~决定	做(하다) / 下(내리다) 重要的(중요한) 慎重(신중하게)	
决定~	因素(요소) / 权(권한)	

52			开明　：　开放
开明		kāimíng	형 진보적이다, 깨어있다
～开明	思想(사상)		
开明～	的政策(~인 정책) / 的领导(~인 지도자) / 的群主(~한 군주)		
开放		kāifàng	동 개방하다, 해제하다　형 개방적이다
开放～	门户(문호) / 市场(시장) 政策(정책)		
～开放	改革(개혁) / 文化(문화) 思想(사상) / 性格(성격)		

53			开拓　：　开辟
开拓		kāituò	동 개척하다
开拓～	市场(시장) / 事业(사업) / 领域(분야) / 时代(시대) 精神(정신)		
开辟		kāipì	동 열다, 개척하다
开辟～	航线(항로) / 道路(길) / 市场(시장) / 领域(분야) / 时代(시대)		

54 　　　　　扩大 : 扩散 : 扩充

扩大	kuòdà	동 확대하다, 넓히다
扩大~	规模(규모) / 范围(범위) / 生产(생산) / 消费(소비) / 事业(사업)	
扩散	kuòsàn	동 확산하다, 퍼뜨리다
~扩散	病毒(바이러스) / 信息(정보) / 谣言(유언비어) / 癌症(암)	
扩充	kuòchōng	동 확충하다, 늘리다
扩充~	数目(수량) / 人员(인원) / 设备(설비)	

55 　　　　　冷淡 : 冷静 : 冷酷

冷淡	lěngdàn	형 쌀쌀하다, 냉담하다, 쓸쓸하다
~冷淡	表情(표정) / 态度(태도) / 感情(감정) / 气氛(분위기)	
冷静	lěngjìng	형 냉정하다, 침착하다
~冷静	头脑(머리) / 态度(태도) 沉着(침착하다)	
冷酷	lěngkù	형 냉혹하다, 잔인하다
~冷酷	表情(표정)	
冷酷~	无情(무정하다)	

56	利润 ： 利益		
利润	lìrùn	몡 이윤	
~利润	净(순) / 毛(총) 获得(얻다) / 分配(분배하다) / 创造(창출하다) / 追求(추구하다)		
利益	lìyì	몡 이익	
~利益	经济(경제) / 个人(개인) 获得(얻다) / 分配(분배하다) / 维护(지키다) / 损害(해치다)		

57	领会 ： 领悟		
领会	lǐnghuì	동 깨닫다, 파악하다, 이해하다	
领会~	核心(핵심) / 语意(말의 의미) / 意图(의도) / 实质(본질)		
领悟	lǐngwù	동 깨닫다, 이해하다, 납득하다, 터득하다	
领悟~	真理(진리) / 含义(내포된 뜻) / 真谛(참뜻) / 哲理(철리, 철학적 이치)		

58	面对 ： 面临		
面对	miànduì	동 마주보다, 대면하다, 직면하다	
面对~	某人(어떤 사람) / 问题(문제) / 困难(어려움) / 现实(현실) / 情感(감정)		
面临	miànlín	동 직면하다, 당면하다	
面临~	问题(문제) / 困难(어려움) / 危机(위기) / 挑战(도전) / 风险(위험)		

59		内涵　：　内容	
内涵	nèihán	명 (언어에 담겨 있는) 내용, 의미	
内涵~	丰富(풍부하다) / 深刻(깊다)		
~内涵	深层(깊은) / 文化(문화)		
内容	nèiróng	명 내용	
内容~	丰富(풍부하다) / 广泛(광범위하다) / 充实(알차다) / 详细(상세하다)		

60		培训　：　培育	
培训	péixùn	동 양성하다, 육성하다, 훈련하다	
培训~	员工(직원) / 技能(기능) 机构(기구)		
培育	péiyù	동 기르다, 재배하다, 키우다	
培育~	幼苗(새싹) / 新品种(신품종) / 新人(신인, 새 인물) / 下一代(다음 세대)		

DAY 09 혼동하기 쉬운 유의어 61~80

61	疲劳 : 疲惫 : 疲倦	
疲劳	píláo	형 피곤하다, 지치다
~疲劳	身体(몸) / 眼睛(눈) 缓解(완화시키다) / 消除(없애다)	
疲惫	píbèi	형 대단히 피곤하다 동 몹시 피곤하게 하다
~疲惫	身心(심신) / 精神(정신)	
疲惫~	不堪(몹시 심하다)	
疲倦	píjuàn	형 지치다, 피곤하다, 나른하다
~疲倦	身心(심신) 不知(모르다) / 消除(없애다)	

62	拼搏 : 拼命	
拼搏	pīnbó	동 끝까지 싸우다, 전력을 다해 싸우다
~拼搏	努力(열심히) / 奋力(있는 힘을 다해) / 顽强(완강하게)	
拼搏~	精神(정신) / 意识(의식)	
拼命	pīnmìng	동 죽을 힘을 다하다, 필사적으로 하다
拼命~	工作(일하다) / 赚钱(돈을 벌다) / 抵抗(저항하다) / 挣扎(몸부림치다)	

63		品德 ： 品质	
品德	pǐndé	형 품성, 인품과 덕성	
~品德	高贵的(고귀한) / 高尚的(고상한) / 朴素的(소박한) / 优良的(아주 좋은)		
品质	pǐnzhì	형 인품, 품성, 품질	
~品质	高贵的(고귀한) / 高尚的(고상한) / 良好的(좋은) / 不良的(좋지 않은)		
品质~	高(높다) / 差(형편없다) / 恶劣(아주 나쁘다)		

64		贫乏 ： 缺乏 ： 匮乏	
贫乏	pínfá	형 부족하다, 결핍하다, 빈궁하다	
~贫乏	物资(물자) / 资源(자원) / 内容(내용) / 生活(생활)		
缺乏	quēfá	동 결핍되다, 결여되다	
缺乏~	资金(자금) / 力量(역량) / 经验(경험) / 信心(자신감) / 勇气(용기)		
匮乏	kuìfá	형 부족하다, 모자라다	
~匮乏	资源(자원) / 人才(인재) / 知识(지식)		

65		平庸 ： 平凡	
平庸	píngyōng	형 평범하다, 보통이다	
平庸~	无能(무능하다) / 无奇(특이한 것이 없다)		
平凡	píngfán	형 평범하다, 보통이다	
平凡~	的内容(~한 내용) / 的生活(~한 생활) / 的岗位(~한 직장)		

66		评价 ： 评论	
评价	píngjià	동 평가하다	
评价~	作品(작품) / 人物(인물) / 成果(성과) / 资质(자질)		
评论	pínglùn	동 평론하다, 논평하다　명 평론, 논평	
评论~	好坏(좋고 나쁨) / 是非(시비)		
~评论	经济(경제) / 文学(문학)		

67		朴实 ： 朴素	
朴实	pǔshí	형 수수하다, 소박하다	
~朴实	性格(성격) / 语言(언어)		
朴素	pǔsù	형 소박하다, 화려하지 않다, 검소하다	
~朴素	生活(생활) / 衣着(옷차림)		

68		普遍 ： 普通	
普遍	pǔbiàn	형 보편적이다	
普遍~	现象(현상) / 规律(규율, 법칙) / 趋势(추세) 认为(여기다) / 流行(유행하다) / 关注(주목하다)		
普通	pǔtōng	형 보통이다, 일반적이다	
普通~	百姓(서민) / 朋友(친구) / 家庭(가정) / 生活(생활)		
~普通	外表(겉모습, 외모)		

69		奇妙 ： 神奇
奇妙	qímiào	형 기묘하다, 신기하다
~奇妙	构思(구상) / 故事(이야기)	
奇妙~	的现象(~한 현상) / 的场景(~한 광경)	
神奇	shénqí	형 신기하다, 신비롭고 기이하다
神奇~	的景色(~한 경치) / 的色彩(~한 색채) / 的效果(~한 효과)	

70		恰当 ： 适当 ： 妥当
恰当	qiàdàng	형 합당하다, 적절하다, 알맞다
~恰当	比喻(비유) / 用词(단어 사용) / 评价(평가)	
恰当~	的行为(~한 행동) / 的依据(~한 근거) / 的判断(~한 판단)	
适当	shìdàng	형 적당하다
适当~	的时候(~한 때) / 的机会(~한 기회) / 的措施(~한 조치)	
适当(地)~	休息(쉬다) / 运动(운동하다) / 调整(조정하다, 조절하다)	
妥当	tuǒdang	형 타당하다, 알맞다
~妥当	安排(안배하다) / 处理(처리하다)	
妥当~	的行为(~한 행동) / 的措施(~한 조치)	

71		侵犯 : 侵略	
侵犯	qīnfàn	동 침범하다	
侵犯~	隐私(프라이버시) / 权益(권익) / 权利(권리) / 人权(인권)		
侵略	qīnlüè	동 침략하다	
侵略~	别国(다른 나라) / 领土(영토) 行为(행위) / 战争(전쟁) / 者(자)		

72		清晰 : 清醒	
清晰	qīngxī	형 또렷하다, 분명하다	
~清晰	发音(발음) / 字迹(필적) / 思路(사고의 방향)		
清醒	qīngxǐng	형 (정신이) 맑다, 뚜렷하다	
~清醒	头脑(머리) / 神志(정신, 의식)		

73		热情 : 热心	
热情	rèqíng	명 열정 형 친절하다, 열정적이다	
热情~	奔放(분방하다) / 洋溢(넘치다) 接待(접대하다) / 对待(대하다)		
~热情	满腔(온 마음, 가득 찬) / 工作(일) 服务(서비스)		
热心	rèxīn	형 열심이다, 적극적이다, 친절하다	
热心~	助人(사람을 돕다) 公益(공익사업)		

74	忍耐　：　忍受		
忍耐	rěnnài	동	인내하다, 참다
忍耐~	寂寞(적막함, 쓸쓸함)		
~忍耐	无法(~할 수 없다) / 难以(~하기 어렵다)		
忍受	rěnshòu	동	이겨내다, 참다
忍受~	疼痛(통증) / 痛苦(고통) / 苦难(고난) / 煎熬(괴로움을 당하다)		
~忍受	无法(~할 수 없다) / 难以(~하기 어렵다) / 甘心(기꺼이 원하다)		

75	柔和　：　温柔		
柔和	róuhé	형	부드럽다, 강렬하지 않다, 온화하다
~柔和	声音(목소리) / 阳光(햇빛) / 动作(동작) / 语气(어투, 말투)		
柔和~	的光线(~ 빛) / 的色彩(~ 색채)		
温柔	wēnróu	형	온유하다, 상냥하다
~温柔	性格(성격) / 性情(성미)		
温柔~	的心(~한 마음) / 的态度(~한 태도) / 的语言(~한 말)		

76		失败 ： 挫折	
失败	shībài	동 실패하다	
~失败	创业(창업) / 高考(대입 시험) / 比赛(경기) 遇到(만나다) / 遭受(겪다) / 面对(마주 대하다) / 害怕(두려워하다)		
挫折	cuòzhé	명 좌절, 실패 동 좌절 시키다	
~挫折	遇到(만나다) / 遭受(겪다) / 面对(마주 대하다) / 战胜(싸워 이기다)		

77		设立 ： 设置	
设立	shèlì	동 설립하다, 건립하다	
设立~	机构(기구) / 部门(부서) / 基金(기금)		
设置	shèzhì	동 설치하다, 장치하다, 설정하다	
设置~	机构(기구) / 障碍(장애물) / 屏障(보호벽) / 悬念(서스펜스)		

78		生动 ： 生机	
生动	shēngdòng	형 생동감 있다	
生动~	活泼(활발하다) / 有趣(재미있다) / 形象(구체적이다)		
~生动	描写(묘사) / 表演(공연)		
生机	shēngjī	명 활력, 생기	
生机~	勃勃(왕성하다) / 盎然(차고 넘치다)		
~生机	充满(넘치다) / 恢复(회복하다)		

79		保持　:　维持	
保持	bǎochí	동 지키다, 유지하다	
保持~	身材(몸매) / 温度(온도) / 关系(관계) / 联系(연락) / 优势(우세)		
维持	wéichí	동 유지하다, 지키다	
维持~	生命(생명) / 生活(생활) / 生计(생계) / 秩序(질서) / 现状(현황)		

80		收藏　:　搜集	
收藏	shōucáng	동 소장하다, 수집하다	
收藏~	文物(문물) / 古董(골동품) / 艺术品(예술품) / 价值(가치)		
搜集	sōují	동 수집하다, 채집하다	
搜集~	古董(골동품) / 信息(정보) / 数据(데이터) / 材料(자료) / 证据(증거)		

혼동하기 쉬운 유의어 81~100

🎧 HSK6_DAY10

81		训练 : 练习
训练	xùnliàn	동 훈련하다, 훈련시키다
训练~	选手(선수) 有素(소양을 갖추고 있다)	
~训练	业务(업무) / 军事(군사)	
练习	liànxí	동 연습하다
练习~	跳舞(무용) / 发音(발음) / 书法(서예)	
~练习	刻苦(고생을 참아내며) / 勤奋(부지런히)	

82		宣传 : 宣扬
宣传	xuānchuán	동 선전하다, 홍보하다
宣传~	商品(상품) / 思想(사상) / 政策(정책)	
宣扬	xuānyáng	동 선양하다, 널리 알리다
宣扬~	国威(국위) / 理念(이념) / 正义(정의)	

83	形态 ： 形状		
形态	xíngtài	명 형태	
~形态	居住(주거) / 艺术(예술) / 意识(의식)		
形状	xíngzhuàng	명 모양, 형상	
形状~	奇怪(이상하다) / 各异(제각기 다르다) / 相同(같다)		

84	现场 ： 现状		
现场	xiànchǎng	명 현장, 현지	
现场~	采访(취재) / 考察(답사) / 参观(참관)		
~现场	亲临(직접 가다) / 保护(보호하다)		
现状	xiànzhuàng	명 현상, 현황	
~现状	产业(산업) 维持(유지하다) / 打破(타파하다) / 改变(바꾸다) / 安于(만족하다)		

85		显示 ： 指示	
显示	xiǎnshì	동 보여주다, 과시하다	
显示~	力量(역량) / 实力(실력) / 技艺(기예) / 权力(권력) / 权威(권위)		
~显示	研究(연구) / 结果(결과) / 调查(조사) / 报告(보고)		
指示	zhǐshì	동 지시하다, 가리키다 명 지시	
指示~	方向(방향)		
~指示	遵从(따르다) / 违背(거스르다)		

86		严重 ： 严峻 ： 严肃	
严重	yánzhòng	형 심각하다, 엄중하다	
~严重	问题(문제) / 病情(병세) / 局势(국면) / 损失(손실) / 形势(형세)		
严峻	yánjùn	형 중대하다, 심각하다	
严峻~	的现实(~한 현실) / 的考验(~한 시련) / 的挑战(~한 도전)		
严肃	yánsù	형 (표정·기분 등이) 엄숙하다, 근엄하다	
~严肃	态度(태도) / 神情(표정) / 气氛(분위기) / 口气(말투)		

87			依据 ： 证据	
依据	yījù		동 의거하다, 근거하다 명 근거	
依据~	合同(계약서) / 法律(법률) / 原则(원칙)			
~依据	科学(과학적인)			
证据	zhèngjù		명 증거	
~证据	寻找(찾다) / 隐藏(숨기다) / 掌握(확보하다)			

88			预测 ： 预计	
预测	yùcè		동 예측하다 명 예측	
预测~	地震(지진) / 未来(미래) / 天气(날씨)			
~预测	市场(시장) / 价格(가격) / 投资(투자) / 景气(경기)			
预计	yùjì		동 예측하다, 추산하다	
预计~	费用(비용) / 销售额(판매액)			

89			拥有 ： 占有	
拥有	yōngyǒu		동 가지다, 보유하다	
拥有~	人口(인구) / 资源(자원) / 财产(재산) / 梦想(꿈) / 幸福(행복)			
占有	zhànyǒu		동 점유하다, 차지하다	
占有~	地位(지위) / 土地(토지) / 市场(시장)			

90		赞美 ：表扬	
赞美	zànměi	동 찬미하다, 찬양하다	
赞美~	某人(어떤 사람) / 艺术(예술) / 祖国(조국) / 母爱(모성애)		
表扬	biǎoyáng	동 칭찬하다, 표창하다	
表扬~	某人(어떤 사람)		
~表扬	受到(받다) / 值得(~할 만한 가치가 있다) / 提出(제기하다)		

91		姿势 ：姿态	
姿势	zīshì	명 자세	
~姿势	改变(바꾸다) / 纠正(교정하다)		
姿势~	端正(단정하다) / 僵硬(경직되다)		
姿态	zītài	명 태도, 자태	
~姿态	傲慢的(거만한) / 谦虚的(겸손한)		
姿态~	优美(아름답다) / 优雅(우아하다) / 婀娜(유연하고 아름답다)		

92		作品　:　著作	
作品	zuòpǐn	명 창작품, 작품	
~作品	留下(남기다) / 发表(발표하다) 文学(문학) / 艺术(예술)		
著作	zhùzuò	명 저서, 저작	
~著作	留下(남기다) 学术(학술) / 古典(고전)		
著作~	权(권)		

93		展示　:　展现	
展示	zhǎnshì	동 전시하다, 보여주다, 나타내다	
展示~	商品(상품) / 真相(진상) / 内心世界(내면 세계) / 才华(재능) / 风貌(풍모)		
展现	zhǎnxiàn	동 드러내다, 보이다	
展现~	文化(문화) / 能力(능력) / 才华(재능) / 风格(풍격) / 形象(이미지)		

94		制造　:　创造	
制造	zhìzào	동 만들다, 제조하다, 조장하다	
制造~	机器(기계) / 纠纷(분쟁) / 混乱(혼란)		
创造	chuàngzào	동 만들다, 창조하다	
创造~	价值(가치) / 奇迹(기적) / 事业(사업) / 神话(신화)		

95			停止 ： 制止 ： 阻止
停止	tíngzhǐ		동 중지하다, 멈추다
停止~	演出(공연) / 营业(영업) / 生长(성장) / 工作(일)		
制止	zhìzhǐ		동 제지하다, 저지하다
制止~	某人(어떤 사람) / 行动(행동) / 争吵(언쟁) / 犯罪(범죄) / 核扩散(핵 확산)		
阻止	zǔzhǐ		동 저지하다
阻止~	某人(어떤 사람) / 行动(행동) / 犯罪(범죄) / 发言(발언)		

96			注视 ： 注意
注视	zhùshì		동 주시하다
注视~	某人(어떤 사람) / 眼睛(눈) / 前方(전방)		
注意	zhùyì		동 주의하다, 조심하다
注意~	安全(안전) / 健康(건강) / 保暖(보온) / 言行(언행)		

97			众多 ： 繁多
众多	zhòngduō		형 아주 많다
众多~	人口(인구) / 民族(민족) / 游客(여행객)		
繁多	fánduō		형 (종류가) 많다, 풍부하다
~繁多	种类(종류) / 品种(품종) / 花样(무늬, 디자인) / 名目(구실, 이유)		

DAY 10

98	建立 : 树立		
建立	jiànlì	동	세우다, 창설하다, 건립하다
建立~	王朝(왕조) / 政权(정권) / 制度(제도) / 关系(관계)		
树立	shùlì	동	수립하다, 세우다
树立~	信心(신념) / 理想(이상) / 抱负(포부) / 榜样(본보기) / 理念(이념)		

99	加强 : 加深 : 加剧		
加强	jiāqiáng	동	강화하다
加强~	力量(역량) / 团结(단결) / 合作(협력) / 管理(관리) / 防守(방어, 수비)		
加深	jiāshēn	동	깊게 하다, 깊어지다
加深~	了解(이해) / 信任(신임) / 矛盾(갈등) / 认识(인식)		
加剧	jiājù	동	격화되다, 악화되다
~加剧	病情(병세) / 矛盾(갈등) / 竞争(경쟁) / 危机(위기)		

100		思考 ： 思索 ： 思维	
思考	sīkǎo	동 사고하다	
思考~	问题(문제) 方式(방식) / 能力(능력)		
~思考	独立(자주적으로) / 冷静(냉정히) / 反复(반복해서) / 换位(입장을 바꿔)		
思索	sīsuǒ	동 사색하다, 깊이 생각하다	
思索~	未来(미래)		
~思索	不假(이용하지 않다, 의거하지 않다)		
思维	sīwéi	명 사유 동 사유하다, 숙고하다	
思维~	方式(방식) / 能力(능력) 敏捷(민첩하다) / 混乱(혼란스럽다)		
~思维	拓展(넓히다)		

Mini test

각 유의어와 호응하는 어휘를 고르세요.

1. 爱戴 (　　)　　① 领袖　　② 花草
2. 爱惜 (　　)　　① 晚辈　　② 时光
3. 保护 (　　)　　① 环境　　② 行为
4. 保卫 (　　)　　① 森林　　② 国家
5. 颁布 (　　)　　① 法令　　② 勋章
6. 颁发 (　　)　　① 奖金　　② 军令
7. (　　) 包袱　　① 思想　　② 内容
8. (　　) 压力　　① 机器　　② 工作
9. 包含 (　　)　　① 内容　　② 范围
10. 包括 (　　)　　① 意义　　② 方面
11. 坚持 (　　)　　① 生命　　② 观点
12. 保持 (　　)　　① 距离　　② 锻炼
13. 濒临 (　　)　　① 绝境　　② 挑战
14. 面临 (　　)　　① 危险　　② 舒适

15. 表明（　）　　① 观点　　② 作风

16. 表达（　）　　① 感情　　② 题目

17. （　）成果　　① 研究　　② 心理

18. （　）成绩　　① 工作　　② 劳动

19. （　）充足　　① 营养　　② 自我

20. （　）充实　　① 笑声　　② 内容

21. 传达（　）　　① 指示　　② 疾病

22. 传递（　）　　① 信息　　② 命令

23. 达到（　）　　① 愿望　　② 目的

24. 实现（　）　　① 阶段　　② 梦想

25. 承担（　）　　① 压力　　② 责任

26. 承受（　）　　① 痛苦　　② 费用

정답

1. ①　2. ②　3. ①　4. ②　5. ①　6. ①　7. ①　8. ②　9. ①　10. ②
11. ②　12. ①　13. ①　14. ①　15. ①　16. ①　17. ①　18. ①　19. ①　20. ②
21. ①　22. ①　23. ②　24. ②　25. ②　26. ①

27. 发表（　　）　　① 论文　　② 命令

28. 宣布（　　）　　① 文章　　② 开幕

29. （　　）方针　　① 经营　　② 民族

30. （　　）措施　　① 经济　　② 教育

31. 改良（　　）　　① 态度　　② 技术

32. 改善（　　）　　① 生活　　② 土壤

33. 缓和（　　）　　① 矛盾　　② 思绪

34. 缓解（　　）　　① 压力　　② 实力

35. 及时（　　）　　① 思考　　② 解决

36. 准时（　　）　　① 起飞　　② 放弃

37. 建立（　　）　　① 政权　　② 理想

38. 树立（　　）　　① 榜样　　② 家庭

39. 众多（　　）　　① 人口　　② 激情

40. （　　）繁多　　① 民族　　② 种类

41. 制止（　　）　　① 犯罪　　② 演出

42. 停止（　　） ① 营业　　② 核扩散

43. 拥有（　　） ① 资源　　② 精神

44. 占有（　　） ① 地位　　② 网络

45. （　　）严重 ① 病情　　② 口气

46. （　　）严肃 ① 损失　　② 气氛

47. 训练（　　） ① 选手　　② 思想

48. 练习（　　） ① 有素　　② 发言

49. 设立（　　） ① 机构　　② 障碍

50. 设置（　　） ① 悬念　　② 组织

51. 侵犯（　　） ① 权利　　② 战争

52. 侵略（　　） ① 隐私　　② 领土

정답

27. ①　28. ②　29. ①　30. ①　31. ②　32. ①　33. ①　34. ①　35. ②　36. ①
37. ①　38. ①　39. ①　40. ②　41. ①　42. ①　43. ①　44. ①　45. ①　46. ②
47. ①　48. ②　49. ①　50. ①　51. ①　52. ②

第三

HSK 6급

시험에 자주 출제되는 성어 150

시험에 자주 출제되는 성어 1~30

🎧 HSK6_DAY11

1	**爱不释手** ☆ àibúshìshǒu	너무나 좋아하여 차마 손에서 떼어 놓지 못하다 这本小说很有意思，让我爱不释手。 이 소설은 재미있어서 손을 떼어 놓지 못하게 한다.
2	**爱屋及乌** àiwūjíwū	어떤 사람을 좋아하기에 그와 관계된 사람이나 사물에게까지도 관심을 쏟다, 아내가 사랑스러우면 처갓집 말뚝에 절을 한다 他很爱女朋友，爱屋及乌，他对女朋友的父母很好的。 그는 여자친구를 사랑해서 아내가 사랑스러우면 처갓집 말뚝에 절을 하듯, 여자친구의 부모님께도 잘 해드린다.
3	**安居乐业** ānjūlèyè	안정된 생활을 누리며 즐겁게 일하다 这个国家经济繁荣，人们安居乐业。 이 나라는 경제가 번영하여 사람들이 안정된 생활을 누리며 즐겁게 일한다.
4	**拔苗助长** ☆ bámiáozhùzhǎng	일을 급하게 이루려고 하다가 도리어 일을 그르치다 学习要一步一个脚印，不能拔苗助长。 공부는 하나하나 확실하게 해 나가야지 급하게 해서는 안 된다.
5	**半途而废** bàntú'érfèi	일을 중도에 그만두다, 도중에 포기하다 做事要有始有终，不能半途而废。 일을 할 때에는 처음과 끝을 확실히 해야 하며 중도에 포기하면 안 된다.
6	**饱经沧桑** ☆ bǎojīngcāngsāng	세상만사의 변화를 실컷 경험하다 他是一个饱经沧桑的老人。 그는 세상만사의 변화를 많이 경험한 노인이다.
7	**别具一格** biéjùyìgé	남다른 풍격을 지니다, 독특한 풍격을 띠고 있다 这个屋子的布局真是别具一格。 이 방의 구도는 독특한 풍격을 띠고 있다.

#	성어	뜻 / 예문
8	**波涛汹涌** bōtāoxiōngyǒng	파도가 거세다, 물결이 거세다 大海总是波涛汹涌，变化莫测。 바다는 항상 파도가 거세고 변화를 예측하기 어렵다.
9	**博大精深** ★ bódàjīngshēn	사상·학식이 넓고 심오하다 中国文化博大精深。 중국 문화는 사상과 학식이 풍부하고 심오하다.
10	**不可思议** ★ bùkěsīyì	(사물의 상황·발전·변화 혹은 이론에 대해) 이해할 수 없다, 상상할 수 없다 他一个人在森林里生活了13年，真是不可思议。 그가 혼자 숲 속에서 13년을 살았다는 사실은 정말 믿을 수 없다.
11	**不屑一顾** ★ búxièyígù	일고의 가치도 없다, 두 번 다시 거들떠보지도 않다, 업신여기다 他非常高傲，对身边的人不屑一顾。 그는 너무 오만해서 주변 사람들을 전부 신경 쓰지 않는다.
12	**不计其数** bújìqíshù	이루 헤아릴 수가 없다, 부지기수이다, 아주 많다 他参加过的比赛不计其数。 그가 참가했던 경기는 셀 수 없다.
13	**不相上下** ★ bùxiāngshàngxià	우열을 가릴 수 없다, 막상막하 我和他的实力不相上下。 나와 그의 실력은 막상막하이다.
14	**不言而喻** ★ bùyán'éryù	말하지 않아도 안다, 말할 필요도 없다 他们经过三个月的努力终于取得了成功，那种喜悦不言而喻。 그들의 3개월 간의 노력이 마침내 성공을 거뒀고, 그 기쁨은 말할 필요가 없다.

15	**不以为然** bùyǐwéirán	그렇게 여기지 않다, 그렇다고는 생각하지 않다
		他嘴上虽然没说不对，心里却不以为然。 그는 입으로는 틀렸다고 하지 않았지만, 마음속으로는 그렇게 생각하지 않는다.
16	**不择手段**☆ bùzéshǒuduàn	목적을 달성하기 위하여 수단·방법을 가리지 않다
		他们为了达到目的，做事不择手段。 그들은 목적을 달성하기 위해서라면 수단과 방법을 가리지 않고 일한다.
17	**层出不穷**☆ céngchūbùqióng	끊임없이 나타나다, 꼬리를 물고 나타나다
		骗子的手段层出不穷，要谨防上当。 사기꾼의 수법은 끊임없이 생기고 있기 때문에 당하지 않게 조심해야 한다.
18	**称心如意** chènxīnrúyì	마음에 꼭 들다, 자기 마음에 완전히 부합되다
		生活中并非件件事都能称心如意。 살면서 모든 일이 전부 자기 마음에 꼭 들 수는 없다.
19	**川流不息**☆ chuānliúbùxī	(행인·차량 등이) 꼬리에 꼬리를 물고 이어지다
		大街上人来人往，车辆川流不息。 도로에 오가는 사람과 차량이 끊임없이 꼬리를 물고 이어지고 있다.
20	**从容不迫** cóngróngbúpò	매우 침착하다, 허둥대지 않다, 태연자약하다
		在大家的掌声中，他从容不迫地走上了讲台。 많은 사람들의 박수 속에서 그는 침착하게 무대로 걸어 올라왔다.
21	**大有可为** dàyǒukěwéi	전도가 매우 유망하다, 발전의 여지가 매우 많다
		我国在农业方面大有可为。 우리나라 농업은 발전의 여지가 매우 많다.
22	**当务之急**☆ dāngwùzhījí	당장 급히 처리해야 하는 일, 급선무
		现在当务之急是解决温饱问题。 지금 가장 시급히 해결해야 하는 것은 의식주 문제이다.

23	**得不偿失** débùchángshī	얻는 것보다 잃는 것이 더 많다
		你现在放弃学业去找工作的话，就得不偿失了。 지금 학업을 포기하고 일을 찾는다면, 얻는 것보다 잃는 것이 더 많다.
24	**得天独厚** détiāndúhòu	우월한 자연 조건을 갖고 있다, 처한 환경이 남달리 좋다
		这里具有得天独厚的气候条件，一年四季都可以种植花草。 이곳은 기후 환경이 좋아서, 일년 사계절 내내 화초를 재배할 수 있다.
25	**得意忘形** déyìwàngxíng	작은 성공에 자신의 처지를 잊다, 조그만 성공을 얻고 우쭐거리다
		他只不过取得了一点小成绩，就开始得意忘形了。 그는 성적을 좀 잘 받았을 뿐인데, 우쭐거리기 시작했다.
26	**独树一帜** dúshùyízhì	혼자서 하나의 기를 세우다, 독자적으로 한 파를 형성하다
		他的论点独树一帜，引起了大家的共鸣。 그의 독자적인 논점은 많은 이들의 공감을 불러 일으켰다.
27	**丢三落四** diūsānlàsì	이것저것 빠뜨리다, 건망증이 심하여 이 일 저 일 잘 잊어버리다
		他做事向来马虎，无论做什么都丢三落四的。 그는 일을 할 때 항상 덜렁대고, 무엇을 하던 간에 이것저것 빠뜨린다.
28	**东张西望** dōngzhāngxīwàng	여기저기 두리번거리다, 이쪽 저쪽을 연달아 돌아보다
		他上课老是东张西望，不专心。 그는 수업할 때 항상 여기저기 두리번 거리고, 집중하지 않는다.
29	**废寝忘食** fèiqǐnwàngshí	침식을 잊다, (어떤 일에) 전심전력하다, 매우 몰두하다
		科学家们在做实验时，常常废寝忘食，日夜奋战。 과학자들이 실험을 할 때는 거의 침식을 잊고, 밤낮으로 몰두한다.
30	**凤毛麟角** fèngmáolínjiǎo	봉황의 털과 기린의 뿔, 드물고 귀한 인재
		像他这样优秀的运动员真是凤毛麟角。 그와 같은 이런 우수한 운동선수는 정말 귀한 인재이다.

시험에 자주 출제되는 성어 31~60

🎧 HSK6_DAY12

31	**各抒己见** gèshūjǐjiàn ⭐	각자 자기의 의견을 발표하다 会议上，大家各抒己见，经理的心里却有着自己的想法。 회의에서 모든 이들이 각자 의견을 발표하였지만 사장님 마음 속에는 자신만의 생각이 있다.
32	**根深蒂固** gēnshēndìgù ⭐	기초가 튼튼하여 쉽게 흔들리지 않다 传统的思想早已根深蒂固，难以改变。 전통적인 사상이 이미 뿌리깊게 박혀서 바꾸기 쉽지 않다.
33	**供不应求** gōngbùyìngqiú ⭐	공급이 수요를 따르지 못하다, 공급이 부족하다 这个商品上市以来，一直供不应求。 이 상품은 출시 이후에 항상 공급이 부족하다.
34	**功亏一篑** gōngkuīyíkuì ⭐	성공을 눈앞에 두고 실패하다, 거의 다 되다 말다 他在终场前出现失误，功亏一篑，失掉了冠军。 그가 마지막에 한 실수로 성공을 눈앞에 두고 실패하여 우승을 놓치게 되었다.
35	**归根到底** guīgēndàodǐ ⭐	근본으로 돌아가다, 결국, 끝내 一切的财富归根到底来源于人民的辛勤劳动。 모든 부는 결국 사람들의 고된 노동에서 나온 것이다.
36	**刮目相看** guāmùxiāngkàn ⭐	새로운 안목으로 대하다, 괄목상대하다 他的球技令我们刮目相看。 그의 공을 다루는 기술은 우리를 괄목상대하게 하였다.
37	**后顾之忧** hòugùzhīyōu ⭐	뒷걱정, 뒷근심, 후방 걱정 完善的售后服务解除了顾客的后顾之忧。 완벽한 A/S는 고객들의 뒷걱정을 해소해 주었다.

38	**画龙点睛** huàlóngdiǎnjīng	용을 그리고 마지막으로 눈동자에 점을 찍다, (문학이나 예술 등의 창작에서) 가장 요긴한 어느 한 대목을 잘함으로써 전체가 생동감 있게 살아나거나 활기 있게 되다, 가장 중요한 부분을 완성하다, 화룡점정
		文章的最后一句话起到了画龙点睛的作用。 글의 마지막 문장이 가장 중요한 역할을 했다.
39	**画蛇添足**☆ huàshétiānzú	뱀을 그리는 데 다리를 그려 넣다, 쓸데없는 짓을 하여 도리어 일을 잘못되게 하다, 재주를 피우려다 일을 망치다, 사족을 가하다
		这幅画很完美，你不要再画蛇添足了。 이 그림은 완벽하니, 쓸데 없는 것을 첨가하지 마세요.
40	**恍然大悟**☆ huǎngrándàwù	문득 모든 것을 깨치다, 갑자기 모두 알게 되다
		听了他的解释，我才恍然大悟。 그의 설명을 듣고서야 나는 모든 것을 깨닫게 되었다.
41	**急功近利**☆ jígōngjìnlì	조급한 성공과 눈앞의 이익에만 급급하다
		这个人目光短浅，急功近利，不能成大事。 이 사람은 안목이 좁아서 눈앞의 이익에만 급급하므로 큰 일을 할 수 없다.
42	**急于求成**☆ jíyúqiúchéng	객관적인 조건을 무시하고, 서둘러 목적을 달성하려 하다
		学语言不能急于求成。 언어를 배울 때 성급해서는 안 된다.
43	**家喻户晓**☆ jiāyùhùxiǎo	집집마다 다 알다, 사람마다 모두 알다
		成龙是家喻户晓的演员。 청룽(성룽)은 모든 사람이 다 아는 배우이다.
44	**见多识广**☆ jiànduōshíguǎng	보고 들은 것이 많고 식견도 넓다, 박식하고 경험이 많다, 박학다식하다
		他见多识广，颇有才学。 그는 박학다식하며 재주와 학식이 많다.

45	见义勇为 ☆ jiànyìyǒngwéi	정의로운 일을 보고 용감하게 뛰어들다, 불의를 보면 참지 못하다
		他那见义勇为的精神真让人钦佩! 그의 정의감은 정말 존경할 만하다!
46	竭尽全力 ☆ jiéjìnquánlì	모든 힘을 다 기울이다
		跑道上，队员们竭尽全力地奔跑着。 트랙에서 선수들이 온 힘을 다해 전력질주 하고 있다.
47	锦上添花 jǐnshàngtiānhuā	아름다운 비단 위에 꽃을 수놓다, 금상첨화, 좋은 일에 또 좋은 일이 더해지다
		大家在这次的比赛中取得了好成绩，如果能拿到奖金，就锦上添花了。 이번 시합에서 좋은 성적을 거두었는데, 만약 상금까지 타게 되면 금상첨화일 것이다.
48	津津有味 ☆ jīnjīnyǒuwèi	흥미진진하다, 감칠맛 나다, 아주 맛있다
		他正津津有味地讲着故事。 그는 지금 흥미진진하게 이야기를 들려주고 있다.
49	锦绣前程 jǐnxiùqiánchéng	아름답고 빛나는 미래, 유망한 전도
		不要因为自己的不当行为，而葬送了锦绣前程。 자신의 부적절한 행동으로 자신의 밝은 앞날을 잃지 마라.
50	精打细算 ☆ jīngdǎxìsuàn	세밀하게 계산하다, 면밀하게 계획하다
		妈妈持家的理念就是精打细算，细水长流。 가정을 꾸리는 데 있어서 엄마의 신념은 바로 세밀하게 계산하고 아끼는 것이다.
51	精益求精 ☆ jīngyìqiújīng	훌륭하지만 더욱 더 완벽을 추구하다
		他做事向来一丝不苟，精益求精。 그는 일을 할 때 조금도 빈틈이 없으며, 이미 훌륭하지만 더욱 더 완벽을 추구한다.

#	성어	뜻과 예문
52	**兢兢业业** jīngjīngyèyè	신중하고 조심스럽게 맡은 일을 부지런하고 성실하게 하다, 근면하고 성실하게 업무에 임하다 他兢兢业业的工作态度，获得了老板的赏识。 그의 성실한 근무 태도는 사장님의 높은 평가를 받았다.
53	**惊世骇俗** jīngshìhàisú	(사상·언행 등이 남달라) 온 세상 사람들을 깜짝 놀라게 하다 在封建社会，男女私奔他乡可谓惊世骇俗之举。 봉건 사회에서 남녀가 사랑에 빠져 몰래 도망치는 행동은 깜짝 놀랄 만한 일이었다.
54	**举世闻名** jǔshìwénmíng	전세계에 이름이 알려지다, 명성이 아주 크다 举世闻名的万里长城，吸引了无数游客。 전세계 이름이 널리 알려진 만리장성은 수많은 여행객을 매료시켰다.
55	**举世瞩目** jǔshìzhǔmù	전세계 사람들이 주목하다 这个举世瞩目的时刻终于到了。 이 전세계 사람들이 주목하는 순간이 드디어 왔습니다.
56	**举足轻重** jǔzúqīngzhòng	실력자가 두 강자 사이에서 한쪽으로 조금만 치우쳐도 세력의 균형이 깨진다, 대단히 중요한 위치에 있어서 일거수일투족이 전체에 중대한 영향을 끼치다 他在公司具有举足轻重的地位，可不能小看他。 그는 회사에서 중요한 지위에 있기 때문에 얕잡아 봐서는 안 된다.
57	**聚精会神** jùjīnghuìshén	정신을 집중하다, 전심하다, 열중하다 同学们聚精会神地听老师讲课。 학생들은 정신을 집중하여 선생님의 수업을 듣는다.
58	**侃侃而谈** kǎnkǎn'értán	당당하고 차분하게 말하다 他在讲台上侃侃而谈，表现得无可挑剔。 강단에서 당당하고 차분하게 말하는 그의 모습은 흠잡을 데가 없다.

59	**刻不容缓**☆ kèbùrónghuǎn	일각도 지체할 수 없다, 잠시도 늦출 수 없다 全球环境污染日趋严重，保护环境刻不容缓。 전세계 환경오염이 나날이 심각해지고 있어서 환경 보호는 더 이상 늦출 수 없게 되었다.
60	**空前绝后**☆ kōngqiánjuéhòu	전무후무하다, 이전에도 없었고 앞으로도 없다, 대단한 성취 혹은 상황 万里长城的建造是空前绝后的。 만리장성을 세운 것은 전무후무한 일이다.

시험에 자주 출제되는 성어 61~90 🎧 HSK6_DAY13

61	**苦尽甘来**☆ kǔjìngānlái	고진감래, 고생끝에 낙이 온다 老两口过了半辈子苦日子，今天总算苦尽甘来了。 노부부는 반평생을 힘들게 살았는데, 지금은 고생끝에 낙이 왔다고 할 수 있다.
62	**滥竽充数** lànyúchōngshù	많은 사람들이 모여 피리를 부는데 머릿수만 채우다, 좋은 상품으로 가장하다, 재능도 없으면서 끼어들어 머릿수만 채우다 有些人在公司里滥竽充数，混日子。 일부 사람들은 회사에서 머릿수만 채우고 어영부영 날만 보내고 있다.
63	**狼吞虎咽**☆ lángtūnhǔyàn	게걸스럽게 먹다, 마파람에 게눈 감추듯 하다 那个饿坏了的孩子，看到食物就狼吞虎咽地吃了起来。 그 배가 몹시 고픈 아이는 음식을 보더니 게걸스럽게 먹기 시작했다.
64	**礼尚往来**☆ lǐshàngwǎnglái	예는 서로 왕래하면서 교제하는 것을 귀히 여긴다, 예의상 오가는 것을 중시한다, 오는 정이 있으면 가는 정이 있다 人际交往要注意礼尚往来。 사람간의 교류에서는 오는 정이 있으면 가는 정도 있어야 한다는 것을 중시해야 한다.
65	**理所当然**☆ lǐsuǒdāngrán	도리로 보아 당연하다, 당연히 그렇다 多劳多得，少劳少得，这是理所当然的。 많이 일하면 많이 얻고, 적게 일하면 적게 얻는 것은 당연한 것이다.
66	**理直气壮**☆ lǐzhíqìzhuàng	이유가 충분하여 하는 말이 당당하다 只要你没作亏心事，自然就能理直气壮。 양심에 부끄러운 일만 하지 않았다면 자연히 당당할 수 있을 것이다.

67	力所能及 lìsuǒnéngjí	자기 능력으로 해낼 수 있다, 힘이 닿는 데까지
		孩子们应该做一些力所能及的家务。 아이들은 자기가 할 수 있는 집안일을 해야 한다.
68	流连忘返 liúliánwàngfǎn	놀이에 빠져 돌아가는 것을 잊다, 아름다운 경치에 빠져 떠나기 싫어하다
		这里民风淳朴，风景优美，使我流连忘返。 이곳은 인심 좋고 풍경이 아름다워서 떠나기 싫게 만든다.
69	络绎不绝 luòyìbùjué	(사람·수레·배 따위의) 왕래가 빈번해 끊이지 않다, 내왕이 빈번하다
		星期天，到西湖游览的人络绎不绝。 일요일에는 시후(西湖)에 관광하러 오는 사람들이 끊이지 않는다.
70	毛遂自荐 máosuìzìjiàn	스스로 자기를 추천하다, 자진하여 중임을 맡다
		他毛遂自荐完成了这个行动计划。 그는 자진해서 직접 나서 이 행동 계획을 완수했다.
71	目中无人 mùzhōngwúrén	안하무인이다, 눈에 뵈는 게 없다, 거만하고 남을 업신여기다
		我就看不惯他这副目中无人的样子。 나는 그의 이 안하무인인 태도가 눈에 거슬린다.
72	莫名其妙 mòmíngqímiào	영문을 알 수 없다, 어리둥절하게 하다, 대단히 오묘하다
		她天天都说些不着边际、莫名其妙的话。 그녀는 항상 터무니없고, 알 수 없는 말들을 한다.
73	名副其实 míngfùqíshí	명성과 실상이 서로 부합되다, 명실상부하다
		昆明一年四季温暖如春，是名副其实的春城。 쿤밍(昆明)은 일년 사계절이 봄과 같이 따뜻하므로 명실상부 봄의 도시라고 할 수 있다.

74	恼羞成怒 nǎoxiūchéngnù	부끄럽고 분한 나머지 화를 내다 他犯了错，不但不知悔改，反而恼羞成怒对着别人发脾气。 그는 잘못을 했음에도 뉘우칠 줄은 모르고 오히려 다른 사람에게 크게 화를 낸다.
75	难能可贵 ☆ nánnéngkěguì	쉽지 않은 일을 해내어 대견스럽다, 매우 장하다 一个人能改过自新，是难能可贵的。 한 사람이 자신의 잘못을 뉘우치고 새 사람이 되는 것은 매우 대단한 일이다.
76	南辕北辙 ☆ nányuánběizhé	속으로는 남쪽으로 가려 하면서 수레는 도리어 북쪽으로 몰다, 하는 행동과 목적이 상반되다 只有目标明确，才不会南辕北辙。 목표가 명확해야만 의도와 결과가 상반되게 나오지 않는다.
77	迫不及待 ☆ pòbùjídài	일각도 지체할 수 없다, 잠시도 늦출 수 없다 今天有足球赛，我刚进屋就迫不及待地打开了电视机。 오늘 축구 경기가 있어서 방에 들어오자마자 재빨리 텔레비전을 켰다.
78	七嘴八舌 qīzuǐbāshé	제각기 떠들다, 말이 많다, 수다스럽다, 의견이 분분하다 对于这个问题，他们七嘴八舌地争论不休。 이 문제에 대해서 그들은 제각기 의견이 분분하여 논쟁이 끝나지 않는다.
79	齐心协力 ☆ qíxīnxiélì	한마음 한 뜻으로 함께 노력하다 只有齐心协力，才能把事情做好。 최선을 다해 노력해야만 일을 잘 할 수 있다.
80	岂有此理 ☆ qǐyǒucǐlǐ	어찌 이럴 수가 있단 말인가, 이런 경우가 어디 있단 말인가, 언행이 도리나 이치에 어긋나다 这样处理问题真是岂有此理！ 이렇게 문제를 처리하는 것은 정말 이치에 어긋난다!

81	迄今为止 qìjīnwéizhǐ	(이전 어느 시점부터) 지금에 이르기까지 迄今为止，世界上还没有一个人的财富能够超过比尔盖茨。 지금까지 전세계에서 빌게이츠보다 부자인 사람은 없었다.
82	恰到好处 qiàdàohǎochù	(말·행동 등이) 꼭 들어맞다, 아주 적절하다 他用适当的方法，恰到好处地处理了这件事。 그는 적당한 방법으로 매우 적절하게 이 일을 처리했다.
83	千方百计 qiānfāngbǎijì	갖은 방법을 다 써 보다 他千方百计地想夺得这次比赛的冠军。 그는 온갖 방법을 다 써서라도 이번 경기에서 우승하고 싶어한다.
84	潜移默化 qiányímòhuà	한 사람의 사상이나 성격 등이 어떤 영향을 받아 부지불식간에 변화가 생기다, 은연중에 감화되다, 무의식 중에 변화되다 父母的一言一行都会对孩子产生潜移默化的影响。 부모의 말과 행동이 모두 무의식 중에 아이들에게 영향을 끼친다.
85	锲而不舍 qiè'érbùshě	중도에 그만두지 않고 끝까지 조각하다, 나태함 없이 끈기 있게 끝까지 해내다 他认定了目标就会锲而不舍地坚持下去，从不在乎别人的看法。 그는 자신이 정한 목표는 끈기 있게 끝까지 해내며, 다른 사람의 의견은 신경 쓰지 않는다.
86	轻而易举 qīng'éryìjǔ	매우 수월하다, 식은 죽 먹기이다 他轻而易举地解开了这道谜题。 그는 수월하게 이 수수께끼를 풀었다.
87	全力以赴 quánlìyǐfù	(어떤 일에) 전력 투구하다, 최선을 다하다 快要考试了，同学们都全力以赴地复习。 곧 시험이어서 학생들이 최선을 다해 열심히 복습하고 있다.

88	**热泪盈眶**☆ rèlèiyíngkuàng	뜨거운 눈물이 눈에 그렁그렁하다, 매우 감격하다
		听到自己获奖的消息，他激动得热泪盈眶。 자신이 상을 탔다는 소식을 듣고 그는 감동하여 눈에 눈물이 고였다.
89	**任重道远** rènzhòngdàoyuǎn	맡은 바 책임은 무겁고, 갈 길은 멀기만 하다, 책임이 무겁다
		青年人是国家的希望，他们任重道远。 청년은 국가의 희망이며, 그들의 책임은 매우 무겁다.
90	**日新月异**☆ rìxīnyuèyì	나날이 새로워지다, 변화와 발전이 빠르다
		近几年来科技日新月异，许多家电都已经智能化。 최근 몇 년동안 과학 기술 발전이 빨라서 많은 가전 제품들이 이미 스마트화 되었다.

# 시험에 자주 출제되는 성어 91~120 🎧 HSK6_DAY14

91	**深情厚谊** shēnqínghòuyì	깊고 돈독한 정
		韩国人民与中国人民结下了深情厚谊。 한국 국민과 중국 국민은 깊고 돈독한 정을 맺었다.
92	**守株待兔** shǒuzhūdàitù	요행만을 바라다, 얕은 경험만 고집하며 변화를 도모하지 않다, 융통성이 없다
		守株待兔的做法只会让机会白白溜走。 요행만을 바라는 방법은 기회를 헛되이 보내게 한다.
93	**实事求是** shíshìqiúshì	실사구시, 사실에 토대로 하여 진리를 탐구하다
		我们应该实事求是地去规划未来。 우리는 사실에 근거하여 연구하면서 미래를 계획해야 한다.
94	**肆无忌惮** sìwújìdàn	제멋대로 굴고 전혀 거리낌이 없다
		这里的小偷已经到了肆无忌惮的地步。 이곳의 도둑들이 이미 거리낄 것이 없는 지경에 이르렀다.
95	**随心所欲** suíxīnsuǒyù	자기 뜻대로 하다, 하고 싶은 대로 하다, 제 마음대로 하다
		你可以随心所欲地畅游在知识的海洋中。 당신은 마음대로 지식의 바다를 헤엄칠 수 있습니다.
96	**滔滔不绝** tāotāobùjué	끊임없이 계속되다, 말이 끝이 없다, 쉴새 없이 말하다
		他一上台就滔滔不绝地讲演起来。 그는 단상에 오르자 마자 쉴 새 없이 강연을 하기 시작했다.
97	**天伦之乐** tiānlúnzhīlè	가족이 누리는 단란함
		除夕之夜，全家人欢聚一堂，共享天伦之乐。 음력 섣달 그믐날 밤에는 온 가족이 한자리에 모여 즐거움을 함께 누린다.

98	**天马行空** tiānmǎxíngkōng	말이 하늘을 나는 듯이 빨리 달리다. (시·문장·서예 등의) 기풍이 호방하고 구속을 받지 않다 他写文章总是天马行空，不知所云。 그는 항상 글을 빨리 써서 논리 정연하지 않고 불분명하다.
99	**统筹兼顾**☆ tǒngchóujiāngù	여러 방면의 일을 통일적으로 계획하고 두루 돌보다 国家利益、集体利益、个人利益要三者统筹兼顾才行。 국가 이익, 단체 이익, 개인 이익 세 가지 모두 두루 생각하고 돌봐야 한다.
100	**微不足道**☆ wēibùzúdào	하찮아서 말할 가치도 없다 滴水是微不足道的，但是更多的水汇聚在一起就能形成海洋。 물방울은 하찮지만, 더 많은 물이 모이면 바다를 이룰 수 있다.
101	**危言耸听** wēiyánsǒngtīng	일부러 놀래는 말을 하여 사람을 놀라고 두렵게 하다 你别这样危言耸听，我知道这件事情没什么了不起的。 일부러 이렇게 겁주지 마세요, 저는 이 일이 별로 대단하지 않다는 것을 알아요.
102	**无动于衷**☆ wúdòngyúzhōng	마음에 전혀 와 닿지 않다. (당연히 관심을 가져야 할 일에) 전혀 무관심하다 虽然他说得天花乱坠，但大家都无动于衷。 비록 그가 말은 그럴듯하게 하지만 모두 무관심하다.
103	**无精打采**☆ wújīngdǎcǎi	풀이 죽다, 의기소침하다 看他那无精打采的模样，肯定又挨骂了。 그의 풀이 죽은 모습을 보니, 또 꾸지람을 들은 게 분명하다.
104	**无可奈何**☆ wúkěnàihé	어찌해 볼 도리가 없다, 대책을 강구해 볼 도리가 없다, 방법이 없다 时光总是匆匆流逝，想抓也抓不住，让人无可奈何。 시간은 항상 빠르게 흘러가서, 잡고 싶어도 잡을 수 없기 때문에 어쩔 수 없게 한다.

105	**无能为力** wúnéngwéilì ☆	힘을 제대로 쓰지 못하다, 능력이 없다, 능력이 미치지 못하다
		我很想帮忙，可惜实在无能为力。 나는 돕고 싶지만, 안타깝게도 실제로 능력이 없어요.
106	**无理取闹** wúlǐqǔnào ☆	고의로 소란을 피우다, 생트집을 잡다
		没有人理睬他的无理取闹。 아무도 그의 생트집을 거들떠 보지 않는다.
107	**无穷无尽** wúqióngwújìn ☆	무궁무진하다, 무진장하다, 한이 없다
		知识是无穷无尽的，你永远学不完。 지식은 무궁무진하여 너는 영원히 다 배울 수 없다.
108	**无所作为** wúsuǒzuòwéi	어떤 성과도 내지 못하거나 성적이 변변찮다, 현재 상황에 만족하여 진취적인 정신이 부족하다
		我们要认真学习本领，不要将来无所作为。 우리는 열심히 요령(기량)을 배워서 앞으로 어떤 성과도 낼 수 없는 상황을 오게 해서는 안 된다.
109	**无微不至** wúwēibúzhì ☆	사소한 데까지 신경을 쓰다, 배려하고 보살핌이 세심하고 주도 면밀하다
		妈妈给了我无微不至的关怀。 엄마는 사소한 데까지 신경 쓰며 나를 보살펴 주신다.
110	**无忧无虑** wúyōuwúlǜ ☆	아무런 근심이 없다
		童年时代的生活无忧无虑，令人怀念。 어린 시절의 생활은 아무런 근심이 없기 때문에 항상 그리워하게 된다.
111	**物竞天择** wùjìngtiānzé	(생물 간에) 생존 경쟁을 하여 자연에 적응한 것만 선택되어 살아남다, 인류 사회가 번식하고 발전하다
		物竞天择是自然发展的法则。 생존 경쟁하여 자연에 적응한 것만 살아남는 것은 자연 발전의 법칙이다.

112	**五花八门** wǔhuābāmén	각양각색, 형형색색, 천태만상, 다양하다
		商场食品的种类真是五花八门，应有尽有。 상점 식품의 종류는 정말 다양하고, 없는 것 없이 다 있다.
113	**物美价廉**☆ wùměijiàlián	상품의 질이 좋고 값도 저렴하다
		这家餐馆物美价廉，顾客源源不断，生意很好。 이 레스토랑은 가격도 싸고 맛도 좋아서 손님이 끊이지 않아 장사가 잘 된다.
114	**喜闻乐见**☆ xǐwénlèjiàn	기쁜 마음으로 듣고 보다, 즐겨 듣고 즐겨 보다
		小品是大家喜闻乐见的一种艺术形式。 단막극은 사람들이 즐겨 듣고 보는 일종의 예술 형식이다.
115	**相辅相成**☆ xiāngfǔxiāngchéng	서로 보완하고 도와서 일을 완성하다, 서로 도와서 일이 잘 되어 나가도록 하다
		这两个环节相辅相成，缺一不可。 이 두 개의 과정은 서로 보완하고, 돕는 관계로 하나라도 부족해서는 안 된다.
116	**想方设法**☆ xiǎngfāngshèfǎ	온갖 방법을 다 생각하다, 갖은 방법을 다하다
		我们一定要想方设法完成这项任务。 우리는 온갖 방법을 다 생각해서 이 일을 완성해야 한다.
117	**小心翼翼**☆ xiǎoxīnyìyì	매우 조심스럽다, 조심조심하다
		他做事总是小心翼翼的，不敢疏忽，生怕出错。 그는 모든 일을 항상 실수가 생길 것을 염려하여 매우 조심스럽게 처리한다.
118	**欣欣向荣**☆ xīnxīnxiàngróng	(초목이) 무성하다, 무럭무럭 자라다, (사업이) 번창하다
		春天的原野到处都是欣欣向荣的景象。 봄의 들판은 어느 곳이나 모두 풀과 나무가 쑥쑥 자라는 모습이다.

119	**新陈代谢**☆ xīnchéndàixiè	신진대사, 물질 대사
		新陈代谢是普遍存在的自然规律。 신진대사는 보편적으로 존재하는 자연적인 규칙이다.
120	**心甘情愿**☆ xīngānqíngyuàn	내심 만족해하며 달가워하다, 기꺼이 원하다
		父母总是心甘情愿地为孩子们付出。 부모님은 항상 아이들을 위해 기꺼이 공을 들인다.

시험에 자주 출제되는 성어 121~150 🎧 HSK6_DAY15

121	心旷神怡 xīnkuàngshényí	마음이 후련하고 기분이 유쾌하다 中国张家界的景色令人心旷神怡。 중국 장자제(張家界)의 풍경은 사람 마음을 탁 트이게 하고 유쾌하게 한다.
122	兴高采烈 xìnggāocǎiliè	매우 기쁘다, 신바람이 나다, 매우 흥겹다 他在滑冰比赛中获得了冠军，在一旁的家人都兴高采烈地为他欢呼起来。 그가 스케이트 경기에서 우승하자 곁에 있던 가족들이 모두 기뻐하며 환호하기 시작했다.
123	兴致勃勃 xìngzhìbóbó	흥미진진하다, 신이 나다 他兴致勃勃地开始他的新工作。 그는 흥미진진해하며 새 업무를 시작했다.
124	雪上加霜 xuěshàngjiāshuāng	설상가상, 엎친 데 덮친 격이다 他事业受挫，又失恋了，真是雪上加霜。 그는 사업도 실패하고, 실연까지 당해서 정말 엎친 데 덮친 격이다.
125	循序渐进 xúnxùjiànjìn	순차적으로 진행하다, 점차적으로 제고시키다 学习要由浅入深，由易到难，循序渐进。 공부는 얕은 것부터 심오한 것으로, 쉬우것부터 어려운 것으로 순차적으로 해 나가야 한다.
126	悬崖峭壁 xuányáqiàobì	깎아지른 듯한 절벽 黄山到处都是悬崖峭壁。 황산에는 도처에 깎아지른 듯한 절벽이 있다.

127	鸦雀无声 yāquèwúshēng	까마귀와 참새 소리마저도 없다, 매우 고요하다
		夜幕降临了，树林里一片寂静，鸦雀无声。 땅거미가 드리워지자 숲은 쥐 죽은 듯이 고요해졌다.
128	咬牙切齿 yǎoyáqièchǐ	격분하여 이를 부득부득 갈다, 몹시 화를 내다
		一提起仇人，只见他咬牙切齿地骂个不停。 원수 얘기만 꺼내면 그는 이를 부득부득 갈며 계속 욕을 한다.
129	一帆风顺 yìfānfēngshùn	순풍에 돛을 올리다, 일이 순조롭게 진행되다
		生活的道路不总是一帆风顺的，困难和挫折在所难免。 삶이 항상 순조로운 것은 아니며, 어려움과 좌절은 생기게 마련이다.
130	一目了然 yímùliǎorán	일목요연하다
		陈列室明亮宽敞，展品一目了然。 미술관이 밝고 넓으며 작품들이 일목요연하게 전시되어 있다.
131	一举两得 yìjǔliǎngdé	일거양득, 일석이조
		大学生做兼职，既能赚钱，又能得到锻炼，一举两得。 대학생들이 아르바이트를 하는 것은 돈도 벌 수 있고, 단련도 가능하므로 일석이조라 할 수 있다.
132	一如既往 yìrújìwǎng	지난날과 다름없다
		这次我接到了新的任务，还会一如既往地努力的。 이번에 나는 새로운 임무를 맡았는데, 예전과 다름 없이 열심히 할 것이다.
133	一丝不苟 yìsībùgǒu	(일을 함에 있어서) 조금도 소홀히 하지 않다, 조금도 빈틈이 없다
		他办事考虑周到，一丝不苟。 그는 일을 할 때 항상 주도 면밀하게 고려하고, 조금도 소홀히 하지 않는다.

134	**优胜劣汰** ☆ yōushèngliètài	강한 자는 번성하고 약한 자는 쇠멸하다 在当今社会，优胜劣汰是很自然的事。 현대 사회에서 강자는 이기고 약자가 도태되는 것은 아주 자연스러운 일이다.
135	**有条不紊** ☆ yǒutiáobùwěn	(말·행동이) 조리 있고 질서 정연하다, 일사불란하고 이치에 들어맞다 这位教授授课一直有条不紊，很多学生都去听他的课。 이 교수는 항상 조리 있게 강의를 하기 때문에 많은 학생들이 그의 수업을 듣고자 몰려든다.
136	**与日俱增** yǔrìjùzēng	날이 갈수록 많아지다, 날로 늘어나다 中国企业在生产量加大的同时，出口量也与日俱增。 중국 기업의 생산량이 늘면서, 수출량도 날이 갈수록 늘고 있다.
137	**源远流长** yuányuǎnliúcháng	역사가 유구하다, 아득히 멀고 오래다 中国的书法艺术源远流长。 중국의 서예는 역사가 유구하다.
138	**自力更生** ☆ zìlìgēngshēng	자력갱생하다, 자신의 힘으로 생존을 추구하다 大学生走入社会之前必须学会自力更生。 대학생들이 사회에 나서기 전에 자력갱생하는 것부터 배워야 한다.
139	**自相矛盾** zìxiāngmáodùn	(언행이) 앞뒤가 서로 맞지 아니하고 모순되다, 자체 모순이다 他刚才说的话自相矛盾，肯定是在说谎。 그가 방금 말한 것은 앞뒤가 맞지 않기 때문에 거짓말을 하고 있는 게 틀림없다.
140	**自以为是** zìyǐwéishì	자신만이 옳다고 생각하다, 독선적이다, 자신이 최고라고 생각하다 他一直自以为是，所以他身边没有朋友。 그는 항상 자신이 최고라고 생각하여 주변에 친구가 없다.

141	孜孜不倦 zīzībújuàn	조금도 게을리하지 않고 열심히 하다 从进公司到退休，他一直孜孜不倦地工作。 입사할 때부터 은퇴할 때까지 그는 항상 조금도 게을리하지 않고 열심히 일했다.
142	再接再厉★ zàijiēzàilì	더욱 더 힘쓰다, 한층 더 분발하다 对于我方和中国的关系，我方需再接再厉，缓和矛盾。 우리는 중국과의 관계에 더욱 힘을 써서 갈등을 완화해야 한다.
143	斩钉截铁★ zhǎndīngjiétiě	맺고 끊다, 언행이 단호하다, 과단성이 있다 他说话办事斩钉截铁，从不拖泥带水。 그는 말과 행동에 맺고 끊음이 정확하여, 한번도 질질 끌어본 적이 없다.
144	朝气蓬勃★ zhāoqìpéngbó	생기가 넘쳐흐르다, 생기발랄하다, 씩씩하다 年轻人应该朝气蓬勃，不能死气沉沉。 청년들이 생기가 넘쳐 흘러야 활기 없이 의기소침하면 안 된다.
145	争先恐后★ zhēngxiānkǒnghòu	뒤질세라 앞을 다투다 超市打折的第一天，人们争先恐后地涌进超市抢购。 마트 세일 첫날, 사람들이 앞다투어 마트에 들어가 물건을 산다.
146	知足常乐★ zhīzúchánglè	만족함을 알면 항상 즐겁다 如果一个人能知足常乐，那他就能获得幸福。 만족을 알면 항상 즐겁다는 이치를 알아야 행복도 얻을 수 있다.
147	众说纷纭 zhòngshuōfēnyún	여러 사람들의 의론이 분분하다 情人节的由来众说纷纭，流传最广的说法是起源于罗马。 밸런타인데이의 유래에 대해서는 의견이 분분한데, 가장 널리 알려진 설은 로마에서 기원했다는 것이다.

148	众所周知 ☆ zhòngsuǒzhōuzhī	모든 사람이 다 알고 있다
		众所周知，文化是没有国界的。 모두 알고 있듯이, 문화는 국경이 없다.
149	众口难调 zhòngkǒunántiáo	많은 사람들의 구미를 다 맞추기가 어렵다, 모든 사람들을 다 만족시키기가 어렵다
		众口难调，这个意见被大多数人给否决了。 모든 사람들을 만족 시키기 어려우므로 이 의견은 대다수의 사람들에 의해 부결되었다.
150	总而言之 ☆ zǒng'éryánzhī	총괄적으로 말하면, 요컨대, 결론적으로 말하자면
		总而言之，这次大赛大家都表现得很出色。 결론적으로 말하면 이번 대회에서는 모두가 뛰어난 활약을 보였다.

Mini test 의미에 맞는 성어를 고르세요.

1. 안정된 생활을 누리며 즐겁게 일하다 ( )
   ① 安居乐业   ② 爱不释手   ③ 拔苗助长

2. 세상만사의 변화를 실컷 경험하다 ( )
   ① 爱屋及乌   ② 饱经沧桑   ③ 半途而废

3. 사상·학식이 넓고 심오하다 ( )
   ① 别具一格   ② 博大精深   ③ 波涛汹涌

4. 이해할 수 없다, 상상할 수 없다 ( )
   ① 不可思议   ② 不计其数   ③ 不以为然

5. 말하지 않아도 안다, 말할 필요도 없다 ( )
   ① 大有可为   ② 从容不迫   ③ 不言而喻

6. 끊임없이 나타나다, 꼬리를 물고 나타나다 ( )
   ① 称心如意   ② 层出不穷   ③ 得不偿失

7. 우월한 자연 조건을 갖고 있다, 처한 환경이 남달리 좋다 ( )
   ① 得天独厚   ② 当务之急   ③ 根深蒂固

8. 이것저것 빠뜨리다, 건망증이 심하여 이 일 저 일 잘 잊어버리다 ( )
   ① 各抒己见   ② 废寝忘食   ③ 丢三落四

9. 공급이 수요를 따르지 못하다, 공급이 부족하다 ( )
   ① 供不应求   ② 功亏一篑   ③ 刮目相看

10. 뒷걱정, 뒷근심, 후방 걱정 ( )
    ① 画龙点睛   ② 后顾之忧   ③ 画蛇添足

11. 문득 모든 것을 깨치다, 갑자기 모두 알게 되다 ( )
    ① 家喻户晓　　② 东张西望　　③ 恍然大悟

12. 정의로운 일을 보고 용감하게 뛰어들다 ( )
    ① 见义勇为　　② 锦上添花　　③ 津津有味

13. 세밀하게 계산하다, 면밀하게 계획하다 ( )
    ① 兢兢业业　　② 举世闻名　　③ 精打细算

14. 정신을 집중하다, 전심하다, 열중하다 ( )
    ① 举足轻重　　② 聚精会神　　③ 刻不容缓

15. 전무후무하다, 이전에도 없었고 앞으로도 없다 ( )
    ① 侃侃而谈　　② 苦尽甘来　　③ 空前绝后

16. 게걸스럽게 먹다 ( )
    ① 狼吞虎咽　　② 滥竽充数　　③ 七嘴八舌

17. 도리로 보아 당연하다, 당연히 그렇다 ( )
    ① 理所当然　　② 流连忘返　　③ 不屑一顾

18. 자기 능력으로 해낼 수 있다, 힘이 닿는 데까지 ( )
    ① 理直气壮　　② 力所能及　　③ 络绎不绝

19. 영문을 알 수 없다, 어리둥절하게 하다 ( )
    ① 目中无人　　② 莫名其妙　　③ 迫不及待

20. 한마음 한 뜻으로 함께 노력하다 ( )
    ① 齐心协力　　② 南辕北辙　　③ 难能可贵

> **정답**
>
> 1. ①　2. ②　3. ②　4. ①　5. ③　6. ②　7. ①　8. ③　9. ①　10. ②
> 11. ③　12. ①　13. ③　14. ②　15. ③　16. ①　17. ①　18. ②　19. ②　20. ①

21. (말·행동 등이) 꼭 들어맞다, 아주 적절하다 ( )
    ① 恰到好处　　② 潜移默化　　③ 统筹兼顾

22. 나태함 없이 끈기 있게 끝까지 해내다 ( )
    ① 轻而易举　　② 锲而不舍　　③ 迄今为止

23. (어떤 일에) 전력 투구하다, 최선을 다하다 ( )
    ① 全力以赴　　② 热泪盈眶　　③ 毛遂自荐

24. 맡은 바 책임은 무겁고, 갈 길은 멀기만 하다 ( )
    ① 守株待兔　　② 深情厚谊　　③ 任重道远

25. 사실에 토대로 하여 진리를 탐구하다 ( )
    ① 实事求是　　② 随心所欲　　③ 滔滔不绝

26. 제멋대로 굴고 전혀 거리낌이 없다 ( )
    ① 天伦之乐　　② 肆无忌惮　　③ 天马行空

27. 하찮아서 말할 가치도 없다 ( )
    ① 危言耸听　　② 无动于衷　　③ 微不足道

28. 힘을 제대로 쓰지 못하다, 능력이 없다 ( )
    ① 无穷无尽　　② 危言耸听　　③ 无能为力

29. 고의로 소란을 피우다, 일부러 말썽을 부리다 ( )
    ① 无理取闹　　② 无所作为　　③ 无微不至

30. 아무런 근심이 없다 ( )
    ① 物竞天择　　② 无忧无虑　　③ 五花八门

31. 기쁜 마음으로 듣고 보다, 즐겨 듣고 즐겨 보다 ( )
    ① 喜闻乐见　　② 小心翼翼　　③ 欣欣向荣

32. 내심 만족해하며 달가워하다, 기꺼이 원하다 ( )
   ① 心甘情愿   ② 新陈代谢   ③ 想方设法

33. 흥미진진하다, 신이나다 ( )
   ① 兴致勃勃   ② 悬崖峭壁   ③ 循序渐进

34. 순풍에 돛을 올리다, 일이 순조롭게 진행되다 ( )
   ① 一目了然   ② 一帆风顺   ③ 相辅相成

35. 일거양득, 일석이조 ( )
   ① 咬牙切齿   ② 一丝不苟   ③ 一举两得

36. (말·행동이) 조리 있고 질서 정연하다 ( )
   ① 有条不紊   ② 与日俱增   ③ 源远流长

37. 맺고 끊다, 언행이 단호하다 ( )
   ① 孜孜不倦   ② 自相矛盾   ③ 斩钉截铁

38. 뒤질세라 앞을 다투다 ( )
   ① 自力更生   ② 争先恐后   ③ 众所周知

39. 여러 사람들의 의론이 분분하다 ( )
   ① 众说纷纭   ② 众口难调   ③ 优胜劣汰

40. 총괄적으로 말하면, 요컨대 ( )
   ① 自以为是   ② 再接再厉   ③ 总而言之

정답

21. ① 22. ② 23. ① 24. ③ 25. ① 26. ② 27. ③ 28. ③ 29. ① 30. ②
31. ① 32. ① 33. ① 34. ② 35. ③ 36. ① 37. ③ 38. ② 39. ① 40. ③

第四

HSK 6급

꼭 알아야 할 관용어 20

六級

꼭 알아야 할 관용어 1~10

🎧 HSK6_DAY16

1	唱高调 chàng gāodiào	현실과 동떨어진 번지르르한 말을 하다, 허풍치다
2	穿小鞋 chuān xiǎoxié	(주로 직권을 가진 사람이 암암리에) 못살게 굴다, 괴롭히다
3	挖墙脚 wā qiángjiǎo	(일의 진척·집단·개인 등의) 토대를 무너뜨리다, 밑뿌리를 뒤흔들다, 남을 궁지에 빠뜨리다
4	背黑锅 bēi hēiguō	남을 대신해서 당하다, 누명(무고죄)을 뒤집어쓰다
5	烂摊子 làntānzi	문제가 많아 정비하기 어려운 부서, 수습하기 어려운 혼란스러운 국면
6	老油条 lǎoyóutiáo	경험이 많고 처세에 능한 사람
7	打预防针 dǎ yùfángzhēn	예방주사를 놓다, 사전에 교육하여 예방 조치하다
8	打小报告 dǎ xiǎobàogào	(윗사람에게 남의 사정을) 밀고하다, 몰래 일러바치다
9	赶鸭子上架 gǎn yāzi shàngjià	할 수 없는 일을 남에게 강요하다, 남을 곤경에 빠뜨리다
10	一碗水端平 yìwǎnshuǐ duānpíng	(일처리가) 공평하다, 치우치지 않다

DAY 17 꼭 알아야 할 관용어 11~20

11	阴沟里翻船 yīngōuli fānchuán	부주의로 의외의 실패를 맛보다
12	八竿子打不着 bāgānzi dǎbuzháo	피차 서로 아무런 관계가 없다, 사실과는 전혀 다르다
13	吃不了兜着走 chībuliǎo dōuzhezǒu	다 먹을 수 없어 싸 가지고 가다, (문제가 생기면) 끝까지 책임지다
14	死马当活马医 sǐmǎ dàng huómǎ yī	죽은 말을 산 말처럼 치료하다, 가망성이 없는 일인 줄 알면서도 끝까지 최선을 다하다
15	摸着石头过河 mōzhe shítou guòhé	돌을 더듬어 가며 강을 건너다, 돌다리도 두들겨 보고 건너다
16	不管三七二十一 bùguǎn sānqī'èrshíyī	다짜고짜, 무턱대고, 앞뒤 가리지 않고
17	好了伤疤忘了疼 hǎole shāngbā wàngle téng	상처가 낫자 아픔을 잊어버리다, 상황이 좋아지면 지난날의 아픈 과거나 잘못한 일을 잊어버린다
18	无事不登三宝殿 wúshì bùdēng sānbǎodiàn	일이 생겨야만 방문한다, 매번 바라는 바가 있어서 찾아온다
19	宰相肚里能撑船 zǎixiàng dùli néng chēngchuán	재상의 뱃속은 배도 저을 수 있다, 도량이 넓다, 아량이 넓다
20	林子大了，什么鸟都有 línzi dàle, shénme niǎo dōuyǒu	숲이 크면 서식하는 새의 종류도 많다, 별별 사람이 다 있다

第五

HSK 6급

꼭 알아두어야 할 속담 30

六級

DAY 18 꼭 알아두어야 할 속담 1~10

1	**吃一堑，长一智** chī yí qiàn, zhǎng yí zhì 한 번 실패(좌절)를 겪고 나면 그만큼 현명해진다
2	**良药苦口利于病，忠言逆耳利于行** liángyào kǔkǒu lìyú bìng, zhōngyán nì'ěr lìyú xíng 좋은 약은 입에 쓰지만 병에는 이롭고, 충언은 귀에 거슬리지만 행실에는 도움이 된다
3	**在家靠父母，出外靠朋友** zài jiā kào fùmǔ, chū wài kào péngyou 집에서는 부모님께 의지하고, 밖에 나가서는 친구에게 의지한다
4	**路遥知马力，日久见人心** lù yáo zhī mǎlì, rì jiǔ jiàn rénxīn 길이 멀어야 말의 힘을 알 수 있고, 세월이 오래 지나야 사람의 마음을 알 수가 있다
5	**朝霞不出门，晚霞行千里** zhāoxiá bù chū mén, wǎnxiá xíng qiānlǐ 아침 무지개는 비가 올 징조요, 저녁 무지개는 맑을 징조다
6	**天有不测风云，人有旦夕祸福** tiān yǒu búcè fēngyún, rén yǒu dànxī huòfú 하늘에는 뜻밖의 풍운이 있고, 사람은 화와 복이 언제 올지 알 수 없다
7	**天下无难事，只怕有心人** tiānxià wú nánshì, zhǐpà yǒu xīnrén 의지가 굳세면 세상에는 못 해낼 일이 없다

8	**不到黄河心不死** bú dào Huánghé xīn bù sǐ
	끝까지 가보지 않고는 마음을 포기하지 않는다, 목표를 이룰 때까지 절대 포기하지 않다
9	**八竿子打不着** bāgānzi dǎbuzháo
	피차 서로 아무런 관계가 없다, 사실과는 전혀 다르다
10	**八字没一撇** bāzì méi yì piě
	일의 윤곽이 아직 잡히지 않다

 꼭 알아두어야 할 속담 11~20

11	浪子回头金不换 làngzǐ huítóu jīn bú huàn
	방탕한 자식이 개과천선하는 것은 금을 주고도 바꿀 수 없다

12	眉毛胡子一把抓 méimao húzi yì bǎ zhuā
	(일처리에서) 경중을 가리지 않고 하다, 서로 다른 일을 한데 섞어 놓다

13	千里送鹅毛，礼轻情意重 qiānlǐ sòng émáo, lǐqīng qíngyì zhòng
	멀리서 보낸 선물이 마치 거위의 털처럼 변변치 않으나, 성의만은 지극하다

14	饱汉不知饿汉饥 bǎohàn bù zhī èhàn jī
	좋은 환경에 있는 사람은 어려운 사람의 사정을 이해하지 못한다

15	不怕一万，就怕万一 bú pà yíwàn, jiù pà wànyī
	일만 번은 두렵지 않지만, 그 가운데 한 번의 실수가 있을까 봐 두렵다. 무슨 일을 하든 간에 반드시 신중하게 대처해야 한다

16	不听老人言，吃亏在眼前 bù tīng lǎorén yán, chīkuī zài yǎnqián
	윗사람의 말을 듣지 않으면 곤란을 당하는 법이다

17	**船到桥头自然直** chuán dào qiáotóu zìrán zhí
	배가 다리에 닿으면 뱃머리가 자연히 바로 돌려진다는 뜻으로 모든 일은 결국엔 다 바로잡힌다는 것을 이르는 말, 사필귀정
18	**好钢用在刀刃上** hǎogāng yòngzài dāorènshang
	좋은 쇠는 칼날을 만드는 데 써야 한다, 좋은 사람 또는 사물은 요긴한 곳에 써야 한다
19	**鸡蛋里挑骨头** jīdànli tiāo gǔtou
	달걀 속에서 뼈를 찾다, 억지로 남의 흠을 들추어 내다
20	**靠山吃山，靠水吃水** kào shān chī shān, kào shuǐ chī shuǐ
	산을 낀 곳에서는 산을 이용해서 먹고 살고 강을 낀 곳에서는 강을 이용해서 먹고 산다, 주변에 있는 쓸 만한 재원을 충분히 이용하다

꼭 알아두어야 할 속담 21~30

21	**雷声大，雨点小** léishēng dà, yǔdiǎn xiǎo
	우레 소리만 크고 빗방울은 작다, 기세만 요란하고 실행한 것은 적다, 계획은 크지만 실행한 것은 작다

22	**只要功夫深，铁杵磨成针** zhǐyào gōngfu shēn, tiěchǔ móchéng zhēn
	공을 들여 노력하기만 하면 쇠절굿공이도 갈아서 바늘로 만들 수 있다, 지성이면 감천이다

23	**人不可貌相，海水不可斗量** rén bù kě mào xiàng, hǎishuǐ bù kě dǒu liáng
	사람은 겉모습만 보고 판단해서는 안 되고, 바닷물은 말(옛날, 곡식의 분량을 되는 도구)로 그 양을 잴 수 없다, 사람은 겉만 보고 알 수 없다

24	**人往高处走，水往低处流** rén wǎng gāochù zǒu, shuǐ wǎng dīchù liú
	사람은 높은 곳을 향해 가고 물은 낮은 곳으로 흐른다

25	**有过之而无不及** yǒu guò zhī ér wú bù jí
	지나친 것은 있어도 모자라는 것은 없다

26	**有理走遍天下，无理寸步难行** yǒulǐ zǒu biàn tiānxià, wúlǐ cùnbù nánxíng
	도리에 맞으면 세상을 다 돌아다닐 수 있고, 이치에 맞지 않으면 한 걸음도 못 나간다

27	**有福同享，有难同当** yǒu fú tóng xiǎng, yǒu nàn tóng dāng
	동고동락하다, 행복은 함께 누리고 고통은 같이 분담하다

28	**隔行如隔山** gé háng rú gé shān
	직종이 다르면 산을 사이에 둔 것과 같다, 직업이 다르면 서로 이해하지 못한다

29	**耳听为虚，眼见为实** ěr tīng wéi xū, yǎn jiàn wéi shí
	귀로 들은 것은 참이 아니고, 눈으로 본 것만이 확실하다, 귀로 듣는 것보다 직접 눈으로 보는 것을 믿는다

30	**好货不便宜，便宜没好货** hǎo huò bù piányi, piányi méi hǎo huò
	좋은 물건은 싸지 않고, 값싼 물건은 좋지 않다, 싼 게 비지떡이다

* 파고다북스 홈페이지(http://www.pagodabook.com)에서 HSK 6급 필수 어휘 2500개를 정리한 PDF파일과 MP3를 무료로 다운받으실 수 있습니다.

파고다
HSK

6급 종합서

해설서